新世纪

老年百科全书

XINSHIJI LAONIAN BAIKE QUANSHU

董仁威 ◉ 主编

四川出版集团·四川辞书出版社

图书在版编目（CIP）数据

新世纪老年百科全书/董仁威主编. —成都：四川
出版集团·四川辞书出版社，2008.12
ISBN 978-7-80682-465-8

Ⅰ.新… Ⅱ.董… Ⅲ.老年人－生活－知识普及
读物 Ⅳ.Z228.3

中国版本图书馆 CIP 数据核字（2008）第 179036 号

新世纪 **老 年 百 科 全 书**
XINSHIJI LAONIAN BAIKE QUANSHU
董仁威 主编

策　　划 /	雷　华
责任编辑 /	张　林
配　　图 /	戴光伟
责任校对 /	张晓梅　罗丽娟
	殷桂蓉　陈晓玲
封面设计 /	武　韵
版式设计 /	王　跃
责任印制 /	严红兵　肖嗣兰
出版发行 /	四川出版集团
	四川辞书出版社
地　　址 /	成都市三洞桥路 12 号
邮政编码 /	610031
印　　刷 /	成都东江印务有限公司
版　　次 /	2008 年 12 月第 1 版
印　　次 /	2008 年 12 月第 1 次印刷
开　　本 /	787 mm×1092 mm　1/16
印　　张 /	42.5
书　　号 /	ISBN 978-7-80682-465-8
定　　价 /	88.00 元

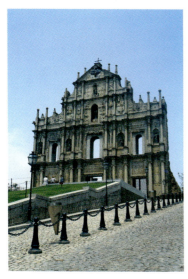

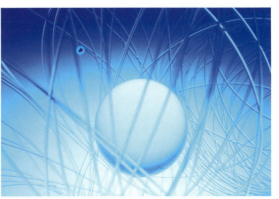

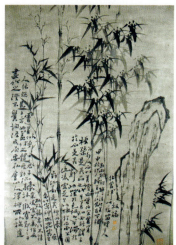

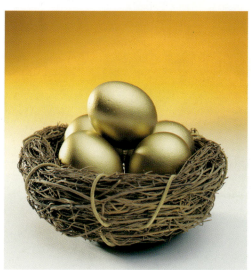

《新世纪老年百科全书》

主　编	董仁威	
副主编	黄　寰	
顾　问	谢　敏	

编委会

董仁威	谢　敏	张昌余	何定镛	陈俊明	杨再华	周　挺
王德昌	黄　寰	徐作英	宫　健	李庆雯	张　冰	沈伯俊
林绍韩	曾绍义	李天道	周孟璞	韦富章	董绪公	石春相
康定蓉	雷　佳					

撰稿人（以撰稿量为序）：

董仁威	陈俊明	何定镛	王德昌	黄　寰	李天道	杨再华
吴　凡	宫　健	李庆雯	徐作英	张　冰	石春相	李华荣
董小丽	胥怀勇	周孟璞	康定蓉	雷　佳	李　白	董　晶
董　梅	李盛祥	戴　华	叶　子	伍　玲	邹燕凌	苟诗璇
王薪人	范　红	周　鑫	蒋兴雪	胡峻豪	胡潇之	黄　敏
黄克莉	任雪元	肖浩汉	江　日	蒲华清	陈漪蕾	刘　琳
江文婷	魏　铭	罗克美	邓　波	杜　鹃	熊　姿	李雪晗
周　笑	曾　霞	邓　丹	杨　黎	徐泽良	周绍荣	许　波
肖　红	余文太	黄　波	方妤月	张　龙	姚　沁	王　琴
唐语苹	胡庭丽	程珍康	周玉洁	贺云秀	田　东	王　琪
张学秀	邱年碧	史学谨	张晓华	滕毓旭	王　瑶	魏默然
蒋佩杉	袁梓皓	王　芸	唐　薇	张　慧	罗　娜	彭攀娇
涂　锌	郭用明	罗子欣	兰方曼	曹莉苹	林　强	张　娇
沈　昭	于　峰	李　玲	冯　磊	周昌英	江仁丽	

PREFACE 序

叶 永 烈

谁都会老的。不论是妙龄少女，还是毛头小伙，甚至是刚刚呱呱坠地的婴儿，随着时光的推移，都会走向老年。

往日，"人生七十古来稀"。但是今天，按照人口学的分类，60 到 69 岁的只是"低龄老人"，70 至 79 岁算是"中龄老人"，80 岁以上才是"高龄老人"。

长寿的人越来越多。按国际颁行的标准，60 岁以及 60 岁以上的老年人口在总人口中的比例超过 10%，或者 65 岁以及 65 岁以上的老年人口在总人口中的比例超过 7%，便可视为达到了人口老龄化标准。

从 20 世纪 90 年代以来，中国 65 岁以及 65 岁以上老年人口，从 1990 年的 6200 万增加到 2000 年的 8811 万，占总人口的比例由 5.57% 上升到 6.96%。这表明在步入新世纪之际，中国也同时步入了老龄化社会。由于实行计划生育，出生人口减少，因此更加速了社会的老龄化。据预测，到 2040 年，中国 65 岁以及 65 岁以上的老年人口将占总人口的 20%。

目前，我国 60 岁以上的老年人，已经达到 1.3 亿。面对如此众多的老年读者，四川辞书出版社推出了董仁威先生主编的《新世纪老年百科全书》。

老年人挂在口头的话是："在很早很早以前⋯⋯"阅历丰富的老年人喜欢回忆，喜欢对比。这部《新世纪老年百科全书》走出以老年保健为主要内容的老套套，带有"新世纪"的鲜明特色，让老年人对自己的前半生进行回忆，进行人生的小结。

对老年人来说，退休是人生的转折点，是"换一种活法"的开始。《新世纪老年百科全书》在进行前半生的小结之后，以"换一种活法"为贯穿线，让老年人在思想上、心理上适应退休之后的生活。"夕阳无限好，只是近黄昏"，老年人的生活既有"近黄昏"的一面，又有"无限好"的一面。《新世纪老年百科全书》让老年人的生活过得充实，过得愉快，而又心理健康，思想开朗。

老年百科，涉及老年心理、艺术欣赏、文学阅读、养生健身、投资理财、家庭婚姻、宗教信仰、休闲娱乐、法律知识等方面。老年人既有充裕的时间读书，但是又精力有限。这本书很注意可读性，又注意包容方方面面，文字精练，纳"百科"于一书，富有可查阅性。

老当益壮。在老年人之中，其实并非全是"休闲族"，其中也有忙碌的"上班族"。据美国《纽约时报》报道，在 2001 年已经 102 岁的 F. 威兼·松德曼，仍然每天早上 8 点到费城宾夕法尼亚医院临床科学研究所上班。他编辑一本医学刊物，居然让两位秘书忙得不可开交！另一位 102 岁的罗伯特·艾森伯格，在洛杉矶的一家拉链厂照样做推销工作；95 岁的马里奥·D. 福格尔仍然在他 1925 年开业的理发馆做理发师……老年人最富有经验，这样的"老黄忠"上阵，可谓"宝刀不老"。

在《新世纪老年百科全书》的作者之中，也有好多位像四川省科普作家协会名誉会长周孟璞先生那样的"退而不休"的老年人。也许正是由于老年作者的加盟，使这本《新世纪老年百科全书》更加符合老年读者的口味，切合老年读者的需求。

四川省科普作家协会富有活力，在董仁威先生主持之下，在四川辞书出版社支持下，集中集体的智慧，先后完成《新世纪幼儿趣味百科》《新世纪少年儿童百科全书》《新世纪青年百科全书》和《新世纪老年百科全书》的编写。他们把这四种百科全书，称为四川省科普作家协会的"四大科普创作工程"。前三种百科全书均已出版，如今《新世纪老年百科全书》即将付梓，实在是一件值得庆贺的事情。

由于主编董仁威先生的一片盛意，由我这个"低龄老年人"为《新世纪老年百科全书》作序。借此机会，我向广大老年读者推荐这本好书。

我们要换个活法

——新世纪老人宣言

在我们的前半生，活得多累呵！从你"呱呱"啼哭着来到人世间开始，不管你处于顺境或逆境，无论你一贫如洗或家财万贯，你都很难听到欢歌笑语，充斥着脑海的常常是一片烦人的喧嚣、恼人的呻吟。"人生识字忧患始"。"居庙堂之高，则忧其民；处江湖之远，则忧其君"。进亦忧，退亦忧。事无巨细，皆忧于心。"巨"则忧古人忧来者，忧环境污染，忧地球毁灭，忧宇宙变迁，忧国忧民；"细"则忧吃忧穿，忧住忧行，忧名忧利，忧产忧业，忧父忧母，忧妻忧夫，忧子忧女。忧得郁郁寡欢，忧得华发早生。死到临头了，还要忧遗产、遗物、遗言、遗体。人的一生真个是"怎一个愁字了得！"

忧到头来，累到头来，忙到头来，还没正经过几天好日子，享受人生，就发现自己已进入老年，虽然夕阳无限好，但是近黄昏，好生不划算！

此时，不少人发出呐喊：我们得换个活法！我们既要活得实实在在、厚厚重重，让人掂得出我们的分量，也要活得轻轻松松、愉愉快快。

要换个活法，首先要转换观念，重塑对生活的信心。不要用"黄昏"、"晚霞"、"夕阳"之类的陈腐念头束缚我们的手脚。我们不是晚霞，不能眼睁睁地等着太阳落山。从50岁起步入老年预备期，上苍还给了我们很多时间。你算一算便会明白，我们还有长长的人生路要走。以中国人21世纪初即达平均寿命73岁计，我们少说也还有23年，即8395天。如果按世界长寿化趋势来估计，我们可能活的时间就更长了。在发达国家美国，超过百岁的老人增加很快，1900年为3500人，1988年即达3.7万人，从1988年到1998年10

3

年间几乎翻了一番，达 6.6 万人。预计到 2025 年，中国世纪百岁老人将达 100 万人。如此，我们还可能再活 50 年，即 18 250 天。23 年到 50 年，8395 天到 18 250 天，对于人生来说还很漫长，怎能说我们是夕阳？即便你现在已活到人均年龄 73 岁，你如果会活，就还有一万天的日子可期待。将一天当成一年算计着过，你还可以活万岁。我们还能充分地享受人生，做很多很多事情，玩许多许多花样。我们的第二人生刚刚开始，我们的第二春天正在来临，我们是经历过第一人生日出日落的朝阳！

转换观念，并非让你"自欺欺人"，无视自然规律。"廉颇老矣"，这是客观现实。我们必须面对现实，转换活法。我们在面对第二人生时，不能像在第一人生时那么玩命，那么拼死拼活。在第一人生里，我们以为日子还长，不论是对事业或生活的追求，计划性都不强，往往瞎碰乱撞，"成者为王败者寇"，走了许多弯路，虚掷了不少光阴。我们不能再浪费生命。经历了第一人生时期的潮起潮落，我们成熟了。我们就有可能不再浪费生命了。要不浪费生命，我们必须在总结第一人生经验教训的基础上，换个更精明的活法。我们要掰着指头一天天算计着过日子，提高生命质量。我们应该对第二人生作个策划，很好地策划我们在第二人生中拥有的 23 年至 50 年，8395 天到 18 250 天，过一天"算"一天，一天有一天的计划，一年有一年的计划，一生有一生的总体目标、实施细则，犹如应用"孙子兵法"，"不战而屈人之兵"，脚踏实地地走好第二人生的黄金路，取得事业和生活的圆满成功。

怎样策划第二人生？首先，我们要总结第一人生中的经验教训。我们要在心理学家的指导下，进行自我人生评价，评价我们的事业和生活的成功度，看在我们经历的第一人生里，有多少辉煌，留下多少遗憾。在此基础上，看自己如何在第二人生里继续过去的辉煌，弥补以往的遗憾，活得轻松、愉快又充实。

"人与人不同"，活法便不能千篇一律。我们要面对自身的现实，做到有自知之明，还要面对周围环境的客观实际。我们要对自己的现状进行测试，看我们的健康状态如何，脑年龄和生理年龄有几何。我们还要对自己所处的环境条件进行分析，看自己家庭和人际关系是否正常。针对这些实际，在心理学家的帮助下，判断自己是休闲型、半休闲型还是事业型。

休闲型的人要快快乐乐地过日子，享受人生，必须懂得如何养心，如何养生，如何在不妨碍他人的前提下享受雅俗五福。半休闲型的人除此之外，还要懂得投资理财，懂得如何在群团、社交活动中实现自我，使自己的生命变得对人有益，活得充实。事业型的人若想大器晚成，则必需测定自己的职业素质，看看自己是否适合在商场中搏杀，然后再到适合自己的人生战场上去努力实现生命的价值。同时，在搏击人生时，还要提醒自己，"年纪不饶人"，要进得去，出得来，顺应自然，不可强求。只有这样，才能不陷入"名利场"的泥淖，活得潇洒自如。

在我们精心地设计好第二人生的蓝图，并坚持不懈地为实现第二人生的目标奋斗，换个活法，好好地活过以后，在我们不可避免地要离开这个世界之时，我们就能平静地接受现实，心满意足地对自己说："我的生命是厚重的。我拥有了上苍给予人类可能给的一切。我欢欢乐乐地度过了有意义的一生，不枉人世走一遭，活得真值，死而无憾了。"

我们一定要换个活法，在第二人生里活得快快乐乐、潇潇洒洒！

C O N T E N T S 目录

① 人生卷

人生的意义

创造 …………………… 2
享福 …………………… 2
人欲 …………………… 2
吃 …………………… 4
穿 …………………… 5
住 …………………… 5
行 …………………… 6
性 …………………… 6
爱 …………………… 7
靠山 …………………… 8
归属 …………………… 8
自我价值的实现 …………………… 9
情绪与情感 …………………… 9

人生评价系统

事业成功度评价 …………………… 10
　世界级影响 …………………… 10
　国内影响 …………………… 12
　省级影响 …………………… 13
　市级（大中城市）影响 …………………… 14
　县级与"单位"级影响 …………………… 14
生活成功度测试 …………………… 15
　生活成功度测试问卷 …………………… 15
　评分标准 …………………… 17
　分值分析 …………………… 17
人格评价 …………………… 18
　人格评价问卷 …………………… 18
　评分标准 …………………… 23
　分值分析 …………………… 23
情绪评价 …………………… 23

情绪评价日记 …………………… 24
评分标准 …………………… 25
分值分析 …………………… 25
前半生总评价 …………………… 25

第二人生设计基础—现状的自我测试

大脑年龄测试 …………………… 26
　脑年龄测试问卷 …………………… 26
　评分标准 …………………… 28
　分值分析 …………………… 29
健康状况测试 …………………… 29
　健康状况问卷 …………………… 29
　评分标准 …………………… 31
　分值分析 …………………… 31

第二人生需求设计原则

人生目标 …………………… 32
乐天文化 …………………… 32

第二人生需求黄金设计

事业型 …………………… 33
事业休闲型 …………………… 33
休闲型 …………………… 33
　文化型 …………………… 33
　养生型 …………………… 34
　运动型 …………………… 34
　旅游型 …………………… 34
　交友型 …………………… 34
　游戏型 …………………… 34
　混合型 …………………… 34

② 养心卷

乐天名士

陶渊明——采菊东篱、羁鸟归林的

愉悦 …… 35
诗仙李白——生好入名山游 …… 36
白居易——野火春风见乐天 …… 37
柳宗元——寄情山水获解脱 …… 38
欧阳修——醉翁之意不在酒 …… 38
苏轼——"大江东去"豪侠客 …… 39
袁枚——随园先生是情圣 …… 39
弗洛伊德——西方乐天文化大师 …… 41
马斯洛——满足人欲达乐天 …… 41
梅耶和沙洛维——培育"情商"得快乐
…… 41
特尔曼——人格高尚乃快乐之母
…… 42

乐天文

陶渊明《归去来兮辞》——田园乐 …… 43
刘禹锡《陋室铭》——德者乐 …… 43
欧阳修《丰乐亭记》——丰年和平乐
…… 44
苏轼《超然台记》——"超然物外者"
乐 …… 45
苏辙《黄州快哉亭记》——"忘宠辱"
之乐 …… 46
王安石《游褒禅山记》——极文章之乐
…… 47

乐天诗词

陶渊明《归园田居》之三 …… 48
张若虚《春江花月夜》 …… 49
李白《将进酒》 …… 49
白居易《钱塘湖春行》 …… 50
柳宗元《江雪》 …… 50
李贺《南园》 …… 51
杜牧《江南春》 …… 51
李商隐《晚晴》 …… 51
李清照《浣溪沙》 …… 51
王安石《元日》 …… 52
杨万里《小池》 …… 52
苏轼《念奴娇·赤壁怀古》 …… 52
陆游《游西山村》 …… 53
辛弃疾《青玉案·元夕》 …… 53
毛泽东《长征》 …… 53

古代笑话精选

圣贤愁 …… 54
吝啬鬼 …… 54
鬼择主 …… 54
死要钱 …… 55
笋炒肉 …… 55
三笑诗 …… 55
萝卜对 …… 55
五脏神 …… 56
赖节礼 …… 56
养百灵 …… 56
我不去 …… 56
老前辈 …… 56
喜写字 …… 56
嘲时事 …… 57
鬼挑担 …… 57
强出头 …… 57
犬识字 …… 57
厚脸鬼 …… 57
千金子 …… 57

宽心谣

乐天自安 …… 58
知足常乐 …… 58
顺应自然 …… 58
多行善事 …… 59
宽以待人 …… 59
让人为高 …… 59
与人为善 …… 59
求仁观 …… 59
得失观 …… 59
愚智观 …… 60
祸福观 …… 60
生死观 …… 60
金钱观 …… 60
名利观 …… 60
家庭观 …… 60
交友观 …… 61
自省观 …… 61
处世观 …… 61
机遇观 …… 62

❸ 生活卷

生活起居

起居时间 …… 63
按时睡觉 …… 64
晚间少起夜 …… 64
定时大便 …… 64
不宜蹲便 …… 64
常伸懒腰 …… 64
饭前喝汤 …… 64

颈部运动 ……………… 64
笑口常开 ……………… 64
合理安排睡眠时间 ……………… 64
坚持锻炼 ……………… 64
经常参加文娱活动 ……………… 64
不宜长时间打麻将 ……………… 65
改掉抽烟等不良嗜好 ……………… 65
看电视注意事项 ……………… 65

家政服务

家庭医生 ……………… 65
家庭病床 ……………… 66
家庭律师 ……………… 66
保姆 ……………… 66
钟点工 ……………… 66
社区服务 ……………… 66
物业管理 ……………… 66
养老院 ……………… 66
老年疗养院 ……………… 66
临终关怀医院 ……………… 66
搬家公司 ……………… 67
投递公司 ……………… 67
特种社会服务及电话 ……………… 67
医疗急救 ……………… 67
住院护理 ……………… 67
煤气供应及设施维护求助 ……………… 67
自来水供应及设施维护求助 ……………… 67
下水管道及设施维护求助 ……………… 67
电力供应及设施维护求助 ……………… 67
闭路电视及设施维护求助 ……………… 67
电话及电脑网络维护求助 ……………… 67
报警电话 ……………… 67
殡葬服务 ……………… 67
其他特种社会服务 ……………… 67

安全防范

防止煤气中毒 ……………… 67
防止触电 ……………… 67
防止火灾 ……………… 67
防盗 ……………… 68
防扒窃 ……………… 68
防摔伤 ……………… 68

家用电器

家用电脑 ……………… 68
电脑的性能和质量 ……………… 68
电脑的基本操作 ……………… 68
电脑的维护与保养 ……………… 69

电视机 ……………… 69
正确使用电视机 ……………… 69
看电视的最佳距离 ……………… 69
空调 ……………… 69
空调的选择 ……………… 69
空调的使用和维护 ……………… 69
影碟机 ……………… 70
影碟机的保养 ……………… 70
影碟片的保养 ……………… 70
通信工具 ……………… 70
座机 ……………… 70
移动电话 ……………… 70
传真机 ……………… 71
IC 卡 ……………… 71
IP 卡 ……………… 71

网络世界

上网常识 ……………… 71
网上资料查阅 ……………… 71
网上读书、读报 ……………… 71
网上交友 ……………… 72
网上购物 ……………… 72
网上著书 ……………… 72
网上游戏 ……………… 72
网上做贺卡 ……………… 72
自建个人主页 ……………… 72
自建网站 ……………… 73

厨 房

厨具 ……………… 73
电磁炉 ……………… 73
燃气灶 ……………… 73
微波炉 ……………… 74
电冰箱 ……………… 75
抽油烟机 ……………… 75
电饭锅 ……………… 75
电炒锅 ……………… 76
电水壶 ……………… 76
厨房卫生 ……………… 76
餐具消毒 ……………… 76
餐具除污 ……………… 77

饮食与营养

营养平衡 ……………… 77
老年人营养素供给量标准 ……………… 77
常见营养素 ……………… 77
营养素供给量标准 ……………… 79
老年人营养配餐 ……………… 79

每日膳食必需食品 …………… 79
合理安排膳食 ………………… 80
注意烹调方法 ………………… 80
老年人饮食禁忌 ………………… 80
忌暴饮暴食 …………………… 80
忌偏食 ………………………… 80
忌味浓盐重 …………………… 80

烹饪常识

烹饪注意事项 …………………… 81
刀工 ……………………………… 81
刀工的作用 …………………… 81
刀工的基本要求 ……………… 81
刀工的种类 …………………… 82
刀法 …………………………… 82
刀工的美化 …………………… 83
菜肴形状 ………………………… 83
片 ……………………………… 83
条与丝 ………………………… 83
块 ……………………………… 83
丁、粒、末 …………………… 83
茸、泥 ………………………… 84
调味 ……………………………… 84
调味的基本方法 ……………… 84
基本味 ………………………… 85
烹饪方法 ………………………… 85
炒、爆、熘 …………………… 85
炸、烹 ………………………… 88
煎、贴、瓤 …………………… 88
烧、焖、煨、焗、熇、扒、烩 … 89
烤、盐焗、熏、泥烤 ………… 90
汆、炖、熬、煮、蒸 ………… 91
拔丝、蜜汁、糖水 …………… 92
涮锅、什锦火锅、生片锅、砂锅 … 92
卤 ……………………………… 92

菜肴制作

家常中餐 ………………………… 92
家常素菜 ………………………… 93
糖醋白菜 ……………………… 93
麻辣白菜 ……………………… 93
海米烧白菜 …………………… 93
醋熘白菜 ……………………… 93
鲜菇萝卜条 …………………… 93
烧萝卜块 ……………………… 93
炒萝卜丝 ……………………… 93
生腌萝卜 ……………………… 94
蜜汁土豆 ……………………… 94

炒土豆丝 ……………………… 94
桂花土豆 ……………………… 94
煎茄排 ………………………… 94
鱼香茄子 ……………………… 94
脆皮茄子 ……………………… 94
炒油菜 ………………………… 94
鱼香油菜薹 …………………… 95
拌芹菜 ………………………… 95
海米炒芹菜 …………………… 95
拌菠菜 ………………………… 95
冬瓜盅 ………………………… 95
红烧冬瓜 ……………………… 95
拌黄瓜 ………………………… 95
干烧扁豆 ……………………… 96
炒西红柿 ……………………… 96
海米烧莴笋（青笋）………… 96
麻辣莴笋 ……………………… 96
糖藕 …………………………… 96
荷包青椒 ……………………… 96
干煸黄豆芽 …………………… 96
芥末拌绿豆芽 ………………… 97
炝茭白（高笋）……………… 97
炒木樨洋葱 …………………… 97
炒素什锦 ……………………… 97
炒三丁 ………………………… 97
炒蕹菜（空心菜）…………… 97
蘑菇豆腐 ……………………… 97
鸡蛋炒豆腐 …………………… 97
蒸蛋羹 ………………………… 98
番茄炒蛋 ……………………… 98
酸辣蛋花汤 …………………… 98
家常荤菜 ………………………… 98
牛肉烧萝卜 …………………… 98
炸茄夹 ………………………… 98
芹菜炒肉丝 …………………… 98
豌豆苗炒猪肝 ………………… 98
肉末烧冬瓜 …………………… 99
藕片炒肉 ……………………… 99
青椒肉丝 ……………………… 99
绿豆芽炒肉丝 ………………… 99
苦瓜炒肉丝 …………………… 99
冬笋炒肉丝 …………………… 99
鱼香肉丝 ……………………… 99
家常豆腐 ……………………… 100
砂锅鱼头豆腐 ………………… 100
麻婆豆腐 ……………………… 100
宫保肉丁 ……………………… 100
白油肉片 ……………………… 100

新世纪 老年 百科全书

4

回锅肉 …………………… 101
盐煎肉 …………………… 101
酱肉丝 …………………… 101
东坡肉 …………………… 101
板栗烧肉 ………………… 101
红烧狮子头 ……………… 101
蒜泥白肉 ………………… 102
夹沙肉 …………………… 102
咸烧白 …………………… 102
粉蒸肉 …………………… 102
焖烧牛肉 ………………… 103
水煮牛肉 ………………… 103
粉蒸牛肉 ………………… 103
清炖羊肉 ………………… 103
当归炖鸡 ………………… 103
红油鸡块 ………………… 103
热味姜汁鸡 ……………… 103
香酥鸭 …………………… 104
魔芋烧鸭 ………………… 104
豆瓣鱼 …………………… 104
泡菜鱼 …………………… 104
大蒜烧鳝鱼 ……………… 104
干煸鳝鱼丝 ……………… 105
家常面食 ………………… 105
馒头 ……………………… 105
花卷 ……………………… 105
油条 ……………………… 105
水饺 ……………………… 105
馄饨 ……………………… 105
锅贴 ……………………… 105
包子 ……………………… 106
担担面 …………………… 106
炸酱面 …………………… 106
刀削面 …………………… 106
米饭 ……………………… 106
蒸大米饭 ………………… 106
焖大米饭 ………………… 106
甑子白米干饭 …………… 106
小米饭 …………………… 106
高粱米饭 ………………… 107
八宝饭 …………………… 107
年糕 ……………………… 107
家常西餐 ………………… 107
西餐的特点 ……………… 107
西餐的烹调法 …………… 108
西餐冷菜 ………………… 108
什锦色拉 ………………… 108
牛肉色拉 ………………… 109

火腿三明治 ……………… 109
西餐热菜 ………………… 109
炸猪排 …………………… 109
奶油烩鸡丝 ……………… 109
俄式炒牛肉丝 …………… 109
土豆清烩羊肉 …………… 109
西餐沙司 ………………… 109
番茄沙司 ………………… 109
美国沙司 ………………… 109
法国沙司 ………………… 110
苹果沙司 ………………… 110
西餐饭点 ………………… 110
白塔油双色布丁 ………… 110
苹果派 …………………… 110
鸡蛋木斯 ………………… 110
炸香蕉 …………………… 110
面包 ……………………… 110
西餐早点 ………………… 110
麦片粥 …………………… 111
煮鸡蛋 …………………… 111
面包、黄油 ……………… 111
一份西餐早点 …………… 111
西餐汤 …………………… 111
乡下浓汤 ………………… 111
奶油鸡汤 ………………… 111
牛尾汤 …………………… 111
西餐饮料 ………………… 111
咖啡 ……………………… 111
红茶 ……………………… 112
可可 ……………………… 112
西餐礼仪 ………………… 112

衣　饰

衣饰与搭配 ……………… 112
体形与服饰 ……………… 112
脸形与服饰 ……………… 113
肤色与服饰 ……………… 113
年龄与服饰 ……………… 113
老年服饰时尚 …………… 114
老年人如何着装 ………… 114
老年饰品佩戴 …………… 114
洗涤与保养 ……………… 114
洗衣服不宜 ……………… 114
皮革制品的保养 ………… 114
毛衣的洗涤与保养 ……… 114
丝绸衣服的洗涤与保养 … 114
涤纶衣服的洗涤与保养 …… 114

美 容

男士美容 ……………………………… 115
 男士的脸形 ……………………… 115
 男士的五官护理 ………………… 115
 男士的皮肤特点 ………………… 116
 男士美容用品 …………………… 117
 男士修面 ………………………… 117
男士美发 ……………………………… 117
 发质、类型 ……………………… 117
 洗发 ……………………………… 118
 按摩与梳头 ……………………… 118
 男士美发用品 …………………… 118
女士美容 ……………………………… 118
 东方女性的美容特点 …………… 118
 选择适合自己的化妆品 ………… 118
 认识并保养好自己的皮肤 ……… 119
 四季的皮肤护理 ………………… 120
 面部化妆 ………………………… 120
女士美发 ……………………………… 121
 洗发 ……………………………… 121
 护发 ……………………………… 121
发型、脸形与体形的协调 …………… 121
 发型与脸形 ……………………… 121
 发型改变脸形的诀窍 …………… 121
 发型与体形 ……………………… 121

交通工具

骑自行车须知 ………………………… 122
乘坐公共汽车须知 …………………… 122
乘坐出租汽车须知 …………………… 122
乘坐火车须知 ………………………… 122
乘坐轮船须知 ………………………… 123
乘坐飞机须知 ………………………… 123

④ 养生卷
自然养生术

早起养生 ……………………………… 125
睡眠养生 ……………………………… 125
二便养生 ……………………………… 126
衣着养生 ……………………………… 126
阳光养生 ……………………………… 127
减肥养生 ……………………………… 127
驻颜养生 ……………………………… 128
祛病养生 ……………………………… 128
四季养生 ……………………………… 128

饮食养生术

药食兼宜的食物 ……………………… 130
节食养生 ……………………………… 130
蔬果养生 ……………………………… 130
杂粮养生 ……………………………… 131
肉类养生 ……………………………… 131
菌类养生 ……………………………… 132
野菜养生 ……………………………… 132
饮茶养生 ……………………………… 132
饮酒养生 ……………………………… 133
食忌养生 ……………………………… 133

药膳养生术

疾病药膳 ……………………………… 134
慢性支气管炎药膳 …………………… 134
高血压病药饮 ………………………… 134
冠心病药膳 …………………………… 134
糖尿病药膳 …………………………… 135
肥胖症药膳 …………………………… 135
老年痴呆症药膳 ……………………… 135
贫血症药膳 …………………………… 135
胃病药膳 ……………………………… 135
白内障药膳 …………………………… 136
急慢性肾炎药膳 ……………………… 136
肝炎药膳 ……………………………… 136
脑血栓药膳 …………………………… 137
便秘药膳 ……………………………… 137
滋补药酒 ……………………………… 138
百岁酒 ………………………………… 138
却老酒 ………………………………… 138
菊花酒 ………………………………… 138
首乌酒 ………………………………… 138
驻颜酒 ………………………………… 138
益寿丹丸 ……………………………… 138
罗真人延寿丹 ………………………… 138
养心延龄益寿丹 ……………………… 138
延寿丹 ………………………………… 138
二黄丸 ………………………………… 139
人参固本丸 …………………………… 139
益气固精丸 …………………………… 139
仙茅丸 ………………………………… 139
八仙长寿丸 …………………………… 139
益寿膏 ………………………………… 139
菊花延龄膏 …………………………… 139
两仪膏 ………………………………… 139
红玉膏 ………………………………… 139
八仙长寿膏 …………………………… 139

长生神芝膏 ·········· 139
药饵禁忌 ·········· 139

气功养生术

练功要领 ·········· 140
练功的效应 ·········· 140
练功注意事项 ·········· 141
练功偏差预防与纠正 ·········· 141

房中养生术

老年性生活 ·········· 142
激素与性生活 ·········· 142
男性外用器具 ·········· 142
女性外用器具 ·········· 142

⑤ 科学技术卷

生命科学热点

人类基因组计划 ·········· 143
后基因时代 ·········· 144
中华民族基因组计划 ·········· 145
人类为何有不同肤色 ·········· 146
未来人类的进化趋势 ·········· 146
换心人 ·········· 148
生物电脑人 ·········· 148
植入了芯片的人 ·········· 149
人体"重组" ·········· 149
克隆人 ·········· 150

宇宙科学热点

宇宙会不会再一次发生大爆炸 ········ 151
"天地大冲撞" ·········· 152
量子宇宙与时空隧道 ·········· 154
人类进军深空 ·········· 155
人类开发月球 ·········· 156
人类远征火星 ·········· 157
人类探索地球外的生命 ·········· 158
太空移民 ·········· 159
太空探测器 ·········· 160

高新技术

纳米和原子技术 ·········· 161
智慧电脑的福与祸 ·········· 162
穷国的核武器 ·········· 162
高科技与间谍 ·········· 163
"网军"部队 ·········· 164

前沿科技与生活

器官银行 ·········· 165
制服人类的四大杀手—现代文明病 ·········· 167
"虚拟现实VR"和"灵境"人 ·········· 167
全脑移植和"灵魂"移植 ·········· 169
服务型机器人 ·········· 170
书本将消失 ·········· 170
艾滋病就要摘掉绝症帽子 ·········· 171
杀人流感会不会卷土重来 ·········· 172
磁悬浮列车 ·········· 172
"空调服"和"救命服" ·········· 173
人畜共患疾病 ·········· 173
疯牛病 ·········· 175

⑥ 欣赏卷

名著欣赏

中国名著 ·········· 177
《诗经》 ·········· 177
《老子》 ·········· 178
《论语》 ·········· 179
《孟子》 ·········· 180
《庄子》 ·········· 180
《荀子》 ·········· 181
《楚辞》 ·········· 181
《史记》 ·········· 182
《世说新语》 ·········· 183
《颜氏家训》 ·········· 184
《唐诗三百首》 ·········· 184
《宋词三百首》 ·········· 185
《元曲选》 ·········· 185
《西厢记》 ·········· 186
《三国演义》 ·········· 187
《水浒传》 ·········· 188
《西游记》 ·········· 189
《牡丹亭》 ·········· 190
《三言二拍》 ·········· 190
《古文观止》 ·········· 192
《聊斋志异》 ·········· 192
《长生殿》 ·········· 193
《儒林外史》 ·········· 194
《红楼梦》 ·········· 195
《曾国藩家书》 ·········· 196
《鲁迅全集》 ·········· 197
《子夜》 ·········· 198

《寄小读者》……………………… 198
《激流三部曲》…………………… 199
《毛泽东诗词集》………………… 199
外国名著 …………………………… 200
《旧约》…………………………… 200
荷马史诗 ………………………… 200
《一千零一夜》…………………… 201
《源氏物语》……………………… 201
《神曲》…………………………… 201
《十日谈》………………………… 202
《堂吉诃德》……………………… 202
莎士比亚四大悲剧 ……………… 202
《伪君子》………………………… 203
《浮士德》………………………… 203
《红与黑》………………………… 203
《恰尔德·哈洛尔德游记》……… 204
《人间喜剧》……………………… 204
《巴黎圣母院》…………………… 204
《死魂灵》………………………… 205
《双城记》………………………… 205
《父与子》………………………… 205
《罪与罚》………………………… 205
《玩偶之家》……………………… 205
《安娜·卡列尼娜》……………… 205
《复活》…………………………… 206
《哈克贝里·芬历险记》………… 206
《德伯家的苔丝》………………… 206
《羊脂球》………………………… 206
《漂亮朋友》……………………… 206
《套中人》………………………… 206
《戈拉》…………………………… 206
《飞鸟集》………………………… 207
《约翰·克利斯朵夫》…………… 207
《美国的悲剧》…………………… 207
《尤利西斯》……………………… 207
《变形记》………………………… 207
《老人与海》……………………… 207
《间隔》…………………………… 208
《静静的顿河》…………………… 208
《红星照耀中国》《西行漫记》… 208
《等待戈多》……………………… 209
《百年孤独》……………………… 209

楹联欣赏

昆明:大观楼长联 ………………… 209
昆明:西山华亭寺联 ……………… 210
杭州:灵隐寺联 …………………… 210
杭州:岳王庙联 …………………… 211

宁波:天一阁联 …………………… 211
天台山:方广寺联 ………………… 212
无锡:东林书院联 ………………… 212
扬州:平山堂联 …………………… 213
南京:莫愁湖胜棋楼联 …………… 213
南京:瞻园联 ……………………… 213
济南:大明湖辛弃疾祠联 ………… 214
长沙:岳麓山爱晚亭联 …………… 214
秦皇岛:山海关孟姜女庙联 ……… 215
成都:武侯祠联 …………………… 216
成都:杜甫草堂联 ………………… 217
都江堰:离堆公园联 ……………… 219
眉山:三苏祠联 …………………… 219
峨眉山:灵岩寺联 ………………… 220
青城山:天师洞联 ………………… 220
香港:九龙荔园游乐场宋城联 …… 221

名曲欣赏

中国音乐 …………………………… 221
《高山》《流水》——古琴独奏曲 221
《梅花三弄》——古琴独奏曲 …… 222
《渔舟唱晚》——古琴独奏曲 …… 222
《百鸟朝凤》——唢呐独奏曲 …… 222
《十面埋伏》——琵琶独奏曲 …… 222
《春江花月夜》——民乐合奏曲 … 223
《二泉映月》——二胡曲 ………… 223
《梁祝》——小提琴协奏曲 ……… 224
《黄河大合唱》——合唱 ………… 225
《长征组歌》——合唱 …………… 226
《苏武牧羊》——汉族民歌 ……… 226
《茉莉花》——江苏民歌 ………… 227
外国音乐 …………………………… 227
《土耳其进行曲》——钢琴独奏曲
　　……………………………… 227
《G大调弦乐小夜曲》——管弦乐曲
　　……………………………… 228
《命运交响曲》——交响乐曲
　　……………………………… 228
《卡玛林斯卡雅幻想曲》——管弦乐曲
　　……………………………… 229
《春之歌》——钢琴独奏曲 ……… 230
《降E大调夜曲》——钢琴独奏曲
　　……………………………… 230
《梦幻曲》——钢琴独奏曲 ……… 230
《匈牙利狂想曲》第六号——钢琴独奏曲
　　……………………………… 231
《蓝色的多瑙河》——管弦乐曲 … 231
《天鹅湖》组曲——管弦乐曲 …… 232

《新世界交响曲》——交响曲 ……… 233
《月光》——钢琴独奏曲 ……… 234
《春之祭》——管弦乐曲 ……… 235
《彼得与狼》——交响乐曲 ……… 235
《我的太阳》——意大利歌曲 ……… 236
《莫斯科郊外的晚上》——苏联歌曲
………………………………… 237
《友谊地久天长》——苏格兰民歌
………………………………… 237
《三套车》——俄罗斯民歌 ……… 238
《星星索》——印度尼西亚民歌 ……… 239

舞蹈欣赏

中国民族民间舞蹈 ……… 239
　汉族"秧歌"和"腰鼓" ……… 239
　汉族"花鼓灯"舞和采茶舞 ……… 239
　朝鲜族民间舞蹈 ……… 239
　藏族民间舞蹈 ……… 240
　维吾尔族民间舞蹈 ……… 240
　傣族民间舞蹈 ……… 240
芭蕾 ……… 240
　浪漫主义芭蕾——《仙女》 ……… 240
　古典芭蕾——《天鹅湖》 ……… 241
　纯芭蕾——《小夜曲》 ……… 241
　交响芭蕾——《斯巴达克斯》 ……… 241
现代舞 ……… 241
国际标准交谊舞 ……… 242
　国际舞 ……… 242
　华尔兹舞和其他摩登舞 ……… 242
　拉丁舞 ……… 242

戏剧曲艺欣赏

话剧 ……… 242
　《屈原》 ……… 242
　《茶馆》 ……… 244
　《雷雨》 ……… 245
昆剧 ……… 247
　《游园惊梦》 ……… 248
京剧 ……… 249
　《西施》 ……… 250
　《借东风》 ……… 251
　《卖水》 ……… 251
越剧 ……… 252
　《红楼梦》 ……… 252
黄梅戏 ……… 253
　《夫妻观灯》 ……… 253
川剧 ……… 253
　《秋江》 ……… 253

评剧 ……… 254
　《茶瓶计》 ……… 254
豫剧 ……… 255
　《花打朝》 ……… 255
相声 ……… 256
　侯宝林的相声 ……… 256
　马季的相声 ……… 258
　姜昆与李文华的相声 ……… 258
小品 ……… 260
　宋丹丹与黄宏的小品 ……… 260
　赵丽蓉的小品 ……… 260
大鼓与鼓书 ……… 261
　骆玉笙的京韵大鼓 ……… 261
评书 ……… 261
　袁阔成、刘兰芳的评书 ……… 262
评弹 ……… 262
道情 ……… 262
四川清音与扬琴 ……… 263
快书与快板 ……… 263
　高元钧与山东快书 ……… 263

电影名片欣赏

中国电影 ……… 264
　《渔光曲》 ……… 264
　《桃李劫》 ……… 265
　《马路天使》 ……… 266
　《十字街头》 ……… 266
　《一江春水向东流》 ……… 267
　《三毛流浪记》 ……… 267
　《丽人行》 ……… 267
　《乌鸦与麻雀》 ……… 268
　《钢铁战士》 ……… 268
　《白毛女》 ……… 268
　《南征北战》 ……… 269
　《鸡毛信》 ……… 269
　《渡江侦察记》 ……… 269
　《平原游击队》 ……… 269
　《董存瑞》 ……… 270
　《上甘岭》 ……… 270
　《人到中年》 ……… 271
　《城南旧事》 ……… 272
　《默默的小理河》 ……… 273
　《血战台儿庄》 ……… 274
　《孙中山》 ……… 274
　《红高粱》 ……… 276
　《开国大典》 ……… 277
　《焦裕禄》 ……… 278
　《周恩来》 ……… 279

外国电影 ……………………… 280
《爱德华大夫》 ………………… 280
《罗马 11 时》 ………………… 281
《一个警察局长的自白》 ……… 281
《星球大战》 …………………… 282
《人证》 ………………………… 283
《克莱默夫妇》 ………………… 284
《秋天的马拉松》 ……………… 285
《铁皮鼓》 ……………………… 285
《最后一班地铁》 ……………… 286

古代工艺珍品欣赏

玉器 ……………………………… 287
三叉形玉冠饰 …………………… 287
玉凤 ……………………………… 288
人首蛇身玉饰 …………………… 288
金缕玉衣 ………………………… 288
玉禹山 …………………………… 289
陶器 ……………………………… 289
红陶人头壶 ……………………… 289
彩绘乐舞杂技俑 ………………… 289
说唱俑 …………………………… 290
陶船 ……………………………… 290
贴花盘口琉璃瓶 ………………… 290
瓷器 ……………………………… 290
青瓷熊灯 ………………………… 290
定窑孩儿枕 ……………………… 291
青花云龙纹扁壶 ………………… 291
各色釉大瓶 ……………………… 291
玉壶春瓶 ………………………… 292
青铜器 …………………………… 292
杜岭方鼎 ………………………… 292
司母戊鼎 ………………………… 292
三星堆青铜人头像 ……………… 293
吴王夫差矛 ……………………… 293
越王勾践剑 ……………………… 294
曾侯乙编钟 ……………………… 294
重金络壶 ………………………… 294
秦陵铜车马 ……………………… 294
金器 ……………………………… 295
三星堆金杖 ……………………… 295
金兽 ……………………………… 295
万历帝金丝冠 …………………… 295
万历孝靖皇后凤冠 ……………… 295

名画欣赏

中国名画 ………………………… 296
顾恺之《〈洛神赋〉图》 ………… 296

李思训《江帆楼阁图轴》 ……… 296
张择端《清明上河图》 ………… 296
王冕《南枝春早》 ……………… 296
唐寅《函关雪霁》 ……………… 297
文徵明《古木寒泉图》 ………… 297
董其昌《昼锦堂图》 …………… 297
郑燮《竹石图》 ………………… 297
吴昌硕《桃实图》 ……………… 298
齐白石《虾蟹图》 ……………… 298
张大千《长江万里图》 ………… 298
吴凡《蒲公英》 ………………… 298
外国名画 ………………………… 298
乔托《逃亡埃及》 ……………… 298
达·芬奇《蒙娜丽莎》 ………… 299
米开朗琪罗《创造亚当》 ……… 299
拉斐尔《西斯廷圣母》 ………… 299
提香《天上人间的爱》 ………… 299
伦勃朗《夜巡》 ………………… 299
大卫《马拉之死》 ……………… 300
库尔贝《碎石工》 ……………… 300
莫奈《日出印象》 ……………… 300
列宾《伏尔加河纤夫》 ………… 300
塞尚《有瓷杯的静物》 ………… 300
凡·高《向日葵》 ……………… 300
高更《塔希提岛的妇女》 ……… 301
毕加索《格尔尼卡》 …………… 301

雕塑欣赏

中国雕塑 ………………………… 301
秦始皇陵兵马俑 ………………… 301
昭陵六骏 ………………………… 301
外国雕塑 ………………………… 302
米隆《掷铁饼者》 ……………… 302
阿历山德罗《维纳斯》 ………… 302
罗丹《沉思》 …………………… 302

铭刻书法碑帖欣赏

石鼓文 …………………………… 302
琅琊台刻石 ……………………… 303
乙瑛碑 …………………………… 303
史晨碑 …………………………… 304
曹全碑 …………………………… 304
张迁碑 …………………………… 304
王羲之《兰亭序》 ……………… 304
李邕《李思训碑》 ……………… 305
颜真卿《祭侄文稿》 …………… 305
柳公权《神策军碑》 …………… 305
苏轼《洞庭春色赋》 …………… 305

黄庭坚《诸上座帖》 …………… 305
米芾《苕溪诗》 …………………… 306
文徵明《行书册》 ………………… 306
董其昌《白羽扇赋》 ……………… 306
郑燮《行书横幅》 ………………… 306
《三希堂法帖》 …………………… 306

7 休闲娱乐卷

茶

饮茶常识 …………………………… 307
　饮茶 ……………………………… 307
　饮茶的好处 ……………………… 307
　茶叶的分类 ……………………… 308
　中国十大名茶 …………………… 308
　茶叶的选购 ……………………… 309
　茶叶的保存 ……………………… 310
茶艺 ………………………………… 310
　泡茶用水 ………………………… 310
　泡茶水温 ………………………… 311
　泡茶时间 ………………………… 311
　茶艺与茶具 ……………………… 311
药茶 ………………………………… 312
　人参茶 …………………………… 312
　灵芝茶 …………………………… 312
　二子延年茶 ……………………… 312
　消渴茶 …………………………… 312
　八仙茶 …………………………… 312
　还童茶 …………………………… 312
　山楂茶 …………………………… 312
　柿叶茶 …………………………… 312
茶馆 ………………………………… 312
　北京茶馆 ………………………… 312
　成都茶馆 ………………………… 313
　现代茶坊 ………………………… 313

旅游常识

旅游与长寿 ………………………… 313
旅游常识 …………………………… 314
　旅行社 …………………………… 314
　时差 ……………………………… 315
　温差 ……………………………… 316
　小费 ……………………………… 316
　旅游法规 ………………………… 316
　旅游合同 ………………………… 317
　导游 ……………………………… 317
　旅游保险 ………………………… 318
　旅游投诉 ………………………… 318
　旅游交通 ………………………… 318
　旅游住宿 ………………………… 319
　旅游购物 ………………………… 319
　旅游保健 ………………………… 320
　旅游急救 ………………………… 320
　旅游小药箱 ……………………… 321
　旅游食品 ………………………… 321
　旅游摄影 ………………………… 321
　旅游文学 ………………………… 322

旅游方式和旅游主题

旅游方式 …………………………… 323
　自助旅游 ………………………… 323
　逍遥游 …………………………… 323
　骑自行车旅游 …………………… 324
　徒步旅游 ………………………… 324
　团队旅游 ………………………… 324
旅游主题 …………………………… 325
　主题公园旅游 …………………… 325
　工业旅游 ………………………… 325
　农业旅游 ………………………… 325
　森林旅游 ………………………… 326
　沙漠植树旅游 …………………… 327
　生态旅游 ………………………… 327
　保健康复旅游 …………………… 327
　美食旅游 ………………………… 327
　宗教旅游 ………………………… 327
　民俗旅游 ………………………… 328
　边境旅游 ………………………… 328
　航天旅游 ………………………… 328

旅游线路

国内旅游线 ………………………… 329
　冰天雪地东北游 ………………… 329
　神秘高原西藏游 ………………… 330
　中原黄河游 ……………………… 330
　古都西安游 ……………………… 331
　古丝绸之路游 …………………… 331
　首都北京游 ……………………… 332
　天府之国四川游 ………………… 333
　山水画廊长江三峡游 …………… 335
　江南水乡游 ……………………… 335
　云南少数民族风情游 …………… 336
　天涯海角海南游 ………………… 337
　港、澳游 ………………………… 338
国际旅游线 ………………………… 339
　美国、加拿大游 ………………… 339

欧洲八国游 ················· 341
澳大利亚游 ················· 345
新、马、泰游 ··············· 345
韩国游 ····················· 346

养　花

花卉栽培的常识 ············· 347
　工具的准备 ··············· 347
　土壤的选择 ··············· 347
　花种的选用 ··············· 347
　花种的种前处理 ··········· 348
　花苗的选购 ··············· 348
　花盆的选用 ··············· 348
　盆花的翻盆换土 ··········· 348
　花苗的移栽 ··············· 349
　花卉的定植 ··············· 349
　花卉的瓶栽 ··············· 350
　花卉的盆播 ··············· 350
　花肥的制备 ··············· 350
　营养液的配制 ············· 351
　合理施肥 ················· 352
　花卉病虫害的防治 ········· 352
　化学除草剂的使用 ········· 354
　花卉浇水的诀窍 ··········· 354
　中耕和除草 ··············· 354
　花卉的修剪 ··············· 355
花卉的繁殖 ················· 356
　分株繁殖 ················· 356
　分球繁殖 ················· 356
　嫁接法繁殖 ··············· 356
　扦插的繁殖 ··············· 356
　水插的繁殖 ··············· 357
花卉的管理 ················· 357
　春季管理 ················· 357
　夏季管理 ················· 357
　秋季管理 ················· 357
　冬季管理 ················· 358
花期的人工控制 ············· 358
庭园花卉 ··················· 359
　庭园花卉的布置 ··········· 359
　花坛的布置 ··············· 359
　小天井的绿化 ············· 360
　屋顶花园 ················· 360
　阳台养花 ················· 360
　室内花卉 ················· 361
盆景艺术 ··················· 361
　盆景艺术简介 ············· 361
　盆景的分类 ··············· 362

　盆景的制作 ··············· 362
　花盆的选用 ··············· 363
　盆景的置放 ··············· 363
名花栽培 ··················· 363
　梅花 ····················· 363
　牡丹 ····················· 364
　兰花 ····················· 365
　菊花 ····················· 366
　月季花 ··················· 368
　杜鹃花 ··················· 368
　山茶花 ··················· 369
　荷花 ····················· 370
　桂花 ····················· 371
　水仙花 ··················· 371
　玫瑰花 ··················· 372
　樱花 ····················· 372
　茉莉花 ··················· 373
　矢车菊 ··················· 373
　睡莲 ····················· 374
　大丽菊 ··················· 374
　卡特兰 ··················· 375
　三色堇 ··················· 375
　树蕨 ····················· 376
　仙客来 ··················· 376
　白兰花 ··················· 377
　仙人掌 ··················· 377
　百合花 ··················· 378
　木芙蓉 ··················· 378
　大花君子兰 ··············· 379
　白玉兰 ··················· 379
　紫薇 ····················· 380
　蜡梅 ····················· 380

养宠物

犬 ························· 381
猫 ························· 384
鸟 ························· 385
　金丝鸟 ··················· 385
　百灵鸟 ··················· 386
　相思鸟 ··················· 387
　画眉鸟 ··················· 388
　鹦鹉 ····················· 389
金鱼 ······················· 390

摄　影

傻瓜照相机 ················· 390
数码照相机 ················· 391
感光胶卷 ··················· 392

内置闪光灯的应用 …………… 392
取景与构图 …………………… 393
自动曝光模式的选用 ………… 393
自动对焦的操作要领 ………… 394
不同光位光线的运用 ………… 394
家庭生活摄影 ………………… 395
旅游摄影 ……………………… 396
风光摄影 ……………………… 396
人像摄影 ……………………… 396
静物摄影 ……………………… 396
舞台摄影 ……………………… 396

棋牌娱乐

围棋和五子棋 ………………… 396
中国象棋 ……………………… 397
国际象棋 ……………………… 397
扑克 …………………………… 398
　桥牌 ………………………… 398
　双抠 ………………………… 399
麻将 …………………………… 400

诗

诗的体式 ……………………… 401
　四言诗 ……………………… 401
　骚体 ………………………… 401
　五言古体诗 ………………… 401
　七言古体诗 ………………… 401
　杂言诗 ……………………… 401
　近体诗 ……………………… 402
　律诗 ………………………… 402
　绝句 ………………………… 402
　排律 ………………………… 402
诗的格律构成要素 …………… 403
句式 …………………………… 403
　四声与平仄 ………………… 403
押韵 …………………………… 403
粘对 …………………………… 404
对仗 …………………………… 404

词

词调、词牌与词谱 …………… 405
小令、中调、长调 …………… 406
令、引、近、慢、序 ………… 406
单调、双调、三叠、四叠 …… 406

对联

对联 …………………………… 407
对联的起源 …………………… 407
对联的形成 …………………… 407
对联的功用 …………………… 408
对联的分类 …………………… 408
　春联 ………………………… 408
　装饰联 ……………………… 408
　专用联 ……………………… 408
　交际联 ……………………… 409

⑧ 健身与运动卷

运　动

运动的益处 …………………… 411
运动前的健康检查 …………… 412
运动前的准备活动 …………… 412
运动后的整理活动 …………… 413
晨练 …………………………… 413
黄昏锻炼 ……………………… 413
夏季锻炼中的注意事项 ……… 413
冬季锻炼注意事项 …………… 414
运动量的自我测试 …………… 414
锻炼方式 ……………………… 414
　倒行运动 …………………… 414
　步行锻炼 …………………… 415
　健身跑 ……………………… 416
　骑自行车运动 ……………… 417
　走跑交替运动 ……………… 417
　爬楼梯运动 ………………… 417
　冷水浴 ……………………… 418
　健身操 ……………………… 419
　徒手健身操 ………………… 419
　八段锦健身操 ……………… 422
　伸展体操 …………………… 424
　太极拳 ……………………… 424
　游泳 ………………………… 425
　垂钓 ………………………… 428
　台球 ………………………… 431
　乒乓球 ……………………… 433
　健身球 ……………………… 434
　保龄球 ……………………… 435
　羽毛球 ……………………… 436

病员的锻炼——运动疗法

冠心病的运动疗法 …………… 438
高血压病的运动疗法 ………… 440
　步行锻炼 …………………… 440
　气功 ………………………… 440
　太极拳 ……………………… 440

医疗体操 ·················· 440
糖尿病的运动疗法 ·········· 441
　步行运动 ················ 441
　爬楼梯运动 ·············· 441
　踮脚尖运动 ·············· 441
　坐、立交替运动 ·········· 441
　医疗体操 ················ 441
骨质疏松症的运动疗法 ······ 442
　散步 ···················· 442
　抬腿运动 ················ 442
　跳跃运动 ················ 442
　医疗体操 ················ 442
肥胖症病的运动疗法 ········ 443
慢性肝炎病的运动疗法 ······ 443
　内养功 ·················· 443
　"嘘"字养肝功 ·········· 444
　医疗体操 ················ 444
　太极拳 ·················· 444
颈椎病的运动疗法 ·········· 444
慢性肩周炎病的运动疗法 ···· 445
　医疗体操 ················ 446
　木棍肩操 ················ 446
　摆动沙袋 ················ 446
慢性胃炎病的运动疗法 ······ 447
　医疗体操 ················ 447
　按摩 ···················· 447
　气功 ···················· 447
　甩臂散步 ················ 447
慢性支气管炎病的运动疗法 ·· 448
　呼吸操 ·················· 448
　医疗体操 ················ 448
　冷水浴 ·················· 448
　太极拳 ·················· 448
　步行 ···················· 449
前列腺肥大病的运动疗法 ···· 449
　提肛运动 ················ 449
　医疗体操 ················ 449
中风偏瘫病的运动疗法 ······ 450
肿瘤病的运动疗法 ·········· 451

9 医疗卫生卷

老年卫生

健康老人的标准 ············ 452
延缓衰老的对策 ············ 452
合理使用维生素 ············ 453
注意正确用药 ·············· 453
正确使用抗生素 ············ 454

老年心理

老年心理类型 ·············· 455
　愉快积极型 ·············· 455
　直接兴趣型 ·············· 455
　关心健康型 ·············· 456
　解脱型 ·················· 456
　追求知识型 ·············· 456
　坚持工作型 ·············· 456
老年心理疾病的家庭治疗 ···· 456
老年心理疾病的自我治疗 ···· 457
老年心理保健 ·············· 457
　生死观 ·················· 457
　失落感 ·················· 458
　悲天情绪与疾病 ·········· 459
　心情压抑与心理健康 ······ 459
　孤独症良方 ·············· 460
　愤怒宣泄法 ·············· 462
　沮丧宣泄法 ·············· 462
　"节欲"与隐士 ·········· 462
　积极宣泄法 ·············· 465

老年疾病

老年疾病的种类及特点 ······ 466
高血压病 ·················· 466
高血压危象 ················ 468
脑卒中 ···················· 468
短暂性脑缺血 ·············· 469
腔隙梗死综合征 ············ 469
低血压病 ·················· 470
老年性痴呆 ················ 470
帕金森病（震颤麻痹） ······ 471
老年癫痫 ·················· 472
神经症及心因性反应 ········ 472
躁狂症 ···················· 472
抑郁症 ···················· 473
脑动脉硬化性精神障碍 ······ 473
精神分裂症 ················ 473
幻觉妄想症 ················ 474
酒精中毒 ·················· 474
失眠 ······················ 474
冠心病 ···················· 475
心肌梗死与心脏破裂 ········ 476
心性猝死 ·················· 476
肺炎 ······················ 477

肺结核 …………………………… 477
肺气肿 …………………………… 478
胃炎 ……………………………… 478
胆囊结石 ………………………… 479
胆囊息肉 ………………………… 480
急性胰腺炎 ……………………… 480
便秘 ……………………………… 480
腹泻 ……………………………… 481
糖尿病 …………………………… 481
高血脂症 ………………………… 482
骨质疏松症 ……………………… 483
肩周炎 …………………………… 483
颈椎病 …………………………… 483
泌尿系结石 ……………………… 484
前列腺增生症 …………………… 485
更年期综合征 …………………… 485
阴道炎 …………………………… 486
绝经后阴道出血 ………………… 486
皮肤瘙痒 ………………………… 487
带状疱疹 ………………………… 487
手足皲裂 ………………………… 488
白内障 …………………………… 488
青光眼 …………………………… 488
老年性耳聋 ……………………… 489
肿瘤病 …………………………… 490

⑩ 事业卷

名人晚年

洛克菲勒晚年成慈善家 ………… 492
盛田昭夫晚年转攻运动 ………… 492
卡内基晚年转行善 ……………… 492
邓小平晚年退休享天伦之乐 …… 492
达尔文的最后10年 ……………… 493
丘吉尔丰富多彩的晚年生活 …… 494
毕加索90岁绘新图 ……………… 494

百姓晚年

"移情别恋"的老王 ……………… 495
晚年圆了画家梦 ………………… 495
70岁老人学电脑 ………………… 496
老劳模返聘献余热 ……………… 497
老来书信乐 ……………………… 497
花甲之年进大学 ………………… 497
晚年著书亦快活 ………………… 498

⑪ 投资与理财卷

储蓄存款

储蓄 ……………………………… 501
活期储蓄 ………………………… 501
定期储蓄 ………………………… 501
邮政储蓄 ………………………… 501
电子储蓄卡 ……………………… 502

股票投资

股票 ……………………………… 502
股票分类 ………………………… 502
投资股票的好处 ………………… 504
买卖A股操作法 ………………… 504
如何看大盘 ……………………… 505
上市公司分红 …………………… 506
上市公司配股 …………………… 507
上市公司转增股本 ……………… 508
技术分析—K线图 ……………… 509
证券交易所代理业务费用与税收 …… 510

债券投资

债券 ……………………………… 510
债券的基本要素 ………………… 510
债券的特征 ……………………… 511
债券的种类 ……………………… 511
国债 …………………………… 511
"金边债券" …………………… 511
凭证式国债 …………………… 511
无记名国债 …………………… 511
记账式国债 …………………… 511
地方债券 ……………………… 511
金融债券 ……………………… 512
政策性金融债券 ……………… 512
特种金融债券 ………………… 512
定向债券 ……………………… 512
企业债券 ……………………… 512
短期企业债券、中期企业债券、长期
企业债券 …………………… 512
记名企业债券和不记名企业债券
…………………………………… 513
信用债券和担保债券 ………… 513
保证债券 ……………………… 513
可提前赎回债券和不可提前赎回债券
…………………………………… 513
固定利率债券、浮动利率债券和累进

利率债券 …………………… 513
附有选择权的企业债券和不附有选择
权的企业债券 ……………… 513
公募债券和私募债券 ………… 513
地方企业债券 ………………… 513
重点企业债券 ………………… 513
产品配额企业债券 …………… 513
企业短期债券 ………………… 513

黄金及贵重金属收藏

黄金 …………………………… 513
黄金市场 ……………………… 514
黄金交易 ……………………… 514
伦敦黄金交易所 …………… 515
上海黄金交易所 …………… 515
个人黄金投资 ……………… 515
个人黄金投资产品 ………… 515
黄金价格 ……………………… 515
黄金饰品 ……………………… 516
金饰鉴定 ……………………… 516
白银 …………………………… 517
白金 …………………………… 517

房地产投资

房地产 ………………………… 517
房源 …………………………… 517
实地考察 ……………………… 518
购买二手房注意事项 ………… 519
产权证 ………………………… 519
购房合同 ……………………… 519
房屋资格审查 ………………… 519
户型 …………………………… 520
购房付款方式 ………………… 520

收藏品投资

玩物养志 ……………………… 521
收藏 …………………………… 522
古董 …………………………… 523
国画 ………………………… 523
书法 ………………………… 527
古瓷器 ……………………… 527
钱币 ………………………… 529
玉器 ………………………… 529
集邮 …………………………… 531
邮品 …………………………… 531
集邮方法 ……………………… 533
中国珍邮 ……………………… 534
西方珍邮 ……………………… 535

错邮 …………………………… 537
西方收藏热点 ………………… 537
卖价最高的美术作品 ………… 538
戒指 …………………………… 539
钻石 …………………………… 540
珍珠 …………………………… 542
巴黎文物拍卖行 ……………… 542

⑫ 家庭与婚姻卷

家　庭

家庭构成及其他 ……………… 546
家庭 ………………………… 546
家长 ………………………… 547
父母 ………………………… 548
子女 ………………………… 549
家属 ………………………… 550
出生与户口、居民身份证 …… 550
家政管理 …………………… 551
家庭类型 ……………………… 552
核心家庭 …………………… 552
主干家庭 …………………… 553
单身家庭 …………………… 554
单亲家庭 …………………… 555
老人家庭 …………………… 556
独生子女家庭 ……………… 557
家庭功能与家庭责任 ………… 557
创业 ………………………… 557
家产 ………………………… 558
忠诚 ………………………… 559
孝悌 ………………………… 559
扶养 ………………………… 560
赡养 ………………………… 561
家庭关系 ……………………… 562
夫妻人身关系 ……………… 562
夫妻财产关系 ……………… 563
夫妻共同财产 …………… 563
夫妻约定财产 …………… 564
父母子女关系 ……………… 565
婆媳关系 …………………… 565
隔代关系 …………………… 566
邻里关系 …………………… 567
血亲和姻亲 …………………… 568
老人与非亲生子女 …………… 568
晚节 …………………………… 569

婚姻关系

婚姻关系 ……………………… 569

婚姻自由 …………………… 570
　结婚自由 …………………… 571
　离婚自由 …………………… 571
　复婚自由 …………………… 572
　再婚自由 …………………… 572
美丽的黄昏恋 …………………… 573
约会 …………………… 574
婚礼 …………………… 574
白头偕老 …………………… 575

⑬ 法律常识卷

法

法 …………………… 576
法系 …………………… 576
　大陆法系 …………………… 576
　英美法系 …………………… 577
法的分类 …………………… 577
　成文法 …………………… 577
　判例法 …………………… 577
　程序法 …………………… 577
　实体法 …………………… 577
　公法 …………………… 577
　私法 …………………… 577
　商法 …………………… 577
法制 …………………… 577
法治 …………………… 578
法律常识 …………………… 578
　违法行为 …………………… 578
　法律事实 …………………… 578
　法律责任 …………………… 578
　法律关系 …………………… 578
　法律规范 …………………… 578
　法律解释 …………………… 578
　法律意识 …………………… 578
　法律效力 …………………… 579
　法律冲突 …………………… 579
　法庭辩论 …………………… 579
　议会、国会 …………………… 579
　全国人民代表大会制度 …………………… 579
　中国法律体系 …………………… 579
公民 …………………… 580
公民权利 …………………… 580
　人权 …………………… 580
　自由 …………………… 580
　民主 …………………… 580
　公民权利和政治权利国际公约 ……… 580
法律正义 …………………… 581

法律职业

法律职业资格 …………………… 581
法官 …………………… 581
律师 …………………… 581
检察官 …………………… 581
公诉人 …………………… 581
辩护人 …………………… 581
警察 …………………… 581
仲裁员 …………………… 582
公证员 …………………… 582

实体法

民法 …………………… 582
　民法的基本原则 …………………… 582
　民事法律关系 …………………… 582
　法人 …………………… 583
　企业法人 …………………… 583
　法定代表人 …………………… 583
　民事行为 …………………… 583
　民事行为能力 …………………… 583
　民事权利能力 …………………… 584
　民事法律行为 …………………… 584
　要式法律行为 …………………… 584
　非要式法律行为 …………………… 584
　附条件法律行为 …………………… 584
　无效民事行为 …………………… 584
　代理 …………………… 584
　委托代理 …………………… 585
　法定代理 …………………… 585
　所有权 …………………… 585
　相邻权 …………………… 585
　人身权 …………………… 585
　债权 …………………… 585
　债务 …………………… 586
　民事责任 …………………… 586
　有限责任 …………………… 586
　无限责任 …………………… 586
　连带责任 …………………… 586
　诉讼时效 …………………… 586
　合同 …………………… 586
　合同原则 …………………… 586
　无效合同 …………………… 587
　撤销权 …………………… 587
　格式条款 …………………… 587
　保证 …………………… 587
　定金 …………………… 588
　抵押 …………………… 588

质押 ·················· 588
留置 ·················· 589
婚姻 ·················· 589
　事实婚姻 ·············· 589
　无效婚姻 ·············· 589
　监护人 ··············· 589
　离婚的条件 ············ 590
继承 ·················· 590
　法定继承 ·············· 590
　遗嘱继承 ·············· 590
　遗赠 ················· 591
　遗嘱 ················· 591
老年人权益 ·············· 591
　老年人权益保障 ·········· 591
　老年人权益的社会保障 ······ 592
　老年人的赡养 ··········· 592
　家庭扶养 ·············· 593
　老年人婚姻 ············ 593
　老年人财产 ············ 593
　老年人教育 ············ 593
　老年人就业 ············ 593
　对侵害老年人权益的行为的处理
　　··················· 593
　养老保险 ·············· 593
　社会医疗保险 ··········· 594
刑事 ·················· 594
　犯罪 ················· 594
　正当防卫 ·············· 594
　共同犯罪 ·············· 595
　累犯 ················· 595
　刑罚 ················· 595
　立功表现 ·············· 595
　自首 ················· 596
　数罪并罚 ·············· 596
　告诉才处理 ············ 596

程序法

民事诉讼 ··············· 596
　当事人 ··············· 597
　诉讼请求 ·············· 597
　先予执行 ·············· 597
　本诉 ················· 597
　反诉 ················· 597
　撤诉 ················· 598
　举证责任 ·············· 598
　诉讼程序 ·············· 598
仲裁 ·················· 598
　仲裁 ················· 598

仲裁庭 ················· 598
仲裁协议 ··············· 599
仲裁程序 ··············· 599
法律服务 ··············· 599
　律师的业务范围 ·········· 599
　公证 ················· 599
　公证效力 ·············· 599
　申请公证 ·············· 599
　法律援助的对象 ·········· 600
　申请法律援助的条件 ······· 600
刑事诉讼 ··············· 600
　犯罪嫌疑人 ············ 600
　被告人 ··············· 600
　刑讯逼供 ·············· 601
　搜查 ················· 601
　监视居住 ·············· 601
　取保候审 ·············· 601
　拘留 ················· 601
　逮捕 ················· 601
　审查起诉 ·············· 602
　不起诉 ··············· 602
　公开审判 ·············· 602
　回避制度 ·············· 602
　附带民事诉讼 ··········· 603
　刑事自诉 ·············· 603
　抗诉 ················· 603
　上诉不加刑原则 ·········· 603
　假释 ················· 603
　监外执行 ·············· 604
　保外就医 ·············· 604
　减刑 ················· 604
　释放 ················· 604
行政处罚与行政诉讼 ········· 604
　行政处罚 ·············· 604
　具体行政行为 ··········· 604
　行政处罚的种类 ·········· 604
　行政处罚的程序 ·········· 604
　行政复议 ·············· 605
　行政诉讼 ·············· 605

14 宗教卷

佛教

概述 ·················· 606
汉传佛教 ··············· 607
藏传佛教 ··············· 608
云南上座部佛教 ··········· 608
佛教尊奉的神名普系 ········· 609

佛教的寺院制度和戒律 ………… 609
中国著名佛教寺庙和胜迹 ………… 610
　白马寺 …………………………… 610
　少林寺 …………………………… 610
　慈恩寺 …………………………… 610
　布达拉宫 ………………………… 610
　大昭寺 …………………………… 610
　龙门石窟 ………………………… 610
　敦煌莫高窟 ……………………… 611
　云冈石窟 ………………………… 611
中国四大佛教名山 ………………… 611
　五台山 …………………………… 611
　峨眉山 …………………………… 611
　普陀山 …………………………… 612
　九华山 …………………………… 612
佛教的重要节日 …………………… 613
　佛诞节 …………………………… 613
　盂兰盆节 ………………………… 613
　成道节 …………………………… 613
　涅槃节 …………………………… 613
　世界佛陀日 ……………………… 613

基督教

概述 ………………………………… 613
基督教（新教）在中国的传播 …… 614
中国基督教三自爱国运动 ………… 614
基督教（新教）基本教义 ………… 615
　因信称义 ………………………… 615
　信徒皆可为祭司 ………………… 615
　《圣经》具有最高权威 ………… 615
　圣事 ……………………………… 615
　五种圣事 ………………………… 616
基督教（新教）与天主教的区别 … 616
中国基督教著名教堂 ……………… 616
　无锡天主教堂 …………………… 616
　上海徐家汇天主教堂 …………… 616
　上海佘山天主教堂 ……………… 616
　广州圣心大教堂 ………………… 617
　哈尔滨圣索菲亚教堂 …………… 617
　北京崇文门教堂 ………………… 617
　青岛天主教堂 …………………… 617
　胡庄教堂 ………………………… 617
　澳门圣保禄大教堂 ……………… 617
基督教的节日 ……………………… 617
　圣诞节 …………………………… 617
　复活节 …………………………… 617
　受难节 …………………………… 618
　降临节 …………………………… 618

伊斯兰教

概述 ………………………………… 618
伊斯兰教在中国 …………………… 618
伊斯兰教的基本信仰 ……………… 619
　信安拉 …………………………… 619
　信天使 …………………………… 619
　信经典 …………………………… 619
　信使者 …………………………… 619
　信后世 …………………………… 619
　信前定 …………………………… 620
中国著名清真寺 …………………… 620
　北京牛街礼拜寺 ………………… 620
　扬州清真大寺 …………………… 620
　济南清真南大寺 ………………… 620
　杭州凤凰寺 ……………………… 620
　泉州清净寺 ……………………… 620
　广州怀圣寺 ……………………… 620
　喀什艾提尕尔清真寺 …………… 620
　西安化觉寺 ……………………… 621
　拉萨清真大寺 …………………… 621
伊斯兰教的节日 …………………… 621
　圣纪 ……………………………… 621
　宰牲节 …………………………… 621
　开斋节 …………………………… 621

道　教

概述 ………………………………… 622
原始道教 …………………………… 622
贵族道教 …………………………… 623
道教的发展与传播 ………………… 623
近代道教 …………………………… 624
现代道教 …………………………… 624
道教的戒律和清规 ………………… 624
　戒 ………………………………… 624
　律 ………………………………… 624
　清规 ……………………………… 625
道教的神仙 ………………………… 625
中国道教名山 ……………………… 625
　泰山 ……………………………… 625
　龙虎山 …………………………… 625
　齐云山 …………………………… 625
　武当山 …………………………… 625
　终南山 …………………………… 626
　青城山 …………………………… 626
中国道教著名宫观 ………………… 626
　北京白云观 ……………………… 626
　山西永乐宫 ……………………… 626

龙虎山天师府 …………… 626
崂山上清宫 ………………… 626
河南太清宫 ………………… 626
青城山天师洞 ……………… 626
成都青羊宫 ………………… 627
陕西楼台观 ………………… 627
道教重大节日 ……………… 627
　三清圣诞 ………………… 627
　玉皇圣诞 ………………… 627
　王母圣诞 ………………… 627
　东岳圣诞 ………………… 627
　文昌圣诞 ………………… 627
　真武圣诞 ………………… 628

15 他山之石卷

老年社会

银发浪潮 …………………… 630
养老与敬老 ………………… 630
自我养老 …………………… 631
老人年 ……………………… 632
生活原则 …………………… 632
养老院 ……………………… 632
　夕阳社会——养老院 …… 632
　养老院的生活 …………… 633
　法国的老人村 …………… 633

物质生活

衣、食、住、行 ……………… 634

远足、日光浴 ……………… 634
郊游、野餐 ………………… 635
参与博彩 …………………… 635
老年妇女迷缝纫 …………… 636
参加拍卖会 ………………… 636

文化生活

休闲与服务 ………………… 636
　泡图书馆 ………………… 636
　音乐迷 …………………… 638
　沙龙 ……………………… 638
　网络迷 …………………… 639
　老年义务服务大军 ……… 641
　泡咖啡馆 ………………… 642
　下午茶 …………………… 643
节日生活 …………………… 643
　愉快的节日生活 ………… 643
　圣诞节 …………………… 644
　复活节 …………………… 644
　狂欢节 …………………… 644
　万圣节 …………………… 646
　感恩节 …………………… 647
　母亲节和父亲节 ………… 647
　老人节 …………………… 648
　愚人节 …………………… 649
　情人节 …………………… 649
　葡萄酒节 ………………… 650
　巧克力节 ………………… 650
　啤酒节 …………………… 650

人 生 卷

REN SHENG JUAN

自从我们呱呱坠地来到人世，除了在褓褓之中、母亲怀里那段无忧无虑的日子之外，便开始了为人生的幸福而奋斗。如何才能使人能够得到人生的幸福与快乐？不同的人有不同的幸福观。范仲淹的幸福观是："先天下之忧而忧，后天下之乐而乐。"孟子的幸福观是："与民同乐。"杜甫的幸福观是："安得广厦千万间，大庇天下寒士俱欢颜，吾庐独破受冻死亦足。"毛泽东的幸福观是："与天奋斗，其乐无穷；与地奋斗，其乐无穷；与人奋斗，其乐无穷。"

这是大人物们的幸福观，老百姓则有自己的幸福观。农夫市民讲："人生在世，吃喝二字。"士大夫讲："人生三大快事：洞房花烛、金榜题名、衣锦还乡。"花花公子讲："石榴裙下死，做鬼也风流。"仁人志士讲："生命诚可贵，爱情价更高，若为自由故，二者皆可抛。"

现代心理学则将人的幸福归结于人的需求的满足。有个人类需求层次论，将人类对生活的需求分为 5 个层次。第一层是生存的需求，包括吃、穿、住、行、性等。第二层是安全的需求，如生、老、病、死的保障等。这两层需求是基本的需求。如果这两层需求能得到满足，人就可以平平安安地活下去。人类的第三层需求是归属的需求，归属一个家庭、一个家族、一个团体、一个圈子、一个民族、一个国家等。人类的第四层需求是情感的需求，如爱人与被人爱、尊敬人与被人尊敬、崇拜人与被人崇拜、实现生活成功等。第三层、第四层次需求是人类的中级需求。这种需求能够得到满足，人便能心安理得、潇洒自如地活着。人类的第五层需求是发展的需求，是人的高级需求，如实现理想、实现自身价值、对社会和人类作出贡献以及事

业取得成功等。人类的第五层需求能得到满足，人的生命便显得厚重，人也就能获得最大的幸福感。

因此，在人生奋斗的初期，即第一人生需求之中，多数人要首先为取得生存权而奋斗。求学、求职，直至有了较为稳定的生存环境。在人的基本需求得到满足的前提下，我们便会开始为满足更高层次的需求而奋斗。为了"出人头地"，取得生活的成功和事业的成功，我们开始在人生的各个战场上展开搏杀，或选择名场、赛场以争名，或选择商场以夺利，或选择官场以握权，或陷入情场以求爱，或滑入赌场以享乐。在人生的战场上搏杀得天昏地暗、日月无光，三十而立，四十而不惑，光阴荏苒，日月如梭，转眼间便到了知天命的五十岁，有了人们所说的第二人生需求。

停停脚步，回首望望，第一人生中在什么时候闪过光、有过辉煌的日子、追求的生活成功和事业成功有了几分？什么时候跌过跤、伤过人，有过悔恨和遗憾？如果你回首往事，大多数人都会吃惊地发现，不论你现在是穷困潦倒或是家财万贯，离你所追求的人生幸福境界都相去甚远。现代科学正在研究人的幸福观，并予以量化。社会学家认为，物质财富可以免除人生理上的痛苦，不能保证人的精神幸福。精神幸福包括哪些内容？愉快、满意、轻松、自豪、有意思、感动，这些精神享受都会使人产生幸福感。有人在人群中做过一个别开生面的调查。这个调查的内容是关于人们精神生活中"幸福"与"不幸"的感觉的。受调查的人中，平均有 23% 的时间处于上述幸福美满的感觉之中，而其余 77% 的时间里，精神上却处在痛苦、烦恼、精神压力过大、自卑、没意思、厌恶、孤

独等这样一些不幸的感觉的折磨之中。因此，受调查的人中，对人生的评价觉得没意思、不幸福的竟占了绝大多数！

好在我们才过完自己的第一人生，在第二人生的时间里，我们可以在总结前半辈子经验的基础上，用现代心理科学的知识来重新设计未来人生，在人生的下半辈子中再创辉煌，弥补遗憾，获得人生完满的成功，达到人生的幸福境界。

（董仁威）

人生的意义

① 创造

人生的意义何在？仁者见仁，智者见智。著名思想家梁漱溟先生对人生意义作过这些论述："人生的意义在哪里？人生的意义在创造。""人类的创造表现在其生活上、文化上的不断进步。文化是人工的、人造的，不是自然的、本来的。""人类为何能创造，其他的生物为何不能创造？那是因为人类会用心思，而其他一切生物大都不会用心思。人生的意义就在他会用心思去创造；要是人类不用心思，便辜负了人生；不创造，便枉生了一世。"

人为什么要进行创造性的活动呢？创造的目的是什么呢？梁漱溟先生告诉我们：是人运用他的心思来改造自然供其应用。而人群中间关系组织亦随有迁进。前一代传于后一代，后一代却常有新发明，不必照旧。前后积累，遂有今天政治经济文化之盛。也就是说，人的创造性活动的目的是使人生活得更加幸福快乐，而人也在创造性活动中实现了自身的价值，使人活得有意思而充实，且乐在其中。

要实现人生的意义，便要选择适合于自身主客观条件的职业，以最大限度地发挥自己的创造才能。择业对一个人十分重要。不可能要求每一个人都成名成家，干一番轰轰烈烈的事业。其实，不管干大事，还是干小事，都能进行创造性活动，实现人生的意义。梁漱溟先生说：科学家一个新发明固然是创造，文学家一卷新作品固然是创造，其实一个小学生用心学习手工或造句作文亦莫不有创造在内。极而言之，人的一举一动一颦一笑亦莫不有创造在内。

不过创造有大有小，价值有高有低……用了心思，便是创造。一个教师，挖空心思教好学生；一个工人，动脑子提高工作效率；一个店员，千方百计使顾客满意；一个农民，想方设法种好庄稼。这些都是在进行创造性活动，其人生同科学家、艺术家一样过得充实而有意义。

② 享福

有人认为，人生的意义在于享福。享福有雅俗之分。雅俗两族对"享福"的内涵有不同的理解。雅族主张人的生活中有五福可以享受。享有这五福便取得了生活的成功。雅族五福：一曰寿，享尽天年，当"寿星"，心中自会充盈着满足、心旷神怡等正面情绪；二曰富，可以拿钱去做好事，也会产生力量、信心、充实、满足、安全感、受人尊敬感等正面情绪；三曰康宁，健康与安宁可使人产生平和、宁静、活力、舒服、生气勃勃、和谐、健康感等正面感觉；四曰"攸好德"，"攸"者，"有"也，即有好的道德修养。有好的道德修养，人格高尚的人可以时时体验到宽厚感、豪爽感、果断感、坚韧感、意气风发感、热情澎湃感、优哉游哉感、仁爱感、正义感、道德感等多种正面感觉。五曰"考终命"，即享天年无疾而终，得"好死"。试想想，在生命的最后一刻，心中没有遗憾，甚至还含着微笑，平静地离开人世间，该是何等的幸福！

俗族的五福则很实际，能让感觉器官享受便是一福。一曰口福，好吃好喝的东西能令人产生愉悦感、饱感、解渴感、美味感、飘飘欲仙感、甜蜜感、妙不可言感等正面感觉。二曰香福，气味好闻的东西可使人产生香感、清新感等正面感觉。三曰耳福，美好的音乐、悦耳的歌声、柔美的说话声可以使人产生愉悦、美妙、动听、明快等正面感觉。四曰眼福，"眼见为实"的美好事物也会使人产生美丽、整洁等正面感觉。五曰"艳福"，美好的异性会使人产生艳丽、温情脉脉、爱意、情意绵绵、浪漫开怀、舒服、愉悦、温柔、柔情、依恋、爱抚、幸福等正面感觉。

③ 人欲

有人认为，人生的意义在于人欲的满足。这种认识，与东方的享福论如出一辙，与西方心理学的人类需求层次论也有异曲同工之妙。

人有欲望是很自然的事。每个人从小开始，就在做人生之梦。童年时代，希望自己快快长大，好像大人一样过丰富多彩的生活。成人以后，则做起了或成名成家，或升官发财，或"老婆孩子热炕头"之类的美梦。古代的中国读书人，追求人生三大快事：洞房花烛、金榜题名、衣锦还乡。80年代中国内地的中国人，追求人生三件大事：入队、入团、入党。现代中国内地的中国人，则追求新的三大件：读大学、当老板、娶娇妻或找到一个如意郎君。

人生之梦，就是一个人的追求，一个人的理想，一个人一生最大的欲望。归纳起来，一个人一生在追求两件大事：事业成功与生活成功。为了追求事业成功，一些人一生反复在名场、商场、官场上搏杀，追名逐利，叱咤风云，希冀或名声越来越高，或钱越赚越多，或官越做越大，最好是两者或三者兼而有之。为了追求生活成功，一些人一生煞费苦心，经营爱之巢，建立人际关系网络，企图享尽人间的荣华富贵即前述的雅俗"五福"。

事业成功与生活成功既统一又对立。事业成功为生活成功奠定了基础，但未见得事业成功者生活必定成功。为了生活成功，有的人还不得不放弃部分对事业的追求。一个人要在事业成功和生活成功中找到平衡点，才能度过真正幸福快乐的一生。

人生之梦，便是人的欲望。原始人与现代人、野蛮人与文明人、粗人与绅士、普通市民与文化名人、俗人与雅士、物质人与精神人，他们之间的需求不尽相同，人欲也就不可一概而论。"人上一百，形形色色"，此话千真万确。在不同的物质文化氛围中，人的欲望也会发生改变。"饱暖思淫欲，饥寒起盗心"，这句俚语是有一定道理的。

纵横观察人欲的发展史，可以得出结论，人欲是由初级的需要向高级需要发展的。而且，"欲壑难填"，人欲的发展是无止境的。原始人的欲望比较简单，不外乎在生存本能和死亡本能驱使下产生的一些与一般兽类近似的欲望。受生存本能的驱使，产生强烈的对食物和水的欲望。于是，他们在食物丰盛的森林中栖树而居，在水源充足的河流旁依水而息。受本能的驱使，产生强烈的对异性的欲望。于是，异性相交，女子生儿育女，子女只知其母不知其父，性成熟后不管是母亲或兄弟姊妹，两性相悦便会相交。以后，随着社会的进化，母系氏族社会进化到父系氏族社会，奴隶社会进化到封建社会，封建社会进化到资本主义社会，随着文明的诞生和发展，私有制的产生，物质财富和精神财富的不断增长，人的占有欲促使人产生越来越多、越来越复杂的欲望。同时，人的社会联系和相互制约作用不断加强，对人欲的压抑也逐渐强化，给人带来痛苦，从而使人产生了解脱痛苦的欲望，人欲变得更加复杂而又丰富多彩。

美国心理学家马斯洛提出了人类需求层次论，指出，人类有七种基本需求：生理需求、安全需求、归属和爱的需求、尊重的需求、认知需求、审美需求和自我实现的需求。他又将这些需求归纳为基本需求、心理需求和自我实现的需求三大类，并认为在这三大类需求之上还有一个超级需求。以后，不少心理学家企图通过实验证实马斯洛的理论，并不断对人类需求层次论加以修正。现代心理学家一般将人欲归纳成人的五个层次的需求。第一层是生存的需求，如吃、穿、住、行、性等；第二层是安全的需求，如生、老、病、死的保障等；第三层需求是归属的需求，归属一个宗族、单位、圈子、党派、团体、民族、国家、"地球村"等；第四层需求是情感的需求，如爱情、亲情、尊敬、崇拜等；第五层需求是发展的需求，如自身价值的实现，对社会理想和真善美的追求等。一二层次的需求是人的基本需求，主要属于物质范畴的需求。三四层次的需求属于人的中级需求，第五层次的需求是人的高级需求。三四五层次的需求，主要属于精神范畴的需求。

其实，物质和精神方面的需求是无法截然分开的。以吃的行为为例，它既能满足人的基本生理需求，也能满足人归属感和情感上的心理需求与对美感的精神需求。

对不同层次需求的满足，是人类快活之源。如果社会文明无视人的本性需求，给每个社会成员提出不合理的道德要求，过度压抑人们追求幸福快乐和自由发展的愿望，就将导致个人与他人、个体与社会的矛盾冲突，使人们在越来越多的物质享受面前，却感受不到快乐幸福，反而造成现代文明病日益严重，造成众多人精神紊乱、性格扭曲甚至畸形的后果。这就是说，人的本性需求得不到满足，是人痛苦的根源。

要克服现代文明病的弊端，达到文明追求人类生存和幸福的本来目的，根本的出路是要建立科学地控制人精神活动的机制，自觉地、主动地控制心理能量的宣泄和升华的方向，正确处理和适当调节人的需求和社会发展的关系，将个人的幸福纳入社会文明的发展轨道，并与社会文明并行不悖，弘扬东西方乐天文化精神，倡导乐天人生。这样，我们就能实现社会文明给人类带来精神幸福的理想。

4 吃

"人生在世，吃穿二字"、"民以食为天"、"食色，性也"、"开门七件事，柴米油盐酱醋茶"，俗人雅人、常人圣人，都在讲吃的重要性。这是谈人的生理需求。如果人没有吃的，或吃的东西不足，生存尚难保证，哪还能论其他？吃是人欲中第一位的，这是不言自明的。

"衣食足而礼仪兴"，吃饱了，喝足了，吃的功能便向前进化。第一，将吃变为一种享受，名之曰：口福。"大饱口福"、"大快朵颐"，就是这个意思。为了饱口福，不仅吃得饱，还要吃得好，于是，便有了烹饪技术的产生。初级的烹饪，倾向于吃饱，20世纪上半叶盛行于我国农村的"九斗碗"，其菜谱便以肥肉做菜著称。以后，兼顾吃饱和享受的烹饪方法诞生了，如以蒸菜、炖菜、烧菜为主的"软滚烫"菜谱。最后，主要以享受为目的的"色香味美"型、"营养卫生"型、"滋补"型菜谱诞生。现代则进一步向进餐环境的优雅舒适、服务的细致周全、餐饮娱乐合一和餐室设施的豪华等方向发展。现代的吃，不仅追求一饱口福，还注重满足眼福、鼻福、耳福，达到所有感官的愉悦和全身心的享受。

现代的宴席除保留了传统菜的一切优点以外，还增加了营养、卫生、滋补等内容和对进餐环境的追求。目前，对进餐环境的追求向两个方向发展。一个方向是向豪华型发展，并与娱乐业结合。餐厅布置得高档气派，空调使之冬暖夏凉，包间配有卡拉OK，大厅有表演舞台，在莺歌燕舞的氛围中进餐，其乐也融融！另一个方向是向返璞归真发展，也与娱乐业相结合。普及型的如农家乐，路边的农家打开大门，迎宾入院，用地道的土鸡、新鲜蔬菜、豆花待客，在绿树田畴的氛围中进餐、打麻将，消费不高，空气清新，是又一种休闲度假的方式。最时髦的还是园林型的度假村，休闲娱乐设施一应俱全，又可在花间月下、大树绿坪的环境中进餐、娱乐，是一种最为赏心悦目的宴会形式。这种最令人羡慕的餐饮娱乐休闲方式，在我国正在兴起，如位于海南岛火山口附近的一个园林式的餐厅，几千人在露天林荫下同时进餐，场面颇为壮观。川西平原上类似的在花园草坪上进餐的度假村，密如蛛网，星罗棋布，最著名者如成都望江公园涟漪苑餐厅、崇州兰苑餐厅、温江金马国香园餐厅等。

吃在东西方都很重要，但以中国为甚。中国人讲吃，除了满足基本需要和饱口福以外，更重要的是以在一起吃饭的方式，来维系、发展和协调人际关系。

一家人在一起吃饭，这在过去时代习以为常的事，在现代社会里却变得十分困难。由于家庭越分越小，独生子女越来越多，家庭意识越来越淡薄。家庭成员之间，最亲如夫妻、父母、兄弟姐妹，除夫妻和幼年子女之间以外，大多各管各、各忙各、各吃各。于是，节假日、生日在一起同吃一顿饭，共享天伦之乐，增加人间最基本的温情、至亲之间的温情，就成了维系亲人关系的一件大事，做人对这件事是马虎不得的。特别是大年除夕晚那一顿年夜饭，至亲之人即便在天南海北也要赶回来一起吃饭，你可千万不能借故缺席，哪怕你的理由确实充分。如果你的仁爱之心不能温暖身边的亲人，从自己的爱人、父母、兄弟姐妹开始，你谈何兼爱天下之人！兼爱主义者、春秋时鲁国人墨子就主张越亲近越爱，越远离越不爱，他说："我爱邹人于越人，爱鲁人于邹人，爱我乡人于鲁人，爱我家人于乡人……"

请客吃饭则在调节人际关系上起着重要的作用。把客人请来吃饭的目的，在主客大饱口福之余，更重要的是交流感情，沟通心灵，餐桌上的劝酒词"感情浅，尝一点；感情深，一口吞；感情铁，胃出血"便是明证。以请客吃饭为契机，不忘老朋友，结交新朋友，巩固和扩大互相帮助、互相提携的哥们、姐们社会关系网络。通过请客吃饭，打通关节，办好平日难办之事。商务谈判中的宴会，可以缓解谈判中的紧张气氛，达成有利的协议。请客吃饭，有时还可调节敌对双方的关系，化干戈为玉帛，变敌人为友人。

看，吃在中国人生活中的作用是何等重大！吃的欲望在中国人身上表现得何等强烈！

5 穿

"衣食足而礼仪兴"、"衣食住行"等说法，都是把衣放在人的日常生活的第一位。衣服，除了不言而喻的保暖满足生理需要之外，更重要的是维持一个人"面子"的重要工具。在周代，衣指上装，裳指下装，衣裳合起来构成人的服饰。服饰是一种象征，是文化人和非文化人、文明人和野蛮人的分水岭，因此，历代社会均有"以衣帽取人"的陋习，有"人是桩桩，全靠衣裳"的俚语流传。

"衣不蔽体"和"食不果腹"是人生最大的悲哀之一。一个人如要维持自己的尊严，就必须有几套体面的衣裳。这几套衣裳，并不要求十分奢华，而是合"礼"。所谓合礼，就是在不同场合下，穿上合乎自己身份的衣裳。

在现代社会，与人性解放相联系的，是服饰的"自由开放随便"。但不论怎样自由开放，人也应该尊重自己，尊重别人。做到一不要衣不蔽体，二要整洁舒适。否则，高雅的场所会拒绝你入内。君不见，不少宾馆门前挂有"衣冠不整，谢绝入内"的警示牌么！在一些庄重的场合，如国际上的谈判桌上，如果你穿着背心短裤，袒胸露体，是会有损国格，贻笑大方的。在一些喜庆的场合，你打着黑领带，穿着丧服赴约，也会引起主人的不快。

6 住

居室，最基本的意义是同穿衣裳一样的：御寒。杜甫的茅屋被大风揭顶，饥寒交迫之中，作了《茅屋为秋风所破歌》，大声疾呼解决百姓居室问题，曰："安得广厦千万间，大庇天下寒士俱欢颜……吾庐独破受冻死亦足！"

现在，我国大多数人的温饱问题得到了解决，有了安身立命的一席之地，已鲜见露宿街头之人。人们对居室的要求逐步提高，其功能也超出了御寒的范畴。居室除了御寒休憩以外，还成了家庭成员和亲朋好友聚会的社交、娱乐和健身场所。为了与这些功能相适应，许多家庭在迁入新居之前，均要花费大量人力、财力进行装修，购置大量家用电器。攀比之风日盛，装修越来越豪华，家用电器越买越高档。有的家庭，超越自己的经济能力，靠借贷绷"面子"，住进新居后靠"勒紧裤带"还债，弄得全家苦不堪言。

其实，并非花钱越多，居室装修后的效果越好。有的居室花了十多万元乃至几十万元的装修费，从屋顶到四壁、地面，塞满了装饰物，室内摆设了过多的家具和家用电器，使人感到压抑。装修后留下的有毒的化学材料气味，对人的身体健康也有害。居室的装修和摆设，应量力而行，以返璞归真，竭力营造家庭的文化氛围为高招。

7 行

在现代生活中，交通工具是不可一日或缺的。上古时代，可以"鸡犬之声相闻，老死不相往来"。而现代社会，进入社会化大生产年代，居室离社会活动场所很远，很多人若要上班、出游、走亲访友，离了交通工具则寸步难行。公共交通事业虽在发展，但很难满足现代生活的需求。于是，人们渴望有属于自己的交通工具。

从前，可以属于个人的交通工具有鸡公车（木制独轮车，一路走一路如公鸡般地叫）、驴、马等。以后，有了自行车、摩托车。在现代社会里，私人小轿车成了重要的代步工具。于是，先富起来的人们率先圆了私人小汽车之梦，后富起来和将要富起来的人们也开始做小汽车梦，一个逐步普及私人小汽车的势头正在全国兴起。拥有一匹"宝马"，一辆令人自豪的小汽车，成了"衣、食、住"欲望较充分满足后，有条件买车的人的一大欲望。

进入现代社会，以小汽车代步普及到全社会是必然的趋势。只要来得及，不是年龄太大或有严重疾病，都应该学会驾车技术。学驾车技术并不难，甚至比学骑自行车还简单，不必望而生畏，因为，在21世纪，不会驾小汽车的人和不懂电脑的人一样，是时代的落伍者，会少了许多欢乐，多了许多不便。

不过，话又说回来，尚未买小汽车或来不及学驾车技术的人也不用着急。"塞翁失马，安知非福？"不会驾车少了车祸的风险，还能以步代车，锻炼身体，少得些现代文明病，多活些年岁。

8 性

"食色，性也"。性是人类的基本需求之一。然而，人与动物的区别之一是，人由爱而性，由情爱到性爱，由情爱到爱情，生理需求和精神需求结合在一起，使人的性行为比动物复杂得多。男女之间由情爱而生性爱，由情爱而生爱情，由爱情而结婚生子，这是人类家庭婚姻的理想模式。没有爱情的婚姻，是残缺的婚姻。这似乎成了一种公理。但在事实上，人类社会中性爱、情爱、爱情、婚姻相分离，甚至背离的情况，还一定程度地存在，甚至司空见惯，见怪不怪。

男女之间相互吸引，相互需要，是一件最自然不过的事情。然而，在男女关系上，人之所以区别于动物，那就是人有感情，将感情和性结合在一起。于是，人除了性欲本能冲动引发的性爱外，还有人类独特的情爱和爱情。男女两性（生理）相悦相合，产生性爱；两性两情（生理心理）相悦相合，产生情爱；两性两情相悦相合、相亲相爱、生死相随，产生爱情。人在性爱活动中，满足性欲要求是主要的。人在情爱活动中，性欲要求和爱欲要求的满足并重，水乳交融，难解难分。人处于爱情中，爱欲的要求是主要的，可以因爱而放弃性，甚至放弃生命。

然而，性爱却是男女关系，包括情爱和爱情的基础。长期以来，"性"在我国是讳莫如深的。谈"性"色变，似乎谁谈"性"，谁就不正经，不是"好东西"。然而，这并不能抹杀性在人生活中的重要性，压抑性是许多家庭不和、精神痛苦的重要根源。性，是关系到人类身心健康发展、生活幸福，关系到社会文明进步的一件大事。西方率先开展了性学研究。20世纪50年代，性学家阿尔弗雷德·金赛出版了划时代的巨著《人类男性的性行为》和《人类女性的性行为》，为人们获得正确的性知识和进行性教育奠定了基础。20世纪70年代，美国杰出的性社会学家和历史学家莎丽·海特推出了更具实用价值的性学报告《海特性学报告——女人性行为卷》、《海特性学报告——男人性行为卷》、《海特性学报告——女人与性爱》。这些作品很快风靡世界，我国也在1994年翻译出版了海特的著作《海特性学报告——女人性行为卷》，并在全国畅销。

海特从女人的角度研究女人的性行为、性心理，从而使女人更好地了解自己，也使男人更清楚地了解女人，理解女人，从而指导男女双方共同努力，去实现男女性生活的和谐和愉悦。

在男女间的性行为中，应当彻底地实行男女平等。有的男性以单纯的性行为为目的，完全不顾及女性的生理和心理反应，女性也对自己的性生理和性心理要求羞于启齿，便造成了性生活的种种弊端。由于女性难于获得性爱中的快乐，很容易使女性产生性淡漠，甚至对夫妻生活产生厌倦、反感，夫妻生活变成一种负担，一件不得不应付的差事。这必然会影响男女之间的感情维系和发展，并由此生出种种家庭矛盾。因此，在男女性行为中，男女双方都是平等的性伙伴关系，丈夫应该更多地顾及到妻子的感受，经过双方共同努力，通常能够达到性生理的和谐。同时，男女双方应达到性心理的和谐，在做爱过程中，应充分展示情爱的魅力，通过相互的爱抚、亲吻，达成精神上的爱意交流、抚慰，以及认识、理解等。这种在性欲驱使基础上的爱欲交流和心灵的沟通，性欲和爱欲合二而一，灵与肉的统一，水乳交融，便使男女关系上升到令人销魂的情爱阶段。

爱情则是男女关系上的一种升华。它与性爱和情爱有联系，但又有本质上的区别。爱情是盲目的，非理性的，激情至如痴如醉，甚至疯狂。爱情是不可思议的，至今也无人对之做过符合科学的理性的阐释。爱情很少功利主义目的，来无影，去无踪，不以人的意愿为转移。爱情一生可遇不可求，遇上了切勿轻易放过，但也不可沉湎其中太久。爱情是美酒，任何美味佳肴也难与之相比。灵与肉的高度融合，感官的极度刺激和享受，令人销魂，令人难以忘怀。爱情是毒药，沉湎其中太深太久，会毁了自己，毁了别人，危害社会。极乐后的极度痛苦，"一日不见，如隔三秋"的刻骨铭心的思念，害怕情人变心的莫名其妙的猜疑、暴怒与嫉妒，欲爱不能欲罢不可的焦虑与烦恼，情人移情他人后的愤怒和疯狂，都会使人在极乐之后产生极度的痛苦。一个人一生中遇到一次短暂的爱情是幸福的。一个人一生中长久被爱情困扰，深陷情网不能自拔，是不幸的。

9 爱

人是有感情的动物。因此，人需要爱，需要温情，需要关怀，需要尊重，需要欣赏，需要夸赞，需要崇拜。被人爱与爱人，关怀他人与被他人关怀，被人尊敬与尊敬人，欣赏别人与被人欣赏，被人夸赞与夸赞别人，崇拜别人与被人崇拜等，是人的一种特殊的需要。一个不吝啬给人爱，给人温情，给人关怀，尊重别人，乐于欣赏他人，善于夸赞（当然并非溜须拍马屁）

他人，至真至善至美的人，便具备了可赞的素质，一定会得到很多人的爱、尊敬和崇拜。如果人在相互交往中得到了上述那一切，他便会产生愉悦感、自豪感和满足感。

相反，一个心中充满仇恨的人，他不可能给人爱，给人温情，给人关怀。一个心胸狭窄，充满嫉妒心的人，不可能欣赏别人，出自内心地夸赞他人的优点和善行，尊敬别人和崇拜别人。这样一个心中只有自己的人，不可能得到他所需要的爱、尊敬和崇拜。

人与人之间的感情是相互的。只有愿意付出的人，才会得到感情的回报。"欲取之，必先予之"。没有耕耘，哪来收获？这就叫感情投资。其实，你只管辛勤地耕耘，不去计较回报，生活自然会让你痛饮爱的美酒，倾听情的欢歌，使你整个身心感到快乐与幸福。

⑩ 靠山

人来到这个世界上以后，本能地不断寻找依靠。"在家靠父母，出门靠朋友"、"养儿防老"、"加入组织"、钻进各种"圈子"，都是这个道理。死了以后，还要寻找一块依水靠山的"风水宝地"安葬，似乎只有这样，才能保得住在"阴间"的温饱不愁。一个人无依无靠地活在世界上，是最可怜的。孤儿，是可怜人的代名词。"中年丧子"、"老年丧妻"，被看成是人世间最大的悲痛。

人从出生到18岁期间，没有独立生活的能力，我国《宪法》和《妇女儿童权益保护法》规定，在此期间，父母有责任抚养子女，尽保护人的责任。如果父母在此期间遗弃或虐待子女，是违法的。其他人对未成年人施暴，会受到法律加重处罚。可以说，未成年人的基本靠山是父母。

一旦父母靠不住，事情就麻烦了。父母死了，好心的亲戚朋友可以收留，当然，也可以不收留。因为，他们并无法律责任。如果有人领养，那是万幸。否则，只能靠社会，靠政府，进慈善机构或政府办的孤儿院。父母离异了，也很麻烦。后妈、后爹难当，继父、继母与继子女难处，若问题处理不当，则会造成家庭内部矛盾重重，危机四伏。可怜的继子女，很容易处于有苦难言的"水深火热"之中，恐怕比孤儿的日子还难过。

一个人年满18岁就是成年人了。成年人的靠山就是他自己，并且还要充当子女、年迈的父母的靠山。因此，一个成年人，他不能游手好闲，他必须要有一技之长，从事一项能养家糊口的职业，赚钱养家。他不仅要攒足供平日生活的钱，还要准备生疮害病或暂时失业、飞来横祸等不时之需，甚至攒足他死后保证儿孙生活的钱。有可能的时候，他将挣的余钱购置一份不动产，如一套房屋、几间商业铺面、若干首饰，或者把钱储蓄起来，危难时靠本息度日。

成年人把"成家立业"看成头等大事。"男大当婚，女大当嫁"，这是成年人的第一件大事。以前，女人出嫁以后，就把男人当成靠山。男人娶媳妇以后，自然成了一家之主，有至高无上的权力，自然，也就肩负起作为全家其他人的靠山的不可推卸的责任。在现代社会，男女平等了，男女一旦结合组成家庭，夫妇双方就共同承担起充当家庭其他成员的靠山的责任。夫妇双方能力有强有弱，贡献有大有小。按照"经济是基础"的一般法则，夫妇双方的经济地位也就决定了他或她在家庭里的地位。因此，家庭问题在平等协商不能解决的前提下，贡献大的一方说话的分量就要重一些，这也是顺理成章的事。

人老了，失去了独立生活的能力，一可以靠退休金生活，二可以靠子女赡养。子女赡养父母，是我国《宪法》《老年人权益保障法》规定的法律责任，不管子女愿意与否，都要强制执行。如有不孝之子敢于触犯法律，父母可以理直气壮地求助于法律。

参加各种社会保险，是自己和一家人生、老、病、死的最佳安全保障之一。平时花点"冤枉"钱，急难时才可"万事不求人"，更不必为儿孙的不孝而捶胸顿足。同时，对儿女的依赖性减弱了，也不必抱着"养儿防老"的目的来抚育子女，更可在子女成人后自由行动，"儿孙自有儿孙福，不给儿孙作马牛"。

⑪ 归属

人是社会的动物。人若要成家立业，离不开社会。如果一个人离开了社会，过"鲁滨孙"式的生活，是很艰难的。一个人要立身社会，必需建立各种社会关系，因

新世纪 老年 百科全书

此，有"人是社会关系的总和"一说。这便是由交往动机引发的人的归属需要。这是一种社会性需要。

在人世间，除了父母至亲关系以外，交友恐怕要算是最基本的社交活动了。"叫花子尚且有几个穷朋友"，更何况境遇好一些的人。交友是一件与人的生活关系密切，影响也大的事情。俗话说："跟着好人学好人，跟着坏人学坏人。"因此，交友要慎重。"物以类聚，人以群分。"朋友的朋友会成为朋友，志趣相投的朋友越交越多，便会形成一个个社交圈子。这些圈子如果同政治、经济、科学、文学、艺术等活动连在一起，便会形成各种党派、社团。一个人，总想归属于一个或若干个圈子、社团或党派。如果没有归属，便会有强烈的孤独感，在危难时更觉孤苦伶仃，空虚惆怅。

但是，应该说，人生最重要的归属是他的国籍。你是哪个国家的公民，你便会得到哪个国家的国家机构的帮助。所以，从根本上来说，国家是每个人最后、也是最大的靠山。它使你免遭外国入侵后沦为亡国奴的奇耻大辱，保证你过和平安宁的生活；它使你的各项合法权益得到法律保障，免受他人欺凌；当你孤立无助的时候，它会向你伸出援助之手。

⑫ 自我价值的实现

人的最高层次的需求是发展的需求，如对人类理想和真善美的追求，自身价值的实现等。这一个层次的需求主要属于超我的需求。

建立在"物质财富和精神财富极大丰富"前提下，"各尽所能，各取所需"的社会，是无数仁人志士抛头颅、洒热血，孜孜以求的一种理想社会。在这种社会里，没有尔虞我诈，人们相亲相爱地生活，每个人尽自己所有的能力创造社会物质财富和精神财富，然后尽可能地满足与其贡献相匹配的物质文化需求。可惜，很多人急于求成，又对人性中的贪婪和惰性的顽固性认识不足，把社会公平与平均主义混为一谈，使多次"乌托邦"式的实验宣告失败。痛定思痛以后，人们回过头来，寻找一条实事求是的路，在正视人性的基础上，通过长期的努力，来实现人类的理想。人类的理想，总的来说，是希望社会公平，大多数人的生活过得好一些，平静一些，快乐幸福一些，尽量避免战祸之痛和人间尔虞我诈之苦。"不管白猫黑猫"，只要能达到人类这个基本的目的，便是对的，什么方法都可以一试。

人对于实现自身价值的需求是很重视的。这是一个由成就动机孕育的社会性需求。一个有志之士，在人生舞台上总要拼搏一番，表演一番，争取最大的成就，以光宗耀祖，或远扬国威，至少也要风光一回，轰轰烈烈一场，不枉人世走一遭。只是，一个人要量力而行，目标订得实际一些，不然，志大才疏，最后目标难以实现，只能给自己带来失落与痛苦。

人类对于真善美的追求也是很执著的。文学家、艺术家们，力图在文艺作品中鞭挞假恶丑，颂扬真善美，引导人类共同达到理想的思想境界。

⑬ 情绪与情感

情绪主要是人类生理需求是否得到满足而产生的一种心理活动。情感则是人的社会需求是否得到满足而产生的一种心理活动。目前，人们常用情绪一词来笼统地概括人类情绪和情感两种相近似、难以截然划分的心理活动。情绪分正面情绪和负面情绪两大类。

正面情绪是一种令人快乐、愉悦、振奋的情绪，来自人欲的满足。概括起来说，人欲最大的满足不外乎事业的成功和生活的成功两大类。因此，为事业奋斗过程中的兴奋感、精力充沛感、力量感、自信感、新鲜感、期望感、兴趣感、探索感、奋发向上感、专注感、创造感、竞争感、魄力感、神秘感、梦幻感、有意义感等，以及达到目标后的快感、喜悦感、成功感、幸福感、豪迈感、骄傲感、自我实现感、自我满意感、成就感、光荣感、荣誉感、自豪感、满足感、征服感、受人尊敬及被人崇拜感等，都属于乐观向上的正情绪。生活成功也会产生诸多正面情绪。

负面情绪则是一种令人痛苦、沮丧、委靡不振的情绪，来自人欲受阻。惧怕、愤怒、悲伤、厌恶、凄惨、羞耻、绝望、焦虑、紧张、烦躁、压抑、不快、不安、忧愁、懊悔、屈辱、自卑等，都属于负面情绪。

（董仁威）

人生评价系统

要全面地评价人生是否幸福美满，一方面，要从客观上评价人的生活成功度和事业成功度。另一方面，还要从人的主观感受来评价人生。人的情绪评价和人格评价是属于人自身的，反映了人对人生的满意程度。很难想象，一个成天愁眉苦脸、负面情绪主导了一生的人，一个人格低下的小人，会有幸福美满的一生。所以，只有在生活成功度、事业成功度测试和情绪评价、人格评价的基础上，才能作出对人生的总评价。

① 事业成功度评价

怎样评价事业的成功度？人从事的工作千差万别，一个人能力的大小又差异甚大，所以，评价是很难做的。但一般的标准还是有的。对一个人的终生评价，其实我们时时都在做。一个人死了，我们活着的人都要说几句悼念的话，对有的人还要写悼词。一个人如果犯了罪，宣判词也是对他的一个负面评价。这些评价方法，都可以作为我们对一个人事业成功度评价的参考。比如，某一领域的重要人物去世了，悼词的评语中便有"巨大损失、重大损失、损失"等不同的人生评价。

对人生的阶段性评价，亦可参考终生评价的办法，看其事业成就的影响面和强度。在面上的影响，我们将之分为世界级、国家级、省级、地市级、县级及县级以下级与"单位"级等几类，最高10分，每级递减2分（县级及以下级与"单位"级同为2分）。在影响的强度上，我们分特别巨大、巨大、很大、大、较大、不小、不大、小、较小、很小10级，每级递增1分，最高10分，将面和强度两方面的影响相乘，便是一个人阶段上或终生的事业成功度。事业成功度的最高分为100分。

事业成功度评价（一个人从事多种事业，影响有正面有负面，跨界的影响比如在政界、文化艺术界均有影响可累积计算，同界的影响只算得分最高的一级，以得分最多的一项为主，累计其他项时，每项得分乘以0.2）。

▲**世界级影响**（正面影响得正分，负面影响得负分，下同）

包括政界、军界、工商界、科学技术界、文化艺术界及"星"族中有世界范围影响的人物。

（1）政界。联合国及各种国际组织中的官员、世界上有重大影响的国家首脑、主管国际事务的政府部门的主要官员。

A. 特别巨大：一个世纪中，正面影响世界政治排位前10名的顶尖级伟人，如罗斯福、邓小平等（10×10＝100分）。负面影响世界政治排位前5名、遗臭万年的人物，如希特勒、墨索里尼等（－10×10＝－100分）。

B. 巨大：一个世纪中，正面影响世界政治排位前100名的领袖人物。如戴高乐、周恩来等（9×10＝90分）。负面影响世界政治排名前50名的人物，如东条英机、戈林、戈培尔、汪精卫等（－9×10＝－90分）。

C. 很大：一个世纪中，正面影响世界政治排位前1000名的人物（8×10＝80分）。负面影响世界政治排位前500位的人物（－8×10＝－80分）。

D. 大：在任职期间，对世界政治有一定正面影响的人物，如基辛格、宋庆龄等（7×10＝70分）。

E. 较大：在任职期间，对世界政治有一些正面影响的人物（6×10＝60分）。

F. 不小：在任职期间，对世界政治有少许正面影响的人物（5×10＝50分）。

G. 不大：在任职期间，对世界政治有一点正面影响的人物（4×10＝40分）。

H. 较小：在任职期间，对世界政治有一丝正面影响的人物（3×10＝30分）。

I. 小：在任职期间，对世界政治有一毫正面影响的人物（2×10＝20分）。

J. 很小：在任职期间，无所作为，对世界政治几乎没有影响的人物（1×10＝10分）。

（2）军界。各国将军级以上，有世界影响的人物。

A. 特别巨大：一个世纪中，世界排名前10名的大军事家、大战略家，如孙武等（100分）。

B. 巨大：一个世纪中，世界排名前100名的军事家、战略家等，如巴顿等（90分）。

C. 很大：一个世纪中，世界排名前1000名的军事家、战略家（80分）。

D. 大：在任职期间，对世界军事理论和实战范例有一定影响的人物（70分）。

E. 较大（60分）。

F. 不小（50分）。

G. 不大（40分）。

H. 较小（30分）。

I. 小（20分）。

J. 很小（10分）。

（3）工商界。跨国公司或有世界贸易往来技术交流的实业界人士等。

A. 特别巨大：世界排名前10名的跨国集团首领（100分）。

B. 巨大：世界排名前100名的跨国集团首领（90分）。

C. 很大：世界排名前1000名的跨国集团首领（80分）。

D. 大（70分）。

E. 较大（60分）。

F. 不小（50分）。

G. 不大（40分）。

H. 较小（30分）。

I. 小（20分）。

J. 很小（10分）。

（4）科学技术界。有世界影响及在国际学术界有影响的人物（在世界性的学术刊物发表过论文或世界性学会的会员）。

A. 特别巨大：一个世纪中，世界排名前50名，流芳千古的科学规律发现者、先进技术发明者，受到人类永远纪念的科学巨匠、大发明家，如达尔文、孟德尔、摩尔根、牛顿、爱因斯坦、哥白尼、哥伦布、欧拉、阿基米得、高斯、麦克斯韦、法拉第、居里夫人、维萨里、富兰克林、弗洛伊德、李时珍、沈括、徐霞客、徐光启、爱迪生、莱特兄弟、瓦特、齐奥尔科夫斯基、蔡伦、毕昇、张衡、张仲景、莱布尼茨、巴斯德、巴甫洛夫、玻尔、开普勒、伽利略、道尔顿、门捷列夫、笛卡儿等（100分）。

B. 巨大：一个世纪中，世界排名前100名的科学家、发明家，诺贝尔奖获得者，如沃森、克里克、李政道、杨振宁等（90分）。

C. 很大（80分）。

D. 大（70分）。

E. 较大（60分）。

F. 不小（50分）。

G. 不大（40分）。

H. 较小（30分）。

I. 小（20分）。

J. 很小（10分）。

（5）文化艺术界。作家、诗人、思想家、社会科学家、画家、音乐家、教育家、出版家等具有世界影响力的人物。

A. 特别巨大：在一个世纪内，世界排名前50名，流芳千古的文学巨匠、伟大的思想家、音乐家、画家等，如：孔子、庄子、吴道子、王羲之、司马迁、曹雪芹、施耐庵、蒲松龄、吴承恩、李白、杜甫、苏轼、范仲淹、欧阳修、韩愈、齐白石、巴尔扎克、托尔斯泰、杰克·伦敦、大仲马、小仲马、达·芬奇、凡·高、毕加索、乔治·桑、莫泊桑、普希金、歌德、马克思、亚里士多德、苏格拉底、施特劳斯、贝多芬等（100分）。

B. 巨大：在一个世纪内，世界排名前100名的文化艺术界人士，诺贝尔奖获得者，如泰戈尔等（90分）。

C. 很大：在一个世纪内，世界排名前1000名的人物（80分）。

D. 大（70分）。

E. 较大（60分）。

F. 不小（50分）。

G. 不大（40分）。

H. 较小（30分）。

I. 小（20分）。

J. 很小（10分）。

（6）"星"界。参与世界性活动的运动明星、表演明星等两大类。

A. 特别巨大：（暂不设）

B. 巨大：（暂不设）

C. 很大：影响深远的表演艺术家，如卓别林，奥斯卡奖获得者，世界纪录保持者，闻名世界顶尖级的教练、球星、拳王等（80分）。

D. 大（70分）。

E. 较大（60分）。

F. 不小（50分）。

G. 不大（40分）。

H. 较小（30分）。

I. 小（20分）。

J. 很小（10分）。

▲国内影响

活动在中国这个舞台上，影响只及国内或华人地区的政界、军界、工商界、科学技术界、文化艺术界、"星"族人士。

（7）政界。主管国内事务的党和国家领导人，国家各部、委、办的官员，省、直辖市、自治区主管对外事务的党政领导人，代表政府与其他省市区发生联系的官员。

A. 特别巨大：对国内政治生活产生深远影响的人物，如刘少奇、彭德怀等（10×8＝80分）。对国内政治生活产生特别巨大负面影响的人物，如江青、林彪、康生等（－10×8＝－80分）。

B. 巨大：对国内政治生活产生巨大影响的人物，如胡耀邦、万里等（9×8＝72分）。对国内政治生活产生巨大负面影响的人物，如姚文元、王洪文等（－9×8＝－72分）。

C. 很大（8×8＝64分）。

D. 大（7×8＝56分）。

E. 较大（6×8＝48分）。

F. 不小（5×8＝40分）。

G. 不大（4×8＝32分）。

H. 较小（3×8＝24分）。

I. 小（2×8＝16分）。

J. 很小（1×8＝8分）。

（8）军界。国内著名的军事家。

A. 特别巨大：在军事理论和实战中产生深远影响的人物（80分）。

B. 巨大：在军事理论和实战中产生了巨大影响的人物（72分）。

C. 很大（64分）。

D. 大（56分）。

E. 较大（48分）。

F. 不小（40分）。

G. 不大（32分）。

H. 较小（24分）。

I. 小（16分）。

J. 很小（8分）。

（9）科学技术界。全国性学会的理事及在全国性的学术刊物上发表文章者。

A. 特别巨大：学术带头人中成绩特别出色者（80分）。

B. 巨大：如各学科带头人，中国科学院和工程院的院士，国家科技进步奖特等奖的获得者（72分）。

C. 很大：如国家科技进步奖一、二、三等奖的获得者（64分）。

D. 大（56分）。

E. 较大（48分）。

F. 不小（40分）。

G. 不大（32分）。

H. 较小（24分）。

I. 小（16分）。

J. 很小（8分）。

（10）文化艺术界。全国性协会（中国作家协会、中国美术家协会、中国摄影家协会等）的理事，在全国性的文化、艺术评比活动（全国图书奖、五个一工程奖、茅盾文学奖、全国性刊物的优秀作品奖等）中获奖者。

A. 特别巨大：影响特别巨大的一代宗师、文学家、思想家、教育家，如鲁迅、巴金等（80分）。

B. 巨大：影响深远，有传世作品的人物，如茅盾、艾芜等（72分）。

C. 很大（64分）。

D. 大（56 分）。

E. 较大（48 分）。

F. 不小（40 分）。

G. 不大（32 分）。

H. 较小（24 分）。

I. 小（16 分）。

J. 很小（8 分）。

（11）"星"族。

A. 特别巨大：暂缺（80 分）。

B. 巨大：暂缺（72 分）。

C. 很大。"大腕"，如巩俐、张艺谋等（64 分）。

D. 大（56 分）。

E. 较大（48 分）。

F. 不小（40 分）。

G. 不大（32 分）。

H. 较小（24 分）。

I. 小（16 分）。

J. 很小（8 分）。

（12）工商界。

A. 特别巨大（80 分）。

B. 巨大（72 分）。

C. 很大（64 分）。

D. 大（56 分）。

E. 较大（48 分）。

F. 不小（40 分）。

G. 不大（32 分）。

H. 较小（24 分）。

I. 小（16 分）。

J. 很小（8 分）。

▲ 省级影响

（13）政界。省级主管省内事务的领导及厅局办官员，各地、市在全省范围内活动的领导及相关官员。

A. 特别巨大：如四川省原政界领袖熊克武、广西原政界领袖李宗仁，安徽省前省委书记万里等（60 分）。

B. 巨大（54 分）。

C. 很大（48 分）。

D. 大（42 分）。

E. 较大（36 分）。

F. 不小（30 分）。

G. 不大（24 分）。

H. 较小（18 分）。

I. 小（12 分）。

J. 很小（6 分）。

（14）军警界。

A. 特别巨大：如四川省原军界领袖刘

湘等（60 分）。

B. 巨大：如四川省原军界领袖刘文辉、邓锡侯等（54 分）。

C. 很大（48 分）。

D. 大（42 分）。

E. 较大（36 分）。

F. 不小（30 分）。

G. 不大（24 分）。

H. 较小（18 分）。

I. 小（12 分）。

J. 很小（6 分）。

（15）科学技术界。

A. 特别巨大（60 分）。

B. 巨大（54 分）。

C. 很大（48 分）。

D. 大（42 分）。

E. 较大（36 分）。

F. 不小（30 分）。

G. 不大（24 分）。

H. 较小（18 分）。

I. 小（12 分）。

J. 很小（6 分）。

（16）文化艺术界。

A. 特别巨大（60 分）。

B. 巨大（54 分）。

C. 很大（48 分）。

D. 大（42 分）。

E. 较大（36 分）。

F. 不小（30 分）。

G. 不大（24 分）。

H. 较小（18 分）。

I. 小（12 分）。

J. 很小（6 分）。

（17）工商界。

A. 特别巨大：如曾担任过重庆商会会长的汪云松等（60 分）。

B. 巨大（54 分）。

C. 很大（48 分）。

D. 大（42 分）。

E. 较大（36 分）。

F. 不小（30 分）。

G. 不大（24 分）。

H. 较小（18 分）。

I. 小（12 分）。

J. 很小（6 分）。

（18）"星"族。

A. 特别巨大（60 分）。

B. 巨大（54 分）。

C. 很大（48分）。

D. 大（42分）。

E. 较大（36分）。

F. 不小（30分）。

G. 不大（24分）。

H. 较小（18分）。

I. 小（12分）。

J. 很小（6分）。

▲市级（大中城市）影响

（19）政界。

A. 特别巨大（40分）。

B. 巨大（36分）。

C. 很大（32分）。

D. 大（28分）。

E. 较大（24分）。

F. 不小（20分）。

G. 不大（16分）。

H. 较小（12分）。

I. 小（8分）。

J. 很小（4分）。

（20）军警界。

A. 特别巨大（40分）。

B. 巨大（36分）。

C. 很大（32分）。

D. 大（28分）。

E. 较大（24分）。

F. 不小（20分）。

G. 不大（16分）。

H. 较小（12分）。

I. 小（8分）。

J. 很小（4分）。

（21）科学技术界。

A. 特别巨大（40分）。

B. 巨大（36分）。

C. 很大（32分）。

D. 大（28分）。

E. 较大（24分）。

F. 不小（20分）。

G. 不大（16分）。

H. 较小（12分）。

I. 小（8分）。

J. 很小（4分）。

（22）文化艺术界。

A. 特别巨大（40分）。

B. 巨大（36分）。

C. 很大（32分）。

D. 大（28分）。

E. 较大（24分）。

F. 不小（20分）。

G. 不大（16分）。

H. 较小（12分）。

I. 小（8分）。

J. 很小（4分）。

（23）工商界。

A. 特别巨大（40分）。

B. 巨大（36分）。

C. 很大（32分）。

D. 大（28分）。

E. 较大（24分）。

F. 不小（20分）。

G. 不大（16分）。

H. 较小（12分）。

I. 小（8分）。

J. 很小（4分）。

（24）"星"族。

A. 特别巨大（40分）。

B. 巨大（36分）。

C. 很大（32分）。

D. 大（28分）。

E. 较大（24分）。

F. 不小（20分）。

G. 不大（16分）。

H. 较小（12分）。

I. 小（8分）。

J. 很小（4分）。

▲县级与"单位"级影响

（25）县级（小城市）及以下影响（包括区、乡、镇、村、组，综合性影响）。

A. 特别巨大（20分）。

B. 巨大（18分）。

C. 很大（16分）。

D. 大（14分）。

E. 较大（12分）。

F. 不小（10分）。

G. 不大（8分）。

H. 较小（6分）。

I. 小（4分）。

J. 很小（2分）。

（26）"单位"（包括家族内、家庭内、社团内、圈子内）影响。

A. 特别巨大（20分）

B. 巨大（18分）

C. 很大（16分）

D. 大（14分）

E. 较大（12分）

F. 不小（10分）。

G. 不大（8分）。

H. 较小（6分）。

I. 小（4分）。

J. 很小（2分）。

备注：得分为百分制，不再换算，直接进入人生总评价系统。

② 生活成功度测试

生活成功包括五个大的方面：一是夫妻和美，二是儿女成器，三是人际关系和谐，四是有缘雅族五福，五是俗族五福也有份。正是："夫妻和美，儿女成器，雅俗五福，有缘有份；人间快乐，我已享尽，有此一生，还有何憾？"

▲生活成功度测试问卷

1. 夫妻关系。

（1）你经历了几次婚姻？

A. 一次。　　　　　　　　（　　分）

B. 两次。　　　　　　　　（　　分）

C. 三次。　　　　　　　　（　　分）

D. 三次以上。　　　　　　（　　分）

（2）你对现在的配偶满意吗？

A. 十分满意。　　　　　　（　　分）

B. 满意。　　　　　　　　（　　分）

C. 还可以。　　　　　　　（　　分）

D. 不满意。　　　　　　　（　　分）

（3）你与现在的配偶关系稳定吗？

A. 稳定，都愿意"白头偕老"。

（　　分）

B. 比较稳定，至少自己没有其他想法。　　　　　　　　　　　（　　分）

C. 凑合，至少有一方有外遇，或有离异的意图。　　　　　　　（　　分）

D. 在闹离婚。　　　　　　（　　分）

（4）你与现在的配偶相处融洽吗？

A. 如胶似漆。　　　　　　（　　分）

B. 相敬如宾。　　　　　　（　　分）

C. 淡漠，偶有争吵。　　　（　　分）

D. 关系紧张，时常争吵。　（　　分）

（5）夫妻相处中，主导情绪是什么？

A. 温柔多情，缠绵悱恻，甜甜蜜蜜。

（　　分）

B. 快乐愉悦，平静如水。　（　　分）

C. 平淡无味。　　　　　　（　　分）

D. 厌倦烦躁。　　　　　　（　　分）

2. 子女是否成器？

（1）子女事业成功否？

A. 大成。　　　　　　　　（　　分）

B. 中成。　　　　　　　　（　　分）

C. 小成，能自立，生活无虑。

（　　分）

D. 无成，不能自立。　　　（　　分）

（2）子孙辈生活成功否？

A. 夫妻和美，子孙辈成才。（　　分）

B. 夫妻凑合，子孙辈成才。（　　分）

C. 夫妻关系紧张，子孙辈尚争气。

（　　分）

D. 夫妻离异或子孙辈不争气。

（　　分）

（3）子女品格修养如何？

A. 谦谦君子，很受人敬重。（　　分）

B. 有一定修养，受人尊重。（　　分）

C. 平常人，不讨嫌。　　　（　　分）

D. 小人。　　　　　　　　（　　分）

（4）子女孝顺否？

A. 十分孝顺。　　　　　　（　　分）

B. 孝顺。　　　　　　　　（　　分）

C. 还过得去。　　　　　　（　　分）

D. 逆子。　　　　　　　　（　　分）

（5）子女与你的关系融洽否？

A. 亲密无间，十分融洽。　（　　分）

B. 融洽，但有"尊卑"感觉，思想上存在距离。　　　　　　　（　　分）

C. 尊重，但有"代沟"，不太谈得拢。

（　　分）

D. 格格不入，思想无法沟通。

（　　分）

3. 人际关系融洽否？

（1）与"亲戚圈"的关系如何？

A. 经常走动，关系亲密融洽。

（　　分）

B. 偶尔走动，关系还不错。（　　分）

C. 淡漠，很少走动。　　　（　　分）

D. 关系紧张，甚至结成冤家对头。

（　　分）

（2）与"同事圈"的关系如何？

A. 关系融洽，互相帮助，共同提携。

（　　分）

B. 关系还算融洽，有时能互相帮助。

（　　分）

C. 过得去，互不干扰。　　（　　分）

D. 关系紧张，钩心斗角，尔虞我诈。

（　　分）

（3）与朋友的关系如何？

A. 朋友遍天下，知己也不少，关系亲密，无话不说，有福同享，有难同当。

（　　分）

B. 朋友虽不多，知己却有一二。
（　　分）

C. 朋友遍天下，知己无一人。
（　　分）

D. "有酒有肉是朋友，患难何曾见一人"，甚至被朋友出卖。（　　分）

（4）与邻居的关系如何？

A. "远亲不如近邻"，关系融洽，互相照应，互相帮助。（　　分）

B. 关系还可以，急难时能互相帮助。
（　　分）

C. "鸡犬之声相闻，老死不相往来"，但不讨人嫌。（　　分）

D. 关系紧张，时时争吵，甚至斗殴诉讼。（　　分）

（5）在社交圈里的地位如何？

A. 在各种社交圈中都处于领袖地位，备受尊重。（　　分）

B. 在个别社交圈中处于领袖地位，较受尊重。（　　分）

C. 在社交圈中有一定地位。
（　　分）

D. 在社交圈中无地位，常为人不齿。（　　分）

4. 雅族五福。

（1）你能长寿吗？

A. 有把握活到平均年龄以上。（　　分）

B. 能活到平均年龄。
（　　分）

C. 难以活到平均年龄，但不会早逝。（　　分）

D. 早逝的可能性大。
（　　分）

（2）你富裕吗？

A. 大富。（　　分）

B. 中富。（　　分）

C. 小康。（　　分）

D. 穷。（　　分）

（3）你康宁吗？

A. 十分健康，心绪宁静。（　　分）

B. 健康，心绪尚好。
（　　分）

C. 过得去。（　　分）

D. 身体差，时时心烦意乱。（　　分）

（4）"攸好德"（有好的道德修养）如何？

A. 道德高尚，为人敬仰。（　　分）

B. 有较好的道德修养。（　　分）

C. 过得去。（　　分）

D. 较差。（　　分）

（5）"考终命"如何？

A. 尚无任何慢性疾病，预后"考终命"良好。（　　分）

B. 有病，但无恶疾缠身，预后较好。（　　分）

C. 体弱多病，对"考终命"无把握。（　　分）

D. 恶疾缠身，难于"考终命"。
（　　分）

5. 俗族五福。

（1）口福。

A. 常品美味佳肴，常喝美酒名饮，被誉为美食家。（　　分）

B. 常有珍馐美味佐餐。（　　分）

C. 吃喝不愁，不太考究。（　　分）

D. 温饱尚且难保，无暇考虑口味。

（　分）

（2）眼福。

A. 饱览名山大川美景，赏尽人间诸多文学艺术珍品。（　分）

B. 游览了不少风景名胜，欣赏了一些文学艺术珍品。（　分）

C. 走了一些地方，主要通过看电视欣赏文学艺术品。（　分）

D. 足不出户，远行方圆不足百里，只看过电视。（　分）

（3）耳福。

A. 常欣赏音乐，赏尽世界名曲、民间音乐。（　分）

B. 欣赏过一些音乐作品，主要欣赏流行歌曲。（　分）

C. 欣赏流行歌曲，很少欣赏高雅音乐作品。（　分）

D. 不爱欣赏任何音乐作品。

（　分）

（4）香福。

A. 赏尽名花花香，特别爱欣赏兰花一类高雅幽淡的花香。（　分）

B. 喜欢浓郁的花香。（　分）

C. 对花香喜爱，但不很在乎。

（　分）

D. 鼻子有毛病，闻不到花香。

（　分）

（5）"艳福"

A. 享受过一次真正的爱情。（　分）

B. 享受过情爱，遭遇过国色天香的靓女或"潘安"式的俊男。（　分）

C. 享受过性爱。（　分）

D. 没有享受过性爱、情爱、爱情。

（　分）

▲评分标准

1. 夫妻关系。

（1）A.（5分）；　　　B.（3分）；
　　 C.（1分）；　　　D.（0分）

（2）A.（5分）；　　　B.（3分）；
　　 C.（1分）；　　　D.（0分）

（3）A.（5分）；　　　B.（3分）；
　　 C.（1分）；　　　D.（0分）

（4）A.（5分）；　　　B.（3分）；
　　 C.（1分）；　　　D.（0分）

（5）A.（5分）；　　　B.（3分）；
　　 C.（1分）；　　　D.（0分）

2. 子女是否成器？

（1）A.（5分）；　　　B.（3分）；
　　 C.（1分）；　　　D.（0分）

（2）A.（5分）；　　　B.（3分）；
　　 C.（1分）；　　　D.（0分）

（3）A.（5分）；　　　B.（3分）；
　　 C.（1分）；　　　D.（0分）

（4）A.（5分）；　　　B.（3分）；
　　 C.（1分）；　　　D.（0分）

（5）A.（5分）；　　　B.（3分）；
　　 C.（1分）；　　　D.（0分）

3. 人际关系融洽否？

（1）A.（5分）；　　　B.（3分）；
　　 C.（1分）；　　　D.（0分）

（2）A.（5分）；　　　B.（3分）；
　　 C.（1分）；　　　D.（0分）

（3）A.（5分）；　　　B.（3分）；
　　 C.（1分）；　　　D.（0分）

（4）A.（5分）；　　　B.（3分）；
　　 C.（1分）；　　　D.（0分）

（5）A.（5分）；　　　B.（3分）；
　　 C.（1分）；　　　D.（0分）

4. 雅族五福。

（1）A.（5分）；　　　B.（3分）；
　　 C.（1分）；　　　D.（0分）

（2）A.（5分）；　　　B.（3分）；
　　 C.（1分）；　　　D.（0分）

（3）A.（5分）；　　　B.（3分）；
　　 C.（1分）；　　　D.（0分）

（4）A.（5分）；　　　B.（3分）；
　　 C.（1分）；　　　D.（0分）

（5）A.（5分）；　　　B.（3分）；
　　 C.（1分）；　　　D.（0分）

5. 俗族五福。

（1）A.（5分）；　　　B.（3分）；
　　 C.（1分）；　　　D.（0分）

（2）A.（5分）；　　　B.（3分）；
　　 C.（1分）；　　　D.（0分）

（3）A.（5分）；　　　B.（3分）；
　　 C.（1分）；　　　D.（0分）

（4）A.（5分）；　　　B.（3分）；
　　 C.（1分）；　　　D.（0分）

（5）A.（5分）；　　　B.（3分）；
　　 C.（1分）；　　　D.（0分）

▲分值分析

（1）96分～125分：你取得了生活的圆满成功，应十分珍惜，努力在下半生中保持现状。

（2）66分～95分：你基本上取得了生

活的成功，在下半生中，应在那些低分段改进生活方式，争取下半生能取得生活更大的成功。

（3）36分～65分：基本上是生活的失败者，自己要对症下药，花大力气重塑下半生的生活。

（4）36分以下：生活彻底失败，要痛定思痛，完全换一种新的活法。否则，黑暗将笼罩下半生。

3 人格评价

一个人的人格是否高尚，是人生评价的基础。因此，雅族五福中有"攸好德"一说。一个人一生再快乐，如果他的快乐是建筑在他人的痛苦之上，或者，仅仅是"独乐"，不能"与民同乐"，为他人带来快乐，造福大众与社会，那么，他只是得到了一种"小人"的快乐，不是值得我们称道的"君子"的快乐，也不是真正的快乐。我们主张的乐天人生鄙夷这样的快乐，蔑视这样的人生。因此，对自己的人格时时作出阶段性的评价，十分重要。按照中国的传统，人格类型分为君子（好人）、小人（坏人）两大类。我们据此设计了人格评价系统。

"人贵有自知之明"，很难有人自认自己是小人的。因此，要准确识别自己是君子或是小人，回答问题要诚实，不要自欺欺人。搞清自己的本来面目十分重要，即便是自己已成小人人格也不必惧怕，你可以对症下药进行修身养性，争取尽快进入君子行列。

▲ 人格评价问卷

（1）你是否信誉卓著？

A. 是的，能"一言既出，驷马难追"、"一诺千金"。　（　　分）

B. 一般。　（　　分）

C. "轻诺寡信"、"口惠而实不至"，反复无常，朝令夕改，"易涨易退山溪水，易反易复小人心"。　（　　分）

（2）你向经济宽裕的朋友借钱。

A. 一般能借到。　（　　分）

B. 很难借到。　（　　分）

C. 借不到。　（　　分）

（3）你到一家熟悉的餐馆去用餐，结账时发现钱未带够，餐馆老板会：

A. 留下物品或人质，放你回去取钱。　（　　分）

B. 放心地让你回去取钱，并说什么时候拿来都没关系。　（　　分）

C. 不放你离开，让你设法通知家人拿钱来取人。　（　　分）

（4）你的朋友遇到麻烦，对方是你的熟人，你以自己的人格担保，请对方放人，对方会买你的面子吗？

A. 会。　（　　分）

B. 很难说。　（　　分）

C. 不会。　（　　分）

（5）你是否通达事理，善解人意？

A. 是的。　（　　分）

B. 一般。　（　　分）

C. 不。　（　　分）

（6）你的性格特征：

A. 诚实。　（　　分）

B. 聪慧。　（　　分）

C. 奸诈。　（　　分）

（7）在公众场合，家人或下属当面和你顶撞，不执行你的命令，大扫你的面子，你会：

A. 严厉呵斥，不管顶撞是否有理，坚持要对方执行你的命令。　（　　分）

B. 耐心说服对方执行你的命令。　（　　分）

C. 设身处地为对方着想，体察其顶撞的苦衷，收回成命，待双方冷静思索后再议。　（　　分）

（8）你能"严于律己，宽以待人"吗？

A. 能。　（　　分）

B. 能宽以待人，但不能严于律己。　（　　分）

C. 不能。 （　　分）

（9）你同家人发生矛盾，翻脸后互不理睬，你会：

A. 主动和解，并作自我批评。 （　　分）

B. 被动和解，不作自我批评。 （　　分）

C. 任何情况下均不和解，死不认错。 （　　分）

（10）你同朋友翻脸，你会：

A. 主动和解，并作自我批评。 （　　分）

B. 被动和解，不作自我批评。 （　　分）

C. 化友为敌，结成冤家对头。 （　　分）

（11）你与同事、邻里或下属闹翻后：

A. 主动和解，并作自我批评。 （　　分）

B. 被动和解，不作自我批评。 （　　分）

C. 不和解，结成冤家对头。 （　　分）

（12）为人谋而不忠否？

A. 忠。 （　　分）

B. 一般。 （　　分）

C. 不忠。 （　　分）

（13）朋友外出，将平时常令你怦然心动的妻子、丈夫或情人托付给你，你会：

A. 尽心竭力照应，任何情况不为所动，秋毫无犯。 （　　分）

B. 对方诱惑你时，你会顺应自然接纳。 （　　分）

C. 趁机千方百计勾引，直至投入自己怀抱。 （　　分）

（14）你被朋友聘为财权很大的企业总经理或部门经理，你会如何使用手中的财权？

A. 忠于职守，该花的则花，该拿的则拿，不该花的一分不乱花，不该拿的一分不乱拿。 （　　分）

B. 该拿的则拿，不该拿的分文不取，但对花钱把关不严，认为只要自己不揣腰包便问心无愧，不管别人如何花钱，相信"水至清则无鱼"。 （　　分）

C. 能多拿则多拿，能多花则多花，"不花白不花"。 （　　分）

（15）当董事长外出，让你暂时代理董事长时，你会：

A. "有权不用，过期作废"，趁机办一些平时自己主张而因董事长反对未办成的事。 （　　分）

B. 办一些不办则损害企业利益的急事，决定一些不伤大雅的小事，大事拖一拖，等董事长回来决定。 （　　分）

C. 一切事务敷衍、拖拉，等董事长回来决定一切。 （　　分）

（16）在贯彻自己的主张时，对方与自己的意见相左，你会：

A. 以权势压人，强迫对方接受，要求其"理解的要执行，不理解的也要执行，在执行中加深理解"。 （　　分）

B. 仔细听取对方意见，对正确的意见接受，对片面的看法努力说服，以理服人，如仍不能说服对方，则再辅以行政命令。 （　　分）

C. 为不伤和气，即便对方意见不全合理，也做一些无伤大雅的妥协，反复磋商，耐心等待，假以时日，直至对方同意方才实施自己的主张。 （　　分）

（17）你待人接物的特点：

A. 真诚。 （　　分）

B. 虚伪。 （　　分）

C. 口蜜腹剑，笑里藏刀。 （　　分）

（18）你的性格特征：

A. 凶残。 （　　分）

B. 平和。 （　　分）

C. 仁慈。 （　　分）

（19）你喜欢搬弄是非吗？

A. 是的，"谁个背后无人说，哪个人前不说人？" （　　分）

B. 怕"祸从口出"，尽量不说，但有时又忍不住。 （　　分）

C. 不。 （　　分）

（20）你如何对待能人？

A. 妒忌心甚强，嫉贤妒能，"武大郎开店，不准别人比自己高"。 （　　分）

B. 有妒忌心，但能控制自己，利用能人为自己服务，警惕能人超过自己，危害自身利益。 （　　分）

C. 宽厚，思贤如渴，举贤荐能，相信："贤乃国家宝，儒为席上珍。" （　　分）

（21）你对钱财的态度：

A. "钱财如粪土，仁义值千金"，仗义

疏财，千金散尽还复来，挣两个用三个。
（　　分）

B. 量入为出，注意储蓄，挣三个用两个，做善事量力而行。（　　分）

C. 吝啬，一毛不拔的"铁鸡公"，挣三个用一个的守财奴。（　　分）

（22）你的为人处世：

A. 尖酸刻薄。（　　分）

B. 宽厚豁达。（　　分）

C. 礼让谦虚。（　　分）

（23）你的羞耻感如何？

A. 知耻，为自己的过失羞愧难言。
（　　分）

B. 知耻而后图改过自新，对强加头上的羞辱则要设法雪耻。（　　分）

C. 不知耻，"脸皮比城墙倒拐处还厚"，"人不要脸百事可为"。
（　　分）

（24）对于恩人，你的态度是：

A. 一饭之恩不能忘，滴水之恩涌泉报。（　　分）

B. 忘恩负义。（　　分）

C. 恩将仇报。（　　分）

（25）你对于助人的态度：

A. 助人为乐，急人所难。
（　　分）

B. 古道热肠，侠肝义胆。
（　　分）

C. 事不关己，高高挂起。
（　　分）

（26）你对情义的态度：

A. 情义无价，重感情。（　　分）

B. 感情淡漠，重实惠。（　　分）

C. 薄情寡义。（　　分）

（27）你的人缘如何？

A. 好。（　　分）

B. 一般。（　　分）

C. 差。（　　分）

（28）你与名流学者谈话，听懂了他说的全部的话，并发现其谬误之处，你会：

A. 与其讨论谬误之处。（　　分）

B. 装着有几点不懂之处，向他请教。
（　　分）

C. 心中虽有看法却含而不露，一言不发。（　　分）

（29）你"世故"很深吗？

A. 是的。"烦恼皆因强出头，凡事只需把头点，要是连头都不点，一生无忧又无愁。"
（　　分）

B. 有点。（　　分）

C. 不。（　　分）

（30）你的顶头上司下台了，这个上司本来对你不错，人也好，你会：

A. 对他比其在台上的时候好。
（　　分）

B. 对他一如既往。（　　分）

C. 很快不再理睬他，"认不到他"了。
（　　分）

（31）你"势利"吗？

A. 趋炎附势，"树倒猢狲散"、"墙倒众人推"。
（　　分）

B. 见利忘义，"死不要脸"。
（　　分）

C. 痛恨势利小人。（　　分）

（32）你的气度如何？

A. 气度不凡。（　　分）

B. 风度翩翩。（　　分）

C. 猥琐，缩头耸肩。（　　分）

（33）你的谈吐如何？

A. 风趣幽默。（　　分）

B. 粗俗。（　　分）

C. 吞吞吐吐，令人生厌。
（　　分）

（34）你对他人的态度：

A. 随和，不摆架子。（　　分）

B. 严肃，慈爱，不怒而威。
（　　分）

C. 骄傲，轻狂，没老没少。
（　　分）

（35）你对排队购物采取什么态度？

A. 老实排队。（　　分）

B. 想方设法"加塞"。（　　分）

C. 强行"加塞"。（　　分）

（36）你对"不随地吐痰，不乱扔果皮纸屑"等采取什么态度？

A. 自觉遵守，随时随身带有废物袋或卫生纸。（　　分）

B. 有监督时则遵守，无监督无风险则怎么方便怎么干。（　　分）

C. 随意，不受约束。（　　分）

（37）你遵守交通规则吗？

A. 自觉遵守，有警察没警察一个样。
（　　分）

B. 没警察时怎么方便怎么办。
（　　分）

C. 随意，不受约束。（　　分）

（38）你和朋友进餐馆吃饭，朋友同你

的经济状况差不多，买单时，你会：

  A. 真心地抢着付款。　　　（　分）

  B. 一丝不苟地按 AA 制付款。

               （　分）

  C. 心安理得地让朋友付款，甚至在代朋友交钱时趁便"吃"一点。

               （　分）

（39）你和朋友相处时，在生活上，你会：

  A. 处处为朋友着想，体贴入微，常常忘了照顾自己。　　　（　分）

  B. 对朋友和自己照顾得都很周到。

               （　分）

  C. 以我为中心，强迫朋友服从自己的意志。　　　（　分）

（40）长期不得志，一旦得志，你会：

  A. "一朝权在手，便把令来行"，得志便猖狂，欺凌孤寡，恩将仇报，无恶不作。

               （　分）

  B. 谦虚谨慎，有恩报恩，有仇报仇。

               （　分）

  C. 不畏强横，不欺弱小，知恩图报，对弱小的仇家以德报怨。　　　（　分）

（41）你对"和为贵"持何种态度？

  A. 相信"父子和而家不败，兄弟和而家不分，乡党和而争讼息，夫妇和而家道兴"。　　　（　分）

  B. 争强好胜，不肯让人，争吵不息，内外交困。　　　（　分）

  C. 喜欢在外发生争执，对家人亲近随和。　　　（　分）

  D. 在外会处关系，人缘好；回家性情暴躁，争吵不断。　　　（　分）

（42）你对"孝"持何种态度？

  A. "孝当竭力，非徒养身"，有孝子美誉，相信"鸦有反哺之孝，羊知跪乳之恩"，不孝逆子禽兽不如。（　分）

  B. 对老人能尽一点儿赡养义务，但敷衍了事，做点"面子"活儿，能推就推。

               （　分）

  C. 不尽赡养之责，甚至虐待老人。

               （　分）

（43）你的"气量"如何？

  A. 狭小。　　　　　　　（　分）

  B. 中等。　　　　　　　（　分）

  C. "宰相肚里能撑船"。　（　分）

（44）施恩于人后，你会：

  A. 不求回报，"但行好事，莫问前程"，

信奉"宁可人负我，切莫我负人"。

               （　分）

  B. 要求对方"知恩必报"，但并不十分在意，如不能得到回报发发牢骚便罢了。

               （　分）

  C. 如对方能回报时不回报，便反目成仇。　　　（　分）

（45）你对"人欲"的态度：

  A. 淡然处之，"宁静致远"，随遇而安，顺应自然。　　　（　分）

  B. 贪爱沉湎下苦海。　　（　分）

  C. 利欲熏心进火炕。　　（　分）

（46）你对所做"亏心事"的态度？

  A. 羞愧难言，心中忐忑多歉疚。

               （　分）

  B. "平生不做皱眉事，世上应无切齿人"，"平日不做亏心事，半夜敲门心不惊。"　　　（　分）

  C. "宁肯我负天下人，不愿天下人负我"，处之泰然。　　　（　分）

（47）你对生活的态度：

  A. 放荡不羁，风流潇洒，与友同乐，与民同乐。　　　（　分）

  B. 放浪形骸，今朝有酒今朝醉，哪管明日愁来后日忧。　　　（　分）

  C. "马行无力皆因瘦，人不风流只为贫"，因忌妒而道貌岸然地指责那些生活乐观者。　　　（　分）

（48）你对同胞兄弟姐妹的态度如何？

  A. "本是同根生，相煎何太急？"擅长窝里斗。　　　（　分）

  B. "兄弟是手足，断了不能续"，重视同胞亲情。　　　（　分）

  C. 与己和则亲近互助互爱，与己不合则疏远，甚至老死不相往来。

               （　分）

（49）你的至亲挚友去世，你会：

  A. 捶胸顿足，悲痛欲绝。

               （　分）

  B. 伤心落泪，很快忘记。

               （　分）

  C. 无动于衷，漠然置之。

               （　分）

（50）你交朋友的目的是什么？

  A. 求财、求色。　　　　（　分）

  B. 求情、求谊。　　　　（　分）

  C. 求业、求义。　　　　（　分）

（51）对于冒犯你的人，你会：

A. 得饶人处且饶人，"饶人不是痴汉，痴汉不会饶人"。　　　　（　分）

B. 咬牙切齿，立马现报。
　　　　　　　　　　　　（　分）

C. 君子报仇，十年不晚。
　　　　　　　　　　　　（　分）

（52）你待宾客的态度如何？

A. 彬彬有礼，关怀备至，照顾周全。
　　　　　　　　　　　　（　分）

B. 只好好照应自己喜欢的宾客。
　　　　　　　　　　　　（　分）

C. 不知如何照应："客来主不顾，应恐是痴人"、"在家不会迎宾客，出门方知少主人。"　　　　　　　　（　分）

（53）你的朋友多吗？

A. 很多，但无一知己朋友。
　　　　　　　　　　　　（　分）

B. 较多，其中至少有一个以上的知己朋友。　　　　　　　　（　分）

C. 很少，亦无知己。　　（　分）

（54）你对朋友的要求高吗？

A. 甚高，"眼里容不得一粒沙子"。
　　　　　　　　　　　　（　分）

B. 宽容，相信人无完人。"人非圣贤，孰能无过？"　　　　（　分）

C. 甚低，只要能满足自己的愿望便成。　　　　　　　　　　（　分）

（55）你喜欢听"小报告"吗？

A. 不喜欢，"来说是非者，便是是非人"；不轻信，"耳听为虚，眼见为实"。　　　　　　　　　（　分）

B. 听，但要多方核实，"偏听则暗，兼听则明"。　　　　　（　分）

C. 喜欢，将打"小报告"的人视为知己。

（56）遇见一件令你怒发冲冠的事，你会：

A. 制怒，"灭却心头火，挑起佛前灯"，冷静后再处理。　　（　分）

B. 大怒，不顾后果，任着性子发泄。
　　　　　　　　　　　　（　分）

C. "惹不起，躲得起"，忍气吞声，另找无辜弱者发泄怒火。（　分）

（57）你遵循"己所不欲，勿施于人"的原则行事吗？

A. 是的。　　　　　　　（　分）

B. 教育子女时，要求其别继承自己的短处。　　　　　　　（　分）

C. 不。自己虽然办不到，但却要求别人去做。　　　　　　　　（　分）

（58）家徒四壁，难以维生，你还会维护你平日的做人原则吗？

A. "饥寒起盗心"，不择手段维系生计。　　　　　　　　　（　分）

B. 宁乞勿偷，靠乞食为生。
　　　　　　　　　　　　（　分）

C. 宁愿饿死，也不吃嗟来之食。
　　　　　　　　　　　　（　分）

（59）一个人身处逆境，你如何劝解：

A. 好言劝慰，发掘其优点，鼓励其"在哪里跌倒了就在哪里爬起来"。
　　　　　　　　　　　　（　分）

B. 恶语相加，怒其不争，勒令其痛改前非，重新做人。　　（　分）

C. 幸灾乐祸，冷嘲热讽，痛打落水狗，必欲置之死地而后快。（　分）

（60）你管得住自己的"舌头"吗？

A. 如簧巧舌，拨弄是非，"祸从口出"。　　　　　　　　　（　分）

B. "静坐常思己过，闲谈莫论人非"，出言谨慎。　　　　（　分）

C. "平生最爱鱼无舌，游遍江湖少是非"，常缄口无言。　　（　分）

（61）你愿意向他人学习吗？

A. "三人行，必有我师"，随时向他人请教，"择其善者而从之，其不善者而改之"。　　　　　　　　（　分）

B. 择师甚严，不屑于与比自己身份、学识低的人探讨学问。　　（　分）

C. 自视甚高，"老子天下第一"，谁也瞧不起，更不会向他人学习。
　　　　　　　　　　　　（　分）

（62）你有"自省"习惯吗？

A. "吾日三省吾身"，时时自省自己的行为，对则坚持，错则改正。
　　　　　　　　　　　　（　分）

B. 阶段性的自省自己的行为，闻过则改。　　　　　　　　（　分）

C. 从不自省，没有过错。（　分）

（63）你有"出卖"师友的习惯吗？

A. 有，并从"出卖"中捞取好处。

B. 偶尔为之，有时是因高压无法承受而被迫"出卖"。　　（　分）

C. 从不，即使"泰山压顶"、"酷刑加身"。　　　　　　　　（　分）

（64）你有家庭观念、国家观念、全球

观念吗？

A. 有家庭观念，希望自己能光宗耀祖。　　　　　　　　　　（　分）

B. 有国家民族观念，希望能为民族复兴、国家昌盛作出贡献。　　（　分）

C. 有全球意识、人类意识，将自己看成"地球村"中的居民，希望自己为地球村的生存和发展作出贡献。（　分）

▲评分标准

（1）A（3分）；B（1分）；C（0分）。
（2）A（0分）；B（1分）；C（3分）。
（3）A（1分）；B（3分）；C（0分）。
（4）A（3分）；B（1分）；C（0分）。
（5）A（3分）；B（0分）；C（0分）。
（6）A（3分）；B（1分）；C（0分）。
（7）A（0分）；B（1分）；C（3分）。
（8）A（3分）；B（1分）；C（0分）。
（9）A（3分）；B（1分）；C（0分）。
（10）A（3分）；B（1分）；C（0分）。
（11）A（3分）；B（1分）；C（0分）。
（12）A（3分）；B（1分）；C（0分）。
（13）A（3分）；B（0分）；C（－1分）。
（14）A（3分）；B（1分）；C（0分）。
（15）A（－1分）；B（3分）；C（0分）。
（16）A（0分）；B（3分）；C（1分）。
（17）A（3分）；B（0分）；C（－1分）。
（18）A（0分）；B（1分）；C（3分）。
（19）A（0分）；B（1分）；C（3分）。
（20）A（3分）；B（1分）；C（0分）。
（21）A（1分）；B（3分）；C（0分）。
（22）A（0分）；B（1分）；C（1分）。
（23）A（1分）；B（3分）；C（0分）。
（24）A（3分）；B（0分）；C（－1分）。
（25）A（3分）；B（1分）；C（0分）。
（26）A（3分）；B（1分）；C（0分）。
（27）A（3分）；B（1分）；C（0分）。
（28）A（3分）；B（0分）；C（1分）。
（29）A（0分）；B（1分）；C（3分）。
（30）A（3分）；B（1分）；C（0分）。
（31）A（0分）；B（0分）；C（3分）。
（32）A（3分）；B（1分）；C（0分）。
（33）A（3分）；B（1分）；C（0分）。
（34）A（3分）；B（1分）；C（0分）。
（35）A（3分）；B（0分）；C（－1分）。
（36）A（3分）；B（1分）；C（0分）。
（37）A（3分）；B（1分）；C（0分）。
（38）A（3分）；B（1分）；C（0分）。
（39）A（3分）；B（1分）；C（0分）。

（40）A（0分）；B（1分）；C（3分）。
（41）A（3分）；B（－1分）；
　　　C（1分）；D（0分）。
（42）A（3分）；B（1分）；C（0分）。
（43）A（0分）；B（1分）；C（3分）。
（44）A（3分）；B（1分）；C（0分）。
（45）A（3分）；B（0分）；C（0分）。
（46）A（1分）；B（3分）；C（0分）。
（47）A（3分）；B（1分）；C（0分）。
（48）A（0分）；B（3分）；C（1分）。
（49）A（3分）；B（1分）；C（0分）。
（50）A（0分）；B（0分）；C（3分）。
（51）A（3分）；B（0分）；C（1分）。
（52）A（3分）；B（1分）；C（0分）。
（53）A（1分）；B（3分）；C（0分）。
（54）A（1分）；B（3分）；C（0分）。
（55）A（3分）；B（1分）；C（0分）。
（56）A（3分）；B（1分）；C（0分）。
（57）A（3分）；B（1分）；C（0分）。
（58）A（0分）；B（3分）；C（0分）。
（59）A（3分）；B（1分）；C（0分）。
（60）A（3分）；B（0分）；C（1分）。
（61）A（3分）；B（1分）；C（0分）。
（62）A（3分）；B（1分）；C（0分）。
（63）A（－1分）；B（0分）；C（3分）。
（64）A（1分）；B（3分）；C（3分）。

▲分值分析

此分值通过以下积分数，进入人生总评价系统，来判断你的人格指数。

（1）142分～192分：正人君子，应继续坚持人间正道。

（2）90分～141分：亦为君子，但要注意加强人格修养，以防滑入小人泥淖。

（3）60分～89分：残存君子之风，实为小人，应加强自身修养，尚可向君子转化。

（4）59分以下：纯为小人，不可交。改恶从善虽难，但只要痛下决心，痛改前非，仍有希望成为君子，"浪子回头金不换"是也。

④ 情绪评价

情绪评价要花一番工夫。一种方法是写100天情绪评价日记。

情绪评价日记怎么"写"？不妨遵循孔夫子的教导："吾日三省吾身。"早上起床时"省"一次，中午"省"一次，晚上睡觉前"省"一次。"省"的内容比孔夫子时代要稍复杂一些。因为时代前进了，生活丰富多彩了嘛！"省"的重点也不同。而且，我们提倡的是乐天人生。因此，我们"省"的重点便是每时每刻何种正负情绪占主导地位，强度如何，并据此打分。同时，制定稳定和发展正面情绪的方略，宣泄和转化负面情绪的办法。

▲情绪评价日记

晨"省"、午"省"、晚"省"，虽大同小异，却有不同侧重。三"省"问卷较详细，但做一次也只需要 5 分钟，大致判断一下你的感觉即可。为了你的心理健康，每天花上几分钟，还是值得的。而且，这是你做人生质量阶段性评审和终审的基础材料，坚持做下去，价值是难以估量的。

1. 晨"省"问卷。

（1）你昨晚睡眠好吗？

A. 睡得很香，并有美梦。　（　　分）

B. 还好。　（　　分）

C. 睡得不好，并做噩梦。　（　　分）

（2）醒来后，有何感觉？

A. 疲乏不堪。　（　　分）

B. 还可以。　（　　分）

C. 神清气爽。　（　　分）

（3）你现在的心情如何？

A. 不好。　（　　分）

B. 还好。　（　　分）

C. 很好。　（　　分）

（4）你面对今天，有信心吗？

A. 沮丧，没有信心。　（　　分）

B. 有信心。　（　　分）

C. 信心十足。　（　　分）

（5）面对今天工作上的困难，你准备怎么办？

A. 顺应自然，"哪里黑，就在哪里歇。"　（　　分）

B. 心中无数，不知道该怎么办。　（　　分）

C. 努力去克服，相信"车到山前必有路。"　（　　分）

（6）面对今天家庭中的各种问题（开门七件事：柴米油盐酱醋茶，以及夫妻、父子、母女、婆媳、妯娌关系等），你准备怎么解决？

A. 充满恐惧，手足无措，力图逃避。　（　　分）

B. 没有大的问题，不必操心。　（　　分）

C. 通过白天的努力和思索，找出解决问题的良策。　（　　分）

2. 午"省"问卷。

（7）你现在的心情如何？

A. 极好。　（　　分）

B. 还可以。　（　　分）

C. 极糟。　（　　分）

（8）上午主导的正面情绪延续时间有多长，强度如何？

A. 三分之二以上，强烈。　（　　分）

B. 三分之二以上，淡薄。　（　　分）

C. 二分之一以上，强烈。　（　　分）

D. 二分之一以上，淡薄。　（　　分）

E. 二分之一以下，强烈。　（　　分）

F. 二分之一以下，淡薄。　（　　分）

G. 三分之一以下，强烈。　（　　分）

H. 三分之一以下，淡薄。　（　　分）

（9）上午主导的负情绪延续时间有多长，强度如何？

A. 三分之二以上，强烈。　（　　分）

B. 三分之二以上，淡薄。　（　　分）

C. 二分之一以上，强烈。　（　　分）

D. 二分之一以上，淡薄。　（　　分）

E. 三分之一以上，强烈。　（　　分）

F. 三分之一以上，淡薄。　（　　分）

G. 三分之一以下，强烈。　（　　分）

H. 三分之一以下，淡薄。　（　　分）

（10）你对解决下午到晚上之间工作上的问题有无信心？

A. 信心十足。　（　　分）

B. 有信心。　（　　分）

C. 没信心。　（　　分）

（11）你对解决下午到晚上之间家庭中的问题有无信心？

A. 信心十足。　（　　分）

B. 有信心。　（　　分）

C. 没信心。　（　　分）

（12）你对自己上午的生活质量感到满意吗？

A. 很满意。　（　　分）

B. 还可以。　（　　分）

C. 不满意。　（　　分）

3. 晚"省"问卷。

（13）你现在的心情如何？

A. 极好。　（　　分）

B. 还可以。　（　　分）

C. 糟得很。　（　　分）

（14）午"省"以后主导正面情绪占多

长时间，强度如何？

    A. 三分之二以上，强烈。　　（　　分）

    B. 三分之二以上，淡薄。　　（　　分）

    C. 二分之一以上，强烈。　　（　　分）

    D. 二分之一以上，淡薄。　　（　　分）

    E. 三分之一以上，强烈。　　（　　分）

    F. 三分之一以上，淡薄。　　（　　分）

    G. 三分之一以下，强烈。　　（　　分）

    H. 三分之一以下，淡薄。　　（　　分）

（15）午"省"以后主导负情绪占多长时间，强度如何？

    A. 三分之二以上，强烈。　　（　　分）

    B. 三分之二以上，淡薄。　　（　　分）

    C. 二分之一以上，强烈。　　（　　分）

    D. 二分之一以上，淡薄。　　（　　分）

    E. 三分之一以上，强烈。　　（　　分）

    F. 三分之一以上，淡薄。　　（　　分）

    G. 三分之一以下，强烈。　　（　　分）

    H. 三分之一以下，淡薄。　　（　　分）

（16）你觉得今天的日子过得如何？

    A. 很满意。　　　　　　　　（　　分）

    B. 满意。　　　　　　　　　（　　分）

    C. 还可以。　　　　　　　　（　　分）

    D. 不满意。　　　　　　　　（　　分）

    E. 很不满意。　　　　　　　（　　分）

（17）你对处理明天工作上的问题有信心吗？

    A. 信心十足。　　　　　　　（　　分）

    B. 有信心。　　　　　　　　（　　分）

    C. 没信心。　　　　　　　　（　　分）

（18）你对处理明天生活中的问题有信心吗？

    A. 信心十足。　　　　　　　（　　分）

    B. 有信心。　　　　　　　　（　　分）

    C. 没信心。　　　　　　　　（　　分）

▲**评分标准**

（1）A（3分）；B（1分）；C（0分）。

（2）A（0分）；B（1分）；C（3分）。

（3）A（3分）；B（1分）；C（0分）。

（4）A（0分）；B（1分）；C（3分）。

（5）A（1分）；B（0分）；C（3分）。

（6）A（0分）；B（1分）；C（3分）。

（7）A（3分）；B（1分）；C（0分）。

（8）A（13分）；B（11分）；

C（9分）；D（7分）；

E（5分）；F（3分）；

G（1分）；H（0分）。

（9）A（−13分）；B（−11分）；

C（−9分）；D（−7）；

E（−5）；F（−3）；

G（−1分）；H（0分）。

（10）A（3分）；B（1分）；C（0分）。

（11）A（3分）；B（1分）；C（0分）。

（12）A（3分）；B（1分）；C（0分）。

（13）A（3分）；B（1分）；C（0分）。

（14）A（13分）；B（11分）；

C（9分）；D（7分）；

E（5分）；F（3分）；

G（1分）；H（0分）。

（15）A（−13分）；B（−11分）；

C（−9分）；D（−7分）；

E（−5分）；F（−3分）；

G（−1分）；H（0分）。

（16）A（3分）；B（1分）；

C（0分）；D（−1分）；

E（−3分）。

（17）A（3分）；B（1分）；

C（0分）。

（18）A（3分）；B（1分）；

C（0分）。

▲**分值分析**

情绪评价分值通过以下积分数，进入人生总评价系统，以积分的多少来判断你的自省度。

（1）55分～68分：情绪质量优，度过了愉快的"乐天一日"。

（2）41分～54分：情绪质量良，度过了较愉快的一天。

（3）27分～40分：情绪质量及格，马马虎虎度过了一天。

（4）13分～26分：情绪质量不及格，度过了不尽如人意的一日。

（5）13分以下：情绪质量极差，度过了糟糕透顶的一天。

备注：100天的情绪分相加除以100便得到100日的平均情绪分，进入人生总评价系统。

5　前半生总评价

前半生总评价的办法，是分别作了生活成功度评价、人格评价、事业成功度评价、情绪评价以后，将得分相加，换算成百分制，即总分除以4即得。根据得分情况，分别得出如下结论。

（1）优质乐天人生。85分~100分。事业成功，生活美满，多层次需求得到充分满足，人际关系和谐，人格高尚，受人尊敬，一生为正面情绪控制。当他临死的时候，回顾自己的一生：曾经有过闪光日，今生后世留英名，不会为自己碌碌无为而羞耻；雅俗五福享尽，夫妻恩爱和睦，子女成器，享受过一次真正的爱情，游遍名山大川旅游胜地，品够珍馐佳肴美酒名饮；读书破万卷，饱览世界名著经典，搞懂人生世界过去未来，清醒踏进人生，明白离开世界，不做糊涂虫，修得一生好人品；胸怀坦荡待人宽厚，将爱撒遍人间，受人尊敬，人际关系融洽，朋友遍天下，会消解烦恼，欢乐时光占主导；健康长寿享天年，死后留有精神财富或物质财富给人类。他便能够心满意足地说：我欢欢乐乐地度过了有意义的前半生，活得真值！

（2）乐天人生。70分~84分。人生的各方面都还不错，乐天情绪一直主导人生，只是程度较优质乐天人生差一些。而且，在人生的某些方面有较大遗憾，下半生稍加注意便可弥补。

（3）平常人生。55分~69分。人生中喜忧参半，遗憾不少，活得较累，得尽快更弦易辙，还来得及在下半生过上一段舒心日子。

（4）苦旅人生。55分以下，烦恼多多，活得很累，要对症下药，动"大手术"，才能得到解脱，在下半生尝到欢乐人生的滋味。

（董仁威　谢　敏）

第二人生设计基础
——现状的自我测试

1　大脑年龄测试
▲脑年龄测试问卷

（1）眼睛出现老花现象：

A. 是的。　　　　　　　　（　　分）

B. 轻微。　　　　　　　　（　　分）

C. 没有。　　　　　　　　（　　分）

（2）耳朵有点"背"（不灵）：

A. 是的。　　　　　　　　（　　分）

B. 轻微。　　　　　　　　（　　分）

C. 不。　　　　　　　　　（　　分）

（3）嗅觉不灵：

A. 是的。　　　　　　　　（　　分）

B. 轻微。　　　　　　　　（　　分）

C. 不。　　　　　　　　　（　　分）

（4）性欲严重衰退：

A. 是的。　　　　　　　　（　　分）

B. 轻微。　　　　　　　　（　　分）

C. 不。　　　　　　　　　（　　分）

（5）面对一年轻貌美性感的异性，你有无"感觉"？

A. 面热心跳。　　　　　　（　　分）

B. 愉悦，愿意接近。　　　（　　分）

C. 没有"感觉"。　　　　（　　分）

（6）会议中状态：

A. 失控打盹。　　　　　　（　　分）

B. 注意力难以集中，但能控制住不打盹。　　　　　　　　　　　（　　分）

C. 专注。　　　　　　　　（　　分）

（7）睡眠时"择床"：

A. 是的。　　　　　　　　（　　分）

B. 有点。　　　　　　　　（　　分）

C. 不。　　　　　　　　　（　　分）

（8）行走脚步：

A. 迟缓。　　　　　　　　（　　分）

B. 较迟缓。　　　　　　　（　　分）

C. 健步如飞。　　　　　　（　　分）

（9）早晨常醒得很早：

A. 是的。　　　　　　　　（　　分）

B. 偶尔醒得早。　　　　　（　　分）

C. 不。　　　　　　　　　（　　分）

（10）下午和晚上的精力：

A. 很差。　　　　　　　　（　　分）

B. 较差。　　　　　　　　（　　分）

C. 精力充沛。　　　　　　　（　　分）

（11）疲劳消除：

A. 很慢。　　　　　　　　（　　分）

B. 较慢。　　　　　　　　（　　分）

C. 快。　　　　　　　　　（　　分）

（12）失败后觉得：

A. 不痛苦，漠然置之。　　（　　分）

B. 有点痛苦。　　　　　　（　　分）

C. 很痛苦。　　　　　　　（　　分）

（13）做了一件事后：

A. 立即后悔。　　　　　　（　　分）

B. 坚持到底，决不后悔。　（　　分）

C. "跌了不痛爬起来痛"，逐渐后悔。

　　　　　　　　　　　　（　　分）

（14）对人生：

A. 觉得没意思，停止追求。（　　分）

B. 越活越有意思，追求越来越多。

　　　　　　　　　　　　（　　分）

C. 以前活得太累，换一种潇洒点的活法。　　　　　　　　　　　（　　分）

（15）心胸变化：

A. 变得小气、狭窄。　　　（　　分）

B. 正常。　　　　　　　　（　　分）

C. 胸襟逐渐开阔。　　　　（　　分）

（16）性格变化：

A. 变得急躁，脾气越来越大。

　　　　　　　　　　　　（　　分）

B. 正常。　　　　　　　　（　　分）

C. 变温和。　　　　　　　（　　分）

（17）你变得爱发牢骚吗？

A. 是的。　　　　　　　　（　　分）

B. 有点。　　　　　　　　（　　分）

C. 不。　　　　　　　　　（　　分）

（18）你变得"顽固"起来了吗？

A. 是的。　　　　　　　　（　　分）

B. 有点。　　　　　　　　（　　分）

C. 不。　　　　　　　　　（　　分）

（19）你的妒忌心变化：

A. 增大。　　　　　　　　（　　分）

B. 正常。　　　　　　　　（　　分）

C. 减少。　　　　　　　　（　　分）

（20）记忆力：

A. 你常常见到一个熟人喊不出他的姓名。　　　　　　　　　　　（　　分）

B. 偶尔见到熟人喊不出他的姓名。

　　　　　　　　　　　　（　　分）

C. 正常。　　　　　　　　（　　分）

（21）别人告诉你一个电话号码：

A. 立即记住，久久不忘。　（　　分）

B. 当时记住，不久便忘了。（　　分）

C. 记不住，立即便忘了。　（　　分）

（22）一些普通的字也写不出来：

A. 常常如此。　　　　　　（　　分）

B. 偶尔如此。　　　　　　（　　分）

C. 不。　　　　　　　　　（　　分）

（23）你变得丢三落四起来了吗？

A. 经常在家翻箱倒柜找自己的东西。

　　　　　　　　　　　　（　　分）

B. 偶尔忘记自己的东西放在什么地方了。　　　　　　　　　　　（　　分）

C. "记性"好得很。　　　　（　　分）

（24）你变得喜欢唠叨了吗？

A. 常常唠叨，一点小事也喋喋不休"念"无数遍。　　　　　　　（　　分）

B. 偶尔唠叨。　　　　　　（　　分）

C. 正常。　　　　　　　　（　　分）

（25）对事物的理解力：

A. 对复杂的事物也很容易理解。

　　　　　　　　　　　　（　　分）

B. 理解力比以前迟钝。　　（　　分）

C. 正常，未变化。　　　　（　　分）

（26）你的"文思"如何？

A. 文思敏捷，常有"灵感"。

　　　　　　　　　　　　（　　分）

B. 文思迟钝，少有"灵感"。

　　　　　　　　　　　　（　　分）

C. 无变化。　　　　　　　（　　分）

（27）你常有新想法新主意吗？

A. 是的。　　　　　　　　（　　分）

B. 偶尔有。　　　　　　　（　　分）

C. 没有。　　　　　　　　（　　分）

（28）你的生活变得懒散了吗？

A. 变得很懒散。　　　　　（　　分）

B. 逐渐变得有点懒散。　　（　　分）

C. 变得更紧张，有序。　　（　　分）

（29）你的好奇心还依然如故吗？

A. 越来越大。　　　　　　（　　分）

B. 越来越小。　　　　　　（　　分）

C. 依然如故。　　　　　　（　　分）

（30）你觉得干啥都没意思吗？

A. 是的。　　　　　　　　（　　分）

B. 偶尔有此想法。　　　　（　　分）

C. 不。　　　　　　　　　（　　分）

（31）你干什么事都没恒心了吗？

A. 是的。　　　　　　　　（　　分）

B. 偶尔如此。　　　　　　（　　分）

C. 不。　　　　　　　　（　分）

（32）你很难控制自己的感情了吗？

A. 常常失控。　　　　（　分）

B. 偶尔失控。　　　　（　分）

C. 不。　　　　　　　　（　分）

（33）你变得感情脆弱，常常暗自流泪了吗？

A. 是的。　　　　　　（　分）

B. 偶尔如此。　　　　（　分）

C. 不。　　　　　　　　（　分）

（34）你常常为一些小事而烦恼吗？

A. 是的。　　　　　　（　分）

B. 偶尔如此。　　　　（　分）

C. 不。　　　　　　　　（　分）

（35）你常常看不惯年轻人的行为，并没缘由地为他们担心吗？

A. 是的。　　　　　　（　分）

B. 偶尔如此。　　　　（　分）

C. 不。　　　　　　　　（　分）

（36）你考虑问题变得以自我为中心吗？

A. 是的，"儿孙自有儿孙福，莫给儿孙做马牛"。　　　　　　（　分）

B. 有一点，考虑自己比以前多一些。　　　　　　　　　　（　分）

C. 不。　　　　　　　　（　分）

（37）你变得喜欢宁静、独处吗？

A. 是的。　　　　　　（　分）

B. 多数时间愿意如此，少数时间仍希望热闹。　　　　　　（　分）

C. 喜欢热闹。　　　　（　分）

（38）你的自信心如何？

A. 强。　　　　　　　（　分）

B. 一般。　　　　　　（　分）

C. 自己这一辈子完了。（　分）

（39）你对自己的地位、名誉是何态度？

A. 轻贡献，重获取，叹世道不公，对名誉、地位斤斤计较，越来越在乎。　　　　　　　　　　　　（　分）

B. 重视生命价值，淡泊名利，知足常乐。　　　　　　　　　（　分）

C. 破罐子破摔，毫不重视名誉、地位，于是，"人不要脸，百事可为。"　　　　　　　　　　　　　（　分）

（40）对自己的举止言谈着装是何态度？

A. 漫不经心。　　　　（　分）

B. 十分注意。　　　　（　分）

C. 随意，以不"出格"为度。　　　　　　　　　　　　（　分）

（41）你对死亡和疾病的消息关注吗？

A. 十分关注。　　　　（　分）

B. 关注。　　　　　　（　分）

C. 漫不经心。　　　　（　分）

（42）你的兴趣爱好向何方发展？

A. 越来越广泛。　　　（　分）

B. 越来越狭窄。　　　（　分）

C. 没有变化。　　　　（　分）

（43）你对时代的进步适应吗？

A. 适应。　　　　　　（　分）

B. 勉强跟得上。　　　（　分）

C. 不适应。　　　　　（　分）

（44）你更富于幻想吗？

A. 是的。　　　　　　（　分）

B. 有所减退。　　　　（　分）

C. 没有变化。　　　　（　分）

（45）你喜欢算命吗？

A. 喜欢，常常用各种方法认真算，并基本相信。　　　　　　（　分）

B. 偶尔为之，"不可不信，不可全信。"　　　　　　　　　（　分）

C. 不喜欢，不算，不信。（　分）

（46）你喜欢回忆过去的事情，炫耀自己的经验，自以为是吗？

A. 是的。　　　　　　（　分）

B. 有点，不突出。　　（　分）

C. 不。　　　　　　　　（　分）

▲ 评分标准

（1）A（3分）；B（1分）；C（0分）。

（2）A（3分）；B（1分）；C（0分）。

（3）A（3分）；B（1分）；C（0分）。

（4）A（3分）；B（1分）；C（0分）。

（5）A（0分）；B（1分）；C（3分）。

（6）A（3分）；B（1分）；C（0分）。

（7）A（3分）；B（1分）；C（0分）。

（8）A（3分）；B（1分）；C（0分）。

（9）A（3分）；B（1分）；C（0分）。

（10）A（3分）；B（1分）；C（0分）。

（11）A（3分）；B（1分）；C（0分）。

（12）A（3分）；B（1分）；C（0分）。

（13）A（3分）；B（0分）；C（1分）。

（14）A（3分）；B（0分）；C（1分）。

（15）A（3分）；B（1分）；C（0分）。

（16）A（3分）；B（1分）；C（0分）。

（17）A（3分）；B（1分）；C（0分）。

（18）A（3分）；B（1分）；C（0分）。

（19）A（3分）；B（1分）；C（0分）。

（20）A（3分）；B（1分）；C（0分）。

（21）A（0分）；B（1分）；C（3分）。

（22）A（3分）；B（1分）；C（0分）。

（23）A（3分）；B（1分）；C（0分）。

（24）A（3分）；B（1分）；C（0分）。

（25）A（0分）；B（3分）；C（1分）。

（26）A（0分）；B（3分）；C（1分）。

（27）A（0分）；B（1分）；C（3分）。

（28）A（3分）；B（1分）；C（0分）。

（29）A（0分）；B（3分）；C（1分）。

（30）A（3分）；B（1分）；C（0分）。

（31）A（3分）；B（1分）；C（0分）。

（32）A（3分）；B（1分）；C（0分）。

（33）A（3分）；B（1分）；C（0分）。

（34）A（3分）；B（1分）；C（0分）。

（35）A（3分）；B（1分）；C（0分）。

（36）A（3分）；B（1分）；C（0分）。

（37）A（3分）；B（1分）；C（0分）。

（38）A（0分）；B（1分）；C（3分）。

（39）A（1分）；B（3分）；C（0分）。

（40）A（3分）；B（0分）；C（1分）。

（41）A（3分）；B（1分）；C（0分）。

（42）A（0分）；B（3分）；C（1分）。

（43）A（0分）；B（1分）；C（3分）。

（44）A（0分）；B（3分）；C（1分）。

（45）A（3分）；B（1分）；C（0分）。

（46）A（3分）；B（1分）；C（0分）。

▲分值分析

（1）0分～15分：脑年龄相当于18岁～23岁；

（2）16分～30分：脑年龄相当于24岁～29岁；

（3）31分～45分：脑年龄相当于30岁～34岁；

（4）46分～60分：脑年龄相当于35岁～39岁；

（5）61分～70分：脑年龄相当于40岁～44岁；

（6）71分～80分：脑年龄相当于45岁～49岁；

（7）81分～90分：脑年龄相当于50岁～54岁；

（8）91分～100分：脑年龄相当于55岁～59岁；

（9）101分～110分：脑年龄相当于60岁～64岁；

（10）111分～120分：脑年龄相当于

65岁～69岁；

（11）121分以上：脑年龄在70岁以上。

❷ 健康状况测试
▲健康状况问卷
1. 老年性疾病。

（1）心血管病：

A. 严重。 （　　分）

B. 轻度。 （　　分）

C. 无。 （　　分）

（2）糖尿病：

A. 严重。 （　　分）

B. 轻度。 （　　分）

C. 无。 （　　分）

（3）肥胖症：

A. 严重。 （　　分）

B. 轻度。 （　　分）

C. 无。 （　　分）

（4）前列腺肥大症：

A. 严重。 （　　分）

B. 轻度。 （　　分）

C. 无。 （　　分）

（5）肿瘤：

A. 严重。 （　　分）

B. 轻度。 （　　分）

C. 无。 （　　分）

（6）老年慢性支气管炎、肺气肿：

A. 严重。 （　　分）

B. 轻度。 （　　分）

C. 无。 （　　分）

（7）高血压、高血脂、高胆固醇：

A. 严重。 （　　分）

B. 轻度。 （　　分）

C. 无。 （　　分）

（8）骨质疏松症：

A. 严重。 （　　分）

B. 轻度。 （　　分）

C. 无。 （　　分）

（9）抑郁症：

A. 严重。 （　　分）

B. 轻度。 （　　分）

C. 无。 （　　分）

（10）颈椎病：

A. 严重。 （　　分）

B. 轻度。 （　　分）

C. 无。 （　　分）

（11）老年痴呆症：

A. 严重。　　　　　　　（　　分）
B. 轻度。　　　　　　　（　　分）
C. 无。　　　　　　　　（　　分）
（12）失眠症：
A. 严重。　　　　　　　（　　分）
B. 轻度。　　　　　　　（　　分）
C. 无。　　　　　　　　（　　分）
（13）精神偏执症：
A. 严重。　　　　　　　（　　分）
B. 轻度。　　　　　　　（　　分）
C. 无。　　　　　　　　（　　分）
（14）帕金森氏症：
A. 严重。　　　　　　　（　　分）
B. 轻度。　　　　　　　（　　分）
C. 无。　　　　　　　　（　　分）
（15）狂躁症：
A. 严重。　　　　　　　（　　分）
B. 轻度。　　　　　　　（　　分）
C. 无。　　　　　　　　（　　分）
（16）其他重症：
A. 严重。　　　　　　　（　　分）
B. 轻度。　　　　　　　（　　分）
C. 无。　　　　　　　　（　　分）
2. 运动器官。
（17）上肢：
A. 灵活有力。　　　　　（　　分）
B. 较灵活有力。　　　　（　　分）
C. 僵硬无力。　　　　　（　　分）
（18）下肢：
A. 灵活有力。　　　　　（　　分）
B. 较灵活有力。　　　　（　　分）
C. 僵硬无力。　　　　　（　　分）
（19）腰：
A. 灵活。　　　　　　　（　　分）
B. 较灵活。　　　　　　（　　分）
C. 僵硬。　　　　　　　（　　分）
（20）颈：
A. 灵活。　　　　　　　（　　分）
B. 较灵活。　　　　　　（　　分）
C. 僵硬。　　　　　　　（　　分）
（21）走路：
A. 矫健。　　　　　　　（　　分）
B. 较矫健。　　　　　　（　　分）
C. 僵硬无力。　　　　　（　　分）
3. 内脏。
（22）口腔：
A. 牙齿健全有力。　　　（　　分）
B. 牙齿少量脱落较有力。（　　分）

C. 牙齿大部分脱落。　　（　　分）
（23）胃口：
A. 很好。　　　　　　　（　　分）
B. 较好。　　　　　　　（　　分）
C. 不好。　　　　　　　（　　分）
（24）心脏：
A. 跳动有力、均匀。　　（　　分）
B. 跳动有力，心律略有不齐。

C. 跳动无力，心律不齐。（　　分）
（25）呼吸：
A. 有力、均匀。　　　　（　　分）
B. 较有力、均匀。　　　（　　分）
C. 无力、困难。　　　　（　　分）
（26）排尿：
A. 有力、顺畅。　　　　（　　分）
B. 较有力、顺畅。　　　（　　分）
C. 无力、困难、尿频。　（　　分）
（27）大便：
A. 通畅，成形，日1次～2次。
　　　　　　　　　　　（　　分）
B. 较通畅，成形，日1次～2次。
　　　　　　　　　　　（　　分）
C. 困难，不成形，甚至便秘，多日1
次或一日多次。　　　　（　　分）
（28）性欲：
A. 强烈，一周要求做爱1次以上。
　　　　　　　　　　　（　　分）
B. 有性欲，20日左右要求做爱1次。
　　　　　　　　　　　（　　分）
C. 无性欲，无做爱要求。（　　分）
4. 感觉器官。
（29）视觉：
A. 灵敏。　　　　　　　（　　分）
B. 较灵敏。　　　　　　（　　分）
C. 迟钝。　　　　　　　（　　分）
（30）听觉：
A. 灵敏。　　　　　　　（　　分）
B. 较灵敏。　　　　　　（　　分）
C. 迟钝。　　　　　　　（　　分）
（31）嗅觉：
A. 灵敏。　　　　　　　（　　分）
B. 较灵敏。　　　　　　（　　分）
C. 迟钝。　　　　　　　（　　分）
（32）触觉：
A. 灵敏。　　　　　　　（　　分）
B. 较灵敏。　　　　　　（　　分）
C. 迟钝。　　　　　　　（　　分）

5. 神经系统。

（33）睡眠：

A. 良好，能熟睡 8 小时左右。（　　分）

B. 较好，能熟睡 6 小时左右。（　　分）

C. 不好，经常失眠，熟睡时间 4 小时以下。　　　　　　　　　　　（　　分）

（34）心情：

A. 大多数时间心情好。　　　　（　　分）

B. 一半以上时间心情好。　　　（　　分）

C. 常不好。　　　　　　　　　（　　分）

（35）自制：

A. 能控制情绪，能制暴怒。　　（5 分）

B. 较能控制情绪，不能制暴怒。（3 分）

C. 不能控制情绪，不能制小怒。（0 分）

▲评分标准

（1）A.（-5 分）；B.（-3 分）；C.（0 分）

（2）A.（-5 分）；B.（-3 分）；C.（0 分）

（3）A.（-5 分）；B.（-3 分）；C.（0 分）

（4）A.（-5 分）；B.（-3 分）；C.（0 分）

（5）A.（-5 分）；B.（-3 分）；C.（0 分）

（6）A.（-5 分）；B.（-3 分）；C.（0 分）

（7）A.（-5 分）；B.（-3 分）；C.（0 分）

（8）A.（-5 分）；B.（-3 分）；C.（0 分）

（9）A.（-5 分）；B.（-3 分）；C.（0 分）

（10）A.（-5 分）；B.（-3 分）；C.（0 分）

（11）A.（-5 分）；B.（-3 分）；C.（0 分）

（12）A.（-5 分）；B.（-3 分）；C.（0 分）

（13）A.（-5 分）；B.（-3 分）；C.（0 分）

（14）A.（-5 分）；B.（-3 分）；C.（0 分）

（15）A.（-5 分）；B.（-3 分）；C.（0 分）

（16）A.（-5 分）；B.（-3 分）；C.（0 分）

（17）A.（5 分）；B.（3 分）；C.（0 分）

（18）A.（5 分）；B.（3 分）；C.（0 分）

（19）A.（5 分）；B.（3 分）；C.（0 分）

（20）A.（5 分）；B.（3 分）；C.（0 分）

（21）A.（5 分）；B.（3 分）；C.（0 分）

（22）A.（5 分）；B.（3 分）；C.（0 分）

（23）A.（5 分）；B.（3 分）；C.（0 分）

（24）A.（5 分）；B.（3 分）；C.（0 分）

（25）A.（5 分）；B.（3 分）；C.（0 分）

（26）A.（5 分）；B.（3 分）；C.（0 分）

（27）A.（5 分）；B.（3 分）；C.（0 分）

（28）A.（5 分）；B.（3 分）；C.（0 分）

（29）A.（5 分）；B.（3 分）；C.（0 分）

（30）A.（5 分）；B.（3 分）；C.（0 分）

（31）A.（5 分）；B.（3 分）；C.（0 分）

（32）A.（5 分）；B.（3 分）；C.（0 分）

（33）A.（5 分）；B.（3 分）；C.（0 分）

（34）A.（5 分）；B.（3 分）；C.（0 分）

（35）A.（5 分）；B.（3 分）；C.（0 分）

▲分值分析

（1）70 分～100 分：健康状况优良，还可从事事业追求。

（2）40 分～69 分：健康状况尚可，以休闲为主，还可做一点力所能及的事。

（3）40 分以下：身体状况不好，应彻底休闲。

（董仁威　谢　敏）

第二人生需求设计原则

设计第二人生，必须弘扬古今中外乐天文化的精华。只有以乐天文化为"武器"，才能设计出乐天人生，达到"换一个活法，满足第二人生需求"的目的。

① 人生目标

人生目标是一个人最美的梦、最大的欲望。要定好自己的人生目标，特别是第二人生需求的目标，一定要符合自身的实际，不要好高骛远。"人贵有自知之明"，自知之明因其"贵"而不容易。因此，除了加强自身修养之外，还要借助外力。一种外力是听净友之劝，"听人劝，得一半"；再一种是要请医生做生理健康和心理健康的测试，亦可应用心理科学的成果进行自我测试。在主客观的努力下，做到自知之明，对自己的能力作出恰当的评价，既不妄自菲薄，也不狂妄自大。有自知之明的人能够根据自己的能力制定恰如其分的生活目标和事业目标。由于他能"量力而行"，又能"尽力而为"，他的目标一般都能够达到，因此，他对自己常常是满意的。而一个没有自知之明的人，常常苛求自己，"癞蛤蟆想吃天鹅肉"，结果因"心比天高，命比纸薄"，难以实现理想，转而自责、自怨、自卑、自暴自弃，因心理无法平衡而处于心理危机之中，乐天不起来。

同时，一个人还要有自信心。他相信自己有能力取得事业和生活的成功。他对自己的生存能力充满信心，具有安全感，即使处于逆境也相信"天无绝人之路"，从而加倍努力奋斗，使前途"柳暗花明又一村"。如果一个人自信心不足，过低地估计

自己，便可能埋没了自己的才华，错过一些实现自我价值的良机，到头来后悔不迭，死不瞑目。只有培养自信心，才能制定出恰如其分的第二人生需求的目标，达到较高的人生境界。

在制定第二人生需求的目标时，一定不能只重事业成功，轻视生活成功。人不应该是事业狂：为了事业，什么都不顾，迷失了人的本性，忘却了七情六欲，六亲不认，薄情寡义。人既要力所能及地在事业上有所成就，也要满腔热情地享受人间的雅俗五福。同时，与人同乐，把温情和爱撒向四面八方。这样的人生，才是完美的人生。

② 乐天文化

乐天文化是在与苦旅文化相奋争，同时吸取苦旅文化的精华的基础上发展起来的。苦旅文化是流行于人性极度压抑时期的一种文化体系，它盛行于西方中世纪和东方中国宋明理学流行以来的时期。这种文化的特征是主张和实行对人欲的极度压抑。乐天文化是流行于人性复苏时期的一种文化体系，盛行于西方文艺复兴时期以后至今。乐天文化的特征则是主张和实行对人欲适度的满足。

苦旅文化与乐天文化东西方均有，并非一地之特产。在中世纪宗教神学统治时期，苦旅文化占据了统治地位。经过14世纪～16世纪的文艺复兴时期，乐天文化成为西方文化的主体，而苦旅文化作为乐天文化的重要补充，一直存在并向乐天文化靠近。中国的乐天文化一直与苦旅文化共存共荣，只不过长期未占主导地位，但在近现代发展很快，有与苦旅文化平分秋色，并进一步夺取主阵地之势。

乐天文化与苦旅文化的本质区别是，乐天文化对人欲采取疏导战略，苦旅文化则对人欲采取压抑战略。乐天文化的行为学基础是性欲、情欲、爱欲。苦旅文化的行为学基础是灭欲、献身、超我。乐天文化的行为规则是适度压抑下的快乐原则，苦旅文化的行为规则是极度压抑下的现实原则。乐天文化的思想内核是个人至上，苦旅文化的思想内核是群体至上。

苦旅文化和乐天文化，各有所长，各有所短。苦旅文化中，为了群体的生存发展，必须压抑个体的个性，抑制个人的欲

望，以个人利益服从集体利益，为群体需要牺牲个人需要，必要时，还要以个人生命换取群体的生存，这其间不乏合理的成分。苦旅文化中的人情味，去除了虚伪和势利的部分，也是令人向往的。家庭成员内部、圈子里、团体中，兄弟姐妹间相亲相爱，互相帮助，有福同享，有难同当，有什么不好？忧国忧民，"先天下之忧而忧，后天下之乐而乐"的思想，我们为何要扬弃？但是，在苦旅文化氛围中生活的人们，确实活得很苦、很累，与人生追求快乐幸福生活的目的大相径庭。乐天文化正是对苦旅文化不足的补充。然而，乐天文化中的纵欲主义、极端个人主义，也是不足取的。我们应吸取苦旅文化的精髓，在传统乐天文化的基础上，构建现代乐天文化体系。

（董仁威）

第二人生需求黄金设计

① 事业型

通过自我测试，脑年龄在 45 岁以下，健康状况优良（健康状况测试得分 70 分～90 分），可进行事业型人生设计。

从事什么事业？可根据职业素质测试结果（参考《新世纪青年百科全书》）进行人生设计。职业素质测试得分在 116 分～148 分之间者，适宜于作老板或当"头"。可以办各种企业，如独资企业、有限责任公司、股份公司等，经营规模可大可小，小到一家面馆，大到跨国公司。资本不足，也可兴办各种社会福利事业，如协会、团体、沙龙、慈善事业等，当这些组织的"头"。有机会，也可为官。职业素质测试在48 分～117 分之间者，不适宜做老板和当"头"，适宜做以卖艺、卖文、卖画、推销为生的高级打工仔，或从事绘画、写作、艺术等自由职业。职业素质测试在 149 分～200 分之间者，不适宜做老板和当"头"，适宜做工程师、经济师、会计师等高级打工仔及医生、律师等自由职业。也可从事股票、债券、黄金、期货、外汇、投资基金、房地产、收藏品等领域的投资活动。

② 事业休闲型

通过自我测试，脑年龄在 60 岁以下，健康状况尚可（健康状况得分 40 分～69 分），可采取做一点事，即以休闲为主的事业型人生需求设计，在第二人生需求中争取事业和生活的成功。进行事业休闲型的人生需求设计，关键是要实事求是，找准事业与休闲之间的接合点。

③ 休闲型

通过自我测试，脑年龄在 60 岁以上，健康状况测试不佳（健康状况测试得分在 40 分以下）者，应采取完全的休闲型人生设计，争取取得生活成功，有一个幸福快乐的晚年。休闲方式多种多样，要以心理类型测试为依据，选择适宜自身实际的休闲方式，进行不同休闲类型的第二人生需求设计。

如果你在下半辈子不想再干事业，而打算享清福了，你应该根据自己的实际情况，选择最好的休闲方式，悠闲快乐地度过后半生。休闲类型大体可分为文化型、养生型、运动型、旅游型、交友型、游戏型、混合型等数种。

▲ 文化型

文化素养较高、性格内向、趋静的人，可主要采取文化休闲方式。在一个充满文化氛围的茶楼里、沙龙中，或者幽静的江河湖海边、生态公园内品茗读书。把上半生想读而无时间读的名著，包括文史哲名著、科学名著，以至闲书、杂书，现代解禁的历代禁书，都浏览一遍，这一定是一件赏心悦目的事。书看乏了，或钓钓鱼，种种花草，养几条金鱼，喂几只鹦鹉，练练书法，画几幅国画；或进行收藏活动，玩味自己搜集来的宝贝，自己欣赏；或找二三知友下下象棋，打打桥牌，进行诗词唱和，

猜谜，作作对联，那真是神仙过的日子！

▲养生型

性格由浮躁转向平和，由好动转向好静，从追求物欲转向追求精神抚慰的人，适宜于采用养生型为主的休闲方式。学点中国传统剑术、拳术、棍术、吐纳术、推拿按摩术，练练太极气功、导引气功、养生气功，注意自然养生、饮食养生、药膳养生、房中养生，其乐也融融！

▲运动型

性格外向，好动之人，适宜采用运动养生为主的休闲方式。清晨进行晨练，晚上进行黄昏练和晚练，散步、慢跑、做健身操、跳秧歌、打腰鼓；白日参加门球队、游泳队、乒乓球队、高尔夫球队等等；参加国际交谊舞会，打保龄球、台球等等。不时参加一些与运动有关的旅游活动，如进行骑自行车旅游、登山旅游等等，将运动与欣赏大自然结合在一起。还可进行体育比赛欣赏，或到现场为自己喜爱的球队摇旗呐喊，或在家里守在电视机前看体育比赛现场转播，为自己喜爱的球队"干着急"，分享胜利的喜悦。

▲旅游型

对世界充满好奇，喜欢"耍"的人，适宜进行以旅游为主的休闲。你可以定好计划，参加各种国内旅行团，进行神州掠影游、长城游、长江游、黄河风情游、奇山异水游、丝绸之路游、江南水乡游、中原民俗游、冰雪风光游、宗教朝圣游、西南少数民族风情游、港澳游等，以了解中国；参加各种国际旅游或国际国内混合旅游团，进行欧洲八国游、美国游、新马泰游、澳大利亚游、南非游、埃及游、越南游、新马泰港澳游、北海越南游、海南越南游等，以了解世界；还可以进行各种专题旅游，如休闲旅游、生态旅游、科技旅游、文化旅游、民俗旅游、工业旅游、农业旅游、驾汽车旅游等。

▲交友型

性格外向，喜欢热闹的人，可以进行以交友为主的休闲方式。可以参加或领导各种老年协会、团体的活动，如合唱团、舞蹈队、老年大学、老年运动队、骑游协会、时装表演队、花鸟协会、钓鱼协会、老年书画社、气功协会等，参加或组织各种沙龙、各种家庭或"圈子"聚会。

▲游戏型

喜欢热闹，喜欢耍的人，不论性格内向或外向，均可进行以游戏为主的休闲活动。邀约几个合得来的牌友，轮流坐庄，实行"AA"制，玩各种游戏棋牌，如麻将、扑克；玩百分、拱猪、双扣、挤死、拖拉机、梭哈；玩象棋、围棋、跳棋、军棋；玩四国军棋、六子棋等。也可到郊外找一度假村去进行休闲旅游，打打牌、唱唱卡拉OK，快快活活过一天。平时，还可以到戏院看看戏，到豪华影院品品"大片"，到歌舞厅去跳跳舞，到茶楼去聊聊天，到酒吧、咖啡吧、氧吧去泡泡"吧"。

▲混合型

还有许多人爱好比较广泛，什么休闲方式都想去试一试。不过，要记住一个真理：乐极生悲。"耍"也是一件很累人的事，要量力而行，把握"适度"，不要"耍"得太狂了，谨防当个"笑死的程咬金"。

(董仁威)

养 心 卷
YANG XIN JUAN

什么样的人生是幸福美满的人生？仁者见仁，智者见智，答案很多。我们在这里提倡的是一种符合现代乐天文化精神的理想人生——乐天人生。乐天人生是一种乐观的、积极向上的人生。一个人，如果他的多层次需求（人欲）得到基本满足，有一个高尚的人格，度过了有意义的人生，取得了事业与生活的成功，享受了与他的贡献相匹配的人类物质文明和精神文明成果，一生中乐天的正面情绪多于悲观的负面情绪的时间，他便拥有了一个高质量的乐天人生。

要达到乐天人生，必须要有一个乐天的灵魂。本来，人的天性是趋向快乐的，但由于种种主客观原因，难遂人愿，结果人往往感到痛苦。诸多的痛苦造就了众多苦不堪言的灵魂。要造就一个人的乐天灵魂，并非轻而易举的事。

要造就乐天的灵魂，必须借鉴人文科学和自然科学对人的灵魂研究的成果。只有在清醒地认识人自身的基础上，才有可能建立起塑造乐天灵魂的科学体系。

人怎样才能避免痛苦？人怎样才能获得快乐和幸福？要回答这个问题，首先得搞清楚：人为什么会快活和痛苦？这个看似简单的问题，却难煞了古往今来无数的哲人智者，包括从外国的先哲苏格拉底、亚里士多德、柏拉图、黑格尔、叔本华、尼采、马克思，到中国的圣贤孔子、孟子、老子、康有为、孙中山、陈独秀等。他们苦苦地为人类寻求快乐，谋取幸福，虽各有所获，但在现实中却难于达到理想的境界。

人，必须要搞懂自己，搞懂自己的精神世界。如果人搞不懂自己，他怎么可能驾驭自己的苦和乐？为了搞懂自己，思想

家们和科学家们孜孜以求。从达尔文到摩尔根，经过成千上万科学家的努力，人类已搞懂了"生物人"的起源和生命活动的规律。伟大的奥地利心理学家、精神分析学说的创建人弗洛伊德和众多的心理学研究者，初步揭开了人类精神活动的秘密，搞懂了人为什么会快乐，为什么会痛苦。人搞懂了自己，才能掌握自己的命运，才有可能主动地塑造乐天的灵魂。

乐天的灵魂，是在乐天文化熏陶下形成的。乐天文化能提供修身养性的精神食粮，造就一个人高尚的人格，提高人的智商和情商，使人学会宣泄痛苦，在顺境和逆境中都能保持乐天的心态，使人战胜痛苦，使正面情绪始终占据优势。这样一个具有乐天灵魂的人，就能够在纷繁复杂的世界上，掌握自己的命运，取得事业和生活的成功，享受到人世间的种种快乐，度过一个幸福美满、高质量的乐天人生。

（董仁威）

乐天名士

① 陶渊明——采菊东篱、羁鸟归林的愉悦

陶渊明（365〈或 372 或 375〉～427），一名潜，字元亮，浔阳柴桑（今江西省九江市）人，东晋大诗人，是我国古代乐天名士的代表人物之一。他本来在官场上颇为得意，到处请他当官。但他 5 次当官，5 次辞官。他并非官场失意，而是追求一种适合自己个性的田园乐生活。陶渊明生活在晋宋之交，这是一个战火纷飞的乱世。此时政治腐败，社会混乱，桓玄起兵反晋，自称楚帝；刘裕起兵，打败桓玄，以宋代

晋，开始了历史上混乱至极的南北朝时期。在如此混乱的年代里，陶渊明却连续五次出仕。

在官场上，他耳濡目染并亲身遭遇了仕途的龌龊和束缚，一次次辞官不做。最后一次辞官是在彭泽县令任上，回乡后作《归去来兮辞》。在《归去来兮辞》中，陶渊明讲述了他摆脱精神痛苦，追求乐天人生的理想。

从此，陶渊明再也不出仕做官，过上了田园生活，并写下一篇又一篇传世华章，如《桃花源记》《归园田居》等。

陶渊明在《桃花源记》中表达了他所追求的"田园乐"理想，写道："晋太元中，武陵人捕鱼为业，缘溪行，忘路之远近。忽逢桃花林，夹岸数百步，中无杂树，芳草鲜美，落英缤纷；渔人甚异之。复前行，欲穷其林。林尽水源，便得一山。山有小口，仿佛若有光；便舍船从口入。初极狭，才通人；复行数十步，豁然开朗。土地平旷，屋舍俨然。有良田美池桑竹之属；阡陌交通，鸡犬相闻。其中往来种作，男女衣着，悉如外人；黄发垂髫，并怡然自乐。见渔人，乃大惊；问所从来，具答之。便要还家，设酒杀鸡作食。村中闻有此人，咸来问讯。自云先世避秦时乱，率妻子邑人来此绝境，不复出焉；遂与外人间隔。问今是何世，乃不知有汉，无论魏、晋。此人一一为具言所闻，皆叹惋。余人各复延至其家，皆出酒食。停数日，辞去。此中人语云：'不足为外人道也。'既出，得其船，便扶向路，处处志之。及郡下，诣太守说如此。太守即遣人随其往，寻向所志，遂迷不复得路。南阳刘子骥，高尚士也；闻之，欣然规往。未果，寻病终。后遂无问津者。"

陶渊明借作《桃花源记》以寓志，表明自己如桃花源人，愿在乱世之中找一与尘俗相去甚远之地，不求升官发财，只求过和平安宁闲适的快乐日子。

陶渊明在《归园田居》中，则表达了摆脱樊笼后获得人格的独立和自由的愉悦。这并不是冷漠的避世，也不是愤不释怀的怨怒。他在《归园田居》中说："少无适俗韵，性本爱丘山。误落尘网中，一去三十年。羁鸟恋旧林，池鱼思故渊。开荒南野际，守拙归园田。""广庭无尘杂，虚室有余闲。久在樊笼里，复得返自然。"他还在

《饮酒》一诗中说："结庐在人境，而无车马喧。问君何能尔，心远地自偏。采菊东篱下，悠然见南山。山气日夕佳，飞鸟相与还。此中有真意，欲辩已忘言。"

看，陶渊明活得多么自由自在，多么轻松愉快！

② 诗仙李白——一生好入名山游

李白，唐代伟大诗人，被誉为诗仙，是乐天派的典型，是一个青春的偶像。他浑身充满了青春的气息。他放荡不羁，不管遇到什么困难，什么挫折，都乐观豁达，豪气冲天。他一生为青春而生，为青春而死。他创作的上千首诗歌（现存九百多首）中，处处充满了对自然界、对生命的热爱。

李白（701～762），字太白，号青莲居士，祖籍陇西成纪（今甘肃省静宁县西南），先世于隋末流徙中亚，他就诞生在碎叶（今吉尔吉斯斯坦的托克马克），5岁时随父亲迁居绵州的昌隆县（今四川省江油市）青莲乡。李白一生好入名山游，他游历的大江大河、奇景仙山，同他博大的胸襟、豪迈的气质、浪漫的情怀协调一致，使他忘却了尘世的纷扰，获得了人世间的高档享受。这是他一生中最快乐、最幸福的时期。他面对祖国的大好河山，吟咏出许多千古流传的诗篇，让子孙后代同他一起分享人与自然和谐相处的愉悦。

李白的游历大约分为两个历史时期。一个时期是青年时期。他25岁时，从他的第二故乡四川出发，"仗剑去国，辞亲远游"。在此之前，他已走遍了巴山蜀水。出蜀后，他泛游洞庭、襄阳、庐山、金陵等地，后又北上洛阳、太原，东到齐鲁，南游安徽、浙江，足迹遍及大半个中国，历时16年。在这一时期，他写出了《蜀道难》《登锦城散花楼》《峨眉山月歌》《秋下荆门》等名篇。那首震撼了一代又一代人心灵的《蜀道难》："噫吁嚱，危乎高哉！蜀道之难，难于上青天……"的雄奇意向、犀利词锋和梦幻色彩，面对祖国山河壮丽的激情，流露出诗人对瑰丽人生的向往，对非凡生活的追求，字里行间，充满了乐天气息。

李白在经历了仕途的坎坷以后，从45岁开始，进行了一生中浪迹山水、漫游四方的生活，历时10年。由于他绝不"摧眉折腰事权贵"，不向世俗和达官权贵低头，

他在长安的求仕生活中感受到了丑恶现实与纯真理想的冲突，品尝了由于巨大的内心矛盾所带来的愤懑和痛苦。这与他自然、乐天与追求潇洒的本性产生了不可调和的矛盾，扭曲了他的心灵。他为了使被扭曲的心灵回复自然、自由的本性，决定告别仕途，于山水中得到解脱，实现乐天人生的理想。

出京后不久，李白在洛阳结识了后来成为中国诗圣的杜甫，又在沛州遇见了大诗人高适。于是，三人结伴而行，同游梁宋，纵情山水，寻访胜迹，痛饮狂歌，慷慨怀古。三人同游中不仅结下了深厚的友谊，还为世界留下了许多辉煌的诗篇。通过 10 年山水游，李白从仕途的痛苦中解脱出来，饱尝了纵情山水的愉悦，完成了乐天的理想，成就了诗仙伟大的一生。

在这一时期，他"斗酒诗百篇"，写出了《将进酒》那样前无古人、后无来者的乐天诗篇。一首《梦游天姥吟留别》，是李白潇洒人生的写照。他在《梦游天姥吟留别》中写道："海客谈瀛洲，烟涛微茫信难求；越人语天姥，云霓明灭或可睹。天姥连天向天横，势拔五岳掩赤城。天台四万八千丈，对此欲倒东南倾。我欲因之梦吴越，一夜飞渡镜湖月。湖月照我影，送我至剡溪。谢公宿处今尚在，绿水荡漾清猿啼。脚著谢公屐，身登青云梯。半壁见海日，空中闻天鸡。千岩万壑路不定，迷花倚石忽已暝。熊咆龙吟殷岩泉，慄深林兮惊层巅。云青青兮欲雨，水澹澹兮生烟。列缺霹雳，丘峦崩摧。洞天石扉，訇然中开。青冥浩荡不见底，日月照耀金银台。霓为衣兮风为马，云之君兮纷纷而来下。虎鼓瑟兮鸾回车，仙之人兮列如麻。忽魂悸以魄动，恍惊起而长嗟。惟觉时之枕席，失向来之烟霞。世间行乐亦如此，古来万事东流水。别君去兮何时还？且放白鹿青崖间，须行即骑访名山，安能摧眉折腰事权贵，使我不得开心颜！"

3 白居易——野火春风见乐天

白居易是中唐诗坛杰出的现实主义诗人，是新乐府运动的主要创造者。他主张"文章合为时而著，歌诗合为事而作"。

白居易（772～846），字乐天，晚年号香山居士，其先太原（今属山西）人，后迁居下邽（今陕西省渭南北）。人如其字，他的一生充满了乐天精神，诗歌中充满了对人生、对自然的热爱。一首《长恨歌》，将人世间的爱情描绘得无限美好，成为一座歌颂爱情的丰碑。《长恨歌》中唐明皇与杨贵妃的专一爱情，成为历代有情人的楷模。《长恨歌》中的名句"在天愿作比翼鸟，在地愿为连理枝"，成为一代代恋人传颂的爱情誓词。

白居易乐天的闲适诗，流连光景，怡情悦性，充满乐天精神。《钱塘湖春行》是其中的代表。"最爱湖东行不足，绿杨阴里白沙堤"，充分表达了诗人对杭州西湖、对人间美景、对生活的热爱。

白居易长期在江南做官，除《钱塘湖春行》外，还写了许多歌颂江南美景的诗篇，表达他对大自然和生活的挚爱。他在《忆江南》中说："江南好，风景旧曾谙。日出江花红胜火，春来江水绿如蓝，能不忆江南。"他以比喻的手法，描绘了江南水乡的秀丽风光。"江花红胜火"、"江水绿如蓝"，写尽江南春色，唤起一代代国人对祖国山河和美好事物的无限热爱之情。

4 柳宗元——寄情山水获解脱

柳宗元（773～819），字子厚，河东解（今山西省运城西）人。他是唐宋八大家之一，曾一度在仕途上春风得意，但残酷的政治斗争使他在33岁时遭受沉重的打击，被贬到当时叫永州的湖南零陵做名为"司马"的小官。

面对政治上的失意，人生前途的黯淡，偏远山乡穷山恶水的寂寞，生性乐天的柳宗元并未消沉，并未丧失人生的勇气。他面对永州的大自然，很快找到了寄托。他意识到，清纯质朴的大自然是他投闲置散后可以怡情悦性的最佳所在。于是，他投身其中，在荒凉的山野间发现了自然之美，又从这些神奇的自然山水中确认了自己的人格力量和美好情操，进一步坚定了自己的人生信念和社会批判意识。他寄情于自然山水，不仅获得了精神上的解脱，还从中寻找到了美的愉悦。

柳宗元将自己的感受写成流传千古的山水游记，使他成为我国唐代乃至整个中国文学史上写山水小品文的高手。柳宗元所写的《钴鉧潭西小丘记》，堪称写景小品的杰作。该文虽着力写了小丘群石的奇异，以及由此带来的情趣，但其深意是感慨小丘如此胜迹，却"货而不售"，以此隐喻自己怀才受贬的遭遇。

还有一篇可称为《钴鉧潭西小丘记》姊妹篇的《至小丘西小石潭记》，与《钴鉧潭西小丘记》有异曲同工之妙，也很能展示柳宗元当时寄情山水，以求心理解脱的现实：

"从小丘西行百二十步，隔篁竹，闻水声，如鸣珮环，心乐之。伐竹取道，下见小潭，水尤清冽。全石以为底，近岸，卷石底以出，为坻，为屿，为嵁，为岩。青树翠蔓，蒙络摇缀，参差披拂。潭中鱼可百许头，皆若空游无所依。日光下澈，影布石上，怡然不动，俶尔远逝，往来翕忽，似与游者相乐。"

好一个"似与游者相乐"！如果说《钴鉧潭西小丘记》柳宗元还未完全取得精神解脱的话，在《至小丘西小石潭记》中则获得了完全的解脱。作者情调明朗乐观，好像已忘却了贬居羁旅生活的孤寂，进入了一种精神解脱、心态宁静的状态。

5 欧阳修——醉翁之意不在酒

唐宋八大家之一欧阳修（1007～1072）字永叔，号醉翁，晚年又号六一居士，吉州吉水（今属江西省）人。他一生做过不少大官，如枢密副使、参知政事等，后因与王安石政见不合多次被贬到地方做官。但他不论官职大小，始终达观豪放，走一方建设一方，并与民同乐，写了不少传世的诗文。

欧阳修的散文《醉翁亭记》《丰乐亭记》等，将乐天文化精神发挥到了极致。他在任滁州太守时写了《醉翁亭记》，曰："醉翁之意不在酒，在乎山水之间也。"他面对大好河山，与宾客痛饮美酒，与游人同乐。尽欢之后，醉翁欧阳修写道："已而夕阳在山，人影散乱，太守归而宾客从也。树林阴翳，鸣声上下，游人去而禽鸟乐也。然而禽鸟知山林之乐，而不知人之乐；人知从太守游而乐，而不知太守之乐其乐也。醉能同其乐，醒能述以文者，太守也。太守谓谁？庐陵欧阳修也。"文中充满了欢乐，充满了自豪，好一个快活的"官"！

欧阳修的词中也充满了乐天的精神。他晚年退居颍州（今安徽省阜阳市），写了10首《采桑子》，抒写作者寄情湖山的情怀，其中有一首是歌颂颍州西湖的，曰："群芳过后西湖好，狼藉残红，飞絮濛濛，垂柳栏杆尽日风。笙歌散尽游人去，始觉春空。垂下帘栊，双燕归来细雨中。"

此诗虽是写残春景色的，却无伤春之感，而是以疏淡轻快的笔墨描绘了颍州西湖的暮春景色，创造出一种清幽静谧的艺术境界。诗人的安闲自适，在这种意境中表露无遗。

新世纪老年百科全书

6 苏轼——"大江东去"豪侠客

乐天名士苏轼（1037～1101），字子瞻，号东坡居士，眉州眉山（今属四川省眉山）人。他是进士出身，因与王安石政见不合，被调出京师，出任杭州、密州、徐州、湖州等地的地方官。他还曾因"作诗谤讪朝廷"罪被捕入狱，后被贬谪到黄州（今湖北黄冈）为团练副史。后来，旧党得势，他被调回京城，但又因反对旧党全盘废除新法而被排挤。但他并不因仕途的坎坷而改变乐天的人生观。在任何时候，他都热爱生活，豪气冲天，写下了许多千古流传的豪放派诗文。

苏轼是一个文艺全才，在诗、词、散文、绘画等方面都有杰出成就，是一位有很深造诣的全能作家、书画家，他的多种文体均留下传世名篇。他的诗、词、文，多以豪放著称。

苏轼为"唐宋八大家"之一，他的散文汪洋恣肆，明白畅达。他的《超然台记》，写尽"超然物外者"乐。他的《留侯论》，围绕一个"忍"字，极尽变化曲折，将留侯张良成功辅佐刘邦夺得天下的秘诀说得有根有据、有声有色，全是前无古人的奇论，典型地表现出苏轼史论文章纵横捭阖的大家风范。《前赤壁赋》借游黄州赤壁之名，吊古抒怀，抒发了他在谪居生活中复杂的心情。他以水、月为例，阐释了人生变与不变的辩证关系，表明了自己齐生死、等荣辱、同忧乐、随遇而安的乐天人生观和超脱潇洒的情怀。苏轼在《前赤壁赋》中说："客亦知夫水与月乎？逝者如斯，而未尝往也；盈虚者如彼，而卒莫消长也。盖将自其变者而观之，则天地曾不能以一瞬；自其不变者而观之，则物与我皆无尽也。而又何羡乎？且夫天地之间，物各有主，苟非吾之所有，虽一毫而莫取。惟江上之清风，与山间之明月，耳得之而为声，目遇之而成色，取之无禁，用之不竭。是造物者之无尽藏也，而吾与子之所共适。"

苏轼的词开豪放词风之先河，对后世有很大影响。一首《念奴娇·赤壁怀古》"大江东去，浪淘尽，千古风流人物"，其豪放气魄一改婉约词风。还有《水调歌头》："明月几时有？把酒问青天。不知天上宫阙，今夕是何年。我欲乘风归去，又恐琼楼玉宇，高处不胜寒。起舞弄清影，何似在人间！转朱阁，低绮户，照无眠。不应有恨，何事长向别时圆？人有悲欢离合，月有阴晴圆缺，此事古难全。但愿人长久，千里共婵娟。"不为失意而忧，不为离别而苦，多么旷达的人生态度！

苏轼的诗歌清新豪健，自成一家。《饮湖上初晴后雨》中的佳句："水光潋滟晴方好，山色空蒙雨亦奇。欲把西湖比西子，淡妆浓抹总相宜。"把西湖晴日的湖光与雨中的山色描绘得多美啊！

7 袁枚——随园先生是情圣

袁枚（1716～1798），字子才，号简斋，浙江钱塘（今杭州市）人，清乾隆进士，大思想家兼诗人、文学家，曾在江宁（今南京市）等地任知县。38岁时辞官养母，在江宁小苍山下筑随园，世称随园先生，专事写作，著有《随园诗话》。他65岁以后，开始独游名山大川，活了82岁。他不迷信，不信佛仙，不喜理学，见解独到，勇于创新。他的情感至上主义，开创了中国乐天文化的新篇章。袁枚的学说的基本思想，与西方晚其140年出生的弗洛伊德的学说异曲同工，真是无独有偶！

弗洛伊德认为，性欲是人行为之源。袁枚则指出，情欲乃人行为之本。袁枚说："天下之所以丛丛然望治于圣人，圣人之所以殷殷然治天下者，何哉？无他，情欲而已矣！……使众人无情欲，则人类久绝，而天下不必治；使圣人无情欲，则漠不关心，而亦不肯治天下。""有至情而后有至性，情既不至，则其性已亡。""为国家者，情之大者也，恋黎倩者，情之小者也。""古圣贤未有尊性而黜情，喜、怒、哀、乐、爱、恶、欲，此七者，圣人之所同也。""宋儒以绝欲为至难，竟有画父母遗像置帐中以自警者，以为美谈……阅书至此，为之欲呕。"

袁枚进一步指出，男女性爱为真情之本源。他反对绝欲节情，认为生异于死，人异于草木之处，就在于有情欲。他说："宋儒先学佛后学儒，乃有教人瞑目静坐，认喜怒哀乐未发时气象。此皆阴染禅宗，不可为典要。""人欲当处，即是天理。"他还提出"道德与好色无关论"，说："好妓女之色，其罪小；好良家女之色，其罪大。""好色不必讳，不好色亦不必讳。人品之高下，岂在好色与不好色哉？文王好色，而孔子是之；卫灵公好色，而孔子非之。卢杞家中无姜滕，卒为小人；谢安挟妓东山，卒为君子。"

袁枚还针对礼教严别男女即"男女授受不亲"的弊端，指出，这样做的后果反而会造成淫乱。若对男女之间处处加以严范，结果会适得其反，心中的欲望无法泻泄，心理能量越积越多，便会干出匪夷所思的"闺门黯事"。不如打破男女界限，使之杂处，终日接近，两性差别便会淡化，反而能使男女关系正常。后世改男女分校为同校，正验证了他的先见之明。他还认为，男女越礼乃人之常情，反对捉奸罚淫。他说："夫见貌而相悦者，人之情也。""须知男女越礼之罪小，棍役刁诈之罪大。"对于女子被强暴，他则认为："强者之罪则不

可不诛也。"而女子，"如果清贞，偶为强暴所污，如浮云翳白日，无所为非。"

袁枚力主人权，认为任何人都是独立的人，有自己独立的意志、人格和生存的权力，因而，他反对遗弃私生子，反对杀他人以谋取忠孝之名的行为。他针对唐安史之乱时，睢阳守将张巡"杀妾赏军"的行为，批判道："张巡可谓忠矣！然括城中老幼食之，非训也；杀妾，非训也。""臣事君，犹子事父也。父饿且死，杀子孙以奉之，非孝也。或谓巡之杀妾，激军心也。然军人食之，不足济一日之穷；敌人闻之，适足为急功之计。或谓巡之杀妾，望成功也。然巡有功则爵为上公，妾无罪而形同犬彘。于心不安，请于朝而旌之，于事无济。乐羊食子，吴起杀妻，其所以忍者殊，而忍则一也。""杀所爱之以食之，是以犬马养也。以恶名慰母，而以孝自名，大罪也。是儿者宁非乃母之血食嗣乎？其绝之也？杀子则逆，取金则贪，饰名则诈，呜呼孝？"

袁枚激烈地反对以礼为由杀人，他说："愚窃以为父母之于子女，家长之于奴婢，俱不应非礼而杀。其尤甚者，姑杀妇，妻杀妾也。""在民家为妇为妾，在国家皆为百姓，在天地皆为苍生。皇上不忍杀一无辜之百姓，而恶姑悍妻乃能杀无罪之苍生，其得罪于卑幼者小，其得罪于天地皇上者大。请嗣后将尊长非理杀卑幼者别将冤酷情形，分别治罪，所保全者实多。"袁枚的这些主张，一反礼教"群体至上"原则，力主"个人至上"原则，尊重人权，复苏人性。

袁枚所代表的文化以情欲为人之本，以尊重个人为其思想内核，一反主流苦旅文化的传统精神，与西方乐天文化异曲同工，实为中国乐天文化的杰出代表，万古不朽的思想大师。

袁枚在情感哲学的基础上，创立乐天文化的美学理论。他的美学思想的核心是自然美。他说："火腿之美劣全在先天之鲜与不鲜，不在切片之薄与不薄也。譬如无盐丑女，使披鲛绡之衣，飘若轻云，其能增美也乎？西施国色，使披千金之裘，首饰繁重，其能变丑也乎？"他强烈反对女子裹足，说："宋书称男子履方，妇人履圆。唐史称杨妃罗袜，韩冬郎称六寸肤圆光致致，皆不缠足之明证。李后主使宵娘裹

足，作新月之形，相传为缠足之滥觞。然后主亡国之君，矫揉造作，何足为典要？今人每入花丛不仰观云鬟，先俯察裙下，亦可谓小人之下达者矣。不知眉目发肤，先天也。故咏美人者，以此为贵。"袁枚还认为："爱美之心人皆有之，见美色而不赞，非人也；但见色而逾东家墙，亦非人也。"

⑧ 弗洛伊德——西方乐天文化大师

弗洛伊德（1856～1939），奥地利心理学家，精神分析学派创始人，西方乐天文化的思想大师。他应用精神分析学研究成果，用独创的潜意识理论分析哲学、文学、艺术、教育、宗教、战争等社会问题，总结西方乐天文化的成果，建立了阐明人类心理活动和人格构建的科学理论，揭示了西方乐天文化的思想内核和本质。他的《释梦》《日常生活的精神病理学》《性学三论》《超越快乐原则》《自我和本我》《精神分析纲要》等书中的思想，是西方乐天文化的理论概括。

西方乐天文化的意蕴是关心人、研究人，以人为本，实现人的思想解放。弗洛伊德学说是这场思想解放运动的重要组成部分。弗洛伊德的研究是从精神病人开始的。精神病人中的抑郁症、癔病、精神分裂症患者，大概可以说是人世间之最痛苦者。他们由于超我、自我对本我的残酷压抑，内心的心理能量无法宣泄，积聚到心理承受的极限，便或者向内突然爆炸产生自杀行动，或者向外突然爆炸发生常人难以理喻的疯狂行动，如杀人等。他进一步探索产生这些现象的生理、心理、社会因素，提出"潜意识、前意识、意识"，"本我、自我、超我"，"心理能量、能量发泄、反能量发泄"等一系列独特的概念，创建潜意识论、本能论、人格论等一系列人学理论。

弗洛伊德学说的基本点是，人行为的动力是心理能量。人的心理能量主要源于人的两种基本的本能：爱欲本能与死亡本能。其中，又以爱欲本能中的性欲本能最为重要。性欲本能产生的心理能量被称为"力比多"。人行为的心理动力蕴藏在属于本我范畴的潜意识中，是人行为的原动力。本我中的"力比多"及其他心理能量向外宣泄，受到自我的压抑，便转换成自我中

的心理能量，自我中的心理能量向外宣泄，受到超我的压抑，便转换成超我中的心理能量。机体还用反能量宣泄机制来调节心理能量在本我、自我、超我中的平衡。

弗洛伊德认为，人格构建的关键是心理能量宣泄的导向。人的心理能量力大无比，完全称得上是"精神原子能"。这种"精神原子能"用于建设，可以创造巨大的物质文明和精神文明，包括研造卫星、宇宙飞船，创作千古不朽的文艺作品。这种"精神原子能"用于破坏，可以制造战争，屠杀同胞，奸淫烧杀，无恶不作。

弗洛伊德主张，心理能量宣泄方向是超我。心理能量向超我宣泄，可以避免心理能量宣泄不当产生的痛苦，从而享受高尚人格给自身和社会带来的幸福快乐。

⑨ 马斯洛——满足人欲达乐天

美国当代著名心理学家马斯洛把人的生理需要和心理需要两大类需求概括为人类需求层次论，来自生物本能的内驱力和来自情绪的心理功能引发了人生理、心理的多层次需求，铸就了人类丰富多彩的物质文化生活。

合理满足人类不同层次的需要，就能使人生快乐、幸福。马斯洛指出，人类有7种基本需求：生理需要、安全需要、归属和爱的需要、尊重的需要、认知需要、审美需要和自我实现的需要。后来，他将这些需要归纳为基本需要、心理需要和自我实现的需要三大类，并认为在这三大类需要之上还有一个超级需要。以后，不少心理学家企图通过实验证实马斯洛的理论，并不断对人类需求层次论加以修正。马斯洛将人类对生活的需求分为5个层次。人类的5层需求能得到满足，人的生命便显得厚重，也能获得最大的幸福感。

弗洛伊德主张，在压抑不合理的人欲时，把人欲的心理能量宣泄导向不损害自身和社会，甚至有益于自身或社会的其他人欲上，比如交友、事业、娱乐等。马斯洛的人类需求层次论，同弗洛伊德的人格升华论，有异曲同工之妙。

⑩ 梅耶和沙洛维——培育"情商"得快乐

美国心理学家沙洛维和霍尔在20世纪

90 年代创立的 EQ（情商）理论，阐释了成功者的秘诀除智商因素外，还因为其具有非凡的情绪控制力。要取得事业和人生的成功，使人生快乐和幸福，必须注意培养一个人的情感智力。

心理学家和行为学家通过研究发现，一个乐观向上、奋发有为的成功人士，其成功的因素中约 20％缘于一个人的智商（IQ），约 80％缘于一个人的情商（EQ）。智商主要是先天的，一个人与生俱来的资质聪慧程度，虽也可经后天教育有所提高，但潜力有限。情商则主要是后天的，一个人可以通过 EQ 教育和自身的努力提高。一个智商中等的人，如果情商高，充分发挥他的潜能，便能取得与高智商者一样的成就，甚至超过高智商者。同样，一个拥有高智商的天才，如果也有高水平的情感智商，他便能获得非凡的成就。然而，如果一个高智商者，不注意提高情商水平，EQ 很低，他可能一事无成，也许比低智商者的生活还要痛苦。

情感智商简称情商，英文缩写为 EQ。它是由美国耶鲁大学的彼得·沙洛维教授和新罕布什尔大学的约翰·梅耶教授在 1990 年提出的心理学新概念。1993 年，他们将情商测定的能力界定为：区分自己和他人情绪的能力、调节自己和他人情绪的能力、运用情绪信息去引导思维的能力。

1996 年，沙洛维和梅耶教授对情商理论作了进一步的修正。修正后的 EQ 结构更加全面、完整。EQ 包括与人的情感有关的四个方面的能力。一是情绪的知觉、评估和表达能力：从自己的生理状态、情感体验和思想中辨认主体情绪的能力；通过语言、声音、仪表和行为从他人、艺术作品、各种设计中辨认客体情绪的能力；准确表达情绪，以及表达与这些情绪有关的需要的能力；区分情绪表达中的准确性和真实性的能力。二是思维过程中的情绪促进能力：情绪思维的引导能力；情绪生动鲜明地对与情绪有关的判断和记忆过程产生积极作用的能力；心境的起伏使个体从积极到消极摆动变化，促使个体从多个角度进行思考的能力；情绪状态对特定问题解决所具有的促进能力。三是理解和分析情绪，可获得情绪知识的能力：给情绪贴上标签，认识情绪与语言表达之间关系的能力；理解情绪所传达意义的能力；理解

复杂心情的能力。四是对情绪进行复杂调节的能力：以开放的心情接受各种情绪的能力；根据所获知的信息与判断成熟地浸入或离开某种情绪的能力；成熟地监察与自己和他人有关的情绪的能力。

智商只能预测一个人在学业上取得的成就高低，而情商则可预测一个人取得职业成功和生活成功的可能性。智商和情商并非对立体，而是一个人能力互为补充的两个方面。

⑪ 特尔曼——人格高尚乃快乐之母

美国当代心理学家特尔曼通过对许多成功者、优秀人物或天才人物的事迹进行广泛的调查、统计，对他们的成才行为进行分析后，提出：决定成才的关键是人格因素，而不是能力因素。

在正常的智力水平基础上，人格因素中，有 5 项因素是对成才起决定性作用的要素。它们分别是：正确的自我意识、追求高目标、责任感、恒心、毅力。

同时，特尔曼发现，这一系列行为不可能自发产生，它只会出现在一个人清醒的、觉察到的、正确的自我意识的支配和监控下。没有这样的自我意识，就无法解决行为的定向与动力，也无从坚持。所以，正确的自我意识是更为内在、更为核心的心理因素。我们只有拥有了正确的自我意识，解决了成才价值意义的认识，明确了成才活动的方向，确立了成才的目标，在这个基础上，又有了责任感、追求高目标、恒心与毅力、自控力 4 项心理品质，那么成功将不再是幻想，而是指日可待的现实了。

一个人能否成才决定于他的人格智能，而一个人人格智能的高低又受到社会文化因素的影响，这种影响归根到底就是个人的世界观、人生观和价值观，即我们所说的"三观"。"三观"制约和调控着人格智能，使人格智能成为与其他能力有着很大不同的高层次能力。可以说，"三观"是评价人格智能强弱、好坏的最关键社会性指标，是自我意识的外在表现，它与自我意识互为表里。

因此，要成才，要达成乐天人生，基础是人格智能的提升。人格智能的提升，有许多方法。比如，古人提倡的"读万卷书，行万里路"，"苦其心志，劳其筋骨"，

是永远不会过时的人格修养方法。人格修养没有捷径，必须付出艰苦的、坚持不懈乃至毕生的努力。即使到了老年，继续加强人格修养，也是必要的。只有不断提高人格智能，才能达成真正的乐天心境，使后半生得到真正的快乐、幸福。

（董仁威　谢　敏）

乐天文

❶ 陶渊明《归去来兮辞》——田园乐

背景材料

这是陶渊明任彭泽令辞官回乡后所著。萧统著《陶渊明传》上记叙了这段辞官的故事，曰："会郡遣督邮至县，吏请曰：'应束带见之。'渊明叹曰：'我岂能为五斗米折腰向乡下小儿！'即日解绶去职。赋《归去来》。"

原文

归去来兮，田园将芜胡不归！既自以心为形役，奚惆怅而独悲？悟已往之不谏，知来者之可追。实迷途其未远，觉今是而昨非。舟遥遥以轻飏，风飘飘而吹衣。问征夫以前路，恨晨光之熹微。乃瞻衡宇，载欣载奔。僮仆欢迎，稚子候门。三径就荒，松菊犹存。携幼入室，有酒盈樽。引壶觞以自酌，眄庭柯以怡颜。倚南窗以寄傲，审容膝之易安。园日涉以成趣，门虽设而常关。策扶老以流憩，时矫首而遐观。云无心以出岫，鸟倦飞而知还。景翳翳以将入，抚孤松而盘桓。归去来兮，请息交以绝游。世与我而相违，复驾言兮焉求！悦亲戚之情话，乐琴书以消忧。农人告余以春及，将有事于西畴。或命巾车，或棹孤舟。既窈窕以寻壑，亦崎岖而经丘。木欣欣以向荣，泉涓涓而始流。善万物之得时，感吾生之行休。已矣乎，寓形宇内复几时！曷不委心任去留，胡为乎遑遑欲何之？富贵非吾愿，帝乡不可期。怀良辰以孤往，或植杖而耘耔。登东皋以舒啸，临清流而赋诗。聊乘化以归尽，乐乎天命复奚疑！

大意

我不能为五斗米折腰向乡下小儿呵，不如辞官归乡吧。我家的田园都长上荒草了，为什么还不快快回去呢？我的心在求禄中被束缚，不能自主，为形体所役，想起来多么惆怅而悲伤呵。以往为了求禄之事，固然无法劝说。今天乃辞官而归，还可追改。犹如人行迷路，走得还不远，可以及早返回。现在我才清醒地认识到，以往走求禄之路是何等愚笨，今日回乡享田园之乐是何等正确的选择呵！

我坐船而归，船在轻轻地摇晃，风吹动了我的衣裳。问路还有多远，怎么还没到家啊，真恨晨光之不明，看不见道路。突然，我看到了家的屋宇，欢喜地奔跑起来。家门前有僮仆相迎，小儿子恭敬地候着。院内已经荒芜了，只有松树、菊花还在。小儿子扶着我进入室内，樽中已装满美酒。我望着窗外的青枝绿叶，慢慢饮酒。田园之中，日日游涉，自成佳趣。云在天上飘，鸟飞倦了知道回巢，在暮色中景致渐渐看不见了，只有孤松还在我的眼前。我回来了，我不再与那些达官贵人交游。如果回来又不与这些达官贵人绝交游，何必辞官回乡呢？我只同乡里故人谈谈天，用琴书以消忧。或者向农人请教一些种庄稼的事情。不时驾起有幕布的马车，在崎岖的山路上探险，或摇一叶孤舟，顺着水路去寻涧水，山野中树林生长茂盛，泉水涓涓细流穿行其间。万物都欣欣向荣呵，我则昔行而今休也。唉，何不抛弃常俗之心，顺应自然，任性去留呢，何必惶惶不可终日！我也不想富贵，我也不能为仙，不如过一日算一日，或在田园耕耘播种，或登田泽之高任情长啸，或在清溪旁赋诗，怡然自足也。然后乘阴阳之化，以同归于尽。乐天知命，夫复何疑？

点评

《归去来兮辞》充分展示了陶渊明羁鸟归林、采菊东篱下的愉悦。他不忍凌辱，辞官归乡，绝尘而去。他一路狂奔，回到日思夜想的家。与家人的团聚，同乡亲叙友情，田畴耕耘，园林漫步，琴书自娱，郊外野游，田园生活可谓乐极。他摆脱了世俗"读书做官"的羁绊、"心为形役"的苦恼，过上了自由自在、轻松愉快的生活。从此，他再也不出仕做官，而是在田园中著华章，写下千古流传的名篇《桃花源记》《归园田居》等。

❷ 刘禹锡《陋室铭》——德者乐

背景材料

刘禹锡（772～842），字梦得，洛阳（今河南省洛阳）人。唐德宗贞元年间进士，仕途上常受挫折，后官至检校礼部尚书兼太子宾客，世称刘宾客。刘禹锡的诗文注重立意，其怀古、咏史之作含蓄深刻。

原文

山不在高，有仙则名。水不在深，有龙则灵。斯是陋室，惟吾德馨。苔痕上阶绿，草色入帘青。谈笑有鸿儒，往来无白丁。可以调素琴，阅金经。无丝竹之乱耳，无案牍之劳形。南阳诸葛庐，西蜀子云亭。孔子云：何陋之有？

大意

山不在有多高，只要上面有仙人就会出名。水不在有多深，只要里面有龙便会显灵。只要我道德高尚，可以忘记房屋的简陋。阶梯上虽有苔痕的绿色，帘子外看得见荒草，而室内进出的却没有缺乏教养的人，相对谈笑的都是大知识分子，他们在一起抚琴读书。室内没有嘈杂的音乐乱耳，没有官府公文劳累身心。诸葛亮当年在南阳住的只不过是草房子，子云在西蜀住的也不过是很简陋的玄亭。孔子说："有什么简陋的呢？"

点评

陋室可铭，不在室之陋，而在有德者的馨香。唯有屋中有德者居之，则陋室之中，触目皆成佳趣。这便是德者之乐。

3 欧阳修《丰乐亭记》——丰年和平乐

背景材料

欧阳修于1045年被贬官滁州，任滁州太守，第二年在州南丰山下幽谷的泉水旁辟地为亭，取名"丰乐"，并作《丰乐亭记》。

原文

修既治滁之明年，夏始饮滁水而甘。问诸滁人，得于州南百步之近。其上则丰山，耸然而特立。下则幽谷，窈然而深藏。中有清泉，滃然而仰出。俯仰左右，顾而乐之。于是疏泉凿石，辟地以为亭，而与滁人往游其间。滁于五代干戈之际，用武之地也。昔太祖皇帝，尝以周师破李景兵十五万于清流山下，生擒其将皇甫晖、姚凤于滁东门之外，遂以平滁。修尝考其山川，按其图记，升高以望清流之关，欲求晖凤就擒之所。而故老皆无在者，盖天下之平

久矣。自唐失其政，海内分裂，豪杰并起而争，所在为敌国者，何可胜数。及宋受天命，圣人出而四海一。向之凭恃险阻，划削消磨。百年之间，漠然徒见山高而水清。欲问其事，而遗老尽矣。今滁介江淮之间，舟车商贾，四方宾客之所不至。民生不见外事，而安于畎亩衣食，以乐生送死。而孰知上之功德，休养生息，涵煦于百年之深也。修之来此，乐其地僻而事简，又爱其俗之安闲。既得斯泉于山谷之间，乃日与滁人仰而望山，俯而听泉。掇幽芳而荫乔木，风霜冰雪，刻露清秀。四时之景，无不可爱。又幸其民乐其岁物之丰成，而喜与予游也。因为本其山川，道其风俗之美。使民知所以安此丰年之乐者，幸生无事之时也。夫宣上恩德，以与民共乐，刺史之事也。遂书以名其亭焉。

大意

我在当滁州太守后的第二年夏天，喝了人家送来的泉水，味道甜美。我问之于当地人，知道泉水来自州南，仅百步之遥。我去看了看，只见丰山高耸入云，超群而立，下面有山谷，十分深幽。幽谷中有一股清泉，水势盛大，由下向上喷涌而出。俯仰左右，四面环顾，很是喜欢。我便令人疏通泉流，凿平泉旁山石，修建起一座亭子，供我和滁州人一起游乐其间。

滁州建于唐宋之间的五代时期，兵乱不息之时，乃一用武之地。宋太祖赵匡胤，曾以周太宗柴荣的军队，在清流山下消灭了李景的15万大军，在滁州东门外生擒南唐大将皇甫晖、姚凤，滁州战乱才平息了。我们按图考察，踏勘滁州的山川，登高望清流关，企图寻求皇甫晖、姚凤被擒的地方，但找不到经历过这一事件的老人，只因天下太平的时间已经很久了。自唐朝政权衰落，统治被推翻以来，海内分裂，群雄并起，所立之国数都数不清。后来宋太祖受天命做了皇帝，圣人出而四海归一。从前可以凭借的险要地形，随着时间的过去而消失磨灭。百年间，徒然出现了广漠寂静、山高水清的太平局面。想问当年之事，遗老已不复存在。

滁州介于长江与淮河之间，很少有商人、名士坐车乘船到这里来做生意或游览，百姓很少见到外面的事物，过着生时得安乐、死后有人送终的太平日子。这是皇上不劳民力，使百姓得以休养生息的结果。皇天

润泽人民，如阳光般温煦已有百年之久。

我来此做官，喜欢这里的偏僻，官事清闲，爱这里的民俗安适清闲。如今得到了这位于幽谷之间的清泉，便日日与滁州人到这里来仰望高山，俯听泉水叮咚。春天嗅山花的芳香；夏天荫蔽于大树之下；秋冬风霜冰雪，水落石出，草枯山现，亦显露出清秀之气。一年四季，景色无不可爱。又幸逢这里的百姓正为丰收而欢乐，喜欢与我一同游赏。我因而根据这里秀丽的山川，来叙述当地民俗风情的淳朴美好，使百姓知道所以能平安地享受丰年之乐，是有幸生活在太平的时代。为了宣扬皇上的恩德，尽到我作为太守与民同乐的责任，所以写了这篇《丰乐亭记》。

点评

文章第一段记叙丰乐亭的位置、周围景物及建亭经过，点出"乐"字。二三段追忆开国初年宋太祖平定滁州的一段历史往事，感慨今天滁州百姓安乐生活来之不易。四五段描述自己到滁州后政事简易、年丰民乐，常与滁州人游赏四时山水的情况，并交代了亭名"丰乐"的原因及作记的时间。

《丰乐亭记》名为游记，却以议论为主，充分表达了作者渴望社会和平安宁，让百姓过安乐生活并与民同乐的愿望。

④ 苏轼《超然台记》——"超然物外者"乐

背景材料

《超然台记》是苏轼的一篇以"超然物外者乐"为主旨的著名散文。

原文

凡物皆有可观，苟有可观，皆有可乐，非必怪奇伟丽者也。餔糟啜醨，皆可以醉。果蔬草木，皆可以饱。推此类也，吾安往而不乐。夫所谓求福而辞祸者，以福可喜而祸可悲也。人之所欲无穷，而物之可以足吾欲者有尽。美恶之辨战乎中，而去取之择交乎前，则可乐者常少，而可悲者常多。是谓求祸而辞福。夫求祸而辞福，岂人之情也哉，物有以盖之矣。彼游于物之内，而不游于物之外。物非有大小也，自其内而观之，未有不高且大者也。彼其高大以临我，则我常眩乱反复，如隙中之观斗，又焉知胜负之所在。是以美恶横生，而忧乐出焉，可不大哀乎。予自钱塘移守胶西，释舟楫之安，而服车马之劳；去雕墙之美，而庇采椽之居；背湖山之观，而行桑麻之野。始至之日，岁比不登，盗贼满野，狱讼充斥，而斋厨索然，日食杞菊，人固疑予之不乐也。处之期年，而貌加丰，发之白者，日以反黑。予既乐其风俗之淳，而其吏民亦安予之拙也。于是治其园圃，洁其庭宇，伐安丘高密之木，以修补破败，为苟全之计。而园之北，因城以为台者旧矣，稍葺而新之。时相与登览，放意肆志焉。南望马耳常山，出没隐见，若近若远，庶几有隐君子乎。而其东则卢山，秦人卢敖之所从循也。西望穆陵，隐然如城郭，师尚父齐威公之遗烈，犹有存者。北俯潍水，慨然太息，思淮阴之功，而吊其不终。台高而安，深而明，夏凉而冬温，雨雪之朝，风月之夕，予未尝不在，客未尝不从。撷园疏，取池鱼，酿秫酒，瀹脱粟而食之，曰：乐哉游乎。方是时，予弟子由，适在济南，闻而赋之，且名其台曰超然。以见予之无所往而不乐者，盖游于物之外也。

大意

一件事物总是有可观赏的一面。既有可观赏的一面，便能从中寻找出使人快乐的东西。这些事物不必一定是那些雄壮、奇特、伟岸、美丽的东西。小至糟醨、薄酒，都可以醉人；果蔬草木，亦可以饱肚子。以此类推，我什么时候都会乐在其中，感觉到愉悦、快乐。为什么人要求福而避祸呢？因为福可喜而祸可悲。人对富贵利达的欲望是无穷的，而世界所有之物能满足人的欲望却是有限的。如果不超然物外，则可乐者甚少，而可悲者常多。本来是求福避祸，但若在尘世中争名夺利，则反而祸多福少，这实在是求祸辞福呵。而求祸辞福，并非人的愿望。

如果一个人沉溺于物质追求之内，而不超然于物之外，则从内部看起来，无论哪样物都大得不得了。那些大得不得了的物欲，常使我头晕目眩，心情烦乱。眼界之小，如从门缝中观看打斗场面，你怎么知道谁胜谁负呢？因此，沉溺于物欲之内，则因其美恶而生忧乐；而超然于物欲之外，就能无往而不乐。

我从钱塘（浙江杭州）调到胶西（山东莱州）做官，一个江南富庶之地，一个山东穷乡僻壤，生活差异很大。在钱塘坐惯了安稳的船舶，而在胶西却只能鞍马劳顿；钱塘住的是雕梁画栋的美居，而在胶西却只能住简陋的木板房；钱塘有湖山美景可观赏，而在胶西却满目荒凉。初来胶西之时，收成不好，盗贼遍野，监狱里关满了人，打官司的人多得很；厨房里没有什么东西，每天都以野菜充饥。面对此情此景，人们以为我哪里能够超然物外，哪里会有快乐可言？然而，在这样艰难的物质条件下呆久了，我却面貌更加丰满，白发都开始转黑了。为什么呢？因为我喜欢此地民风之淳朴，此地官吏、百姓也喜欢我的廉洁简朴、为民做主的作风。我将破败的庭园用当地的木料修补，将庭园打扫得干干净净。我还将庭园之北的一个亭台稍事修葺，使之面目一新。我不时登台览胜，周围的山景一览无遗，好生快乐！向南望，马耳山、常山，忽隐忽现，若远若近，不知现在上面还有没有隐士高人？向东望，有卢山，秦人卢敖隐身之地也！向西望，有穆陵关，隐约看得见城郭，姜太公、齐桓公，似乎还在那里战天斗地。向北望，看得见韩信曾经在这里战斗过的潍水，想起韩信的盖世之功，结局却如此的惨，生出无限感慨。此台高大而结实安稳，宽敞而明亮，冬暖夏凉。下雨雪的时候，风月之夜，我常常与宾客一起欢聚，用园中自种的蔬菜、池中自养的鱼、屋中自酿的酒、自己舂的糙米，招待客人，其乐也融融。我的弟弟苏辙，这时恰在济南，听说了这件事为此作赋，并将台命名为超然，以见证我因超然于物欲之外，什么时候都很快乐。

点评

《超然台记》是一篇乐天人生的宣言书。他以自己的亲身体会，论证了一个超然于物欲之外的精神人，在任何情况下，都能快活地生活的乐天哲理。

⑤ 苏辙《黄州快哉亭记》——"忘宠辱"之乐

背景材料

苏辙（1039～1112），字子由，号颍滨遗老，进士，苏轼之弟，眉州眉山（今四川省眉山）人。北宋散文家，为唐宋八大家之一。其代表作为《黄州快哉亭记》《武昌九曲亭记》等"记体"文学。

原文

江出西陵，始得平地，其流奔放肆大。南合湘、沅，北合汉、沔，其势益张。至于赤壁之下，波流浸灌，与海相若。清河张君梦得，谪居齐安，即其庐之西南为亭，以览观江流之胜。而余兄子瞻名之曰"快哉"。盖亭之所见，南北百里，东西一舍。涛澜汹涌，风云开阖。昼则舟楫出没于其前，夜则鱼龙悲啸于其下，变化倏忽，动心骇目，不可久视。今乃得玩之几席之上，举目而足。西望武昌诸山，冈陵起伏，草木行列，烟消日出，渔夫樵父之舍，皆可指数，此其所以为快哉者也。至于长州之滨，故城之墟，曹孟德、孙仲谋之所睥睨，周瑜、陆逊之所驰骛，其风流遗迹，亦足以称快世俗。昔楚襄王从宋玉、景差于兰台之宫，有风飒然至者，王披襟当之，曰："快哉此风，寡人所与庶人共者耶？"宋玉曰："此独大王之雄风耳，庶人安得共之！"玉之言盖有讽焉。夫风无雄雌之异，而人有遇不遇之变。楚王之所以为乐，与庶人之所以为忧，此则人之变也，而风何与焉！士生于世，使其中不自得，将何往而非病；

使其中坦然不以物伤性，将何适而非快！今张君不以谪为患，窃会计之余功，而自放山水之间，此其中宜有以过人者。将蓬户瓮牖，无所不快；而况乎濯长江之清流，揖西山之白云，穷耳目之胜以自适也哉！不然，连山绝壑，长林古木，振之以清风，照之以明月，此皆骚人思士之所以悲伤憔悴而不能胜者，乌睹其为快也哉。

大意

长江出了西陵峡后，便到了平地。由于南面汇合了湘江、沅江，北面汇合了汉江、沔江，其水势越来越大，至赤壁以下，水波浩渺，像大海一样。清河人张梦得谪居黄州时，在他的庭园西南建一亭，以观察大江的胜境。我的哥哥苏轼将其命名为快哉亭。登快哉亭远望，南北宽达数百里，东西波涛汹涌，奔腾不息。白天江上船舶遍布，晚上点了灯笼的捕鱼船随着江流呼啸而下，忽明忽暗，变化莫测，让人惊心动魄，不敢久视。如今我坐在亭中的几席之上，便能极目远眺。西望武昌诸山，山峦起伏，树木森森，雾散日出，渔夫樵夫的房舍，清晰可辨，快哉！至于远望长州之滨，故城遗址，联想到当年曹操、孙权在这里争夺天下，周瑜、陆逊在这里打了胜仗，孙权奖励陆逊，以御盖覆逊，陆逊出入宫中可驾车驰骋，其风流往事，想来真令人快哉！从前楚襄王让宋玉、景差跟随游兰台宫，一阵风吹来，楚襄王大呼：

"快哉，好风！这是寡人与百姓共有的吧。"宋玉答道："此风乃大王独享的雄风，百姓怎敢与大王共享？"其实，宋玉这话带点讽刺的味道。风哪有雄雌之分别，只不过人有可遇不可遇的区别罢了。楚王以此风为乐，宋玉以此风为忧，是人与人不同，并不是风有什么两样。一个人生在世上，有时是不由自己的，并非自己有什么毛病。但如果人能够坦然地对待各种遭遇，不以物欲自伤，不会因此感到不快。张君你不要以谪居为患，在干完你的工作之余，将自己置身于山水之间，你可以从中品尝到无穷的乐趣。只要将理念换一换，忘却宠辱之物欲，你会无处不感到快哉！何况还可以在长江的清流中戏耍，观西山的白云，穷尽耳目尽享大自然的美景。山连着山，绝壁深壑，茂盛的森林中古木参天，清风吹拂着，明月照耀着，这都是名士们梦寐以求的意境，难道你还不快哉！

点评

《黄州快哉亭记》文势汪洋，笔力雄壮，写得淋漓酣畅，读后令人心胸旷达，宠辱皆忘，乐哉！快哉！

⑥ 王安石《游褒禅山记》——极文章之乐

背景材料

王安石（1021～1086），字介甫，号半山，抚州临川（今属江西省）人。北宋政治家、思想家、文学家。他的散文雄健峭拔，为唐宋八大家之一。

原文

褒禅山亦谓之华山。唐浮图慧褒始舍于其址，而卒葬之，以故其后名之曰"褒禅"。今所谓慧空禅院者，褒之庐冢也。距其院东五里，所谓华山洞者，以其乃华山之阳名之也。距洞百余步，有碑仆道，其文漫灭，独其为文犹可识，曰"花山"。今言"华"如"华实"之"华"者，盖音谬也。其下平旷，有泉侧出，而记游者甚众，所谓前洞也。由山以上五六里，有穴窈然，入之甚寒，问其深，则其好游者不能穷也，谓之后洞。予与四人拥火以入，入之愈深，其进愈难，而其见愈奇。有怠而欲出者，曰："不出，火且尽。"遂与之俱出。盖予所至，比好游者尚不能十一，然视其左右，来而记之者已少。盖其又深，则其至又加少矣。方是时，予之力尚足以入，火尚足以明也。既其出，则或咎其欲出者；而予亦悔其随之而不得极乎游之乐也。于是予有叹焉。古人之观于天地、山川、草木、虫鱼、鸟兽，往往有得，以其求思之深而无不在也。夫夷以近，则游者众；险以远，则至者少。而世之奇伟、瑰怪、非常之观，常在于险远，而人之所罕至焉，故非有志者不能至也。有志矣，不随以止也，然力不足者，亦不能至也；有志与力，而又不随以怠，至于幽暗昏惑而无物以相之，亦不能至也。然力足以至焉，于人为可讥，而在己为有悔；尽吾志也，而不能至者，可以无悔矣，其孰能讥之乎？此予之所得也。余于仆碑，又以悲夫古书之不存，后世之谬其传而莫能名者，何可胜道也哉！此所以学者不可以不深思而慎取之也。四人者：庐陵萧君圭君玉，长乐王回深父，余弟安国平父、安上纯父。至和元年七月某日，临川王某记。

大意

褒禅山又称华山。唐代高僧慧褒曾在山上居住，死后也葬在山上，后来便以褒禅命名此山。如今的慧空禅院，就是慧褒大师居住和埋葬的地方。离慧空禅院东边约五里处，有一个华山洞。距洞百余步，有一个碑倒在地上，碑文已经模糊，但还可看出文中有"花山"字样。华者花也，今天称这座山叫华山，其实是"花山"之误也。前洞平旷，有泉水从前洞侧面涌出，游人很多。沿着山路往上走约五六里，又有一洞穴，名曰后洞。进入后洞，觉得很寒冷，问好游者洞有多深，好游者说深不可测。我同四个好游者一起，打起火把往里走。越往里越难走，但越往里景色越奇特。有人不愿再往里走了，说如不出去火把要燃尽了，只好一起出来。我们所到达的深度，比起那些喜欢游险的人，大概还不足十分之一。然而左右看一看，到这儿来题记的人已少。如果再往里面走，则会更少。其实，当时我们还有力气，火把尚可燃许久。出来后，心里埋怨带头往回走者，也后悔自己跟随着走出来，而不能尽兴。于是，我感叹道，古人观察天地、山

川、草木、虫鱼、鸟兽，为何往往有收获，只因为他们想得深，钻研得透彻，不会半途而废。一般来说，平坦而又近的地方，游人很多。而危险而又遥远的地方，则游人少。但是，世界上雄伟、瑰丽、怪异非常的景观，常常在远处、在险处，只有有志者才能到达，享受极致的美景。然而，虽然有志，但力不足，也不能到达目的地。既有志，又有力，也不盲从别人而懈怠，但到了幽深昏暗的地方没有必要的东西来支持，也不能到达目的地。可是，力量足以达到目的地而未能达到，在别人看来是可以讥笑的，在自己来说也是有所后悔的；尽了自己的努力而未能达到，便没有什么可后悔的，这难道谁还能讥笑吗？这就是我这次游山的收获。想起华山洞口旁的那块倒在地下的碑，感到好多古书散失了，像"花山"误传为"华山"那样的谬传还有很多，引起我的无限感慨。希望学者引以为戒，做学问要深思和严谨。与我同游华山洞的四人是：庐陵萧君圭君玉，长乐王回深父，余弟安国平父（王安石之四弟）、安上纯父（王安石之七弟）。至和元年七月某日，临川王安石记。

点评

借游华山洞，发挥学道，或叙事，或诠释，或摹写，或道故，意之所至，笔亦随之。逸兴满眼，余音不绝。可谓极文章之乐。

（李天道）

乐天诗词

❶ 陶渊明《归园田居》之三

背景材料

这是陶渊明41岁时第五次辞官回乡后陆续写的五首《归园田居》中的第三首。

原文

种豆南山下，草盛豆苗稀。
晨兴理荒秽，带月荷锄归。
道狭草木长，夕露沾我衣。
衣沾不足惜，但使愿无违。

大意

我在南山下种豆，田里草长得很茂盛，豆苗却很稀少。我清早就起身去锄掉田野的野草，夜晚带着满身的清晖，扛着锄头回家。道路很狭窄，草木很高，夜晚的露

水沾湿了我的衣服。衣服沾湿了没有什么值得惋惜的，只要不违背我的愿望就行了。

点评

这首诗真切地写出诗人参加劳动的情景和感受。种田是十分辛苦的，但诗人感到辛苦算不了什么，只要不违背自己的愿望。这个愿望就是：离开肮脏的官场，不跟黑暗势力同流合污，保持自己正直的品格和清白的志向。

❷ 张若虚《春江花月夜》

背景材料

张若虚，扬州（今江苏省扬州市）人，唐代诗人，与贺知章、张旭、包融合称"吴中四士"，所作诗仅存二篇，其一《春江花月夜》则是千古流传的名篇。

原文

春江潮水连海平，海上明月共潮生。
滟滟随波千万里，何处春江无月明！
江流宛转绕芳甸，月照花林皆似霰。
空里流霜不觉飞，汀上白沙看不见。
江天一色无纤尘，皎皎空中孤月轮。
江畔何人初见月？江月何年初照人？
人生代代无穷已，江月年年望相似。
不知江月待何人，但见长江送流水。
白云一片去悠悠，青枫浦上不胜愁。
谁家今夜扁舟子？何处相思明月楼？
可怜楼上月徘徊，应照离人妆镜台。
玉户帘中卷不去，捣衣砧上拂还来。
此时相望不相闻，愿逐月华流照君。
鸿雁长飞光不度，鱼龙潜跃水成文。
昨夜闲潭梦落花，可怜春半不还家。
江水流春去欲尽，江潭落月复西斜。
斜月沉沉藏海雾，碣石潇湘无限路。
不知乘月几人归，落月摇情满江树。

大意

春天的大江江潮高涨浩瀚无限，仿佛和大海连成了一片。月光在万里水面上动荡闪烁，春江上处处都有月亮的光辉。曲折的江流流过遍生花草的原野，月光照在花朵上，花朵好似朵朵雪珠。月色如霜，流泻满地，但又没有飞霜的感觉。月色笼罩着沙洲，连白沙都分辨不清了。大江和天空融成一色，没有一点细小的尘埃，洁白光明的一轮孤月高悬空中。住在江边的人谁最先见到月亮？月亮在哪一年第一次照到人？人一代代无穷无尽，而江上的明月却年年相似。不知道江上的月亮照到了

哪些人，只知道长长的江中有流水淌过。一片白云缓缓飘行，让人想起在青枫浦分别时的离愁。今夜谁家有漂泊在外的游子？明月照耀下的楼房里是否有思妇？月影移动照亮了可怜思妇的妆镜台。门帘可卷去，月光却卷不去，在捣衣石上拂去月光但它又来了。彼此相望着明月却看不见人，我多么愿意随月光看到你呵！鸿雁远飞，无法传递对你的思念之情呵。昨夜我梦见花落闲潭，春光已过去了一半，你为什么还不回来？春江水流到尽头，月渐西斜快要没入海中。西斜的月亮藏在海上的雾中，天南海北两地分离有多么远呵。纷乱的离情，随着残月余晖，布满江边树上。

点评

这首诗尽情地描绘了春江花月夜的奇丽景色。在这良辰美景，诗人又将离别相思等人间憾事联系起来，借以讴歌人间纯洁真挚的感情，探索宇宙的奥秘、人类的往古、人生的起落，融诗情、画意、哲理为一体，激起人们对大自然和瑰丽人生的热爱。

❸ 李白《将进酒》

背景材料

《将进酒》是李白中年第二次出游，漫游梁、宋之时，与友人岑勋、元丹丘相会时所作。

原文

君不见黄河之水天上来，奔流到海不复回！

君不见高堂明镜悲白发，朝如青丝暮

成雪！

人生得意须尽欢，莫使金樽空对月。
天生我材必有用，千金散尽还复来。
烹羊宰牛且为乐，会须一饮三百杯。
岑夫子，丹丘生，将进酒，杯莫停。
与君歌一曲，请君为我侧耳听。
钟鼓馔玉不足贵，但愿长醉不愿醒。
古来圣贤皆寂寞，惟有饮者留其名。
陈王昔时宴平乐，斗酒十千恣欢谑。
主人何为言少钱，径须沽取对君酌。
五花马，千金裘，呼儿将出换美酒，
与尔同销万古愁。

大意

君不见，黄河之水如从天上倾泻而来，奔流到海不复回来。君不见，在高大厅堂的明镜中看见自己的黑发很快变白，不觉悲从中来。人生得意的时候要尽情地欢乐，不要使珍贵的酒杯空着面对明月。老天造就我这栋梁之材，必然会有用武之地，千金用完了还可以再挣。快烹羊呵，快宰牛呵，我们一起来痛饮三百杯。岑夫子，丹丘生，快喝酒呵，莫要停杯。我为你们唱一首歌，你们要竖起耳朵认真听。那些豪门贵族的富贵生活算不了什么，我只愿长醉不愿醒。自古以来圣贤都默默无闻，只有饮酒者能死后留名。从前陈王曹植"归来宴平乐，美酒斗十千"，尽情地欢乐谈笑，多么好呵。主人啊，你为什么说没有钱了？赶快去买酒来，我与你对饮吧。把我的僮仆叫来，叫他将我的好马和我的值钱的衣服拿去卖了换酒喝，我与你借酒浇去无穷无尽的忧愁。

点评

《将进酒》气势磅礴，语言奔放，豪气冲天；音节的嘹亮，换韵的迅速，句型的多变，都与诗人的感情激荡相协调。读后使你不能不热血沸腾，唤起你追求美好生活的愿望。特别是"天生我材必有用，千金散尽还复来"一句，激起一代代仁人志士为实现人生价值而奋斗。

④ **白居易《钱塘湖春行》**

背景材料

这是白居易春游杭州西湖（钱塘湖）后写的诗。

原文

孤山寺北贾亭西，水面初平云脚低。
几处早莺争暖树，谁家新燕啄春泥。
乱花渐欲迷人眼，浅草才能没马蹄。
最爱湖东行不足，绿杨阴里白沙堤。

大意

孤山寺的北面，贾公亭的西北，湖水刚刚平了湖面，漂流的云气很低。好几个地方，早飞的莺鸟争抢着向阳的树木；不知是谁家新来的燕子，开始在啄新泥筑巢了。那散乱绽放的花儿，渐渐地要让人眼花缭乱了；青青的小草，才刚刚能淹没住马蹄子。我最喜欢湖东这一片，总觉看不够，因为在这里，绿杨掩映下有白沙堤。

点评

这首诗描述了初春游览西湖时所见的美景，表现了诗人对西湖万物萌生的春天的热爱。诗人从孤山寺北、贾亭西开始向白沙堤方向行游，边走边看。首联即点明行游的起点和初春时湖水里青山白云倒映其中的迷人景色。中间二联描绘游湖时俯仰所见的景物。尾联以咏叹白沙堤的美景作结。全诗采用白描手法，语言清新自然、平易流畅。

⑤ **柳宗元《江雪》**

背景材料

《江雪》为柳宗元谪居永州时所作。

原文

千山鸟飞绝，万径人踪灭。
孤舟蓑笠翁，独钓寒江雪。

大意

千万座山上看不见一只鸟儿，千万条路径上看不到人的踪迹；却有一个身披蓑衣头戴斗笠的渔翁，在寒江的雪中独自垂钓。

点评

诗中运用典型概括的手法，描绘了一幅绝妙的寒江雪景图，勾画出了在风雪中独自垂钓的渔翁形象，表达了诗人在逆境中的达观精神。

6 李贺《南园》

背景材料

李贺（790～816），字长吉，福昌（今河南省宜阳西）人，是唐代著名诗人，相传7岁能做诗。南园是诗人在家乡福昌昌谷读书的地方。

原文

花枝草蔓眼中开，小白长红越女腮。
可怜日暮嫣香落，嫁与东风不用媒。

大意

我看见那些花朵开放了，粉红色的样子，就像越地美女的脸儿。可惜到日暮之年，美丽与香味逝去了，不用媒人介绍就嫁给了东风。

点评

这首诗想象奇特。"小白长红越女腮"，用语多么独特。"可怜日暮嫣香落，嫁与东风不用媒"，比喻宛如过了婚期的大龄女子，不用媒妁，便径自嫁给了东风，妙极。

7 杜牧《江南春》

背景材料

杜牧（803～853），字牧之，京兆万年（今陕西省西安市）人，唐代著名文学家。他的诗风豪爽清俊，独树一帜。

原文

千里莺啼绿映红，水村山郭酒旗风。
南朝四百八十寺，多少楼台烟雨中！

大意

千里江南大地，到处黄莺啼叫，绿树红花，互相映衬。水村边，山城里，到处是春风吹扬起的酒旗。南朝时建起的那480座寺庙，好多的楼台如今都笼罩在茫茫烟雨中了。

点评

这是一首带有讽喻意味的借景抒情之作。前两句以莺啼燕语、绿叶红花、水村山郭、春风酒旗等景物，表现出一片旖旎的江南春色。后两句抒情感怀：昔日繁华的南朝所建成的数以百计的寺宇，如今却笼罩在茫茫烟雨之中！在写景中，包含着对南朝迷信佛教，广建佛寺的讥讽，寄托

了兴亡之感。

8 李商隐《晚晴》

背景材料

李商隐（约813～约858），字义山，号玉溪生，怀州河内（今河南省沁阳）人，唐代著名诗人。他的诗辞藻华丽，对仗工巧，想象丰富，能够创造出含意深远、朦胧婉曲的意境，开拓出诗歌的新境界。

原文

深居俯夹城，春去夏犹清。
天意怜幽草，人间重晚晴。
并添高楼迥，微注小窗明。
越鸟巢干后，归飞体更轻。

大意

这居处深幽，可以俯视夹城（城门外的曲城，又称瓮城）；这里春天过去了，夏天很清新。老天有心同情那些生长在幽僻之处的小草，人世间非常看重晚晴。我登上这高阁，只觉视野非常开阔辽远；斜阳余晖不多，但倾泻进小窗，仍让人觉得一片光明。越鸟的巢干了后，它们往回飞时的身体显得多么轻巧。

点评

"微注小窗明"。斜阳余晖虽然不多，但也能给人间带来温馨、带来光明。这首诗对"晚晴"的歌颂，鼓起了上年纪的人追求美好生活的勇气。

9 李清照《浣溪沙》

背景材料

李清照（1084～约1151），号易安居士，齐州章丘（今山东省）人。宋代第一流的女词人，著名的词家三李之一，艺术成就很高。

原文

淡荡春光寒食天，玉炉沉水袅残烟，梦回山枕隐花钿。　　海燕未来人斗草，江梅已过柳生绵，黄昏疏雨湿秋千。

大意

寒食节时，春光疏淡骀荡，屋内香炉袅烟，人睡初醒。人们玩着斗草的游戏，柳絮飘飘扬扬。黄昏时分，下起了细雨，打湿了秋千。

点评

李清照几乎所有的词都被忧郁的色彩笼罩，然而这首《浣溪沙》，却充满了乐天的情绪。看来，心事再重的人，也是有可

能在大自然的美景中获得解脱，有一个好心情的。

10 王安石《元日》

背景材料

王安石，不仅擅长散文，在诗、词都有成就。他的诗歌遒劲清新，《元日》《明妃》等是其诗歌代表作。

原文

爆竹声中一岁除，春风送暖入屠苏。

千门万户曈曈日，总把新桃换旧符。

大意

在爆竹声中，旧的一年过去了，春风把温暖送进了人们房屋中。家家户户在渐渐明亮的阳光里，都用新桃符替换了旧桃符。

点评

这是一首写农历春节的作品。前两句写初一的景象：爆竹繁响，春风送暖。第三句承前，是说家家户户都沐浴在初日的光照之中。结句转发议论，以桃符的更换揭示出"除旧布新"的题旨，寓意深刻。

11 杨万里《小池》

背景材料

杨万里（1127～1206），字廷秀，学者称诚斋先生，吉水（今江西省）人。宋代著名诗人，进士，长于七绝，以写景咏物之作著称。

原文

泉眼无声惜细流，树阴照水爱晴柔。

小荷才露尖尖角，早有蜻蜓立上头。

大意

在晴天柔和的风光中，无声的细流欢快地从泉眼中涌出，树荫映照在水中。小荷叶刚刚露出还没有开放的尖端，就有性急的蜻蜓立在上头。

点评

《小池》一诗前两句描写池边景物，清澈的细流流入小池，绿树的倩影投入水中，用"惜"和"爱"两字化无情为有情。后两句用"才露"、"早有"二词，将蜻蜓和荷花两个意象和谐地组合在一起，眼疾手快地捕捉到蜻蜓落在小荷之上赏心悦目的一瞬间，构成一幅小巧妩媚的画面，生机盎然，饶有情趣，使人强烈地感到生命的美好。

12 苏轼《念奴娇·赤壁怀古》

背景材料

《念奴娇·赤壁怀古》为苏轼谪居黄州游赤壁时写的名篇。

原文

大江东去，浪淘尽，千古风流人物。故垒西边，人道是，三国周郎赤壁。乱石穿空，惊涛拍岸，卷起千堆雪。江山如画，一时多少豪杰！　遥想公瑾当年，小乔初嫁了，雄姿英发。羽扇纶巾，谈笑间，樯橹灰飞烟灭。故国神游，多情应笑我，早生华发。人生如梦，一樽还酹江月。

大意

长江滚滚向东流，大浪淘沙，只留下千古英雄人物。在过去残存的营垒西边，有人说那就是三国时期周瑜打过胜仗的赤壁古战场。陡峭不平的石壁上刺天空，惊涛拍岸，卷起千万堆白色的浪花。如画的江山呵，你引来多少英雄豪杰争夺！想起当年周瑜，娶了美女小乔为妻，英姿勃勃，谈吐不凡，识见卓异。他头上束着配有青丝带的头巾，手上摇着羽毛扇，在谈笑间，便使曹操的军队大败。曹军的战船、船上的桅杆，被一把火烧得干干净净。你可能要笑我太多情了，头发都白了，还要神游起赤壁古战场来。人生虽然是一场梦，但是我还是要怀念那些风流人物，面对大江明月，洒酒祭奠。

点评

《赤壁怀古》通篇写景、怀古、抒情，三位融为一体，雄奇壮丽的江山胜景和功耀史册的英雄相互辉映，意境开阔，笔力雄健。他一反"人到中年万事休"的传统

人生观，表现出对英雄豪杰的仰慕，对人生价值执著的追求。

13 陆游《游西山村》

背景材料

陆游（1125～1210），字务观，号放翁，越州山阴（今浙江省绍兴市）人。南宋伟大的爱国诗人，在词和散文方面也有较高成就。这首诗是陆游早春出游邻近山庄时写的。

原文

莫笑农家腊酒浑，丰年留客足鸡豚。
山重水复疑无路，柳暗花明又一村。
箫鼓追随春社近，衣冠简朴古风存。
从今若许闲乘月，拄杖无时夜叩门。

大意

不要讥笑农家腊月里的酒很浑浊，在丰收年景招待客人，有的是鸡和猪。青山环抱，绿水萦回，让人以为没了可再往前走的路，可没想到忽然柳树成荫，百花明丽，前面又是一处村庄。箫鼓喧闹，伴随着春社的临近；人们衣帽简朴，古朴的民风至今还在。从今以后如果允许我趁着月光来访，我将拄着藜杖随时来敲乡亲们的门。

点评

这首诗写江南农家丰收的景象。作者生动地描写了山庄的独特风光，那里青山环抱，绿水萦回，村村柳荫遍地，花香宜人；赞美故乡的习俗之美和民风之厚，反映出诗人对农村生活的挚爱和向往，以及与村民亲密无间的情谊。全诗充满了乐天的情调。

14 辛弃疾《青玉案·元夕》

背景材料

辛弃疾（1140～1207），字幼安，号稼轩，历城（今山东省济南市）人。南宋最伟大的爱国诗人，词风豪放。

原文

东风夜放花千树，更吹落、星如雨。宝马雕车香满路。凤箫声动，玉壶光转，一夜鱼龙舞。　　蛾儿雪柳黄金缕，笑语盈盈暗香去。众里寻他千百度，蓦然回首，那人却在，灯火阑珊处。

大意

花灯之多如千树开花。焰火纷纷，乱落如雨。到处都是观灯人的宝马、雕车，满街都飘着香气。箫声阵阵，月光融融，鱼灯、龙灯交错飞舞。全城张灯结彩，盛况空前。观灯人中有头插蛾儿、雪柳的女子结伴而来，笑声阵阵，仪态美好。我在众多的人群中，千百遍地寻找意中人。久望不至，一回首，猛见那人却在灯火稀疏零落的地方。

点评

词人借"那人"的孤高自赏，表明作者不肯同流合污的高贵品格。全词构思新颖，写尽元宵节中的人间欢乐，语言工巧，曲折含蓄，余味未尽。

15 毛泽东《长征》

背景材料

毛泽东（1893～1976），字润之，湖南省韶山市人。杰出的无产阶级革命家、政治家、军事家，中华人民共和国开国领袖，在文学艺术上的成就也非常巨大。

原文

红军不怕远征难，万水千山只等闲。
五岭逶迤腾细浪，乌蒙磅礴走泥丸。
金沙水拍云崖暖，大渡桥横铁索寒。
更喜岷山千里雪，三军过后尽开颜。

大意

我们红军不怕远征的困难，把征战万水千山的艰苦看作很平常的事。五岭山的道路弯弯曲曲，在我们的脚下犹如翻腾的细泥浪；乌蒙山很高大，在我们的脚下犹如细小的泥团。金沙江水拍打得高入云天的山崖都暖和了，大渡河上的铁索桥被抽掉了木板，只有冰冷的铁索横在我们面前。但是，我们还是走过来了。更让人可喜的是，我们翻过了覆盖着千年积雪的岷山，战士们都开怀畅笑了。

点评

中国工农红军完成二万五千里长征，是 20 世纪 30 年代意义十分重大的一件事。毛泽东这首诗写于 1935 年 10 月，首联写红军不畏艰险进行长征。颔联和颈联分别扣住"万水千山"来写长征中的困难。尾联用"更喜"、"尽开颜"，表现了红军视征服苦难为乐事的精神，也表现了红军完成长征后的欣喜和兴奋。全诗昂扬大气，激奋人心。

（李天道　董仁威）

古代笑话精选

① 圣贤愁

原文

有一人姓白，绰号白吃，无论何处宴会，不请即至，坐下就吃。村中人甚恶之，公议在村前三圣祠立一匾，上写"圣贤（聖賢）愁"三字。一日，吕洞宾、铁拐李云游至此，看见匾上"圣贤愁"三字，不解所谓，遂化作云游道人，访问情由。土人云："我们这里有一白吃者，吃遍一方，见了他，虽圣贤亦要愁！故有此匾。"洞宾说："我二人虽不是圣贤，见了断不至于愁，倒要会会他，看他有何白吃之术。"二人坐在庙台之上。吕洞宾吹了一口仙气，变了一壶酒，几碟菜，刚要斟酒，白吃已至面前，说："你二位在此，多有失陪。"坐在一旁，就要动手吃酒。二仙急忙拦阻，说："我们这酒，不是白吃的。要将匾上三字，各吟诗一首，说对了方准吃酒，说不对驱逐出境。"白吃说："请二位先说。"洞宾即指匾上第一"圣（聖）"字说："耳口王，耳口王，壶中有酒我先尝，席上无肴难下酒。"拔出宝剑将耳朵割下，说："割个耳朵尝一尝。"铁拐李又指匾上第二"贤（賢）"字说："臣又贝，臣又贝，壶中有酒我先醉，席上无肴难下酒。"将洞宾手中宝剑接过，把鼻子割下来，说："割下鼻子配了吃。"白吃看了大惊，说："我从来没见过如此请客者，轮到我，不能不说。"指着匾上第三"愁"字说道："禾火心，禾火心，壶中有酒我先斟，席上无肴难下酒，拔根汗毛表寸心。"二仙说："你真岂有此理，我们一个割了耳，一个割了鼻，你因何只拔一毛？"白吃说："今日是遇见你二位，若要是别人，我连一毛也不拔。"

点评

白吃先生白吃术之高，连吕洞宾、铁拐李都自愧弗如。白吃人家的东西十分大方，人家要吃他的，就难了。他对二位圣贤才拔了一根汗毛，对别人可就"一毛不拔"了。看看自己，是不是白吃先生。看看周围，有没有白吃先生。若有，将这个故事讲给他听听，也许下次他能请一次客。

② 吝啬鬼

原文

有一极吝啬人，真是不怕饿死不吃饭，人人皆以"吝啬鬼"呼之。这一日过河，连摆渡钱都不肯花，宁可涉水而过。行至中流，水深过腹，势有灭顶之凶，急呼岸上人来救。人曰："非二百钱不肯救。"吝啬鬼曰："给你一百文何如？"顷刻，水已过肩，又呼曰："给你一百五十文何如？"岸上人仍不肯救，竟自溺水而亡。孽魂来至阎王殿前，王曰："你这吝啬鬼，在阳世视钱如命，一毛不拔。今日来至阴司，带他去下油锅！"鬼卒带至油锅前，只见油声鼎沸，烈焰飞腾。吝啬鬼曰："这许多油，可惜太费，若把这油钱折给我，情愿于锅烹。"鬼卒大喝一声，将吝啬鬼用叉挑入油锅，炸了一个焦头烂额，少皮没毛，仍将孽魂带至阎王殿前发落。王曰："此人这等可恶，应罚他去变猪狗。"吝啬鬼哭诉云："罚我变猪狗，我也情愿。唯有一件事，我甚冤枉。"阎王问曰："你有何冤枉？"吝啬鬼曰："我在阳世，一辈子没吃过葱，求阎王爷指明，这葱到底是个什么味儿？"阎王闻听，怒发冲冠，指着吝啬鬼骂曰："你这该死的孽魂，吝啬到连葱都没吃过！待为王的告诉与你，这葱是酸的。"其实，连阎王爷也没吃过。

点评

可笑吝啬鬼要钱不要命，更可笑骂人家是吝啬鬼之人自己也是吝啬鬼。世间钱为何物？"生不带来死带不走"，要学李白"千金散尽还复来"的气魄，有钱就要痛痛快快地用，当然不是乱花。一个亿万富翁，有钱舍不得用，犹如贫民。一个平民百姓，挣了钱就高高兴兴地花了，犹如富翁。

③ 鬼择主

原文

"贪"字之形近于"贫"，未有贪而不贫者。有一人，极贪而贫，因贫而死。穷魂渺渺，来至幽冥，阎王遂判之曰："你这孽鬼，在阳世贪得无厌，终窭且贫。贫不能安于贫，妄想贪求，作孽多矣，应罚去变禽兽昆虫之类。"贪鬼曰："罚我变禽兽昆虫，实不敢辞，但求大王格外垂怜，俯准我择主而事。"王曰："何择？"答曰："若教我变走兽，我要变伯乐之马，张果老之驴。若教我变飞禽，我要变右军之鹅，懿公之鹤。若教我变昆虫，我要变庄子之蝶，子产之鱼。"王遂赫然斯怒，指而骂之曰："你这孽障，如此拣择，与阳世之做官而揣缺之肥瘠者何异？着罚作一乌龟，既是怕穷，令其常常缩头。既是多贪，令其终岁喝风，却食不着一物。"贪鬼乃恍然曰："我虽然未尝做官，却知道做官的罪孽不小。"

点评

不知道世上的贪官知不知道"贪则贫"的道理。纵你能贪得千万，最终不仅一无所有，还失去了脑袋，变成鬼，穷得不能再穷了。这个贪人变的鬼，阎王要将他变成禽兽昆虫，他仍改不了"贪"的本性，居然还想变成千里马、张果老的驴子、庄周之蝶这些有名的动物。何德何能？最后变成了一个"缩头乌龟"，快哉！

4 死要钱

原文

一客束装归里，路过山东，岁大饥，穷民死者无算，旅店萧条，不留宿客。投一寺院，见东厢停枢数十口，西厢只有一棺，岿然独存。三更后，棺中各出一手，皆焦瘦黄瘠者。唯西厢一手，稍觉肥白。客素负胆力，左右顾盼，笑曰："汝等穷鬼，想手头窘甚，向我乞钱耶？"遂解囊各选一文钱与之，东厢鬼手尽缩，西厢鬼手伸如故。客曰："一文钱不满君意，客吾当益之。"添至百数，犹然不动，客怒曰："穷鬼太作乔，可谓贪得无厌。"竟提两贯钱置其掌，鬼手顿缩。客讶之。移灯四照。见东厢之棺，皆书"饥民某"，字样，而西厢一棺，书"某县典史某公之枢"。

点评

世上平民百姓的物欲很容易满足，成都人有"吃点麻辣烫，打点小麻将……"便心满意足之说。而那些达官贵人则贪得无厌，有了一套房，还要利用职权为自己、为儿孙谋得非分的第二套房、第三套房；贪了十万，想贪百万；贪了百万，还想贪千万。此死要钱者，是某些为官者之戒。

5 笋炒肉

原文

一人延师，供膳淡泊，而颇文雅，题东坡语于书室曰："无肉令人瘦，无竹令人俗。"师正苦庖肉不继，戏续其下曰："若要不瘦又不俗，须要餐餐笋炒肉。"

点评

此为待人刻薄者戒。刻薄待人固然可恶，刻薄待人者还要假装斯文，找些冠冕堂皇的理由，更加可恶。

6 三笑诗

原文

稳婆生子收生处，医士医人死病家；
更有一般堪笑者，捕官被盗喊爷爷。

点评

干一行要精一行，不要干哪行反而不在行。最可笑的是"猫怕老鼠"，"当了警察怕强盗"。

7 萝卜对

原文

东家供先生饮馔甚薄，每饭只用萝卜一味，先生怒而不言。一日，东家请先生便酌，欲考学生功课。先生预嘱曰："令尊席前，若要你对对，你看我的筷子夹何物，即以何物对之。"学生唯唯。次日设席，请先生上座，学生侧座。东家曰："先生逐日费心，想令徒功课日有成效矣？"先生曰："若对对尚可。"东家说："我出两字对与学生。"对曰："核桃。"学生望着先生，先生拿筷子夹萝卜。学生对曰："萝卜。"东家说："不佳。"又曰："绸缎。"先生又用筷子夹萝卜。学生对曰："萝卜。"东家曰："绸缎如何对萝卜？"先生曰："'萝'是丝罗之罗，'卜'是布匹之布。有何不可？"东家抬头一看，见隔壁东岳庙，又曰："鼓钟。"先生又用筷子夹萝卜。学生又对："萝卜。"东家说："这更对不上了。"先生说："'萝'乃锣鼓之锣，'卜'乃铙钹之钹。有何不可？"东家说："勉强之至。"又出二字曰："岳飞。"先生又夹萝卜。学生仍对："萝卜。"东家说："这更使不得。"先生说："岳飞是忠臣，萝卜乃孝子，有何不可？"东家怒曰："先生因何总以萝卜令学生对？"先生亦怒曰："你天天叫我吃萝卜，好容易请客，又叫我吃萝卜。我眼睛看的也是萝卜，肚内装的也是萝卜，你因何倒叫我不教令郎对萝卜？"

点评

遇到刻薄的老板，不妨学学这位家庭教师，用巧妙的方法教训教训他。

8 五脏神

原文

五味有神，五脏亦有神，故五脏得五味之美，则神守舍而不出。有一学师，终年茹素，五脏神莘腥不见，淡泊难堪。一日，有人请其赴席。五脏神闻之，固无不愿随鞭镫矣。比到筵前，佳肴美馔，既旨且多。五脏神共出梭巡，每食必问，每味遍尝。学师责曰："尔等终年啖素，一旦茹荤，各宜点享，何得出而骚扰，此令人观之不雅，且贻我主人之羞。以后我在外，则各守尔舍。我在家，任尔出入可也。"五脏神唯唯遵命。异日，学师又有人请，五脏神恪遵公令，不敢擅离，直到食毕，用稀饭之时，五脏神一时齐出。学师叱之曰："因何故犯我令？"答曰："我们见了稀饭，谓是主人仍旧在家，不谓主人尚未回家，因此误出，望其原宥。"

点评

五脏须食五味才够营养之需，劝君不可吃得太清淡，减肥亦要有度，不要亏待五脏神，因节食而闹出营养不良症来。

9 赖节礼

原文

一先生极道学，而东家极穷，每月束脩常常拖欠。将到端阳，节礼却是一钱银子，用红纸写"大哉圣人之道"一句，装入拜匣，交学生送去。先生说："既送节礼，为何写此一句送来，想是说教学者亦要合乎圣人之道耳。圣人云：'往者不追，来者不拒。'又曰：'自行束脩以上，未尝无诲。'明明示我以免追节礼之意。"只好从缓。到了中秋，礼节连一钱也无。到了年节，仍旧毫无。先生只得相催。东家曰："我于端阳节全送过了。"先生说："一钱何以抵三节？"东家说："先生岂不知朱注云，大哉圣人之道，包下文两节而言。"

点评

对于拖欠工资的老板，不可太"温良恭俭让"，要学会用法律为武器去对付"赖子"。

10 养百灵

原文

百舌鸟，北方谓之百灵。各样鸟音，无不会学。一老爷甚爱百灵，专雇一小厮喂养。不时提到街上，谓之闯百灵。这一日天热，与百灵洗澡，嘱小厮曰："小心看守，如落一根毛，打折你的腿。"嘱毕，出门而去。太太要支使小厮做事，小厮说："小的不敢擅离，万一百灵落了毛，要打折小的腿。"老爷向来惧内，太太一闻此言，打开笼子把百灵掏出来，拔得连一根毛儿也不剩，扔在笼内。老爷回来，一看百灵成了不毛之鸟，大怒说："这是哪个拔的？"小厮不敢言语。太太接声曰："是我拔的，你便怎么样？"老爷回嗔作喜曰："拔的好，比洗澡凉快。"

点评

惧内亦有乐趣。一笑。

11 我不去

原文

世上唯妇人最会哭，杞梁之妻善哭其夫，能变国俗。抑唯妇人最会假哭，其声虽悲，而悲不由衷。圣叹批"五才子书"云："有声有泪谓之哭，无声有泪谓之泣，有声无泪谓之号。潘氏哭夫，乃假号了一阵，至今留为笑柄。"一妇人夫死，哭之甚痛，抱棺披发而哭。见人来，更大哭曰："我的夫呵，我的夫呵，我愿意跟了你去，你为何不拉了我去？"正哭得在兴，被棺缝儿把头发挂住。妇人大惊，忙改口曰："你别拉，我不去，我不去。"

点评

虚情假意者戒。一笑。

12 老前辈

原文

一妇人再醮于后夫，甚睦。时及清明，谓夫曰："前夫待我不薄，我欲到坟前祭扫。"夫曰："甚好，我与你同去。"二人来至坟前，夫问妇曰："你已嫁我，你哭他用何称呼？"妻曰："夫是我天，他是先天，你是后天，我哭他先天为是。"妇人于是恸哭"先天"不已。夫见其哭之恸，情不自禁，亦欲同哭，妻曰："你哭他用何称呼？"夫曰："他娶你在前，我娶你在后，你称他先天，我称他老前辈了。"

点评

人间有情义，妇哭先夫为有情之人，后夫陪妇哭，有义之人。

13 喜写字

原文

一人最喜与人写字，而书法极坏。一日，有人手摇白纸扇一柄，他意欲为之写字，其人乃长跪不起。写字者曰："不过扇上几个字耳，何必下此大礼?"其人曰："我不是求你写，而是求你别写。"

点评

"强出头"者戒。君不见各地名山有涂鸦者，丑字配美景，气煞游人，皆因"强出头"。

14 嘲时事

原文

清末时事颠倒，竟有全非而以为是者，有人口撰数语以嘲之："京官穷的如此之阔，外官贪的如此之廉，鸦片断的如此之多，私铸禁的如此之广，武官败的如此之胜，大吏私的如此之公。"舌锋犀利，造语亦苛。

点评

为官者戒。一笑。

15 鬼挑担

原文

钟馗最爱吃鬼肉，到了寿诞之期，其妹送他寿礼，礼单上写云："酒一樽，鬼两个，送与哥哥随意乐。哥哥若嫌礼物少，连挑担的是三个。"钟馗命左右将三鬼一并送入厨房，令庖人烹之。二鬼谓挑担鬼曰："我两人在礼单之上，本是寿礼，死而无怨，你却何苦要来挑这担子?"

点评

将二鬼挑着送人吃了，而自己也被人吃了。劝君莫做这种"损人不利己"、"害人又害己"的蠢事。

16 强出头

原文

蝉与黄鸟、蝴蝶、乌龟、蜜蜂结为兄弟，设筵同席共饮。蝉曰："我出一令，每人说俗语两句，要切己自警之言。"众皆乐。蝉曰："金风未动蝉已觉，暗送无常死不知。"蝴蝶曰："愿从花下死，做鬼也风流。"黄鸟说："人为财死，鸟为食亡。"蜜蜂曰："采得百花成蜜后，一生辛苦为谁忙。"剩了乌龟，一时说不出，急得把头往外长伸，可巧被顽童看见，拾砖打中龟头。乌龟把脖子往回一缩，说："我有俗语了——是非只为多开口，烦恼皆因强出头。"

点评

此为"强出头"的谐解，一笑。

17 犬识字

原文

一塾师蓄一小犬，性甚灵，名进宝，终日不出书室。置案头，见读书辄注目凝想，若有所得。师奇之，戏书"进宝不许入塾"六字粘座隅。犬审视良久，垂头丧气而出，永不再入。师益奇之，增其名曰慧儿。犬摇尾踊跃，犹假名士之爱呼表字也。犬自识字后，颇敦品。偶出游，夷然不屑与凡犬伍。残羹剩炙，蹴而与之，怒目不顾而去。后塾师病笃，犬忽发狂，见褴褛者欢迎，见鲜衣者狂吠。师曰："积怪成癖，畸士类然，然反常恐取祸矣。"后为东邻子咬以竹弓而毙。师叹曰："犬敦品识字，犹不得终其天年，反不如不识字丧品者之得以保全狗命也。"谚云："庸庸多厚福。"其此之谓欤。

点评

狗太聪明了要受世人虐待，性情孤傲会带来祸患，人有才华会遭人嫉妒，古来如此，但愿"才狗"的悲剧不要重演。

18 厚脸鬼

原文

一师设帐课徒。一夕，谈文灯下，忽见窗棂中有鬼探首而入。窥其面，初如箕，继如釜，后更大如车轮，眉如帚，眼如铃，两颧高厚有尺许，堆积俗尘五斗余，睨师微笑。取所著之书示之曰："汝识字否?"鬼不语。师曰："既不识字，何必装此大面孔在人前说大话?"以指弹其面，响如败革，若无骨者。因大笑曰："脸皮如此之厚，无怪汝无羞耻，不省人事也。"鬼大惭，顿小如豆。师顾弟子曰："吾谓他常装此大样子，必有大本领，却是一无面目之人耳。"取佩刀砍之，铮然堕地。拾视之，乃一枚小钱。石道人曰："仓颉造字而鬼哭，周景铸钱而鬼笑。鬼之不识字而爱钱，其天性也。乃有识字而亦爱钱者，吾不测其是何厉鬼，装何面目也?"

点评

"假打者"戒，一笑。

19 千金子

原文

千金子骄人曰："我富有千金。你何不奉承我？"贫者曰："你有千金，与我何干，我何必奉承你？"富者曰："我分一半与你，你该奉承我了？"贫者曰："你只千金。你留五百，给我五百，我与你是一样。又何奉承之有？"富者曰："我悉数尽送于你，你难道还不奉承我吗？"贫者曰："你失千金，而我得之。你又当奉承我，我更不必奉承你！"

点评

文中那个穷人坚决不奉承"千金富翁"，很有骨气。人穷志不穷，何必去巴结、奉承富人？

（董仁威　李天道）

宽心谣

① 乐天自安

（1）尽人事，处泰然：日出东海落西山，愁也一天乐也一天。遇事不钻牛角尖，人也舒坦心也舒坦。荤少素多日三餐，粗也香甜细也香甜。新旧衣履不挑拣，好也御寒赖也御寒。全家老少互慰勉，贫也相安富也相安。心宽体健养天年，不是神仙胜似神仙。

（2）春有百花，秋有月；夏有凉风，冬有雪。若无闲事挂心头，便是人间好时节。

（3）儿孙自有儿孙福，莫与儿孙作马牛。

（4）知荣知辱牢缄口，谁是谁非暗点头。诗书丛里且淹留。闲袖手，贫煞也风流。张良辞汉全身计，范蠡归湖远害机。乐山乐水总相宜。容细推，今古几人知。（元曲：白朴《知几》）

（5）忘忧草，含笑花，劝君闻早冠宜挂。那里也能言陆贾，那里也良谋子牙，那里也豪气张华。千古是非心，一席渔樵话。（元曲：白朴《庆东原》）

（6）意马收，心猿锁，跳出红尘恶风波。槐荫午梦谁惊破？离了利名场，钻入安乐窝，闲快活。南亩耕，东山卧，世态人情经历多。闲将往事思量过：贤的是他，愚的是我，争什么？（元曲：关汉卿《闲适》）

（7）茫茫大块洪炉里，何处不寒灰？古今多少，荒烟废垒，老树遗台。太行如砺，黄河如带，等是尘埃。不须更叹，花开花落，春去春来。（元曲：刘因《人月圆》）

（8）白云深处青山下，茅庵草舍无冬夏，闲来几句渔樵话，困来一枕葫芦架。你省的也么哥，你省的也么哥，煞强如风波，千丈担惊怕。（元曲：邓玉宾《道情》）

（9）人活一世，草木一春。

（10）为善最乐，为恶难逃。

（11）今朝有酒今朝醉，明日愁来明日忧。

（12）天生我材必有用，千金散尽还复来。

（13）人生得意须尽欢，莫使金樽空对月。

（14）达亦不足贵，穷亦不足怨。

（15）抱大丈夫之气概，持小儿之童心。

② 知足常乐

（16）无官一身轻，有子万事足。

（17）健康是最大的利益，满足是最好的财产，信赖是最佳的缘分，心安是最大的幸福。

（18）采菊东篱下，悠然见南山。

（19）蜗牛角下争何事，石火光中寄此生。随富随贫且随喜，不开口笑是痴人。

（20）万事皆空幻，为人须达观。

（21）知止常止，终身不齿；知足常足，终身不辱。

（22）身在福中不知福。

（23）岂能尽如人意，但求不愧我心。

③ 顺应自然

（24）天要下雨，娘要嫁人，有什么法？

（25）天有不测风云，人有旦夕祸福。

（26）胜败乃兵家常事。

新世纪老年百科全书

（27）天下本无事，庸人自扰之。

（28）车到山前必有路。

（29）山重水复疑无路，柳暗花明又一村。

（30）气和为治平，故太平之世多长寿之人。

（31）笑骂由他笑骂，好歹我自为之。

（32）江中后浪催前浪，世上新人赶旧人。

④ 多行善事

（33）为鼠常留饭，怜蛾不点灯。

（34）遇人痴迷出言提醒，遇人急难出言解救，无量功德。

⑤ 宽以待人

（35）严于律己，宽以待人。

（36）容人须学海，十分满尚纳百川。

（37）宰相肚里能撑船。

（38）责人之心责己，恕己之心恕人。

（39）无欲则刚，有容乃大。

（40）冤家宜解，怨气宜消。

（41）寸有所长，尺有所短。

（42）己所不欲，勿施于人。

⑥ 让人为高

（43）让人为高，宽容是福。

（44）舍己成人，慈悲为怀。

（45）终身让路，不枉百步；终身让畔，不失一段。

⑦ 与人为善

（46）善有善报，恶有恶报；不是不报，时候未到。

（47）善言暖于白帛。

（48）好言一句三冬暖，恶语一句六月寒。

（49）君子成人之美，不成人之恶。

（50）人非圣贤，孰能无过？

（51）金无足赤，人无完人。

（52）市私恩，不如扶公议；结新知，不如敦旧好。

（53）以柔克刚，柔弱胜于刚强。

⑧ 求仁观

（54）仁者不忧。

（55）贤乃国之宝，儒为席上珍。

（56）登山耐侧路，踏雪耐危桥。

（57）许人一物，千金不移。一言既出，驷马难追。

（58）不昧己心，不近人情，不竭物力；三者可以为天地之心，为生民立命，造福子孙。

（59）天无私，四时行；地无私，万物生；人无私，大亨贞。

（60）岁寒然后知松柏之后凋。

（61）淡泊明志，宁静致远。

（62）不愧于人，不畏于天。

（63）皇天不负有心人。

（64）诚信为人之本。

（65）精诚所至，金石为开。

（66）仁者不忧，智者不惑，勇者不惧。

（67）仁心待人，以德报怨。

（68）老骥伏枥，志在千里。

（69）老当益壮，宁移白首之心。

（70）烈士暮年，壮心不已。

（71）姜桂之性，越老越辣。

（72）生命不息，奋斗不止。

（73）穷则独善其身，达则兼济天下。

（74）先天下之忧而忧，后天下之乐而乐。

（75）久走夜路必遇鬼，多行不义必自毙。

（76）吃得苦中苦，方为人上人。

（77）上为父母，中为己身，下为儿女，做得清方了却平生事；立上等品，为中等事，享下等福，守得定才是个安乐窝。

（78）三人行，必有我师焉。

（79）行于可行，止于该止。

（80）有所为，有所不为，有所不为才能有所为。

（81）恻隐之心，人皆有之。

（82）难得糊涂。

（83）功名不可为，忠义我所安。

（84）老吾老以及人之老，幼吾幼以及人之幼。

（85）老将出马，一个顶俩。

（86）正人先正己。

（87）身教重于言教。

（88）积德百年元气厚，读书三代雅人多。

（89）立业不思种德，如眼前花。

⑨ 得失观

（90）不汲汲于富贵，不戚戚于贫贱。

（91）去留无意，任天空云卷云舒；宠辱不惊，看窗外花开花落。

（92）自处超人，处人蔼然；无事澄然，有事断然；得意淡然，失意泰然。

（93）修合无人见，存心有天知。

（94）要得人不知，除非己莫为。

（95）前人栽树，后人乘凉；前人积德，后人兴旺。

（96）人无千日好，花无百日红。

（97）比上不足，比下有余。

（98）智生识，识生断，当断不断，反受其乱。

（99）提得起，放得下；算得到，做得完；看得破，撇得开。

（100）用心计较般般错，退步思量事事宽。

（101）平生不做皱眉事，世间应无切齿人。

⑩ 愚智观

（102）人皆养子望聪明，我被聪明误一生。唯愿生儿愚且鲁，无灾无病到公卿。

（103）机关算尽太聪明，反误了卿卿性命。

（104）聪明反被聪明误。

（105）笨鸟先飞，大器晚成。

（106）良田百亩，不如薄技随身。

（107）为人莫作千年计，三十年河东三十年河西。

（108）志宜高而心宜下，胆愈大而心愈小。

（109）学者如禾如稻，不学者如蒿如草。

⑪ 祸福观

（110）塞翁失马，安知非福。

（111）祸兮福所倚，福兮祸所伏。

（112）因祸得福。

（113）欺人是祸，饶人是福。

（114）智者千虑，必有一失；愚者千虑，必有一得。

⑫ 生死观

（115）人生自古谁无死，留取丹心照汗青。

（116）生若浮游于天地之间，死若休息于宇宙怀抱。

（117）九死南荒我不悔，兹游奇绝冠平生。

（118）人固有一死，或重于泰山，或轻于鸿毛。

（119）世间公道唯白发，贵人头上不曾饶。

（120）不作风波于世上，但留清白在人间。

（121）人见白头嗔，我见白头喜；多少少年亡，不到白头死。

⑬ 金钱观

（122）钱财如粪土，仁义值千金。

（123）安贫乐道。

（124）情义无价。

（125）钱财身外物，生不带来，死不带去。

（126）欲求生富贵，须下死功夫。

（127）君子爱财，取之有道；小人逐利，不顾天理。

（128）人非善不交，物非义不取。

（129）劝君莫做守财奴，死去何曾带一文。

（130）黄金未为贵，安乐值千金。

（131）儿孙胜于我，要钱做什么？儿孙不如我，要钱做什么？

（132）富贵是无情之物，你看得他重，他害你越大；贫贱是耐久之物，你处得他好，他益你必多。

（133）穷奔口岸富奔乡；闹里有钱，静处安身。

⑭ 名利观

（134）淡泊名利。

（135）忘弃名利，益寿延年。

⑮ 家庭观

（136）男以女为室，女以男为家。

（137）父子和而家不败，兄弟和而家不分，乡党和而争讼息，夫妇和而家道兴。

（138）妻贤夫祸少，子孝父心宽。

（139）一年之计在于春，一日之计在于晨；一家之计在于和，一生之计在于勤。

（140）传家二字耕与读，防家二字盗与奸，倾家二字淫与赌。

（141）子有过，父当嗔；父有过，子当诤。木受绳则直，人受谏则圣。

（142）家丑不可外扬，流言切莫轻信。

（143）不求金玉重重贵，但愿儿孙个个贤。

（144）欲好儿孙须积德，欲高门第快读书。

（145）孝当竭力，非徒养身；鸦有反哺之孝，羊知跪乳之恩。

（146）在天愿作比翼鸟，在地愿为连理枝。

（147）生死相依，生同衾，死同穴。

（148）少年夫妻老来伴。

（149）贫贱之交不可忘，糟糠之妻不下堂。

（150）夫妻无隔夜之仇。

（151）家有敝帚，享之千金。

（152）慈孝之心，人皆有之。

（153）虎毒不食子。

（154）家贫出孝子，国乱现忠臣。

（155）岂无远道思亲泪，不及高堂念子心。

（156）客来主不顾，应恐是痴人。在家不会迎宾客，出门方知少主人。

（157）远水难救近火，远亲不如近邻。

（158）国难思良相，家贫思良妻。

（159）田也大，产也大，子孙出来祸也大。借问此理是为何？子孙有钱胆子大，破产行凶都不怕。田也小，产也小，子孙出来祸也小。借问此理是为何？子孙无钱胆子小，忍气吞声也过了。

（160）贫不卖书留子读，老犹栽竹与人看。

（161）家贼难防，偷断屋梁。

（162）坐吃如山崩，游嬉则业荒。

（163）富若不教子，钱谷必消亡；贵若不教子，衣冠受不长。

（164）狗不嫌家贫，儿不嫌母丑。

（165）居安思危，处乱思治。

16 交友观

（166）海内存知己，天涯若比邻。

（167）与君一席话，胜读十年书。

（168）画虎画皮难画骨，知人知面不知心；相识满天下，知心能几人；酒逢知己饮，诗向会人吟。

（169）相交须胜己，似我不如无。

（170）士为知己者死，女为悦己者容。

（171）赠人以言，重于金玉。

（172）君子之交淡如水，淡淡相交方久长。

（173）相逢好似初相识，到老终无怨恨心。

（174）与心地清明之士交友，以上士为友。

（175）亲君子，远小人；勿与恶友相交，勿与贱民为友。

（176）路遥知马力，日久见人心。

（177）一死一生，乃见交情；一贵一贱，交情乃见。

（178）益者三友，友直，友谅，友多闻（正直，讲信义，知识渊博），益矣。

（179）损者三友，友便辟，友善柔，友便佞（虚伪，谄媚，夸夸其谈），损也。

（180）一回相见一回老，能得几时为兄弟。

（181）宁肯人负我，切莫我负人。

（182）四海之内皆兄弟。

（183）狎昵恶少，久必受其累；屈志老成，急则可相依。

（184）道吾好者是吾贼，道吾恶者是吾师。

（185）知音说给知音听，不是知音莫与谈。

（186）吃得亏，坐一堆；要得好，大做小。

17 自省观

（187）日勤三省，夜惕四知。

（188）为人不做亏心事，半夜敲门心不惊。

（189）勿以恶小而为之，勿以善小而不为。

（190）有则改之，无则加勉，择其善者而从之。

（191）人有失足，马有失蹄，浪子回头金不换。

（192）人谁无过，过而能改，善莫大焉。

（193）忠言逆耳利于行，良药苦口利于病。

（194）静坐常思己过，闲谈莫论人非。

18 处世观

（195）强中自有强中手，恶人自有恶人磨。

（196）但行好事，莫问前程。

（197）偏信则暗，兼听则明。耳闻是虚，眼见是实。莫信直中直，须防仁不仁。虎毒犹可近，人毒不堪亲。来说是非者，便是是非人。

（198）心不可不虚，虚则义理来居，

心不可不实，实则物欲不入。

（199）平生最爱鱼无舌，游遍江湖少是非。是非只为多开口，烦恼皆因强出头。

（200）一毫之恶，劝人莫作；一毫之善，与人方便。

（201）力微休负重，言轻莫劝人。

（202）气是无明火，忍是敌灾心。忍得一时之气，免得百日之忧。

（203）美酒饮当微醉候，好花看到半开时。

（204）当路莫栽荆棘树，他年免挂子孙衣。

（205）求人须求大丈夫，济人须济急时无。渴时一滴如甘露，醉后添杯不如无。

（206）害人之心不可有，防人之心不可无。

（207）酒中不语真君子，财上分明大丈夫。

（208）是非朝朝有，不听自然无。

（209）伤人一语，痛似刀割。杀人一万，自损三千。

（210）施惠勿念，受恩莫忘，滴水之恩，当涌泉报。

（211）勿贪意外之财，勿饮过量之酒。

（212）千里送鹅毛，礼轻仁义重。

（213）一日为师，终身为父。

（214）贤者不炫己之长，君子不夺人所好。

（215）常将有日思无日，莫待无日想有时。

（216）得放手时须放手，可饶人处且饶人。

（217）冤家宜解不宜结。

（218）既在屋檐下，怎敢不低头。

19 机遇观

（219）有缘千里来相逢，无缘对面不认识。

（220）千里姻缘一线牵。

（221）五百年前是一家，不同宗祖也同乡。

（222）有心栽花花不发，无意插柳柳成荫。

（223）万事随缘，水到渠成。

（224）大富由命，小富由勤。

（李天道 董仁威）

生活卷

SHENG HUO JUAN

中国已进入老龄化社会，全社会都应关心老年人，为老年人献出一份真诚的爱心。让老年人生活得更美好，这是我们中华民族的优良传统。

老年人要自尊、自强、自信、自立，珍惜晚年，奋斗不息，创造晚年的辉煌。老年人要老有所养、老有所医、老有所学、老有所乐。老年人要热爱生活、热爱晚年，生活得安乐美好，享受晚年生活的美好与幸福。

什么是生活？生活有着广泛的含义。《现代汉语词典》（第五版）对"生活"的解释的其中两条是"人或生物为了生存和发展而进行的各种活动"和人们"衣、食、住、行等方面的情况"。一年 365 天，一天 24 小时，每一个老年人都以自己不同的方式生活在这个大千世界上。

每一个老年人都珍视生活、热爱生活，但并非每一个老人都懂得科学地生活。

如何帮助老年人在有乐观的心态，正确的生活态度，生活条件有了较大的改善，生活水平有了明显的提高的情况下，科学地、健康地、愉快地、幸福地享受生活，即是本卷的初衷。本卷将从生活起居、家政服务、家电知识、饮食与营养等诸方面为老年人提供生活咨询，为老年人充当生活顾问。

生活科学知识犹如浩瀚的大海，本卷仅仅是沧海一粟。但愿它能成为老年人的生活良友，为老年人的日常生活尽绵薄之力。

愿老人们生活得更科学、更美好、更幸福，享受天伦之乐，安度晚年。

（何定铺）

生活起居

1 起居时间

多少年来人们沿袭一种生活模式，即从呱呱坠地后，家庭哺育，进幼儿园，上小学、中学、大学，毕业后参加工作。工作后，恋爱、结婚、养育子女，事业有成。每天早晨起床、吃早饭、上班、吃午饭、午休、下午上班、下班、吃晚饭、睡觉，周而复始。这种模式的特点是长期的、不自觉的、节奏较慢的、规律性很强的。然而，在某些方面却显得呆板无味。

就某个人来说，由于所处的社会环境、工作环境及家庭条件不同，这种生活模式在实际运作中有所不同，虽然人们的固有观念略有差异，但总的来看是一致的，很少有人跳出这个生活模式，而且一直持续到退休或离休。几十年的坎坎坷坷，风风雨雨，使人们在心理上和习惯上已经适应了这种生活模式。

但是，人到了老年，从工作岗位上退下来，回到家里，开始过着自由自在、无拘无束的老年生活，进入人生的另一个生活阶段。从生理上讲，年龄大了，身体各脏器开始衰老，与以前无法相比了；从心

63

理上讲，退休后不像上班那样紧张，有规律，有节奏，必然产生一种失落感、孤独感，甚至一时难以适应。如不及时调整，就会影响身心健康。所以，应该尽快地建立新的生活模式，重新安排起居时间。新的起居时间安排，应坚持合理而充足的睡眠，一日三餐要定时定量，积极参加适合老年人、适合个人，使自己心情舒畅的一些社会和集体活动，使自己尽快放弃对上班的留恋之情和难舍之意，让新生活更有意义，更加幸福快乐。

2 按时睡觉

在人体内，每天都有一个自然的生理变化节律，这一节律可用测量体温的方式找到。当体温曲线下降时最易入睡，许多失眠的老年人都因上床太早。人应按体内节律入睡，不应按时钟上的时间入睡。保持有规律的上床时间，睡前做一些简单的运动，使之形成习惯，保持固定的习惯，对睡眠非常有利。

3 晚间少起夜

老年人由于膀胱机能减弱，小便次数增多，晚间起床次数也会增多。因此，晚餐应控制自己的饮食，少食流质食物，减少起夜并养成少起夜的习惯，对自己的健康大有好处。夜里，人从绝对安静的睡眠状态中突然起床，相当于在做一种激烈运动，如果是冬天，还会受到寒冷的刺激，血管会骤然收缩，血压会突然升高，容易发生血管破裂，导致脑溢血。因此，夜间要控制如厕次数，并注意保暖。

4 定时大便

定时如厕大便，形成习惯，可减少便秘。便秘对于老年人和高血压、心血管病人危害很大，容易引起脑溢血、心肌梗死等疾病。

5 不宜蹲便

老年人蹲位大便时，腹股沟和腘窝处的动脉管折曲度小于40度，下肢血管严重弯曲，血液流通障碍，加之屏气排便，腹压增高，致使血压急剧升高，容易造成脑血管破裂出血，从而发生脑血管意外。坐便则不然，下肢弯曲在90度左右，不会造成血流障碍，血压不会升高。

6 常伸懒腰

伸懒腰是机体在一种状态中静止时间过长而产生疲劳感的恢复动作。伸一次懒腰虽然只有3秒钟～5秒钟，却能使全身大部分肌肉得到较强的收缩，使淤血被赶回心脏，增加血液的循环，消除人的疲劳。

7 饭前喝汤

饭前先喝一点汤，好像体育运动的预备活动一样，可使消化器官活动起来，为进食做好准备。这样，能充分发挥消化器官的功能，有助于对食物的消化和吸收。

8 颈部运动

颈部肌肉极其丰富，有胸锁乳突肌、斜方肌、颈阔肌等。这些肌肉疲劳或僵硬，就会使血液流向脑部产生障碍，影响人的精神状态。为此，应在起床时做颈部运动，方法是：两腿自然分开，肩部放松，两臂自然下垂；颈部向前、向后摆动，并配合呼吸，连续数次，要坚持，形成习惯。

9 笑口常开

对整个人体来说笑是最好的"体操"，可以松弛紧张的肌肉，减轻肌肉负担；增大胸廓容积，像在做深呼吸，吸进更多的氧；能促进血液循环，相当于进行心脏按摩；可以消除神经紧张，治好神经衰弱和失眠；排忧解愁，使心情开朗，头脑清醒，延年益寿。

10 合理安排睡眠时间

不管事多事少，不管忙闲，老年人都要保证充足睡眠。60岁以上的老年人每天应睡8小时左右，70岁以上老年人每天要睡9小时左右。睡眠对健康至关重要，经常开夜车易睡眠不足，天长日久势必引起大脑皮层细胞的过度疲劳而影响健康。

11 坚持锻炼

每天进行适量的锻炼，如晚饭后散步，养成习惯，对增强体质、推迟衰老、预防疾病、振奋精神、改善心理状况和增加生活情趣，都大有益处。

12 经常参加文娱活动

唱卡拉OK，听音乐会，逛逛商场、店铺，看看电影、戏剧，观赏体育比赛，外出旅游等娱乐活动，可以根据个人情况适当参加。文娱活动是积极休息的最好方式，对消除心理紧张和脑力劳动疲劳十分有益。

⑬ 不宜长时间打麻将

老年人全身各系统器官功能都有不同程度的减退，长时间全神贯注地坐着打麻将，流入脑子的血液相对增加，会使下肢浅表浮肿。

长时间地围坐打麻将，热量消耗很少，加之以零食来提神，又增加了胃的负担，长期如此会加快老人肥胖，诱发心血管疾患。

⑭ 改掉抽烟等不良嗜好

老年人在社会交往中一定要为了健康不抽烟、少喝酒。此外，还要改掉不吃早餐，大吃晚餐，暴饮暴食，通宵达旦跳舞、赌博等坏习惯。

⑮ 看电视注意事项

看完电视不宜立即睡觉，这是因为电视荧光屏表面会产生静电荷，静电荷对荧光屏周围的大量微生物和灰尘有吸附作用，看电视时，这些灰尘会吸附在人的皮肤上，导致皮肤病或其他疾病的发生。因此，看完电视后，应打开门窗通风，洗脸，休息片刻再睡觉。同时，切忌饭后立即看电视。因为，饭后人体的全部消化器官都需要大量血液供应，完成消化食物的生理过程，如果这时看电视，大脑活动也需要血液供应，消化器官获得的血液供应相对减少，从而有碍食物的消化。而且，切忌长时间看电视。老年人长时间地坐着看电视容易

得一种叫"电视腿病"的疾病。另外，切忌观看激烈的竞赛和惊险的情节，急剧的情绪波动，容易诱发老年人的心血管疾病。

（何定镛）

家政服务

《现代汉语词典》（第五版）对"家政"的释义："指家庭事务的管理工作。"家政是社会的一个重要部分，家政是家庭生活的一门学问。

美国《新时代百科全书》对"家政"的定义："这一知识领域所关切的主要是通过种种努力来改善家庭生活；对个人进行家庭生活的教育；对家庭所需物品和服务的改进；研究个人生活、家庭生活中各种不断变化的需要和满足这些需要的方法；促进社会、国家、国际状况的发展以利于改善家庭生活。"

现代生活的家政包括：

物质生活：住宅、室内布置、家具与装饰、饮食与营养、衣着与缝纫、家庭动植物养育、家庭生活管理。

精神生活：家庭教育、家庭结构变化、家庭医疗、文娱体育活动、家庭科普知识运用等。

社会关系：包括家庭内部关系和外部关系、恋爱婚姻、家庭安全等。

家政建设：家庭物质基础建设、家庭理论道德建设，以及树立新的家风，提高人们的生活质量，建立完善的家庭社会保障制度，开展创建文明家庭活动，促进两个文明建设。

① 家庭医生

家庭医生，就是可以进入家庭进行医疗保健的医生。随着物质生活的不断提高，人们对医疗保健的需求也在增加。"家庭医生"作为一种新的医疗保健服务步入家庭生活，就可成为家庭的保健医生和健康顾问。城市里的家庭医疗保健中心，以经济、方便、快速、科学为目标，使人们足不出户就可享受有效、周到、热情、方便的医疗服务。立足于社区及家庭医疗保健服务的新型医疗机构，可以送医送药上门，全

天 24 小时应诊，或进行健康指导，为家庭和个人建立健康档案，进行健康访问和健康评定。所有这些都是为了方便病人，特别是老年人。

② 家庭病床

家庭医生进入家庭设立家庭病床，可以最大限度地减轻病人和家庭的负担，便于护理和尽快医好病人。

③ 家庭律师

律师的服务从法庭进入家庭的好处：一是可以让律师为日常经济生活做参谋。二是若在生活中遇到诸如婚姻、房产、继承、赡养、索赔乃至名誉权、肖像权、著作权等法律问题，可以请家庭律师为自己讨个"说法"。有了家庭律师，既可以为家庭提供刑事、民事、经济；行政各方面的法律咨询，代理需要诉讼的法律事务，又可以给家庭成员宣传法律知识，为家庭解脱许多烦恼。

④ 保姆

随着生活节奏的加快，保姆已成为一个新兴的行业，进入家庭生活。实行家务劳动社会化，由"保姆公司"为家庭提供训练有素的保姆从事家务劳动，就可以让人们有更多的时间用于学习、娱乐和休闲。

⑤ 钟点工

"家政服务中心"有经过专业培训的钟点工，可以方便、快捷、全天候地在限定时间内进行认真细致的服务。包括当家庭钟点保姆、照顾老人、接送小孩上学、进行医疗按摩、培育庭院植物、维修电器、清洁居室等。钟点工服务的内容和时间，可由双方协商后用合同约束。

⑥ 社区服务

以街道办事处社区服务中心和居民委员会社区服务站为依托，开展面向老年人、儿童、残疾人、社会贫困户、优抚对象的社会救助和福利服务，面向社区居民的便民利民服务，面向下岗职工的再就业服务和社会保障社会化服务；以社区卫生服务中心和站点为依托，开展以疾病预防、医疗、保健、康复、健康常识等为主要内容的社区卫生服务，方便居民就医，以及开展居民的计划生育管理和服务。

⑦ 物业管理

实行物业管理，是由物业管理公司对住宅小区、别墅、公寓、写字楼等提供专业化服务。服务范围包括公共设施（公共照明、楼梯楼道、上下管水道、共用水箱等）、公用设备（电梯、机电设备、空调等）日常的运行、维修、保养，场地绿化，公共清洁卫生，保安等。

⑧ 养老院

养老院又叫敬老院，是国家和社会对老年人无劳动能力、无生活来源、无赡养人和扶养人的，或其赡养人和扶养人确无赡养能力和扶养能力的所采取的一项保障措施。设立了养老院，可以改善老年人的生活、健康状况，有利于实现老有所养、老有所医、老有所为、老有所学、老有所乐，享受有保障的晚年生活。

⑨ 老年疗养院

老年疗养院是专门为老年人进行休养

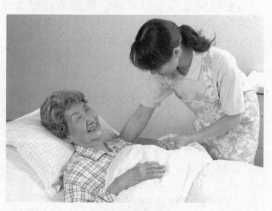

和治疗慢性疾病而设立的医疗预防机构。它一般位于良好的自然环境地区，在规定的生活制度下，根据不同的身体状况和病情，运用水浴、空气浴、日光浴、泥疗等物理疗法，结合营养、推拿、运动疗法和一般的诊疗方法，让养老者在医护人员指导下，得到良好的疗养，使老年人保持健康或恢复健康。

⑩ 临终关怀医院

为某些晚期疾病病人提供医疗、护理以及其他综合服务。服务包括提供病人自己愿意去的地点，病人及其家属和朋友提出的身体、心理、感情和精神等各方面合理的要求。临终关怀服务的对象大部分是癌症病人、一些预后不良的晚期病病人，如艾滋病，运动神经性疾病，心、肺、肝、肾等晚期疾病，以及老年慢性疾病病人。一般采用"合作式"治疗模式，即从疾病的确诊开始直到死亡，历经"疾病治疗"逐渐过渡到"姑息治疗"的全过程。目的是使生命有价值、有尊严地存在，直至自然结束。

11 搬家公司

搬家公司是专门为那些需要搬家的人而成立的公司。有了它，可以为搬迁户提供方便、省事、快捷的服务。

12 投递公司

投递公司是专门为人投递物品的公司。它可以进行物品接送、信件快递、代送礼品、代购物等服务。

13 特种社会服务及电话

▲医疗急救

在有疾病或意外突发病时，可急呼电话120，通过医疗急救指挥中心，调动就近医疗机构开展现场急救和治疗工作以及护送进入医院。

▲住院护理

需住院治病，可由医院护士和专业护理看护。有特殊情况，经医生同意也可由亲人护理。家人可记下医院科室值班电话，以便在必要时与医生交换病情。

▲煤气供应及设施维护求助

煤气设备出现任何问题，应首先关掉煤气阀门，并立即打煤气公司维修中心的电话和小区物管公司的电话求助。

▲自来水供应及设施维护求助

自来水设备出现任何问题，首先关掉水阀门，并立即打自来水公司维修中心的电话和小区物管公司的电话求助。

▲下水管道及设施维护求助

下水管道出现任何问题，可拨打市政工程公司的电话和小区物管公司的电话求助。

▲电力供应及设施维护求助

出现任何用电问题，应首先断掉电源，并立即打供电局维修中心的电话和小区物管公司的电话求助。

▲闭路电视及设施维护求助

收看闭路电视出现问题，可打所在地电视光纤管理公司的电话求助。

▲电话及电脑网络维护求助

出现电话故障可直接打中国电信客户服务热线10000号求助；网络发生故障应及时与安装单位联系。

▲报警电话

火警电话：119，报警服务台电话：110，交通事故报警台：122。

▲殡葬服务

需要殡葬服务，可直接打殡仪馆的电话。

▲其他特种社会服务

除电话号码查询114，气象服务台121，邮政编码查询184以外，还有小区派出所电话，小区办事处电话，小区社区服务中心电话，小区物管公司电话，小区保安门房电话，购物中心电话，银行储蓄电话，邮电所电话，保险公司电话及车站、机场、码头的电话等。

（何定镛）

安全防范

1 防止煤气中毒

煤气中毒是因为气体燃烧不完全或气体外泄，导致空气中一氧化碳增多，含氧量不足，人吸入后引起全身缺氧的病症。尤其在密闭的室内，更易发生致命的危险。在使用煤气炉、热水器时一定要打开窗户，以利通风，并注意用后关掉开关。

2 防止触电

电的灼伤是由于电流通过人体的组织，发生电阻而造成的伤害，其严重的程度，依电流通过人体组织的时间和途径而定。家中电器、电线应常检查维修，已免产生老化、漏电，勿用湿手和导电的材料接触电源，若发生触电，家人应立即切断电源。

3 防止火灾

应常检查家中的电器、电线，以免其老化、漏电引起火灾。易燃物体应远离火源。使用燃气灶、热水器后应关掉开关，小心小孩玩火。一旦发生火灾应立即报火警119，并用灭火器灭火。

4 防盗

进出要关门，最好加防盗门，不让陌生人入户。若出现被盗，应保护现场，立即拨打110报警。

5 防扒窃

老年人出门购物、乘车时，容易被小偷扒窃。应随时提高警惕，善于识别和发现小偷，远离行为不轨的人，防止钱物的丢失。要保管好自己的钱物，尽量少带现金，购买大件或贵重物品时，最好有家人同行。

6 防摔伤

老年人步态蹒跚、行动不便，一不小心，容易跌倒、摔伤。走路时不要着急，要平稳，保证安全。鞋子要轻、要软，常穿布鞋、休闲鞋，以防止滑倒。上下楼梯、台阶时，步子要慢要稳。不要久蹲，起身要慢，以防猛一起身跌倒。

（何定镛）

家用电器

1 家用电脑

家用电脑就是计算机，也称个人计算机（PC）。选购家用电脑时，除了首先要考虑电脑用在哪里，用来做什么，兼容性如何，价格如何，以及在短期内不过时以外，还要从性能、质量、软件、服务等诸方面综合考虑。

▲电脑的性能和质量

电脑的性能是由其配置决定的，要从它的配置分析其性能。电脑的主要配置有：主板、CPU、内存、硬盘、软驱、光驱、电源、各种扩展卡及连接线、显示器和输入/输出设备。购买时应选择有品牌的主流电脑。主流电脑是目前市场上最流行的，未来最有发展前途的电脑。这种电脑应有丰富的软件支持，有配套资料，有周到的售后服务。PC系统系列机是国内外使用最广泛、最易买到和有最丰富的软件的主流电脑。没有软件的电脑是无法使用的，随机赠送的软件越多越好，而且兼容性要强，应用软件要配套。

▲电脑的基本操作

（1）开机与关机。电脑的开关机有顺序要求。开机顺序为先开外部设备（如显示器、打印机等）电源开关，再开主机电源开关。关机顺序则相反，先关主机电源开关，再关各外部设备电源开关。

（2）熟悉键盘。键盘是向电脑提供指令和信息的必备工具之一，是用户与电脑交换信息的设备。用户的命令、程序，以及程序运行所需的数据都是通过键盘输入的。键盘是电脑系统的一个重要输入设备，掌握键盘的使用是操作家庭电脑的基本要求。

（3）键盘指法。人们在学习使用电脑时，一般不太注意键盘操作的指法训练。其实，使用电脑，尤其是进行文字处理，都必须学好键盘指法。因为在电脑应用中大量的工作是数据、程序和汉字的录入，如果键盘指法熟练，就能提高录入的速度和准确性，大大提高工作效率。目前手写板的进入市场，对老年人操作电脑更为方便实用。

（4）安全性。所谓安全性是指在电脑的使用中不会轻易地损坏电脑及其外部存储器中存储的软件及一些重要参数设置。要达到这一目的，就必须注意：合理设置系统配置文件，尽量减少根目录（又称系统目录）的文件，删除文件要指明全路径并少用通配符，不要随便修改尚不懂的系统设置。

（5）高效运行。所谓的高效运行是指在同样的硬件配置下，让电脑的工作速度更快一些。要提高电脑的运行速度，方法很多，常见的有：配置尽量多的内存，优化内存，使用虚拟盘功能，使用高速缓冲功能，除非需要，应尽量少用扩充内存。启动程序时不要装入暂时不用的子程序，使用 WINDOWS 下的虚拟硬盘功能，设置WINDOWS 中的 "TEMP" 环境变量，如有高性能的显示卡，开机时要配置其驱动程序。

（6）注意技巧。可利用一些方法，使

电脑的使用和操作更加方便。利用多重配置，尽量给电脑安装优秀的应用软件。

▲电脑的维护与保养

（1）日常维护与保养。家用电脑的普及越来越广，如何用好电脑是每一位用户非常关注的事情。用好电脑除学会操作电脑外，还要注意对电脑的日常维护与保养，如温度要适宜，湿度要适当，要防强磁场、防灰尘、防静电、防止电源干扰、防电脑病毒、防震动。

（2）系统维护与保养。主机要按正确步骤开关机。主机是通过软盘控制器对软盘驱动器进行控制；硬盘容量大，运行速度快，是电脑系统宝贵的硬件资源，应注意保养。键盘上各键的好坏或工作正常与否，可以用随机的诊断程序或检测程序来检测；更应首先注意显示器的电源开关，打印机机械零件较多，其中打印头是关键部件，都应好好养护。

② 电视机

▲正确使用电视机

（1）不要让阳光直接照射荧光屏。因为经常让阳光照射屏幕，会使荧光粉发光率降低。

（2）当荧光屏表面有污物时，可以用脱脂棉蘸少许酒精，由中心延伸逐步向外轻轻擦拭，千万不能使用化学洗涤剂，以免损伤荧光屏。

（3）不要靠墙太近，更不要靠近火炉或厨房，以便通风散热。

（4）南方夏季多雨，空气潮湿，若电视机长期不用，会加速机内元器件锈蚀。因此，至少须隔几日开机一次1小时以上，以保持机内干燥。

（5）看完电视后，待机内元器件散热10分钟后罩上机套，以减少灰尘落入机内。

（6）雷雨天，应拔掉外接天线插头，以防雷击损坏电视机。

（7）尽量不要频繁开启电视机，每开一次机，显像管灯丝过热一次会影响其使用寿命。

（8）一些彩色电视机在关机后，其遥控电源电路仍处于工作状态。因此，要拔掉电源线插头。

（9）彩色电视机不要与带磁性物体放在一起，以免发生色彩紊乱。

▲看电视的最佳距离

人在正常收看条件下，电视机放出的X射线的剂量每年仅相当于1次X射线光胸透检查的1‰，不会对人健康产生多大影响。正常收看的距离，与电视机保持1.5米以上为好。

③ 空调

随着人们生活水平的提高，人们对自己生活环境的要求也越来越高，希望夏天不热，冬天不冷，空调就正好具有这个功能。尤其对老年人而言，一个舒适的生活空间是身体健康的首要保证。

▲空调的选择

家用空调通常分为壁挂式空调、柜式空调和家庭中央空调三大类。壁挂式空调的安装位置局限性小，易与室内装饰搭配，具有噪音低、体积小、操作方便、美观大方等特点，适合一般家庭使用。柜式空调具有制冷制热功率大，风力强等特点，适合大面积房间使用。家庭中央空调具有隐秘性（只见出风口，不见机身），既不影响房间的装修风格，又不需考虑与家具的配套问题，但价格昂贵，只适合居住面积较大的家庭使用，如：跃层或别墅。根据空调的功能，又可以将空调分为单冷式空调和冷暖式空调。单冷式空调只有制冷功能而没有制热功能，冷暖式空调既有制热功能也有制冷功能，使用者可根据自己的经济条件和喜好来选择。

▲空调的使用和维护

使用空调器之前应先仔细阅读说明书，掌握各控制方式按钮的功能。如果是无线遥控空调器，则应仔细弄清楚遥控空调器各按钮的作用。日常维护保养也是确保空调器安全可靠、高效能、长寿运行的必要条件。

（1）空调器的使用。对房间内的空气进行温度、湿度、洁净度和气流速度进行调节，以达到舒适和净化的目的，这是空调器的功能。正确使用空调器不仅能够达到人们的要求，而且还能节省电能。

人的皮肤的临界点温度是33℃，高于33℃有热的感觉，当温度为25℃，相对湿度为50%，气流速为0.15米/秒时，人体处于最正常的热平衡状态，感到最为舒适。人体感觉到的有效温度与室内温度并不是同一个温度，两者之间存在着一定的温差，有效温度一般比室内空气温度要低些。知道这点对节电是很重要的。空调送风温度虽然高些，但人体感到却没有那么高。单纯追求室内低温，不仅浪费电能，增加开支，而且于健康不利，会引起所谓的"空调病"。长期吹冷风，易使人患关节炎、肩周炎等风湿病。室内外温差过大，易使人抵抗力下降，引起伤风、感冒等。室内温度控制在夏季 27℃～29℃，冬季 16℃～20℃，相对湿度为 40%～60% 是既舒适又节能的空调运行方式。

（2）使用空调器应注意的问题。不要反复旋动主控开关，遥控空调器也不要频繁操作遥控器，以免影响空调器的使用寿命。使用空调器时，房间要适时换气，最好一小时换气一次。

④ 影碟机

影碟机是由数字视频技术、声频激光唱盘技术与计算机技术相结合而产生的声像设备。品种较多，通常包括 VCD、超级VCD、DVD 和 EVD 等，并且产品升级换代的速度很快。最常用的家用影碟机为VCD 和 DVD 两种。普通 VCD 的水平清晰度一般为 240 线～280 线，而 DVD 则可达530 线以上，图像更清晰，因而为更多家庭所选用。

▲ 影碟机的保养

（1）影碟机应放在阴凉通风处，忌潮湿、雨淋、多尘、阳光直射或靠近热源（如暖气片），忌放在功放、稳压器上面；使用时不要用布盖着机身，以免影响散热；不要和大功率音箱置于同一台面。

（2）严禁使用电压规定值以外的电源；为延长影碟机的寿命，连续开关机的时间最好间隔 30 秒以上，连续工作时间最好不要超过三小时；如较长时间不使用时，应将电源线拔掉。

（3）如果影碟机机壳外表有污渍，可用软布蘸少许中性清洁剂擦拭，千万不要使用酒精等，以免损伤机身外壳；如遇到其他问题，不要随意拆卸影碟机，应送产品的维修部门解决。

▲ 影碟片的保养

（1）正确取放碟片，使用时用手拿碟片内外边，不要用手触摸碟片表面。

（2）用毕应及时取出放入封套，并在存片架内直立存放。

（3）不要在碟片上粘贴任何标签。

（4）碟片上有指纹、灰尘、污渍时，可用不起毛的柔软物由中心向边缘擦拭，如污物严重，可用专用清洁液或中性洗涤剂擦拭，切不要用汽油、磁头清洗液等。

（5）请勿播放有裂纹或弯曲形的碟片。否则，容易损坏光头。

（6）万一影碟片有轻度变形，可将变形碟片夹在两块玻璃之中，并置 4 千克～5千克重的书籍在上，一两天便可矫正。

⑤ 通信工具

▲ 座机

（1）当听不到拨号音或电话打不通时，切忌乱拍电话机的叉簧或听筒。

（2）不要随便移动电话机的位置。

（3）安装电话机应避免煤烟与高湿环境。

（4）话机的安放位置应避开阳光直射。

（5）使用电话要防止传染病。

（6）打完电话后要挂好听筒。

（7）申请电话长途直拨功能，应向电信部门申请、登记、办手续。

（8）使用电话消毒膜和电话消毒除臭剂，可达到除臭灭菌的作用。在使用喷雾剂清洁时，注意别把喷口直接对准话筒口喷洒，应把消毒剂喷洒在细纱布上，然后用纱布擦拭电话的有关部位。

（9）电话机除尘不仅是为了使话机保持卫生，更重要的是可有效地减少因尘埃引起的话语清晰障碍和短路漏电。

▲ 移动电话

移动电话，即人们常讲的手机。移动电话的基本结构，是由机身主体和电池组成。机身主机面板上有扬声器的出音孔，出音孔下面是显示屏，显示屏下面是键盘，接着是话筒送音孔。最底下是用于测试或连接其他设备的插座。

（1）移动电话的功能较多，但对老年人而言，最实用的就是接听和拨打功能。家人的电话一定要存在手机里，以备急需时使用。

（2）使用的手机电池应与手机相配，最好是产品配套电池。

新世纪

老年

百科全书

（3）如发生故障不要擅自拆开，应送专业维修店维护。

▲传真机

传真机利用光电效应，通过有线电或无线电装置把所需要传递的印刷或手写的书信、稿件、文件、合同等书面通信材料及图像、图表（晒制的图像、图表除外）、照片等用最快的速度传递给对方，只要拨通电话，通知对方接受，即可启动传真。

传真机传递的信函每页最大传输面积为 297 毫米×210 毫米，即国际标准化组织（ISO）规定的 A4 纸尺寸。每页四周必须留有不少于 10 毫米的空白。书写或打字印刷品须用黑、蓝等深色墨水，字迹清晰，纸质洁白，不可折叠。

▲IC 卡

IC 卡是利用集成电路作为识别卡，来完成通话和收费，其智能化程度高，安全性高，不易消磁，抗干扰能力强，存储量大，费用准确，无须担心"吃"卡。电信部门推出的 IC 卡式公用电话，其配套的 IC 卡，使用方便、快捷，唯一不足之处是没有密码设置，丢失后余额随之丢失。它适用于户外活动较多，主要以拨打市话用户为主的用户，也可拨打国际、国内长途电话，可异地使用。IC 卡有效期一般为 3 年，剩值可转至新购卡上继续使用。

▲IP 卡

IP 电话卡分为记账卡（A 类），预付卡（B 类）、面值卡（C 类）三种。其中记账卡按月付费，无面值，可以挂失，只要按期缴费，无有效期限制，一般多为公司、企事业单位使用。预付卡无面值，可以挂失，需要预付话费，也可续费，长期有效，并可取消并退回卡内余款。面值卡存有与面值相等的话费，有一定的有效期，不记名、不挂失，过期后不能使用。

（何定镛）

网络世界

① 上网常识

上网必须具备有硬件和软件的条件：应有一台性能较好的电脑，能运行中文的 Windows 98、Windows 2000 或 Windows 等操作系统；网络连接端口或标准电话线，但上网时就不能再用该电话线打电话；调制解调器（MODEM），有了它才便于在电脑与互联网之间拨入电话号码并处理数据的传输；网页浏览器，可使用微软的 Internet Explorer 5.0；电子邮件收发软件，可使用微软的 Outlook Express。

有了这些硬件和软件，还要进行一些设置才能上网。

MODEM 的安装：可将 MODEM 插入计算机箱后面的 COM 口。一般是将 MODEM 插 COM2 口，鼠标插 COM1 口。最后，才能启动计算机。

相应的网络设置：包括网络适配器、TCP/IP 协议、Microsoft 网络用户。

在网络浏览器 Internet Explorer 5.0 的设置完成后，就可以使用 Internet Explorer 5.0 上网浏览了。

② 网上资料查阅

互联网世界浩如烟海，要在当今互联网的上千万个网页中尽快找到所需要的内容，可借助"搜索引擎"的工具来完成信息查询工作。搜索引擎又细分为普通搜索引擎、集成搜索引擎、专业搜索引擎。利用搜索引擎查询信息的方式主要有两种：一是专题浏览的方式。它将互联网上所有信息分为几大类，如艺术、商业与经济、计算机和互联网、休闲和运动等，每一大类下又分出几个小类。二是关键词检索。它的基本用法，是在输入框内输入要查找内容的关键字或词，再按搜索（Search）或 Enter 等按钮即可。

③ 网上读书、读报

网上有很多书屋，这些书屋网站可为读者提供他们所喜爱的书籍。其中，有图形版、文字版本，还可以将文字版的内容下载下来慢慢看。喜爱读书的老年人只要点击书屋网站即可选择自己所需的书籍和杂志。

如何在网上获取政治、经济等新闻信息呢？网上提供新闻的网站很多，大型综合性网站都有新闻栏目，上面都有时事的新闻报道。另外，很多新闻媒体也都有自己的网站。《人民日报》是我国发布政治、经济等新闻的权威机构，在浏览器的地址栏中输入网址：www.people.com.cn 就可以访问《人民日报》的网站了。想查以前的新闻，点击图中《人民日报》主页上方的"分类检索"按钮，便会出现《人民日报》检索的页面，在检索框内输入你要想查询的关键词，就可读报查阅了。

④ 网上交友

网上可以聊天交朋友，可借助互联网同远在天边的朋友交谈。很多综合性网站都设有聊天室。如上网易 www.163.com，主页上就有一个聊天站，单击聊天站即可进入。老用户可以输入户名和密码登录进入，新用户可以选择作为游客输入昵称登录后进入。网站聊天室有很多人参与，你想说话，在信息下面的文本框内输入：Hello! 按回车键后，你的问候就会显示在区域中。与某一个人说话，在右边显示在线人数的窗口中点击你聊天对象的名字，点击后这个名字就会显示在对象栏中，你在悄悄话栏点勾，就可以进入私人对话状态。此时，对话内容只有你们 2 人可看见。如要退出私人对话，只要把悄悄话栏中的符号去掉就可。现在也可以通过 QQ 聊天，只要申请了 QQ 号，聊天更为方便。

⑤ 网上购物

要进行网上购物，应先上网，在浏览器的"地址栏"用键盘输入"××购物中心"或"××超市"的网址，进入网址主页，即可浏览各个"货架"栏目，选择你要的物品。在网站主页右上边"查找"栏输入你所需的物品名，然后确认进入。放入"购物篮"，按照提示输入会员码和密码进入交款台，进行交款购物。付款方式可选择邮局汇款，或在银行办理"一卡网通"，可以在网上直接用电子货币支付。

⑥ 网上著书

要在网上著书，应先启动计算机，打开 Word 软件。用鼠标单击"开始"菜单，选择"程序"子菜单，再选择下级子菜单中的"Microsoft Word"。单击"视图"中菜单中的"工具栏"子菜单，左侧有"√"表示已打开，若单击"√"表示关闭。Word 启动后，正文编辑区有一条一闪一闪的小竖线，为插入点；输入的文字从这里出现。单击任务栏上的 EIL 按钮；选择熟悉的汉字输入法，也可按 Ctrl＋空格键打开中文输入法；在插入点敲入所著书的书名，屏幕上就会出现所著的书名字体；敲一下回车键，光标移到下一行，就可以开始写所著书的正文了。书全部写完后，应保存文档，或打印预览，并以电子邮件方式发送给你所要送的出版社网址或朋友网址审读，网上著书即完成。老年人在电脑上可选择汉字输入法，也可使用手写板，既方便又简单。

⑦ 网上游戏

要进行网上游戏，应先建立网络连接，登录网络游戏世界网址的主页。再选择"免费注册"，征得同意后继续申请，出现填写用户资料页面，输入信息正确，出现"注册成功"，点击"立即下载安装"，就可安装该网络游戏世界管理程序，安装完成后，快捷图标即出现在桌面上。再双击这个图标启动该网络游戏世界，输入用户名和密码就可以进入网络游戏世界，选一种游戏来玩了。网上有很多玩游戏的地方，可以通过搜索引擎去查找。

⑧ 网上做贺卡

可在专门的贺卡网站上选择所需照片，填上祝福语言和收卡人的信箱，选择发送，网上贺卡即成。为体现发卡人的心意，还可制作个性化的贺卡。方法就是使用专门的软件处理照片，然后做成贺卡。处理照片的软件特别多，且过于专业化，老年人可选择比较简单的免费电子贺卡制作软件——iCard，这是一款傻瓜制作软件，下载后你只要按提示就可以轻松制作电子贺卡了。

⑨ 自建个人主页

可用 Frontpage 进行个人网页设计（安装方法与其他软件的安装相似）。安好后，选择"开始/程序 Microsoft Frontpage"就可启动 Frontpage。启动以后出来的即是

Frontpage2000。它的工作窗口中有标题栏、菜单栏和工具栏，左上角有控制按钮，右上角有窗口按钮；中间空白区是网页编辑区。编辑区由三个标签页组成，分别是"所见即所得"的编辑页、HTML代码编辑页、预览页，有了这三个标签，在编辑网页时便可较方便地切换工作模式。在Frontpage中创建自己的站点，用它来管理全部的网页。选择"文件/新建/站点"，出现"新建"对话框，选择"只有一个网页的站点"，在"指定新站点的位置"文本框中输入D：\myweb\history，按"规定"，你就在硬盘的D盘"myweb"文件夹中建立了一个新站点。工作窗口中有一个"文件夹列表"，其中有两个文件夹"Privata"和"Images"用来存放站点的文件。在网页中可直接输入文本，使用字幕，插入图片，通过鼠标点击可实现网页中的链接设置，设置图像地图，链接电子邮件。

⑩ 自建网站

个人网页做好了，要把网页放在互联网上，就得给自己的主页找一个家，得申请一个个人主页存放空间。应选择功能强、服务多、空间较大，一般10M以上就可以了。当然最后申请CG权限，能够提供免费计数器和留言簿等，以便为网站的发展做好准备。同时，应先通过搜索引擎查找"个人主页"，然后单击"我要申请"，出现"服务条款"，单击"接受"按钮接着向下申请，输好后单击"提交注册信息"按钮。一般只要资料没有问题，用户名无人使用，很容易注册成功。注册成功页面来了，会出现FTP服务器的地址、用户名，还有密码，这时个人就有了一个网址。申请了个人主页存放地址以后要及时上传网页，上传以后要注意及时维护和更新，不然，网站往往不会为你保留存放地址。

（何定镛）

厨　房

厨房，顾名思义，乃一日三餐做饭菜的房子。做饭菜自然离不开厨具，巧媳妇难为无米之炊，反之有米无器，也是枉然。厨房应配备橱柜、炉灶、抽油烟机、冰箱、清毒柜、微波炉、电饭煲、高压锅，以及各种锅、盆、碗、碟、盘和刀、叉、筷子、菜板、清洁用具等。

① 厨具

▲电磁炉

电磁炉是一种新型的家用烹调设备，具有无烟无火、清洁卫生、安全方便、高效节能的特点，可以进行炒、煮、炸、煎、蒸等，尤其便于西餐。

安装：电磁炉按感应电流频率的高低，分为低频电磁炉和高频电磁炉。电磁炉应放在通风干燥处，远离高温、蒸汽场所。应根据电磁炉的功率选用适当的电源插座。电磁炉的进风口、排风口距离墙壁或其他物体至少10厘米。

准备：使用电磁炉必须配备平底铁锅，锅底大小要适中、要平。若底部过大，会多损耗能量，影响使用效果。炉面上不能放置未打开的食品罐头，以免加热时发生爆炸。铁制小物件，如小刀、汤匙等也不应放在炉面上。

烹调：烹调时，应放好锅具再接通电源。根据加热需要将功率调节元件拨到适当位置（保温、微、弱、中、强档）。指示灯亮，表示开始烹调。烹调时要防止锅具空烧或烧干，以免炉面受热量过高而破裂、变形。

▲燃气灶

家用燃气灶是以气体燃料作为热源的灶具。它具有使用方便，安全卫生，燃烧性能好，温度系数高的优点。

安装：燃气灶应安放在通风良好的环境中，灶体的侧面及背面应距离墙壁15厘米以上，周围不得放置酒精、汽油或其他可燃性物质。如气源不是天然气，而是液化气瓶，则距离应在0.5米以上。

使用：使用燃气灶首先应点火，打开气源总开关，使胶管内充满燃气，然后将燃气灶开关旋钮向前推压约3毫米后再向逆时针方向旋转，当听到"啪"的一声（如使用电脉式点火，则会听到"得、得"的脉冲点火声）时，火即可自动点燃。

燃气灶点燃后，可根据烹调食物所需的火力的大小，将开关旋钮放到适当的位置（最小火、中火、最大火、中心火）上。当烹调完毕时，应立即熄火，直接把开关旋钮旋向关的位置，同时关闭燃气气源阀门。

▲ 微波炉

微波炉有省时、节能、安全、卫生等优点。微波炉有普通型、电脑型、复合型等。

安装：微波炉应安放在通风干燥处，不宜放在靠近热源、蒸汽和过度潮湿的地方，以免损坏元件的绝缘材料，影响使用和安全。微波炉不要放在靠近磁性材料的地方，以免磁性材料干扰炉内磁场分布，降低工作效率。

电路：微波炉内有高压部分。因此，微波炉的额定电压必须与电源的电压相同。

同时不要与其他电器共用一个插线板，最好单独用一个插座。

烹调容器：容器应选用大小适中、深浅合适的。因容器太大或太深，食物中心部位的烹调时间则长，食物易过熟。容器太小或过浅，食物容易溢出，食物四周也会过熟。

耐热玻璃制成的容器最适用于微波炉。陶土制的罐子只能用于炉火加热，不能用于微波炉烹调。瓷器大部分可用于微波炉。无论是玻璃、瓷器，如带有金属粉的边或刻有金属花纹的都不宜用，因其能产生电弧造成破坏。带有胶合手柄的容器也不能用于微波炉。塑料制品可用于微波炉，但长期加热，会变软呈凹形。特制的可煮沸或冷冻的塑料袋可用于微波炉，可用尼龙绳或棉绳扎起来，顶部留一口子便于蒸汽溢出。微波炉专用保鲜薄膜可盖在容器上放入微波炉内加热，但不能全部盖牢，应留小口子，便于蒸汽溢出。蜡纸容器、纸杯、纸盘等可用于微波炉，只能短时间加热，不能用再生纸和报纸将食物包起来放在微波炉内加热，既不卫生，又因其含有杂质，会造成蓝色电弧，损伤微波炉。草与柳条编的容器和木制品只能用于短时间加热面包。木签或竹签将食物（如猪肉串、牛羊肉串）串起来，可在微波炉加热。金属容器不能用于微波炉，因金属会反射微波，损伤微波炉。

直冷式单门冰箱食物存放期

种类	食物名称	适宜温度	存放日期	存放方法
肉类	牛肉 鸡肉 猪肉	5℃以下	2天～3天 1天～2天 3天～4天	包装好或放入托盘中 再放入
鱼类	鲜鱼 开膛鱼 生鱼片	5℃以下	2天～3天 2天～3天 1天～2天	取出内脏 洗净包好
乳制品	牛奶	5℃以下	5天～6天	盒装
蔬菜	西红柿 其他菜类	4℃～8℃ 10℃	3天～5天 3天～7天	放入保鲜袋
蛋类	鸡蛋	2℃～15℃	20天	放入蛋架，定期更换
加工食品	香肠 豆腐 豆制品	2℃～15℃	3天～5天 1天～2天 5天～7天	放入保鲜袋
	奶油	5℃以下	2周	

双温双门或多门冰箱食物储存期

类别	食物名称	适宜温度	储存日期
肉类	冻羊肉	−12℃	3个月
	冻牛肉	−12℃	3个月
	冻猪肉	−18℃	2个月
	鲜猪肉	−3℃	7天
	咸肉	−10℃	4个月
	冻鸡肉	−12℃	3个月
鱼类	冻鱼	−12℃	8个月
	鲜鱼	0℃	5天
蛋类	鸡蛋	−1℃	8个月
蔬菜水果类	黄瓜	7℃～10℃	7天
	苹果	0℃～6℃	14天
	扁豆	2℃～7℃	10天
	青豌豆	0℃～7℃	20天
饮料类	汽水	5℃	3个月
	啤酒	2℃～6℃	3个月
	鲜牛奶	0℃～5℃	2天
	橘子汁	6℃	30天
	冰淇淋	−15℃	7天

▲电冰箱

电冰箱具有低噪音、节能、操作方便、高制冷能力、强除湿能力、外观漂亮、机型多样化等优点。

安装：电冰箱应安放在通风、干燥，不受阳光直晒的地方；不要靠近火炉和暖气，以免影响冰箱的性能和寿命。电冰箱的安放，两侧和背面都要与墙面留有一定距离，冰箱下面不要垫木板和其他底座，垫东西会产生振动和噪音。

储存：用电冰箱储存食物的目的，是为了使食物在较长的一段时间内保鲜或不腐烂变质。但是，存放的时间是有限度的。详见上列二表。

▲抽油烟机

在烹饪过程中，会产生一些油烟，造成环境污染。如果不排除，厨房内的墙壁就会变成黄褐色，洁净的器皿的表面就会有油污，人吸入油烟还会对身体产生危害。抽油烟机的作用，是将有害的油烟排出室外稀释。

安装：抽油烟机的位置应正对炉灶的位置，高出炉灶台面75厘米。带有盛油水盒的抽油烟机，为使油能流入小盒内，抽油烟机应向墙壁略倾斜。

过滤式抽油烟机的过滤网每月应用洗涤剂清洗一次，活性炭过滤板每半年洗一次，所有抽油烟机的外壳每月用软布擦一次。

▲电饭锅

电饭锅是一种利用电能作为热源自动做饭兼保温的厨房电器。它是一种在较低的温度下，用较长时间来烹调食物的电炊具。主要用途是用来煮米饭，用它煮出来的米饭不仅香味扑鼻、松软可口，而且营养丰富，还可以蒸包子、馒头、做汤和炖肉。电饭锅具有自动做饭、不需看管、清洁卫生又保温的优点。

使用：电饭锅在接通电源之前，要检查一下电饭锅内外是否有水滴或其他异物。如有要立即擦掉。

用电饭锅煮米饭，淘米要用其他容器，不要用饭锅的内锅，以免损坏锅底或碰撞变形。煮饭时最好用开水，一是省电，同一锅米饭，加开水用25分钟～30分钟可煮熟，用自来水则需35分钟～40分钟。二是用自来水会使米中维生素 B_1 损失30%。饭熟后如不立即食用，可不切断电饭锅电源，使电饭锅进入保温状态。

用电饭锅煮稀饭，应根据稀饭的稀稠程度使用水量。电饭锅不宜经常煮稀饭。目前，电饭锅插座烧坏的故障，大多数是由于电饭锅煮稀饭，锅内液体溢出，流到开关、插座上，甚至渗入元件内部造成损坏的。

用电饭锅蒸食物，先放入适量的水，最好是水即将蒸干时食物刚好蒸熟（经过实践掌握）。

用电饭锅烘烤熟食，在锅内抹一些食用油，可使烤好的食物可口香脆。

▲ 电炒锅

电炒锅的主要作用是炒菜，也可以用来烹调其他食物，是一种以较高温度煎炒食物的电器。它用途广泛、炒菜迅速、清洁卫生、方便耐用。

使用：首先应接通电源。电炒锅与电饭锅不同，炒菜时人体要经常与电炒锅接触，应把人身安全放在首位。炒菜时要使用带有绝缘手柄的锅操作，不可用金属手柄的锅铲，更不可一手用铁铲炒菜，另一手去开水龙头放水，也不可用湿手操作，以防漏电时触电。温度要掌握适当，温度过高会烧坏电热器或其他元件，甚至烧坏锅体。

▲ 电水壶

电水壶主要是用来烧开水，也可以用来煮牛奶、咖啡以及其他饮料。电水壶具有结构简单、操作方便、加热迅速、安全卫生以及使用寿命长的特点。电水壶使用之前，一定要先装水后再接通电源，以防止烧空壶。加水不能太满，太满水沸腾会溢出壶外，如浸入电源插座，会造成短路故障。电水壶的温控器设有不同档次，可根据饮料温度的不同要求，选择合适的档次。

② 厨房卫生

厨房卫生对于人们的健康至关重要，特别在家庭卫生工作中，占有重要地位，不可忽视。

要经常保持厨房内外的环境卫生。厨房要通风良好，垃圾要及时倒掉。厨房要安装纱窗、纱门防蚊蝇。炊事用具要经常清洗、消毒，菜板、菜刀要刷洗得见木见色，铁器要见光。食品要放在橱柜里，不要让阳光直接晒着，以防返潮或发热。各种调料要分类保存，防止串味。酱、咸菜等含盐食品，不要存放在铝盒或其他金属容器内，以防腐蚀容器或使食品变味，鲜鱼、鲜肉和剩饭、剩菜，要分开放在冰箱内保存。

▲ 餐具消毒

餐具以白色为佳。为安全起见，新购买的餐具，可将餐具放在用食醋加少许水兑成的溶液中煮2小时~3小时，然后放心使用。

煮沸消毒：将用过的搪瓷、陶瓷器类饭碗、碟、盘，以及金属类的刀、叉、筷子等，洗净后放入锅中，将水加热煮沸10分钟即可。

蒸汽消毒：将餐具洗净后放入容器内，用高压蒸汽蒸。由于温度高，可杀灭一切病毒、细菌。

消洗灵消毒：按漂白粉精5克、水2千克的比例，溶解匀后将洗净的餐具放入，浸泡20分钟~30分钟。

高锰酸钾消毒：用高锰酸钾1份，加水1000份，溶液呈红色时将餐具放入浸泡20分钟。

餐具存放：经过消毒的餐具，不要用抹布擦，应倒放晾干，注意盖好，最好放入橱柜，防尘防蝇。

厨房纱窗：厨房的纱窗因油烟熏而不易清洗，可将纱窗卸下，在炉子上均匀加热，然后将纱窗平放地上冷却后，用扫帚将两面的脏物扫掉（此法仅限铁纱窗）。

厨房地面油污：厨房地面油污多，不易擦净。擦地前可用热水将油污的地面湿润，使油污软化，然后在拖把上倒一些醋，再拖地，能除去地面油污。

新世纪 老年 百科全书

厨房抹布：厨房抹布宜选用纱布或本色毛巾制作，并经常消毒灭菌，以保证对人体无害。不可用化纤布做抹布。

▲ 餐具除污

菜刀生锈：用萝卜或马铃薯片蘸少许细沙擦拭。菜刀沾有鱼腥味，用生姜片擦除。

砧板消毒：有鱼腥味，可先将它浸在淘米水里，再用少许食盐和热水擦拭干净。砧板每天用硬刷和清水刷洗，病菌可减少1/3，用开水烫灭菌效果更佳。刮净砧板上残渣，每周在板上撒一次盐。

铁锅带有腥味：用泡过的茶叶擦洗。

搪瓷器具积垢：用刷子蘸少许牙膏擦拭。

玻璃或陶器积垢：用醋与少许食盐的混合液洗净。

铝锅焦迹：蒸饭烧焦的铝锅，用去污力强的去污粉擦后，仍留有大片黑色焦迹，用水淋灭的木炭进行擦洗，可使其恢复原来光亮。

水龙头变黑：水龙头使用久后，会氧化变黑，可先取一块干布蘸些面粉进行擦拭，然后再用湿布擦即可。

水壶除垢：先把空壶放在火上烘烧，当水壶被烤得一丝水蒸气也不冒时，立刻将其浸入冷水盆中（但不要让水进入壶中），被烧热的壶底接触冷水后急剧收缩，厚厚的水垢就会碎裂、脱落。

（何定镛）

饮食与营养

饮食与营养对老年人十分重要，它直接关系到老年人维持身体正常生命活动的需要，影响到老年人防治疾病、健美与长寿。

食物经过消化、吸收，组成人体所需要的物质，以供生长发育、生命活动的需要。这个过程称之为"营养"。不同年龄阶段的人有不同的生理特点为依据的营养需要；性别、工作、活动的不同，每个人需要的营养素的多少也有差别。但是，他们都需要蛋白质、碳水化合物、脂肪、维生素、矿物质、水等六大物质。这就是人体需要的营养素。六大营养素大体可以分为第三类：即作为人体结构的物质；作为人体

代谢的物质；提供能量，作为调节生理活动的物质。与青壮年人相比较，老年人有较低的能量需要，但却要维持相对较多的其他营养素的供给。这就构成了老年人的营养需要的特点。

① 营养平衡

营养平衡是指一份或一餐膳食中各个营养素之间相互合理的比例关系。保证在质和量上均能符合营养原则，适合机体需要，既不会造成营养不足，也不会导致营养过剩。碳水化合物、蛋白质与脂肪三者之间的比例关系必须合理。营养平衡中食物的质和量因人而异，根据不同年龄和生理情况，活动量大小、劳动强度的高低等生活需要调配膳食。

战国时期的《内经》提出五味调和、饮食有节的原则。认为饮食的五味必须调和，不能偏胜，偏胜则引起种种疾患。五味调和，饮食合宜，则健康就有保证，寿命就长。《内经》还提出："五谷为养、五果为助、五畜为益、五菜为充、气味合理而服之，以补益精气。"这是世界上最早的有关营养平衡的理论。

"五谷为养"，五谷系指谷类食品，主要是粮食类。粮食是人体蛋白质、碳水化合物、维生素、脂肪、矿物质的主要供给者。

"五畜为益"，益是增进、有益。五畜是动物性食品，营养价值很高，能供给人体优良的蛋白质、丰富的脂肪、多种维生素和微量元素。

"五菜为充"，充是补充、完备的意思。蔬菜是人体所必需的几种维生素（维生素A原、维生素B$_2$、维生素C、维生素K等）和矿物质（钾、镁、钙、铁、钼、铜、锰等）的重要来源；又是纤维素、半纤维素、果胶、木质素和某些特殊的酶的来源。

"五果为助"，水果所含的维生素、矿物质、纤维素等和蔬菜相近，也都是维持人体正常发育和健康的营养物质。

② 老年人营养素供给量标准
▲ 常见营养素

热源质　人体为维持本身代谢和活动都需要能量。热源质（为人体提供能量的营养素）在量上乃是每个人除水之外的第一营养需要。糖和脂肪是人体的主要供能

物质。食物中所含的化学能，以及供能物质氧化放出的热能、化学能都可以热能来表示。我国膳食结构中糖在每日总热量中占的比例为 60%～70%，脂肪占 15%～20%。人需要的热能与年龄、性别、气候、身高、体重等有关。老年人由于肌肉组织减少，基础代谢率下降，体力劳动和锻炼的强度减弱，因此，能量的需要随年龄的增长而减少。世界粮农组织和世界卫生组织曾联合建议，50 岁之后每 10 岁减少10% 的能量供给量。一般来说，推荐供给量对大多数人是适宜的，但因每个人情况不同其能量消耗量有异，具体应用时可作适当调整。

蛋白质　恩格斯说："生命是蛋白体的存在方式。"恩格斯所指的蛋白体包括蛋白质及核酸。现在知道，蛋白质与核酸是生命活动中最重要的物质基础，而蛋白质则是一切细胞和组织结构的重要组成成分，它与生命活动有着十分密切的关系。在三大供能营养系中，蛋白质有修补组织的不可替代的功能。老年人对蛋白质营养的需要无明显减少，这是因老年人按肌肉组织重量计算蛋白质的分解和合成的速度都比中青年快。蛋白质的代谢率加快，其更新过程需要有足量的蛋白质营养来补充。

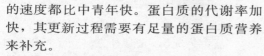

老年人对蛋白质的需求量

年龄组	蛋白质（克）	蛋白质占能量（%）
50 岁～59 岁	75±10	12.5
60 岁～69 岁	75±10	13.6
70 岁以上	70±10	14.0

无机盐　无机盐又称矿物质。人体内的无机盐有 60 多种，含量很少，总量约为成年人体重的 4% 左右。它是人体维持正常生理机能不可缺少的物质。

目前，在自然界已发现的化学元素中，有 26 种是人体必不可少的元素，其中 10 种是主要的，如碳、氢、氧、氮、硫、钙、磷、钾、氯和镁等。

老年人的无机盐营养的不平衡情况是严重的。钙在人体中有重要的生理功能，钙的吸收受食物因素和生理因素的限制。人体从食物中摄取的钙，主要是氯化钙、磷酸钙、草酸钙、脂肪酸钙等。除氯化钙溶于水外，其余都较难溶于水，不易吸收。

老年人缺钙颇为严重。钙的吸收率随年龄的增长而下降，在绝经期妇女尤为明显。膳食钙不足与骨质疏松有密切关系，后者常成为自发性骨折的原因。膳食中补充钙可改善骨密度，即改善骨质疏松症。此外，缺钙也与高血压的发生有一定关系，中国营养学会推荐老年人膳食钙的供给量标准为每天 800 毫克，按我国传统的食物结构很难满足这个需要。

铁是另一种容易缺乏的矿物质。铁的含量虽少，但有重要的生理作用，它是血红蛋白的重要成分，能参与体内氧化碳的运送，是细胞色素氧化酶、过氧化氢酶等组织呼吸酶的组成部分。若人体长期缺铁或铁的吸收受到限制，会产生缺铁性贫血。缺铁性贫血在我国老年人中甚为常见，由于我国以植物性食物为主，这种膳食结构使铁的生物利用率非常低。尽管膳食调查表明铁的实际摄食量远超过供给量标准，但在生理上仍然明显缺铁。

锌也是中老年人容易缺乏的一种矿物质，但未被充分重视。锌积极参与细胞代谢，且与免疫、食欲有关。已发现血锌浓度随年龄增长而下降，提示老年人缺锌趋势，应予以重视。

维生素　维生素是一类低分子有机化合物，在体内含量很少。它既不是构成身体组织的原料，也不是供应能量的物质，但它却是维持机体正常生命活动所必需的营养素。已知维生素是酶的辅酶或辅酶的组成成分。因此，有人称维生素为"生物活性物质"。当机体缺乏某种维生素时，就可能发生代谢障碍，影响人的生理功能，甚至导致疾病。长期轻度缺乏维生素，会使劳动能力下降，并对传染病的抵抗力降低。目前已知维生素有二十多种，它们多数不能在体内合成，必须由食物供给。

老年人最容易缺乏的维生素有维生素

新世纪
老年
百科全书

A、维生素B$_2$（核黄素）。维生素B$_1$（硫胺素）的缺乏很容易在以精白米为主食的人群中出现。维生素C缺乏见于不常吃新鲜蔬菜、水果的老年人，由于这些食物的供应有较强的季节性，所以，它的缺乏也常带有季节性特征。长期在室内生活的人容易缺乏维生素D。

▲营养素供给量标准

老年人每日膳食营养素供给量

类别			50岁～59岁				60岁～69岁			70岁～79岁		80岁以上
			极轻劳动	轻劳动	中劳动	重劳动	极轻劳动	轻劳动	中劳动	极轻劳动	轻劳动	
能量	男	兆焦	9.2	10.0	11.3	12.6	8.4	9.2	10.5	7.5	8.4	6.7
		千卡	2200	2400	2700	3000	2000	2200	2500	1800	2000	1600
	女	兆焦	8.0	8.8	10.0	—	7.1	8.0	8.8	6.7	7.5	5.9
		千卡	1900	2100	2400	—	1700	1900	2100	1600	1800	1400
蛋白质（克）	男		70	75	80	90	70	75	80	65	70	60
	女		65	70	75		60	65	70	70	60	55
脂肪能量占总能量的比（％）			20～25	20～25	20～25	20～25	20～25	20～25	20～25	20～25	20～25	20～25
钙（毫克）			800	800	800	800	800	800	800	800	800	800
铁（毫克）			12	12	12	12	12	12	12	12	12	12
锌（毫克）			15	15	15	15	15	15	15	15	15	15
硒（毫克）			50	50	50	50	50	50	50	50	50	50
碘（毫克）			150	150	150	150	150	150	150	150	150	150
视黄醇当量（微克）			800	800	800	800	800	800	800	800	800	800
维生素D（微克）			5	5	5	5	10	10	10	10	10	10
维生素E（毫克）			12	12	12	12	12	12	12	12	12	12
维生素B$_1$（毫克）			1.2	1.2	1.3	1.5	1.2	1.2	1.3	1.0	1.2	1.0
维生素B$_2$（毫克）			1.2	1.2	1.2	1.5	1.2	1.2	1.3	1.0	1.2	1.0
烟酸（毫克）			12	12	12	15	12	12	13	10	12	10
维生素C（毫克）			60	60	60	60	60	60	60	60	60	60

❸ 老年人营养配餐
▲每日膳食必需食品

保护性食品：即为保护人体健康的食品，富含优质蛋白质、维生素、矿物质和植物纤维，如瘦肉类（禽、鱼、畜）、奶、蛋、大豆及其制品，黄绿色蔬菜和水果等。

供能食品：米、面、杂粮、土豆、红苕等是热量的主要来源，也是维生素B$_1$、叶酸、铁及植物纤维的来源。烹调用油，除供给热能外，还为必需脂肪酸及维生素E（各种植物油中含）的好来源。食糖，老年人不宜多食，作为调味品少量亦可。

建议老年人每日摄入牛奶或豆浆250克，鸡蛋1个，瘦肉（鸡、鱼、鸭、兔、猪、牛、羊中挑选）100克～125克，大豆制品100克，黄绿色蔬菜400克～500克，水果100克～200克，烹调用油20克～25克，加上动物性食物中所含油脂，不超过60克为宜。主粮250克～350克，不同的人，根据活动量大小的需要增减。

老年人每天的基本营养要求，可归纳为1个鸡蛋100克肉，250克蔬菜150克豆（含制品）。

▲合理安排膳食

定时定量。根据活动量的大小，饮食应定量，每餐不宜过饱。食物在胃中停留时间4小时～5小时，如果吃得过饱，下次进食时胃中的食物尚未排空，就不会有饥饿感，便表现为食欲不振。如果每餐吃八九分饱，进食时有轻微的饥饿感，保持良好的食欲，吃起来会感到分外香甜，而且也利于消化吸收。同时，进餐的时间也应有规律，应该定时，两餐之间隔4小时～5小时，最多不超过6小时～7小时。

少吃多餐。根据老年人的需要，每日的餐次不能少于3餐。70岁以后，可采取4餐制。老年人体内的糖储备较少，对低血糖的受力差，容易饥饿、头晕和无力，可在午睡起床后或晚间睡觉前，适当吃少量食物，如牛奶、豆浆、果羹、水果和饼干之类。

▲注意烹调方法

老年人多牙齿不好，咀嚼力差，消化吸收能力较弱。因此，在烹调上应精烹细作。宜清淡，忌油腻辛辣和油炸食品。食物以软炒、软溜、清蒸、红烧、清炖为好，有些食物应做得脆嫩，如炒得很嫩的肉丝、肉片。像蒸糕、肉糕、肉丸、鱼丸、豆花之类，老人无牙也可以吃。还可将食物烹制成糊状，如菜泥、果泥、土豆泥、鱼粥、肉粥、菜粥、玉米粥、黑米粥等都适合无牙老人食用。

4 老年人饮食禁忌

▲忌暴饮暴食

暴饮暴食会导致消化不良、急性胃扩张，甚至引起心肌梗死、胆囊炎和胰腺炎等。膳食的热量分配，可根据个人活动的情况及两餐间的间隔时间来考虑。

▲忌偏食

一些老年人往往根据自己的爱好来进食，三餐膳食单调，结果造成营养不良，抗病能力减弱，疾病缠身。有的老年人偏食油腻，不吃蔬菜，脂肪摄入量过多，容易形成老年性肥胖，特别是动物性脂肪、黄油和猪油有明显的促进胆固醇增高的作用，还可使血脂增高、动脉硬化等。甜食是老年人喜爱的食品，老年人味觉减退，食品的味道吃得比较浓；在食物中加糖量较多，往往食糖过量。糖摄入过多在体内易变为脂肪使人肥胖。糖吃得过多，能引起胃酸过多，肠内发酵，导致消化不良和食欲减退。长期大量食糖还会诱发糖尿病。

因此，老年人的膳食必须妥善安排，不要偏食。而且，食入的食品种类要多种多样，从烹调方法上下工夫，多食含优质蛋白质的鱼、瘦肉、蛋、奶等食品，少食动物脂肪多的食品。每日必食蔬菜，常食水果、蜂蜜、酸乳对健康有益。

▲忌味浓盐重

盐是人们日常生活中不可缺少的调味品之一，任何鲜美的菜肴都离不开盐。食盐即氯化钠，它在维持细胞外液容量和渗透压起主导作用，与神经兴奋、肌肉收缩也密切相关，对维持酸碱平衡有重要作用。但是，老年人患高血压病与进食盐量有非常明显的关系，如食用无盐饮食，血压就下降。食盐吃得过多，会增加肾脏负担，引起水肿。老年人味觉减退，一些老年人喜欢味浓，食入盐量较多，应引起注意。健康老年人食盐摄入量应控制在每日10克以下，高血压患者应控制在2克～5克，一般不超过6克为宜。

（何定镛）

烹饪常识

什么是烹饪？烹就是加热煮，饪就是做饭做菜。烹饪的目的是把生的经过切配的原料，通过加热而变成熟的食物。菜肴的原料选好以后，必须经过烹饪，才能成为色、香、味、形俱佳的菜肴。原料经过加热后会发生物理及化学变化，利用这些变化，使其制成滋味鲜美，外形及色泽诱人的佳肴。

① 烹饪注意事项

杀菌消毒。生的食物原料，都或多或少地带有各种各样的致病病菌和寄生虫。人们吃了很容易致病和发生食物中毒。这些病虫菌需要在80℃～100℃甚至更高的温度下才能杀死。加热处理是对食物进行杀菌消毒及防腐的有效方法。

促使养料分解，便于消化吸收。有相当多的食物不经过烹制是不易被人体消化和吸收的，这是因为食物中的营养成分，如蛋白质、脂肪、糖、矿物质、维生素等都包含在各种食物的组织内部，没有分解出来。而食物经过高温烹制，就会发生复杂的物理与化学变化。组织成分经过初步分解，一部分蛋白质凝固了，另一部分被分解为各种糖；纤维组织松散了，脂肪被分解，植物中坚韧的细胞膜被破坏；维生素、矿物质也发生了变化。这一系列的变化，等于在人体外先对食物进行了初步的消化工作，减轻了人体内消化器官的负担，使人们吃进经烹饪的食物以后，更易于消化吸收，从而提高了食物的消化和吸收率。

使菜肴的色、香、味、形更佳。菜肴加热后，能使其色和形趋于美化。如有些炸的菜颜色金黄，炒的菜颜色碧绿，爆炒后的虾鲜红诱人，熘的鱼片洁白似玉，有些原料经刀工处理，加热后成各种各样优美的形态，如球形、佛手形、麦穗形、菊花形等。

食物加热时，借助于气体与液体的对流作用，使原料内部的汁浆排出，使所含的烃、醇、酯、酮、酚等有机物气化，而散发出香味。所以，食物只有加高温烹饪，才会香味四溢。

一种菜肴往往有好几种原料，每一种原料都有它自己的味道。在烹饪前，各种味道独立存在互不融和，但经高温加热后，几种原料的分子就产生了剧烈的运动，它们相互渗透，一种原料的分子进入另一种原料的组织内，于是就产生了复合美味。

② 刀工

什么是刀工技术？运用各种刀法把各种原材料切成各种具有一定形状的技术就叫刀工技术。原料经过刀工处理，使其形状变小、变细或变薄之后才能符合烹调与食用的要求。运刀操作时要平稳、下刀准、手腕灵活自如。刀工是整个烹饪技术中的重要组成部分，也是烹饪过程中的一道主要工序。

▲刀工的作用

（1）便于食用。一大块整料，如果不经过刀工处理，吃起来很不方便，必须切小、切细或切薄。

（2）便于烹调入味。一大块整料要做出菜肴也很困难，不通过各种刀法将原材料切细或切薄，烹调时各种调味原料就很难渗透到食物的内部，影响菜肴的质量。要想食物很快入味，就必须通过各种刀法将原材料切成各种烹调时所需要的形状，达到各种原料入味的目的。

（3）便于烹调。各种菜肴的种类和品种是丰富多样的，而且还有各式各样的烹调方法和不同的火候要求。根据各大菜肴烹调方法的特点，将原材料按各种烹调的需要切成丝、丁、片、块、条等形状，才能达到烹饪菜肴的技术要求。

（4）整齐美观。通过刀工处理后的原材料，按照各种菜肴的具体要求呈现出一定的形状，非常好看。成菜后的菜肴形状，具有一定的技术性和艺术性，可以给人以美的享受。

▲刀工的基本要求

（1）必须整齐划一。整齐划一，主要是指墩子上切配出来的各种原料不论是丝、丁、片、块、条都要达到一定的规格。具体要求是：长短一样、粗细一样、大小一样、厚薄一样。

（2）清爽利落，不能互相粘连。刀工操作时不论是切丝、丁、片、块、条都要做到清爽利落，互不粘连。如果达不到要求，那么烹调出来的菜肴不仅影响美观，还会影响菜肴的色、香、味。当然，有的菜则需要连刀。

（3）密切配合烹调的要求。菜肴有各种各样的烹调方法，刀工必须紧密配合调味、烹调方法和火候的种种要求及特点。炒、爆、熘，要求急的菜，所用火力较大，菜肴在锅中停留的时间短，刀工切配须薄小一些；烧、焖、烩所用火力较小，在锅内的时间长，切配须厚、大一些；而蒸菜则应更厚、更大一些，以适应其特殊要求。

（4）掌握各种原料的性能。在刀工处理时，必须掌握不同原料的不同性能，然后再用不同的刀法切成不同形状。同样一种切的刀法，属于脆性原料可用直切的方法；较薄较小的原料，应用推切。对肉类，一般应根据肌肉纤维的纹路来决定切法，牛肉较老，筋较多，须横着肌肉纤维的纹路切；猪肉较嫩、筋较少，可斜着肌肉纤维纹路切；鸡肉最嫩，须横着或斜着肌肉纤维纹路来切，效果才好。

（5）注意同一菜肴中几种原料形状的配合。每一种菜肴一般分主料和辅料两种，刀工处理时须注意菜肴的主料和辅料之间形状的配合。一般情况都是辅料的形状服从主料的形状。辅助料应根据菜肴的需要，主、辅料配搭恰当。辅料衬托主料，用量少于主料，形状小于主料，达到更好地烘托主料的效果。

（6）合理使用原料，做到物尽其用，不能浪费。合理使用原料是整个烹制工作中的一个重要原则，刀工处理时必须充分注意。尽量做到量材使用，正料正用，辅料辅用，落刀成材，物尽其用，合理安排。

▲刀工的种类

刀工的主要工具是刀和墩子。根据不同的用途，刀有很多种：

（1）片刀。又称薄刀，薄而轻，专门用于片白肉、片鸡、片鱼等。

（2）切刀。刀背比片刀的刀背要厚一些，一般用于切丝、丁、片、块、末等。

（3）砍刀。又称厚刀、骨刀，刀背较厚，刀背与刀口呈三角形，专门用来砍带骨肉的。

（4）切砍刀。重、长、宽都与切刀相同或略重一点，刀的前半部可切丝、丁、片、块，后半部可用来砍鸡、鸭、鱼的骨。

▲刀法

将各种原料切成各种不同形状时，所应用的各种方法就叫刀法。精湛的刀工技术，其特点就是能够正确、巧妙地掌握和运用各种刀工。要掌握刀工技术，使刀工达到准、快、巧、美的要求，首先就要学习刀法，而且要正确地掌握各种刀法的特点，然后通过不断实践逐步达到纯熟、敏捷的地步。

刀法的种类很多，根据刀与墩子接触的角度来划分可以分为：直刀法、平刀法、斜刀法、混合刀法等，还包括食品雕刻等特殊刀法。

（1）直刀法。直刀法是在操作时刀与墩子或原料成直角的一种刀法。一般适用于无骨的原料，其基本刀法又分为直切、推切、拉切、锯切、铡切和滚料切六种。

直切 直切的刀法是左手按稳原料，右手执刀，切时刀垂直向下不向外推，不向里拉，一刀一刀笔直地切下去，这种刀法适用于脆性的原料。

推切 推切的刀法是刀与原料垂直，切时刀由后向前运动，着力点在刀的后端，一刀推到底，不需要再拉回来，这种切法是最常用的主要刀法。

拉切 拉切的刀法是刀与原料垂直，切时刀由前向后运动。着力点在刀的前端，一刀拉到底，不需要再推回去。

锯切（又称推拉切法） 锯切的刀法是刀与原料垂直，切时先将刀向前推，然后再拉回来。一推一拉，像拉锯一样地切下去。采用锯切的方法是要把较厚、无骨而有韧性的原料或者是质地松软的原料切成较厚的片。

铡切 铡切有两种切法：一是右手提起刀柄，左手按住刀背前端，刀柄翘高，刀尖下垂按在原料上，对准要切的部位上，然后用力将刀跟向下压切下去。另一种切法是右手握住刀柄将刀按在原料要切的部位上，左手按住刀背前端，左右两手交替用力摇切下去。铡切一般用于切带壳的或小圆状易滑的，以及略带有细小骨头的生料或熟料。

滚料切 滚料切是每切一刀，就将原

料滚动一次再切的刀法。滚料切适用于圆形或椭圆形的脆质原料，切滚切片或滚刀块时所采用。

（2）平刀法（又称片刀法）：平刀法是操作时刀片与墩子基本上呈平行状态的刀法。这种刀法能把原料片成极薄而整齐的片状。一般是切的刀法不易做到时就应用这种刀法。这种刀法是一种比较细致的刀工技巧，它适合无骨的韧性原料、软性原料或是煮熟回软的脆性原料。实践中它又可分成四种刀法。

平刀法　平刀法是将刀身放平，使刀与墩子呈平行状态，片时一刀到底。这种刀法一般适用于无骨的软性原料。

推刀法　它是将刀身放平，片进原料以后，用力由内向外推移。

拉刀法　它是将刀身放平，片进原料以后，向里拉进移动。

斜刀法　它是在切的时候刀与原料成斜角，操作时根据菜肴的具体要求，又可分成正片和反片两种。正片的刀法是刀身倾斜，刀背向外，刀刃向里，刀与墩子面呈较小的锐角，切时向左下方运动的一种刀法。反片的刀法是刀背向里，刀刃向外，放平刀身略呈偏斜，刀片进原料后由里向外运动。

▲刀工的美化

刀工的美化就是使用混合刀法，在原料表面划一些相当深度的刀纹，经过加热后使它们蜷曲成各种美丽的形态。这种混合刀法，饮食行业又叫做剞刀法。

剞刀的作用：原料剞上花纹，加热后可使原料蜷曲成各种形态；使调味汁液易于渗入原料的内部；使原料易熟而且保持原料的脆嫩。

剞刀法主要用于韧性中又带脆或嫩性的原料。

剞刀法的主要形态有：麦穗形、蓑衣形、荔枝形、凤尾形和松花形。

3　菜肴形状

一般地讲，要将各种原料按照菜肴的要求变成各种形状，主要是依靠刀工来解决。处理的时候有的形状用一种刀法就能解决，而有的形状用一种刀法就不行，需要几种刀法交替使用才能解决。

▲片

片是用直刀法的切或者平刀法的片形

成的。脆性原料用切的方法，韧性原料用片的方法。切片时首先应注意原料的质地和大小等方面。体形、宽厚基本上符合切片的要求的各种原料可直接切片。而有些原料的体形、宽厚不符合切片的要求，就需要先进行整理和加工，然后再切片。一般是要经过去皮、去筋、去骨以后再加工成较大的块或较宽的条，进行切片。切片时还应弄清，片有大小厚薄之分。常见的片有：长方片、正方片、柳叶片、梭子片、鱼扇片、骨牌片、刨花片等。

▲条与丝

条与丝的形状极其相似，只是粗细不同而已。粗的最大有厘米粗，最小的如银针般细小。常见的条有：大一条、小一条、筷子条。丝又可分为：粗丝、二粗丝、细丝、银针丝等。切丝的时候，一般都是要先将原材料改成片，然后再切成丝。

▲块

块一般是用刀切或者刀砍形成的。无骨的原材料用切，带骨的原材料用砍。块的形状也是比较多的，常见的有菱形块、大方块、小方块、长方块、滚料块等。切块的原料，除一些体形小的可根据其本身的自然形状直接加工成块以外，一般都要经过粗加工，也就是说先把材料切成大小相等的宽条或者大段，然后再加工成块。

要切成各种不同的块状，考虑的依据主要是烹调的需要及原料的特点。一般说来，加热时间长，用于烧焖、炸等烹调的材料的块形宜大一些；用于熘、炒的材料宜小一些；原料质地松软、脆嫩的块形要大一些；坚硬带骨的块形可稍小一些；有些块形过大或过宽的肉类原料，为了便于成熟入味，可以在原料的两面都划上十字花纹。

▲丁、粒、末

丁就是小的方形颗。它是由方形条加工切成的，它的大小决定于条的粗细。粗条切大丁，细条切小丁。一种很小的丁叫做"粒"，它是由丝加工切成的，大小约米粒相仿，饮食业中称它为米粒。比米粒更小的叫做"末"，末的大小约和芝麻相似，一般是由丁或粒加工剁碎而成。

丁的用途很广，适用于丁的原料也很多。一般具有韧性的各种肉类、脆性的蔬菜都可用作切丁的原料。粒一般都是用韧性原料加工而成。末一般都在菜中作为配色。

▲茸、泥

茸和泥一般都是先用刀背捶几遍，再用刀刃排剁而成的。茸和泥的用途一般都是用作丸子、淖或凉拌菜的作料等。在制作时其操作方法，一般都要根据菜肴的需要来决定，切不可生搬硬套。

4 调味

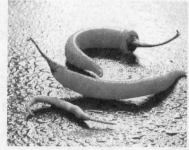

调味就是在烹调菜肴的过程中，使主、辅原料与调味品恰当的融合，经过加热或凉拌发生的变化，除去腥、膻、臊等不良气味，增加菜肴美味。五味调，百味鲜。烹调的全过程包含着"烹"与"调"两方面，一份菜肴必须经过调味来确定它的口味。调味得宜，味差的原料也能成为美味的佳肴。

▲调味的基本方法

（1）烹制前的调味。原料在烹制前调味的主要目的是：加热前进行调味使原料先有一个小的基本味，也能解除一些原料的腥、膻气味。例如某些动物性的原料，先用盐、料酒、香料、酱油、水豆粉等码味、码芡或挂糊。

（2）定味调味。调味的第二阶段，即正式调味，一般的都是在加热过程中调味。通过这一阶段的调味，决定一份菜肴的正式口味。绝大部分菜肴都需要这种调味方式。有些炒、爆、熘的菜肴烹调要求火候大或速度快，往往还需要根据要求把一些调味品事先在碗中兑好，在烹制中掌握恰当时机放入。这种把调味品事先在碗中兑好的混合调味品，饮食行业内又称为"滋汁"，这种调味的方式亦是加热过程中调味的"预备调味"，都属于定味调味的范围。

（3）辅助调味。即调味的第三阶段，加热后的调味。有些菜肴因加热前不能完全调味，必须在加热后进行辅助调味，使菜肴最后（成品）的口味完满无缺，尽善尽美。

（4）一次调味。菜肴在烹制中，一次加入调味品就能完成菜肴调味的，称为一次调味。例如粉蒸肉、咸烧白、清蒸全鸭及凉菜、拌菜等。

（5）调味的基本原理。准确、恰当、相宜地运用各种调味方法是烹调技术的基本要求。各种烹饪原料的质地、形态、本味都不同，各地方口味的要求也不同。即便是同一类的烹调方法，在具体操作上也各有差异。因而在掌握菜肴的调味方法、口味的种类、调味品的数量、加放的时机上都需要准确、恰当、相宜。

确定口味，准确调味。首先要确定一份菜肴的正确口味，再根据原料性质，质地老嫩，应用什么相宜的复合味来烹制。这一复合味应该使用哪几种单一原味，每一种单一原味的作用，每一种单一原味的用量多少等都应掌握准确。

掌握调味品的性能和质量。每一种调味品都具有其本身的性质和作用。如白酱油与红酱油，白酱油咸鲜，红酱油甜咸；白酱油提味，红酱油提色。又如醋和糖醋，一是酸醇，一是甜酸；一个用于加热过程中调味，一个用于凉拌菜类菜肴的调味。

根据原料的性质。烹调中对不同性质的原料采取不同的调味品。如鸡、鸭类及新鲜蔬菜等，本身就具有鲜的滋味，烹调时一般保持其本身鲜味，口味不宜过重。太甜、太咸、太酸、太辣则将鲜味掩盖，反而不美。腥、膻、臊等异味较重的原料如牛肉、羊肉、鱼类等，即要酌情多加一些能除去腥、膻、臊等异味的调味品。原料本身无大鲜味的菜肴如鱼翅、海参、燕窝等原料就必须加入滋味鲜美的鸡、火腿、口蘑、鲜汤等，以补助其滋味的不足。

适合各地的口味。由于各地区的气候、出产和饮食习惯不同，各地都有其独特的口味要求。如山西、陕西喜吃酸；湖南、四川、云南喜香辣；江浙则喜吃甜与清鲜；而河北、山东、东北等地又喜吃咸与辛辣。这也是构成地方菜肴特色的主要原因。

结合季节的变化和食者具体情况。人的口味常随季节的变化、气候的冷热而有不同的要求。热天喜食口味较清淡的，冷天则喜食口味较浓香、肥美的菜肴。甚至一天的三餐对味的需求都有差别。孩子、青年、老人或病人、脑力或体力劳动者对口味都有不同的要求。应根据具体情况予以适当调味。饮酒时菜肴应清淡，佐餐时菜肴应较浓厚。

调味的意义。确定菜肴的口味，除异解腻，增加美味，融合各种原料的滋味，使菜肴更加多样化，突出地方菜肴风味的主要标志，美化菜肴的色彩。

▲基本味

基本味就是单一原味。两种以上的叫复合味。有些地方又称基本味为"母味"。菜肴的口味千变万化，非常复杂，但都是由几种基本味复合而成的。

（1）咸味。咸味主要是食盐（氯化钠），它是基本味中的主味，也是各种复合味的基本味。食盐对维持人体的正常生理机能、调节血液渗透压有重要的作用。一般讲调味时都是在咸味的基础上，根据各种菜肴的要求加甜、加酸和加麻辣来丰富菜肴的味道，这是调味的基本方法。烹调中，咸味不仅能突出原料的香鲜味，还有去掉原料中的异味、解腻和提鲜的重要作用。

（2）甜味。甜味按其实际用途而言，仅次于咸味。甜味可分为天然甜味和人工合成甜味。一般的糖类、多元类氨基酸中的甘氨酸皆有甜味。但在菜肴中一般是采用天然的甜味剂。烹调中，甜味也是能够独立调味的基本味。主要用于增强菜肴的鲜味，并有调和诸味、提鲜、解腻、抑制菜肴原料苦涩的作用。

（3）酸味。酸味是部分菜肴中不可缺少的味道，尤其是烹调鱼类原料时更为重要。酸味可分天然酸味剂和人工合成酸味剂。天然酸味剂主要是在食物中存在的有机酸，如柠檬酸、苹果酸、酒石酸，以及由食品发酵产生的乳酸、醋酸等。人工合成的酸味剂有延胡索酸、葡萄糖酸等。酸味能给味觉以爽快的刺激，以促进消化、吸收。酸味中常用的酸含有氢离子，能刺激味觉。它具有增鲜、除腥、解腻的作用。同时，还可以促进食物中的钙质和氨基酸类物质的分解，减少维生素的破坏，提高食物滋味，增进食欲。烹调时，不论是咸酸味、酸辣味或酸甜味等，都一定要在咸味的基础上，才能表现出酸味的风味。

（4）辣味。辣味分辛辣和香辣两种。辣椒含有辣椒碱，姜含有姜辣，胡椒含有椒碱、胡椒脂碱，蒜中含有蒜素，属于辛辣的范畴，由此构成了食物的辛辣味。菜油、花椒油等与辣椒面加工成辣椒油就具

有香辣味。辣椒在菜肴的调味中是刺激性最强的味道，可以刺激食欲和帮助消化。烹调中辛辣有增香、解腻、去异味的作用。

（5）麻味。麻味是川菜中的特殊味道。花椒性涩、味麻，能解毒、杀虫、健胃、促进食欲，帮助消化。它含有精油，油中成分为枯醇、柠檬油醛等，气味清香，麻鲜味浓。在烹调中有去异味，解腥去腻，提鲜的作用。花椒与辣椒经常配合使用，使麻辣结合，就更富有鲜香。

（6）鲜味。鲜味是能使菜肴风味增强的物质。常用的有谷氨基酸钠、天门冬氨酸钠、肌苷酸钠及乌苷酸钠等。调味品中的味精、酱油中均含有谷氨酸钠。

（7）香味。香味的种类很多，主要调味品有绍酒、醪糟汁、姜、蒜、芝麻、芝麻酱、麻油、菜油、花生油、化猪油、桂皮、丁香、小茴香、胡椒、白豆蔻、草豆蔻、草果、八角、三柰、陈皮、兰花、玫瑰、广香、食用香精等。这些原料含有醇类、醛类、酮类、酯类、酸类等可挥发出来的芳香物质。这些原料通过烹制后散发出来的各种芳香气味，不仅能增强菜肴的各种香味，而且还有去腥、解腻的作用。

（8）苦味。有部分植物原料含有自然性苦味。如苦瓜、慈竹笋、贝母、白果、杏仁、陈皮等，就属于自然带有苦鲜味的原料。烹调时不将苦味全部除掉，然后和其他辅料一起制作，成菜后菜肴保持有相宜的苦鲜味，形成独特风味。

（9）冲味。含冲味的原料有芥末粉、冲菜。用这些原料制成冲味菜别具一格。冲味在引诱和刺激食欲方面作用很大，和其他调味的配合一般没有冲突，特别适宜与酸味相配合。冲味的制作关键是制作芥末糊。芥末糊制作得好，冲味大，效果就佳。

🄝 烹饪方法

京、鲁、川、粤、湘、皖、闽、苏八大菜系，辅以品目繁多，价廉物美的风味小吃，汇成源远流长的中国菜。

中国菜的烹调方法，常用的有五六十种，根据操作方法的不同，可以分为八大类：

▲炒、爆、熘

炒、爆、熘的共同特点是时间短、速度快、旺火速成、口味变化大。

（1）炒。炒是最基本的烹调技术，是应用范围最广的一种烹调方法。炒分为生炒、熟炒、滑炒、清炒、干炒、抓炒、软炒等。

生炒　生炒的基本特点是生料不论是植物性的还是动物性的，必须是生的，而且不挂糊和上浆。

生炒的关键是要"热锅凉油"，就是把空锅烧热，倒入油涮一下锅后，立即下生菜煸炒，如炒肉类菜，这样炒就不易粘锅和煳锅。炒菜时，什么时候下葱末、姜末相宜，要视火力大小，分不同阶段。生炒菜多用新鲜蔬菜作配料。为保持蔬菜脆嫩、碧绿，最好先炒肉类主料，并且用适当的调料拌炒入味。再另用一锅，放适量的油烧热，拌炒蔬菜，下入盐、味精；蔬菜略炒透即倒入炒好的肉类主料同炒数下即成。

熟炒　熟炒原料必须经过水煮等方法制熟，再改成片、丝、丁、条等形状，而后进行炒制。熟炒的调料多用甜面酱、酱油、豆瓣辣酱等。配料一般多用芹菜、韭菜、蒜薹、大葱、蒜苗、大辣椒等。熟炒的主料主要是片、丝、丁，其片要厚，丝要粗，丁要大一些。熟炒菜因调料多用酱类，因此具有浓郁的酱香味。

滑炒　滑炒所用的主料是生的，而且必须先经过上浆和油滑热处理，然后才能与配料同炒。滑炒的主料多用鸡、鱼、虾和瘦肉。主料加工成形后，需用鸡蛋清、湿淀粉和各种调料上浆，以保持原料的性状，使主料烹制后具有滑、嫩、爽的特点。滑炒要掌握热锅温油滑主料，并分散下料这一要点。在炒制时，下入芡汁后要迅速翻炒，使芡汁包住主料、配料后，即可出锅，切不可过分翻炒。

清炒　清炒与滑炒基本相同，不同之处是不用芡汁，而且通常只用主料而无配料，但也有放配料的。清炒菜因无配料相衬，故要求主料新鲜细嫩，加工要均匀，长短一致，粗细一样。清炒菜的主料大多应上浆。清炒菜多呈红、白二色，口味多是咸鲜味，清爽利口而不黏糊成团，盘底无汁而只有薄油一层。

干炒　干炒又称干煸。就是炒干主料的水分，使主料干香、酥脆。干炒和生炒的相似点是原料都是生的，不上浆，但干炒的时间要长些。

干炒的操作要点，一是炒前一定要将

锅烧热并用凉油涮一下，再倒入适量底油烧热，下入主料煸炒。二是要掌握好火候，开始火大，往后渐小。三是在炒制的主料量大时，可先将主料用调料腌一下，再用油缓炸，去掉部分水分，再加调料、配料同炒而成。

抓炒　抓炒是抓和炒相配合，快速地炒。将主料挂糊和过油炸透、炸焦后，再与芡汁同炒而成。挂糊的方法有两种，一种是用鸡蛋液把淀粉调解成粥状糊；一种是用清水把淀粉调解成粥状糊。

抓炒菜的要点是用油炸原料时要分散下入，以免粘连成团，同时油的温度不宜过高，要尽量使其色泽一致。

抓炒菜兑的芡汁，要依料而下。芡汁多，会把主料埋没，有喧宾夺主之感；芡汁少，不能包住原料，达不到口味要求。故芡汁的多寡、稀稠一定要恰到好处，以能包住原料又不黏糊为好。

软炒　软炒是将生的主料加工成泥茸，用汤或水溶解成液状（有的主料本身就是液状），再用适量的热油拌炒。成菜似棉，松软如雪。

软炒的操作要点：一是用汤或水调解主料时，不要加味，不能用力搅拌，加汤或水也不可过量。二是软炒因主料形态特殊下锅后遇热容易挂锅边，故推炒时要快而稳，使其均匀受热凝结，如仍有些挂锅边，可顺锅边加少许清油，再行推炒，至凝结好即成，但也不可过分推炒，以免脱水变老。三是软炒主料下锅前要轻搅一下，以防淀粉沉淀而影响菜的质量。

（2）爆。爆就是原料在极短的时间内经过沸汤烫或热油速炸（也有用油温较高

新世纪老年百科全书

的底油速炒的）再与配料同炒，迅速冲入兑好的芡汁快速翻炒。爆的特点是旺火速成。

油爆　油爆就是用热油爆炒。油爆有两种烹制方法，一种是主料不上浆，用沸汤烫一下即刻捞出除水，放入热油中速炸，炸后再与配料同炒，继之放入兑好的芡汁速炒；另一种是主料上浆后，在热油锅中速炒，炒散后，除去部分油，下入配料，冲入芡汁速炒。

油爆菜肴多保持原料的本色，故调料中不用酱油、糖。芡汁包住主料使菜肴油润发亮，食之脆嫩，味稍带微酸，并咸中有鲜，鲜中有香，清爽不腻。

芫爆　芫爆与油爆相似，不同的是芫爆的配料必须是香菜，因此而得名。

芫爆菜多是原料的本色，调料中不用酱油、糖，以香菜为配料，菜肴白绿相间，色彩雅致，浓郁芳香，并有胡椒面的香辣味。

酱爆　酱爆就是用炒熟的酱类（甜面酱、黄酱、酱豆腐）爆炒原料。

酱爆菜肴的炒酱是关键，炒酱时要视酱的稀稠（水分的多少）和味的咸淡加入适当调料。酱和油的比例要适当，油多不易包住主料、配料，油少易粘锅，以油和酱融为一体，酱中含油最好。酱一定要炒透，白糖不宜过早下锅，待菜肴快好时再下白糖。酱爆菜肴多为深红色，油光发亮，味咸中有香，咸甜适口。

葱爆　葱爆就是用葱和主料一同爆炒。葱爆的主料既不上浆、滑油，也不用开水烫，而是用调料调好味与葱爆炒而成。

葱爆菜肴必须是旺火，热锅热油，快速爆炒。葱爆菜肴的主料多是羊肉、牛肉，配料必须用葱，故有浓厚的大葱香味，以秋后食之为宜。

汤爆、水爆　汤爆和水爆很相似。把主料（鸡胗、鸭胗、猪肚仁等）先用开水汆至半熟后，冲入调好味的沸汤，即为汤爆；如果冲入沸水，即为水爆。水爆菜肴在食用时另蘸调味品。

汤爆、水爆的关键是汆制原料。汆制时，汤或水一定要宽，火一定要旺，使之滚开，这样才能保证原料下锅略汆即熟。如果时间长，原料会发老；时间短，火不旺汤不开，原料汤有血色并有腥膻气味，影响菜肴的质量。

汤爆、水爆菜肴多是咸鲜味，也可用胡椒面、香菜调成香辣味。食之脆嫩利口，宜在秋后食之。

（3）熘。熘在旺火速成方面与炒和爆相似。不同的是熘菜所用的芡汁比炒菜、爆菜多，原料与明亮的芡汁交融在一起。熘菜的原料一般为块状，甚至用整料。熘的方法有多种，从制作方法上分有焦熘、滑熘、软熘等；根据调料上的区别，又有醋熘、糟熘。

焦熘　焦熘又称脆熘。焦熘是将经调料腌渍过的主料挂上淀粉糊，炸至酥脆，再用较多的芡汁熘制。

它的主料酥脆，芡汁变化多样，北方的多为深红色或深黄色，味咸鲜稍酸；南方的多用番茄汁和番茄酱，故色深红，味酸甜咸鲜，或略带辣味。

滑熘　滑熘由滑炒发展而来，是北方常用的一种烹调方法。它与滑炒的不同之处是所用的芡汁较多。

上浆和滑油是滑熘的关键，主料一定要用鸡蛋和淀粉浆好，并用温油滑好。滑熘芡汁的浓淡要适宜，汁多而稠，主料不突出；汁少而淡，会成为滑炒菜。

软熘　软熘是将主料经过滑油（有经蒸、煮、汆等方法处理的），再加芡汁熘制的一种烹调方法。软熘的主料有流体状的和固体状的。软熘菜不论是什么口味，其主料都应柔软细嫩，口味清淡。

醋熘　醋熘的制作方法与软熘基本相同，仅调料上有所差别，即醋的比例较大，成菜酸味突出。

醋熘菜肴色金黄油亮，味微酸，咸鲜香嫩，清淡爽口。

糟熘　糟熘是在调料中加入香糟汁的

一种熘制方法，成菜有浓郁的香糟味。香糟汁的配制是糟熘菜的关键，家庭制作糟熘菜时，如无条件配制香糟汁，也可用料酒代替，其味尚可。

糟熘菜多为白色，质软而嫩，味鲜略甜，有浓郁的香糟味。

▲炸、烹

饮食行业的行话："逢烹必炸。"烹和炸都属于旺火速成的烹调方法。炸是旺火、多油、无汁的烹调方法。烹则是先将主料用旺火热油炸（或煎一下），再以少量底油，放入主料，下入单一的调料烹制。再一种是以多种调味品兑成芡汁，先于锅中将汁炒透，再下入炸过的原料烹制而成。

（1）炸。炸有清炸、干炸、软炸、酥炸、面包渣炸、纸包炸、脆炸、油淋炸等。

清炸 清炸是原料本身不挂糊，不拍粉，只用调料腌渍一下，再用旺火热油炸制。

各种地方菜均有清炸，方法大同小异。清炸的共同特点是具有一种特殊的油脂香味。清炸多配以花椒盐和各种爽口的蔬菜。

干炸 干炸就是炸干原料的水分（或炸去原料部分水分），使原料内外干香酥脆。干炸的原料也是先经调料拌腌，再拍沾适量干淀粉（或玉米粉），放入油锅炸之。

干炸和清炸在时间、火力上都有区别。干炸时间要长一些，火力要有变化，开始旺火，中途改温火或小火，使炸制品原料里外一致。由于原料形态不同，干炸有一次炸成和两次炸成的，因菜、料而异。干炸菜肴原料失水较多，食之干香可口。

软炸 软炸就是原料经过调料拌腌后，挂一层薄鸡蛋糊，再下油锅炸制。软炸的主料在用调料拌腌前应先用洁布揩干水。拌腌的味不宜重，味淡可用花椒盐调配。

软炸菜肴多分成两次炸制而成。软炸所用的糊，有全蛋调制、蛋清调制，还可将蛋清拍打成蛋泡状，与面粉调制成高力糊（蛋泡糊）。

软炸菜肴的色泽或金黄、或乳白、或雪白。食之糊酥而脆，主料软嫩鲜香。蘸花椒盐食之味更美。

酥炸 酥炸有两种，一是主料挂专用的酥炸糊，炸后糊酥松，主料细嫩。二是主料先经蒸、卤至熟烂，再挂少量鸡蛋糊用热油炸制，炸后糊酥主料烂。酥炸糊膨

胀性大，故主料挂糊要薄厚均匀。炸后的菜肴外皮松酥，主料鲜嫩，味咸鲜可口。

面包渣炸 面包渣炸的主料一般是加工成较厚的片状，先用调料拌腌，再沾匀面粉及鸡蛋液，最后再滚沾一层面包渣炸制。

此烹调方法多用于西餐。菜肴炸后色泽金黄，食到口中松酥发脆，主料酥香细嫩。

纸包炸 纸包炸，用江米纸或玻璃纸包裹经调料拌腌过的主料，再用油炸制。纸包炸法的主料能保持原汁原味，非常鲜嫩。

（2）烹。烹的主料有挂糊和不挂糊两种。以鸡、鸭、鱼、虾、肉类为主料。一般是挂糊后用旺火热油先炸一遍，锅内留少许底油烧热，下入主料，冲入单一的调味品烹制（不用淀粉），或是用多种调味品兑成芡汁（有淀粉），用少量底油将汁炒浓，下入炸好的主料，翻炒数下即成。

烹是旺火速成的烹调方法，操作时间短，速度快。因此，烹汁的量必须掌握好，以烹制时主料能把汁"吃"尽或汁将主料全部包住为好。

"逢烹必炸"是指属鸡、鸭、鱼、肉类原料，用蔬菜烹制的菜肴就不需热油炸，如"醋烹洋白菜"、"椒油烹苋菜"等，是将原料直接下锅煸炒，待原料快熟时，烹以调料即成。

▲煎、贴、瓤

这几种烹调的操作方法比较相近，多用中火或小火，煎有时用旺火。

（1）煎。煎是先把锅烧热，再以凉油涮锅，留少量底油，放入原料，先煎一面上色，再煎另一面。煎时要不停地晃动锅，以使原料受热均匀，色泽一致。

煎的种类很多，有干煎、煎烹、煎蒸、煎焖、煎烩、煎烧、糟煎、汤煎等。

干煎 干煎的主料必须加工成片状或泥茸状。煎前要经各种调料拌腌，再挂鸡蛋糊或拍粉挂蛋液煎之，煎后即可食用。

煎烹 煎烹是由煎和烹两种方法结合而成。一般是将原料先用旺火煎，再用适量的调料（汁）烹制。

煎与烹密切相连，又是旺火速成（仅此法特殊），故菜肴鲜嫩。又因无芡无汁，故清爽利口。并含有浓郁的洋葱和辣酱油的香味。

煎蒸　煎蒸就是原料经煎后，再放各种调料调好味放入蒸之。

煎焖　煎焖就是原料经煎后在锅内放入调料和汤，盖严锅盖，用小火焖至料烂汁尽。

此法的关键是掌握好汤汁的量，以及火力和焖的时间。一般就用小火，汤汁以和主料相平为宜。煎焖的菜肴味浓厚，鲜嫩异常，保持原味。

煎烧　煎烧是南方常用的一种烹调方法。一般是用来制作丸子。所以，原料以末状为主。

煎烧时，因主料是末状，必需煎好一面再煎另一面，翻动要轻，以免弄碎丸子，主料下锅后，待汤沸再改用慢火烧。

煎烧的菜肴多是色泽浅黄，入口即化。

糟煎　糟煎是在主料煎后放入香糟汁及少量的汤烧制。

糟煎的原料在煎时不可上色过重，下入香糟汁后待汤汁将尽或汤汁裹覆主料上即可。

糟煎菜肴色金黄，质地软嫩，味微甜，带浓郁的糟香气味，食之淡雅利口。

汤煎　汤煎就是原料经煎之后，冲入沸水再烧开。

（2）贴。贴有两种，一种是主料下锅后贴在锅面煎成金黄；另一种方法是将几种相同的原料用蛋糊粘在一起，或是加工成泥茸状，再下锅煎之。贴只煎一面，故菜肴一面焦黄香脆，一面鲜嫩。

贴只煎一面，要掌握好火力，油温要适度，要不停地晃动锅，并往上面浇油，使原料在锅内不停转动均匀受热。浇油淋炸可使原料上下同时熟透。

此法从加工到制作都比较精细，有较美观的外形。贴后的菜肴外酥脆里细嫩，味咸鲜。

（3）瓤。瓤是把配的主料加工成泥茸状或丁状、丝状，作为其他原料的瓤（馅）。瓤可称为是一种制作方法。也可称为是一种烹调方法。但瓤只有和其他几种方法互相组合才能成为一种烹调方法，如烧瓤、扒瓤、煎瓤等。

瓤所用的馅，要搅拌上劲，使瓤不再渗出调料或水，以免瓤后不成形。瓤有荤素之分，有多种原料的瓤。因此，制作精细，有较美观的外形。其味多以咸鲜为主。

烧、焖、煨、焗、熇、扒、烩

烧、焖、煨、焗、熇、扒、烩，这几种烹调方法的共同点是烹调时间较长（五六分钟到几个小时），使用的火力较小，汤汁也较多。

（1）烧。烧制菜肴的主料必须先经过一种或一种以上的热处理之后，再放汤（或水）和调料，用大火烧开，再改小火慢烧。由于烧制菜肴的口味、色泽不同，以及成菜汤汁的多寡，又分为若干烧法。有红烧、白烧、干烧、酱烧、葱烧、辣烧等。

红烧　红烧菜因成菜多为红色（深红色、浅红色）而得名。红烧的原料是先经过炸、煎、煸、蒸、煮等法处理，再加汤和调料，用大火烧开后，再用小火慢烧，使味渗入主料内，收浓汤汁或留适量的汤汁，再用水把湿淀粉调稀勾芡而成。

在主料经他种烹调方法（炸、煸、煎等）加工时，切不可上色过重，以免影响菜肴的色泽。烧制菜肴的汤汁直接影响原料的色泽，因此，下酱油、糖时，切不可过重。否则，会使成菜色发黑、发暗，味发苦。

红烧菜讲究原汁原味，放汤要适量，汤多味淡，汤少原料不易烧透，也易粘锅。红烧菜肴味浓而醇，以咸鲜为主，是下饭良菜。

白烧　白烧与红烧的区别在于烧制菜肴的调料和汤汁均为淡色或白色。白烧菜的主料一般都要经过煮、蒸、余、烫、油滑等法处理后再行烧制。白烧菜的色泽很重要，汤色纯白，上浮黄色鸡油，诱人悦目。

干烧　干烧又称大烧。干烧是指主料经过长时间慢烧，汤汁渗入原料内，烧得菜肴见油而不见汁（或汁很少）的烹调方法。

干烧菜的主料多用于鱼类，烧制时间较长，故炸制时上色不重，以防熟时发黑。干烧菜要烧尽汤汁，故放汤（或水）要适量（以漫过主料为宜）。同时，要注意火力的变化。

干烧菜多呈深红色，口味变化较大，有辣味（略带酸甜），有咸鲜味，配料种类较多，其共同点是口味浓厚。

酱烧　酱烧是调料以酱为主（甜面酱、黄酱、酱豆腐），用热锅热油把酱炒出香味，冲入汤，下入调料和主料的一种烹调

3
生活卷 ● 烹饪常识

方法。酱烧菜多将汤汁烧浓，不需勾芡。烧得菜肴有浓郁的酱香味。

葱烧　与红烧基本相同，只是以葱为主要配料（约占主料的三分之一）。葱段用热油煸炒出香味后，冲入汤，下入酱油、料酒、味精、白糖，与主料共同烧制。葱烧菜的关键是炒葱，炒葱应用中火，以老葱为好。葱烧菜色深红，葱味香浓。

辣烧　与红烧基本相同，只是所用调料多以豆瓣酱、辣椒糊、咖喱粉为主。辣烧菜以辣味为主，伴以酸味、甜味和咸味。

（2）焖。焖是从烧演变来的。焖菜的主料经油炸（或油滑、或火燎）后，再放适量的汤和调料，盖严锅盖，用小火将主料焖烂。焖有红焖和黄焖，二者的烹调方法和用料都一样，只是调料有所区别。红焖所用酱油和糖比黄焖多。红焖菜为深红色，黄焖菜呈浅黄。

因为焖菜是加盖焖熟，所以菜肴味浓厚而醇香，且主料软烂。其味多为咸鲜。

（3）煨。煨是用微火慢慢地将原料煮熟。煨制的主料要先经过水处理，再加入汤和调料，盖上锅盖，用微火煨之。

煨菜原料多用质地老、纤维质粗的牛肉、羊肉、野兔、鹅之类。煨制的原料熟烂，味醇而厚，汤汁甚美。

（4）焗。凡焗制的菜肴原料均先经调料拌腌，再过油，然后放适量的调料和汤，用较大的火加锅盖将原料焗熟。焗菜因采用的调料不同，有蚝油焗、陈皮焗、香葱油焗、西汁焗等。

焗制菜时火力较大，其主料亦需用调料拌腌入味、着色，故主料过油时上色不要太重。此外，焗制菜肴的汤汁较少，故在焗制时要常翻动主料，使其受热均匀，入味、上色一致。

焗制菜肴选料严（要求鲜嫩），所用调料别致，方法独特，其味甚佳。

（5）㸆。㸆综合了烧和焖的特点，原料经他种烹调方法加工烹制，再加适当的汤和调料，盖好锅盖㸆之。㸆的时间长短不一，从几分钟到十几个小时，直至汤汁㸆浓，使汁裹覆在主料上面即成。

㸆制菜肴多不用淀粉勾芡，如汤汁较多，可用旺火收汁。㸆应用得较广，可㸆制鸡、鱼、虾、肉类，特别是㸆质地坚硬较老的海味，效果更好。

（6）扒。扒是将经过其他方法烹制成熟的原料（整只的鸡、鸭，整棵的菜及大片的肉）切成形（或整只）后，放在锅内，加入适量的汤汁兑好味，晃锅勾芡，然后大翻锅（使菜肴整齐的一面朝上），出锅即为扒。扒有红扒、白扒、奶油扒、蚝油扒、五香扒等。其扒制方法一样，仅调料上有所区别。红扒多用酱油和糖来调色。

（7）烩。烩是汤和菜混合的一种烹调方法。烩菜的主料一般是片、丝、条、丁等形状，用葱、姜炝锅或直接以汤烩制（汤是原料的一倍或二倍），调味后用淀粉勾芡即成。烩的主料也有先经其他方法加工烹制，再改刀成形，而后烩制的。

烩制菜的原料，凡加工成片、丝、条、丁等形状的鲜嫩生原料，需经上浆、温油滑透再以汤烩之；凡经其他烹调方法加工成熟后改刀成形的原料，则不上浆，可直接以汤烩之。

烩菜的关键是勾好芡，要浓稀相宜，不可成疙瘩和粉块。如用清汤烩之，更要注意此点。

烩制菜肴汤汁较多，既可做汤又可当菜，清淡爽口。其味以咸鲜为主。

▲烤、盐焗、熏、泥烤

烤、盐焗、熏、泥烤这四种烹调方法，不是以油或水作为传热媒介将原料烹制成熟的，而是利用火的辐射或利用经炒过的某些食品加热把原料烹制成熟的。

（1）烤。烤是直接利用火的辐射热烤制原料的一种烹调方法。烤制的方法有暗炉烤、明炉烤、烤箱烤等。

暗炉烤　暗炉烤又称挂炉。就是把要烤的原料挂在钩上，放进炉体内，悬挂在火的上方，封闭炉门，利用火的辐射热将

原料烤熟。暗炉的炉体有用砖砌的，有铁桶制的，还有陶制的（缸）。暗炉多用

于烤制鸡、鸭、肉类原料。

烤制的菜肴有一诱人食欲的深红发脆的外壳，味甘香。

明炉烤 明炉烤又称明烤、叉烧烤。明炉烤用临时搭制的敞口火炉烤制食品。明炉烤有三种。一种是在炉的上面架有铁架，多用于烤制乳猪、全羊等大型主料。另一种是在炉上面放铁炙子，北京烤肉就是用这种炉子。再一种是用铁叉叉好原料在明火炉上翻烤。明炉多用木炭做燃料。许多地方的风味菜多采用明炉烤法。如四川"烤酥方"、"叉烧鸡"，广东"烤乳猪"，清真菜"烤全羊"，新疆的"烤羊肉串"等。

烤箱烤 烤箱的体积比烤炉小，所用的燃料有煤气、煤、电等。烤箱的火力不直接与食品接触，而是隔着一层铁板（烤箱内有两层铁架调节用火的强弱），所烤食品放在烤盘内，入烤箱烤制。烤箱适宜烤制一些形体小的鱼、肉、点心等。

（2）盐焗。盐焗就是把经调料腌渍的原料，用刷过油的纸包裹起来，然后埋入炒热的大盐粒中，用盐的热把原料焗熟。

（3）熏。熏是将卤熟（或酱、烧、炸）的原料用烧燃的香料之烟熏制的一种烹调方法。也有先把原料用烟熏制后，再用其他方法烹制的，如各种腊肉。熏所用的材料有花茶、松柏枝、黄豆、红糖、锯末、花生壳等。

熏制菜肴味浓郁，冷热食均可，用此法还可熏制鸡、鱼及野味等。

（4）泥烤。泥烤是将原料用调料腌渍后，再以生猪油、荷叶包扎，并用黄泥裹紧，然后放在炭火中将原料煨烤至熟的一种独特的烹调方法。用这一方法烹制的菜肴只有杭州的"叫花子鸡"一个菜，现在易名为"杭州煨鸡"、"杭州泥烤鸡"，是杭州的传统名菜之一。

▲▲ **汆、炖、熬、煮、蒸**

（1）汆。汆既是烹饪原料的初步热处理的方法（原料先经汆制后，再用其他烹调方法烹制成熟），又是一种烹调方法。汆是汤类的烹调方法之一。汆的原料多是加工成片、丝、花刀形或丸子形。汆的原料，有上浆与不上浆之分。汆后原料汤澄清见底为清汆；汆后原料汤色乳白为混汆。

汆制菜肴的原料多经上浆或加工成泥茸状搅拌成馅，其特点是原料嫩、爽、滑。

凡主料不上浆的汆制菜肴多脆而嫩，或酥而烂。

汆制菜肴多以咸鲜味为主，也可用胡椒面、醋调成的酸辣味。

（2）炖。炖是先用葱、姜炝锅，再冲入汤或水，烧开后入主料，先用大火烧开，再用小火慢炖。炖菜的汤多于烧菜的汤，炖以清炖为主，肉料外面不用湿淀粉包裹，如白果炖鸡、海带丝炖鸭等。有的炖菜，主料先用湿淀粉包上厚厚的一层，炸制后再加水炖，比如酥肉汤、四川农村九斗碗中的香碗汤等。

炖和烧基本相同，要求汤汁原味。因此，加汤加料要适量。炖菜调味，有先调后调之分，带色的（红色）多是先调味，清炖多是后调味。

（3）熬。熬和炖相似，熬的汤汁多，不勾芡。

熬制以蔬菜为主料时，加汤水要适量。因主料经调味后，可溢出一部分水，应避免汤汁过多。

熬制菜肴原汤菜，连汤带菜，味较香，质较烂。

（4）煮。煮和汆相似，但煮比汆的时间长。煮是将原料放入水中，先大火烧开，再用小火慢煮至熟。

（5）蒸。蒸就是把原料放入容器内，装入屉里（或放在水锅里盖好盖），通过加热产生高温蒸汽而使原料成熟的一种烹调方法。因其制作方法简便，火力易于掌握，所以，无论在饮食业还是在家中，采用蒸这一烹调方法比较普通。

采用蒸法所制的菜肴具有保持原汁原味，减少菜肴营养成分散失，保持原料原有形态的特点。因此，用蒸的方法制作的菜肴很多。

蒸制菜肴要选择新鲜的原料。因为，蒸制的菜肴取其原料的原汁原味，如果原料不新鲜，就会大大降低成品鲜味。

▲拔丝、蜜汁、糖水

拔丝、蜜汁、糖水，都是制作甜菜的方法。

（1）拔丝。拔丝是将白糖加油或水炒（熬）到一定的火候，然后放入炸过的原料翻炒而成，吃时能拔出细细的糖丝。

拔丝的关键是炒糖。炒有四种方法，即油炒、水炒、油水合炒、干炒。四种炒法所需时间不一，但将糖炒到能拔丝的程度是瞬间的事。因此，不论采用哪种炒法，都要掌握好火候。

拔丝菜肴的特点是有绵绵不断的糖丝，凉后外壳脆而甜，主料清香可口。

（2）蜜汁。蜜汁是把用糖和蜂蜜加适量的水熬制而成的浓汁浇在蒸熟或煮熟的主料上的一种烹调方法。

蜜汁的种类比较多，除用糖、水和蜂蜜配制的之外，还有用糖、水另加桂花酱、玫瑰酱、金糕、枣茸、椰子等配制的。

熬制蜜汁，切不可用铁锅。因为，铁锅熬汁，汁色暗而不透明。最好用铜锅或铝锅、不锈钢锅。

用此法烹制的甜菜，其味甜而香，主料质地较烂，有入口即化之感。

（3）糖水。糖水是将用冰糖或白糖熬成的糖水浇在经过蒸或煮的主料上的一种烹调方法。

熬制糖水以冰糖为好，糖和水的比例是 1000 毫升水用 250 克～300 克糖。糖水浓度可视口味习惯而定。

用此法烹制的甜菜，甜味适中，食之利口，特别是盛夏时节食用冰镇糖水甜菜，有解除油腻、清凉消毒的作用。

▲涮锅、什锦火锅、生片锅、砂锅

涮锅、什锦火锅、生片锅、砂锅都是汤、菜兼有的烹调方法。它们所用的主料，有的单一，有的多种。

（1）涮锅。涮锅，是用火锅将水烧沸，食者自己用筷子夹着切成薄片的主料在滚开的锅中涮熟，再蘸着自己调拌的味汁进食。

如涮羊肉，从调味到涮食，均由食者自理，调料、配料繁多，荤素搭配，食之不腻、不膻，别有情趣。

（2）什锦火锅。什锦火锅是把十几种

菜荤素搭配加工成熟的和改刀成形的主料整齐地码入火锅内，灌入煮好并调好味的汤，然后烧开食之。

什锦火锅味清淡，主料清爽利口。

（3）生片锅。生片锅又称酒精锅。是以生的鲜嫩鸡肉（雏鸡、鸡脯）、鱼肉（去骨）、虾肉（去壳）、猪里脊肉、牛里脊肉、鸭肝、腰片等为主料，与鲜嫩的菜叶、炸过的粉丝或龙须面等为配料。火锅内灌入兑好味的汤，点燃酒料，汤沸下入原料，汤略开即可食之。

生片锅的主、配料选择精细，食之鲜嫩，汤料咸鲜。

（4）砂锅。凡是用砂锅烹制的菜肴，统称为砂锅菜。

砂锅菜是一种用多汤慢火的烹调方法制作的菜肴，一般先用大火烧开，然后再改用小火使其微开。砂锅菜的特点是主料酥烂软嫩，汤味醇厚鲜美。

▲卤

卤就是用卤汁把各种菜品加工成卤菜。制作卤汁的原料有：冰糖、酱油、盐、料酒、葱、姜、花椒、八角、草果、桂皮、丁香等。先将菜油放在锅里烧热，再将配料（喜欢辣味的朋友可以加一点辣椒）放入炒出香味，加清水烧开制成卤汁。卤汁做好后，就可以根据自己的喜好来制作卤菜了，如：卤肉、卤排骨、卤鸡翅、卤凤爪、卤豆腐干、卤鸡蛋、卤鹌鹑蛋等。

（何定镛）

菜肴制作

❶ 家常中餐

做家常中餐可选用的材料很多，除了各种蔬菜、豆制品外，还有猪、牛、羊、

新世纪

老年

百科全书

鸡、鸭、兔、鱼、虾等，同时还包括各种面食和米饭等。

▲家常素菜

● 糖醋白菜

[原料] 白菜心。

[调料] 酱油、醋、味精、水淀粉、白糖、盐、姜末、香油。

[做法]

（1）先把白菜洗净，去水，除去菜叶不用，将嫩帮切成小长条，放少许盐腌一下，然后去水分。

（2）锅烧热放油，待油烧至七成熟时，将白菜条下油锅内余一下即捞出。油锅内仅留少许植物油；然后下姜末，加酱油、盐、味精、汤少许，再加白糖、醋，烧沸后勾上芡粉。最后，将过油的白菜条放入锅内翻炒，淋上香油，出锅装盘即成。

● 麻辣白菜

[原料] 卷心白菜。

[调料] 熟猪油、四川豆瓣酱、白糖、盐、酱油、味精、干辣椒末、花椒末、水淀粉、汤少许、香油。

[做法]

（1）先将菜洗净，用手掰成块。锅烧热后放入猪油，油热放入白菜煸透取出。

（2）乘热锅放少许油，下豆瓣酱炸，起泡后加一些汤，烧开，捞净豆瓣渣，加盐、糖、味精、酱油和白菜同烧于旺火上。烧烂后，稍勾薄芡，调入辣油搅拌均匀，起锅装盘。上面撒辣椒末和花椒末。

（3）可用铁勺或锅，放点香油烧热，将热油浇在干辣椒末和花椒末上即成。

● 海米烧白菜

[原料] 大白菜、海米（海产的虾去头去壳之后晒干而成）。

[调料] 猪油、盐、料酒。

[做法]

（1）先将白菜洗净，去掉老帮，顺切成长方块。

（2）在海米炒前用温热水浸泡。

（3）待猪油下锅，烧热后先下海米，然后下白菜煸烧。炒时见白菜变色变软即可稍加适量盐和料酒即成。

[特点] 色泽半透明，味鲜美，爽口。

● 醋熘白菜

[原料] 大白菜。

[调料] 姜末、白糖、醋、盐、水淀粉。

[做法]

（1）先将白菜去叶洗净，切成片。

（2）把锅烧热放油，先以姜末炝锅，然后放入白菜煸炒。炒时再放入醋、糖和盐。这时稍加少许汤或水，待白菜九成熟时，勾上一点淀粉芡即可。

[特点] 酸味为主，经济实惠，增进食欲。

● 鲜菇萝卜条

[原料] 鲜菇、白萝卜。

[调料] 白糖、料酒、盐、味精、水淀粉、香油。

[做法]

（1）先将鲜菇切成片，将白萝卜切成段，再切成条，在开水锅中煮熟捞出。

（2）取锅加油烧热后，先将萝卜条下油锅煎炒后，再放入鲜菇同炒几下。随后加汤、盐、料酒、白糖、姜汁等调料烧开，挪到小火上再烧。最后，再用中火，加味精，勾薄芡，轻推几下，淋香油，装盘即成。

● 烧萝卜块

[原料] 萝卜。

[调料] 花生油、酱油、淀粉、葱、姜、蒜苗。

[做法]

（1）先将萝卜洗净，切成滚刀块，葱、姜切成丝，蒜苗切成小段。

（2）把萝卜块在水锅中煮透，捞出；烧时注意不要盖锅盖。

（3）在锅内放油少许，烧热，下葱、姜、酱油和萝卜块。待入味，最后放入蒜苗，稍勾芡即成。

亦可将切好的萝卜块先过油炸透取出。而后起锅煸炒，加调料烧烂。

● 炒萝卜丝

[原料] 萝卜。

[调料] 虾皮、葱、姜、酱油。

[做法]

（1）先将萝卜洗净切成丝。

（2）待油锅烧热后，略炸虾皮，溢出香味时下葱、姜末及酱油，最后放萝卜丝煸炒至熟。

（3）还可预先泡一些细粉丝，在萝卜丝即将炒熟时放入粉丝，翻炒几下，调好咸淡即可。

● 生腌萝卜

［原料］心里美萝卜

［调料］糖、醋、盐、酱油、香油。

［做法］

（1）选好萝卜，带皮切成细丝或菱形片。用盐腌，使萝卜变脆，去掉腌出的水。

（2）加入适量酱油、醋、白糖拌匀。喜吃辣者，可以将熟油辣椒撒于拌好的萝卜丝上，喜麻味的还可撒少许花椒末。

［特点］酸、甜、脆。

● 蜜汁土豆

［原料］土豆。

［调料］白糖、淀粉、麻油。

［做法］

（1）先把土豆去皮，洗净切成三角块，用凉水浸泡一下。

（2）将土豆块过油炸黄、炸熟，取出放于盘中。

（3）取锅烧热，在热锅内放适量水，水开后加白糖烧开，不断搅拌糖汁，加入湿淀粉少许调节稠度，出锅前淋上香油，将勾好的蜜汁浇在炸好的土豆上即成。

● 炒土豆丝

［原料］土豆。

［调料］葱、干辣椒、菜油、盐。

［做法］

（1）将土豆去皮，洗净，切成粗丝，在冷水中漂洗几下，去掉一部分淀粉后，捞起来滴干水分；把葱切成节，干辣椒去蒂也切成节。

（2）待炒锅内的菜油烧至七成熟时，先下干辣椒、葱、盐炒（动作要快），当干辣椒变成棕红色时，倒入土豆丝，迅速翻炒至熟，起锅即成。

［特点］土豆丝脆，味带微辣，吃饭佐酒均可。

● 桂花土豆

［原料］土豆、鸡蛋。

［调料］菜油、盐、葱、味精。

［做法］

（1）将土豆去皮，洗净，切成长方条，入碗加盐、味精、油拌匀，上笼用旺火蒸至熟取出，晾干蒸汽。

（2）鸡蛋去壳入碗放盐、葱花、味精搅散。

（3）把炒锅置旺火上，下油烧至三成熟，倒入搅散的鸡蛋，不断搅动、翻炒至

呈桂花状，倒入土豆搅匀起锅即成。

［特点］色美形似桂花，味咸香宜人。

● 煎茄排

［原料］茄子。

［调料］鸡蛋、面粉、胡椒面、盐。

［做法］

（1）将茄子洗净切成片，加盐、胡椒面，并撒匀面粉。

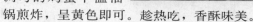

（2）把鸡蛋调匀，用茄片裹一下调匀的鸡蛋下温油锅煎炸，呈黄色即可。趁热吃，香酥味美。

● 鱼香茄子

［原料］茄子。

［调料］姜、蒜、葱、泡红辣椒、盐、酱油、白糖、醋、水淀粉。

［做法］

（1）将茄子去蒂，洗净，切成长方条，姜、蒜切成末，葱切成细花，泡红辣椒剁细。

（2）待炒锅内的菜油烧至七成熟时，先将茄子下锅炒一炒，然后下泡红辣椒、酱油、盐、姜、蒜及汤入锅烧，最后下葱花、白糖、水淀粉收汁，起锅加醋即成。

［特点］有汁有味，鲜香可口。

● 脆皮茄子

［原料］嫩茄子、鸡蛋。

［调料］姜、蒜、干细豆粉、葱丝、泡辣椒、酱油、蒜丝、水淀粉、白糖、藿香叶、盐、醋。

［做法］

（1）将茄子洗净，去蒂，去皮，切成两片，皮面斜割成"十字花刀"；藿香叶洗净切细，鸡蛋、盐、干细豆粉搅成蛋豆粉。

（2）用酱油、白糖、醋、汤、水淀粉搅成滋汁。

（3）把菜油入锅置于中火上，烧至六成熟，将茄子抹上蛋豆粉，逐一放入锅内炸至皮酥呈金黄色时，捞于盘中摆好；锅内留油，放入姜、蒜、辣椒炒出香味，烹入滋汁搅匀，沸后淋在茄子上，再撒上和匀的葱、藿香即成。

［特点］色泽金黄，外酥内嫩，汁浓味鲜，别有风味。

● 炒油菜

［原料］油菜。

［调料］酱油、葱、姜、盐、味精。

［做法］

（1）将油菜洗净，切成段。

（2）把锅内的食油用旺火烧热，放入姜末、葱段，随即下油菜略加翻炒，再放入酱油和适量的盐、味精，即成。

● 鱼香油菜薹

［原料］油菜薹。

［调料］酱油、白糖、大蒜、豆瓣、泡辣椒、姜、葱、醋、水淀粉、盐、味精。

［做法］

（1）取油菜薹鲜嫩部分，撕去茎皮，折成段，洗净去掉水分；把豆瓣、泡辣椒分别剁细，姜、蒜切成细末，葱切成细花。

（2）将油锅烧至极热，放入少许菜油，将油菜入锅煸炒，略熟盛起待用。

（3）再把菜油入锅烧热，将豆瓣、泡辣椒和煸过的油菜下锅合炒。另将酱油、盐、醋、白糖、葱花、姜蒜末、水淀粉和清汤兑成芡汁，浇上炒匀即成。

● 拌芹菜

［原料］芹菜。

［调料］盐、味精、香油、醋。

［做法］

（1）选择嫩的芹菜茎去筋洗净，切成小段。把切好的芹菜放在漏勺中在开水锅中焯一下（注意火候，保持脆嫩）。捞出后在凉水中冷却，去掉水分装入盘内。

（2）加盐、味精、香油调匀，加少许醋。也可同时加进虾子或海米（发泡过），喜吃辣味可加熟辣椒油拌匀。

● 海米炒芹菜

［原料］芹菜、海米。

［调料］盐、味精、料酒、葱、姜。

［做法］

（1）选用较嫩的芹菜，洗净后切成段；海米用热水泡透。

（2）在炒锅内放植物油（或熟猪油），用旺火烧到八成熟，放入葱、姜末炝锅，再放入泡好的海米同炒。随后放入芹菜、盐、味精、糖、料酒，略炒即成。

另外，芹菜还可同胡萝卜丝、豆腐干丝一起炒。做时，胡萝卜丝与芹菜段同时下油锅煸炒。喜辣味，可加豆瓣酱。

● 拌菠菜

［原料］菠菜。

［调料］盐、麻酱、味精、香油、虾皮、芥末、糖、醋、辣椒油。

［做法］

（1）将菠菜除去黄叶、顶花，洗净，用开水焯一下后挤去水分，切成小段，放入盘中。

（2）如用虾皮同拌，先将虾皮在开水中略泡一会儿，然后加盐、糖、味精、醋、香油，称之"海米拌菠菜"。如吃"芥末拌菠菜"，即将芥末加少许水以顺时针方向不停搅转，充分使芥末油挥发香味后倒在焯好的菠菜上，再加适量盐、麻酱拌匀即可。喜吃辣味的可加辣椒油。

● 冬瓜盅

［原料］冬瓜一个，要求圆整。

［配料］各种馅心。

［做法］

（1）将冬瓜去皮，切下瓜盖，去净瓜子和瓜瓤。

（2）用熟火腿、熟鸡肉、鸡肫、干贝、小淡菜、虾皮、冬菇、口蘑、虾仁、栗子、白果、红枣、鲜笋等，任选几种，拌和后放入瓜内。

（3）调好汤汁，灌入瓜内，达八成满，盖上切去的瓜盖，放在大容器中，上笼蒸约半小时即成，注意随蒸随吃。

［特点］一瓜多味，营养丰富。此菜又名"八宝冬瓜盅"。

● 红烧冬瓜

［原料］冬瓜。

［调料］酱油、盐、水淀粉、葱、姜、蒜。

［做法］

（1）将冬瓜去皮去瓤，洗净切成长块，在开水锅中煮至八成熟，捞出，去掉水分。

（2）将酱油、盐、葱花、姜末、蒜片、水淀粉共同在一小碗内搅拌均匀。

（3）在锅内放油少许，烧热，下调料汁和冬瓜翻烧，出锅时淋上香油即可。

● 拌黄瓜

［原料］黄瓜。

［调料］糖、醋、香油、姜末、辣椒油。

［做法］

（1）把米醋和白糖同在

碗中调匀成糖醋汁。

（2）选择嫩黄瓜，洗净去首尾部，用刀拍破后切成块，放在盘内。

（3）撒上姜末，淋点香油再浇上糖醋汁，拌匀即可。喜吃辣味的可加上辣椒油。

● 干烧扁豆

[原料] 嫩扁豆。

[调料] 虾皮、盐、味精、白糖、葱、姜、料酒、香油。

[做法]

（1）将扁豆掐去两头，撕去老筋，掰成段。

（2）取锅烧热放油，八成熟时放扁豆下锅煸，表皮一起小泡就可以捞出，去掉油。

（3）在锅内留油少许，用中火，放虾皮、姜末煸炒。少刻即放入煸好的扁豆，烹上料酒，加入味精、盐、白糖和适量的汤，改用旺火，待水分已收尽，撒上葱花，淋上麻油即成。

● 炒西红柿

[原料] 西红柿。

[调料] 酱油、白糖、葱、盐、蒜。

[做法]

（1）将西红柿洗净，用开水浸烫后去皮去籽，用手撕成块。

（2）在锅内放油，旺火烧热，用葱花、蒜片炝锅，随即放入西红柿翻炒，再放入盐和白糖略炒即成。

● 海米烧莴笋（青笋）

[原料] 莴笋、海米。

[调料] 熟猪油、葱末、酱油、料酒、白糖、味精、水淀粉。

[做法]

（1）把莴笋削皮，切成长方形片，然后在开水锅中焯一下后捞出待用。

（2）将锅烧热后放熟猪油，先下海米，炝葱花，放笋片煸炒，然后烹料酒，加适量酱油、味精和糖等调料翻炒。少时即可勾薄芡、淋明油、出锅。

● 麻辣莴笋

[原料] 莴笋。

[调料] 干红辣椒、盐、酱油、花椒、味精、麻油。

[做法]

（1）将莴笋去皮洗净，切成长条，放碗内用盐腌拌；红辣椒去蒂去籽，剁成细末，花椒少许用刀压碎。

（2）把腌好的莴笋去净水取出，放在盘中。将锅烧热，下麻油，再将麻辣椒、花椒末下锅炸出麻辣味，加少许盐、味精和酱油略烧，即可出锅，浇于莴笋上拌匀即成。

● 糖藕

[原料] 藕、糯米。

[调料] 白糖、荷叶、食用碱、水淀粉。

[做法]

（1）先将藕内外洗净去节，切下藕头留做盖用；糯米淘净。

（2）从切口处向藕的眼里灌糯米，全部灌满后，用竹签把藕头连接上。

（3）把灌好糯米的整藕放在锅内的清水中，水要漫过藕，加少许食用碱，扣上荷叶。烧开后以小火煮。煮烂后取出，削去皮，用刀横切成片，整齐地码在碗内。撒上白糖，盖上盖子再上笼蒸约半小时，取出放入盘中。

（4）取锅置于旺火上，加少量水熬白糖。等糖熬化，以湿淀粉勾芡（芡不要太稠），浇在藕片上即可。若再撒上一些桂花则味更香更浓。

● 荷包青椒

[原料] 青椒。

[调料] 酱油、醋、糖、姜末、豆豉。

[做法]

（1）青椒洗净去蒂去籽，保持青椒完整。

（2）将锅烧热，投入青椒，用勺把青椒压扁，在锅里

炕。炕至青椒呈现黑点状时，端锅于火旁，稍停片刻。

（3）再把锅置于旺火上，倒入熟花生油、豆豉、酱油、白糖、姜末同炒拌匀。最后再上一点醋，略炒即可出锅。

[特点] 青椒完整不碎，形似荷包故而得名。

● 干煸黄豆芽

[原料] 黄豆芽、蒜苗。

[调料] 盐、味精、白糖、辣椒、香油。

[做法]

（1）将黄豆芽洗净，去掉根须，去掉

水分。

（2）在锅内放油烧热，下黄豆芽煸干水分后盛出。

（3）另起油锅，炸一下剁好的辣椒末，再放入黄豆芽和调料翻炒。快熟时，加入蒜苗段，并淋上少许香油，炒翻少时即成。

● 芥末拌绿豆芽

［原料］绿豆芽、芥末。

［调料］盐、醋、香油、味精、辣椒油。

［做法］

（1）将豆芽洗净去根头，在开水中焯一下，再用凉水浸泡冷却，去掉水分，盛于盘内。

（2）用水将芥末调成糊状加盐、味精、香油，共同调拌成汁。

（3）将调好的汁浇在豆芽菜上拌匀。喜吃辣味可加上辣椒油。

● 炝茭白（高笋）

［原料］茭白、虾米。

［调料］酱油、香油、料酒、味精、汤。

［做法］

（1）把茭白根去皮，切成斜片在开水中焯一下，捞出后控干水分，放于盘中。

（2）将锅烧热后放香油，油六成熟时，将虾子下锅炸黄，烹上料酒，再加上酱油、味精和少许汤，然后浇到盘内茭白上即成。

● 炒木樨洋葱

［原料］洋葱、鸡蛋、木樨。

［调料］酱油、盐、花椒水。

［做法］

（1）将鸡蛋打在碗里，加少许盐调匀；洋葱去皮，洗净切丝。

（2）用热锅放油，先炒鸡蛋或木樨蛋花后取出。

（3）在锅中放少量油，烧至六七成熟时下洋葱入锅翻炒。略炒即下酱油、花椒水、盐，再将炒好的鸡蛋下锅同炒。出锅时淋上一点明油即可。

● 炒素什锦

［原料］胡萝卜、冬菇、冬笋、油菜、豆腐皮、竹荪、鸡蛋白、木耳、黄花。

［调料］酱油、味精、白糖、葱、姜。

［做法］

（1）将冬菇一切两半，把萝卜、冬笋、油菜、豆腐皮也切成片，在开水锅中余熟；竹荪发透，切成段；鸡蛋白切成菱形块；木耳、黄花发后洗净。

（2）在锅内放菜油烧热，下葱、姜末炸一下。跟着下冬菇、冬笋、胡萝卜片煸，再放入油菜、豆腐皮、竹荪、鸡蛋白、木耳等，加适量的汤和盐、味精、白糖翻炒均匀，淋上香油即成。

● 炒三丁

［原料］胡萝卜、土豆、香豆腐干。

［调料］盐、葱、姜、淀粉、辣椒油。

［做法］

（1）将胡萝卜洗净去头根切丁，土豆洗净去皮切成小丁，香豆腐干切成小丁。

（2）把油锅烧热后，逐次将胡萝卜、土豆丁用油煸至八成熟后取出。

（3）在锅内留油少许，用葱、姜炝锅。然后放入三丁翻炒，加适量盐，略加一点水，最后勾上淀粉芡即可。喜欢吃辣味可加少许辣椒油。

● 炒蕹菜（空心菜）

［原料］蕹菜。

［调料］菜油或花生油、盐。

［做法］

（1）先将蕹菜去根茎、老叶，洗净，去掉水分。

（2）将油锅烧热，倒入蕹菜，加盐炒至菜变深色。再翻炒几下，加少许味精即可起锅。

● 蘑菇豆腐

［原料］豆腐、蘑菇、玉兰片。

［调料］盐、味精、葱、白糖、水淀粉、麻油、汤。

［做法］

（1）将豆腐切成小方块，在开水锅中略煮，取出晾干水分。

（2）把蘑菇、玉兰片用水发好，蘑菇去根，一破为三块，玉兰片切成细丝。

（3）在锅热时放油，先下葱末炒一下，然后再下蘑菇、玉兰片丝、盐和汤。开锅后下豆腐块，再加味精、白糖略烧入味。开锅后勾上芡粉，淋麻油装盆即成。

● 鸡蛋炒豆腐

［原料］嫩豆腐、鸡蛋。

［调料］味精、盐、葱花、姜末。

［做法］

（1）将锅烧热加油少许，待油沸后，放入嫩豆腐和葱花、姜末反复煸炒，边炒边加油，同时加入盐、味精，至豆腐颜色微黄、干松即成。

（2）把豆腐炒至干燥着色时，加入鸡蛋汁同炒，色味俱佳。

● 蒸蛋羹

［原料］

鸡蛋、小海米
（或虾皮）。

［调料］

猪油、酱油、
盐、味精、葱
花。

［做法］

（1）将鸡蛋打入汤碗内，放入盐、小
海米（或虾皮）、味精，用筷子搅匀，再加
入温水或凉水继续充分搅拌。

（2）将调好的蛋液在旺火上蒸15分
钟，出笼后，加上酱油、熟猪油、葱花即
可。

● 番茄炒蛋

［原料］鸡蛋、番茄。

［调料］化猪油、盐、水淀粉。

［做法］

（1）将番茄洗净后放于开水碗中，加
盖约三分钟，撕去皮，用刀去蒂，对剖切
片。

（2）把鸡蛋打于另一碗中，加盐、水
淀粉，用筷子充分搅拌均匀。

（3）将炒锅置于火上，放猪油烧至五
成热时，将碗内鸡蛋倒入油中，蛋膨胀后
用铲炒散、炒碎，随即将蛋铲至锅边，用
余油将番茄炒一下，再与蛋一同炒匀即成。

［特点］颜色鲜艳，质嫩味美，营养丰
富。

● 酸辣蛋花汤

［原料］鸡蛋。

［调料］姜、胡椒、酱油、醋、化猪油、
味精、盐、葱、水淀粉、汤。

［做法］

（1）将鸡蛋打入碗内，用筷子搅均匀。
姜切成细末，葱切成细花。

（2）炒锅内放猪油少许，在旺火上烧
热。下姜米，炒出味后加汤、盐、酱油、
胡椒面。汤烧开后，用水淀粉勾成清二流
芡，将蛋汁倒下锅轻轻搅动。

（3）待锅内汤再开时，加葱花、醋、
味精，搅匀即成。

［特点］酸辣味，酒后食用为佳。

▲ 家常荤菜

● 牛肉烧萝卜

［原料］牛肉、萝卜、冬菇、蒜苗。

［调料］葱、姜、白糖、料酒、酱油。

［做法］

（1）将牛肉洗净后切成方块，萝卜洗
净切成同样大小的块，大葱和蒜苗切成段，
冬菇切片，姜切片。

（2）把油锅烧热后下葱、姜，炸出香
味，放入牛肉块，煸去牛肉中一部分水分。
再放入酱油、料酒、糖，加少许汤烧开后
移至小火煨。牛肉煨到七成熟时，投入萝
卜同烧。

（3）将熟时，放进冬菇、蒜苗即可。

也可在放萝卜时改放土豆块，变成
"牛肉烧土豆"，喜吃辣者可放干海椒。

● 炸茄夹

［原料］长条茄子、肉末。

［调料］酱油、盐、味精、面糊。

［做法］

（1）将茄子洗净去蒂，切成连刀斜形
厚片。

（2）将肉末用酱油、盐、酒、味精调
好，夹入茄片内。

（3）把夹好肉末的茄片在面糊中裹后
放进七成熟的油锅中，炸至金黄色时捞出
即成。吃时上撒少许胡椒面增香。

［特点］色金黄，形态美，香脆味美。

● 芹菜炒肉丝

［原料］猪肉（或牛肉）、芹菜、豆腐
干。

［调料］酱油、料酒、盐、葱花、姜
末。

［做法］

（1）将猪肉（或牛肉）切成细丝，芹
菜洗净切成段，豆腐干（或熏干）切成丝。

（2）在锅内放油烧热，用葱花、姜末
炝锅，放入肉丝略炒几下变色后，加酱油
和料酒爆一下盛起。

（3）把锅洗净再放油少许，煸芹菜、
豆腐干丝。略炒，见芹菜变成翠绿色就可
以加盐。然后把肉丝酱汁倒入，待汤汁开
即可出锅。

喜吃辣味者，可加四川豆瓣酱。

● 豌豆苗炒猪肝

［原料］猪肝、豌豆苗。

［调料］味精、酱油、花椒水、葱、
蒜、淀粉、醋、泡辣椒。

［做法］

（1）将猪肝洗净切成薄片；嫩豌豆苗
洗净，并去掉水分，切成小段。

（2）在锅中放油，烧热后，将猪肝及

葱、蒜片、泡辣椒丝下锅翻炒。然后加酱油、醋、味精、花椒水略炒，待汁开后将豌豆苗放入翻炒，出锅时淋上明油。

● 肉末烧冬瓜

［原料］冬瓜、猪肉末。

［调料］葱、姜、盐、水淀粉、酱油。

［做法］

（1）将冬瓜去皮去瓤，切成段，在开水锅中煮至六七成熟时捞出。

（2）把油锅烧热后下葱、姜末炝锅，下猪肉末煸炒，再倒入适量酱油，汁开后下冬瓜块。

（3）盖上锅盖，不必加水，用中火烧至冬瓜熟烂，调好咸淡，勾上淀粉芡，出锅前再淋上明油即可。

● 藕片炒肉

［原料］藕、猪肉。

［调料］酱油、料酒、葱、姜。

［做法］

（1）将藕去皮去节洗净，切成片。

（2）把油锅烧热，锅内存油少许，先以葱、姜炝锅后，下肉片翻炒。再放点酱油，待汁开，放藕片下锅同炒。稍放适量水，调好咸淡即成。

藕片还可以和腊肉、香肠、干虾等同炒，做法与上述大同小异。

● 青椒肉丝

［原料］猪肉、青椒。

［调料］酱油、味精、白糖、盐、葱、姜。

［做法］

（1）猪肉洗净后切成细丝，青椒去蒂去籽切成细丝，在开水中焯一下捞出，去掉水分。

（2）在锅内放油，烧热后下葱、姜炝锅。再下肉丝、酱油，汁开后将青椒丝放入颠炒，加味精、白糖，略翻几下即可出锅。

锅。

● 绿豆芽炒肉丝

［原料］猪肉、绿豆芽。

［调料］姜丝、酱油、盐、味精、水淀粉。

［做法］

（1）将猪肉切细丝，放在碗中，加酱油、盐和水淀粉搅拌均匀，在热油锅内先颠翻几下盛出。

（2）另起油锅烧热，下洗净的豆芽爆炒。随即将所有调料、肉丝下锅同炒，时间不宜长，颠翻几下即可出锅。

● 苦瓜炒肉丝

［原料］苦瓜、肥瘦肉。

［调料］干辣椒、猪油、大蒜片、酱油、盐。

［做法］

（1）将苦瓜切成两瓣，去蒂去籽，切成细丝。用细盐抓匀，腌10分钟，再挤去苦水，用清水洗净，去掉水分，拨散。肥瘦肉切细丝。

（2）把锅置旺火上，将油烧热，放入肉丝，略炒至八成熟时加入蒜片、干辣椒末、酱油、盐和苦瓜丝一起炒，少时即可出锅。

● 冬笋炒肉丝

［原料］瘦猪肉、冬笋。

［调料］鸡蛋清、盐、味精、料酒、淀粉、花生油。

［做法］

（1）将肉去筋切成均匀的丝，用蛋清、水淀粉把肉丝拌匀备用；把冬笋用开水余熟切成丝。

（2）将盐、味精、料酒、水淀粉放入小碗内，加适量的汤调成汁（码芡）。

（3）在锅内入油，烧至六成熟时，将肉放入，炒散。待八成熟时连油一起倒出，控油。把锅放回旺火上加油，将笋丝爆炒一下后，再把肉丝放入锅里，烹料酒，并将码芡搅匀倒入，颠锅数下即成。

● 鱼香肉丝

［原料］猪肉（瘦肉七成、肥肉三成）、水木耳、净青菜（或莴笋）。

［调料］猪油、酱油、盐、醋、糖、水淀粉、料酒、味精、泡辣椒。

［做法］

（1）将肉、青菜（或莴笋）、水木耳切丝，葱、姜、蒜切片，泡辣椒剁碎或用豆瓣酱、辣椒糊。

（2）把肉丝用盐、酱油、料酒拌匀，加水淀粉码好，再拌上一些油。将酱油、醋、糖、味精、盐、水淀粉、葱、姜、蒜做成芡汁。

（3）在锅内放油，热后下肉丝，炒散加入辣椒，炒出香味。随后下青菜（或莴笋）、木耳翻炒，再倾入兑好的汁，汁开后，再翻炒几下即可。

［特点］咸辣带甜，酒饭均宜。

● 家常豆腐

［原料］豆腐、猪肉、蒜苗。

［调料］酱油、豆瓣酱、盐、味精、菜油、水淀粉。

［做法］

（1）把豆腐用刀打成厚片，在开水锅内煮2分钟捞起沥干。

（2）将去皮肥瘦猪肉切成片。

（3）将炒锅置中火上，放入菜油烧至五成熟时，将豆腐贴放锅内（撒点盐），边煎边翻动，将两面煎成深黄色（不要煎煳），起锅待用。

（4）锅内另用油炒肉片，炒至散开、干水汽时下豆瓣同炒，现红油时掺汤，加盐和酱油，下豆腐，最后用小火烧至豆腐回软入味，下味精搅转，并用水淀粉勾芡即成。

［特点］咸辣鲜香，酒饭均宜。

● 砂锅鱼头豆腐

［原料］胖头鱼鱼头、豆腐、笋肉。

［调料］花生油、酱油、豆瓣酱、酒、味精、大蒜、糖。

［做法］

（1）先将鱼头用酱油浸5分钟。

（2）将锅烧热，放入花生油，待油八成热时，放入鱼头，煎至两面呈黄色。加入豆瓣酱、酒、酱油、糖，再加入温开水，放入豆腐，猛火烧5分钟。

（3）把鱼头捞出，放入砂锅内，再将豆腐、汤水一起倒入砂锅内，放入大蒜，文火烧熟后加入味精轻轻拌匀即成。

● 麻婆豆腐

［原料］豆腐、瘦牛肉、蒜苗。

［调料］菜油、四川豆瓣、豆豉、花椒粉、辣椒粉、红酱

油、水淀粉。

［做法］

（1）将豆腐切成小方块，牛肉剁成细末，蒜苗切成短节。

（2）在锅内放菜油，放肉末炒，随后放进豆瓣快炒五六下，速放进辣椒粉，再快炒一二铲。即加入温水半碗，倒进豆腐，加入豆豉并淋上红酱油，轻轻转铲。待烧开锅后用小火烧15分钟。

（3）加进蒜苗，再用大火烧一下，将水淀粉淋入锅内，调匀即可盛入盘内，撒上花椒粉即成。

［特点］麻、辣、香、烫。

● 宫保肉丁

［原料］猪肉、油炸花生米。

［调料］混合油、干辣椒、花椒、盐、葱、蒜、姜、水淀粉、味精、酱油、醋、白糖。

［做法］

（1）将姜、蒜切成片，干辣椒去蒂去籽切成短节，葱白切成短节。

（2）把猪肉洗净切成丁，与水淀粉、盐和酱油拌匀待用。

（3）用酱油、白糖、味精、盐、水淀粉，连同葱、姜、蒜兑成滋汁。

（4）把炒锅放在旺火上，将油烧至七成熟，先投入干辣椒、花椒炸呈棕红色时，将肉丁倒下翻炒，肉丁快熟时即烹汁，临起锅时勾醋，下经油炸好的花生米，簸几下入盘即可。

［特点］味香辣，肉鲜嫩。

● 白油肉片

［原料］猪肉、莴笋。

［调料］化猪油、葱、木耳、姜、蒜、盐、泡红辣椒、汤。

［做法］

（1）将木耳用温热水发胀，摘去足，用水淘净。

（2）把葱、泡红辣椒分别切成马耳朵节子，莴笋切成薄片，净瘦猪肉切成薄片。

（3）在碗内将盐、水淀粉及汤兑成滋汁，把葱、姜、蒜、木耳、泡辣椒等放于碗内一边。

（4）置炒锅于旺火上，放入猪油，随即将肉片用盐、水淀粉拌匀，当油烧至七成熟时即下肉片翻炒。肉片炒到散开、发白后，便下碗边配料，并倒入莴笋片共同炒匀，再勾匀碗内滋

汁，倒入锅炒匀即成。

[特点] 肉片白净，辅料青、红、绿相衬，色调自然，肉质清嫩，咸鲜味美。

● 回锅肉

[原料] 猪肉、蒜苗（或辣椒或连白）。

[调料] 化猪油、盐、四川豆瓣、甜酱、红酱油、姜、葱、花椒。

[做法]

（1）把带皮的肥瘦相连的猪肉洗干净。

（2）在锅内放开水置旺火上，下猪肉和葱、姜、花椒。将猪肉煮熟不煮畑，蒜苗洗净切成节，豆瓣剁细。

（3）将捞起的猪肉晾干水分，切成连皮肉片。

（4）把炒锅置于中火上，放入猪油，油烧至五成熟时下肉片，同时放盐翻炒均匀，炒至肉片出油时铲在锅边，放豆瓣、甜酱在油中，炒出香味即与肉片同炒匀，然后放蒜苗合炒。蒜苗炒熟不要炒蔫，再放酱油炒匀起锅即成。

[特点] 色味俱佳，肉鲜而香，是川菜的传统菜。

● 盐煎肉

[原料] 猪肉、蒜苗。

[调料] 混合油、豆瓣、豆豉、甜酱、红酱油、盐。

[做法]

（1）把肥瘦猪肉去皮切成薄片，蒜苗洗净切成节，用斜刀将蒜苗头切成薄片，豆瓣剁细。

（2）将炒锅置旺火上，放入混合油，油烧至八成熟时，下肉片炒散，加盐、豆豉炒匀。

（3）待肉片炒干水分现油时，铲在锅一边，再放甜酱、豆瓣在油中炒出香味，即同肉片合炒均匀，最后放蒜苗合炒至蒜苗颜色透绿时，加红酱油炒匀起锅即成。

[特点] 咸辣味鲜，具生爆肉的香味，故又名生爆盐煎肉。

● 酱肉丝

[原料] 猪肉。

[调料] 混合油、盐、甜酱、酱油、红酱油、水淀粉、高汤、葱白。

[做法]

（1）将净瘦猪肉切成二粗丝，葱白切成细丝。

（2）把炒锅置于旺火上，放入混合油，随即在碗内用红酱油、水淀粉及汤兑成滋汁。

（3）待锅内油烧至七成熟时，用盐及水淀粉将肉丝拌匀后下锅。肉丝炒至散开发白，铲在锅边，放甜酱在油中炒出香味，再将肉丝与酱炒匀，倒入碗内的滋汁，炒匀起锅入盘，肉丝面上放上葱白即成。

[特点] 肉丝成酱褐色，吃时拌葱丝，入口细嫩，酱味香浓。

● 东坡肉

[原料] 猪肉。

[调料] 姜、花椒、盐、冰糖、葱、菜油、绍酒、酱油、汤。

[做法]

（1）选五花猪肉一块，除尽残毛，刮洗干净，下沸水锅内煮约十分钟，除去白泡后捞起，晾干水汽。冰糖用一半炒成糖汁，把姜拍松，葱切成段。

（2）待油在炒锅内烧至八成熟，将猪肉放入（猪皮向下），待猪皮烙成金黄色时取出。

（3）用不锈钢锅，下垫篾笆，将猪肉放入（猪皮向下），加酱油、葱、姜、料酒、花椒、盐、糖汁、冰糖，加汤（汤淹过猪肉），在旺火上烧开，即改用微火煸起。

（4）等猪肉被煸至七成畑时，翻面继续煸至畑烂，取出装入盘内，去掉锅内滋汁中的葱、姜，收浓后淋在猪肉上即成。

[特点] 畑烂，甜香。

● 板栗烧肉

[原料] 猪肉、板栗。

[调料] 菜油、姜、酱油、葱、汤、冰糖、盐。

[做法]

（1）将猪肉去毛洗净，煮于开水锅内，除去血腥味后捞起，切成方块。板栗切去蒂在开水中煮后去壳，在锅内（锅边下菜油少许烧至七成熟）炒呈黄色时铲起来。把姜拍松，葱切成段。

（2）在锅内下油加入冰糖炒至深黄色时，放入肉炒一下，再加酱油、盐、汤等，烧开打去泡沫，即下葱、姜搅匀，放冰糖用小火烧至肉快畑时，加入板栗合烧，待板栗熟透，汤汁浓稠时去掉葱、姜盛于盘中即可。

[特点] 酥香可口，畑而不烂，甜咸相宜。

● 红烧狮子头

[原料] 猪肉、慈姑、鲜菜、鸡蛋。

[调料] 化猪油、盐、干豆粉、胡椒

面、姜、葱、味精、水淀粉、酱油、汤。

〔做法〕

（1）将肥瘦猪肉洗净，慈姑削去皮洗净，两样分别切成细粒。把姜拍松，葱切成段。

（2）用碗把干豆粉、鸡蛋调成蛋豆粉，再放入猪肉、慈姑，同时下盐、酱、胡椒、味精等，拌匀后捏成扁形的丸子。

（3）在炒锅内放油烧至七成热时，下丸子炸，油炸进皮即捞起待用。

（4）在不锈钢锅内放入丸子，加入汤、酱油、姜、葱等，放在微火上烧，熟透后把丸子盛入盘子。在锅内再把鲜菜烧一下，菜熟勾水淀粉，起锅淋在丸子上即成。

〔特点〕味鲜美，清香。

● 蒜泥白肉

〔原料〕猪肉。

〔调料〕口蘑酱油、花椒、菜油、大蒜、干辣椒、葱、姜。

〔做法〕

（1）用后腿二刀肉或连皮肥瘦肉，刮洗净，切成三四块。

（2）将大蒜去皮用刀背捶成蒜泥，干辣椒切成短节，用少许油在锅内将辣椒炒一下（只炒脆，不要炒焦）。

（3）把炒过的干辣椒节春成辣椒面，将菜油烧熟，倒入辣椒面内烫成油辣椒（不喜辣味可用红油）。

（4）用不锈钢锅盛开水煮猪肉，除去泡沫下葱、姜、花椒。将肉煮熟（不要煮巴），捞起晾干水汽。

（5）趁肉未凉，将其切成片或片成皮肉相连的薄片，盛于盘内，肉面上依次放口蘑酱油、油辣椒、蒜泥即成。

〔特点〕片薄肉嫩，咸辣鲜香，略有蒜味，热吃尤佳。

● 夹沙肉

〔原料〕猪肉、糯米、豆沙。

〔调料〕红糖、化猪油、白糖、红酱油。

〔做法〕

（1）将红糖用水熬化，一半炒豆沙用，一半拌糯米用。

（2）把糯米用清水淘洗后，用滚水泡胀，蒸熟，加红糖、猪油拌成糯米饭。

（3）在锅内掺少许水，放入豆沙，加油、红糖合炒后铲起待用。

（4）猪肉用前夹或连皮肥瘦肉（五花

肉），将其刮洗干净，煮成熟肉。

（5）将熟肉捞起用刀刮去肉皮上的油汁，趁热于皮上抹红酱油上色，冷后待切。

（6）将肉切成厚片，切时第一刀不要切断，第二刀切断，如此切成夹层片子。

（7）在每片夹层肉中填一份炒好的豆沙，填完后装入蒸碗，皮朝碗底，四片一组，摆成四方形。再装糯米饭，用蒸具蒸巴，吃时翻倒在盘内，撒上白糖即成。

〔特点〕此菜又名甜烧白，入口香甜，肥而不腻。

● 咸烧白

〔原料〕猪肉。

〔调料〕豆豉、花椒、红酱油、盐菜（或芽菜、大头菜）、泡辣椒、盐。

〔做法〕

（1）将盐菜淘洗干净切细，泡辣椒去籽切成驴耳朵节。

（2）用五花猪肉一块，刮洗干净，煮熟不煮巴。然后捞起刮去皮上的油汁，趁热抹上一层红酱油，在焦炭火上烧起泡后，放入温水内，将焦皮刮去，使肉皮呈金黄色。将肉切成厚片。

（3）将切好的肉片，皮挨碗底一片挨一片的摆成"一封书"形。依次放盐、红酱油、豆豉、花椒、泡辣椒等，上面放盐菜，用蒸具蒸巴，吃时翻面倒出即成。

〔特点〕肉巴软，味咸而香，吃饭、吃馒头均宜。

● 粉蒸肉

〔原料〕猪肉、米粉、红苕。

〔调料〕花椒、葱、姜、甜酱、醪糟汁、五香面、豆腐乳水、盐、酱油、红糖。

〔做法〕

（1）将红苕去皮切成块，葱、姜、花椒剁成细末。

（2）用猪肉一块刮洗干净，切成厚片。

（3）将酱油、豆腐乳水、醪糟汁、红

糖、盐、葱、姜、花椒合剁的末加甜酱、五香面等先放入容器内，调拌均匀，再下肉片，一起拌和。最后再放入米粉拌匀。

（4）将拌好味的肉片放于蒸碗，使肉皮挨碗底一片挨一片的摆成"一封书"形，两边各放两片。然后再将红苕倒入调料容器内，拌匀装入肉片碗内，用蒸具蒸炟。吃时翻入碗内即成。

［特点］光泽油润，五香炟软，回味带甜。

● 焖烧牛肉

［原料］熟牛肉。

［调料］葱、姜、酱油、白糖、醋、汤、水淀粉。

［做法］

（1）将熟牛肉切成小方块，在调好的水淀粉中拌匀挂糊，过油炸成金黄色，捞出待用。

（2）把锅烧热，放油少许，先用葱、姜末炝锅，然后放酱油、醋、白糖，略烧，放汤，再用少许淀粉勾芡。将炸好的牛肉倒入锅内翻炒，淋上明油即可出锅。

● 水煮牛肉

［原料］牛肉、白菜、芹菜、蒜苗。

［调料］葱、菜油、豆瓣、干辣椒、花椒、盐、酱油、味精、水淀粉。

［做法］

（1）将牛肉洗净，去筋，切成片，装在碗内用盐、酱油、水淀粉拌均匀。白菜、芹菜、蒜苗、葱均清洗干净，切成节。在热锅内放油少许，把去蒂的干辣椒和花椒在锅里烘脆，铲起，在菜板上剁细。

（2）把炒锅置旺火上，下菜油少许，将白菜、芹菜、蒜苗、葱等下锅煸炒几下，铲在锅边。锅内放菜油，烧至六成熟时，下豆瓣炒，炒至呈红色，即将锅边蔬菜铲至锅中心炒数下，加汤烧开。随即将拌好的牛肉片下锅，用筷子轻轻拨散，而后下味精搅匀，起锅装入碗中，将剁细的干辣椒、花椒撒在牛肉上。

（3）将锅洗净，下菜油少许，烧至七成熟时，淋在牛肉片上即成。

［特点］麻辣鲜烫，适宜冬季食用。

● 粉蒸牛肉

［原料］牛肉、米粉。

［调料］盐、酱油、花椒、醪糟汁、豆瓣、葱、姜、红糖、菜油。

［做法］

（1）将黄牛肉洗净，去筋切成片。

（2）把姜、葱、花椒合在一起剁成细末。

（3）在容器中将盐、酱油、豆瓣、葱、姜、花椒、红糖、醪糟汁、生菜油加少许汤调匀。

（4）把牛肉片放入调料内拌匀，然后再撒米粉与牛肉拌均匀，装碗放于蒸具中。用旺火沸水蒸炟，吃时翻面倒入碗中即成。

● 清炖羊肉

［原料］羊肋条肉。

［调料］葱段、姜块、蒜苗、料酒、盐、味精、汤。

［做法］

（1）将羊肉洗净，切成方块。

（2）把锅烧热，放油，待烧至五六成熟时，先下葱、姜炝锅，再将羊肉块放入煸炒。炒到肉块变色时，烹料酒，加汤，烧开。

（3）用小火炖约两小时。肉已酥烂，汤已收水多半时，将葱、姜挑出，加盐、味精、蒜苗段即可。

● 当归炖鸡

［原料］仔母鸡一只，当归适量。

［调料］醪糟汁。

［做法］

（1）将仔母鸡杀后去毛及内脏，洗净。在开水锅内煮去血水捞起，再用水清洗一下。当归宜用秦归，用水洗过。

（2）用砂锅，装水，将鸡放入，同时下醪糟汁、当归，盖严锅盖，在旺火上烧开，用小火炖约三小时即成。

［特点］汤鲜肉炟，补血活血。此菜用于冬季，最宜老人食用。

● 红油鸡块

［原料］熟鸡肉。

［调料］葱、辣椒油、酱油、醋、白糖、味精。

［做法］

（1）将带骨熟鸡肉砍成条块，葱切成节，盛于碗内。

（2）将辣椒油、白糖、酱油、醋、味精调成红油滋汁，同鸡块、葱节拌均匀，装入盘中即成。

［特点］咸鲜味浓，酒饭均宜。

● 热味姜汁鸡

［原料］熟公鸡肉。

［调料］葱、酱油、盐、醋、菜油、水淀粉、姜、汤。

［做法］

（1）将熟公鸡肉用刀砍成小块，姜剁成细米，葱切成细花。

（2）将菜油在炒锅内烧至七成熟时，把鸡块、姜米、葱花（用一半）放入锅内炒约一分钟，再加盐、酱油、汤一起焖烧五分钟，然后下水淀粉收浓滋汁。临起锅时下醋及葱花入盘即成。

［特点］姜醋味浓，酒饭均宜。

● 香酥鸭

［原料］鸭。

［调料］花椒、葱、姜、料酒、盐。

［做法］

（1）将鸭宰杀后，除净绒毛，剁去脚爪，剖腹去内脏，洗净，晾干水分。

（2）用花椒、盐擦抹鸭的里里外外，然后将葱、姜片、料酒放入腹腔。

（3）上笼蒸约一小时，蒸炟时取出，除去水汽。

（4）将蒸炟的鸭下沸油内，炸成金黄色即可。

● 魔芋烧鸭

［原料］鸭、水魔芋、蒜苗。

［调料］盐、酱油、味精、胡椒面、化猪油、豆瓣、花椒、水淀粉、汤。

［做法］

（1）将水魔芋切成长条，用开水煮一次，去涩味，再用温水漂起（用时捞起，沥干水）。将宰杀并整理后的鸭子，去掉大骨，宰成比魔芋稍长、稍宽的条。将蒜苗切成节，豆瓣剁细。

（2）把炒锅置旺火上，放猪油烧热时，倒下鸭条，炒去水分后铲起。将锅内余油再次烧热，放豆瓣、花椒炒出香味后加汤，汤开后用漏瓢打去豆瓣渣，并将鸭条放入。加盐、酱油，用盖盖好，小火燯起。

（3）待鸭条燯至七成炟时，加入魔芋、胡椒面，烧至菜炟汁少，放蒜苗、味精，稍加水淀粉勾芡即成。

［特点］色泽红亮，味浓而鲜。

● 豆瓣鱼

［原料］鲜鱼。

［调料］菜油、姜、葱、豆瓣、蒜、醋、白糖、酱油、盐、水淀粉、汤。

［做法］

（1）将鱼剖腹，去鳞，抠鳃，去内脏后洗净。用刀在鱼身两面划数刀，抹少许盐。把葱切成细花，姜、蒜剁成米，豆瓣剁细。

（2）在炒锅内放油烧至六成热时，放入鱼，待两面煎成浅黄色时，用锅铲将鱼拨在锅边。下豆瓣、姜、蒜及葱花（用一半）一起炒，炒到出香味，油呈红色时，再加酱油及汤。随即把鱼放入汤中，盖上锅盖，在小火上慢烧约五分钟（在烧的过程中加白糖），一直烧到鱼入味，用筷子把鱼夹入盘内。锅内下水淀粉，汁浓亮油起锅。起锅时放醋和葱花拌匀，将汁淋在鱼上。

［特点］鱼红亮，味浓而鲜。

● 泡菜鱼

［原料］鲜鱼、泡青菜。

［调料］泡红辣椒、姜、葱、酱油、盐、醋、醪糟汁、水豆粉、蒜、菜油、汤。

［做法］

（1）将鲜鱼剖腹，去鳞、内脏后洗净，用刀在鱼身两面划数刀抹上盐。把泡青菜切成短节细丝，姜、蒜均剁成末，葱切成细花，泡红辣椒去蒂、去籽切成短节。

（2）待菜油在炒锅内烧至六成熟时，放鱼入锅将两面煎得呈黄色后铲起。待锅内余油再次烧热时，下姜、蒜及泡红辣椒，炒出香味来，依次下酱油、汤和鱼，在小火上烧。汤开下泡青菜，烧约五分钟（要注意翻面），待鱼入味即下水淀粉收汁，起锅下醋和葱花。

● 大蒜烧鳝鱼

［原料］鳝鱼、大蒜。

［调料］姜、葱、盐、酱油、胡椒面、花椒面、豆瓣、菜油、水淀粉、汤。

［做法］

（1）将鳝鱼剖开去内脏、骨头及头尾，用水清洗干净切成段，大蒜剥皮洗净，姜切成片，葱切成细花，豆瓣剁细。

（2）在炒锅内下油，烧至七成热时，放入鳝鱼煸炒（煸炒时下少许盐），煸至鳝鱼不粘锅，吐油时铲起。

（3）于锅内另下菜油，烧至七成熟时，下豆瓣炒至油呈红色时掺汤。同时把鳝鱼、大蒜、姜、酱油、胡椒面下锅，用中火慢烧。约烧十分钟（以大蒜烧熟为度），下水淀粉将滋汁收浓，亮油，起锅下葱花，和匀入盘，菜面上撒花椒面即可。

［特点］肉嫩味鲜，酒饭均宜。

● 干煸鳝鱼丝

［原料］鳝鱼。

［调料］姜、葱、蒜、酱油、醋、芹菜、豆瓣、菜油、醪糟汁、花椒面、味精。

［做法］

（1）选肚黄肉厚的大鳝鱼，去头尾和骨，洗净，打斜切成丝；把芹菜除去根叶和筋，淘洗干净切成丝；姜、葱、蒜均切成细丝，豆瓣剁细。

（2）将炒锅置旺火上，放油烧至七成熟时，下鳝鱼丝煸炒。同时下盐、醪糟汁，不断用锅铲翻动，煸炒均匀。约五分钟（以煸干水汽、鳝鱼吐油为度），加豆瓣炒出红油时下姜、蒜及酱油，再炒几下，加芹菜、葱丝，然后放入醋及味精。炒匀起锅装盘，菜上撒花椒面。

［特点］麻辣干香，鲜美可口，佐酒佳肴。

▲ 家常面食

● 馒头

［原料］面粉、食用碱、发面粉。

［做法］

用温水来发面粉和面，使之容易发酵。将已发酵的面团兑上碱（一般比例 1：0.006），碱量可根据气温的高低灵活掌握。将兑好碱的面团充分揉匀，要揉得均匀、面光、底严。开锅后上蒸笼，旺火蒸 20 分钟～30 分钟即可。

● 花卷

［原料］发面、食油、食用碱。

［做法］

将发面兑碱摞匀揉光，按扁，擀成长方形片状，刷一层油，撒上点薄面，自外向里卷起成卷，用手搓匀。用刀切成小段，将双手食指从当中一压，拧转 90 度变成卷。上蒸笼蒸 25 分钟即可。

● 油条

［原料］面粉、矾、食用碱、盐、苏打、油。

［做法］用面粉、矾、碱、盐、苏打、油和面，将面切成长条，揿薄，剁成小块。每两块合在一起，当中用指按一条沟，两手一拧揿长，用筷子将油条在油锅内翻几下，呈金黄色，即可。

● 水饺

［原料］面粉、青菜（或白菜、韭菜、芹菜）、猪肉（或牛肉）、花生油、香油、酱油、五香面、葱、姜、盐、味精。

［做法］

把肉洗净剁成末，菜洗净剁碎，挤去水分，加调料做成馅，拌匀备用。用凉水和面，要硬一点，搓成长条。1000 克面揪成 120 个小面团，撒上少量面粉，按扁，擀成圆形小薄皮，包上馅，捏成饺子。锅内加水烧开，将饺子下锅，用汤勺沿锅边轻推两下，开锅后再加点凉水，煮沸后即可捞出。

● 馄饨

［原料］面粉、淀粉、鸡蛋、肉馅、紫菜、冬菜、虾皮、水粉丝、酱油、醋、香油、味精、香菜。

［做法］

用鸡蛋一个，加水将面和匀，擀成薄片，擀时要撒点干面粉，擀好后卷在擀面杖上，由中间顺面划开，修两边，将面片再用刀切成梯形小片，即成馄饨皮。按荤馅做法制馅。左手拿馄饨皮，右手拿一根筷子，挑少量肉馅抹在皮的窄端卷上，把肉馅卷在里边，然后将两头合拢捏在一起，成元宝形即成。用骨头汤或鸡汤、高汤煮。开锅下馄饨，各种作料配好放在碗内，盛点汤打好底子，用漏勺捞入馄饨后再添汤。

● 锅贴

［原料］猪肉馅（或牛、羊肉）、香油、盐、酱油、五香面、葱花、姜末、味精。

［做法］

将 1000 克面兑 500 毫升温水和好，制馅同饺子，包成饺子，但两头不要捏严，留下缝，以便容易烙熟。将平底锅烧热，擦少量油，码上饺子，转圈码齐，用水浇一点在饺子上，盖上锅盖。当水快干锅里有响声时，再浇点水盖上盖。等水干了再逐行淋上些油，然后盖上盖再略焖即成。火要小，不然锅贴易煳底。

● 包子

［原料］面粉、猪肉（或牛、羊肉）、青菜、葱、姜、酱油、食油、味精。

［做法］

将馅制好，1000 克面加清水 500 毫升、发面粉 100 克和好，揉成面团。发酵后兑碱擓匀。将面搓成长条，用手揪成小面团，1000 克约做 20 个。

将面团擀成圆形包子皮，四边稍薄，当中稍厚，将皮放左手心，右手用筷子将馅放于包子皮中心，然后用右手拇指、食指、中指沿包子皮周边转捏，合拢若干个褶子花纹。包子上笼，用旺火蒸 20 分钟即成。

● 担担面

［原料］面条、小白菜（或菠菜、豌豆尖）、酱油、麻酱、香油、猪油、葱、芽菜、味精、辣椒油。

［做法］

将麻酱用香油调稀，葱切成葱花，芽菜剁末。调料配好盛于碗内，面条煮熟，加上烫热的小白菜，放入碗内即成。

● 炸酱面

［原料］面条、肥瘦猪肉、猪油、黄酱、面酱、葱花、姜、香油。

［做法］

将肥瘦猪肉切成肉丁，在锅内放油，烧热，下肉丁煸炒后加葱、姜，再下黄酱、面酱入锅，用铲子不住翻炒，不使酱粘锅。然后沿锅边放一点凉水，随手翻炒，待酱小开后，再少加点凉水，使酱炸出香味。色不要太老即要出锅，否则炸酱的颜色就不好看。炸酱面的面码也很重要，有香椿米、小红水萝卜、黄瓜、青蒜、青豆、豆芽、菠菜、白菜丝等。面条煮好，放上炸酱即成。

● 刀削面

［原料］面粉、鸡蛋、猪油、肉片、青菜、酱油、葱、姜、味精、盐、胡椒面。

［做法］

把面粉扒一个坑，打鸡蛋，用水和成硬面团，擀成厚面片，卷在木棍上。将调料兑汤烧开，左手将面托起，右手持削面的刀，一片一片从上往下，往锅里削。片要薄，煮熟后捞入碗中即成。也可用白水煮面后浇各种卤汁。为增加面团筋力，可加适量盐。

▲ 米饭

● 蒸大米饭

将大米洗干净，放在容器内，视米的品种不同适量加水，然后上笼蒸，用旺火一次蒸熟即成，一般约需 40 分钟。

● 焖大米饭

焖饭有两种做法：冷水下米和开水下米。

冷水下米：将淘好的米，倒入盛满冷水的锅内，水与米的比例为 2∶1。

用旺火烧至水沸后，用锅铲沿锅边将米翻搅一下。待米开花，水分快干时，盖上锅盖，改用微火烘熟。盖上锅盖后焖约 20 分钟即成。

开水下米：先将水在锅中煮沸，然后将淘净的米，分把放入锅中，水继续保持沸滚，不必搅动。水量放适当后，即盖严锅盖听水声至小咕嘟（即微开）水快干时，用微火烘熟。盖上锅盖后焖 20 分钟即可。

焖饭要防止夹生、串烟、粘底煳锅，注意掌握火候与水量，火大易焦煳，火小易夹生。

焖饭也可用电饭煲、高压锅、微波炉。

● 甑子白米干饭

最香最好吃的大米饭，是中国传统的甑子饭，当今南方部分农村还在食用。

将大米洗净，放在大铁锅里煮，开水下米，用铁瓢不断地搅拌，待米煮得刚过心，便用筲箕滤起，再用冷水或热水淋透刨散待用，锅里放水并放好甑子，待甑脚水煮开后，甑内上大气，便将米坯倒入甑内，面上刨平，浇透冷水或热水，用木棍或竹棍插上数个气眼，而后盖上甑盖子，待甑内大气冒出后 5 分钟，便蒸熟了。现在的甑子多为木制，大的一甑可蒸 15 千克～20 千克米。

● 小米饭

做小米饭有三种做法。

捞饭法：小米做捞饭，先煮后蒸。将淘净的小米，放入锅中加水后，烧旺火，煮至米将开花，捞出，滤去汤水，捞在蒸笼内蒸熟。

焖小米干饭：

将小米淘好后，倒入冷水锅中，水与米的比例为3∶1。烧旺火，水开后，勤搅动，小米米粒较小，糠粉较多，如不让米散，极容易夹生。水快干时，盖严锅盖，用微火焖30分钟即熟。

先蒸后焖法：先将淘净的小米，置蒸笼内蒸至四五成熟。然后下蒸笼把饭打散，再放入锅中，按一千克小米加入约四升的水，用温火烧锅，让水保持小开，至锅中的水仅浸过小米上面时，盖上锅盖，改用微火焖熇。至锅中无水声时，用极微的小火，再焖10分钟～15分钟即成。

● 高粱米饭

做高粱米饭，除可采用小米饭的三种做法以外，还有：

高粱米水饭：东北松辽平原，盛产白高粱米，当地有吃高粱米水饭的习惯。捞饭煮熟后，捞入事先准备好的凉开水盆内，吃起来爽口。

脱水高粱米焖饭：山西平原一带，在高粱米捞饭蒸熟后，打散晾凉，吹干，仍还原成干燥的高粱米状。吃的时候，再下锅焖煮。

● 八宝饭

做八宝饭需要：糯米、糖莲子、小枣、青梅、瓜子仁、瓜条、桃脯、葡萄干、桃仁、桂圆肉、樱桃、金糕、白糖、豆沙馅、水淀粉、猪油、桂花等。

做法是将小枣洗净，用力拍扁，去核，切成小丁；将瓜条、桂圆肉、青梅、桃脯都切成小丁；把莲子用开水泡过，摘去莲芯，分成两半，控净水分；糯米淘净加适量凉水，上笼蒸熟，放出热气，加白糖，拌匀成糯米饭；用大碗在碗里抹上一层凝猪油，然后把樱桃、瓜条丁、青梅丁、葡萄干、桂圆肉、莲子、桃脯丁、小枣丁等，每一种围一圈，将碗围满，底部有猪油不致松动。剩下的果料拌入糯米饭中，以2/3的糯米饭，按入碗中果料，中间按出一个凹坑，放入豆沙馅。再用1/3的糯米饭把坑盖平。把饭蘸凉水拍平，回笼蒸15分钟

取出，扣入抹过猪油的汤盘中。另在火上置一铁锅，加凉水、白糖、水淀粉适量，熬成汁，稠浓以后，加上桂花、金糕，起锅将汁浇在果料饭上，粉汁似玻璃罩扣在堆成馒头形的干果盘上。

● 年糕

将糯米面加水和匀，每一千克糯米面加凉水300毫升。放蒸笼上蒸约30分钟。取出倒在案板上，稍放点桂花，用湿布蘸凉开水，将蒸好的糯米面拍成长条，再切成块。可以直接蒸食，也可用油炸食。

② 家常西餐

西餐是我国人民对欧美各国饭菜的统称。

▲ 西餐的特点

西餐主要有法式、英式、美式、意式、俄式之分。另外，德国、奥地利、匈牙利、西班牙、葡萄牙、荷兰等国的饭菜也都各具特色。

法国菜。西餐中最为讲究的是法式菜，它最大的特点是选料广泛，用料新鲜，烹调讲究，品种繁多，这是其他西餐望尘莫及的。从各类海鲜到稀有珍蘑，乃至蜗牛、百合，都是法式宴席上的佳肴。其次，法式菜的烹调普遍用酒，不同的菜选用不同的名酒。每道菜除汤、鱼、蛋之外，都要配上两三样蔬菜。

英国菜。英式菜的特点是口味清淡，油少不腻，调料很少用酒，也少用香料和调味酱。英国人的习惯是将各种调味品放在桌上，吃时由个人随意选用。

美国菜。美式菜与英式菜很相近，口味清淡，但喜欢用水果制作菜肴和饭点。

俄国菜。俄式菜油大，味浓且酸、辣、甜、咸各味俱全。

意大利菜。意大利菜的做法与法式菜相近，意大利的面食在西餐食坛中独树一帜。

德国菜。德式菜既不像法式菜那样加工细腻，又不像英式菜那样清淡，而是以经济实惠在西餐食坛中著称。

▲西餐的烹调法

炒 可用煎锅，即平底锅。炒菜的一般要求，火宜旺，速度快，操作时不断翻动锅中原料，这样易于炒熟炒透，且使菜肴鲜嫩，色泽美观。西餐中的炒菜，大多用作小盘菜。

煮 可用钢精锅或一般的铁锅。先在锅内加清水、香料和其他调味品，烧沸后，再加原料，然后根据不同的原料掌握其烹调时间。煮又分冷水煮和沸水煮两种。

水余 其用具同"煮"。这是一种快速煮法，即将原料放入沸水中余一下后捞出。

烩 可用厚底钢精锅。有红烩（用番茄酱），白烩（用牛奶）和黄烩（白烩中加蛋黄糊）之分。它在西餐中一般是作为午餐时的小盘菜。

焖 可用厚底钢精锅。焖菜的原料大多选用猪、牛、羊等走兽的大型肉块，以及整只的家禽和飞禽等。法、英、美、意式菜的制法，将原料先撒上盐和胡椒粉，下油锅使四面煎黄后，再放入焖锅内。又将蔬菜、香料、香叶下锅炒至金黄色，加番茄酱继续炒透并呈枣红色时倒入焖锅，加酒、辣酱油和少许清水，用旺火烧沸后加盖，改小火慢慢焖酥。而后将原料取出保暖，并将原汁滤清，加调料。临吃时，将焖的主料切成厚片装盘，浇上原汁。

罐焖 可用砂锅或搪瓷烧锅。一般适用于焖家禽和飞禽。制法是先将已烧熟的家禽或飞禽带骨切成块，放入砂锅内，再加配料，加盖用小火徐徐焖酥。

炸 可用煎锅或一般的铁锅。锅宜大，油要多，尤其要注意掌握火候。

煎 可用煎锅。品种有煎牛排、羊排、猪排、家禽、野味、水产等。对易煎熟的原料，下锅时锅要热，油要多。待一面煎黄后，翻身再改小火煎熟。

铁扒 用铁扒炉。烹制时，在铁条下面生起炭炉，在铁条上刷上一层油。然后将牛排或羊排、猪排等的两面刷上一层油，撒上盐和胡椒粉后放在铁扒上，先扒黄主料的一面，再翻身扒另一面。铁扒牛排熟的程度可由食者自己选定。铁扒菜的另一种叫串烤。

烧烤 用烤盘、烤炉。在烧烤荤菜时，需在原料上面撒上盐和胡椒粉后，放在烤盘里，浇上油，放些蔬菜、香料、香叶，即可送入烤炉内烧烤。烧烤时要注意掌握火候，并须随时翻动和浇油，以防主料被烤焦。

焗 又名烙，用一种特制的有烤炉的煤气灶或铁灶。有两种烹制法：一为熟焗，是将已煮熟的原料放入焗盘内，浇上沙司或撒上忌司粉后，进烤炉将原料进一步焗至黄、香、熟透。另一为生焗，是将生料焗熟，如焗面包、蛋糕、苹果、蔬菜、海鲜和用白塔油、面粉制成的酥面等。熟焗须面火旺，底火文；生焗须面四周火力均匀。

面拖 是炸的一种。用煎锅或一般的铁锅，在生料上撒上调料，拖上面浆，下入不太热的油锅中炸至熟黄。特点是香、松、糯。

蒸 用蒸笼或蒸箱。将加工好的原料放入盛器，加调味后，放入蒸笼内隔水蒸熟。如蒸各种布丁、馒头和蔬菜等。

烟熏 用烤炉。熏时在原料上涂好糖色，加上色拉油、酒、辣酱油、盐、胡椒粉后，将原料放在烤炉中的铁架上，加热至100℃，并在架下放木屑点燃后，关紧炉门熏10多分钟即可。

▲西餐冷菜

●什锦色拉

[用料] 洋白菜、鲜黄瓜、苹果、胡萝卜、奶油、糖、醋精、盐。

[做法] 洋白菜、胡萝卜、鲜黄瓜、苹

果洗净消毒，胡萝卜、鲜黄瓜去皮，苹果去皮、去子。将以上原料切丝、片，把切好的洋白菜用盐腌一下，挤去水分，和其他原料放在一起，加上糖、醋拌匀，放在盘子中央堆成丘形。食用时浇上奶油即可。

[特点] 酸甜爽口，开胃解腻。

● 牛肉色拉

[用料] 熟牛肉、洋葱、番茄、酸黄瓜、法国沙司、盐、胡椒粉、辣酱油。

[做法] 牛腿肉、洋葱、番茄（用开水泡一下，去皮去籽）、酸黄瓜都切成粗丝，放入小盘，加盐、胡椒粉、辣酱油、法国沙司拌匀即成。

[特点] 棕色，鲜香，爽口而略带酸味。

● 火腿三明治

[用料] 面包、黄油、净火腿。

[做法] 面包切成片，每片面包上抹匀化软的黄油。火腿切成薄片，分别夹在两片面包中间，再把四片面包摞在一起，切去周围硬边，斜着从中间切开即成。

▲ 西餐热菜

● 炸猪排

[用料] 猪排、炸土豆条、煮胡萝卜、煮豌豆、油、盐、胡椒粉、鸡蛋。

[做法] 将猪排逐块拍平，有筋处斩几刀防变形，撒上盐和胡椒粉，两面拍上面粉，蘸上打散的鸡蛋，滚上面包粉，用手两面拍一下待用。烧热煎煱，放猪油，烧至六七成热时，将猪排放下锅边炸边拨动，直到猪排浮起，并有吱吱声时，捞出装盘，盘边配应时蔬菜。

[特点] 金黄色，味香脆、鲜嫩。

● 奶油烩鸡丝

[用料] 母鸡脯肉丝、玉米粉、口蘑、

洋葱、黄油、牛奶、辣酱油、盐、味精。

[做法] 先将葱头切成丝，用油炒。随后放入鸡肉丝和口蘑片，炒好后，再放上辣酱油、牛奶和其他调料。最后放入玉米粉，开锅后即可。

● 俄式炒牛肉丝

[用料] 牛肉、碎洋葱、蘑菇片、酸奶油、番茄酱、白塔油、辣酱油、盐、胡椒粉。

[做法] 牛肉按横纹切成肉丝，撒上盐和胡椒粉拌匀，腌渍片刻。烧热煎锅放白塔油后，将洋葱放入锅炒到呈金黄色时，再放牛肉丝炒。牛肉丝七八成熟时，加辣酱油、番茄酱、酸奶油、蘑菇片，再炒片刻即成。

[特点] 粉红色，味鲜，香而略酸。

● 土豆清烩羊肉

[用料] 羊胸肉、洋葱、土豆、盐、胡椒籽、香叶。

[做法] 将羊胸肉斩成方块，下入盛有开水的钢精锅内滚约10分钟后取出，用冷水冲凉，洗净血沫。羊肉放入锅内，加清水煮至五成熟时，再加洋葱、土豆、香叶、胡椒籽，烧沸后，改用文火煮约1小时30分至肉酥菜熟为止。

[特点] 本色，味鲜香，可口。

▲ 西餐沙司

● 番茄沙司

[用料] 番茄、番茄酱、碎洋葱、大蒜头泥、香叶、白糖、猪油、盐、胡椒粉、牛肉清汤。

[做法] 番茄先用沸水泡过，再在冷水中浸一下，去皮，剔去籽，切成丁。将洋葱放入钢精锅内，加猪油炒到洋葱呈牙黄色时，加大蒜头泥、番茄酱、香叶略炒一下，再加番茄丁、糖、盐、胡椒粉、牛肉清汤，用文火煮约20分钟即可。适用于煎鱼、炒面条、炸饺子等。

[特点] 火红色，味鲜香，略带酸。

● 美国沙司

[用料] 番茄、碎西芹、碎胡萝卜、碎洋葱、番茄酱、白塔油、黄酒、香叶、牛肉清汤、盐、胡椒粉。

[做法] 番茄先用沸水泡，再在冷水中浸一下，去皮，切成丁。烧热煎锅，加白塔油，下碎洋葱炒到呈嫩黄色时，加碎西芹、碎胡萝卜、番茄酱、香叶，继续炒透呈枣红色时，再加牛肉清汤、酒、盐、胡

椒粉、番茄丁，用文火烧 30 分钟即成。适用于红烩对虾、龙虾、煎鱼等菜。

〔特点〕彤红色，味鲜香，炠而浓。

● 法国沙司

〔用料〕色拉油、白醋、盐、胡椒粉、芥末粉、大蒜头、香葱根。

〔做法〕将大蒜头、香葱根斩成细泥，放入碗内，加芥末粉、盐、胡椒粉拌匀后，再加白醋和色拉油搅匀。大多用于刀豆、洋葱、鲜黄瓜、番茄等蔬菜、生菜叶和加有肉类、海味类等的色拉里。浇时一定要将沙司搅匀。

〔特点〕淡白色，味酸，炠，微辣。

● 苹果沙司

〔用料〕苹果肉、白糖、玉果粉（即豆蔻粉）。

〔做法〕将苹果肉放入沸水煮熟后捞起，用细绷筛擦成泥，再放入锅内，加白糖、玉果粉搅匀后烧沸。适用于烧烤猪排、猪腿，以及烧鹅、烧鸭等。

〔特点〕米黄色，味香甜，可口。

▲西餐饭点

西餐饭点包括：布丁类、排类、木斯类、冻子类、水果类、冰激凌、面包、面条和糕点。

● 白塔油双色布丁

〔用料〕面粉、鸡蛋、白塔油、白糖、发酵粉、香精、牛奶、杨梅色素。

〔做法〕将布丁原料（面粉、鸡蛋、白塔油、白糖、发酵粉、香精）分成两份，一份本色，一份加少量杨梅色素，然后将这双色布丁原料分上下两层分别装入碗内（按十个碗分），并用油纸密封碗口后，放入蒸笼内用大火蒸熟。临吃时，将布丁倒出装盘，浇上薄异林沙司。

薄异林沙司的做法：将蛋黄、糖放入盛器里搅动，至起泡后加面粉拌匀，放在钢精锅内；另用锅将牛奶烧沸，冲入面粉里，并边冲边搅，以防起疙瘩；将盛有牛奶粉糊的钢精锅用文火烧沸后，加香精拌和便成。

〔特点〕红黄色，味松、香、糯。

● 苹果派

〔用料〕黄油、砂糖、鸡蛋、苹果、桂皮粉、香草粉、小苏打粉。

〔做法〕用棍把黄油砸软，与鸡蛋、香草粉、小苏打粉调匀，与面一起和好。将和好的面的 2/3 擀成一圆片，放在烤盘内，

入炉烤至九成熟，取出做派底。将苹果去皮去核，切成薄片，放糖拌匀，稍去水分，再加桂皮粉拌好，摆在派底上摊平。再把其余的油面擀成圆片，盖在苹果上，刷一层鸡蛋，用花推子划上花纹，入炉烤熟，切成若干份即可。

● 鸡蛋木斯

〔用料〕鸡蛋、牛奶、砂糖、香草粉、结力片。

〔做法〕把结力片用冷水泡软，将鸡蛋打开，把蛋清、蛋黄分开，再把蛋黄放入锅内，加糖及香草粉，用微火加热，随时用木铲搅拌，使糖全部溶化。将牛奶煮沸，下入泡软的结力片，熬化后冲入蛋黄内。然后上火熬成汁。同时用木棒随时搅拌，将蛋黄熬至九成熟后放在容器内，用冷水冰凉。再将蛋清抽打起泡沫，轻轻兑入凉透的汁内，搅拌均匀，装入木斯模子内，用冰箱冷固即可。吃时将鸡蛋木斯扣在杯内，浇上糖水食用。

〔特点〕清凉甘美，香甜宜人。

● 炸香蕉

〔用料〕香蕉、油炸点心配司、肉桂粉、白糖、糖粉、猪油。

〔做法〕香蕉去皮，切成两段，拌上一些白糖和肉桂粉，腌渍片刻。烧热煎锅，加猪油后，将香蕉先放入油炸配司里浸一下后取出，再放入猪油锅里炸黄炸熟（油不要太热）即可。临吃时，撒上糖粉。

〔特点〕金黄色，味香，甜，糯。

● 面包

〔用料〕面粉、盐、白糖、引子。

〔做法〕面粉放在盆内，加上引子和适量的水，搅和成厚糊，放在温度 25℃ 左右的地方。经过 5 小时～6 小时发酵，再加入面粉和适当的水，和成厚糊状，再放原处。2 小时后又重新发酵；将面粉、盐、糖、油倒入盆内，加水和成软状面，仍放原处。经 2 小时后又重新发起来，并出现蜂窝，用拳将面压一遍，把蜂窝压回去。40 分钟～50 分钟后，面又自动起来；将发好的面做成面包，盛在面包槽内，然后放在温度 25℃ 左右的地方，让其再发到六成起时，连槽一起送到微波炉里烤熟即可。

面包引子有酒花水、酒花砖、土豆制成的接种引子及鲜酵母等。

▲西餐早点

西餐早点主要食品有各种蛋类、点心

丝、胡萝卜丝、洋葱丝下锅炒至呈牙黄色时，加番茄炒透待用。将牛肉清汤烧沸后，放油面酱搅匀，然后将炒好的各种蔬菜丝和香叶放入锅，继续烧至浓稠后，加盐、胡椒粉。待汤烧至呈金黄，加蘑菇片、鸡丝、火腿丝，略滚后装盆即成。

［特点］形红色，味鲜香。

● 奶油鸡汤

［用料］清鸡汤、鲜牛奶、熟鸡丝、白塔油、鸡蛋、鲜奶油、盐、油面酱。

［做法］鸡丝放在盆里，把清鸡汤、牛奶放入锅内烧沸后，加油面酱搅匀，再用洁净纱布滤清，随即将奶油鸡汤烧沸一下。将鸡蛋黄、鲜奶油放入碗内打散后，先舀起一勺鸡汤，慢慢地倒入蛋黄碗内，并边倒边搅匀。然后将奶油鸡蛋倒入汤锅内再搅匀，但只要保持一定温度，而不要烧滚，然后加盐和白塔油，并趁热盛入装有鸡丝的汤盆内。

［特点］奶白色，味鲜美。

● 牛尾汤

［用料］牛肉清汤、红烩牛尾、胡萝卜、洋葱、青豆、白塔油、番茄酱、盐、胡椒粉、红葡萄酒、糖色、油面酱。

［做法］牛尾切成方块，胡萝卜去皮后，用金属小调羹将它挖成青豆大小的圆球，再放入盛有开水的钢精锅里汆熟。洋葱切成丁，用白塔油炒黄待用。番茄酱用少许油炒透。牛肉清汤烧沸后，加番茄酱、油面酱、糖色，搅匀后略滚片刻，用洁净纱布滤净。临吃前，将牛尾丁、胡萝卜球、洋葱丁放入汤内烧沸，加盐、胡椒粉搅匀。上菜时，再放青豆，烧沸片刻，起锅装盘。

［特点］紫红色，味鲜，香而浓醇。

▲ **西餐饮料**

类、面包、黄油、麦片粥、牛奶、红茶、咖啡等。

● 麦片粥

煮粥前先将麦片用水泡软，然后上火煮一会儿，再兑入牛奶，煮 10 分钟后，调入糖、盐、黄油，煮至麦片软烂即可。

● 煮鸡蛋

煮鸡蛋要求鲜嫩，一般是把鸡蛋放在沸水中煮 3 分钟即可，这样煮制的鸡蛋清刚好凝固，蛋黄尚能流动，味道既鲜美又易于消化。

● 面包、黄油

以烤食最为理想，把黄油均匀地抹在面包片上，然后上火烘烤，烤好的面包色黄而酥，黄油溶化渗入面包中，味道极佳。

● 一份西餐早点

麦片粥一碗，鸡蛋两个，面包、黄油各一份，咖啡或牛奶一杯。

▲ **西餐汤**

● 乡下浓汤

［用料］牛肉清汤、熟鸡丝、火腿丝、蘑菇片、胡萝卜丝、洋葱丝、卷心菜丝、白塔油、番茄酱、盐、胡椒粉、香叶、油面酱。

［做法］烧热钢精锅，加白塔油后，将卷心菜

西餐饮料分冷饮和热饮，常见的有咖啡、红茶、可可及各种冰淇淋。

● 咖啡

煮咖啡一定要用不带油的器具（最好专用）。先将水煮沸，再倒入咖啡，在微火上煮 10 分钟左右，至颜色较浓，

香味已出时把咖啡渣滤出，即可食用。煮咖啡要注意时间不宜过长。否则，颜色灰黑，香味挥发殆尽。饮用时，一般要加糖，并可兑上少量牛奶，增添美味。速溶咖啡，冲入开水后即可全部溶解，饮用简便。

● 红茶

先煮制茶卤，将红茶加开水，煮四五分钟，滤去茶叶，即为茶卤。饮用时再兑上四倍的开水。红茶水色泽红艳，味道略苦，一般是加糖饮用。也可泡上一片柠檬，制成柠檬红茶，味道会更美，可助消化，止渴提神。

● 可可

可可需经煮制方可饮用。可将可可加糖，倒上水搅匀，上火熬成黏稠的可可汁。可可汁冲入煮沸的牛奶，即成美味的"牛奶可可"。

▲ 西餐礼仪

（1）就座时要坐正，背部贴椅背，餐巾放在膝上。不可将随身物品放在餐桌上。

（2）餐桌前不可化妆、擤鼻涕、咳嗽、打嗝、打喷嚏。如有以上动作，应立即向同桌人道歉。

（3）不可中途离席。

（4）用餐时，不可抽烟。

（5）摆好的餐具不可任意移动，刀叉不可撞击发出声响。使用时，右手用刀，左手用叉；不用刀而用叉时，可右手用叉。吃肉类和色拉，可共用一把叉。刀叉用错，不可掉换，应"将错就错"，继续使用。用刀时，刀刃不可向外，放刀叉时，应成"八"字形分别放在盘子上，刀刃朝向自身。刀叉放在一起，表示用餐完毕。吃面条用叉卷，不可挑。吃饭用汤匙，可右手拿。

（6）上菜的次序，开胃的先食：冷菜、汤、鱼、肉、色拉、甜点、水果和咖啡。菜肴从左边上，饮料从右边上。

（7）喝汤和吃鱼、肉，不可发出声响，嚼要闭嘴；上汤后，可取面包，涂上白塔油，左手拿面包，右手送入口中。吃肉应切一块吃一块，鸡肉、鸡腿须用刀将骨头去掉后一块块切了吃。口中的肉骨或鱼刺，要用叉接住放在盘中。水果核吐在手心，再放入盘。鱼不可翻过来吃，吃完上层后用刀叉把鱼骨去掉后再吃下层。

（8）饮酒干杯时，即使不喝，也应将杯口在唇上碰一下，以表敬意。

（何定镛）

衣　饰

1　衣饰与搭配

服装从某种意义上讲体现着一个人的精神和风貌。服装是时代的一面镜子。从一定意义而言，美化生活，始于美化服装。老年服装，虽不追求过分艳丽、时髦，但服装合体则是最基本的要求。愿美的旋律同你的服装融为一体，使你永葆青春。

▲ 体形与服饰

人的体型常有不足之处，选好服装即可"一俊遮百丑"，突出自己的优点，遮掩不尽如人意的地方。

粗颈　不宜穿关门领式或窄小领口的衣物，不宜用短而粗的项链或围巾紧围在脖子上。适合用宽敞开门式领型，但不能太宽。适合佩带细长珠子项链。

短颈　不宜穿高领衣服，不宜佩带紧围在脖子上的粗项链。适合穿敞领、翻领或低领口的衣服。

长颈　不宜穿低领口的衣服，不宜佩带长项链。适合穿高领口的衣服，系紧围在脖子上的围巾，宜戴宽大的耳环。

窄肩　不宜穿大肩缝的毛衣或大衣，不宜选窄而深的V形领。适合穿开长缝的或方形领口的衣服，可穿宽松的泡泡袖服装。适合加垫肩类的饰物。

宽肩　不宜穿长缝的或宽方领口的衣服，不宜用太大的垫肩类的饰物。适合穿无肩缝的毛衣或大衣，适合选深的或窄的V形领。

粗臂　不宜穿短袖衣服。穿短袖衣服

也以在手臂一半处为宜，适合穿长袖衣服。

短臂　不宜穿太宽的袖口边衣服，袖长为通常袖长的四分之三为好。

长臂　衣袖不宜又瘦又长，袖口边也不宜太短。

大胸　不宜穿高领口或胸围打碎褶的衣服，不宜穿水平纹图案的衣服或短夹克。适合穿敞领和低领的衣服。

小胸　不宜穿露乳沟领口的衣服，适合穿开细长缝领口的衣服，或穿水平纹的衣服。

长腰　不宜系窄腰带，不宜穿腰部下垂的服装。以系与下半身服装同颜色的腰带为好。适合高腰的、上有褶饰的罩衫或者带有裙腰的裙子。

短腰　不宜穿高腰式的服装和系宽腰带，适合穿使腰、臀有下垂趋势的服装。

宽臀　不宜在臀部补缀口袋，不宜打大褶或碎褶的鼓胀裙子，不宜穿袋状宽松的裤子。适合穿柔软合身、线条细长的裙子或裤子，裙子最好是有长排纽扣的筒裙。

窄臀　不宜穿瘦长的裙子或过紧的裤子，适合穿宽松袋状的裤子或宽松打褶的裙子。

肥臀　不宜穿紧瘦或短小的上衣，适合穿柔软合身的裙子和稍长一些的上衣，长而宽松的上衣盖在苗条的裙子外边。

粗腿　不宜穿绷得紧的裤子或不及膝盖的短裤，也不宜穿又瘦又紧的针织裙子，适合穿腰边紧而下边宽松的裙子与上端打褶或直筒裤。

短腿　不宜穿长度在小腿肚中部的裙子，适合穿长裙或穿同一种颜色的套装。

▲脸形与服饰

服饰不仅是生活必需品，也是美化生活的装饰品和艺术品，用以表现人体和装饰人体。由于人的脸形不一，在选择服饰时则应根据自己的脸形特点而确定最适合自己的装扮。

长脸　不宜穿与自己脸形相同的领口衣服，更不宜穿 V 形领口和开得低的领子，不宜戴长而下垂的耳环。适合穿圆领口的衣服，也可穿高领口或带有帽子的上衣，可戴宽大的或圆形的耳环。

方脸　不宜穿方形领口的衣服，不宜戴宽大的耳环，适合穿 V 形或勺形领的衣服，可戴耳钉或者小巧的耳环。

圆脸　不宜穿圆领口的衣服，也不宜穿高领口的或带有帽子的衣服，不适合带大而圆的耳环。最好穿 V 形领或翻领衣服，戴耳钉或小耳环。

▲肤色与服饰

巧妙地运用服饰的色彩，可以扬长避短，突出自身的美，掩盖其缺憾，这是衣着打扮的学问。

肤色红润　适合穿茶绿或墨绿色服装，不宜穿正绿色服装，否则显得俗气。

肤色黄白　适合穿粉红、橘红等柔和暖色调衣服，不宜穿绿色、浅灰色服装。否则，会显出病态。

肤色偏黄　适合穿蓝色或浅蓝的服装，可使偏黄的肤色衬托得洁白娇美，不宜穿品蓝、群青、莲紫色上衣。否则，会使面色显得更黄。

肤色偏黑　适合穿浅色调，明亮些的服装，如浅黄、浅粉、丹白等色彩的服装。这样，可以衬托出肤色的明亮感。不宜穿深色衣服，要避开黑色服装。否则，会使面孔显得更加灰暗。

皮肤粗糙　适合穿杂色、纹理凸凹性大的织物，如粗花呢等，不宜穿色彩娇嫩、纹里细密的织物。

气色不好　适合穿白色衣服，显得明亮。不宜穿青灰色、紫色服装。否则，会显得憔悴。

▲年龄与服饰

随着年龄的增长，老年人的服饰有了一定的限制，要尽量体现出雍容、高雅、华丽、冷静的气质。在色彩上则不要受年龄的限制，可以根据自己的爱好选择明亮的颜色，如暖色中的土红、砖红、棕红、大红、驼色，冷色中的湖蓝、海蓝、翠绿等，这些都是比较鲜艳的色彩。其他一些高明度色彩，如蛋青、银灰、米色、乳白色，十分淡雅、明快，能表现老年人特有的气质。甚至黑、白、灰色也能组成非常和谐的色调来。在款式上，不宜线条复杂，以简洁为佳。有适当的宽松度，不宜穿紧裹身体的服装，既不舒服，也不利于健康。但也不要过于肥大。在面料上，趋向高雅、含蓄、挺括，以中档和高档为宜，能体现老年的成熟干练，庄重大方的气质，又能体现出比自己实际年龄年轻的效果。

▲老年服饰时尚

人到老年，"修饰"二字就显得很重要。人们可以借助于小小的修饰手法，掩盖体态中不理想的部分，从而展现出老年人特有的气质与风度。

以"扬美遮丑"为原则，去选择合体的服装。老年人颈部皮肤松弛，身体发胖，腰粗腹大，背厚，上臂粗壮，在选择服饰时，多穿缠绕式领子或高领服装，把松弛的颈部包裹起来。尽量选择内外两件式的套装，里面一体紧身合体，外套宽松，不系扣子穿也非常得体。

在选择方领或圆领服装时，为不使松弛皮肤暴露，可选择一条与皮肤颜色反差较大的丝巾系在颈部，这样收缩内里，整体外形就更美丽而随意了。胸部不够丰满的老年人，可为自己选择胸有装饰的式样，使胸部显得丰满一些。

老年人不应该束缚自己的穿着，可以大胆地去穿时髦的服装。用带有漂亮图案的面料做成的时装，搭配相应的饰物及手袋，其格调高雅而且具有时尚感。腰部稍粗的人，选择剪裁合体的直身造型，淡化了腰部，强调整体造型美感。颜色选用稍深的蓝色、紫色、土红色等，既沉稳又靓丽。

▲老年人如何着装

款式简洁：当代的服装设计追求简洁的艺术风格，简洁有利于摆脱复杂与繁琐，也是老年人穿着的要领。

色彩协调：色彩没有年龄界限，老年服装色彩同样应是七彩世界，关键在于"搭配"要和谐。老年人需要色彩来焕发出生命力。

体形缺陷掩饰：如何运用服装款式、色彩的搭配及面料的功能来对体形进行扬长避短的美饰，是老年人打扮的一个重点。

▲老年饰品佩戴

胸花、项链、耳坠、手镯、皮包、腰带等装饰品，起着装饰美化作用，应该巧妙地利用其色彩、形状、大小、厚薄、材质来显示不同的风度。样不求多，但要求精。

② 洗涤与保养
▲洗衣服不宜

洗衣服不宜久泡，久泡反而洗不干净。洗衣服不宜用肥皂或洗衣粉过多，因肥皂水过浓，表面活性反而降低，衣服不易洗干净，洗衣粉也是如此。合成洗涤剂不宜用沸水冲调，用沸水会使泡沫减少，表面活性降低，减弱去污能力。汗衣不宜用热水洗，汗液含有盐分、蛋白质等有机物质，遇热会固结在衣服上，晒太阳或被空气中的氧气氧化，变成黄色污垢难以清洗，而冷水能使汗衣上的蛋白质溶化，有利去污。洗羽绒衣不宜揉搓、暴晒，不可用碱性洗涤剂，不可手提、绞拧，应折叠放在平板上，轻轻压出积水，在通风阴凉处晾干。腈纶绒线不宜用开水浸泡，用开水浸泡，毛线变直了，绒线的毛性感就消失了。毛料服装不宜用洗衣机，用洗衣机会使衣料牢度下降，吸水变形。丝绸衣不宜用洗衣机，因丝绸品料薄，受摩擦易起毛或出现表面绒球。

▲皮革制品的保养

皮夹克、皮裤、皮手套等用脏后，不要用水或洗洁精之类擦洗。可取鸡蛋清若干，快速搅动调匀。用洁净药用纱布蘸着擦洗皮面，可迅速去污垢。皮革上有油污，可用香蕉皮擦拭，擦洗后可使皮革表面洁净、光亮。

▲毛衣的洗涤与保养

细毛衣洗后很容易缩水，为避免缩水，水温不得超过35℃，并用中性肥皂或洗剂洗涤，清最后一遍时加上几滴醋，可保持毛衣的弹性和光泽，也可中和残留的皂碱。

▲丝绸衣服的洗涤与保养

丝绸衣服要勤洗，脏衣服切忌搁置。深色的衣服洗涤时用低温淡洗衣粉溶液，清水漂净；浅色衣服可用洗衣粉或优质肥皂，温度掌握在40℃左右。用双手大把轻揉，漂清后晾在阴凉通风处，为防压皱，收藏时应放在衣柜上层。切忌用樟脑丸，否则，衣服会变黄。柞丝绸与真丝绸不要混合放在一起，以免变色。

▲涤纶衣服的洗涤与保养

洗涤时宜用冷水、温水，不要用沸水

新世纪 老年 百科全书

浸泡，以免收缩变形。洗后宜晾干，不能曝晒。晾干后一般不需熨烫，要熨烫温度不应超过 140℃～150℃，以免变形或融化。

（何定镛）

美 容

美容也称美容术，是指使人漂亮或更美丽的一类行为，或指达到此类目的所使用的物品和技术。

广义的美容范围可扩展到整个人体美，凡一切可增强人体美的方法均可被看做美容，如乳房健美、减肥术、整形美容等。

狭义的美容仅指增进容貌、皮肤、头发美。

医学美容是以手术、药物、理化等医疗手段来纠正影响形体美与容貌美的身体缺陷。同时，医学美容也是现代医学的组成部分，按医学的方法，医

学美容分为：美容整形科学、美容皮肤科学、美容牙科学、药物美容等。

生活美容是指以生活美容化妆、服饰来修饰人体，以达到美化容貌的目的。

医学美容与生活美容既有联系，又有明显的区别。相同之处在于两者的根本目的是一致的；不同之处是医学美容是用治疗性方法美容，而生活美容用修饰方法来美容。

美容院也有人称美容沙龙，是从事美容护理服务的场所。美容院服务的范围有：皮肤护理、化妆、祛斑、做发型、烫发、染发、修涂指甲等。医学美容科医院设的医学美容科室，主要从事医学美容治疗，其治疗范围有：美容整形、皮肤美容、口腔美容、护理美容等。

医学美容是医学与美学交叉结合而形成的一门新型学科，是美容原理在医学领域的应用。医学美容离不开美和审美问题，医学美容的存在和此基础上产生的医学审美观点，随着医学的诞生而出现，并随着医学科学的发展和人类健康水平的提高，日益显示出其重要性。

① 男士美容

不论是曾为其妻画眉，被后人称为张敞眉的汉张敞，还是被喻为"傅粉何郎"的魏何晏，从古到今，有不少佳话传扬了男人同样爱美的天性。

现代社会越来越多的男士需要获得成功，越来越多的男士需要体现自我。挑战、竞争，尤其在现代商业社会中，人们广泛的交往和频繁的外事活动，无处不要求现代的男士们必须建立一个干练、漂亮、潇洒的形象，必须以最佳的状态出现。男士们追求成功、追求权利、追求完美的同时，也就要求有一个如何完善自我形象的窍门。因此，美容、化妆、打扮再也不仅仅是女性的专利。修饰自己，也就成为当今男士不可缺少的生活内容。男士进行着美容、化妆、饰物，正开始大大方方地美起来，作为"夕阳无限好"的老人们也不能例外。那么，怎样才能更好地体现男士之美？男士美有什么标准？怎样才算真正的时尚男士，而更具男士风采？

整体美才是真正的美。男士的修养美尤为重要。良好的修养可以增加你的魅力，增加你的美，令你人生的道路更添愉快。做一个出众的男士的确不容易，要不断地完善自己，充实自己，要善于取长补短，还有许多细致的方面不可忽视。例如培养良好的气质，愉快、友善的态度，稳定的情绪，坦荡的胸怀，讲礼貌，有幽默感、轻松感，悦耳的声音，文雅的举止，得体的修饰，完好的形象，等等。

▲男士的脸形

一般说来有大脸形、小脸形、圆脸形、方脸形、三角形，甚至有菱形、五角形。再详细一些分，圆脸有月圆、椭圆，方脸有正方、长方，三角脸形有下三角、倒三角，还有梨形、桶形、王字形、不规则形等。

▲男士的五官护理

眼睛 被称为"心灵之窗"，首先要注意保护好，使它健康、明亮。养成正确的用眼习惯，对某些刺激性光线，采取保护措施，在浴场或游泳时，注意眼部卫生。

耳朵 养成不乱用异物挖耳朵的习惯，特别是游戏时，更应格外注意保护。不论

是大扇风耳，或是小耳朵，只要保持了健康、清洁，发型及化妆即能帮你掩饰。

鼻　不要养成乱挖鼻孔的习惯。患上了鼻炎、酒渣鼻，应及时治疗。至于是高鼻梁、低鼻梁或是塌鼻梁等也别抱怨，化妆可帮你解忧。

眉　眉粗显得坚强，八字眉缺乏阳刚之气，略带苦相，淡而少的眉要依靠化妆。

唇　不薄不厚为理想，要保护好唇，不让它干裂。

牙齿　一口整齐、洁白的牙齿让你更有魅力。饭后应漱口，刷牙要上下刷、内外刷，不要横着刷。不要用牙齿开启瓶盖或咬过于坚硬的物品。

▲ 男士的皮肤特点

男性皮肤的厚度比女性厚 24%，但男性皮肤变薄的速度要比女性快得多。男性最初的皮肤弹性要比女性好，随着年龄增长，其弹性减弱的速度也比女性快。

从人类皮脂分泌的整体平均值看，男性的皮脂分泌比女性旺盛。

大多数男士认为皮肤保养品是女性的专利。所以，也造成男性皮肤老化的过程比女性快，皮肤暗疮、干燥脱水、皱纹等也较严重。

男士皮肤的分类：有干性皮肤、油性皮肤、混合性皮肤、过敏性皮肤及暗疮皮肤、色素斑点皮肤、衰老皮肤等。

1. 干性皮肤。

特点　净面后皮肤有紧绷感，皮肤无光泽，毛孔不明显，纹理细腻，细微的皱纹较多，表面多见鳞片状皮屑，遇冷、热等刺激时，容易发红，油脂分泌少，干涩、粗糙，常年无柔软感，天冷时更甚。

皮肤性质　皮脂分泌少，易变粗糙，若能及时补充油分、水分，不但可减少皱纹，还可使皮肤逐渐变成光滑细腻的正常皮肤。

保养方法　选用较酸性的清洁用品，净面后选用有营养成分的油脂护肤膏，经常做面部按摩，改善局部血液循环，补充高蛋白饮食、水分及微量元素，并注意睡眠充足，少吸烟，适当增加室内湿度。

2. 油性皮肤。

特点　整个面部光泽感很强，毛孔粗大，纹理不细，容易生长粉刺、小疙瘩，对冷、热刺激的耐受力较强，不易出现皱纹，触摸不柔软或有油腻感。

皮肤性质　皮脂分泌多，易受污染，对细菌抵抗力弱，若不注意清洁护理，容易生长粉刺等皮肤疾患，甚至使皮肤变得粗糙。

保养方法　用温热水彻底清洁皮肤之后，再用冷水冲洗，使毛孔收缩；每日最少洗 2 次脸；每周可进行 2 次～3 次特殊清洁。用清洁力较强的洗面香皂，或在温水中加几滴醋；净面后用脱脂棉蘸收敛性化妆水，在面部轻轻拍打；护肤以男士专用的乳液为佳；保持睡眠充足，心情愉快；多吃蔬菜、水果，少吃辛辣、刺激、油腻及高脂肪食品，对甜食、咖啡、烟酒的食用也要控制。

3. 混合性皮肤。

特点　皮肤红润、光滑、纹理细，既不干涩，也不油腻，易随季节变化而偏干或稍油。

皮肤性质　皮脂分泌通畅、均衡；皮肤光滑细腻，但易受季节变化的影响。称之为普通皮肤或正常皮肤。

保护方法　参照干性、油性皮肤的保养方法；应用营养护肤品，防晒，注意调整饮食、睡眠，减少夸张的表情。

4. 过敏性皮肤。

特点　换季时易生湿疹；换用化妆品时易出现红斑点；对于水质等变换，易使皮肤发生异常变化，出现红肿、发痒、脱皮、刺痛甚至出现丘疹；对紫外线过敏，易引起皮炎；对化纤衣物敏感，易引起皮炎；对某类食物或其他物品，如药品、化学制剂等较敏感，易出现红斑点、皮炎等。

皮肤性质　皮肤脆弱，春季应特别注意。

保养方法　选用软水清洁皮肤，选用

柔和的洗面奶、洗面皂，适当多用冷水，不使用磨砂膏，防晒，请医生帮忙找到致敏源，加以治疗。

5. 暗疮皮肤。

参照油性皮肤的护理方法，洁肤用品选用硫黄香皂或硫黄软膏，每周用加冰块淡盐水洗脸2次～3次，不可用手乱挤，多喝白开水，多食新鲜蔬菜、水果，禁食辛辣、油腻、高糖食品，补充微量元素、维生素 C 等，保持睡眠充足，心情舒畅，必要时到医院治疗。

6. 色素斑点皮肤。

特点　整个面部或局部有棕、褐色或淡黑色小点，多系有先天性遗传因素，或因受日晒、吸烟、肝脏疾病、结核病等的影响造成。

皮肤性质　有干性、油性或混合性皮肤，皮肤表面的黑色素细胞出现沉积。

保养方法　应防晒，戒烟，适当服用维生素 C、E 以及一些对黑色素细胞的生成起抑制作用的药物，应用疗程快慢不一的祛斑霜、祛斑精华素，或到美容院做祛斑面膜，或到医院接受冷冻、激光等皮肤美容术。

7. 衰老皮肤。

特点　过早出现较多、较深的皱纹，无光泽、无弹性、松弛、苍白或浮肿，皮肤抵抗力差。

皮肤性质　皮脂分泌明显减少。男士皮肤显著衰老的年龄大致在 55 岁左右。

保养方法　注意日常清洁、护理及防晒；及时补充皮肤所需养分；保持睡眠充足，烟、酒适量，情绪稳定，排解压力；也可到美容院做无创伤、无痛感的电脑拉皮，或到医院做拉皮术、除皱术等美容手术；平时注意克服易产生皱纹的动作，如皱眉、括眉、托腮，多做面部按摩等。

▲**男士美容用品**

美容香皂　洁肤用品。

植物型洗面乳　适用油性皮肤的洁肤用品。

营养型洗面乳　适于非油性皮肤的洁肤用品。

粉刺洗面粉　适用粉刺、暗疮的药效型洁肤、治疗用品。

磨砂膏　适用较粗糙的皮肤。

剃须膏　剃须用品。

雪花膏　适于夏季或混合性皮肤。

香脂　适于秋、冬季或干性皮肤。

防裂膏　适于秋、冬季。

营养霜　四季适用，特别是干性皮肤。

润肤霜　四季适用，特别是干性皮肤。

乳液　四季适用，任何类型皮肤。

薄荷膏　剃须用品。

须后蜜　剃须后用品。

须后液　剃须后护肤液。

收敛水　适于油性皮肤。

防晒霜　防晒用品。

荷尔蒙雪花膏　治疗粉刺用品。

粉刺膏　治疗粉刺用品。

润唇膏　滋润、防裂。

爽身粉　浴后用品。

男士香水　美化用品。

▲**男士修面**

刮胡刀主要有两种：手动式、电动式。

电动式的刀片分：回转式和振动式，回转式不易伤害柔软的皮肤，但不如振动式清除得更广泛些。电刮刀虽然很方便，但却不易刮干净。

手动式的刀片分：单片、双片及双边。手动式刮刀虽然有些原始，但它能将胡须刮得较干净的优点是不容忽视的。手动式刀片可根据胡子的软硬度进行选择，采用湿式刮胡。

不论用哪种刮胡刀，卫生都十分重要，每次刮完胡子，应彻底清洁刮刀。剃须膏和剃须摩丝的选择，最好选用含有杀菌成分的品牌。

② 男士美发

▲**发质、类型**

人的头发，按发质、类型，可分为：干性头发、油性头发、中性头发、直质型头发、软直型头发、粗硬类头发等。

干性头发　特点，在洗完头发1天～2天后，发质暗淡无光，头屑较多，较干枯，无弹性或弹性差，易定型但不长久。保养方法，可选用酸性洗发剂及含蛋白质、滋润成分的护发素，有麦芽成分的为佳；注意经常按摩头皮，洗发不宜过于频繁；适当增加蛋白质饮食。

油性头发　特点，在洗发后2天，头发依然很亮，有油腻感，易贴附于头皮上，不易保持发型，易打绺，但光滑、有弹性。保养方法，可选用有药效、保护性洗发剂及护发用品，尤以天然物为佳；经常保持头部清洁，少吃高脂肪、油腻、刺激的食品。

中性头发　特点，油脂分泌适当，有光泽，有弹性，光滑，易定型并保持得久。保养方法，可选用弱酸性洗发用品，适当补充营养；护理不过于随便，不要经常吹发。

直质型头发　特点，黑、亮，弹性极好，有厚实丰满之感。保养方法，适合自然、轻松的发式，洗发后不用吹风定型，使其自然干爽。

软质型头发　特点，柔软，光滑，或先天卷发。保养方法，适合较华丽、动感、个性强的发式。

粗硬型头发　特点，发质粗硬，光泽度好，弹性好，易翘。保养方法，适合平头及烫发。

▲洗发

根据发质及季节而定。夏季每周不要超过三次，冬季不超过二次。洗发用品要注意选择，用温、软水，不要将洗发用品直接倒在头发上，要用手指肚按摩清洗，彻底冲洗干净。

▲按摩与梳头

按摩方法：将双手放于头顶部，五指分开，如抱头状，先均匀的按摩头部皮肤片刻，然后用食指、中指在头皮上划小圆圈，充分按摩局部的头皮，从前额发际开始，至后颈发际末端，然后两侧颞部，依次进行，每天 1 次～2 次，每次 10 分钟，头部按摩后，用双手将双耳搓热，并放松颈部。

梳头方法：用梳子，从头部后下方的发际端逆向头顶梳即可，两侧的头发由前向后梳，最好选用自然圆滑的木制品梳子，梳时稍用力，让梳子完全接触头发，使整个头皮得到刺激，加速血液循环和新陈代谢。

▲男士美发用品

洗发香波　洗发用品。

去屑止痒香波　药性洗发用品。

护发素　护发用品。

发乳　护发用品。

发油　增加光泽，防止静电。

摩丝　定型用品。

定型啫喱膏　定型用品。

发胶　定型用品。

染发料　染发用品。

冷烫精　烫发用品。

奎宁水　止痒去屑用品。

③ 女士美容

爱美是人的天性，女性对美的向往更热烈、更执著。世间的美，千种万种，内

在美，外在美，每一个人对美都持有自己的看法。但是，让青春长驻，容光焕发，貌如童颜，则是每一个女人所期待的。古语讲："女为悦己者容。"现代女性对美的追求，是自身价值在社会上的认定，是自我形象的塑造与设计。透过美容化妆，使女性建立个人信心，实现内外皆美。今天的时代对女性美的观念已赋予它以新的内涵，女性美作为妇女意识的有机组成部分，必然表现出时代的特点。

▲东方女性的美容特点

东方女性的美容特点，尤其受传统思想文化的浸染。这种思想推崇端庄的美，中庸的美，内敛的美。这种思想影响了一代又一代的女性，认为"着粉则太白，施朱则太赤"的适度的"中和之美"为美容典范。

中和的美，就是适度的、不造作的美，是一种自然、朦胧、神秘的美。它并不是一味强求淡妆，而是指针对具体环境、具体心境、反映个性地去美化自己的容貌，讲究与所处环境的协调，"俏丽若三春之桃，清素若九秋之菊"、"淡妆浓抹总相宜"，不是不顾自身特点、环境、对象僵化地涂脂抹粉。

▲选择适合自己的化妆品

化妆品是以清洁、保护、美化人体面部、皮肤、毛皮为目的的用品。

化妆品的种类，有用于清洁人体面部、皮肤、牙齿、毛发的清洁霜、洁肤皂、磨面膏、洗面奶、牙膏、香波、香皂等；用于改变和美化容貌的粉底、粉饼、胭脂、眼影粉、香粉、香水、染发剂、脂粉等；用于保护皮肤或毛皮健康的乳液、化妆水、护发素、营养乳与发胶、摩丝等。

选用化妆品：首先，应根据自己皮肤的性状来选择和使用化妆品。其次，须根据季节来选择和使用化妆品。

1. 护肤类化妆品。

护肤类化妆品，包括以清洁皮肤为目的洁肤化妆品和以保护、营养、滋润皮肤为目的营养润肤化妆品两大类。

洁肤类化妆品，包括表面洁肤类和深层洁肤类两类化妆品。表面洁肤类化妆品有：清洁霜、清洁蜜、洗面奶等；深层洁肤类化妆品有深层洁肤乳、磨面清洁膏、珍珠柔性磨面膏等。

营养润肤性化妆品，包括面膜、护肤膏霜、乳液等。在护肤膏霜、乳液、蜜类中，添加多种从动植物中提取的物质制成的营养类化妆品，如银耳珍珠霜、燕窝霜、防皱霜、蜂皇霜、银耳珍珠蜜等。其中的营养物质能被皮肤吸收，促进皮肤细胞的再生，延缓皮肤衰老，保持皮肤有良好的弹性，对中老年女性尤为适用。

2. 美容类化妆品。

美容类化妆品具有掩盖缺陷、美化容貌、增加魅力的作用。大致可分为粉类化妆品、红类化妆品、眼类化妆品、指甲化妆品以及芳香化妆品等五大类。

粉类化妆品　粉底霜、粉底蜜、粉系水粉饼、化妆粉等。

红类化妆品　唇膏、胭脂。

眼部化妆品　眼影粉、眼线笔、眉笔、睫毛膏、睫毛液等。

指甲化妆品　脱膜剂、指甲抛光剂、指甲油等。

芳香化妆品　香水、古龙水、花露水、香粉、香皂等。

▲认识并保养好自己的皮肤

1. 皮肤是覆盖于人体表面的薄膜状组织，有极强的活力。人体各部位的皮肤厚薄不一，眼部及耳介处皮肤很薄，手掌、足底的皮肤较厚。皮肤结构精密，从外向里有表皮、真皮及皮下组织三个构成层。

表皮　表皮是由细胞组成的组织。由外向内有角质层、透明层、颗粒层、状层与基底层等五个层次。

真皮　真皮由乳头层与网状层构成，乳头层与表皮的基底层紧密连成一体，形成皮肤。

皮下组织　皮下组织是皮肤最下层的组织，由少量纤维和大量脂肪细胞组成，俗称皮下脂肪。

2. 皮肤的状态因年龄、性别、季节、环境的不同而相异。正常皮肤有油性皮肤、中性皮肤、干性皮肤及混合性皮肤；异常类有过敏性皮肤、暗疮皮肤、色素斑点及衰老性皮肤。

干性皮肤的纹理细密，没有光彩，敏感脆弱，洗脸后皮肤微有痛感，气候寒冷时会觉得糙硬及绷紧感，冬季易生裂纹，易衰老、起皱纹和雀斑。

油性皮肤的特征是油脂活动旺盛。荷尔蒙分泌量增大，酸碱度不稳定，不平均，碱性过多时会现斑点，容易脱妆。油性皮肤不易衰老。

中性皮肤最健康、最正常。皮肤有光泽，润滑不黏，无粗糙感觉，结构细密，富有弹性，厚薄适中，兼有干性皮肤和油性皮肤的优点。化妆后不易脱妆，对季节反应灵敏，冬季偏干，夏季较油。

混合性皮肤局部油性，局部干性，经常是额部至鼻及其下巴毛孔粗大，油性重，其余部位较干燥。女性80%属此类。

过敏性皮肤常表现为无菌状况下的皮肤发红和发痒、红肿，多见于先天性皮肤脆弱者。逢季节变化易生湿疹，抗紫外线力弱，对合成纤维纺织物、过浓的香水、水质的变化都会发生过敏。

暗疮皮肤有脸疮、丘疹性痤疮、脓疮性痤疮、痤疮、瘢疮。暗疮皮肤不宜化妆，切忌选用油脂类化妆品，更不宜化浓妆。

色素斑点皮肤，表现为脸上，特别是眼部周围及两颊出现对称性、形状不规则的黑色素斑点。

衰老性皮肤多表现为严重缺水、缺油、干燥而起皱纹等，缺乏弹性，真皮的结缔组织发生变化，皮肤表面不再柔软、润泽。缺乏保养的皮肤易引起早熟性衰老。形成的内因：生活方式不当，饮酒吸烟过度或饮水不足，睡眠不足，健康状况不良，营养欠均衡以及焦虑、紧张等精神因素。形成外因：不注意皮肤保养，护肤方法不当，或过多地暴露在强烈阳

光下，或常处于燥热、肮脏污染的环境中。护理要求：用温水洗脸、保温，选择并养成良好的生活习惯，营养均衡，保持充足的睡眠，消除焦虑、紧张等精神因素。选用滋润性的按摩霜或人参防皱霜按摩，常做热敷或蒸面，增加面部皮肤水分，畅通血脉。

▲ 四季的皮肤护理

春季　阳光中热度逐强，血液循环及新陈代谢加快，人体内荷尔蒙作用活泼，增强了皮肤活力，使皮肤光亮起来。此时，空气比较干爽，灰尘较多，皮肤一时适应不了变化，加之皮脂分泌旺盛，易出现皮肤过敏、红肿、斑疹及起粒子等现象。为此应特别注意皮肤的清洁，勤洗脸而且洗得周到。可采用按摩手法调整皮肤荷尔蒙的分泌。春季洁肤可选择温和型、去脂力不强的洁肤用品。

夏季　酷暑高温，强烈的紫外线会造成皮肤最严重的损伤。接触阳光有益于身体健康，但强烈的曝晒会加速皮肤老化，将皮肤晒黑或晒成古铜色，甚至会晒伤皮肤，直接伤及含有有机物质的真皮。为了保护你的肌肤，尽量免受紫外线的伤害，必须借助于防晒化妆品。

秋季　秋天阳光紫外线的渗透力极强，容易晒黑皮肤，皮肤在经历了夏季的酷热，受到一定损伤后，秋季时皮肤更要加以保护。可通过热敷、按摩等来调理夏日及秋阳给皮肤的损伤，也可涂抹营养霜等用品对肌肤进行营养弥补，特别注意营养和水分的补充及休息。

冬季　冬季气候干燥，气温大幅度下降，冷空气使皮肤毛孔收缩，血液循环与

肌肤的新陈代谢减缓，汗水和皮脂的排泄及分泌减少，脸部出现紧绷、干燥和粗糙的感觉，甚至出现发红、灼痛和开裂现象。这时需通过调节室温，热敷、按摩肌肤，涂抹营养霜等方法来改善皮肤的机能。

▲ 面部化妆

先应从外观把握自己的脸形是属于何种脸形。包括：鹅蛋形、四方形、长方形、圆形、三角形、倒三角形脸等。确定了脸形后，根据自己的具体需要运用化妆的基本手法，扬美补憾，最大限度地美化自己的容貌。

面部化妆步骤：

（1）精修眉毛。根据眉形、脸形、眼形、年龄等客观因素，用修眉工具整修眉毛。

（2）净面。理想的化妆美容，其效果必须从面部皮肤的清洁开始，可用洗面奶洗净面部污物，或用清洁霜涂抹轻揉，用柔软的海绵或纸巾轻轻擦拭，使面部皮肤处于洁净状态，为下面化妆美容做好准备。

（3）基面化妆。洁肤后抹上化妆水，以平衡皮肤酸碱度，收缩皮肤毛孔。为保护皮肤不受化妆品刺激，应使用乳液或膏霜，营养并保护皮肤。在护肤的基础上，使用粉底霜（蜜），既调整肤色（或增白或增红，或抑制过红的面色），又可掩盖皮肤缺陷，为基面化妆打底。最后，为防脱妆可自下而上地扑化妆粉，以抑制光泽，增加透明细密感。

（4）画染鼻影。为强调立体感，在鼻梁两侧，用海绵头沾眼影色（或粉底）点抹，并用眼影扫将眼影色（或粉底）扫开扫匀。

（5）染眼影，描眼线。用海绵沾眼影粉在眼周、眼尾，上下眼皮及眼窝处涂抹，用眼影扫将眼影粉均匀扫开，使眼睛柔美

艳丽，再用眼线笔沿睫毛底线描画，使眼睛明亮传神。

（6）描画眉毛。在眉毛修整的基础上，用眉笔描画，使眉毛配合眼睛显示风韵。眉毛粗细浓淡应适合眼妆。眼妆淡而朦胧，眉毛亦然；眼妆个性强烈，眉毛也可强烈，以表现不同的感情。

（7）抹颊红。用粉刷轻染轻扫以颧骨上部为中心的面颊两侧，以补充血色，加强面部立体感。

（8）涂口红。先用唇线描画出上下唇的轮廓，然后均匀涂上口红，并在下唇中央补充亮光，通过色泽调整，改变唇形，创造鲜嫩艳丽或庄重典雅的印象。

（9）整修。仔细检查妆面是否平衡，妆色是否协调，粉底有无颗粒，口红是否自然，并在必要处稍作调整修改。

（10）上睫毛油。先用睫毛卷曲器将睫毛夹得弯曲上翘，再用睫毛油膏棒在睫毛上侧由内向外轻轻梳刷、涂抹，或将修整好的假睫毛粘贴上去。

④ 女士美发

大方合适的发型，不仅能衬托女性美丽的容貌，显示出富有个性的气质，而且还能掩盖脸部的某些缺陷。不过有了好的发型，还需要有黑且光泽的头发。所以，洗发、护发是必不可少的，它们是保护头发的重要组成部分。

▲洗发

洗发可以除去头皮中的污垢，促进皮脂分泌，刺激发梢，保持头发的清洁。在洗发时，要选用适合自己发质的洗发水。洗发用品均有适合中性、油性、干性三种发质使用的产品，可供女性选择。洗发首先要梳通头发，然后用温水冲洗头发，先除去污物。洗发时不要用力搓揉头发，可将洗发水倒入手中再涂到头发上，并用双手顺时针或逆时针地按摩整个头部，这样洗发剂才易起泡，发挥其最佳洗发效力。手势轻重要适宜，不要用手指抓头皮。冲洗后再用少量洗发水洗一次，再清洗头发，用干毛巾吸去水分。

▲护发

护发素的作用是以人工的脂肪覆膜来掩盖头发表面并以此保护头发，同时防止产生静电。护发素的选用也应据发质而定。使用时将护发素抹在头上，留置 5 分钟，用与洗发相同的手法加以按摩，然后用温热水冲洗，再用毛巾擦干水分。洗头后，以自然风干为最好，如用吹风机，温度不宜过热。常规每隔 2 天～3 天就应洗一次头，并根据季节进行调整。

⑤ 发型、脸形与体形的协调

女性发式造型是一门造型艺术，种种不同的造型，体现出女性千姿百态的外表美和内在神韵。因此，发型是女性性格、修养、爱好、情趣及审美观的体现。

▲发型与脸形

头发是构成人体头部形态的一个重要组成部分。发型不能脱离人的头部而独立存在，它必须与脸形、头型相结合，要有整体观念，只有从观察、研究脸形和头形着手，依据美的规律，巧妙运用发式的衬托法和避盖法，才能获得满意的效果。

人的脸形，一般有圆形脸、方形脸、长方形脸、三角形脸、倒三角形脸、菱形脸、多角形脸和凹字形脸、椭圆形脸等。其中，东方女性以椭圆形脸最为理想。因为，它最接近"黄金比"。发型的作用，就是要通过种种合理技巧，巧妙地借助于头发的修饰、掩盖作用，将上述各种不够美的脸形，修饰得比较协调，起到相互衬托，增添美感的作用。

▲发型改变脸形的诀窍

发型，一般可分为直发、烫发、盘发三大类。直发类包括圆形发式、学生式、阶梯式；烫发类包括短发式、中长发式、长发式等；盘发类包括高盘发式、低盘发式、辫发式、扎发式等。不同的发型对不同的脸形具有衬托脸形，改变或掩盖、弥补缺陷的功能。

利用头发的起伏、长短、层次、波浪、发辫线条来衬托脸形，使长脸不长、短脸不短、阔脸不阔、圆脸不圆。利用两侧头发及顶部头发的陪衬，通过头发的蓬松或紧凑感，或添加某一部分，来弥补头部或脸部的某些不足，使胖脸不胖、瘦脸不瘦、尖头看上去不尖、平头看上去不平。

▲发型与体形

头发的造型不但和脸形有关，而且和身体的比例也十分密切。在设计发型时，应该从人的整体比例出发，采用梳理与体形协调的方式，才能体现女性特有的整体美的风采。

身体矮小的人，在设计与选择发型时，宜注重长度印象的建立，发式的格调以优美秀丽为好。盘发式可以增加高度，而且高出的脖子使身材显得高些。另外，采用短发或超短发也可减少和弥补身材矮小的缺陷。

长得高瘦的身材，要适当地加强发型的装饰性，避免用精致花巧的卷发，可选择淡雅舒展、轻盈俏丽的发型，发波中少用弯曲的圆线，整体发型向上。选用长直发、有层次的短发、前额翻翘式等发型则比较理想。

身材高大的人，在发型设计时，应努力追求大方、健康、洒脱的美，减少大而粗的印象。一般留简单的短发为好，也可选择长波浪、盘发。高大肥胖的女士则应注意避免烫发，可选择直发式和长发式比较合适，减少身材的臃肿感。

（何定镛）

交通工具

现代社会中，常见的交通工具有陆上行驶的车辆，水上航行的船舶，以及天空中飞行的飞机，其中车辆最普遍。在很长的一段历史岁月中，车辆一直由人力或畜力推动而行驶。直到 18 世纪发明了动力机械以后，才开始出现机动车。

在现代家庭生活中，先进的交通工具已经显得愈来愈重要。人们借助于它，可以"缩短"两个地区的空间距离。更重要的是节省了往返途中的时间，提高了工作效率，并且在不同程度上减少了体力的消耗，而又丰富了生活的内容。

① 骑自行车须知
今天，自行车已经成了"居家必备"的简易交通工具。它的品种越来越多，有普通型、轻便男型、轻便女型、载重型、小轮径型、赛车、老年车等，人们对它的选择也越来越宽。

选择自行车，应该按照各人的具体情况（性别、年龄、地区、用途）来考虑。男士一般可挑选 28 型号轻便自行车、

女士可选购 26 型号，女式弯梁自行车、女式斜梁自行车、小轮型自行车，三轮车（老年车）更适合老年人使用。自行车的保养非常重要，要经常擦车、添油，保持自行车各部件的干净和性能良好，特别注意刹车的灵敏性。否则，骑车会不安全。

② 乘坐公共汽车须知
城市人大多数出门都乘公共汽车，公共汽车作为专线设立的城市载人交通工具，最适合老年人乘坐。乘坐公共汽车老年人可买月票，既方便又节省开支。老年人乘坐公共汽车一定要注意安全，公共汽车靠站停稳车后方能上下车，乘车途中无座位时，应拉稳扶手，以免紧急刹车时跌倒受伤。

③ 乘坐出租汽车须知
城市人出行，乘坐出租汽车，既方便舒适，又免去了乘公共汽车的拥挤，如一行有几人乘出租汽车比较实惠。特别是赶时间去机场，去车站，或接送客人，坐出租汽车是最佳选择。出租汽车招手即停，上车看计时起步价，下车按显示表价交车费即可。但是，应注意随身所带物品，不要遗失在车上。下车时最好索要车票，以备东西遗忘在车上时便于找寻。

④ 乘坐火车须知
火车沿着一定的线路，在固定的车站停靠载运乘客和货物，是老年人出行经济安全的选择。车票是乘客乘车的凭证，老年人一定要放好，以便上下车、进出站查验。车票分为坐票（软坐票、硬坐票）、卧

铺票（软卧票和硬卧票）。老年人应记住票面上记载的到站、经路、座别、票价、乘车日期和车次。成年人乘火车可免费带物品 20 千克，小孩 10 千克；其物品长宽、高相加之和最大不得超过 160 厘米。凡是危险品，政府限制运输的物品，妨害公共卫生的物品，动物及易损坏或污染车辆的物品都不能带入车站和列车内。

⑤ **乘坐轮船须知**

老年人乘轮船不宜吃得过饱。因饱餐后乘船，由于途中颠簸易发生晕船，但也不宜空腹，最好吃一些易消化的清淡食物。年老体弱者，不可一人在船舷边逗留，以免发生事故。上、下轮船时，也应注意安全。

⑥ **乘坐飞机须知**

（1）订票。旅客乘坐飞机，须先经填写旅客订座单订妥座位，按规定时间到民航售票处购票。现在许多售票点可用电话预订机票。

（2）购票。旅客购票须出具本人的居民身份证。现在许多售票点实行送票上门，方便乘客。

（3）乘机。旅客必须在规定的时间到达机场，凭客票及身份证办理乘机手续（换取登机牌、交运行李），然后通过安全检查口进入候机室等候广播通知登机。

（4）行李。按旅客客票等级，一等舱40 千克、公务舱 30 千克、经济舱 20 千克。随身携带每人 5 千克，体积不超过 $20×40×55$ 立方厘米。

（5）退票。以前，由于旅客原因申请退票，在飞机规定离站时间的 24 小时以前申请，收取原票价 5% 手续费；24 小时之内、2 小时以前，收 10% 手续费；2 小时之内申请，收取 20% 手续费；起飞后，收取 50% 手续费。现在调整为按折扣退费，折扣越高，手续费就越高，特价机票不能退票。

（6）货运。货主凭单位所开相关证明及本人身份证可到民航运输部门办理托运手续。非宽体飞机载运的货物一般不超过 80 千克，体积不超过 $40×60×100$ 立方厘米。宽体飞机载运的货物一般不超过 250 千克，体积一般不超过 $100×100×140$ 立方厘米。

（7）乘飞机切忌情绪紧张。

（8）乘飞机切忌登机前暴饮暴食。

（9）乘飞机切忌在飞机上使用收音机、电视机、发报机、手机等电器。

（10）乘飞机切忌服安眠药。

（何定镛）

养生之道在于调身、调心、调病。

身体乃秉承天地而生。任何一个生命个体的存在都有一个过程。在这个过程中，生存质量的高低与是否讲究养生之道有很大关系。如果不注意自己的身体，原本强壮的人会因为不良的生活习惯而变得衰弱；反之，一个原本体质衰弱的人会变得强壮起来。一个终身讲究养生之道的人，他会从中得到乐趣、得到健康，会体会到更多的生存的意义，会在有限的时间里作更多更有价值的事情。

人们经常谈论有关生命的数量和质量的话题。我们认为，在一般情况下，是应该追求生命的数量和质量齐头并进的。养生的目的就在于既要使生命有足够的数量，更要让生命有很高的质量。不生病、少生病、身体健康、心情愉快，有良好的心理状态和充沛的精力，才能去追求自己的理想，去履行人生的责任。

身体健康、心理健康，生理、心理的免疫力都很强的状态是理想的，但也是常常被打破的。在平衡被打破的情况下，难免会生这样或那样的疾病。在调身、调心之外，养生之道还有一个重要的内容就是调病。无病防病、有病治病，大病化小、小病化了，这是养生之道可能办成的事情。

养生之道有很多，而建立在中华文化基础上的中国自然哲学指导下的中国医学养生之道却独领风骚。中国特色的养生之道博大精深，它将天地万物揽于怀中，深究生命本身的本质意义，寻求人与自然的和谐之道，建立内心恬然平衡的正确途径，对人体本身在整体宏观的层次上有相当完整的把握。

中国养生学理论是系统的、辩证的、完整的。它在一般原则下强调个体差异，因人、因时、因地而异；它是辩证的，没有绝对、只有相对，强调量与质的渐变过程。中国养生学理论完整而丰富，历代养生学典籍浩如烟海。除去一些受历史局限的内容外，大多经得起时间的考验。中国养生学是值得我们去探究、去继承和发扬的学问。实践中国养生学的养生方法是实现健康人生的正确选择。

养生使机体的功能状态得到调整和改善，提高身体素质，增加对应激反应的适应能力，使机体在外部环境变化、改变了机体的惯性运转条件之时，能够凭借自身的调整功能顺利完成对外界环境的适应而不影响肌体的正常功能。养生的行为应该贯穿人的一生。在中老年，养生更应该成为生活方式的一部分。珍惜生命、抵抗疾病、提高生活质量，是养生的目的，也是健康人生必不可少的重要内容。养生是对自己负责、对家人负责、对集体负责的表现。不爱护自己的身体，不注意自己的健康，是一种自暴自弃的行为。

养生的方法在日常的生活方式中能够得到体现。只要做一个有心人，在生活起居中贯彻养生的方法，并不需要非常麻烦，就可以达到目的。对掌握了正确养生方法并终身努力实践的人来说，将大病化小、小病化了并不是神话。

（杨再华）

自然养生术

自然养生术是在充分认识人体生命现象的自然规律的情况下，采取的顺应自然的养生方法。自然养生术不必过多干扰正常生活，仅仅是在日常起居、季节更替等诸多方面，努力调整自己以适应自然的变化，达到养生的目的。

顺应自然的养生思想最早源于中国古代哲人对人与自然关系的感悟。在古人对于自然体察中，昼夜更替、日月交辉、斗转星移、四时次第而来，人的生命在这种时空的周期性震荡中产生、发育、成长、成熟、衰亡。生命现象不可逆转这一过程，但却可以在这一过程中得到升华和质变。自然界有阴阳之变，人的养生也应该"法于阴阳"。调整人体节律"顺乎自然"，以适应自然之变，是养生的秘诀之一。

❶ 早起养生

早晨早早起床是很多长寿老人的习惯。这个习惯包含了养生长寿的深刻道理。俗话说：一年之计在于春，一日之计在于晨。在万物即将随着日出而苏醒之前，大地仍然是一片静谧。在这个时候，天地昼夜阴阳之交，人体各细胞组织功能亦随之由静而转动，逐渐活跃起来。此时，正是调整人体阴阳以顺应自然节律的最佳时机。不论采用什么方式进行晨练，都要比其他时间来得更为有效，感觉也特别清爽。如果错过了这个时间，将是一天中不可弥补的损失。错过了今天的清晨，就不会再有今天的清晨。对于追求健康长寿的老年人来说，如果还恋于睡懒觉，那将是不可取的生活习惯，或者说，是可能对健康有害的。

清晨具体什么时候起床比较合适呢？

这要因地、因时而异。我国古代有"鸡鸣即起"之说，现在在城市里面恐怕不好办。不过，一般来说，参照日出的时间，建议在日出前一个小时左右起床比较恰当。具体到每个人，还要根据自己的实际情况而定。

早起而长寿者，古今中外比比皆是。被尊为药王的唐代大医学家孙思邈，活到102岁，他每天做到了"鸡鸣即起"。法国化学家福克雷，每天坚持早晨5点半～6点起床，他活了114岁。当然，要长寿，仅仅靠早起是远远不够的，但早起床为晨练保证了充足的时间和足够清新的空气，保证了起居有度的良好习惯，这无疑是长寿之路上一个虽小但却不可忽略的基础环节。

❷ 睡眠养生

大自然昼夜黑白交替的节律，使我们人类也长期随着地球上这个24小时的周期养成了夜伏昼出的生活习惯。人的一生，至少有三分之一的时间是在睡眠中度过的。夜晚，是我们睡觉的时间，晚上睡得越香，白天工作才越有精神。睡眠的时间和效率，是影响我们生存质量和健康长寿的大问题。善于睡觉，睡出质量、睡出效率，也是很有意义的一件事情。

导致睡眠没有效率的最大敌人是失眠。凡是失过眠的人都知道失眠的痛苦，要消灭失眠这个敌人，先来看看它究竟缘何而生。我国宋代有个叫邵康节的人，他为此专门写过一篇《能寐诗》，可见失眠并非现代社会的专利。诗中写道："大惊不寐、大扰不寐、大病不寐、大喜不寐，大安能寐，何故不寐？湛于有累；何故能寐？行于无事。"这首诗把失眠的因果说得比较透彻。按祖国医学的说法，失眠主要是喜、怒、忧、思、悲、恐、惊七情太过而致。现代人们认为，失眠除七情过甚之外，还与睡眠环境是否安静、是否过于光亮、身体是否有不适、睡前是否服食过有兴奋作用的

药物、食物有关。

经常失眠，势必影响健康。一个经常失眠的人，很难指望会达到健康长寿。为了获得长期的完美睡眠，必须针对失眠的原因进行调整，消除引起失眠的因素。不要依赖于安眠药。我国民间有"先睡心、后睡眼"的说法，这就是说，先要让自己的情绪彻底平静下来，丢掉一切繁杂思绪，什么也不去想，心静自然入眠。但是，控制自己的情绪，说来容易做来难，必须要有坚强的毅力和有效的自我暗示。把你那不眠之夜如野马般快速流动的思维拉回来、平静下来，进入休息的睡眠状态。另外，睡觉前不要服用有兴奋作用的咖啡因、麻黄素、肾上腺素、心得安等药物，不要喝浓茶、咖啡，注意睡眠环境的安静、空气流通，这些都可能对战胜失眠有所帮助。

③ 二便养生

新陈代谢是生命体的基本特征。大小便的正常排泄是身体健康的标志。平时养成良好的习惯，是很有必要的。一般来说，大便一日一次，小便视饮水量多少而定，以1小时～4小时一次为好。

对于老年人来说，大便容易出现干燥、便秘的问题，小便容易出现尿频，尤其是老年男性。相对于尿频来说，尿潴留对老年人的伤害也许更大。俗话说"水火不留情"。对二便的问题，老年人也是丝毫疏忽不得的。在中医诊病的"望闻问切"中，"问二便"是必须的程序。

什么情况才算便秘呢？大便的质地干燥、坚硬，排便次数明显减少，有时几天都不大便。大便是食物经消化以后的废物，含有大肠杆菌等微生物，在人体内停留过长是有害的。有人依据这一点搞了"灌肠疗法"，即以人为的方式定期进行灌肠，清除肠内粪便，以此作为养生方法之一，应该说还是有一定的道理。不过，这样做对自然排便的规律是一种干扰，而且费用较贵，对大多数人并不适合。

便秘在老年人易于发生。另外，也有给便秘患者服各种缓泻剂，这也是解决便秘的办法。平时在食物中注意多一些纤维性的食物，可以改变大便的质和量。养成定时排便的好习惯，有助于大便通畅。

尿频在老年男性可能是前列腺的问题，如前列腺炎、前列腺增生等；在老年女性可能与体质及膀胱功能有关。在中医看来，尿频属于虚症。老年人应该根据自己的情况加以治疗、调理。这里要提醒的是有些老年人有习惯性尿频的表现，多次上洗手间，但又没多少尿液，这需要找心理医生帮助。

尿潴留的危害比尿频还麻烦。这是因为尿液里集中了人体血液中的新陈代谢的废物，这些废物排不出人体是会要命的。"尿毒症"就是这么回事。所以，如果有尿潴留，一定要引起重视，要去医治。

在明代的沈仕所撰写的《摄生要录》中，有这么两句话："忍尿不成成五淋"，"忍大便成五痔"。这就说明古人已经认识到小便不可憋，大便不可忍，否则于健康有害。另外，古人认为，在大小便时闭口固齿，并持之以恒，能固人肾气，牙齿不会疼痛松动。

如果大便黑色或尿中带血，这是异常情况，必须马上去医院，不可拖延。

④ 衣着养生

笔者单位上有一位老者，七十多岁了，大冷的天却与众不同地穿着充满活力的短衫短裤，身板硬朗、肌肉发达，一点老态也没有。就他这一身穿着，就叫人称奇。他良好的身体素质来源于他坚持不懈的锻炼，而他的衣着可以说超越了年龄的界限，让人真正感受到究竟什么是活力、什么是青春永驻。

这位老人，最初引起我们注意的正是他那身衣服。

人类进化以后，知道用衣服来遮羞蔽体，因此衣着具有美饰功能。其实，衣着最原始的功能，是保护人体，免遭来自外界的各种侵袭，并使人体保持适当的温度。人到老年以后，衣着的适当与否往往与健康密切有关。一场久治不愈的大病，也许就是当初少穿了一件御寒的衣衫。同时，穿衣也是心态的某种反应。老是穿过时的款式、灰暗的色调，人也显得特别没有精神，没有朝气。久而久之，人也变得消极起来。所以，衣着养生具有多方面的意义。它即是生理的，又是心理的；既是物质的，又是精神的。

从衣着心理来说，老年人首先要有正确的观念。节俭惯了的老一辈人，在衣着上要打破传统观念，在色彩上可以大胆一些，在款式上也可以多种多样一些。

有些老年人行动不便，有些要经常做健身运动。所以，衣着款式应该便于穿脱、加减，应相对宽大一些。从衣着对人体的健康的关系，老年期尤其要重视用衣着调节身体的温度。随着四季的更替和自己的体质情况，适当地增减衣服，使机体能够保持温暖状态。常言说的"春捂秋冻"是有道理的。

衣料的质地，以柔软、透气的天然纤维为好。在冬季，羽绒、羊毛、纯棉是首选；在夏季，真丝、纯棉为主打面料。鞋要适足、轻便。

总之，一身新颖得体的衣着，是好心情的开始。便于随时调整厚薄的搭配款式，不排除明丽鲜艳的色调，让衣着既真正能够产生愉快的心情，又保持健康的身体状态，不为外界的风寒暑湿所侵袭。

⑤ 阳光养生

人们都知道，万物生长靠太阳。阳光对于人的生命来说是必需的。

正是因为有了太阳，才有了地球上欣欣向荣的各种生命。太阳给了地球适宜的温度，使地球上的生物圈繁茂昌盛，为人类活动和生存提供了适宜的环境。

从太阳的保健功能来讲，阳光可以为人类健康防病服务。太阳光谱按照其波长不同，可以排列成一个包含红外线、紫外线、可见光在内的完整光谱。不同波长的光波可能对人体产生不同生理作用，并且通过复杂的反射，对人体各组织系统可能产生良好的正面效益。就像维生素对于人体是必不可少的东西一样，我们不妨把阳光也看成是"阳光维生素"。利用太阳光，可以为人类健康服务。

阳光对养生的作用，主要有这几个方面：

（1）为身心健康提供一个正常的光线环境。人们有这样的体会，风和日丽、天高云淡、阳光灿烂的日子，心情也会开朗、愉悦，这是有利健康的正性情绪；反之，若连绵阴雨、乌云密布，人也会有压抑沉闷等不利健康的负性情绪。

（2）阳光直接参与人体功能的活动。如：阳光直接促进皮肤中的固醇类物质转变为维生素D，而维生素D是体内骨骼的主要成分——钙和磷代谢的必需物质。人体没有充足的阳光照射，维生素D合成不足，会引起缺钙、骨质疏松。这在老年人中是很普遍的现象。

（3）阳光中的紫外线具有杀菌作用。所以，我们所住的房子最好向阳通风，家里的床单被褥也要经常拿出来晒晒。

（4）日光浴被证实是一种有效的保健手段。日光浴在春、秋、冬三季进行为宜，形式不拘一格。夏季日光直射时，不宜进行日光浴，尤其是上午11点～下午3点之间，以免灼伤皮肤、眼睛。进行日光浴时，注意时间不要太长，最好戴上草帽或太阳镜。

⑥ 减肥养生

肥胖是现代人健康的大敌。因为，肥胖的牵涉面特别宽，现代人的饮食结构使人一不留神就胖起来了，要减下去还特别困难。俗话说：千金难买老来瘦。老年人的体态，如果不是有什么慢性消耗性疾病，且自我感觉良好，瘦一点比胖一点好。

一般人认为胖了行动不便。其实，肥胖的害处还远远不止这些。严重危害老年人身体健康的心脑血管系统疾病、糖尿病等，在很大程度上就与直接导致肥胖的高脂、高热量膳食有关系。肥胖症与这些疾病往往是相伴而生的。所以，控制体重应该是我们终身都要做的一件事情。这也是养生的基本措施之一。

控制体重是对正常体态而言。体重过重就要采取一定的、适合自己的减肥措施。减肥的基本思路是在平时的生活习惯中形成，而不是依赖减肥药品或食品。减肥的前提是不对机体造成伤害、不失去正常的饮食乐趣。减肥的方法是保证机体的基本营养供给的情况下，尽量减少可能形成脂肪的热量摄入。大鱼大肉、肥甘厚腻之品，少吃为佳。饮食应多样化，多吃蔬菜、水果。平时在炒菜时少放点油，每天少吃些淀粉和糖类食物。如此循序渐进，坚持下去，养成健康的饮食习惯。一定不要指望快速减肥，快速减肥对健康是不利的。若要减肥应该把好饮食和运动这两个关。这两个关就是"少进"与"多出"。少进主要由饮食控制来实现。多出则靠多运动、多消耗来实现。在控制总热量摄入的同时，要增加运动量。散步、慢跑、游泳……各种消耗体能的运动都可以，甚至多做做家务也行，反正不能呆着不动。有电视瘾的老年人，尤其要注意因长时间坐着不动可能导致的肥胖症。

7 驻颜养生

年龄大了，容颜也会随之变得老态龙钟。返老还童固然不可能，注意保养身体、注意保养皮肤、延缓皮肤老化，却完全有可能。这就是为什么我们看到有些人未老先衰，有些人却鹤发童颜，生理年龄与外表看上去的年龄有较大的差别的缘故。中医认为，"诸内形于诸外"，外表看上去显得年轻的人，往往内在的各脏腑功能也比较正常，各系统的功能状态较好。外表看上去比较衰老的人，整体的功能状态也不太好。所以，驻颜养生的方法并不仅仅在于如何保持容颜不衰败，主要还在于保持整个机体的功能处于充满活力的状态。

在中国漫长的历史长河中，延缓衰老的努力一直没有停止过，并留下了许多有意思的传说和故事。相传：何首乌家族爷孙数辈同堂、太平公主桃花美容、绿珠姑娘饮井水得以驻颜。应该说，驻颜的方法是多种多样的，其中也有一些科学的方法和技巧。我们认为，在老年期，要延缓皮肤衰老，使面容看起来比较年轻，以下几个方面值得注意：

（1）心态平和、心情愉快不但是保持健康的正性情绪，也是保持年轻状态的秘诀。心情好的老人，皮肤也会红润光泽，皱纹较少。心情不好的老人，皮肤大多灰暗无华，皱纹重重。所以，驻颜术的第一个最简单的方法就是保持乐观、积极的心理状态。老年人经过漫长的人生经历，不如意事常十有八九，容易老是记着别人对不住自己的事，心态自然越搞越坏。对这些事，最好放入"垃圾箱"，然后"清空"。"记人只记人之好，念己多念己之过"，这

可以改变相当一部分老年人怨天尤人的不良情绪。当然，也不要走到另一个极端，即自我否定和自怨自艾。凡事都有一个度，掌握好这个度，对自己的情绪调节也是如此。人生的过程也是一个从懵懂混沌到睿智平和的过程，克服自己的偏激情绪，以宽容、平和的心态看人看事，欣赏别人，也欣赏自己，就会自然表情生动，微笑常在，青春长留。

（2）多吃对容颜美有益的蔬菜、水果、干果等食物。维生素A、维生素E、维生素C、维生素B族等与皮肤健美有较大关系，被称之为"美容维生素"。已被证实，维生素C是还原剂，对引起皮肤老化征象的脂褐质的形成有抑制作用，而脂褐质正是形成老年斑的主要物质。

（3）根据自己皮肤的性质，适当使用护肤产品。

（4）老年妇女仍可适当进行针对自己面容的特点进行恰到好处的美容装扮。这对改变心态、振奋精神很有好处。

8 祛病养生

俗话说，吃五谷生百病。一个人在自己的一生中很难保证不生病，尤其到了老年，更是百病丛生的时期。祛病养生，就是要无病防病，有病早治，病后注重调养，用正确的态度对待疾病，使疾病对身体的损害减到最小。

（1）对待疾病不要怕。本来没什么大问题，仅仅是对疾病的恐惧，就真出了问题的例子比比皆是。"精神胜利法"在对待疾病上是有一定作用的。对疾病过于恐惧，无病疑病，小病夸大成大病，得了大病更是悲观失望，放弃战胜疾病的努力，这是错误的。应该相信现代医学科学的发展，已经能够治疗绝大多数的疾病，并且挽救了无数人的生命。

（2）在战略上藐视敌人的同时，在战术上要重视敌人。只要感到不舒服，就要认真对待，找医生把疾病诊断清楚，进行治疗。

（3）找好医院，找值得信任的医生，并且信任医生能够治疗好自己的疾病，认真配合医生。

9 四季养生

地球围绕太阳一圈，形成一年四季。

春、夏、秋、冬，周而复始，循环无穷。四季节律是地球生命震荡的基本形式，它必然要波及地球上各种各样的具体生命节律，对人自然也不会例外。

一年之计在于春。春天，是生命复苏的季节，小草发芽，树抽出了嫩枝，花儿开遍了原野，气温也逐渐暖和起来。不能辜负了大好春光，春天要多出去走走，去感受大自然的生长，呼吸新鲜的空气，晒一晒暖融融的春天的太阳。春天不要急于脱去厚重的冬装，要注意寒潮侵袭，气温忽高忽低容易使人感冒。同时，气温升高以后有些疾病，如肠道感染容易发生。因此，要注意饮食卫生。

夏日炎炎，要注意防暑降温。不要在太阳下长时间暴晒，不要吃太多冷饮食品。不要在有空调的房里呆得太久，不要用电扇对着吹。夏季出汗多，要有足够的饮水量。饮水以不太浓的热茶或其他配方的养生茶为佳。睡眠不好的人，下午和晚上不要喝浓茶。而清热消暑开胃的菊花茶、绿豆汤、山楂饮、乌梅汁等，则是夏季的良饮。

中医认为：燥邪易在秋季侵犯人体。主要表现是小便黄赤短少，大便秘结，燥伤肺阴，咳嗽咯血。秋季气候干燥，气温逐渐下降，秋风萧萧，容易使人产生伤感情怀，尤其是有忧郁气质的老人，秋季更易使人愁绪满怀，而这种情绪是不利健康的。鉴于"多事之秋"的特点，老人要注意及时调整自己的心态，要看到金秋丰硕的收获和一年中大自然最为灿烂季节的无穷风韵，在衣服上应及时增减、在饮食上合理调理，有季节性疾病的早点预防，应该说，顺利度过秋季不应该成为什么问题。

冬季是一年中气候最为寒冷的季节。祖国医学认为：春生、夏长、秋收、冬藏。冬天是积蓄物质和能量、调整机体状态、化万物精华为我所用，以待来年新的季节轮回的特殊时节。如果有什么老毛病的话，不妨放在这个季节来进行调治。因此，祖国医学非常重视"冬季进补"，有"冬季进补，开春打虎"的说法。

（杨再华）

饮食养生术

饮食，是维持个体生命和种族生命的必需环节。在个体生命的发展过程中，唯食为大。"民以食为天"，在农耕社会，人们辛苦劳作的主要目的，是为了填饱肚子。饮食，作为名词来讲，泛指生存必需之物；作为动词，渴而欲饮，饥而欲食，是生存的本能需要。饮食养生术就是探讨通过饮食调节的途径，使身体更健康的方法。

饮食养生在我国有悠久的历史，而且理论也很丰富。在中医的发展史上，最早的治疗疾病的方法，大多采用饮食的加工方法，并且直接把饮食纳入治病的手段。例如，中医经常使用的汤剂，相传为商代宰相伊尹所发明。他著有《汤液经法》一书。而汤液的剂型，就是食物烹煮的方法。到了周代，宫廷中就有专门的食医。食医作为与疾医、疡医、兽医并列的专门医生，主要负责用食物治病。在药与食的关系问题上，中医圣典《内经》中有这么一段话："毒药攻邪，五谷为养，五果为助，五畜为益，五菜为充，气味和而服之，以补益精气。"明确了药与食在保健防病中的不同分工，并且指出了吃各种各样食物对人体的好处，隐含了现代营养学的平衡膳食的思想。这在两千多年以前，是难能可贵的。这段话的科学性，在今天仍然具有指导意义。

现代营养学认为，人体必需的六大营养要素是蛋白质、糖类、脂肪、维生素、矿物质和水。除水之外，其他各种类型又都是一个大种类。可以说，人体需要的物质种类是非常多、非常复杂的。人必须吃各种各样的食物，这些食物的营养素齐全且比例适当，才不至于因某些营养素缺乏而致病。因此，饮食养生的第一个内容就是如何使摄入的食物满足健康的要求；第二方面，就是在患病状态下，如何通过饮食的途径来达到治疗和辅助治疗的作用；第三个方面，就是通过食疗药膳来改善机体的状态，达到一定的目的。因为，饮食与疾病、与健康长寿都有密切的关系。所以，饮食养生是养生方法中很重要的一个门类，不可忽略。

1 药食兼宜的食物

食物中有很多是药食兼宜的。从中药的概念来看，在药与食之间是很难截然分开的。从历史来说，医食同源、药食同源已是不争的事实。例如，酒，是食物还是药物？"医"的繁体"醫"，就从表意的"酉"旁。这是药食同源的明证。就是米饭，对正常人来说，它是食物，若对于营养不良患者，说它是药物也无不可。如果我们换个角度去看食物，去认识食物的性味功效，去分析食物的成分，我们会发现，不同食物的性味功效是千差万别的，不但不同的食物所含的营养成分不一样，就是其非营养的功能调节物质也是千差万别。这就是以食为药的科学基础。

在中医古方中，有大量药食混用的情形。例如，大枣，很多方子中都有。再如，烹调食物的调料，酒、醋、盐、姜、蜜，正是中药炮制的辅料。我们食物中的几个主要的大类，谷类、肉类、蔬果类……同类食物都有一些相通的功效。从养生的角度来讲，我们有必要重新认识各种食物，为我们的健康服务。

我们平时所说的药食兼宜的食物，主要是那些除了营养成分之外，含有较明显的功能调节物质的食物。或者说是"功能性食物"。从中医药养生的方法来说，食物和药物难以分开还因为它们是"同源"的，即都来自于大自然的动植物，大多是植物的根茎叶种子和动物产品。近人有不少做食物的药性研究工作，其成果有《食疗本草》《食性本草》《中医食疗学》等。若对这些进行好好研究并且广为传播，我们对食物的认识，又会多一个新的层面。

2 节食养生

节食养生、少吃增寿，这个观点在古今中外都有证实。《内经》说"饮食自倍，精神乃伤"，明确指出多食伤身。晋代，张华著《博物志》，说："所食愈少，心愈开，年愈益。所食愈多，心愈塞，年愈损焉。"

我国历史上的长寿者、养生学家，无一例外都是节食养生的拥护者。"食唯半饱，酒至三分"、"食欲常少"、"饱食终无益"……都是历代给我们留下的教诲。

现代的百岁老人，大多有节食的习惯。例如，广州的百岁老人廖富辉每餐只吃30克米饭，一天四餐120克左右。北京103岁的陈冰清老太太说："饭不能多吃，吃六成饱就行了。"这些事例，都符合"少食长寿"的观点。当然，也应注意根据各自的情况，满足能量的供给量，若是饥饿时应补充一点牛奶之类的优质食品。按照中国营养学会制定的《中国人每日营养素供给量标准》供给更好。

近年来，国外也有不少这方面的研究，结果几乎都支持节食养生和少食长寿。那么，多食之害表现在哪些方面呢？一是，多食会增加消化系统的负担，成天处于胃满腹胀的状态，血流集中于消化道，心脑供血相对不足。二是，多食会导致肥胖。肥胖又会诱发一系列的疾病。暴饮暴食所致的疾病，更是一言难尽。比如，要命的胰腺炎，就与暴饮暴食有很大关系。

节食养生的内涵还不只是一味的吃少，还有注意饮食要有规律，定时定量较好。不要觉得好吃就狂吃，不好吃就不吃。一般情况下，中国民谚的"早吃好、中吃饱、晚吃少"是有道理的。从事体力劳动的老人，能量消耗大，食量相应大一些是应该的。

3 蔬果养生

蔬菜、水果，主要供给人体必需的维生素、矿物质和水分。蔬菜、水果是我们食谱里很重要的东西。近年来，人们充分认识到纤维素对健康的重要作用，又有人把纤维素称为"第七营养要素"。蔬菜、水果中恰好含有较多的纤维素。常吃各种蔬菜、水果的人，水溶性维生素不易缺乏，矿物质（其中包括很多微量元素）也不会缺乏。另一个方面，膳食结构中蔬菜、水果有足够的体积，可以避免多食的副作用。

维生素是维持人体健康的重要物质。

人体对维生素需要量不大，但却要求种类齐全、缺一不可。蔬菜一般要经烹调，清洗加热对维生素有破坏。所以，蔬菜应该先洗后切，旺火短炒，才有利于维生素的保存。

蔬菜的农药、植物生长调节剂等的残留始终是个困扰人们的问题。所以，如果不能保证蔬菜确实来源于无公害的栽培，可以在烹调之前用清水浸泡5分钟～10分钟。

因为蔬菜吃起来要麻烦一点，有些人就用吃水果来代替吃蔬菜。专家认为，吃水果不能代替吃蔬菜。这是因为蔬菜的纤维素比水果更为丰富，微量元素和维生素也有所不同。所以，我们吃蔬菜、水果不能偏废。

对于老年人来说，吃蔬菜、水果也要有节制，什么事情都不能走极端。曾经有人减肥心切，以蔬菜代替粮食而导致亚硝酸盐中毒，不能不引以为戒。

④ 杂粮养生

除了大米、小麦等细粮外，荞麦、玉米、豆类、高粱等五谷杂粮，和可以代粮的红薯、马铃薯、山药等，对健康都很有好处。所以，我们的主食一定不要只局限在精米细面几个少数的品种上，而要吃得更杂一些。五谷杂粮养生，是因为它们之间的营养素互补效应，可以给人提供更符合人体需要的多种多样的营养物质。比如，以米面为主食，肉蛋奶又跟不上的话，优质蛋白质明显不足，长此以往，对健康是不利的。如果五谷杂粮搭配，情况就不同了，能够明显的提高各种营养成分的利用率。黄豆里蛋白质的含量，要比米里多出四倍多。玉米和小米，营养价值也比大米和白面高。

在五谷杂粮中，豆类是很重要的。豆类和豆制品应该成为我们一日三餐的常备食物。豆类品种花色多、吃法多，是美味健康的营养食品。

可以代粮的红薯，近年来引起了人们的广泛兴趣。红薯不但蛋白质含量高，而且维生素C和胡萝卜素含量也比米面多。红薯里的黏液蛋白，对人体有特殊的保护作用，能够减少动脉粥样硬化的发生。有人甚至还认为它可以预防结缔组织疾病。动物实验表明，红薯中的一种叫DHEA的物质，能够延长小白鼠的寿命。因此，有专家认为，红薯是老年人，尤其是高血压、冠心病、动脉硬化、便秘、肥胖患者的保健食品。

⑤ 肉类养生

肉类可以供给优质蛋白质，适量的动物脂肪可以帮助脂溶性维生素的吸收。老年人适当吃些肉对身体有好处。关键是要适量。我国人民大多习惯吃猪肉，其实，牛肉、羊肉、鱼肉、鸡肉、兔肉都非常好。它们普遍没有猪肉那么多的脂肪，而且各有各的优点。比如，兔肉以精瘦肉为主，被称为"美容肉"，鱼肉含有不饱和脂肪酸，对人体极有益处。我们提倡各种肉类都吃，这样对健康更加有益。

肉类含有很多人体必需的营养物质，有些是很难用非动物性食品替代的。中医认为，肉类是"血肉有情之品"，对人体有滋补的作用。

在百岁健康老人中，纯粹只吃素的很少。我们认为只吃素对机体也有不利的因素，那就是蛋白质不足，不能满足新陈代谢的需要。

动物产品除肉类外，还有内脏、蛋类、奶类等。内脏如脑花、肝、腰有较多的胆固醇，羊肝含有过高的维生素A，吃得太多可能会有一些副作用。在临床上发现过食羊肝过量得了维生素A中毒症。还有人听信不科学的偏方，认为吃鱼胆可以止咳，结果造成中毒。所以，千万不能吃鱼胆。

蛋类的营养素非常全面，老年人每天应该吃1只～2只鸡蛋。

牛奶是另一种营养全面的好食品。在一般情况下，我们提倡要养成喝牛奶的习惯，这对预防营养不良、吸收足够的钙质都有好处。晚上睡眠不好的人，睡前喝点热牛奶，容易睡个好觉。

海鲜肉类是比较特殊的营养品。这类产品大多具有营养价值高、味道鲜美的特点。尤其是一般都含磷较高，对人体的神经细胞有好处。有条件当然可经常食用。

⑥ 菌类养生

我们这里讲的菌类，主要指各种家种或野生的蘑菇类食物。如：香菇、猴头菇、金针菇、平菇、牛肝菌、松茸、竹荪等。这类食物有个最大的特点，就是味道鲜美，深受人们喜爱。

蘑菇的魅力是其他食物难以企及的。蘑菇不但味道鲜美，更重要的是它们普遍含有丰富的蛋白质、钙、铁和糖类。尤其是菌类所含的多糖类，对人体免疫功能有良好的正性效应，是人体抵抗疾病，甚至癌症的有力武器。例如，香菇在中医就认为它具有"益智开心"、"坚筋骨、好颜色"，并且能"益气不饥、延年轻身"的作用，即使是古希腊人，也认为香菇之类对保持人体健美体魄有作用。现代医学证实，香菇能降低人体血糖，提高人体白细胞功能，其提取物对某些病毒、肿瘤细胞有抑制作用。而且很多的资料证实，多种菌类对人体，尤其是老年人极有益处。所以，人到老年多食菌类不失为一种好的养生方法。

⑦ 野菜养生

野菜是在野外自生自长的野生可食用植物。例如，侧耳根（鱼腥草）、狗地芽、荠菜、灰灰菜、野芹菜、竹叶菜、清明菜、苦菜、野葱……各地都有一些有特色的野菜，种类数不胜数。

野菜具有特殊的味道，也许开始吃还不习惯。但是，越来越多的人喜欢上了野菜。例如，侧耳根有鱼腥味、苦菜有苦味。野菜不会有农药污染，一般情况下是不会有谁去给这些野生植物施肥、浇水、打农药的。因此，在某种程度上说，野菜是真正的安全的绿色食物。

野菜大多含有比较特殊的药效成分，具有一定的防病治病作用。例如，鱼腥草里面所含的鱼腥草素有抗菌、抗病毒的成分，苦菜有清热解毒的功效，荠菜有和脾健胃、明目止血、利尿解毒的功能，灰灰菜具有清热降压的作用。

以前人们在灾年荒月才吃野菜。明代成书的《救荒本草》，就收罗了许多野菜。

鉴于野菜有许多家种蔬菜不具备的优点，所以，提倡吃野菜是对健康有益的。对老年人来说，野菜普遍有比家种蔬菜有更多的粗纤维、更丰富的维生素和矿物质，常吃野菜是有利于养生益寿的。

⑧ 饮茶养生

茶，是我国人民长期饮用的饮料。种茶的历史可以追溯到很久以前。唐代陆羽写了一部《茶经》，是历史上第一部有关茶叶的专著。以后茶叶又随着丝绸之路传到国外。茶叶和陶瓷、丝绸一道，是古国文明传播于世界的物证。

在长期的饮用实践中，人们逐渐对茶叶的特点有了比较充分的认识。我国第一部药学专著《神农本草经》说："茶味苦，饮之使人益思、少卧、轻身、明目。"用极其简要的语言，高度概括了茶的生理效应。到了宋代，有个叫荣西的日本留学生，回国后专门写了一本《吃茶养生记》，认为茶可养生，茶可延龄。

历史上有关饮茶祛病长寿的记载有不少。那么，茶叶为什么具有如此神奇的功效呢？这要从茶叶所含的各种成分说起。

茶叶的成分非常复杂，主要含有茶碱类、多酚类、多种维生素和微量元素等。

其中茶碱有兴奋中枢神经的作用、利尿作用等药理效应；茶多酚可与多种有害物质结合、沉淀，故茶有解毒作用。茶色素能降血脂，预防中风，预防心脑血管系统疾病，现已有制成品面市。茶叶中的单宁酸能抑制过氧化脂质的形成，而这一过程被认为是抗衰老的表现之一。单宁酸的作用强度，竟比维生素 E 高出 200 倍之多！

日本科学家从绿茶鞣质中分离出 EC-CC，经动物实验表明，该成分有抑制肿瘤的活性。提示茶叶可能对抑制肿瘤有效果。

毫无疑问，常饮茶是健康长寿的好习惯。特别是现在环境污染严重，茶叶的解毒、预防心血管系统疾病、抗衰老等诸多功能对人是极有好处的。当然，我们在这里要提醒大家，如果睡眠不好，下午和晚上还是不要喝浓茶，以免失眠。

⑨ 饮酒养生

酒能乱性，亦能养生。关键是饮酒的量与质。

祖先们发现酒，是一堆堆野果自然发酵后散发出的浓烈香味引起了他们的注意。可以设想，祖先们最早饮的酒，应该是果酒。

以果酒的酒精含量，要想喝醉并不是一件容易的事情。后来发明了蒸馏酒，情况就不一样了。蒸馏的白酒酒精浓度大大增加，很容易就喝醉了。喝醉酒实际上是大脑处于酒精中毒的状态。同时酒精通过血液，刺激肝脏，损坏肝功能。严重时会致使肝硬化。据研究发现，长期酗酒者的寿命，比不喝酒的人要短 10 年~20 年。酗酒有害，是大家所公认的。少量饮酒使人大脑兴奋，激起人的豪情和勇气，消除压抑之感；过量则会使人大脑麻痹，并带来一系列不良后果。

适量饮酒对健康有好处的观点，可以找到大量证据。

我国的老中医中，多有少量饮酒的习惯。

美国和日本的医学研究人员发现，少量饮酒可以使血液中的高密度脂蛋白升高，有利于胆固醇从动脉壁向肝脏转移，并促进纤维蛋白溶解，减少血小板聚集，促进血液循环畅通，减少血栓形成，对冠心病的发生有预防作用，并且能减少冠心病人的猝死。

根据研究结果，多数人主张每天饮

白酒不超过 25 毫升；一般果酒、黄酒不超过 50 毫升，啤酒不超过 300 毫升。

值得注意的是饮酒最好饮葡萄酒或啤酒。这两类酒，本身的度数低、味道好、其他有益成分含量高。对保护心脏而言，国外就葡萄酒做过很多研究，多支持适量饮酒保护心脏的观点。啤酒则被称为"液体面包"，含有 17 种氨基酸和多种维生素以及足够的热量。所以啤酒很有营养价值。当然，啤酒的高热量也是容易使人发胖的因素。有不少人长出"啤酒肚"的确与啤酒有关。所以，如果以酒养生的话，葡萄酒这类发酵的果酒是上乘之选。若有传统养生药酒，极少量饮用，对人体也是有好处的。

⑩ 食忌养生

饮食有宜忌。哪些不宜多吃，哪些不宜一道吃，其中还是有不少道理的。如果不知道，可能造成一些不良后果。

忌饮食过咸。人们认为少盐饮食对人有益。孙思邈就认为盐吃多了会折寿。道家的《丹书》说"食淡精神爽"。中国民谚说"菜饭宜清淡，少盐少病患"。现代医学研究也支持少盐饮食有利健康的学说。吃食盐过量有害的证据包括：流行病学调查显示，人体随食盐摄取量的增加，胃癌、食道癌、膀胱癌的发病率亦会增加；食盐能增加肠道的淋巴含量，从而提高胆固醇的吸收量。日本人计算出一个地区人均每天食盐量多摄入一克，该地区平均寿命就减少一岁。也有专家认为，对糖尿病、高血压、骨质疏松症应该部分用钾、镁盐取代食用钠盐，这样对缓解症状有效。另外，也有长期食咸仍然高寿的报道，这可视为个体差异。一般来说，一个正常的成年人，每天摄入食盐的正常量，我国认为不应超

过 10 克，美国提出为 10 克以下，日本提出为 7 克~8 克。目前我国的每日每人的食盐消耗量为 15 克~16 克。

忌食糖过多。有研究表明，食糖过多不仅是造成肥胖的原因，而且还会使人脾气暴躁。多吃果糖可使人缺铜，缺铜也可以导致血液内胆固醇升高。

忌空腹饮酒。空腹饮酒容易醉。所以，饮酒前最好先吃一点东西。

忌过多饮咖啡。挪威的一些医生对四万人进行了 6 年的研究发现，嗜好饮咖啡的人容易患心脏病。另外，咖啡中的咖啡因是兴奋剂，过多饮用会有一定副作用。

（杨再华）

药膳养生术

药膳是根据治疗、强身、抗衰老的需要，在中医理论的指导下，将中药与某些具有药用价值的食物相配伍，并采用我国独特的饮食烹调技术和现代科学方法，制作而成的具有一定的色香味形的美味食品。

一般在人们的意识里，药物与食物是两码事。然而，药物与食物确实能够有机地联系起来，它们结合的产儿就是中药药膳。

中药药膳的优越性在于，作为药物，它有药的功效和作用；作为食物，它有食物的色、香、味、形，有食物的六大营养要素，可以满足人体营养的需要。药膳是中医食疗的形式之一。在药膳的制作过程中，某些药物成分比以汤剂及其他方式更容易溶解和被人体吸收。比如，当归和黄芪炖鸡汤就比单纯用水炖鸡对人体更有益。

以药膳养生，是现代人追求自然的养生方式，是安全的养生方法的具体体现。药膳一经推出，就得到了广泛的欢迎。而药膳作为一种新的饮食，可以让我们重新审视我们的饮食结构，拓宽我们的饮食范畴，给予我们更多的饮食享受。最重要的是，我们可以在适当的药膳中获得对机体功能进行调节的效果，使体质更强健，慢性疾病得到控制，并可预防一些疾病的发生。

但是，药膳毕竟不同于普通膳食，我们反对千人一膳的那种没有个体差异的施膳方式。我们主张，药膳应当个体化，因人而异、辨证施膳。药膳用药必须严加选择、谨慎炮制、准确用量，尤其是药性过

猛者，不可轻易使用。而且，药膳的制作过程不同于普通膳食，必须考虑在药膳中对中药有效成分的保留，考虑在制作过程中食物成分与药物成分的相互作用。

❶ 疾病药膳

人到老年，各器官系统的功能慢慢退化，生命的内在活力渐渐消失，各种在老年阶段易出现的疾病便开始不断困扰我们。在此阶段，通过调养与治疗并重的膳食调养，可以加快身体的康复，延缓老年疾病的发生，制止老年疾病的恶化。进入老年阶段，有比较多的时间，可以学习一些用药膳进行食疗、食养之道。这对自己的健康来说，应该是一件受益无穷的事情。下面所列药膳主要针对常见的老年病。

▲慢性支气管炎药膳

（1）香虫散。将九香虫 1 只焙焦研粉与鸡蛋 1 个搅和制成饼，再用麻油或棉籽油煎成蛋饼。每日一次，天天服用。忌食猪油和吸烟。

（2）白果鸡丁。用鸡肉 500 克切成小粒，鸡蛋 2 个取其蛋清，豆粉 12 克，将三者拌匀；把白果（去壳抽心）250 克用猪油炒熟；再将以上各物用 25 克猪油炒熟，加适量调味品。可三餐食用。

▲高血压病药饮

（1）山楂荷叶茶。山楂 15 克，荷叶 15 克，煮水代茶。

（2）菊花龙井茶。杭菊花 12 克，龙井茶 1 克~3 克，泡茶饮用。

（3）冰糖酸醋。食醋 100 毫升，冰糖 500 克，放入醋中溶化，每餐饭后饮一汤匙。但对胃十二指肠溃疡或胃酸过多者不宜用。

▲冠心病药膳

（1）菊花山楂决明茶。杭菊花 5 克，生山楂片、草决明各 15 克，放入保温杯中

以开水冲泡，捂盖30分钟，当茶饮。每日一次，连服数日。

（2）木耳猪肉汤。黑木耳9克，瘦猪肉50克，佛手12克，薏苡仁30克，共熬汤服用。每日一次，宜长期服用。

（3）参粳米粥。党参20克，粳米60克，冰糖15克，同入砂锅煮粥。秋冬两季可早餐常服。

（4）海参炖大枣。海参40克，大枣6枚，冰糖12克。先炖烂海参，再加大枣、冰糖炖20分钟。每天早饭前空腹食，宜常服用。

▲糖尿病药膳

（1）怀山薏米粥。怀山药60克，薏苡仁40克，共煮粥食。

（2）杞子炖兔肉。杞子15克，兔肉250克，加水适量，文火炖熟后，加盐调味，饮汤食肉。

（3）芡实煲老鸭。芡实100克～120克，老鸭1只（去毛和肠脏，洗净），将芡实放入鸭腹中，置瓦锅内，加清水适量。用文火炖2小时左右，加食盐少许，调味服食。

▲肥胖症药膳

（1）荷叶粥。用鲜荷叶或干荷叶10克煮粥，服10天，体重可减少5千克，还可以降血脂。

（2）姜葱蒜椒。生姜、葱、大蒜、辣椒等香辣类食物都有去脂减肥的作用。

（3）代茶饮。山花减肥茶、山楂荷叶茶、减肥茶坚持天天饮用，对单纯性肥胖可收到减肥的效果。

▲老年痴呆症药膳

（1）花生粥。花生米45克，粳米60克，冰糖适量，同入砂锅内，加水煮至米烂汤稠为止，每晨空腹温热食之。花生米中的卵磷脂是神经系统所需要的重要物质，能延缓脑功能衰退。

（2）羊脑羹。羊脑1个，蒸熟后调味食用。有益肾健脑的功效。

（3）桂圆红枣汤。桂圆10个，红枣10个，放适量水煎服，每晚睡前服。适用于老年性痴呆患者夜间失眠、易惊、烦躁不宁。

（4）紫菜鸡蛋汤。紫菜10克，鸡蛋2个，炖汤。适用于老年痴呆患者饮食辅助治疗。

▲贫血症药膳

（1）黄芪鸡汁粥。重1000克～1500克的母鸡1只，黄芪15克，大米100克。将母鸡剖洗干净浓煎鸡汁，与黄芪煎汁，加入大米100克煮粥。能益气血，填精髓，适于体虚、气血双亏、营养不良的贫血患者。早、晚趁热服食。

（2）肝粥。猪肝（羊肝、牛肝、鸡肝均可）100克～150克，大米100克，葱、姜、油、食盐各适量。将动物肝洗净切成小块，与大米、葱、姜、油、盐一起入锅，加水约700克，煮成粥，待肝熟粥稠即可食。每日早、晚空腹趁热食。能补肝，养血明目，适用于气血虚弱所致的贫血、夜盲症、头昏眼花等症。

（3）红枣黑木耳汤。黑木耳15克，红枣15个。将黑木耳、红枣用温水泡胀放入小碗中，加水和适量冰糖，再将碗放置蒸锅中，蒸1小时。每日服2次，吃木耳、红枣，喝汤。可清热补血，适用于贫血患者。

（4）荔枝干大枣。荔枝干、大枣各7枚。将荔枝干与大枣共煎水。每日服1剂，分2次服。能补气血，适用于失血性贫血。

▲胃病药膳

（1）鸡内金糯米羹。炙鸡内金30只，糯米1000克，白糖适量。鸡内金研成粉，糯米浸2小时捞出晒干蒸熟再烘干（晒干）磨成粉，二粉混合后再磨一次然后筛粉装瓶。日服2次，每次2匙加糖半匙冲开水适量搅匀，然后放入锅中煮沸调成羹服食。能补中益气，健胃消食，化石止泻，对胃下垂有疗效，并可预防胆石症。

（2）橘皮豆羹。黄豆500克，糯米1000克，干橘皮30克，生姜10克。黄豆用淘米水浸4小时左右（至泡涨）洗净晾干。粗沙入铁锅炒热后再入黄豆翻炒至黄豆炸裂，豆皮呈老黄色离火，趁热筛出黄豆，然后把豆磨成细粉，橘皮、生姜切成碎粒烘干拌入黄豆粉一同研成细末与黄豆粉和匀，再磨一次使之更细。装瓶盖紧并防潮。每次2匙～3匙，每日2次，食用时将粉倒入锅中加白糖调味用适量水稀释烧至起泡成糊状当点心吃，3个月1个疗程。能健脾暖胃，宽中下气，适用于慢性胃炎。最宜在冬春两季食服。

（3）韭菜生姜饮。韭菜250克，生姜250克，牛奶250克。将前二味切碎捣烂，纱布包绞取汁，加牛奶煮沸，趁热一次服。常服。

（4）糯米蜂蜜饮。熟糯米粉15克，蜂蜜30毫升。拌匀，饭前1次服，每日3次。

▲白内障药膳

（1）清蒸桂圆枸杞。枸杞子30克，桂圆肉20克。将上述2味共放碗中，加水适量，蒸熟即可。分2次～3次服完。能养血，明目，补肝益肾。

（2）桑麻糖。黑芝麻240克，桑叶200克，蜂蜜适量。桑叶洗净，烘干，研为细末；黑芝麻捣碎，和蜂蜜加水煎至浓稠，入桑叶末混匀，制成糖块。每次嚼食10克，每日2次。能养肝，清热，明目。

（3）白菜银耳茶。白菜叶60克，银耳30克，茶叶少许。将上述3味加水煎，去渣取汁。代茶饮。

（4）鸡肝荠菜汤。鸡肝、荠菜各125克，鸡蛋1个，姜末、食盐适量。鸡肝洗净切小块，荠菜洗净切碎，二者共入锅中加水煮，沸后将鸡蛋打散入锅，煮3分钟，加入调料调味。佐餐食。

（5）豆枣饮。黑豆60克，扁豆30克，大枣3个。将黑豆、扁豆炒香，加适量水，与大枣同煮，煮至豆烂即可。吃豆喝汁。能滋阴，补肾，健脾。

▲急慢性肾炎药膳

（1）玉米须饮。用玉米须50克，加水600毫升，煎煮25分钟～30分钟，熬成300毫升～400毫升。过滤后，每日2次分服。能利尿、降压、消炎。适宜于：慢性肾炎、肾性高血压。

（2）胡椒鸡蛋。白胡椒7粒，鸡蛋1个，将鲜鸡蛋钻一小孔，然后把白胡椒装入鸡蛋内，用面粉封孔，外以湿纸包裹，放入蒸笼内蒸熟。服时，剥去蛋壳，将鸡蛋胡椒一起吃下。成人每日2个，小儿每日1个。10天为1个疗程，休息3天后再服第2个疗程。能温补肾精。适宜用于慢性肾炎。

（3）枸杞饭。枸杞子25克，干贝5个，大虾10个，火腿肉50克，糯米500

克，姜粉、黄酒、酱油各适量。糯米泡3小时，枸杞用凉水浸软，与煮好的火腿片、虾粒、干贝丝等一起下锅，加适量水和盐，大火煮沸后加姜粉、酱油、黄酒适量，小火焖熟代饭食。能补肝肾，辅助治疗肾病综合征。

（4）薏米粉丸子。薏苡仁150克，糯米粉250克，白莲子100克，白糖300克，冬瓜糖30克。糯米粉加白糖50克酌加水揉成糯米粉团，薏苡仁加水在炒锅中焖透熟。白莲子加水蒸熟捣成茸，加白糖100克左右搅成馅，冬瓜糖切成小粒加于馅料中。然后把糯米粉团作坯子，包入莲茸馅子，包成汤圆大小的丸子，把100克白糖加热成糖液，丸子滚糖液沾一层薏苡仁，放盆中入蒸笼蒸15分钟即可随时服用。能健胃利尿，对肾性水肿有辅助疗效。

▲肝炎药膳

（1）车前草黄瓜汤。车前草20克，黄瓜100克，姜5克，葱5克，盐5克。先把车前草洗净；黄瓜洗净去瓤，切成薄片；姜切丝，葱切段。再将车前草、黄瓜、姜、葱、盐放入炖锅内，加水300毫升。将锅置武火上烧沸，再用文火煮30分钟即成。喝汤，吃黄瓜，可除热、利水、解毒。适宜用于中毒性肝炎患者。

（2）羊杞豆腐汤。枸杞子10克，羊肉50克，豆腐100克，盐5克，上汤500克。先将枸杞子洗净，去杂质；羊肉用沸水焯去血水，抹干水分，切4厘米见方的薄片；豆腐切4厘米见方的薄块。把上汤放入炖锅内，用中火烧沸，加入枸杞、羊肉、豆腐、盐，煮15分钟即成。每日1次，吃羊肉、豆腐，喝汤。能补益肝肾，滋阴养血。慢性肝炎可常服。

（3）五味红枣茶。五味子10克，红枣5枚，冰糖20克。五味子洗净，去杂质；红枣洗净，去核；冰糖打碎。把五味子、冰糖、红枣同放小炖锅内，加入清水250毫升。将锅置武火上烧沸，再用文火炖煮25分钟即成。每日饮用，代茶饮。能补养肝肾，益气生津。可用于肝硬化转氨酶增高患者。

（4）麦冬黑豆饮。麦冬12克，黑豆50

克，猪瘦肉 50 克，猪胫骨 200 克，姜 5 克，葱 5 克，盐 5 克。先将麦冬洗净，去心；黑豆洗净，去杂质，发透；猪瘦肉洗净，切 4 厘米见方的块；姜切片；葱切段；猪骨敲破。再把发透的黑豆放入炖锅中，加入麦冬、猪骨、猪瘦肉、盐、姜、葱，注入清水 600 毫升。把炖锅置武火上烧沸，打去浮沫，用文火炖煮 1 小时即成。每日 1 次，每次吃黑豆、猪肉共 100 克，随意喝汤吃麦冬。能活血，祛风，利水。用于慢性肝炎。

▲ 脑血栓药膳

（1）贝母粥。贝母粉 15 克，粳米 50 克，冰糖适量。将粳米、冰糖如常法煮粥，煮至半开汤未稠时，入贝母粉，改用文火稍煮片刻，视粥稠时停火，每日早晚温服。

（2）冬瓜子饮。冬瓜子 30 克，红糖适量，捣烂，开水冲服。

（3）萝卜汁。白萝卜捣汁饮服，每次 30 毫升，日服 3 次。或将萝卜汁拌在粥内食用。

以上三种药膳主要功用是清热祛痰。适用于脑血栓的痰热内结阶段，症状表现为：昏厥已苏，声出口开，喉有痰鸣，语言塞涩，舌强苔腻，脉沉滑无力。

（4）猪胆绿豆粉。猪胆汁 120 克，绿豆粉 80 克，拌匀晾干研末，每次 6 克，每日 2 次。

（5）菊花粥。秋季霜降前，将菊花采摘去蒂，烘干或蒸后晒干或阴干，然后磨粉备用。先以粳米 100 毫升，加水如常法煮粥，待粥将成时，调入菊花末 10 克～15 克，煮沸即可。

（6）芹菜粥。新鲜芹菜 60 克（切碎），粳米 100 克，放砂锅内，加水如常法煮粥，每日早晚温热服食。应现煮现吃，不宜久放。

（7）刀豆茶。刀豆根 30 克，加红茶 3 克，水煎服。

以上四种药膳主要功用是清肝泻火。用于脑血栓肝火炽盛阶段，症状表现为：昏厥已过，声出口开，气粗息高，躁扰不宁，兼有头胀耳鸣，巅顶作痛，舌边尖红，脉弦数。

（8）独参汤。红参 15 克，煎服。

（9）人参汤。人参 10 克，橘皮 10 克，苏叶 15 克，砂糖 150 克，加水 30 毫升，煎水代茶饮。

（10）五味子汤。五味子 10 克，紫苏叶

18 克，人参 12 克，砂糖 100 克，加水 3000 毫升，煎至 1500 毫升，滤去渣，饮汤。

以上三种药膳用于脑血栓能滋阴益气固脱，用于正气欲脱的危急情况。症状表现为：目合口开，声嘶气促，舌短面青，自汗，手足逆冷，大小便自遗，舌质淡，脉沉细弱。

（11）枸杞麦冬饮。枸杞子、麦冬各 15 克，煎水代茶饮之。

（12）天门冬粥。天门冬 30 克，白米 50 克，煮粥食用。

（13）地黄粥。取生地黄汁 100 毫升，先将粳米煮粥，粥成入地黄汁，搅匀食用。

（14）枸杞归芪大枣瘦肉汤。枸杞 15 克，当归 10 克，黄芪 30 克，大枣 10 枚，猪瘦肉 100 克。将以上各味共炖汤，加食盐适量调味，食肉喝汤。

以上四种药膳主要功用是益肾通络。用于脑血栓后遗症肾虚络阻。症状表现为：舌短不语，足痿不行，或偏瘫，或半身不遂，舌淡红，脉细弱。

▲ 便秘药膳

（1）山药酥。山药 500 克，白糖 50 克，黑芝麻 20 克。山药去皮切成菱形角块，入热油中炸成内软外硬呈金黄色时捞出。把白糖倒入烧热的砂锅中，加入食油少许。炼成米黄糖汁，然后下山药块，迅速翻炒，令其全部包上糖浆后撒黑芝麻，待冷后即可当点心食用。能健胃、益肾，用于肾虚肺痿，大便燥结等症。

（2）桃花馄饨。毛桃花（湿）30 克，面粉 90 克，瘦猪肉 100 克，葱、姜、盐、味精各适量。把瘦肉剁泥，与葱姜末一起剁均匀成泥后加盐、味精调匀为馅，把面粉和毛桃花加水适量和匀面团，然后把面皮包馅做成馄饨，入鸡汤中煮熟。空腹食用。能活血通便，适宜于大便秘结，胀腹不适。特别提醒：孕妇不能服！

（3）栝楼饼。栝楼瓤（去籽）250 克，白糖 100 克，面粉 750 克左右。栝楼瓤入锅加水适量后入白糖，用文火煨熬，拌压成馅备用。面粉加水适量和成面团经发酵、加碱再擀片，填夹馅料后制成面饼状，蒸或烙熟均可。连续随量服食。能润肺散结、滑肠。对肺燥、胸疼、便秘有较好的疗效。

（4）芝麻桃仁粥。黑芝麻 6 克，桃仁 6 克，冰糖 20 克，大米 100 克。将黑芝麻放入炒锅，用文火炒香；桃仁洗净，去杂质；

大米淘洗干净；冰糖打碎。把大米放入锅内，加水 600 毫升，置武火上烧沸，再用文火熬煮八成熟时，放入黑芝麻、冰糖，搅匀，继续煮至粥熟即成。每日 1 次，每次吃粥 100 克。能补肝肾，益五脏，壮筋骨，祛淤血。宜于慢性肝炎兼血瘀、便秘患者食用。

② 滋补药酒

酒是良好的有机溶媒，能够溶解大部分对防老防衰有益的中草药有效成分。酒防腐，易于保存，制成药酒，服用方便，酒中药物，也多种多样，但以补益、活血、舒筋活络为主。

▲ **百岁酒**（源自《药方杂录》）

用黄芪（蜜炙）60 克，当归 36 克，茯神 60 克，党参 30 克，麦冬 30 克，茯苓 30 克，白术 30 克，熟地 36 克，肉桂 18 克，五味子 24 克，枣皮 60 克，川芎 30 克，龟胶 30 克，羌活 24 克，防风 30 克，枸杞 30 克，广皮 30 克，外加红枣 1 千克、冰糖 1 千克，泡高粱烧酒 20 升，煮 20 分钟，或埋于土中 7 日。常饮能强身、明目、黑发、驻颜。

▲ **却老酒**（源自《验方》）

将甘菊花、麦冬、枸杞子、焦白术、石菖蒲、远志（去心）各 60 克，白茯苓 70 克，熟地 60 克，人参 30 克，肉桂 25 克，何首乌 50 克，共捣为粗末，用醇酒 4 升浸泡入坛中，将坛封口，春夏 5 日、秋冬 7 日开取，去渣饮用。适宜于精血不足，身体衰弱，容颜无华，毛发憔悴者。

▲ **菊花酒**（源自《太平圣惠方》）

将菊花、生地黄、枸杞根各 2.5 千克一并捣碎，以水煮汁，用糯米煮熟，加酒曲拌匀，放坛中密封发酵，至酒成。能壮筋骨、补髓、延年益寿抗衰老。

▲ **首乌酒**（源自民间）

用制首乌 150 克，生地 150 克，白酒 20 升。先将制首乌洗净焖软，切成约 1 立方厘米小块；把生地淘洗后切成薄片，二药晾干后下酒坛，将白酒缓缓注入坛内，搅匀后封闭浸泡。常饮能强身益寿。

▲ **驻颜酒**（源自《健康自然美容法》）

用柚子 5 个，地黄 40 克，当归 40 克，白酒 4000 克，蜂蜜 50 克。将柚子洗净，拭干，切成 2 厘米~3 厘米宽块状，同其他

三味药共装入坛中，加白酒适量，浸泡 90 天，用细绢或双层纱布滤去渣，即成。能补血、活血、养容、驻颜。

③ 益寿丹丸

丹与丸，是传统中医两种极为常用的剂型。这两种剂型有一个共性，就是易于保存和起效较为缓慢。滋补养老的药饵，大多需要长期服用，故此两个剂型有其独有的优势。我国古代医家早就致力于对防老抗老药方的探索，以丹、丸药饵而改变生命的质量，也是一种方式。这些药饵从古流传至今，值得研究、借鉴。其中不少都以"秘方"长期隐于民间，如今解开其组方之秘，发现其中确有不少道理。

▲ **罗真人延寿丹**（源自《灵秘丹药笺》）

用干山药 30 克（去皮），人参 30 克，白茯苓 30 克（去皮），川牛膝 30 克（酒浸），姜制杜仲 30 克，龙骨 30 克，川芎 30 克，鹿茸 30 克，当归 30 克，石菖蒲 30 克，楮实籽 30 克，破故纸 30 克，山药苗 30 克，五倍子 30 克，麦冬 30 克，枸杞 15 克，研成极细面，炼蜜丸如绿豆粒大，每服 6 克~9 克，淡盐水送下，每日服 2 次。可充实肌肤、填精补髓、精神倍长、强壮筋骨、悦颜色、固真气、和百脉、正三焦、乌须发、坚齿牙、耳目聪明、老能轻健。治男子五劳七伤、诸虚不足；女子经期痛，无孕。

▲ **养心延龄益寿丹**（源自《慈禧光绪医方选议》）

用茯神 15 克，炒柏籽仁 2 克，丹参 12 克，酒白芍 12 克，丹皮 12 克，当归 15 克，川芎 6 克，干生地 12 克，醋柴胡 9 克，香附子 12 克，酒黄芩 9 克，陈皮 9 克，白术 6 克，枳壳 12 克，酸枣仁 12 克，研成极细面，炼蜜丸如绿豆粒大，每服 9 克，白开水送服。可养心安神、补肾滋阴、调理肝脾，以达到治心肾俱亏与肝脾不调、延龄益寿的目的。

▲ **延寿丹**（源自《丹溪心法》）

用天门冬、远志、山药、巴戟各 90 克，赤石脂、车前籽、栢籽仁、泽泻、熟地、川椒、生地、枸杞子、茯苓、覆盆子各 60 克，炒杜仲、菟丝子、牛膝、肉苁蓉各 120 克，当归、地骨皮、人参、五味子

各 30 克，研为细末，炼蜜丸如梧桐籽大，每服 70 丸。可益寿延年。

▲**二黄丸**（源自《寿亲养老新书》）

用生地黄、熟地黄、天冬、麦冬、人参各 30 克，研为细末，炼蜜丸如梧桐籽大，每服 30 丸～50 丸，空腹温酒或盐水服下。可延年益寿。

▲**人参固本丸**（源自《必用方》）

用人参 30 克，天冬、麦冬、生地各 60 克，磨成细末，用杏仁汤化开，炼蜜为丸如梧桐籽大，每次取 70 粒，温酒送服。可充实精血、延年益寿。

▲**益气固精丸**（源自《亲兴方》）

用破故纸、金银花各 60 克，芡实 15 克，各研末，炼蜜丸如梧桐籽大，每服 50 丸，空腹盐水或温酒送下。可补血、黑发、益寿。

▲**仙茅丸**（源自《圣济总录》）

用仙茅、苍术各 960 克，枸杞子 480 克，车前籽 300 克，白茯苓、茴香、柏子仁各 240 克，生地黄、熟地黄各 120 克，研为细末，酒煮糊丸如梧桐籽大，每服 50 丸，食前温酒下，每日 2 服。能壮筋骨、益精神、明目、黑发。

▲**八仙长寿丸**（源自《寿世保元》）

用大生地 240 克，山茱萸 120 克，白茯神、牡丹皮各 90 克，北五味子 60 克，麦门冬 60 克，干山药、益智仁各 60 克，研为细末，炼蜜为丸，如梧桐籽大，空腹温酒调服。可补阴益肾，治年老肾气久虚。

④ 益寿膏

中医认为，膏药厚腻，最为补益。膏滋一般是以药物煎汁浓缩再加蜜收膏而成。其制作方法简便易行，适用于家庭制作。膏滋一般是以甜为主，口味好，服用方便，滋补、养身、防老类药饵多用此剂型。

▲**菊花延龄膏**（源自《慈禧光绪医方选议》）

用鲜菊花瓣加水熬透，去渣，再熬成浓汁，兑入炼蜜，收膏。每次服 9 克～12 克，以白开水冲服。可疏风、清热、明目、扩张冠脉、延龄益寿。

▲**两仪膏**（源自《景岳全书》）

用人参 120 克，熟地 500 克，加清水适量浸泡一晚上，再以文火煎汁，连煎 2 次～3 次，去渣，重熬浓缩，待成膏状时加

入白蜜 120 克收膏，每次服 10 毫升，早晚空腹服用。可补精益气。用于未老先衰、精神困乏，或大病后气阴两虚。

▲**红玉膏**（源自《集验良方》）

用玉竹、人参各 90 克，五味子、龟板胶、当归、生地、白茯苓、枸杞子各 60 克，川牛膝 30 克，白莲须 15 克，加水煎取汁，再将药汁文火熬浓成膏状，加炼蜜即成。可随时服用，每次 1 匙，早晚为佳。适宜用于阴阳气血诸不足，身体衰弱以及衰老所致的各种征象。"久服大益身心"。

▲**八仙长寿膏**（辑自《药酒与膏滋》）

用熟地 240 克，酒炒山萸肉、炒山药各 120 克，酒炒丹皮、白茯苓、淡盐水炒泽泻、麦冬各 90 克，五味子 60 克，粉碎加水煎熬 3 次，取汁去渣，取药汁加热浓缩成膏状，再加入与膏同量蜂蜜炼蜜，收膏。每日早晚服用，每次 15 毫升。可生津养血，用于肾阴虚者，或阴虚火旺者。

▲**长生神芝膏**（辑自《药酒与膏滋》）

用白术 1000 克，苍术 500 克，人参 90 克，先将二术捣碎加清水浸 1 日，再入砂锅煎滤 3 次，取滤出之药汁加热浓缩成膏状。再将人参用水煎 5 次，浓缩煎液加入前膏中和匀，煎透，用瓷瓶盛贮。每次服 10 克，白开水冲服或含化。可大补元气，健脾化湿。

⑤ 药饵禁忌

药饵养生需要慎重使用，最好有医生的指导。养生药饵虽大多性能平和，但亦有较为猛者，服用药饵

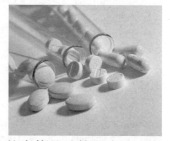

之前，应对自己的身体基础情况有一个大致的把握。是阴虚？还是阳虚？有无慢性疾患？药饵养生，忌盲目使用。一定要辨证施治、因人而异。若服用一种药饵，自我感觉良好，则可继续，若自我感觉不适，则应另择他方。所以，有必要试服。药饵养生不同于药物治病，治病病愈则药完。养生需坚持一段时间，古人提倡"久服"。所以，药饵养生，忌一曝十寒，贵在坚持。持之以恒，总有效验。药饵养生，还应注意脾胃功能。不少滋补药饵，尤其是滋阴

药饵，易于滋腻伤脾，影响消化功能。所以，脾虚之人，尤应注意服食药饵后的感觉，必要时，可佐加行气健脾之药。慎之戒之，方能用得其宜。

（杨再华）

气功养生术

气功，是华夏文化独特的产物。华夏文化的重要源头之一是《易经》，气功是这一源头中一条清澈的溪流。道、儒、佛、医都把气功当成养生之道，都有自己的气功理论。道家认为，用气功养生的目的，不在于求得长生不老，而在于通过返璞归真，得以尽其天年，其练功要旨是修德以求道，修德方法是"守德"、"治心"。不同的流派侧重点不同，老子侧重于无为、清静；管子侧重于去欲、正心；庄子强调忘我、适性。

儒家练气功则注重内省，通过内省来修身明性。内省的渠道一曰养气，二曰养心。通过精神修养来养浩然之气，通过生理修养来"存夜气"，即养自夜至第二日清晨的清静之气。通过"寡欲"、"求放心"，即把放纵于外的心思收摄内养；"思诚"，即专心专意地练功做事来进行养心。

佛教气功则由印度气功和中国传统气功相结合，主张壁观"神定之法"，即面向墙壁，排除外界干扰和内在心烦，使心神安定为壁立。

医家则将属于气功的导引、行气、跷摩等与针灸、药物均列为治疗大法中的一类。以后，道、儒、佛、医取长补短，逐渐融合，形成现代养生气功。

现代养生气功分动功与静功两大类，主张动、静结合，动以吐故纳新，排除体内的浊气，吸收大自然中的清气；静以将清气存于丹田，练成内丹，以打通经络，强身健体。目前，流行的许多功法均是在此原理指导下编修的，如"走树功"等。

① 练功要领

气功锻炼的方法虽多，但却有一些要领是共同的。

练气功要领中首要的是松静自然，切忌紧张、杂念纷至，练功时始终要保持宁静的态势。在练功中追求松，就是要设法解除因生理和心理因素造成的紧张状态，使自己有意识地处于一种舒服轻松的状态。在练功中追求静，是要使自己的情绪保持相对的安静。这便要选择练功场所外界环境的静和努力实现心静。在练功中追求自然，便是让练功效应自然出现，不要预执妄念，拔苗助长。

动静结合是练功的又一要领。不管是练静功或动功，都要有动有静，动静配合。在练动功中要动中求静，练静功时要静中求动。从体力上来说，能动的人一定要动，体力差的人少动，体力好的人多动，但以不太疲劳为度。病情轻者多动，以动功为主；病情重者少动，以静功为主。早上先静后动，晚上先动后静。不易入静的人，先练动功，再练静功，便易入静。

练养相兼是练功的一大要领。养指练功后出现的身体舒适轻松、呼吸柔和绵绵、注意力集中的"入静状态"，应尽可能长地保持下去。当然，这也要顺其自然，有的"入静"状态长，有的只有一会儿，不要强求。行话说："养而不练，功夫不见；练而不养，神气耗伤；练养相兼，功进年延。"

意气合一，也是练功的一大要领。"意"是指练功中意念的运用，"气"是指呼吸之气和某些练功中的感觉，"合一"则指两者的结合。意气合一是最难掌握的，弄不好就要出偏差。要避免出偏差：一是不要片面强调以意领气，呼吸的深长细匀是练功过程中情绪安定、注意力集中后慢慢出现的现象，仍要顺应自然。二是不要片面强调以意随气，即用"意念"强行使气功中的特殊感觉出现。练功中会出现各种感觉，如局部的"胀、痒、冷、热、酸、麻"及"轻、飘、浮、沉"，甚至有一定路线上的暖流等，都是练功中自然出现的，也不可强求。

准确灵活，是练功的又一要领。准确主要指练功时的姿势一定要正确，动作要合乎规范，这样才能收到良好的效果。同时，举动要灵活，要不僵不滞，并从自身身体实际出发，掌握运动量。

最后，练功要循序渐进，持之以恒，按气功的客观规律，由低级到高级渐进而上，长期坚持，便能达到气功养生的目的。

② 练功的效应

通过练功，出现健康状况向上的各种

生理和心理现象，便是产生效应的证据，可继续坚持练功。这些效应，可表现为唾液增加、手足温暖、发热出汗等，这是练功过程中的初步效应。然后，有热、凉、轻、重、大、小、麻、痒等八触，表明练功已开始入静，取得进展。进一步练功，则会出现肠鸣矢气、肌肉跳动、关节作响等生理反应，并能自制，自我调整，发外气，形之于外，部分人出现内视功能，能观察体内气血经脉等。最后，养生气功能达到气功病灶，患病部位有特殊感觉，达到自我治疗的目的。练功者达到小成境界，一般练功者应到此为止。若无高明的老师指导，不要企图达到中成、大成的高级及超级境界，以免出现大的偏差，不仅前功尽弃，还易出现神经系统疾病等严重后果。即便达到小成，若此时练功者不适加剧，则应暂停训练，寻找原因。

③ 练功注意事项

首先，练功者的练功目的要正确。为了延年益寿、强身健体、治病救人、开发智能、探索生命奥秘而学养生气功，是正确的练功目的；而因求名利、标新异，甚至报复泄愤而练功，则是错误的。心术不正，品行不端，思想不健康，不可能凝神练功，并易出偏差。

其次，功前要做好身心准备，严禁"大怒入座"和"过乐入座"；物质准备，身体虚弱者及有饥饿感时，可于练功前半小时吃一点容易消化的营养品；选择安静而空气清新的环境练功，避免练功时遭受突然刺激。

在练功时，不要预执妄念，强迫自己要达到某种预定目标；不要心随外景，意念随外界干扰而转移；不要对景欢喜，对体内出现的反应兴高采烈而意散；不能执著地用意念去分别体内反应；不要坐汗当风，避免对风出汗练功；不要在天地灾害时练功，如雷电等恶劣的自然条件；不要卒呼惊悸，避免突然受强烈刺激；不要久忍二便，大、小便不宜忍得太久；不要跋床悬脚，练功时要脚踏实地，不可悬空；要注意收功，不要草草结束了事。

④ 练功偏差预防与纠正

如果不遵守练功注意事项，或者想当然地多种功杂练，甚至以迷信观念来理解练功中的现象，就可能在练功中产生偏差。这些偏差主要表现为胸闷、腹胀难忍、气乱窜、头晕肢麻、心慌恐惧、大动不止、前额凝贴、寒热往来、昏沉思睡、头痛眼胀、舌硬难言、月经过多、遗精频繁等。

如果练功中出现了偏差，除了立即暂停练功外，"解铃还需系铃人"，最好找高明的气功老师纠正，亦可到医院接受对症治疗，并根据出现偏差的不同病因进行一些力所能及的自纠。如果胸闷气短，呼吸不畅，可以改换练功地点，调整姿势，改为自然呼吸；头昏头痛可练放松功或做头部自我按摩；腹胀难忍、胸肋胀痛，可以掌根着力由胸下摩擦至耻骨联合，配以呼气，引气下行；心慌心跳可按揉内关；气机冲窜，气流缠身，可练放松功，并可暂停练功；外动不止，可卧式意守涌泉，并暂停练功；如觉困盹，可两眼微露一线或视外景练功；失眠多梦，可减轻意念，听其自然睡前练运动剧烈的动功；前额凝贴，要除思想紧张，先练放松功；肢体麻木，调整练静功姿势；遗精频繁，兴阳月经不调，要找有经验的老师纠偏。

偏差严重者为走火入魔。走火是一系列阳亢症状，如面赤、口舌生疮、心怒、腹胀痛、气机冲、外动不止、狂躁不安、大便秘结等的

总称；入魔是精神病的前兆，心随景去，喃喃自语，或狂躁而歌，或时悲时喜，或手舞足蹈。走火入魔要暂停练功，找高明的气功老师纠正，及时到医院接受对症治疗。

（董仁威）

房中养生术

① 老年性生活

老年性生活该如何过？东西方有不同的观点。

东方医家及道家、佛家均主张节欲、戒色欲。孙思邈引传说中活了 800 岁的彭祖的话说："上士别床，中士异被，服药百裹不如独卧。色使目盲，声使耳聋，味使口爽，苟能节宣其宜适，抑扬其通塞者，可以增寿。"更有甚者，要求老年人绝欲，"50 岁者 21 日一泄，60 者闭精勿泄"。理由是："年高之人，血气既弱，阳事则盛，必慎而抑之。若不制而纵欲，火将灭更去其油。"

西方医学在对待老年人的性生活上，除同东方医学一样反对纵欲以外，在其他方面则与东方医学持相反的观点。他们认为，对于老年人的性要求，不应采取"堵"的方针，而要疏导。适当的性生活对延年益寿是有益的。性生活刺激性激素的分泌，性激素是人保持青春活力的源泉之一，也是增进老年夫妻情爱的基础。大量统计数据表明，有和谐夫妻生活的人比鳏寡孤独老人长寿。

基于上述认识，在 20 世纪下半叶，西方医学投入很大力量研究"性"，形成了性科学与性医学科学，制造了"伟哥"一类的药物和男性外用工具、女性外用工具来治疗阳痿，性冷淡等，提高性生活的质量，以利延年益寿。

② 激素与性生活

老年人的性生活主要由基因通过调节激素的分泌来控制，有的要求强烈，一周要做爱几次才能满足，有的几月一次便能解决问题。环境、观念对性生活也有影响，特别是中国人，视性行为为"丑"，为"羞耻"，往往在还有性要求时便结束了夫妻生活。据统计，中国人有一半以上在五十多岁便完全中止了夫妻生活。

毋庸讳言，随着年龄的增大，性激素的分泌会逐渐减少，性欲亦会降低，但并不意味着老年人不再分泌性激素，不能再过性生活。据性科学家的大量统计数据表明，身体健康的准老年人和老年人，平均每月需要性生活的次数为：50 岁～54 岁，4 次；55 岁～64 岁，3 次；65 岁～74 岁，2 次；75 岁～79 岁，1 次。在此平均值范畴内过性生活，都是正常的，有利于养生的。为了过上有节制的正常性生活，对阳痿的男人，在医生指导下服用含性激素的药物，是必要的。美国的"伟哥"，便是一种能有效治疗阳痿的药物。

"伟哥"学名万艾可，是一种治疗男性勃起功能障碍症（英文简称*ED）的新药。据统计，全世界 40 岁～70 岁的男人中，52％是 ED 患者，其中 10％较严重。"伟哥"已被批准进入我国市场销售，但它是一种处方药，必须在医生的指导下服用。私自购买和使用"伟哥"是有危险的。因为，"伟哥"不能和任何形式的硝酸酯类药物合用，包括心脏病救急药。经中国卫生部正式批准引进的同类药，还有法国的"虎哥"等。

治疗女性性冷淡的药也很多，如泰国粉、特制催春糖等。

③ 男性外用器具

男性外用器具是治疗阳痿，文明地解除性饥渴的有效工具，越来越受到中老年人的欢迎。男性外用器具有自慰仿真人造阴道及百分之百仿真人体两大类，前者著名的有仿真兔女郎、仿真便携型少女阴道、仿真双孔无毛处女阴道、逼真毛发男用自慰仿真阴道等，后者有由美纪子仿真人体、火热辣妹百分之百仿真人体等。

④ 女性外用器具

用于治疗女性性冷淡和有效地解除性饥渴的女性外用器具也很多，如仿真人造阴茎、超级仿真人造阴茎、发声牛郎、遥控滚珠珍珠棒、强振防水按摩弹等。

（董仁威）

科学技术卷

KE XUE JI SHU JUAN

21世纪是一个科学的世纪。在这个科学的世纪里，知识更新快是一个显著的特点。稍不留神，你便会成为"科盲"。当你还沉浸在科学家完成人类基因组计划的喜悦中时，科学家们已经在向思维科学进军，为揭开人类"灵魂"之谜展开"围歼战"。当你欢呼科学家获取了外星有生命存在的证据时，科学家们已有向外太空移民的计划。当你庆幸癌症、艾滋病、疯牛病问题正在被一个个攻克时，科学家们已在试图改造人类自身，绿色人类、长寿人、生物电脑人，一个个令人震惊的计划会突然冒出来。

作为老人，虽然我们中的大多数不再去从事科学研究，但了解科学的进展，知道科学能为我们自身或者我们的子孙后代带来些什么却很有必要。况且，我们还需要经常与儿孙们进行交流，但儿孙们接受新知识的速度很快，倘若我们是个"科盲"，如何面对我们的儿孙？然而，科海浩渺，我们不必面面俱到，只需了解一些热点、有趣的常识即可。

因此，我们为老年朋友们准备了一个现代科技套餐，包括生命科学热点、宇宙科学热点、高新技术、前沿科技与生活四部分。希望老年朋友在茶余饭后随手翻阅，在享受现代科技的乐趣中不知不觉地摘掉"科盲"帽子，紧跟时代的步伐。

（董仁威）

生命科学热点

❶ 人类基因组计划

人类只有一个基因组，分布在23对染色体上，由30亿对碱基组成，基因的数目很大，初步估计有200万个，其中显著的功能性基因至少有3万～4万个。

经过多年的研究，人类在基因技术方面日益成熟，科学家开始将研究重点转向破译人类生命密码的工作上。1985年，美国科学家率先提出人类基因组计划。人类基因组计划旨在阐明人类基因组30亿个碱基对的序列，发现所有人类基因并搞清其在染色体上的位置，破译人类全部遗传信息，使人类第一次在分子水平上认识自我。

人类基因组计划于1990年在美国首先启动，英国很快加入了这一计划。计划斥资30亿美元，历时15年。后来，各国政府认识到人类基因组计划在人类历史上的重要意义，是显示各国综合实力的机会，各发达国家纷纷申请加入此计划。虽然，美国承担了人类基因组计划一半以上的任务，英国承担了30%多的任务，其余所剩无几，但日本、法国、德国的科学家却以争取到百分之几的任务为荣。除了各发达国家政府投入人类基因组计划以外，1998年，一批科学家在美国罗克威尔组建塞莱拉遗传公司，投入3亿美元，到2001年绘制出完整的人体基因组图谱，与国际人类基因组计划展开竞争。

1994年，我国最初在国家自然科学基金会和863高科技计划的支持下，先后启动了"中华民族基因组中若干位点基因结构的研究"和"重大疾病相关基因的定位、克隆、结构和功能研究"，1998年在科技部的领导和牵线下，1998年在上海成立了南方人类基因中心，1999年在北京成立了北方人类基因组中心。1999年7月在国际人类基因组注册，得到完成人类3号染色体短臂上一个约30Mb区域的测序任务，该区域约占人类整个基因组的1%。

由于人类基因组碱基对测序使用了生物芯片等尖端技术，人类基因组计划加快了步伐。1999年12月1日，由英、美、日等国216位科学家组成的人体基因组计划联合研究小组正式向全世界宣布，人体的第22对染色体的遗传密码已经全部破译，确定了3340万个碱基对在22对染色体上的确切位置。这是人类首次成功地完成人体染色体基因完整序列的测定。

中国的人类基因组研究，一直处于世界先进行列。我国中国科学院上海生物化学研究所的学者洪国藩，在旅英期间创造的翻译生命"天书"的新方法，引起了世界各国科学家的高度重视。

中国加入国际人类基因组计划后，在短短8个月的时间里，北京与上海等地的200多位超一流的科学家，以每秒测定1000个碱基对的速度，反复将人类第3号染色体上的3000万对碱基测定了6次以上，于2000年5月，高质量地完成了人类基因组1％的碱基对测序任务，受到国际同行的赞赏。2000年4月6日，美国民营的塞莱拉公司率先宣布破译出一名实验者的完整的遗传密码。但不少欧美科学家提出质疑。2000年5月，国际人类基因组计划再次宣布提前于2000年6月完成框架图，2001年完成人类基因组全图。2000年5月8日，由德国和日本等国科学家组成的国际研究小组宣布，他们已基本完成人类第21对染色体的测序工作。

历史性的时刻到来了。2000年6月26日，时任美国总统克林顿、英国首相布莱尔通过卫星电视，在白宫举行记者招待会，郑重向全人类宣布，有1000多名科学家参加，历时10年，耗资数十亿美元，多国合作的人类基因组计划基本完成，人类基因组工作框架图已经绘制成功。参加人类基因组计划的美、英、日、法、德、中的各国科学家和美国的塞莱拉公司，也同时以不同方式发布了这一条消息。人类基因组工作框架图覆盖了97％的基因组，精度达到99.9％，85％的基因组序列已被组装起来，50％以上的序列已接近完成图标准，20％的序列已经达到完成图标准。2001年6月，完整的人类基因组图谱绘制完成，确定人类基因组由3万～4万个左右基因构成，比预计的少得多。到2006年10月，人类基因组计划继在人类基因组序图谱发表5年以后，又有重大进展，人类医学遗传图已成功完成。

❷ 后基因时代

1990年，由美国投入巨资发起的人类基因组全结构计划启动，之后，世界各科技先进国家纷纷加入该计划。我国也于1994年正式启动"中国人类基因组计划"。计划预计在15年内完成。届时，人类DNA分子上的30亿个碱基对的排序将全部完成。人类基因组全结构计划，将对人类社会、科技发生深刻的影响，与曼哈顿原子计划、阿波罗登月计划一起，并称为对现代人类影响最大的三大计划。目前，人类基因组计划进展顺利，由于1998年发明了基因测序新技术，预计该计划可以提前3年完成。也就是说，在21世纪初，我们就能看到人类基因组碱基排序全图。完成了人类基因组全结构计划，人类就将逐步进入后基因时代。

后基因时代，将给人类带来什么呢？

在后基因时代，科学家们最关心的问题：一是研究蛋白质的结构和功能；二是揭示人脑的秘密。人类在揭示生命奥秘的研究中，对蛋白质的重要性有一个反复认识的过程。由于生命现象总是和蛋白质相伴而行，科学家们最初把研究的重心放在研究蛋白质的结构和功能上，企图从中窥视生命的秘密。后来，科学家们发现，在两种核酸：DNA和RNA中，隐藏着生命的秘密。于是，全世界的科技精英都将目光转向核酸的研究，直至人类基因组全结构计划的启动。在此过程中，有38位科学家获得了诺贝尔奖。蛋白质的研究相对地被忽略了。

在人类基因组全结构计划即将完成的时候，科学家们意识到，人类基因组碱基排序的完成，只是在揭开生命秘密的道路上走完了第一大步。通过人类基因组碱基排序，人们知道了2万～2.5万个功能基因下达的蛋白质合成指令。这只是生命活动的第一个环节。人类基因组碱基排序全图的完成，为人类阐释生命打下了坚实的基础，但众多的生命之谜并不因此就能轻而易举地揭开谜底。如果把人类的生、老、病、死，遗传、生长、发育、衰老、死亡，比作一部生命进行曲，那么，基因组碱基测序只为我们提供了各种音符和演奏的规律，却令人难以读懂这部进行曲的含义，以及其间的故事。

要读懂其间的故事，彻底揭示生命的奥秘，就必须读懂基因的蛋白质语言的含义，搞清作为生物催化剂的特殊蛋白质——酶，在催化数万种生物化学反应中的作用。特别是要搞清蛋白质的三维结构。因为，蛋白质功能的多样性主要取决于其三维结构的多样性。在后基因时代里，科学家们要付出大量劳动，研究数十万个功能基因指令合成的数十万种蛋白质、多肽的结构、功能，任务十分艰巨。目前，世界上最先进的激光吸质谱技术，每天只能分析 10 个蛋白质，按此速度，人类要花几十年时间，才能读懂 2 万～2.5 万个功能基因的蛋白质语言。为了实现这一点，科学家们正在改进技术手段。美国准备将已研制的运算速度高达每秒 1000 万亿次的超级计算机，用于人体蛋白质结构的研究。一个在 21 世纪的新热点——蛋白质工程研究方面的世界竞赛已经开始。

只有在生命活动的各个环节中取得全面突破，科学家们才能揭示人类 2 万～2.5 万个功能基因的全部含义，读懂人类基因组碱基排序全图，并在此基础上完成对遗传、发育、进化等生命之谜的谜底的阐释。

人类基因图谱的意义阐释工作完成后，人类将更加了解自己。在了解自身的基础上，人类在后基因时代将开始向创建新人类的伟大工作进军。人类掌握了自身生长、发育、疾病、衰老、死亡的秘密，便可以进一步完善自身，消除疾病的隐患，延缓衰老过程，提高人类的平均寿命。比如，冠心病、高血压、糖尿病、某些精神疾病、色盲、白化症、侏儒症、家族性大肠癌及多种癌症等五千多种遗传性疾病，可以通过基因疗法和分子手术得到彻底根治。人类还可以主动干预自身的进化过程，根据人类的意愿重新设计人类的施工蓝图。在新世纪的某一个时候，一个具有更高智慧、更强健的体魄、更高尚的人格、享有更长寿命和幸福人生的新人类一定会诞生！

在后基因时代，基因技术对其他技术的影响和渗透也会日趋广泛。它将首先影响信息技术，使信息技术发生革命化的转变。随着对基因型生命密码体系的深入认识，科学家们发现，生命密码体系是大自然中业已存在和发现的最完美的信息储存

和传输系统。目前，电脑和光脑均使用二进位制的信息密码系统，由 0、1 两种密码符号执行信息储存和传输的功能。电报的密码符号也是两个：点和线，长声和短声。两种密码符号组成"长长短短、短短长短、长短短长"等 16 种四联体密码子，传输信息。然而，生命的密码符号却为 4 个：有 4 种不同的碱基。由这 4 种密码符号组成 64 种三联体密码子，用于储存和传输信息。生命密码储存和传输的信息量极大，一个小小的人类 DNA 分子便能储藏相当于 1000 本《辞海》中的信息。生命密码传送信息的速度也非常快。它的蛋白质语言——酶，催化生化反应的速度比没有生命的化学催化剂快 100 万倍～100 亿倍，并且在常温、常压下进行。生命密码传送信息所耗的能量非常小。人体 1800 万亿个细胞里，有与此数量相匹配的如天文数字般多的 DNA 计算机在不停地工作。这样巨大数量的计算机及在它指挥下进行的上亿兆的生物化学反应，一天也不过消耗（1500～3000）×4.184 千焦耳热能，吃 0.5 千克～1 千克米饭即可提供。因此，在后基因时代，信息时代的电子计算机、光计算机将逐步被高效率、低消耗、体积小的 DNA 计算机代替。这种生物分子计算机可以钻到人体内，在人体的分子上动手术，以消除遗传性疾病等隐患。

所以，以基因工程和蛋白质工程为代表的生物技术，以仿 DNA 结构为代表的仿生技术，将是后基因时代对人类社会生活和科技影响最深刻的技术之一。为了我们民族在地球村里取得生存权和发展权，我们必须从现在起，加倍努力开展基因技术及其他相关技术的研究。

③ 中华民族基因组计划

1994 年，为了搞清我们民族基因的秘密，国家启动了中华民族基因组结构和功能研究的计划。由上海、北京、昆明等 16 个科研单位承担了这项研究任务。目前，研究工作取得了很大的进展。他们完成了南方、北方两个汉人人群，西南、东北的十几个少数民族，包括傣、景颇、德昂、藏、壮、黎、布朗、基诺、鄂伦春、达斡尔、鄂温克族等的种质资源的收集和保存工作。为了保存中华民族各族宝贵的种质资源，他们建立了近千个永久的细胞系。

他们建立了完整的人类基因组研究体系，发现和分离了一些致病基因，到1998年，完成了1.4万条基因测序，其中，代表新基因的有1500余条。在2000年，中国科学家完成了测定人类1‰基因碱基排序的任务，并对中华民族的基因特点有了更深入的了解，这些工作必定会为全人类和中华民族的生存和发展作出重大贡献。

④ 人类为何有不同肤色

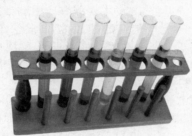

人种，按肤色分类，有黄种人、白种人、黑种人、棕种人之分；按体质形态特征分类，大致可分为蒙古人种、尼格罗人种和欧罗巴人种三大种族。在人类发展的历史上，什么时候开始发生分化，形成区别显著的各色人种，至今还是一个未解之谜。

要解决人种起源之谜，首先要解决人类起源之谜。人类起源虽然有非洲、欧洲、亚洲起源三种学说和多中心起源说，但证据较多的是非洲起源说。根据美国加利福尼亚大学柏克莱分校的科学家对147名妇女生产婴儿时胎盘上的细胞线粒体DNA的研究，发现这些来自非洲、欧洲、亚洲、澳洲的不同人种均发源于约二十万年前的非洲撒哈拉地区，后来才散布到世界各地。非洲的始祖人是什么时候分化成黑种、白种、黄种、棕种人，并散布到世界各地的呢？研究者们还没找到一点线索，只有各种各样的设想。

有一种设想是，始祖人在长期的传宗接代过程中发生了变异，分化成黑种人、黄种人、棕种人和白种人。而肤色较浅的人种则不适应较强烈的光照，便离开赤道向两极光照较弱地区移居。棕种人和黄种人则在离赤道不远的亚热带和温带地区留了下来。而最不耐日照的白种人则移居到温带、寒带地区，直至北极。黑种人则适于在非洲赤道附近光照强烈的环境下生活，便长期居住下来。

这种设想得到了意大利科学家的支持。据1999年12月出版的《自然遗传学》杂志报道，意大利帕多瓦大学的一个研究小组，对取自埃塞俄比亚人、阿拉伯半岛人和印度人的血样分析，比较血液中的遗传物质线粒体DNA后，得出结论：人类确实起源于非洲，在距今十多万年以前，人类的一部离开非洲沿着北路向地中海和希腊迁徙，这部分人主要是白种人；在距今五万多年前，人类的另一部分才开始向东迁徙，来到亚洲，这部分人主要是黄色人种和棕色人种。

然而，这并未解决人类为什么会有黑色人种、黄色人种、棕色人种和白色人种之分的谜语。有一种看来十分荒诞的人种起源假说企图解释这一现象。这种假说认为，人是外星人按他们的模样制造的，是"克隆神"。外星人在制造人的过程中，设计制造了不同型号的人类DNA，于是，便有了不同的人种。这种假设毫无根据，看来十分荒唐，但却难于否定。现在，人类已掌握了DNA的秘密，绘制出人类DNA基因全图。人类自行设计改造这个基因图谱，创造新的人类，是指日可待之事。人类能办到的事，假若有同人类一样智慧或超过人类智慧的外星人存在，由这种外星人到地球上来制造人类，并不是不可能的事。

当然，人种起源之谜要真正揭开，必须要有实证。我们相信，新世纪的科学家们能够揭穿此谜。

⑤ 未来人类的进化趋势

人类诞生三四百万年以来，进化的速度很慢。如果不考虑人类文明的进步，单说身体的变化，几乎没有任何质的飞跃。只有在当代，生命的密码被破译，完成了跨世纪的伟大工程：人类基因组计划竣工，人类的施工蓝图大白于天下的时候，人类按照自己的愿望改造自己的施工蓝图，干预自身的进化过程便不再是幻想，而可以任凭想象驰骋，并有实现的可能了。

首先，人类想到并正在做的事是进化成绿色人。人类很羡慕绿色植物的功能。如果人能够像植物那样营养自己，每天只要喝一点水，吃一点矿物质维生素一类的药片，晒晒太阳就能活命。这对于那些想到食物匮乏地方去旅游、探险的人，比如到远洋、沙漠、高山、南北极，以至到太空去的人，这种设想很有吸引力。

科学家们说干就干，开始实施"绿色

人类"计划。科学家们做了大量试验，证明叶绿体在一定条件下，可以短暂地离开植物体独立生存，行使功能，并分裂繁殖。更为有趣的是，人们发现叶绿体能在动物体内生存，并进行光合作用。如有人发现一些海生的软体动物吃了某些海藻以后，叶绿体在体内并不被消化掉，而是残留在消化道的细胞中。这些细胞能依靠这些叶绿体进行光合作用。还有人将一种藻类叶绿体在鸡蛋里培养了27天，叶绿体仍保持了10%的光合能力。美国宾夕法尼亚大学的玛吉·纳什博士，把老鼠的成纤维细胞浸在一种营养液里，结果发现，这些细胞能吸收从菠菜中提取出来的叶绿体。

这一切实验，使人们在研究利用叶绿体实现粮食工厂化的同时，也开始认真研究让叶绿体进入人的细胞，使人具有光合作用的能力。他们设想，将叶绿体或控制叶绿体产生的基因嵌入人的受精卵中，由此进入人体。如果这种设想得以实现的话，那么，人便进化成新的人种——绿色人类。

人类最渴望的是长寿。人的平均寿命，即使在科学技术十分发达的国家，也不过六七十岁。但是，在生物界，平均寿命比人长得多的动植物有的是。比如，野象、鹦鹉、鹅、老鸦等，平均寿命在一百岁左右；梭鱼、乌龟、鳄鱼和樱桃树，平均寿命可达200岁～300岁；而红杉、澳大利亚桉树和猴面包树，平均寿命在4000岁以上。就是我们人类，个别地区的人也比一般地区的人平均寿命长得多。世界上有四个著名的长寿地区：喀喇昆仑山下的罕萨、南美厄瓜多尔的比尔卡旺巴、阿塞拜疆和格鲁吉亚，这几个长寿地区的居民几乎都可活到百岁以上。在大致差不多的环境条件下，为什么自然界各种生物的平均寿命参差不齐，短到蜉蝣的活一天，长到活千岁呢？究其根源，生物的寿命主要是由各种生物体内那张基因图决定的。它"命中注定"了每一种生物寿命的极限，并设有管理生老病死的专业机构来实现它的意图。

为了揭开生物死亡的秘密，科学家们进行了一系列实验。他们证明人和动物的脑下垂体，定期分泌一种定名为"死亡激素"的化学物质。这种化学物质能够干扰人体利用甲状腺素，降低细胞利用甲状腺素的能力，进行有效地控制机体内所有细胞的代谢过程。一旦细胞不能利用甲状腺素，新陈代谢就会失调，逐渐走向衰老和死亡。

有的科学家认为，脑下垂体分泌的"死亡激素"，只是人类死亡的原因之一。一旦找到令人类走向死亡的全部激素，或者发明抑制这些物质分泌的药物，或者在人类基因图谱上直接动手脚，删除产生死亡激素的生命信息，人类的平均寿命就会大大延长。有人预言，在50年内就能揭开衰老和死亡的全部秘密，找到细胞中的"寿命钟"，用各种方法使之走慢，甚至停摆。那时，人将进化为"长寿人"，平均寿命达到300岁～500岁，并不是可望而不可即的事。

要想后天无疾几乎是不可能的。但是，通过生物工程技术的改造，实现先天无疾却是可能的。要实行先天无疾，第一步是要将现有人从先天带来的基因病医好。这便是正在开展的基因疗法的研究。

人们已经发现了治疗一些基因病的办法。如用基因疗法治镰刀状红血球贫血病、高精氨酸血症、半乳糖血症、着色性干皮症，以及正在努力攻克用基因疗法治疗苯丙酮尿症、高血压症和某些遗传性癌症的顶尖级难题。

癌症是人类最大的敌人之一，是目前导致人类死亡的头号疾病。癌症是一种什么病呢？现代观点认为，癌症是这样一种疾病：人体内一个或多个细胞内的遗传密码被改写，导致后代细胞的增长失去控制。也就是说，癌症不少是先天带来的，是埋伏在人类基因库中的定时炸弹。癌症的遗传基因，在人类的某些癌症中已得到证实。成视网膜细胞瘤的癌症，是能遗传的癌症的典型例子。这种病是由父母遗传给子女的。只要父母中一方带有患病基因，子女就会得病。我们对于这些遗传性的癌症基因，可以通过分子手术，从人的遗传密码中删除。

其实，人类带有的4000种～6000种遗传性疾病基因，均可通过分子手术切除，如果这种手术从父母的精卵细胞做起，产生的下一代就是进化了的新人——先天无疾人。

绿色人、长寿人、无疾人只是改造人类计划中的几个例子。人类基因图谱全部翻译完毕，人改造自己的可能性可说是无限的。这种无限的潜力，使人类对改造自身产生了种种遐想，创造集 200 万种生物的优点于一身，功能非凡的超人便是其中的一种。

⑥ 换心人

器官移植，已是很普通的事。然而，器官移植却是在人与人之间进行的。人的活器官资源是有限的。况且，为了救人一命，母亲送子女一个肾，兄弟送姐妹一叶肺，受者于心何忍！即便能够这样做，一个人只有一个心脏，一个脑袋，总不能把唯一的心脏、唯一的脑袋送人吧？而用牲畜的器官移植问题就解决了。遗憾的是，人体可怕的排异反应和牲畜器官与人器官的差异，几乎成了不可逾越的障碍。可喜的是，人类发明了转基因技术，使这一想入非非的假设有了实现的可能。于是，人们开始了转基因猪的研究，企图用猪作为提供移植器官的工具。

选择猪作为提供移植器官的工具，是经过科学家慎重研究的。因为猪的器官大小、形状都与人类相仿。再则，虽然灵长类动物与人的器官更为接近，但是猪是人类吃惯了的食物，用猪作为提供移植器官的工具，伦理上更易为人类接受。最近，英国剑桥大学的研究人员培养出一种转基因猪，在其血管壁上附有一种特殊的蛋白质。这种蛋白质能抵抗人体免疫系统排异反应释放的补体蛋白质的伤害。这使转基因猪的器官用于人体器官移植的工程出现了曙光。我国的转基因猪用于人体器官移植的研究也已启动。假如人类的转基因牲畜器官能用于人体器官移植的工程，那么，未来的人类有相当一部分便是换心人或植换了其他内脏器官的人。

⑦ 生物电脑人

科学家们正在考虑，将生物电脑植入人脑，将人变成生物电脑人。生物电脑有生物活性，有自我复制和自我组合的功能，它能通过注射，随着血液循环，植入活的有机体，与有机体的任何部分，包括人脑，紧密结合起来，成为有机体活的组成部分，这是其他电脑芯片难于做到的。你能想象生物芯片植入人脑的结果吗？如果储存着人类全部知识的生物芯片植入人脑，知识移植的梦幻便成了现实。这个嵌入了生物

芯片的人该具有何等博大的智慧呵！

科学家们现在正在设计的生物电脑的功能比较现实，首先考虑的是治病救人。比如，将蛋白质计算机植入人脑，医治眼疾，根除先天视觉缺陷和后天损伤，使盲人重见光明。而当人类的 3.5 万个功能性基因核苷酸测序工程完成，并搞清其含义以后，DNA 计算机则可安排更大的用途。DNA 计算机可以作为一种"分子手术刀"，进入人体，进行分子手术，将人类的 5000 种～6000 种遗传病基因割除，使人类永远免除先天性疾病的痛苦。同时，人类的一个更伟大的梦也将实现，让 DNA 计算机带着长寿基因，以及其他人类想拥有的器官基因，比如翅膀基因、鳃基因，进入人体，与人体细胞里的 DNA 组合在一起，人便能活三五百岁，可自由地在天上翱翔，在水中遨游，岂不妙哉！

一个植入了生物电脑的人脑，自然会比一个未植入生物电脑的人脑强过许多。然而，这能不能得出结论：生物电脑会战胜人脑，出现生物电脑人消灭普通人的悲剧呢？不会。目前，全世界储存的核弹已能毁灭人类许多次，为什么人类还没有毁灭呢？那是因为人类有足够的集体智慧协调全人类的行动，阻止这一悲剧的发生。

要阻止生物电脑人消灭普通人，可能有许多途径。途径之一是，立法限制生物电脑人的应用，不能使生物电脑人变成某一特权阶层的专利，而应成为全地球人类共同的财富。在生物电脑人研究成功后，

新世纪老年百科全书

全人类应该采取统一行动，使普通人在一定期限内统统变成生物电脑人。

人类通过生物电脑改造自己的施工蓝图，干预自身的进化过程，也不能随意进行，应该由地球村统一征求新人类的方案，将优选的方案通过全球人类公决的方式，进行表决，获得绝大多数人通过后再予以实施。

总之，科学的进步不能阻挡，所产生的负面效应也可由全人类共同努力来解决。

⑧ 植入了芯片的人

英国雷丁大学的教授凯文·克里克在自己身上做了一个惊天动地的手术。他将一块电脑芯片通过外科手术植入自己的手臂。这块芯片中，携有 64 条指令。这些指令包括房门或电灯的开关、调节温度等。于是，下面的奇迹出现了。克里克教授走向他的寓所，门自动打开了，电灯亮了。克里克教授走进家门，家里的电脑向他致欢迎辞："早上好，克里克教授，你有 5 封电子邮件。"克里克教授坐在电脑旁，阅读电子邮件。在这期间，不用克里克教授费神，空调器打开了，按克里克教授的意愿将室内调至最舒适的温度；浴盆开始注水，将温度调至最适，等克里克教授看完电子邮件后去洗澡；酒桶开始倒酒并温酒，让克里克教授洗完澡后喝一杯温暖的好酒……

克里克教授在人体内植入芯片的目的是寻求人脑与电脑交流的各种可能性。他将芯片与人的神经系统连起来。这样，人体便可能具有 X 射线、紫外线、红外线才能见到的景象。这样，那些目前已发现，并受到种种非议的人体特异功能，如内视、耳朵认字、夜视等，便会显得无足为奇，因为每个人植入芯片后都能具有这些功能。利用这项技术，既可帮助残疾人，也可用于争议颇大的，如跟踪下属、孩子，限制患多动症孩子的活动，限制人身自由等方面。当这项技术普及与提高以后，人类变成了半机器人，感知世界的方式将发生巨大的变化，从物理的方式感知世界转化为电子式。将人变成半机器人，是人类的进化或退化，是福还是祸，我们将拭目以待。

⑨ 人体"重组"

在地球上，人类虽然是具有最高智慧的生物，但并不等于人类的任何一种性状都比地球上 200 万种的其他生物性状优越。事实上，人类在某一方面的结构和功能不如某些生物的某些结构和功能。例如，人的嗅觉不如猎犬。猎犬的鼻子灵敏非凡，可以区分出 200 万种不同物质所发出的气味。人类的视觉在某些方面不如猫头鹰、青蛙、苍蝇和响尾蛇。猫头鹰可以在漆黑的夜间视物；青蛙的视觉对于掠过眼前的飞行物特别敏感；苍蝇的眼睛则是由许多只眼睛组成的复眼；响尾蛇具有人类没有的红外眼，能够在黑夜中"看见"散发出热量的活动物体。人类的肌肉组织不如狼、狮、虎、豹，四肢的力量小于猛兽。人类器官的再生能力不如螳螂、蝾螈，如此等等。因此，如果人类基因能够重组，便可以将其他生物的优秀基因移植入人体，创造出集地球两百万种生物优点于一身的"超人"，那是一种怎样惊天地、泣鬼神的奇观！

当然，并不是人人都赞成在人类的基因图谱上动手动脚的。他们担心，这样做的结果坏处胜过好处。试设想，如果"超人"比人还聪明，比狼还凶残，比大象力气还大，既能行走如飞，又能在空中飞翔，也能在水中自由来去，那么，世界上的 200 万种生物还有没有活路？它给世界带来的是人类自身的迷失，物种平衡的破坏，自然秩序的混乱，社会文明的丧失。一旦失控，更会毁灭人类，带来世界末日。

然而，凭着人类的智慧，这些问题是可以找出解决办法的。比如，每一次人体的进化，必须通过地球村人类的全民公决。只有那些有益于人类社会进步、文明发展的人体进化措施，才能得到实施。反人类的改造人体计划将被视为违法，受到地球村法庭的严厉制裁。

那么，未来人体的基因重组用什么方法发展才有利于人类的文明发展和进步呢？

首先，是要重塑人类的"灵魂"，去掉人类潜意识基因中的"兽性"：贪婪、自私、妒忌、残忍，将"谦谦君子"的人格基因组注入人体，使人类无论男女，均道德高尚。男人英俊潇洒、气度非凡；女人高贵典雅，柔情似水。追求高尚的精神生活胜于追求物质享受，完成全人类从"物质人"向"精神人"的进化。

其次，让人脑更为发达，使人脑的智慧永远高出机器人的智慧一个以上的数量级。这样，便可避免科幻小说中常出现的机器人与人类交战，人类常被机器人打败的悲剧。

最后，才是对人肉身的改造。人的肉身本来就是比较完美的，不要随便在上面动手动脚。

人类经过300万年的努力，不仅智慧超群，其形体也是生物界中最美的。难怪传说天上的神也为人之美倾倒，娶人间的美女为妻。人头脑发达，五官端正，眉目清秀，皮肤光洁，毛发疏密有致，语音抑扬顿挫，表情丰富多彩，躯干精巧，曲线优美，四肢灵活有力。人体确实是美不胜收的大自然的杰作！随便用一个平常人与任何最美丽的动物相比，人体的美都要更胜一筹。

先看看我们的胴体吧！平衡、对称、比例协调、曲线柔和，再配以富有弹性的肌肉、光洁的皮肤，看一眼都令人陶醉。基本一样长的双手、双腿，走起路来，左右手前后摆动，双下肢交替迈步，那个潇洒劲，让神仙看了都要羡慕。

再看看我们漂亮的头颅部吧！双目、双眉、双耳、鼻、口均衡地分布在光洁的面部；浓密的头发呵护着大脑；明亮的眼睛顾盼生辉；表情肌牵动五官，表达着我们的喜怒哀乐，使性格情操在我们的一颦一笑中向世界展现。天啦，你可知道你有多么美？

更令人叹为观止的是，人的美符合自然美中之美的黄金分割律。发现人体美与各部分比例有关的，首推大画家达·芬奇。他提出，美的人体应符合下列比例关系：人的头部是身高的1/8，肩宽是身高的1/4，平伸两臂的宽度等于身长，两腋间的宽度和臀宽相等，乳部与肩胛骨处于同一水平面，大腿正面的宽度等于脸宽，跪姿的高度为立姿的3/4等。后来，人们发现人体很多比例都符合黄金分割率，即长与宽的比为1：0.618。黄金分割是形式美的著名法则，它广泛用于建筑和绘画中，被古代哲人柏拉图认为是自然界最美的比例关系。而人体比例中的黄金分割，随处可见，如：人体的头部到肚脐，与肚脐到脚底的比例，是1：0.618；躯干的宽度与长度的比例，是1：0.618；大小腿的长度与手臂长度的比例是1：0.618；手掌的长度和宽度比是1：0.618；头顶到颔顶的长

度与眼为水平面的宽度比是1：0.618；唇宽与鼻宽之比是1：0.618；鼻宽与鼻高之比是1：0.618；唇宽与唇高之比是1：0.618；男性头发习惯的分头线两侧的比是1：0.618；等等。

知道了这些，你可能才会恍然大悟：难怪得怎么会越看自己越顺眼呢？

⑩ 克隆人

克隆人体在技术上的难题基本解决，克隆人体的出现只是早迟而已。但这只完成了克隆人的第一步，即对人的身体的克隆。而人却是由身体和精神两部分合二为一的。精神虽然有肉身作为载体，但克隆的肉体并不能自然地负载着人的精神。因为，人的精神世界是由先天的素质和后天获得的知识两部分构成的。

知识是什么？知识的定义有许多种，简言之：知识是人类的经验。人类的知识是如何形成的，有种种说法，按大类分，一种认为知识是先天形成的，一种认为知识是后天形成的。现代科学研究已经证明，知识既来源于"先天"，也来源于"后天"。来源于先天者，是我们的老祖宗在人类三四百万年实践中积累起来的遗传信息。这些遗传信息还包括了人类的直系亲属在三十多亿年进化过程中积累起来的知识。这一类知识大约有一百亿比特。另一类知识则是在后天通过教育、实践中获得的，这种非遗传信息是遗传信息的数百倍，是一个人知识的主要组成部分。这种意义上的知识，其实包括了组成一个人"灵魂"的所有要素。人的"灵魂"，也就是人的思想，是由人的自我意识和情感构成的。人的自我意识和情感，则源于先天的遗传信息和后天的非遗传信息。所以说，人的"灵魂"是由人的全部知识构成的。

人的"灵魂"能不能克隆，取决于人的知识能不能移植。要解决人的知识的移植问题，我们首先要搞清知识储存在人脑的哪个部位。人类的遗传信息主要储存在大脑的脑干，即爬行动物脑，是人的潜意识的载体。它控制许多本能功能，如呼吸等。人类的遗传信息还有一部分储存在大脑的边缘系统（缘脑或古老的哺乳动物脑），是潜意识的载体。它控制情感，在记忆中起关键作用。人类的非遗传信息则主要储存在大脑皮层和小脑之中。大脑皮层

用来思考、交谈、观察、听和创造。小脑在调节姿势和平衡中起重要作用。

然后，要搞清知识在人脑中储存的方式。人类的遗传信息储存在遗传物质DNA分子中，人类的非遗传信息主要是通过眼睛看、耳朵听、舌头品、鼻子嗅、皮肤上的触觉摸、动手做传递到大脑，大脑将信息分类进入不同的信息储存库储存起来。

最后，才是通过特有的方式，将人脑中储存的知识传输出来，并进入另一个人的知识储存库。遗传信息的传输通过DNA分子的复制进行。非遗传信息的传输方式则只知个大概。人的大脑控制着一个能及时将化学电子信息传送到身体各个部位的传输系统。人脑的大约一百亿个脑细胞（神经元），每一个上生长着约一万个"分支"（树突和轴突），组成了信息传输通道。人的大脑皮层中有一个联系皮层，将不同记忆库中相似的信息连接起来；大脑左右半球之间的胼胝体是一个"电话交换中心"，每秒在左脑和右脑之间传输数百万信息，在至少四个不同的波段中工作。

然而，人类对自身大脑的认识还处于极肤浅的阶段，上述这些环节中还有大量的未知数。最根本的一个未知数是对大脑及神经网络的信息储存、传输机制不甚了了。模仿人脑制成的电脑，虽然应用其逻辑思维快速的特点能打败人类的棋王，但却很难完成，甚至无法完成那些对于小孩来说都是很简单的问题，比如识别人脸、学习走路和讲话等，更不会像人一样具有灵感，做着某些事会突然产生一些有趣的念头，并情不自禁地哈哈大笑起来。这是因为人脑的信息储存和传输系统是与电脑有很不相同的工作原理所致。科学家们正在努力工作，企图弄清人类的神经网络机制，从而设计神经计算机。这种神经计算机能模仿人脑形象思维、联想记忆等高级神经活动，处理不完整的、不准确的，甚至是非常模糊的信息。我国的神经网络工程已经启动，许多第一流的专家正在为破译人类神经网络信息储存和传输

机制日夜奋战。

神经网络信息储存和传输机制一旦破译，人类便在实现知识移植的梦想上跨出了坚实的一步。但是，这离实现知识移植的理想还差得很远。知识移植的根本问题是要破译人类神经网络储存和传输信息所使用的密码体系，破译"灵魂"密码，打通人脑与电脑之间的屏障。只有这样，输入电脑中的知识才能穿过人脑与电脑之间的屏障，在人脑中储存起来，变成人脑中的非遗传信息。人脑与人脑之间也可通过电脑实现沟通，将教师或天才头脑里的知识移植到另一个人的头脑中去。

知识的移植实现以后，克隆"灵魂"便成为不争的现实。将自己头脑中的全部知识，包括那些组成自我意识的情感、人格、思维方式、社会经验，全部移植到自己年轻的克隆肉身上去，克隆一个从遗传信息到非遗传信息都与自己一模一样的人，这才是真正意义上的克隆人。人的"灵魂"不死，长生不老的美梦便能真正实现。那该多好呵！

（董仁威）

宇宙科学热点

① 宇宙会不会再一次发生大爆炸

20世纪20年代末，美国天文学家哈勃发现，天空中的众多星系正以一种非常有规律的方式远离地球，英国天文学家爱丁顿认为，这是宇宙正在膨胀的证据。1932

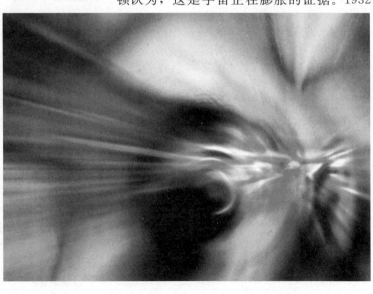

年，比利时天文学家勒梅特提出宇宙起源于"原始原子"爆炸的理论。20世纪40年代，美籍俄国物理学家盖莫夫及阿尔弗、赫尔曼在爱丁顿、勒梅特等科学家宇宙膨胀和原始原子理论的基础上，提出了大爆炸宇宙模型。

大爆炸宇宙模型认为，人们观测到的宇宙，起源于一两百亿年前的一次大爆炸。那时，宇宙中的全部物质都集中在一个极小、密度极高的点上，其温度极高，在一万亿度以上。随着"砰的一声巨响"，宇宙爆裂开来，向四面膨胀，温度和密度不断下降，直至形成星系，最终成为我们今天看到的宇宙。

大爆炸宇宙模型由于没有实证，被当成一种异想天开的假说，"姑妄言之，姑妄听之"，在冷漠中度过了二十余年，直至1965年，美国贝尔实验室的无线电工程师彭齐亚斯和威尔逊观察到宇宙间的黑体辐射背景，它才被科学界高度重视起来。这个观察结果，为大爆炸宇宙模型提供了有力的证据。因为如果大爆炸存在，大爆炸经一百多亿年冷却，宇宙中便会到处充斥绝对温度几度的背景辐射，而彭齐亚斯和威尔逊观察到来自天空中所有方向上的绝对温度3开氏度的微波辐射背景，是大爆炸的痕迹，有力地支持了大爆炸理论。这两位科学家为此获得1978年诺贝尔物理学奖。

根据大爆炸宇宙模型，科学家们推测宇宙未来的走向。目前，宇宙间斥力已消失，进入一个缓慢的减速膨胀期。这种推测有许多天文观测的依据，但也有许多问题困惑着物理学家。

宇宙的减速膨胀期结束后，是否就会进入收缩期，从而逐步加速回到宇宙大爆炸前的原始状态？时间和空间是否便终结了？新的宇宙大爆炸，新的时空是否立即开始？宇宙以外又是什么呢？科学家们在苦苦思索着。

有的科学家认为，宇宙会无限膨胀下去。有的科学家则认为，宇宙膨胀即将结束，以后会逐渐收缩，经几百亿年后会回到大爆炸初的原始状态，挤成一团，宇宙中形成的一切，包括星系、生命和人类，均会毁灭。一个没有希望的未来，太令人寒心了。

1999年，科学家们通过测定宇宙大爆炸后留下的微波，给我们带来好消息：宇宙可能不会在收缩到一点时消亡。因为宇宙大爆炸以后空间是呈扁平状延伸的，将扩张到运动最终停止为限，宇宙既不会灭亡，也不会永无止境地扩张。但愿这一点能有更多的证据证实。这样，宇宙的未来便有希望了。在21世纪，对宇宙的终极关怀还会成为科学研究的热点，宇宙的未来将会越来越清晰。

② "天地大冲撞"

外来行星与地球相撞，从而给地球造成巨大灾难，甚至毁灭，自古有之，并在历史上发生过多次"杞人忧天"的故事。

1680年，欧洲的天空上出现一颗大彗星，引起市民一片恐慌。科学院的院士们也深感不安，认为彗星有可能撞入地球，形成天地大冲撞。于是，市民们确信，世界末日就要来临，纷纷留下遗嘱，或赶紧向寺院捐款以赎罪。结果是虚惊一场，什么事也没发生。

1826年，欧洲的天空中又出现了一颗大彗星——比拉彗星。有位科学家作了一个精确的预算，6年后的某日某时，比拉彗星将在某个空间与地球相撞，将地球摧毁。许多人在恐惧中等待那一天的来临，甚至有人不堪精神折磨而提前自杀。那个科学家预言的时日来临了，但仍然是什么事也没有发生。

人们复验那个科学家的运算结果时，发现他犯了一个低级错误，他忽略了在地球运动时，彗星在天体中的立体位置也是要发生变化的。当地球运行到与彗星相撞的位置时，那颗彗星因立体位置的变化，已移到另外的地点，早已飞离地球。

在那以后，还有人预言，1910年5月，哈雷彗星的尾巴将撞到地球，人类将荡然无存。近年来，有人预言，一颗从太空飞来的小行星，将会在1999年与地球发生大冲撞，彻底摧毁地球。结果，什么都没有发生。一次又一次的"狼来了"，麻痹了人们的神经，使人们认为所谓天地大冲撞，不过是"杞人忧天"。真是这样吗？

让我们首先来看一看地球的近邻——月球、木星、火星、金星和水星吧。你如果在天气晴朗的夜晚，用天文望远镜观察这些星球，你会发现，它们的表面遍布陨石坑，到处都有天地小冲撞和天地大冲撞留下的印记。

然而，最让人震惊的却是1994年7月16日这一天，全世界许多人通过天文望远镜目睹了科学家预言的"彗木之吻"。这一天，休梅克——列维9号彗星的碎块以每秒60千米的速度撞向木星南半球的表面，引起持续几分钟的剧烈爆炸和震动。以后的7天以内，休梅克——列维9号彗星的21块大碎核和其他小碎核，先后撞击木星。在这些碎块中，有一个大碎块与木星相撞时，释放出相当于10万亿吨TNT爆炸当量的能量，在空中掀起直径约1000千米的大火球。目击"彗木之吻"的人们，惊恐非常。他们设想，如果类似的"彗木之吻"发生在地球，地球和人类会变成什么模样？这种设想使人们不寒而栗，那些将天地大冲撞当成"杞人忧天"的人改变了观念，认为人类应认真对待可能从天外飞来的不速之客。

事实上，不只是地球的近邻曾遭到天外来客的袭击，地球自身也不断遭遇天地小冲撞或天地大冲撞。人们在地球上已发现的一百多个大型陨石坑，是地球遭遇过天地小冲撞或天地大冲撞的实证。

在加拿大哈得孙湾东岸，安大略省东南部、休伦湖北侧，有一个直径达到145千米的陨石坑，也许是目前地球上发现的最大的陨石坑。它是在2亿年前，一颗由镍组成的小行星撞击地球形成的。由于年代久远，陨石坑已模糊不清。被人称为魔鬼谷的美国亚利桑那利的巴林格陨石坑，直径约1240米，深170多米，坑的四周比外围地面高出45米。这个陨石坑是大约2.5万年前，一颗直径60多米、重量超过百万吨的陨铁组成的小行星撞击地球形成的。

在墨西哥的尤加敦半岛，有一个直径约3000米的大陨石坑。这是6500万年前，一颗直径约10千米的小行星撞击地球的结果。这次天地大冲撞，造成了恐龙的灭绝。

最近的一次天地大冲撞，发生在1908年6月30日凌晨。一颗直径约一百米的彗星碎块或小行星在西伯利亚通古斯地区与地球相撞，强烈的冲击波将方圆数百平方千米的树木尽数刮倒，并酿成一场大火。全世界都记录下这场由天外来客引发的地震，其威力相当于几千颗1945年投掷到日本广岛的原子弹。

在20世纪，几乎引起天地大冲撞，擦肩而过的危险，地球已经历了多次。1937年，一颗重达4亿吨的小行星赫尔米斯，在地球上空75万千米处以每小时8万千米的速度飞过；1989年，地球又遭遇过一次类似的危险；1993年，一颗直径5千米～10千米的小行星在地球上空14千米处擦肩而过。

1976年，吉林下了一场罕见的陨石雨，是地球正在遭遇小行星的明证。事后收集到大小陨石一百多颗，最大的吉林一号重达1770千克，是世界之最。

所幸的是，地球遭遇小行星的可能性比它的近邻小。地球有两个屏障。一个屏障便是地球的近邻，地球外侧的土星和木星。土星和木星的巨大体积可以吸引一些飞近太阳系的外太空碎块，从而保护包括地球在内的几个较小的内行星。地球的另一个屏障便是地球特有的空气外壳。一般进入地球大气层的小陨石，在大气层中便会因摩擦而燃烧殆尽，不会给地球带来多大的危害。

然而，较大的近地小行星却相当危险，是可能造成天地大冲撞的罪魁祸首。截至1997年5月，科学家们已发现近地小行星413颗。不过，它们与地球发生大冲撞的几率还是很小的。一般来说，直径在10米以上、1000米以下的小行星会对地球构成一定的威胁。更大的危险则来自直径1000米及1000米以上的1000颗～2000颗中等大小的近地小行星。这样的小行星与地球相撞的几率为30万年一次。

对地球威胁最大的是直径10千米左右的近地小行星。这样的小行星大约有10颗，与地球相撞的几率为1亿年一次。最近的一次是6500万年前引起恐龙灭绝的那次天地大冲撞。

不过，即便是不幸遇上了天地大冲撞，现代高科技也有了对付的办法。比如，科学家们设想，可以向来犯的小天体发射中子弹，使其改变运行轨道，从而避免天地大冲撞。人类对于地球遭遇天地大冲撞的可能性不能置之不理，世界各国相互合作建立了对近地小行星的观测与预报系统，使人类有可能预先准备好采取紧急措施。

因之，人们不必对天地大冲撞的后果过于忧虑，惶惶不可终日。因为，不仅天地大冲撞的几率很小，而且现代人类也有了对付的办法。

③ 量子宇宙与时空隧道

除了科幻小说，媒体常常报道一些耸人听闻的时空隧道故事。1990年，媒体报道了一架失踪多年的飞机重新出现的惊人消息。这架飞机是泛美航空公司的914班机，1955年7月2日从纽约起飞，以后便下落不明。它飞行了35年，于1990年7月2日在南美洲委内瑞拉的卡拉加机场降落。据称，飞机上的飞行员和乘客，都觉得只飞行了几小时，美国警方和科学家仔细地检查了他们的身份证和身体，认为这不是闹剧，而是事实。

1993年3月8日，美国《太阳报》报道了欧洲一只科学考察船发现了80年前触礁沉没的"泰坦尼克"号船长史密斯。这只船于1991年8月9日，在冰岛西南387千米处，发现一座冰山上坐着一位60多岁的老者，穿着本世纪初的船长制服，正在指挥营救"泰坦尼克"号。这位自称是史密斯船长的人，后经英国海事机构的指纹、图、海事记录对证等多项验证，居然证明此史密斯正是彼史密斯，已有140多岁。欧美的海事机构认为，史密斯船长属于穿越时空隧道，再现的失踪人。

这些有鼻子有眼的故事是那么令人难以置信，以至不少科学家认为这是有人为哗众取宠而编撰的愚人节故事。史密斯船长的故事漏洞最多。这一只科学考察船只找到史密斯船长，其他船员和乘客呢？泰坦尼克号呢？如果在泰坦尼克号沉没时，史密斯船长进了时空隧道，其他船员、乘客、泰坦尼克号没有理由不能同时进入时空隧道。但另一些学者则认为，在宇宙中存在着许多一般人用眼睛看不到，然而却客观存在的时空隧道，历史上神秘失踪的人、船、飞机等，实际上是进入了一个神秘的时空隧道，到达了另一个空间。

这个空间是什么？按照爱因斯坦的相对论，这个空间便是由长、宽、高和时间四个坐标组成的四维空间。人们在三维空间里，可以前、后、左、右、上、下作六面运动，时间缓慢地匀速地向前流淌，一去不复返。而在四维空间里，物体的运动速度愈快，则时间走得越慢。运动速度达到光速，时间就会停止；运动速度超过光速，时间就会倒流。后来爱因斯坦的这些理论经过许多实验验证，特别是高度精密地测量雷达波在太阳引力场中往返传播的实验，发现传播时间上有延迟，从而得到不同程度的证据。

由于四维空间的坐标多了时间一维，时空便成了一个可弯曲的连续体。这个弯曲体，也许在某个地方出现一个时空隧道，使时间走捷径，从而使人们可以在过去和未来时空中自由穿梭。

然而，按照爱因斯坦的理论，光速为恒定的，每秒约三十万千米，任何物体的速度都不能超过光速。那么，时间就不可能倒流。运动速度等于零或小于零也几乎是不可能的，于是，运动速度的快慢只能决定时间流淌的速度，并不能走在时间前面。而且，在宇宙范围内寻找时空隧道，一点线索都没有。于是，穿越时空的旅行，也就成为只在科幻小说里才有的事，并渐渐使人们失去了对这一类科幻小说的兴趣。

在四维空间中找不到时空隧道，科学家们把眼光转向五维空间。四维空间是从物质的宏观世界中研究宇宙的，五维空间则是从物质的微观世界中研究宇宙的。理论物理学家推导，宇宙是由十一维空间构成的，但除了四维空间有点眉目以外，其他几维空间则谁也不知道是怎么回事。

20世纪末，科学家们在探索五维空间的进程中看到了曙光。他们发现，在物质的微观世界里，可能隐藏着五维空间中的一个坐标：量子。即五维空间由长、宽、高、时间和量子构成，可称为量子宇宙。

科学家们已发现了原子内部的深层次结构，证明任何物质的原子都是由六种轻子和六种夸克组成的。物质还可无限下分，因此，一个原子向深层次剥开，便形成了一个小宇宙。在这个小宇宙里，起核心作用的便是量子。量子是粒子的能量度量单元，以光速运动，物质世界中的引力场、电磁场中，都有自己的量子，称为场量子，比如，光子便是电磁场的量子。

科学家们预言，在量子宇宙中有一种"虫孔"。这种"虫孔"很小，是一种超微"虫孔"，比原子小得多，比量子也小得多，是10的负32次方（10^{-32}）厘米，就是说，它的直径以厘米度量，在小数点后还要加32个零，一个常人难以想象小得可怜的天文数字。这种"虫孔"，可以连接不同的时空，如果把信号、物体，甚至人送进去，便能跨越时空，在过去和未来自由遨游。

然而，要打开"虫孔"，必须要有足够的能量。关于反物质的研究给人们打开"虫孔"，实现时空旅行带来希望。科学家们认为，宇宙由等量的物质和反物质构成，在宇宙中可能存在一个由反物质构成的世界。物质和反物质相遇，可以引起剧烈爆炸而湮灭，产生光子。科学家们陆续发现了反质子、反中子、反电子（正电子），并于1965年用反质子和反中子结合生成反氘和反氦。科学家们企图用蕴藏在反物质中的"负面能源"来打开"虫孔"，实现时空旅行。

科学家们认为，宇宙中有不同的时空体系，遵循着不同的时间运行法则。我们现在处在第一时空里，叫三维时空，时间一去不复返，不能倒流。爱因斯坦描述的是第二时空——相对时空，四维的时空。目前科学家们研究的是第三时空——量子时空，五维的时空。还有第四时空——负时空，反物质和"负面能源"构成的时空，也许科学家们孜孜以求的其他多维时空就在其间？科学家们确信，在量子世界里，"虫孔"——时空隧道无处不在，只要能运用负面能源，发动载人时光机器，射入"虫孔"，就可将人送入未来或过去，实现时空旅行。

科学家们现在不再把载人时空旅行看作痴人做梦，而是承认其理论上是可行的。但是，他们也指出，要实现时空旅行难度也是很大的。首先，要搜集到能够制造出像地球产生的总能量那么多的"负面能源"，就目前的技术而论还是难以想象的。然而，科学家们认为，即使载人时光机器还在理论阶段，但发送信息的技术却很成熟。可以将信息浓缩成小于量子的"空无"，借某种力量进入"虫孔"，率先实现时空旅行，让人类在互联网的虚拟世界里到宇宙的各个时空、过去和未来去玩一玩。

美国物理学家福特和罗曼在2000年1月号《科学的美国人》上撰文宣传时空旅行，说"大自然毫无疑问还有更多让人惊讶的东西"，鼓励人们去进行时空探索。

④ 人类进军深空

当第一颗人造卫星升空不久，人类就开始了向外星球的进军。四十多年来，各类人造探测器不仅为人类登月开辟了道路，而且已遍访了太阳系中的太阳和各大行星。有的探测器带着地球人的期待，历经二十多年的漫漫征途，正向着遥远的星空迈进。在将来，人类将以月球、火星为跳板，飞出地球和太阳系，漫步于广袤的星空，自由穿梭于星际之间，尽情欣赏那美妙的宇宙景色，感受那神秘星空带给我们的壮观与震撼。

浩瀚的宇宙无边无际，神秘莫测。古时候人们在遥望夜空的繁星时，总是认为地球是宇宙的中心，太阳、月亮和星星环绕地球旋转，而整个宇宙由众神所掌管着。16世纪，哥白尼提出了太阳是宇宙中心的"日心说"。事实上，随着现代天文望远镜和宇宙飞船的一次次太空探险飞行之后，人类对太阳系和宇宙才有了初步认识——太阳周围环绕着包括地球在内的几大行星，组成了太阳系；在银河系中又包含了2000亿个类似太阳的恒星；而在宇宙中，像银河系的星系数也数不清。由此可以想象，我们所居住的地球和我们所在的太阳系，在宇宙中是何等的渺小。

人类对宇宙的探索和研究，具有重要的科学价值和社会效益：一是利用航天技术，可以更加全面地了解认识太阳系的空间环境，以及对地球生态的影响；二是开发太阳系丰富的资源，在月球、火星上建立永久性的空间基地，为向外星球移民创造条件；三是通过对太阳系各行星形成的研究，考察地球形成的历史，探索生命的起源，发现更多的新天体，揭开宇宙演化的奥秘，寻找地球以外的智慧生物，等等。

自第一个月球探测器进入太空三十多年以来，人类已经有计划有步骤地对太阳系的各个天体进行了广泛的考察，获得了许多珍贵的信息和资料，为人类了解和认识太阳系奠定了基础。

深空探测首先是从飞往月球开始的，然后挣脱地球的引力，向地球的近邻金星和火星进发。最初，人类发射的空间探测器只是小心翼翼地远距离地掠过这些天体，在轨道上对它们进行窥视，随后便大胆地采用硬着陆和软着陆的方式对月球、金星、火星、水星、木星、土星、天王星、海王星、冥王星、哈雷彗星以及许多小行星、卫星进行了近距离的和实地的考察，获得了丰硕成果，如神秘面纱包裹着的金星、火星上的"人工运河"及生命存在之谜；土星的奇异光环和卫星家族；最大的木星及其极光等等，通过人类所派出的"天使"的探测，大都陆续有了答案。

特别是 1973 年 4 月发射的"先驱者 11 号"和 1977 年 8 月发射的"旅行者 2 号"探测器，经过了二十多年的漫长征途，在完成了探寻众多行星的任务之后，已经飞到了太阳系的边缘。它们将肩负人类所赋予的神圣使命，带着地球人的信息，义无反顾地奔向茫茫的宇宙深空。

5　人类开发月球

月球是地球的天然卫星，相距地球约三十八万千米，是离地球最近的天体，理所当然是人类进行空间探测的首选目标。从 1959 年开始，苏联和美国就开始发射探测器对月球进行探测，迄今已陆续发射了八十多个月球探测器和载人登月飞船。

对月球探测的方式主要有：一是飞近月球或在其表面硬着陆，在短暂的时间里对月球进行探测和拍照；二是环绕月球飞行，可较长时间地对月球进行较全面地探测；三是在月球表面软着陆，可拍摄到局部地区清晰的照片，并可对月球表面土壤进行分析；四是载人或不载人航天器在月球表面软着陆后，取得岩石、土壤等样品后再返回地球进行分析。

1959 年 1 月，苏联首次发射"月球号"探测器对月球进行探测。随后，苏联和美国陆续发射了"月球"、"徘徊者"、"月球轨道器"等系列月球探测器几十个，进行绕月球飞行，为"阿波罗"飞船观察和拍摄着陆点。

1969 年 7 月 16 日，3 名美国航天员乘坐"阿波罗 11 号"宇宙飞船，从肯尼迪航天中心出发，于 7 月 21 日抵达月球。借助登月船和月面自动车，在月球表面缓缓着陆，阿姆斯特朗迈出了人类登上月球的第一步，成为第一个登上月球的地球人，实

现了人类登月的梦想。

此后，相继有 6 艘"阿波罗号"飞船飞临月球，12 名航天员登上月球，共在月球表面停留了 300 多个小时。他们在月球上实地进行了一系列科学实验和勘察工作，并带回了月球土壤、岩石标本 440 千克。同时，美国和苏联等国还发射了"先驱者"、"月球"等 7 个系列 80 多个无人月球探测器，对月球进行了更全面的探测和勘察。勘察表明，月球具有丰富的物质资源，月球岩石中含有地壳里的全部元素和 60 种矿藏，同时还含有在地球上没有的能源氦－3。

尤其可喜的是 1998 年 1 月 6 日升空的美国"月球勘探者号"探测器，对月球进行了全面的勘察，证实月球两极存在大量的水冰，其储量约一百亿吨。由此大大激发了世界各国对月球探测和开发的兴趣。人类在月球上落户，建立月球基地已不是太遥远的事了。

在月球建造基地，开发月球资源，为人类造福，已成为航天活动的热点话题。

美国已经提出今后 20 年花费数百亿美元，在月球建立一个供航天员工作生活基地的计划。该计划是以空间站为基础，航天飞机需进行 12 次月球飞行，才能完成。

第一次飞行是把不载人的月球车送上月球；第二次是把一个不载人的登月舱送入月球轨道；第三次是把 4 名航天员送上月球，航天员在月球上停留一个月，在考察确定月球基地的任务后返回地球；第四次把相关的设备、生活舱、飞行舱等送上月球轨道和月球；第五次把一个备用的登月舱送入月球轨道；第六次、第七次把 7 名航天员送上月球，开始在月球表面组装月球基地；第八次、第九次把科学考察人员送上月球；最后三次飞行，则将轮换的

航天员和设备送上月球，完成相关试验后返回地球。月球基地的建立，将为进一步开发月球铺平道路。

人类登上月球，开发和建设月球，一个重要原因是因为月球还保持着原始的状态，对月球进行研究有助于了解地球的历史。月球是一个真空世界，没有大气辐射，也没有尘埃污染，没有无线电波干扰，在月球表面建立天文台能大大提高天文观测能力。月球表面直接承受太阳的辐射，而且没有磁场，没有振动，是进行物理学实验和生命科学实验的理想场所。同时，月球上蕴藏着丰富的资源，可充分开发，为人类所用。

据科学家预测，未来10年～15年，人类将研制生产出价廉物美的月球运输系统。人类可以利用核动力火箭和月球上生产的液氧作燃料，作一次地球到月球的往返飞行只需24小时。

月球是地球通往浩瀚宇宙的"空中跳板"，通过月球基地，人类可以对火星等更遥远的星球进行探索和研究。

⑥ 人类远征火星

火星，作为地球的邻居，是太阳系中与地球最相似的一颗行星，也是人类重点探测的星球。长久以来，人类一直推测火星上可能存在着生命，这无疑更增加了人类探索火星的兴趣。

乘坐飞船从地球出发，至少需要几个月的时间才能抵达火星，一次往返需要约一两年的时间，目前的航天技术还无法将

人送到这么远的地方。尽管人类现在还不能登上火星，但人类对火星的探测却已经进行了四十多年。

1962年11月1日，苏联发射了"火星1号"探测器，拉开了探测火星的序幕。美国也相继发射了"水手"、"海盗"等系列探测器对火星进行探测。

1971年12月2日，苏联"火星3号"探测器首次在火星着陆。1976年7月20日和9月3日，美国的"海盗1号"、"海盗2号"火星探测器相继在火星上登陆成功。1996年，美国发射了"火星探路者"探测器，并于1997年7月4日在火星成功登陆，进行了一个多月的勘测，使人类对火星的探测进入了一个崭新的阶段。

日本已于1998年7月4日成功发射了"希望号"火星探测器，由此而成为世界上第三个发射火星探测器的国家。

到1999年底，美、俄（含苏联）等国共发射了"火星"、"火卫"、"海盗"等系列火星探测器二十多个，对火星进行了勘察，并发回了大量的图片及土壤试验数据。初步勘察的结果表明火星上存在生命的可能性很小，但还需作进一步的探测。

据美国航天中心1998年12月6日有关火星的报告说：在火星北极发现有大量冰盖存在，它的含水量可能达到格陵兰岛的一半。这自然又是一个十分振奋人心的喜讯。

为此，美、俄等国已实施下一步宏伟的火星探测计划——2005年发射由轨道器、着陆器和漫游车组成的火星探测器，从火星上采集土壤和岩石返回地球。

当然，最振奋人心的要算是美国的"火星参考计划"——美国准备在21世纪的前20年，对火星作载人探索发射，实地考察火星。

"火星参考计划"将于2014年"火星大冲撞"时（即太阳、地球、火星位于同一条经线上的时候）开始启动。计划由3次发射来完成。

首先发射一个绕火星运行的"返航火箭"，它装有充足的燃料，在环绕火星的轨道上运行近4年的时间，以供

第一批登上火星的航天员返回地球时使用。紧接着，再将一个装载物品的货舱登陆器发送到火星表面。该登陆器里装有能源供应系统、生产燃料系统以及航天员在火星上的居室、漫游车和其他探测设备，还有一个不带燃料的"攀升飞行器"，它将从火星升空后与泊留在绕火星轨道上的"返航火箭"会合。

当火星货舱登陆器在火星上着陆后，内部设备便开始运转，如生产"攀升飞行器"用的推进剂和漫游车用的燃料、空气和水等。生产过程中所需的原料，大多取之于火星的大气。与此同时，在火星表面建立起航天员生活工作所用的充气式居室。

如果这一切进展顺利，则在 2014 年，即下一次的"火星大冲撞"发生时，6 名航天员又将乘另一个登陆器飞往火星，经过 6 个月的长途飞行后，抵达火星表面，开始他们长达 500 天的火星生活。

可以想象，在火星上的生活是非常艰苦而充满刺激的。航天员既要防止太空辐射，战胜疾病，又要自己解决漫长的生活中所需的水、氧和食物等问题，还要进行一系列的科学考察活动，详细研究这颗红色星球的地质情况。

火星生活结束后，航天员将乘"攀升飞行器"离开火星，与火星轨道上的"返航火箭"会合，然后乘"返航火箭"返回地球。

虽然"火星参考计划"难度极大，但科学家们投入了很高的热情，并进行了一系列研究的准备工作。我们相信，人类登上火星的日子不会太遥远了。

在对火星进行探测的同时，美俄（含苏联）两国发射的"金星"、"先驱者"等系列探测器，还对金星、木星、土星、天王星、海王星等行星进行了探测。有的探测器已飞临太阳系的边缘，踏上了探索茫茫宇宙的遥远征程，一去不再复返。

⑦ 人类探索地球外的生命

除了我们生存的地球之外，其他星球上是否还有生命或文明生物存在？为了探测地球以外的天体上存在生命的可能性，人类已进行了数十年的努力和探索。应当说，在浩瀚的宇宙中，任何天体只要具备了生命所必需的条件，就可能产生原始形态的生命，并逐渐进化为高级形态的生命，出现智慧生命和文明。因此，对地球外生命的探索一般分为探索地球外的普通生命、探索地球外的智慧生命和探索地球外的文明。

长久以来人类主要采取"听"和"发"两种探测方式，对地球外智慧生物进行探测。

"听"，就是监听接收地球之外传来的无线电波。

自 20 世纪 50 年代以来，美国、日本、俄国（含苏联）、英国等国家，已先后建立了几十个监听站，用于接收和监听是否有外星人发来的无线电信号。科学家们用能收听 2.5 亿个无线电波道的装备，选择了宇宙中 1000 光年内的近千颗星球进行无线电信号监听和筛选，以期望能截获宇宙中的无线电波。

"发"，就是人类主动向地球外拍发电报。

1974 年 11 月 16 日下午 1 时半，科学家们从坐落在波多黎各的阿雷西博天文台，向距地球 2.4 万光年的武仙座的一个集中有几十万颗恒星的球状星团，发出了一份经过精心设计和构思的电报，介绍了地球和地球上人类的信息。

这封电报已发出 20 多年了，它以每秒 30 万千米的速度不停地向宇宙深处传送着。若真有外星人收到了这封电报并给我们回电，那也是 48 万年后的事了！

还有就是直接向太空发送地球人类的"名片"。

为了实现对地球外文明的直接探测，把地球人的信息和人造实物直接介绍给外星人，1972 年 3 月和 1973 年 4 月，美国先后发射了"先驱者 10 号"和"先驱者 11 号"探测器，飞向宇宙深空，向天外朋友传递人类的"名片"。

"名片"是一块镀金铝质金属牌。"名片"上的辐射线代表 14 颗脉冲星，下边表示太阳系由太阳和几大行星组成；右边是"先驱者"探测器简图和成比例的男、女地球人，男人举起右手表示地球人向外星人致意；行星间的曲线表示探测器的轨道，它的出发地是太阳系的第三颗行星——地球。"名片"在太空中可以经历数亿年仍能清晰可辨，以希望在漫长的飞行过程中能与外星人相遇。

1977 年 8 月和 9 月，美国又发射了"旅行者 1 号"和"旅行者 2 号"两个探测

新世纪
老年
百科全书

器，向外星人传达地球人类的信息。

　　飞船上有一个特制的铝盒，盒盖上刻着用科学语言表达的使用说明，里面放有一枚金刚石唱针和一张可以保存10亿年的铜制镀金唱片。唱片的一面录制了116张反映地球风貌和地球人生活的照片，其中有中国的万里长城和中国人全家聚餐的照片；另一面录制了60种不同语言的问候语、35种自然界的声响和27首名曲，这其中包括中国的普通话、广东话及名曲"高山流水"等。

　　如此丰富的"地球之声"和图片，足以向太空智慧生物反映出地球和地球人的情况。

　　事实上，在茫茫宇宙中，要让外星人能收到和"捕获"这些信息，可能性极小，然而地球人却始终没有放弃这一线希望。数十年来，人类一直在努力向太空传递着地球的文明信息，同时又在不停地采用各种方法和途径探寻地球以外文明的信息。也许在未来的某一天，地球人真能在浩瀚宇宙中的另一个星球上寻觅到另一块迷人的生命绿洲。

8　太空移民

　　众所周知，地球上的资源和能源都是有限的，而地球上的人口却是在不断地增长。当地球的各种资源日趋枯竭的时候，人们便把目光投向了广袤无垠的宇宙。宇宙深邃，太空缥缈，令人神往。古今中外，人世间多少神话故事、科学幻想，期望有一天人类能"上九天揽月"，移居到那美妙的"天上人间"。自1957年苏联发射第一颗人造卫星以来，人类先后向太空成功发射了各种卫星、飞船探测器，并顺利地登上了月球。人类正试探着要把自己的活动领域扩展到太空去，移民太空，在那里建电站、建工厂、建农场，建未来的太空城市，建设人类美好的太空乐园。

　　我们知道，太空城市不是随便建在太空中就行的。科学家通过多年来近地卫星的研究表明，即便是非常稀薄的空气都会使它慢慢减速，最后坠落；所以，远离地球数万千米的同步卫星也只有一二十年的寿命。因此，为了保证太空城市能够长时间地存在于太空中，它必须建在远离地球

的地方。但太远了它又会飞离地球。怎么办呢？经过科学家的计算，在太空中离地球约38.4万千米远的区域，有一些特殊的点，在这些点上太阳、地球、月球的引力相互平衡。物体位于这些点上就不会轻易离开自己的位置。因此，科学家便提出把太空城市建在太空中这些特殊的点上。

　　建太空城的地方有了，但太空城市又该是个什么样子呢？许多科学家提出了自己的设想。其中，美国科学家奥尼尔1975年设计出了一种名为"宇宙岛"的简单易行的太空城方案。

　　这个"宇宙岛"外形像一个车轮子，直径约500米，它以一定的速度旋转，以产生模仿地球引力的"人造重力"。人在

"岛"内不会四处飘浮，感觉像在地球上一样，同样可以头顶蓝天，脚踏实"地"。"岛"的外壁有一层厚约2米的粗糙的外壳，可以抵挡宇宙中外来物的撞击。"岛"内建有太空工厂、太空农场，有住宅、商店、医院、学校、餐厅、娱乐场所等设施，可以容纳上万人，是一个封闭的自给自足的人造生态系统。

　　还有一种设计是大型的圆筒形空间城。城市建在一个直径为6.5千米、长32千米的大圆筒内。圆筒绕竖直轴自转，以产生人工重力。它同样能容纳上万居民。

　　"空间城"中有人造陆地、湖泊、河流，还有大片森林、公园，光照充足，气候宜人，并可人工控制昼夜和季节变化，真可算得上是理想中的世外桃源，天上人间。

　　人们设想中的太空城真可谓千姿百态、各具特色。可上千万吨的庞然大物怎样才

能建造在如此遥远的太空呢？显然，现有的任何火箭都无法将太空城整体发射上天。因此，建造太空城必须要有特殊的交通运输工具，才能解决物资设备和人员的运输问题。

现有的航天飞机能自由往返于地球和太空，它经过改进完善后，才能担负起如此艰巨而遥远的飞行任务。建造一座太空城，需要航天飞机无数次的往返飞行，将一个个太空舱和所需的设备、人员、机器人等送上太空，先在太空中装配成中型的宇宙站，然后以宇宙站作为立脚点，再建造太空城市，进行太空移民。

建造太空城，进行太空移民是一项非常庞大的系统工程，目前有关国家正在进行相关的试验。随着航天技术的飞速发展，太空城市的设想，或许在 21 世纪就将成为现实。人类的优秀子孙将飞离地球摇篮，去太空建造人类的第二故乡，他们是太空城市的建设者，也是第一批太空移民。

也许，在将来的某一天，你也能成为太空城市的一位居民。

⑨ 太空探测器

宇宙航行是当今人类最远大、最美好的理想。

我国著名科学家钱学森指出：宇宙航行分为两个阶段：第一阶段为航天，即冲出地球大气层，在太阳系的广阔空间内活动；第二阶段为宇航，即冲出太阳系，到银河系和河外星系更加广阔的宇宙空间活动。

人类的航天时代，如果以 1957 年苏联发射第一颗人造卫星算起，已有五十多年的历史。这期间，人类挣脱了地球的引力，飞出了地球村，登上了月球。可人类总嫌飞天的步伐太慢，总以焦急的心情盼望着——何时才能飞出太阳系，进入宇航时代？

20 世纪 70 年代人类放飞的太空天使"先驱者"和"旅行者"两个探测器，到目前已飞行了二三十年，跋涉里程达 60 亿千米，已飞越了最远的冥王星的轨道，但它是否已飞出了太阳系呢？

其实，太阳系的边界十分宽阔，如果以太阳风影响所及的范围来计算，半径可达 75 亿～135 亿千米；如果以太阳的引力所及的范围计算，半径可达 150 亿千米。

由此可见，上述的飞行探测器到太阳系的边界还差得很远。

从宇宙的尺度来说，太阳系只是沧海一粟，跨越一条小河沟容易，要跨越大洋，就必须要具备足够的条件。就目前人类对宇宙的了解认识和所具有的航天技术，对星际航行来讲是远远不够的，还远远不能适应飞出太阳系的要求。

美国航天科学家在《开拓天疆》一书中，提出了从 1985 年到 2035 年世界航天技术的 12 项发展设想，它们是：永久性空间站开始运行；往返于地球与低轨道之间的、费用较低的货运客运飞船开始运行；研制能成功将货物和人员从低地球轨道转运到内太阳系中任何目的地的积木式转运飞船；低地球轨道航天港建成；月球前哨站和在月面上的火箭推进剂生产厂开始试运行；执行飞往外太阳系行星任务的高能核发电飞船开始运行；首次从月球运出屏蔽辐射的物质；在月球轨道上建立航天港，保障人类在月球上的作业规模的扩大；地球火星间的运输系统开始运行，火星的先驱机器人执行考察任务，巡天飞船首航，开辟地球轨道与火星轨道之间连续客运的道路；航天员从火卫一、火卫二和火星的前哨站出发，对火星进行考察和勘察活动；建成第一个火星资源开发基地，提供氧、水、食物、结构材料和火箭推进剂。

由此可见，目前及今后的数十年内，人类主要是重点开展太阳系内的航天活动，并努力取得一些突破性的研究成果。

至于飞出太阳系的航空器，眼下它还只是一张白纸，任凭人们去设计、去幻想。

目前人们的设想之一，是必须开发质量小、作用时间长和高能的空间动力能源，如电能火箭、激光火箭、核能火箭以及微波动力飞船、激光动力飞船、反物质推进星际飞船等等。还必须大大提高宇宙飞船速度，以每秒几百千米、几千千米、几万千米、十几万千米，甚至以接近光速的速度飞行。这样，人类才有可能在有生之年内飞出太阳系，去别的恒星系、银河系或更遥远的河外星系进行星际航行。

何时能飞出太阳系，取决于我们地球人类科学技术的发展水平。努力吧，也许在几十年、上百年后，人类向往星际航行的梦想就会成为现实。

飞天之路崎岖而又漫长，但我们相信

星河并不遥远！

（董仁成　李建云）

高新技术

❶ 纳米和原子技术

有人说："假若给我一根足够短的杠杆，我就能够移动单个原子。"纳米和原子技术就是科学家找到的"一根足够短的杠杆"。

纳米是什么？纳米其实是一个度量单位，1 纳米等于十亿分之一米，或 10 埃。但现代高科技赋予纳米技术的含义又不仅仅是度量单位。纳米技术是研究物质在 0.1 纳米～100 纳米，即 1 埃到 1000 埃之间的世界里的一门高新技术。

在纳米那么小的世界里，我们会看到什么呢？单个的原子，氢原子的直径在 1 埃左右，碳 60 的原子直径为 7 埃；细菌的鞭毛、大肠杆菌的鞭毛直径约 30 纳米，厚度约 50 纳米……

在纳米那么小的世界里，物质会出现哪些质的飞跃呢？物质到了纳米级后，物理、化学性质便会发生根本性的变化，如导电性能良好的铜在纳米级就不导电了，而绝缘的二氧化硅在纳米级就开始导电了；金的熔点通常为 1064℃，而 2 纳米细的金粉熔点降到 330℃左右；二氧化硅陶瓷在通常情况下是很脆的，但当二氧化硅陶瓷颗粒缩小到纳米级时，脆性的陶瓷竟然具有了韧性。

物质在纳米世界里的神奇变化使科学家们产生了很大兴趣，决心要利用纳米世界的物质来为人类服务。首先，他们想到了制造纳米材料。如果设法使物质细化到纳米级，那么制造出来的纳米材料则性质特殊，用途广泛。科学家们将纳米材料加入飞机中，用以吸收雷达波，于是，隐形飞机问世了。将镍或铜锌化合物加工成纳米颗粒，可以代替昂贵的铂或钯作催化剂。在高分子塑料材料中加入纳米材料制成的刀具，比钻石刀具还硬。将电脑芯片和光盘，加工成纳米级，其运算速度和记录密度高于常态的各个数量级。

更具有意义的是，纳米技术是在扫描隧道显微镜发明后出现的。随着扫描隧道显微镜的面世，人们能够直接观察到原子。借助扫描隧道显微镜，能在纳米级借助原子探针进行单个原子操作。1990 年，美国阿尔马登研究所率先利用扫描隧道显微镜的探针，让探针携带氙原子移到指定地方放下，拼成了用 35 个氙原子排成的三个字母：IBM，首开人类操作原子的先河。

人能够自由地操作原子了，这可是件了不得的大事。我们知道，人类所在的地球乃至整个宇宙，只不过是一百多种原子的不同组合而已。人能够像"上帝造物"一样，自由组合各种原子，能够创造出何等样的奇迹，穷尽你的想象也不会过分。

我们能够用原子探针将原子按人类的愿望重新排列组合，创造出大自然中不存在的新物质；把沙子的原子重新排列，加入一点磷，可以制成电脑的微处理器；操纵水、空气和尘埃的原子，可制造土豆和牛排；操纵原子或植入新原子，制造出新的智能生物，或把人类自身变成"超人"……

纳米技术和相关的原子技术，正在创造奇迹。1991 年，美国阿尔马登研究所在操作氙原子的基础上，于 1991 年开发出第一个原子开关元件。日本日立中央研究所也开发出能够控制单个电子移动的"单个电子晶体管"。利用原子开关和电子开关来储存信息，像现在磁盘大小的存储器，便足以把全人类迄今为止所积累的全部知识都放进去。

1993 年，日本开始执行耗资 250 亿日元的"原子技术"计划，研究极限电子元件，开发用"原子摄子"对一个个原子和分子进行观察和加工的技术。目前，日本已开发出 10 纳米大小的存储信息的点，记录信息的密度比常法高出 3000 倍。日本成功研制出的光子扫描隧道显微镜，是一种能自动摆弄原子的高效"原子摄子"。

"原子技术"计划完成以后，人便能像"上帝"一样，随意造物了。这为造福人类增加了一个高技术手段，也为人类制造出了一个可能毁灭自身的超级炸弹。有人把纳米技术及相关的原子技术视为能毁灭人类的三大技术之一。但是，我们相信，人类有力量控制各种高新技术，使之向有利于人类生存和发展的方向发展。

② 智慧电脑的福与祸

近年来随着计算机科学技术的发展，电脑已能进行每秒上万亿次的计算，在模拟火箭发射、火山爆发、核爆炸等科学研究方面也有出色的表现。就这点来说，计算机已经超过了人类的大脑。然而，电脑在模拟人的情感和智能方面却无能为力。

当前所谓的智能机器人，虽然能动、能与人对话、会哭、会笑，但都是假哭、假笑，并非人类真实情感的表露，它们只不过是一种高档一些的玩具娃娃而已。

目前，人类已投入了不少人力、财力，正在克服各种困难，力图通过电脑来模拟人的大脑，研制有生命、有情感、智力超群的智慧电脑。最新的进展是模拟动物和人的神经网络研制的神经计算机已经取得了一些进展，一台由水蛭的神经元构成的生物电脑已研制成功。这台生物电脑能自己思考，具有智慧电脑的一些特征。所以，智慧电脑的出现，只是迟早问题，并不像许多人设想的那样：人脑与电脑间有不可逾越的障碍、智慧电脑永远不可能取得成功。

不过，人们对智慧电脑出现后带来的祸福表示关注，却是值得重视的。由于智慧电脑接受的信息量和精度均比人脑大，运算速度又快，高级智能电脑的智慧很可能高于人类。人类可以将一切事都交给智慧电脑去办，自己则去尽情地享受生活，这固然很妙。但是，你有没有想过，高于人类智慧的智慧电脑，必然是有血有肉、有生命的一种高级智慧生物，它能甘心永远作人类的奴隶吗？科幻电影中电脑人起义，反过来控制人类的故事到那时也许会变成残酷的现实。到那时，具有比人类更高智慧的智慧电脑必然会成为人类的主人，人类将沦为智慧电脑的奴隶，甚至盘中餐，正如人类将猪、羊宰杀变成美味佳肴一样。也许智慧电脑中具有良知者会发出保护人类的呼唤，或将人类当成宠物饲养，正如我们在呼吁保护动物，将猫、狗等当宠物一样。

想想这种并非不可能出现的场景，便会使人不寒而栗。也许，智慧电脑便是人类的终极产品，是人类自己造出来毁灭自己的武器。这比人类制造来屠杀自己的核武器、生化武器还要恐怖得多。人类到底该不该研究智慧电脑，已在各国引起了热烈的争论。

幸运的是，就目前的研究进展而言，智慧电脑的出现还是很遥远的事，今天的人类大可不必"杞人忧天"。

③ 穷国的核武器

随着现代生物技术的飞速发展，一种比人类历史上任何一种武器都令人恐怖的现代生物武器出现了，这种武器就是基因武器。

基因武器有什么可怕之处呢？原来，可利用基因工程技术大规模地生产毒素。据说某国曾研究将剧毒的眼镜蛇的毒素基因与流感病毒的基因拼接，企图培养出能分泌眼镜蛇毒素的流感病毒。这种基因武器可以轻而易举地毁灭人类。只要你感染了流感病毒，立即就会被这种病毒分泌的眼镜蛇毒素杀死。

还有人设想将破坏人的生殖系统的毒素基因植入大肠杆菌，让大肠杆菌来生产这种毒素，并让这种大肠杆菌通过大气撒遍全球。人类在不知不觉中遭灭种之祸，那将是一种怎样的惨状！

不少国家目前正在研究具有种族特异性的基因。如果这些研究成果应用于基因武器的研制，后果也不堪设想。将专门针对种族特异性基因的基因组引入大肠杆菌，让大肠杆菌生产针对某一种族的基因武器，种族主义者将会利用这种武器消灭敌对种族。当年希特勒法西斯主义者没办到的事，会轻而易举地实现。这可不得了！

由于基因武器的生产成本很低，生产设施简单，经济实力不强的国家均能生产，而且很隐蔽难于发现，因此被誉为"穷国的核武器"。这种武器很多国家都可以生产，容易失控，对全球造成极大的危害。

面对这种可怕的武器，全地球村的人要团结一致，要千方百计地阻止基因武器危害人类。

新世纪

老年

百科全书

4 高科技与间谍

高科技的最新成果，几乎每个国家都会优先用到国防上，与国防紧密相关的谍报部门自然不会例外。第二次世界大战结束以后，随着以美、苏两个超级大国对峙为核心的冷战日益激烈，各主要国家均在谍报机构中设立了专业的高科技机构，以提高自身在间谍战中的实力。高科技成果被运用到谍报工作中之后，谍报工作已实现了战略性的转变。传统的派出间谍进入敌区或打入敌人内部进行侦察，或抓"舌头"来获取口供，转变为广泛应用高性能的无线电台侦收窃听、间谍卫星俯视全球、互联网搜索等，从而进入了几乎能监视人类一切动向的高科技间谍时代。

著名的苏联"克格勃"设有通信局，它借助间谍卫星、有电子装备的"拖网船"等高科技手段，辅以林立于世界各国的苏联使馆屋顶的天线，监听和破译外国的密码通信。1986年，苏联一名间谍叛逃西方。可以说，他的全身用高科技设施武装到了牙齿。他的手腕上戴着高性能、多功能的手表，手表中有破译高级密码、储存情报和窃听3000米以外别人悄悄话的设施；眼镜上装有超微型激光全息摄影机；西服是抗红外线侦察的伪装服，虽然外形同普通西服一模一样；皮鞋后跟里装有能同卫星直接联系的超小型收发报机，这种收发报机的性能极佳，每秒可接受和发射近千个电码。现在，俄罗斯接受了苏联的这份遗产，装备了更加现代化的通信设备，继续进行用高科技武装起来的谍报工作。

美国的中央情报局在1952年11月成立了美国国家安全局。这个局是个从事极其秘密的电子侦察、密码破译和通信保密的机构。它拥有从事高科技的5万多名专业技术人员，还有陆、海、空三军中从事电子侦察的4.5万人的支援。它拥有一个庞大的电子窃听网，这个电子窃听网使用的装备全是高科技产品，形成了一个从地面到太空的立体网络，使全世界几乎所有的电传、电报、互联网和电话都处于它的监听之下。

以色列著名的情报机构"摩萨德"，也有用高科技武装的专门谍报机构——以色列军事情报局。它拥有无线电导航侦察、大型电子计算机等高科技设施。

此外，英国著名的情报机构英国军情六处、法国海外情报和防谍局、德国联邦情报局等，莫不拥有高科技谍报设施。

各国的间谍活动不仅在地面上进行，还扩展到了太空中。间谍卫星就是各国太空间谍战中最重要的武器。

自1959年第一颗间谍卫星升空以来，卫星侦察已有近40年历史。目前，地球上空有上千颗卫星在执行"间谍"的任务。

间谍卫星可以获取大量的战略情报，如各国核武器分布、试验，各国兵力、军事基地、军事演习、军事调动、海洋舰船活动、军事通信等等。而且，它获取情报的速度快，一颗间谍卫星每天可绕地球飞行16圈。其取得的侦察图片质量也高。美国侦察卫星"发现者"号拍摄的每幅图片，覆盖面积为184平方千米，相当于几十至几百张航空图。由于在200千米上空拍摄，没有大气扰动，清晰度很高。

美国国防部建立的全球卫星定位系统，简称GPS，可以说是现代间谍的代表作。GPS是美国国防部组织美国海、陆、空三军共同研制的，历时20年，耗资100多亿美元，与美国阿波罗登月、航天飞机并列为美国三大高科技航天工程。

GPS由24颗卫星组成，分布在2万千米高的6条轨道上，每条轨道上有4颗卫星，在地球上任何时候、任何一点可以同

时看到4颗卫星。也就是说，地球上任何时候、任何一点的人和物都逃不过它敏锐、精确异常的眼睛。它搭载有30万年误差不超过1秒的原子钟，装有激光制导设施，定位位置的精确度达到10米～15米，必要时可把精度提高到3米。

GPS用途很多，其中一个重要用途便是谍报活动。侦察部队携带GPS接收器，可将发现的敌情予以精确定位，使己方炮火有的放矢。美国曾企图利用GPS除掉国际头号恐怖分子本·拉丹，它通过本·拉丹打手机时发出的信息侦察到本·拉丹精确的藏身地，只因本·拉丹临时转移住地才未实现。

利用GPS的侦察功能和激光制导功能取得成功的例子是海湾战争。美国海军AF攻击机发射的"斯拉姆"空对地导弹，用GPS信号制导，准确命中伊拉克发电厂正面的一堵护墙。2分钟后，第二枚"斯拉姆"导弹精确地从第一枚导弹打穿的护墙的孔中钻进去，进入发电厂内部爆炸。

太空侦察为国际法所容许。因此，只要你有高科技设施，便可堂而皇之地发射间谍卫星，大摇大摆地飞过别国的天空，日夜不停地获取别国的重要情报。这就是所谓"合法"的窃取。这种窃取情报的方式，可谓高明之至。以前要花重金，冒牺牲间谍、引起国际纠纷的风险，才能获取的各种绝密情报，现在通过间谍卫星等高科技设施可以轻而易举地合法获取。

各国政治、军事、外交、经济等有关机密信息，还可通过有关单位的电台发出的电磁波，在地球上空传播，只要有高科技设施，截获这些信息，便是"合法"地获取情报，谁也无法指控你犯了间谍罪。

然而，一物降一物，抗电子侦察的手段应运而生。你侦察，我干扰。你干扰，我反干扰。针对愈演愈烈的间谍战，人们又打起了电子战。

在电子战中，电子干扰飞机起了重要作用。其实，电子干扰飞机同时又是电子侦察飞机。在20世纪80年代，美国对利比亚进行了一次"外科手术式"的打击。美国的电子干扰飞机打头阵，它不仅干扰了目标地区的雷达等设施，使雷达无法完成获取敌方飞机来犯的信息，利比亚各种雷达被打击成了瞎子，飞机还将利比亚的各种电子设施发出的信息传给随后的轰炸机大队，使轰炸机准确地击中目标。由于电子干扰侦察机的功劳，美国轰炸机群顺利地击中所有目标，自己则毫发未损。在这次打击中，趾高气扬的利比亚领导人卡扎菲失去了养女，两个儿子被炸伤，自己也仅因偶然换了居室侥幸逃命，从此不再敢"逞英雄"了。

⑤ "网军"部队

网络空间同各国的领空、领海、领土一样，存在着重大的国家利益。在现代战争中，国家不仅要组织军队保卫领空、领海、领土，还要保卫网络空间不受侵犯。这便有了组织网络军队的需要。

从1995年开始，美国国家安全部门先后作了6次网络战争模拟演习。在模拟演习中，网军部队攻击敌国的网络，使一切陷于瘫痪。为培养网络战略专家，美国国防大学开设了"第一代网络勇士班"。1996年6月25日，美国中央情报局宣布，美军已正式组建网络战中心。这是"网军"的正规部队。

在科索沃战争中，南联盟的爱国者们发动了网络游击战。游击"黑客"对美国、英国及北约的一些网站进行攻击，曾造成白宫和五角大楼的计算机系统被迫停工，英国的气象局处于瘫痪状态，无法为北约的空袭提供需要的气象服务，迫使北约的一些计划被撤销。

然而，毕竟因为游击战缺乏有效的组织，因此，它并未对北约造成多大的威胁。不少国家正在考虑将那些讨厌的"黑客"组织起来，发挥所长，让他们到网军部队去服役，成为网军部队的骨干。

"黑客"本是一群十分讨人厌恶的网络破坏者，他们常常入侵或破坏各种网络系统，闹得世界鸡犬不宁，使许多无辜者受到伤害。"黑客"是世界的破坏者，战争也是以破坏为目的的。在以战争为职业的军

新世纪老年百科全书

事家眼中，"黑客"们正中他们的下怀，是一群素质超群的网军的预备役战士。

"黑客"们曾使各国的军事部门大伤脑筋。英国"天网"系统的四颗军事卫星曾遭"黑客"攻击。这个由电脑专家、密码专家和航空航天技术专家组成的"黑客"团伙，成功地窃取了其中一颗军事卫星的资料，修改了它的程序，使其变成一堆废铁。

"黑客"们还多次攻击美国军事网络系统。据美国官方公布，1994年，美国国防部计算机网络被侵入超过30万次；1995年，被侵入超过25万次，其中65％获得成功。1995年和1996年，一个来自阿根廷的"黑客"侵入美国海军研究室、宇航局和洛斯阿拉莫斯国家实验室的计算机网络。这些计算机网络中有关于飞机设计、雷达技术、卫星工程等敏感研究信息。1996年9月18日，"黑客"侵入美国中央情报局的网络，在网络上骂中央情报局为中央愚蠢局。1996年12月，"黑客"侵入美国空军的网页，吓得美国军方紧急关闭了80多个站点。

"黑客"具有非凡本领，在军方招募网军部队人员时，他们自然做便成为首选对象。

网络战是信息战的一种。只有用高新技术装备网军，才能在网络战中取得胜利。首先，要发展侦察技术，用网络侦察软件装备网军，以利于网军战士从事网上侦察，包括破译密码、窃取资料和反跟踪等。

网军应具备无坚不摧的攻击技术。网军装备有攻击软件，包括能炸瘫敌方网络系统的电子炸弹；能引起敌人网络混乱，在敌人网页上乱涂乱抹的电子画笔；能塞满敌方网络空间的电子炮弹；用于骚扰敌方网络，在敌方网页上东游西窜的电子炸弹，并配备能窃取网上指挥权的"特工"。在美国的"联合勇士"演习中，一个美军"特工"便打入了太平洋舰队司令部的网络，冒充舰队指挥官发号施令，舰队指挥部竟浑然不觉，任舰队在这位年轻中尉的指挥下行动。

网军还要有固若金汤的防御技术。网军装备有抵御敌方攻击的电子盾牌；防止内部泄密的电子闸门；杜绝擅自对外采取行动的电子宪兵；并配备恢复被破坏网络的工兵。这些装备和配备，是一种简单、实用和牢靠的防火墙软件。

（董仁威　李建云）

前沿科技与生活

1 器官银行

人的器官坏了怎么办？在现代，器官移植已成为一种重要的选择。然而，器官移植有两个致命的弱点：一是过敏反应，许多人在肝脏、心脏、肾脏，甚至皮肤的移植中因机体自身剧烈的排异反应而丧了命；二是移植器官的来源，比如，要求换心的心脏病人那么多，到哪里去找同样多意外死亡而事前又表示愿意捐出心脏来的人呢？在美国，每年只有2300颗心脏可用于心脏移植手术，而需要做手术的有五万多人。这意味着每年约有五万人因为没有可供移植的心脏而死去。面对着排队等待换心脏的人长长的队伍，美国政府不得不成立一个专门委员会，来决定该谁先换心脏，谁后换心脏。

于是，科学家们设想，用人自己的细胞，克隆各种器官存起来备用，那个人的什么器官坏了，到器官银行去拿一个来换上便行。由于使用人自身细胞克隆的器官，不会产生过敏反应，器官来源问题也就解决了。

在二三十年前，这种关于器官银行的设想，还只见于科幻小说。随着当代高科技的发展，器官银行的实施已经提到议事日程上来了。2000年5月，美国华盛顿大学宣布，它将动用50名科学家、14个实验室，耗资1000万美元，历时10年，完成在实验室培植人类心脏的计划。培植人类心脏的材料取自病人的细胞。这个被称为"小阿波罗计划"的计划完成后，全世界每年会有成百万心脏病患者获得重生，人类的平均寿命会大幅度地延长。

科学家为实现器官银行的构想已为之奋斗了很多年。美籍华人学者牛满江教授，很早以前就做过克隆心脏和肾脏的实验。他曾经将牛心细胞中的核酸，注射到鸡胚胎中去，结果是十分奇妙的。鸡胚胎中的细胞，居然发育成一团能搏动的宛如心脏的组织。他还用牛肾脏的细胞作了类似的实验，结果鸡胚胎中的细胞发育成一团宛如肾小管的组织。后来，科学家们设法使一只老鼠长出了人的耳朵，当图片公布出来时，这只长的耳朵同身体大小差不多的怪物把全世界吓了一大跳。虽然申斥此举不人道之声不绝于耳，但它却乐坏了一个先天性缺一只耳朵的小女孩的母亲。她愿意将小白鼠身上的人耳移植到她的女儿头上去，使女儿完全变成正常人。

牛满江和其他科学家的实验表明，用人的细胞克隆器官，是完全能够办到的。这是因为从理论上讲，人体任何一个细胞的 DNA 上，都包含有发育成任何一个器官的完整信息。只要有办法启动这些信息，并保证细胞繁殖所需要的营养，便有办法用一个细胞在体外培育出一个器官。

全世界很多实验室在开展克隆人体器官的研究，目前正在实验室中培植的人体器官包括心脏、肝脏、胰腺、乳房、皮肤、骨骼等。其中，由实验室培育的克隆胸骨、克隆血管、克隆皮肤和克隆胎儿的神经组织正在进行人体实验。1998 年，世界第一例克隆胸骨移植到人体的实验取得成功。接受手术的是美国的一个 16 岁的少年，他的名字叫肖恩，是一个出色的棒球手和山地车爱好者。他天生没有胸骨。本来，医生们是准备等他发育完全才给他动手术的。但由于他酷爱运动，没有胸骨使他的每一次运动都成为一次冒险，稍有不慎就可能使缺乏保护的胸腔器官受伤，带来性命之虞。于是，从事人体器官研究的波士顿儿童医院的科学家们，在肖恩 12 岁的时候，从他身上取下一块软骨，在体外利用克隆技术进行培养。几周以后，克隆胸骨培养成功。在得到美国食品和药物管理局的特许以后，医生们将这副克隆胸骨移植到肖恩身上。由于这副克隆胸骨是用肖恩自己身体上的细胞克隆的，避免了器官移植中常危及人生命的可怕的过敏反应，克隆胸骨在肖恩体内生长良好。一年后，肖恩的胸部已与正常人一模一样，而且，克隆胸骨很协调地随着肖恩身体的增长而增长。

随后，美国、瑞士等国家已攻克克隆皮肤的难题，并在临床应用上取得了成功。有一个美国妇女在一次煤气炉意外爆炸中受伤。医生从她身上取下一小块未损坏的皮肤，送到一家生化科技公司培植。一个月后，该公司利用先进的克隆技术，使这一小块皮肤长成一大块皮肤，使患者迅速痊愈。这种手术避免了异体植皮的排斥反应，这种反应往往使一些病人丧生。克隆器官的优越性由此可见一斑。

用人自身的细胞培育备用器官，是一项难度很大的高新技术，很多科学家和工程师在为建立器官培育的技术体系辛勤地工作着。

科学家们设计了多种多样克隆器官的技术体系。一种是直接取出病人的身体细胞，利用克隆技术在实验室里用培养皿培养，此为试管器官。一种方法是培养无头克隆人。这种设想是英国巴思大学教授、发展生物学家乔纳森提出来的。他抑制蝌蚪头部的发育，培育出了无头青蛙胚胎。他准备利用这种技术，培养无头人胚胎。这些无头人，躯干内的器官是完整的，可供人体器官移植用。由于这种无头人没有大脑和中枢神经系统，可以避免许多法律上的约束和伦理上的忧虑。

比较成功的技术体系是器官的"骨架"培育技术。生物工程师先作培育某种器官的设计蓝图，然后，根据设计蓝图，用多孔高分子聚合物搭建三维立体器官"骨架"，把人体细胞种在"骨架"上，让这些细胞在一定的外界条件帮助下繁殖成健全器官的肌肉组织，再配备上血液循环系统。聚合物"骨架"在生长过程中逐渐溶解。于是，一个完全同病人遗传特性一致的人类器官便培育成功了。利用"骨架"培育技术，科学家和工程师们已经成功地培育出皮肤、软骨、角膜、少量神经、指头、乳房和膀胱等，并进行了一些成功的实验。

美国卡罗来纳医学中心的生物工程师哈伯斯塔特，设计和培育了人体乳房组织，希望取代现有的人造假乳房移植术。他从病人乳房上取出脂肪细胞，种在由海绵状的藻酸钠构建的"骨架"上，细胞长成了很有弹性质感的人类乳房。这无疑是那些因乳癌而割掉乳房的妇女的福音。

美国杜克大学的尼克拉森正在攻克培育人体动脉的尖端技术。目前，冠心病人在心肌梗死后，常规手术是在已经堵塞的心血管旁用腿血管进行"搭桥"手术，但术后 5 年之内，会有 1/3 的病人因脉管再次堵塞而死亡。尼克拉森决心用病人的细胞培育出"真正"的人造动脉来，避免"搭桥"手术后的死亡事件。他首先进行动物实验。他设计了人造动脉的"骨架"，将猪颈动脉的肌肉组织覆盖在骨架内部，8 周后，组织培养液中就长成了蜡笔似的动脉管，动脉管壁的弹性和强度都达到了理想的要求，并能保持平和搏动。

美国麻省理工学院的格理芬在电脑上设计了人体肝脏的三维立体"骨架"蓝图雏形。他与哈佛大学医学院的瓦坎蒂医生正按设计图付诸实施。美国密执安大学的休姆斯正在开发生物工程人造肾脏。哈佛大学的阿特拉已开发出了人造膀胱，正在狗身上做应用实验。加拿大拉瓦尔大学的两位科学家用取自人眼角膜的细胞培育出人造角膜……

这一切说明，器官银行的设想不是梦。科学家们推测，在未来10年～20年内，克隆人体器官将成为一个产业。医院将根据病人的需要，到器官银行去取病人订制存放在那里的器官。到那时，人的器官坏了，无论是心、肝、肺、脾、乳房、皮肤，还是呼吸系统、泌尿生殖系统的任何器官，有了严重的毛病，换一个新器官就行。这在人类的文明史上，会成为一个里程碑式的壮举。

② 制服人类的四大杀手——现代文明病

任何事都有两面性。人类文明发展了，本来是好事，却滋生出文明病来。现代"著名"的文明病有四种，即癌症、心血管疾病、糖尿病、精神抑郁症。

（1）癌症目前是人类的第一大杀手。每年癌症要夺去600万人的生命，将1000万人推向死亡边缘。致癌的因素很多，但一般认为，现代文明引起的环境变化是癌症的重要诱发因素。随着现代文明的发展，发达的工业、农业、交通运输业产生的废气、废物、废渣日益增多，这其中有上千种致癌物质。

（2）心血管疾病则是现代社会人类的第二号杀手。

（3）糖尿病则是现代社会人类的第三号杀手。全世界约有一亿左右的人是糖尿病患者，每年还以8％的速度递增。心血管疾病和糖尿病的病因很复杂，但可以肯定，这两种疾病都与现代社会不科学的饮食习惯有关。身体肥胖的人易患心血管疾病和Ⅱ型糖尿病便是证明。

（4）由于现代社会重视物质文明，忽视精神文明，于是，一种能导致自杀的抑郁症迅速增加，成为文明社会人类的又一杀手。

然而，现代科技的发展，逐渐证明现代文明虽然对四大杀手的猖獗难辞其咎，但却并非是罪魁祸首。大多数人倾向于这种认识，现代文明病的病因遗传因素重于环境因素。研究证实，至少有10％的癌症是由于父母遗传中的某一不良基因造成的。美国犹他大学的一份研究报告表明，直系亲属中有一名心脏病患者，患心脏病的危险要比普通人高1.5倍～2倍；而直系亲属中有两名心脏病患者，患心脏病的危险要比普通人高2倍～3倍。不少研究已证明，与患心血管病有密切关系的肥胖症患者，多与遗传因素有关，这种人正应俗语所言："吃水都要长胖。"而糖尿病、抑郁症的病因，也被证明遗传是重要病因。因此，人类要消灭现代文明病，除要建立文明健康的生活模式外，关键是要搞清其遗传机制，并针对发病机制采取有效的措施，包括基因疗法和施行分子手术等。随着人类基因组计划的完成，人类征服四大杀手已指日可待。

对付现代文明病的医疗技术发展也日新月异。人类对付传染病的重要手段——疫苗，如今也开始用来对付现代文明病，并产生了意外的奇效。中国科学院肿瘤研究所在20世纪末成功研制出一种无毒抗癌疫苗。这种疫苗是用肿瘤病人自身的肿瘤组织制成的，能够高效地增加人体内抗肿瘤的T细胞免疫大军的数量及活性，从而达到抑制和消灭肿瘤的目的，且无自身免疫反应和毒性反应，成本又低。也许这种新型的癌症免疫疗法不久就会成为征服癌症的尖端武器。

降低现代文明病的发病率，要求有健康文明的生活方式，这一点仍然是很重要的。吸烟与肺癌，高脂食品、高盐食品、高铁食品与心血管病的关系，是反复为科学试验所证实了的。因此，要制服人类的四大杀手，除了科学家、医生、药物学家的努力之外，我们每一个人都有义不容辞的责任。

③ "虚拟现实VR"和"灵境"人

虚拟现实技术是计算机科学中发展最快的领域，英文简称VR，又称"灵境"技术。由于这种技术带着一种神秘的梦幻色彩，被世界媒体大肆渲染，使人觉得，似乎人类将要进化成"鬼"一样的"灵境"人，戴上头盔，不用说话不用动，脱离现实的时空，在虚拟的世界中快乐地生活了。

事实是这样吗？

"虚拟现实 VR"是由计算机硬件、软件以及各种传感器构成的三维虚拟环境。创立"虚拟现实 VR"技术有很强的功利目的。它首先被设计人员应用到建筑、汽车、火车、飞机和轮船的设计上。建筑物、汽车、火车、飞机和轮船的设计图做出来以后，用虚拟现实技术将设计变成同实物一模一样的虚拟建筑或虚拟交通工具。设计人员戴上特制的头盔和装有传感器的数据手套，进入房间查看一下，驾着交通工具跑一圈，看哪些设计不错，哪些设计有问题。不用做实物模型，不用制造样车、样船、样机，开发新产品低成本、高效益、事半功倍，难怪设计人员如此喜欢"虚拟现实 VR"。

由于"虚拟现实 VR"可以使设计人员在交互式虚拟空间中进行设计，并对所设计的产品加以观察，反复试验，因此它被誉为科学技术之眼。

当然，不只是设计人员对"虚拟现实 VR"感兴趣，医生们对"虚拟现实 VR"也很感兴趣。在手术前，作一次虚拟实验，手术的成功率会大大提高。用虚拟人作药物实验，使药物开发多快好省；用虚拟人作人体解剖，教授再也不会因"遗体"不够而发愁。

聪明的日本商人想到可以利用"虚拟现实 VR"帮助他们推销产品。日本松下公司用虚拟厨房招揽顾客。他们让顾客戴上特殊的头盔和一只银色的数据手套，顾客便能进入各种各样的厨房，去开一开橱柜门，用微波炉烧几个菜尝一尝。顾客经不住美轮美奂的厨房世界诱惑，便会买下松下厨房的全套设备，尽管售价不菲。

好莱坞的导演则利用"虚拟现实 VR"制作大片，电影《泰坦尼克号》中那些惊心动魄的场面，便是利用"虚拟现实 VR"制作的。"虚拟现实 VR"模拟现实生活中的罕见场面，如龙卷风、地震、火山爆发、海啸，完全能以假乱真，不必再让演员身临其境去冒险。

将军们应用"虚拟现实 VR"进行军事演习，参加演习的将士进入虚拟的如火如荼的战争场景，进行指挥，投入战斗，经受最严酷的大战考验，既增长了实战的才干，又能毛发无损，还节约了庞大的军费开支。

甚至于监狱长也青睐"虚拟现实 VR"，创造了虚拟监狱、电子手铐，让改造得较好的犯人在虚拟监狱中服刑，这样既节省费用，又利于浪子回头，重新做人。

有的科学家把模拟的三维环境戏称为"灵境"。但用"虚拟现实 VR"创造的"灵境"，并非梦境。梦境也可达到身临其境的感觉，但完全是头脑中想象的产物，稍纵即逝，无法设计，很难重复，梦醒时分便知其"假"，知其荒诞不经。

"灵境"有两个特征：一是身临其境；二是可视化。这两个特征是通过电子计算机设计出来的。它得到身临其境的感觉，是通过戴上与计算机相连的头盔和数据手套实现的。计算机内有与设计的"灵境"相关的数据库，储存着相关的大量图片、录像及声音。当人戴上头盔时，多媒体计算机便将储存的相关图像传到头盔的显示屏上；当人戴上数据手套时，手一动，数据手套上的传感器便能感知你的动作方位。于是，你的头脑中便会出现身临其境的动作，比如打开橱柜、扣动冲锋枪扳机、解剖人体，等等。

人们进入"灵境"前，已知其"假"；进入"灵境"后，感觉比"真"的还真；退出"灵境"后，虽知其"假"，但相信其效果与现实中的"真"一样，不觉荒诞。

科学家们研究"虚拟现实 VR"的目的是什么？建立虚拟赫尔辛基市的芬兰电脑工程师林都立说，他要利用"虚拟现实 VR"，让"生活变得更简单，更能够控制"。

要拜访亲朋好友，结交异性，谈情说爱，完全不必劳神费力作长途旅行，走街串户，掏钱包付交通费、餐费、娱乐费、住宿费，戴上头盔和数据手套，便能在指定地点与亲朋好友约会，同情人谈情说爱，甚至拥抱、亲吻。

要想到城内的名胜古迹去旅游，不用

出门，只要你戴上头盔和数据手套，便能骑上一辆不动的自行车，在城里宽阔的街道上风驰电掣，参观完名胜古迹后安全返回。这同出门去作了一次真正的旅游并无区别。

你或许看到电视里的方程式赛车后羡慕不已，你仍可以足不出户，戴上头盔和数据手套，便能坐在一辆红色的法拉利赛车上，驾车出游，参加方程式赛车的比赛。在呐喊助威声中，你疯狂地加速、换挡，与他人的赛车碰撞、翻车，被撞得头皮血流。然而，当你取下头盔和数据手套时，你便发现，你没有任何损伤，却身临其境地经历了一次刺激性强烈、有惊无险的有趣旅行。而这种旅行，你在现实生活中却是不敢去尝试的。

有的科学家，想利用"虚拟现实VR"，使那些身价百万、千万，甚至亿万的"明星"的身价降下来。

日本首先推出了虚拟歌手伊达恭子。伊达恭子是个"二八佳人"，16岁，魔鬼身材，歌声甜美柔和略带沙哑，令人倾倒。更加迷人的是，伊达恭子善解人意，没有歌星架子，从不摆谱，不发脾气，还通晓7种语言，可以连续唱数小时而不会累倒。伊达恭子受到了越来越多人的喜爱。

英国也即将推出一个虚拟歌手。这位虚拟歌手18岁，名叫巴比，单身且寂寞，会多种语言。巴比一定会受到单身且寂寞的同类的欢迎，使这些人想入非非。

英国报纸联合社分部新媒体与美国加州硅谷合作研制出虚拟新闻节目主持人。这个虚拟新闻节目主持人叫阿纳诺娃，28岁，身高173厘米，和蔼可亲，谦逊聪慧。她不仅能连续24小时报道新闻节目，还能根据用户的要求进行"点播新闻"服务，每分钟1次不知疲倦地帮助你搜索你需要的网上最新消息。

"虚拟现实VR"是计算机图形学、机器人学、人机工程学、机械学、认知科学和控制理论等多种科学和技术的综合和延伸。这门新兴的高技术，除了被科学家们用于造福人类外，还被一些人用来制造了许多耸人听闻的神话。关于"灵境"人的神话便是其中之一。

"灵境"人是人们根据"虚拟现实VR"发展前景推测出的一种新新人类，生活在虚拟现实中的新新人类。"灵境"人戴着三维视听头盔、传感手套，穿着传感紧身服，把四肢连接在自由运动的支架上，与外界交流。这似乎是"虚拟现实VR"的常规技术，并无罕见之处。然而，"灵境"人并不只是把"虚拟现实VR"当作一种造福人类的技术手段，而是将"虚拟现实VR"当成一种生活方式。"灵境"人一辈子足不出户，只在"虚拟现实VR"创造的虚拟环境中生活。

更加不可思议的是，有人认为"灵境"人是人类发展的方向。他们预测，到公元2300年，人类的大多数将在"灵境"中生活，由人类的替身机器人从事物质生产，"灵境"人则进行艺术创造等高级活动。3500年，"灵境"人从小孩子开始，就在"灵境"中生活，一生不能须臾离开"灵境"，头盔、紧身服成了"灵境"人不可或缺的人造器官，犹如人体多长了一层皮肤。3600年，人类已完成了向"灵境"人的进化。那时，在"灵境"中生活的我们的后代把他们在自然环境中生活的祖先当成野蛮人、史前人类，并在日常生活中忘记"野蛮人"的生活方式。

④ 全脑移植和"灵魂"移植

人的器官，从心脏、肝脏到皮肤、四肢，从理论到实践，进行移植均基本得到解决。那么，人的头脑能否进行移植呢？科学家们进行了大胆的探索。

首先，科学家们进行了动物实验。在20世纪60年代，苏联的科学家做了狗头移植试验。他们将一只狗头接合到另一条狗的头侧部位，诞生了一只"双头狗"，移植的狗头可以自由转动。1980年，美国科学家罗伯特·荷华将一只猴子的头颅移植到另一只猴子的脖子上。这只经过了换头的猴子活了两星期左右。

接着，医学专家们开始进行人头和全脑移植试验。据苏联媒体的一则报道称，在莫斯科附近的一家医院对两个20多岁的病人进行了割头换脑的手术，暗示他们换头后可活2个月。1996年初，媒体报道瑞士对一对遭遇车祸的恋人进行了一次换头术，将车祸中下身被碾碎的男方脑袋移植到车祸中头颅被碾碎的女方身体上。结果，这个合并人存活了1个月。1999年，我国媒体报道，湖南医科大学附属医院的两个教授和两个研究生在人的全脑移植实验研究中取得了重大突破性进展。

这些事例说明，人的全脑移植是可能实现的，只是因为手术的复杂性，还没有取得完全的成功。然而，有一个至关重要的问题还搞不清楚：在全脑移植过程中，是否人的"灵魂"也一并移植过去了？也就是说，一个人的自我意识是否在断头时会消失，"灵魂"出窍了？

如果人脑移植以后，"灵魂"出窍了，这个进行了换头术的人，已经丧失了记忆，失去了自我，只剩下一个保持着人的本能，没有"灵魂"的躯壳，真正意义上的"换头术"并未实现。

如果"灵魂"并未出窍，进行了换头术的人还有自我意识，则说明人的意识与人脑细胞是一个不可分割的整体。人脑细胞是一个"硬盘"，记录着人从先天获得的遗传信息和后天获得的非遗传信息。只要脑神经细胞活着，"硬盘"未受损，人脑移植后，也同时将人的意识，人的"灵魂"一齐移植成功。那么，千古流传的关于灵魂可以脱离大脑独立存在、灵魂不死的迷信便能不攻自破。

科学家们为此做过许多努力。据苏联医生透露，苏联曾进行过14次全脑移植实验，目的就是要搞清楚病人割头换脑后除生理反应外，有何心理反应，精神状态如何，"灵魂"是否出窍了？

我们相信，经过科学家们坚持不懈的努力，全脑移植会取得完全的成功。那时候，人类对自身的认识，特别是对大脑和"灵魂"的认识，必定会有一次长足的进步。

⑤ 服务型机器人

1999年9月，从美国宾夕法尼亚大学传出消息，称该大学教授哈杰司斯正在研究一种具有人的七情六欲，可以与人结婚生子的机器人。这种机器人的关键是有一种能代替女性受孕和分娩的人造子宫。

哈杰司斯的研究，使服务型机器人的出现变得现实起来。既然机器人能提供性服务和生育服务，其他容易得多的服务，比如做家务，照顾老人和小孩等家政服务，便是小菜一碟，比较容易实现。

服务型机器人用什么材料来制造？一个全身由电子元件和冰冷的金属、塑料制成的机器人，不论外表如何温情脉脉，也很难让人感受到生命的鲜活和精彩。于是，

有人提出用有生命的克隆动物，甚至克隆人来充当服务型机器人的设想。这在技术上是有可能实现的。克隆动物已成不争的事实，克隆人的技术问题也基本解决。然而，生产生命产品随之而来的伦理道德问题却让科学家望而生畏。

自从生命科学家揭开了生命秘密的谜底，找到了翻译生命"天书"的密码本以后，人类实现了科学上的历史性跨越，进入了可以随意设计、制造生命产品的新阶段。这本来是一件了不起的大好事，但每一件生命产品一出世，便会引发一场世界性的、激烈的争论。问题在于这些生命新产品直接威胁人类社会现存的秩序。

在20世纪下半叶，已经进行了关于生命产品问题的三场大争论。第一场大争论是关于基因工程的。第二场大争论是关于试管婴儿的。第三场大争论是关于克隆动物的。这三场大争论均因生命产品的巨大利益诱惑人类，而以科学技术的进步得到承认而告终。然而，克隆人的争论至今还无结论，很多国家还把克隆人作为科研禁区，不准科学家越雷池一步。

于是，有人设想，将接近于人类智慧的动物，比如猴、海豚、类人猿，将其基因进行重组，移入一些人类基因，用克隆技术制造符合人类需要的各型服务型机器人。这样，便能避开伦理道德方面的一些原则问题。然而，人们仍然担心，如果人类造出这种较人类智慧略低，但与人有千丝万缕联系的类人生命产品，供人驱使，做人奴仆，是否会把世界搅得乱七八糟，也会受到"人道主义者"和"兽道主义者"的一致反对？

然而，我们相信，科学技术的进步是任何人也无法阻止的。人类一定有办法解决有生命的服务型机器人带来的负面效应。有生命的服务型机器人在21世纪的某一个时期，会充斥每一个家庭。这不仅会使人类的生活变得更方便、更轻松、更愉快，还会使服务型机器人成为一个大的产业，成为世界经济的一个新的增长点。

⑥ 书本将消失

在21世纪，书本将会逐渐消失，只要你上网看一看充斥网上的电子书刊，你便不会为此预言而感到惊讶。

也许你会说，电子书刊保存时间不长，

只有纸印刷品才能保藏永久。可是，这并非电子书刊的致命伤，只要注意拷贝，问题就会解决。电子图书馆会很好地完成这一任务。

也许你还会说，在电脑上看文件不舒服，不如拿本书在海边沙滩上，或绿树成荫的公园里看书惬意。然而，越来越方便的手提电脑将粉碎你舍不得丢掉书本的迷梦。

最后，你会说，现在世界上还有许多人没有电脑，没上网，也不会使用电脑，书本不会消失。这你算是说对了一部分，正因为如此，书本的消失有个过程。然而，随着时间的推移，电脑会成为生活的必需品，普及到个人。现在30岁以下的新人类大多数会使用电脑，能在网上漫游。当这一批人逐渐成长为社会的主角以后，新闻出版业不会因照顾不懂电脑的"新文盲"而大量发行纸印刷品。

书本在新世纪消失是不可阻挡的历史潮流。但是，不会因书本的消失而使新闻出版者失业。因为，不管是书本，还是电子网络，不过是文化的载体而已。文化只会越来越发达，新闻出版业也会越来越兴旺，新闻出版工作者大可不必为书本的消失发愁。倒是要分秒必争的是，如何尽快地将你手中握有的报刊出版工作的重点转向电子出版物，上网和同行竞争，创出网上名牌。如果你稍有迟疑，首先被淘汰出局的一定是你。

同样的道理，要笔杆子的作家们也不会因书本消失而找不到事做。问题在于，书本消失后，网上文化产品的竞争更趋激烈，在网上发表作品相对容易些，冒牌的作家多如牛毛。如果你要成为一名真正的作家，并从著书立说中赚钱养家糊口，拥有众多的读者，没有点真本领，不下点狠工夫，写出些有影响的文化精品，打不出名牌来可不行。不然，你造出来的文化垃圾人们会不屑一顾，发表得再多，有什么用？

书本消失后，你现在拥有的图书有什么用？你千万别犯傻，毁掉你拥有的图书精品。那时候，这些图书精品将成为有价值的收藏品，说不定会让你发一笔小财。君不见"文化大革命"时期的出版物和其他物品，"文化大革命"中谁家没积个一箱两柜，"文化大革命"后大多卖了废品，或者付之一炬。谁知，过不了多久，这些东西不少成了宝贝，一些人因收藏这些宝贝成了闻名遐迩的收藏家，有的人还因此发了财。

要想成为收藏家，要想发点财，从现在起，做个有心人，多买一点图书精品藏起来吧！

⑦ 艾滋病就要摘掉绝症帽子

人类在同大自然的斗争中遇到过一个又一个的绝症，从肺结核、麻风病到癌症。人们一旦得病，就像被判了死刑一样，只有等死的命了。如今，肺结核、麻风病等早已脱掉了绝症的帽子，癌症脱帽也指日可待。然而，1980年，突然又钻出来一个新的人类绝症——艾滋病，它搅得全球鸡犬不宁。

从1980年发现世界上第一个艾滋病病人至2005年底为止，全世界已有2000多万人死于艾滋病，约5000万人感染了艾滋病病毒。中国于1985年6月发现首例艾滋病病例，至1998年3月，全国有30个省、直辖市、自治区报告发现艾滋病感染病例9970人，其中艾滋病病人290例，死亡173人。2006年，我国进入艾滋病流行增长期已经10年，我国艾滋病感染者年增长约30%，估计全国实际感染艾滋病人数近百万。

人类遭到艾滋病的突然袭击，猝不及防，一时无法对付，只有眼睁睁地看着患了绝症的病人一个个在痛苦的呻吟中死去。由于艾滋病来势凶猛，发展迅速，迫使全人类立即团结一致，向杀人魔头展开了全线进攻。

首先，科学家和医生们研究了艾滋病的传播途径和预防方法。他们发现，艾滋病有70%是通过无保护的性行为，5%是通过同性性行为，5%是通过静脉注射毒品，3%是通过输血或使用血液制品传染的。其余的传播途径是手术器械、口腔器械、接生器械消毒不彻底，日常的理发、美容用具、浴室的修脚刀不消毒或与他人共用剃须刀、牙刷等。堵住这些传播渠道，可延缓艾滋病传播的速度，为人类征服世纪瘟疫争取时间。

同时，为了减少艾滋病人的痛苦，增进人类对艾滋病人的关怀，也排除了人们误以为要传染艾滋病的一些可疑途径。他们发现，艾滋病病毒其实是很脆弱的，一旦离开人体就会死亡，一般的社交活动不会感染艾滋病，握手、拥抱、共餐、咳嗽、共用办公用品、共用厕所、游泳池、公用电话、蚊子叮咬等也不会传播艾滋病。因为，要有一定数量和浓度的艾滋病病毒才能被感染。

医生和药物学家正在加紧对治疗药物的研究，已有一批预防性的用药投入临床应用，如ANT、DDI、DDC及免疫调节药物：干扰素、白细胞介素、丙种球蛋白及中药香菇多糖、丹参、黄芪、甘草黄素等。

然而，事实证明，对付艾滋病最有效的武器还是疫苗。1999年8月18日，从法国巴黎传来喜讯，法国研制的一种艾滋病疫苗在乌干达通过临床验证，结果表明，这种疫苗能有效地预防艾滋病病毒。2000年1月9日，从中国北京也传出好消息，中国与德国合作开发的艾滋病疫苗已在动物实验中证明了它的有效性。这种艾滋病疫苗是用基因工程技术制造的假病毒颗粒疫苗。这种疫苗已在2005年进入人体实验阶段。

可以预言，艾滋病疫苗将在新世纪使艾滋病脱掉绝症的帽子。

⑧ 杀人流感会不会卷土重来

近年来，流感曾在欧美肆虐，着实把全世界吓了一大跳。其实，这种流感早已在亚洲出现过，是甲型流感中的一种，世界卫生组织成竹在胸，并不惊慌。让世界卫生组织警惕的是，1918年的杀人流感会不会卷土重来。

1918年杀人流感是20世纪最大的一次瘟疫，一共夺去了2000万～4000万人的生命。这种流感不同于我们常见的流感，更不同于普通的感冒，其威力非凡。一般的流感大多能自愈，死亡者多为老人和儿童，死亡率也不高，仅为0.1%。而杀人流感则不同，对青壮年最具杀伤力，死亡率很高，达2.5%，是一般流感的20倍～25倍。有一个事例很典型，也很令人恐怖。4个女人兴致勃勃地玩桥牌到深夜，相继得了流感，一夜之间竟死了3个。

这种杀人流感因在西班牙杀死了800万人，被人称为"西班牙流感"。其实，杀人流感并非起源于西班牙，它来无影，去无踪，在全世界肆虐了一春一冬后，于1919年悠然离去。由于当时条件的限制，"西班牙流感"的病毒样本没有保留下来。

人们不知道它的神秘面貌。以后，世界大约每隔10年～20年要出现一次流感大暴发，夺去一些人的生命。但是，这些流感病毒的威力均不及1918年杀人流感。"西班牙杀人流感"是从哪里钻出来的？我们能否制止它再度爆发？

为了回答这些问题，两个科学小组在70年后开始寻找1918年流感杀手的踪迹，期望在现代高科技的帮助下，揭开1918年流感杀手神秘的面纱。他们通过艰苦的努力，分别从挪威和阿拉斯加的永久冻土层里挖掘出1918年杀人流感遇难者的遗体，并从中分离出"西班牙流感"病毒。

针对"1918年杀人流感"进行工作的两个研究小组，结合全世界流感研究的成果，基本上揭开了"西班牙流感"神秘的面纱。原来，"西班牙流感"是一种甲型流感病毒引起的烈性传染病。甲型流感病毒是一种RNA，球形，在哺乳动物和鸟类中分布很广。猪、鸭和鸡均可能是杀人流感病毒的宿主，猪流感和鸡、鸭流感均可能传染给人。因此，1918年杀人流感病毒很可能来源于猪或某种鸟类。

前不久，一个香港小女孩患了类似"西班牙流感"的传染病，引起了人们的恐慌。后来被证明是一场虚惊。但是，这并不等于1918年杀人流感不会卷土重来。研究过1918年杀人流感的塔本博格博士说：在我的心目中，杀人流感再度在全世界爆发的可能性是100%。因为，它已发生过一次，就必然会再次发生。

在新世纪里，科学家们以警惕的目光注视着"西班牙流感"这个杀人魔王，警惕它卷土重来，残杀人类。"西班牙流感"另一个研究小组的负责人，流感病毒专家克丽丝娣博士忧心忡忡地说："我们知道一件事，那就是流感将证明你每一个时候都是错误的。也许我们难以遇到全球范围内的流感大暴发，但我们不能疏忽大意。比如，遇到像香港的H5N1流感的事，就得全力以赴去处理它。如果稍有不慎，就可能有几百万人因你的错误而死去。"

⑨ 磁悬浮列车

火车与汽车、飞机的竞争主要是速度的竞争和载重的竞争。火车在载重上一直有优势，但在速度上却远远落后于飞机，但优于汽车。由于高速公路的兴起，火车与汽车相比，速度的优势正在丧失。于是，高速火车应运而生。法国高速火车的实际运行速度已达每小时 260 千米～300 千米，日本的高速火车时速也在 200 千米以上，我国高速火车的时速也可达 200 千米。但是，固守着轨道运行的思路，时速很难突破 300 千米。于是，工程师们的思路转向非轨道型列车上。磁悬浮列车，便是这种思路的产物。磁悬浮列车靠电磁力推进，车轮和铁轨间靠磁力产生距离，不产生摩擦，运行速度便大大提高了。

磁悬浮列车有两种类型：一种采用普通电磁铁，为常导磁浮型；一种采用超导电磁铁，为超导磁浮型。磁悬浮现象只有在超过了一定时速才会产生，时速在 160 千米以下时，列车仍在铁轨上运行。前途远大的磁悬浮列车是超导磁悬浮列车。由于目前超导体必须要在极低的温度下运行，有实用意义的超导磁悬浮列车要高温超导体投入应用后才能普及。科学家和工程师们正在为此努力。日本的磁悬浮列车早在 20 世纪 70 年代末即已试制成功，时速可达 517 千米。

我国在上海修建了磁悬浮列车线路并投入试运行。一旦磁悬浮列车投入正式运行，从北京到上海只需 3 小时，从北京到广州也只需 5 小时。随着磁悬浮列车的进一步改进，时速会更高，完全可以和飞机媲美。美国的磁悬浮列车计划更惊人。他们准备将磁悬浮列车放在真空管路里，使时速达到 1 万千米以上，是飞机速度的几十倍。他们设想开凿一条横贯美国大陆，全长 4000 千米的隧道，在隧道上半部敷设两条真空管道供磁悬浮超高速列车使用，从洛杉矶到纽约仅需 21 分钟。磁悬浮列车除了运行速度快以外，还有动力消耗小、无噪音、震动轻微、不污染环境等优点，许多国家都在花大力气研究。磁悬浮列车很有希望成为 21 世纪最主要的交通工具之一。

⑩ "空调服"和"救命服"

随着材料科学的发展，人类的着装正在发生革命性的变化。有一种智能纤维，是用 40% 的陶瓷合金加 60% 的棉花制成的。智能纤维能随环境的变化而改变性质、形状。有一种用智能纤维制作的滑雪服，能随气温改变颜色。气温高时，滑雪服呈冷色，吸收的太阳光少；气温低时，滑雪

服呈暖色，吸收的阳光多。通过服装冷暖色的变化，调节服装包裹的身体内的小气候，使小气候保持设定的恒温。这便是"空调服"。

德国杜邦公司生产了类似原理的"空调服"。这种"空调服"用特别轻、特别结实的特殊尼龙制成。它利用渗透作用的原理，使水蒸气分子和空气只出不进，从而保持小气候的恒定，达到"空调"效果。

科学家们还发明了一种空心纤维。用空心纤维制成的服装也有"空调"效果。空心纤维形成服装中的空气缓冲层，抵挡气候突变。空心纤维中的特殊管道除能保留热量外，还能直接向外传导湿气。用空心纤维制成的"空调"冬装，薄似皮肤，今后人们的冬装不仅会变得十分单薄，而且暖和又干燥，非常舒服。

"救命服"也是用陶瓷合金纤维凯芙拉制造的。凯芙拉是杜邦公司的女科学家斯蒂芬于 1965 年发明的。用这种纤维制成的衣服能耐 380℃ 的高温，防火能力很强；耐切割强度比棉花强 3 倍，比皮革强 7 倍，利刃割不断。"救命服"具有防火、防弹、抗撞击的能力，对于从事消防、石油平台工作等高危作业的人无疑是一个福音。一般人穿上"救命服"，也说不准在哪天遇到意外灾害时，能救你一命哩。

⑪ 人畜共患疾病

狗是人忠诚的朋友，有许多义犬救主的故事在民间流传。然而，狗的名声却并不好，骂人的词多与狗有关，"狗仗人势"、"狗眼看人低"、"狗娘养的"等等，不一而足。这对"忠诚的狗"实在有些不公正，不过，作为宠物的狗，虽然会给主人带来欢乐，增加安全感，但是也会随时威胁主人的性命，这并非它有意而为，确是实实在在的危险。自古以来，菜花季节，患了

狂犬病的"丧家之犬"就十分吓人。狗得了狂犬病，发了疯，见人就咬。人被咬一口是小事，被传染上狂犬病却不得了。人患狂犬病被狂犬传播者占80%～90%。狂犬病人会出现极度恐怖表情，特别怕水、怕风、怕光、怕声。病人渴极而不敢喝水，见水，甚至提到水字，便会引起咽肌严重痉挛。风、光、声的刺激也能引起病人咽肌痉挛。病人在几天内就会死去，死亡率几乎为100%。

狂犬病人人皆知，但狗得了人畜共患的传染病，危害主人的绝不止于狂犬病。犬源性黑热病便是一种人畜共患的严重传染病。犬源性黑热病在我国西部丘陵地区常有发生，自20世纪70年代以来，在甘肃、四川、新疆、山西、陕西、内蒙、山东等地均有病例报道。黑热病是由一种叫杜氏利什曼原虫的原生动物引起的，蚊虫叮咬带原虫的犬只，再来叮咬人，便将原虫传染给人，在人体内潜伏3个月～5个月后发病。患者长期不规则的发热，清瘦贫血，肝脾肿大，血细胞减少。严重者在疾病晚期因免疫力下降而引起肺炎、齿龈溃烂及走马疳等并发症，或引起急性粒细胞缺乏症，导致高热、极度衰竭、口腔及咽部溃疡与坏死，危及生命。

狗还能传播多种疾病。带有沙门菌的狗污染食物，有可能使人发生胃肠型食物中毒。还有一种弯曲菌，引起肠炎，使人腹泻、腹痛、呕吐，弯曲菌流入血液，可以引起败血症、腹膜炎、胆囊炎、关节炎、尿道炎、阑尾炎。这些病，有时会要了人的命。科学家们研究发现，人之所以会得弯曲菌肠炎，狗是弯曲菌的重要来源之一。他们在健康狗和病狗的粪便中，均检出了弯曲菌，检出率达36.4%。被狗粪污染的食物和饮水，可以将弯曲菌传播给人，使人患病。

狗还能传播华支睾吸虫病、布氏杆菌病、炭疽病、隐孢子虫病、钩端螺旋体病、并殖吸虫病、包虫病、旋毛虫病等。沈阳市曾发生过"烤羊肉串"事件，就是因为羊肉中掺入带有患旋毛虫病病狗的狗肉，引起旋毛虫病流行的典型狗害人的案例。

家庭里养的小猫、小狗等宠物，稍有不慎，便会成为害己害人的祸患。有一种在全世界广泛流行的隐孢子虫病，其罪魁祸首便是家庭宠物小猫和小狗。

隐孢子病是一种叫隐孢子虫的原生动物引起的，是一种十分危险的疾病，主要表现为急性腹泻和慢性腹泻，以慢性腹泻特别危险。

患隐孢子虫病的小猫、小狗的粪便污染食物、水和用具，隐孢子虫便会进入人体。隐孢子虫进入人体后，在人体中潜伏4日～14日，平均10日，便会使人发病。人体免疫功能健全者往往表现为急性腹泻，每日腹泻4次～10次，伴有恶心、呕吐、腹痛、腹鸣、食欲减退、发热及头痛等，通常3日～12日内能自愈，一般不会复发。

人体免疫功能不健全者往往表现为慢性腹泻，病程持续20日～2年，有的病人表现为霍乱样水泻，每日失水3升～6升，严重者甚至超过17升，导致电解质失衡，循环衰竭而死亡。

隐孢子虫病是一种全球性的传染病。目前，至少有68个国家、228个地区发现了隐孢子虫病病例。我国也于1987年发现隐孢子虫病病例，迄今已有近千余病例。隐孢子虫病常在军队、幼托所呈小型流行，也有家庭聚集性，还是引起旅游者腹泻的病因之一。隐孢子虫病还鲜为人知，应引起人们，特别是养小猫、小狗的人的重视。

小猫不仅能传播隐孢子虫病，还能传播华支睾吸虫病、狂犬病、鼠疫、并殖吸虫病、丝虫病等。

2000年初，马来西亚西北地区突然爆发由猪传染给人的流行性乙型脑炎，造成50人死亡，引起全国恐慌。3月20日，马来西亚派出军队，射杀了第一批20多万头生猪。

马来西亚的恐慌是有一定道理的。研究证明，流行性乙型脑炎的主要传染源是猪、牛、羊、狗、蚊子等。而且，幼猪是流行性乙型脑炎的主要传染源，一般猪流行乙型脑炎要比人流行高峰早3周。在乙型脑炎流行地区，幼猪的感染率可达100%，无一幸免。

流行性乙型脑炎简称流脑，又叫日本脑炎，因首先在日本发现而得名。患者大多为10岁以下儿童，以2岁～6岁儿童发病率最高。流行性乙型脑炎是一种死亡率很高的可怕疾病，世界上，该病的平均病死率为30%。经我国医务工作者不断努力，目前我国流脑病死率已能控制在10%以下，轻型和普通型患者均能顺利恢复，重型或爆发型患者病死率仍高达 15% 以上。

猪不仅能使人患流行性乙型脑炎，还能传染狂犬病、布氏杆菌病、炭疽病、钩端螺旋体病、华支睾吸虫病、猪蛔虫幼虫病、旋毛虫病等。

牛、羊常患一种布氏杆菌病，人体在接触病牛、病羊时，如接产羊羔、屠宰病畜、剥皮、挤奶过程中，布氏杆菌即通过体表皮肤黏膜的接触侵入人体。人进食了含布氏杆菌的生奶、奶制品、肉类，饮用了被布氏杆菌污染的饮水，吸入含布氏杆菌的尘埃，布氏杆菌均能进入人体。

布氏杆菌进入人体后，使人患上以长期发热、关节疼痛、肝脾肿大等为特征的慢性化布氏杆菌病。

牛、羊、马等牲畜常患的炭疽病，也能传染给人，使人得病。炭疽病是炭疽杆菌引起的动物源性传染病。人直接或间接接触病畜和染菌的皮、毛、肉、骨粉，涂抹染菌的脂肪，便会引起皮肤炭疽病，使皮肤坏死形成焦痂溃疡，引起肿胀和毒血症。人吸入带布氏杆菌芽孢的尘埃，可引起肺炭疽病；人进食带菌肉类可引起肠炭疽病。

牛、羊、马等家畜还能传染狂犬病、莱姆病、隐孢子虫病、肠绦虫病等。

各国的医疗机构和防疫部门，对人畜共患疾病都是非常重视的。切断传染源，是第一重要的。对于那些能引起严重后果的病畜，要坚决捕杀，如患狂犬病或黑热病的犬只，应杀后焚烧以绝病源。对上市的猪、牛、羊肉要进行严格的检疫，病畜肉品绝不允许流入市场，并应没收焚烧。

同时，应对城市饲养的宠物进行严格管理，定期注射狂犬病疫苗。广大宠物饲养者不要同小狗、小猫过于亲热，注意经常给小狗、小猫洗澡，及时清除宠物粪便；食物和饮水注意不要被宠物粪便污染；如不慎被宠物咬伤、抓伤，要及时到医院治疗，打预防针。

蚊虫往往是人畜共患疾病的传播媒介。因此，公共场所要清除蚊蝇滋生场所。蚊虫主要在受污染的池塘、游泳池、排水沟、泥坑、粪坑、阴沟和稻田中繁殖，城乡均要通过爱国卫生运动，加强对这些场所和地方的清理和消毒工作，提供适宜的下水排泄系统。在疫区，要将所有池塘和水坑的水排尽或填充沙子。

个人则要注意防止蚊虫叮咬。居室要安纱窗，室内或挂蚊帐，或使用驱蚊剂，喷洒驱蚊气雾药，以防睡眠中被蚊虫叮咬。在野外，要穿长袖衣服和长裤，尽量避免皮肤裸露，并涂抹驱蚊药物，可减少蚊虫叮咬的机会。

只要我们注意预防，人畜共患疾病的危害便会减小到最低限度。

12 疯牛病

欧洲曾被疯牛病闹得鸡犬不宁。疯牛病也是一种人畜共患疾病，于 20 世纪 80 年代在英国被发现。牛、羊、猫、鹿等动物均可患疯牛病。患病的牲畜会因脑细胞病变，脑组织出现空洞而死亡。

疯牛病可经食用病畜肉、器官移植、输血和注射、胎盘等渠道使人患病。疯牛病患者因患早老性痴呆症，导致脑细胞病

变，脑组织出现空洞而迅速死亡。

疯牛病的病因是由一种叫朊病毒蛋白质引起的，并在英国形成了流行之势。1993 年，英国的疯牛病流行达到高峰，差不多每周有 1000 头牛患病。1997 年，英国患疯牛病的牛的总数超过 16 万头。在疯牛病流行之初，即有两个农民死于此病。以后，因进食牛肉而得疯牛病的人不断增多，1996 年，英国有 10 例疯牛病人。因此，在欧洲和世界其他地方，像当年人们惧怕狂犬病一样，"谈牛色变"。不断发生的禁止进口英国牛肉的事件，使英国经济蒙受了巨大的损失。

（董仁威）

欣 赏 卷
XIN SHANG JUAN

在紧张忙碌中走过人生一多半历程后，缓下脚步来审视以往的生活，才发现世界上有很多很多的好东西，竟素未谋面，或失之交臂；即使偶有涉猎，也是浅知皮毛，未尝精髓。

也许你读过孔孟老庄等等的一些篇章，但却很少细细品味其思想精华。当你再次重读、品鉴、深思，你才会发现，其中饱含着对人生、对宇宙万物的思索，多么睿智，多么深刻，多么精彩。要是这辈子没有咀嚼过老祖宗留下来的这些经典，不知会有多么遗憾！

你在前半生，也许到过全国乃至世界不少地方，顺便也参观过许多博物馆，看到过许多楹联、名画、文物、碑帖、铭刻、书法作品。但来去匆匆，走马观花，浮光掠影，早已淡忘。现在，你能够静下心来，细细品味了。我们将你足迹所至或未至的那些地方的楹联、名画、文物、碑帖、铭刻、书法作品辑录起来，加以点评，助你欣赏，岂非一大乐事。

在复杂繁忙的人生战场上，你无暇欣赏世界上的许多高雅艺术：音乐、舞蹈、话剧等等。从现在开始弥补遗憾吧。虽然不能将这些好东西都一一遍赏，但总可以欣赏一下其中一些有代表性的精品吧！世界上的好东西太多了，不细嚼慢咽，也会留下遗憾。

好好欣赏这些人类文化的精品吧，不要把遗憾留在人间！与文化精品为伴，可以使生活得到充实，情感得到净化，心灵得到抚慰，精神得到升华，桑榆暮景会更加丰富多彩！

（董仁威）

名著欣赏

❶ 中国名著
▲ 《诗经》

《诗经》是中国最早的诗歌总集。它收集了从西周初年（公元前 11 世纪）到春秋中叶（公元前 6 世纪）大约五百年间的诗歌 305 篇（另有 6 篇"笙"诗，只存篇名）。在先秦时通称为《诗》或"诗三百"；西汉时被朝廷奉为经典，始称《诗经》。

《诗经》中的诗原本都是配乐的歌词，由风、雅、颂三部分组成。"风"是各诸侯国的民间歌谣，分周南、召南、邶、鄘、卫、王、郑、齐、魏、唐、秦、陈、桧、曹、豳 15 国风，共 160 篇。"雅"是周王朝王畿地区的雅乐，共 105 篇，分为"大雅" 31 篇，"小雅" 74 篇。"颂"是用于宗庙祭祀的舞曲歌词，共 40 篇，分为"周颂" 31 篇，"鲁颂" 4 篇，"商颂" 5 篇。

《诗经》的精华主要集中在《国风》部分。其中许多篇章，反映了劳动人民遭受剥削和压迫的痛苦生活，表达了他们的怨愤和反抗情绪。如《豳风·七月》描绘了农奴们终年辛苦劳作却衣不蔽体、食不果腹的悲惨境况："无衣无褐，何以卒岁？""七月食瓜，八月断壶，九月叔苴。采荼薪樗，食我农夫。"《魏风·伐檀》对不劳而获的奴隶主予以愤怒斥责："不稼不穑，胡取禾三百廛兮？不狩不猎，胡瞻尔庭有县貆兮？彼君子兮，不素餐兮！"《魏风·硕鼠》更是把统治者比喻为贪婪的大老鼠。《国风》中的另一些篇章，反映了繁重的劳役和兵役给民众带来的无穷灾难。如《唐风·鸨羽》写没完没了的徭役导致服役者无法从事正常的生产，难以赡养父母，只好发出痛苦的呼唤："悠悠苍天，曷其有极！"

在《国风》中，数量最多，最富情感的是那些以爱情婚姻为题材的民歌。《诗经》开篇第一首《周南·关雎》，就是一首著名的情诗："关关雎鸠，在河之洲。窈窕淑女，君子好逑。参差荇菜，左右流之。窈窕淑女，寤寐求之。求之不得，寤寐思服。悠哉悠哉，辗转反侧……"众多的爱情诗歌，有的表现青年男女向往爱情的纯洁心灵，如《卫风·木瓜》："投我以木瓜，报之以琼琚。匪报也，永以为好也。投我以木桃，报之以琼瑶。匪报也，永以为好也。投我以木李，报之以琼玖。匪报也，永以为好也。"有的描述爱情的甜蜜和欢乐。如《邶风·静女》："静女其姝，俟我于城隅。爱而不见，搔首踟蹰。静女其娈，贻我彤管。彤管有炜，说怿女美……"有

的表现情人之间深沉的思念，如《王风·采葛》："彼采葛兮，一日不见，如三月兮。彼采萧兮，一日不见，如三秋兮。彼采艾兮，一日不见，如三岁兮。"有的则反映了在夫权制下妇女被遗弃的悲剧，倾诉了她们的哀怨和痛苦，如《邶风·谷风》《卫风·氓》等。这些爱情婚恋诗，情韵深长，令人回味不尽。

在"二雅"（大雅、小雅）中，也有许多好诗。有的感时伤怀，揭示了尖锐的社会矛盾，如《小雅·节南山》："不吊昊天，乱靡有定。式月斯生，俾民不宁。忧心如醒，谁秉国成？不自为政，卒劳百姓。"有的讽刺昏庸的国君，痛斥奸恶的小人，如《小雅·巷伯》："彼谮人者，谁适与谋？取彼谮人，投畀豺虎；豺虎不食，投畀有北；有北不受，投畀有昊！"还有一些反映了农事、征役等民众的生活。如《小雅·大田》《小雅·采薇》等。

《诗经》在中国文学上占有极其重要的地位。它深刻地反映现实，不仅具有丰富的思想内容，而且取得了杰出的艺术成就，中国古代诗人都深受它的熏陶。其绝大多数作品，风格朴实，清新自然，广泛运用赋、比、兴的表现手法，语言优美，音律和谐，读来朗朗上口，极具艺术魅力。千百年来，它一直脍炙人口，直到今天，我们仍然为它通俗而优美的韵律而深深地陶醉。

▲《老子》

《老子》即《道德经》，道家的主要经典，相传为老子所著。老子是春秋后期杰出的思想家，道家的创始人。据《史记·老子列传》，老子姓李名耳，字伯阳，一般认为即老聃，楚国苦县（今河南鹿邑东）人。他曾担任东周王朝的"守藏室之史"（管理藏书的史官），到过鲁国，孔子曾向他问礼。后退隐，著《老子》一书。今本《老子》经过战国时人的增删和改动，但仍保留了老子本人的主要思想。全书分为《道经》和《德经》两大部分，故后世通称为《道德经》。

《道德经》共计五千余言，分 81 章，是一部用韵文写的哲理诗，思想内涵极为丰富。首先，《道德经》建立了朴素唯物主义的思想体系。它把"道"作为哲学的最高范畴，认为"道"，是构成万物的基础，即"道生一，一生二，二生三，三生万物"。它又认为"道"是宇宙万物自身的规

律，所以说："人法地，地法天，天法道，道法自然。"

《道德经》提出了"天道自然无为"的唯物主义原则和无神论观点，排除了有意志的天的地位，在中国哲学史上起了划时代的作用。

《道德经》具有朴素的辩证法思想。它比较系统地揭示出事物的存在是相互依存的，而不是孤立的。如美丑、难易、长短、高下、前后、有无、损益、刚柔、强弱、祸福、荣辱、大小、生死、胜败等等，都是对立的统一，一方不存在，对方也就不存在。《道德经》的辩证法是春秋以前的辩证法思想的发展。

在认识论上，《道德经》主张根据事物的本来面貌去认识事物，不能有任何附加。这与老子的唯物主义世界观是一致的。它重视直觉的作用，使其具有神秘主义的色彩。

《道德经》激烈地抨击了奴隶主贵族阶级对人民的剥削和压迫，指出："民之饥，以其上食税之多"；"民之轻死，以其上求生之厚"。它从农民小私有者的利益出发，提出了反对剥削的平均主义思想，认为："天之道损有余而补不足；人之道则不然，损不足以奉有余。"它主张"绝圣弃知"，"无为而治"，幻想回到"小国寡民"的原始状态。这既有批判统治者的进步性，也明显带有空想的色彩。

《道德经》的语言高度简练，朗朗上口，蕴含着丰富的哲理。例如："道，可道，非常道。名，可名，非常名。""玄之又玄，众妙之门。""有无相生，难易相成，长短相形，高下相倾，音声相和，前后相随。""知人者智，自知者明。胜人者有力，自胜者强。""大方无隅，大器晚成。大音希声，大象无形。""知足不辱，知止不殆，可以长久。""大巧若拙，大辩若讷。""民不畏死，奈何以死惧之？""祸兮福之所倚，福兮祸之所伏"等等，都脍炙人口，成为格言警句。

两千多年来，老子的哲学思想是唯一可以与孔子哲学抗衡的最大思想流派。老子开创的道家思想与孔子开创的儒家思想，成为中华传统文化的主流，影响十分深远。

▲ 《论语》

《论语》是儒家的经典之一，是孔子弟子及其再传弟子关于孔子言行的记录。

孔子（公元前551～前479），名丘，字仲尼，鲁国陬邑（今山东曲阜东南）人。春秋后期伟大的思想家、教育家，儒家的创始人。他的祖先是宋国贵族，但早已衰落，后定居鲁国。孔子少时"贫且贱"，勤奋好学，学无常师。他年轻时做过"委吏"（管理会计）、"乘田"（管理畜牧）等小吏。50岁前后，他曾任中都宰、司寇，一度摄行相事，但因不能实现自己的政治主张而辞职。此后他周游列国，仍不得志。孔子晚年主要是聚徒讲学，整理典籍。他开创了私人讲学之先河，主张"有教无类"，相传有"弟子三千，贤人七十二"，打破了贵族阶级对教育的垄断，是中国历史上第一位大教育家。他整理了《诗》《书》等古代文献，并将鲁国史官所记《春秋》加以删改修订，使之成为中国第一部编年体的史书。

《论语》集中体现了孔子的思想。其学说的核心是"仁"。孔子对"仁"有多方面的解释，其中最基本的解释是"爱人"，主张"己所不欲，勿施于人"，"己欲立而立人，己欲达而达人"，实行"忠恕"之道。他主张实行德政，宣扬"博施于民而能济众"，要求"节用而爱人，使民以时"，批判苛政，反对横征暴敛，斥责以人殉葬的恶行，表现了早期的人道主义思想。

同时，孔子又主张"仁"的实行要以"礼"为规范，提出"克己复礼为仁"。这种"礼"主要指"周礼"，即西周的典章制度。他以恢复西周的典章制度为己任，提出"正名"的主张，认为"君君、臣臣、父父、子子"都应实副其"名"。

在世界观上，孔子对殷周以来的鬼神宗教迷信采取存疑的态度，认为"未知生，焉知死"；"未能事人，焉能事鬼"。但他仍承认"天命"，认为"不知命，无以为君子也"。在认识论上，孔子说："生而知之者，上也；学而知之者，次也；困而学之，又其次也；困而不学，民斯为下矣。"一方面承认有"生而知之者"，另一方面又强调"学而知之"，表现出重视从实际中获取真知的精神。在方法论上，孔子主张"中庸"，反对走极端。在教育思想方面，孔子强调"学而时习之"，"学而不厌，诲人不倦"，注重"学"与"思"的结合，提出了"学而不思则罔，思而不学则殆"和"温故而知新"等重要观点。在学习态度上，他强调"知之为知之，不知为不知"，"多闻阙疑"，"不耻下问"的踏实态度。在教学方法上，他提倡启发式，"不愤不启，不悱不发"，主张"因材施教"，循循善诱。在师德、师风上，他不愧为千古楷模。

在《论语》中，极少抽象的哲学思辨，鲜明地体现出中华民族的实践理性特色。语言流畅通达，活泼生动，文学性强。其中许多语言，蕴含着丰富的真知灼见和深刻的人生哲理。例如："三人行，必有我师焉。""岁寒，然后知松柏之后凋也。""三军可夺帅也，匹夫不可夺志也。""逝者如斯夫，不舍昼夜！"这些话语，言简意赅，生动形象，早已化为成语，成为格言。

千百年来，《论语》一直是中国传统文化的基本典籍，在社会各阶层广为流传，深刻地影响着中华民族的心理和性格，在世界上也产生了十分广泛的影响。

▲《孟子》

《孟子》为儒家经典之一，由孟子及其弟子万章等著。

孟子（约公元前 372～前 289），名轲，字子舆，邹（今山东邹城东南）人，战国时著名的思想家、教育家。他是鲁国贵族孟孙氏的后裔，幼年丧父，家庭贫困，受业于子思（孔子之孙）的门人。当时，封建制已在各国确立，各国之间激烈的政治、军事竞争，直接影响到各种思想和学说的竞争。孟子曾游历齐、宋、滕、魏等国，一度任齐宣王客卿。因其政治主张无法实行，便退而著书立说。他十分崇拜孔子，在新的历史条件下发展了儒家学说，成为继孔子之后儒家学派最权威的人物。北宋以后，孟子被尊为仅次于孔子的"亚圣"，其著作被列为士大夫必读的经典。于是，孔孟并称，相沿至今。

《孟子》共七篇，内容十分丰富。

在政治上，孟子主张"效法先王"，提倡"仁政"，实行"王道"，这与孔子提倡的"德政"是一脉相承的。他的"仁政"思想的基本内容是"保民而王"，"省刑罚，薄税敛"，使"黎民不饥不寒"；反对"杀人盈野"的兼并战争，认为只有"不嗜杀人者"才能统一天下。他认识到人民的重要性，提出"民为贵，社稷次之，君为轻"的重要观点。从这种"民贵君轻"的观点出发，他尖锐揭露了"庖有肥肉，厩有肥马，民有饥色，野有饿莩"的不合理现实，批判了残民以逞的暴君，肯定了推翻暴君的正义行动："贼仁者谓之贼，贼义者谓之

残。残贼之人，谓之一夫。闻诛一夫纣矣，未闻弑君也。"可以说，孟子将古代的民本思想发展到了顶峰。

孟子提出了哲学理论上的"性善"论。他认为"恻隐之心"、"羞恶之心"、"辞让之心"、"是非之心"，分别为"仁"、"义"、"礼"、"智"的"四端"，人人都有。只要统治者将这种恻隐之心"扩而充之"，做到"老吾老，以及人之老；幼吾幼，以及人之幼"，治理天下就比较容易。

在君臣关系上，孟子比孔子也有所进步。孔子主张"君使臣以礼，臣事君以忠"。孟子却说："君之视臣如手足，则臣视君如腹心；君之视臣如犬马，则臣视君如国人；君之视臣如草芥，则臣视君如寇雠……寇雠，何服之有？"这种在君主面前相对独立的人格，比之封建社会后期盛行的"君要臣死，臣不得不死"的谬论，不知要高明多少倍。

在义和利的关系上，孟子将二者对立起来，认为"上下交征利而国危矣"，主张先义而后利。在劳心和劳力的关系上，孟子提出了"劳心者治人，劳力者治于人"的观点。在世界观、人生观上，孟子承认"天命"，但并非宿命论者。他赞同"食、色，性也"。肯定了人的正常欲望。他重视环境和教育对人的影响，认为"逸居而无教，则近于禽兽"。他强调自我修养，提倡培养"浩然之气"，要求达到"富贵不能淫，贫贱不能移，威武不能屈"的境界。凡此种种，对后世产生了广泛而深远的影响。《孟子》中许多言语脍炙人口，成为千古传诵的名言警句。

▲《庄子》

《庄子》是道家经典之一，同《易经》《道德经》一起，并称为"三玄"。

《庄子》为庄子及其后学著。庄子（约公元前 369～前 289），名周，宋国蒙（今河南商丘东北）人，战国时著名的哲学家。曾任蒙地的漆园吏。传说楚威王闻其贤，欲礼聘为相，被庄子拒绝。庄子曾盛赞老子为"古之博大真人"（《庄子·天下》），继承和发展了老子开创的道家学说。尽管庄子的学说与老子颇有区别，但后世仍多以"老庄"并称。

《庄子》今存 33 篇，包括《内篇》7篇，《外篇》15 篇，《杂篇》11 篇。一般认为《内篇》是庄子本人的作品，《外篇》和

《杂篇》则兼有庄子门人及其后学之作，甚至可能掺杂有其他学派的个别篇章。

《庄子》的内容博大而丰富，在世界观上，庄子继承和发展了老子"道法自然"的观点，认为"道"是无限的，是无所不在的，否认有神的主宰。在认识论上，庄子有朴素辩证法的思想，但主要是相对主义。他看到一切都处于"无动而不变，无时而不移"之中，却忽视了事物的稳定性和差别性。庄子深刻地指出了人们认识上的局限性、片面性，丰富了中国哲学史上的认识论。相对主义是庄子哲学思想的主要特征。在人生哲学上，庄子追求绝对的精神自由，希望达到一种"天地与我并生，而万物与我并存"的精神境界。庄子的哲学思想达到了很高的思维水平，对后世的影响非常大。

《庄子》在先秦诸子的散文著作中文学成就是最高的，历代很多大作家都受到它的影响和熏陶。它大都由寓言构成，想象丰富，构思奇特，具有鲜明的浪漫主义色彩，曾得到过鲁迅先生的高度评价。

▲《荀子》

《荀子》是战国后期儒者荀子的著作，现存 32 篇。

荀子（约公元前 313～约前 238），名况，字卿，又称孙卿，赵国人，是战国时期杰出的思想家、教育家、文学家。后游学于齐，是稷下学宫中最活跃的人物。

与孟子主张"性善"不同，荀子主张"性恶"，这是基于人们被日下之世风所熏染而言。他认为善良是经过后天的教育、修养而形成的，因此，非常强调教育的作用。所以，荀子与孟子言人性善恶，貌似各执一端，实则殊途同归，都强调通过教育可修身正心，以铸成美好的心灵。荀子在他的著作中，深刻地阐明了教育、学习的重要性。他说："荣辱之来，必象其德。肉腐出虫，鱼枯生蠹。怠慢忘身，灾祸乃作。""故言有招祸也，行有招辱也，君子慎其所立乎！"《劝学》中他又反复告诫学习必须持之以恒："不积跬步，无以至千里；不积小流，无以成江海。"这些话，至今仍是警世之言。

对古代朴素唯物主义思想的发展，是荀子的突出贡献。他说："天行有常，不为尧存，不为桀亡。应之以治则吉，应之以乱则凶"（《天论》）。指出自然界有它的不以人的意志为转移的客观规律，人们办事顺应这个规律则"吉"，违反这个规律则"凶"。这些思想现在仍有积极意义。

《荀子》在中国文学史上占有重要的地位。它的内容精深宏博，文字犀利有力，论证准确充分，逻辑清晰严密。它尤其善于博喻，以贴切的多种比喻阐明抽象的道理，深入浅出，层层剖析，行文有一泻千里之势，很有说服力与感染力。

《荀子》中的许多话，如"青，取之于蓝，而青于蓝；冰，水为之，而寒于水"。"锲而舍之，朽木不折；锲而不舍，金石可镂"（《劝学》）；"道虽迩，不行不至；事虽小，不为不成"（《修身》）等等，已经成了今天人们熟知习用的格言。

▲《楚辞》

"楚辞"是战国时期兴起于楚国的一种诗歌样式。屈原（约公元前 340～约前 278）、宋玉（晚于屈原，生卒年不详）等楚国诗人的作品"书楚语，作楚声，纪楚地，名楚物"，故被称为"楚辞"。由于最有代表性的作品是屈原的《离骚》，后人有时又将楚辞称为"骚"体。西汉后期，刘向整理古文献，把屈原、宋玉的作品和汉代人仿写的作品汇编成集，题为"楚辞"。从此，"楚辞"既是一种文学体裁的名称，又是一部诗歌总集的名称。

作为《诗经》之后的又一部诗歌总集，《楚辞》与《诗经》不同。从创作方法看，《诗经》主要反映中原地区的风土民情和社会生活，开创了中国诗歌史上的现实主义传统；《楚辞》则富有鲜明的南方色彩，想象丰富，长于抒情，开创了诗歌史上的浪漫主义传统。从表现手法看，《诗经》多用比、兴手法，以增强作品的形象性；《楚辞》则进一步把比、兴发展为象征手法，使诗歌蕴含更加丰富。从句式看，《诗经》以四言句式为主；《楚辞》则形成以六七言句式为主，参差自由的新句式，大大增强了诗句的表现力。从篇章结构看，《诗经》为了合乐的需要，篇下分章，篇幅一般比较短小；《楚辞》大多"不歌而诵"，无合乐要求，因而篇下不分章，结构往往比较庞大。从作者和作品风格看，《诗经》（特别是《国风》）大多为集体创作的民歌，风格朴素自然；《楚辞》则多为文人创作，作品铺张华丽，形成一种"弘博丽雅"的风格。

作为一种新诗体，楚辞的代表作家屈

原，是中国文学史上第一个伟大的诗人。他的杰作《离骚》，是他思想品格和艺术才华的集中体现。《离骚》是《楚辞》中最长的一篇，也是中国古代最长的政治抒情诗。诗人饱含血泪，曲折尽情地展现了自己的精神世界，以自己"信而见疑，忠而被谤"的不平境遇为基础，以理想与现实的矛盾为中心，揭露和批判了楚国君主昏庸、小人猖獗的黑暗现实，表现了诗人渴望举贤任能、修明法度的进步政治思想，抒发了深沉执著的爱国热情。"路漫漫其修远兮，吾将上下而求索"。"亦余心之所善兮，虽九死其犹未悔"。这种为理想而献身的精神，永远激励着一切有志者。在艺术上，《离骚》也取得了极高的成就。它以火一样的激情，塑造了一个高大峻洁的抒情主人公形象，成为后人景仰和追慕的崇高典范。它大量使用比喻和象征手法，大量运用历史故事和神话传说，想象奇幻，辞藻华丽，形成浓郁的浪漫主义特色。在句式和语言上，它也多有创新。丰富深刻的思想内容与完美的艺术形式的统一，使它不愧为千古绝唱。

除了《离骚》之外，屈原的作品还有《九歌》（包括 11 篇作品）、《九章》（包括 9 篇作品）、《天问》《招魂》。这些诗篇，在思想内涵和艺术风格上都各有特点：《九歌》中的《湘君》《湘夫人》《山鬼》《国殇》，《九章》中的《涉江》《橘颂》等篇章，都是脍炙人口的佳作。而《天问》更是一篇构思新颖，形式独特的奇诗，它以 1500 余字的篇幅，对宇宙万物、神话传说、历史事件、社会现象提出了170 多个问题。诗人知识之渊博、想象之奇崛、思考之深邃，至今仍令人惊叹。

继屈原之后，宋玉是楚辞的另一个重要作家。其生平不详，大约是楚襄王时的一位贫士，虽曾出仕，但很不得志。他的作品相传有多篇，但公认为可靠的只有《九辩》一篇。它以"贫士失职而志不平"为中心，揭露了朝廷小人当道、不辨贤愚的污浊现象，抒发了怀才不遇的情绪。虽有模仿屈原之处，但善于写景抒情，渲染环境气氛，在艺术上独具特色，仍是一首

优秀的抒情长诗。

千百年来"诗""骚"并称，成为中国古典诗歌的两大源头。

▲《史记》

《史记》是中国第一部纪传体通史著作，西汉司马迁著。司马迁（公元前 145 或前 135～?），字子长，夏阳（今陕西韩城南）人，西汉杰出的史学家、文学家。因他在《史记》中自称"太史公"，后人多以"太史公"称之。

公元前 99 年，司马迁上书汉武帝为李陵败降匈奴事辩解，获罪下狱，受腐刑。后遇赦出狱，任中书令。经此大祸，他对统治者的残暴和专横有了深刻的认识。此后，他忍辱负重，发愤著述，于公元前 91

年基本完成了《史记》这部"究天人之际，通古今之变，成一家之言"的不朽巨著。

《史记》共130篇，包括十二"本纪"、十"表"、八"书"、三十"世家"、七十"列传"。它取得了多方面的开拓性的成就。

《史记》具有进步的思想倾向和强烈的批判意识。首先，对封建统治阶级，特别是汉代最高统治者，作了深刻的揭露和讽刺。如对汉王朝的创立者刘邦，作者虽然在《高祖本纪》里正面描写了他作为开国之君的豁达大度、坚韧不拔、善于用人等长处，但也点明了他年轻时游手好闲、"好酒及色"的毛病，讽刺了他虚伪狡诈的一面。而在《项羽本纪》《萧相国世家》《淮阴侯列传》等篇章中，更是揭露了刘邦在群雄逐鹿中的怯懦和无能，批判了他猜忌臣下的心理和诛杀功臣的罪行。对于当世君主汉武帝，作者在《封禅书》中写他迷信方士，企图求取长生不老之术，虽屡次受骗，却始终不觉悟；在《平准书》中写他长期用兵，奢侈铺张，消耗了汉兴以来的大量积蓄；在《酷吏列传》中则批评他重用酷吏，滥施淫威的行径。这些记载，表现了作者可贵的胆识。此外，对历史上的夏桀王、商纣王、周幽王等暴君，作者也都予以鞭挞和否定。

《史记》对于反对暴政、反抗强权的历史人物，则给予热情的歌颂。如对率先反抗暴秦统治的陈涉起义，作者予以充分肯定，将陈涉列入"世家"，高度评价道："秦失其政而陈涉发迹……卒亡秦族。天下之端，自涉发难。"对在推翻秦王朝中起了决定性作用的项羽，作者将他列入"本纪"，称赞他"三年遂将五诸侯灭秦……位虽不终，近古以来，未尝有也"。在《刺客列传》中，作者对曹沫、专诸、荆轲等反抗强权和暴政的行为也作了绘声绘色的描写，赞扬了他们视死如归的精神。此外，《史记》继承了战国以来先哲追求统一的思想，改变了分封割据的历史观念，表现出了大一统的历史观。这不仅肯定了汉王朝统一全国的历史合理性，而且对中华民族在精神上、心理上的统一起了重要的促进作用。

《史记》还反映出作者的创新精神。司马迁吸收了前人编撰史书的各种方法而又自成一家，创造了纪传体这种新的史书体例，成为后来历代"正史"的典范。

《史记》有高度的文学成就，它不仅开创了我国纪传体的史学，而且开创了我国的传记文学，是我国第一部传记文学总集。《史记》的"本纪"、"世家"、"列传"构成了一个辉煌的人物画廊，塑造了许许多多栩栩如生的历史人物的形象。作者善于抓住人物一生中最有典型意义的事件和行动，加以细腻描写，以突出人物的性格特征。

《史记》在语言上的最大特点是善于用符合人物身份的语言来表现其神态和性格。如项羽、刘邦都曾见过秦始皇出巡的盛大场面，并都发过感慨。项羽说："彼可取而代也！"刘邦则说："嗟乎，大丈夫当如是也！"前者咄咄逼人，表现了项羽的强悍和豪爽；后者委婉曲折，表现了刘邦的老练和深沉。书中的叙述语言和对话带有口语化的色彩，晓畅传神。它在语言上的高度成就，使它成为古代散文的典范。

两千多年来，人们高度尊崇《史记》"不虚美，不隐恶"的"实录"精神和"善序事理，辨而不华，质而不俚"的杰出成就。它确实无愧于"史家之绝唱，无韵之《离骚》"的美誉。

▲《世说新语》

《世说新语》是古代志人小说（记述人物的逸闻趣事、言谈举止）的代表作品，题为南朝宋临川王刘义庆撰，实为刘义庆与其门下文人共同编纂而成。刘义庆（403～444），彭城（今江苏徐州）人，宋武帝刘裕之侄，封临川王，曾任南兖州刺史、都督加开府仪同三司。他"秉性简素，寡嗜欲，爱好文义"，"招聚文学之士，近远必至"。宋文帝时，他深受信任，颇有建功立业的雄心，于是与门下文人一起，编纂了这部小说。

《世说新语》按内容分类记事，全书分为德行、言语、政事、文学、方正、雅量、识鉴等36门，主要记载东汉末年至东晋间上层士大夫的逸闻趣事和言谈。通过作品的叙述和描写，我们可以窥见这一历史阶段士大夫的精神面貌、心理特征和日常生活。所以，我们可将《世说新语》一书视为魏晋风度的一面镜子。鲁迅《中国小说史略》称《世说新语》"记言则玄远冷隽，记行则高简瑰奇"，准确而精练地概括了它的总体艺术特色。具体而言，其艺术成就主要表现在如下几个方面：第一，善于通过片言只语或富有特征的行动来表现人物性格。如《忿狷》篇写王蓝田（王述）吃鸡蛋，"以箸刺之，不得，便大怒，举以掷地"，又"以屐齿碾之"，"复于地取内口中，啮破，即吐之"。仅用数十字，便把王述的急躁写得活灵活现。第二，善于通过对比来突出人物性格。如《德行》篇写管宁与华歆，即通过两个细节进行对比：一是锄园得金，"管挥锄与瓦石不异，华捉而掷去之"；二是同席读书，有官员过门，"宁读如故，歆废书出看"。两相对照，管宁的淡泊自守，华歆的热衷名利，均跃然纸上。第三，语言简洁生动，隽永传神。作品叙事，三言两语而褒贬自见。如《俭啬》篇："王戎有好李，卖之恐人得其种，恒钻其核。"短短十六字，便写出了王戎自私吝啬的本性。写人物语言，也能切合其身份和性格。

《世说新语》是一部继承魏晋志人小说传统的笔记小说，语言精练，有的如同口语，而意味隽永深长，在中国文学史上产生了深远的影响。其中不少故事，成了诗词中常用的典故。

▲《颜氏家训》

《颜氏家训》系我国北齐文学家、教育思想家颜之推（531～约590以后）所著，共20篇。《颜氏家训》总结了我国家庭教育的经验，并有许多创见，是我国古代家庭教育思想史上一个重要的里程碑。

《颜氏家训》的作者结合自己亲历的成长过程，谈论家教，使人读来真切感人，容易接受。比如，他在主张家教应"严"的《序致》一文中，讲述自己的切身体会。他说，他家家教本来很严，但他9岁之时，不幸丧失父母双亲，兄长对他宠爱有加，只有仁爱而没有威严，不能对他进行严格的教育，于是，他放纵自己的性情，说大话，夸海口，忘乎所以，也不注意修饰仪容。懂事以后，他才通过严格的自我修养，改掉了这些不良的习性。

《颜氏家训》虽然主张家教应严，但也强调治家要宽严适度。如果治家过宽，没有规矩，会搞得家破人亡。他讲了梁元帝时代一个名士，治家一味地主张宽厚与仁爱，对妻子儿女僮仆从不约束，结果家人侮辱客人，侵凌乡里百姓，声名狼藉，财物散尽。而另一位大官则治家过严，对全家人过于严厉刻薄，家里缺乏温暖，甚至家人之间怒目相向，结果他的妻妾们共同

买通了一个刺客，趁他酒醉之时将他杀掉了。因此，颜之推主张严而不失爱，宽而不失度。只有这样，家庭生活才能正常运转。

《颜氏家训》主张对子女应进行人格教育，训子教导子女要做到"泯躯而济国"。颜之推生于我国南北朝乱世，深感生死无常。生，怎样才有意义？死，怎样才有价值？这是经常萦回于他心头的问题。他在《颜氏家训》中告诫子女，一个人不应因贪欲自取其祸乃至丧生，那是很不值得的。一个人应为仁义，为忠孝，为济国而献身。他的"泯躯济国"主张，意蕴深刻，现已成为著名的爱国格言，也是教育子女的箴言。

《颜氏家训》对子女修身要求"少欲知足"，应戒"贪欲丧生"，家教反对"偏宠"，主张敬业"能守一职"，力倡注意礼貌，名副其实，谦虚，"慎交游"，对子女的人格修养作了全方位的训诫。

综观《颜世家训》全文，其教育思想观有三：家庭教育要及早进行；家庭教育要爱与教相结合；家庭教育要注意良好习惯的培养。这种教育思想观，对今天的家庭教育仍具有实际指导作用。

▲《唐诗三百首》

《唐诗三百首》为清代学者孙洙编。孙洙（1711～1778），字临西，号蘅塘，晚号退士，江苏无锡人。他从《全唐诗》近五万首中精心选出三百多首，编成此书，原是为蒙童学习诗歌之用，但由于所收作者大多数是唐代重要诗人，作品包括了唐诗的各种体裁，且所选多是唐诗中的精品，因而受到我国历代学子和广大群众的喜爱。民间有谚曰："熟读唐诗三百首，不会吟诗也会吟。"

《唐诗三百首》为六卷，或作八卷。据光绪年间四藤吟社本（八卷），卷一为五言古诗、乐府。古诗中有李白《月下独酌》、杜甫《望岳》、张九龄《感遇》、王维《送别》等名篇。乐府中有李白《关山月》《子夜吴歌》、王昌龄《塞上曲》《塞下曲》、孟郊《游子吟》等名篇。

卷二、卷三均为七言古诗。其中有白居易《琵琶行》《长恨歌》、杜甫《观公孙大娘弟子舞剑器行》、陈子昂《登幽州台歌》、李白《梦游天姥吟留别》、岑参《白雪歌送武判官归京》等名篇。

卷四为七言乐府，其中有高适《燕歌行》、李颀《古从军行》、李白《蜀道难》《将进酒》、杜甫《兵车行》等唐诗中的经典之作。

卷五为五言律诗，卷六为七言律诗。骆宾王《在狱咏蝉》、张九龄《望月怀远》、王勃《杜少府之任蜀州》、王维《山居秋暝》、杜甫《春望》《闻官军收河南河北》、崔颢《黄鹤楼》、秦韬玉《贫女》、温庭筠《苏武庙》、元稹《遣悲怀》、刘禹锡《西塞山怀古》以及李商隐《锦瑟》《无题》等名篇悉在其中。

卷七为五言绝句、乐府，收有王之涣《登鹳雀楼》、柳宗元《江雪》、孟浩然《春晓》、元稹《行宫》、卢纶《塞下曲》、李益《江南曲》等诸多名篇。

卷八为七言绝句、乐府。其中有张继《枫桥夜泊》、贺知章《回乡偶书》、杜牧《泊秦淮》、王昌龄《芙蓉楼送辛渐》、王之涣《出塞》、杜秋娘《金缕衣》、王维《九月九日忆山东兄弟》《渭城曲》等名篇。

▲《宋词三百首》

我国宋代盛行词体，出了上千词人，留下词作逾两万。《宋词三百首》是近代文学家朱孝臧从宋词中精选而出。朱孝臧（1857～1931），字古微，号沤尹，又号彊村，近代词人。清光绪年间进士，工诗词。他选编的《宋词三百首》，可与《唐诗三百首》媲美，流传海内外。

《宋词三百首》精选了宋词主要流派代表作家的代表作品，可从"一管"而略"窥全豹"。

婉约派的代表是柳永、秦观、李清照等，他们的共同特点是注重格律形式，讲究音节和谐，追求一种清婉、工丽的艺术风格。《宋词三百首》选了柳永的《定风波》《少年游》《玉蝴蝶》《竹马子》，秦观的《望海潮》《满庭芳》《减字木兰花》《浣溪沙》，李清照的《如梦令》《声声慢》《念奴娇》《永遇乐》等名篇。

豪放派的代表是苏轼、岳飞、陆游等，他们的共同特点是主张以诗为词，以文为词，突破了词法和音律的束缚，拓宽了词的表现领域，提高了词的社会功能，形成了一种豪迈奔放的风格特征。《宋词三百首》选了苏轼的《水调歌头》《水龙吟》《念奴娇》《临江仙》、岳飞的《满江红》、陆游的《卜算子》《渔家傲》《定风波》等名篇。

周邦彦开长调咏物之先河，尽笔法回环之妙，注重词的典雅和格律化。《宋词三百首》选了周邦彦的《瑞龙吟》《风流子》《兰陵王》《拜星月慢》《夜游宫》等名篇。

作家为辛弃疾、文天祥、刘辰翁等。是豪放派词风的集大成者。他们以强烈的爱国精神，精湛的表现艺术，将词推向了更高的水平。《宋词三百首》选了辛弃疾的《贺新郎》《摸鱼儿》《永遇乐》《青玉案》等名篇，刘辰翁的《兰陵王》《宝鼎现》《永遇乐》《摸鱼儿》等名篇。

姜夔，承袭词风，追求音律形式美。《宋词三百首》选了姜夔的《点绛唇》《鹧鸪天》《琵琶仙》《暗香》等名篇。

▲《元曲选》

《元曲选》又名《元人百种曲》。是明代戏曲家、文学家臧懋循编纂的元人杂剧总集，共一百卷，成书于万历四十四年（1616）。编选者臧懋循（1550～1620），字晋叔，号顾渚，长兴（今属浙江）人。万

历八年（1580）举进士。他精通音律，对戏曲很有研究，并持有进步的文学主张，曾任南京国子监博士，后遭诽谤，被劾罢官，回乡隐居。晚年家境贫困，他仍坚持写作，并编写了多种书籍，包括《古诗所》《唐诗所》《弹词》等，其中以《元曲选》最为重要。

臧懋循选编《元曲选》，一方面是为了"藏之名山而传之通邑大都"，使元代文学的精华不至湮没无闻；另一方面则是为了汇集元杂剧的杰作，使明代的南曲作家能"知有所取则"。《元曲选》分前、后两集，每集收杂剧 50 种，总共 100 种，包括 39 位作家的作品 69 种和无名氏作品 31 种。其中，"元曲四大家"关汉卿、马致远、白朴、郑光祖的作品共 20 种，占全书作品的五分之一。元杂剧其他重要作家，如王实甫、乔吉、张国宾、杨显之、石君宝、李直夫、宫天挺、贾仲明等人的作品，该书也有所收录。元杂剧中一大批思想艺术成就较高的名作，如关汉卿的《窦娥冤》《救风尘》《望江亭》《鲁斋郎》，马致远的《汉宫秋》《青衫泪》，白朴的《墙头马上》《梧桐雨》，郑光祖的《倩女离魂》《王粲登楼》，王实甫的《丽春堂》，乔吉的《金钱记》，张国宾的《合汗衫》，杨显之的《潇湘夜雨》，石君宝的《秋胡戏妻》，尚仲贤的《柳毅传书》，纪君祥的《赵氏孤儿》，康进之的《李逵负荆》，宫天挺的《范张鸡黍》，无名氏的《陈州粜米》《连环计》等等，均借助此书而留存，至今脍炙人口。后人经研究发现，保留至今的元杂剧只有 160 余种，仅占现存剧目的四分之一。而臧懋循的《元曲选》就保存了 100 种，占今存元杂剧的大半。

元曲是元代文学的主要艺术品种。它包括两大部分：散曲（分为小令、套曲两类）和杂剧。其中，杂剧作为一种新兴的戏剧样式，以丰富而深刻的思想内涵，生动而优美的艺术形式，取得了突出的成就，堪称元代文学的光辉代表，成为中国戏剧发展史上的第一座高峰。在中国文学史上，元杂剧、散曲可与唐诗、宋词并称。但由于元杂剧的作者在当时大多社会地位低下，被统治者和某些所谓的正统文人所排斥。而臧懋循编选的《元曲选》对这种艺术形式的保留起到了不可磨灭的作用。

▲《西厢记》

王实甫著。王实甫，一说名德信，字实甫，元杂剧作家，大都（今北京市）人，生卒年不详。《西厢记》是他根据唐代元稹的传奇小说《会真记》及后来据此改编的民间说本、唱本加工创作而成，全名《崔莺莺待月西厢记》，是元代杂剧最优秀的作品之一。王实甫的《西厢记》与元稹的《会真记》在情节和主题上都有重要改变。元稹的《会真记》中的主人公张生与崔莺莺相爱，始乱终弃，是一曲爱情悲剧；而王实甫的《西厢记》中主人公张君瑞与崔莺莺却对爱情坚贞不渝，敢于冲破封建礼教的束缚，实现了"天下有情人终成眷属"的愿望。

《西厢记》的文学成就很高，它通过

"张君瑞闹道场"、"崔莺莺夜听琴"、"张君瑞害相思"、"草桥店梦莺莺"、"张君瑞庆团圆"等折戏，用曲折的情节安排和深刻动人的人物性格刻画，塑造了为爱情不惜牺牲一切的相国小姐崔莺莺，乐于助人、活泼可爱的红娘，执著地追求真挚爱情的书生张君瑞等人的典型形象。

《西厢记》的文学成就还表现在曲词的文学性上。王实甫善于驾驭语言，将我国古典诗词和方言俗语有机地融为一体，文辞优美，语言清丽，写人状物，传神绘景，形象鲜明，贴切入微，且韵律很强，富于诗意。崔莺莺给张生写了一封著名的情书，是一则诗谜："待月西厢下，迎风户半开，隔墙花影动，疑是玉人来。"张生破解诗谜赴约，崔莺莺忽然变卦。红娘的一段调侃张生的唱词也很有诗意："再休题'春宵一刻千金价'，准备着'寒窗更守十年寡'。猜诗谜的社家，梦拍了'迎风户半开'，山障了'隔墙花影动'，云砉了'待月西厢下'……晴干了尤云殢雨心，悔过了窃玉偷香胆，删抹了倚翠偎红话。"又如第四本第三折"送别"："碧云天，黄花地，西风紧，北雁南飞。晓来谁染霜林醉，总是离人泪。"情景交融，意境深沉，已成为传诵的名句。可以说，《西厢记》的许多曲词都是美妙的抒情诗，与三百年后西方戏剧大师莎士比亚创作的诗剧有异曲同工之妙。

▲《三国演义》

《三国演义》是中国文学史上第一部成熟的长篇小说。全称《三国志通俗演义》。作者罗贯中（约 1330～约 1440），名本，号湖海散人，山西太原人，元末明初杰出的小说家。他阅历广泛，才华横溢，"编撰小说数十种"（明·田汝成《西湖游览志余》）。除《三国演义》外，今存作品尚有《三遂平妖传》等，对《水浒传》至少也拥有部分著作权。

《三国演义》艺术地再现了从东汉末年天下大乱到西晋统一全国的历史进程。全书大致分为四大部分：第 1 回～第 33 回，从汉末失政，黄巾起义，军阀混战写到曹操平定北方；第 34 回～第 50 回，写刘备在荆州积蓄力量，诸葛亮制定战略方针，孙、刘联盟在赤壁之战中打败曹操，为三足鼎立奠定了基础；第 51 回～第 105 回，写孙、刘两家争夺荆州，刘备夺取益州，攻占汉中，魏、蜀、吴三国鼎立局面形成，

诸葛亮南征北伐；第 106 回～第 120 回，写三国后期各国内政的演变和彼此间的斗争，以三分归晋告终。小说以刘蜀集团为中心，以刘蜀与曹魏两大集团的矛盾斗争为主线，在广阔的历史背景中，深刻地描绘了三国时期的政治斗争和军事斗争，寄托了广大人民向往国家统一，拥护清明政治的思想感情，堪称封建社会百科全书式的作品。

在艺术上，《三国演义》取得了很高的成就，为整个古典小说的创作提供了一系列成功的经验。

（1）古典现实主义的精神与浪漫情调、传奇色彩的结合。作为一部历史演义小说，《三国演义》紧紧抓住历史运动的基本轨迹，真实地描写了汉末三国时期的各个重大历史环节，深刻地反映了中华民族争取和维护统一的历史趋势，使全书具有厚重的历史感，表现出强烈的现实主义精神。然而，在具体编织情节、塑造人物时，罗贯中却主要继承了民间通俗文艺的传统，大胆发挥浪漫主义想象，运用夸张手法，对史实进行了大量的加工改写，通过移花接木、张冠李戴、添枝加叶等方式，融入许多虚构成分，表现出浓重的浪漫情调和传奇色彩。这种虚实结合、亦虚亦实的创作方法，乃是《三国演义》最基本的创作方法，是它最重要的艺术特征。

（2）精彩绝伦的战争描写。作品描写了汉末三国时期所有重要战役和许多著名战斗，把这些战役和战斗写得千变万化，各具特色，充分表现了战争的复杂性和多样性。首先，作品善于集中笔墨，着重描写战争双方战前的力量对比、形势分析和战略战术的运用，从而揭示出决定战争胜负的根本原因。而决战时的厮杀拼夺，则往往粗笔勾勒，一带而过，表现了"斗智优于斗力"的思想。其次，作品很少平铺直叙地交代战争的过程，而是抓住各次战争的特点，多角度、多侧面地加以表现。作者既善于用粗犷的笔调，描写金戈铁马、雷震霆击的大场面，又巧于用细腻的笔触，描写光风霁月、诗情画意的小镜头，把整个战争过程写得波澜起伏，张弛有度，节奏分明。再次，作品善于浓墨重彩地渲染战场气氛，给人以身临其境的逼真感受，令人叹为观止。可以肯定地说，《三国演义》战争描写艺术成就之高，堪称千古独步。

（3）多姿多彩的人物形象。《三国演义》总共写了400多个人物，是古典小说中写人物最多的巨著。其中，形象生动、性格鲜明、家喻户晓的人物就有几十个，而曹操、诸葛亮、关羽等主要形象更是文学史上公认的典型。作品善于将人物放到尖锐的矛盾冲突中，通过各自的言行，表现其不同的性格，如"诸葛亮安居平五路"、"空城计"就是成功的例子。作品又善于采用典型的情节和生动的细节来突出人物的性格特征，如官渡之战中"许攸问粮"一节，就惟妙惟肖地刻画了曹操诡诈多疑的奸雄特征。作品还善于运用夸张、对比、烘托等手法塑造人物，如"温酒斩华雄"、"三顾茅庐"、"张飞大闹长坂桥"

都是脍炙人口的精彩片段。

（4）宏伟壮阔而又严密精巧的结构。全书所叙时间漫长，人物众多，头绪纷繁，作者却能以刘蜀为中心，抓住三国矛盾斗争的主线，精心安排，从容道来，使全书纲举目张，既曲折变化，又前后贯串，脉络分明，布局严谨，形成了一个相当完美的艺术整体。

（5）简洁明快、生动流畅的语言。作品用半文半白的语言写成，使叙事语言、对话语言和引用的古代文言融为一体，"文不甚深，言不甚俗"，雅俗共赏，历来为人所称道。

总之，《三国演义》不仅代表了古代历史演义小说的最高成就，而且与《水浒传》一起，形成了中国小说史上的第一座艺术高峰。

▲《水浒传》

《水浒传》是中国古代长篇小说名著。一般认为成书于元末明初，是在长期流传的民间水浒故事、话本和戏曲的基础上，由伟大作家再创造而成的杰作。作者有三说：①罗贯中作；②施耐庵作；③施耐庵、罗贯中合作。现学术界大都认为施耐庵作。施耐庵，生平不详。

《水浒传》以历史上的宋江起义为题材，真实而生动地描写了众多英雄好汉被"逼上梁山"，反抗官府的故事，深刻地反映了农民起义的社会根源，成为中国文学史上正面描写农民起义的史诗性作品。同时，作品又以肯定的态度描写宋江等人接受招安，参与镇压方腊起义，视之为"顺天"、"护国"之举，反映出作者对农民起义缺乏真正的理解，将农民阶级反抗地主阶级的阶级斗争纳入了"忠奸斗争"的轨道。而作品对梁山好汉接受招安后悲剧性结局的描写，则揭露了封建统治者的腐败和凶残。这一切，使作品的思想内容呈现出复杂的面貌。

《水浒传》是英雄传奇小说的典范作品，取得了多方面的艺术成就。

（1）它成功地塑造了一系列个性鲜明、栩栩如生的英雄形象。如李逵、鲁智深、武松、林冲等，都是妇孺皆知的传奇英雄。作品善于通过人物的行动来刻画其不同的性格。如同是顶天立地的英雄，写李逵，不仅通过多种战斗场面来表现其英勇无畏，而且通过"负荆请罪"等情节，写出了他是非分明、不徇私情、知错就改的坦荡胸襟。写鲁智深，既通过"倒拔垂杨柳"等情节，表现其英雄气概，更通过"拳打镇关西"、"大闹野猪林"等情节，刻画他疾恶如仇的品格和粗中有细的特点。写武松，不仅通过"景阳冈打虎"、"斗杀西门庆"等情节，表现其胆大神勇，而且通过"醉打蒋门神"、"血溅鸳鸯楼"等情节，揭示其心思细密、看重个人恩怨的性格。尤其可贵的是，作品还特别注意表现人物性格发展的过程。如写林冲被"逼上梁山"的始末，就令人信服地表现了他由软弱忍让到坚决造反的性格演变历程。

（2）细节描写生动传神。作品继承了民间"说话"艺术的优秀传统，善于通过真实而细腻的细节描写来刻画人物，体现了传奇性与真实性的完美结合。如写鲁智深拳打镇关西，对每一拳的打法及其"效果"都写得细致逼真，使读者有身临其境之感。写林冲风雪山神庙，因天寒欲打酒，便去取些碎银子，用花枪挑起酒葫芦，将炭火盖了，将草场门反锁，带了钥匙，信步投东。这一系列动作，极富生活气息，生动地表现了林冲谨慎细致的性格，为他下一步在被逼至绝境时奋起复仇作了有力的铺垫。

（3）语言充分口语化，准确鲜明，生动活泼，酣畅淋漓。作品的叙述语言，绘声绘色，极具表现力。如"杨志卖刀"一节，写泼皮牛二胡搅蛮缠的举止，可谓形神毕肖。作品的人物语言，更是达到了个性化的高度。如李逵初见宋江，先问戴宗："这黑汉子是谁？"戴宗告诉他："这位仁兄便是闲常你要去投奔他的义士哥哥。"他又追问一句："莫不是山东及时雨黑宋江？"戴宗要他下拜，他却说："若真个是宋公明，我便下拜；若是闲人，我却拜甚鸟！"等到宋江证实了自己的身份，他便拍手叫道："我那爷！你不早说些个，也教铁牛欢喜！"寥寥数语，把李逵的质朴天真写得活灵活现。金圣叹称赞《水浒传》："叙一百八人，人有其性情，人有其气质，人有其形状，人有其声口。"就主要人物而言，确实"是能使读者由说话看出人来的"（鲁迅语）。

（4）结构独具一格。《水浒传》的结构，与《三国演义》的"扇形网状结构"明显不同，被称为"链状结构"或"珠串式结构"。作品的前半部分，由若干个具有相对独立性的情节单元串联而成，如鲁智深的故事、林冲的故事、晁盖的故事、宋江的故事、武松的故事，都以连续几回叙述，再彼此衔接，形成一个前后呼应的整体。这不仅反映了早期水浒故事各自流传中的独立性，而且符合众多英雄从不同地方、不同途径"逼上梁山"的发展规律。作品以这种方式写到梁山英雄排座次，把个体英雄汇聚为造反群体，然后再写整个梁山义军的兴衰，使全书结构自然而流畅，表现了作家总揽全局的艺术匠心。

▲《西游记》

《西游记》是明代长篇白话神魔小说，100回。它是在唐宋以来关于玄奘西行取经故事的通俗文艺的基础上，由杰出作家进行再创造而成的经典之作。作者一般认为是明代中后期的吴承恩。吴承恩（约1500～约1582），字汝忠，号射阳山人，山阳（今江苏淮安）人，他自幼敏而多慧，博览群书，但考取秀才后却长期困顿科场，中年才补为贡生，60余岁才当过短时间的小官。广泛的阅历和交游，使他洞悉社会腐败，深通人情世故；而好奇览异、旁学杂搜的习惯和诙谐幽默的性格，又使他对取经题材别具慧心。经过多年的努力，他写成了瑰丽多彩的长篇小说《西游记》。

《西游记》在思想上和艺术上都取得了很高的成就。作者大胆驰骋浪漫主义的奇思遐想，虚构出一个虚无缥缈的神话世界，同时又深深植根于现实生活的土壤，在西行取经的故事框架下，进行了广泛而深刻的社会批判。作品对西天佛祖、道教三清、天上的玉皇诸神、人间的帝王将相，都极尽嬉笑怒骂、揶揄嘲笑之能事，对封建统治秩序和道德规范的怀疑和讽刺，超过了以往的任何一部小说。

《西游记》的浪漫主义艺术成就，集中体现在塑造了孙悟空这个理想化的神话英雄，并使之成为全书的真正主角。作品前七回描写了孙悟空横空出世、拜师学艺、强销生死簿到大闹天宫的精彩故事，表现了他不遵礼法、不受任何束缚的叛逆性格，折射出明代启蒙思潮追求自由平等、个性解放的时代气息。拜唐僧为师后，在取经路上经历九九八十一难的过程中，孙悟空又与形形色色阻碍取经、危害百姓的妖魔作了艰苦卓绝的斗争，一次又一次地化险为夷，取得胜利。他神通广大，爱憎分明，勇敢倔强，聪慧机警，在任何困难和强敌面前总是充满自信，从不退缩，洋溢着潇洒自如的乐观主义精神，体现了中华民族百折不挠的坚强意志和扫除一切邪恶势力的伟大毅力。

除了孙悟空这个可亲而又可爱的形象之外，作品还成功地塑造了一系列人物，如猪八戒这个富有典型意义的形象。孙悟空和猪八戒这两个形象之所以成为中国小说史上不可替代的典型，一个重要的原因在于作者借助神话思维，将人性、神性和动物的自然属性结合起来，"使神魔皆有人情，精魅亦通世故"（鲁迅《中国小说史略》），在艺术上获得了极大的创造自由。

孙悟空和猪八戒都过着人的生活，有着人的思维和感情，但他们又保留着动物的某些特征：孙悟空原是"天产石猴"，生得"尖嘴猴腮"，后炼就"火眼金睛"，又顽劣好动，灵活敏捷；猪八戒被贬下界时错投猪胎，因而不仅貌丑如猪，而且沾染了猪的贪吃、懒惰、好睡的习性。就神性而言，孙悟空有七十二般变化，一个筋斗能翻出十万八千里，上天入地如同家常便饭；猪八戒也能呼风唤雨，腾云驾雾，也有三十六般变化。这使他们成为令人钦羡的神话英雄。然而，更重要的是，他们的性格始终与普普通通的人性相通：孙悟空的机灵、好胜、善于调侃，猪八戒的贪小便宜、偷懒、打小报告，都具有浓郁的世俗色彩。这三种因素的有机融合，使这两个形象鲜活饱满，富有情趣，因而家喻户晓。读者欣赏这两个形象时，在发出会心的微笑之余，往往会情不自禁地观照现实人生，得到哲理启迪。

《西游记》的艺术风格可以用"谐谑"二字概括。这不仅表现在写人叙事时随处可见的讽刺和打趣，还突出地表现在语言幽默诙谐，生动明快，充满喜剧氛围。读者们总是在笑声中轻松地读完《西游记》，并在愉悦中得到审美的精神升华。

▲《牡丹亭》

《牡丹亭》是明代著名戏剧家汤显祖创作的传奇，又名《还魂记》。汤显祖（1550～1616），字义仍，号海若，江西临川人，万历年间进士。他曾因批评时政触怒权贵，抑制豪强招致诋毁，于万历二十六年弃官回乡，就在这一年创作了我国戏曲史上的巨著《牡丹亭》。

《牡丹亭》全剧共55出，写的是杜丽娘与书生柳梦梅的爱情故事。杜丽娘为了追求爱情和幸福，死而复生，演绎出一曲离奇的爱情悲歌。《牡丹亭》在写作手法上极具浪漫主义色彩，把"死而复生"这种不可能的事情，通过梦境和超现实的幽冥界得

以实现。借此热情歌颂了女主人公为情而死，死而复生的"至情"；赞扬了反对封建礼教、追求爱情自由、要求个性解放的斗争精神，批判了宋明理学"存天理，灭人欲"的禁欲主义。

《牡丹亭》和汤显祖的另外三部名著——《南柯记》《邯郸记》《紫钗记》都是从写梦开始的，所以被称为"临川四梦"。"临川四梦"中，最优秀的作品是《牡丹亭》，汤显祖说："一生四梦，得意处唯在牡丹。"

《牡丹亭》的文学成就很高，塑造了多个鲜明生动的人物形象，特别是杜丽娘，是我国古典文学作品中最动人的妇女形象之一。

《牡丹亭》的曲词也很美。如："原来姹紫嫣红开遍，似这般都付与断井颓垣。良辰美景奈何天，赏心乐事谁家院。"（第十出《惊梦》）"偶然间心似缱，梅树边。似这般花花草草由人恋，生生死死随人愿，便酸酸楚楚无人怨。"（第十二出《寻梦》）写杜丽娘的伤春心绪和至死不渝的爱情，词句通俗清婉，感人至深。可以说全剧是由许多抒情短诗组成，其中不少辞章成为传诵的名段。

▲《三言二拍》

《三言二拍》是五部明代白话短篇小说集的总称。"三言"指冯梦龙的《喻世明

言》（原名《古今小说》）、《警世通言》和《醒世恒言》；"二拍"指凌濛初的《初刻拍案惊奇》和《二刻拍案惊奇》。

冯梦龙（1574～1646），字犹龙，又字子犹，别号龙子犹、墨憨斋主人、顾曲散人等，长洲（今江苏苏州）人。他少有才气，博学多识，但科场失意，直到57岁才补了一名贡生，61岁出任福建寿宁知县，在任"政简刑清，首尚文学"，65岁离任回到苏州。清兵入关南下后，忧愤而死。他深受晚明思想解放运动的影响，肯定"人欲"，尊重个性，是明代最优秀的通俗文艺作家，毕生从事小说、戏曲、民歌等通俗文艺的搜集、整理和创作。编著书籍多达50余种，其中成就最高的首推"三言"。"三言"是冯梦龙编纂的三部白话短篇小说集，每部收短篇小说40篇，共计120篇。其中大多数是经过冯梦龙加工润色的宋元明话本和明代文人的拟话本，少数是他本人的创作。

凌濛初（1580～1644），字玄房，号初成，别号即空观主人，浙江乌程（今湖州）人。他12岁入学，但科场蹭蹬，直到55岁才以优贡授上海县丞，63岁升任徐州通判，治水颇著劳绩，后因抗拒农民军，呕血而死。他也受到晚明启蒙思潮的影响，毕生爱好通俗文学。其著述多达20余种，最能代表其文学成就的是"二拍"。"二拍"是在冯梦龙"三言"的影响下创作的拟话本小说集，"初刻"、"二刻"各40卷，每卷一篇。其中"二刻"卷23《大姊魂游完夙愿，小姨病起续前缘》与"初刻"卷23重复，"二刻"卷40《宋公明闹元宵》则系杂剧，因此，"二拍"实有小说78篇。凌濛初是中国文学史上创作拟话本小说最多的作家。

"三言"、"二拍"的思想内容十分丰富，其中最引人注目的是爱情婚姻题材的作品及其反映的以个性解放为核心的市民爱情婚姻观。不少作品表现了市民们敢于冲破封建礼教所规定的门第、等级观念，冲破"父母之命，媒妁之言"的封建成规，大胆而热烈地追求爱情和婚姻的自由。如《卖油郎独占花魁》（《醒世恒言》）写名妓莘瑶琴通过切身体验，认识到以卖油为生的市井小民秦重的忠厚善良和那些买笑追欢的衣冠子弟的虚伪无

耻，毅然主动嫁给了秦重，并表示"布衣蔬食，死而无怨"。《玉堂春落难逢夫》（《警世通言》）写妓女玉堂春与官宦子弟王景隆真心相爱，几经离合悲欢，终得团圆。《闲云庵阮三偿冤债》（《喻世明言》）写帅府小姐陈玉兰不顾父亲要求门当户对的择婿条件，大胆地爱上了商贩子弟阮三官。《通闺闼坚心灯火　闹囹圄捷报旗铃》（《初刻拍案惊奇》）、《莽儿郎惊散新莺燕　诌梅香认合玉蟾蜍》（《二刻拍案惊奇》）都是写女主人公为爱情而私订终身，坚决抗拒父母之命。这些故事，形象地表现了市民阶层在爱情婚姻问题上对金钱和门第的蔑视。一些作品突破了封建的贞节观，表现了市民的道德观念。如《蒋兴哥重会珍珠衫》（《喻世明言》）写蒋兴哥外出经商，经年不归，妻子王三巧被引诱而与人偷情，蒋兴哥发现后，一面不动声色地把妻子休回娘家，一面责怪自己"贪着蝇头微利，撇她少年守寡，弄出这场丑来"。对妻子表示了一定的体谅。妻子改嫁时，他又将16口箱笼送去作陪嫁。几经周折，夫妻最后破镜重圆。《酒下酒赵尼媪迷花　机中机贾秀才报怨》（《初刻拍案惊奇》）写贾秀才之妻被流氓骗奸，痛不欲生，贾秀才不仅没有责备妻子，反而百般安慰，并与妻子合力设计，杀了仇人。此后，夫妻互相敬重，情投意合，白头偕老。这表明传统的贞操观念在夫妻关系中已经失去支配作用。还有一些作品反映了要求男女平等的主张，表现了下层妇女追求纯洁爱情、维护人格尊

严的不屈不挠的斗争精神。《杜十娘怒沉百宝箱》(《警世通言》) 就是这类题材中最优秀的作品。

"三言"、"二拍"中的许多作品描写了忠与奸、善与恶的斗争，揭露了黑暗的社会现实。如《沈小霞相会出师表》(《喻世明言》) 写沈炼、沈小霞父子与奸相严嵩的斗争，揭露了严嵩及其爪牙祸国殃民的罪行。《卢太学诗酒傲公侯》(《醒世恒言》) 写知县汪岑仅仅因为卢柟冒犯了自己，便罗织罪名，必欲置之死地。《十五贯戏言成巧祸》(《醒世恒言》) 写临安府尹滥用酷刑，将崔宁和陈二姐屈打成招，制造了一大冤案，揭示了封建官僚的昏庸和残暴。《钱多处白丁横带》(《初刻拍案惊奇》) 写郭七郎用钱买了个刺史，揭露了官场中卖官鬻爵的丑恶现象。

"三言"、"二拍"以相当多的篇幅，正面描写了经商活动，多角度地展现了商人的生活，为文学创作增添了新的内容。《杨八老越国奇逢》(《喻世明言》) 写杨复经商中曲折艰险的经历，《转运汉遇巧洞庭红波斯胡指破鼍龙壳》(《初刻拍案惊奇》)、《叠居奇程客得助》(《二刻拍案惊奇》) 分别写文若虚和程宰发财致富的过程，表现了在资本主义萌芽的历史条件下，人们追求金钱，渴望"发迹变泰"的社会心理。

此外，"三言"、"二拍"中还有不少歌颂友情、提倡信义的作品，反映了市民对真诚的人际关系的向往。

在艺术上，"三言"、"二拍"展现了广阔的社会生活画卷，塑造了一系列有血有肉的人物形象，情节曲折，语言生动，许多作品脍炙人口。相比而言，"三言"比"二拍"具有更高的审美价值。它们共同代表了中国古代白话短篇小说的最高成就。

在个别作品中，有过分猥亵的色情描写，是其瑕疵。

▲《古文观止》

《古文观止》是清康熙年间文学家吴楚材、吴调侯两人编选的一部古文选本，上起先秦，下迄明末，共选辑文章 222 篇。这个选本选材范围较广，也照顾了各种文章体裁和多方面的艺术风格，将我国两千多年来历代文学家创作的散文精品代表作基本收录其中。

《古文观止》共分 12 卷，其中，第一第二第三卷为东周文，从《左传》《国语》《公羊传》《穀梁传》《檀弓》等古籍中选入，其中有《郑伯克段于鄢》《曹刿论战》《寒叔哭师》《晏子不死君难》《子产论政宽猛》等名篇。

第四卷为秦楚文，其中有《苏秦以连横说秦》《司马错论伐蜀》《触龙说赵太后》《卜居》《宋玉对楚王问》等名篇。

第五第六卷为汉文，除从《史记》中选出若干名篇外，还选有贾谊《过秦论》、诸葛亮《出师表》等名篇。

第七第八卷为六朝及唐文，其中有李密《陈情表》、陶渊明《归去来辞》、魏徵《谏太宗十思疏》、王勃《滕王阁序》、刘禹锡《陋室铭》、杜牧《阿房宫赋》、韩愈《原道》《师说》《讳辩》等名篇。

第九第十第十一卷为唐宋文，其中有柳宗元《捕蛇者说》、范仲淹《岳阳楼记》、欧阳修《醉翁亭记》《秋声赋》、苏轼《赤壁赋》《石钟山记》、苏辙《黄州快哉亭记》、王安石《读孟尝君传》等名篇。

第十二卷为明文，其中有方孝孺《深虑论》、王世贞《蔺相如完璧归赵论》等名篇。

该书有个别选文非作家代表性名篇，且摒弃诸子文和儒家经，这是缺憾。但总的来看，全书广收博采，繁简适度，据此可以大体了解我国古文发展梗概，略窥众多名家名作风采，是便于阅读欣赏的选本。

▲《聊斋志异》

清代文言短篇小说集。作者蒲松龄 (1640～1715)，字留仙，别号柳泉居士，世称聊斋先生，山东淄川（今淄博市）人。他出生于一个小康之家，父亲蒲槃仅为童生，弃儒经商。蒲松龄自幼随父读书，聪颖好学，19 岁应童子试，在县、府、道连考三个第一，考中秀才。但此后却屡应乡试不中，直到 71 岁才援例补了个贡生，一生穷途潦倒，主要以做塾师维持生计。他怀才不遇，阅历丰富，又勤于写作，著述颇多，而使他名垂不朽的则是《聊斋志异》。

蒲松龄大约从 20 岁左右开始创作《聊斋志异》，40 岁左右曾经结集，以后又继续创作，几经修改，直到年逾花甲才基本搁笔，创作时间长达 40 年。可以说，《聊斋志异》是他毕生心血的结晶。

《聊斋志异》总共 12 卷，490 余篇，内容驳杂，体裁也不一致。其中一类近于笔

新世纪老年百科全书

记小说，篇幅短小，记叙简要；一类近似杂录，写作者亲见的一些奇闻异事；大部分则是具有完整故事、曲折情节、鲜明人物形象的谈狐说鬼类短篇小说，构成了全书的主体和精华。鲁迅先生赞誉的"用传奇法，而写志怪"，指的就是这一类作品。

（1）在《聊斋志异》的短篇小说中，数量最多、成就最高的是描写爱情婚姻的作品。众多的描写人与人相恋、人与狐鬼精灵相恋的奇异故事，写得酣畅淋漓，动人心魄，成为全书最精彩的部分。其中，一些作品叙述了青年男女真诚相爱、自由结合的故事。如《香玉》中的黄生爱上了白牡丹花妖香玉，不料花被人移走，黄生每天临穴哭吊，结果感动花神，使香玉复生；《青凤》写耿去病与狐女青凤相恋，耿生不避险恶，急难相助，对青凤情真意切，青凤也不畏礼教闺训，二人终成眷属。一些作品塑造了种种"情痴"的形象，刻画了他们对爱情的坚贞专一。如《阿宝》中的孙子楚为了获得阿宝的爱情，先是为阿宝的一句戏言而砍断自己的小指，后来相思成疾，竟魂附鹦鹉，飞到阿宝的身边，终于感动了阿宝；《连城》中的连城与乔生倾心相爱，遭到连父的阻挠，连城含恨而死，乔生也一痛而绝，二人在阴间相会，因爱情的力量而复生，终于获得美满的婚姻。一些作品还塑造了许多聪明美丽、敢于冲破封建礼教束缚的女性形象。如《婴宁》中的婴宁，天真烂漫，憨直坦率，动辄开怀大笑，但对爱情却严肃而认真；《小翠》中的小翠，淘气贪玩，把丈夫的脸涂成花面，还把球踢到公公的头上，全然不顾长幼尊卑的名分。这些充满浪漫主义幻想的作品，抨击了封建婚姻制度，表达了青年男女对纯真爱情的追求，表现了作者进步的女性观。

（2）《聊斋志异》中的相当一部分作品，以沉痛而犀利的笔触，批判了科举制度埋没人才、摧残人才的罪恶。如《叶生》中的叶生，"文章辞赋，冠绝当时"，却连秀才也未考中，竟至困顿而死。众多人才被埋没，主要是由于考官不学无术、营私舞弊，《考弊司》《素秋》《司文郎》《贾奉雉》等作品对此作了尖锐的讽刺。一些作品还描写了在科举制度戕害下读书人卑琐的精神状态。如《王子安》中的王子安屡试不中，一日醉后梦见自己点了翰林，马

上就炫耀于乡里。《续黄粱》中的曾孝廉在梦中作了宰相，立刻就倒行逆施，荒淫无度。可以说，蒲松龄是中国文学史上第一个通过艺术形象集中批判科举制度罪恶的作家。

（3）《聊斋志异》中还有不少作品，揭露了封建社会的黑暗和腐败，鞭挞了那些无恶不作的贪官污吏和土豪劣绅。如《梦狼》《红玉》《梅女》《冤狱》《田七郎》《促织》等篇都是这方面的代表。一些作品还歌颂了被压迫者的反抗斗争。如《商三官》《向杲》都描写了被迫害者对豪绅的正义复仇，《席方平》更是这方面出类拔萃的名篇。

不过，由于蒲松龄的思想局限，一些作品中也存在某些庸俗的成分。

在艺术上，《聊斋志异》取得了很高的成就。它继承并发展了志怪、传奇小说的艺术传统，驰骋瑰丽的想象，塑造了一大批个性鲜明、生动可爱的人物形象，情节曲折离奇、起伏多变，语言简洁精练、丰富多彩，代表了中国文言小说的最高水平。

▲ 《长生殿》

《长生殿》是清代著名戏剧家洪昇的剧作。洪昇（1645～1704），字昉思，号稗畦，钱塘（今浙江省杭州市）人。他创作的戏剧作品多已失传，《长生殿》是他仅存的两部戏剧著作之一，在中国文学史上有很高的地位。

《长生殿》共50出，取材于唐明皇与杨贵妃的爱情故事，得名于白居易《长恨歌》中的诗句"七月七日长生殿"。

《长生殿》中，李隆基、杨玉环的爱情和安史之乱这两条线索互相交织，在广阔的社会政治背景中展现李、杨的爱情悲剧。作者以现实主义的笔触，在表现李、杨爱情的同时，反映了皇室荒淫、权贵误国、官僚卑劣和人民的苦难，同时赞扬了忧国忧民、痛斥乱臣的英雄人物。而在作品的后半部，又以浪漫主义的手法，写唐明皇与杨贵妃生死不渝的爱情。在安史之乱平息后，唐明皇想念被迫缢死的杨贵妃，道士运用法术架起一座仙桥，使唐明皇飞升月宫，与杨贵妃相会，实现他们七月七日在长生殿立下的"生生死死共为夫妻"的盟誓。

《长生殿》善于用优美流畅、富于诗意

的唱词，来评价事物、描述人物心理活动、情绪变化。在第38出《弹词》中，有一段唱词，写李隆基宠爱杨玉环："可正是玉楼中巢翡翠，金殿上锁着鸳鸯，宵偎昼傍。直弄得个伶俐的官家颠不刺、懵不刺，撇不下心儿上。弛了朝纲，占了情场，百支支写不了风流账。"这就明白地表达了作者批判的态度。而另一段唱词："破不刺马嵬驿舍，冷清清佛堂倒斜。一代红颜为君绝，千秋遗恨滴罗巾血。"将环境气氛和人物性格特征结合起来，充满悲剧气氛。

《长生殿》中一些精彩篇章如《定情》《闻铃》等，至今仍在上演，是昆曲中的优秀传统剧目。

▲《儒林外史》

《儒林外史》是清代白话长篇小说。作者吴敬梓（1701～1754），字敏轩，号粒民，安徽全椒人。中年移居南京后自号秦淮寓客；因其书斋名"文木山房"，晚年又自称文木老人。他出身于世代书香门第，祖辈以科举名家。吴敬梓青少年时期虽然也曾发奋读书，但并未将科举视为人生唯一的追求；在广泛涉猎经史百家的过程中，逐渐形成孤标脱俗的个性。23岁丧父后，一方面由于科举失利，另一方面由于某些族人觊觎其祖遗财产，他由愤世嫉俗而放浪形骸，不到十年就将家产消耗一空，33岁移居南京，开始了卖文生涯。这场由富到贫的人生巨变，使他饱尝了世态的炎凉，看清了士大夫阶层的堕落和无耻。36岁时，安徽巡抚推荐他赴京参加博学鸿词科廷试，他称病推辞，从此不再参加任何科举考试，表现了蔑视功名富贵的人格理想。此后，在清贫困顿的境况中，他坚持写作，凭着顽强的意志、孤高的个性、深厚的修养，终于完成了30多万字的长篇巨著《儒林外史》。

（1）《儒林外史》是中国文学史上最优秀的讽刺小说，是一部批判现实主义的杰作。它成功地展示了一幅以封建儒生的生活和精神状态为中心的18世纪中国社会的风俗画，对传统文化进行了深刻的反思。首先，它尖锐地批判了以功名富贵为诱饵的科举制度的种种弊端，揭露了这一制度对知识分子的严重毒害，敲响了"一代文人有厄"的警钟。穷苦书生周进、范进，是痴迷于科举而不能自拔的典型。周进苦读几十年，连秀才也未考取，只得默默地

忍受新进学的梅玖的戏弄，谦卑地侍奉举人王惠；六十多岁又失去教书的饭碗，不得不替商人记账糊口，心头真是伤痕累累。当他看到贡院的号板时，不觉百感交集，"一头撞在号板上，直僵僵不省人事。"被人救醒后，还是"放声大哭"，"满地打滚"，"直哭到口里吐出鲜血来"。范进考了二十多次，仍是一个老童生，受尽了世人的奚落和丈人胡屠户的臭骂。在当了官的周进的提拔下，五十多岁的范进意外地中了举，顿时就发了疯："把两手拍了一下，笑了一声道：'噫！好了！我中了！'说着，往后一跤跌倒，牙关咬紧，不省人事。"二人的可悲经历，形象地揭露了八股取士的极不合理。农家子弟匡超人，则是被科举制度扭曲了灵魂的典型。他原本单纯俭朴，但在科举场中混了几年之后，却变成了一个吹牛撒谎、卖友求荣、停妻再娶的衣冠禽兽。科举制度培养出的，或者是王惠那样的腐败官僚，或者是马二先生那样的迂腐书呆，或者是景兰江那样的无聊名士。科举制度导致了人性的普遍异化。

（2）《儒林外史》深刻地揭露了封建礼教的冷酷和虚伪，批判了封建末世的腐朽风气。如老秀才王玉辉居然鼓励女儿自杀殉夫，女儿绝食而死，他竟仰天大笑道："死得好！死得好！"严监生的妻兄王德和王仁，是两个典型的伪君子，口里讲"我们念书的人，全在纲常上做工夫"，心里想的却全是银子，银子进了腰包，就抛下病危的妹妹，忙着把严监生的妾"扶正"。假侠客张铁臂，以猪头充人头，骗走了娄家公子的500两银子。而谄佞势利更是普遍的社会风气：周进当了官，当年羞辱过他的梅玖马上改口称他为老师，连他教书时留下的旧对联也视为宝贝；范进中了举，曾经骂得他"摸门不着"的胡屠户竟称他为"贤婿老爷"，素无来往的张乡绅也赶快登门拜访，又送银子又赠住房。这种种丑态，被作品刻画得入木三分。

（3）在批判科举制度和封建道德的同时，作品描写了一批闪耀着时代光彩的形象，如身为戏子，却有正义感、有操守的鲍文卿，代表琴棋书画的四个市井奇人等。而敢于反抗权门、自食其力的沈琼枝，拒绝应征出仕、带有离经叛道色彩的杜少卿，更是令人耳目一新的典型形象。这些形象，预示着尊重个人价值的人文主义思想

的觉醒。

（4）在艺术上，《儒林外史》取得了很高的成就。它以封建文人为题材，完全取材于现实，开辟了一条前所未有的创作道路；它以"秉持公心，指摘时弊"的批判精神，"烛幽索隐，物无遁形"的描写功力，"感而能谐，婉而多讽"的美学风格（鲁迅：《中国小说史略》），奠定了讽刺小说在中国文学史上的崇高地位。它的语言精练含蓄，生动自然，极富表现力。就小说艺术的独创性而言，鲁迅对《儒林外史》的评价仅次于《红楼梦》。人们阅读《儒林外史》，常常会在含泪的微笑中，得到深刻的人生启示。

▲《红楼梦》

《红楼梦》是清代白话长篇小说，曹雪芹著。曹雪芹（约1715～约1764），名霑，字梦阮，号雪芹，又号芹圃、芹溪。从曹

雪芹曾祖曹玺起，曹家三代世袭江宁织造，共约60年之久，深受康熙皇帝宠信。雍正即位后，由于统治集团内部斗争的牵连，曹家被查抄而败落，全家迁回北京。此时曹雪芹大约十三四岁，从锦衣玉食的富贵生活逐渐陷入绳床瓦灶的困顿处境。对曹雪芹的生平，学术界有不同看法，不过大家都公认他是不朽巨著《红楼梦》的伟大作者。

《红楼梦》原名《石头记》。曹雪芹为创作此书，经过了"批阅十载，增删五次"的艰辛历程，但直到他去世，只整理出前80回，后40回，一般认为系由高鹗续补。对于前80回与后40回的关系，学术界评价颇为歧异，但总的说来，全书仍应视为一个整体。

《红楼梦》是中国古典小说史上最伟大的作品之一，也是整个中国文学史上最伟大的作品之一。鲁迅高度评价道："自有《红楼梦》出来以后，传统的思想和写法都打破了。"（《中国小说的历史的变迁》）在思想内容上，《红楼梦》以贾宝玉、林黛玉、薛宝钗之间的爱情、婚姻悲剧为中心，展开了一个由纷纭复杂的人物关系构成的广阔的生活环境，写出了当时具有代表性的一个贵族大家庭的兴衰变化，描绘了贵族统治者的荒淫、奢侈和"一代不如一代"，深刻地揭露了封建社会末期的黑暗、罪恶及其不可克服的内在矛盾，从而揭示出封建社会必然走向崩溃的历史命运。同时，小说还通过叛逆者的斗争和奴隶为争取人身自由和婚姻自主的反抗，以及一大批女性所代表的青春、爱情和生命之美的毁灭，写出了一部彻底的人生悲剧，反映了对个性解放和人权平等的时代要求，闪耀着初步的民主主义精神，因而达到了小说史上前所未有的思想高度。

在中国古典小说中，没有哪一部能够像《红楼梦》那样，写出众多性格鲜明、令人久久难以忘怀的人物形象。全书所写的四百多个人物中，塑造得最成功和比较成功的艺术典型就有数十人之多。其中，贾宝玉是作品的中心人物，是作者着力最多、寄托最深、最具典型意义的形象。作为荣国府的嫡派子孙，他出身不凡，聪明灵秀，是贾家寄予重望的继承人；然而，他却成了这个贵族家庭的叛逆者。他断然拒绝走封建统治阶级所规定的生活道路，坚决斥责"仕途经济"的说教，痛恨宗法礼教所构成的社会网罗，厌恶一切虚伪无聊的应酬。他对传统的统治思想大胆地加以怀疑，认为八股文只不过是"诓功名，混饭吃"的工具，把那些拼命追逐功名利禄的人痛斥为"国贼"、"禄蠹"，把"文死谏，武死战"的封建道德也骂得一钱不值。他性格的核心是平等待人，尊重个性。大观园这个特殊的"女儿国"，成为他心目中最纯洁、最可爱的地方。他对身边的女孩们抱着爱护和同情的态度，与性格各异的丫环婢女们建立了亲密、和谐的关系。他对个性自由的追求集中体现在爱情

婚姻方面，他与林黛玉的爱情，在思想一致的基础上逐步发展，成为龌龊现实中一线希望的亮光。但是，贾宝玉的叛逆思想并未达到彻底否定封建统治的地步。他敢于反抗封建礼教，却无法与封建主义决裂；他对周围的现实不满，却缺乏改变现实的力量和决心；他追求高尚的爱情，却把希望寄托在贾母的恩赐之上。因此，他在现实中根本找不到出路，最终只能走向虚无的世界。

与贾宝玉相比，林黛玉是一个悲剧色彩更浓的典型。她出身于一个已经衰微的封建家庭，父母双亡，寄人篱下，而又聪颖好胜，体弱多病，因而养成孤高自许、多愁善感、我行我素的性格。她与贾宝玉志同道合，心心相印，在对封建礼教的叛逆中发展出纯真的爱情。主要由于封建家族对宝玉、黛玉爱情的反对，也由于宝玉在爱情上的一度摇摆不定和黛玉自身的心理矛盾，黛玉饱尝了爱情的痛苦。这种爱情成了她生命的全部意义。因此，当爱情最终因封建家族的干预而破灭时，也就导致了她生命的结束。

薛宝钗是封建主义的虔诚信徒，是封建社会贤妻良母的典型。她容貌美丽，才华出众，稳重端庄，深通人情世故，特别"会做人"，因而博得贾家上下的欢心。她也喜爱宝玉，却希望宝玉走上正统的功名仕途，这种思想上的分歧使宝玉逐渐冷淡了对她的感情。然而，由于她符合贾府掌权者理想的儿媳标准，最终还是取得了"宝二奶奶"的名分。但是，婚姻形式上的胜利并未给她带来幸福，说到底，她不过是封建文化制造的另一种悲剧典型。

除了宝、黛、钗之外，王熙凤也是《红楼梦》中一个独特而丰满的、令人评说不尽的典型形象。

在艺术上，《红楼梦》达到了中国古典小说的最高水平。它塑造典型人物，完全打破了"好人一切都好，坏人一切都坏"的传统模式，将人物置于错综复杂的社会关系中，调动多种艺术手段加以刻画，使人物具有充分的真实性、高度的复杂性和鲜明的个性。它的情节十分丰富，十分生动，完全不靠传奇性取胜，而是从生活中精心提炼，书中展开的画面就像生活本身那样丰富多彩，万象纷呈。它彻底突破了传统小说的单线结构方式，以宝黛爱情的产生和破灭、贾府的腐朽和没落为两条主线，采用各种线索齐头并进、相互穿插又相互制约的网状结构，书中大大小小的事件无不首尾勾连，纵横交错，形成一件自然浑成、天衣无缝的艺术精品。它的语言洗练流畅、准确精美、生动形象，具有浓厚的生活气息和强烈的感染力，达到了炉火纯青的地步。它所涉及的园林建筑、诗词绘画、家具器皿、服饰摆设、烹调医药等广阔的生活领域，构成一个博大精深的艺术世界，在文学史上是罕见的。它不仅是中国古典小说的巅峰，而且在世界文学名著之林中也被公认为第一流的杰作。

▲《曾国藩家书》

曾国藩（1811～1872），号涤生，湖南省湘乡人，晚清军政大臣，洋务派和湘军首领，作家，湘乡派古文的创立者，咸丰二年后是清廷镇压太平天国的主帅。曾国藩在攻克天京后，权势极大，功高震主，朝廷对他极不放心。他具有丰富的政治经验和历史知识，熟悉历代掌故，因而在击败太平天国后，一方面自裁湘军，一方面把家书刊行问世，借以表明自己为清廷效命之忠心，以塞弄臣之口。《曾国藩家书》自那时起便风靡于世，历久不衰。后经多家取舍整理，形成多种版本。总的来说，他的家书现存一千四百多篇，从道光二十年到同治十年，历时31年，其内容包括了修身、教子、持家、交友、用人、处世、理财、治学、养生、为政等方面。虽然贯穿其中的是封建思想、封建道德，但这些家书真实而又细密，平常而又深入，是一部真实而又生动的、有不少地方可资借鉴的生活宝典。

曾国藩的家书，上呈祖父母至父辈，中对诸弟，下及儿孙辈。他一生强调立志，常说："志不立，天下无可成之事。"他为自己写下座右铭道："不为圣贤，便为禽兽；不问收获，只问耕耘。"在其家书中，立志之论甚多。立志之后，据此求过，自律自勉。他说："余身旁须有一胸襟恬淡者，时时伺吾之短，以相箴规，庶不使'矜心'生于不自觉。"曾国藩原先嗜吸水烟，后来他要戒绝，但也不太容易，他对其弟说："自潮烟以来，心神彷徨几若无主。遇遇之难，类如此矣！不挟破釜沉舟之势，讵有济哉？"曾国藩硬是凭律己的毅力将烟戒绝。

在为人处世上，曾国藩终生以"拙诚"、"坚忍"行事。他在致其弟信中说："吾自信亦笃实人，只为阅历仕途，饱更事变，略参些机权作用，便把自家学坏了！贤弟此刻在外，亦急需将笃实还本，万不可走入机巧一路，日趋日下也。"至于坚忍功夫，曾国藩可算修炼到了极点。他说："困心横虑，正是磨炼英雄，玉汝于成。李申夫尝谓余，怄气从不说出，一味忍耐，徐图自强。因引谚曰：'好汉打脱牙和血吞。'此语是余生平咬牙立志之诀，不料被申夫看破。余庚戌辛亥间为京师权贵所唾骂；癸丑甲寅为长沙所唾骂，乙卯丙辰，为江西所唾骂；以及岳阳之败、靖港之败、湖口之败，盖打脱牙之时多矣，无一次不和血吞之。"曾国藩崇尚坚忍实干，不仅在得意时埋头苦干，尤其是在失意时绝不灰心，他在安慰其弟曾国荃连吃两次败仗的信中说："另起炉灶，重开世界。安知此两番之大败，非天之磨炼英雄，使弟大有长进乎？谚云：'吃一堑，长一智。'吾生平长进，全在受挫辱之时，务须咬牙励志，蓄其气而长其智，切不可恭然自馁也。"

在持家方面，曾国藩主张勤俭持家，努力治学，睦邻友好，读书明理。他在家书中写道："余教儿女辈唯以勤俭谦三字为主。……弟每用一钱，均须三思，诸弟在家，宜教子侄守勤敬。吾在外既有权势，则家中子弟最易流于骄，流于佚，此二字皆败家之道也。"他希望后代兢兢业业，努力治学。他常对子女说，只要有学问，就不怕没饭吃。他还说，门第太盛则会出事端，主张不把财产留给子孙，子孙不肖留亦无用，子孙图强，也不愁没饭吃，这就是他所谓的盈虚消长的道理。

曾国藩一生处于中国封建社会走向衰落的时期。他早早专精学问，学习圣贤，着实取得不小成绩。他的门人李鸿章曾感叹地说："吾师道德功业，固不待言，即文章学问，亦卓绝一世。"曾国藩关于治学修身齐家和立志立功立德的论述，对后人仍有研究和借鉴的价值。

▲《鲁迅全集》

《鲁迅全集》是现代伟大作家鲁迅的作品汇集。鲁迅（1881～1936），原名周树人，字豫才，浙江绍兴人。鲁迅是他1918年发表《狂人日记》时开始使用的笔名。他出身于一个破落的封建家庭，青年时代受到进化论思想的影响，1902年赴日本留学，一度学医，后弃医从文，立志以此改变国民的精神。1909年回国，先后在杭州、绍兴任教。辛亥革命后，历任教育部部员、佥事，并在北京大学、女子师范大学授课。1918年初，参加陈独秀主编的《新青年》编辑工作，并于同年5月发表了中国现代文学史上第一篇白话短篇小说《狂人日记》，对人吃人的封建制度进行了猛烈的揭露和抨击，奠定了新文学运动的基石。"五四"运动前后，他始终站在反帝反封建斗争的最前列，陆续创作出版了《呐喊》《坟》《热风》《彷徨》《野草》《朝花夕拾》《华盖集》《华盖集续编》等专集，表现出深刻的爱国主义和彻底的民主主义的思想特色，成为新文学运动的伟大旗手。其中，1921年12月发表的中篇小说《阿Q正传》，是鲁迅小说的代表作，也是中国现代文学史上最杰出的作品之一。这一时期，他开始接触马克思主义。1927年蒋介石发动"四·一二"反革命政变后，他彻底放弃进化论思想，开始转变为阶级论者。同年10月，他由广州到达上海，坚持认真研究马克思主义理论，反击国民党的文化"围剿"。1930年，他参与发起并领导中国左翼作家联盟，成为左翼文学运动的主将。在组织和参加革命文艺运动，批判各种反动和腐朽的文学，揭露帝国主义的侵略罪行和国民党的反动政策，争取形成文艺界抗日统一战线的复杂斗争中，鲁迅成为伟大的文学家、思想家和革命家，代表了中华民族新文化的方向。从1927年到1936年，他创作了大量的杂文，出版了《而已集》《三闲集》《二心集》《南腔北调集》《伪自由书》《准风月谈》《花边文学》《且介亭杂文》等专集。这些杂文，深刻地分析了各种社会问题，表现出高瞻远瞩的政治远见和韧性的战斗精神。在紧张而繁重的工作中，他的健康状况日益恶化，1936年10月19日在上海病逝。

在中国现代文学史上，鲁迅是伟大的小说家，也是伟大的杂文家。他的小说，思想深刻，内容真实，善用白描手法刻画人物，语言十分精练传神，成功地塑造了阿Q、孔乙己、祥林嫂等不朽的艺术典型，成为现实主义文学的一座高峰。他的杂文，是高度的思想性与完美的艺术性相结合的典范，高屋建瓴，所向披靡，剖析问题鞭辟入里，揭露丑恶入木三分，文风犀利，语言辛辣而幽默，令读者在深受启迪之时常常发出会心的微笑，其杰出成就远远超出其他作家。同时，他还从事过研究、翻译、编辑等多方面的文学活动，每一方面都取得了开拓性的成就。他共有小说集3部，杂文集16部，散文诗集1部（《野草》），回忆散文1部（《朝花夕拾》），大量书信和日记，以及《中国小说史略》《汉文学史纲要》等学术著作，总计400万字。他还翻译了14个国家将近一百位作家的文学作品和文学理论著作，印成33部单行本，共250余万字。此外，还辑录、校勘《嵇康集》《古小说钩沉》《唐宋传奇集》等古籍18种，共100余万字。他给中国人民留下了宝贵而丰富的精神遗产，具有永恒的价值。他不仅是现代中国伟大的作家，而且也是世界文坛上公认的大师之一。

《鲁迅全集》主要有四种版本：第一种，1938年由"鲁迅先生纪念委员会"编印，共20卷，除日记、书信和少数作品外，全部创作、翻译和编校的作品都收集在内。第二种，1956年由人民文学出版社出版，共10卷，专收创作、评论、文学史论著和部分书信（翻译和编校的作品另编）。第三种，1981年由人民文学出版社出版，共16卷，收集译文以外的全部著作。是目前内容较完备、注释较精确的版本。第四种，2005年由人民文学出版社出版，共18卷，主要在1981年版的基础上，增加了书信、日记各一卷。

▲《子夜》

长篇小说《子夜》是我国现当代著名作家茅盾的代表作之一，于1933年出版。茅盾（1896～1981），原名沈德鸿，字雁冰，浙江桐乡县人。他以创作小说著称，是我国现当代小说巨匠。

《子夜》以半殖民地半封建时代的上海为背景，以民族工业资本家吴荪甫与买办金融资本家赵伯韬的冲突为主线，描述了中国民族工业兴起时的社会矛盾，揭示中国民族资产阶级的特征和坎坷的命运。它通过吴荪甫竭力振兴民族工业但最终失败的全过程，揭示了民族资产阶级和买办资产阶级之间的矛盾和斗争，说明了在帝国主义势力的控制下，中国的民族工业不可能得到发展，中国不可能走上真正的资本主义道路。

《子夜》全景式地描绘了中国20世纪30年代从农村到城市的状况：旧上海光怪陆离的丑恶社会现象，买办资产阶级和民族资产阶级的明争暗斗，工人群众与资本家的对立矛盾，农民的破产和暴动，中小城镇商业的凋零，市民阶层的破产，知识分子的苦闷等，是一部史诗式的长篇巨著。

《子夜》是革命现实主义的巨著，在文学上也有很高成就。它的结构宏大严谨，语言细致缜密，人物心理刻画细腻。它是"五四"以来新文学发展的重要里程碑。

▲《寄小读者》

《寄小读者》是现当代著名散文家、小说家、诗人冰心的代表作之一。

冰心（1900～1999），生于福建福州，原名谢婉莹。她1923年赴美国留学后，用通讯的方式，把自己在旅途和国外的见闻感受，还有对往事的回忆，写成29封信，寄回国内，在刊物上发表。以后结成集子《寄小读者》。这是中国现代最早的儿童文学作品，也是成就很高的散文。

《寄小读者》创造了一种独特的与小读者对话的散文写作方式。它娓娓道来，似在与小读者面对面促膝谈心，使小读者感受到她纯洁的心灵和真诚的感情。文章语言典雅，轻灵隽丽，凝练流畅，备受小读者喜爱，先后付印几十次，影响了一代代中国人。这种独特的风格曾被时人称为"冰心体"，产生了广泛的影响。如她在寄小读者的第一封信中写道："小朋友，我要走到很远的地方去。我十分的喜欢有这次的远行，因为或者可以从旅行中多得些材料，以后的通讯里，能告诉你们些略为新奇的事情。——我去的地方，是在地球的那一边。我有三个弟弟，最小的13岁了。

他念过地理，知道地球是圆的。他开玩笑的和我说：'姊姊，你走了，我们想你的时候，可以拿一条很长的竹竿子，从我们的院子里，直穿到对面你们的院子去，穿成一个孔穴。我们从那孔穴里，可以彼此看见。我看看你别后是否胖了，或是瘦了。'小朋友想这是可能的事情么？——我又有一个小朋友，今年4岁了。他有一天问我说：'姑姑，你去的地方，是比前门还远么？'小朋友看是地球的那一边远呢，还是前门远呢？"讴歌母爱、讴歌自然、讴歌儿童的纯真，是这些散文的主要内容，而风格的温柔蕴藉、意境的优美绝尘、笔触的细腻灵活，更使这些"冰心体"散文具有历久弥新的不朽魅力。在时隔大半个世纪之后，今天的成年人、老年人读《寄小读者》，也会为她那纯净真挚的深情和清新亲切的语言所感染，从中得到心灵的慰藉和审美的享受。

冰心99岁才离我们而去。与世纪同龄的冰心，在晚年创造了自己文学生涯的新高潮，尤其是在她85岁～93岁之间，她连续发表了《空巢》《万般皆上品》《关于女人》等大量作品，其水准之高、分量之重令人瞩目。冰心的纯真、犀利、坚定、勇敢和正直，使她在国内外广大读者中享有崇高的威望，受到普遍的爱戴。她的创作目的正如她说的："我希望人民生活得更好。"

▲《激流三部曲》

《激流三部曲》是现当代著名作家巴金的代表作，由《家》《春》《秋》三部长篇小说组成。

巴金（1904～2005），原名李尧棠，字芾甘，出生于四川成都一个大家族中。他亲身感受到封建家庭的腐朽和封建社会的罪恶，于1931年写了《激流三部曲》的第一部——《家》。《家》以"五四"运动影响到闭塞的内地——四川成都为背景，通过一个封建大家庭的没落分化，揭示了封建宗法制度的罪恶和必然崩溃的命运，以及民主革命到来的必然性。以后，在抗日战争时期，巴金完成了《家》的续编《春》《秋》，构成了《激流三部曲》。

《激流三部曲》在文学上的成就很大，它塑造了一百多个人物，其中，不敢冒犯尊长、懦弱而善良的觉新，受"五四"新思潮影响、敢于冲破封建樊笼离家出走的觉慧，封建家长制的代表人物高老太爷，

向封建专制以死抗争的丫头鸣凤，温顺、默默忍受痛苦的梅，善良厚道的瑞珏，荒淫无耻的冯乐山等，都成为了中国文学史上不朽的典型人物形象。巴金的《激流三部曲》对青年进行了反封建的启蒙教育，激励了几代读者的心灵，至今仍有重大的认识作用和教育意义。

《激流三部曲》被译成二十多种文字，享有世界声誉。巴金著作众多，共约五百万字。他于1982年获得"但丁奖"，是东方获此殊荣的第一位作家。

▲《毛泽东诗词集》

毛泽东是中华人民共和国的缔造者，又是伟大的诗人。《毛泽东诗词集》（中央文献出版社1996年9月第一版）分正编、副编。正编收入毛泽东从1923年～1965年间写的42首诗词，都经过作者校订定稿。这些诗词可以说都是作者的上乘之作，奠定了他作为伟大诗人的历史地位。副编25首诗词，有当时流传较广的作品和没有公开发表的作品。毛泽东诗词最大的特点是诗词内容与中国人民革命斗争和他的革命生涯紧密相连，气势恢弘，是一个时代的史诗。

1923年～1927年间，毛泽东所写诗词主要是抒发自己感情和言志的。其中，《贺新郎·别友》与他后来所作怀念妻子杨开慧的《蝶恋花·答李淑一》堪称姊妹篇。词中写道："今朝霜重东门路，照横塘半天残月，凄清如许。汽笛一声肠已断，从此天涯孤旅。凭割断愁丝恨缕。要似昆仑崩绝壁，又恰像台风扫寰宇。重比翼，和云翥。"表达了作者青年时代的革命情怀。而《沁园春·长沙》中"指点江山，激扬文字，粪土当年万户侯"，更是激发人们革命豪情的广为传诵的名句。

1927年～1949年间，毛泽东所写诗词反映了中国人民革命的伟大战斗历程。其中，写坚持井冈山斗争的《西江月·井冈山》、长征胜利时写的《七律·长征》，早已随斯诺《西行漫记》一书传遍世界各国。代表作《沁园春·雪》，1945年在重庆发表后，立即引起轰动，十多种报刊纷纷发表步韵唱和之作。"雄关漫道真如铁，而今迈步从头越"（《忆秦娥·娄山关》），"红军不怕远征难，万水千山只等闲"（《七律·长征》），"不到长城非好汉"（《清平乐·六盘山》），"宜将剩勇追穷寇，不可沽名学霸

王"（《七律·人民解放军占领南京》）等诗句，至今仍激励着广大人民群众前进。

1949年～1965年期间，毛泽东所写诗词主要是反映新中国成立后的建设、斗争和生活。《浪淘沙·北戴河》《蝶恋花·答李淑一》《卜算子·咏梅》等词，一经发表，即脍炙人口，传咏不绝。而"独有英雄驱虎豹，更无豪杰怕熊罴"（《七律·冬云》），"世上无难事，只要肯登攀"（《水调歌头·重上井冈山》），"为有牺牲多壮志，敢教日月换新天"（《七律·到韶山》）等诗句，永远洋溢着催人奋进的力量。

❷ 外国名著

▲《旧约》

《旧约》是古代希伯来人历史故事、传说和文学作品的汇集，是古代希伯来民族发展和以色列、犹太王国兴衰的文字记录。

《旧约》绝大部分用希伯来文写成，三部分，共39卷。第一部包括《创世纪》《出埃及记》《利未记》等5卷"法典"；第二部包括《约书亚记》《士师记》《撒母耳记》等9卷早期"先知书"和《以赛亚书》《耶利米书》等12卷"小先知书"；第三部包括《诗篇》《雅歌》等13卷杂书。

《旧约》在世界文学史、宗教史上地位重要，影响深远。基督教创立后，将《旧约》和《新约》合并为《新旧约全书》，作为自己的经书，这就是《圣经》。

▲荷马史诗

荷马史诗是古希腊为我们留下的两部文学瑰宝——《伊利亚特》和《奥德修纪》的统称，相传这是名叫荷马的盲诗人根据流传在小亚细亚的歌谣整理而成。荷马是否有其人，千百年来争论不休，至今未有定论。相传荷马是个盲乐师，正如《奥德修纪》卷八里描写的老乐师。他带着一把竖琴，流浪江湖，演唱自己整理改编的民间歌谣。史诗产生于公元前9世纪～公元前8世纪，在公元前6世纪，有人将代代相传的荷马史诗用文字记录下来，公元前3世纪～公元前2世纪由亚历山大城的学者将两部史诗分别编订为24卷。

《伊利亚特》是描写战争的英雄史诗，全诗长15693行，集中描写了特洛伊战争第十个年头最后几十天发生的故事。史诗通过希腊人与特洛伊人的战争描述，热情讴歌战争的壮烈和战争双方的英雄阿喀琉斯和赫克托耳。《奥德修纪》则是描写海上历险的史诗：伊大嘉国王奥德修斯在特洛伊战争结束后，回国途中在海上遇到风暴，在海上漂流10年，历尽艰辛回到伊大嘉，杀死情敌和政敌，重做国王。

荷马史诗是人类童年的叙事诗，充满幻想和神话色彩，反映了当时希腊人的社

新世纪 老年 百科全书

会生活与思想情操，是古希腊人民生活的百科全书。荷马史诗展现的是远古的英雄时代，讴歌的是战争双方的英雄人物；作为具有宏大的史诗结构的光辉巨著，它既是对后世文学创作影响极为深远的文学名作，又是研究西方古代社会的重要历史文献。

▲《一千零一夜》

《一千零一夜》是一部反映中古阿拉伯生活的民间故事集。

《一千零一夜》又译名《天方夜谭》，是劳动人民的集体创作，大约在公元8世纪中叶到9世纪中叶，开始出现流传的手抄本，大约在16世纪最后定型。

《一千零一夜》真实地描绘了中世纪阿拉伯复杂的社会生活，反映了人民的苦难、爱憎、情感与愿望，揭示了人民苦难的根源，把批判的矛头直指统治阶级，尤其是最高统治者哈里发。

《一千零一夜》富有浓郁的东方情调和浪漫色彩，结构灵活简便，情节离奇曲折，用对比手法刻画出一系列栩栩如生的人物形象。它不仅是阿拉伯艺术的瑰宝，也是世界文学宝库中一颗璀璨的明珠。

▲《源氏物语》

《源氏物语》是日本古代杰出的女作家紫式部（约978～约1016）的杰作。

长篇小说《源氏物语》共54回，80余万字，故事跨越日本的四个朝代，70余年，描绘了400多个人物。

《源氏物语》围绕主人公、皇族出身的大贵族源氏一生的经历，刻画了藤壶、紫姬、空蝉、浮舟等一系列妇女形象，忠实地记录了古代日本民族的"秘史"。

《源氏物语》是世界文学史上最早的一部长篇写实小说，用心理描绘刻画人物性格，着重"情"的抒发，语言温柔典雅，优美流畅，取得了很高的艺术成就，在日本文学史上占有重要的地位，对日本文学的发展影响很大。

▲《神曲》

《神曲》是但丁·阿里盖利（1265～1321）创作的一部古典名著。但丁，意大利的伟大诗人、散文作家，与莎士比亚、歌德并称为西欧文学史上的三大"天才巨匠"。他是封建的中世纪的终结和现代资本主义纪元开端的标志性人物。但丁的代表作《神曲》是中世纪文学向近代文学过渡的标志。

但丁大约于1307年开始创作《神曲》，历时十余年完成。《神曲》全诗分三部，《地狱篇》《炼狱篇》《天堂篇》。

《神曲》表面上描述的是一个传统的宗教故事。但丁想象自己在古罗马大诗人维吉尔的带领下游历地狱和炼狱。地狱共9层，第一层住的是未信基督教的人。真正的地狱从第二层开始，生前有罪的亡魂在此受刑。2层～5层中受刑者为贪色、饕餮、贪婪、易怒者。6层～7层的受刑者为邪教徒、同类相残者、侮辱上帝和自然者、不劳而获的重利盘剥者。8层～9层受刑者为贪官污吏、买卖圣职者、占卜骗人者、阿谀奉承者、伪君子、变节和卖主求荣者。但丁最痛恨变节和卖主求荣者，将他们冻在第9层地狱的冰湖里，而冰湖最底层则关着包括犹大在内的三个最大的变节和卖主求荣者，他们被地狱之王撕裂着，咀嚼着。炼狱有7级，是一座浮在海上的山，犯有骄、妒、怒、惰、贪、食、色7种罪孽的亡魂，在这里服刑。这一类亡魂罪孽较轻，可以通过忏悔得到宽恕。随着亡魂不断洗涤自己的罪孽，逐层上升，最后来到地上乐园。在地上乐园，但丁想象自己在贝阿德丽采、圣贝拉等天仙的接引下，进入天堂。天堂有九重天，即经月球天、水星天、金星天、太阳天、火星天、木星天、土星天、恒星天、水晶天，到达天府。前八重天是生前为善的人安享清福的居住地，而天府则是上帝和天使们的住所。

《神曲》的伟大在于其宗教故事的背后，反映的是意大利社会的现实。但丁描述游历三界的所见所闻，反映了意大利、主要是佛罗伦萨社会生活的现实，鞭挞了贪官污吏、僧侣甚至教皇的罪恶。《神曲》表达了但丁反对分裂与纷争，渴望意大利的统一与和平的愿望，以及追随理性和信仰上天入地，为实现自己的抱负而勇于探索的伟大襟怀。《神曲》的着眼点也不是来世，而是鼓励人们通过靠理性指引的个人自身的修炼，争取现世的幸福。他在给友人的信中说，这部作品的目的，在于"使过这种生活的人脱离悲惨的境地，并引导他们走向幸福之路"。

《神曲》中表现出的人本主义的新思想，代表了新兴资产阶级的呼声，对即将到来的欧洲文艺复兴产生了深远的影响。《神曲》的艺术成就也很高，在这一部中世纪文学特色很浓的作品中，表现出新的现实主义的文学因素，即文艺复兴时期现实主义创作方法的萌芽。

▲《十日谈》

《十日谈》是欧洲文艺复兴时期代表作家之一薄伽丘（1313～1375）的代表作。薄伽丘是意大利人文主义的先驱。他出生于巴黎，童年在意大利北部商业城市佛罗伦萨度过。薄伽丘著有多种诗集、散文集。巨著《十日谈》是薄伽丘写于1348年～1353年的短篇故事集。

《十日谈》由3名男青年和7名少女在10天内讲的100个故事组成。《十日谈》是中世纪短篇故事的发展，由一个故事引出另一个故事，每10个故事为一组。小说语言丰富、精练、通俗，多运用夸张、对比的讽刺手法，在艺术上开创了欧洲近代短篇小说的先河。

《十日谈》故事的思想特色是张扬人性，批判神性，表达了反教会、反禁欲主义的思想。薄伽丘用许许多多偷情的故事，描写口头上的"禁欲主义者"，在生活中却荒淫纵欲，无情地嘲笑了禁欲主义者的虚伪性，揭露了教会淫荡腐朽的内幕。

《十日谈》在冲击旧的思想观念上的影响，与欧洲文艺复兴时期的另一个代表作家彼特拉克的《歌集》可以媲美。《十日谈》与《歌集》成为人文主义文学的双璧。

▲《堂吉诃德》

《堂吉诃德》是欧洲文艺复兴时期西班牙杰出的人文主义作家米盖尔·台·塞万提斯·萨阿维德拉（1547～1616）的代表作，于1605年出版第一部，1615年出版第二部。

塞万提斯在《堂吉诃德》里用辛辣的嘲讽、强烈的夸张、巧妙的构思嘲笑了没落的骑士制度。塞万提斯公开表示，他写《堂吉诃德》的目的就是要使人厌恶荒诞的骑士小说。骑士文学是中世纪骑士制度的产物，它美化现实，神化骑士功勋。

塞万提斯在小说中讲述了一个因读骑士小说入迷的没落贵族的后裔阿隆素·吉诺阿的故事。阿隆素·吉诺阿取名堂吉诃德，骑了一匹又老又瘦的马，戴着祖上遗留下来的头盔，拿着生锈的长矛，三次巡游天下，一心想创造骑士的功绩，但却四处碰壁，吃尽苦头，闹了不少笑话，几次几乎丧命。临死前，他觉悟到自己的荒唐，

对侄女说，骑士小说都是胡说八道，并不准侄女嫁给骑士，否则就得不到他的遗产。

《堂吉诃德》展示了16世纪末、17世纪初西班牙现实生活的广阔场景，揭露了专制制度的黑暗和腐败，深刻地反映了时代的矛盾，成功地塑造了欧洲文学中不朽的艺术形象——堂吉诃德。堂吉诃德是一个具有二重性的形象，他梦想恢复骑士制度的所作所为是可笑的、可怜的，但他具有人文主义理想，并以非凡的勇气，百折不挠的精神捍卫真理与正义，又是崇高的、伟大的。

▲莎士比亚四大悲剧

"莎士比亚四大悲剧"是文艺复兴时期最杰出的英国人文主义作家威廉·莎士比亚（1564～1616）的代表作。

莎士比亚是世界公认的最伟大的作家之一。他的作品很多，成就最大的是"四大悲剧"——《哈姆雷特》《奥瑟罗》《李尔王》《麦克白》。

《哈姆雷特》写于1600年～1601年，叙述了克劳狄斯杀兄篡位，王子哈姆雷特为父报仇的故事。哈姆雷特是莎士比亚塑造的人文主义的典型、善的化身，克劳狄斯则是恶势力的代表。哈姆雷特在同克劳狄斯的激烈斗争中，诛杀了奸王，自己也落进了敌人的圈套，不幸牺牲。《哈姆雷特》有强烈的戏剧性，一开幕便将敌对双方不可调和的矛盾展示在观众和读者面前，形成总悬念，牢牢抓住观众和读者，直到剧终。这种艺术特色贯穿在莎士比亚的所有戏剧作品中。

《奥瑟罗》写于1604年～1605年，系根据意大利作家钦提奥的一个短篇小说改编。写的是威尼斯黑人将领奥瑟罗轻信谗言，杀害自己清白无辜的妻子，真相大白后，因悔恨而自刎的故事。作者在《奥瑟罗》中表达了当时先进的一系列理念：婚姻应该以爱情为基础，爱情是鼓舞人的精神力量，维护爱情忠贞，不能轻信谣言。

《李尔王》和《麦克白》均写于1605年～1606年。《李尔王》描写古代不列颠国王李尔丧失王位后的痛苦经历，李尔王因继承王位的两个女儿忘恩负义而被逼疯。《麦克白》描写麦克白在恶妇麦克白夫人的怂恿下，杀死好国王邓肯，篡夺权位，搅乱了内心的平静，在极端的精神痛苦中成为暴虐的君王，终于覆灭的故事。

莎士比亚通过这几个悲剧，用人文主义的仁爱精神，批判暴君、恶妇，颂扬人性中的"善"，鞭挞人性中的"恶"。

莎士比亚除写了四大悲剧外，还创造有大量作品。他写的十四行诗，历史剧《亨利六世》《亨利四世》，喜剧《威尼斯商人》《温莎的风流娘儿们》，悲喜剧《罗密欧与朱丽叶》等，均为传世杰作，应一睹为快。

▲《伪君子》

《伪君子》是 17 世纪法国古典主义喜剧大师莫里哀（1622～1673）的代表作，又译《达尔杜弗》。

达尔杜弗是莫里哀塑造的伪君子典型形象，莫里哀在剧中通过揭露达尔杜弗禁欲主义的虚伪性，层层剥开伪君子的外衣，显现出伪君子的真面目。后来，达尔杜弗在法语中成为"伪君子"的代名词。

《伪君子》为五幕诗体喜剧，头两幕均在为达尔杜弗出场作铺垫。达尔杜弗一出场便显得很精彩。如他盯着穿法国低胸衣的女仆桃丽娜说："哎哟！天啦，我求求你，未说话以前先把这块手帕接过去。""把你双乳遮起来，我不便看见。因为这种东西，看了灵魂就会受伤，能够引起不洁的念头。"这就将达尔杜弗看了女仆的双乳，引起了不洁的念头，又假惺惺地要女仆遮住双乳的伪君子面目暴露无遗。

《伪君子》于 1664 年上演后，因其反宗教的主题，受到上层官吏和教会的激烈反对，直到 5 年以后才重新演出。

《伪君子》是文艺复兴运动后，在 17 世纪～19 世纪前期出现的古典主义文艺思潮的代表作之一。古典主义的特点是崇尚理性和自然，主观通过类型化的人物表达伦理内容，强调按照规定的原则进行创作，大量采用古代题材，提倡模仿古希腊古罗马文学，将古希腊古罗马文学奉为创作典范。

▲《浮士德》

《浮士德》是 18 世纪中叶到 19 世纪初德国文学史上最伟大的作家和诗人约翰·沃尔夫冈·歌德（1749～1832）的代表作。歌德在 1771 年开始构思诗剧《浮士德》，历时 60 年，到 1831 年他逝世前几个月才完成。

《浮士德》取材于民间传说，全剧没有连贯的故事情节，而是以浮士德的思想发展为线索。全书分两部：第一部不分幕，有 25 场；第二部分 5 幕，共 25 场。卷首还有"献诗"、"舞台上的序幕"、"天上序幕"三个小部分。第一部写浮士德的知识悲剧和爱情悲剧两个阶段；第二部则写浮士德的政治悲剧、美的悲剧和事业悲剧三个阶段。

在《浮士德》里，通过浮士德和魔鬼梅非梅特的交往，描述浮士德在寻求真理过程中的迷惘，思想性格矛盾，人格两面性的冲突。浮士德是欧洲先进知识分子的典型，在追求真理的过程中经历了物质享受、爱情欢乐、名誉地位的诱惑和迷失，不断战胜自我，奋勇进取，完成了由"小我"到"大我"的修炼，成为一个大写的人。

《浮士德》中的魔鬼梅非梅特既代表否定的力量，又是现实的揭露者和歌德的代言人。《浮士德》中塑造的少女格蕾辛的形象，则是自然人性的化身。

《浮士德》被认为属于文学上最高成就的作品之一。它采用现实主义与浪漫主义交织，以浪漫主义想象为主的创作手法，兼用抒情诗、叙事诗、诗剧，以探索理想为核心，塑造了浮士德、魔鬼梅非梅特和少女格蕾辛三个典型形象。《浮士德》在景物描写、抒情、讽刺、语言艺术上都很有特色。读《浮士德》可以获得极高的艺术享受。《浮士德》是欧洲启蒙运动中文学的最高成就。

歌德是公认的文学巨匠。他的另一部作品《少年维特的烦恼》也流传甚广，深受读者喜爱。

▲《红与黑》

《红与黑》是法国批判现实主义文学的奠基人司汤达（1783～1842）的代表作，也是 19 世纪欧洲文学中最早的一部批判现实主义杰作。

《红与黑》具典型的批判现实主义创作特色。它通过主人公于连曲折复杂的一生，表现和揭露封建复辟的黑暗统治及封建贵族、教会的腐朽，描绘现实时充满了批判性。它在描绘当时法国的社会生活时，视野十分广阔，展示了新兴的资产阶级，特别是中小资产阶级同封建贵族既斗争又有联系的复杂局面，表现了下层人民的悲苦境况和愤懑情绪。

《红与黑》在艺术上有许多独创性，首开描写典型环境中典型性格的现实主义创作手法的先河，人物形象鲜明，心理描写细致入微、真实具体，情节结构严谨、完整，语言简洁、精确。

▲《恰尔德·哈洛尔德游记》

《恰尔德·哈洛尔德游记》（以下简称《游记》）是英国伟大的民主主义诗人、19世纪浪漫主义文学的杰出代表乔治·戈登·拜伦（1788～1824）的代表作。

《游记》是拜伦的自传体诗，分四章，第一章、第二章是拜伦第一次出国旅游后根据所见所闻写成，三章和四章则是拜伦被迫流亡瑞士和意大利的见闻和感慨。

《游记》的主旨是反对暴政、渴望自由、歌颂反压迫反奴役的斗争。

《游记》是一部抒情叙事长诗。它用叙事手法展示各国的风土人情、自然景色、现实斗争和历史事迹，抒发由这些事物引发的思想、感情、见解和评判。

《游记》广泛应用了浪漫主义的对比手法，表达了对大自然深情的爱恋，语言生动、自然、简洁、流畅，富有表现力，是19世纪欧洲浪漫主义文学最杰出的成就。

▲《人间喜剧》

《人间喜剧》是19世纪上半叶法国和欧洲批判现实主义文学的杰出代表奥诺雷·德·巴尔扎克（1799～1850）的代表作。《人间喜剧》是巴尔扎克在1842年为自己的小说集起的总题名，包括了巴尔扎克从1829年起创作的小说。以后，至1850年，巴尔扎克的长、中、短篇小说达到96部。其中，以《高老头》《高利贷者》《欧也妮·葛朗台》《幻灭》《贝姨》《农民》等作品最为重要。

《人间喜剧》是巴尔扎克实践"长篇小说是一个社会的秘史"这一理想的创作结晶。它用编年的方式几乎逐年地把上升的资产阶级在1816年～1850年这一时期对贵族社会日甚一日的冲击描写出来。随着封建贵族阶级逐渐消亡，金钱成为支配社会的唯一力量，这是一幅法国社会的真实画卷，法国社会的历史，被《人间喜剧》记录了下来。

《人间喜剧》在全景式记录法国历史的时候，采用批判现实主义的手法，揭露资本主义的痼疾，鞭挞金钱的罪恶。同时，《人间喜剧》在人物个性化，重视环境描写及细节

的真实性方面，表现了现实主义创作手法的艺术特色。

▲《巴黎圣母院》

《巴黎圣母院》是法国浪漫主义文学的杰出领袖维克多·雨果（1802～1885）的代表作之一。

《巴黎圣母院》是一部长篇小说，通过描述中世纪阴暗生活与巴黎的城市图景，批判教会扼杀美与善的罪恶，揭露封建专制法律的暴虐和虚伪，宣扬人道主义。

《巴黎圣母院》是法国浪漫主义文学在反对古典主义文学思潮的背景下产生的杰作，除了深刻的思想内涵外，其艺术成就也很高。首先，它塑造了纯洁、美丽的吉卜赛姑娘爱斯梅拉达的典型形象。奇丑无比的打钟人伽西莫多的形象也很独特，在丑陋的外表下隐藏着一颗善良的心。小说深刻地谴责了给爱斯梅拉达和伽西莫多带来深重苦难的社会，感人至深，使人过目难忘。作为教会势力的化身，淫邪、虚伪、凶残的副主教克洛德的形象也塑造得很成功。

《巴黎圣母院》的艺术手法是浪漫主义的，不同寻常的人物，奇特巧合的情节，强烈绚丽的色彩，均充满着浪漫主义的激

情。《巴黎圣母院》广泛运用对比手法来反映现实，突出主题。雨果曾阐述这种对比原则，说："丑就在美的旁边，畸形靠近着优美，粗俗藏在崇高的背后，恶与善并存，黑暗与光明与共。"

▲《死魂灵》

喜剧小说《死魂灵》是俄国批判现实主义文学的主要奠基人尼古拉·华西里耶维奇·果戈理（1809～1852）的代表作，是公认的讽刺杰作，也是具有革命意义的巨著。

《死魂灵》描写了一个外表很体面的资产阶级投机家乞乞科夫在全俄国旅行，向农奴主们收买"死魂灵"（已死的农奴），用买空卖空的方法牟取暴利的故事。《死魂灵》用辛辣的讽刺手法，揭露了俄国社会中地主和投机商的丑行，塑造了乞乞科夫和五个地主的典型形象，并用议论和抒情来强化作品的主题思想。这部书生动地刻画了俄国不同类型的统治阶级人物的面貌，对于清除人民对反动统治者的崇敬心理，起了很大作用。

▲《双城记》

《双城记》是19世纪英国最重要的现实主义作家查尔斯·狄更斯（1812～1870）的代表作。

《双城记》以法国大革命为背景，描写了巴黎人民攻打巴士底狱这一历史事件。描写得伐石夫妇、厄弗里蒙地侯爵、梅尼特医生、代尔那、路茜、卡尔登等一系列主要人物形象，作者从人道主义出发，发动展示出了法国革命的前因后果。狄更斯真诚地同情人民的苦难，反对一切压迫和暴力，愤怒地谴责封建阶级的罪恶，说明革命的必然性和正义性。

《双城记》人物众多，情节复杂，结构严密，大量运用对比、象征、夸张等艺术手法，语言生动、风趣，展示了现实主义创作手法的艺术魅力。

▲《父与子》

长篇小说《父与子》是俄国批判现实主义主要作家之一屠格涅夫（1818～1883）的代表作。

《父与子》描述了平民知识分子巴扎洛夫和贵族吉尔沙诺夫兄弟的冲突，表现了年青一代与他们的父亲及其朋友为代表的老一代之间的不可避免的矛盾，反映俄国19世纪现实中进步势力和保守势力、平民和贵族的矛盾斗争。

《父与子》故事情节简洁，富于论战性的对话较多，艺术特色鲜明。

▲《罪与罚》

《罪与罚》是俄国"第一个伟大的小市民小说家"陀思妥耶夫斯基（1821～1881）的代表作。

《罪与罚》通过描写主人公、失学的大学生拉斯柯尔尼科夫杀害放高利贷的老太婆阿廖娜·伊凡诺夫娜的故事，反映了普通平民的生活。这部小说既有深刻的心理和道德分析，也有生动的社会描写，形象地表现了犯罪者受到悔恨之心的折磨而难以摆脱的极端痛苦和空前紧张。那些深陷于苦难之中，在赎罪、呻吟中打发时日的平民，得到陀思妥耶夫斯基的极大同情。陀思妥耶夫斯基在《罪与罚》中，塑造了世界文学中独一无二的平民典型形象，有着独特的艺术魅力。

▲《玩偶之家》

《玩偶之家》是19世纪后期伟大的现实主义戏剧家、挪威文学的伟大代表亨利克·易卜生（1828～1906）的代表作。

剧本《玩偶之家》（又译《傀儡》《娜拉》），塑造了善良、勇敢的妇女娜拉的美好形象。通过娜拉"离家"的故事，对资产阶级的婚姻、家庭、伦理、道德、宗教和法律进行了大胆批判，对婚姻自由、男女平等、妇女解放发出了热烈呼唤。

《玩偶之家》突破传统的爱情描写模式，在艺术上大胆创新，手法生动简练，风格单纯朴实，语言充满哲理，在世界文学名著中占有重要地位。

▲《安娜·卡列尼娜》

《安娜·卡列尼娜》是俄国批判现实主义伟大作家列夫·托尔斯泰（1828～1910）的代表作之一。

《安娜·卡列尼娜》的主线是贵妇人安娜与渥伦斯基的婚外恋，以及贵族列文和吉提的故事。然而，这部小说通过家庭题材，反映了当时俄国贵族社会的道德崩溃和对爱情自由的热切呼唤，折射出进步的贵族知识分子对改良道路的不懈探索，表现出了作者对妇女命运的深切关注和对新旧交替时期俄国社会的独特认识。

《安娜·卡列尼娜》塑造了安娜这个19世纪70年代俄国贵妇人的典型形象，艺术结构独具匠心，心理刻画生动真实，思想内涵深刻丰富，不愧为一部完美的文学杰作，是托尔斯泰艺术探索最伟大的成果之一。

▲《复活》

《复活》是托尔斯泰另一代表作。其主要内容是，贵族聂赫留朵夫在法院陪审时，发现被人诬陷杀人的妓女卡秋莎·玛丝洛娃就是早年被他诱奸又被他抛弃以致堕落的初恋情人。面对处于悲惨境地的卡秋莎·玛丝洛娃，聂赫留朵夫的精神遭遇了强烈的震动，他开始意识到自己的罪恶。为了减轻自己良心的谴责，聂赫留朵夫决定帮助她，最后在精神上得到了"复活"。

▲《哈克贝里·芬历险记》

《哈克贝里·芬历险记》是19世纪后期美国杰出的现实主义代表作家马克·吐温（1835～1910）的代表作。

《哈克贝里·芬历险记》通过描述儿童哈克和逃亡的黑奴杰姆为追求自由幸福生活而流浪冒险的故事，揭露了美国社会的黑暗现实。

《哈克贝里·芬历险记》风格独特，技巧高超。它摆脱了"全知全能"的叙事方法，从主人公哈克的独特视觉来观察世界。它使用了现实主义的描写与浪漫主义的抒情交相辉映的写作手法，用对比、衬托的艺术手法刻画人物。美国大作家海明威说："全部美国现代文学，都起源于马克·吐温的《哈克贝里·芬历险记》一书。"

▲《德伯家的苔丝》

长篇小说《德伯家的苔丝》是19世纪末20世纪初期英国现实主义文学的重要代表作家托马斯·哈代（1840～1928）的代表作。

《德伯家的苔丝》通过描写美丽、善良、纯洁而勤劳的农村姑娘苔丝的一生，真实地反映了在资产阶级压迫下农民的悲惨命运，向资产阶级的道德发出了公开的挑战。

《德伯家的苔丝》情节集中，结构布局清晰，风景描写十分出色，充分运用偶然事件推动情节发展，达到"意料之外，情理之中"的艺术效果，是一部取得了很高艺术成就的长篇小说。

▲《羊脂球》

《羊脂球》是法国批判现实主义作家基·德·莫泊桑（1850～1893）的作品。莫泊桑擅长写中短篇小说，短篇小说《羊脂球》是他三百余篇小说中最具代表性的作品之一。

羊脂球是个具有爱国思想和民族自尊心的妓女，作者通过描写羊脂球和同行的9个旅客遭遇普法战争的故事，揭示上层人物在国家利益、民族尊严受到严重考验时表现出来的丑恶嘴脸和肮脏灵魂，赞扬了以羊脂球为代表的下层人民的善良品质和爱国热忱。

《羊脂球》构思独特精巧自然，结构紧凑严密，布局别具匠心，对比鲜明，效果强烈，细节描写生动细腻传神，语言朴实优美，截取的环境、生活片段典型，内涵深刻，是世界文学史上不可多得的精品。

▲《漂亮朋友》

《漂亮朋友》，莫泊桑的又一部优秀作品。讲述了一个不学无术、卖身求荣的新闻记者杜洛阿，他凭借自己漂亮的外表，四处招摇撞骗，勾引上流社会的妇女，最终使自己走上了飞黄腾达的道路。小说揭露了法国上层社会的腐败。

▲《套中人》

《套中人》是19世纪俄国文学最后一个伟大作家安东·巴甫洛维奇·契诃夫（1860～1904）的作品。契诃夫以擅长写短篇小说著称，《套中人》是他的代表作品之一。

《套中人》塑造了别里科夫这个跨国界、跨时代的典型人物形象。别里科夫自私、怯懦，是一个丧失人格、屈从反动势力，最后堕落为反动势力的帮凶。这是一个令正直的人又恨又怕的人物。

《套中人》语言简洁，描述细致，景物描写生动逼真，妙用夸张和讽刺手法，它同契诃夫的其他短篇小说如《小公务员之死》等一样，是世界文学宝库中的瑰宝。

▲《戈拉》

《戈拉》是印度近代文学史上享誉世界的大诗人、作家罗宾德罗那特·泰戈尔（1861～1941）的长篇小说代表作。

泰戈尔在长篇小说《戈拉》中通过主人公戈拉的政治斗争和生活冲突，描绘了19世纪70至80年代孟加拉的社会生活和斗争场景，抒发他爱国、反帝、反封建的情怀。

泰戈尔在《戈拉》中塑造了反帝爱国的典型形象，善于通过不同人物的对话塑造和揭示人物的性格特征，语言如诗一般具有浓厚的抒情情调，小说具有鲜明的东方特色。

▲《飞鸟集》

短诗集《飞鸟集》是泰戈尔诗歌的代表作，包括了三百余首清丽的小诗。这些诗的基本题材都是关于小草、流萤、落叶、飞鸟、山水、河流的，其形式自由、语言精湛、笔法清隽朴素，似乎有着一点点童趣，但细细品味起来，却又蕴含着一点点哲理。它们看上去清新简略，可读起来却耐人寻味。

1913年，泰戈尔获得了诺贝尔文学奖。

▲《约翰·克利斯朵夫》

长篇小说《约翰·克利斯朵夫》是19世纪末～20世纪前期法国批判现实主义的杰出代表罗曼·罗兰（1866～1944）前期创作的代表作。

《约翰·克利斯朵夫》通过对"贝多芬式的英雄"约翰·克利斯朵夫奋斗的一生的描述，表达了"要反抗一种不健全的文明"，建设"受苦、奋斗而必胜的自由灵魂"的愿望。

《约翰·克利斯朵夫》塑造了具有自由灵魂，追求真善美的文明战士约翰·克利斯朵夫的典型形象。它有着大河般的结构形式，独具特色的音乐性，是一部有很高艺术造诣的传世杰作。罗曼·罗兰因此获得1915年诺贝尔文学奖。

▲《美国的悲剧》

长篇小说《美国的悲剧》是20世纪上半期美国现实主义文学的重要代表作家西奥多·德莱塞（1871～1945）的代表作。

《美国的悲剧》通过主人公克莱德的故事，反映了美国这个国家的悲剧和一种文明的悲剧，不择手段地去追求生活享受和金钱，导致了克莱德的悲剧，也是导致美国的形形色色的悲剧的根源。小说取材于现实生活中的真实事件，是对美国不平等社会的强烈控诉。

《美国的悲剧》塑造出了克莱德这个在美国典型环境中的典型形象，应用心理分析方法，把社会背景和弗洛伊德的学说有机地结合起来，在艺术上取得了独特的成就。

▲《尤利西斯》

小说《尤利西斯》是爱尔兰意识流小说家詹姆斯·乔伊斯（1882～1941）的代表作。

作者在《尤利西斯》中通过描述三个人物的精神生活，赞美普通人无私的爱，是一曲人类爱的颂歌。

《尤利西斯》用心理时间构成作品，作循环时序叙述，显示心理时间的跨度和跳跃性，并作预见时序叙述，在预见的时间中想象将来，表现出心理时间的玄远性；用意识的流动性和人物心理的动态性来进行心理描述；用神话模式来构思作品和表达作品深刻的象征意义。全书文体灵活多变，是一部艺术形式独特的意识流小说经典作品。

▲《变形记》

小说《变形记》是现代派文学鼻祖、奥地利作家弗朗兹·卡夫卡（1883～1924）的代表作。

《变形记》是一部通过人的"异化"表现小人物的悲剧的杰作。作者描绘旅行推销员格里高尔变成一只甲壳虫后遭遇的生理上和精神上的双重痛苦与折磨，隐喻社会上亲人之间如陌生路人，人与一个敌视他的环境处于对立的现实。

《变形记》用写实的手法描写虚妄的事物，篇幅不长但意味无穷，是现代派表现主义文学的重要基石。

▲《老人与海》

中篇小说《老人与海》是美国著名作家欧内斯特·海明威（1899～1961）后期的代表作。海明威因这部小说获得1954年度的诺贝尔文学奖。

从表面上看，《老人与海》所讲的故事十分简单：老渔民桑提亚哥一连出海84天，却一无所获。以后再次出海，经过两天三夜的生死搏斗，终于捕获了一条特大的马林鱼。但在返航途中，却被一群鲨鱼围攻，老人又为争夺马林鱼而与鲨鱼群奋力搏斗。等老人返回港口时，马林鱼已被撕扯一空，只剩下一副巨大的骨架。作品中的人物也很简单：老渔夫与小孩曼诺林。

但在这简单的人物和故事里，却包含着多层复杂的象征意义。《老人与海》以现实主义的方法写人与自然的对立和拼搏，歌颂人在神秘莫测的自然力量面前不屈不挠，赞扬"你尽可把他消灭掉，但你就是打不败他"的大无畏精神。主人公桑提亚哥是完美崇高的普通人形象的代表，小孩曼诺林则代表这个人的青少年时代。作为一个普通人，他在漫长而艰难的生活道路上，有成功的喜悦，也有失败的痛苦，甚至有垂头丧气的时刻，但他最终能把自己的本质力量聚集起来，正视失败与死亡，表现出人类精神中最宝贵的东西——无限的勇气和永不熄灭的奋进精神。

《老人与海》中的大海、鲨鱼，作为人的对立面象征着神秘的命运和不可知的自然力。因此，老人与大海和鲨鱼的搏斗就象征着人类与自然、命运以及一切外在于自身的邪恶力量的抗争。

▲《间隔》

独幕剧《间隔》是法国存在主义哲学家、文学家让·保尔·萨特（1905～1980）的代表作。

《间隔》又译名为《禁闭》，作者通过剧中三个心灵扭曲、精神变态的人物，表现人在现实中的生存状态和精神状态，揭示世界的荒诞性，强调人的自由选择原则，主张用积极的行动来改变环境，争取个人的解放，宣扬了存在主义的哲学思想。

《间隔》采取象征艺术手法，从剧名、场景、人物关系到剧情、台词都充满了象征性，故事充满寓意，戏剧性很强，取得了很高的艺术成就，是现代派文学艺术的经典作品之一。

▲《静静的顿河》

长篇小说《静静的顿河》是享有世界声誉的当代苏联作家肖洛霍夫（1905～1984）的代表作。

《静静的顿河》通过哥萨克人葛里高利·麦克霍夫一生艰难、坎坷的故事，描写俄国、苏联在1914至1921之间发生的历史巨变，以及顿河哥萨克面对巨变的彷徨和动摇。《静静的顿河》塑造了为寻找真理在"革命"与"反革命"间徘徊的中农葛里高利不朽的艺术典型，再现了十月革命前后顿河哥萨克及整个俄国命运的转折，将真人真事同艺术虚构结合起来，大量运用民歌、民谣，风景描写饱含抒情，是一部艺术成就很高的传世佳作。

肖洛霍夫于1965年获得诺贝尔文学奖。

▲《红星照耀中国》（《西行漫记》）

《红星照耀中国》是美国作家、记者埃德加·斯诺（1905～1972）于1936年到陕北革命根据地访问后写的见闻录，1937年出版，1938年由复社出版中译本时将书名改为《西行漫记》。

1935年5月底，斯诺在中国采访宋庆龄，从宋庆龄处得到了可靠消息，说共产党与张学良的东北军秘密达成了停火协议。这无疑是绝好的机会。他作为"一个胆战心惊、寻求头号新闻的记者"，在伦敦《每日先驱报》、美国《纽约先驱论坛报》《星期六晚邮报》等的支持下，向往着能够进入"中国红色地区"。斯诺向宋庆龄提出了希望去陕北革命根据地采访的要求。不久，经宋庆龄的安排，中共中央同意了他的要求。

1936年7月15日，斯诺到达当时中共中央和红军总部所在地延安。7月16日夜，毛泽东接见了斯诺。毛泽东第一次把自己的生平讲给别人听，而且是一个外国人，一谈就是十几个夜晚。以后，斯诺还遵照毛泽东"到前线去看看"的意见，到前线生活了一个月，对中国红军有了进一步的认识。他把自己在陕甘宁边区所听、所见、所记的事情写成一系列通讯，首先在英美报刊发表，客观公正地报道了中国共产党领导的中国革命，扩大了中国革命在国内外的影响。1937年10月，这一系列的新闻通讯汇编成《红星照耀中国》，由伦敦戈兰茨公司出版。

斯诺的《红星照耀中国》就像火焰一样，腾空而起，划破了苍茫的暮色，让人知道，原来还另外有一个中国啊！斯诺首次向全世界报告了中国共产党领导的革命根据地的真相，展示了中国的光明和希望，打破了国民党十年的新闻封锁，揭穿了它的造谣污蔑，打开了人民的眼界。他的采访被誉为20世纪新闻记者所施展的一个最了不起的绝技，在全世界面临空前灾难的前夕，报道了一支远离西方各国的独立的战斗力量，给全世界人民带来了反法西斯斗争的信心和力量。在此之前，在世界各国中，恐怕没有比红色中国的情况是更大的谜，更混乱的传说了。在斯诺的报道发出之前，对于中国共产党人，特别是他们的领袖毛泽东，不仅苏联人根本不了解，就连许多中国人自己也不完全知道，更不用说西方了。斯诺因此成了最了解中国和毛泽东的美国人。美国总统罗斯福看完斯诺的著作后，先后在1942年2月24日、

1944 年 5 月 26 日和 1945 年 3 月 3 日三次接见斯诺，还亲自推销过斯诺的书。

1937 年 3 月 10 日，毛泽东在延安专门致信斯诺："我们都感谢你的。"1938 年春，毛泽东还亲自对一位德国记者说："当其他人谁也不来的时候，斯诺来到这里调查我们的情况，并帮助我们把事实公之于世。人们将永远记得他曾为中国做过一件巨大的工作。他是为建立友好关系铺平道路的第一个人。"

▲《等待戈多》

两幕剧《等待戈多》是荒诞派戏剧奠基人、原籍爱尔兰的作家贝克特（1906～1990）的代表作。

《等待戈多》通过描述两个流浪汉戈多和狄狄等待从未出现的施主戈多的故事，表现作者"人生就是一种痛苦、徒劳的等待"的思想，有一种深沉的幻灭感，从而揭示了"人生就是一种等待"的主题。

《等待戈多》的艺术表现手法一反传统，打破了传统戏剧的常规。出现在舞台上的人的行为、语言和事物均荒诞化、非理性化，一切都颠三倒四、荒唐可笑、不合情理、难以理喻，被公认为是荒诞派戏剧艺术的经典作品。

▲《百年孤独》

长篇小说《百年孤独》是哥伦比亚杰出的魔幻现实主义作家加夫列尔·加西亚·马尔克斯（1928～　）的代表作。

《百年孤独》通过描写拉丁美洲一个虚构的马孔多镇七代人孤独生活的故事，反映拉丁美洲 19 世纪后半叶～20 世纪前半叶的百年史。

《百年孤独》采用了魔幻现实主义的写作手法。小说中充满神秘怪异、荒诞离奇的细节，使神奇、魔幻的拉丁美洲现实变得分外离奇怪诞，神秘莫测。小说塑造了布恩蒂亚、乌苏娜、奥雷连诺上校等典型形象，有很高的艺术成就。马尔克斯获得了 1982 年诺贝尔文学奖。

（沈伯俊　李天道）

楹联欣赏

❶ 昆明：大观楼长联

背景材料

大观楼位于滇池之滨，今云南省昆明市大观楼公园内。初建于清康熙年间，后毁于战火，今天所见之楼为同治年间重建。楼高三层，登临远眺，滇池美景尽收眼底。除却美景，令大观楼闻名遐迩的，是名士孙髯翁亲笔所写的长联。

孙髯，字髯翁，号颐庵，自号"蛟台老人"。他勤奋博学，能诗善文，尤擅指画，名重一时。其著述颇丰，有《孙髯翁诗残抄本》《滇南诗略》《永言堂诗文集》《金沙诗草》等。昆明大观楼长联是他最著名的作品，素有"天下第一长联"之美称。

滇池之滨的大观楼，临水而筑，湖光山色，当时的文人墨客常聚集于此吟诗作对。时值"康乾盛世"，大部分诗人的作品都是应景的平庸之作，唯孙髯的长联独树一帜。此联一反常人"歌功颂德"的主题，直面抨击封建王朝。此联一问世，即受到人们的普遍赞扬并广为流传。只可惜，今天人们看到的垂挂于大观楼临水一面的门柱两侧的长联并非孙髯亲笔题写，乃大观楼重建后重书的作品。

原文

五百里滇池，奔来眼底。披襟岸帻，喜茫茫空阔无边。看：东骧神骏，西翥灵仪，北走蜿蜒，南翔缟素。高人韵士，何妨选胜登临。趁蟹屿螺洲，梳裹就风鬟雾鬓；更蘋天苇地，点缀些翠羽丹霞。莫辜负：四围香稻，万顷晴沙，九夏芙蓉，三春杨柳

数千年往事，注到心头。把酒凌虚，叹滚滚英雄谁在？想：汉习楼船，唐标铁柱，宋挥玉斧，元跨革囊。伟烈丰功，费尽移山心力。尽珠帘画栋，卷不及暮雨朝云；便断碣残碑，都付与苍烟落照。只赢得：几杵疏钟，半江渔火，两行秋雁，一枕清霜

赏析

大观楼长联乃作者观景感受之作，一气呵成，令人拍案叫绝，其诗句气势磅礴，意境开阔，读来令人回味无穷。

上联描绘滇池和周围的风光，以一"喜"字统领全段。首句"奔来眼前"展现出滇池苍苍茫茫、空阔无边的壮丽景色。放眼望去，四周群山环绕，山形各异。烟波浩渺的水面上，蟹状和螺状的岛屿星罗棋布，繁茂葱郁的花草垂柳，宛如姑娘蓬松高耸的发髻和随风拂面的鬓发；更有那

映天的蘋叶和芦苇，绿色的水鸟和红霞。作者不禁发出感慨：不要辜负了美好的胜景吧——周围飘香的稻花，万顷晴空下的湖滨沙滩；夏日盛开的荷花，春天依依的杨柳。作者对壮美山河的赞美之情跃然纸上！

下联触景生情，历数云南历史，感叹帝王们的丰功伟绩，揭示封建王朝的发展规律。帝王们辉煌灿烂的丰功伟业费尽了英雄们的气力心神。然而斗转星移，时空变幻，多少记载他们功业的碑碣折断残破，倒卧在苍茫的烟雾与落日的余晖里，只留下——寺庙里稀疏的钟声，江边点点的渔火，两行孤寂的秋雁，枕边的一片清霜。这怎不令人对景伤感！

纵观全篇，上联写景，下联叙事。自然景色，历史沧桑，艺术灵魂融为一体。读完全联，但觉情景交融，对仗工整，字句洗练，内蕴美质，意境高妙，气势非凡。以空间与时间为主线，观物写情，层次分明，外溢华彩，内涵深厚，是对联史上不朽的杰作，令人百读不厌，叹为观止！

大观楼长联是诗、是画、是历史的镜子，是我国对联宝库中一颗光彩夺目的明珠。两百多年来，该长联使"五百里滇池"边的大观楼名扬四海，驰誉九州。

② 昆明：西山华亭寺联
背景材料

西山位于云南省昆明市西南郊 15 千米，隔滇池与金马山遥遥相对，峰峦连绵 40 多千米，海拔 1900 米～2350 米。由高峣山、华亭山、太华山、罗汉山、太平山等群峰组成。远望西山峰峦逶迤，云雾缭绕。那山体犹如一位躺卧在滇池边休憩的少女；那山上茂密的绿树，倒映在水面的波光中，仿佛姑娘一头飘逸的青丝，于是西山便有了这样一个曼妙的称呼——"睡美人山"。

相传古时候有一名年轻女子，因丈夫被酋长抓走，她悲痛欲绝，日思夜啼，流出的泪水积成了滇池，身体倒下后化为西山。有凤凰前来哀吊被人们误以为是碧鸡，故西山还有另外一个名字——碧鸡山。

西山景色雄奇与秀美并举，山上有华亭寺、太华寺、三清阁、龙门以及音乐家聂耳墓等众多的名胜古迹。

华亭寺在西山之腹，始建于元代延祐七年（1320 年），前身系宋代大理国鄯阐侯高升智的别墅。对联为明代著名文学家杨慎被贬谪云南，隐于昆明西山所作。

杨慎（1488～1559），字用修，号升庵，四川新都人，文学家，诗人。他博览群书，能诗善文，是明代正德年间状元，也是题联的高手。

原文
一水抱城西，烟霭有无，挂杖僧归苍茫外

群峰朝阁下，雨晴浓淡，倚栏人在画图中

赏析
上联写水，在华亭寺居高望远：滇池的清波碧水拥昆明，云雾笼罩，似有似无，只见僧人雾中归。下联写山，在西山眺望四周：连绵起伏的峰峦犹如在楼台之下匍匐前行，时晴时雨，赏景的人如在画中行。

简洁的意象宛如简单的笔画，将华亭寺一带的景色，水墨丹青般地表现出来，韵味无穷。对联既没有引用很深的典故，也没有采用华丽的辞藻，仅以秀雅清丽之词，描绘出山寺静气荡漾之美，宛如天上宫阙，清新、简约。读罢此联，滇池西山的美景尽在眼前。

③ 杭州：灵隐寺联
背景材料

灵隐寺，又名"云林禅寺"，位于浙江省杭州市西湖畔，为杭州最早的名刹，也是江南著名古刹之一。它创建于东晋咸和年间，至今已有一千六百余年的历史。

东晋咸和初年，印度僧人慧理看到这里山峰奇秀，林木幽深，认为是"仙灵所隐"，于是就在山中建寺，取名"灵隐"。清朝康熙南巡时，登上寺后的北高峰顶览胜，看到山下林海莽莽，山间云雾缭绕，整座寺宇笼罩在一片淡淡的晨雾之中。这里深山古寺，林木耸秀，幽静异常，于是就赐灵隐寺为"云林禅寺"。天王殿前悬挂的"云林禅寺"巨匾，为康熙"御笔"题写。

原文
峰峦或再有飞来，坐山门老等

泉水已渐生暖意，放笑脸相迎

赏析
上联利用"飞来"之意，巧设悬念，既有对景物的完美写照，又勾起了游人的好奇之心，从而于不经意间给飞来峰增添了几分吸引力和神秘感。下联中由"泉水"

新世纪老年百科全书

生发，由泉及人，从而使美景与游人、自然的"暖意"与游人的"笑脸"浑然一体，营造出一种喜气洋洋、其乐融融的欢愉氛围。

全联以"不见其人，先闻其声"之势，先把一幅秀美的飞来峰的景观图展现在人们的眼前，使游人未观其山，先感其美。

④ 杭州：岳王庙联

背景材料

岳王庙位于浙江省杭州市西湖之畔栖霞岭南麓，是历代纪念民族英雄岳飞的场所。南宋隆兴元年（1163年）宋孝宗继位后，岳飞之冤得以昭雪，改葬遗骸于此。南宋嘉定十四年（1221年）改北山智果院为祠庙，明景泰年间，改称"忠烈庙"。此祠庙经历了元、明、清、民国，时兴时废，代代相传，一直留存到现在。民国期间曾经大修，1979年国家投入重金进行全面整修。现在保存下来的岳飞庙，为清朝重建时的格局。

岳王殿内塑有岳飞彩像。塑像着盔甲，披紫蟒袍，按剑而坐，尽显一代武将的英雄气概。有岳飞草书"还我河山"匾。塑像上方的壁上镶嵌着"精忠报国"四个大字。正殿忠烈祠重檐中间悬着的一块横匾"心昭天日"，乃叶剑英的手笔。

岳飞墓的墓碑上刻有"宋岳鄂王墓"字样。墓道两侧分列着明代刻存的石马、石羊、石虎和文武俑，墓道阶下有当年残害岳飞的秦桧、王氏（桧妻）、万俟卨、张俊的铁铸人像面墓而跪。墓道前高照壁上有明人所书的"精忠报国"四个大字。

岳飞（1103～1142），字鹏举，相州汤阴（今属河南）人。南宋时杰出的军事家，抗击金兵的主要将领。他少时习武，喜读兵书、《左传》，官居清远军节度使，北宋末年，与韩世忠等名将奋力抗金，屡败金军。一提起岳家军，金兵闻风丧胆。岳飞后被秦桧、张俊等人以"莫须有"罪名诬陷为反叛朝廷，陷害至死。21年后，宋孝宗为岳飞平反昭雪，追谥为"武穆"，宋嘉泰年间追封为"鄂王"。

原文

千秋冤案莫须有
百战忠魂归去来

赏析

上联中作者痛斥了由秦桧、张俊等奸臣制造的"莫须有"冤案，表达了对一代名将岳飞深深的同情之意。下联则概述了岳飞身经百战、气壮山河的英雄气概，并以"忠魂"来体现后人对岳飞的尊重与宽慰。联中"千秋"一词更是表达了对冤案的极度愤慨，"百战"则赞颂了岳飞伟大的历史功绩。这副对联虽然语句简短，但其内容博大，意义深刻，充分表达了人们对民族英雄岳飞的爱戴、敬仰之情。

⑤ 宁波：天一阁联

背景材料

坐落在浙江省宁波市月湖之西的天一阁，是中国现存最古老的私人藏书楼，也是亚洲现存历史最悠久，世界上现存最古老的三个家族图书馆之一。它始建于明嘉靖年间，为当时的兵部右侍郎范钦所建造。范钦尽平生之力搜集天下奇书七万多卷，其中以地方志和登科录最为珍稀。藏书楼命名为"天一阁"，是取"天一生水"之意，希望能以水制火，使藏书楼能免遭火灾。

清乾隆年间，乾隆皇帝派人模仿天一阁的房屋、书橱格局兴造了著名的"南北七阁”，供收藏《四库全书》之用，此举使天一阁闻名全国。

原文

十万卷签题，缃帙斑斑，笑菉竹绛云之未博

三百年清秘，洋光昺昺，接东楼碧沚似非遥。

赏析

上联采用对比手法，列举菉竹堂、绛云楼藏书不够广博，突出天一阁藏书之多，所收书籍年代之久远。下联直接描绘了天一阁悠久的历史，丰富博大的藏书品种和赫赫名声。

全联分别从时间和空间上进行纵横比较，从各个方位概括了天一阁的全貌。它用写实的方法，运用具体的数据，从天一阁藏书的广博和历史的深远来突出其权威和不可替代。

6 天台山：方广寺联

背景材料

天台山坐落于浙江省东中部，东连宁海、三门，西接磐安，南邻仙居、临海，北界新昌，是我国佛教天台宗的发源地、道教南宗祖庭所在地和济公活佛的故乡，现为浙江省著名的游览胜地。

天台山以古、幽、清、奇为特色，自然人文景观相得益彰。这里既有汉末高道葛玄炼丹的“仙山”桃溪，碧玉连环的“仙都”琼台，道教“南宗”的圣地桐柏，又有佛教“五百罗汉道场”石梁方广寺，隋代古刹国清寺，还有赤城栖霞、石梁飞瀑，各景天然成趣，别具一格，美不胜收。因此获得“佛宗道源，山水神秀”的美称。

原文

风声雨声虫声鸟声梵呗声，总合三百六十天钟鼓声，无声不寂

月色山色草色树色云霞色，更兼四万八千丈峰峦色，有色皆空

赏析

曾有人评论这副对联极“乐师”之微、尽“画工”之神，自然之美、哲理之玄，具在醇厚之韵味中。诚不为过也。

上联似一位神奇的音乐大师为天地之间谱写的一首神妙之曲：风、雨、虫、鸟、梵呗、钟鼓，声声入耳；下联更像一位伟大的画家为大自然描绘一幅神奇之画。两联合璧，有声有色，赏心悦目，可谓乐中之画，画中之乐。作者在自然的景物和声音之中注入了个人的感情，寄情于声色。

此联将佛教“无声不寂”“有色皆空”的梦幻境界寓于其中，因而又可以说此联是佛理式的对联、对联式的佛理，

7 无锡：东林书院联

背景材料

东林书院坐落于江苏省无锡市，是我国古代著名书院之一。创建于北宋政和年间，杨时讲学于此，后即以此地为书院，元代废为僧舍。明朝万历年间，著名学者顾宪成携一群好友共同提倡捐资复建，取名“东林书院”。顾宪成及其好友经常在此讽议朝政，抨击阉党，因而被称为“东林党”。此联也是东林党人志向的自白。

关于对联的作者，民间有两种说法：一是顾宪成的启蒙导师在一个雨天触景生情，吟出上联，顾宪成即刻对出下联。另一种说法是，在一个风雨交加之夜，一位在朝官员坐船路过河边顾宪成家，听见屋内琅琅书声。第二天，他找到顾宪成，吟出上联，顾宪成朗声对出精彩下联。

原文

风声、雨声、读书声，声声入耳

家事、国事、天下事，事事关心

赏析

上联将读书声和风雨声融为一体，诗意深意并举。联中五次重复出现“声”，把“声声入耳”的思想感情从不同的角度表现得淋漓尽致。下联中五次重复出现“事”，表现出作者“事事关心”的齐家治国平天

下的雄心壮志。"风"对"雨","家"对"国","耳"对"心",极其工整,特别是连用叠字,如闻琅琅书声。全联形成一种音调铿锵、节奏强烈的音乐美。

⑧ 扬州：平山堂联
背景材料

平山堂位于江苏省扬州市蜀岗中峰大明寺大雄宝殿西侧的"仙人旧馆"内,为北宋文学家欧阳修于宋仁宗庆历年间所建,时欧阳修任扬州知州。欧阳修极为欣赏这里的清幽古朴,于此筑堂。在此堂上,可远观江南诸山和镇江三山。因在视觉上,有诸山似与堂前栏杆相平的感觉,故名。

平山堂作为士大夫、文人吟诗作赋的场所,于明代万历年间重新修葺,清乾隆元年进行扩建,后毁于兵火,现存建筑为清同治年间重建。

原文

几堆江上画图山,繁华自昔。试看奢如大业,令人讪笑,令人悲哀。应有些逸兴雅怀,才领得廿四桥头,箫声月色

一派竹西歌吹路,传诵于今。必须才似庐陵,方可遨游,方可啸咏。切莫把秾花浊酒,便当作六一翁后,余韵风流

赏析

这副对联从如画图般美景的平山堂展开,赞叹扬州自古以来的繁华。接下来联想到的扬州历史上的大事件:暴君隋炀帝,为到扬州看花而开凿大运河,可谓荒淫奢侈。作者用"令人讪笑,令人悲哀"道尽了隋炀帝的荒唐、可笑、可悲。而扬州那如画的美景,只有那些"逸兴雅怀"的人才能真正领略到。

下联中提及到的唐代著名诗人杜牧和宋代散文家欧阳修,均紧紧地扣住了与平山堂有关的人和事。杜牧笔下有关扬州的诗"传诵于今",只有欧阳修的才学可与之媲美,因而切不可把欧阳修所说的"六一"风流,理解为"秾花浊酒"般的放荡生活的缩写!

作者在这副对联中将景、情、议论三者完美结合,水乳交融。既含有对扬州风物的赞叹,也有对在扬州留下历史踪迹的名人的议论,很自然地流露出对那种附庸风雅、无病呻吟之作和花天酒地般荒淫奢侈生活的一种发自心底的鄙视。此联容量博大,见解深刻。不仅给人以美感,更多的是给人一种深深的思索与感悟。

⑨ 南京：莫愁湖胜棋楼联
背景材料

胜棋楼位于江苏省南京市莫愁湖上,为一栋二层五开间建筑,始建于明洪武年间。

相传南北朝时有洛阳少女莫愁远嫁江东,住在湖滨,因此湖以莫愁为名。楼的正门与中堂之间有棋桌,相传这里是专供明太祖朱元璋下棋之处,故名"对弈楼"。传说明太祖朱元璋非常喜欢下围棋,当时朝中名臣徐达也是一位弈林高手,常陪朱元璋下棋。有一天,朱元璋与徐达又在此下棋,对弈过程中,徐达将棋子摆成"万岁"二字,朱元璋很是高兴,便将莫愁湖赐给徐达,此楼故而得名"胜棋楼"。因楼与湖融合在一起,加上英雄与美女的传说,胜棋楼的对联联语大都以此为话题。

原文

登斯楼也,其喜洋洋,把酒临风忘宠辱

望美人兮,予怀渺渺,挟仙抱月侣渔樵

赏析

对联这是一副将古代名人诗句汇集在一起的集句联。在上联中,作者很巧妙地化用了范仲淹《岳阳楼记》文中"登斯楼也,则有心旷神怡,宠辱皆忘,把酒临风,其喜洋洋者矣"的句子,以抒情怀;下联则将苏轼《前赤壁赋》中的语句抽取糅合,融"渺渺兮于怀,忘美人兮天一方"、"挟仙子以遨游,抱明月而长终"以及"况吾与子渔樵于江渚之上,侣鱼虾而友麋鹿"于一体。

虽说此联是撷取古人两篇赋文中的现成词句,但却对仗非常工整,不露一点痕迹,作者用欢快的笔调给人带来了一种清新自然的享受,表达了作者"喜洋洋"的心情。

⑩ 南京：瞻园联
背景材料

瞻园是南京现存历史最悠久的一座园林,也是国内唯一的太平天国历史博物馆。曾为中山王徐达的府邸花园。

徐达(1332～1385),字天德,农民出身,明朝开国大将,安徽凤阳人。明朝建

立后，被明太祖朱元璋封为"魏国公"，死后追封为"中山王"。瞻园即是明太祖朱元璋为其所建造的寓所。清乾隆皇帝南巡时，亲笔题写了"瞻园"匾。后毁于兵火，新中国成立后修复。今天人们看到的这副长联，为张爱萍将军题写，另一版本为徐达自题瞻园静妙堂。

原文

大江东去，浪淘尽千古英雄。问楼外青山，山外白云，何处是唐宫汉阙

小苑春回，莺唤起一庭佳丽。看池边绿树，树边红雨，此间有舜日尧天

赏析

上联述古，感慨在不可逆转的历史洪流中，多少豪杰勇士、文人墨客不过是无尽长河中的匆匆过客，旧日富丽堂皇的宫阙也不复存在。下联写景，目光由广阔的历史长河收拢到日常生活的平凡景象，情怀、意境迥然不同，令人心生遐想，感慨万千。

全联融会贯通，气势宏大，文辞秀美，部分的顶真手法又增加了联语的形式美。

⑪ 济南：大明湖辛弃疾祠联

背景材料

大明湖位于山东省济南市城区，是济南市三大名胜之一。由珍珠泉、芙蓉泉等众多泉水汇集而成。大明湖公园历史悠久，景色优美，尤以秋季景色最为宜人。湖区内点缀着各种亭、台、楼、阁，远山近水与碧空丽日融为一色，犹如一幅巨大的彩色画卷。

辛弃疾（1140～1207），字幼安，号稼轩，山东历城人，南宋著名词人，历任南宋地方行政长官。著有《稼轩词》《稼轩长短句》等。后因为主张抗金，多次上书朝廷，被贬谪，抑郁而死。其词作与苏轼齐名，并称"苏辛"。祠在大明湖南岸，又名稼轩祠。旧祠芜毁，现在所见之祠为1961年重建，1980年重修。现亦为辛弃疾纪念祠。此联为郭沫若题写。

原文（其一）

铁板铜琶，继东坡高唱大江东去
美芹悲黍，冀南宋莫随鸿雁南飞

赏析

上联"铁板铜琶"是一个典故。传说苏轼曾问歌咏的人，他的词风怎样。答曰：学士（苏东坡）词，须关西大汉执铜琵琶、

铁绰板，唱"大江东去"。此形容苏轼之词的豪放激越。"继东坡高唱大江东去"，这里是说辛弃疾的词笔力雄健，深沉慷慨，继承了苏东坡豪放的词风，形成了苏辛词派。下联指出辛弃疾不仅是一位伟大的词人，而且还是一个有政治远见的抗金爱国将领，简单而又深刻地评述了他的爱国之志。

这副评议古人的联语，层次分明，既表明了辛弃疾希望南宋朝廷不要偏安江南一隅，而应立志收复失地的豪情壮志，又准确地概括了他的豪放词风和爱国品格，赞颂了他的历史功勋，可以说是联中之佳品。

原文（其二）

力挽山河，浩气贯日月，空余英雄心一颗

名垂宇宙，文光冲斗牛，剩有悲壮词千篇

赏析

这副对联为著名诗人臧克家所题写。辛弃疾年轻时戎马沙场，征战抗金，其雄才伟略在当时很有名。然而在南下后的几十年间，他始终不为南宋朝廷所重用，抗金主张也不被采纳，还屡遭当权奸臣的挤压，壮志难酬。他带着对国势的忧虑和对朝廷荒唐的哀怨抑郁而终。

上联在高度颂扬辛弃疾抗敌爱国的浩然正气的同时，也对他报国无门、壮志难酬而表现出深深的惋惜和激愤之情；下联则对他在中国文学史上的辉煌成就作了高度评价。

此联言简意赅，笔力雄浑，豪放、激越。宋词原本以婉约为本色，而苏轼开创了豪放词风之先河，辛弃疾继之，一篇篇慷慨激昂、威武雄浑的词作，响彻词坛，流传千古。

⑫ 长沙：岳麓山爱晚亭联

背景材料

岳麓山位于湖南省长沙市湘江西岸，是长沙最著名的风景名胜，亦是长沙的标志。"南岳周围八百里，回雁为首，岳麓为足"，岳麓山由南北朝时的《南岳记》而得名。唐宋以来，岳麓山即以林壑幽美，山幽洞深闻名。到宋代，随着潭州讲学之风的盛行，更有朱熹等人经常流连山间，使岳麓山文化色彩更加浓厚。爱晚亭位于岳麓山清风峡口，因取唐代诗人杜牧"停车

新世纪老年百科全书

坐爱枫林晚，霜叶红于二月花”诗意而得名。爱晚亭匾额为毛泽东所写。

原文（其一）

晚景自堪嗟，落日余晖，凭添枫叶三分艳

春光无限好，生花秒笔，难写江天一色秋

赏析

此联一开始，就把人带进一个"停车坐爱枫林晚，霜叶红于二月花"的引人入醉的境界。上联借"晚景"、"落日余晖"描绘了爱晚亭晚秋时节的黄昏景象，道出晚景虽令人叹息，但那多彩的晚霞、火红的枫叶，交相辉映，让人由衷感叹层林尽染之美。下联作者将春光与秋景一起类比，由衷感慨道：纵是妙笔生花，也难以描绘出这江天一色的唯美秋色，意味更深一层。

原文（其二）

爱日喜雨，蒸润着锦绣山河。汇八百里洞庭，耸七二峰衡岳。归楼听叶，古寺飞钟，林下停车，亭前放鹤。寻汉魏最初胜迹，览湖湘首著名城。大可搜芷搴兰，岂惟赏心惬足，岁月莫蹉跎。值兹风和景淑，且登临看东流帆转，南浦雁回，北麓斗横，西峦光霁

晚烟朝霞，烘笼过繁华夏宇。溯三千年历史，数廿四代英豪。泄恨鞭尸，离骚忧国，遗书匡世，评论兴邦。乃周秦以还哲贤，皆吴楚群知硕彦。当骄地灵人杰，

应惜寸时分阴，平生须砥砺。到此游目骋怀，安能负这春圃桃红，夏池莲脂，冬阁梅素，秋岭枫丹

赏析

此联上联描绘了一系列美景，下联重在叙述历史，既借景生情，又借景抒情。

上联以从"爱日喜雨"引出话题，通过"洞庭"、"衡岳"点明岳麓山的环境。山中的林涛、古寺的钟声、秋日的枫叶、白鹤泉的传说等，都具有一种传奇秀美的色彩，充满了诗情画意。岳麓山枫树满山，每到秋天"万山红遍，层林尽染"，美不胜收。"寻汉魏最初胜迹，览湖湘首著名城"道出岳麓以及长沙悠久的历史。接着作者以富有感染力的笔触描绘了岳麓山东南西北的四面风光，希望人们莫辜负良辰美景，应投身大自然，欣赏大自然。

下联以"晚烟朝霞"开头，是对上联的一种承接，并与上联首字相呼应，嵌亭名"爱晚"。接着通过"历史"、"英豪"引出诸多历史人物和史实，以自豪的口吻赞美此地的"人杰"。继而从历史转到眼前，贤士在前，要励精图治，发扬光大其精神，珍惜光阴，努力奋斗。最后作者以抒情的笔调描绘出岳麓山春之桃花、夏之莲荷、秋之丹枫、冬之腊梅四季美景，与上联东南西北四面风光相照应，收到全联浑然一体的效果。

13 秦皇岛：山海关孟姜女庙联

背景材料

孟姜女庙也称"贞女祠"，坐落在河北省秦皇岛市山海关城东 6.5 千米望夫石村北小丘陵上，始建于宋代以前，明代万历年间重建，民国期间曾三次重修。山海关位于秦皇岛市东北，是河北通往东北的咽喉要塞。因地理位置重要，明朝政府于明代初年在此筑城建关。因此关依山带水，故名山海关。

孟姜女庙是一座灰砖青瓦、砖木结构的庙宇。庙前有108级台阶直通山门。庙宇包括山门、钟楼、前殿、后殿、振衣亭、望夫石等。整体望去，庙宇的颜色有些灰暗，如同孟姜女那被埋在长城底下的爱情。孟姜女寻夫的爱情故事感动了千千万万的中国人，孟姜女庙在一定程度上印证了传说的真实性。

原文

海水朝，朝朝朝，朝朝朝落

浮云长，长长长，长长长消

赏析

此联根据民间传说故事和自然景物而写，情景结合，抒情自然，饱含深情。联中"转品"（即汉字多音、多义或同音假借的修辞法）和"叠字"并用，在"朝"和"长"两字上巧做文章，用八个不同样的汉字组成了长达二十字的对联，妙趣横生，耐人寻味。

只要在读音和断句上稍作变化（修辞学上称作"歧义"），此联即可有多种不同的读法：

海水潮，朝朝潮，朝潮朝落
浮云涨，长长涨，长涨长消

海水潮，朝朝潮，朝朝潮落
浮云涨，长长涨，长长涨消

海水朝朝潮，朝潮朝朝落
浮云长长涨，长涨长长消

海水潮，朝潮朝潮，潮潮落
浮云涨，长涨长涨，涨涨消

海水潮，朝潮朝潮，朝朝落
浮云涨，长涨长涨，长长消

【注释】　（1）朝：可读作 zhāo（早晨），也可读作 cháo（通"潮"，潮水）。
（2）长：可读作 cháng（通"常"，常常，经常），也可读作 zhǎng（增长，生长）。
几种不同的读法，虽然节奏和韵律有了一些变化，但对联的基本意思并没有改变，变的是换了不同的角度来描绘"海水"、"浮云"。

14 成都：武侯祠联

背景材料

武侯祠，位于四川省成都市西南武侯祠大街。西晋末十六国成（汉）李雄为纪念三国蜀汉丞相武乡侯诸葛亮而建。初与蜀先祖刘备昭烈庙相邻，明初并入刘备的昭烈庙，故大门横额书名"汉昭烈庙"，人们习惯上仍称武侯祠，后毁于战火。今天人们看到的武侯祠为清康熙年间重建。是中国唯一的君臣合祠。

成都武侯祠博物馆于1984年成立，是中国纪念诸葛亮名胜中最负盛名的一处。武侯祠古柏苍翠，红墙环绕，殿宇宏伟。主体建筑坐北朝南，在一条中轴线上依次是大门、二门、刘备殿、过厅、诸葛亮殿五重，西侧是刘备陵园及其建筑。祠内的《蜀汉丞相诸葛武侯祠堂碑》由唐朝著名宰相裴度撰文，著名书法家柳公绰书写，名匠鲁建雕刻，以文、书、刻皆极为精湛，世称"三绝碑"。

原文（其一）

合祖孙父子兄弟君臣，辅翼在人纲，百代存亡争正统

历齐楚幽燕越吴秦蜀，艰难留庙祀，一堂上下共千秋

赏析

此为刘备殿楹联，由近人刘咸荥撰书。刘咸荥，字豫波，四川双流人，曾任内阁中书、达县教谕。

上联介绍了昭烈庙中合祀的诸人，先揭示了祖孙（刘备与刘谌）、父子（关羽与关兴、张飞与张苞）、兄弟（刘备、关羽、张飞）、君臣（刘备与其文武群臣）的各种关系，他们均意在维系人伦纲常，在争夺江山社稷的斗争中，努力想复兴汉室的正统地位。

下联则是讲述刘备起兵与群雄争夺江山，蜀汉君臣在经历了齐楚幽燕、越吴秦蜀等地的艰难险阻之后终于建立了蜀汉政权。后人为表示敬仰便为之立像，以使君臣的亡灵受到后世的奉祀。

这副联充分概括了蜀国创业的艰难历程和兴盛的原因，赞扬了刘备君臣同心艰苦奋战的事迹。另外，对联在写法上详略有致，该繁之处则繁，该简之处则惜墨如金，剪裁恰到好处。

原文（其二）

一抔土，尚巍然，问他铜雀荒台，何处寻漳河疑冢

三足鼎，今安在？剩此石麟古道，令人想汉代官仪

赏析

上联的"一抔土"借指坟墓，意思是刘备的坟墓（史称惠陵）还在，而铜雀台却早已荒芜，漳河边的曹操假坟也无处寻觅了。

下联则道出鼎足而立的三国已成为历史的古迹，让人由剩下的古道和石雕的麟兽，联想到当年蜀汉王朝的往事。

上联采用对比的手法，以巍然屹立的刘备陵墓与荒芜毁没的曹操的楼台墓冢对比，抑曹扬刘，表达了作者对刘备的崇敬之情；下联抚今追昔，由眼前的景物联想到当年的往事，大有物是人非、逝水流年之感。全联吊古伤今，沉郁凄凉，带有明显的个人主观色彩和传统的历史偏见。

原文（其三）

勤王事，大好儿孙，三世忠贞，史笔犹褒陈庶子

出师表，惊人文字，千秋涕泪，墨痕同溅岳将军

赏析

众所周知，诸葛亮因六出祁山伐魏，最终积劳成疾，病死于五丈原。"三世"即诸葛亮与其子诸葛瞻、孙子诸葛尚祖孙三代。"陈庶子"即《三国志》的作者陈寿。诸葛亮的《出师表》惊天动地、感人肺腑，后世甚至流传着"读《出师表》而不下泪者不忠"的说法。岳飞十分崇敬诸葛亮，喜读《出师表》并亲笔书写，以志其景仰之情。祠内留存的墨迹至今仍吸引着众多的游人。

原文（其四）

两表酬三顾

一对足千秋

赏析

上联借前后两个《出师表》表达了诸葛亮酬答刘备三顾茅庐的浓厚情谊。下联引出诸葛亮的《隆中对》，这篇足以流传千秋万世而不朽的文章提出了蜀汉王朝建国治国的整个方针策略。

本联言简意赅，将诸葛亮一生中最辉煌的代表作及其巨大价值充分地概括出来，作者驾驭文字举重若轻的本领也由此得以充分显现。短联采用四个数字作为修饰，读起来不仅不觉单调、枯燥，反而给人以

合情合理的真实感，从而收到了奇特的艺术效果，让人回味不已。

原文（其五）

能攻心，则反侧自消，从古知兵非好战

不审势，即宽严皆误，后来治蜀要深思

赏析

上联高度概括了诸葛亮用兵的特点，极力赞叹其文治武功。讲述他善于运用攻心战术（如诸葛亮对孟获七擒七纵，最终使其心服口服），使一切怀异心、图反叛的阴谋消失，继而怀古喻今，感时叹世，抒情寄怀，阐明深谙用兵之道的军事家并不是单凭武力取胜。下联则高度赞扬了诸葛亮审时度势、宽严相济的治蜀方针。着重指出审时度势是为政的关键，意在劝勉后来治蜀的人，应像诸葛亮那样深思熟虑、慎度时势，当宽则宽，当严则严，才能建功立业，而不至于犯错误。作者并借此提出自己的政见，予人以启迪。联文意义深远，颇有借鉴价值。

这副对联，语意简略明白，总结了诸葛亮军政两方面的经验，文采斐然，叙事寓情，颇富哲理，长期以来广为传诵。

此联为清人赵藩撰并书。赵藩（1851～1927），字樾村，一字介庵，晚号石禅老人，白族，云南剑川人，清光绪年间举人，精诗文书法。长期在朝廷中担任中下级官吏。光绪二十八年（1902 年）冬，时任四川盐茶使的赵藩游览武侯祠，追思诸葛亮治军理政的成绩，并联想到新任四川总督岑春煊用武力镇压民众的情况，遂书写此联。

15 成都：杜甫草堂联

背景材料

杜甫草堂坐落在四川省成都市西郊的浣花溪畔，是唐代诗人杜甫流寓成都时的故居。安史之乱后，杜甫于颠沛流离中来到成都，在友人的帮助下在城西浣花溪畔建起了茅屋几间。因此又称浣花草堂、工部草堂、少陵草堂。

草堂总面积为 300 亩，主要建筑有正门、大廨、诗史堂、柴门、工部祠、碑亭、茅屋等。园内梅花飘香、楠木参天、小桥横卧、清溪环绕。置身其中，让人既可发思古之幽思，又可享大自然之浪漫。现在的草堂，实际上是后人为纪念杜甫而建的一所优美的园林。

杜甫，字子美（712～770），生于河南巩县（现巩义市）。杜甫是我国历史上最著

名的诗人之一，被人们称为"诗圣"。为了纪念这位伟大的诗人，北宋以来，就有人在诗人故居处建园立祠，供人瞻仰。他在这里居住了将近四年，写下了二百多首诗。《春夜喜雨》《茅屋为秋风所破歌》等就是在这里写的。

原文（其一）

异代不同时，问如此江山，龙蟠虎卧几诗客

先生亦流寓，有长留天地，月白风清一草堂

赏析

这是清代诗人顾复初为成都杜甫草堂写的对联。借用古诗："李杜诗篇万口传，至今已觉不新鲜；江山代有才人出，各领风骚数百年。"在上联中作者发出感慨：时代不同了，而江山依旧，可是在历史的长河中，在祖国壮丽的河山里，龙蟠虎卧的诗人，又有多少呢？

下联即对上联的问题做了回答：尽管诗人在政治上很不得志，他只能在巴山蜀水之间过着流寓生活，但他的精神财富却流传了下来。他不仅留下了长留天地的不朽诗篇，也留下了这让人抚今追昔的不朽草堂。

本联对仗工整，寓意深刻，历来为人们所传诵。本联借史述事，直抒胸臆，通过写草堂，对诗人颠沛流离、清贫度日的生涯寄予深深的同情，但更多的是称颂了诗坛泰斗杜甫的伟大、对诗人文学才华和历史地位的赞许和对杜甫高贵品格的赞美。

同时流露出作者有以杜甫身世自喻之意，暗示了作者自己寄人篱下、天涯沦落的惆怅心情，表达出自己异代同心和景仰之余又自愧弗如的心境。

原文（其二）

世上疮痍，诗中圣哲

民间疾苦，笔底波澜

赏析

这是诗史堂联，为郭沫若所撰书。

郭沫若的这副对联，高度概括了杜甫诗作的成就。安史之乱前的 10 年间，杜甫居住在长安，因为不得志，平生的政治抱负未能有机会施展。他生活贫困潦倒，与贫苦百姓接触较多，对当时的黑暗政治有较深的认识，亲眼目睹了安史之乱给广大劳苦大众带来的灾难和伤害。因此，他的诗作能够深刻地反映当时的社会现实，大胆地揭露社会矛盾和统治者的罪恶，对穷苦人民寄予深切的同情。联中的"诗中圣哲"，是后人对杜甫的赞誉。另外，此联中用了四个方位字——上、中、间、底，也很有特色。

原文（其三）

诗有千秋，南来寻丞相祠堂，一样大名垂宇宙

桥通万里，东去问襄阳耆旧，几人相忆在江楼

赏析

关于这副对联，有个饶有趣味的传说。据说，当时的四川总督沈葆桢闲时游览草堂，雅兴大发，想写副对联。但他只写了上联，下联却不知怎么对了。其幕僚中有个并不出名的人叫彭敏崧的，对好了下联，然后署上沈葆桢的大名。此举受到许多文人雅士的赞赏。可惜好景不长，民国初年成都打仗，原联真迹也就毁了。

上联借杜甫的有名诗《蜀相》（其有"丞相祠堂何处寻，锦官城外柏森森"句）以抒发对杜甫诗句千古不朽的崇敬；诸葛亮的功勋名扬天下，杜甫的诗也吸引了众多的后人前来品赏诵读，两位的才能都让后人尊敬和崇拜。下联从成都万里桥联想到了杜氏祖籍襄阳，以虚写实，通过"几人相忆在江楼"的设问，表达出人们对杜甫的怀念和热爱之情。

沈葆桢（1820～1879），原名振宗，字幼丹，福建侯官（今福州）人，曾任江西巡抚、两江总督等职。有《沈文肃公政书》。

原文（其四）

自许诗成风雨惊，将平生硬语愁吟，开得宋贤两派

莫言地僻经过少，看今日寒泉配食，远同吴郡三高

赏析

杜甫诗作的艺术魅力正如他的诗句"笔落惊风雨，诗成泣鬼神"一样，诗风雄浑奔放、深沉忧郁，这种风格影响了宋代黄庭坚、陆游两位诗人，他们分别开创了江西与剑南两大诗派。该对联是对杜甫的整体评价，读罢使人脑海中浮现一个相对清晰的杜甫形象，生出几分形象之感。全联触景生情，有一驰千里的丰富想象力。

上联高度赞扬杜诗的艺术成就和巨大的影响力，概括了杜诗的艺术风格，对他在诗歌史上的地位和作用给予了高度评价。下联则表达出后人对他的敬重和仰慕之情。草堂虽然地处偏僻，但人们照样前来祭祀，杜、黄、陆遗像同塑一堂，自然完全可与远在苏州祀奉范蠡、张瀚、陆龟蒙的三高祠媲美。

此联是工部祠联。王闿运撰，老舍补书。王闿运（1833～1916），字壬秋，湖南湘潭人，清咸丰年间举人，学者，文学家。著有《湘绮楼诗文集》，曾讲学于湖南、江西、四川等地。

16 都江堰：离堆公园联

背景材料

离堆公园位于四川省都江堰市，岷江中游，东距成都不到60千米。都江堰是中国古代的伟大水利工程之一，建于两千多年前的秦朝，由鱼嘴分水堤、飞沙堰溢洪道、宝瓶口进水口三大部分组成，至今仍然发挥着灌溉作用。都江堰景区风景优美，名胜古迹众多。主要景点有离堆公园、伏龙观、二王庙、带江亭、观澜亭等。1932年建成的离堆公园占地约六万平方米，公园内亭榭错落有致，布局精巧。园中的"紫薇花瓶"、"紫薇屏风"和古老的银杏树被称为公园三宝。园内对联很多，或状山川形胜，或颂李冰父子功绩，大多与治水有关。

原文

完神禹斧椎工，陆海无双，河渠大书秦守惠

揽全蜀山水秀，导江第一，名园生色华阳篇

赏析

上联写都江堰，誉称李冰太守。李冰接过大禹的神斧仙椎，完成了伟大的都江堰水利工程。作者以"大书秦守惠"赞美其给成都平原的人民带来的恩泽。"河渠"乃司马迁《史记·河渠书》的简称。司马迁在书中对李冰及都江堰工程不惜笔墨地予以盛赞。下联总揽蜀中名山秀水，以都江堰第一，这离堆公园就是其中增色添彩的一处。联语层层递进，言简意赅。

17 眉山：三苏祠联

背景材料

眉山三苏祠位于四川省眉山市城区，是北宋著名文学家苏洵（1009～1066）、苏轼（1037～1101）、苏辙（1039～1112）父子的故居。元代改宅为祠，明代洪武年间进行了扩建，并供三苏塑像。明末毁于兵火，清康熙年间重建，后又经多次增修扩建，今天的三苏祠已成为四川著名的古典园林。祠内红墙环抱，绿水环绕，古木扶疏，翠竹掩映，亭台争秀，环境清幽，形成了三分水面二分翠竹的岛居特色。现存建筑均为清代所建，主要有三苏大殿、启贤堂、瑞莲亭、云屿楼、济美堂、抱月亭、披风榭，建筑多为木质结构的中式平房。

原文（其一）

一门父子三词客

千古文章四大家

赏析

上联"一门父子三词客"是对苏家人才辈出的叹服和赞扬，苏洵、苏轼、苏辙父子三人都是出类拔萃的著名文豪，以词、文擅长，这在中国文学史上极其罕见。下联引出能让文章千古流传的作家，即韩愈、柳宗元、欧阳修、苏轼四位伟大的唐宋古文作家。

整副对联对苏氏父子三人的文学成就及其在文学史上的地位给予了高度的评价。笔力遒劲，立意深远，言简意赅，具有强烈的感染力。

原文（其二）

宦迹渺难寻，只博得三杰一门，前无古，后无今，器识文章，浩如江河行大地

天心原有属，任凭它千磨百炼，扬不清，尘不浊，父子兄弟，依然风雨共名山

赏析

上联以"前无古，后无今"赞苏氏父子在文学史上的独特地位。虽然他们当年的政绩早已成为历史的云烟，但那些才情奔放、气势磅礴、笔力雄健、挥洒自如的作品，却似浩荡江河奔流于中华大地，穿越时空，广为流传。"一门三杰"的文学成就依旧空前绝后。下联赞美了苏氏父子的人格与气节。即使在那个遭压制、遭排挤的时代也能够做到"出淤泥而不染"。他们历经风雨，光照千秋，和名山一样屹立，像江河一样永存。

全联还采用了对比的手法，上用"江河"，下用"名山"作比，高度评价了苏氏父子，同时也反映出优秀文学作品的不朽价值、巨大作用和深远影响。

作者杨庆远，曾任眉州州判，本联是他于清代光绪十九年所题。

18 峨眉山：灵岩寺联

背景材料

峨眉山是我国的四大佛教名山之一，地处长江上游，屹立于大渡河与青衣江之间，在峨眉山市区西南。

峨眉山因山势逶迤、峰峦秀丽"如螓首蛾眉，细而长，美而艳"故得此名。主要胜迹有报国寺、清音阁、洪春坪、万年寺、仙峰寺（九老洞）、洗象池等。峨眉山是一处著名的旅游胜地，素有"峨眉天下秀"的称誉，最高峰万佛顶海拔 3079 米。峨眉山峰层峦叠嶂，高峻挺拔，气势磅礴，雄秀幽奇；山中巧石异洞，古树奇花，流泉飞瀑，浮云迷雾，处处吸引游人。因此被人们称之为"仙山佛国"、"植物王国"、"动物乐园"、"地质博物馆"等。金顶的云海、日出、佛光、圣灯被称为峨眉山的四大奇观。

原文

开口便笑，笑古笑今，凡事付之一笑

大肚能容，容天容地，与己何所不容

赏析

在我国各地的寺庙中，以大肚弥勒佛为吟咏对象的题联有很多，但同样的题材往往因为作者个人的审美情趣的不同而表达的意境也就多种多样。憨态可掬的笑脸和具有象征意味的神奇大肚的弥勒佛像的魅力之所在，一般的对联也总是离不开这两大特点。

本联意向表达十分明确，其新颖之处在于上下联结句，上联写待人接物之道，下联传输心理平衡之法。建议世人维持充实、和谐、健康的内心世界来消除愁闷。这样既能避免不必要的烦恼对我们生活所带来的消极影响，同时又提醒自己时刻保持清醒、沉稳、持久而积极进取的处世态度。

19 青城山：天师洞联

背景材料

青城山位于四川省都江堰市城区西南，分前山、后山。主峰海拔 1600 米。山中林木青翠，诸峰环峙，状若城郭，故名青城山。相传轩辕黄帝曾经封这里的宁峰丈人为"五岳丈人"，因而青城山又名"丈人山"。

青城山素有"洞天福地"、"人间仙境"、"青城天下幽"之誉。青城山是中国道教的发源地之一。道教名山有十大洞天，青城山名列第五，因而现今山上有大字摩崖石刻："天下第五洞天"。青城山素以雄峻多姿、幽深秀丽而著名，主要胜迹有建福宫、天然图画、天师洞、上清宫等。

原文

事在人为，休言万般皆是命

境由心造，退后一步自然宽

此为天师洞大殿联。天师洞在青城山腰，是青城山最大的宫观，相传张道陵天师在此讲道，故得此名。天师洞始建于隋

朝大业年间，现存殿宇重建于清朝康熙年间。殿正中悬挂康熙皇帝手书"丹台碧洞"匾额，殿内有唐代石刻轩辕、伏羲、神农三皇像和唐玄宗手诏碑。

赏析

这是一副充满哲理的对联。上联希望人们不要听从"天命"的安排，要把命运掌握在自己的手里，通过自己的努力，去争取更多的东西，去改变自己的命运。下联道出人的一生中，道路并非时时都是笔直坦途，总会有一些坎坎坷坷。我们不为眼前的困难所击倒，而应该把目光放远一些，做到能进能退，化被动为主动，心境也会充实安宁。

本联用词简短，言简意赅，意思表达明快浅白，读后使人深受启迪，是青城山楹联中颇受游人青睐的一联。

20 香港：九龙荔园游乐场宋城联

背景材料

宋城位于香港特区九龙半岛，是根据北宋著名画家张择端的《清明上河图》设计、建造的仿宋建筑，占地八亩。宋城内有豪华富丽的王府宅第，仿古的民居、酒家、店铺和同真人大小的历史人物蜡像馆。宋城的职员、市民都穿着宋代服饰。游客来到这里，仿佛置身于千年以前的北宋都城东京汴梁（今河南省开封市）。

宋城内有一"大富之家"，是据北宋名门达官赵大丞王府的后院仿造的。因而建成后的宋城在公开征集对联时，要求联中要嵌入"大富"二字。应征的对联有两千余副，本联胜出。

原文

大宋汉山河，气势长存威海外
富家王府第，声名远播震城中

赏析

上联既赞颂了北宋时江山一统、威震海外的盛大气势，也对香港宋城"长存威海外"进行了赞扬；下联则是对"大富之家"声振宋城的具体描写。全联从"大宋"到"海外"，由大及小，气势博大。

有意思的是，该对联中的"大富"二字，与中国古代文人"耻于言富"的传统观念完全相背，由此反映出香港是商业社会，作为商业社会的价值观，具有明显的时代特色。

（黄　寰）

名曲欣赏

1 中国音乐

▲《高山》《流水》——古琴独奏曲

我国古琴曲《高山》《流水》与古代音乐家俞伯牙的传说有关。俞伯牙是先秦的琴师，关于他的传说在不少古书上都有记载。

伯牙并不是天生的音乐家。他热爱音乐，拜师学艺，可学了三年连一点长进都没有。他的老师成连觉得他的素质修养还不行，缺乏乐感，便带他到东海蓬莱山去感受大自然水光山色的神韵。他在山上面对大河支起琴架，望着那铺天盖地的波涛、一望无垠的天宇、鸣叫翱翔的鸥鸟，使他开启了心扉，由此，琴声突地变得悠扬而又壮烈，清冽而又浩瀚，刚劲而又缠绵，悲切而又欢乐。他在蓬莱仙境中陶冶了性情，增强了对音乐的感受力，领会了音乐的"移情"作用和演奏技巧的内涵。

随后，伯牙创作出一大批名曲，演技和乐感达到了炉火纯青的境界。但是，真正能领会他音乐神韵的人并不多。一天，他在停泊的小舟中鼓琴，樵夫钟子期竟听得出了神。当他弹奏《流水》时，钟子期像是站在滚滚的江河之滨，禁不住心旷神怡地呼喊起来："汤汤乎若江河！"当他弹奏《高山》时，钟子期像是登临高山之巅，吟哦道："巍巍乎若泰山！"无论伯牙弹奏什么，钟子期都能用语言准确地描绘出乐曲所表达出的意境。伯牙十分感叹：钟子期真是一个难得的知音！

钟子期去世后，伯牙扯断了琴弦，摔碎了琴，从此不再弹琴。后世有一曲《伯牙吊子期》的琴歌，将伯牙的沉痛心情表达得惟妙惟肖。

伯牙与钟子期的故事，说明中国古代乐曲在创作和弹奏时都很注意意境的刻画，而能领会这种意境的人是很难得的知音。

当然，这些都是传说。后人根据这些传说，创作出《高山》《流水》等古琴曲。

在1997年美国发射的"航天者"号船上，有一张镀金唱片，唱片中就录有古琴独奏曲《流水》，寓意去寻找太空中的知音。

《流水》为复杂的多段体结构。"引子"音乐舒缓、悠长、空旷，创造出置身于深山幽谷中的意境。

1=F 3/4
サ
5 5 5 | 5 3 5 6 5 5 | 5 . 5 6 | 1 2 2 7 . 6 6 6 6 6 | 5 6 1 5 |

　　用古琴特有的泛音奏法，演奏主题及变奏曲，琴声宛如高山滴水，从点点滴滴、冷冷清清，到浩浩荡荡、翻江倒海。

　　"主题及变奏曲"

1=F 2/4 3/4 4/4
3 6 5 5 | 5 . 1 . 2 3 3 | 6 6 6 5 | 5 3 2 1 | 6 1 1 6 5 |
6 . 3 . 5 6 6 | 1 . 2 3 3 | 3 5 5 6 6 | 1 2 2 3 2 2 | 2 1 |

▲《梅花三弄》——古琴独奏曲

　　《梅花三弄》反复三次弹奏同一段乐曲，展示梅花斗雪傲霜的高洁形象和品格。《梅花三弄》相传为唐代琴师颜师古编曲。

　　《梅花三弄》主题曲
　　（主题）

1=F 2/4
1 5 5 | 5 . 3 2 | 1 5 5 | 5 . 3 2 | 1 2 1 2 | 5 5 5 | 5 6 . 5 |
3 3 5 1 | 6 . 5 3 | 3 . 2 1 2 | 1 2 3 6 5 | 3/4 5 5 . 3 2 |
1 2 3 | 2 5 | 3 . 2 1 6 | 1 . 6 1 | 2 1 . | 3/4 1 — — |

▲《渔舟唱晚》——古琴独奏曲

　　《渔舟唱晚》，河南古筝演奏家魏子猷（约1872～1936）传谱。曲名来源于唐代诗人王勃的《滕王阁序》"渔舟唱晚，响穷彭蠡之滨"。

　　《渔舟唱晚》表达夕阳西下，渔舟满载而归时，歌声四起的景象。

　　《渔舟唱晚》分两部分：第一部分似一幅静谧的远景图；第二部分则给人以动态感——渔舟竞归，由远而近，轻波四起。

　　《渔舟唱晚》乐曲（一）

1=D 4/4
3 3 2
3 5 6 2 2 | 3 5 | 3 1 1 6 | 5 — 6 1 5 6 1 1 |
6 1 6 5 | 3 5 6 6 | 3/6 1 2 3 3 — |

1=D 2/4
1 1 1 | 5 1 | 1 1 1 | 5 1 | 3 1 6 | 5 5 | 5 5 6 1 1 |
6 1 6 1 6 5 | 4 . x | 4 . x | 2 . x | 2 x 2 4 4 | 5 |

短小的、有规则的音型模仿进行，以

6 6 | 1 1 6 | 5 6 | 6 6 5 为种子材料逐层递降，活泼而富有情趣。当它再次变化反复时，采用五声音阶的回旋，环绕

3 5 6 1 5 5 | 2 3 5 6 3 3 | 层层下落，有很强的风格性。

　　《渔舟唱晚》乐曲（二）

1=D 2/4
‖ 1 1 1 0 | 6 6 6 0 | 2 2 2 0 | 1 1 1 0 ‖

　　它上承第一部分，音乐情绪随旋律的起伏和速度的加快而逐步高涨，直到高潮。这一部分非常形象地模拟出流水声，充满了动感，表现出心情喜悦的渔民摇橹破浪，满载而归，渔歌四起的热闹场面。高潮过后，音乐忽而放慢，进入含蓄而富于意境的尾声，把我们带回到"两岸青山暮，江心秋月白"的恬静气氛中，给人以无穷回味。

▲《百鸟朝凤》——唢呐独奏曲

　　《百鸟朝凤》是一首民间乐曲，曾在第四届世界青年联欢节上荣获民间音乐比赛银质奖。《百鸟朝凤》分两个基本段落。第一段优美如歌的旋律如两只小鸟在逗趣、对答，富有生活情趣：

1=C 2/4
3 3 5 7 6 | 5 — | 6 6 6 2 6 | 5 — | 5 1 5 1 |
2 5 3 | 2 3 2 1 | 6 1 5 6 7 6 | 5 — |

　　《百鸟朝凤》第二段在固定的曲调伴奏下模仿各种鸟的叫声，能感受到百鸟在枝头跳跃，在林中扑翅，在空中翱翔，呈现百鸟争鸣的意境。全曲以这两个基本段落为基础循环变化反复，淋漓尽致地表现了百鸟同乐、阳光明媚的景象和活泼欢快、朝气蓬勃的情绪。

▲《十面埋伏》——琵琶独奏曲

　　琵琶古曲《十面埋伏》，明代后期已在民间流传。全曲有声有色地描绘楚汉垓下大战，从汉军的战争准备，到汉楚两军从小接触到大接触的全过程。运用琵琶特有的演奏技巧，表现千军万马冲锋陷阵的声势，极为生动传神。

　　《十面埋伏》分三个部分描述。

　　第一部分，是大战前的准备阶段，包括"列阵"、"吹打"、"点将"、"排阵"、"走队"。乐曲一开始，即在琵琶的高音区

新世纪 老年 百科全书

奏出紧张而强烈的引子，造出异常森严的战争气氛，音乐在逐渐展开中表现出汉军严整、威武和旺盛的斗志。

1=D 渐快

$$SA\ 2\ 2\ 0\ 2\ 2\ 0 \cdots \cdots | \overline{2--3--i--2--} |$$

$$\overline{7--5^{\#}45} | \overline{7--5^{\#}4\ 7\ 2\ 1} | \overline{7-5^{\#}4\ 2\ 2} | -$$

　　第二部分，是垓下决战实战的描写。"埋伏"用短小的核心音调发展而成，节奏安排一松一紧，寂静、紧张；"鸡鸣山小战"描写楚汉两军短兵相接的场面；"九里山大战"为全曲高潮，在"铁骑纵横""剑戟飞舞"的浩大声势中，出现了一小段忧伤、凄凉的"箫声"：这是对"四面楚歌"的描写。接着是"呐喊"部分，表现千军万马"呼号震天，如雷如霆"的呐喊厮杀场景。

　　听，"鸡鸣山小战"中描写楚汉两军战斗的情景：

$$\overline{5\ 5\ 6\ 6\ 5} | \overset{55}{\overline{2\ 2\ 5}} | \overline{5\ 5\ 6\ 6\ 4} | \overset{44}{\overline{1\ 1\ 5}} |$$

$$\overline{4\ 4\ 5\ 5\ 6} | \overset{66}{\overline{3\ 3\ 5}} | \overline{6\ 6\ i\ i\ 6} | \overset{66}{\overline{3\ 3\ 5}} | \cdots$$

　　第三部分：战争结束。主要描写汉军得胜凯旋的情景。

　　《十面埋伏》集古代琵琶创作之大成，无论在技巧、内容还是艺术表现力方面，都显示出我国古代音乐文化的高度发达。

▲《春江花月夜》——民乐合奏曲

　　《春江花月夜》源于《夕阳箫鼓》（又名《浔阳夜月》《浔阳曲》）。《夕阳箫鼓》原为琵琶大曲，1925年前后改编为民乐合奏曲后，改名为《春江花月夜》。

　　乐曲通过委婉质朴的旋律，流畅多变的节奏，丝丝入扣的演奏，形象地描绘了水光潋滟，渔舟晚归的迷人景色，尽情赞颂了江南水乡的风姿。

　　原曲分为八部分：（一）江楼钟鼓；（二）月上东山；（三）花影层叠；（四）水云深际；（五）渔歌唱晚；（六）回澜拍岸；（七）欸乃归舟；（八）尾声。

　　下面欣赏第一段"江楼钟鼓"。"江楼钟鼓"用弹、挑和轮指手法模仿鼓声，箫和筝奏出轻巧的波音，把日落前的江面刻画得恬静、迷人。接着，乐队齐奏出优美如歌的主旋律，大鼓轻声滚奏，意境深远，描绘出一派夕阳西下，泛舟江上，箫鼓齐鸣的动人景象。

　　"江楼钟鼓"乐曲

$$\overline{3\ 3\ 3\ 0} | \overline{3\ 3\ 3\ 0} | \overline{3\ 3\ 3\ 3\ 3\ 3} | \overline{3\ 3\ 3\ 3\ 3\ 3} | \overline{3\ 3\ 3\ 3\ 3} |$$

$$\overline{3\ 3\ 3\ 3\ 3} | \overline{3\ 3\ 3\ 3\ 3\ 3\ 3} | \overline{3\ 3\ 3\ 3\ 3\ 3\ 3} | 3 -$$

$$\overline{3\ 3\ 0\ 0} | \overset{\frown}{6} - | \overline{1\ 2\ 2\ 0} | \overline{5\ 5\ 0\ 0} | \overset{（箫）}{\overset{\frown}{1}} - | \overset{\frown}{\overline{1\ 1\ 1}} -$$

（合）　　（合）

$$\overline{\overset{\frown}{i}\ \overset{\frown}{i}\ \overset{\frown}{i}} | \overline{\overset{\frown}{i}\ \overset{\frown}{i}\ \overset{\frown}{i}} | \overset{\frown}{i} - | 2 - | 1 - | 6\ 0\ 0$$

tr...

$$\overline{6\ 6\ 6\ 1\ 2\ 6} | \overline{5\ 5\ .6} | \overline{5\ 5\ 6\ 1\ 2} | 3 - | \overline{3\ 2\ 3\ 5\ 3\ 5} |$$

$$\overline{6\ .\ 1\ 2\ .3} | \overline{1\ 2\ 3\ 2\ 1\ 6} | \overset{tr}{\overline{5\ .\ 1}} | \overline{6\ 1\ 2\ 6\ 1\ 5} | 3 -$$

（箫）

$$\overline{3\ 6\ 1\ 5\ 6\ 5\ 3} | 2 - | \overline{3\ .5\ 6\ 5\ 6\ 1} | \overline{2\ 3\ 2\ 1\ 2\ 3\ 1} | 2 -$$

▲《二泉映月》——二胡曲

　　《二泉映月》是我国著名的民间音乐家华彦钧（1893～1950）的代表作。华彦钧，江苏无锡人，出身贫苦，4岁时母亲便亡故了。他的父亲是个道士，擅长道家音乐。他从小跟父亲学习音乐艺术，13岁时便学会了演奏琵琶、二胡、笛子等多种乐器。20多岁得了眼病，后来双目失明。父亲去世后，他流落街头，以卖艺为生，被人称为"瞎子阿炳"。

　　20世纪40年代，"瞎子阿炳"演奏的《二泉映月》，表达了他的心声。由于他长期生活在贫苦大众之中，自己晚年生活又很贫困凄苦，亲身体验了贫苦大众的忧愁和苦难，所以，阿炳的这部二胡曲，最终成为他悲苦一生的艺术概括，成为那个时代社会底层贫苦大众精神痛苦的真实写照，是一首感人肺腑的悲歌。后来这首悲歌逐渐传遍中国，走向世界，成为蜚声世界的名曲。日本著名指挥家小泽征尔聆听了《二泉映月》后，大受感动，说："断肠之感这句话，对这首曲子来说是太确切了。"并说，人们要"跪着听"这首曲子才行。

　　《二泉映月》共分六段，附带引子和结束句。短小的引子像是一声深沉痛苦的叹息。音乐主题由上、下两个乐句组成。前者带有倾诉性，令人深思；后者起伏变化，给人以隐痛难言、久久不能平静的感觉。接下来是音乐主题的几次变奏，把阿炳由沉思而忧伤、由忧伤而悲愤、由悲愤而怒号、由怒号而憧憬的种种复杂感情，表达得淋漓尽致，揭示了他不屈服于黑暗势力的精神境界，深深地打动了人们的心弦。

华彦钧创作的乐曲，还有二胡曲《听松》《寒春风曲》，琵琶曲《大浪淘沙》《昭君出塞》等。

下面是《二泉映月》的主题音乐，供欣赏。

《二泉映月》主题音乐

2.3 112｜3.5 65 656i｜5.3 553 26 5612｜
3.5 2.35i 6235｜1-）i6i 332｜
i.6 i.233 2i.i 6i2i｜5-5 035 656i｜
5.3 55i 66 5655｜3.5 3#435 2.32i 6i6｜
i1.2 35i 2536｜5-

▲ **《梁祝》——小提琴协奏曲**

我国音乐家何占豪、陈钢创作的小提琴协奏曲《梁祝》，于1959年问世。乐曲内容来自一个古老而优美动人的民间传说。4世纪中叶，在我国南方的祝家庄，祝员外之女、聪明的祝英台，冲破封建传统的束缚，女扮男装去杭州求学。在那里，她与善良、淳朴而贫寒的青年书生梁山伯同窗三载，建立了深挚的友情。当两人分别时，祝英台用各种美妙的比喻向梁山伯吐露内心蕴藏已久的爱情，诚笃的梁山伯却没有领悟。一年后，梁山伯得知祝英台是个女子，便立即向祝英台求婚，可是祝英台已被许配给一个豪门子弟——马太守之子马文才。由于追求自由婚姻绝望，梁山伯不久悲愤地死去。祝英台得到这个不幸的消息，来到梁的坟墓前向苍天发出对封建礼教的血泪控诉。这时，梁山伯的坟墓突然裂开，祝英台毅然投入墓中。墓中遂飞出一对彩蝶，在花丛中飞舞，形影不离。

小提琴协奏曲《梁祝》这首绚丽多彩、抒情动人并带有浓郁的生活气息的交响作品，在民族化、群众化方面，作了大胆的创新与成功的尝试，在国内外演出均受到热烈的欢迎，群众称之为"我们自己的交响音乐"。《梁祝》以其鲜明的中华民族风格与特点，得到国际公认，飞进世界音乐之林，成为活跃在国际乐坛上的彩蝶了。

这部作品以浙江的越剧唱腔为素材，按照剧情构思布局，采用交响乐与中国民间戏曲音乐的表现手法，深入而细腻地描绘了梁祝相爱、抗婚、化蝶的情感与意境。乐曲开始，在轻柔的弦乐颤音背景上，长笛吹出了优美动人的鸟鸣般的华彩旋律；接着，双簧管以柔和抒情的引子主题，展示出一幅风和日丽、春光明媚、桃红柳绿、百花盛开的画面。

接着，主部以独奏小提琴从柔和朴素的A弦开始，在明朗的高音区富于韵味地奏出了诗意的爱情主题。在音色浑厚的G弦上重复一次后，大提琴以潇洒的音调与独奏小提琴形成对答（中段）。而后乐队全奏爱情主题，充分揭示了梁祝真挚、纯洁的友谊及相互爱慕之情。

在独奏小提琴的自由华彩的连接乐段后，独奏小提琴模仿古筝、竖琴与弦乐模仿琵琶的演奏，作者巧妙地吸取了中国民族乐器的演奏技巧来丰富交响乐的表现力。这段音乐以轻松的节奏、跳动的旋律、活泼的情绪，生动地描绘了梁祝三载同窗、共读共玩、追逐嬉戏的情景。它与柔和抒情的爱情主题一起从不同角度上反映了梁祝友情与学习生活的两个侧面。

结束部由爱情主题发展而来，抒情而徐缓的断断续续的音调，表现了祝英台有口难言，欲言又止的感情。而在弦乐颤音背景上出现的表现梁祝对答的清淡的和声与配器，出色地描写了"十八相送"、"长亭惜别"等恋恋不舍的画面。真是"三载同窗情似海，山伯难舍祝英台"。

在展开部，音乐突然转为低沉阴暗。阴森可怕的大锣与定音鼓，惊惶不安的小提琴，把我们带到这场悲剧性的斗争中。铜管以严峻的节奏、阴沉的音调，奏出了封建势力凶暴残忍的主题。独奏小提琴以戏曲散板的节奏，叙述了英台的悲痛与惊惶。继而乐队以强烈的快板全奏，衬托小提琴果断的反抗音调。它成功地刻画了英台誓死不屈的反抗精神。接着，缠绵悱恻的音调，如泣如诉；小提琴与大提琴的对答，时分时合，把梁祝相互倾诉爱慕之情的情景，表现得淋漓尽致。最后，音乐急转直下，深刻地表现了英台在坟前对封建礼教的血泪控诉的情景。小提琴吸取了民族乐器的演奏手法，和声、配器及整个处理上更多运用了戏曲的表现手法，将英台形象与悲伤的心情刻画得非常深刻。她时而呼天哭地，悲痛欲绝，时而低回婉转，泣不成声。当乐曲发展到改变节拍（由二拍子变为三拍子）时，英台以年轻的生命，向苍天作了最后的控诉。接着锣鼓齐鸣，英台纵身投坟，乐曲达到最高潮。

随后，展示了"化蝶"的场面。长笛以美妙的华彩旋律，结合竖琴的级进滑奏，把人们带到了神仙的境界。在加弱音器的弦乐背景上，第一小提琴与独奏小提琴先后加弱音器重新奏出了那使人难忘的爱情主题。然后，色彩性的钢片琴在高音区轻柔地演奏五声音阶的起伏的音型，并多次移调，仿佛梁、祝在天上翩翩起舞，歌唱他们忠贞不渝的爱情："彩虹万里百花开，花间彩蝶成双对，千秋万代分不开，梁山伯与祝英台。"

下面是小提琴协奏曲《梁祝》主部主题音乐，供欣赏。

《梁祝》主部主题音乐

$1=G \quad \frac{4}{4}$

```
3  5·6  1·2  6 1 5 | 5·1  6 5 3 5 2  2 - |
2 2 3  7 6 5·6  5 | 3 1  6 5 6 1 5 - | 3·5
7 2 6 1 5  5 | 3·5 3  5·6 7 2 6·56 | 1·2 3 5 3 |
2 3 2  1 6 5 | 3 1 6·1 6 5 3 5 6 1 | 5
```

《黄河大合唱》

《黄河大合唱》是我国著名音乐家冼星海（1905～1945）在抗日战争时期创作的歌曲，歌词作者是当代诗人光未然（1913～2002）。冼星海，广东省番禺市人，曾赴法国学习音乐，1935年回国，参加抗日救亡音乐运动，后到延安。光未然，原名张光年，湖北省光化县人。青年时期即从事抗日救亡活动，1939年1月率领抗敌演剧队奔赴延安。3月，光未然创作组诗《黄河大合唱》，冼星海立即为之谱曲。

《黄河大合唱》以黄河为背景，展示了黄河两岸山川的壮丽，表现了黄河两岸人民和全中华民族儿女抗日救国的英勇斗争，呼唤人民起来保卫黄河，保卫全中国。这组歌曲气势磅礴，斗志昂扬，既有浓郁的生活气息和鲜明的民族风格，又展现了中华民族宏伟的气魄，是一部表现中华民族英雄气概的著名歌曲。《黄河大合唱》于1939年3月26日在陕北公学大礼堂作首次公演，引起巨大反响。随后传遍全中国，对鼓舞全国人民斗志去争取抗日战争的胜利发挥了重大作用。

保卫黄河

《黄河大合唱》之七

齐唱、轮唱

$1=C \quad \frac{2}{4}$

明快、有力

```
1 1 3 | 5 - | 1 1 3 | 5 - | 3 3 5 | 1 1 | 6 6 4 | 2 2 | 5·6 5 4 | 3 2 3 0 |
风在  吼， 马在  叫， 黄河在 咆哮，黄河在 咆哮。河西山冈 万丈高，

5·6 5 4 | 3 2 3 1 | 5·6 | i 3 | 5·3 2 1 | 5·6 | 3 - | 5·6 | i 3 | 5·3 2 1 |
河东河北 高粱熟了，万  山 丛中，抗日英雄 真 不 少， 青 纱 帐里，游击健儿

5·6 | i - | 5 3 5 6 5 | i i 0 | 5 3 5 6 5 | 2 2 0 | 5·6 i i |
逞 英  豪！ 端起了土枪 洋枪， 挥动着大刀 长矛。 保 卫家乡！

0 5·6 | 2 2 5·6 | 3 3 5 6 | 3 2 i | i - |
保卫 黄河,保卫 华北保卫 全中国!
```

《黄河大合唱》共有八个乐章：第一乐章《黄河船夫曲》是混声合唱；第二乐章《黄河颂》是男声独唱；第三乐章《黄河之水天上来》是配乐诗朗诵；第四乐章《黄水谣》是混声合唱；第五乐章《河边对口歌》是男声对唱与混声合唱；第六乐章

《黄河怨》是女高音独唱；第七乐章《保卫黄河》是齐唱、轮唱；第八乐章《怒吼吧！黄河》是混声合唱。这八个乐章既是一个整体，又具有相对独立性，其中演出最多的是《黄水谣》《黄河怨》和《保卫黄河》。

冼星海的著名作品，还有《生产大合唱》《到敌人后方去》《在太行山上》等，广泛的题材，表现了中国人民伟大的抗日民族解放战争。

现将《保卫黄河》附上。许多老年朋友都经历过抗日战争时期的难忘岁月，欣赏和吟唱《黄河大合唱》，会回忆起那风云激荡的年代，永葆朝气。

▲《长征组歌》——合唱

《长征组歌》是中国合唱史上具有里程碑意义的作品。《长征组歌》创作于1964年10月。长征时被誉为"红小鬼"的肖华将军（1916～1985），选取了12个最有代表性的经典事件，采取了"三七句、四八开"的格式，以意境深刻而又通俗简练的语言，写出了包含12段诗的长征组诗《红军不怕远征难》。1965年8月1日，由战友歌舞团作曲家晨耕、生茂、唐诃、李遇秋等谱曲，著名指挥家唐江指挥的《长征组歌》，在北京民族宫礼堂首演后，立刻产生了巨大的轰动。几十年来，演出总场次已达1000场，创造了中国音乐史和中国演出史上的一个奇迹。

四渡赤水出奇兵（片段）

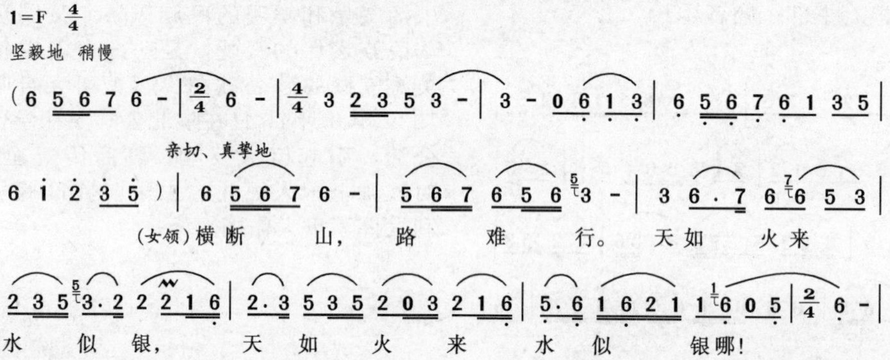

现将《长征组歌》中的《四渡赤水出奇兵》第一部分片段附上，供吟唱、欣赏。

▲《苏武牧羊》——汉族民歌

《苏武牧羊》是一首汉族民歌。它描述的是苏武出使匈奴，被匈奴扣留，坚决不投降，被罚作牧羊人，在冰天雪地中"苦忍十九年"的经历。民歌歌颂了苏武的民族气节，人们代代传唱，对弘扬民族精神起到了巨大的鼓舞作用。

现将《苏武牧羊》词曲附后，供欣赏。

苏武牧羊

▲《茉莉花》——江苏民歌

《茉莉花》自清代便开始在民间流传，并于 18 世纪传入欧洲，成为中国民歌的典范。意大利音乐家普契尼在创作歌剧《图兰朵》时，曾采用《茉莉花》的曲调作为重要的音乐素材。

《茉莉花》每一小段都以"好一朵茉莉花"开头，表现少女的羞涩和爱花、惜花的纯真感情，曲调细腻优美、委婉秀丽，切分节奏用得恰到好处，给人以轻盈活泼的感觉。

茉 莉 花

江苏民歌

$1=\flat E$　$\frac{2}{4}$

```
3 2 3 5  6 5 1 6 | 5 3 5 6 | 1 2 3 2 1 6 1 | 5 - | 5 3 5 6 | 1 2 3 1 6 5 |
好 一朵茉 莉 花，  好 一朵茉 莉 花，满 园 花 开
好 一朵茉 莉 花，  好 一朵茉 莉 花，茉 莉 花 开
好 一朵茉 莉 花，  好 一朵茉 莉 花，满 园 花 开

5 2 3 5 3 2 | 1 6 1 . | 3 2 1 2 . 3 | 5 6 1 6 5 | 5 3 2 3 5 3 2 | 1 2 6 1 |
香也香 不过它；   我 有心 采 一朵戴，  看 花的 人 儿要
雪也白 不过它；   我 有心 采 一朵戴，  又 怕 旁 人
比也比 不过它；   我 有心 采 一朵戴，  又 怕 来 年

2 . 3 1 2 1 6 | 1 6 5 . ‖ 3 2 1 2 . 3 | 5 6 1 6 5 | 5 3 2 3 5 3 2 | 1 2 6 1 |
将 我    骂。   我 有心 采 一朵戴，  又 怕 来 年
笑     话。
不 发    芽。

2 . 3 1 2 1 6 | 5 6 1 3 2 1 6 1 | 5 - ‖
不 发    芽。
```

❷ 外国音乐

▲《土耳其进行曲》——钢琴独奏曲

《土耳其进行曲》是莫扎特《A 大调钢琴独奏曲》的第三乐章，常单独演奏。莫扎特（1756～1791），是奥地利的天才作曲家，出生于音乐之家，死于贫病。在他短暂的一生中，创作了不少饮誉世界的歌剧、交响曲和室内乐。这首《土耳其进行曲》源自土耳其禁卫军所用的一种仪仗军乐。乐曲旋律轻快、流畅，节奏雄壮有力，情绪乐观、明朗。

《土耳其进行曲》采用回旋曲式，结构为第一插部 B＋基本主题 A＋第二插部 C＋基本主题 A＋第一插部 B＋基本主题 A＋尾声。

第一插部 B 旋律轻快、活泼，带有舞蹈性质。它的第一部分是个转调乐段（a 小调—e 小调）：

```
7 6 #5 6 | 1 0  2 1 7 1 | 3 0  4 3 #2 3 | 7 6 #5 6  7 6 5 6 |
1 6 1 ‖: 5 6 7 6 5 6 | 5 7 6 5 4 #4 | 3 |
```

基本主题 A 具有土耳其军乐的特点，热烈雄壮：

```
‖: 1 2 | 3 1 2 | 3 2 1 | 6 7 1 2 | 7 5 1 2 |
3 1 2 | 3 2 1 7 | 6 2 7 5 | 1 :‖
```

第二插部 C 连续不断的十六分音符赋予它轻盈飘忽的色彩，与基本主题形成鲜明的对比：

$1=A$　$\frac{2}{4}$

```
‖: 3 4 3 2 | 1 2 1 7 | 6 1 7 6 | #5 6 7 5 | 3 #4 5 3 |
6 #5 6 7 | 1 7 1 2 | 3 #2 3 2 | 3 4 3 #2 | 1 2 1 7 | 6 1 7 6 |
5 6 7 5 | 3 #4 5 3 | #4 5 6 4 | #2 3 4 2 | 3 :‖
```

尾声是基本主题 A 的片段音调的发展。在隆隆鼓声的伴奏下，辉煌而又雄壮地结束全曲。

▲《G 大调弦乐小夜曲》——管弦乐曲

《G 大调弦乐小夜曲》是奥地利伟大作曲家莫扎特所作的 13 首小夜曲中最具代表性的一首。全曲活泼愉快，给人以愉悦的艺术享受。

《G 大调弦乐小夜曲》由四个乐章组成。

第一乐章，奏鸣曲式。四个小节的引子乐句像号角一样使人振奋：

1=G 4/4
i 0 5 1 0 5 | 1 5 1 3 5 0 | 4 0 2 4 0 2 | 4 2 7 2 5 0 |

呈示部的主部主题欢畅、热情，其中不间断地出现波音和断奏，情绪更加充满活力：

i 0 1.· 3 2 1 | i 7 7 · 2 4 7 | 2 i i · 3 2 i |
i 7 7 · 2 4 7 | i 1767 i i | 3 2 1 2 | 3 3 5 4 3 4 5 0 |

副部主题通过连奏和断奏，显示出鲜明的个性：

1=D 4/4
5. 4 3 2 1 0 6 0 | 4 0 2 0 5 0 0 | 3.·2 1 7 6 4 0 | 3 - 2 0 |

展开部很短小，再现部也非常精炼。

第二乐章标以"浪漫曲"的标题，旋律柔美抒情，很是动听：

1=C 4/4
3 0 3 0 | 3 · 5 4 2 4 6 | 5 · 3 5 0 1 1 7 |
6 6 5 | 5 4 0 4 3 0 | 5 · 3 2 |

第三乐章是个短小、精致的小步舞曲，自然而流畅：

5 1 2 3 4 - 2 3 1 2 1765 67 | 2 3 4 2 1 2 3 1 7 1 2 7 |
i 0 (2) 3 2 i 7 6 #5 7 | 6 7 i #1 3 2 1765 #4 6 5 6 7 1 2 7 |

第四乐章与第一乐章的主题音乐有一定联系，是富于活力的快板，音乐热烈、活泼：

1=G 4/4
0 5 1 3 | 5 5 5 5 | 7 7 i i | 4 4 3 3 |
2 6 5 1 3 | 5 5 5 5 | 7 7 i i | 2 2 5 6 7 | i |

▲《命运交响曲》——交响乐曲

《命运交响曲》是德国作曲家、钢琴家贝多芬于 1805 年所作的《第五交响曲》。贝多芬（1770～1827）是公认的世界最伟大的作曲家。他出身于科隆一个音乐家庭，1800 年以前即患耳疾，但仍能从事钢琴演奏；后日益加剧，医治无效，1820 年完全丧失听觉，从此全力倾注于创作。他说："我要扼住命运的咽喉……"《命运交响曲》就是这期间的作品，它表达了通过斗争取得胜利的中心思想，情绪激昂，气魄宏大，极富感染力。

《命运交响曲》与《英雄交响曲》（《第三交响曲》）、《合唱交响曲》（《第九交响曲》）等，同为贝多芬的重要代表作，都是脍炙人口的不朽之作，影响极为深远。

《命运交响曲》共四个乐章。

第一乐章快板，奏鸣曲式。乐曲没有序奏的铺垫，一开始就奏出一个斩钉截铁、果断有力的"命运敲门"动机：

ff
0 3 3 3 | i - | 0 2 2 2 | 7 - | 7 - |

这一动机演变成主部主题，以富于动力性冲击的形象，推动着乐曲不断发展，紧张的和声使戏剧性的矛盾冲突愈演愈烈。

直至圆号吹出过渡性的连接部，惊惶动荡的气氛才缓减下来：

1=♭E 2/4
0 5 5 5 | i - | 2 - | 5 - |

副部主题与主部主题形成强烈的反差，具有柔和温暖的特点，富有歌唱性：

1=♭E 2/4 柔和地
5 i | 7 i | 2 6 | 6 5 |

这段抒情的旋律，犹如主人公那美好的内心世界和对生活的热爱、憧憬。但严酷的"命运"的音型在低音区不时地出现，斗争在持续地展开着。

展开部的开端是命运主题的变化延伸：

0 5 5 5 | 3 - | 3 - | 3 - |

在展开部里，主部与副部的激烈对抗

中，副部主题几乎是无能为力，阴暗、不安的音调常占主导地位。

再现部突出了主、副部之间力度、音响的对比，进一步体现出斗争的艰巨与复杂。时而凶恶的命运动机占了上风，时而英雄主题发出高傲威严的音响，好像要把命运赶走。最后，凶恶的主题暂时取胜，说明斗争还需付出艰苦努力，通向胜利之路还很遥远。

第二乐章慢板，变奏曲式。以两个不同的主题在对比变化中轮流加以变奏，来推动乐曲的发展。这个抒情式的乐章，仿佛是英雄经过激烈斗争后的沉思，反映了人们复杂的感情体验，表现了一种深沉的思索与探求。

第一主题由中提琴和大提琴演奏：

1=A 3/8 慢板

$\underline{5 \cdot 1}$ | $3 \quad \underline{3 \cdot 2}$ $\underline{1 \cdot 3}$ | $\underline{6 \quad 6^\sharp} \underline{1 \cdot 2 \cdot 3}$ | $\underline{4 \cdot 3 \quad 2 \cdot 4}$ $\underline{7 \cdot 2}$ |

$^\sharp\underline{5 \cdot 7 \quad 3}$ $\underline{3 \cdot 2}$ | $\underline{1 \cdot 6 \quad 2 \cdot 4}$ | $\underline{7 \cdot 5 \quad 1}$ $\underline{1 \cdot 3}$ | $5 \cdot 3$ |

第二主题带有英雄气概。人们在斗争中锻炼了意志，增长了智慧和才干，对未来的斗争充满信心和力量：

1=A 3/8

$\underline{5 \cdot 7}$ | $1 \quad 1$ | 2 | $3 \quad 1 \cdot 2$ | $3 \quad 3 \quad 4$ | $5 \cdot 1$

这两个主题在变奏中逐渐接近，最后取得统一，尾声的音乐成熟，充满了憧憬和希望。

第三乐章谐谑曲，复三部曲式。

第一主题由低音提琴与小提琴先后奏出，反映出英雄内心的不平静。旋律从低音区急遽上升又忽降，好似叹息，又像是英雄的踌躇迟疑：

1=♭E 3/4 快板

$3 \underline{6 \quad 1 \quad 3} \mid 6 \cdot 1 \quad 7 \cdot \,^\sharp 2 \mid 3 - - \mid 3 - \,^\sharp 5 \mid 6 - 7 \mid 2 \cdot 1 \quad 7 -$

第二主题是"命运"动机的变形，它的出现带来紧张的气氛：

1=♭E 3/4

$333 \mid 3 - - \mid 333 \mid 3 - - \mid 333 \mid 3 - - \mid 543 \mid 2 - -$

本乐章第一部分的音乐中，以上两个主题轮番呈现，矛盾冲突发展中，凶恶势力仍占上风。

乐章的中间部分，是欢乐的德国民间舞蹈音乐，与前后段落形成对比。人民大众参与进来，英雄不再是孤军奋战。他们跳起舞，表现出乐观的情绪和对"命运"的轻蔑：

1=C 3/4 f

$1 \mid \underline{7 \, 1} \, \underline{2 \, 5} \, \underline{6 \, 7} \mid \underline{1 \, 7} \, \underline{1 \, 2} \, \underline{3 \, 4} \mid 5 - 4 \mid 3 \quad 1 \quad 6 \mid 4 \quad 2 \quad 7 \mid 5 \quad 3 \quad \dot{1}$

第三部分的音乐里，第一、第二主题进行了再现和发展。"命运"的形象显然不那么嚣张、威严了。音乐在不断地增强，乐曲被不可遏制的巨大力量推进辉煌的篇章——终曲。

第四乐章：奏鸣曲式。

呈示部主部主题是宏伟壮丽的乐队全奏：

1=C 4/4 快板

$\dot{1} \quad - \quad 3 \quad - \mid 5 \quad - \quad - \quad \underline{4 \, 0} \mid \underline{3 \, 0} \, \underline{2 \, 0} \, \underline{1 \, 0} \, \underline{2 \, 0} \mid \dot{1} \quad - \quad - \quad \underline{\dot{1} \, \dot{1}} \mid$

ff

$2 \quad - \quad - \quad \underline{2 \, 2} \mid 3 \quad - \quad \underline{3 \, 1} \, \underline{2 \, 3} \mid \underline{4 \, 3} \, \underline{4 \, 5} \, \underline{6 \, 5} \, \underline{6 \, 7} \mid \dot{1} \quad - \quad 1$

这嘹亮的、凯旋式的音乐，向人们宣告，英雄的人民已经取得了斗争的胜利！

副部主题是一支生动的舞曲，起伏流畅的旋律洋溢着无比喜悦的情绪：

1=G 4/4 ff

$\underline{2 \, 3 \, 4} \mid \underline{3 \, 4 \, 5} \, \underline{6 \, 6 \, 7 \, 1} \mid 5 \quad - \quad - \quad \underline{5 \, 4 \, 3}$

p

$\underline{2 \, 4 \, 3} \, \underline{2 \, 1} \mid \underline{7 \, 1 \, 2} \, 5 \mid$

节日般热烈的狂欢场面汇成了一片欢乐的海洋。正当人们欢欣鼓舞时，"命运"的动机突然闯入，但它已是强弩之末，完全丧失了昔日的威风。

再现部以辉煌的乐队全奏开始，善良与正义有着不可战胜的生命力！

尾声再现了本乐章的全部主题，灿烂无比。音乐以排山倒海的宏伟气魄，再次宣告英雄和人民的胜利，光明、幸福就在眼前！

▲《卡玛林斯卡雅幻想曲》——管弦乐曲

《卡玛林斯卡雅幻想曲》是俄罗斯作曲家格林卡（1804～1857）于1848年用俄罗斯民歌改编的管弦乐曲。作为这首管弦乐基础的，一首是俄罗斯民间的婚礼歌《从山后，从高高的山后》，一首是流行的舞曲《卡玛林斯卡雅》。

全曲由一慢一快的两个主题及其变奏

组成。

第一主题是优美、抒情、缓慢的俄罗斯婚礼歌：

1=F 3/4

5 3 | 4 3 2 | 17 65 2 2 | 5·17 5 | 367 | 16 51 | 2·32 | 1

这一主题刻画了人们一边唱歌，一边送新娘去夫家时的情景，充满了依恋的感情。格林卡把这一主题进行多次变奏，并运用俄罗斯民间合唱中最常见的衬腔式复调手法，生动形象地描绘出一幅俄罗斯民间婚礼的风俗画。

第二主题是热烈欢快的俄罗斯民间舞曲：

1=D 2/4

5 5 3 5 | 4 2 4 3 1 3 | 3 2 1 2 3 | 1 1 3 5 |
4 2 4 3 1 3 | 3 2 1 2 3 | 1

在变奏中，乐队把这首民间舞曲的风格发挥得淋漓尽致，并将它和第一主题抒情的旋律以复调形式交织在一起，显示了作者高超的创作技巧。

格林卡的作品并不多，但他是第一位在国际上受到重视的俄国作曲家，是俄国古典音乐的奠基人。

▲《春之歌》——钢琴独奏曲

《春之歌》是德国作曲家门德尔松（1809～1847）创作的"无词歌"中的一首。以优美的小快板速度奏出，起伏的旋律线条塑造出充满活力的音乐形象，描绘出大地复苏，万物欣欣向荣的生动画面及春天给人们带来的美好、喜悦的心情。

乐曲分为三段。第一段是全曲的基调，主题流畅、富于歌唱性，春意盎然的旋律把人们带到充满欢笑与生命的春天：

1=A 2/4

3 3 4 #4 5 | 5 4 3 | 2·4 6·4 | 2 #1 2 #2 |
3 5 4 3 | 2 1 7 1 | 3 2 5 |

第二段在前面呈示的基础上，以更加热烈的情绪歌颂着春天的到来。流水般的间奏后，进入第三段音乐，钢琴以很轻的力度柔和地再现了前两段的主题片段，在一连串由低至高的琶音中结束全曲。

《春之歌》有极强的抒情性，美国现代舞蹈家邓肯经常用此曲即兴表演舞蹈。

▲《降E大调夜曲》——钢琴独奏曲

《降E大调夜曲》是波兰作曲家、钢琴家肖邦（1810～1849）以浪漫主义艺术风格创作的艺术珍品之一。"夜曲"既充满了浪漫主义的诗情画意，又蕴含着强烈的爱国主义思想和英雄情怀，被音乐家舒曼誉为"藏在花丛中的一尊大炮"。

《降E大调夜曲》作于1831年，全曲有三个主题材料。

在匀称的三连音节奏音型的伴奏下，钢琴吟唱出恬适华美的主题a，仿佛夜幕降临，大自然在安睡：

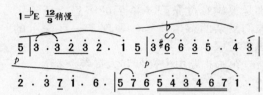

1=E 12/8 稍慢

5 | 3·3 2 3 2·15 | 3 #6 6 3 5·4 3 |
2·3 7 1·6· | 5 7 6 5 4 3 4 6 7 1·|

主题b的素材大多取自主题a，音乐力度强弱对比明显，速度也在不断地变换，听起来仍十分新鲜生动，并带有沉思的抒情气氛：

7 1 2·3 2 2 6· | 1 1 1 1 7 1 2·1 1·5· |
5·#4 3 2·7· | 1 1·7 6 7 5 |

主题c柔和平稳，在装饰音的伴衬下，更为优美流畅：

1·2 1 2 3·3· | 1·1 2 1 2 1 2 3 1 1 7 6 |
5 #4 4 6 7 1 2 1 7 1 3 2 1 7 6 | 6 5 5 4 4 3 3·2 1 1·|

在主题c的变奏c′中出现的华彩乐句，使乐曲达到抒情的高点，最后在静谧的气氛中结束。

肖邦1830年离国，后定居巴黎。在他的许多作品中，表现了对被沙俄侵占的祖国的怀念，对民族复兴的期盼。

▲《梦幻曲》——钢琴独奏曲

《梦幻曲》是德国作曲家、音乐评论家舒曼（1810～1856）所作《童年情景》中最出色的一首。A段引人入胜的旋律细腻地表现出孩子们梦中的恬静与朦胧的意想。B段运用转调手法，使人感到梦幻的神秘莫测。

新世纪 老年百科全书

梦 幻 曲

舒曼曲

1=F 4/4

（A段）
5 | 1 - 1 7 1 3 | 5 1 1 - 7 6 | 5 1 2 3 4 6 1 2 |

3 5 2 - 5 | 1 - 1 7 1 3 | 5 3 3 . 2 1 7 | 1 3 6 1 7 . ♭7 |

（B段 转入 g小调）
6 ♭7 5 . 5 | 1 - 1 7 1 3 | 5 ♭7 7 - 6 5 | 4 6 2 3 4 . 3 |

（转入 d小调）
2 . 6 6 0 1 | 4 - 4 3 4 6 | 1 4 4 - 3 2 |

（转回 F大调）A段
1 3 6 7 1 . 7 6 . 3 3 2 5 | 1 - 1 7 1 3 | 5 1 1 - 7 6 |

5 1 2 3 4 6 1 2 | 3 5 2 - 5 | 1 - 1 7 1 3 |

5 3 3 . 2 1 6 | 5 1 2 3 4 6 1 2 | 3 4 6 6 7 1 - ‖

▲《匈牙利狂想曲》第六号——钢琴独奏曲

《匈牙利狂想曲》第六号是匈牙利作曲家、钢琴家、指挥家李斯特（1811～1886）所作的19首《匈牙利狂想曲》之一。《匈牙利狂想曲》以匈牙利和吉卜赛的民歌和民间舞蹈为基础加工而成，具有鲜明的民族特色。

《匈牙利狂想曲》第六号分为四个部分。

第一部分中板，具有威严雄伟的气势。

1=D 2/4
3 3 1 3 | 1 3 . 2 3 | 2 2 7 2 | 7 2 7 2 |

1 . 7 6 5 6 | 6 6 7 | 1 2 3 #4 | 5 |

第二部分为急板，音乐带有匈牙利民间恰尔达什舞曲快板段落迅急奔放的特点。热情而明朗的旋律，使人联想到匈牙利人穿着鲜艳的民族服装狂欢歌舞的情景。

1=#C 2/4
1 1 3 | 4 3 | 2 7 1 | 1 1 | 5 5 7 | 1 7 | 6 #4 5 |

第三部分行板，徐缓柔美的旋律略带悲凉的愁绪。自由、即兴的节奏和装饰音的运用增强了这一段音乐的宣叙调风格。

1=♭B 4/4
3 #4 #5 | 6 - 1 - | 7 - - 0 | 2 5 5 5 4 4 3 . 2 | 3 - - |

经过较长的华彩乐句，乐曲过渡到第四部分快板。主题来自匈牙利民族舞曲，热烈的气氛，把欢乐推向顶点。

1=♭B 2/4
5 6 7 1 | 2 1 7 1 | 2 2 2 | 2 3 3 4 | 4 3 3 2 | 3 3 3 |

4 3 2 1 | 7 6 7 1 | 2 2 2 | 2 5 5 5 | 5 2 2 3 | 1 1 1 |

青年时期的李斯特，深受空想社会主义思想的影响。他同情法国里昂工人起义，二十多岁时，就以里昂纺织工人的口号"不是工作以生，就是战斗而死"为主题，创作了钢琴曲《里昂》。

▲《蓝色的多瑙河》——管弦乐曲

《蓝色的多瑙河》是奥地利著名作曲家、指挥家约翰·施特劳斯（1825～1899）的代表作。原为他受到德国诗人卡尔贝·克的诗句"在多瑙河边，在那美丽、蓝色的多瑙河边……"的启示而作的合唱圆舞曲，后改编成管弦乐，受到热烈欢迎。《蓝色的多瑙河》有浓郁的乡土气息，特别受移居国外的奥地利人欢迎，被奥地利人视为第二国歌。

《蓝色的多瑙河》全名是《美丽的蓝色的多瑙河畔》，为典型的维也纳圆舞曲结构，由序奏、五首小圆舞曲及尾声组成。在音乐会上演奏时，总有一些不同部分的删减，但并不影响全曲结构的完整性。全曲充满了对大自然、对故乡的热爱。

序奏分两部分。开始由小提琴演奏轻微的震音，像是薄雾缭绕、微波粼粼的多瑙河的早晨。在这样的背景下，圆号轻柔地吹响主题：

1=A 6/8
0 0 1 3 5 | 5 . 5 . | 5 0 5 1 3 | 2 . 2 . | 2 |

柔和的上行音型，逐渐加强力度，宛如初露的晨曦唤醒了沉睡的多瑙河。

序奏的第二部分速度变快，出现了圆舞曲的节奏，象征着多瑙河开始了新的一天：

0 6/5 #4 5 | 0 6/7 #5 6 | 0 1/7 6 7 | 1 2 3 |

第一圆舞曲采用单二部曲式。一开始出现了主题A，由序奏的主要音调组成，充满生气的明朗的旋律歌唱了美丽的多瑙河：

1=D 3/4
（5/5 5 | 5 0 5 3 | 3）| 1 3 5 | 5 - - 5 - - 5 0 1 | 1 3 5 | 5 - - 5 - - 5 |
（5/5 5 | 5 0 5 4 | 4）

主题 B 轻松、富于弹性：

$$0\ \underline{1\ 0}\ \underline{7\ 0}\ |\ \underline{7\ 0}\ \underline{6\ 0}\ \underline{6\ 0}\ |\ 0\ \underline{6\ 0}\ {}^{\#}\underline{5\ 0}\ |\ {}^{\#}\underline{5\ 0}\ \underline{6\ 0}\ \underline{6\ 0}\ |$$

第二圆舞曲采用单三部曲式。

主题 A 情绪活泼，旋律有明显的回旋感，给人以朝气蓬勃的感觉：

1=D 3/4

主题 B 柔和、委婉，与主题 A 的色彩对比令人耳目一新：

第三圆舞曲采用二部曲式结构。

主题 A 典雅、华丽，格调高贵。

1=G 3/4

主题 B 富于流动性，好似旋转不停的舞蹈场面：

第四圆舞曲采单二部曲式。

主题 A 开始时节奏较自由，情绪安谧、内向，充分表达了作者处身于大自然怀抱中的深切感受：

1=F 3/4

主题 B 强调舞蹈节奏，气氛活跃：

第五圆舞曲采用单二部曲式。

主题 A 起伏荡漾，进一步讴歌了春回大地的美好景象：

1=A 3/4

主题 B 采用乐队全奏，活跃炽热的曲调把情绪推向全曲的高潮：

尾声再现了前面几首小圆舞曲的主要主题，乐曲在欢腾热烈的气氛中结束。

约翰·施特劳斯的父亲老约翰·施特劳斯也是著名作曲家，他的《拉特茨基进行曲》风行世界，也为中国听众所熟悉。两个弟弟都是著名指挥家、作曲家。以约翰·施特劳斯成就最高，他创作了许多圆舞曲，被誉为"圆舞曲之王"，著名作品还有《维也纳森林的故事》等。

▲《天鹅湖》组曲——管弦乐曲

《天鹅湖》组曲是从俄国作曲家柴可夫斯基（1840～1893）为芭蕾舞剧《天鹅湖》谱写的三十余首弦乐曲中选出的几首，供音乐会演奏用。

柴可夫斯基为《天鹅湖》所写的音乐充满炽热的感情，旋律极为优美、抒情。作者采用丰富的配器使音乐呈现缤纷的色彩，有高度的交响性和强烈的戏剧性，把人物性格刻画得鲜明生动，同时也把各种场面描绘得充满诗情画意。

（1）《场景》，这是舞剧第二幕的开幕音乐。在竖琴清淡舒缓的伴奏下，双簧管吹出公主奥杰塔的主题：

这个主题是贯穿全剧的天鹅形象，音乐凄婉动人，带有优雅动人的女性特征，情绪充满了温柔和伤感。

主题的后半段出现了上行级进的旋律，乐曲情绪逐渐变得激动，仿佛是公主在诉说自己不幸的遭遇：

1=D 4/4

（2）《圆舞曲》，选自第一幕庆贺王子成年盛典上少女们的群舞音乐。乐曲由前奏及五首小圆舞曲组成。

前奏以弦乐拨奏的下行音阶引出了平稳的圆舞曲节奏：

1=A 3/4

第一圆舞曲：

第二圆舞曲：

第三圆舞曲：

1=F 3/4

0 3 - | 2 - 1 | 0 4·3 | 2 - 1 |

第四圆舞曲：

1=F 3/4

‖1 - - ♭7 - - | 6 - - 6 5 4 | 1 - - 1 7♭7 6 - - | 6 7 1 ‖

第五圆舞曲：

1=F 3/4

6 - 3 | 6 - 3 | 1 7 7 6 6 #5 | 6 - 3 |

‖ 2 - 4 ： ‖ #5 6 7 1 2 4 | 3·1 6 |

（3）《四小天鹅舞》，是第二幕中天鹅在湖畔游戏时四只小天鹅的舞蹈乐曲，充分表现出小天鹅天真活泼的神态。

（4）《情景》，选自第二幕王子和公主订婚后互诉衷情的双人舞音乐。

（5）《西班牙舞》《那不勒斯舞》《匈牙利舞》等三首乐曲都选自第三幕，是恶魔带来的一些小鬼所跳的各种土风舞。有的热烈豪放，充满异国情调；有的轻松活泼，清新流畅；有的柔婉平和，色彩淡雅。

柴可夫斯基的代表作还有舞剧《睡美人》《胡桃夹子》等。

▲《新世界交响曲》——交响曲

《新世界交响曲》是捷克作曲家德沃夏克（1841～1904）在纽约任美国纽约音乐学院院长时写的一首交响乐，表达了他对美国的感受和对祖国的思念。

《新世界交响曲》共分四个乐章，其中第二、第三乐章受到美国诗人朗费罗的长诗《海华沙之歌》（美国文学中第一部关于印第安民族的史诗）的影响，第一、第四乐章则表现了他对美国这个新兴工业国家紧张而繁忙的生活的感受。而在整个作品中都贯穿着他对捷克的思念。

第一乐章：奏鸣曲式，快板。

慢板的引子，由大提琴和长笛先后奏出，具有沉思的性质，仿佛在思索新大陆将是怎样的。突然，定音鼓和乐队争相奏出了强烈的节奏，使人吃惊、振奋：新大陆是如此的新奇、令人激动。

呈示主部主题兴奋、激昂，表现了纽约紧张繁忙的生活给作者留下的强烈印象：

小调 2/4 6·1 | 3 6· | 1 6 4 | 3 6· |

副部包含两个主题。第一主题具有美国黑人舞曲的风格，由长笛和双簧管安静地吹出：

6 1 1 7 6 | 7 2 2 7 2 | 1 6 6 7 1 | 7 1 7 5 6 |

第二主题略带伤感，富于歌唱性，具有思乡的气质：

1·1 6 5· | 1·3 5 5 | 5 - 5·6 5 4 | 3 5 | 4 5 4 2 7 6 | 5 - |

展开部以思乡的副部第二主题和主部主题为基础进行发展。再现部大致再现呈示部。在尾声中，前面的主题一再现，并以全乐队奏出饱满的和弦结束第一乐章。

第二乐章：复三部曲式，慢板。

这一乐章的内容受《海华沙之歌》中《森林的葬礼》的启发。

引子由管乐的低音区奏出一连串呜咽的和弦，悲惨凄切，像是黑夜中的大自然背景。

呈示部分的主题旋律极其感人，黑人灵歌同斯拉夫的曲调融为一体，既可以理解为作者对故乡的眷念，也可以理解为海华沙的孤独与痛苦。初演时，许多听众感动得热泪沾巾。

1=♭D 4/4

3· 5 5 3· 2 1 | 2· 3 5· 3 2 - |

3· 5 5 3· 2 1 | 2· 3 2 1 1 - |

乐章中段由两个主题及一个插入段构成。第一主题充满深切的悲痛，同时又包含着无比激动的感情：

1 7 6 6 6 1 7 6 | 1 7 6 6 6 1 7 6 |

5 3 5 6 4 6 5 4 5 | 3 5 3 5 6 |

第二主题也很忧郁：

6 - 7 1 | 3 2 - 4 | 4 3 3 2 1 | 1 7 2 1 1·7 | 1 6·6 - - |

两个主题交替出现，并形成动人的复调。突然，插入了一个明快的舞蹈性主题，音乐从感伤转为充满活力，好像作者回忆起故乡的牧场，那活泼的捷克民间舞蹈、奔跑着的牛羊和勤劳朴实的家乡人民……

这段音乐与前面的主题形成了很大的情绪反差，高潮过后，英国管重述了呈示部分抒情主题，当统乐重复时，增加了音乐的悲凉感。最后，引子的和弦平静地结束这一乐章。

第三乐章：复三部曲式，谐谑曲。这一乐章受到"海华沙婚宴"中印第安舞蹈场面的启发。呈示部有两个舞曲的主题。第一主题十分活跃，由慢而快不断地旋转，节奏朴实有力，有粗犷的男性特征：

小调 3/4

0 3̣3̣ 3 | 6 6 0 | 0 7 2̇ | 1̇ 7 6 0

第二主题旋律悠扬婉转，表现了另一种悠游自在的舞步：

E大调 3/4

3 5̇ 5̇ - | 5 - 6 5̇ 2̇ | 1 - 2̇ | 3 5̇ 5̇ - | 5̇ 1̇ 7 6 5̇ |

5̇ 6 5 3 5 | 5 3 2 3 5̇ | 2̇ 3 1 - | 1

这两个舞曲主题此起彼伏，一张一弛，突出了"舞"的场面。

中间部分也是由两个舞曲主题组成。第一主题完全采用捷克民间舞蹈音乐，轻盈、朴实，表达了作者对祖国的眷恋：

1=C 3/4

1.̣ 1̣ 3 0 | 3.̇ 3̇ 5̇ 0 | 5 - - | 5 - 5̇ 5.̣ 5̇ 1̣ 0 |

7.̣ 7̣ 6̣ 0 | 5 - - | 5 -

第二主题节奏强烈，优美多姿，似少女们在翩翩起舞：

3̣ 1̣ 3̣ 0 2̣ 0 | 1̇ - - | 7̣ 5̣ 7̣ 0 6̣ 0 | 5 - - |

4̣ 2̣ 4̣ 0 3̣ 0 | 2̣ - - | 1̣ 6̣ 1̣ 0 7̣ 0 | 1 - |

再现部完全再现了呈示部的音乐。尾声中，第一乐章的主部主题片断和本乐章第一主题片断相互呼应，具有戏剧性地结束。

第四乐章：奏鸣曲式、热情的快板。

本乐章是整部交响曲的总结，气势宏大而雄伟，感情充沛，富有活力。

一段简短而具有强大推动力的引子之后，出现了呈示部主部第一个主题。这个主题威武雄壮，具有进行曲风格，由圆号和小号奏出：

e小调 4/4

6 - 7 1̇ | 7.̇ 6̇6̇ - | 6 - 5 3̇5̇ | 6 - - 6̇ | 6 - 7 1̇ |

7.̇ 6̇6̇ - | 6 1̇ 6̣ 1̇ 3̇ 3̇ | 6 - 6̇ 0 0 |

主部第二主题欢快、跳跃，是由三连音组成的舞曲：

6̇ 7̣1̣ 5̣3̣5̣ 6̇ 7̣1̣ 5̣3̣5̣ | 6̇ 7̣1̣ 5.̣4̣ 3.̣1̣ 7.̣6̣ | 5̣7̣6̣ 5̣7̣6̣ 5̣0 |

副部主题气息宽广，富于歌唱性，似乎陷入深深的乡愁之中。这个主题先由单簧管演奏：

1=G 4/4

6 - - 5 | 2̇ 7 5 4 | 4 3 5 - | 5 - - 5 |

6 - - 5 | 2̇ 7 5 4 | 4 3 5 - | 5 - - 0 |

展开部以主部第一主题持续不断地变化发展为主，音乐也逐渐增强意志力和英雄性的情绪。与此同时，前几个乐章主题片断的加入也使音乐的发展更有动力，色彩更多变化。第二乐章中的第一主题出现时，不再具有思乡情绪，而具有英雄性格，并形成展开部的高潮。

再现部继续加强了英雄性色彩。

乐曲的尾声综合运用这部交响曲中的许多主题，使其相互呼应，最后在凯歌般的极其辉煌的乐队全奏中结束。

▲《月光》——钢琴独奏曲

《月光》是法国作曲家德彪西（1862～1918）所作《贝加马斯卡组曲》中最著名的一首钢琴独奏曲。《月光》用细腻、充满浪漫色彩的和声，变幻的节奏音型，绘声绘色地勾画出一幅夜色茫茫，诗人望月咏怀的画图。

乐曲一开始，在行板速度上呈现的乐思温和而幽静。一连串明亮的平行三度和声构成的旋律轻轻波动、缓缓起伏，描绘了月夜特有的诗情画意：

1=♭D 9/8

‖0 5̣5̇ 5̇.̣ 3.̇ | 3̇2̇3̇2̇.̇ 2.̇ 2.̣ | 2̇1̇2̇1̇3̇3̇1̇ |

1̇7̇1̇7̇.̇ 7.̣ | 7̇6̇7̇6̇2̇6̇6̇5̇ 6̇5̇ | 5̇4̇5̇4̇4̇.̇ 3.̣ |

3 3 4̣ 3 6̣ 3 2̣ 3 2̣ | 2̣ 1̣ 2̣ 1̣.̣ 7.̣ |

接着在婀娜轻盈的和弦晃动下，主题平静地展开，奏出富于歌唱性的"月光曲"：

1=♭D 9/8

0 3̣ 3̣3̣ 3̣ 2̣1̣1̣ | 1̇7̇7̇7̇1̇6̇.̣ |

随后，速度稍稍加快，情绪较为波动。在流动如月光荡漾般的琴声衬托下，上声部旋律明朗，着意描绘了溶溶的月色与作者的翩翩浮想：

1=♭D 9/8

5·5·♭71 1 | 5·5·♭75 | 123·13 | #4311·000 |

6·6·73 | 6·6·73 | 4·43#12 | 6·6·5· |

最后，再现开头的乐思，我们又回到安谧的情景中，在精致柔美的音乐中结束全曲。

▲《春之祭》——管弦乐曲

《春之祭》是俄罗斯作曲家、指挥家斯特拉文斯基（1882～1971）所作的管弦乐曲。

《春之祭》以一种原始的复杂节奏，强烈的和弦，粗犷的旋律和多调性等手法，强烈地表现了传说中原始时代的生活。乐曲分为两大部分——"大地的崇拜"、"献祭"。

第一部分："大地的崇拜"。序奏音乐阴郁、遥远，有俄罗斯民间曲调的韵味。狭窄的音域、片断地重复，似原始森林在呼唤：

4/4 1 7537 61 7537 | 3/4 61 76 26 |

4/4 1 7537 6 6 0 |

春天即将来临，各种富有活力的曲调融会在一起，好像大地已苏醒，生命正勃然萌动。固定音型的节奏粗野、沉重，好像一群青年人合着节拍跳起了粗犷的舞蹈：

1=♭E 2/4

0 5 5 5 | 5 5 5 | 5 4 3 2 | 3 0 |

接下来的主题旋律带有民间音乐风格：

1=♭E 2/4

3 4 2 36 | 5 4 3 42 | 3·4 | 3 |

"诱拐的游戏"粗野、恐怖。管乐演奏出明亮灿烂的音色，音乐气氛激烈而粗犷：

1=C 9/8
ff

000 062 623 | #43 267 25#4 | 326 072 166 6 |

"春天的轮舞"具有田园风格，充满了思慕之情，表达出热烈的愿望：

1=♭A

5/4 5 3 5 3 2 | 7/4 5 6 5 3 2 | 6/4 6 2 3 16 |

"敌对部落的游戏"描写部落间的战争。

"长者的行列"庄严的音调宣告长者的到来，各种打击乐器和弦乐器相配合，呈现出古代献祭仪式的情景。

"大地的舞蹈"热烈、狂乱，青年们沉醉在向大地表示致敬的舞蹈里，音乐结束在最强音。

第二部分："献祭"描述一个少女被选出作为向春之神祭祀的牺牲品。序奏宁静柔和，营造出夜晚的气氛：

1=C

6 6 5 6 2 | ♭7 1 ♭6♭5 ♭7 6 | 6 6 5 2 |

"少女们的集会"色彩柔和，在不同的音区变化调性。

1=C

♭6♭3 6 ♭5 6 5 4 | ♭3♭5 3 | ♭6♭3 6 ♭5 6 5 4 | ♭3♭5 3 ♭6 3 |

"赞美被选中的少女"音乐节奏复杂，节拍多变，整个乐队像变成了一架大型的打击乐器。

"祖先的召唤"——祭祖的仪式。音乐强烈地开始后趋于平静，缓缓起伏的音调令人联想起摇曳的步履。

"被选少女的舞蹈"是全曲的高潮。被选少女的舞蹈狂热、虔诚而绝望，音乐越来越猛烈，渲染出祭献的荒唐和野蛮。少女狂舞后倒下死去，人们兴奋地把她献给神坛。

▲《彼得与狼》——交响乐曲

《彼得与狼》是苏联作曲家、钢琴家普罗科菲耶夫（1891～1953）以童话题材创作的交响乐。《彼得和狼》讲述少年彼得与小鸟合作，勇敢机智地同大灰狼作斗争的故事。

乐曲结构为自由发展的奏鸣曲式。普罗科菲耶夫充分发挥了各种乐器的选择性，形象地勾画出每个人物、动物的性格和动态。乐曲通俗，手法新颖，既有贯穿全曲的情节，又不是干涩地平铺直叙，显示了他成熟的技巧和鲜明的艺术个性。

主人公彼得的形象，是用全部弦乐演奏来代表的。旋律明快、活泼，极富进行曲风格，给人以清新之感：

1=C 4/4 行板

5 1·3 56 5·3 | 56 7·1 53 12 | ♭3 37 3 37 | ♭3♭7 7 |

小鸟主题由长笛在高音区奏出，快速的华彩音乐，表现出小鸟的灵巧与飞翔时的活泼形象：

1=G 4/4

（乐谱）

双簧管形象地刻画了小鸭子蹒跚的步伐：

1=♭A 3/4 小行板

（乐谱）

单簧管在低音区用跳音奏法表现出小猫的机警：

1=C 4/4 中速

（乐谱）

老祖父的形象用大管独特的浑厚、低沉的声音来展示，并在节奏、音调上刻画出老人的喋喋不休、自言自语：

6=♭ 4/4 行板

（乐谱）

大灰狼主题由三支圆号奏出，和声效果浓重，恰似狼嚎声：

（乐谱）

猎人开枪的主题用定音鼓和大鼓的音响来表现：

（乐谱）

乐曲用绘声绘色的解说词，给音乐故事的发展以具体的说明，使乐曲更易为人们所理解。

▲《我的太阳》——意大利歌曲

《我的太阳》是意大利音乐家卡普阿作曲、卡普罗作词的歌曲，在意大利那坡里民歌节演出后，由于其易于发挥男高音特有的嘹亮音色，受到帕瓦罗蒂等世界著名男高音歌唱家的青睐，通过他们，该歌曲传遍世界各国。

《我的太阳》寓意源自莎士比亚诗剧《罗密欧与朱丽叶》中的两行诗："是什么从那边窗户透出来？那是东方，朱丽叶就是太阳。"《我的太阳》把心爱的人比作太阳，并以此来赞美爱情。

《我的太阳》的前半部分，在中音区以富于歌唱性的曲调，赞美着灿烂的阳光和蓝色的晴空，情绪明朗，令人舒爽。

《我的太阳》的后半部分，高音以奔放的热情倾诉着对姑娘的爱慕，特别是"啊，太阳，我的太阳"一句中出现的降六级音，更使歌曲深情动人。在结尾处的最强音，出现了旋律自由延长的最高音，使歌曲情绪更为激昂。

我的太阳

1=G 2/4

稍慢　　　　　　　　　　　　　　　　意大利歌曲

（乐谱）

啊，多么 辉煌，灿 烂的 阳光， 暴风雨 过 去后， 天空多晴 朗！ 清新的

（乐谱）

空气 令人精神 爽朗！ 啊，多么辉煌灿 烂的阳 光。 还有个 太阳，比这更

（乐谱）

美， 啊，我的 太阳， 那就是 你， 啊，太 阳，我的太阳， 那就是

（乐谱）

你， 那就是你！ 还有个 那就是你， 那就是 你！

▲《莫斯科郊外的晚上》——苏联歌曲

《莫斯科郊外的晚上》是 1956 年苏联的一部纪录片插曲，曾获得第六届世界青年与学生联欢节音乐创作银质奖章，并被译成多种语言流传全世界。

《莫斯科郊外的晚上》前两段歌词通过对轻风、明月、微波的描绘，勾画出一幅安谧、迷人的夜晚图景；后两段则通过写景引出人物，刻画青年男女相互倾心又羞于启齿的微妙心理；最后一句"但愿从今后，你我永不忘，莫斯科郊外的晚上"，紧扣题目，使人回味无穷。

《莫斯科郊外的晚上》曲调采用典型的旋律小调式，通俗优美；音调融入俄罗斯民歌素材，抒情意味很浓。

莫斯科郊外的晚上

1=G 2/4

行板 稍快

苏联歌曲

1.深夜花园里，四处静悄悄，只有风儿在轻轻唱；夜色多么好，心儿多爽朗，在这迷人的晚上。
2.小河静静流，微微泛波浪，水面映着银色月光；一阵轻风，一阵歌声，多么幽静的晚上。
3.我的心上人，坐在我身旁，默默看着我不作声；我想对你讲，但又难为情，多少话儿留在心上。
4.长夜快过去，天色蒙蒙亮，衷心祝福你好姑娘；但愿从今后，你我永不忘，莫斯科郊外的晚上。

▲《友谊地久天长》——苏格兰民歌

《友谊地久天长》是一首 18 世纪就流行于苏格兰地区的民歌，后因 20 世纪 40 年代的美国电影《魂断蓝桥》将它作为插曲而流行世界。

《友谊地久天长》本为英国人在朋友离别仪式上的必唱歌曲，朴素的旋律表达了朋友间真诚的友谊和依恋。唱到最后一段时，围成圈子的人们交叉双手互握，随着音乐的节拍，反复把手举起又放下。这个习俗也传到了世界各国。

友谊地久天长

（美国电影《魂断蓝桥》插曲）

1=F 3/4

中速的圆舞曲

苏格兰 民歌

1.怎能忘记旧日朋友，心中能不怀想，旧日朋友岂能相忘，友谊地久天长。友谊万岁！朋友，友谊万岁，举杯痛饮同声歌颂，友谊地久天长。
2.我们曾经终日游荡，在故乡的青山上，我们也曾历尽苦辛，到处奔波流浪。
3.我们也曾终日逍遥，荡桨在绿波上，但如今却劳燕分飞，远隔大海重洋。
4.我们往日情意相投，让我们紧握手，让我们来举杯畅饮，友谊地久天长。

《三套车》描述赶车人因其心爱的老马（一说由于翻译的错误，"老马"应为"姑娘"）要卖给财主而表现出的惆怅心情。

《三套车》前两段叙事，歌曲音乐较为平缓，第三段一开始就翻向高音区，形成高潮，最后中止在无可奈何的哀叹中。

三 套 车

1=F 4/4

俄罗斯 民歌

3 ‖ 6·666#56 | 7·#53·3 | i611 2#2 | 3— —03 | 6·7i76543 |

1.冰 雪 遮盖着伏尔加 河，冰河上跑着三套车。 有人 在唱着忧

2.(小) 伙子你为什么忧 愁? 为什么低着你的头? 是谁 叫你这样

2·467v6 | 3·43271 | 6—60 3 ‖ 6—6003 | 6·666#56 |

郁 的歌，唱歌的是那赶 车的人。 2.小 人。 3.你看 吧这匹可怜的

伤 心? 问他的是那乘 车的

3·217·7 | i611 2#2 | 3— —03 | 6·7i76543 | 2·467v6 | 3·43271 |

老 马，它跟我走遍天 涯。 可恨 那财主要 把它买了去，今后苦难在等着

6·60003 | 6·7i76543 | 2·4676 | 3·43271 | 6— —60 ‖

它， 可恨 那财主要 把它买了去，今后苦难在等着 它。

星 星 索

1=G 4/4

抒情地 中速

印度尼西亚 民歌

0 3 ‖ 5— — | 566·553 321 | 3— — | 023·553 321 | 3— — — |

1.呜 喂， 风儿呀吹动我的船帆， 船儿呀随着微风荡漾，

2.(呜) 喂， 风儿呀吹动我的船帆， 姑娘啊我要和你见面，

023·553 321 | 1611 —1 | 1—003 ‖ 1611 —1 | 1—00 |

送我 到日夜思念的 地方。 呜 思念。

向你 诉说心里的

1111 222 | 3·3 3·21 1— | 1111 222 | 3·3 3·21 1·5 |

当我还没来到 你的面 前， 你千万要把我 记在心 间，要

1111 222 | 3·3 3·21 1 2 | 3·53 2 02 3·5 | 5·55·555 653 |

等待着我呀，要 耐心等着我呀，姑 娘，我心像东方初升的红太阳。呜

5— — | 066·553 321 | 3— — | 023·553 321 | 3— — — |

喂， 风儿呀吹动我的船帆， 姑娘啊我要和你见面，

023·553 321 | 1611 —1 | 1— — | i— — | i— — ‖

永远也不再和 你分离。 呀!

ppp

▲《星星索》——印度尼西亚民歌

《星星索》是印度尼西亚苏门答腊地区巴达克人的民歌。巴达克人喜用"星星索"的哼唱声，为划船时船桨的起落节奏做伴衬。

《星星索》是一首情歌，男高音用悠长委婉的音调对心爱的姑娘倾吐深切的思念。

由于这首民歌的旋律抒情动人，合唱手法运用得简练、集中、富有诗意，因而受到广大听众的热爱，并逐渐成为世界许多国家无伴奏合唱的保留节目。

（邹凌燕）

舞蹈欣赏

① 中国民族民间舞蹈

▲汉族"秧歌"和"腰鼓"

汉族的民间舞蹈种类繁多，最著名者为"北歌"——"秧歌"舞，"南灯"——"花灯"舞和"花鼓灯"舞。

"秧歌"历史悠久，宋代已见诸文字记载。这是一种流行于广大汉族地区的民间舞蹈，其中有扮演各种人物的角色，有扇子、手绢、红绸带、高跷、伞、棒、旱船等各种道具的应用。

"秧歌"的形成和流派很多，形式上，有"大场"、"小场"之分。"大场"主要进行舞蹈队形的变化，"小场"则带有情节表演，均气氛热烈，兼有娱乐性和表演性。

"秧歌"的流派主要有东北秧歌、陕北秧歌、山东秧歌三大派。

东北秧歌是从"辽南高跷"这种民间舞蹈发展而来的。"辽南高跷"因踩着高跷表演，为了身体平衡而产生了许多有趣的动作。东北秧歌去掉了高跷道具，保留了"辽南高跷""稳中浪"的动作特色，身体

俯仰之间脚步迅速移动，收放自如，迅疾有劲，手绢花灵巧活泼，体现了东北人泼辣又不失稳重的性格特色。

陕北秧歌当地叫"闹秧歌"，场面很大，热火朝天，风格粗朴豪放，活泼灵巧，带着浓厚的黄土高原气息。陕北的腰鼓舞与陕北秧歌有异曲同工之妙，只是动作更为夸张有力，如龙腾虎跃，气势如虹，驰名中外的安塞腰鼓便是代表。

山东秧歌有鼓子秧歌、海阳秧歌和胶州秧歌三个流派。鼓子秧歌"跑场"的队形复杂有序，气势磅礴，显示出山东好汉的形象，是一种大型的广场民间舞蹈。海阳秧歌古朴粗犷，用综合形式进行表演。胶州秧歌有"翠花"、"扇女"等女角形象，动作柔韧绵长，舞姿婀娜美丽，有"抬重、落轻、走飘，活动起来扭断腰"的美誉。

▲汉族"花鼓灯"舞和采茶舞

南方汉族民间流行着"花鼓灯"舞。其中，凤阳花鼓在新中国成立以前早已随逃荒的农民传播四方。

湖南花鼓常常有戏曲表演内容，所以常称"花鼓戏"，优美的舞蹈，动听的戏文，悠扬的音乐融汇一体，动人心扉。

安徽花鼓灯采用民间锣鼓伴奏，动作敏捷，气氛热烈而含蓄，风格豪放而活泼，兼具南北风情。

云南的"花灯舞"也很有特色，身体呈"S"形摆动，动律特殊，动作优美大方，多用扇子作为道具，流畅轻盈。

采茶舞是南方采茶地区流行的民间舞蹈，舞蹈中伴以悠扬的民间曲调，展示出清新活泼的茶乡风情。

▲朝鲜族民间舞蹈

朝鲜族民间舞蹈的特点是"柳手鹤步"，即手臂似柳条一样摆动，脚步似"仙鹤"迈步，这是朝鲜族独特文化在民间舞蹈中的反映。朝鲜族人崇拜仙鹤，其舞姿如仙鹤般典雅而舒展。

朝鲜族民间舞蹈的另一特点是节奏感强。舞蹈中包含了不同类型的节奏，称为"古格里节奏"、"长短"、"古格里长短"等。每种节奏都有特定的鼓点节律，配以特定的舞蹈动作，并与呼吸的收放相互配合。

朝鲜族舞蹈中最出名的是"杖鼓舞"，俗称"长鼓舞"，多由女性表演。身穿美丽民族服装的女演员，背着长鼓，两手用竹键分别敲击高音鼓面和低音鼓面，随节奏

翩翩起舞，并不时展示高难度的旋转技巧，实在令人赏心悦目。

除了长鼓舞，朝鲜族著名的民间舞蹈还有"扇舞"，其舞姿潇洒自如；男子"假面舞"，神秘有趣；"帽带长缨舞"，为甩动帽子上飘带的特技表演等。

▲藏族民间舞蹈

藏族民间舞蹈可以分为两类。

一类名"卓"，俗称"锅庄"。"锅庄"是藏语对舞蹈的泛称。跳"锅庄"时人们手拉手围成圆圈，在音乐中欢快地跳舞，不时穿插唱歌表演，动作豪放跨跃，多流行于牧区。

一类名"谐"。"谐"是藏语对歌舞的泛称，流行于农业区。"谐舞"时人们挥舞着长袖挽手轻踏，载歌载舞，歌声悠扬，舞姿优美。"谐舞"常用藏式二弦琴伴奏。

另有一种叫"热巴"的藏族民间舞蹈，是由专业艺人演出的。"热巴"的代表作为"铃鼓舞"，由男女共舞，女子击鼓，男子挥铃，技巧高难，欢腾热烈。藏族民间舞蹈中还有一种表演性的舞蹈，叫"堆谐"，是一种藏式踢踏舞，用脚上的靴子打点，步伐丰富，气氛热烈。

▲维吾尔族民间舞蹈

维吾尔族民间舞蹈中著名者有"盘子舞"、"手鼓舞"。

"盘子舞"的舞者手持瓷盘和竹筷，头上顶着盛水的碗和点燃的灯，盘、筷相击打出节奏，伴合着舞蹈动作起伏旋转，高难的动作动人心魄。

"手鼓舞"多由女演员表演，她们在手鼓的伴奏下展示高难度的旋转和腰部动作，再加上鼓手不时参加进表演之中，使舞、乐相合，气氛十分热烈。

还有一种宗教色彩浓烈的"萨玛舞"，舞蹈节奏较为缓慢，舞者神态虔诚，伴以人声呐喊，渲染出浓厚的宗教氛围。

▲傣族民间舞蹈

傣族民间舞蹈有着古代越族的文化遗风，孔雀、象和水为傣族民间舞蹈中经常表现的形式。这与傣族人民生活在南方亚热带地区有关。孔雀和象都是在热带丛林中生活的珍贵动物。孔雀美丽优雅，被人们认作吉祥的象征；而大象则温顺可爱，并在劳动和战争中充当人类的助手，深受人们的喜爱。不仅如此，孔雀和大象还是佛教中的神鸟、神兽，而傣族人民多信小乘佛教。

傣族民间舞蹈中的孔雀舞，影响最广。舞者惟妙惟肖地模仿孔雀的优美动作，或优雅地梳理羽毛，或缓步徜徉于水畔。孔雀舞以前多由男性演员表演，这也许与有着美丽尾翎的孔雀是雄性有关。后孔雀舞改由女性演员表演，以更好地展示孔雀舞轻盈优雅的风格。

傣族民间舞蹈中的象脚鼓舞，则体现了象的意象。象脚鼓是一种外形像大象脚的鼓，音色别致，敲打出的鼓点也很丰富。舞者身挎象脚鼓，将平衡的舞蹈动作和打出的均匀鼓点协调地融合在一起，表现大象般的祥和与稳健。

傣族民间舞蹈体现着水文化。傣族的泼水节是展示水文化的最好时机。与水有关的鱼舞——"嘎巴"，表现鱼儿在水中摆尾划鳍，自由自在的游动，轻盈而活泼。傣族舞蹈家刀美兰表演的舞蹈——"水"，脚步绵延有节奏的屈伸，配以轻柔的身体和手臂动作以及丰富多样的手势动作，恬美动人，将水的特色优美传神地表达出来。

② 芭蕾

芭蕾是 15 世纪在意大利出现的一个新词汇，本意泛指各种舞蹈和舞蹈剧目，现代则专指以女子脚尖技术为特征，轻盈飘逸的舞蹈艺术。芭蕾在文艺复兴时代是一种兼有朗诵、舞蹈、杂耍、音乐的综合舞剧。18 世纪后半叶，芭蕾才上升为一种独立的艺术形式。它注重戏剧结构、哑剧模仿和情感表达的情节。

之后，随着女子脚尖艺术的发明，服装上的改革，芭蕾逐渐有了自己鲜明的特色。俄国《睡美人》《天鹅湖》等芭蕾舞剧的问世，将古典芭蕾推向了极盛时代。

20 世纪最伟大的男芭蕾舞演员之一的尼金斯基开创了现代芭蕾。《牧神的午后》《春之祭》是现代芭蕾的先河。这以后，欧美芭蕾出现了多样化的发展，产生了戏剧芭蕾、交响芭蕾、心理芭蕾、摇滚芭蕾、现代芭蕾、当代芭蕾等新流派。中国也出现了现代芭蕾舞剧《红色娘子军》这样杰出的芭蕾作品。

▲浪漫主义芭蕾——《仙女》

《仙女》是意大利浪漫主义芭蕾的代表人物塔利奥尼父女的代表作。1832 年，玛丽·塔利奥尼在巴黎歌剧院演出她父亲创

新世纪 老年 百科全书

作的芭蕾《仙女》，为塑造仙女飘逸灵动的形象，立起了脚尖，开创了女子脚尖艺术。不仅如此，在《仙女》这部芭蕾舞剧中，完成了从编导、表演、服装、技巧等方面的一系列创新，成为浪漫主义芭蕾的典范。

《仙女》描述了苏格兰青年农民詹姆斯和林中仙女西尔菲达的爱情故事，作品流露出现实与理想不可调和的感伤情调。编导专门针对女子体型、能力特点，设计了"大跳"、"飞行"、"脚尖舞"等优雅的动作和造型；服装设计师为仙女设计了半透明白色薄纱舞裙和背上的小翅膀。

《仙女》等浪漫主义芭蕾杰作强调情感的抒发，诗意化的动作，而脚尖技术的发明，带来了轻盈、飘逸的风格，加上双人舞模式的进一步发展，造就了芭蕾史上最富诗意的时代。

▲古典芭蕾——《天鹅湖》

芭蕾诞生于意大利，发展于法国，传入俄罗斯后达到了最为辉煌的顶峰。《天鹅湖》便是扛鼎之作。

《天鹅湖》的音乐是俄罗斯大音乐家柴可夫斯基的杰作。编导佩季帕、伊凡诺夫在正确理解柴可夫斯基音乐实质的基础上，追求神似，以变幻无穷的各种旋转、跳跃、双臂的挥拍等各种舞姿，用双人舞、群舞、独舞、插舞等多种形式，塑造了被魔法变成天鹅的公主奥杰塔和王子的形象。

《天鹅湖》的第二幕是精品中的精品，常单独演出。在《天鹅湖》第二幕中，王子在湖畔狩猎，发现了变成天鹅的公主，一见钟情，难舍难分，其中的双人舞充满了诗意和激情。

▲纯芭蕾——《小夜曲》

美国芭蕾舞团俄籍编导乔治·巴兰钦创作的芭蕾《小夜曲》，是一部纯芭蕾作品，用作者自己的话来说，"它只是一群舞蹈者随着一曲音乐跳舞罢了"。

纯芭蕾，也称"新古典芭蕾"，纯粹以音乐交响的原则、节奏和舞蹈结构的思维方式来创作，把音乐的形式、状态、节奏和动力扩展到动作之中去，以高度的形式感冲击观众视听器官，把舞蹈本身的形式美推向极致。

《小夜曲》展现的是28名舞者在蓝色背景下飞速旋转，并作优美的造型，表现了舞者对音乐的相应感觉。观众试图在《小夜曲》中寻找故事，但作者对他们说，别枉费心机了，它是一朵玫瑰花，很美，但不告诉你什么故事。

▲交响芭蕾——《斯巴达克斯》

《斯巴达克斯》是当代著名的俄罗斯编导格里戈罗维奇创作的交响芭蕾。交响芭蕾摒弃了以情节为主线的芭蕾表现方式，而以音乐为主线构建芭蕾的表演体系，使作品的思想内涵与乐曲一致，强调诗意的概括性与象征性，并通过乐曲的呈示部、展开部和再现部组成它的戏剧性结构。

《斯巴达克斯》3幕12场9段独白的结构方式，使奴隶起义领袖斯巴达克斯与统治者之间残酷的战争场面充满了心灵的诗意。斯巴达克斯的独舞在音乐语言的伴随下，以自省独白的形式展示了人物内心复杂的活动，有反省自己错杀同伴的，有思念妻子的，有歌唱自由的，有思考死亡意义的，等等。

《斯巴达克斯》在芭蕾中还有一个独特之处，一改以前芭蕾男演员主要担任"举重运动员"和"把杆"角色的状况，让男演员担任第一主角，着力表现男性演员的庄严力量和阳刚之美。

③ 现代舞

现代舞是在"反芭蕾"和灵魂肉体高度结合的旗帜下诞生的，美国舞蹈家伊莎多拉·邓肯首先举起了这面旗帜。她从大自然和古希腊文化中寻求律动的灵感，抛却了紧身胸衣和芭蕾舞鞋，穿上图尼克衫，赤足而舞。

起源于欧美的现代舞，从反芭蕾的自由动作开始，到从情感动机中挖掘动作，再到纯动作的实践，大量参与生活化动作。如此，现代舞成为生活的舞蹈，舞者成为唤醒身体的使者。

现代舞在工业文明时代，成为人们摆脱身体、心灵桎梏的内在需要。它高度地弘扬了个体生命，人们用自己的身体，完成表现的权力、倾诉的愿望，并感受自我存在的价值。在现代舞中，你可以领略新鲜怪异的动作形式的冲动、快感，你可以在动作、视觉环境的关系中发现特殊的意义，你可以打瞌睡、喝倒彩，你也可以产生厌恶，提前退场，但就是不可以无动于衷。

当代舞是现代舞的进一步发展，更加放荡不羁，更加解放。艺术是在创新中发展的，人们尽管一时很难接受，但应以宽容的态度对待它。

4 国际标准交谊舞

▲国际舞

交谊舞发源于 14 世纪的意大利，初为集体舞，后逐渐发展成男女相伴而舞的形式。1904 年，英国成立了"英国皇家舞蹈教师协会"，统一了在欧美流行的交谊舞的舞姿、舞步、方向，公布为国际标准交谊舞，简称国标舞。国际舞分为摩登舞和拉丁舞两大类，摩登舞包括华尔兹、探戈、狐步、快步、维也纳华尔兹等 5 种交谊舞；拉丁舞包括伦巴、桑巴、恰恰、斗牛舞、牛仔舞等 5 种交谊舞。10 种国标舞，风格鲜明，特色各异。

▲华尔兹舞和其他摩登舞

华尔兹舞的出现是交谊舞发展史上具有转折意义的事件。华尔兹舞是对欧洲 17 世纪至 18 世纪流行的"小步舞"的一场革命。"小步舞"徐缓庄严，保持着有节制的欢快和脱离色情的舞姿。而一种在 16 世纪就开始流行于民间，充满激情，但也比较粗犷的华尔兹舞，却与"小步舞"的风格相反，表达了人们追求真实淳朴、投向大自然和原始主义的愿望，突出了人的性格、心灵、表情和情感。这种华尔兹舞经过英国绅士风度的整合，确立了规范，经过几十年同"小步舞"的激烈较量，终于为世界所接受，成为交谊舞的主流。

华尔兹舞的重拍放在第一拍上，因此具有一种挑战和提倡自我中心的内涵。它最能表现人类激情的举动，男女之间近距离的扶抱符合人们的现代审美情趣，是一种高雅温馨的社会交际手段。

摩登舞除华尔兹舞外，还有探戈、狐步、快步、维也纳华尔兹等。华尔兹舞属于对角线舞步结构，多旋转；探戈则是斜行横进；狐步左右脚作交替前进，且步幅较大；快步直进直退，其舞步富于变化，多跳跃。

▲拉丁舞

拉丁舞是在西班牙音乐舞蹈的基础上，吸收了其他外来乐舞，特别是非洲黑人乐舞形成的。拉丁舞包括伦巴、桑巴、恰恰、斗牛舞、牛仔舞等交谊舞。伦巴源于古巴，其音乐是懒洋洋的，配上拉丁美洲特有的打击乐，使伦巴充满了浪漫情调；其舞姿特点为胯部、肩部动作幅度大，臀部动作夸张。巴西人发明了充满活力的桑巴，桑巴舞曲短促，节奏欢快，动作摇摆，手的姿势变化大。恰恰由女子领舞，一反男子占主导的习惯。牛仔舞有各种快速的旋转，腰部自然扭动。

（戴　华）

戏剧曲艺欣赏

1 话剧

话剧是一种外来艺术，它以对话和动作为主要表现手段，欧洲通称为戏剧。20世纪初经日本传入中国，当时称文明戏、新剧，辛亥革命后逐步衰落。"五四"新文化运动推动了中国现代话剧的兴起和发展，当时称为爱美剧、真新剧、白话剧。1928年，由中国现代著名戏剧家洪深建议，定名为话剧。

▲《屈原》

背景材料

话剧《屈原》是郭沫若在 1942 年 1 月写成的五幕历史剧。郭沫若（1892～1978），四川省乐山市人，中国现代著名作家、诗人、历史学家、考古学家、古文字学家、社会活动家。1937 年卢沟桥事变后，抗日战争开始，郭沫若从日本返回祖国，投入并领导文化界抗日宣传工作。郭沫若从 1941 年 12 月至 1943 年 4 月一年半左右的时间里，写了《棠棣之花》《屈原》《虎符》《高渐离》《孔雀胆》《南冠草》等六部历史剧，"借古抒怀以鉴今"，鼓励中华民族反侵略的士气，同时，表达反暴政、反卖国投降，主张团结御侮的主题，《屈原》

是其中的佼佼者。《屈原》以代表爱国路线的屈原与代表卖国路线的南后之间的矛盾斗争为主线，展开戏剧冲突。全剧通过屈原一天的生活和斗争，概括了他的一生，歌颂了他热爱祖国，不畏暴虐，坚持斗争的精神，同时对卖国者进行了有力的鞭挞。

精彩片段

《屈原》第五幕第二场"雷电颂"

〔屈原手足已戴刑具，颈上并系有长链，仍着其白日所着之玄衣，披发，在殿中徘徊。因有脚镣行步甚有限制，时而伫立睥睨，目中含有怒火。手有举动时，必两手同时举出，如无举动时，则拳曲于胸前。〕

屈原（向风和雷电独白）：风！你咆哮吧！咆哮吧！尽力地咆哮吧！在这暗无天日的时候，一切都睡着了，都沉在梦里，都死了的时候，正是应该你咆哮的时候，应该尽力咆哮的时候！

尽管你是怎样的咆哮，你也不能把他们从梦中叫醒，不能把死了的吹活转来，不能吹掉这比铁还沉重的眼前的黑暗，但你至少可以吹走一些灰尘，吹走一些砂石，至少可以吹动一些花草树木。你可以使那洞庭湖，使那长江，使那东海，为你翻波涌浪，和你一同地大声咆哮啊！

啊，我思念那洞庭湖，我思念那长江，我思念那东海，那浩浩荡荡的无边无际的波澜呀！那浩浩荡荡的无边无际的伟大的力呀！那是自由，是跳舞，是音乐，是诗！

啊，这宇宙中的伟大的诗！你们风，你们雷，你们电，你们在这黑暗中咆哮着的，闪耀着的一切的一切，你们都是诗，都是音乐，都是跳舞。你们宇宙中伟大的艺人们呀，尽量发挥你们的力量吧。发泄出无边无际的怒火，把这黑暗的宇宙，阴惨的宇宙，爆炸了吧！爆炸了吧！

雷！你那轰轰隆隆的，是你车轮子滚动的声音！你把我载着拖到洞庭湖的边上去，拖到长江的边上去，拖到东海的边上去呀！我要看那滚滚的波涛，我要听那鞺鞺鞳鞳的咆哮，我要飘流到那没有阴谋、没有污秽、没有自私自利的没有人的小岛上去呀！我要和着你，和着你的声音，和着那茫茫的大海，一同跳进那没有边际的没有限制的自由里去！

啊，电！你这宇宙中最犀利的剑呀！

我的长剑是被人拔去了，但是你，你能拔去我有形的长剑，你不能拔去我无形的长剑呀。电，你这宇宙中的剑，也正是，我心中的剑。你劈吧，劈吧，劈吧！把这比铁还坚固的黑暗，劈开，劈开，劈开！虽然你劈它如同劈水一样，你抽掉了，它又合拢了来，但至少你能使那光明得到暂时间的一瞬的显现，哦，那多么灿烂的，多么炫目的光明呀！

光明呀，我景仰你，我景仰你，我要向你摆手，我要向你稽首。我知道，你的本身就是火，你，你这宇宙中的最伟大者呀，火！你在天边，你在眼前，你在我的四面，我知道你就是宇宙的生命，你就是我的生命，你就是我呀！我这熊熊地燃烧着的生命，我这快要使我全身炸裂的怒火，难道就不能迸射出光明了吗？

炸裂呀，我的身体！炸裂呀，宇宙！让那赤条条的火滚动起来，像这风一样，像那海一样，滚动起来，把一切的有形，一切的污秽，烧毁了吧，烧毁了吧！把这包含着一切罪恶的黑暗烧毁了吧！

把你这东皇太一烧毁了吧！把你这云中君烧毁了吧！你们这些土偶木梗，你们高坐在神位上有什么德能？你们只是产生黑暗的父亲和母亲！

你，你东君，你是什么个东君？别人说你是太阳神，你，你坐在那马上丝毫也不能驰骋。你，你红着一个面孔，你也害羞吗？啊，你，你完全是一片假！你，你这土偶木梗，你这没心肝的，没灵魂的，我要把你烧毁，烧毁，烧毁你的一切，特别要烧毁你那匹马！你假如是有本领，就下来走走吧！

什么个大司命，什么个少司命，你们的天大的本领就只晓得播弄人！什么个湘君，什么个湘夫人，你们的天大的本领也就只晓得痛哭几声！哭，哭有什么用？眼泪，眼泪有什么用？顶多让你们哭出几笼湘妃竹吧！但那湘妃竹不是主人们用来打奴隶的刑具么？你们滚下船来，你们滚下云头来，我都要把你们烧毁！烧毁！烧毁！

哼，还有你这河伯……哦，你河伯！你，你是我最初的一个安慰者！我是看得很清楚的呀！当我被人们押着，押上了一个高坡，武士们要息脚，我也就站立在高坡上，回头望着龙门。我是看得很清楚，很清楚的呀！我看见婵娟被人虐待，我看见你挺身而出，指天画地有所争论。结果，你是被人押进了龙门，婵娟她也被人押进了龙门。

但是我，我没有眼泪。宇宙，宇宙也没有眼泪呀！眼泪有什么用呵？我们只有雷霆，只有闪电，只有风暴，我们没有拖泥带水的雨！这是我的意志，宇宙的意志。鼓动吧，风！咆哮吧，雷！闪耀吧，电！把一切沉睡在黑暗怀里的东西，毁灭，毁灭，毁灭呀！

简评

《屈原》是一出富有强烈浪漫主义色彩的优秀剧作，在屈原身上集中了我国历代爱国者的优秀品德，在他身上爱国者的人格魅力光芒四射。《屈原》全剧高扬着民族不屈的精神，其中《雷电颂》这首出色的散文诗，是这种精神的化身。人，在什么时候都是应该有一点精神的，读罢《屈原》，吟罢《雷电颂》，人们都会热血沸腾，燃起对国家、民族，对生命的爱火。

▲《茶馆》

背景材料

话剧《茶馆》是老舍的代表作。老舍（1899～1966），北京人，满族。我国著名小说家、剧作家。1936年发表的小说《骆驼祥子》，表现了被侮辱与被损害的劳动者的挣扎奋斗，是现代文学的杰出作品。1950年创作话剧《龙须沟》，获北京市人民政府授予的"人民艺术家"称号。《茶馆》写于1957年，公认是建国后杰出的话剧作品之一，是中国话剧的经典之一。

老舍说："茶馆是三教九流会面之处，可以容纳各色人物。一个茶馆就是一个小社会。"他充分利用茶馆这一特殊场景，展现了戊戌维新失败以后、民国初年北洋军阀统治时期以及国民党统治崩溃前夕这三个重要历史时期的社会面貌。全剧时间跨度达五十多年，通过几个主要人物的命运在这半个多世纪的变化，反映了历史的变迁，形象地说明了旧中国日暮途穷，旧的社会制度必为新的社会制度所取代的历史趋势。

精彩片段

《茶馆》第二幕片段"改良"

时间与前几幕相隔十余年，现在是袁世凯死后，帝国主义指使中国军阀进行割据，时时发动内战的时候。初夏，上午。

〔幕启北京城内的大茶馆已先后相继关了门。"裕泰"是硕果仅存的一家了，可是为了避免被淘汰，它已改变了样子与作风。现在，它的前部仍然卖茶，后部却改成了公寓。前部只卖茶和瓜子什么的；"烂肉面"等等已成历史名词。厨房挪到后边去，专包公寓住客的伙食。茶座也大加改良：一律是小桌与藤椅，桌上铺着浅绿桌布。墙上的"醉八仙"大画，连财神龛，均已撤去，代以时装美人——外国香烟公司的广告画。"莫谈国事"的纸条可是保存了下来，而且字写得更大。王利发真像个"圣之时者也"，不但没使"裕泰"灭亡，而且使它有了新的发展。

〔因为修理门面，茶馆停了几天营业，预备明天开张。王淑芬正和李三忙着布置，把桌椅移了又移，摆了又摆，以期尽善尽美。

〔王淑芬梳着时行的圆髻，而李三却还带着小辫儿。

〔二三学生从后而来，与他们打招呼，出去。

王淑芬　（看李三的辫子碍事）：三爷，咱们的茶馆改了良，你的小辫儿也该剪了吧？

李　三：改良！改良！越改越凉，冰凉！

王淑芬：也不能那么说！三爷你看，听说西直门的德泰，北新桥的广泰，鼓楼前的天泰，这些大茶馆全先后脚儿关了门！

只有咱们裕泰还开着，为什么？不是因为栓子的爸爸懂得改良吗？

李　三：哼！皇上没啦，总算大改良吧？可是改来改去，袁世凯还是要做皇上。袁世凯死后，天下大乱，今儿个打炮，明儿个关城，改良？哼！我还留着我的小辫儿，万一把皇上改回来呢！

王淑芬：别顽固啦，三爷！人家给咱们改了民国，咱们还能不随着走吗？你看，咱们这么一收拾，不比以前干净、好看？专招待文明人，不更体面？可是，你要还带着小辫儿，看着多么不顺眼哪！

李　三：太太，你觉得不顺眼，我还不顺心呢！

王淑芬：哟，你不顺心？怎么？

李　三：你还不明白？前面茶馆，后面公寓，全仗着掌柜的跟我两个人，无论怎么说，也忙不过来呀！

王淑芬：前面的事归他，后面的事不是还有我帮助你吗？

李　三：就算有你帮助，打扫二十来间屋子，侍候二十多人的伙食，还要沏茶灌水，买东西送信，问问你自己，受得了受不了！

王淑芬：三爷，你说得对！可是呀，这兵荒马乱的年月，能有个事儿做也就得念佛！咱们都得忍着点！

李　三：我不干了！天天睡四五个钟头的觉，谁也不是铁打的！

王淑芬：唉！三爷，这年月谁也舒服不了！你等着，大栓子暑假就高小毕业，二栓子也快长起来，他们一有用处，咱们可就消闲点啦。从老王掌柜在世的时候，你就帮助我们，老朋友，老伙计啦！

〔王利发老气横秋地从后面进来。

李　三：老伙计？二十多年了，他们可给我长过工钱？什么都改良，为什么工钱不跟着改良呢？

王利发：哟！你这是什么话呀？咱们的买卖要是越做越好，我能不给你长工钱吗？得了，咱们明天开张，取个吉利，先别吵嘴，就这么办吧！A11 right？

李　三：就这么办啦？不改我的良，我干不下去啦！

〔后面叫："李三！李三！"

王利发：崔先生叫，你快去！

咱们的事，有工夫再细研究！

李　三：哼！

……

简评

《茶馆》没有中心的故事线索；全剧三幕，也没有情节联系。把全剧紧密联系起来的是人物的命运。老舍自己说，是用他认识的茶馆里的小人物"生活上的变迁反映社会的变迁"，"写法是以人物带动故事"，"多少有点新的尝试"。全剧结构严密，人物、语言、细节描写逼真生动。老舍的作品大都取材于市民生活，他笔下所描写的城镇风光、世态人情、习俗时尚，无一不呈现出浓郁的"京味"。《茶馆》也一样，京味十分浓郁，让观众能在市井风情中领略不朽的戏剧魅力。《茶馆》是独具民族艺术风格的佳作，是老舍创作高峰的标志，在西欧一些国家演出时，被誉为"东方舞台上的奇迹"。

▲《雷雨》

背景材料

《雷雨》是我国现当代剧作家曹禺的代表作之一。曹禺（1910～1996）原名万家宝，生于天津，著名剧作家。《雷雨》是他在清华大学读书时创作的第一部多幕话剧，1934年一发表便在上海引起轰动，成为中国话剧史上一部划时代的作品。它以周公馆的主人周朴园和他的妻子繁漪、始乱终弃的情人鲁侍萍之间的矛盾为主线，在广阔的背景上展开了周家内部和周、鲁两家错综复杂的血缘关系和矛盾纠葛，深刻地揭露了20世纪二三十年代上层社会家庭的黑暗内幕，通过描述旧家庭的黑暗与罪恶，揭示了腐朽的社会制度必然崩溃的历史规律。

《雷雨》出色地刻画了一系列典型人物的形象。周朴园是某煤矿公司的董事长，早年曾在德国留学，是上流社会中很体面的人物。但他专横而伪善。他不允许任何人违抗他的意志，处处用封建伦理来维护自己的地位，甚至不让年轻的妻子有半点自由。他玩弄了女仆鲁侍萍，又把她抛弃，在家里伪装想念她，而当鲁侍萍重新出现时，又千方百计将她打发走，怕影响他的名誉和社会地位。作者这就明确地指出，罪恶的制造者正是旧社会上层代表人物。周朴园的年轻妻子繁漪则是一个反抗性很强的人物，她在周朴园的高压下敢于乱伦，同周朴园的儿子周萍私通，发现周萍变心后又千方百计报复。此外，鲁侍萍的善良、温柔，鲁侍萍的女儿四凤的热情和纯洁，都刻画得入木三分。

精彩片段

《雷雨》第四幕片段

繁　漪：(惊愕地)侍萍？什么，她是侍萍？

周朴园：嗯。(烦厌地)繁漪，你不必再故意地问我，她就是萍儿的母亲，三十年前死了的。

繁　漪：天哪！

[半晌。四凤苦闷地叫了一声，看着她的母亲，鲁妈痛苦地低着头。周萍脑筋昏乱，迷惑地望着父亲同鲁妈。这时繁漪渐渐移到周冲身边，现在她突然发现一个更悲惨的命运，逐渐地使她同情周萍，她觉出自己方才的疯狂，这使她很快地恢复原来平常母亲的情感。她不自主地望着自己的冲儿。

周朴园：(沉痛地)萍儿，你过来。你的生母并没有死，她还在世上。

周　萍：(半狂地)不是她！爸，您告诉我，不是她！

周朴园：(严厉地)混账！萍儿，不许胡说。她没有什么好身世，也是你的母亲。

周　萍：(痛苦万分)哦，爸！

周朴园：(尊严地)不要以为你跟四凤同母，觉得脸上不好看，你就忘了人伦天性。

四　凤：(向母)哦，妈！(痛苦地)

周朴园：(沉重地)萍儿，你原谅我。我一生就做错了这一件事。我万没有想到她今天还在，今天找到这儿。我想这只能说是天命。(向鲁妈叹口气)我老了，刚才我叫你走，我很后悔，我预备寄给你两万块钱。现在你既然来了，我想萍儿是个孝顺孩子，他会好好地侍奉你。我对不起你的地方，他会补上的。

周　萍：(向鲁妈)您——您是我的——

鲁侍萍：(不自主地)萍——(回头抽咽)

周朴园：跪下，萍儿！不要以为自己是在做梦，这是你的生母。

四　凤：(昏乱地)妈，这不会是真的。

鲁侍萍：(不语，抽咽)

繁　漪：(转向周萍，悔恨地)周萍，我，我万想不到是——是这样，周萍——

周　萍：(怪笑，向周朴园)父亲！(怪笑，向鲁妈)母亲！(看四凤，指她)你——

四　凤：(与周萍相视怪笑，忽然忍不住)啊，天！(由中门跑下，周萍扑在沙发上，鲁妈死气沉沉地立着。)

繁　漪：(急喊)四凤！四凤！(转向周冲)冲儿，她的样子不大对，你赶快出去看她。

[周冲由中门下，喊四凤。

周朴园：(至周萍前)萍儿，这是怎么回事？

周　萍：(突然)爸，你不该生我！(跑，由饭厅下)

[远处听见四凤的惨叫声，周冲狂呼四凤，过后周冲也发出惨叫。

鲁侍萍：四凤，你怎么啦！

(同时叫)

繁　漪：我的孩子，我的冲儿！

[二人同由中门跑出。

周朴园：(急走至窗前拉开窗幕，颤声)怎么？怎么？

[仆由中门跑上。

仆：(喘)老爷！

周朴园：快说，怎么啦？

仆：(急不成声)四凤……死了……

周朴园：(急)二少爷呢？

仆：也……也死了。

周朴园：(颤声)不，不，怎……么？

仆：四凤碰着那条走电的电线。二少爷不知道，赶紧拉了一把，两个人一块儿中电死了。

周朴园：　　　(几晕)这不会。这，

这，——这不能够，这不能够！

[周朴园与仆人跑下。

[周萍由饭厅出，颜色苍白，但是神气沉静的。他走到那张放着鲁大海的手枪的桌前，抽开抽屉，取出手枪，手微颤，慢慢走进右边书房。

[外面人声嘈乱，哭声，吵声，混成一片。鲁妈由中门上，脸更呆滞，如石膏人像。老仆人跟在后面，拿着电筒。

[鲁妈一声不响地立在台中。

老　仆：（安慰地）老太太，您别发呆！这不成，您得哭，您得好好哭一场。

鲁侍萍：（无神地）我哭不出来！

老　仆：这是天意，没有法子。——可是您自己得哭。

鲁侍萍：不，我想静一静。（呆立）

[中门大开，许多仆人围着繁漪，繁漪不知是在哭在笑。

仆：（在外面）进去吧，太太，别看哪。

繁　漪：（为人拥至中门，倚门怪笑）冲儿，你这么张着嘴？你的样子怎么直对我笑？——冲儿，你这个糊涂孩子。

周朴园：（走到中门，眼泪在面上）繁漪，进来！我的手发木，你也别看了。

老　仆：太太，进来吧。人已经叫电火烧焦了，没有法子办了。

繁　漪：（进来，干哭）冲儿，我的好孩子。刚才还是好好的，你怎么会死，你怎么会死得这样惨？（呆立）

周朴园：（已进来）你要静一静。（擦眼泪）

繁　漪：（狂笑）冲儿，你该死，该死！你有了这样的母亲，你该死。

[外面仆人与鲁大海打架声。

周朴园：这是谁？谁在这时候打架。

[老仆下问，立时令一仆人上。

周朴园：外面是怎么回事？

仆：今天早上那个鲁大海，他这时又来了，跟我们打架。

周朴园：叫他进来！

仆：老爷，他连踢带打地伤了我们好几个，他已经从小门跑了。

周朴园：跑了？

仆：是，老爷。

周朴园：（略顿，忽然）追他去，跟我追他去。

仆：是，老爷。

[仆人一齐下。屋中只有周朴园，鲁妈，繁漪三人。

周朴园：（哀伤地）我丢了一个儿子，不能再丢第二个了。（三人都坐下来）

鲁侍萍：都去吧！让她去了也好，我知道这孩子。她恨你，我知道她不会回来见你的。

周朴园：（寂静，自己觉得奇怪）年轻的反而走到我们前头了，现在就剩下我们这些老——（忽然）萍儿呢？大少爷呢？萍儿，萍儿！（无人应）来人呀！来人！（无人应）你们跟我找呀，我的大儿子呢？

[书房枪声，屋内死一般的静默。

繁　漪：（忽然）啊！（跑下书房，周朴园呆立不动，立时繁漪狂喊跑出）他……他……

周朴园：他……他……

[周朴园与繁漪一同跑下，进书房。

[鲁妈立起，向书房颤颤了两步，至台中，渐向下倒，跪在地上，倒下。

[舞台渐暗，奏序幕之音乐，若在远处奏起，至完全黑暗时最响，幕落。

简评

《雷雨》的结构严谨精巧，对话简洁含蓄，动作性强，故事情节曲折，矛盾冲突紧张激烈，常使人惊心动魄。最后，四凤和周朴园的小儿子周冲触电身亡，周朴园的大儿子周萍开枪自杀，繁漪因绝望而发疯。这震撼人心的结局，揭示了旧的家庭及其所反映的旧的社会制度的罪恶和必然灭亡的命运。

曹禺的重要作品，还有《日出》《原野》《胆剑篇》等，都受到广大观众欢迎。

② 昆剧

昆剧也叫“昆曲”、“昆腔”，是中国古老的民族剧种。早在元末，顾坚等人整理加工流行于昆山（今属江苏）一带的民间曲调，明代嘉靖年间，又吸收海盐腔、弋阳腔的音乐，经改革提高后形成昆剧，流传开来。昆剧曲调清幽高逸，舒徐委婉，动作文秀潇洒，优美大方，唱词典雅，舞蹈性强，常演唱古代戏曲传奇，形成了特有的风格。昆剧对京剧和不少地方戏曲的形成都有很大的影响。2000年，联合国教科文组织设立了《人类口传和非物质文化遗产代表作名录》，2001年公布了19项世界非物质文化遗产，其中亚洲四项，我国的昆曲入选。

▲《游园惊梦》

背景材料

《游园惊梦》是昆剧传统代表剧目之一，它是《牡丹亭》中的一出，常单独演出，也是昆剧大师俞振飞的代表剧目。俞振飞（1902～1993），昆剧、京剧著名表演艺术家、教育家，出生于苏州。其父是著名昆剧宗师，人称"江南曲圣"。俞振飞幼从父习曲，后师从多位名家。1934年即与京剧大师梅兰芳合作演出了《惊梦》《断桥》等昆剧。新中国成立后，曾先后担任上海昆剧团团长、上海京剧院院长，被文化部聘为振兴京剧指导委员会主任。1991年，在上海举行了俞振飞90寿辰祝贺活动，江泽民赠送了"艺术精湛"的题词。他的代表剧目还有《太白醉写》《琴挑》《闻铃》等。在长期艺术实践中，俞振飞形成了自己特有的儒雅秀逸、富有书卷气的艺术风格。

精彩片段

惊梦

[绕池游]（杜丽娘上）

杜丽娘：梦回莺啭，乱煞年光遍。人立小庭深院。

春　香：炷尽沉烟，抛残绣线，恁今春关情似去年？

[乌夜啼]

杜丽娘：晓来望断梅关，宿妆残。

春　香：你侧着宜春髻子恰凭栏。

杜丽娘：剪不断，理还乱，闷无端。

春　香：已吩咐催花莺燕，借春看。

杜丽娘：春香，可曾叫人扫除花径？

春　香：吩咐了。

杜丽娘：取镜台衣服来。

（春香取镜台衣服上）

春　香：云髻罢梳还对镜，罗衣欲换更添香。镜台衣服在此。

[步步娇]

杜丽娘：袅晴丝吹来闲庭院，摇漾春如线。停半晌、整花钿。没揣菱花，偷人半面，迤逗的彩云偏。（行介）步香闺怎便把全身现！

春　香：今日穿插的好。

[醉扶归]

杜丽娘：你道翠生生出落的裙衫儿茜，艳晶晶花簪八宝填，可知我常一生儿爱好是天然。恰三春好处无人见。不提防沉鱼落雁鸟惊喧，则怕的羞花闭月花愁颤。

春　香：早茶时了，请行。（行介）你看：画廊金粉半零星，池馆苍苔一片青。踏草怕泥新绣袜，惜花疼煞小金铃。

杜丽娘：不到园林，怎知春色如许！

[皂罗袍]

原来姹紫嫣红开遍，似这般都付与断井颓垣。良辰美景奈何天，赏心乐事谁家院！怎般景致，我老爷和奶奶再不提起。

（合）朝飞暮卷，云霞翠轩；雨丝风片，烟波画船——锦屏人忒看的这韶光贱！

春　香：是花都放了，那牡丹还早。

[好姐姐]

杜丽娘：遍青山啼红了杜鹃，荼蘼外烟丝醉软。春香呵，牡丹虽好，他春归怎占的先！

春　香：成对儿莺燕呵。

（合）闲凝眄，生生燕语明如翦，呖呖莺歌溜的圆。

杜丽娘：去罢。

春　香：这园子委是观之不足也。

杜丽娘：提他怎的！（行介唱）[隔尾]观之不足由他缱，便赏遍了十二亭台是枉然。倒不如兴尽回家闲过遣。

春　香：开我西阁门，展我东阁床。瓶插映山紫，炉添沉水香。小姐，你歇息

片时，俺瞧老夫人去也。（下）

杜丽娘：（叹介）默地游春转，小试宜春面。春呵，得和你两流连，春去如何遣？咳，恁般天气，好困人也。春香哪里？（作左右瞧介，又低首沉吟介）天呵，春色恼人，信有之乎！常观诗词乐府，古之女子，因春感情，遇秋成恨，诚不谬矣。吾今年已二八，未逢折桂之夫；忽慕春情，怎得蟾宫之客？昔日韩夫人得遇于郎，张生偶逢崔氏，曾有《题红记》《崔徽传》二书。此佳人才子，前以密约偷期，后皆得成秦晋。（长叹介）吾生于宦族，长在名门。年已及笄，不得早成佳配，诚为虚度青春，光阴如过隙耳。（泪介）可惜妾身颜色如花，岂料命如一叶乎！（唱）

〔山坡羊〕没乱里春情难遣，蓦地里怀人幽怨。则为俺生小婵娟，拣名门一例、一例里神仙眷。甚良缘，把青春抛的远！俺的睡情谁见？则索因循腼腆。想幽梦谁边，和春光暗流转？迁延，这衷怀那处言！淹煎，泼残生，除问天！

身子困乏了，且自隐几而眠。（睡介）

（梦生介）（生持柳枝上）

柳梦梅：莺逢日暖歌声滑，人遇风情笑口开。一径落花随水入，今朝阮肇到天台。小生顺路儿跟着杜小姐回来，怎生不见？（回看介）呀，小姐，小姐，小生那一处不寻访小姐来，却在这里！恰好花园内，折取垂柳半枝。姐姐，你既淹通书史，可作诗以赏此柳枝乎？

（杜丽娘惊喜，欲言又止介）（背想）这生素昧平生，何因到此？

柳梦梅：（笑介）小姐，咱爱煞你哩！

〔山桃红〕则为你如花美眷，似水流年，是答儿闲寻遍。在幽闺自怜。小姐，和你那答儿讲话去。

（杜丽娘作含笑不行）（柳梦梅作牵衣介）

杜丽娘：（低问）那边去？

柳梦梅：转过这芍药栏前，紧靠着湖山石边。

杜丽娘：（低问）秀才，去怎的？

柳梦梅：（低答）和你把领扣松，衣带宽，袖梢儿揾着牙儿苫也，则待你忍耐温存一晌眠。

（杜丽娘作羞）（柳梦梅前抱）（杜丽娘推介）

合：是那处曾相见，相看俨然，早难道这好处相逢无一言？

（柳梦梅强抱杜丽娘下）

……

（柳梦梅、杜丽娘携手上）

〔山桃红〕柳梦梅：这一霎天留人便，草藉花眠。小姐可好？（杜丽娘低头介）

柳梦梅：则把云鬟点，红松翠偏。小姐休忘了呵，见了你紧相偎，慢厮连，恨不得肉儿般团成片也，逗的个日下胭脂雨上鲜。

杜丽娘：秀才，你可去呵？

合：是那处曾相见，相看俨然，早难道这好处相逢无一言？

柳梦梅：姐姐，你身子乏了，将息，将息。（送杜丽娘依前作睡介）（轻拍杜丽娘介）姐姐，俺去了。（作回顾介）姐姐，你可十分将息，我再来瞧你那。行来春色三分雨，睡去巫山一片云。（下）

简评

杜知府小姐丽娘，游园小憩，梦见秀才柳梦梅，两人一见钟情，梦中幽会，充满了生活情趣和对人生的热爱。剧本是明朝剧作家汤显祖原著，语言隽永清丽，加上演员绘声绘色的演唱，展现花园春色，杜丽娘春情，贴切传神。全剧充满诗情画意，令人陶醉，使人得到高雅的艺术享受。

3 京剧

京剧是我国流传最广、影响最大的戏曲剧种。京剧历史悠久。在清乾隆年间，有徽剧的四大戏班在北京演出。嘉庆、道

光年间，徽班与汉调艺人合作，相互影响，又接受昆曲、秦腔的部分曲调和表演方法，并吸收民间曲调，长期融合、演变，发展而成京剧。京剧是最能代表我国优秀戏曲文化的剧种，在国内有众多爱好者，在国际上也有很大影响，被誉为中国的"国粹"。

▲《西施》

背景材料

京剧《西施》是一代大师梅兰芳的拿手好戏之一。梅兰芳（1894～1961），原籍江苏泰州，生于北京。他出身于京剧世家，在长期的舞台实践中，对京剧旦角的唱腔、念白、舞蹈、音乐、服装、化妆各方面均有所创造发展，形成了独特的艺术风格，世称"梅派"，并被推为"四大名旦"（梅兰芳、程砚秋、尚小云、荀慧生）之首。梅兰芳曾先后赴日、美、苏进行文化交流演出。抗日战争时期，居留上海、香港，在日伪统治下，蓄须明志，拒绝演出，表现了崇高的民族气节。他的代表作还有《贵妃醉酒》《霸王别姬》《宇宙锋》等。

《西施》表现了越女西施为国家复兴的牺牲精神及越大臣范蠡功成身退伴美人隐居江湖的英雄情怀，唱尽了人间的风流与潇洒。

精彩片段

《西施》唱词摘录

第一场　浣纱

西　施：〔西皮慢板〕

西施女生长在苎萝村里，难得有开怀事常锁双眉。只为着守清寒柴门近水，每日里浣纱去又傍清溪。怕只怕损玉颜青春易去，对清波时照影白整罗衣。

范　蠡：〔西皮倒板〕

提起当年泪难忍，〔原板〕待下官与娘行细说分明。我越国与吴邦旧有仇恨，为争战失了寨空有我军。我有心替主爷报仇雪恨，空有这救国志怎奈无人！

第二场　捧心

西　施：〔二黄慢板〕

坐春闺只觉得光阴似箭，无限的闲愁恨尽上眉尖。奴这里心中痛玉颜清减，夜不眠朝慵起又向谁言？

第五场　响廊

西　施：〔二黄倒板〕

水殿风来秋气紧，（回龙）月照宫门第几层？〔慢板〕十二栏杆俱凭尽，独步虚廊

夜沉沉。红颜空有亡国恨，何年再会眼中人？

西　施：〔南梆子〕

想当年苎萝村春风吹遍，每日里浣纱去何等清闲。偶遇那范大夫溪边相见，劝我家国事以报仇为先。因此上到吴宫承欢侍宴，并非是图宠爱列屋争妍。思想起我家乡何时回转？不由人心内痛珠泪涟涟。

西　施：〔西皮散板〕

远望着长空中参横斗转，我只得到后殿且去安眠。

第六场　登城

西　施：〔西皮倒板〕忽听城外人声惨，那吴王领三军伐齐未还，因此上越国兵就反，〔快板〕刹那间好似地覆天翻。无遮拦。耳听得四野中三军呐喊，〔摇板〕连天的烽火胆战心寒。败残兵怎敌得雄师百万？吴国土改作了越国的江山。

内侍臣掌红灯城楼观看，叫越兵切莫把百姓伤残。从今后卸甲青干戈手挽，才是我红粉女得报仇还。

第九场　泛湖

范　蠡：〔西皮倒板〕

整顿山河心事了，

西　施：〔西皮原板〕

五湖烟水任逍遥。

浮云……

范　蠡：浮云富贵谁能保？

功成……

西　　施：功成身隐是英豪。远望……

范　　蠡：远望群山颜色好，桃花……

西　　施：桃花千树逞新娇。云水……

范　　蠡：云水光中来放棹，

西　　施：一行白鹭上春潮。

西　　施：〔二六〕

提起了吴宫心惆怅，犹如一梦熟黄粱。朝朝暮暮在姑苏台上，馆娃宫西畔又建响廊。三千粉黛人人怅惘，一身宠爱迷惑吴王。佯欢假媚多勉强，柔肠百转度流光。功成喜见贤君相，〔摇板〕这才是天从人愿配才郎。

范　　蠡：辞罢官来心欢畅，果然要称世无双。猛抬头又只见江山似锦，

西　　施：博得个浣纱女万古留名。

简评

梅兰芳扮西施，台风潇洒，扮相优美，嗓音圆润，唱腔流畅大方。特别是结尾，西施伴范蠡功成身退，一唱一和，唱尽人间风流和潇洒。

▲《借东风》

背景材料

这是京剧大师马连良的拿手唱段之一。马连良（1901～1966），北京人，回族，是20世纪30年代以来京剧的著名须生之一。其做派潇洒飘逸，念白韵味醇厚，唱腔甜润酣畅，对京剧生角技艺作了较大改革。他喜演三国戏，所演《借东风》已被摄制成影片。代表剧目还有《群英会》《甘露寺》《四进士》等。

精彩片段

《借东风》唱词摘录

诸葛亮唱：〔二黄导板〕

学天文习兵法犹如反掌，设坛台祭东风相助周郎；〔二黄原板〕曹孟德占天时兵多将广，领人马下江南兵扎在长江。孙仲谋无决策难以抵挡，东吴的臣武将要战文官要降；鲁子敬到江夏把虚实探望，搬请我诸葛亮过长江同心破曹共作商量。那庞士元献连环俱已停当，数九天少东风急坏了周郎；我料定了甲子日东风必降，南屏山设坛台足踏魁罡。我这里持法剑把七星台上。

……

诸葛亮上坛台观瞻四方。望长江北锁战船连环排上，叹只叹东风起火烧战船，曹营的兵将无处躲藏。这也是时机到难逃罗网，我诸葛假意儿祝告上苍；〔二黄散

板〕耳听得风声起从东而降，趁此时返夏口再作主张。

简评

马连良饰诸葛亮演唱的《借东风》，是典型的"马派"唱法，自然、轻松、流利、潇洒。

▲《卖水》

背景材料

《卖水》是京剧名演员刘长瑜的拿手唱段之一，这一小段名"行行走，走行行"，是《卖水》中的人物梅英表花名时所唱，共有64句。一段唱长达几十句，京剧很少有这种情况。这出戏的唱腔设计者中国戏曲学校副校长史若虚和琴师黄金陆，作了大胆的突破，使得唱腔既符合小丫环梅英的年龄、性格，又有京剧的韵味和特色，既保持了（蒲剧）原作载歌载舞的特长，又能把歌与舞、唱与做，巧妙自然地结合起来。

精彩片段

《卖水》："行行走，走行行"

行行走，走行行，信步儿来在凤凰亭。这一年四季十二月，听我表表十月花名。

正月里无有花儿采，唯有这迎春花儿开。我有心采上一朵头上戴，猛想起水仙花开似雪白。

二月里龙抬头，三姐梳妆上彩楼。王孙公子千千万，打中了平贵是红绣球。

三月里是清明，人面桃花相映红。人面不知何处去，桃花依旧笑春风。

四月里麦梢儿黄，刺玫开花长在路旁，木香开花凉亭上，蔷薇开花朵朵香。

五月五正端阳，石榴花开红满堂，小姐若把郎君盼，相公你快快到兰房。

六月里是伏天，主仆池边赏白莲，身处泥中质洁净，亭亭玉立在水间。

七月里七月七，牛郎织女会佳期，喜鹊搭桥银河上，朝阳展翅比高低。

八月里是中秋，桂花飘香阵悠悠，嫦娥不愿寒宫守，下凡人间幸福求。

九月里九重阳，小姐登高假山上，枝黄叶落西风紧，五色傲菊抗严霜。

十月里是寒天，孟姜女送衣到长城边，千里寻夫泪满面，冬青花开野花儿鲜。

十一腊月没有花开，唯有这松柏实可摘，陈杏元和番边关外，雪里冻出腊梅花儿开。

清早起来什么镜子照？梳一个油头什

么花儿香？脸上擦的是什么花儿粉？口点的胭脂是什么花儿红？

清早起来菱花镜子照，梳一个油头桂花香，脸上擦的是桃花粉，口点的胭脂是杏花红。

什么花儿姐？什么花儿郎？什么花儿的帐子？什么花儿的床？什么花儿的枕头床上放？什么花儿的褥子铺满床。

红花姐，绿花郎，干枝梅的帐子，象牙花的床，鸳鸯花的枕头床上放，木樨花的褥子铺满床。

简评

这段唱可以分为三个段落。从开始的"行行走，走行行，信步儿来到凤凰亭"起，到四月里"木香开花凉亭上，蔷薇开花朵朵香"是第一段，旋律柔和委婉。"三月里"后面，用上了"哝哪咿呀呼哪哝呀呼哪呼嘿"。这种南梆子中加衬字的传统唱法用在这里显得特别合适，接下去的"是"字的小腔，刘长瑜唱得很有味儿，"清明"两个字又唱得风趣活泼。这些地方都既不脱离传统，又很有新意。

从"五月五正端阳，石榴花开红满堂"到"十一腊月"，是第二段，唱腔转入垛板而后又转入流水板，叙述性很强，不用长腔。刘长瑜充分运用了刚柔、强弱、急缓对比的演唱技巧，收放自如，唱得很流利、很顺畅。这一小段，每句的张嘴处都安排得很有特色，有舔板的，有顶板的，顶板起唱时，有的是平摆着顶板起唱，有的则用切分，有的起唱时扬上去，有的又低下来。精心设计，无一雷同。

从"清早起来什么镜子照"到"木樨花的褥子铺满床"是第三小段，可以看做是旋律性的数板。有问有答，问是用唱，答是用念，再加上弹拨乐的伴奏衬托，形式很活泼，和人物的身份、性格也很协调。这一段的唱腔设计，为演员的表演留下了广阔的余地，而刘长瑜又以精湛的身段和表演对唱腔做了必要的补充，为唱腔增添了色彩。

④ 越剧

越剧是流行于上海、浙江、江苏、江西、安徽等地的戏曲剧种，清道光年间以浙江嵊县一带的民间曲艺为基础发展而成，后受京剧、昆剧等剧种的影响，表演、音乐更为完善。越剧曾全由女演员演出，新中国成立后，恢复了男女合演。越剧唱腔大都细腻柔婉，长于抒情。因此，在各剧种中，改编抒情场面很多的世界名著《红楼梦》为戏曲者，以越剧最为成功。

▲《红楼梦》

背景材料

越剧《红楼梦》，全剧有"黛玉进府"、"识金锁"、"读西厢"、"不肖种种"、"答宝玉"、"闭门羹"、"葬花"、"试玉"、"凤姐献策"、"傻丫头泄密"、"黛玉焚稿"、"金玉良缘"、"哭灵"、"出走"等13场戏，600多句唱词。

《红楼梦》

除《红楼梦》外，越剧的《梁山伯与祝英台》《祥林嫂》等剧目，也颇受观众喜爱。

精彩片段

"葬花"唱词摘录

黛玉：听何处，哀怨笛，风送声声。人说道，大观园，四季如春；我眼中，却只是，一座愁城。风过处落红成阵，牡丹谢，芍药怕，海棠惊；杨柳带愁，桃花含恨。

黛玉：（边葬花边唱）我只为惜惺惺，怜同命。且收拾起桃李魂，自筑香坟葬落英。花落花飞飞满天，红消香断有谁怜？

简评

越剧《红楼梦》唱词优美而性格化。如《葬花》一场，黛玉在"谁知园中另有人，偷洒珠泪葬落花"的合唱声中出场，然后，黛玉唱出"绕绿堤，拂柳丝，穿过花径"，她想用烂漫的春色来摆脱烦恼的心情。突然，黛玉听到园中传出一阵轻松愉快的笛声，这笛声，却引来黛玉幽怨的唱词。随后，黛玉托起片片花瓣，一面唱，一面葬花，多么令人感动的情景！

新世纪
老年
百科全书

5 黄梅戏

黄梅戏是流行于安徽、江西、湖北部分地区的戏曲剧种。唱腔分花腔、彩腔、正腔三类，特色是歌舞并重。

▲《夫妻观灯》

背景材料

《夫妻观灯》是黄梅戏中花腔小戏代表作之一。花腔常用于表现生活、爱情的小戏和部分大戏中的插曲。

新中国成立后，黄梅戏整理出了《天仙配》《女驸马》等新节目，受到全国各地观众的热爱。

精彩片段

《夫妻观灯》唱词摘录

王　妻：

【开门调】

正哪十啊五闹哇元宵，

呀呀子哟，

火炮哇连天门前绕，

王　妻、王小六合：

喂却喂却衣喂却，

喂却冤哪家舍呀嗬嗨。

王　妻：郎呀！锣鼓儿闹嘈嘈哇。

王　妻：花开花谢什么花儿黄？

王小六：兰花儿黄，

王　妻：什么花儿香？

王小六：百花香。

王　妻：兰花兰香百花百香，

相思调儿调思相，

自打自唱自帮腔，

咦嗬郎当呀嗬郎当，

瓜子梅花响叮当，

王小六、王妻合：

喂却喂却衣喂却，

喂却冤哪家舍呀嗬嗨，

王　妻：郎呀！九月里菊花黄哪。

【花六槌】

王　妻：环环子扭，

王小六：开门喽，

王　妻：扭扭子环，

王小六：开门栓。

王　妻：用手开开门两扇，嗻！只见当家的转哪转回还哪。

王　妻：这班观灯过了身，那厢又来一班灯。

【花四槌】

王　妻：二家有喜，

王小六：三盏灯。

王　妻：三元及第哪，

王小六：灯四盏。

王　妻：四季如意，

王小六：五盏灯。

王　妻：五子登科，

王小六：灯哪六盏。

王　妻：六六大顺，

王小六：七盏灯。

王　妻：七子团圆，

王小六：灯哪八盏。

王　妻：八仙过海，

王小六：九盏灯。

王　妻：九龙盘柱灯十盏。

王小六、王妻合：

十全十美满堂红。

简评

《夫妻观灯》旋律活泼、生动而欢乐，有黄梅戏花腔曲调色彩浓、个性强的特点，颇似今日的小歌剧、音乐剧。

6 川剧

川剧是流行于四川、重庆以及云南、贵州部分地区的戏曲剧种。有昆腔、高腔、胡琴、弹戏、灯戏等唱腔。川剧表演细腻、幽默，剧目丰富。

▲《秋江》

背景材料

川剧《秋江》是从昆曲《玉簪记》"追别"一场发展而来，写的是南宋年间尼姑陈妙常和书生潘必正的爱情故事。潘必正被迫赴临安应考，陈妙常急忙搭乘渔舟追赶，于是在秋江的渔舟之上，陈妙常与艄翁两人演出了一场喜剧。《秋江》全剧以念白为主，诙谐生动，妙趣横生，深受观众喜爱。

新中国成立后，川剧整理演出了《柳荫记》等新剧目，也很受欢迎。

精彩片段

《秋江》摘录

艄　翁：姑姑，你这银子都给虫打了很多眼眼。

陈妙常：十足纹银都是蜂窝底。

艄　翁：我退你六钱。

陈妙常：好银子啊，为啥不要？

艄　翁：我只收三钱。

陈妙常：刚才你为啥要九钱？

艄　翁：噫，刚才你不是说有钱吗？

陈妙常：哎呀，公公，你看耽搁我好

久哦！

艄　翁：没来头，赶得上！

陈妙常：你到哪里去？

艄　翁：我回去吃饭。

陈妙常：有好远哦？

艄　翁：没好远，打雷都听得到，只有四十里路。

陈妙常：要不得！要不得！

艄　翁：难道我饿着肚皮来推你？

陈妙常：你要吃多少？

艄　翁：嗨，我一顿就吃得多喃。

陈妙常：好多？

艄　翁：要吃五两四钱三！

陈妙常：哪里吃得那么多！

艄　翁：不要把你吓坏嘞，我是要吃五两烧酒，四个钱的清油煎三个钱的豆腐。

陈妙常：这一点算我的。

艄　翁：哦，你好大方，算你的我也不吃。我给你作玩的，我吃过饭嘞，我送你到临安，只收银三钱，不吃你的酒与饭，说到就开船。姑姑坐稳当，开船喽！

简评

川剧《秋江》中的这两个片段，是写陈妙常欲乘船急追潘必正，艄翁是个诙谐可爱的老人，见妙常心急，故意制造了一些障碍，开了些玩笑，造就了这段艄翁与妙常间妙趣横生的小戏。剧本结构紧凑，唱词、对白优美、风趣，富于性格化。妙常心急如焚，不惜一切代价去追赶潘郎，艄翁故作阻碍，实为成全，曲折辗转，构成了极为赏心悦目、轻松愉快的氛围。人物的身段、动作，表现了小舟在江上行驶的情景，惟妙惟肖，极富美感。

⑦ 评剧

评剧是在河北滦县一带的"对口莲花落"的基础上，于清末吸收京剧、河北梆子、皮影、大鼓等的音乐及表演艺术而形成的剧种，后流行于河北、天津、北京及东北地区，并传播至全国。

▲《茶瓶计》

背景材料

《茶瓶计》讲述了聪明伶俐的小丫环春红和小姐龚秀英的故事，是评剧的传统剧目代表作之一。

评剧擅长表现现代生活。新中国成立后，编演的《刘巧儿》《小女婿》等剧目，有较大的影响。

精彩片段

《茶瓶计》"闻喜"一折摘录

春红：来了丫环小春红，欢天喜地我把楼上，上楼来见小姐又看茶瓶。

（白）小姐，别看了，他来了。

秀英：他是谁呀？

春红：小姐，接吧，喜到了！

秀英：啊，我喜从何来呢？

春红：嗯，你今天也想我们单姑老爷，明天也盼我们单姑老爷，我们单姑老爷他呀……

秀英：他来了？

春红：嗯，连点信儿也没有哪！

秀英：该死的丫头，死猴丫头真把我气坏，要笑姑娘理不该。

春红：急忙认错飘飘下拜，

小姐，何必生气呢？

你到底把我们单姑老爷盼了来。

秀英：我才不信哪！

春红：是真的。今天府门外悬灯结彩，锣鼓喧天就吹打起来，我们老爷他迎出了府门外，把这位贵公子让到书斋呀。

秀英：你看见了吗？

春红：小姐，去花园我给小姐把花采，在前庭遇见了马金才，他言说花厅摆酒把姑老爷款待，因此让我给小姐报喜来。

秀英：听春红讲一遍喜在心怀，羞羞答答我的头难抬。

春红：见小姐，发乜呆，羞答答呀她的那个头不抬。她的那个小脸蛋呀，一阵红来一阵白。小姐，你怎么了？小姐，你的扣我能解，你的心闷儿我能猜，（白）你是不是要看那心里想的，嘴里念的，天天盼的，泗水县的那位单公子？

秀英：叫春红你不要信口胡猜，不学好来你单学坏。

春红：你何必假装生气鼓着腮，你的心里愿意嘴里把我怪，为什么面对着茶瓶你就笑起来。你对它笑，它可不能啊对你笑，它可比不了单姑老爷美郎才。这茶瓶常在你的那个桌案上摆，单姑老爷他是头一次来。这茶瓶虽好不能够讲恩爱，要想看单公子我有安排。我们老爷厅内摆酒把公子款待，咱们两个到外边偷偷看看再回楼来。

秀英：姑娘我大门不出二门也不迈，叫外人知晓笑我无才。

春红：人不知鬼不觉的没有什么妨碍，小姐呀！过这个村可没有这个店啦，何必磨不开。哎。快走吧。

《茶瓶计》"窥婿"一折摘录

春红：春红带路走慌忙，

秀英：偷看夫婿出绣房，

春红：转过了月亮门，绕过了影壁墙，右边你小心着芭蕉树，左边你别碰上养鱼缸，脚底下留神"爬山虎"，头顶上的藤萝挂衣裳。看着点、看着点——

秀英：叫声春红慢着点的走，

春红：这个时候不忙啊什么时忙？来到厅外止住步，小姐你听——姑老爷正在饮酒浆。

秀英：迈步我把花厅上，

春红：拦住小姐你且别慌忙，（白）你干什么去呀，

秀英：你不是说，来偷看你们单姑老爷来了吗？

春红：哼，在楼上你跟我是装模作样，来到此地你比我还大方。冒冒失失地你往里闯，哎呀，我们老爷问你，那你说什么呢？

秀英：这要不然回去吧，你别叫我心慌。

春红：要回去岂不是白来一趟。

秀英：那怎么办？

春红：我春红自有好主张。

秀英：什么主意呀？

春红：小春红不慌又不忙，上了花厅闪在一旁，唾沫润湿窗棂纸，捅了个小窟窿不圆不方。使了个木匠单吊线，好一个俊俏的书生端端正正有多么大方。我们公子长得好，我们小姐长得强，可比淑女配才郎。我回头看，小姐正在那旁一个劲地发愣，我何不说句笑话把她诓。哎，小姐，那单公子又不高又不矮又不瘦又不胖，粗眉大眼还是一个高鼻梁。哎，他好像三国的张飞一般样，又好像那老爷庙里扛刀的周仓。小姐你可别不高兴，好歹丑俊一人一副眼光。小姐，我在这里给你把人望，我若是咳嗽一声你急忙回绣房。

秀英：犹豫不定我把花厅上。

春红：咳，我嗓子眼儿刺挠，你着的什么慌。

秀英：你吓死我了。

春红：快去看吧，没有人来往。

秀英：死丫头，你再闹，我给你两巴掌。斜身单目往里望，春红！是不是靠东边坐着那位少年郎？

春红：是呀。

秀英：啊，不亚如司马相如一般样，死丫头闹的我心忙乱没有主张。他一定满腹的文章怀锦绣，大比年龙虎榜上美名扬。

春红：小春红，在一旁，抿着嘴地笑，我不敢嚷，笑只笑十七八岁的大姑娘，身不动来她头也不晃，没过门的媳妇偷看夫郎。忽听那旁的脚步响，春红我这里着了慌。

（白）哎，来人啦，回去吧！早晚给你们大拜花堂，手拉小姐回楼去。快走啊！好羞啊！

简评

小姐在侍女的帮助下，偷看未来的夫君是否合乎自己的理想，充满情趣。小丫环春红天真活泼、顽皮稚气、机智果断的艺术形象特别逗人喜爱。

⑧ 豫剧

豫剧又名"河南梆子"，是陕西、山西梆子传入河南与当地民间音乐相结合发展起来的戏曲剧种，现流行于河南全省及我国长江以北广大地区。

▲《花打朝》

背景材料

《花打朝》是豫剧传统剧目中的代表作之一。《花打朝》描述唐代开国功臣程咬金的夫人王月英（七奶奶）的故事，是一部著名的喜剧。

豫剧《花木兰》《穆桂英挂帅》等剧目，也是广大观众熟知和欢迎的。

精彩片段

《花打朝》"吃席"一折

王月英：小郎门外连声请，后堂里来了我王氏诰命，我的老爷名叫程咬金，外人送号叫个"程楞征"。想当年大反山东劫皇纲，瓦岗寨上立过朝廷，皇后娘娘我不想当，金交椅坐的我腰酸疼。绣花针太小捏不住，我好抢棒槌拉铁弓。进唐营俺的功劳重，南杀北战立奇功。老程前边打，七奶奶紧相行，马头并马头，缰绳连缰绳，就像那弓不离箭来箭也不离弓，哪一仗有了我王月英，杀敌寇就像那刀切葱，五湖四海有威名！都说我爱说爱笑我这爱热闹，又说我爱管闲事情。七奶奶改不了我老脾气，我碍你身上哪股筋疼。

（白略）

哎哟哟我的小小哇，我的脾气你摸的清，句句话说到我心窝中。谁要是和我对脾气，割我的肉吃我也不觉疼。我要是遇到那个不平事，哟嗨！我两眼一瞪把牛吓惊，我脚踏他沤麻坑！老天爷要是得罪我，我也敢把它戳一个大窟窿！

（白略）

八弟妹有帖她把我请，她请我罗府里动动腥。听说吃席我心高兴，梳洗打扮不消停。慌的我手忙脚又乱，我拿起西来忘了东，拿起花鞋头上戴，拿起凤冠往脚上蹬。太太的衣裳还没换好，小小啊你娘那脚，你催，催，催的太太头发蒙。

（白略）

急急忙忙把车上，我到了罗府里我喝它几盅。

简评

《花打朝》刻画了"爱说爱笑我这爱热闹，又说我爱管闲事情"的"七奶奶"的动人形象。《花打朝》是豫剧女演员最擅长表演的一出喜剧。唱词唱腔活泼跳荡，喜剧效果强烈，演出中掌声和笑声不断。著名作家老舍 1963 年观看了马金凤演出的《花打朝》后，兴奋地写诗一首，赞道："大众喜颜开，洛阳金凤来。打朝嘲笑谑，挂帅奋风雷。歌舞全能手，悲欢百炼材。长安春日夜，鼓板绽红梅。"

⑨ 相声

相声是中国曲艺中最具喜剧特征和幽默品格，在中国众多曲艺品种中影响最大，最受欢迎的传统曲艺品种。可以说，在中国，地不分东南西北，人无分男女老幼，没有不知道相声，不喜欢相声的。

相声起源于北京，一般认为是由民间笑话演变而成。作为一种独立的表演形式，大约形成于清代咸丰年间（1851～1861）。已知最早的相声艺人是张三禄和朱绍文。其中朱绍文艺名"穷不怕"，相传他常在北京民间艺术的集中展示地天桥一带打地摊行艺。他表演相声时，先手撮白沙子，在地上撒写"画上荷花和尚画，书临汉字翰林书"一类的回文诗句，然后随口学叫卖声，或唱太平歌词，以招徕听众，接下来才说演相声。这也是早期相声艺人的作艺情形。他之所以艺名为"穷不怕"，可以从他使用过的竹板上所刻诗句找到由来，其

诗云："日吃千家饭，夜宿古庙堂。不作犯法事，哪怕见君王。"

清末民初以来，相声表演技巧日益完善和丰富。表演形式有三种：早期主要为一个人说演的叫单口相声，所演节目类似于讲小笑话或幽默故事。后来出现了两个人合作表演的对口相声。其中一个人为甲方，称作"逗哏"的，另一人为乙方，称作"捧哏"的。对口相声的表演是在对话中制造笑料，给人启迪。另有一种三人或三个人以上的多人表演的形式，叫做群口相声。三种形式之中以对口相声最为常见和普遍，是相声艺术样式的主体。

相声表演讲求"说、学、逗、唱"，即不但口齿要清，而且要善于模仿各种人和事物以及声音效果，更要擅长制造笑料，即"抖包袱"，同时还要求嗓子好，能学唱各种戏曲唱腔和流行曲调。

作为通过逗乐来完成艺术审美的曲艺形式，相声表演的基本要求是让观众发笑。相声的笑料行内人称作"包袱儿"，意喻节目的效果与主题，是经过反复铺垫后，突然地展现出来的。通常要求笑料能于偶然中显示必然，让观众既感到是意料之外，笑过细想又觉得全在情理之中。因而，欲擒故纵、声东击西、误会巧合、谐声双关等思维智慧与修辞技巧在相声艺术中常被使用。又由于相声通过笑料来启迪观众，表达思想与爱憎，因而在幽默之外，讽刺是其基本的审美品格。

由于相声所具有的独特审美效果，流传十分广泛。一些地区还出现了"方言相声"，少数民族地区还有用少数民族语言表演的相声，如藏语相声等。

▲ 侯宝林的相声

背景材料

现代中国相声的代表人物侯宝林（1917～1993），满族。4 岁时被舅舅从外地送到北京地安门外侯家。养父在涛贝勒府当厨师，家境清贫。侯宝林从懂事起，就饱尝了城市贫民生活的艰辛。他于 1929 年始拜师学京戏，并自己钻研相声艺术。经过几年艰苦奋斗，侯宝林的相声当时已锤炼成杂耍中攒底的"大轴儿"。

侯宝林被尊为相声界具有开创性的一代宗师，并被誉为语言大师。他在漫长的 60 年的艺术生涯中，潜心研究并发展相声艺术，把欢笑带给观众。以他为代表的一

批相声艺术家使这门艺术真正走进千家万户，达到一个令人瞩目的艺术高峰。他为相声事业倾注了毕生精力，除创作和表演了大量脍炙人口的相声名段以外，还对相声和曲艺的源流、规律和艺术技巧进行了理论研究。侯宝林的代表曲目有《关公战秦琼》《戏剧杂谈》《戏剧与方言》《夜行记》等，论著有《论相声的形式、结构、语言》等。

　　侯宝林常和另一相声大师郭启儒合作，下面是他们合说的对口相声《相面》在给人们带来欢笑的同时，又辛辣地讽刺了社会上的"假恶丑"的。

精彩片段

相声《相面》摘录

（开场白）

侯宝林：你是表演什么的？

郭启儒：相声。

侯宝林：噢，相面的。

郭启儒：什么呀？我是表演相声的。

侯宝林：因为我这个人对相面很有兴趣，没事我就看看。

郭启儒：看，那有什么用哪？

侯宝林：看着看着我就会了。

郭启儒：你也会啦？

侯宝林：有一个相面的外号叫"活神仙"，你往那儿一站也甭说话，然后你家里有什么人，父母在不在，弟兄几个，说完了一点都不错。

郭启儒：哎！真是神仙。

侯宝林：蒙事的。

郭启儒：蒙事的怎么能全说得对呢？

侯宝林：我在那儿看了一会儿，他那套我全会了。

郭启儒：不大可能吧？

侯宝林：你若不信，我现在就给你相一相，我就能知道你们家有几口人。

郭启儒：好，那你看我父母在不在。

侯宝林：现在我写十个字，你说你父母在不在全对。

郭启儒：你写什么呢？

侯宝林："父母双双不能克伤一位"。哎！你随便说你父母在不在全得对。

郭启儒：我父母全在。

侯宝林：对呀，我这写得明白，"父母双双，不能克伤一位"。一位都不能克伤。

郭启儒：那……我父母不全，已经死了一位了。

侯宝林：死了一位啦？那也对呀。我写得明白——"父母双双不能"，说你父母双双不能——"克伤一位"，还剩一位。

郭启儒：我父母全不在啦。

侯宝林：全不在还是这十个字。念到这"不能克伤一位"的"一"字，一拉长声儿你父母就全完了。

郭启儒：那怎么念呢？

侯宝林：这位老兄说他父母全不在了，我这写得明白，"父母双双不能克伤一（拉长声）位"呀，要死全死。

郭启儒：这就全完了。我要问弟兄几个行吗？

侯宝林：可以呀，我写九个字，"桃园三结义孤独一枝"。你说吧，弟兄几个全行。

郭启儒：我哥儿仨。

侯宝林：对呀，"桃园三结义"就是哥儿仨；"孤独一枝"，你们是亲兄弟，"孤独"在一枝上。

郭启儒：我哥儿俩。

侯宝林：也对，"桃园三结义"应当哥儿仨，给"孤独"下去一枝，剩哥儿俩啦。

郭启儒：我呀，哥儿一个。

侯宝林：也对，"桃园三结义"本应哥儿仨，可惜你命中孤独，就落你这么一枝。

郭启儒：我哥儿四个。

侯宝林：也对呀，"桃园三结义"本应该哥儿仨，又"孤独"出一枝来。

郭启儒：啊？上下"孤独"？那我哥儿五个。

侯宝林：你哥儿几个都没关系。

郭启儒：怎么？

侯宝林：你慢慢"孤独"去吧。

郭启儒：我没事儿尽"孤独"啊？

侯宝林：你看这有意思没有？

　　（说了面相说手相，以生动形象的表演，道出"算命全是蒙的"真相。然后，是精彩的结尾。）

侯宝林：翻过手背看你的拊筋，"拊筋若露骨，终生必受苦；拊筋不露骨，一生必享福"。你这拊筋似露似不露。

郭启儒：怎么样？

侯宝林：一辈子衣食不缺。

郭启儒：那就得了。

侯宝林：可是……

郭启儒：怎么，还有什么大富大贵没有？

侯宝林：那我看看你的五官相貌如何。

郭启儒：好，你看吧。

侯宝林：脸上有五山五岳，十三个部位：东岳泰山、西岳华山、南岳衡山、北岳恒山、中岳嵩山，天中、天庭、司空、中乙、印堂、山根、年上、寿上、准头、人中、水星、承浆、地阁。还有五官：眉为保寿官，眼为监察官，鼻为审辨官，嘴为出纳官，耳为采听官。

郭启儒：你看我这怎么样？

侯宝林：你这三山得配、五官齐整。你的少运好，一至十八岁你是不愁吃不愁穿，思衣得衣，思食得食。

郭启儒：真对。

侯宝林：不过那是父母在的日子，由十八岁往后运气可不太好。

郭启儒：是呀，十八岁我父亲死了嘛。

侯宝林：对呀，就如同万丈高楼往下走，简直是一年不如一年，一月不如一月，一天不如一天，一时不如一时，一会儿不如一会儿，一阵儿不如一阵儿。

郭启儒：那我就完了。

侯宝林：这几年来你好比"花木栏杆养鱼池，自己为难自己知"。有人说你心欢喜，委屈为难在心里。你就是卖豆腐的典了二亩河滩地——江（浆）里来，水里去。左手拿个搂钱的筢子，右手拿个没底儿的匣子；搂一筢子，漏一匣子。来财如长江流水，去财如风卷残云。这些年来，你就是虚名假利，瞎闹白冤。

郭启儒：真对。你看我得多作发财？

侯宝林：我看看你的流年，今年多大岁数？

郭启儒：我今年二十八岁。

侯宝林：二十八岁，二十八岁……你今年二十八岁，二十有八，二十八，哎呀？你都二十八了。

郭启儒：废话，我问你我到底怎么样。

侯宝林：二十八岁到三十六你可就……

郭启儒：好了。

侯宝林：还得倒霉八年。

郭启儒：我就没个好了。

侯宝林：三十六岁以后你就好了。

郭启儒：能发财吗？

侯宝林：能。打三十六以后，你是火烧竹竿节节爆，脚踩楼梯步步高。如同登上上天梯，越来越高，越来越好。那真是

不用种地粮满仓，又有钱来又有房，坐在屋里把福享，一世不用受奔忙。

郭启儒：啊！

侯宝林：到那时我送你四个大字。

郭启儒：吉祥富贵。

侯宝林：要饭受罪。

郭启儒：嘻！

▲马季的相声

中国新相声的代表人物、表演艺术家马季，是侯宝林的学生，是相声承前启后的关键人物。他继承侯派，走自己创作的道路，为中国相声作出了突出的贡献。

马季，河北省宝坻县人，1956年调中央广播说唱团。他共创作了相声一百多个，曾在全国报刊上发表。相声《打电话》《画像》及《新桃花源记》等先后拍成电影。相声代表作有《找舅舅》《英雄小八路》《登山英雄赞》《女队长》《白骨精现形记》《舞台风雷》《五官争功》等。

马季继承发扬光大侯派相声艺术，在给观众带来欢乐的同时，还鞭挞社会上的不良现象。1984年春节联欢会上，他表演了推销"宇宙"牌香烟的单口相声，讽刺社会上那种夸大其词、名不副实的生产和销售中弄虚作假的歪风。他那绘声绘色、惟妙惟肖的高超演技和入木三分的形象刻画，使人至今音如在耳，形犹在目。

▲姜昆与李文华的相声

背景材料

姜昆27岁时巧遇机缘走进了中国广播说唱团，成了一名相声演员。他先后与五位捧哏演员合作，创作了许多脍炙人口的相声段子。

李文华是姜昆相声生涯中最重要的一个人，他们在合作的七年当中，创造了不少优秀的相声段子。1984年李文华老师因患喉癌不幸离开了舞台，姜昆、李文华的声音从此成为相声观众永恒的记忆。

姜昆是因为迷上李文华的相声而走上说相声道路的。后来，李文华为培养姜昆，当了姜昆的捧哏。这一对相声艺术家，各发挥所长，不仅主角姜昆演得十分出色，而且配角李文华也演得恰如其分，起到了"绿叶托红花"的作用。这对相声演员的最佳组合，留下了许多脍炙人口的杰作。下面是姜昆与李文华合说的相声《处长"上课"》片段：

精彩片段

对口相声《处长"上课"》摘录

姜昆：最近我上了一堂非常受教育的课。

李文华：什么课呀？

姜昆：我们处长到基层给群众讲《准则》。

李文华：讲得怎么样？

姜昆：那是深入浅出，现身说法，话虽不多，哲理深刻。讲了一半，群众恨不得把处长抬起来——

李文华：表示欢呼。

姜昆：扔出屋去！

李文华：嚯！干吗生那么大气？

姜昆：别看生气，可受了教育了。

李文华：他是怎么讲的？

姜昆：这位处长说起话来慢条斯理地："同——志——们——！"

李文华：这就开讲了。

姜昆：……啊——啊——啊——

李文华：这儿过鸭子呢？

姜昆：我们——今天——当然喽——是不是呀？

李文华：说什么呢？

姜昆：我想讲一讲《准则》。

李文华：好，现在广大党员，特别是领导干部，正在学习贯彻《准则》。

姜昆：《准则》嘛！就是关于党的……党的政……党内生活……党的若干……

李文华：嘻！《关于党内政治生活的若干准则》。

姜昆：咱俩谁讲啊？

李文华：你讲啊！

姜昆：我讲你搭什么茬？

李文华：你连《准则》的名称都不知道，我急得慌。

姜昆：不要急，慢慢来。

李文华：一个题目吭哧这么半天！

姜昆：学习《准则》是长期的任务，刚到题目这儿，你就急，能学得好吗？

李文华：……他倒问上我了！

姜昆：不要乱插嘴，挺大岁数，这个习惯不好。

李文华：你那习惯好？

姜昆：不要插嘴嘛！听你的听我的？

李文华：好，听你的。

姜昆：同志们！……我讲到哪儿了？

李文华：你讲到……

姜昆：你怎么还插嘴呀？

李文华：谁让你问我的？

姜昆：同志们——

李文华：您等等吧。您讲话怎么连个讲稿都没有？

姜昆：讲稿我有。

李文华：那就念念多好。

姜昆：我不是忘带了吗！

李文华：您忘办公室了？

姜昆：我落食堂了。

李文华：净惦记着吃啦！

姜昆：我是让他们给气的！

李文华：因为什么？

姜昆：一共来了两个人，他们搞了十几个菜，大圆桌摆得满满当当。我爱吃的香酥鸡做了这么大一盘，这不是浪费吗？

李文华：别生气。有这种个别干部，为了向领导买好，专门搞这一套。

姜昆：我是来贯彻《准则》的，你们这么干，这不是对着干吗！

李文华：这就是"四人帮"的流毒。

姜昆："四人帮"的流毒是要继续肃清。但粉碎"四人帮"三年多了，我们干部本身就没责任了吗？

李文华：对！不能事事都往"四人帮"身上推。

姜昆：今天，这十几个菜也是"四人帮"出的主意吗？

李文华：问得好。

姜昆："四人帮"知道我爱吃香酥鸡吗？

李文华：就是呀。

姜昆：这么大只鸡我一个人吃得了吗？

李文华：行啦，别生气了。

姜昆：表面上看你们是关心领导，体贴领导，而殊不知你们是在腐蚀领导，是在……馋领导吗！

李文华：馋领导？

姜昆：这么好的香酥鸡，我舍得让你们撤下去吗？

李文华：这里还有舍不得的事？

姜昆：舍不得也不行！

李文华：对。

姜昆：不能迁就，把菜都给我撤下去！

李文华：对！

姜昆：把那鸡往我这儿推推。

李文华：还是吃呀！

姜昆：我倒要看看你们搞到一个什么

程度！（吃）

李文华：敢情他这儿尝火候呢。

姜昆：吃完了我们大家都要交钱。

李文华：交多少？

姜昆：按《准则》订的标准交。

李文华：《准则》里订伙食标准哪？

姜昆：没订就算啦。

李文华：白吃啦！

姜昆：按《准则》办事嘛！

李文华：嘿！他真有的说。

姜昆：这一生气，我把讲稿忘食堂了。

⑩ 小品

▲宋丹丹与黄宏的小品

背景材料

黄宏说：搭档就是协作的人。作为话剧和电影演员，本来擅长于演正剧的宋丹丹，与曲艺演员黄宏合作，演出诙谐幽默、专门"搞笑"的小品，各发挥所长，配合默契，创作了一个个让人们乐不可支的节目。虽然宋丹丹的影视艺术作品也不错，但人们对她念念不忘的是她与黄宏合演的小品。黄宏虽然与很多人合作演出过小品，但人们最喜欢看的还是他与宋丹丹合作演出的小品。

黄宏与宋丹丹的合作始于 1990 年。一天下午，宋丹丹来到剧组，黄宏与宋丹丹见了面才知道她已经身怀六甲，简直是天赐良机。因为《超生游击队》中的女主角"海南岛"、"吐鲁番"和"少林寺"她妈都是"大肚子"形象，演出时连肚子都不用垫了。黄宏拍案叫绝，说这个小品肯定"火"了，从里到外都是真的。

看完剧本，宋丹丹也连声叫好。他们的最初合作就这样开始了。经过半个月的排练，在春节晚会上，宋丹丹腆着大肚子一上场，还未开口便引来观众的哄堂大笑。因为宋丹丹怀着身孕行动不便，给这个小品带来了一个简单的调度，她往中间一坐基本不动，黄宏围着她转来转去。这种没有选择的处理方法反而成为这个小品特殊的风格。小品的结尾，黄宏求宋丹丹把孩子打下来，宋丹丹向黄宏哭诉："咱俩人过去恩恩爱爱，欢欢笑笑，比翼双飞，郎才女貌，咱要寻找从前的影子……"宋丹丹和黄宏的精彩演出，把广大电视观众都"逗疯了"。

以后，黄宏和宋丹丹还合作演出了

《手拉手》《小保姆与小木匠》等受人欢迎的节目。

精彩片段

小品《超生游击队》摘录

表演者：黄宏、宋丹丹

宋丹丹：他爹呀！这地带安全嘛。

黄　宏：据我观察，没有发现敌情。

宋丹丹：我的妈，累死了。

黄　宏：小点声！

宋丹丹：咋的啦？

黄　宏：没看见那边有个老太太呀！

宋丹丹：哪儿呢？

黄　宏：还长得像个街道主任。

宋丹丹：结婚四年，生三个丫头片子，整天老大哭，老二叫的，哎呀，妈呀，老三要尿了！

黄　宏：来，接着（摘下帽子）。

宋丹丹：那不漏啊？

黄　宏：这里有块塑料袋，平时挡雨，关键时刻接尿，两用。我跟你说，城市的毛病可多了，吐口痰就罚五角钱，这泡尿还不扯去一张大团结呀！

宋丹丹：真的呀！

宋丹丹：你说，这日子真是了，越过越穷，越穷越生，怀孕时想吃点啥都没有。

黄　宏：吃东西是次要的，生命在于运动。

宋丹丹：想吃点水果都没有。

黄　宏：不是给你整了两捆大葱了吗！

宋丹丹：那个大葱的还能跟人家吃水果比呀！

黄　宏：大葱和水果从科学价值上是一样的。

宋丹丹：拉倒吧，你吃大葱的还想跟人家吃水果的比，人家吃水果的生的孩子，个顶个脸红扑扑的，多水灵，你再看咱三个，个顶个的葱蕊绿。

▲赵丽蓉的小品

赵丽蓉（1928～2000），天津宝坻县人，生于辽宁沈阳。她是评剧艺术家，但她给全国人民留下的最大财富却是她的喜剧小品，如《英雄母亲的一天》《爱谁》等，特别是喜剧小品《如此包装》等，更是脍炙人口。

赵丽蓉的表演纯朴自然，贴近生活，言之有物，构思精巧，寓教于乐，抨击时弊，一针见血，是受到观众欢迎的重要原因。小品的特点是"小"，她善于关注小人物，从小细节入手，去映照大世界，开掘大主题；善于从生活中发掘出适宜小品表现的内容亦即艺术的美。因此，表演的小品能引起观众的共鸣，深深打动观众的心。当赵丽蓉2000年辞世的消息传出后，自发前去悼念的人群络绎不绝，反映了人们对赵丽蓉的热爱。

⑪ 大鼓与鼓书

大鼓与鼓书是中国曲艺曲种分类中一个类别的两种称谓，有京韵大鼓、西河大鼓、梅花大鼓、乐亭大鼓、东北大鼓、山东大鼓、北京琴书、河南坠子、温州鼓词等数十种。流行于中国北方诸省市的广大城镇与乡村。

其表演形式大多为演员一人自击鼓、板，配以一至数人的乐队伴奏演唱。主要伴奏乐器为三弦（这是不可缺少的），另有四胡、琵琶、扬琴等。演员自击的鼓，也称书鼓，其形状为扁圆形，两面蒙皮，置于鼓架上（鼓架依不同曲种有高矮之别），以鼓箭（竹制）敲击。板有两种，一种由两块木板组成（多以檀木制成）；一种由两块半月形的铜片或钢片组成，俗称"鸳鸯板"。

大鼓的文学脚本称为鼓词，基本为七言或十言的上下句体。作品（即曲目）有短篇、中篇、长篇之分。短篇只唱不说，中、长篇则有唱有说。人们往往称唱短篇为唱大鼓，唱中、长篇为唱大鼓书。大鼓的唱腔音乐结构为板腔体，唱腔曲调多源于流行地的民间音乐及地方小调，并用当地方言演唱。音乐唱腔是区别不同大鼓曲种的主要标志。

▲骆玉笙的京韵大鼓

大鼓与鼓书主要曲种之一的京韵大鼓，又叫京音大鼓，流行于河北和华北、华东部分地区。它源于河北一带的大板大鼓，经艺人在演唱中不断发展完善而形成。演唱时，演员自打鼓、板，有三弦、琵琶等伴奏。

骆玉笙是当代京韵大鼓的艺术大师。骆玉笙（1914～2002），艺名小彩舞。她9岁拜师学唱京剧，17岁才正式改唱京韵大鼓。她吸收京韵大鼓各派之长，在几十年的艺术实践中，不断创新，形成了"骆派"京韵大鼓。"骆派"京韵大鼓音域宽广，带有一种自然悦耳的颤音。《红梅阁》和《剑

阁闻铃》是骆玉笙的代表作。《红梅阁》行腔哀婉曲折，时而深沉，时而激越。《剑阁闻铃》描述了唐明皇与杨贵妃的爱情故事，美丽动听的歌喉，加上悦耳的丝弦伴奏，鼓箭的轻敲慢击，将唐明皇对杨贵妃无限思念、既悔且哀的心情表现得淋漓尽致。《剑阁闻铃》唱了半个多世纪，录制的唱片发行了50余万张，如今已成为一代绝唱。

更多的人是听了骆玉笙在电影《四世同堂》中演唱的"重整山河待后生"后，才认识了骆玉笙，喜爱上京韵大鼓的。骆玉笙的这一段演唱，声声高亢激越，感情饱满悲愤，充分表达了爱国之情，感人至深。

⑫ 评书

评书也叫说书，在中国可谓源远流长。唐宋时已有了专门独立的表演形式，叫做"说话"。至南宋，所说内容及表演风格愈见丰富完善，流派纷呈，各自以说演历史故事、神怪传奇和宗教故事见长。这种艺术发展到元代又叫做"平话"。明末清初出现了大说书家柳敬亭，把说书艺术推向了高峰。

说书艺术发展到今天，虽然有的称为"评书"或"评话"，但都是一类艺术样式，即通过口头说讲故事进行表演。"说书"艺术之所以又叫"评书"或"评话"，即"说"改称"评"，是由于这种表演的审美旨趣，不单在于说演故事，而是在讲说故事的同时，对故事中的人情事理加以评论，对故事中的是非曲直进行褒贬，对故事中的名物掌故进行解说。观众看其表演不只是娱乐和审美，还可以增长知识，受到教化。这种艺术表演形式十分简单，只一个人或坐或立，或设桌案，以醒木、折扇为道具辅助表演；至20世纪中叶以来，更多的情形则是连桌案、醒木及折扇也不用了，只是站立说演。

说书艺术在中国不仅具有最为广泛而深厚的群众基础，而且也是孕育其他文艺形式，造就文艺人才的母体和土壤。中国古代文学巨著《三国演义》《水浒传》等，无一不是受了民间说书的孕育和丰富；就连其章回式体裁，也是直接脱胎于说书艺人的表演程式。许多伟大的作家也是从说书艺人那里受到启蒙和熏染才走上文学之路的。可以说，以"评书"、"评话"为代表的中国说书艺术，是最具有中国民族特

点、最富中国审美特色的艺术类型之一。

▲袁阔成、刘兰芳的评书

评书艺术自形成以来，可以说代有才人。其中清代末年以来影响较大的艺人，有以说演《封神榜》《隋唐》著称，被尊为"评书大王"的双厚坪；有以说演《包公案》著称，曾任当时"评书研究会"会长之职的潘诚立；还有以说演《聊斋志异》故事的节目见长的陈士和等。

中华人民共和国成立后，有袁阔成以说演《三国演义》享有盛名。他的评书表演很注重历史掌故等知识性的讲评，有较厚实的文化底蕴。表演时的口风为细表慢评，从容不迫，别有风采。而田连元因将评书艺术表演与现代传媒电视较早的结合而广为人知。他表演的长篇评书《水浒》，故事更集中，人物更鲜明。尤其是其说表节奏较快，语言使用机智俏皮，比较适合青少年听众的欣赏习惯。

要论表演风格之独特，所演节目影响之巨大，当数 20 世纪 70 年代崛起的评书表演女艺术家刘兰芳，她的代表性节目为长篇评书《岳飞传》。

刘兰芳，1944 年 1 月 11 日生于辽宁省辽阳市一个艺人之家，满族，随母姓。14岁时正式拜师学唱西河大鼓，次年加入鞍山市曲艺团，在习唱西河大鼓的同时，还一度学唱东北大鼓。1972 年开始说演评书，1979 年因说演传统长篇评书《岳飞传》而成名。

《岳飞传》是在传统长篇评书《精忠说岳传》的基础上，由刘兰芳和她的丈夫王印权重新整理后搬上书坛的。脚本内容讲述的是民族英雄岳飞忠心报国的故事。原书有许多迷信色彩和封建思想的糟粕，刘兰芳在改编和说演时，大胆增删，古事今说，使之脱胎换骨，面貌一新。该节目被鞍山人民广播电台录播后，又相继被几十家省、市电台广播。由于其情节引人入胜，说表精彩，适逢中国刚刚结束"文化大革命"的十年浩劫不久，《岳飞传》又激发起了人们爱国图强的精神，为"文化大革命"中被打倒的开国元勋鸣不平的共鸣，因而一度出现了每当电台播出刘兰芳说演的评书《岳飞传》时，人们纷纷回家收听的盛况。1981 年 9 月，评书《岳飞传》的曲本一百回，由春风文艺出版社出版。

刘兰芳的评书说演，声音洪亮，神完气足，干练中透着豪迈，很适合说演英雄人物与征战故事。又因为她早年习唱大鼓书，嗓音受过良好训练，对音乐的感悟也被自然地带到了评书说演之中，因而在听觉上更有一种铿锵起伏的声韵美感。尤其是她说书时高亢嘹亮的声音造型，使得刘兰芳成为深受欢迎的特色鲜明的评书表演艺术家。

13 评弹

苏州是苏州评弹的发祥地。评弹，是苏州"评话"和苏州"弹词"的合称。苏州评弹始于明代末年，至今已有 300 多年的历史，流传于江、浙、沪一带。深厚的文化积淀使这朵曲苑奇葩越开越鲜艳。无论评话还是弹词，其唱腔音乐、伴奏技法、说表功夫、角色扮演、口技运用、插科打诨等都有很深的艺术造诣和独特的艺术魅力。

蒋月泉（1917～2001），是评弹史上里程碑式的人物，他所创造的"蒋调"说表诙谐、唱腔儒雅，代表作《战长沙》《宝玉夜探》《莺莺操琴》《林冲》等，都广泛流传，影响很大。如今"蒋调"已经成为评弹艺术最基础的流派，后起的流派无不从中汲取养料。

蒋月泉先生的入室弟子们表示，先生生前曾有心愿，把"蒋调"的作品、曲谱及评论分门别类地整理出来，留给后人。他们将努力做好这项工作，不辜负老师的期望，把"蒋调"艺术的薪火一代代传下去。

14 道情

渔鼓就是道情，源于唐代的《九天》《承天》等道曲。道情以道教故事为题材，宣扬出世思想。道情的文体为诗赞体，最初是民间布道时所唱的曲子，所以也称"道歌"。

渔鼓、简板是道情专用的两种乐器。表演者在这两种乐器的伴奏下，边唱边说道教故事、民间故事、神话、传奇、小说。

道情多数以唱为主，以说为辅，也有只唱不说的。唱词多以七言为主，少数唱词为长短句。伴奏乐器除渔鼓、简板外，有的还增加了弦乐、打击乐。

道情在流布的过程中，发展成许多流派。道情中诗赞体的一支主要流布于南方，形成说唱道情。曲牌体的一支主要流布于北方，并在陕西、山西、山东、河南、甘肃等地发展成戏曲道情。目前，道情类曲艺流派有数十种，如山西的神池道情、洪赵道情、临县道情；浙江的温州道情、义乌道情、东阳道情；湖北的湖北渔鼓；湖南渔鼓；四川的竹琴；江西的南昌古文、于都古文等。

神池道情流行在山西省境内的晋西北和雁北地区一带，还传播到内蒙古自治区的巴彦淖尔盟、土默川，陕西的府谷、神木等地。

神池道情，以神池县为基地而得名。这一民间艺术的奇葩，有着丰富多彩的曲牌及内涵，具有独特的艺术风格和鲜明的地方特色，素有"七弯八转"之称。

神池道情历史悠久，有一些曲调是盛行于唐代、宋代、元代时的词牌、曲牌，像"耍孩儿"、"西江月"等，基本上保持着原有的格式。在唱腔上，又揉进了地方戏曲的某些音乐特色，如"流水"、"介板"等，主要是吸取了山西北路梆子的音乐。有些曲子，则吸收了民歌中的营养，然后形成自己特有的风格。

神池道情伴奏乐队分为文场与武场。文场中，主要乐器有笛子、呼呼、四胡；武场中，有鼓板、大锣、大钹等。随着时代的变化，中西乐器的结合，又逐渐加进了笙、大提琴等中西乐器，增强了乐队的音乐表现力，形成活泼欢快热烈的气氛。神池道情以它淳朴、清新的音乐特色和夺人心魄的艺术感染力获得了山西北部地区人民群众的喜爱。

15 四川清音与扬琴

四川清音以"清雅"而得名，分大调和小调，大调曲目大都是历史故事和神话故事，小调取材于地方民歌及民间小调。唱词朴实通俗，形象生动，它的音乐流畅、欢快，独特的"哈哈腔"明亮清脆。清音可一人站唱，多人合唱、重唱、对唱。除演员自己掌握鼓板外，以琵琶、二胡为主要伴奏乐器，根据节目需要可增加扬琴、笛子等民族乐器。

四川扬琴又名琴书，因演唱时以扬琴为主要伴奏乐器而得名，由演员直接演剧中人物进行演唱，素有"清唱剧"之称。扬琴以唱腔、讲白、音乐为主，表演为辅，有坐地传情的艺术特色。四川扬琴已有三百多年的历史，乐器除扬琴外，还有小胡琴、三弦、二胡、鼓板作为辅助，称"五方"。演员围坐演唱，演员既是演唱者又是伴奏者。

16 快书和快板

快书和快板属于中国曲艺中韵诵类即似说似唱的一类表演形式。但快书与快板又有区别。快书或者在快板基础上发展起来的快板书，一般都表演故事性强，并塑造典型人物形象的中长篇节目，曲词通常是每个回目一韵到底。快板一般只表演说理或抒情性较强的短篇节目，且曲词的押韵方法比较自由，称为"花辙"，即可在一段曲词中自由转韵。

快书和快板在表演形式上均十分简单，一般由演员站着以手持击节的小型打击乐器，自行伴奏说唱。有一个人表演的单口形式，两个人表演的对口形式，和三个人或三人以上表演的群口形式。段落之间常常击节打板，演奏出各种花样的打击效果，以娱观众。

快书和快板作为韵诵型的口头说唱艺术类型，十分注重曲词语言本身的创作和艺术上的魅力。不仅有中国传统诗歌创作惯用的"赋、比、兴"手法，而且非常倚重诸如排比、对仗、双声、叠韵、谐音、双关、比喻等等汉语言丰富多彩的修辞技巧。在审美风格上，又很崇尚喜剧色彩和娱乐效果，讲究风趣与幽默，也注意使人发笑的"噱头"或"包袱儿"的创造，追求寓教于乐的美学境界。

我国许多地区都有用地方语言演唱的快书快板，形成了不同的地方曲艺品种。

▲ 高元钧与山东快书

山东快书产生于山东省鲁中南和鲁西南地区，流行于山东及华北、东北各地。山东快书用来伴奏（即击节）的乐器，使用的是两个方寸大小的月牙形铜片，表演时单手击节，称为"鸳鸯板"。

高元钧（1916～1993）是中国最负盛名的山东快书表演艺术家。他原名高金山，河南省宁陵县人。14岁时在南京拜师学演山东快书，在长期实践中逐渐形成一个流派，称"高派"。

高元钧早年即四处行艺，见多识广。除创作或整理改编传统题材的节目上演外，还编演过一些反映新时代生活的新节目。

代表性的节目有《鲁达除霸》《李逵夺鱼》《赵匡胤大闹马家店》以及《一车高粱米》《侦察兵》《智斩栾平》等。其中，最重要的代表性节目，是长篇山东快书《武松传》。

《武松传》共十六回，即从武松出世一直说到被官府逼迫，与众英雄一同造反上梁山为止。全书以幽默风趣的语言，爱憎鲜明的感情，生动地刻画了一个行侠仗义打抱不平的英雄形象。其中《武松打虎》即《景阳冈》一节通常单独演出，最受观众欢迎。《一车高粱米》是抗美援朝时期创作演出的，反映了英勇机智的志愿军形象，深受听众喜爱。

高元钧的山东快书表演憨中见巧，刚柔相济，张弛有致，举重若轻，轻松风趣中透着隽永与灵气。由于山东快书的语言富于乡土气息，从而使其表演更显得质朴与亲切。

（戴 华）

电影名片欣赏

❶ 中国电影
▲《渔光曲》
背景材料

《渔光曲》是联华影业公司1934年摄制的中国故事名片。编导：蔡楚生；摄影：周克；主要演员：王人美等。影片创造了当时的最高上座纪录。1935年，在莫斯科国际电影节上获荣誉奖，成为中国第一部在国际上获奖的影片。

故事梗概

故事描述一对孪生兄妹的故事。贫苦渔民徐福葬身海中，留下一双孪生兄妹。母亲徐妈不得不到船老板家当奶妈。何家少爷子英和孪生兄妹成了好友。成年后，子英出国留学。徐妈因打碎何家古董被赶出何家。孪生兄妹带着已经双目失明的母亲流落街头，卖唱为生，受到洋人、老板、流氓等压迫。一天，他们偶然碰到回国的子英，子英资助他们100块银元。后来，兄妹二人竟因此而被警察当作抢劫犯逮捕。徐妈在慌乱中碰翻油灯，引起大火，被活活烧死。孪生兄妹出狱后，子英也因父亲破产而走投无路。三人回到渔村，哥哥在捕鱼中受伤，不幸死去。妹妹望着哥哥的尸体，痛苦万分……

渔 光 曲

电影《渔光曲》主题歌

$1=\flat A$ $\frac{4}{4}$

中速

（1 - - 5 | 2 - - 5 | 5 - - 3 | 1 - - 0）| 1 - - 5 | 2 - - 5 | 5 - - 3 |

云　　儿　飘　　在　海
东　　方　现　　出　微

2 - - | 3 - 2 | 6 - 2 | 1 - 6 | 5 - - | 6 - 5 | 1 - 1 6 |

空，　　鱼　儿　藏　在　水　　中，　　早　晨　太　阳　里
明，　　星　儿　藏　入　天　　空，　　早　晨　渔　船　儿

5 - - 3 5 | 6 - - - | 5 - - 3 | 6 - 6 3 | 2 - - 5 | 1 - - 0 |

晒　　渔　网，　迎　面　吹　过　来　大　海　风。
返　　回　程，　迎　面　吹　过　来　送　潮　风。（下略）

赏析

影片取材于现实生活题材，反映了20世纪20年代～30年代中国的阶级矛盾。全片在艺术上质朴清新，情节生动吸引人，

特别是贯穿全片的歌曲《渔光曲》，凄婉动人，风靡一时，现在仍然受到人们的喜爱。

▲《桃李劫》

背景材料

《桃李劫》是 1934 年上海电通股份有限公司摄制的中国故事名片。编剧：袁牧之；导演：应云卫；摄影：吴蔚云；主要演员：袁牧之、陈波儿等。

故事梗概

《桃李劫》用倒叙的方法来描述刚从学校毕业的两个青年陶建平和黎丽琳的故事。他们抱着"为母校争光荣，为社会谋福利"的理想，走入社会。他们结婚后，陶建平在一家轮船公司任职，由于反对公司老板不顾乘客安全、超重运载货物的行为，愤而辞职。失业后，他到处遭到冷遇。为了生活，黎丽琳进了一家贸易公司，不怀好意的经理企图污辱她，逼得她无法继续工作。陶建平好不容易在营造厂找到一份工作，又因反对厂主偷工减料而辞职。最后

陶建平不得不当了造船厂的苦工。不幸接踵而至：黎丽琳因产后身体虚弱，昏厥跌倒，陶建平为了拯救垂危妻子的生命，在告贷无门的绝境下，被迫偷钱，但这时妻子已无法救治。当他含泪把孩子送进育婴堂后回到家里时，警方已等待着要逮捕他。他挣扎，他反抗，在搏斗中误杀了人，最后被判处死刑。

赏析

影片通过这对知识青年的遭遇和最终家破人亡的悲剧，揭露和控诉了当时不合理社会的黑暗和无情。它是中国第一部以有声电影手法创作的影片，相当成功地运用了有声电影的技巧，音响、歌唱和画面得到较好的结合。片中，由田汉作词、聂耳作曲的《毕业歌》，热情洋溢地表达了 20 世纪 30 年代在深重的民族危机中，青年学生为民族生存而斗争的爱国热情和担负起天下兴亡重任的决心。影片上映后，《毕业歌》成为当时广泛流传的歌曲，一直传唱至今。

毕 业 歌

1=C 2/4

电影《桃李劫》主题歌

▲《马路天使》

背景材料

《马路天使》是明星影片公司 1937 年摄制的中国故事名片。编导：袁牧之；摄影：吴印咸；主要演员：赵丹、周璇、魏鹤龄、赵慧深等。公映后，极受欢迎，被誉为"中国影坛上开放的一朵奇葩"。

故事梗概

影片描述一个青年吹鼓手和两姐妹的故事。青年吹鼓手陈少平所住阁楼对面，住着从东北流亡而来的两姐妹。姐姐小云沦为妓女，妹妹小红靠在酒楼卖唱为生。小红、少平平时对窗相望，情投意合。一天，一个流氓企图霸占小红，少平带小红逃匿他处，结为夫妻。不久，小云也逃来这里，与报贩老王一起生活。不想流氓追踪来此，小云帮助小红越窗逃走，自己则在搏斗中被刺伤致死。

赏析

影片以许多精彩细节，旁敲侧击地针砭时弊，对旧中国黑暗社会进行了辛辣的讽刺和鞭挞。影片风格深沉隽永、明快诙谐。镜头的运动和蒙太奇的运用都有不少可取之处。对声音的处理也有独到之处，在描写环境、烘托气氛、刻画人物心理活动方面发挥了显著作用。影片中的插曲《四季歌》《天涯歌女》（田汉作词、贺绿汀作曲，周璇演唱），唱出了东北人民故土沦陷、流落他乡的痛苦和哀思，流传甚广。四位主要演员的表演朴实细腻，性格鲜明，感染力很强。

四 季 歌

1=F 2/4

电影《马路天使》插曲

```
3 2  3 5 | 1 6  5 3 | 2. 3 2 | 1 1 6  1 2 | 1 6  5 3 | 5 - | 6 1 5 | 6. 1  2 3 |
```

1.春季 到来 绿 满 窗， 大姑娘 窗下 绣 鸳 鸯， 忽然 一 阵
2.夏季 到来 柳 丝 长， 大姑娘 飘泊 到 长 江， 江南 江 北
3.秋季 到来 荷 花 香， 大姑娘 夜夜 梦 家 乡， 醒来 不 见
4.冬季 到来 雪 茫 茫， 寒 衣 做好 送 情 郎， 血肉 筑 成

```
2 1  6 5 | 6 - | 6. 1  2 3 | 2 1 6 | 3. 5  1 6 | 5 - |(1.2 3 5  2 1 6 | 5 6 5 6 1 | 5 - ):|
```

无 情 棒， 打 得 鸳 鸯 各 一 方。
风 光 好， 怎 及 青 纱 起 高 粱。
爹 娘 面， 只 见 床 前 明 月 光。
长 城 长， 依 愿 做 当 年 小 孟 姜。

▲《十字街头》

背景材料

《十字街头》是明星影片公司 1937 年摄制的中国故事名片。编导：沈西苓；摄影：王玉如；主要演员：白杨、赵丹、吴茵等。此片虽经国民党当局较大的无理删剪，公映后，仍受欢迎，被当时进步影评界评为"一部值得推荐的国产佳片"。中华人民共和国成立后，多次在国内外重映，被公认为中国 20 世纪 30 年代优秀影片之一。

故事梗概

影片描写了四个失业大学生的生活。刘大哥刚毅有为，失业后回北方参加抗敌工作。小徐消沉懦弱，因找不到出路而自杀。阿唐是个乐天派，以给商店布置橱窗糊口。老赵对生活总是充满信心，终于在报馆找到一个夜班校对的位置。老赵住的后楼搬来一位纱厂教练员杨芝瑛。两人隔室相处，却不相识，并为了一些小事写字条相骂，进行恶作剧似的报复。一个偶然的机会，他们相遇了，相互产生爱情。不久，杨芝瑛、老赵都相继失业了。在十字街头，他们一起并肩向前走去。

赏析

影片生动地描写了民族矛盾与阶级矛盾日益尖锐化的 20 世纪 30 年代中国青年的苦闷、觉醒和走上抗敌斗争的过程。影片严谨简练，鲜明流畅，生活气息浓郁，具有乐观明朗的格调，是沈西苓的代表作。

▲《一江春水向东流》

背景材料

《一江春水向东流》是联华影艺社、昆仑影业公司 1947 年联合摄制的中国故事名片。编导：蔡楚生、郑君里；摄影：朱今明；演员：白杨、陶金、舒绣文、周伯勋、上官云珠、吴茵等。上映后深受舆论好评，是继《渔光曲》后卖座最高的一部影片。在上海连映三个月，观众达七十多万人次。

故事梗概

故事发生在抗日战争时期的上海。女工素芬和夜校教师张忠良夫妻曾积极投入支援东北抗日义勇军的捐款活动。抗日战争爆发，忠良因抗日，工作经汉口到重庆。素芬及婆婆、孩子为生活所迫回到乡下老家。忠良初到重庆时，很看不惯国民党官场的腐败景象，但在交际花王丽珍的影响、腐蚀下，同流合污了。素芬历经苦难，时时思念远方的丈夫。八年后，终于盼来了抗战的胜利，也意外地见到了忠良。但他早已不是那个淳朴而又信守誓言的丈夫了。素芬在绝望中投江自尽。

赏析

影片以抗日战争期间一个家庭的悲欢离合为主线，真实、生动、概括地反映了抗日战争的时代风貌。通过素芬的形象，表现了广大中国人民在抗日战争期间的艰苦奋斗精神，而张忠良则是那种从热血青年蜕变为腐化分子的艺术典型。影片以不同性格的人物，曲折变化的情节，抒情质朴的风格，反映出当时广大人民、尤其是生活在沦陷区的群众的心绪与愿望；揭露了统治当局的腐朽，社会的黑暗。

▲《三毛流浪记》

背景材料

《三毛流浪记》是昆仑影业公司 1949 年摄制的中国故事名片，中华人民共和国成立后放映发行。本片由阳翰笙根据张乐平连环画《三毛》改编。导演：赵明、严恭；摄影：朱今明、韩仲良；主要演员：王龙基等。

故事梗概

影片反映了旧社会城市流浪儿童的生活。主人公三毛流落街头，想找工作求生存而不得。流氓骗他去偷窃，他宁肯饿肚皮也不去。后来，被一位贵妇人收为养子，让他学习许多上流社会的礼节，并为他举行了一次鸡尾酒会。三毛不满意贵妇人家的荒淫和虚伪，纠合一群讨饭的小伙伴，冲散了酒会。然后他披起旧麻袋片，又回到流浪儿童中去。直到中华人民共和国成立后，三毛才结束了苦难的流浪生活。

赏析

影片真实地表现了流浪儿童的悲惨童年，控诉了黑暗社会对他们的凌辱和摧残，赞美了穷苦少年儿童天真善良、纯洁美好的心灵。影片形象地反映了都市流浪儿童这一社会问题，并为解决这一问题进行了思考，探讨了出路。王龙基饰演的三毛真实、生动、感人，给人留下深刻印象。多年来，影片屡映不衰，在国外也颇受欢迎。

▲《丽人行》

背景材料

《丽人行》是昆仑影业公司 1949 年摄制的中国故事名片。本片为田汉根据自己的同名话剧与陈鲤庭合作改编。导演：陈鲤庭；主要演员赵丹、上官云珠、黄宗英等。

故事梗概

故事发生在 1944 年日本侵略者占领下的上海。纱厂女工金妹在下班回家途中，遭日寇奸污，痛不欲生，幸遇爱国青年男女李新群、孟南和刘大哥，救至友人梁若英家中。梁若英由于丈夫章玉良到内地参加抗战，为生活所迫嫁给王仲原。从前线回来的玉良与若英相约在新群和孟南家会面。日寇密探来捕孟南，误将玉良和若英逮捕。新群为营救玉良和若英四处奔走，王仲原却置若罔闻。玉良和若英被释后，玉良继续从事抗日活动。若英得悉王仲原另有外遇，并发现他与敌寇狼狈为奸，方才醒悟，决意投江自杀，无意中在江边发现金妹，原来金妹也是投江后被人救起的。在新群的帮助下，若英和金妹开始坚强起来。

赏析

《丽人行》以三名不同性格的女性为主线，相互交织，生动地反映了抗日战争时期上海的景象。尤其是它反映了进步爱国女性和工厂女工们的境遇，在20世纪40年代的中国电影创作中比较有特色，有现实意义。导演陈鲤庭处理多条线索时，脉络清晰，相互呼应，显示出组织结构上的功力。一些重场戏，如玉良和若英重逢，感情描写细腻，人物关系微妙，具有较强的艺术感染力。

▲《乌鸦与麻雀》

背景材料

《乌鸦与麻雀》是昆仑影业公司1949年摄制的中国故事名片。编剧：沈浮、王林谷、徐韬、赵丹、郑君里、陈白尘（执笔）；导演：郑君里；摄影：苗振华、胡振华；主要演员：赵丹、魏鹤龄、黄宗英、孙道临等。

故事梗概

影片以上海新中国成立前夕一座里弄居民楼里几户人家的生活为背景。这里生活着形形色色的人们：他们共居一幢房子，却有着两种立场、两种利益，展现出曲折、微妙、你死我活的斗争。影片围绕着这幢房子的产权问题，揭露了侯义伯这名小官僚仗势欺人、鱼肉百姓的丑恶嘴脸，而且表现了他在逃跑前夕色厉内荏的虚弱本质。

赏析

创作者以同情的态度，刻画了如可怜的小麻雀那样的平民百姓。他们性格各异，觉悟不一，但他们在和反动势力的斗争中却渐趋一致，团结成一股反抗的力量。在艺术上它采取讽刺喜剧的手法，除对行将灭亡的反动统治阶级进行辛辣的嘲讽和深

刻的揭露外，也对平民中的一些思想性格弱点，给予了恰如其分的讽刺和批评。

▲《钢铁战士》

背景材料

《钢铁战士》是东北电影制片厂1950年摄制的中国故事名片。本片由成荫根据武兆堤、苏里、吴茵的歌剧《钢筋铁骨》改编。导演：成荫；摄影：王春泉；主要演员：张平、杜德夫、孙羽、胡朋等。1951年，影片在捷克斯洛伐克第六届卡罗维发利国际电影节上获和平奖，并于1957年获中华人民共和国文化部颁发的优秀影片一等奖，是导演成荫的成名作。

故事梗概

1946年夏，中国人民解放军某部排长张志坚率领战士狙击敌人，掩护主力转移，完成任务后，弹尽粮绝，不幸被捕之后的故事。张排长忍受了严刑拷打，顶住了金钱美女的诱惑，威武不屈。敌人又把他的母亲和儿子抓来，妄图用骨肉之情瓦解他的意志。最后敌人的一切伎俩都破产了。不久，解放军开始大反攻，张排长又回到自己的队伍中。

赏析

影片热情歌颂了解放军战士忠于理想、忠于事业、忠于党和人民的革命英雄主义精神。影片情节曲折，格调高昂，富于激情，具有激奋人、感染人的艺术魅力。

▲《白毛女》

背景材料

《白毛女》是东北电影制片厂1950年摄制的中国故事名片。由水华、王滨、杨润身根据同名歌剧改编。导演：王滨、水

华；摄影：钱江；主要演员：田华、陈强等。影片在1957年文化部1949年～1955年优秀影片评奖中获故事片一等奖；获1951年第六届卡罗维发利国际电影节特别荣誉奖。

故事梗概

故事发生在1932年的河北省农村，佃户杨白劳被地主黄世仁和狗腿子穆仁智逼债，无奈卖女后自尽。其女喜儿受辱出逃，在深山洞穴中躲藏多年，头发变白，被当地农民误为"白毛仙姑"。后来八路军来到这里，镇压了恶霸地主，接回喜儿，贫苦农民翻身得到了解放。

赏析

影片深刻表现了"旧社会把人变成鬼，新社会把鬼变成人"的思想主题。在艺术上不是单纯的舞台纪录，而是在忠实于原作精神的基础上有所创新和突破。最显著的特点，是民族化、群众化的艺术原则和电影化的手法密切结合。

▲《南征北战》

背景材料

《南征北战》是上海电影制片厂1952年摄制的中国故事名片。编剧：沈西蒙、沈默君、顾宝璋；导演：成荫、汤晓丹；摄影：朱今明、顾温厚；主要演员：陈戈、冯喆、张瑞芳等。

故事梗概

1947年终，华东部队实行大踏步战略撤退，某师一团一营高营长率领的部队，转移到山东沂蒙山区桃村待命。这时，高营长部队接受了在摩天岭狙击敌人的战斗任务。在地方武装和当地群众的支援配合下，军民合力完成了战斗任务，歼灭了狡猾顽固的敌张军长部。

赏析

影片正面表现了中国人民解放军的军事斗争生活，形象地体现了人民战争的伟大战略思想。本片以鲜明的时代特点、真实的生活气息、生动的人物形象和宏伟壮观的战斗场景而独具特色，历映不衰，是中华人民共和国建国初期的很有影响的军事题材影片。

▲《鸡毛信》

背景材料

《鸡毛信》是上海电影制片厂1954年摄制的中国故事名片，由张骏祥根据华山同名小说改编。导演：石挥、谢晋；摄影：罗从周；主要演员：蔡元元、舒适等。本片获中华人民共和国文化部颁发的1949年～1955年优秀故事片三等奖，1955年英国第九届爱丁堡国际电影节优胜奖。

故事梗概

故事发生在抗日战争时期华北抗日根据地。龙门村的儿童团长海娃接受了给八路军送一封鸡毛信的任务。途中遇上日本兵，他急中生智想了多种办法与敌人周旋，保住了鸡毛信，完成了任务。八路军根据鸡毛信所报告的情况，袭击了日本据点，活捉了敌军司令。

赏析

影片塑造了小英雄海娃的形象，表现了中国少年儿童反抗日本侵略者的斗争精神。编导者按照儿童特有的思想感情、语言动作刻画人物，使影片独具特色。影片情节起伏跌宕，引人入胜，深受观众特别是少年儿童观众的喜爱。

▲《渡江侦察记》

背景材料

《渡江侦察记》是上海电影制片厂1954年摄制的中国故事名片。编剧：沈默君；导演：汤晓丹；摄影：李生伟；主要演员：孙道临、陈述等。

故事梗概

影片描绘了1949年中国人民解放军横渡长江前夕，解放军某部侦察连李连长率领一班侦察员渡江侦察敌情的故事。他们在当地游击队队长刘四姐等配合下，插入敌人心脏，搞到了敌军江防工事图，摸清了敌人榴弹炮阵地的部署，及时向江北送出情报，保证了人民解放军胜利渡江。

赏析

影片再现了解放战争时期中国人民解放军百万雄师下江南的宏伟场景，歌颂了解放军战士机智勇敢、坚忍顽强、不怕牺牲的高尚品格。影片情节曲折、紧张、惊险，引人入胜，生动地塑造了李连长、刘四姐、吴老贵、小马、周长喜等人的英雄形象。

▲《平原游击队》

背景材料

《平原游击队》是长春电影制片厂1955年摄制的中国故事名片。编剧：邢野、羽山；导演：苏里、武兆堤；摄影：李光惠；主要演员：郭振清等。

故事梗概

1943年秋，游击队队长李向阳奉命带

部队深入敌后平原某县城，牵制城里的日寇松井部队。李向阳部在群众的协助下，经过几个回合的较量，处死了汉奸，全歼了松井部队。

赏析

影片导演手法严谨流畅，注意镜头运动和影调变化，真实地再现了抗日战争时期华北平原军民的抗日斗争生活。本片塑造了智勇双全、爱憎分明的游击队指挥员李向阳的英雄形象，热情歌颂了中国人民誓死保卫祖国的爱国主义精神和革命英雄主义气概。影片情节引人入胜，生活气息浓郁，有着明朗乐观的格调和雄浑悲壮的抒情色彩。郭振清扮演的李向阳和方化扮演的松井给人留下深刻的印象。

▲《董存瑞》

背景材料

《董存瑞》是长春电影制片厂 1955 年摄制的中国故事名片。编剧：丁洪、赵寰、董晓华；导演：郭维；摄影：包杰；主要演员：张良等。

故事梗概

影片叙述了以"舍身炸碉堡"闻名的人民英雄董存瑞一生平凡而伟大的事迹。

赏析

影片虽以真人为题材，但对董存瑞的英雄形象进行了艺术加工和创造。通过富有戏剧性的场面、生活细节，表现了董存瑞好胜、执拗的个性，有层次地展示了董存瑞从一个普通农村少年到战斗英雄所跨越的生活历程。影片的其他人物，如董存瑞的亲密战友郅振标等，也都栩栩如生，起到了衬托的作用。《董存瑞》是中国军事题材影片的一部成功之作。

▲《上甘岭》

背景材料

《上甘岭》是长春电影制片厂 1956 年摄制的影片。编剧：林杉、沙蒙、曹欣、肖予；导演：沙蒙、林杉；主演：高保成、徐林格、刘玉茹等。

故事梗概

1952 年秋，朝鲜战争进入最后的关键阶段。美国侵略者竟在板门店谈判休会期间，调动 7 万多兵力，在三八线附近发动了大规模进攻，企图夺取我军上甘岭阵地，进而攻占五圣山，用武力获得他们在谈判桌上得不到的东西。坚守上甘岭阵地的中国人民志愿军某部八连，在连长张忠发的

率领下，与敌人浴血奋战，打退了敌人二十多次疯狂进攻。此后，他们又根据上级指示，退入坑道坚守阵地，拖住敌人，使之无法前进一步。在坑道里，他们遇到了各种难以想象的困难，不仅与外界的联系被敌人切断，而且缺水缺粮，生存艰难。但为了祖国、为了朝鲜人民，他们以惊人的毅力，坚守了 24 天，从而赢得了时间，使中朝军队取得了大进攻的胜利，并使整个朝鲜战场的形势发生了根本变化。美国侵略者被迫重新坐下来谈判，无可奈何地在停战协定上签了字，朝鲜人民得到了和平。

赏析

《上甘岭》是对中国人民志愿军的一首英雄赞歌，是对中华民族不可战胜的民族精神的伟大颂歌。影片真实地再现了那一段可歌可泣的历史。3.8 平方千米的狭小面积，一日之内落弹 30 余万发；1 万余人，要对抗 7 万多敌人；前沿阵地上，经常是一两个残破的连对抗敌人一两个齐装满员的团，而且几乎没有炮火支援，弹药也常常补充不上，一桶水、一箱弹药、一个苹

果牺牲好几条人命都不一定送得上去……我们的战士，随时准备如 19 岁的贵州苗族战士龙世昌那样用爆破筒与敌人同归于尽，如四川籍的营通讯员黄继光那样用胸膛去堵住敌人的机枪眼。光荣的中国人民解放军十五军的军史上写着："上甘岭战役中，危急时刻拉响手雷、手榴弹、爆破筒、炸药包与敌人同归于尽，舍身炸敌地堡、堵敌枪眼等，成为普遍现象。"只有中华民族的优秀儿女，才能这样把个人生死置之度外。上甘岭，用一万多名志愿军的血肉筑起了一道坚不可摧的长城。上甘岭战役的胜利，不仅是一两个伟人的胜利，也不仅是几十个将军的胜利。当一个辉煌了两千年的民族衰落后重新找回自信的时候，这种力量是强大得令任何敌人都会生畏的。这就是影片歌颂的民族精神。

影片中的连长张忠发和女卫生员的形象感人至深，特别是女卫生员唱的那首《我的祖国》，永远地留在了人们心中。人们常常唱起那首由乔羽作词、刘炽作曲的千古绝唱："一条大河波浪宽，风吹稻花香两岸；我家就在岸上住，听惯了艄公的号子，看惯了船上的白帆。这是美丽的祖国，是我生长的地方，在这片辽阔的土地上，到处都有明媚的风光……"

我的祖国

1=F 4/4

稍慢 优美 亲切地

电影《上甘岭》插曲

（一）一条大河波浪宽，风吹稻花香两岸；我家就在
（二）姑娘好像花一样，小伙心胸多宽广；为了开辟
（三）好山好水好地方，条条大路都宽畅；朋友来了

岸上住，听惯了艄公的号子，看惯了船上的白帆。这是
新天地，唤醒了沉睡的高山，让那河流改变了模样。这是
有好酒，若是那豺狼来了，迎接它的有猎枪。这是

mf（副歌）稍快、宏阔壮丽地

美丽的祖国，是我生长的地方，在这片辽阔的
英雄的祖国，是我生长的地方，在这片古老的
强大的祖国，是我生长的地方，在这片温暖的

土地上，到处都有明媚的风光。到处都有和平的阳光。
土地上，到处都有青春的力量。
土地上，

▲《人到中年》

背景材料

长春电影制片厂 1982 年出品。导演：王启民、孙羽；主演：潘虹、达式常。本片获 1992 年金鸡奖最佳故事片奖、最佳女主角奖；获同年大众电影百花奖最佳故事片奖及政府优秀影片奖。

故事梗概

1979 年秋，北京某医院中年眼科医生陆文婷突发心肌梗死，躺在医院急救。18 年前，她大学毕业分配到这里，勤勤恳恳，奉献了青春和精力。她早该是主任级大夫，可现在连主治大夫都不是。28 岁了，她才与科技人员傅家杰结婚。婚后的生活幸福而充实，但繁重的业务和生活重担却把她压垮了。就在她发病的那天上午，她连做了三个手术。为焦部长做手术时，焦的夫人总是不放心，纠缠不休，让人心烦。这女人哪里知道，"文革"中，正是陆文婷为被打倒的焦作的手术，才挽救了他的双眼。手术中，陆文婷得知女儿佳佳病了，但她不能离开。待她结束工作赶到托儿所时，

只剩佳佳一个人了。她急抱佳佳看病，然后赶回家，儿子正等着她做饭，还懂事地用白粉染着自己的蓝色球鞋，以便参加学校的运动会。好友姜亚芬夫妇来告别，要去加拿大，陆劝她："不能不走吗？"但她们终于走了……陆文婷渐渐恢复了知觉，她嘱咐傅家杰给儿子买球鞋，给佳佳扎小辫。一些日子以后，陆文婷的身体逐渐康复，她在傅家杰的搀扶下，迎着朝阳和寒风，慢慢走出了医院。

赏析

《人到中年》是在中国电影界摒弃曾在一些影片中存在的高大全、假大空的创作模式，回归现实主义传统的背景下创作的。影片以可贵的艺术敏感和社会责任心，大胆触及了当时社会中普遍存在、并亟待解决的中年知识分子的处境问题。同时又以深情的笔触表现了知识分子任劳任怨、忠于事业、热爱祖国的高尚品格，具有浓郁的诗意和独特的审美价值。现实主义是这部影片的创作基调，写实风格是它的艺术追求。

影片中，陆文婷的身心疲惫感，表现了当年相当多的中年知识分子力不从心的状况；十几平方米小屋的拥挤憋闷，也正代表着他们的生存空间；至于那"十八年一贯制"的56块半工资，则是他们的全部衣食来源了。面对这些，观众会不由自主地置身其中，感同身受，为之动情，为之揪心，从而获得对现实主义电影"镜像同一"的心理期待的满足。

影片写实风格的追求，不仅表现在镜头语言与现实生活的趋近，而且追求一种心理情绪的真实。即在结构上不注重尖锐的戏剧冲突，而是根据人物的情绪变化来安排影像流程。在叙事上，从抢救陆文婷开始进入倒叙，然后，又按照生活本身的逻辑次序展开顺叙。在一系列纵向叙事链条中，又不时横向地插入主人公及他人心理空间的闪回镜头，如孙主任的回忆，陆文婷意识中浮现的恋爱场景等等。这些横向的小插曲，都是心理活动与情绪发展的真实，影片对此作了深刻的揭示。

影片的另一个重要追求，是表演的生活化，即摒弃"表演"的表演。正如潘虹在《角色备忘录》中所说，她找到了角色的根，她把角色的精神特质确定为一个"忍"字：忍受、忍让、忍耐——忍受身体疲惫，忍受物质匮乏，忍受社会权势、忍受作为妻子和母亲的内疚……但"在陆文婷温柔而病弱的外表下，有一种超出一般常人的巨大克制力，这就是这个人物的魅力所在"。影片中，演员完全"消失"到角色的"自我"中去了，观众的审美意念中也完全忘掉了演员，只留下了角色。这种表演境界，是难以达到的。

▲《城南旧事》

背景材料

1982年上海电影制片厂出品。导演：吴贻弓；主演：沈洁、郑振瑶、张闽、张丰毅、严翔等。本片获1983年金鸡奖最佳导演、最佳女配角（郑振瑶）、最佳音乐奖。评论认为，这部影片"在探索电影继承和发扬我国优秀的美学传统方面，获得了可喜的成果"。

故事梗概

长城、荒草、卢沟桥、骆驼队……20世纪20年代的北京。六岁的小女孩林英子一家住在城南，她好奇地观察着世界，思索着许多让她不懂的人事。惠安会馆门口站着的疯女人，她的亲人被带走要过堂了，她的孩子一生下来就被人扔了。别人怕她，可英子愿意跟她玩。妞儿是英子的小伙伴，她身上有许多可怕的鞭痕，原来她父母不是亲的。妞儿发誓要找到亲生父母，英子把她带到疯女人秀珍身边，她们"母女"欢聚了，但想不到却惨死在火车轮下……英子搬家了，上学了，又交了个新朋友。想不到这人为了供弟弟上学，竟去偷人家的东西，被捉住了，绑走了。宋妈是英子的奶妈。英子不明白宋妈为什么不去照管自己的孩子，后来才知道，宋妈的儿子淹死了，女儿也被卖了。不久，宋妈也被她男人接走了。英子的父亲是大学教书先生，他爱孩子，爱学生，如今却长眠在台湾异地冰冷的地下。童年渐离英子而去，她将开始在天地间沉浮，但心灵的童年永存。

赏析

《城南旧事》是根据台湾女作家林海音的自传体同名小说改编摄制的。它通过小女孩英子的亲身经历和见闻，真实地反映了 20 世纪 20 年代旧中国愁惨暗淡的人世生活。所谓"旧事"，包含着两层意思：第一，这是遥远的、时时牵动着作者情愫的往事。林海音说过："我是多么想念住在北京城南时的那些景色和人物啊！我对自己说，把它们写下来吧，让实际的童年过去，心灵的童年永存下来。"熟悉的故人故土，熟悉的民风民俗，多么难舍难忘，多么可追可忆！作者怎能不通过对往事的缅怀，来排遣自己深沉的眷恋和思乡之情呢？第二，这是发生在旧中国的事。20 年代的中国，人们怎样生活，生活中都有一些什么样的人和事，这些人和事又都同作者的童年发生着一些什么样的联系，以至于那么难忘，这就是作者"忆旧"的主要内容。作者表现这些内容，是别有一番滋味在心头的——它包含着离愁、乡恋，以及对历史变迁和现实处境的惆怅、叹息等等。

影片具有一种质朴、清新的散文化叙事风格。整部影片是由几个小故事串缀而成的，即秀贞和妞儿的故事，小偷的故事，宋妈的故事和慈父的故事。这些小故事都是英子的所见、所闻（这也是影片的视角），看似互不相关（故事之间并无因果关系），实际却在人物的身世命运上有着紧密的内在联系，这就是 20 世纪 20 年代中国社会的一个横断面。请看：钟情的姑娘因失去情人和孩子而精神失常；强壮的年轻人被生活逼成了小偷；善良的农妇为养活儿女进城帮佣最终仍失去了儿女；正直慈祥的父亲积劳成疾终于离开人世……这就是当时社会最普通的人的命运。影片在真实自然地展现这些人物不幸命运的同时，也反映了当时城市和农村的惨淡与凋敝。

对于这一切，影片不仅以童心的真纯追忆着、咀嚼着、惋惜着、哀叹着，为人们生动地描画出一个童心所见的旧世界来，而且达到了相当的深度。

影片忠实于原作的意韵和风格，将"淡淡的哀愁，沉沉的相思"确定为影片的总基调。它在特定的社会历史环境中开掘人物之间的情感，抒情而细腻地刻画人物的精神风貌和心理活动，营造出一种深沉委婉、宁静淡泊的意境，成功地再现了原著那种"往事感"和"回忆感"的神韵，"就像是一张珍贵的、甚至发了黄的旧照片"。

▲《默默的小理河》

背景材料

1984 年西安电影制片厂出品。导演：张子恩；主演：贾六、陈宝国。本片获1984 年文化部优秀影片奖。

故事梗概

1947 年秋，为躲避胡宗南的军队，陕北小理河畔青石崂村的人都撤走了，唯有爷爷一家留在了村子里。一天，一支胡宗南的小通讯队进了村，住进爷爷家里。他们是为寻找党中央的行踪而来的；游击队的人也在观察着他们。这支队伍中，有带队的军官、老马夫父子、偷偷相爱的传令兵和俊俏女兵。传令兵和女兵想逃走，被发现，传令兵被军官毒打致死。女兵求老马夫助其逃跑，老马夫转而求助于爷爷，请他通报游击队。老马夫知道，只有当了八路军的俘虏才能得救。爷爷出去报告了敌情，回来后又与军官周旋。游击队决定歼灭这支队伍。战斗打响后，军官欲炸毁携带的机器，老马夫为保护儿子而死，俊俏女兵也死于军官的枪下。当军官逼向爷爷一家人时，爷爷奋不顾身地将他砸倒……战斗结束了，小马夫和爷爷的儿子一起参加了解放军。

赏析

这是一部反映解放战争的影片，但它没有正面反映战争，更像一部心理影片。它以现代人的眼光看待过去的战争，总体上保持了散文诗的韵律，情节的起伏有内在的张力，表现静中的动，小中的大，弱里的强，其丰富的内涵耐人寻味。

小理河小，小到仅有一座电台、一户农家，观众却分明看见了"大"——一场大战斗，甚至大战役，正在不远处进行。

小理河静，静得可以听见淌水声，观众却分明感到了"动"——无论是千军万马的动，还是人物心理的动。

影片开始那冷色调的静物：歪斜的磨盘、僵死的毛驴、干涸的河床……这些战争残留物的造型细节，先声夺人地把观众带进一场激烈战斗的氛围中。至于老人伫望儿子远去和国民党兵的钢盔从地平线下冒出的镜头，就具有更强的画面张力了，它足以使观众的视觉停留而想象飞驰。

这小与大、静与动（最终演化成了弱与强）的交错对比，在心理情绪气氛的渲染上更有讲究：军官的矜持、机敏、凶残，以及狂躁和歇斯底里，恰与普通老农（爷爷）的沉默、拘谨、拙朴、刚强，形成鲜明对照。一个表现出强烈的动感，一个蕴蓄着可怕的静势。静与动的对峙，缓与急的交锋，把一场战争完全心理化了。这心理中，既有战争的反映，又反映了战争。战争的"宁静"感，战争的"常态"感，就是从这一角度表现出来的。但在这"常态"与"宁静"的背后，却时时处处令人感到生死拼斗的凶险，而且愈显"宁静"、"常态"，这凶险的气氛愈浓烈。古人诗云"蝉噪林愈静，鸟鸣山更幽"，讲的就是这个道理。

表现战争中的普通人和人的普通，实际上是在更坚实的层次上认识了战争。《默默的小理河》就是这样的影片。

一辈子"靠双手在黄土里抠日月"的爷爷，之所以成了对解放战争有重大贡献的英雄，原因很简单：敌人侵扰了他的生活，损毁了他的安宁。对于本分的老人来说，这就是生存的需要和权利。因此，他之所以冒死帮助老马夫和俊俏女兵，就并非什么英雄意识，完全是出于对自己生活被侵害的愤恨。然而，战争的胜负，不正是取决于千千万万普通人的这种极为普通的爱恨心理么？

与老人相对，军官也是一个普通人。影片刻意表现了他为人的普通的一面。他杀狗、打人、侮辱士兵，可谓凶狠无情；可他也"讲理"，又"颇通人情"。这是一个活人，而非以往影片中常见的那类脸谱。惟其如此，我们在军官身上认识到的东西，才深刻实在得多。

以小见大，这就是影片透露给观众的

信息。

▲《血战台儿庄》

背景材料

广西电影制片厂1986年出品。导演：杨光远、翟俊杰；主演：邵宏来、初国良、翟俊杰等。本片获1987年中国电影金鸡奖最佳编剧奖、最佳化妆奖、最佳烟火奖；获同年《大众电影》百花奖最佳故事片奖。

故事梗概

1937年冬，侵华日军司令官畑俊六大将准备合围徐州，打通津浦线，图谋加速灭亡中国。台儿庄是徐州东北门户，敌我双方势必浴血争夺，为此，国民革命军第五战区司令长官李宗仁亲临徐州，部署与敌决战。他首先启用了代人受过的战将张自忠，又收编了川军王铭章师，于1938年1月12日在台儿庄拉开会战序幕。1月24日，蒋介石下令处决不战而退的韩复榘。在临沂激战中，张自忠摒弃前嫌，增援庞炳勋，胜利地保住了阵地。3月15日，日军矶谷师团直扑滕县，王铭章率师奋战，因汤恩伯未及时增援，王寡不敌众，壮烈殉国。李宗仁决定扼守台儿庄，与日军决一死战。他命令各部迅速行动，完成对日军的合围。4月4日，我军以40万优势兵力包围了进犯台儿庄的敌军七八万人。中国守军全线出击，矶谷师团陷入重围，几百名日军伤残士兵绝望地自杀，战场上遍布中日双方官兵的尸体。7日，台儿庄大战宣告结束，歼灭日军两万余人。这次会战坚定了中国人民抗战必胜的信心。

赏析

这是一部纪实性、文献性战争故事片，反映了中国抗日史上占有重要地位的一场大会战。全片始终贯穿着抗击日寇侵略、争取民族生存这条主线，从而构成影片形散神不散的开放式特点。它忠实于历史，力求强化真实感与历史感，以爱国为基调塑造了一批优秀的国民党将领和中下级军官的动人形象，通过浴血奋战、抗击强敌的气势感染观众。它力求使银幕造型饱含深刻的内蕴力，不回避战争的残酷，在浓烈悲壮的氛围中表现出中华民族的凛然正气，以激起人们的民族自豪感和深刻的历史反思。

▲《孙中山》

背景材料

1986年珠江电影制片厂出品。导演：

丁荫楠；主演：刘文治、张燕等。本片获1987年中国电影金鸡奖最佳故事片、最佳导演、最佳男主角、最佳摄影、最佳美术、最佳音乐、最佳服装、最佳剪辑、最佳道具奖。

故事梗概

1894年某日，在上海宋跃如寓所里，青年孙文（中山）慷慨陈词，表达了用强力驱除鞑虏、恢复中华的决心。接着，他去檀香山，组织成立兴中会，决定广州起义。1895年11月7日，起义军在广州打响民主革命第一枪，但因事前消息泄漏，起义失败了。1900年10月惠州起义又遭挫。孙文流亡日本，1905年在日本成立了同盟会。1907年3月爆发镇南关起义，孙文亲临指挥，终因寡不敌众又告失败。在美国读书的宋庆龄十分关心国内革命。1911年10月10日辛亥革命成功；1912年1月1日中华民国成立，孙文就任临时大总统。但北方仍为军阀盘踞。袁世凯有复辟之心。汪精卫等人劝孙文与袁媾和，孙文心情复杂，1912年2月被迫辞去大总统职去日本，并图再举。宋庆龄由美赴日，担任孙文秘书，他们的感情与日俱增，最终结为夫妻。1913年3月，袁世凯杀害了宋教仁。孙文回到国内，决心建立革命军队，革命又开始了一个新阶段。此时，李大钊等共产党人面见孙文，提出重要建议。后孙文改组国民党，召开国民党一大，宣布实行联俄、联共、扶助农工的三大政策，成立黄埔军校，开始国共合作。不久，冯玉祥推翻北京军阀，电邀孙文北上商讨国是。此时，孙文已是重病缠身，但为了国家前途，他仍毅然前往……

赏析

这是一部表现我国民主革命先驱者孙中山先生伟大光辉一生的影片。先生的一生贯穿着救国救民的崇高思想和不怕牺牲的伟大精神。影片忠于史实，采用散文诗的写法，又具有心理片的因素。片中选取的是主人公一生中对他心理撞击最为激烈的生活片断，或促使他产生重大心理转折的历史事件，再以情绪递进的方式编织成全片的主要内容。

这是一部上下集的长片，具有史诗般的规模和恢弘的气势。影片上集表现的是孙中山为了推翻腐败的清王朝，发动一次又一次的起义，屡战屡败却又百折不挠的革命精神，最终取得了辛亥革命的胜利。影片截取历史上12次起义中的四次作为结构框架，而四次起义的艺术处理又各具特色。第一次广州起义，表现革命军火轮与清军舢板在江上的战斗，突出的环境空间是弥漫的江雾。第二次惠州起义，是宏伟的野战场面，起义军潮水般冲杀，尸横遍野，悲壮惨烈。第三次镇南关起义，大炮轰鸣，烽烟四起，突出的是烟的造型元素。第四次黄花岗起义，没有冲杀场面，只有熊熊的烈焰和奔突激越的音乐。四次起义，没有发生、发展和失败的过程，只有各自富有特征的片断场景。影片以不同的造型、色彩和声音元素加以艺术处理，产生出强烈的情绪冲击力，令人感受到起义者前赴后继的大无畏精神而肃然起敬，内心震撼。这四次起义都重在写意而非纪实。

影片下集更多表现的是孙中山的内心情绪。影片以孙中山的亲密战友黄兴、宋教仁、陈其美、朱执信的一一离去作为结构框架，落墨处则是这些仁人志士的牺牲对于革命先驱者心理情绪的冲击，以及由此而引发的孤独感和悲怆感。辛亥革命推翻了统治中国两百多年的清王朝，却没有完全改变中国的命运。国事纷乱坎坷，战友相继离去，作为民主革命先行者的孙中山，其内心的苦闷、孤独、悲怆，是常人难以想象的。影片正是在这一点上，把握住了主人公的内心情绪和心理发展脉络，加以富有深度的艺术处理。这就为表现孙中山百折不挠的斗争精神，以及尔后思想和革命事业的升华作了有力的铺垫。这种重在心理刻画而非简单叙事的处理手法，显然更具艺术魅力。

《孙中山》在人物传记片的美学领域做了有益的探索。孙中山一生进行了近四十年艰苦卓绝的战斗，足迹遍及三大洲，事迹之丰富，为同时代人所罕有。怎样表现一代伟人辉煌的一生，实是创作难题。对此，影片导演没有采用常见的戏剧性结构以增强其观赏性，也未采用纪实手法以更凸显其真实感，而是另辟蹊径，"努力在以半殖民地、半封建的旧中国为特定历史氛围的影片中，结构成以心理情绪为主体的内容，以艺术的造型与声音为主要的表现形式的一部哲理性的心理情绪片"。（丁荫楠语）如上所述，影片的这一美学探索基本上是成功的。

▲《红高粱》

背景材料

1987年西安电影制片厂出品。导演：张艺谋；主演：巩俐、姜文。该片公映后，引起强烈反响，被称为"轰动世界影坛之作"。本片获第三十八届柏林国际电影节大奖——金熊奖；第八届中国电影金鸡奖最佳故事片奖、最佳摄影奖、最佳音乐奖、最佳录音奖；第十一届《大众电影》百花奖最佳故事片奖。

故事梗概

影片讲述的是抗日战争爆发前后，在一处百十亩高粱地及其周围发生的神奇悲壮故事。

我奶奶19岁时，曾外祖父为了换回一头骡子，把她嫁给了十八里坡酿酒作坊的掌柜、五十多岁的麻风病人李大头。抬新娘的轿子行至青杀口，密密的高粱地里突然窜出一帮劫道人。劫财之后，劫匪为我奶奶的美色所动，胁迫我奶奶去高粱地，此时，轿把式余占鳌率领众轿夫一拥而上，几下子就将劫匪结果了。三天后，我奶奶回门，行至青杀口又遇见一个蒙面人，把我奶奶拖进高粱地。拼死挣扎的我奶奶发现那人竟是轿把式，不禁热泪盈眶，轿把式发疯似的在高粱丛中踩出一块平地，像一个圆形圣坛，把我奶奶放上去……自那以后，余占鳌成了我爷爷。几天后奶奶回到家，李大头已不知被谁杀了。我奶奶留住伙计，主持起酿酒作坊。

一晃九年过去了，我爹9岁时，日本鬼子来了。鬼子兵用刀逼着乡亲们踩倒自己种的高粱修公路，还将酿酒作坊伙计罗汉大爷吊在树上剥皮示众。夜里，我奶奶搬出埋了九年的好酒"十八里红"，让每个伙计都喝了一碗，然后他们唱着酒神曲昂昂扬扬地去打日本鬼子。我奶奶挑着担去跟我爷爷他们送饭时，鬼子军车上的枪炮响了，我奶奶应声倒地。高粱地怒吼了，我爷爷和伙计们疯了似的抱着火罐、土雷冲向鬼子军车。军车炸飞了，那帮好汉们

也全死了。这时，夕阳如血，高粱如血，天地如血……

赏析

这是根据作家莫言中篇小说《红高粱》改编摄制的一部反映20世纪二三十年代我国北方农民富有浓厚传奇色彩的生活和斗争的影片。本片通过结亲、劫道、野合、酿酒、抗日复仇直至壮烈牺牲等情节，形象化地表现了浓烈、多彩的世态人情，刻画了形形色色的传奇人物。

这部影片具有独特的视角，它从传统的对农民生活的关注转向了对生命的礼赞。整部影片都在表现一种痛快淋漓的人生态度，呼唤蓬勃的生命力，张扬一种敢恨敢爱、敢生敢死、不扭曲、无拘束、坦坦荡荡的生命观。全片大致可分为两部分：前一部分是自由、生命的赞歌。长达数分钟的狂放张扬的颠轿，高亢的唢呐声中的野合，粗犷豪放的《妹妹你大胆地往前走》的歌唱，充满野性与生命力的高粱地，鲜红透亮、四溅飞洒的高粱酒，无疑都充满着强壮雄浑之气，示人以独特的阳刚之美，涌动着无尽的生命活力。后半部分从原始、野性的生命赞歌上升为民族正义的英雄颂歌。而好汉们浴血奋战的内在动力，仍然是为着保卫生活的自由和生存的权利。这时的英雄颂歌，歌颂的正是追求自由的民族精神，它与前面对生命的礼赞，含义是一致的。而且这种追求，已经超越了时空的局限，达到了一种纯美的高度。所以，影片结尾处，神奇的日食中，天地一片通红，火红的背景下，是两个如雕塑般的英雄人体。在这个犹如神圣仪式般的镜头前，会让人萌生出一种悲壮的崇高感。

值得一提的是，为了歌颂生命的力量，展示野性的活力，作者刻意表现了当时还是禁区的性。这种表现，既反映了对沉闷生活的反叛，也蕴含着对乡土被侵犯的复仇血性。这种内蕴使影片在颂扬生命力时具有一种天马行空的狂气与雄风。颠轿的邪气、野合的蛮气、祝酒的豪气、浴血拼斗的狂气，都显示出对人物心理常态与变态的微妙把握与开掘。与此相应，影片将写实性与写意性结合得浑然一体，既注重故事的叙述，从规定情景下具体人物性格入手，编织出一个完整、动人的故事框架；也大胆跳出讲故事的传统套路，让影像发挥相对独立的作用，依靠纯视像的电影语言

来表达导演意念，极具震撼力，有些画面简直可以视作一幅单独的摄影艺术作品。此外，片中无伴奏的独唱合唱，粗犷刚健，独具魅力，很好地表现了人物的性格与精神。

▲《开国大典》

背景材料

《开国大典》是1989年长春电影制片厂摄制的一部有重大历史价值和深远影响的影片。导演：李前宽、肖桂云；主演：古月、孙飞虎、黄凯、邵宏来、刘怀玉、郭法曾、路希等。本片思想艺术成就高，获得1990年中国电影金鸡奖最佳故事片奖、《大众电影》百花奖最佳故事片奖。

故事梗概

1948年秋至1949年初，毛主席、党中央在河北省平山县西柏坡指挥"三大战役"。

1948年底，辽沈战役结束，淮海战役已胜券在握，平津战役正在进行。南京蒋介石官邸，国民党政府要员们商讨蒋介石的《新年文告》。由于军事上连遭败绩，蒋介石假意引咎辞职，推出李宗仁为代总统。中共中央书记处则在讨论毛泽东的新年献辞《将革命进行到底》。为保护北平古城，党中央积极做华北"剿总"司令傅作义的工作，使他终于认清形势，1949年1月31日北平和平解放。蒋介石下野后，又在奉化召开会议，意图卷土重来。3月，中共七届二中全会在西柏坡召开。后中共中央机关迁移北平。蒋介石欲保住半壁江山，派张治中去北平和谈，但蒋介石不过想借此苟延残喘，并无和谈诚意。4月20日，国民党代表拒绝在和平协议上签字。24小时后百万雄师渡过长江，南京随即解放。蒋介石再次出山。5月21日，上海解放。5月24日，蒋一家拜别蒋母墓，乘船悄然离开大陆。9月30日，毛泽东等领导人在天安门前举行了人民英雄纪念碑的奠基礼。10月1日午后3时，毛泽东在天安门城楼庄严宣告："中华人民共和国中央人民政府今天成立了！"

赏析

这是一部以广阔的视野和恢弘的气度，宏观地、全景式地反映中国历史重大转折，重现一代风流人物叱咤风云创建新中国伟业的影片。本片对浩如烟海的史实进行艺术的熔裁与概括，将中国人民革命战争的胜利，人民共和国的诞生，作了总体的把握与表现。

时而泼墨挥洒，时代风云尽收眼底；时而工笔细描，揭示人物心灵。数十位可以入史的人物，数百万大军角逐之战场，两种命运的最后较量，在片中熔于一炉，形散而实聚，杂然而有序，充分显示了影片作者的匠心和功力。

毛泽东和蒋介石，是《开国大典》全部结构开合的两个关键性人物。影片以这两个人物为轴心，通过他们与周围僚属、将领、社会知名人士以及家庭成员间的联系，而达到辐射全局的目的。这两个人物的活动，构成了影片总的戏剧冲突。影片前半部分，蒋介石的戏要重一些，因为他是即将退出历史舞台，代表着历史的昨天的人物。随着剧情的发展，毛泽东的戏愈来愈重，以至于几乎占据了全部篇幅，因为他代表着历史的今天，正是影片要浓墨重彩加以表现和讴歌的。影片在这一巨大历史背景下蕴含着的潜台词是："数风流人物，还看今朝。"

《开国大典》在反映历史重大转折的关键时刻，非常巧妙地、极富表现力地运用了电影时空转换自如、镜头分切随意这种艺术手法。如影片开始，蒋介石发表《新年文告》，推出李宗仁，打算以退为进；毛泽东的新年献辞则是《将革命进行到底》，其意在"宜将剩勇追穷寇，不可沽名学霸王"。两相对照，给人以强烈的视觉感受和丰富的思考空间。又如，北平和平解放后，在由西柏坡至北平的汽车上，有一段毛泽东回答他女儿的问话，说的是"胜利了，去北平，因为北平比延安大"。话很简单、平淡，但十分耐人寻味。与此相对应，蒋介石乘"泰康号"轮逃离大陆，茫茫夜色中，也有一段蒋回答他孙子的问话，说的是"去很远的地方"，"爷爷若不回来，你也会回来的"。其无可奈何之状，溢于言表。这两组镜头，把一胜一败，一兴一亡，一喜一悲，情怀各异的两个人物的两种心态及其所代表的两种命运，展示得异常含蓄而别具深意。

值得称道的是，影片通过"开国大典"总揽全局，着重展现毛泽东运筹帷幄的统帅风貌。除正面表现渡江战役外，战争已被推入背景，只用了渡江胜利的捷报传来，毛泽东却在办公室鼾声阵阵这一细节，就把统帅殚精竭虑、艰难决策，与前线将士冲锋陷阵的壮烈场面映照起来，别有韵味。

▲《焦裕禄》

背景材料

1990年峨眉电影制片厂出品。导演：王冀邢；主演：李雪健。本片获1990年广电部优秀影片奖；1991年中国电影金鸡奖最佳故事片奖、最佳男主角奖，同年《大众电影》百花奖最佳故事片奖、最佳男演员奖。

故事梗概

1966年春，河南兰考风沙弥漫的大地上，纸钱满天，哭声动地，焦裕禄的遗体被安葬在黄河故道的沙丘上……

兰考，这块被风沙、水涝、盐碱深深折磨的荒凉之地，如今更显贫瘠，满目萧瑟。成千上万的灾民背井离乡，逃荒而去；县委干部思离心切，情绪低落。1962年12月，焦裕禄临危受命，担任中共兰考县委书记，成了这个贫困之县的主心骨。他义无反顾地将全家迁到兰考，与老百姓一起过着贫困清苦的生活。大雪天，他带领全体县委委员赶到车站，面对众多灾民，心情万分沉重地道出肺腑之言。紧接着，他召开县委会议，带头取消了已通行多年的干部特殊购货证。他发动全县干部顶风冒雪将救灾物资分送到灾民手中，解了群众燃眉之急。他强忍肝病折磨，深入调查研究，全身心地投入到治理风沙、水涝、盐碱这三害的艰巨工作之中。他在赵专员等上级领导的支持下，排除干扰，处处以人民利益为重，呕心沥血，终日奋不顾身地工作着……一年多的时间，焦裕禄终于累倒在自己的岗位上，后来因肝病不治去世。兰考人民无限悲痛，永远怀念这位人民的好书记。

赏析

这部影片的最大特点就是思想性强，以情动人。它以真实、朴素、自然的现实主义手法，深刻地挖掘了焦裕禄热爱人民、献身于党的事业的崇高品质；通过他与上级领导、县委干部、科技人员、贫苦百姓、乃至妻子儿女等的关系，生动而又多侧面地塑造了这位县委书记的动人形象。贯穿全片的主线，则是焦裕禄对人民群众全身心的关爱和人民群众对他的深情拥戴。这是一种水乳交融的干群关系，也是影片特别具有情感冲击力之处。

影片一开场，漫天的黄沙，飞舞的纸钱，惊天动地的号哭之声，排满银幕的送葬人群，从地平线上汹涌而出……这种极具情感冲击力的场景与氛围，一下子就把观众带入了特定的悲痛情绪之中。人们会想，一名普通的县委书记的去世，何以能激起人民群众如此之大的情感波澜？这既是铺垫，也是悬念。接下来，围绕着干群关系这条主线的一波又一波的戏剧冲突，生动而感人地回答了这个问题。比如，在"风雪夜车站看灾民"那场戏中，焦裕禄满目的焦灼与内心的沉重，以及那句"代人受过"（他刚刚上任）的"我们工作没有做好"的自责，都深切地表现出了这位基层领导干部对群众疾苦刻骨铭心的牵挂。在"冒雪送粮"那场戏中，焦裕禄面对孤苦无助的大爷大娘深情地说："我就是你们的儿子。"此时此地，此情此景，这句分量极重的话语，绝不是焦裕禄的自谦之词，而是他摆正自己位置，全身心地融入到人民群众之中的真情表达。这种情感，不仅与那种高居于群众之上做官当老爷的心理有着天壤之别，就是与那种自认为是"父母官"，应"为官一任，造福一方"的心态也判然不同。这句话可以看做是解读焦裕禄这一艺术形象的点睛之笔，不可轻轻放过。焦裕禄送技术员小魏上路离去那场戏，也感人至深。此时的焦裕禄心情十分复杂，既有留不住人才的无奈，也有硬将人才留在这里的不忍。他只告诉小魏："记住兰考这块地方"。而当小魏被他的真情打动留下时，焦裕禄的激动真是难以言表，只有满眶泪水。这里的潜台词是：改变兰考的面貌，更有希望了。这不正是焦裕禄魂牵梦绕、废寝忘食、夜以继日也要干好的大事吗！不正是他对人民群众全身心关爱的集中体现吗！至于影片中"群众为焦裕禄诉冤"、"送焦裕禄住院"、"为焦裕禄迁葬"等几场感人的戏，则正是对焦裕禄情感与精神的一种反衬，一种回报。两相映衬，一个血肉丰满的人民公仆的动人形象，在银幕上呼之欲出。

值得称道的是，本片主演李雪健崇尚和注重内心情绪的体验，处处追求一种再现生活的纪实性表演风格，在焦裕禄这一银幕形象的塑造中获得了巨大成功。

▲《周恩来》

背景材料

1991年广西电影制片厂出品。导演：丁荫楠；主演：王铁成。本片获1991年中国电影金鸡奖特别奖、最佳男主角奖、最佳化装奖；获同年《大众电影》百花奖最佳故事片、最佳男演员奖。

故事梗概

20世纪60年代，一场史无前例的政治风暴席卷中华大地，北京正值"文革"热潮中。身着军装的周恩来坐在汽车里，忧心忡忡地望着窗外那些"炮轰"、"火烧"的大标语。转移贺龙，保护陈毅，制止鞍钢武斗，在极为艰难的条件下，他竭尽全力，保护一代元勋和众多老干部，勉强维系着国家机器的运转。1971年"九一三"事件发生前后，政治形势极为严峻。周恩来亲自指挥粉碎林彪反革命集团阴谋，保证了毛主席的安全。林彪在蒙古温都尔汗"折戟沉沙"。1972年2月尼克松来华访问，周恩来绝妙地导演了这场具有历史意义的使中美关系逐步走向正常化的话剧。历史闪回：南昌起义、日内瓦会议、邢台地震……无不留下周恩来的身影和功绩。"九一三"后局势日趋好转，周恩来却患上了不治之症。"四人帮"妄图进一步篡夺党和国家的权力，趁机掀起"倒周"浪潮。周恩来以带病之躯，进行了最后一搏，推出邓小平主持中央日常工作。病危之时，他还惦记着台湾回归祖国的统一大业。他唱着《国际歌》走向冥冥世界……阴冷的乌云笼罩着北京城，灵车在长安街上缓缓前行，悲痛的人群沿街而立，眼含热泪与自己的好总理告别。

赏析

周恩来是共产党人的楷模，中华民族的优秀代表。他的丰功伟绩，崇高品德，博大胸怀，乃至音容笑貌，举止风度，无一不为中国人民所景仰。他不仅是中国的骄傲，也是20世纪国际政坛上世所瞩目的风云人物。怎样真实、准确地把握周恩来的精神风貌和历史地位？这为影片《周恩来》的创作提出了难题。

影片创作者通过对大量史料的研究，对周恩来人生经历和精神世界的理解，对"文革"的反思，成功地找到了影片的切入点："文革"时期周恩来一生中的最后10年（1966—1976）。影片以此为主线，真实地再现了周恩来鞠躬尽瘁、日理万机的生活图景，并以大量时空交叉的闪回镜头，回叙他一生中的主要革命经历，反映出他作为一代杰出革命家、政治家所具有的崇高品质和丰富的内心生活，以及他在常人难以理解的险恶斗争中所焕发出来的特殊人格魅力。这样取材，不仅是历史，也是艺术。

《周恩来》的剧作结构具有多时空、多环境、多层面的特色，这不仅是一种艺术构思，同时也是周恩来真实的生活写照。生活依据是艺术构思的前提。因此影片的许多画面都采用实景拍摄，如中南海西花厅、人民大会堂、总理办公室、305医院等等，甚至包括一些取自实物的道具。这些刻意的追求，除了使影片具有文献价值外，更营造出细节的、环境的、氛围的历史意味。镜头的多时空和多节奏也不单是形式上的追求，而是与内容浑然一体，在银幕上构成了鲜活的涌动着的历史潮流。这样，虽然影片只截取了周恩来晚年最后一段岁月，却收到了映照出他一生辉煌的艺术效果。

影片的可贵之处，还在于它着力开掘了这位伟人的精神世界与情感天地，极为确切、生动地传达出他的精神状态和忧国忧民的痛苦心境。比如，身为总理的周恩来在"文化大革命"中既要顾全大局，维护毛主席的威信，又要机智地与林彪、"四人帮"作斗争；他力不从心，既无足够的力量制止"文革"中群众运动的盲目性，又要竭尽全力保护革命老战友和老干部；他忍辱负重，力挽狂澜，将全部历史责任与情感重负集于一身。在贺龙骨灰安放仪式上，他一声"薛明呀……我没有保住他啊！"的呼喊和六次深深的鞠躬，将悲愤、痛惜、负疚种种心情展现无余。至此，影片中的周恩来，就不仅是一位坚定的马列主义者，而且是一个重情重义的大丈夫，是一个丰富、完整、逼真的人民好总理。影片最后，周恩来弥留之际，剧情推到了悲壮、厚重的顶点。只见他双目炯炯有神地凝望前方，时空瞬间凝固，仿佛生命之火永不熄灭。此刻重声合唱渐起。这个意味深长的声画蒙太奇段落，留给了人们难以言说的意蕴和无尽的缅怀，影片将悲怆和崇高融合，营造出诗的意境。

❷ 外国电影
▲《爱德华大夫》

背景材料

1945年美国戴维·塞尔兹尼克影片公司出品。导演：阿尔弗雷德·希区柯克；主演：英格丽·褒曼、格里高里·派克。本片获1945年美国奥斯卡金像奖最佳戏剧片音乐奖。

故事梗概

格林马纳斯精神病疗养院。院长麦奇逊大夫即将退休，新院长爱德华大夫走马上任，与年轻漂亮的女大夫康斯坦丝一见钟情。但是，不久康斯坦丝便发现爱德华是一个冒名顶替的精神病患者。他不知道自己的来历，甚至自认是杀害真爱德华的凶手。麦奇逊也用精神分析法证实了这一发现。假爱德华逃离疗养院，化名布朗，住进了纽约帝国饭店。康斯坦丝几经周折找到布朗，一起住到她的老师布鲁诺夫教授家中。深夜，布朗病发，布鲁诺夫让他喝下放有镇静剂的牛奶，之后通过对他梦幻的分析，一举解开了他的犯罪情结。原来，布朗因童年时误伤弟弟致死负疚于心，痛苦以极，无法解脱。后来，在一次高山滑雪时，爱德华从身旁滑下，他便误认自己杀害了爱德华。至此，聪明过人的康斯坦丝已从原先麦奇逊的分析和布朗的梦境中，分析出正是麦奇逊才是杀害爱德华的真正凶手。正是在那次高山滑雪时，麦奇逊为了保住自己的位置，借机杀死了爱德华。真相大白之际，麦奇逊掏枪对准康斯坦丝，欲杀人灭口。康斯坦丝一番冷静告诫，令其沮丧绝望，饮弹自杀。布朗被接回疗养院，有情人终成眷属。

赏析

这个追索杀人凶犯的故事由于披上精神分析的外衣而显得神秘莫测。它对尔后的精神分析影片产生过深远影响。

这部影片最值得称道的，是享誉世界影坛的美国导演希区柯克对悬念艺术挥洒自如的运用。它有三个特点：

一是"信手拈来"。本片悬念很多，有总有分，有主有次，大小套叠，奇幻多姿。它们都好似被信手拈来，随意设置，不露痕迹。然而，正是在这里，表现出了导演的匠心和功力。比如，一场关于修建游泳池的谈话，一次一见钟情的拥抱，一张普普通通的白被单，都被导演捕捉来作为设置悬念的契机。观众只能在"爱德华"的每次情绪反常之后问"为什么"，而几个"为什么"问出之后，"爱德华怕见线条和白色"，这个大的悬念便造成了。"无意"而设，骤然而至；意料之外，情理之中。这就是影片悬念的独特之处。

二是"横云断山"。这本是小说创作中避免累赘单调的艺术手法。而本片中的"横云断山"，就是"声东击西"之法在悬念艺术上的妙用。影片对麦奇逊出场的处理，就是这样。这个人物刚一露面，便被轻轻抛在一边，转而出现了"爱德华"产生犯罪幻觉的情节，把观众的注意全吸引了过去。直到最后康斯坦丝揭穿麦奇逊的真面目时，观众才如梦初醒，不由得发出一声"原来如此"的惊叹。其艺术效果的强烈，正有赖于"横云"的"遮断"。

三是"异峰陡起"。剧情在似断若续，扑朔迷离之时，突然云开雾散，有"异峰"拔地而起，展现出一派崭新的天地。这是本片悬念运用所产生的又一种艺术效果。影片中，康斯坦丝对麦奇逊的揭穿是这样，布鲁诺请"爱德华"喝牛奶以作精神分析那场戏也是这样。异峰陡起，别开生面，这里，既有对艺术欣赏张弛作用的调节，也有悬念破解后长舒一口气的快感，效果是非常强烈的。

总之，希区柯克运用悬念，真如鬼斧神工，穷尽其妙。看他的影片，不仅是艺术享受，也是理念的积极活动。而这一切，都是在他那根悬念魔棍的指挥下进行的。

值得一提的是，本片的梦幻场面是由超现实主义大师达理设计的。他通过鲜明的构图和无限远的景象，把梦幻表现得极具视觉效果。同时，层次分明的影调，更增强了影片所特有的逻辑分析特色。派克和褒曼的精彩表演，亦给影片带来了长久的生命力。

▲《罗马11时》

背景材料

1952年意大利保尔·梅颠兹电影公司出品。导演：朱塞佩·德·桑蒂斯；主演：卡·波洁、莫·莱罗娣、耶·瓦尔济等。

故事梗概

冬天的罗马，齐泽成大街37号一家事务所要招收一名打字员。一大早，急于求职的姑娘们就把队伍排在了大街上。开门后，姑娘们潮水般涌向四楼的办公室门前，紧张地等待着逐个进行的考试。排在后面的露仙娜因得知丈夫仍未找到工作，便情急地拨开人群，冲进办公室。一阵熟练而快速的打字声传了出来。姑娘们始而不知所措，继而恍然大悟，怒不可遏，群起责骂露仙娜卑鄙、自私……场面一时大乱。突然，一声巨响，楼梯断了，众多姑娘摔落下去……伤者被送进医院，亲属们纷纷赶来。露仙娜等人幸未受伤，逃过一劫。另一姑娘柯尔杰丽雅却伤势严重，不治身亡。警察局局长来到事务所调查，记者也赶来采访。然而当事各方都为自己开脱责任。局长想把罪过加在露仙娜身上。露仙娜吓得浑身哆嗦，一句话也说不出来，终于失控地冲向楼梯，幸被大家拖住，瘫软在地。调查不了了之。夜幕降临了，居然还有人痴痴地等在门口，抱着一线希望……

赏析

这部影片是意大利新现实主义电影的代表作之一。它是根据1951年1月发生在罗马的一桩真实事件的新闻报道而创作拍摄的。

新现实主义是第二次世界大战结束后，在意大利兴起的一场具有社会进步意义和艺术创新价值的电影运动，对现代电影具有深远影响。当时，二战刚刚结束，法西斯统治的创伤历历在目，经济萧条，人民大众生活十分困苦。新现实主义电影创作者们从反对法西斯主义、同情人民疾苦的人道主义立场出发（加之受其自身经济条件限制），"扛着摄影机上街"，在锐意追求的创作实践中，自然而然地形成了一套在艺术表现上非常强调真实感的制片方式和创作方法，如反映社会现实问题，注重真实感，多用实景拍摄，反对明星制等等。由此涌现出一批卓越的电影人，并推出了一批优秀影片。本片及其导演桑蒂斯即为其中之一。

《罗马11时》是新现实主义电影的典范之一。它的最大的特点，就是高度真实。为达到真实、生动的目的，拍摄前，影片创作者登过一个招聘打字员的广告，结果来了六十多位姑娘。她们大多惴惴不安，手足无措。有的站在门口，不敢进屋；有的临考时哭了起来，声称自己有两个孩子，又遭丈夫抛弃；有的甚至晕倒在打字机前……这些都被一一摄入镜头，这就营造出一种逼真的情调氛围，极大地增强了影片的真实感。

影片的另一个特点是发人深思。通过楼梯坍塌事件，不仅揭露了战后意大利严重的失业问题，而且提出了"谁是罪魁祸首"这一尖锐的问题，确实发人深思。虽然，在影片中最后的调查不了了之，但却把这一问题留给了观众，他们自会得出自己的结论。

影片的第三个特点是横断面式的故事结构。这种结构很适合表现突发性的社会事件和问题。虽然影片中没有一个一以贯之的主要人物和故事内容，但每一位姑娘的遭遇都是可以独立成篇的动人故事。如夫妻双双失业的露仙娜，想重新开始新生活的妓女卡杰琳娜，不愿再当女仆的安杰琳娜和一心想与情人一起独立生活的柯尔杰丽雅，等等。她们每个人的遭遇都是当时社会生活断面上的一点，都有着自己的前因后果、来龙去脉。透过她们的遭遇，不难窥见当时意大利下层人民苦难生活的全貌。而娜佳在影片头尾蜷缩在铁栅栏前的呼应镜头，则不仅使影片多层面、多线索的结构有了一个完整的框架，而且别具韵味和意蕴。

值得一提的是，这部受到广泛赞誉的影片上映不久，便被从首轮映期中撤了下来，之后更被禁止发行，甚至不允许参加当年的戛纳国际电影节，错失获奖良机。这也许正好说明了这部新现实主义的优秀影片不为当局所容的社会批判意义和在观众中的震撼效果吧。

▲《一个警察局长的自白》

背景材料

1971年意大利欧洲国际电影公司、"拓

荒者"电影公司联合出品。导演：达米阿诺·达米亚尼；主演：弗朗哥·内罗、马尔门·鲍尔塞姗、马里罗·托罗。本片获1971年莫斯科国际电影节金奖。

故事梗概

警察分局长波那维亚对黑手党头目罗蒙诺的罪行十分痛恨，却无力惩治。在疯人院的李波玛，因妹妹塞莱娜遭罗蒙诺侮辱后遗弃而对罗恨之入骨。波那维亚便让疯人院放出李波玛，以行"借刀杀人"之计。李波玛开始复仇了，其一举一动都在波那维亚监视之下。一场枪战之后，罗蒙诺的三个保镖和李波玛都倒在了血泊之中。年轻的检察官屈昂尼对枪战展开调查。他怀疑波那维亚是被罗蒙诺的对手收买的同谋犯，与波那维亚的关系迅速恶化。罗蒙诺决心杀死塞莱娜，以图灭口，波那维亚将她秘密保护起来。屈昂尼根据某些情况，向总检察长马尔塔作了报告，准备对波那维亚提起公诉。结果，波那维亚被撤职。他留给马尔塔一份"自白书"，独自闯入黑手党聚会之地，击毙了罗蒙诺，自己最终被杀手捅死在狱中。不久赛莱娜被匪徒绑架，惨死后浇铸在水泥柱中。屈昂尼弄清塞莱娜的被害竟与总检察长有关，十分震惊，他对国家、法律的信念开始崩溃。

赏析

这部影片是20世纪70年代初欧洲"政治电影"浪潮中涌现出来的一部巨作。它继承了新现实主义电影的精神，以普通人为表现对象，同时将揭露黑社会的罪恶与揭露政治上层的黑幕联系在一起，向人们展示了一个错综复杂的社会网络。其累累罪行令人发指，影片因而具有了深刻的社会批判意义。

本片虽属"政治电影"类型，但它并不采取简单演绎政治事件的做法，而是从艺术审美角度出发，去把握和反映意大利现实社会中带有制度性的危机及其在普通人生活中的诸般表现。在叙事格局上，具有以下三个特点：

其一，继承新现实主义美学精神，仍以普通人为主角。警察局长波那维亚出身贫困，并无任何政治背景，在与黑手党头目罗蒙诺的搏斗中，自始至终孤军奋战，且危机四伏。这种境况，使他陷入一种满含悲愤而又无力伸张正义、惩处罪犯的矛盾，最终不得不"以身试法"而被暗害于狱中。其实，这场悲剧的实质，正在于这个普通人所面对的，并非单个的罪犯，而是官匪一家的深沉的社会黑幕。这是本片的深刻和尖锐之处。

其二，艺术笔触所及，除了社会底层的普通人，更深入到黑社会与政治上层的相互勾结，深入到那张错综复杂的社会网络中。影片中的普通人——波那维亚与塞莱娜的惨死，都与这个罪恶的网络有关。即以塞莱娜为例，作为被侮辱与被伤害的女性，她的悲惨命运，就起因于触动了这张社会网络上的诸种势力。作为重要证人，她曾目睹了黑手党头目罗蒙诺与政府要员、金融大亨、商界巨子们秘密勾结的场面。正由于此，罗蒙诺要对她下毒手以灭口；波那维亚和屈昂尼则都企图掌握她，以作出历史的证词。她始终处在正义与邪恶较量的焦点上和黑社会势力的阴影中，悲剧结局便很难避免了。影片以李波玛矢志复仇的枪战揭开序幕，到塞莱娜被暴徒劫走并灭尸于水泥柱内达到高潮，其场面是何等触目惊心！而提供塞莱娜隐藏地点的人，恰恰是一直不露形迹且身居政府要职的总检察长马尔塔！至此，集官、商、匪于一体的黑幕，以塞莱娜的惨死，终于昭然若揭。影片的批判深度和巨大震撼力，正是从对这张复杂社会网络的严峻剖析中显现出来的。

其三，在叙事过程的跳跃性和快节奏中形成艺术张力，给人以一种喘不过气来的紧迫感，从而产生出独特的艺术效果。影片中，往往是一个事件刚刚开始，便跳向另一个暂时与之无关的事件，由此拓展出透视社会的纵深度。李波玛与黑手党徒的枪战之后，戏剧冲突出现了矛盾的三方：罗蒙诺、波那维亚、屈昂尼。由他们各自导引出若干看似互无关联的大小事件，直到影片结局，才揭示出三方关系的内在真实联系。罗蒙诺、波那维亚、塞莱娜相继死去了，藏在幕后的总检察长暴露出来了，此时，观众完全可以感受到屈昂尼的震惊和绝望。影片以他与马尔塔在政府大楼台阶上下的怒目相视为结尾，无疑有着"立此存照"的含义，别具一番意味。

▲《星球大战》

背景材料

《星球大战》是美国20世纪福克斯公司1977年出品的科幻大片，曾获得1977

年奥斯卡最佳艺术指导、最佳服装设计、最佳音响、最佳剪接、最佳音乐、最佳视觉效果以及特别成就奖等七项金奖，总收入高达五亿多美元，从而在西方世界引发出一场持久的"科幻热"。

故事梗概

《星球大战》讲述的是一段在银河星系发生的传奇故事。魔王大莫金建立了银河帝国，营造了一个"死星"来镇压行星上的叛逆者。以莱阿公主等为首的一批反抗魔王暴政的叛逆者，在"天行者"鲁克、老骑士奥比万凯诺比和"宇宙之神"的帮助下，向银河帝国发起进攻，取得胜利。

赏析

《星球大战》充满了浪漫主义色彩，让观众置身于"一个充满浪漫、幻想、神话的世界里"，场面豪华，色彩绚丽，气势恢宏。

▲《人证》

背景材料

1977年日本大映公司出品。导演：佑藤纯弥；主演：冈田茉莉子、园田芳雄、三船敏郎等。本片为1978年日本十大卖座片的第二名。

故事梗概

第二次世界大战后，日本女人八杉恭子与驻日美军黑人士兵威尔沙生下一子约翰，后威尔沙将约翰带回美国。八杉恭子又与黑市商人郡阳平结婚，生下儿子郡恭平。如今，郡阳平平步青云，在社会上很有权势，恭子也成为著名服装设计师，风头十足。然而，在美国长大的约翰却穷困郁闷，一心想到日本寻母，威尔沙用冒险撞车的办法为他弄了点钱，约翰得以成行。一天，正当恭子在王子饭店举办服装展示会时，约翰却死在了电梯里。同一天，郡恭平驾车撞死了人，恭子让他逃往纽约避祸。警方从约翰的遗物发现，他是来日本寻找生母的。又根据线索，到雾积温泉调查，虽然知情人阿种老奶奶被人害死，但还是得知，当年正是八杉恭子在此地与一个黑人士兵同居过。于是，刑警栋居奉命赴美调查约翰的身世，得到病危中的威尔沙的证实。栋居和美方刑警休夫坦还找到了郡恭平，恭平因拒捕被休夫坦击毙。后真相大白：杀死约翰和阿种奶奶的凶手正是八杉恭子。栋居等刑警前往拘捕，恭子开车至一悬崖，在栋居等刑警的注视下，极度痛苦与悔恨地跃身而下……

赏析

这是一部具有深刻社会意义的推理故事片，情节曲折，头绪纷繁，引人入胜，又不故弄玄虚。同时，本片注重人物形象塑造，着意刻画了八杉恭子和栋居两个个性十分鲜明生动的人物，他们性格的复杂性和多层面都是一般推理片少有的。本片在运用电影音乐表现人物心理和时空构成方面，也很有特色。

影片中，八杉恭子及其丈夫郡阳平，都是日本战后经济飞速发展时期产生的暴发户，为了金钱和地位，他们可以置一切于不顾。八杉恭子手刃亲子、暗害证人，便是明证。然而，靠损人利己去获取和保有金钱地位，却导致了八杉恭子的崩溃和毁灭，影片精彩地描绘了这一崩溃和毁灭过程。

作为暴发户的银幕形象，八杉恭子是复杂的。她阴险虚荣，却又绝不仅止于此。表面看来，杀害约翰是为了保住她现在的地位、名声；但理性地分析，为达此目的，除杀人之外，其实是可以有其他选择的。那么，这场悲剧的真正原因何在呢？这是个十分复杂的社会问题，其中既有历史战祸的阴暗投影，又有现代社会关系的微妙契机。影片告诉我们，恭子走过辛酸的人生道路，内心有着难以言说的巨大伤痛，眼前又受到丈夫的冷漠对待，这一切，使她视恭平为人生寄托，倾注了加倍的母爱。约翰的出现，无异于把不堪回首的往事重又摆到她面前，更令她恐惧的，是会破坏她同恭平的感情和关系。因此，她必须作一个了断。恭子这种由利己、虚荣的心理动机所扭曲的变态的思想情感，不正是战后日本经济高速增长，社会竞争日趋激烈，人际关系日益紧张，人们精神心理压抑、苦闷的反映吗？八杉恭子这一形象的全部复杂性及其命运的悲剧性，就在这里。

影片中的刑警栋居，也是个可圈可点的人物。幼年时期的惨痛遭遇，使他对人产生了强烈的不信任感。他认为，打死他父亲的美国大兵固然是丧失人性的野兽，而见死不救的同胞，也不过是行尸走肉而已。影片在这一人物身上注入了强烈的民族意识的人性取向。影片还通过他的眼睛，目睹 20 世纪 40 年代的战祸，怎样延续到70 年代末，演出震人心魄的悲剧。这就"证明"了一场侵略战争究竟会给本国人民带来多么深重的苦难。其悲剧故事内蕴的全部因果关系带给观众的启迪，是十分深刻的。

▲《克莱默夫妇》

背景材料

1979 年美国哥伦比亚影片公司出品。编导：罗伯特·本顿；主演：达斯汀·霍夫曼、梅丽尔·斯特里普等。本片获 1979年美国奥斯卡金像奖最佳影片、最佳男演员、最佳女配角、最佳导演、最佳改编剧本五项奖。还获得过其他多个奖项。

故事梗概

泰德·克莱默是一位有进取心的美国青年，在某公司任广告部经理。他的妻子乔安娜不甘心做家务的奴隶，一心想出去闯荡。一天晚上，泰德喜气洋洋地回到家里，准备告诉妻子一个好消息：自己将担任更重要的职务，这当然意味着也将为家庭带来更多的收入。然而，妻子已离他而去，只留下七岁的儿子比利。泰德十分恼火与沮丧，但他毅然独自承担起哺养比利的责任。此后，他把全部心血都花在了照料比利的生活上。与泰德有同样遭遇、被丈夫抛弃的邻居玛格丽特，给了他许多帮助。一年过去了，一天乔安娜突然回家，要求哺养比利，但遭到了泰德的拒绝。圣诞节前夕，泰德因忙乱中一次偶然的疏忽，造成失误，被公司解雇了。在当时，失业

就等于失去了对孩子的哺养能力，也就失去了法定的监护权利，因此，法庭判定比利交由乔安娜哺养。泰德十分无奈。然而，当乔安娜去接比利时，她发现孩子已离不开自己的父亲了。

赏析

这部影片真实而深刻地反映了当代美国社会的重大问题，即家庭解体以及由此而引起的一系列现实问题。当时，美国社会中离婚率高达百分之五十，每年大约有110 万个家庭解体，产生了大约 100 万个单亲家庭孩子。妇女解放、青少年的教育和哺养问题引起了全社会的普遍关注。影片之所以能在众多观众中引起共鸣，除了家庭和解这一主题适应了当时美国社会的内在要求外，实际上它还提出了妇女在当代社会中的独立地位问题。在求职困难的情况下，一些人曾提出过"妇女回到厨房去"的口号，但遭到当时女权主义者的极力反对。对此，影片虽未从正面加以表现，却通过女主人公的独立意识同所处的现实地位之间的矛盾冲突，曲折地反映了这一问题。可以说，在这部影片中，夫妻和解仅属于表层情节，其深层的含义是乔安娜女权意识的觉醒及泰德最终对她的认同。因此，其意义远在一般家庭伦理片之上。

《克莱默夫妇》成功的基础是演员的出色表演。扮演泰德的达斯汀·霍夫曼自称是"明星制度的牺牲者"，他也是"其貌不扬"的演员能在好莱坞银幕占一席之地的先锋人物之一。他戏路宽广，表演朴实、大胆，对于扮演的每一个角色都进行过深刻的内心体验。在扮演泰德·克莱默时，霍夫曼的生活中正经历着与泰德相似的遭遇。当时，他的舞蹈家妻子安妮·芭恩为了追求事业上的成就正同他闹离婚，这种生活体验和切身感受更有助于他细致入微地刻画泰德这个人物形象。

扮演乔安娜的梅丽尔·斯特里普在影片中也有上乘的表演。她把握面部表情的本领堪称一绝。在《克莱默夫妇》中，乔安娜本来没有多少戏，但斯特里普通过影片一头一尾的面部大特写，使角色的复杂心态展露无遗，从而使观众感受到她的无所不在。法庭一场戏的台词是斯特里普自己写的，乔安娜的委婉陈述和楚楚哀怜把影片推向了高潮，使本片的开放型结尾更具震撼力。

▲《秋天的马拉松》

背景材料

1979年苏联莫斯科电影制片厂出品。导演：盖·达吉里亚；主演：奥·巴西拉什维里、娜·贡达列娃、玛·涅瑶洛娃。本片获1980年全苏电影节大奖。

故事梗概

布齐金是某研究所的翻译骨干，45岁的中年人了，女儿都已结婚，妻子尼娜认为他们的家庭生活和谐美满。布齐金工作繁忙，又乐于助人，对别人有求必应。同单位的年轻女打字员阿拉痴情地爱上了他。优柔寡断、生性懦弱的布齐金无力拒绝这份爱，从此使自己陷入一种难以自拔的复杂境地。他每天奔波于妻子和情妇之间。为了陪伴阿拉，不得不经常在妻子面前撒谎。不仅如此，工作上布齐金的麻烦也不少，领导常常把别人不愿接受的紧急任务扔给他；同事、同学、邻居也有意无意地捉弄他。从丹麦来的汉森教授每天早上拉他一起去跑步，但被公私事压得喘不过气来的布齐金非但未因跑步健壮起来，反累得难以支持。他时间太紧了，总是一路小跑地上班、回家，却常常两头不讨好。妻子因怨愤而随女儿去了远方；阿拉也因他失约扯断了家里的电话线，拒绝联系。布齐金却轻松得在屋子里跳起舞来。不久，阿拉接上电话线，又来电话了，妻子也推门回来了。于是，布齐金生活和工作中的难题就像马拉松一样，周而复始，又重新开始了。

赏析

这是一部悲喜剧故事片。影片以嘲讽中带有同情的基调成功地塑造了布齐金这个怯懦而善良的人物形象。本片构思独特，细腻地刻画了人物的内心世界，具有高度的艺术技巧。

影片中的布齐金，是苏联银幕上的一个独特而新颖的形象。他肯定不是英雄人物，也很难以"正面"或"反面"人物的简单概念加以界定。他是一个复杂的人，是一个有着自己的不足与弱点的普通人。他生活中的烦恼和工作中的难题都是由他的性格的缺陷带来的，这很发人深思；他最终仍然无法摆脱烦恼，这就具有悲剧的因素了。

影片中的布齐金总是奔跑着，又总是差一点迟到，很富幽默感。他之所以奔跑，都是出自对别人的善良愿望。他的性格是通过与周围人的联系而显露出来的。他经常对妻子撒谎，却又衷心地希望妻子幸福，从未想过要拆散这个家。比如，在妻子撕破并扔掉情妇阿拉送他的衣服之后，他仍专心地裱糊家里的墙纸，妻子以为他从此会安心待在家里了。其实，他只是想为这个家尽一点自己的责任。影片正是通过主人公对日常生活琐事的处理，展现了他复杂的内心世界。

布齐金经常说谎，但绝不狡猾；他有情妇，却非喜新厌旧。他奔走在妻子与情妇之间，也不是出于利己的感情需要，而是感到自己对谁都有责任，不愿违逆任何一方。他其实很想释去重负，却又无法摆脱。这在最后一场戏中表现得很清楚：阿拉不理他了，妻子出走了，他不但不懊恼，反倒感到了真正的轻松。既然是他们主动离开他，他无须担心给双方带来痛苦而感到一种解脱，竟高兴得在家里独自跳起舞来。影片没有简单地表现中年人的三角恋爱故事，也无意对三个男女主人公的任何一方作出道德评价，而是借助这样的人物和人物关系，在银幕上成功地刻画出一个令人深思的形象，这是影片的最大成就和高明之处。

布齐金怕伤害别人引起不快，不仅表现在个人生活上，工作中也是如此。主任总是将困难任务硬派给他，占了便宜还要刺他那么几句；老同学瓦尔瓦拉让他修改译稿，他几乎为她重新译了，结果她还盗名窃誉地在他面前炫耀；邻居瓦西里也不放过，硬拉他去采蘑菇；同事汉斯教授喝酒钱带少了，也要他去保出来……这些本是布齐金做的好事，但因为他性格的弱点，却往往给他带来麻烦，于可笑中透出悲剧的意味，值得深切地思考。

这部影片的另一个成功之处是，几乎所有的人物都刻画得真实生动。主要人物如此，非主要人物也是如此。如瓦尔瓦拉，虽然出场不多，但她的性格非常鲜明，给人以既可怜又可气之感。瓦西里这个人物也很有特色，他的胡搅蛮缠增添了许多喜剧因素。这些人物的出场，都有助于展现布齐金善良而懦弱的秉性，增强了影片的内涵和表现力。

▲《铁皮鼓》

背景材料

1979年联邦德国弗兰茨·塞茨电影公司、法国巴黎阿尔文斯电影公司联合出品。导演：福尔克·斯隆多夫；主演：马里奥·阿多夫、安格拉·维克勒、达维德·贝南特、丹尼尔·奥布里斯基等。本片获1979年法国戛纳国际电影节金棕榈奖。

故事梗概

故事发生在上世纪三、四十年代的德国但泽。奥斯卡生于1920年。3岁时，他看到商品涨价，人们酗酒、玩牌、吵吵闹闹，决定停止成长，以抗议这个成人世界。他故意从楼梯上摔下去，从此再也不长高了。此后，奥斯卡成天背着铁皮鼓，不论谁惹着了他，他便一边敲鼓，一边刺耳尖叫，于是玻璃物品便成了碎片。他曾使女教师的眼镜碎裂，医生的酒精瓶粉碎，商店橱窗毁损。在一次欢迎纳粹区长的集会上，他敲起铁皮鼓，使演奏进行曲的乐队随鼓点改奏《蓝色多瑙河》，人们翩翩起舞，跳起了华尔兹……后来，奥斯卡的母亲去世，他便同外祖母住在一起。在那里，16岁的奥斯卡爱上了与他同龄的玛丽亚，当他们的儿子小库尔特3岁时，奥斯卡也送给他一个红白相间的铁皮鼓。不久，德国战败，奥斯卡的父亲在苏军搜查时死去。葬礼上，奥斯卡埋掉铁皮鼓，然后同玛丽亚、小库尔特一起，乘火车流亡西方。

赏析

这是德国著名导演福尔克·斯隆多夫根据诺贝尔文学奖得主、德国作家君特·格拉斯同名小说改编摄制的影片。评论认为，它是一部击中纳粹德国要害的政治性电影。影片极富魅力地展现了第二次世界大战前后德国社会色彩斑斓的历史画卷，对纳粹统治的德国历史作了高度的哲学概括。

影片的故事背景是但泽，奥斯卡的母亲具有波兰血统。在纳粹年代，波兰人与犹太人一样遭受迫害。影片通过一个侏儒小孩的眼睛来观察这一时期德国社会的畸形现象，无情地揭示了在纳粹淫威之下各种人物的政治倾向和表现，展现了德国市民阶层的精神空虚、卑琐自私、道德沦丧和逆来顺受等等，形象鲜明，深沉有力。影片所描绘的畸形人物心态、畸形社会现象和畸形政治形势，正是纳粹德国专制统治与疯狂推行法西斯主义的结果；反过来，也是其得以孕育发展、甚嚣尘上的温床沃土。这无疑使影片具有了现实批判意义并给人以深刻启迪。

影片的艺术特色是引人注目的。首先，它大气磅礴，故事跨度半个世纪，具有巨大的历史容量。这样大的历史跨度，无疑为影片作者提供了细致地展现历史事件与人物形象的足够的时间与空间。奥斯卡"家族"的出场和归宿，诸如阿格纳斯（奥母亲）的怪异、马策拉特（奥父亲）的丑恶、小奥斯卡的奇特等等，都在这一历史画卷中得到了淋漓尽致的表现。而造成这一切的社会背景和时代动因，则是纳粹的生成和灭亡。这就使人有了厚重的历史感。此外，影片的叙事角度和表现手法别具一格，从一个侏儒小孩的视角观察世界，更凸显了社会和时代的畸形、怪异和荒诞，使人透过那无所不在的疯狂与荒唐，领略到真实生活的残酷。同时，影片还将纪实、讽刺、闹剧等多种艺术元素自然地融为一体，为观众提供了一个新颖别致的观赏世界。

▲《最后一班地铁》

背景材料

1981年法国卡洛斯电影公司出品。导演：弗朗索瓦·特吕弗；主演：卡特琳·德纳英、让·普瓦雷、杰拉尔·德帕迪约等。本片上映后引起极大反响，几乎囊括了1981年法国电影恺撒奖的全部奖项。

故事梗概

1942年冬天，德军占领下的巴黎，日子很艰难。食物匮乏，燃料奇缺，寒冷、饥饿、痛苦，人们晚上都到剧院去，既能取暖，又能逃避一下冷酷的现实。但由于德军实行宵禁，必须赶最后一班地铁回家。演出亦必须在此前结束。

剧院经理兼编导吕卡斯·斯坦奈是个犹太人。为了躲避纳粹的种族迫害，他本计划逃亡南美，后因受阻未能实现，只得藏身在剧院的地下室。他通过他的妻子——著名女演员玛丽恩领导剧院工作，并继续排练早已准备好的挪威名剧《失踪的女人》。他的生活也靠玛丽恩每晚送来食物维持。通过一个伪装的通风口，吕卡斯能听到舞台上的排练，从而进行远程指导。新来的男演员贝尔纳与玛丽恩在排练中配合默契、真切，吕卡斯觉察到了他们微妙的感情变化。考虑到自己的命运和妻子的幸福，吕卡斯愿意促成他们的爱情。一次，盖世太保搜查剧院，差点发现了地下室。吕卡斯虽躲过一劫，却被贝尔纳发现了。此后，贝尔纳毅然投身抵抗运动。战争结束了，吕卡斯走出地下室重新导戏，贝尔纳也重返剧院。戏继续演下去，在观众的热烈掌声中，玛丽恩手牵贝尔纳和吕卡斯，频频谢幕。

赏析

这是法国"后新浪潮"电影的一部杰作。导演特吕弗是"新浪潮"电影的代表人物，其作品细腻、恬淡而富于人情味，很好地继承了法国文学中的人道主义传统。本片又是导演在"新浪潮"时期所形成的风格的继承与发展，在艺术上有三个明显的特点：

第一，散文化的戏剧风格。散文风格本是"新浪潮"电影的一个基本特点。结构松散，戏剧性弱，没有环环紧扣的情节链。尽管影片的时代背景是第二次世界大战，但它没有正面反映重大事件或英雄行为，而是描绘巴黎被占领时期戏剧界的日常生活，细腻地表现人们的艰辛、爱憎与追求，其情趣全在于细节，戏剧性渗透进了散文化的风格中。影片开头几场戏，就把观众渐渐带入特定环境中。青年演员贝尔纳来剧院应聘；玛丽恩处理日常事务，"不经意"间道出吕卡斯去了南美。后来出现了地窖，藏着一个人。剧情再缓缓展开，此人正是吕卡斯。再后来，德国警察搜查剧院，气氛十分紧张。吕卡斯虽躲过了劫难，却遇见了贝尔纳，两人的会面意味深长，剧情为此再展开一层。影片在采用自然"随意"的散文风格的同时，注重强化戏剧效果，既俗亦雅，雅俗共赏。

第二，细节的精彩与真实。真实流畅是"新浪潮"电影的又一个特点，也是特吕弗的一贯风格。《最后一班地铁》的作者，除了把当时戏剧界发生的一些真实事件编进影片（如纳粹评论员遭贝尔纳痛打等情节都事有所本）外，还通过一些精心设计的细节，交代情景，烘托时代氛围，显得自然而真实。如玛丽恩到黑市买一只七千克的大火腿，显然非她个人所需，使观众自然想到地下室里还有一个吕卡斯。这个细节如信手拈来，巧妙而不露痕迹。再如几个女演员聚在一起，展露腿上的丝袜，其实这哪里是丝袜，而是涂上去的颜料。物资的匮乏、生活的艰辛都通过这个细节表现出来，观众自会从中品尝到一种苦涩的生存。

第三，注重纪实性。为增强影片的真实感，导演特意采用了多种手法。如对时代气氛进行渲染。影片采用了一种近似于黑白片的暗色调。布景亦富于质感，剧院后台背景片的灰尘、地下室的潮湿，仿佛都可以触摸到。这些都给人造成一种陈年往事的感觉，非常逼真。又如，影片在叙事上，采用了虚实交融的手法。从贝尔纳离开剧院的1942年冬，到反法西斯胜利的1945年，其间发生了很多历史性事件，人物命运也随之发生了很大变化。导演用了很多纪录片资料，配上旁白，将其作为历史变迁的见证。这种纪实性处理手法，是对"新浪潮"电影的新的发展。

该片用的是悲剧背景、喜剧格调，喜剧寓于悲剧之中，达到了巧妙的平衡。男女主角是当代法国影坛的最优秀的代表，其表演非常成功。

（李天道　胥怀勇）

古代工艺珍品欣赏

① 玉器

▲三叉形玉冠饰

背景材料

三叉形玉冠饰，出土于浙江余杭县瑶山墓地，制作于距今约五千年的良渚文化中期。现藏于浙江省文物考古研究所。

鉴赏

在过去，考古学家们并不知三叉形器的用途，直到1986年对瑶山墓地的发掘后才弄清为冠饰。这件玉器高5.2厘米，宽7.4厘米，厚1.3厘米，以兽面纹为主体。玉冠饰由青白色带褐斑的软玉制成，造型略显厚重，但图案雕琢精美，线条流畅，整个图案在写实的基础上以象征手法加以表现，极具特点。

这件饰物以兽面纹为主体装饰图案，虽无法确指是什么动物，但兽面威武庄严，用夸张的手法来表现两对獠牙。这是原始民族图腾崇拜的反映。

这件玉器采用了浅雕和阴线相结合的制作方法。第一层线刻出羽纹和卷云等底纹，第二层浅浮雕勾勒兽面的大致轮廓，第三层又用阴线在浮雕凸面刻出眼、鼻、唇等。这是良渚玉雕所独有的"三层花"做法。

▲玉凤

背景材料

玉凤，被发现于河南省安阳市小屯村殷墟所在地，是中国社科院考古研究所工作人员从商代第二十三代帝王武丁配偶妇好的墓内发掘出来的。它是供古代贵族佩挂的一件高贵饰品。

鉴赏

龙、凤是我国古代传说中的动物，被认为是祥瑞的象征，也是中华民族肇始的化身。因为古人以龙代表男性、以凤代表女性，所以在我国古代的装饰艺术品中，凤更加具有阴柔之美，姿态也更加绰约动人。

这块妇好墓内出土的玉凤，高 13.6 厘米，器壁仅厚 0.7 厘米。玉料系黄褐色的新疆良玉，扁平体。扁平玉雕在艺术造型上有其独特的特点，外缘凸张，内缘凹曲，形成如扇面的玉坯。在这些扇面形玉坯上，殷代玉雕采用正侧面剪影的手法勾勒凤的形象。该玉凤夸张的凤尾虽然与凤身的比例不是十分协调，但却突出了凤最主要的特征，具有强烈的艺术感染力。在细微的地方，雕刻师用线刻和穿孔的方法，使轮廓和细部有机地融合，整个玉凤充满了朝气。

▲人首蛇身玉饰

背景材料

人首蛇身玉饰，1983 年 4 月，发现于河南省信阳地区光山县一座夫妻合葬墓中。这对玉饰出土时佩在墓主的腰部，显示着墓主的身份和地位。这在春秋战国时期是十分常见的。人首蛇身玉饰现收藏于河南省信阳市文物管理委员会。

鉴赏

封建社会初期，以儒家思想为指导写成的《礼记》等书中，记载了新兴的封建贵族地主对玉器的需求。在当时，玉器是上层社会生活中不可缺少的器物，甚至连人的行为规范都与玉器密切相关。而且，不同阶层、不同地位的人所用玉器的种类和尺寸大小都有严格的规定，具有政治、道德、宗教的三重意义。

春秋战国时期，诸侯们为了表明他们的身份地位，开始使用成套的器物，玉器也成组配套使用。例如，有成串的串饰，有悬挂的成组佩玉，还有缀于衣物的服玉等。这两件人首蛇身玉饰就属成组佩玉，它们小巧玲珑，雕刻的头形突出五官，大眼、蒜鼻、翘嘴。蛇身蜷曲，尾部与人头顶相接，遍布龙蛇状纹饰，十分华丽。这对玉佩体现了当时我国玉雕技术水平的高超，具有极高的观赏价值。

▲金缕玉衣

背景材料

玉衣，又称"玉匣"、"玉柙"，是汉代皇帝和贵族死时使用的殓服。这种以玉衣为殓服的习惯一直持续到东汉末年。我国考古工作者于 1968 年在河北省满城西汉墓发现的这套中山靖王刘胜的殓服，是第一次发现的成套玉衣。这套玉衣做工华贵精美，是考古学上不可多得的宝贵文物，也是我国古代高度发展的手工艺术的代表之作。这套金缕玉衣现藏河北省博物馆。

鉴赏

这套中山靖王刘胜所穿的金缕玉衣，形体肥大，腹部突起，工艺十分复杂。它全长 1.88 米，由各种形状的玉片共计 2498 片组成，用来编缀玉片的金丝重约 1100

克。玉衣由头罩、上身、袖子、手套、裤筒和鞋6个部分组成，每部分又各有两个部件，各部分可彼此分离。

金缕玉衣所用的玉片形状较大，形制多，对细节部分的制作十分周到，如在脸部刻出细线，似人瞑目入睡的样子，生动逼真。

依汉制，作为诸侯王的刘胜只能使用"银缕"玉衣，但他却使用了"金缕"玉衣，这可能和西汉时"玉衣"尚未定制有关。

古人认为，玉是山川之精粹，将金玉置于人的九窍，人的精气不会外溢，能使尸骨不腐。这种说法是不科学的，但古人按这一愿望制成的玉衣，却成为一件精美、珍贵的艺术品流传至今。

▲玉禹山

背景材料

玉禹山，全名"大禹治水图玉山子"，是世界上最大的玉雕之一。从设计、运输、雕琢，到刻字、安放、陈设，历经十余年时间，于乾隆五十三年（1788年）完成。玉禹山以清朝宫廷内所藏的《大禹治水图》画轴为底稿，采用名贵的密勒塔山玉为原料。其工程复杂，工艺精湛，器形巨大，在中国工艺美术史上创造了空前的奇迹，为稀世珍品。"大禹治水图玉山子"现藏北京故宫博物院。

鉴赏

玉禹山高2.24米，宽0.96米，重约5300多千克，下有高约3米的嵌金丝铜座。内容是中国古代传说中的大禹治水的故事，再现了大禹带领民工不畏艰险、开山劈水、兴修水利的宏大场面。

玉禹山通体立雕，苍松古木，险峰重峦，流泉飞瀑，样样齐全。在玉山背面上端刻有乾隆亲笔所题的《题密勒塔玉山大禹治水图》御制诗及自注文。在山的前三面，结合材料的原有形状，将成群结队的劳动者安排得错落有致，其形态更是栩栩如生，表现了劳动人民丰富的想象力，极具浪漫主义色彩。

雕刻玉禹山的工程浩大，耗费了大量的人力、财力。它既是中国人民智慧和力量的结晶，也是一件无与伦比的艺术珍宝，在考古学上具有重要的研究价值。

2 陶器

▲红陶人头壶

背景材料

红陶人头壶，出土于陕西洛南。该人头壶作为原始艺术的代表作，反映出新石器时代晚期雕塑艺术的日趋成熟。在旧石器时代晚期，雕塑作为一种艺术就已逐渐从工具生产中分离出来。因为陶泥更容易成型，所以，这时的陶工同时又是雕塑艺术家，是他们将陶器变成既有实用价值，又能供人欣赏的艺术品的。红陶人头壶现藏于西安市半坡博物馆。

鉴赏

在仰韶文化的诸多人头雕塑中，有两件最为精彩，一件是甘肃秦安大地湾出土的人头彩陶瓶，另一件就是这件红陶人头壶。与人头彩陶瓶相比，红陶人头壶上的人物造型更加形象活泼、生动逼真。在壶的顶端，刻绘了一张活生生的女童脸庞，全高33厘米。女童长着一张典型的蒙古人种扁平的脸，流露着儿童天真顽皮的笑容，似乎在咿呀学语。艺术家将这一形象雕塑得十分传神，令每一位观赏者都折服于原始艺术的魅力。

▲彩绘乐舞杂技俑

背景材料

彩绘乐舞杂技俑，是迄今为止我们所能看到的最早的乐、舞、杂技的舞台演出的场面。它1969年出土于山东济南无影山一座早期西汉墓中，体现了我国传统民间艺术的发达。

"百戏"是我国乐、舞、杂技艺术的总称，在《汉书》及《西京赋》中均曾提及；在东汉的画像、碑刻等文献及实物材料中均有详细记述和反映。但是这个彩绘乐舞杂技俑的舞台模型，却为我们留下了"百戏"的"立体"形象，因此它作为珍贵的文物被藏于中国历史博物院。

鉴赏

彩绘乐舞杂技俑的舞台是一个长67厘米、宽47.5厘米的陶盘，彩绘俑被固定在陶盘上。

在这些神态各异、形态不同的陶俑中，有两个女子相向起舞；有一人腾身而起正在翻跟头，一个正在表演杂技"拿大顶"；一人正表演柔术，还有配合演出的乐队及围观的助兴者等。作品主次分明，布局井然有序，通过人物的动作、神态，生动地再现了当时的场景。作品还加上了多色彩绘，使效果更加生动逼真，是一件十分成功的古代造型艺术品。

▲ 说唱俑

背景材料

东汉时期，正是志怪小说快要大量出现的年代，当时的说书者多以志怪小说为题材。这件 1963 年出土于四川郫县东汉墓中的"说唱俑"就表现了说唱艺术在民间的繁荣。

说唱俑，又称"说书俑"，或侏儒俑。汉代由侏儒来引导"倡优戏"，故侏儒俑类似现代杂技中的小丑角色。当时"百戏"繁荣，这类民间艺术也得到了最大的发展空间。这件保存最为完整的说唱俑正是汉代"百戏"兴旺的体现，是汉代雕塑中难得的珍品。现藏于四川省博物馆。

鉴赏

东汉墓葬中，大多有陶俑随葬，但说唱俑却十分罕见。这件保存最为完整的说唱俑，以其卓越的艺术技巧和现实主义的风格，把东汉说书人形象生动、形象、逼真地表现了出来。这件说唱俑额上所饰的花纹、上身所露的肌肉、下身长大的裤筒、两手托鼓的造型及两脚微弯的形体动作，无一不刻画得细致入微。这种说唱俑充分展现了汉代雕塑的高超艺术水平，极具研究价值，也是一件十分生动形象的艺术品。

▲ 陶船

背景材料

陶船，是一陶制的船的模型。1954 年出土于广州东汉墓，距今近两千年。它反映了汉代广州地区发达的航海技术及相当规模的造船能力。而且，它正好与 20 世纪 70 年代在广州市区内发现的秦汉造船工场遗址相互印证。陶船保存十分完好，结构合理，仿实性强。现作为艺术珍品被保存在北京中国国家博物馆内。

鉴赏

这件陶船模型的形制、结构已经和近代木船基本相同。船作长条形，分前、中、后三个舱，有推进船行的桨，有使船身沉稳的"梁担"，有掌握航向的尾舵，有爪锚等。在我国的传说中，舵发明于远古时代，但真正的实物造型则见于此。

在陶船上，还有六个神态各异的人像，分处于不同位置，反映了汉代劳动人民在船上生产与生活的情景。人像造型虽然简单古朴，但都静中有动，带给我们洗练的美感。陶俑高均约 6 厘米，而陶船模型全长 54 厘米。照比例推算，生活中的船的实际长度可达 20 米左右，这在中国古代造船史上是并不多见的，它展现了我国汉代劳动人民的卓越才能。

▲ 贴花盘口琉璃瓶

背景材料

贴花盘口琉璃瓶，是 1987 年春在陕西扶风县法门寺塔基唐代地宫发掘时出土的。法门寺是文献记载的中国境内供奉释迦牟尼真身舍利的四大名刹之一，寺内文物众多，且都十分珍贵。这件琉璃瓶便是寺中出土的二十多件琉璃器皿中的一件。它可能是通过丝绸之路流入中国的东罗马制品，对研究罗马和早期伊斯兰美术具有重要意义。

鉴赏

这件贴花盘口琉璃瓶，是公元 5 世纪东罗马的产品。瓶身高 21 厘米，腹径 16 厘米，釉面润泽晶莹，有透明感，显得高贵而精美。

由于法门寺是保存释迦牟尼佛真身舍利的地宫，所以唐王朝在修建时将大量宫中所用的珍稀器物放置其中。这些供养器里，有只供宫廷使用的来自罗马、伊朗等地的伊斯兰琉璃器。这些琉璃器表明，在中世纪，世界三大宗教在交流时并不互相排斥，而是相互影响和吸纳的。这也能够看出唐代正是在吸收各民族文化精华的基础上繁荣、发展的。

3 瓷器
▲ 青瓷熊灯

背景材料

青瓷，是中国著名传统瓷器的一种，在坯体上施以青釉（以铁为着色剂的青绿色釉），在还原焰中烧制而成。中国历代所称的缥瓷、千峰翠色、艾色、翠青、粉青等，都是指青瓷。作为一种优质瓷品，它原料纯正，颜色鲜艳，是我国瓷器的重要组成部分。特别是古代江浙地区青瓷工艺的发展，促进了长江下游广大地区生活用具的改进，在中国瓷器发展史上写下了重要一笔。

六朝时期南方手工业的最大贡献，就是青瓷器的烧制。青瓷作为中国早期瓷器的杰出成就，已经接近和符合近代瓷的标准了。

1985年，在南京清凉山三国时期吴墓中出土的两件青瓷器，就是其代表作品，其中之一就是这件青瓷熊灯。从它的灯盘底部刻画的草书"甘露元年五月造"字样可知，它的制成年代应为公元256年。因此，这件青瓷熊灯，可作为对三国时期青瓷的断代研究的一件重要标准器。该灯现藏于中国国家博物馆。

鉴赏

这件青瓷熊灯高11.5厘米，口径9.7厘米，由盏、柱、盘三部分组成，造型十分别致。灯盏为钵形，外沿有六朝早期流行的弦纹三道。灯柱为一憨态可掬的小熊双掌托举灯盏的形象，制作手法娴熟。

这件熊灯有很高的艺术价值，是当时贵族人家珍贵的实用器皿，专门刻上了纪年号，因此又叫"甘露元年青瓷熊灯"。

▲定窑孩儿枕

背景材料

瓷枕，是古代瓷质的枕头。枕上用彩釉绘有精美的图画或题上诗句。宋代瓷枕有制成卧伏的娃娃状或兽状的。有的还印有制造者戳记。瓷枕是我国古代的夏令寝具，它清凉沁肤，爽身怡神，不仅在民间流传甚广，就连皇宫中也常用。瓷枕始创于唐代，流行于宋元间。瓷枕的品种很多，尤以宋代为多。定窑烧制瓷枕最为拿手。这件孩儿枕，就体现了定窑瓷枕的典型特点。现珍藏于故宫博物院。

鉴赏

这件定窑孩儿枕，高18.3厘米，长30厘米，宽11.8厘米。其质地洁白，通体施釉，釉色白润如玉。瓷枕的造型为一幼儿俯卧于枕座，头斜置于交叉的手臂上，脸向外，目光正视前方，右手中还握有一个绣球。儿童的眼神中透着灵气，小脸浑圆，头梳我国古代儿童中常见的"鹁角儿"发式，十分可爱。通过这个俏皮、可爱的儿童形象，我们可以了解到当时儿童的服饰、发型等多方面的情况。

这件瓷枕因其保存了民俗史、服饰史等多方面的资料，也反映了定窑的工匠们对生活情景的真实捕捉和艺术再现能力，令人叹

为观止，是一件不可多得的艺术珍品。

▲青花云龙纹扁壶

背景材料

白地青花云龙纹瓷扁壶，是明代永乐年间景德镇官窑流传于世的珍品中保存最好的一例。

青花，瓷器釉彩名，是一种白地蓝花瓷器的专称。先在瓷器毛坯上用钴土矿描绘纹饰，再上一层无色的透明釉，以再温烧制而成。这种瓷器的烧造在元代已相当发达，明代发展到成熟阶段，以景德镇烧造的最佳。

据《景德镇陶录》记载，从明洪武二年起，在景德镇的珠山设瓷窑，称御器厂，派官员监督烧造，成品供皇家使用。永乐年间，该官窑的工艺在前期基础上又有很多创新，从这件青花云龙纹扁壶就可以体现出来。此壶现藏于南京博物院。

鉴赏

这个青花云龙纹扁壶高45.5厘米，口径8厘米，造型工整精致，线条流畅柔和，体态优美俊秀，是一件令人赏心悦目的陈设工艺品。

青花是釉下彩中的一种，由于釉层晶莹肥厚，所以青花多给人深沉含蓄凝重之感，这是永乐青花器使人难以模仿的特点。这件扁壶就充分体现了永乐瓷釉的特征：底釉白中闪青，色泽滋润匀净，青花浓重艳丽，自然晕散，黑斑星罗棋布。

从纹饰上看，这件扁壶自上而下分为三层：口沿部分绘青花缠枝草叶纹，枝叶左右伸展，成波浪式边饰；颈饰为青花缠枝番莲纹，莲心突出，婉转流动；壶腹部绘制了前后两组青花云龙图饰，双龙前后三趾，刚劲有力，四周云彩环绕，构成了壶的主题纹样。整个纹饰恢弘而大气。

▲各色釉大瓶

背景材料

清代乾隆时期是我国制瓷业的鼎盛时

期。这件各色釉大瓶就是乾隆时代景德镇官窑烧制的，它反映了清代制瓷业的高度成就，现珍藏于故宫博物院。

清初的瓷器烧造以能仿古器而见长，对古代的各种单色釉和各类彩绘瓷器都进行仿烧，有高温釉、低温釉，有釉上彩、釉下彩等，而各色釉大瓶采用了多种工艺。它的烧制成功，标志着中国瓷器的发展已进入了历史高峰。

鉴赏

各色釉大瓶集各种装饰手法之大成，是目前世界上所见的唯一一件装饰手法最多、最精的瓷器。它通高 86.4 厘米，口径 27.4 厘米，造型庄重，装饰富丽，瓶体外侧装饰各种名贵的颜色釉和彩绘图案多达十几种，有"瓷母"之美称。

各色釉大瓶的口沿部为柴红地珐琅彩折枝花卉，其下是仿景泰蓝绿地珐琅彩釉。颈部有三种装饰，分别为仿汝窑米灰色釉、白地青花缠枝花卉，不规则开片的绿釉等，各层图案中间描有金彩一圈。肩部从上至下为均红釉、半彩花绘、粉青釉。腹部的主体图案为在描金蓝釉的底子上描绘的十二幅长方形的开光图案，其中有写实画和装饰图。胫部和圈足上有仿哥釉，绿釉描金花瓣，描金回纹，酱釉描金花卉等等。这些颜色釉和彩绘在窑炉中烧制时所需的温度和条件各不相同。所以各色釉大瓶的烧制成功十分困难，其价值连城也就不足为怪了。

▲玉壶春瓶

背景材料

玉壶春瓶，全名"珐琅彩芙蓉雉鸡玉壶春瓶"。

珐琅彩瓷器，是清代鼎盛时期极为名贵的宫廷御器，是中国传统制瓷工艺与由法国传入的画珐琅法相融后，产生的一种新的彩瓷品种。

这件玉壶春瓶，烧造于乾隆年间，采用"瓷胎画珐琅"的技法，彩绘由宫廷画师承担，烘烧则由清宫内务府造办处的

"珐琅作"小窑完成，是皇家独有之珍品。现藏于天津艺术博物馆。

鉴赏

珐琅彩瓷的制法于清初因法国商人和传教士的涌入而传入我国，受到皇室贵族的青睐。这件珐琅彩芙蓉雉鸡玉壶春瓶，就是当时的代表作品。

玉壶春瓶高 10.3 厘米，口径 4 厘米，整个造型由两条 S 型弧线构成，简洁而优美。颈部饰一圈蓝料变体如意云头蕉叶纹；腹部描绘一幅可爱的芙蓉雉鸡图，生机盎然；瓶腹的另一面有墨书题诗。瓶底有墨褐彩"乾隆年制"方形款铭。

该瓶不仅造型优美，而且胎质细腻，洁白如雪，釉色莹润如玉，再加上珐琅彩画的艳丽色调，把珐琅彩瓷的特色表现得淋漓尽致。

4 青铜器
▲杜岭方鼎

背景材料

杜岭方鼎，1974 年出土于河南郑州市张寨南街杜岭土岗，共两件，称杜岭一号铜鼎、杜岭二号铜鼎。

鼎，是青铜器中的重器，也是礼器，代表了贵族的身份和地位。鼎还是国家政权的象征，在我国古代具有崇高的意义。杜岭方鼎是商代前期青铜器中目前仅见的重器。其年代比著名的司母戊鼎要早得多，是研究商代早期青铜器冶炼技术的重要资料。现藏于中国国家博物馆。

鉴赏

两鼎形体、纹饰基本相同，都是斗形方腹，立耳，4 个圆柱形空足，腹表饰饕餮纹和乳丁纹。一号鼎通高 100 厘米，器口横长 62.5 厘米，宽 61 厘米，重 86.4 千克。二号鼎通高 87 厘米，器口长宽各 61 厘米，重约 64.25 千克。

方鼎器壁较薄，以饕餮纹和乳丁纹为主要纹饰，器上不施地纹，体现了商代早期铜器的特点。方鼎的铸造采用多范分铸而成，技术比较复杂。作为商代早期的大型器物，铸造虽不及晚期精湛，但冶炼、制范、浇铸技术都已熟练掌握。

▲司母戊鼎

背景材料

司母戊鼎，1939 年 3 月出土于河南安阳侯家庄武官村，战乱中屡经劫难，最终

得以保存于中国国家博物馆。

由于此鼎腹内壁刻有铭文"司母戊"三字，故得名为"司母戊鼎"。目前学术界对这三字的解释说法不一，但一般认为此鼎是商王为祭祀他的母亲戊而铸造的。而铸造如此巨大的非实用性的鼎，究竟是出于何种观念？又具有怎样的象征意义？这还是一个有待我们解答的谜。

鉴赏

司母戊鼎是世界上罕见的青铜器贵重文物，也是迄今为止所有出土的鼎中最大最重的。它净重 875 千克，通高 133 厘米，器口长 110 厘米、宽 78 厘米，足高 46 厘米，壁厚 6 厘米。司母戊鼎的花纹均以云雷纹为底，耳的外廓饰 1 对虎纹，虎口相向，中有 1 人头，耳的侧沿饰鱼纹。鼎腹四隅饰扉棱，以扉棱为中心，有 3 组盖面纹，上端为牛首，下端为饕餮。鼎身四面的中央部分，都是没有花纹的长方形空白地。足部饰兽面纹，下有 3 道弦纹。它的造型厚重，气势宏大，纹饰美观，工艺精巧，是商文化发展到顶峰的产物，体现了商代青铜高超的铸造技术。它是中国已发现的最大的青铜器，在世界青铜文化中也是仅见的。

▲三星堆青铜人头像

背景材料

四川广汉三星堆古蜀国遗址中出土的青铜人像达 50 多件。三星堆青铜人头像、面具现藏于四川广汉三星堆博物馆。

鉴赏

三星堆文物中，最令人感兴趣的就是这些青铜人头像、面具了。作为世界上最大的青铜纵目人头像，高 64.5 厘米，两耳间相距 38.5 厘米，凸出的柱形眼珠长达 16.5 厘米，中空，直径为 12 厘米，中部有箍。那巨大的人兽合一的青铜人头像，面貌十分奇特：高鼻深目，颧面突出，阔嘴大耳，耳朵上还有穿孔；表情似笑非笑，似怒非怒。

这些三四千年前留下的青铜人头像、面具，使人产生了许多遐想。这些人像完全不似今日的蜀人，倒像是科幻电影中的外星人。古蜀国的先民是从哪里来的？属于什么种族？古代是不是真有纵目人？

《华阳国志》称："有蜀侯蚕丛，其目纵，始称王"，是真的吗？这就是这批青铜人头像、面具给人留下的最意味深长的东西。

▲吴王夫差矛

背景材料

吴王夫差使用的青铜矛是 1983 年在湖北江陵马山发掘出的墓葬品。吴王夫差矛装饰华美，完整如新，锋刃锐利，通长 29.5 厘米，宽 3 厘米，锋部呈弧线三角形。器身两面中脊有黑色米字形暗花，其中一面有两行错金的铭文："吴王夫差自乍用鈼"，即吴王夫差用的矛之意。现珍藏于湖北省博物馆。

鉴赏

吴王夫差矛的出土使我们能目睹 2000 多年前吴国精良兵器的风采。吴王夫差矛作为吴王专用的兵器，反映了吴国兵器的最高水平，也是这一时代兵器的登峰造极之作。吴王夫差矛将美观和实用二者统一起来。吴王夫差矛的脊部有血槽，可以提高杀伤能力，全器中空，壁薄而刃锋，这反映了当时很高的铸造工艺。据考证，吴王夫差矛身的米形暗纹采用了硫化铜特殊工艺处理，这种处理方法使铜矛既美观，又能防锈。吴王夫差矛的矛身装饰了浮雕的兽头和错金的铭文，使之成为精美绝伦的艺术品。

▲越王勾践剑

背景材料

越王勾践剑是 1965 年在湖北省江陵县楚墓中发掘出来的，通长 55.7 厘米，剑身宽 4.6 厘米，剑柄长 8.4 厘米，剑首向外翻卷成圆箍形，内铸 11 道极细小的同心圆圈。越王勾践剑，正面用蓝色琉璃，背面用绿松石镶嵌出美丽的花纹。越王勾践剑整个剑身满饰菱形暗纹，剑身中间有一道凸起的棱，在靠近剑格的地方刻有篆体错金铭文八个字："越王鸠浅自乍用剑"，即越王勾践自作用剑之意。现藏于湖北省博物院。

鉴赏

越王勾践剑剑锷锋芒犀利，寒光闪闪，保存如新，至今尤能断发，不愧为东周时期名剑中的精品。该剑制作精良，保存完好，实为难得。如果你在湖北省博物馆去看到此剑，再看看吴王夫差矛，一定会联想到春秋时的吴越相争，越王勾践"卧薪尝胆"的悠悠往事。更为有趣的是，越王勾践剑和吴王夫差矛均在离吴越千里之外的楚地发现，这也许正反映了越灭吴，楚灭越，宝物最终集中于楚的曲折历史吧？

▲曾侯乙编钟

背景材料

曾侯乙编钟，1978 年在湖北随州发现。曾侯乙编钟是战国早期曾国国君曾侯乙的墓葬品。

鉴赏

曾侯乙编钟为一套 65 件青铜钟构成的巨型青铜乐器，包括纽钟 19 件、甬钟 45 件，外加楚惠王赠送的 1 件镈钟，总重量达 2500 多千克。曾侯乙编钟上有错金乐律

铭文 2800 余字，全面反映了中国古代音乐史上的一个光辉成就。现藏于湖北省博物馆。

曾侯乙编钟是我国迄今为止发现的数量最多、保存最好的一套编钟。曾侯乙编钟虽在地下埋藏了 2400 多年，音乐性能仍然很好，音色优美，音域宽广，能演奏古今中外的多种乐曲；用来伴奏，效果极佳。其乐律铭文是研究中国乐器史、编钟形制和纹饰的重要资料。曾侯乙编钟实为我国古代文化的瑰宝，是我国优秀的民族音乐的宝贵财富。

▲重金络壶

背景材料

重金络壶，是一件战国时期青铜器的稀世瑰宝。1982 年在江苏盱眙发现。现藏于南京博物馆。

鉴赏

重金络壶制作极为复杂，壶身、底座浑铸成器，横箍、兽面衔环、立兽分铸成型，再各自勾出图案，凿刻嵌槽、镶金、银，嵌绿松石，整个网套上共 96 条长龙，576 朵梅花，形成 3 个层次，剔透玲珑，典雅瑰丽。最后，再将壶体、网套和各种部件焊接合成，浑然一体，是融战国时代各种青铜铸造工艺于一身的罕有国宝。同时，重金络壶上刻的铭文 29 字，是齐国将军陈璋的纪功铭，为战国中期燕齐结怨的一段重大历史事件的见证，具有重要的历史价值。

▲秦陵铜车马

背景材料

秦陵铜车马，是一件稀世之珍。1980 年 12 月，在秦陵西侧的一个陪葬坑内被发现。现藏于陕西临潼秦始皇兵马俑博物馆。

鉴赏

秦陵铜车马共有 2 乘，前面的铜车马称作"高车"或"立车"，车舆前挂有 1 铜弩机，并配备有装弩矢的箭箙、盾袋、铜盾。车舆中立有 1 铜伞。1 铜铸的驭官挎长剑，站立车中，双手执辔。车前 4 匹铜马，奋蹄欲奔。后面的铜车称作"安车"，是单辕驷马。这一前一后 2 乘铜车马，大小相当于真车真马的一半。

新世纪

老年

百科全书

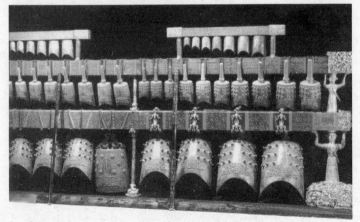

秦陵铜车马的惊人之处，一是形体大。两车长达5米多，宽近2米，高2米，重2吨多，为国内外罕见，被誉为"青铜之冠"。二是工艺精，令人叹为观止。马络头用金管、银管套接，历经2000多年，至今还灵活如初。三是形象美。彩绘华美之极，铜马及铜驭官的雕塑逼真传神。请看一看那2个铜驭官吧！他们气质高贵但却不倨傲。他们比例匀称，双手前伸执辔，双目微启，目光下视前方，表情专注而恭谨，将忠于职守的高级驭手形象刻画得惟妙惟肖。

5 金器

▲三星堆金杖

背景材料

三星堆金杖，是四川广汉三星堆古蜀国遗址中发现的众多金器中最突出的一件。现藏于四川广汉三星堆博物馆。

鉴赏

此件长142厘米，直径2.3厘米，重700多克，上有刻画的人头、鱼鸟纹饰。据考证，这根金杖是世界上最早的金杖。

三星堆金杖和金面头像、金面罩、金虎、金叶、金璋、金带等，除了制作精美以外，还有极重要的文物价值。将这些金器同当时世界上其他地区的出土文物进行比较研究，发现三星堆文明与其他地区的文明有许多相似之处。于是，有人推测，三星堆人可能是来自南亚甚至欧洲地区的"老外"。虽然现在还不能证实这一点，但当人们欣赏三星堆华美的金杖、各种金器和青铜面罩时，当会引发多少奇思妙想啊！

▲金兽

背景材料

金兽，是1982年发现于江苏盱眙的一批楚汉时期的珍贵文物中的一种。

金兽一般认为是主人用于镇邪的宝物。古人认为，虎豹是守卫九关的神兽。神兽采用了盘踞的姿势，主人生前置于房中或府库里，作为镇房、镇库兽，死后带入坟墓中作镇墓兽。

金兽头大、身短、粗壮、长尾，近于虎、豹，更似豹，因此，此金兽又叫金豹。现藏于南京博物院。

鉴赏

金兽为含金量99%的黄金铸造，呈蜷身伏卧状，通高10.2厘米，身长16厘米，宽17.8厘米，重9千克，是目前我国考古发现中最重的一件金器。

▲万历帝金丝冠

背景材料

万历帝金丝冠，是1958年发掘定陵时出土的国宝。定陵是明神宗朱翊钧的坟墓。他10岁登基，改年号为"万历"，史称"万历帝"。

鉴赏

这件金丝冠为万历帝平时所戴的皇冠，通高24厘米，用极细的金丝编织而成。其下檐内外镶金（金制小方形框），冠的后上方有两条左右对称的蟠龙于顶部汇合，龙首在上方，张口吐舌，两眼炯炯发光，龙身弯曲盘绕，呈现动势。双龙中间有一颗圆形火珠，四周喷吐着无数火舌，构成二龙戏珠状。

万历帝金丝冠双龙飞舞，雄猛威严，有着极强的艺术装饰效果，体现了帝王神圣的权力和崇高的地位，是皇权帝德的象征。

▲万历孝靖皇后凤冠

背景材料

万历孝靖皇后凤冠，是明代文物中的稀世之宝。1958年在北京定陵发掘出土，是明万历皇帝的孝靖皇后的凤冠。现藏于定陵博物馆。

鉴赏

万历孝靖皇后凤冠，凤冠高27厘米，口径23.7厘米，重2320克。全冠共镶大小红蓝宝石100多粒，珍珠5000余粒。整个凤冠，龙、凤、云、花形象、灵动，色彩瑰丽。此冠制作精细，冠上9龙均用金掐丝镶嵌工艺，显示出高超的艺术造诣及工艺水平。凤冠装饰华丽，在满饰珠宝点翠如意云片间，装饰9龙9凤，使整个凤冠龙凤飞舞，珠翠缭绕，宛如金龙升腾，奔跃在云海之上，翠凤展翅，翱翔于珠宝花丛之中，金翠交辉，富丽堂皇，令人叹为观止。

（李天道 董仁威）

名画欣赏

① 中国名画

▲顾恺之《〈洛神赋〉图》

背景材料

《〈洛神赋〉图》是东晋时著名画家顾恺之（约345—409）所作的人物故事画卷。顾恺之，晋陵无锡（今江苏省无锡市）人。他多才多艺，诗赋书法俱精，尤长于绘画。三国时，诗人曹植作有《洛神赋》。以传说中的洛水女神宓妃为题材，描写了一个多情美丽的女子，表现了作者对她的爱慕和人神相隔而不得相聚的惆怅之情。《〈洛神赋〉图》就是据此而创作的。《〈洛神赋〉图》原画已佚，现有宋代摹本存世，藏于北京故宫博物院。

鉴赏

《〈洛神赋〉图》纵27.1厘米，横572厘米，绢本设色，用工笔重彩画成。其用笔细劲古朴，笔道延绵，犹如春蚕吐丝，人物神态安详，神情刻画得十分成功；色彩鲜艳、厚重，显得富贵华丽。《〈洛神赋〉图》以手卷的形式，形象的手法，展现了《洛神赋》中的故事。在画幅中，曹植和洛水女神反复出现。洛水女神梳着高高的云髻，步履轻盈地飘飘而来，目光顾盼，欲行欲止，在山间舒袖歌舞，然后乘坐异兽驾驭的车，乘风而去。曹植随洛神行走，若即若离，情意缠绵，动人心扉。

▲李思训《江帆楼阁图轴》

背景材料

《江帆楼阁图轴》相传是初唐画家李思训（651～716）的山水画作品。据清代鉴赏家安岐称，此作"传经久远，深透绢背"，确认是李思训的真迹，并加盖了他的鉴定章。是否为李思训真迹，还有待进一步研讨，但确实是一幅传世杰作。此画现藏于台北故宫博物院。

鉴赏

《江帆楼阁图轴》绢本，大青绿山水，纵101.9厘米，横54.7厘米。《江帆楼阁图轴》是描述游春情景的。近景松桃掩映，红绿丛中，楼宇隐现，骑马者、步行者，或缓行于水滨，或徜徉于山边。远景数叶扁舟，烟波浩渺。用笔上，以粗细、转折、顿挫的线条交替使用，挺劲优美，富有变

化，近粗远细，墨色近深远淡，表现出前后远近的空间透视。这幅画是自魏晋到隋唐时期青绿着色、严谨工细画风的高峰之作。

▲张择端《清明上河图》

背景材料

《清明上河图》是北宋著名画家张择端的代表作。张择端，北宋晚期东武（今山东诸城）人，宋徽宗时曾入翰林图画院。此画现藏故宫博物院。

鉴赏

《清明上河图》为绢本，淡设色，纵24.8厘米，横528.7厘米。《清明上河图》描绘了北宋都城汴梁（今河南开封）清明时节城市生活的各个方面，具有极大的史料价值。很多史籍证明了这些描绘的真实性，它提供了许多文字资料无法描述的形象材料，如木结构的拱形桥等，过去仅有文字记载而无实物可证。

《清明上河图》的艺术价值很高。作者采用手卷的横式构图，将极为繁复的场景，处理得有条不紊。它从外城僻静处画起，逐渐进入繁华热闹的市区，至拱桥形成高潮，充分利用横向展示的视野，描绘多姿多彩的都市生活。桥面上，人们摩肩接踵；河中，巨大木船穿梭行驶；街市上，建筑鳞次栉比，民众熙熙攘攘，各种店铺正在营业；郊外，一片田园风光。全图以各阶层人物的各种活动为中心，展示了北宋时京城汴河两岸兴旺、繁荣的情景，形象地表现了这一时期人民的生活状况。笔墨技法上，则以变化多样的线描为主，略施墨色，朴实素雅。

▲王冕《南枝春早》

背景材料

《南枝春早》是元末著名画家王冕的杰作。王冕（1287～1359），诸暨（今浙江）人，以善画梅著称于世。此画现藏于台北于故宫博物院。

鉴赏

《南枝春早》绢本，纵143.3厘米，横53.9厘米。《南枝春早》是王冕画梅的代表作之一。画法上有两大创新：一是以胭脂作没骨梅。点出花瓣，再用浓墨勾蕊或点萼，一反以前的"勾花晕染"之法。二是花密枝繁，"万蕊千花"。花、枝前后左右，正反侧斜，繁繁密密，劲健有力，生机盎然，对传统画梅"疏枝清淡"法是一大突破。

新世纪 老年 百科全书

▲ 唐 寅《函关雪霁》

背景材料

《函关雪霁》是明代著名画家唐寅（1470～1520）的代表作之一。唐寅，字伯虎，吴县（今江苏苏州市）人，诗文书画皆精。此画现藏于台北故宫博物院。

鉴赏

《函关雪霁》绢本，浅设色，纵 69.9 厘米，横 37.3 厘米。它得名于画上的题诗："函关雪霁旅人稠，轻载驴骡重载牛。"画中很多行人驴骡牛马车辆行于白雪铺地的山间道路上，气势恢弘。远山悬挂一飞泉，至近景水口处，水势激涌，使画面充满了勃勃生机。中景和远景画得简而淡，秀丽润泽，无剑拔弩张之气，而富静态的内在美，透出清旷肃疏之气。

▲ 文徵明《古木寒泉图》

背景材料

《古木寒泉图》是明代著名画家文徵明的名作。文徵明（1470～1559），长洲（今江苏吴县市）人，工绘画、书法、诗文。此画现藏于台北故宫博物院。

鉴赏

《古木寒泉图》为绢本，设色，纵 194.1 厘米，横 59.3 厘米。画法细腻，粗细适中，粗中有细，细中有粗，画面细柔、淡雅、文静，代表了文徵明画风的一大特色。该画中有高松两株，卷曲的古柏一株，构图严谨细密，树和山距离很近，大空间在山之外，山与树之间形成许多小空间，寒泉与细流之间又形成一个空间。该画用笔不粗不猛，不细不微，行笔缓慢而沉稳，苍劲而文静，设色古淡而秀雅，没有激动怨怒之气，亦无柔弱细软之态。

▲ 董其昌《昼锦堂图》

背景材料

《昼锦堂图》是明代著名画家董其昌的杰作。董其昌（1555～1636），华亭（今上海市松江）人，精书法，擅山水画，讲究笔致墨韵，画格清润明秀。此图现藏吉林省博物馆。

鉴赏

《昼锦堂图》为绢本，青绿设色，纵 41 厘米，横 198 厘米。画面景色不多，笔墨粗率，但因以青绿设色，黛青、石绿、朱砂、赭石、白粉，五彩骈丽，烟云流润，秀逸潇洒，一派炽人气象，体现了董其昌画风平淡而痛快的特色。

▲ 郑燮《竹石图》

背景材料

《竹石图》是清代著名画家郑燮的名作。郑燮（1693～1765），号板桥，江苏兴化人，曾任知县。做官前后均居扬州卖画，为著名的"扬州八怪"之一。他精书法，能诗文，擅画兰竹。此画现藏于上海博物馆。

鉴赏

《竹石图》纵 179 厘米，横 95 厘米，纸本墨笔。用笔不多，画面简洁，只有竹竿三五，瘦石一块，但墨竹神态劲挺而潇洒，画面充满了生机。画中有一长跋，其中对以竹写神作了如下阐释："瘦劲孤高，

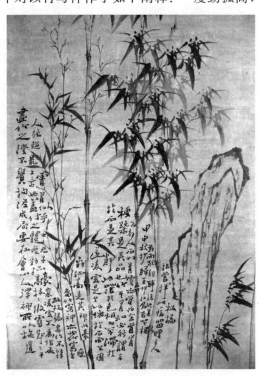

是其神也；豪迈凌云，是（其）生也；依于石而不囿于石，是其节也；落于色相而不滞于梗概，是其品也。"

▲吴昌硕《桃实图》

背景材料

《桃实图》是清末和民国前期的著名书画家吴昌硕的代表作。吴昌硕（1844～1927），浙江安吉人，书画篆刻俱精，是中国近代"海上画派"的代表人物。"海上画派"主张将文人画传统和民间美术结合起来，从古代刚劲雄健的金石艺术中吸取营养，将明清以来大写意技法与民间美术相结合，形成雅俗共赏的风格。吴昌硕喜绘大写意花卉，造型简练概括，用笔古朴苍劲，色酣墨饱，画风朴茂雄健。画面上诗、书、画、印配合有致，交相辉映，使画图的形式美达到空前的高度。此画现藏于上海博物馆。

鉴赏

《桃实图》纸本，设色，纵139厘米，横33.9厘米，直式条幅。《桃实图》布局独具一格。主干凌空向右斜上，结实的枝干自右向左斜下，呈现出勃勃生机。

▲齐白石《虾蟹图》

背景材料

《虾蟹图》是现代著名书画家、篆刻家齐白石的代表作之一。齐白石（1864—1957），湖南湘潭人。早年为木工，后结交当地文人，学习书画、诗文、篆刻。他重视创造，将阔笔写意花卉与微毫毕现的草虫巧妙结合，形成自己独特的艺术风格。他的绘画大多取材于小动物，如虾、蟹、鱼、青蛙、雏鸡等，尤以画虾闻名。1953年，文化部授予齐白石"人民艺术家"称号，并获得1955年度国际和平奖金。《虾蟹图》原为浙江省乐清画廊收藏品，现已流入民间。

鉴赏

《虾蟹图》纵80厘米，横36厘米，绘虾3只，蟹2只。画中的3只大虾透明、灵动，生气勃勃，姿态各异，非常逼真；虾下之蟹横行，栩栩如生。全图造型简练质朴，笔墨纵横雄健，色彩鲜明热烈，创造出一种清新明丽、开朗豪放的意境。

▲张大千《长江万里图》

背景材料

《长江万里图》是中国现代杰出画家张大千的代表作之一。张大千（1899～1983），四川内江人，是我国驰誉国际艺坛的画家。他开创了化线为面、色墨融合、工写兼施、没骨写意的新技法，丰富和发展了中国传统绘画的风格特点。

鉴赏

巨幅长卷《长江万里图》横20米，纵53.3厘米。它从四川都江堰的索桥起笔，沿长江而下，横贯四川，穿过三峡，进入湖北、湖南、过洞庭湖、鄱阳湖、望庐山，抵南京，从上海注入东海，气势磅礴，气象万千。整幅画开合得宜，技法上以墨线为主，皴擦点染，再施以泼墨泼彩，五彩缤纷，富丽堂皇，尽显万里长江的雄伟气魄，表现出中华民族的冲天豪气。

▲吴凡《蒲公英》

背景材料

《蒲公英》是现代画家吴凡的代表作之一，曾获"莱比锡国际书籍艺术展"版画比赛金质奖章。吴凡（1923～1968），四川重庆人，新中国建立以来第一个获得国际大奖的著名版画家。现藏人民大会堂。

鉴赏

《蒲公英》，水印套色木刻，纵55厘米，横34.8厘米。《蒲公英》用笔简练，画中一个可爱的小女孩在吹蒲公英，蒲公英轻盈的种子飞向四方，表现了作者对和平恬静生活的向往。

② 外国名画

▲乔托《逃亡埃及》

背景材料

壁画《逃亡埃及》是意大利文艺复兴时期大画家乔托的代表作之一。乔托（约1267～1337）被誉为意大利艺术的开拓者，被尊崇为意大利第一位艺术大师。作品中，人物造型富于立体感，注意空间效果，构图重点突出，能用较为概括的手法表达主题思想和人物的内心情感，突破了拜占庭美术定型的束缚，对意大利艺术的发展有很大影响。《逃亡埃及》是乔托在意大利帕多瓦阿累那教堂绘制的以圣母为题材的壁画之一。

鉴赏

壁画《逃亡埃及》表现圣母玛丽亚生下基督后，因遭受迫害而逃往埃及的故事。画面气氛庄重朴实，构图层次分明，一反中世纪概念化、公式化的象征手法，刻画出纯洁善良的圣母形象。画家特意在右上方描绘了一个带有翅膀的小天使，使画面增添了一种神圣的气氛。

▲ 达·芬奇《蒙娜丽莎》

背景材料

油画《蒙娜丽莎》是意大利文艺复兴时期杰出画家、雕塑家、科学家、建筑师和工程设计家达·芬奇（1452—1519）的代表作之一，被誉为世界第一画。现藏于法国巴黎罗浮宫博物馆。

鉴赏

木板油画《蒙娜丽莎》高77厘米，宽53厘米。描绘了一个面带微笑的新兴资产阶级妇女的形象。《蒙娜丽莎》以"神秘的微笑"著称于世。这种微笑非常自然，但似乎又无法捉摸，意味深长，是一种永恒的、象征式的表情。画中人物富有母亲的温情，代表着女性本质的升华。作品在揭示人物内心世界、体现人文主义思想等方面产生了深远的影响。

▲ 米开朗琪罗《创造亚当》

背景材料

天顶画《创造亚当》是意大利文艺复兴"四杰"之一、雕塑家、画家米开朗琪罗（1475～1564）的代表作，是为梵蒂冈西斯廷教堂所作的巨型天顶画《创世纪》中的一幅。天顶画距地面近20米，占有面积500多平方米，是米开朗琪罗历时4年

零3个月，每天躺在架板上，眼睛朝天，仰着脖子完成的，其创作过程极其艰辛。

鉴赏

天顶画《创造亚当》是西斯廷教堂天顶画中最精彩的一幅，造型技巧精湛，构思宏伟，震人心魄。《创造亚当》描绘的是人类始祖亚当刚刚从沉睡中苏醒过来，上帝耶和华正在给他注入智慧和力量，并用他的肋骨制造他的伴侣夏娃的情景。这幅画似乎在给人类一种启示：创造生命的力量在宇宙空间，而真正主宰宇宙空间的人则是人类的始祖亚当。

▲ 拉斐尔《西斯廷圣母》

背景材料

壁画《西斯廷圣母》是意大利文艺复兴"四杰"之一、画家、建筑师拉斐尔（1483～1520）的代表作之一，是为梵蒂冈西斯廷教堂所作的一幅壁画。拉斐尔善于用世俗化描写方法处理宗教题材，所绘圣母抱耶稣像参用生活中母亲与幼儿的形象加以理想化。现藏于德国德累斯顿绘画陈列馆。

鉴赏

壁画《西斯廷圣母》中的圣母富有女性的温柔和秀美，打破了传统画中圣母形象呆板的模式，使圣母成为一个人间母亲的伟大化身，体现了拉斐尔的人文主义思想。

▲ 提香《天上人间的爱》

背景材料

油画《天上人间的爱》是意大利文艺复兴"四杰"之一、画家提香（1490～1576）的代表作之一。提香擅长肖像画，作品带有鲜明的社会意义。

鉴赏

油画《天上人间的爱》中画有三人，一个是身着盛装、袒胸屈膝的贵妇人，一个是巫女美狄亚，一个是裸体美女维纳斯，其间有一顽皮的小爱神在戏水，背景是意大利美丽的乡村景色。画家将人神处于同一环境，表现人的神圣和神的人性，尽显人与自然的和谐之美，歌颂他所生活的那个时代。

▲ 伦勃朗《夜巡》

背景材料

油画《夜巡》是17世纪荷兰画家伦勃朗（1606～1669）的代表作之一。这幅画原名《班宁·柯克射击手连的出发》。受荷兰阿姆斯特丹射击手公会委托而作。这幅画本来是表现白天景象的，但由于在画面

上涂有一层亮油，年久而变成黄褐色，被人误认为是《夜巡》。20世纪40年代洗去亮油，才发现是白天的光线。此画现藏于阿姆斯特丹国立博物馆。

鉴赏

油画《夜巡》363厘米×450厘米，描绘白天一群即将出发去巡逻的射击手们的形象。它打破常规的肖像画法，把呆板的肖像画处理为听到战斗警报后的戏剧性场面。人物形象充满着英雄气概，整个画面笼罩着紧张的战斗气氛，充分表达了荷兰革命时期射击手们的爱国主义精神。

▲大卫《马拉之死》

背景材料

油画《马拉之死》是法国新古典主义绘画的杰出大师雅克·路易·大卫（1748～1825）的代表作之一。大卫积极参加法国大革命，极力主张艺术为政治服务。

鉴赏

油画《马拉之死》162厘米×125厘米，真实地记录了法国大革命领导人之一马拉被女保皇分子刺死在浴盆中的情景。这幅名作完成于1793年，时马拉遇害不久。此画构图庄严、朴素，浓重的色调给这幕惨剧注入厚重的历史感，表达了画家对马拉的崇敬之情。

▲库尔贝《碎石工》

背景材料

油画《碎石工》是19世纪法国现实主义画家库尔贝（1819～1877）的代表作。他主张绘画要描绘现实生活，揭露社会矛盾，被称为"现实主义的旗手"。此画原藏于德累斯顿艺术馆，1945年被毁。

鉴赏

油画《碎石工》160厘米×295厘米，创作于1849年。作者用刚劲有力的笔法，真实自然地刻画了劳动者的形象，揭露了社会的不公与黑暗，反映了画家对劳动人民的同情和关怀。

▲莫奈《日出印象》

背景材料

《日出印象》是法国印象主义画家莫奈的代表作之一。莫奈（1840～1926）是印象主义绘画的发起人和领导者。印象派吸取科学家对光线研究的成果，充分表现物体的色彩变化。莫奈是第一个用外光技法进行绘画的印象派大师。《日出印象》是

1872年莫奈在勒阿弗尔港口画的一幅写生画，是印象主义画派的开山之作。一个新闻记者在观看了这幅创新的绘画后，讽刺说莫奈的画是"对美和现实的否定，只能给人一种印象"。被当时的批评家讥为"印象派"。此画现藏于巴黎马尔莫丹艺术馆。

鉴赏

油画《日出印象》505厘米×60厘米。作品描绘大雾笼罩下的勒阿弗尔港口早晨的景色，整个画面笼罩在稀薄的灰色调中。水中反射出太阳和天空的颜色，天、水在朝雾中融为一片，岸上景色隐隐约约、模模糊糊，给人一种瞬间的感受。

▲列宾《伏尔加河纤夫》

背景材料

《伏尔加河纤夫》是俄国著名"巡回画派"画家列宾（1844～1930）的代表作之一。"巡回画派"以揭露农奴制度的罪恶、反映劳动人民的苦难生活著称于世。此画现藏于圣彼得堡俄罗斯博物馆。

鉴赏

油画《伏尔加河纤夫》131.5厘米×281厘米。作品画的是炎热的夏天，一群衣衫褴褛的纤夫在骄阳下艰难地行进在伏尔加河的沙滩上。沙滩上有几只破箩筐，增添了画面的凄惨气氛。画中刻画了年龄、性格迥异的11个纤夫的形象。画面色调鲜明，用淡绿、浅紫和暗棕色渲染背景。

▲塞尚《有瓷杯的静物》

背景材料

油画《有瓷杯的静物》是法国画家塞尚的代表作之一。塞尚（1839～1906），是印象派之后的代表人物。他曾学习印象主义的技法，但后与印象主义决裂。他认为，自然界的一切物质都是由圆柱形、圆锥形和圆球形组成的，这种理论后来被发展为立体主义画派。因此，有人称塞尚为"现代绘画之父"。

鉴赏

油画《有瓷杯的静物》体现了塞尚的绘画思想。画面上苹果和橘子的圆柱形、圆锥形和圆球形，具有张力的线条，圆形与方形的对比，加上色彩鲜明的对比，和谐的色调，使画中的静物显得特别醒目。

▲凡·高《向日葵》

背景材料

油画《向日葵》是后期印象主义的代表、荷兰著名画家凡·高（1853～1890）

的代表作之一。凡·高在生前并不被人重视，他的全部作品（800 幅油画，700 幅素描）生前只售出过 1 幅。凡·高的画，用笔阔大，色调强烈、明亮，给人以极大的感官刺激。20 世纪初叶，凡·高声誉日增，至今不衰。他的画不断创下索斯比拍卖画作的最高纪录。《向日葵》是凡·高在法国南部画的同一题材的系列作品，其中的一幅，在 1987 年创下了 3980 万美元售出的破天荒纪录。后来，凡·高的名作《加歇医生的画像》创下了 8250 万美元的名画拍卖价世界纪录。他一生共画了 12 幅《向日葵》。此画画于 1889 年。

鉴赏

油画《向日葵》101 厘米×76 厘米，画了一个陶罐里插着的十余朵葵花，表现出葵花盎然的生机。画中，黄颜色像火一样烧遍画布，画面上洋溢着一片激情，透出一种近乎神秘的狂热，是一幅表现了"爱的最强光"的杰作。

▲ 高更《塔希提岛的妇女》

背景材料

油画《塔希提岛的妇女》是法国后期印象派绘画大师高更（1848～1903）的代表作之一。《塔希提岛的妇女》是 1891 年高更孤身赴南太平洋的上法国殖民地塔希提岛体验生活时创作的。高更的绘画对后来法国的象征派和野兽派有较大影响。

鉴赏

油画《塔希提岛的妇女》描绘了两个裸着上身的土著妇女，棕赭色的皮肤、鲜红的果物、漆黑的腰裙和鲜绿的披肩，用大面积的鲜亮的色块形成强烈对比，给人

以强烈的感官享受。

▲ 毕加索《格尔尼卡》

背景材料

壁画《格尔尼卡》，是西班牙画家毕加索（1881～1973）的代表作之一。毕加索的作品风格技巧多样化，感情强烈，不断创新，毕加索也因此被誉为 20 世纪最有创造性和最有影响的西班牙艺术家。《格尔尼卡》是毕加索为巴黎世界博览会西班牙馆创作的一幅大型壁画，描绘被德国法西斯炸为平地的西班牙小镇格尔尼卡的悲惨情景。此画现藏于马德里普拉多博物馆。

鉴赏

油画《格尔尼卡》用黑、白、灰三色画成，在铁青色的色调中，画有濒临死亡的马、受伤的公牛、怀抱死去孩子的母亲、手握断剑死去的战士，以及两盏照亮了战争血腥场面的灯，流露出一种强烈的反战激情，是画家对法西斯暴行的控诉。

（吴　凡　董仁威）

雕塑欣赏

❶ 中国雕塑
▲ 秦始皇陵兵马俑

背景材料

《秦始皇陵兵马俑》是我国古代大型塑像陶俑群，发掘于陕西临潼秦始皇陵近东侧。现存陕西临潼秦皇陵兵马俑博物馆。

赏析

秦皇陵兵马俑，俑人约高 1.85 米，俑马约高 1.5 米，与真人真马的尺寸大致相同。这些兵马俑，排列有序，造型生动，比例适当，细部刻画十分精致，反映了中国古代雕塑艺术的成就。这些兵马俑，布阵严谨、威武、壮观，充分展示了秦代秣马厉兵、无坚不摧的气势。

▲ 昭陵六骏

背景材料

"昭陵六骏"是陕西礼泉东北唐太空昭陵前的六块浮雕石刻。是李世民在建立唐王朝的战争中所骑的六匹骏马的雕像。这六匹骏马分别名"飒露紫"、"拳毛䯄"、"白蹄乌"、"特勒骠"、"青骓"、"什伐赤"。昭陵六骏浮雕像为唐代著名画家阎立本（？～673）设计，雕在 6 块各高 2.5 米、宽 3 米的石板上。其中，"飒露紫"、"拳毛䯄" 2 块，

1914年被盗，现藏于美国宾夕法尼亚大学博物馆；其余4块，现藏于陕西省博物馆。

赏析

浮雕像《昭陵六骏》六马姿态各异，但均体形矫健，造型逼真。有的腾蹄飞奔，宛若冲向敌阵；有的身中敌箭，仍在英勇驰行……《昭陵六骏》昭示着唐太宗的赫赫战功，是李世民的一座历史纪念碑，也是中国雕刻艺术中罕见的珍品。

② 外国雕塑

▲米隆《掷铁饼者》

背景材料

《掷铁饼者》，350.5厘米×782.3厘米，是古希腊雕塑家米隆的代表作之一。米隆的活动时期，约为公元前480年～前440年，他善于运用写实手法创造性地刻画人物在剧烈运动中的动态。《掷铁饼者》原作为青铜像，已佚，现存为收藏于罗马国立博物馆的罗马时代的大理石仿制品。

鉴赏

《掷铁饼者》选取了运动员正要将铁饼掷出去时的一瞬间的状态，成功地塑造了理想化的男子体型，准确地表达了人体结构及重心落于足下这一动态形象。动态中体现着和谐的平衡，静止中又蕴蓄着强烈的运动引发力。因动势的优美，在雕塑整体上呈现出圆润的美的旋律。该画是古希腊雕塑的杰作。

▲阿历山德罗《维纳斯》

背景材料

《维纳斯》雕像是希腊著名雕塑家阿历山德罗在公元前1世纪时的作品，现珍藏于法国巴黎的罗浮宫。

鉴赏

《维纳斯》，高2米，通体由一块半透明的白云石雕就，基座为一鸡血纹的云石。维纳斯是罗马神话中司掌爱与美的女神。雕像造型典雅，神情庄重，曲线柔和，自然妩媚，体态健美。雕像有一种统一而富有变化的美，从不同角度看，可以得到不同的美的感受，给人以既可爱又可敬的感觉。

▲罗丹《沉思》

背景材料

《沉思》是法国雕塑家罗丹（1840～1917）的代表作之一，雕塑的是一个秀美而淳朴的女性头像。罗丹在20世纪初已驰名于世，他用丰富多样的绘画性手法塑造出神态生动富有力量的艺术形象，被誉为最伟大的肖像雕塑家。

鉴赏

雕像《沉思》成功地塑造了一个内心充满了哀伤和矛盾的女性形象，女主人公沉浸在默默的深思之中，凝神的眼神中充满了忧郁。雕像简练，头部下面的方石块只作了粗略雕琢，以突出主题，这是罗丹雕塑艺术的非凡之处。

（吴　凡　董仁威）

铭刻书法碑帖欣赏

▲石鼓文

背景材料

石鼓文为刻在十块鼓形石上的大篆铭刻文字。其制作年代，经近代和今人进一步研究，公认为是秦时刻石，但仍有文公、穆公、襄公、献公诸说，距今最少两千多年，是中国现存最早的刻石文字。石鼓是罕世国宝，在唐初被发现。唐代文学家杜甫、韦应物、韩愈等均有诗篇题咏。后来，石鼓在历史上几经战乱，失而复得，终究保存下来，现藏于北京故宫博物院。

赏析

十块鼓形石上，周围都镌刻有四言诗一首，内容为咏歌秦国君游猎情况。由于战乱，石鼓几易主人，在宋代时司马池移置时丢掉一鼓，后由傅师求找到。为防石鼓文拓本太多，有人用金填文，以后又将金剔除。几经周折，十石上的文字大多剥蚀，其中一石文字全部无存。

石鼓每石约70字，直列9行～15行，每行5字～8字。原文为650字，现存300余字。石鼓文现有3种宋拓本存世，称"先锋本"、"中权本"和"后劲本"，其中以"先锋本"为第一，存字491个。北京故宫博物院藏有明代拓本。石鼓文的文字书法继承了周代的书体特点，雄强浑厚，朴茂自然，趋于方整丰厚。用笔起止均为藏锋，圆融浑劲，结体促长伸短，匀称适中，平正中有擒纵，稳实处求错落。加以整体章法齐正平实，意朴而气静，古茂雄秀，冠绝古今。石鼓文集大篆大成，开小篆先河，在书法史上有承前启后的作用。

历代文人留下了许多赞石鼓文的佳作。韩愈《石鼓歌》赞曰："鸾翔凤翥众仙下，珊瑚碧树交枝柯。金绳铁索锁纽壮，古鼎跃水龙腾梭。"唐代另一书评家张怀所著《书断》中说石鼓文的书法是"折直劲迅，有如镂铁，而端枝旁逸，又婉润焉"。他还赞石鼓文道："体象卓然，殊今异古。落落珠玉，飘飘缨组。仓颉之祖，以名称书，遗迹石鼓。"

▲ 琅琊台刻石

背景材料

琅琊台刻石，秦代纪功刻石。

琅琊台刻石相传为秦丞相李斯所书，本为秦始皇在公元前219年出巡至今山东胶南县西南琅琊山时所立，全是歌颂秦始皇功德的四言韵文。后秦始皇逝世，公元前210年秦二世登基，又东巡至琅琊，由李斯执笔写诏书复刻于始皇刻石旁，镌刻诸从臣姓名，以表彰始皇统一六国的伟业。后始皇刻石泯灭无存，只有"二世诏文"保存下来。这便是现存的琅琊台刻石。现陈列于中国国家博物馆，北京故宫博物院藏有拓本。

赏析

琅琊台刻石，高129厘米，宽67.5厘米，厚13厘米，原为四环刻，后多剥蚀，现仅残存西侧部分字迹，计13行，87字。琅琊台刻石的价值在于李斯的书法艺术。李斯（？～前208年），秦政治家、文学家、大书法家，后在秦二世时被赵高所杀。李斯擅书大篆。秦始皇统一全国后，李斯曾同胡毋敬、赵高等主持整理文字，以秦国通行的文字形体为主，确立了小篆。明赵宦光评论李斯的书法说："秦斯为古今宗匠，一点桨度不苟，聿遒聿转，冠冕浑成，藏奸猜于朴茂，寄权巧于端庄，乍密乍疏，或隐或显，负抱向背，俯仰承乘，任其所之，莫不中律。书法至此，无以加矣。"

琅琊台刻石相传为李斯用小篆书写后所刻。拓本工整严谨又不失于刻板，圆润婉通而不失于轻滑，庄重典雅。其结体平稳、端严、凝重，疏密匀停，一丝不苟；部分有纵长笔画且无横画托底的字，密上疏下，稳定之中又见飘逸舒展。这种结字方法，至今仍为习小篆者沿用。

有人赞琅琊台刻石中的书法曰："先急回，后疾下，鹰望鹏逝，信之自然，不得重改；送脚如游鱼得水，舞笔如景山兴云，或卷或舒，乍轻乍重。"

▲ 乙瑛碑

背景材料

《乙瑛碑》是一块国宝级汉碑，是孔庙所藏东汉著名碑刻之一，作者不明。乙瑛碑是一篇公文，写的是东汉时孔子的十九世孙孔麟廉奏请朝廷设一名"百石卒史"的官员，掌管孔庙的礼器及春秋的祭祀活动。皇帝批示由鲁相乙瑛办理。这座碑便是鲁相乙瑛请置孔庙百石卒史给皇帝的回奏。因此，此碑简称为"乙瑛碑"。现藏于山东曲阜孔庙大成殿前东庑碑廊内。

赏析

《乙瑛碑》高2.6米，宽1.28米，碑阳刻隶书18行，满行40字，其中第8行的"制曰可"的"制"字抬高一字，虽无书人姓名，但在碑阴却有北宋时刻的楷书"后汉钟太尉书"。据考证，这是附会大书法家钟繇的，但并非钟繇所书，因为刻碑时钟繇才虚龄3岁，是不可能写这块碑的。

《乙瑛碑》的价值为碑文的书法艺术。乙瑛碑虽为无名氏所作，但因曲阜孔庙第一次有了由皇帝核准的掌管礼器和祭祀的专职官员，是一件大事，所以立碑纪念，书写者必定是当时的书法高手。《乙瑛碑》是隶书的代表作之一，有人称此碑为"骨肉均匀，汉碑之最"。

隶书，原意是"徒隶之书"，意即为一般老百姓书写的文字，起于战国末年。由于秦时全国统一的文字书写形式小篆书写不便，除了官方使用外，日常使用的书体还是隶书。后来，隶书便成了官民通用的一种书体，至东汉时已有400多年历史，已很成熟。

《乙瑛碑》碑文书法在风格上趋于严谨端庄，用笔变化特多，书写前虽然打了格子，每个字也都处于界格之内，但笔势却不为界格所束缚，左顾右盼，神态飞扬。用笔方圆兼具，粗细间隔，极富变化，于端庄凝重中却又流露出一种潇洒俊逸的神态，极为难能可贵。

▲史晨碑

背景材料

《史晨碑》，即《史晨前后碑》，与孔庙中的《乙瑛碑》、《礼器碑》等同为中国书法艺术的瑰宝。

《史晨碑》立碑已有1800多年，但它的字迹保存完好，残损的字不多。现藏山东曲阜孔庙东庑碑廊内。

赏析

《史晨碑》一面刻《鲁相史晨祀孔子奏铭》（前碑），一面刻《史晨飨孔庙碑》（后碑）。前碑的内容是公元169年鲁相史晨报告他到官后去参拜孔庙、祭祀孔子给皇帝的奏章。后碑的前半部分是史晨祭祀孔子的记事及参加祭祀者的名单；后半部分记的是这次祭祀活动后又补复墙垣及修通大沟等情况。《史晨碑》的作者为无名氏，前后碑为不同人所书。《史晨碑》的价值仍是碑刻文字的书法艺术。《史晨碑》的书法同《乙瑛碑》一样，是隶书的范本，但与同立于孔庙中的《乙瑛碑》、《礼器碑》风格不同。

▲曹全碑

背景材料

《曹全碑》全称《汉郃阳令曹全碑》。明万历年间在郃阳县（今陕西合阳）出土。碑文记载了曹全镇压黄巾的事件，也反映了当时农民军的一些情况。碑刻于东汉中平二年（公元185年），距今1800多年。《曹全碑》出土时完整无损，后断为两截，拓本多为断碑。断前拓本、特别是"因"字不损本世上罕见，为珍贵文物，仅上海博物馆藏有出土初拓"因"字不损本。现存陕西西安碑林。

赏析

碑为长方形，高253厘米，宽123厘米。碑阳20行，满行45字；碑阴5列。《曹全碑》的价值在于碑刻文字的书法艺术。《曹全碑》和其他汉碑一样，没有刻撰书人的姓名，碑文为标准的汉隶，字口清晰，棱角分明，字体扁平而匀整，用笔方圆兼备，以圆笔为主，清秀婉畅，美妙多姿，为东汉隶书极盛时期的

精品。碑阴书法与碑阳不同，质朴直率，草草不工，错综变化，妙趣横生，绝无刻意求工之意，在汉隶书法中别具一格。清张廷济评其书："貌似婵娟罗绮，神实铜柯玉石。"

▲张迁碑

背景材料

《张迁碑》，明代初年在山东东平出土。碑额有篆书"汉故榖城长荡阴令张君表颂"；碑阳隶书15行，满行42字，叙张迁生平；碑阴3列，刻立碑官吏姓名及出资钱数。现存山东泰安岱庙。

赏析

《张迁碑》，高314厘米，宽106厘米。书法笔画，多是棱角森挺的方笔，斩钉截铁，爽利痛快，笔法凝练，大小欹正，自然跌宕，结体整严。《张迁碑》妙在乍看若稚拙，细观则极为精巧。章法、行气亦见灵动之气。尤其碑阴，字迹较为完好，笔意酣畅，比碑阳更为灵秀可爱。

▲王羲之《兰亭序》

背景材料

《兰亭序》，行书法帖。传为唐代书法

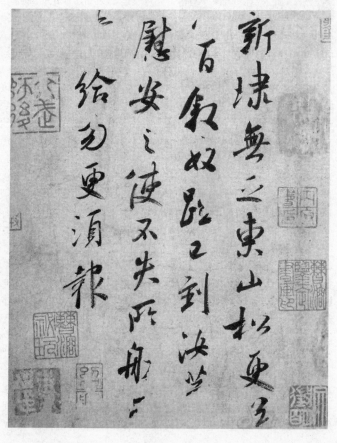

家欧阳询（557～641）奉旨临摹东晋书圣王羲之《兰亭序》的刻石的宋拓本。王羲之（321～379，一作303～361，又作307～365），临沂（今属山东）人，后定居山阴（今浙江绍兴）。《兰亭序》是叙述王羲之与谢安、孙绰等41人，在山阴兰亭"修禊"时所作的诗序。帖有28行，计324字。其真迹本保存在王羲之七世孙僧人智永手中，后为唐太宗设计赚来，死后殉葬昭陵。现只有临摹拓本流传于世，《定武本兰亭序》是其中之一。今藏于台北故宫博物院。

《兰亭序》的刻石的宋拓本，纵27厘米，横66.7厘米。《兰亭序》乃王羲之的得意之作，书法之精妙，使其享有"天下第一行书"的美称。《定武本兰亭序》保留了王羲之《兰亭序》的部分神韵，字体结构精巧，章法完美，雄秀之气，出于天然，为后世师法王羲之提供了一个范本。

▲ 李邕《李思训碑》

背景材料

《李思训碑》，是盛唐时大书法家李邕（678～747）的行书作品。李邕，江都（今属江苏）人，工文善书，尤擅以行楷写碑。《李思训碑》为唐开元八年（公元720年）刻。碑额题篆书"唐故右武卫大将军李府君碑"12字，碑文行书30行，行70字。《李思训碑》的碑主李思训是唐代有名的青绿山水画家，当过武卫大将军，后世尊敬他为"李大将军"。此碑现存陕西蒲城桥陵。

赏析

《李思训碑》，碑高378厘米，宽145厘米。碑以书法称美于世。碑文用笔自然，遒劲而妍丽，且规模大，为李邕鼎力之作。当代著名书法家启功说，李邕"行书书碑，始称登峰造极"。并写诗颂赞："跌宕为奇笔仗精，飚如电发静渊渟。"

▲ 颜真卿《祭侄文稿》

背景材料

《祭侄文稿》，系唐代书法家颜真卿（708～784）的代表作之一。颜真卿，京兆万年（今陕西西安）人。其书法开创了书法的新风格，对后代影响很大，被誉为"颜体"。《祭侄文稿》是颜真卿为追念其侄季明所写的一篇祭文。现藏于台北故宫博物院。

赏析

《祭侄文稿》系行书草稿，麻纸本，纵28.8厘米，横75.5厘米，25行，计234字。《祭侄文稿》中，颜真卿以沉着稳健的笔力，丰腴开朗的气度，纵笔豪放，一泻千里，其沉痛悲愤之情，溢于笔端。此帖有别于王羲之俊逸超迈的书风，开创了唐代书法的新风，被誉为"天下行书之二"。

▲ 柳公权《神策军碑》

背景材料

《神策军碑》，为晚唐著名书法家柳公权（778～865）书写。柳公权，京兆华原（今陕西耀县）人。精书法，正楷尤为知名。与颜真卿齐名，并称"颜柳"。《神策军碑》是他的代表作之一。此碑全称《皇帝巡幸左神策军纪圣德碑》，为唐会昌三年（公元843年）刻。碑石已佚，仅传拓本上半残册，计56页。现藏于国家图书馆。

赏析

《神策军碑》是晚于柳公权另一代表作《玄秘塔碑》两年的楷书作品，其风格与《玄秘塔碑》相近，但较之更为雄浑，笔画圆融粗厚，"颜筋柳骨"兼备。《神策军碑》同《玄秘塔碑》《金刚经刻石》最能代表柳公权的楷书特点：逆锋起笔，"方笔"、"圆笔"并用。这种用笔方法，是在颜体开阔丰润的基础上，加强了遒劲奇绝的一面，形成了"颜筋柳骨"的特色。在间架结构上，中心攒聚，似静而欲动。

▲ 苏轼《洞庭春色赋》

背景材料

《洞庭春色赋》，是宋代文学家苏轼（1037～1101）的行书作品。苏轼，眉州眉山（今属四川）人，诗、文、书、画俱精。作品现存吉林省博物馆。

赏析

《洞庭春色赋》，白麻纸本，纵28.3厘米，横306.3厘米，32行，829字。《洞庭春色赋》结构严谨，有人赞此书法曰："郁屈瑰丽之气，回翔顿挫之姿，真如狮蹲虎踞。"

▲ 黄庭坚《诸上座帖》

背景材料

《诸上座帖》，是宋代书法家黄庭坚（1045～1105）的草书代表作。黄庭坚，洪州分宁（今江西修水）人，精诗词，擅行草。《诸上座帖》现藏于北京故宫博物院。

赏析

《诸上座帖》，为纸本，纵33厘米，横

729 厘米，92 行，477 字。草法形式圆婉超然，有人赞此帖曰："字法奇宕，如龙腾虎跃，不可控御，宇宙伟观也。"

▲米芾《苕溪诗》

背景材料

《苕溪诗》，是宋代著名书画家米芾（1051～1107）的代表作之一。米芾，世居太原，后定居润州（今江苏镇江）。能诗文，擅书画，精鉴别。《苕溪诗》现藏于北京故宫博物院。

赏析

《苕溪诗》中的书法结构精巧，每个字随形体大小而有别，极富大小疏密、错落参差的韵致。当代著名书法家启功先生赞《苕溪诗》是"米书之剧迹，天壤之瑰宝"。

▲文徵明《行书册》

背景材料

《行书册》，是明代书画家文徵明（1470～1559）的行书代表作之一。文徵明，长洲（今江苏吴县）人。工行、草书，有智永笔意；大字仿黄庭坚，尤精小楷；善隶书。善画山水、兰竹、人物。工诗，宗白居易、苏轼。该作品现藏于辽宁省博物馆。

赏析

《行书册》，纸本，纵 34.4 厘米，横 23.7 厘米。为大字行书，气魄雄强，用笔方中带圆，刚健有力，沉着而不凝滞，飘逸而不轻滑。

▲董其昌《白羽扇赋》

背景材料

《白羽扇赋》，为明末书画家董其昌的代表作之一。董其昌，书法取诸家之长，自成特色，对明末清初书坛影响很大。此轴现藏于台北故宫博物院。

赏析

《白羽扇赋》为绫本，纵 136.5 厘米，横 60.2 厘米。点画意态秀发，结字疏朗雅逸，行气通畅，颇具闲雅的情趣，体现了董其昌追求书法重"意"重"趣"、"新致"和"不守故常"的思想。

▲郑燮《行书横幅》

背景材料

《行书横幅》，为清代书画家郑燮的代表作之一。现藏于南京博物馆。

赏析

《行书横幅》，纸本，行书横幅，纵 49 厘米，横 75 厘米，通篇皆取斜势，左伸而右束，如竹舞兰披，生动活泼，摇曳有姿。

▲《三希堂法帖》

背景材料

《三希堂法帖》全称《三希堂石渠宝籍法帖》，32 册。三希堂在今故宫博物院养心殿。清高宗时，将王羲之《快雪时晴帖》、王献之《中秋帖》、王珣《伯远帖》三种稀世珍宝藏于此处，"三希堂"因此得名。堂藏多种珍贵碑帖。据考证，《快雪时晴帖》为唐代拓本，《中秋帖》为米芾临摹本，《伯远帖》为真迹。

赏析

《三希堂法帖》中的《快雪时晴帖》书法"字势雄逸，如龙跳天门，虎卧凤阁"；《中秋帖》笔势雄秀；《伯远帖》笔势精妙，均为国宝。

（董仁威　李天道）

新世纪老年百科全书

休闲娱乐卷

XIUXIAN YULE JUAN

"人生几何，对酒当歌！"这是诗人留下的千古名句。"今朝有酒今朝醉，明日愁来明日忧。"这是黎民百姓的话。抛开其中消极的因素，其间也蕴藏着一些人生的真谛。

人生来得多么不易啊！一个人从出生时起，从小到大要经历多少痛苦和挫折，我们曾为学习所累，为工作所累，为名利所累，为情所累……我们在人生各种战场的搏杀中经受过奋斗的艰辛、成功的喜悦和失意的烦恼。

如今，我们老了，在人生战场上已硝烟散尽，儿大女成人了。我们在事业与生活中也取得了不同程度的成功，于愿以足。

但是，这并不等于说我们的人生历程已经尘埃落定。中青年时代，我们是把事业放在第一位，享受放在第二位，老来则可以打个颠倒，把享受放在第一位了。劳碌奔波了半生，该我们享享福了。如何享福？各人有各人的活法，不可能千篇一律。但有些东西却是大家都喜欢的：泡泡茶馆，喝点好茶；种点花草，打打麻将；四处走走，照点照片；吟诗作画，对对楹联……

"来世"和"天堂"，都是梦中神话，我们"走"后就再无未来，现实才是最重要的。所以，我们应该珍惜生活，珍惜生活的分分秒秒，好好享受人生！

（董仁威）

茶

1 饮茶常识

▲ 饮茶

饮茶不仅仅是品滋味，嗅香气，还是一种心理调节。独饮时，可消除疲劳，让

自己的身体和精神得到休息。对饮或多人同饮时，可品茗谈心，交换信息，交流感情，发泄积郁，实现人与人之间的沟通。饮茶在人们的日常生活和社交活动中起着重要的作用。但饮茶的好处绝不仅限于此。唐代茶圣陆羽精茶艺，重茶道，开茶业，创茶学，著《茶经》，从而把制茶和饮茶发展成一种产业与文化，进而推广到全世界，使中国成为以饮茶为象征的国家。因此，饮茶，首先是品味一种中国的文化。饮茶时茶叶是否好，茶艺是否高超，茶具是否精美，环境是否优雅，这些综合因素的形成，才能使饮茶成为一种文化。不过，更重要的是饮茶者要有文化修养，要有一个好的心情。这样，饮茶者才有雅兴，也才能使饮茶成为一种人生的享受。

▲ 饮茶的好处

茶最早是作为药材使用的，直到西汉初期才成为一种饮料被普遍食用。

茶叶中所含的咖啡因，有提神醒脑、醒酒、利尿的功能。奇妙的是，西方饮料咖啡中所含的咖啡因，虽与茶一样有提神醒脑的功能，但却不利于钙的吸收，容易加重老年人的骨质疏松症，而茶叶却反而能使中老年人的骨质紧密。茶叶中还含有一种对人体有益的成分——儿茶素，亦称

茶单宁，与茶中所含咖啡因同属功能性成分。儿茶素是天然的抗油脂氧化剂，抗氧化活性比维生素 E 还高，能清除身体内一种能造成种种生理障碍的活性化学物质——自由基。而细胞氧化和自由基过多是引起人衰老的重要原因。因此，适量饮茶有如科学地服用维生素 E，能起到延缓衰老的作用。茶叶中所含的维生素 C 与维生素 P，相辅相成，亦有抗衰老的功能。

同时，茶叶中含有氟，增加了牙齿对酸性物质侵蚀的抵抗力，从而预防牙齿的蛀变。红茶中含的类黄酮，可以预防心血管疾病。绿茶可以减少产生血管粥样硬化的危险，还能提高血管的韧性。绿茶中的儿茶素和红茶中的茶黄素还有除口臭的功能。这是因为儿茶素和茶黄素既可除去甲硫醇的臭味，还可抑制肠道内产生恶臭的细菌生长的缘故。不少研究还表明，乌龙茶可降低诱癌率，绿茶能明显控制肺癌诱发作用。乌龙茶、红茶、绿茶都有增强免疫力的功能。

饮茶虽然有多种益处，但是，若多饮也有副作用，尤其是老年人饮茶要适度。因为，过量的儿茶素容易引起肠胃过度的收缩而不利于便秘患者排泄，亦不宜空腹饮过多浓茶。若饮过多浓茶，会抑制胃液分泌，产生胃部不适，甚至心悸、头眩、低血糖等"茶醉"现象。晚饭后最好别饮茶，以免因饮茶兴奋而影响睡眠。

▲茶叶的分类

茶的分类法很复杂，大体可因制法不同而分为四大类：（1）不发酵的茶，如绿茶中的龙井、碧螺春、竹叶青、蒙顶甘露、雨前茶、玉露、松针等；黄茶中的君山银针、蒙顶黄芽、霍山黄芽等。（2）部分发酵的茶，统称乌龙茶，如白茶中的白毫银针、白牡丹、画眉等；青茶中度发酵的青茶、冻顶等；青茶中部分发酵的铁观音、水仙、佛手、武夷岩茶、白毫乌龙、台湾乌龙等。（3）全发酵的红茶，如功夫红茶、碎形红茶等；全发酵的黑茶，如普洱茶等。（4）经过熏花的茶如茉莉花茶、珠兰花茶等；未熏花的茶则统称为素茶。

▲中国十大名茶

中国名茶众多，不下 200 种，可花中选花，好中选好，一般认为，下列的茶为中国十大名茶：西湖龙井、安溪铁观音、祁门红茶、碧螺春、黄山毛峰、白毫银针、君山银针、蒙顶茶、冻顶乌龙茶及普洱茶等。名茶之名，一方面，来自优良的茶树品种、精湛的制茶工艺、优异的品质风格这些"硬件"。另一方面，来自与之相关的秀丽的名胜古迹、美丽的神话传说、名人的诗词歌赋等文化内涵。

1. 西湖龙井。

西湖龙井茶含义有二，一为龙井茶，二为西湖地区产的茶。龙井茶，以"色绿、香浓、味甘、形美"四绝集于一身为其特色。因采摘时间的不同其品质有差别，以清明前采制的明前龙井最为珍贵。明前龙井茶叶极为细嫩，产量很少，十分珍贵。即便普通的龙井，也要求采摘的茶叶要细嫩，分"莲心"、"旗枪"、"雀舌"等品种。西湖地区不同地点产的龙井，品质亦略有差异。历史上分为狮、龙、云、虎 4 个品种，现归纳为狮、虎、梅 3 个品种，以狮峰龙井品质最佳。因此，狮峰龙井中的明前茶则为西湖龙井中的极品。

2. 安溪铁观音。

安溪铁观音是乌龙茶中的极品，产于福建省安溪县。安溪铁观音简称铁观音，是一种半发酵茶，由于其特殊的加工工艺形成一种独特的韵味——"观音韵"，简言"音韵"。品"音韵"，是茶叶行家和铁观音爱好者的一大乐趣。所谓"音韵"，是指铁观音独特的滋味，即醇厚鲜甜，入口后不久立即有甜的风韵。

3. 祁门红茶。

祁门红茶，简称祁红，为功夫红茶中的珍品，曾于 1915 年获巴拿马国际博览会

的金牌奖章。祁门红茶具有清鲜持久的独特香味。这种香味茶师们称为砂糖香或苹果香，同时还蕴藏着兰花香。香味清高而长久，独树一帜。

4. 白毫银针。

白毫银针主产地为福建省，制作工艺十分考究。首先，对原料要求苛刻，有"十不采"之说，即"雨天不采，露水未干不采，细瘦芽不采，素色芽头不采，风伤芽不采，人为损伤芽不采，虫伤芽不采，开心芽不采，空心芽不采，病态芽不采"。加工时不炒不揉，只将细嫩、叶背满是茸毛的茶叶晒干或用文火烘干，而使白色茸毛完整地保留下来。白毫银针形状似针，白毫密布，色白如银，形、色、味俱美。

5. 蒙顶茶。

蒙顶茶产于四川省雅安市名山县境内的蒙顶山。蒙顶山是中国茶叶的故乡，蒙顶茶是中国茶叶中最古老的名茶。蒙顶茶是产于蒙顶山地区各类茶叶的总称，其中最负盛名者为蒙顶黄芽和蒙顶甘露。蒙顶黄芽和蒙顶甘露都是选用嫩叶制作，具有汤色绿黄、味道甘美的特点。

6. 碧螺春。

碧螺春产于江苏省太湖的洞庭山，又名洞庭碧螺春。碧螺春外形叶片呈螺状卷曲，花香果味得天生，为茶中珍品。碧螺春对原料要求十分严格，要求春分开始采摘，到谷雨结束，前后不到 1 个月时间。碧螺春中的极品"雀舌"则要求在清明前或清明时采摘，专采一叶一芽初展之时，时间极短。这种嫩叶形状如雀鸟的舌头，故名雀舌。

7. 黄山毛峰。

黄山毛峰产于安徽省黄山云蒸霞蔚的山区，又名黄山云雾茶。黄山毛峰茶外形稍卷曲，状似雀舌，白毫显露，色如象牙，黄绿油润，带金黄色鱼叶（俗称黄金片），冲泡后雾气凝顶，清香高爽，滋味鲜醇，茶汤清澈，叶底明亮，并耐冲泡，冲泡五六次香味犹存。

8. 冻顶乌龙。

冻顶乌龙是一种半发酵茶，产于台湾南投鹿谷乡，为台湾茶中圣品。它的鲜叶，采自冻顶山，用乌龙茶轻度半发酵工艺生产，故名。冻顶乌龙上品外观色泽鲜艳呈墨绿，并带有青蛙皮般的灰绿点，紧结弯曲，干茶具有浓烈的芳香。冻顶乌龙冲泡

后汤色呈柳橙黄色，有明显清香，近似桂花香；汤味醇厚甘润，回甘感强烈。

9. 君山银针。

君山银针产于洞庭湖中的君山岛上。君山银针亦属白茶类，采摘茶叶要求极严，只采芽茶。采回的芽茶，经过"拣尖"，将芽头和幼叶分开。用芽头制作的茶，芽头如箭，白茸耸然，称为尖茶，为贡品。剩下的幼嫩叶片制茶，叫做兜茶，不作贡品。

10. 云南普洱茶。

云南普洱茶是一种全发酵的黑茶，产于云南省澜沧江流域，特别是西双版纳一带。云南普洱并不产茶，但其是茶叶贸易的集散地，故名。用于制作普洱茶的滇青毛茶分为三大类：在清明至谷雨之间采摘的茶叶，称为春尖；芒种至大暑之间采摘的茶叶，称为二水茶；寒露至霜降之间采摘的茶叶，称为谷花茶。用滇青毛茶再经堆积发酵，使茶叶变成黑暗褐色而制成云南普洱。云南普洱茶分为普洱散茶和普洱紧压茶两大类。普洱紧压茶有沱茶、饼茶、方茶、紧茶、圆茶等花色品种。

▲茶叶的选购

选购茶叶与个人的嗜好有关。如果你喜欢新鲜清淡的香味，并希望茶叶中保留的维生素多一点，可以购买绿茶。绿茶具有清香、淡雅、形美、汤色青绿等特点。

如果你不喜欢绿茶的"清淡"，偏好茉莉、兰花、桂花的香浓，你便可选购包种茶及花茶等。如果你觉得绿茶、花茶都太"生"，怕自己的胃喝了受不了，便可选购半发酵的乌龙茶和全发酵的红茶等。

购买茶叶时，要看是否新鲜，是否有弹性。弹性好者表明茶叶系嫩叶所制，制法得宜；叶脉明显，触感生硬者为老茶或陈茶。而判断其是否老茶、陈茶还可看叶底颜色，新茶叶底颜色鲜明清澈，老茶叶底颜色呈黄褐色或暗黑色。叶底颜色也是观察发酵程度的指标，红茶全发酵叶底红色鲜艳为上品，绿茶未发酵，则茶叶通体呈淡绿色为上品。清香型乌龙茶和包种茶为半发酵茶，叶边缘较深部位为红边，其他部位呈淡绿色者为正品。

购买茶叶要看叶片的整齐度。叶片形状、色泽整齐均一，茶梗、茶角、茶末、杂质等含量少者为佳。茶叶的外形和色泽因品种不同要求各异。

购买茶叶时要闻茶叶的香气。茶叶的

香气是决定茶叶品质的主要因素之一。不同种类的茶应有不同的香气，绿茶应有清香，乌龙茶具有特有的水果香，红茶则带有焦香，包种茶则应具花香，花茶应同时具有熏花的花香及茶香混合的浓烈香气。如茶叶有油臭味、焦味、霉味、菁臭味或其他异型香味则为劣品。

购买茶叶量较大时最好先冲饮一杯尝尝滋味。看看汤色，再看看泡后残渣。泡后茶叶逐次开展，茶汤浓郁，冲泡次数多者，为幼嫩鲜叶制成；反之，茶叶展开快，茶汤淡而无味者则为老叶陈叶所制，为次品。但龙井茶例外，因其为茶芽所制，揉捏又轻，故茶叶易展开。各种茶各自具有特定的滋味和汤色，品尝后再购买是最为保险的办法。

▲茶叶的保存

茶叶吸湿性和吸味性均很强，保存方法稍有不当，原有风味便会消失。影响茶叶变质和陈化的主要因素有：温度越高，茶叶外观颜色就越容易变成褐色，低温冷藏能有效减轻茶叶变褐及陈化；水分含量超过5％，茶叶残留酵素加速氧化，使茶叶变质速度加快，保存时必须将茶叶放在干燥的环境里；氧气的存在易使茶叶变质；光线的照射会加速茶叶中各种化学反应，使之褪色变质。

针对这些使茶叶变质的主要因素，在贮藏茶叶时采取隔氧、避光、除湿、低温等措施，能有效地防止茶叶变质。用塑料袋、锡箔袋挤出空气，密封保存；开封后用另一个塑料袋反向套上，或将开封袋装入另一个袋内，是一般的保存茶叶的方法。

采用铁罐、不锈钢罐、锡罐保存茶叶，效果较好。新罐及放过其他物品的罐子，可先用一点茶末吸味，再将茶叶放入贮藏。开封的袋装茶叶，可连袋装入罐中保存。保存的茶叶应放在阴凉处，远离热源，更应避免阳光直射。

亦可用冰箱保存茶叶，但要注意密封严实，以免冰箱内其他食物的异味进入；从冰箱拿取时，不要骤然开封，避免茶叶吸水，要待其在室外放置与室温平衡后再开封。

2 茶艺

▲泡茶用水

泡茶的水十分讲究。水中矿物质含量

过多，硬度高，冲泡的茶汤颜色偏暗，香气不显，口感清爽度就较差；水中矿物质含量低一些的软水，容易表现茶的特质，是较好的冲茶用水。但完全不含矿物质或含矿物质极低的纯水，也不利于茶叶特质的体现，口感不爽。泡茶用水的氧含量也很重要，水中氧含量高，有利于茶香的挥发。因此，泡茶喜用"活水"。泉水是天然的活水，通过茶壶高悬冲茶亦能人为制造"活水"。

我国古代对泡茶的水质要求甚高。用泉水泡茶，不一定效果都好，因而有依泉水泡茶品质不一而分的天下名泉名水，依次为：天下第一水为庐山康王谷水帘泉，天下第二水为无锡惠山青石泉，天下第三水为蕲水县兰溪水，天下第四水为宜昌石鼻山蛤蟆泉，天下第五水为苏州虎丘山观音泉，天下第六水为庐山招隐泉，天下第七水为长江南泠水，天下第八水为南昌西山瀑布水，天下第九水为桐柏山淮河源，天下第十水为庐州龙池山顶水，天下第十一水为丹阳观音寺井，天下第十二水为扬州大明寺井，天下第十三水为安康汉水中零水，天下第十四水为秭归玉壶洞下香溪水，天下第十五水为商州武关西边洛河水，天下第十六水为苏州吴淞江水，天下第十七水为天台山西南峰千丈瀑布水，天下第十八水为郴州圆泉水，天下第十九水为桐庐严陵滩水，天下第二十水为雪水。

自来水泡茶软硬度适宜，但消毒剂味较重，会干扰茶汤的味道，使茶汤口感不佳。用这种水冲茶前宜用慢火煮开一段时间，或煮开后水壶不盖盖放置几分钟再用于冲茶，效果会好一些。

泡茶用水的水质虽很重要，但寻常百姓却很难控制，在无合适的泉水、自来水，或水的品质不好的地区，如家中有使用纯净水或矿泉水者，可用纯净水或矿泉水作泡茶用水。但泡茶用水的关键却在于如何保持和增加"溶解氧"（溶解于水中的氧）。溶解在水中的氧能增加茶汤的香味和鲜活感。

▲泡茶水温

鲜开的水，会使"溶解氧"尽失，所以，烧水时不宜烧开。当然，水质不洁需灭菌者不在此例。至于烧到多少度为好，则不同品牌的茶叶要求不同，不可一概而论。一般来说，用以冲泡龙井、碧螺春等带嫩芽的茶水温宜低，可控制在 70℃～80℃之间；用以冲泡虽带嫩芽但叶萎凋的白茶，如白毫银针以及红茶，可控制在80℃～90℃之间；而用以冲泡采开面叶为主的乌龙茶，如包种、冻顶、铁观音、水仙、武夷岩茶等，以及全发酵的普洱茶等，则水温要控制在 90℃～100℃。

泡茶用水除控制水温，不要将水烧"老"，以尽量保持水中的"溶解氧"以外，还可用将壶高举冲茶等方法，增加水中的"溶解氧"。

▲泡茶时间

第一道茶浸泡的时间应在 1 分钟以上，时间太短茶内的可溶性物质释放太少，不能代表其品质。故民间有：头道水，二道茶之说。通常情况下，泡茶时间为 3 分钟～5 分钟，时间过长则茶汤易变老，色、味将大打折扣。如茶汤过淡或过浓，可调剂茶叶量来解决。冲泡二道茶、三道茶，可溶物释出的时间正旺，可缩短浸泡时间。

▲茶艺与茶具

常言道："美食不如美器"，品茗亦如此。茶文化中，精美的茶具是一重要内容。不同的饮茶方式需要不同的茶具。饮茶方式主要有壶饮、碗饮、杯饮等几大类。

1. 壶饮。

茶壶有三大类，一类为瓷质茶壶，传热、保温性适中，泡茶能获得较好的色香味，适宜于绿茶或重香气的茶。一类为陶土茶具，紫砂壶是其中的佼佼者。一类为银质壶，亦是一种饮茶的好茶具。

紫砂壶饮。紫砂壶质地细密，既不渗漏，又有肉眼看不见的气孔，能蕴蓄茶味。用紫砂壶冲泡半发酵类的观音茶以及发酵类的红茶，能保茶真髓，香味醇，保温性好又无熟味。

功夫茶。用紫砂壶进行功夫茶的冲泡，能使饮茶变得趣味盎然。功夫茶的茶具包括茶壶、茶盅、茶船、茶杯、杯托、盖置等。冲泡功夫茶时先将茶叶置于茶壶中，用头道水洗茶后将洗茶水倒入茶船中，再冲水，泡至茶浓后倒入茶盅储茶。一般茶盅与茶壶等大，也有大于茶壶者，以备客人多时冲泡两次茶积蓄备用。茶盅上有的还配茶漏，以使从茶壶倒入茶盅之茶汤纯净，不带茶叶。茶冲泡好后，倒入茶杯，小杯供自己或客人饮用，一般一壶配 5 只～6 只小杯。然后将涮壶水倒入茶船，让客人欣赏舒展后的茶叶。杯托用以放入盛好茶的小杯，送至客人处，供客人取用。盖置可以用来放置茶壶盖、茶盅盖或水壶盖。

2. 碗饮。

碗饮可用大碗，亦可用盖碗。老鹰茶装在陶瓷碗中饮用，别有一番韵味。盖碗或称盖杯，分为茶碗、茶盖、茶船三部分，宜饮用绿茶、花茶等。用盖碗泡茶，能保持适宜的茶温，避免茶叶入口，又能品尝茶叶的香味，观赏茶叶舒展的全过程，将饮茶、品茗的功能集于一体。茶碗、茶盖以白瓷质为佳，茶船则以铜质为佳。

3. 杯饮。

用杯冲饮茶水，为一般饮茶方式。杯主要有玻璃杯、磁化杯、保温杯、塑料杯、一次性纸杯等多种杯。玻璃杯价廉，透明可观茶叶美丽的外形，保温性能尚可，只是有烫手、易碎等缺点，用于冲饮茶不失为一种选择。磁化杯、保温杯、塑料杯、一次性纸杯等则不是好的茶具。磁化杯易导致缺钙，特别不适宜中老年人使用；保温杯易造成茶叶不适而致熟味；塑料杯、一次性纸杯等有异味，只可做临时备急使用。

③ 药茶

以药代茶，饮服得当，方能收到保健养生的效果。其实大自然的产物，非独一味茶叶可作饮品，在补益、保健的中药中就有不少品种可作饮品，且口味也不错。比较而言，药茶更适宜于老年益寿养生的需要。药茶方在历史上就有很多资料记载，说明我们的祖先是喜欢使用药茶的。药茶有单味，也有复方，其品种繁多。就是与保健、抗衰老、延年益寿有关的药茶方，数量就不少。药茶的使用仍和其他药膳食饵一样，重在因人而异，辨证使用。

▲人参茶

用料：人参5克。

制法和用法：人参切薄片，放入保温杯中，沸水冲泡，盖焖30分钟，代茶频饮。

功用：大补元气、补脾益肺、宁神益智。

▲灵芝茶

用料：灵芝10克。

制法和用法：灵芝切薄片，沸水冲泡代茶饮。

功用：补中益气，益寿延年。

▲二子延年茶（《中国药膳学》）

用料：枸杞子、五味子各6克，白糖适量。

制法和用法：将二味药捣烂，加入白糖，沸水冲泡当茶饮。

功用：强身、延年。

▲消渴茶（《外台秘要》）

用料：麦冬、玉竹各15克，黄芪、通草各100克，茯苓、干姜、葛根、桑白皮各50克，牛蒡根150克，干地黄、枸杞根、银花藤、苡仁各30克，菝葜24克。

制法和用法：以上药材共研粗末并搅匀。另取楮树的皮根切细煮取药汁，与药末混匀，作为药饼，挂通风处风干，炙香、捣末，装入茶罐中备用，用时取适量用开水冲泡。

功用：滋阴降火、降血糖、抗衰老。

▲八仙茶

用料：粳米、黄粟米、黄豆、赤小豆、绿豆各750克（以上需先炒熟、炒香），细茶500克，芝麻375克，花椒75克，小茴香150克，干姜、食盐共30克。

制法和用法：以上食物及配料共研为细末，外加小麦面炒熟，和匀，瓷罐收贮。并可依各人口味，加入糖、松子仁、大枣之类，开水冲调，当茶饮用。

功用：益精挽颜、促元补肾、抗老延年。

▲还童茶

用料：槐角1000克。

制法和用法：秋季采摘饱满壮实的荚果，热水淘洗、晾干，烘烤至深黄色，上蒸笼蒸至槐角黑亮时出锅，再烘干至棕红色，将荚角扎破，去掉其中种子，单取荚壳，轧碎，过筛，分装成30克一袋，每次白开水冲泡一袋，当茶饮，一日二次。

功用：益肾明目、乌须黑发、预防血管硬化、止痔疮出血。

▲山楂茶

用料：山楂。

制法和用法：取山楂，压扁或切片，每次30克，放茶杯中，沸水冲泡，焖20分钟，代茶频饮。

功用：健脾消食、提神醒脑、软化血管、降低血压。

▲柿叶茶

用料：柿树叶。

制法和用法：将柿叶洗净、晒干、揉碎备用。每日15克～20克，代茶泡饮，可加白糖调味。

功用：降气、镇神、软化血管、预防动脉硬化、降低血压。

④ 茶馆

▲北京茶馆

北京茶馆因老舍的话剧《茶馆》而扬名天下。北京老茶馆不仅是品茗的好去处，还是观赏民间艺术的场所。目前，北京大茶馆林立，成为北京的一景。

北京茶馆最著名者为老舍茶馆。老舍茶馆规模大，不仅能品味到传统盖碗茶的茶艺，还能观看京剧、大鼓、杂技、口技、车技、魔术、单弦、双簧等节目，品尝到北京的雪花酥、驴打滚、糖耳朵、麻花、百花酥、艾窝窝、豌豆黄、小豆凉糕、糖火烧等20多种风味小吃。在老舍茶馆的店堂里，还可以看到许多古玩、字画、剪纸、泥人、风筝、玉器等艺术品。

可以说，北京茶馆是北京民俗文化的博物馆，不仅北京人喜欢北京茶馆，外地游客也喜欢北京茶馆，不少外国人也喜欢北京茶馆。美国总统、日本首相、联合国秘书长及许多世界知名人士都到老舍茶馆喝过茶。

▲ 成都茶馆

成都茶馆闻名于世，有"天下茶馆数成都"之说。成都茶馆有三宝。

一为竹靠椅。靠背与人体背脊弧度相适应，靠坐起来十分舒服，任何现代靠椅难以比拟。竹靠椅配小方桌或小圆桌，老茶客或小茶客，或正襟危坐，或斜靠品茗，打个盹，都可随意自如，久坐不累，别有风味。

二为盖碗茶及长嘴铜茶壶。喝茶因其而成为一种赏心悦目的享受。茶碗、茶盖、茶船各有妙用；"茶博士"用长近1米的带嘴茶壶远远地给你的茶碗冲来一股热流，滴水不撒碗外，简直是一场杂技表演。

三为说唱艺术。成都茶馆从古到今都是民间艺人的活动场所，一些著名的说唱艺人都曾在成都茶馆献艺。在成都茶馆既可听到说书人的非常精彩的"龙门阵"（讲故事），又可欣赏到川剧等具有地方特色的艺术。

以成都茶馆为代表的老茶馆遍布四川、重庆各地，并与"农家乐"、度假村相结合，且价廉物美，成为老百姓的一大日常享受。"农家乐"、度假村中的核心是茶馆，在茶馆中欣赏郊外田园风光，品茗谈心；在茶馆中打麻将、玩扑克；在茶馆中吃小吃、品佳肴。花少量的钱便能尽情地享受一天的快乐。

▲ 现代茶坊

茶坊则是在茶馆基础上发展起来的高中档消费场所。茶坊的特点，一是装修豪华，一般都有高档室内植物点缀其间，坐椅昂贵讲究，有空调设施使其冬暖夏凉，营造的谈话环境一个舒适、优雅、安静。

现代茶坊还有一个特点，就是茶品丰富，不仅有一般的茶，还有各种名茶、滋补茶。除了各种绿茶、乌龙茶、花茶外，还有八宝茶、水果茶、玫瑰茶、薄荷茶等，并供应简餐及各类面食。

人们往往借这种场所进行社交活动，谈生意、商量要事乃至谈情说爱。但是，茶坊的消费水平均高，一份茶少则10元、20元，多则50元、80元，甚至数百元。若要饮茶，千万要问清价钱。

（董仁威）

旅游常识

① 旅游与长寿

人的第二次生命从60岁开始，再活一遍，至关重要的就是健康，健康是人生长寿的保证。怎样才能长寿呢？生活经验和科学研究表明：身体健康、心情舒畅是长寿的秘诀。

美国有位85岁的老太太，身体硬朗，精神饱满，看上去只有60多岁。不少人向她询问长寿的秘诀，她回答说，没有什么秘诀。如果要说有，那就是旅游。她说：如果能一直活下去，我将到更多地方旅游，

爬更多的山，观更多的美景。

旅游确实是一项十分有益于老年人身心健康的活动，它不仅可以磨炼你的意志，增强你的体质，还能够开阔你的眼界，增长你的见识，并且使你的后半生丰富多彩！

"生命在于运动"。旅游就是一项很好的运动。有的老年人积极进行各种有益于健康的运动，却把旅游仅仅看成是"游山玩水"，有的甚至还认为旅游劳民伤财，对健康无益。虽说现在交通发达，旅游景点往往有各种代步设施方便游人，但旅游中还是常常需要步行。步行是旅游中最常见的运动。科学家早就指出，步行是最好的锻炼方式，特别适合老年人。许多老年人在旅游中步行的路程远远超过平时，有时连自己也难以置信。这是因为平时步行锻炼枯燥乏味，旅游步行有景可观，乐在其中，因而忘掉了劳累。即使长途步行之后感到疲劳，也是正常的生理现象，稍作休息后就会很快恢复。

旅游在步行锻炼的同时，还可以享受到日光浴和空气浴。接触阳光，能促进皮肤合成维生素 D，减少骨质中钙的缺失和防止骨质疏松症的发生。在远离都市的风景名胜区，清新纯净的空气，使你的皮肤得到滋润，呼吸更加舒畅。

古语曰："读万卷书，行万里路"，就是说要增长知识、开阔眼界，必须要读书，也要旅游。世界文化博大精深，现代生活日新月异，老年人须活到老，学到老。仅靠在家读书看报看电视是不够的，还要走出家门，甚至国门，在旅游中学习。

也许你对中国历史很熟悉，但如果你没去参观过西安半坡遗址、都江堰、秦始皇兵马俑、长城、故宫、南京大屠杀纪念馆……就很难说你真正读懂了中国历史。也许你非常喜爱我国的山水文学，但如果你没到过三峡、壶口、西湖、黄山……你怎能深刻体会到祖国山川之美和诗文之美？

也许你还不很清楚中国与发达国家的差距，那么美国或欧洲之行将能让你眼界大开，产生危机感和紧迫感，激发起为祖国为民族继续奋斗的雄心！

先哲孔子曾说："知者乐水，仁者乐山。智者动，仁者静；智者乐，仁者寿。"生活中有的老年人由于脾气暴躁、或心胸狭窄、或性格孤僻、或抑郁自闭等种种心理问题而影响健康。走出家门去旅游，你将受到自然和文化的熏陶。名山大川之自然美，宫殿庙宇之建筑美，壁画石刻之工艺美、故事传说之人情美、风土人情之世俗美……带给你多方面美的感受，感受到世界的奇妙和美好，人类的崇高与不朽，从而使心灵得到净化，情感得到升华。你的心情趋于平和了，心胸开阔了，便能体会到生活更加可爱，更值得留恋了。

应该说，旅游对老年人有百益而无一害。既然如此，还犹豫什么，只要经济条件和身体状况允许，老年朋友，请立刻收拾行装，上路吧！愿你在旅游中越走越年轻！

② 旅游常识
▲ 旅行社

旅行社是指依法设立并具有法人资格，从事招徕、接待旅游者，组织旅游活动，收取费用和佣金，实行独立核算的企业。旅行社是旅游者和旅游经营者之间的中介，它联合旅游经营者和其他相关行业、企业为旅游者服务，旅行社的主要业务就是为旅游者的旅游活动进行计划、组织和安排，并为旅游者提供所需要的各种旅游服务。

我国现有的旅行社分为三种类型：一类旅行社，对外招徕并接待外国人、华侨、港澳同胞、台湾同胞来中国旅游；二类旅行社，不对外招徕，只经营接待一类旅行社或其他涉外部门组织的外国人、华侨、港澳同胞、台湾同胞来中国的旅游业务；三类旅行社，经营中国公民国内旅游业务。

参加旅行社组织的旅游团去旅游，省心、方便、节约，是老年朋友外出旅游的最佳选择。但是，现在的旅游市场鱼龙混杂，在多如牛毛的旅行社中，既有合法经营、周到服务，资质和信誉都较好的，也有软硬件设施差，服务质量低劣的，甚至还有根本不具备经营资格，专门搞欺骗活动的皮包公司。所以，要想你的旅游真正省心、方便、节约，首先必须选择好旅行社。

那么，怎样选择旅行社呢？关键是要货比三家。

当你大致确定了旅游地或旅游线之后，就可以去选择旅行社了。首先，要找出有哪些旅行社有你所要求的线路，你可以通过报刊广告、旅游网络了解，或者打电话去一些旅行社查询。其次，对这些旅行社

新世纪 老年 百科全书

的经营资格、服务质量、信誉进行考察。例如，向有旅游经历的亲朋好友询问，向有关旅游主管部门咨询，从中选出二三家有经营权、信誉较好、服务质量较高的旅行社，对它们进行"货比三家"。主要从以下几个方面进行比较和选择。

（1）旅游线路和价格。即使是去同一旅游景区往往也不止一条旅游线路，而旅游线路又同价格密切相关。所以，在比较选择的时候，不能只看价格是否便宜，而要仔细研究旅游线路是否同价格相符。有的旅行社的线路价格相对比较低，但往往是减少了旅游景点、降低了接待标准。另外，旅行社的对外报价一般分两种：一种是全包，即吃、住、行、游的费用全包括在其中。另一种是不包吃，即报价中只包括住、行、游，一日三餐游客自己解决，这样价格也就低一些。

（2）游程安排。这主要是比较各旅行社同一线路所安排的景点是否充实、合理。例如，主要景点是否都在游程内，每处安排游览的时间是否适当。有的旅行社为了降低成本，安排的景点少，游览时间短，而购物次数和时间却多。

（3）往返交通工具。在相同的价格下，要看往返的交通工具有无差别，即使是同一交通工具，还要比较它们有无等级之差。例如，火车有硬座、硬卧、软卧之分，轮船有一、二、三、四、五等舱位之别，汽车有无空调之异。差别涉及价格，一定要搞清楚。一般来说往返交通工具不同，价格也就不同，你可以根据自己的经济条件和身体状况进行选择。

（4）住宿档次标准。旅行社的住宿标准主要有经济团与标准团两种，经济团一般是 4 人～5 人一间，无空调，无卫生间；标准团是 2 人间，有空调、卫生间、淋浴、电视、电话等设施。两种住宿档次价格差别很大，有的还有豪华团，因此事先一定要弄清是哪种标准。

（5）一日三餐的标准。如果你选择了全包，那就要了解三餐的标准，如 8 人 1 桌还是 10 人 1 桌，8 菜 1 汤或 10 菜 1 汤等。

（6）导游服务费。在线路报价中如果有一定的导游服务费是合理的，境外团通常按天付导游小费。收取了服务费就有导游陪同，一个旅行团没有导游就会乱了套，根本无法进行旅游活动。

你可以从以上几个方面对各旅行社的报价和服务内容进行比较，选择出物有所值的一家。最后别忘了与旅行社签订正式合同，这可是你自己权益得到保护的依据。付款之后，你就可以踏上旅程了。

▲时差

我国的东北早晨四五点钟天就亮了，可新疆这个时间还伸手不见五指。同样，东北下午五点左右已是夜幕笼罩了，新疆晚上九点过才是傍晚。这就是时差。因为，地球自西向东自转，经度不同的地方，时刻便有差异，形成了地方时。这就给不同

地区和不同国家人们的往来带来了不便。为了避免不同经度的地方在时间上的混乱，1884 年的一次国际经度会议，建立了世界范围的标准时区制度。以经过英国格林尼治天文台的本初子午线为标准线，把西经 7.5°至东经 7.5°规定为中时区（即零时区），称为格林尼治时间。然后从中时区的两端分别向东向西每隔 15°划一个时区，东西各划出 12 个时区，全球共分为24 个时区。一个时区共同使用一种地方时即标准时。但是，大多数国家横跨多个时区，所以又规定各国可根据自己所处时区和实际需要来确定本国的时间。像我国国土分属东 5 区至东 9 区，跨 5 个时区，为了方便各地人民的工作和生活，国家采用首都北京所在的东 8 区标准时间为全国统一时间。

在国内旅游无时差之虑，去近邻东亚、

东南亚的一些国家旅游，时差较小，只需到达当地后把自己的表拨为当地时间就行了。而去距离遥远的欧洲、美洲、非洲旅游，因为时差较大，除了调整自己的表之外，更需调整自己的生物钟。例如，美国与我国相差11个时区，两国的白天黑夜正好相反。你到了美国，就得改变自己的睡眠生物钟。否则，你就会大白天睡觉，晚上众人皆睡你独醒。

▲ 温差

温差主要是指同一地方不同季节气温的差异，和同一季节不同地方气温的差异。出门旅游，一定要考虑到温差。巧妙地利用温差，能使你的旅游更加愉快。例如，我国夏季普遍高温，而冬季气温南北差别很大，秦岭—淮河一线以南地区气温一般在0℃以上，以北地区则多在0℃以下。越往南气温越高，越往北气温越低。黑龙江在-30℃以下，海南则在20℃左右。这样，北方人冬季去海南旅游，就更能领略到阳光、沙滩、海水的迷人之处了。同样，南方人想看看冰天雪地，就冬天去东北，奇异的冰雪世界一定让你终身难忘。世界上不同国家及地区之间也存在着温差。像地处南半球的澳大利亚，与北半球的季节相反，我们是夏季时它是冬季，我们是冬季时它却是夏季，打一个"季节差"，就可以去澳大利亚避暑或过冬。另外，高原大山比平原河谷气温低，我国名山便多为避暑胜地，夏季去这些"世外桃源"走走，岂不快哉！

▲ 小费

顾客、旅客是否向饭店、旅馆、旅行社等服务行业中的服务人员额外给小费，世界不同国家、甚至同一国家的不同地区有着不同的情况。

在我国是禁止服务人员向顾客收取小费的。你在国内旅游，如果有服务人员，如导游、出租车司机、宾馆服务生、饭店侍者，向你索取小费，你应该拒绝，还可向其领导或主管部门投诉。

新加坡是个文明礼仪之国，服务行业的服务质量相当高，政府同样禁止付小费，顾客如果坚持付，就会被认为是服务不周。所以，在新加坡你千万别付小费，以免造成误会。不过，在这个世界上禁止付小费的国家毕竟是凤毛麟角，而大多数国家是明文规定或习惯成自然要付小费。

去泰国旅游，对每一位为你服务的人，你一定要记住付小费，数目的多少你可量力而行。

日本是个多礼的国家，但在那儿并不把礼节和周到服务与小费联系起来，不像一些国家处处都要付小费。你只需对饭店的女招待在刚进门时付小费，而其他服务人员，如果你给小费，不但会被拒绝，还会招致对方的厌恶。

意大利人通常被看做是一个爽朗的民族，但在收取小费上却很含蓄，从不直接提出，但你若不给，他会十分不满。所以，你最好在送去账单时递上小费。

法国就明文规定服务行业起码要收取10%的小费。其实这样最好，大家都有规可循，依规行事，而不必为给不给和给多少而苦恼。

美国不同的城市，对于付不付小费和付多少有不同的约定俗成的标准，总的说来是来者不拒，你别忘了给行李搬运工、宾馆服务生、餐厅侍者小费。曾有报道称，前总统夫人希拉里在餐后没有给予尽心尽力为她服务的女侍者小费，还遭到了目击者和媒体的口诛笔伐。说明小费不仅是钱的问题，它还反映了一个人的修养和品质。你出国旅游，一定要事先了解清楚该国的小费给付习惯，做到入乡随俗。

▲ 旅游法规

某君参加了某旅行社组织的团队旅游。在旅游过程中，导游违反合同约定，擅自改变旅游路线，减少旅游项目，或以价值低的项目代替价值高的项目。旅行社因此赚了不少昧心钱，某君却被导游的花言巧语所蒙蔽，不知就里。再有，某旅游者住宿某饭店，夜间财物被盗，饭店方面再三道歉，并免去他的住宿费，他想到失窃的钱数目也不大，就放弃了赔偿要求。

老年朋友，诸如此类的事，人们可能常在各种传媒中看到，或许你就有过类似的遭遇。我们要说，这两位太缺乏自我保护意识和法律意识了。而那些采取不正当手段营利的旅行社正是利用旅游者这一弱点来损害旅游者的利益。

现代社会是商品经济社会，旅游也是商品经济的产物。随着旅游的不断商品化，旅游者和旅行社之间产生了各种各样的关系，出现了大量急需解决的问题，而最多的就是旅游者和旅行社之间的消费争议了。

新世纪老年百科全书

相对于旅行社而言，旅游者是弱者。弱者靠什么来维护和捍卫自己的权益呢？现代社会是一个法制社会，弱者就要用法律武器来保护自己！只有掌握了一些法律常识，清楚自己在旅游中享有的合法权益，具备了自我保护意识，才能算是一个现代的旅游者，才能真正游得舒心、开心！

旅游者有哪些权益呢？旅游者的权益归纳起来，主要表现在六个方面：一是自由旅行的权利；二是自愿平等地签订旅游合同的权利；三是自由逗留的权利；四是人身和财产安全的权利；五是得到医疗服务的权利；六是寻求法律保护的权利。

那么，有哪些法律能够保护旅游者的合法权益呢？我国目前有两类法律法规保护着旅游者的合法权益。一类是通用的法律法规。如我国的根本大法——《宪法》就规定："劳动者有休息的权利"，"国家发展劳动者休养、休息的设施，规定职工的工作时间和休假制度"，休息的权利就包括旅游的权利。又如《中华人民共和国消费者权益保护法》规定"国家保护消费者的合法权益不受侵害"，还具体规定了消费者的权利和国家对消费者权利的保护措施。旅游也是消费，旅游者的合法权益也受此法的保护。

另外，我国还制定了《旅行社管理条例》《导游人员管理暂行规定》，以及有关交通运输、饭店管理、旅游保险等多种法规，《中华人民共和国旅游法》也即将出台。旅游者可以充分利用这些法律法规来维护自己的合法权益。

老年朋友，要学法知法懂法，让法律法规成为自己旅游的护身符。

▲旅游合同

某君在报上看到一旅行社的广告，九寨沟4日游的价格比别的旅行社便宜100元，就立刻去报了名。结果上了路才晓得"便宜没好货"，住宿条件差、饮食标准低、游览景点少、导游小姐不导游，美景没有欣赏够，却生了一肚子气。回来后因为事前没同旅行社签订合同而无法投诉，某君后悔不迭。这件事告诉大家，旅游前一定要同旅行社把合同签好。

旅游合同是对于旅游者与旅行社双方权利和义务的约定。合同签订后，就要求双方履行各自的义务。比如旅游者按合同约定交纳费用，旅行社按合同约定提供相应的服务，一旦出现纠纷就有据可查，也是解决纠纷的依据。所以，旅游者一定要同旅行社签订旅游合同。签订合同时要注意以下几点：一是合同文本必须是国家规定的正式文本，否则合同无效。二是合同条款必须明确具体。合同条款是对双方权利和义务的具体要求，所以内容必须详细具体，语言准确无误，不能空洞抽象，或模棱两可。否则合同只会成为一纸空文，发生纠纷后也难以解决。三是要特别重视合同的主要条款。合同条款有主要条款与次要条款之分，对包价旅游合同来说，主要条款包括旅游线路、游览的具体景点、食宿标准、交通工具及其等级、旅游费用、违约责任等。这些主要条款一一具体明确地订好了，就可以放心地旅游了。一般来说旅游者都可以享受到合同中约定的服务，除非旅行社从一开始就蓄意欺诈或遇见因不可抗力而发生的事件。

旅游者在享受自己的权利时，也要履行合同所约定的义务，如按合同规定的时间、路线、方式进行旅游，服从导游的合理安排等。如果旅游者无正当理由违约，则要承担合同所约定的责任。

旅游合同是对旅游者和旅行社双方利益的保障，对旅游者来说尤其重要，它是旅游者享有和维护自己合法权益的依据，出行前千万别忘了签订合同。

▲导游

导游，就是为旅游者提供向导服务的专业人员。出去旅游，有没有导游是完全不同的。如果一个旅游团队没有导游，这个几十个人的队伍就等于没有领导和主心骨，一切都会乱套。如果你到一个陌生的城市去旅游，没有导游的话，你会跑多少冤枉路，漏掉几个该去游览的景点。没有导游，自己走马观花看一遍，就会只知其一，不知其二，错过了解该景点历史文化内涵的机会。可见，旅游中导游是非常重要的，他们是使你省时省力旅游且不虚此行的好伙伴。

根据我国的有关规定，导游的职责包括：按照旅行社分配的导游任务，安排和组织旅游者参观游览，如交代日程安排，为旅游者导游，讲解景点的有关知识，帮助旅游者了解和认识参观对象，安排旅游者的交通、食宿等事项；处理突发事件，如钱物丢失、旅游者生病受伤、飞机停飞等；反映旅游者的意见和要求。这些就是导游的基本职责，每个导游都应该切实做到。另一方面，作为旅游者，在要求导游全心全意为自己服务的同时，也应该服从导游的合理安排和指挥，遵守旅游纪律。当然，对于不尽职尽责和违规违纪的导游，旅游者也有权提出异议或投诉。

▲旅游保险

旅游应该是一趟愉快之旅，但天灾人祸，实难预料，像坠机、沉船、撞车等交通事故，台风、雨雪、塌方等自然灾害。此外，丢失钱物，由于自己不慎造成伤害或死亡也有可能。各种灾难和事故一旦发生，就会给个人带来财产损失，造成经济困难。怎么办呢？有旅游保险为你解除后顾之忧。

保险是聚集分散的社会资金对意外事故和自然灾害造成的损失或人身伤亡进行经济补偿的一种制度，它可以保障被保险人在灾害事故中遭受的财产损失及时得到补偿，因人身伤亡造成的经济困难得到及时的解决。我国从 1986 年开始，各地保险公司普遍开展了旅游保险业务。各保险公司开展的保险项目有所不同，种类繁多，但总的来说分为两大类：一类是为旅游行业的单位和个人保险，多为集体投保，保期也较长；第二类是为旅游者保险，如旅游人身保险、旅游财产保险、游览观光保险、旅客航空保险、旅游意外事故保险、旅游责任保险等。这类保险一般由旅游者个人投保，个别的由旅游服务部门投保。只要旅游者在旅游前投了保，或是在旅游中购买了含有保险的各种票，在旅游期间一旦发生意外事故，且符合保险合同中的有关规定，保险公司就应按合同进行赔偿。所以，请旅游者在旅行时别忘了买保险。

▲旅游投诉

老王夫妇参加一个旅行团去某著名风景区游览。景区风景宜人，可是住宿和餐饮与合同上约定的标准相差太大。回来之后，老王夫妇满肚子怨气，就打电话给某报社，希望他们把违约的旅行社曝光。报社同意了，同时建议老王向市旅游质量监管部门投诉。老王问："我们可以投诉吗？"报社解释说，为了维护旅游者和旅行社的合法权益，国

家旅游局制定有《旅游投诉暂行规定》，有关当事人可据此进行投诉。但投诉要符合以下条件：一是投诉者是与本案有直接利害关系的旅游者、海外旅行商、国内旅游经营者和从业人员；二是有明确的被投诉者、具体的投诉请求和事实依据；三是属于本规定所列的投诉范围。老王听了高兴地说："这下可找到说理的地方了！可是怎样投诉呢？"报社又告诉他，根据规定，投诉者应当向旅游投诉管理部门递交投诉状。投诉状应当写明这些事项：一是投诉者的姓名、性别、年龄、国籍、职业、住址等；二是被投诉者的单位名称或姓名、所在地；三是投诉请求及所根据的事实和理由；四是证据。旅游投诉管理机关受理投诉后，会及时通知被投诉者，被投诉者必须在 30 天内作出书面答复。旅游投诉管理机关在处理投诉案件时，一般先进行调解，促使投诉者与被投诉者互相谅解，达成协议。调解不成再进行仲裁。老王听了这一席话，茅塞顿开，马上就去写投诉材料了。

▲旅游交通

旅行者从居住地到游览地，从一个景区到另一个景区，都需要乘坐交通工具，专门为旅游者服务的交通工具和途径就是旅游交通。旅游离不开交通，现代发达的交通运输业，促进了旅游业的迅速发展，使跨洲旅游、跨国旅游得以普及，中短程旅游更加方便快捷，天涯变咫尺。

现代旅游交通工具主要有飞机、火车、轮船、汽车等种类。飞机由于速度快、安全舒适，已成为出国旅游者和国内远距离旅游者的首选交通工具。火车自问世以来一直是旅游者外出的主要交通工具，近年

来虽然受到航空运输和公路运输的冲击，但因为安全系数高、费用低廉，仍然吸引着许多旅游者。轮船如今在长途客运中被冷落，但作为游船却受到旅游者的欢迎，在长江、漓江、松花江、珠江、京杭大运河等名川大河和一些著名湖泊，乃至小溪小河中都行驶着各种游船和游艇，它们已成为水上旅游不可缺少的工具。在发达国家，汽车已成为人们长短途旅游的主要工具。近年来，随着我国公路建设的发展，高速公路和高等级公路的猛增，汽车也成为重要的旅游交通工具了。

外出旅游选择什么样的交通工具，你要根据自己的经济能力、时间、距离等因素来考虑，总的原则是安全、方便、快捷、舒适、价廉。

▲旅游住宿

住是旅游需求的六大要素（行、住、吃、游、购、娱）之一，每个旅游者都希望能够住得舒适，得到很好的休息，精神

饱满地游玩。下面就介绍一些旅游住宿的基本常识，供老年朋友参考。

外出旅游，特别是随团队旅游，大都是住旅游饭店。无论是国内还是国外，目前大都采用"五星制"把旅游饭店分为一星、二星、三星、四星和五星 5 个级别。一星饭店属经济级的低档饭店，规模较小，设备简单，只具备基本的食宿服务功能，收费较低，经济实惠。二星饭店属经济级的中低档饭店，设备一般，除具备食宿服务功能外，还有小卖部、酒吧、外币兑换、邮电通讯等服务设施，服务质量较好。三星饭店属舒适级的中档饭店，设备齐全，具有各种服务设施和服务项目，服务热情周到，比较舒适。四星饭店属豪华型，设备齐全，服务完美，非常舒适，收费较高。五星饭店属于饭店的最高级别，它的软硬件设施较之四星饭店更胜一筹，要达到世界一流水平，收费很高，一般人鲜能问津。旅行社为普通游客提供的住宿大都是一星、二星或三星饭店。除了传统的饭店之外，如今不少旅游地还有度假村、山区木屋、高山营地、露营地、汽车旅馆等各种住宿设施。旅行社也会根据实际情况安排旅游者住宿这些有特色的住宿所。游人如果是自助游，那就完全可以按自己的意愿选择住宿地。有经济实力，可住豪华的饭店；旅费不多，则可投宿经济实惠的小旅店，还可借宿农家，甚至在野地露营。

▲旅游购物

旅游，不仅仅是游览观光，而是以游览为主，包括游、行、吃、住、购、娱在内的一系列活动。因此，旅游者的购物活动是旅游的一项重要内容，是旅游活动的延伸。

旅游者在旅行活动中所必备的一些物品，如旅行包、太阳镜、折叠伞、照相机、药品、手杖、衣物、旅游鞋等，有的可在出发前准备，有的则可在旅游地购买。

旅游者在旅游中还要购买

一些食品和饮料，如饼干、面包、红肠、罐头、饮料等。

在旅游地，旅游者最爱购买的往往是富有特色的纪念品。像手工艺品、工艺美术品、土特产等，常常受到游人的青睐。

以上三种都属于旅游购物，但并不是旅游购物的全部。还有一些旅游购物，是在旅游地购买日常生活用品，甚至耐用消费品。例如，香港既是著名的旅游胜地，同时又被视为"购物者的天堂"。因为，它是一个世界自由贸易港，世界各地的新产品都会运到香港试销，游人在这儿能买到具有各国特色的最新产品，而且价格比其他地方便宜，有的商品的价格甚至低于生产国。所以，旅游者游览观光之余，往往会采购大量商品，有的旅游者甚至到香港旅游的主要目的就是购物。

在这里也要提醒旅游者，无论是在国内还是在国外购物，特别是购买贵重物品的时候，一定要小心谨慎，不要轻信导游和推销人员的介绍，不识货或不放心就不要买，以免上当受骗。

▲旅游保健

老年人年纪大了，身体状况也大不如以前了，所以，即使无病无疾，也应该注意健康保健。外出旅游，打乱了平时的生活规律，增加了活动强度，容易使身心疲劳，稍有不慎，就有可能诱发疾病。因此，尤其需要加强保健。下面介绍一些旅游保健知识，供老年朋友参考。

（1）老年人应该根据自己的身体条件选择旅游地。自己的身体是否能胜任长途旅行，能否上高山、下洞穴、穿沙漠、钻森林？建议老年朋友选择距离适中、体力消耗不大、无危险的旅游景点，以轻松愉快为宜。

（2）根据自己的健康状况参与旅游。旅行之前应进行体检，并征求医生意见，是否适合旅行，以及旅行中应该注意的事项。遵医嘱出发时带上应服的药或应备的药品。这样，才能做到合理安排旅游，防患于未然，避免旅游中发生意外。

（3）要选择适当的季节旅游。老年人抵抗力较差，在严寒酷暑时节容易患各种疾病。所以，老年人外出旅游应该选择气温适宜的春秋季节，不要在炎热的夏季和寒冷的冬天出游。

（4）应穿方便舒适的服装旅游。外出旅游服装要少而精，穿着舒适，便于行走，易洗，不起皱。一般要备运动衣裤、风雨衣、开襟毛衣等。特别要强调的是鞋一定要合脚，否则就行路难。最好穿轻便柔软的旅游鞋，既便于行走又十分安全。

（5）旅游时要劳逸结合，注意休息。老年人身体较弱，不适宜长途跋涉和过度劳累。因此，在旅游途中一定要劳逸结合。步行一段距离就休息几分钟，乘车时闭目养神，到达住地后洗洗脚，有条件就洗个热水澡，消除疲劳。

另外，还应注意饮食卫生。少吃肥腻食物，多吃蔬菜、水果，不喝生水，不吃生食。

▲旅游急救

（1）休克。休克是由出血、外伤、疼痛、过敏等引起的一种综合病征。主要表现为脸色苍白、全身发冷、脉搏细弱、血压下降。一旦发生休克，必须立即抢救。让病人平卧，设法保暖。由外伤出血引起的休克，应立即止血；已昏迷的，用指压人中；呼吸困难的，进行人工呼吸。同时尽快送病人到医院治疗。

（2）昏厥。昏厥是一种由暂时性脑缺血、缺氧引起的暂时的意识丧失现象。表现为发病者浑身软弱无力，眼前发黑，面色苍白，全身发冷并冒虚汗。普通昏厥应让病人在空气流通处头低脚高地躺下，喝杯浓糖水。由大出血、心脏病、癫痫病等引起的昏厥则需送医院急救。

（3）扭伤。旅游中如发生足踝扭伤，可先冷敷，足踝用绷带缠住，然后到医院治疗。

（4）脱臼。脱臼指关节脱离了原来的位置。脱臼部位切忌活动、拉扯和揉搓。应立即到医院请医生复位。

（5）骨折。在旅游中发生骨折，不能随便拉扯、搬动，必须马上进行处理。没有伤口的，首先要弄清骨折的部位；有伤口的，应先清洗伤口，包扎止血。无论有无伤口，骨折部位都应包扎固定。没有夹板，可就地取材，用木板、树枝、竹竿、纸板、塑料板代替，把骨折肢体的上下两个关节固定起来。注意，动作要轻，不能捆绑得太紧。简单处理后，马上送医院治疗。

（6）出血。旅游时发生外伤，一般会出现出血现象。如是动脉出血，则情况非常危险，应立即用止血带扎在伤口的上端止血，并尽快送医院抢救。伤口消毒后，用手指捏紧伤口上端，或用绷带加压包扎，即可止血。

（7）中暑。老年人在夏天外出旅游时要注意预防中暑。中暑主要是因为气温过高和在阳光下暴晒的时间过长，使人感到头晕、胸闷、心慌、口渴、汗多、无力，严重者甚至休克、昏迷。中暑病人应移到阴凉通风处休息，喝些凉水或盐水，也可服用藿香正气液、人丹等药。严重者还应用凉水或冰水敷头、擦身降温，同时尽快送医院治疗。

（8）溺水。当溺水者被从水中救起后，应迅速实施抢救。首先要"倒水"，把溺水者喝入腹中的水倒出来。让溺水者俯卧，腹下垫以硬物，施救者用力压其背部，使溺水者腹内的水流出。倒水后立即进行人工呼吸。无论人工呼吸后溺水者是否恢复呼吸和心跳，都应及时送医院抢救。

▲旅游小药箱

外出旅游，难免会遇上头疼脑热的异常情况，所以出门时应准备一些常用药物，以备不时之需。这里就为老年朋友介绍部分常用药物，供你参考。您可以根据自己的实际情况选择、增添。

复方阿司匹林片（退热、止痛）；黄连素（治腹泻、肠炎、痢疾）；口服青霉素（抗菌、消炎）；抗病毒冲剂或板蓝根冲剂（治感冒）；牛黄上清丸（清热解毒）；健胃消食片（消化不良、食欲不振）；藿香正气片（治中暑、恶心、头晕等，夏季感冒的良药）；人丹（治晕车晕船、消化不良、暑热引起的身体不适）；晕海宁（治晕车、晕船、晕机）；伤湿止痛膏（治跌打扭伤）；风油精（治感冒头疼、晕车晕船、牙痛腹痛、皮肤瘙痒、蚊虫叮咬）；云南白药（止血化血、化淤止痛、治跌打损伤）；创可贴（止血消炎）；消毒湿巾（皮肤、食具、生活用品的消毒清洁）。

▲旅游食品

俗语说："民以食为天"，旅游同样离不开"食"。旅游中所需的食品统称为旅游食品。旅游食品大体可分为以下四大类：

（1）方便食品和快餐食品。这类食品由于价格低廉、携带方便、省时快速，很受旅游者的青睐。

（2）普通的饭菜和面食。不少旅游者特别是不爱吃方便面的旅游者选择到餐馆、小摊吃米饭或面食，价廉且可口。

（3）地方小吃。我国地域辽阔，物产多样，加上各地制作手段和饮食习惯的不同，就形成了各具特色的地方小吃。在很多旅游地，小吃已成为旅游文化的一个重要组成部分。因此，品尝小吃也是旅游的内容之一，不吃不足以领略当地的饮食特色。像北京的糖火烧、天津的狗不理包子、西安的羊肉泡馍、成都的夫妻肺片、扬州的炒饭、宁波的汤团、云南的过桥米线等，早已扬名海内外。既然已来到原产地，能不品尝一下吗？！

（4）小食品。小食品虽然不能作为主食，但却是旅游途中的好伴侣。如今市面上出售的小食品琳琅满目，外出旅游既可随身带，也可随处买，瓜子可以减轻疲劳，话梅能够生津止渴，橘子皮可防晕车，饼干也能暂时充饥……

旅游离不开"吃"，吃不好就游不好，旅游者一定要对旅游食品倍加重视。选择旅游食品别忘了两点：一是要自己喜好，二是要干净卫生。

▲旅游摄影

旅游摄影生动形象地记录下了旅游途中美丽的风光和动人的情景。回家后将照片整理成册又成为一份永久的纪念品，可以时时拿出来翻翻、看看、忆忆，一次旅

游又成为终身的回忆。每个旅游者都希望能拍出好照片，这就需要掌握一定的摄影知识和技术。如今大众常用的照相机主要是机械和全自动两种。机械式照相机需根据光线调整光圈、速度、焦距，有一定的技术难度，使用起来比较麻烦。建议老年朋友使用全自动（俗称"傻瓜"）照相机或数码相机，拍照时无须考虑光圈与速度，操作简便。下面就针对全自动照相机，为你讲讲旅游摄影应注意的两个问题。

（1）光线的利用。摄影的成像是靠光线来完成的。被拍摄对象在光线中会产生不同的明暗对比，摄入镜头作用于感光片后，就形成了影像。因此，不同角度和方向的光线下的物体明暗对比关系是不同的，反映在照片上就是决定着人物、景物的造型效果。

户外日光下的摄影一般将光线划分为正面光、侧面光和逆光三种。正面光指阳光从照相机背后直接正面照射被摄对象。利用这种光摄影，由于缺乏明暗对比，拍出的人像往往呆板、生硬，人还常因阳光直射睁不开眼，面部表情难看。所以，最好不要用正面光拍摄。侧面光是光线从侧面照射被摄对象，明暗对比恰当，使人物、景物富有立体感和层次感，是最常用的一种光线。逆光是光线从照相机前方照射被摄对象的后方，被摄对象与周围环境产生强烈的明暗对比，拍摄得好，照片特别富有艺术魅力。但难度较大，不易拍好。

对于摄影技术一般的旅游者来说，最好使用侧面光中的45度光，即阳光从侧面照射被摄对象，与人物或景物正面成45度角，阳光斜射地面，与地成45度角。45度光

使被摄对象的明暗对比协调而柔和，照片细腻逼真，富有立体感。

（2）正确取景。旅游摄影多是人在景前的留念照。我们常常可以看到这样一些照片：人太大，把景全遮完了；人影太小，模糊不清；或者景物占据了整个画面，或者没有景物特色，看不出是在哪个景点拍的。因此，在风景名胜前留影，要兼顾人物与景物，将二者巧妙地结合起来，使之相得益彰。首先选景时要选择有特色的背景，使人一看便知是某处景点。其次人与景在镜头中的比例要恰当。一般说来应以人为主，人不一定太大，但必须要醒目。再者，人与景的位置要协调。即人与景在画面各自分明，不能互相遮盖、重合。如人居右，景就应靠左，人在下，景就偏上。总之，既各居一隅，又互相融合，你中有我，我中有你，构成一幅协调自然的人物风景画。

▲ 旅游文学

南朝大诗人谢灵运说"山水借文章以显，文章凭山水以传"，精辟地概括了旅游与文学的关系。文学是人类社会生活的反映，旅游是社会生活的内容之一，文学必须反映旅游，这样旅游文学就诞生了。凡是与旅游有关的文学作品都属于旅游文学。

纵观历史，旅游文学作品何其多也！

大圣人孔子说过"知者乐水，仁者乐山"，这是他游山玩水之后的心得。我国第一部诗歌总集《诗经》就有许多描写自然景色的诗句，我国最早的地理学著作《山海经》也记载有许多山川风物。南北朝是我国山水诗勃兴的时代，前面提到的谢灵运便是当时最著名的山水诗人。他因政治失意，便寄情于山水，写作了大量的山水诗，如"池塘生春草，园柳变鸣禽"、"白云抱幽石，绿篠媚清涟"这样的名句很多。此后唐代的诗人如孟浩然、王维、李白、杜甫、韩愈、柳宗元等人更是写景抒怀，留下了大量的绝妙诗词。宋代山水游记兴盛，欧阳修的《醉翁亭记》、范仲淹的《岳阳楼记》、王安石的《游褒禅山记》、苏轼的《石钟山记》，都是留传千古的名篇佳作。元、明、清三代，山水游记也很多，特别要提到的是《徐霞客游记》，它既是一本地理学著作，也是一本文笔清丽的游记散文，被誉为"古今游记之最"。新中国成立以来，也产生了许多游记名篇，如刘白羽的《长江三峡》、秦牧的《花城》、峻青的《秋色赋》等。近年随着旅游热的兴起，更是出现了许许多多的旅游文学作品。

诵读前人和今人的旅游文学作品，能使我们从一个侧面了解人类文明发展的历史，了解祖国和地球的美景奇观，增长我们的历史文化知识，增加我们对大自然、对世界的了解和认识，陶冶我们的情操，培养对自然、对祖国的热爱之情。另外，还可以先神游各地，再按图索骥实地验证，深化我们对所游之地的认识和感受。

老年朋友既是旅游文学的受益者，同时也能够成为旅游文学的创造者。旅游归来，有见闻、有感受、有思考、有发现，何不写出来，或者自娱，或者见诸报章以求同好。也许，将来旅游文学史上有你的佳作留存。

（张　冰）

旅游方式和旅游主题

1 旅游方式

随着物质生活水平的提高，越来越多的老百姓开始注重精神生活了。这样，可以多方面满足精神文化消费需求的旅游活动就受到了人们的青睐。尽管人们可能都打算去观赏大自然给予我们的名山大川、江河湖海、云海佛光、森林草原、珍稀动植物等自然景观和人类自己创造的古今中外的、丰富多彩的人文景观。但是，因为旅游者的经济收入、文化程度、年龄大小、身体状况、兴趣爱好等诸多方面的差异，人们选择旅游方式就必然不尽相同。

▲ 自助旅游

自助旅游是指旅游者不加入任何旅行社组织的旅游团队，完全按照自己设计的线路，独立进行的一种旅游活动。旅游者自己设计旅游线路，自己寻找交通工具，自己决定停留的地点和时间，自己解决住宿问题。一切全靠自己。自助旅游虽然比较辛苦、麻烦，但它具有极大的自主性、随意性，旅游者可以完全按自己的意愿进行一切旅游活动。想到哪儿就到哪儿，想游览哪个景点就游览哪个景点，想看多久就看多久，完全避免了团队旅游的被动游览和走马观花。所以，自助旅游适合喜爱自由行动和单独活动的人们。当然，远距离的自助旅游，要求旅游者有强健的体魄、吃苦耐劳的精神、丰富的人生经验，能够应付各种意外和突发事件。老年朋友要根据自己的身体状况，量力而行，最好不要进行长途自助旅游。

▲ 逍遥游

我国古代著名思想家庄子的名作《逍遥游》中描写了一只大鹏，它可以不受任何约束和阻碍，自由自在地翱翔在九天之上。现代化的交通工具早已把古人的梦想变为现实。今天的老年朋友是有条件和可能自由自在、无拘无束逍遥于世界的。应该说，我们可以比"大鹏"更加自由自在地逍遥于天地之间。身体状况和经济条件都允许的老年朋友，放开手脚去体会一下古人只作梦想而不能实现的逍遥游吧！自由自在地飞、随心所欲地看，让自己的身心彻底地放松，忘掉一切烦恼，只让愉悦陪伴自己吧！

现代旅游业已为人们提供了种类繁多的旅游项目、丰富多彩的内容和多种多样的服务形式，旅游者完全可以根据自己的喜好和条件选择旅游对象和旅游方式。况且，较之其他年龄段的人，老年朋友更具逍遥游的优势，那就是有"闲"。老年人退休在家，时间完全由自己支配，可以说闲暇时间很多，什么时候出游都行。不必冒严寒酷暑之苦，也可避开周末和大假时的旅游高峰。在气候宜人、游人不多时，根据自己的喜爱，作一次自由自在的逍遥游，岂不快哉！

▲骑自行车旅游

我国是自行车王国，大多数人都是以自行车代步。你也许以前也是骑自行车上下班、外出办事，如今退休在家，自行车是否也休息了呢？其实，自行车不仅是代步的工具，还可以作为锻炼身体的手段。每天骑车出去溜达半小时至一小时，是一种很好的锻炼方式。骑自行车去旅游，更是一项有益于身心健康的运动。因为，它不仅可以使你饱览旅途风光，还可以增强你的体质，磨炼你的意志。在四川省成都市就有数支由离退休人员组成的老年骑游队，多年来他们坚持骑车旅游，不仅游遍了成都周边的风景名胜，有的还北征北京，南下深圳，畅游祖国大好河山。骑游使他们心情愉快，身体健康。如果你有兴趣的话，不妨也来一次骑车旅游，不过，要注意以下几点：

（1）制订计划。确定了旅游目的地之后，要查阅有关资料，研究确定行进线路、游览景点、休息地和住宿地。特别是长途骑车旅游，计划更要详细周全，切实可行。

（2）行前体检。骑自行车旅游并不适合所有的老年人，身体状况差，有高血压、心脏病、腰椎病等严重疾病者，是不能骑车旅游的。所以行前一定要去医院作一次全面体检，由医生来决定你是否可以出游。

（3）结伴而行。老年人不宜独自一人骑游，以2人～8人成队出游为好。结伴而行，一是可以免除旅途寂寞，二是可以互相照顾，三是可以增添旅游乐趣。

（4）做好准备。一是要准备好自行车。选择一辆结实的自行车，行前仔细检修，做到万无一失。另外，还要带上一些零配件和常用修车工具，如气门芯、内胎、气筒、扳手、螺丝刀、胶水、车胎皮等，以备不时之需。二是要准备雨衣、太阳镜、水壶，别忘了带三套内衣，汗湿后好及时换洗。三是应准备一些常用药品和生活必需品。所携物品应少而精，重量不超过15千克。否则，会成为累赘。

（5）注意安全。骑车途中要注意安全，速度适宜，公路上不抢道、越道。注意劳逸结合，途中要适时休息，疲劳过度也易发生车祸。另外，不要在夜间和恶劣气候条件下骑车，遇到这种情况，应先休息，等到天亮和天气好转之后再行进。

▲徒步旅游

现代交通方便快捷，日行千里早已不是梦想，从一地到另一地，有飞机、汽车或轮船；从山脚到山顶，有缆车或滑竿。游人们需要步行的时间越来越少，行程越来越短，这虽说使旅游轻松快捷了，但也使旅游者越来越不能达到通过旅游锻炼自己体力和毅力的目的。其实步行是保持健康的最佳方式之一，专家们称它是世界上最自然的锻炼。老年朋友把步行和旅游结合起来，在旅游中强身健体，不是更好吗？

步行旅游就是不借助交通工具，以步当车，游览观光。步行旅游这种旅游方式在西方兴起之后，就受到许多人的欢迎和响应。因为，步行旅游的时间、景点、路线完全由游人自己确定，想走哪儿就走哪儿，想在某处呆多久就呆多久，轻松悠闲，可以慢慢欣赏自己喜爱的景色。不必像跟着旅游团那样赶时间，紧张、匆忙地走马观花。如果你独辟蹊径，也许还能发现意外的美景。而且，进行步行旅游往往需要长途跋涉，是对游人体力和毅力的考验，有助于人的身心健康。另外，步行旅游还可节省交通费，相对来说费用较低。

步行旅游虽然是一种较好的旅游方式，但对于老年人来说，要根据自己的身体状况把握好步行的距离。最好不要孤身进行长途步行，应结伴而行，量力而行，作短途步行旅游，或远距离乘坐交通工具，近距离步行，劳逸结合，才有益健康。

▲团队旅游

团队旅游是指一定数量的人组织起来，集体进行旅游活动。一般是旅行社将旅游线路或旅游项目相同的旅游者组成旅行团，以集体的方式进行旅游。旅游者根据旅行社制订的线路、日程、交通工具、餐饮住宿、收费标准等进行选择，签订合同并付款之后，按合同规定时间参加旅行团出游。团队旅游对旅游者来说省心、方便、安全，全程都有导游陪同，诸如乘车、买票、吃饭、住宿等事宜全由导游打理，无需自己操心费力。景点有导游讲解，能正确深刻地了解景点的有关知识，而且费用也比单独出游低廉。但是，团队旅游，日程、线路、参观节目都按计划进行，时间掐得很死，必须服从导游的安排，旅游者不能按个人意愿活动，缺乏自主性和随意性。不过，到线路较长或人生地不熟的地方旅游，最好还是参加旅游团。

2 旅游主题

随着旅游业的发展和人们生活水平的提高，旅游日趋成为人们生活中的一个重要组成部分。很多人已不满足单纯的度假休闲、观光娱乐，而希望在获得身心的放松与休息之外，还能够得到独特的或某种让人倾心喜爱的收获或感受。这样，专题旅游就应运而生了。它将旅游融于某个专项活动之中，使游人在这别具特色的旅游中得到身心的满足。正因为专题旅游能够满足不同游人的需求，从它出现之后便受到广泛的欢迎。在这里向老年朋友们简介几种供参考。

▲主题公园旅游

美国的迪斯尼乐园、新加坡的飞禽公园、香港的海洋公园、深圳的锦绣中华和野生动物园，即使你没有去过，但肯定早已有所耳闻。它们都和传统的园林式的公园有很大的差别。不再是一个池塘、几座亭子，点缀些花草树木，只能供人休闲的小园子，而是围绕一个主题布景设景，集知识、旅游、娱乐为一体的大型公园。洛杉矶迪斯尼乐园占地30万平方米，新加坡圣陶沙主题公园有2.88平方千米，香港海洋公园占地4平方千米。迪斯尼乐园利用先进科技手段，将自然与人类、历史与未来、现实与梦幻、娱乐与冒险融为一体，影响之巨大，已成为美国精神文化的象征。新加坡的飞禽公园，是以鸟类为主题的公园，有一百多种濒危鸟类在这儿生活繁衍，受着特殊的保护。香港海洋公园作为亚洲最大的一座海洋公园，汇集了种类繁多的海洋生物，游人不仅可以看到形形色色的鱼类，还可以到海底世界走一回，观赏到各种海中奇观。另外，海豚的表演，更让游人流连忘返。深圳的锦绣中华、民族文化村、世界之窗三个主题公园是我国建立较早、较著名的主题公园。除此，如

今全国各地还有许多各具"主题"的主题公园，以适应人们的旅游需要。

▲工业旅游

说到旅游，人们往往只想到游山玩水、观景览胜这些传统的旅游项目。随着社会经济的发展，旅游项目也日新月异，产生了许多新兴的旅游项目，工业旅游就是其中之一。

工业旅游就是旅游者到工矿企业去参观。同其他旅游活动一样，旅游者到有此项业务的旅行社去报名，参加旅行社组织的旅行团，在导游的陪同下去旅游。不同的是旅游对象不是通常的风景名胜，而是厂区、厂房、生产线。四川绵阳的旅行社开办的长虹集团游，就是一个典型的工业旅游活动。在长虹集团，游人可以看到气势不凡的彩电中心，优美的厂区环境；在各条生产线上，游人可以目睹彩电、空调、DVD的生产过程；在长虹展览中心，游人能够了解长虹的过去、现状与未来，认识到长虹集团作为世界最大彩电生产厂的地位和意义。长虹集团游既大大激发了游人的民族自豪感，又为长虹集团做了很好的宣传。

▲农业旅游

在城市住久了的人，感觉城市生活乏味。举目是高楼大厦，只见巴掌大一块天；到处是车来车往，废气刺鼻难闻。向往一片自由蓝天，一片绿色草地，一股青香草味。这一切只有到尚未城市化的农村去寻找。这样，在城市郊区的农业旅游便应运而生了。

农业旅游就是利用农业资源开展的旅

游活动。目前在我国，它又因所利用的资源不同而有多种形式。

（1）农业生态游。游人到种植着粮食作物或蔬菜、果树的田间地头参观，甚至亲自锄地、栽种，学习种地，体味劳动的乐趣。采摘带有泥土芬芳的蔬菜，亲自做成一道美味佳肴，爽极了。

（2）花卉游。喜爱鲜花的朋友，可以去花卉之乡一游。几百亩甚至上千亩的土地上，各种花卉争奇斗艳，让你大开眼界，陶醉于这人间仙境之中。欣赏之余，你还可以步入花丛，为它们浇水、松土、剪枝。有兴趣的话，还可以学习插花艺术。走时，再带一些你喜爱的鲜花回去，不亦乐乎！

（3）果园游。果树成林的果园也是开展农业旅游的好地方。春暖花开时，满树盛开的花朵，把果园变成了花的世界，畅游在这花海之中，是多么难得的享受。到夏秋果实成熟之时，游人又可来此赏果、品果。自己动手采摘鲜果品尝，味道一定好极了。再买一大包带回去，让亲朋好友分享你的快乐。

此外，还有钓鱼游、牧场游等多种农业旅游，你可去农村过过自己向往的生活。

▲ 森林旅游

绿色是生命之色。随着人们生态环境意识的增强，绿色大森林成为许多旅游者旅游的首选。为了满足旅游者的这种需求，世界上许多国家都已建立了森林公园。我国也利用丰富的森林资源，建立了一批国家级森林公园，以及为数众多的省级森林公园。

位于湖南省武陵山脉中的张家界森林

公园是我国第一个国家森林公园。它的地貌以砂岩峰林峡谷为主，形态各异，连绵不断的山峰郁郁苍苍，森林覆盖率达90%以上。走进这片人迹罕至的原始森林，只见古木参天，浓荫蔽日，使你真正体味到什么是天然氧吧。这里不仅树的数量多，树的种类也非常多，有珙桐、银杏、巴东木莲、银鹊树、香树……它们可都是我国独有的珍稀树种。这座绿色的森林宝库还是一个天然动物园，生活着猕猴、林麝、大鲵、红腹角雉等珍禽异兽，穿行其间你说不定会和它们不期而遇。到张家界除欣赏这苍翠山色之外，你还可以看日出、观云海、赏雪景，大饱眼福。

"会当凌绝顶，一览众山小"，泰山以其磅礴的气势、悠久的历史、丰富的古迹享誉中外，早就是世界驰名的旅游胜地。除了五岳独尊的地位、众多的人文景观，泰山还具有丰富的森林资源，森林覆盖率达80%，是国家级森林公园。站在海拔1500多米的泰山主峰玉皇顶上极目远眺，一望无际的林海茫茫苍苍，可与云海媲美。其中植物种类1000多种，野生动物种类200余种。由于泰山在中国历史上特殊的地位，它的古树名木也特别多，至今还有5000多株"三义柏"、"卧龙松"、"五大夫松"等古树，有"活文物"之誉。游泰山，在追寻先人圣贤足迹之余，别忘了走进森林，回归自然。

都江堰、青城山作为旅游胜地早已驰名中外，如今在都江堰市郊又开发了一个新兴的旅游胜地——龙池国家森林公园。这里山峦起伏，群峰林立，形成了高山、湖泊、沼泽、瀑布、山涧等多种多样的景观，有"九岭环抱、九涧归池"的特色，再加上生动的神话传说，使这片原始森林显得更加古朴神秘。森林中，大树参天，小树错落，树种更是多达2500多种，包括银杏、珙桐、红豆杉等古稀树种。绿色大森林中生活着许多野生动物，包括大熊猫、金丝猴、天鹅等国家一级保护动物。龙池森林公园真不愧为野生动植物的宝库。

新世纪

老年

百科全书

老年朋友，到森林中去吧！那里不仅有绿树、花香，还能带给你健康。

▲沙漠植树旅游

在我国西北地区有着大面积的沙漠，严重影响了当地人民的生活和社会经济的发展，治理沙漠已成为刻不容缓的大事。内蒙古自治区在发展自己的旅游事业中，把利用沙漠和治理沙漠结合起来，开发了一种新兴的旅游项目——沙漠植树游。游人除了欣赏沙漠奇特的风景之外，还要在沙漠上种下绿色的小树苗，把绿色带给沙漠，把希望留给沙漠。据统计，从1991年开展此项旅游活动以来，参加者主要是日本人。希望爱好旅游的中国人也能多多加入沙漠植树游中去。

▲生态旅游

人类在创造财富和文明的同时，也给自身赖以生存的环境带来了严重的破坏。环境危机使人们的环境意识觉醒，认识到保护生态环境的重要性，世界兴起了绿色运动。在旅游业中，生态旅游作为一种绿色旅游消费迅速普及和受到广泛欢迎。

生态旅游让你享受自然，同时爱护自然，真正认识到生态环境对于人类是多么重要。生态旅游的内涵之一，是指旅游的对象是自然景物，比如保持较为原始的亚洲的雅鲁藏布江大峡谷、南美洲的原始森林、非洲平原上的野生动物园、澳洲腹地的寂寞荒原、南极大陆的冰天雪地等等，这些大自然的杰作还保持着自然原貌，未被人类“污染”。内涵之二，是指它是一种回归大自然、保护大自然的旅游。旅游者欣赏的是自然美景，体验到的是原始野趣，能真正与生养人类的自然融为一体。游览过程中，别忘了爱护这优美的生态环境，不要随意丢弃垃圾，不要随意喂野生动物，不要攀摘花木……请记住：“留下的只有脚印，带走的只有照片。”

▲保健康复旅游

这是专门针对老年人和病后、动手术后需要恢复者开办的一个旅游项目。它不仅为游客提供一些保健康复服务，还向游客讲解保健康复知识，指导他们正确地保健，延年益寿。如中国旅行总社组织的中医保健游，在4天的时间内，安排专家介绍中医和气功的医疗保健作用，游客接受中医和气功治疗，学习太极拳和日常保健常识，品尝中医药膳等。

▲美食旅游

我国饮食文化源远流长，菜肴品种丰富多样，八大菜系（川菜、粤菜、京菜、鲁菜……）名扬四方，各地名菜小吃更是数也数不清。喜爱美食的老年朋友通过美食旅游，品尝各地佳肴名点，大快朵颐。如果你对川菜感兴趣，就参加天府美食游，不仅可以游览成都市内众多的风景名胜，还可以吃到正宗的麻婆豆腐、夫妻肺片、回锅肉、东坡肘子，尝尝赖汤圆、龙抄手、钟水饺、担担面等小吃，你有勇气的话，可去试试麻辣香的四川火锅。天府美食多得很，你一定会不枉此行。同样，你借助美食旅游，可以去广东喝汤、到山西吃面、上海品点心、西安尝泡馍、东北吃饺子……大啖天下美食，成为真正的美食家。

▲宗教旅游

在我国及世界上许多国家分布着众多的宗教胜迹，信教的或对宗教有兴趣的朋友，可参加宗教旅游，到你心中的圣地或你向往的地方去看看。目前我国各旅行社组织的宗教旅游有：妈祖朝圣旅游、伊斯兰教朝圣旅游、道教朝圣旅游、佛教四大名山游等。

“金五台，银普陀，铜峨眉，铁九华”，

这句民谚说的就是中国佛教四大名山——五台山、普陀山、峨眉山、九华山。五台山位于山西省五台县，相传是文殊菩萨应化的道场；普陀山在浙江省普陀县，据说是观音菩萨应化的道场；峨眉山在四川省峨眉山市西南，被称为普贤菩萨应化的道场；九华山地处安徽省青阳县西南，据传地藏菩萨唐时来此修行。这四座名山山色秀丽，景色极佳，前往旅游，能欣赏到醉人的自然风光和丰富多彩的人文景观，真可谓"超值享受"！

▲ 民俗旅游

民俗就是一个民族日常生活中的风俗习惯，是民族文化的一个重要组成部分。世界上每个民族的人们都有自己独特的风俗习惯，这就产生了以民族特色为内容的民俗旅游。古语曰："千里不同风，百里不同俗。"我国地域辽阔，民族众多，在长期的历史发展中都各自形成了鲜明独特的风俗习惯，55 个少数民族都有自己世代相传的传统习俗和民族特色，表现在居住、服饰、饮食、待客、生产、婚娶、村落、节日、礼仪、宗教、丧葬、禁忌等方面。现在的民俗旅游一般有三种形式：一是到少数民族聚居地的少数民族家庭参观、访问，与他们同吃同住同活动；二是参加少数民族的节日盛会，如傣族的泼水节、彝族的火把节、白族的三月街、蒙古族的那达慕大会、西北少数民族的花儿会等；三是游览各地新建的民俗村，如深圳的民俗文化村、昆明的云南民族村，在那里你可以省时、省力、省钱地看到我国一些少数民族在衣、食、住、行、生产、

宗教、婚娶、礼仪等各方面的习俗。

▲ 边境旅游

我国疆域辽阔，边境线长。陆地边境长达 22 000 千米，同越南、老挝、缅甸、不丹、印度、尼泊尔、巴基斯坦、阿富汗、塔吉克斯坦、吉尔吉斯斯坦、哈萨克斯坦、俄罗斯、蒙古、朝鲜 14 个国家接壤，还与日本、韩国、菲律宾、马来西亚、印度尼西亚、文莱等国隔海相望。这些国家同我国建立了友好的双边关系，而且边境上民间往来十分频繁。改革开放以后，边境贸易发展迅速。越来越多的中国人希望去边境购物、旅游，这样边境旅游便应运而生了。我国先后开辟了中俄、中缅、中老边境一日游等边境旅游项目，其中有的还有多条旅游线路。如中越边境一日游就有广西凭祥—越南凉山一日游、广西东兴—越南芒街一日游、海南—越南一日游等不同线路。想去边境一游，可以参加旅行社组织的旅行团去，也可以自己到达我国的边境城镇后，办理好有关手续后前往。边境一日游手续简单方便，开销较少，又能满足人们观赏异域风光的愿望。老年朋友不妨也去走一回。

▲ 航天旅游

随着航天科技的发展和进步，许多人渴望到太空或其他星球去看一看。虽然对绝大多数人而言，航天旅游只是一个梦，但已有一些人在地球上体验到了太空生活。俄罗斯利用训练宇航员的航天飞机开展了航天旅游。报名参加航天旅游者首先必须通过严格的体检，只有身体素质和心理素质都很好者，才能获准登上航天飞机。航天飞机的无重力舱可容纳十多个人。当飞机起飞后，舱中的人就会感到自己被一种巨大的力量挤压着，似乎要被压碎。飞机很快升上万米高空，突然又向下俯冲，这时压力一下消失了，随之而来的是失重的感觉。人们会发现自己漂浮在舱中，身体变得很轻很轻，每个人都像脱手的气球一样乱飘。很快飞机降到地面，一次短暂的

航天旅游便结束了。这种航天旅游只能让人们体验在太空中失重的感觉，并不能欣赏到奇妙的宇宙美景。2001年美国富翁蒂托乘坐俄罗斯的航天飞机进行了首次太空之旅，花费2000万美元。航天旅游成为现实，但惊人的费用非普通人所能够承担。

（张　冰）

旅游线路

老王和老李最近分别参加旅行团到某处旅游胜地走了一趟，回来后两人的感受却大不相同。老王逢人便说玩得十分开心，时间虽短，但该去的景点都去了，几千元花得值。老李却抱怨说，坐车的时间比游览的时间长得多，有两处著名景点都没有去，以后再也不加入旅行团了。游同一风景名胜地，效果却如此大相径庭，主要是因为两人所走的旅游线路不一样。旅游线路是在一定区域内，由交通线把多个旅游景点或旅游城镇合理联结起来，并具有一定特色的线路。一个风景名胜区，可能有多条旅游线路，对你来说，能够用最短的时间获得最佳的游览效果的线路便是最好的线路。从老王与老李的经历中，我们可以看出，在旅游中，旅游线路的选择至关重要。因此，在选择旅行社时，除了考察其价格、服务等因素之外，还要仔细研究它的旅游线路，时间最省、路途最短、价格合理、游览内容最丰富的才是最佳旅游线路。如果你打算自助游，临行前也一定要设计好旅游线路，花最少的钱和时间，游览最多的景点。这样，既经济又实用，游得自然很开心。

① 国内旅游线

我国幅员辽阔，山河锦绣，历史悠久，名胜古迹众多，旅游资源非常丰富，应该前往旅游观光的地方实在太多了，这里有选择地介绍一些我国著名的旅游景点，供老年朋友出行时参考。

▲冰天雪地东北游

隆冬时节，到何处旅游最佳呢？很多人自然会选择四季如春的昆明，或温暖宜人的海南，这些地方都不错，但在这里我要向你推荐千里冰封、万里雪飘

的东北。寒冷的东北让人畏惧，其实，只有冬天去东北，你才能看到真正的东北，真正懂得东北。

第一站是黑龙江省的哈尔滨市。这是我国最北的省会城市，以松花江、太阳岛和冰雕著名。美丽的松花江从城区北部穿流而过，使哈尔滨成为一座秀美的江城。冬季松花江封冻成为一条冰河，人们纷纷来此溜冰、滑冰橇、乘冰帆，开展各种冰上运动。太阳岛位于市区松花江北岸，有太阳山、太阳湖等景观，还有一些娱乐设施。市区内景点还有兆麟公园，抗日英雄李兆麟将军的墓就在园中，每年春节期间都要在此举行哈尔滨冰灯游园会。游园会上，各种晶莹剔透的冰雕——建筑、人物、花鸟虫鱼、飞禽走兽，在五光十色的彩灯的照耀下分外美丽，整个公园犹如一座光彩夺目的水晶宫。另外，在距哈尔滨约200千米处有我国第一座大型滑雪场——亚布力滑雪场，你可到那儿去小试身手。

第二站是吉林省长春市。松花江支流伊通河穿城而过，每到隆冬季节，江中雾气凝结在江堤的树枝上，形成著名的"雾凇"奇观。那洁白的"寒江雪柳"比起江南春柳来，更别具风格。位于吉林省东南部的长白山风景区，既有丰富珍贵的动植物资源，又是著名的抗日根据地。此外，还有深达三百多米的天池，是我国海拔最高和湖水最深的火山湖。

第三站是辽宁省省会沈阳市。沈阳市曾为清朝都城，保存至今的沈阳故宫就是清太祖努尔哈赤和清太宗皇太极建造和使用的宫殿，是我国如今仅次于北京故宫的最大最完整的皇家宫殿。

第四站是花园城市大连。大连是著名的海滨旅游城市，风光旖旎的海滩公园——老虎滩公园和星海公园是你的必游之地。另外，漫步大连市区，那多姿多彩的城市建筑、数不胜数的街边小公园，亦足以让你赏心悦目，心旷神怡。

▲ 神秘高原西藏游

西藏，是一个遥远而又神秘的地方。如果你想一睹雪域高原风光，了解藏民族宗教文化，体味高原生活，那就请参加"西藏游"吧！

线路一，乘飞机西藏四日游。

第一天，从成都乘飞机到西藏拉萨，到达后以休息为主，以适应高原气候。

第二天，上午参观布达拉宫。它始建于松赞干布时期。原来规模并不大，后经历代扩建成为西藏最大最著名的寺庙。寺

庙依山而建，共13层，内设宫殿、寝宫、佛室、灵塔殿、习经室等，藏有大量珍贵的珠宝、法器、书画、经书。宫内房屋众多，布局复杂，外人进去如同进入了一座迷宫。下午参观拉萨市中心的大昭寺。大昭寺也建于松赞干布时期，是西藏传播佛教的中心。寺院内外都有许多前来朝拜的虔诚的信徒，有的甚至从数千千米外叩着等身长头前来朝拜。大昭寺外的八角街是西藏最繁华的商业街，街上摊位一个挨一个，商品琳琅满目，你可以在此买到富有西藏特色的纪念品。

第三天一早从拉萨乘车出发，翻过海拔5000多米的岗巴拉山口，"圣湖"——美丽的羊卓雍湖就呈现在眼前。羊卓雍湖是藏语的音译，意为碧玉草原之湖。湖中碧波轻荡，湖水清澈，蓝天白云倒映其中，

湖畔花草丛生，牛羊成群，好一派高原风光。午餐后返回拉萨。

第四天，返回家乡。

现在西藏已经通了火车，旅游者可以选择坐火车从青藏线进入西藏，当然时间就要多花一些。

西藏值得一看的地方太多了，无论是双飞四日游还是双卧七日游，都不过是走马观花，蜻蜓点水。考虑到老年人的身体条件，你去西藏之前，一定要去医院检查身体，听取医生的意见。

▲ 中原黄河游

黄河是中华民族的摇篮，它的两岸是中国文明的发祥地。因此，沿着黄河中游旅游，不仅可以欣赏黄河及其两岸的自然风光，还能够游览沿途众多的名胜古迹。

（1）开封。为我国著名的七大古都之一，是我国著名的历史文化名城。北宋时为都城。历史上曾长期为中原的政治、经济、文化中心，至今还保存着许多历史遗迹。如相国寺、包公祠、禹王台、铁塔、龙亭等。相国寺是我国十大名寺之一，始建于北齐（公元555年），现为国家重点文物保护单位。铁塔始建于北宋时期，它其实是一座琉璃砖塔，因其呈铁色，故称铁塔。铁塔以精湛的建筑艺术闻名中外，如今已成为开封的标志。另外，1989年建成的"宋都一条街"，再现了北宋时期的建筑风貌和繁华的街市，也值得一游。

（2）郑州。河南省省会，地处河南中部，有着丰富的旅游资源。有距今3500多年的商代都城遗址；有新石器时代的大河村村落遗址；有黄河大桥、黄河古渡、大禹治水塑像、岳山、花园口等景点；有中岳嵩山；有天下名刹少林寺；有轩辕故里黄帝遗址；有北宋皇帝陵墓群；有著名的"二七"纪念塔，登高鸟瞰，郑州风光尽收眼底。

（3）洛阳。洛阳素有"九朝古都"之称，东周、东汉、曹魏、西晋、北魏、隋、唐、后梁、后唐先后建都于此。洛阳城南外的龙门山山清水秀，风景宜人，名胜荟萃，有唐代大诗人白居易墓、三国时蜀汉大将关羽墓地，著名的龙门石窟也坐落在这青山秀水旁。在长达千余多米的山崖上，

有石窟 1350 多个、佛龛 700 多个、佛塔 40 多座，还有数不清的碑刻题记，是我国珍贵的艺术宝库。洛阳城东的白马寺，距今已有 1900 多年的历史。洛阳的牡丹扬名中外。

（4）三门峡。三门峡市是一座在建设黄河三门峡水库和电站的过程中发展起来的新兴工业城市。游览三门峡，主要是参观长 857 米的拦河大坝，观看激流中的"中流砥柱"，体味中华民族千百年来不屈不挠的民族精神。

▲古都西安游

西安是陕西省省会，是中国七大古都之一，先后有 11 个朝代在这里建都，时间长达 1150 多年，因此，西安有着悠久的历史、众多的文物古迹。

来到西安，就如同进入了一座巨大的历史博物馆，数量众多的名胜古迹令你目不暇接。

西安市内的景点主要有大雁塔、小雁塔、古城墙、大清真寺、钟楼、碑林、陕西省历史博物馆等，这些就足以让你看几天了。西安附近区县的景点，被分为东线和西线两条线。

1. 东线的旅游景点主要有秦始皇陵、兵马俑、华清池、半坡遗址。

秦始皇陵在西安临潼县骊山北面，是个巨大的覆斗形山包，其上矗立着一座高大的石碑，碑上书有"秦始皇陵"四个金色大字。在秦始皇陵的东边就是被称为世界第八大奇迹的秦始皇兵马俑坑。秦俑坑有三个，共有 2.5 万多平方米，从中发掘出大量的陶质兵马俑和青铜兵器。那排列整齐、规模宏大的阵形，那表情丰富、姿态各异的陶俑，不能不使你惊叹秦王朝的强大，古代工匠精湛的技艺。

华清池因唐明皇与杨贵妃的爱情故事而闻名，今天旅游者还可以看到当年专供杨贵妃沐浴的"海棠汤"遗迹。当然，旅游者也可以在新建的温泉浴室中享受一下，华清池温泉可是解乏治病的良药哦！

在西安以东的半坡村遗址，有一个 6000 年前的原始母系氏族公社的聚居村落遗址。面积达 5 万平方米，分为生活区、制造区、埋葬区三个主要部分。

2. 西线主要旅游景点有乾陵和法门寺。

乾陵是唐高宗李治与女皇武则天的合葬陵，是唐 18 陵中最具代表性的陵墓，位于乾县城北外的梁山上。乾陵气势雄伟，陵前有精美的大型石刻群，但最有名的是 3 个陪冢——永泰公主墓、章怀太子墓、懿德太子墓的墓室壁画，这些壁画内容丰富，色彩绚丽，艺术精湛。

法门寺位于扶风县，距西安十余千米，是我国著名的寺院。近年来发现的法门寺地宫中，珍藏着大批唐代稀世珍品和佛祖舍利，乃世间罕见。

另外，位于黄陵县的黄帝陵和华阴县的华山，也是著名的旅游景点。

▲古丝绸之路游

古丝绸之路从长安（今西安）出发西行，经甘肃、新疆，到西亚、到欧洲，是一条东西方商业、文化交流的重要通道。虽然它早已不再繁荣，但沿路众多的古迹，独特的塞外风光和少数民族风情，却吸引着现代人，成为旅游热点之一。

西安前面已有专题介绍，就让我们从兰州出发，踏上丝绸之路这条旅游热线吧！

兰州自古就是西北的军事交通要道，如今已成为大西北新兴的工业城市。市内名胜有五泉山、白塔山、黄河铁桥等。五泉山上有明代崇庆寺、清代千佛阁、嘛尼寺、地藏寺等景观。白塔山因山顶耸立着一座元代白塔而得名。如果时间充裕的话，还可以游览永靖炳灵寺和甘南拉卜楞寺。炳灵寺以石窟闻名，其间保存着从西秦、北魏、隋唐到明清的大量石佛、泥塑和壁画。拉卜楞寺是建于清初的黄教寺院，规模宏伟，古迹众多。

从兰州西行到嘉峪关，这是丝绸之路的咽喉，也是万里长城西端起点。嘉峪关建于明洪武年间，有东西两个城楼、四个角楼、南北两个敌楼，是现存长城关隘保存最完整者之一。登上城楼，可远眺祁连雪山和戈壁沙漠。

敦煌是丝绸之路上的重镇，现在因为莫高窟而成为旅游名城。莫高窟又名千佛洞，位于敦煌鸣沙山东麓，洞窟凿于山崖上，上下五层，492个洞窟中保存着北魏、隋、唐、宋、元历代壁画4.5万平方米，彩塑2400多尊，是我国三大石窟艺术宝库之一。此外，还有鸣沙山、月牙泉、阳关遗址等名胜古迹也值得一游。

继续西行，可游览吐鲁番著名的火焰山、坎儿井和葡萄沟，乌鲁木齐及附近的天山天池、白杨沟等胜地。

丝绸之路在中国境内的最后一站是南疆重镇喀什。喀什的艾提尕尔清真寺，是新疆最大的清真寺和新疆伊斯兰教的活动中心。另外，香妃墓、"大巴札"也是有名

的游览地。

丝绸之路贯穿大西北，路途漫长，景点众多，最适合出游的季节是夏季，处处瓜果飘香，羊肥马壮。

▲ 首都北京游

我国的首都北京市，不仅是一座现代化的大城市，也是一座历史文化名城，有许多名胜古迹昭示着中国几千年来的发展历程。

故宫。旧称紫禁城，为明清两代的皇宫，是我国现存最大最完整的古建筑群。从明永乐四年（1406年）开始修建，历经14年才基本建成。故宫南北长960米，东西宽750米，占地72万平方米，有房屋999间半。城墙长3千米，有东华门、西华门、午门、神武门四大门。四角有角楼，四周有宽50多米的护城河环绕。宫内建筑布局分为中、东、西三路，中路为主要宫殿，从前到后依次有太和殿、中和殿、保和殿、乾清宫、交泰宫、坤宁宫三殿三宫。东西两路各有东六宫和西六宫。新中国成立后，紫禁城改名故宫博物院。

故宫后门不远，便是北海公园。它是辽、金、元、明、清历代皇帝的御花园。从1179年挖海堆山，至今已有800多年的历史了。全园面积近72万平方米，水面占了大半，万佛楼、永安寺、五龙亭等建筑掩映在绿树丛中。藏式白塔耸于四面环水的琼华岛上，已成为北海公园的标志。

故宫前面是著名的天安门城楼。登上天安门城楼，世界上最大的广场——天安门广场尽收眼底。广场正前方是雄伟的人民英雄纪念碑和毛主席纪念堂，右侧

是人民大会堂，左侧是历史博物馆，它们展示着新中国的建设成就。

天坛和地坛。在中国封建社会，祭祀天地是一项重要的政治活动，每一个王朝在营建自己的都城时，都必须建造祭祀天

地的庙坛。北京现存的天坛与地坛就是明朝时期修建的。北京天坛是中国现存最大的一处坛庙建筑，由祭天的圜丘，祈求丰收的祈年殿、皇乾殿、斋宫等建筑组成。另外，还有著名的回音壁和三音石。地坛与天坛相对应，坛台为正方形，两层的方坛就是地坛的主体建筑。天坛与地坛内都遍植柏树，环境清幽，如今都开放为供人们参观休闲的公园。

颐和园。它是中国现存古代园林中最大最完整的一个，面积290多万平方米，水面约占3/4。全园由万寿山和昆明湖组成。万寿山的前山是颐和园的中心，从湖滨牌坊起，经排云殿、德晖殿，层层上升，到达全园的最高点佛香阁。昆明湖水面宽阔，荡舟湖中，轻松悠闲，一道长堤将它划分为南湖和西湖两部分。园中的长廊、石舫、十七孔桥等堪称建筑文化史上的精品。

十三陵。在北京市昌平县的天寿山下，自明成祖朱棣到明思宗朱由检共13个皇帝，除明代宗朱祁钰葬于北京金山外，其余皇帝均葬于此。十三陵中以明成祖的长陵规模最大，由神道和陵园两部分组成。长达7千米的神道上有大红门、碑亭、华表、石兽、石人等建筑和石雕。十三陵中第一个被发掘出来的定陵以地下宫殿闻名。

它的地下宫殿距地面27米，由前、中、后、左、右五殿组成，规模宏大，尤为独特的是全部为石结构，没有一根梁柱。在这里还建有博物馆，游人可看到许多出土文物。

长城。世界历史上最伟大的建筑工程之一。始建于春秋战国时代，以后各朝相继加固增修。明朝时，又进行了全面修整和扩建，形成现有的规模。它西起甘肃的嘉峪关，经宁夏、陕西、内蒙古、山西、河北、北京，东到辽宁的山海关，全长6300多千米。因此，称之为万里长城。在北京可供游览的有八达岭长城和居庸关长城。八达岭海拔1000多米，登高远望，一条长龙蜿蜒群山翠嶂之中，蔚为壮观。

北京作为古都，还有圆明园、雍和宫、国子监、香山等名胜古迹，北京的胡同、四合院也很有特色。作为现代化的大都市有奥运村、中华世纪坛、大观园、燕莎国际商城、世界公园等新的人文景观。历史与时尚的交相辉映，可让旅游者体味到祖国悠久的历史和现代的繁荣。

▲ 天府之国四川游

以四川省省会成都市为中心的川西旅游线，自然景观和人文景观都十分丰富。主要景点有杜甫草堂、武侯祠、金沙遗址、三星堆、峨眉山、乐山大佛、都江堰、青城山、九寨沟、黄龙、卧龙熊猫保护基地、海螺沟等。

成都是一座具有2000多年历史的文化古城，市区市郊有许多风景文化名胜。在市西浣花溪畔有杜甫草堂，本为唐代大诗人杜甫流离成都时的故居，后经历代修葺，成为纪念杜甫的胜地，里面有工部祠、诗史堂、草堂遗址等纪念性建筑。市西三洞桥附近有永陵，是五代时前蜀皇帝王建的陵墓，这座地下宫殿极具历史和艺术价值。市南有著名的武侯祠，是为纪念蜀汉丞相诸葛亮修建的，至今已有1000多年历史，祠内有刘备墓、28尊蜀汉文臣武将的塑像，有号称文书刻"三绝"的汉丞相诸葛武侯祠堂碑，以及岳飞手书的《出师表》等珍贵文物。在市东南锦江畔有望江楼公园，内有望江楼、吟诗楼、濯锦楼、浣笺亭，以

及相传为唐代女诗人薛涛汲水制笺用的薛涛井等景观。市北有文殊院，始建于唐代，是四川著名的佛教寺庙。寺内珍藏有玄奘头盖骨、宋本金刚经绣像、挑纱文殊像、印度梵文贝叶经、日本大正藏经等珍贵文物。

位于成都市外北新都区的宝光寺，始建于东汉，五殿十院，为四川最大的佛教古寺。罗汉堂内的 500 尊清代大型彩绘贴金罗汉塑像最为有名。另外，还有造于梁

代的千佛碑、建于唐代的舍利宝塔、珍藏有 6000 多卷经书的藏经楼等。离宝光寺不远有一座著名的园林——升庵桂湖，是明代学者杨升庵的故居，因沿湖广植桂树而得名。

在距离成都西南 160 多千米的乐山城东，乐山大佛岿坐于凌云山崖壁之上，脚踏三江，正对峨眉，高 71 米，脚背上可坐百余人，不仅是我国、也是世界上最大的石雕佛像。佛像后山上有凌云寺、乌尤寺等景观。

距离乐山不远，便是号称"峨眉天下秀"的峨眉山，它是中国佛教四大名山之一，也是中外闻名的旅游胜地。核心景区150 多平方千米，主峰金顶海拔 3077 米，最高峰万佛顶海拔 3079 米。全山有 20 多座各具特色的寺庙、丰富的文物古迹和数不清的奇花异草、珍稀动物。山中有十大胜景：灵岩叠翠、圣积晚钟、大坪霁雪、罗峰晴云、双桥清音、白水秋风、洪椿晓雨、象池夜月、九老仙府、金顶佛光。到

达金顶还可观赏被誉为"峨眉四绝"的日出、云海、佛光、圣灯自然奇观。

从成都西出 60 多千米，到达都江堰城西，便可见到我国现存最古老的水利工程——都江堰，这是战国时期秦国蜀郡太守李冰主持修建的大型水利工程。李冰父子利用岷江此段的地形条件，兴建了宝瓶口引流、鱼嘴分流堤、飞沙堰溢洪道三项主要工程，构成了一套科学的排灌系统，既消除了水患，又保证了灌溉，使成都平原成为"天府之国"。直到 2000 多年后的今天，古堰仍发挥着巨大的作用。堰边的玉垒山麓，建有纪念李冰父子的二王庙。

都江堰西南 10 千米，就是道教圣地青城山。山上绿荫蔽日，层峦叠翠，曲径通幽，有"青城天下幽"的美称。相传东汉末年道教创始人张道陵（原名张陵）曾在此设坛传教，山中有 8 大洞，72 小洞。青城山又被道教称为"第五洞天"。山上道观主要有建福宫、天师洞、上清宫等，主要景点有天然图画、金鞭崖、石笋峰、丈人山等。近年来新开辟的后山风景区，更加深幽秀美。

从都江堰市往北行 200 多千米，便可到达享有"人间仙境"之称的黄龙风景区。它位于四川省松潘县，景区由黄龙、雪山梁、涪江源等几部分组成。黄龙沟以原始森林、岩溶景观和五彩池著称。雪山梁有雪山、云海、草甸、藏寨等高原风光。涪江源为险峻的峡谷风光，这里悬崖峭壁、瀑布急流，景色颇为壮观。

"童话世界"九寨沟与黄龙邻近，位于四川北部九寨沟县境内。九寨沟方圆 600多平方千米，现对外开放的仅 50 多平方千米，有宝镜岩、芦苇海、火花海、卧龙海、树正群海、诺日朗瀑布、犀牛海、镜海、

珍珠滩、五花海、熊猫海、箭竹海、天鹅湖、长海等14个主要景点。沟内山美、树美、水美，无处不美，让人流连忘返，叹为人间仙境。

从都江堰继续西行几十千米，就到了卧龙大熊猫保护基地，这里是中国最大的、最早的大熊猫保护区，游人在这里可以和憨态可掬的大熊猫近距离接触。

▲山水画廊长江三峡游

世界闻名的长江三峡是长江中上游瞿塘峡、巫峡和西陵峡的总称，它西起重庆

市奉节县的白帝城，东到湖北省宜昌市的南津关，全长190余千米，是中国著名的风景名胜之一。

长江三峡游一般是从重庆乘船顺江而下，既可饱览三峡风光，又可参观重庆到宜昌或武汉长江沿岸的自然人文景观。

由重庆顺流而下170多千米即到鬼城丰都，可上岸游览双峰对峙的名山和双桂山，名山上你可过"奈何桥"、"鬼门关"，到"阴曹地府"走一遭。由丰都下行100多千米，就可望见江边悬崖峭壁上的石宝寨。这座高约56米的孤楼共有12层，游人登梯盘旋而上，到达顶层，俯瞰江面，不禁目眩头晕。从石宝寨再下行100多千米，就到了新张飞庙，它因三峡水库蓄水被淹，而搬迁到此。

从云阳下行60多千米，即到夔门，但见两岸高山耸立如两扇大门，长江水如万马奔腾，冲开门扇而去，真不愧为"夔门天下雄"。白帝城便在夔门北侧的白帝山上，此城始建于西汉末年，因刘备在此托

孤的传说而家喻户晓。白帝城也是瞿塘峡的起点，全长仅8千米的瞿塘峡，却是三峡中最为壮观的一段。峡谷两岸相距很近，最宽处不过150米，最窄处不足100米，峡中波涛汹涌，气势雄伟，惊心动魄。沿江两岸有孟良梯、风箱峡、七道门、古栈道、犀牛望月、倒吊和尚等景观。

船行至大宁河口，便进入了巫峡。在游览巫峡之前，你可在大宁河口换乘小船，先游大宁河中的小三峡。大宁河下游的龙门峡、巴雾峡、滴翠峡被称为"小三峡"，这里"山奇秀、水奇清、石奇巧、滩奇险"，与三峡相比，别有一种风采。回到巫峡，继续向下游航行，但见以秀著称的巫峡常常是"不出疑无路，云开别有天"，更有那以神女峰为首的云雨巫山十二峰、巫峡八景等景观引人入胜。在峡口还可乘小船漂流新开发的神农溪。

从湖北省秭归的香溪到宜昌的南津关一段，便是以险著称的西陵峡，全长76千米，举世闻名的三峡工程就位于其中。随着三峡水库水位的上升，昔日的险滩都成了"通途"。游人还可在秭归游览屈原庙、昭君故里。峡中的"三游洞"，传说是唐代著名诗人白居易、白行简兄弟与元稹游玩之处。船出南津关，三峡已过，江面逐渐增宽，船很快就抵达我国目前最大的水坝葛洲坝，在这里游人可以欣赏到"高峡出平湖"的景色。

▲江南水乡游

江南水乡山水秀丽，人杰地灵，自古繁华，有许多自然、历史人文景观。

南京，是我国四大文化古都之一，有2000多年的历史，古迹众多。首先要去的是紫金山（即钟山），这里有气势雄伟的孙中山先生陵墓——中山陵，有洒满烈士鲜血的雨花台，有风景优美的灵谷公园，有明太祖朱元璋的陵墓——明孝陵。接下来就该去夫子庙、玄武湖。夫子庙的繁华热闹，玄武湖的湖光山色，都会令游人流

连忘返。东郊的栖霞山，每到深秋季节，红叶满山，红、黄、橙、绿五彩缤纷，所以称之为栖霞山。另外还有长江大桥、莫愁湖、秦淮河、燕子矶、鸡鸣寺、台城……

江南游，不能不游苏杭。杭州第一该游的是西湖，在这里你可欣赏到闻名遐迩的三潭印月、孤山、平湖秋月、断桥、苏堤、柳浪闻莺、花港观鱼。接下来就可去游览保俶塔、栖霞岭、岳王庙、灵隐寺、飞来峰、虎跑泉、六和塔等胜景。

从杭州去苏州途中，我们还要去上海看看。在这座中国最大的城市，你可以去繁华的南京路购物，去美丽的外滩漫步，登上东方明珠塔鸟瞰大上海，到长江入海口观赏那江海相接的奇景。

苏州素有"花园之城"的美称。因为，这儿有太多的私家花园，其中沧浪亭、狮子林、拙政园、留园四大名园，集中了江南园林建筑的精华，是我国园林艺术珍品。姑苏城外的寒山寺、虎丘、灵岩山都充满了神奇传说，可以让我们去追寻一下历史的足迹。

无锡的太湖、鼋头渚、梅园、蠡园等景点不能错过；还有扬州，这里有与苏州园林风格迥异的何园、个园，有可与杭州西湖媲美的瘦西湖，有鉴真大师住过的大明寺，有民族英雄史可法的墓……对了，你别忘了看看扬州美女，尝尝扬州菜。

除此之外，水乡的古镇也非常有名：周庄、同里、西塘、绍兴等都值得看一看，乌篷船一定得坐坐。

▲云南少数民族风情游

在我国的西南边陲，有一个美丽的地方，那就是以独特的自然景观和民族风情闻名于世的云南省。

云南省的省会城市昆明，三面环山，南临滇池，风光秀丽。尤其难得的是这座高原城市气候温和，四季如春，素有"春城"的美誉，一年四季都是旅游的好时节。这儿有许多名胜古迹，如滇池、西山、龙门、金殿、大观楼、圆通寺、筇竹寺、海埂公园等。随着 1999 年世界园艺博览会在昆明的召开，这座历史文化名城又添新景——世博园。在这个巨型花园中，荟萃了世界各地的奇花异草，展示了各国园艺高手的妙世绝活，表现了各民族的民族文化风情，让你在一天之中，尽览世界园艺。

云南的少数民族人数居全国之最，全省各地生活着二十几个少数民族。因此，民族风情就成为云南旅游的一大特色。距昆明 8 千米的海埂民族村，是游人欣赏和了解云南少数民族风情的最佳去处。这里建有傣族、白族、彝族、藏族、纳西族、佤族、布朗族、基诺族、拉祜族等村寨和一个"摩梭之家"，风格独特的民族歌舞，绚丽多彩的民族服饰，别具风味的民族饮食，丰富奇特的民风民俗，定会让游人目不暇接，乐不思归。

在昆明东南 120 多千米的路南，你可以游览著名的路南石林，这个"天下第一奇观"在世界同类石林中面积最大，以狮子亭、石林草坪、莲花峰、剑峰池等景点最为有名。"林"中怪石嶙峋，千姿百态，岩柱一般高 20 米～40 米，是两亿多年前大自然的杰作。人们借用丰富的联想，赋予这些本无生命的石头以动人的传说和美丽的名字，像"阿诗玛"、"石莲花"、"望夫石"、"剑峰池"、"石柱擎天"、"凤凰梳翅"等，生动形象、惟妙惟肖。

接下来要去的是位于昆明西南约 800 千米外的西双版纳。这里以美丽的热带风光和茂密的原始森林闻名遐迩，有"孔雀之乡"、"植物王国"的美称，稀有野生动植物品种繁多。要游西双版纳，首先要乘飞机或汽车到达景洪，然后再从景洪向四周辐射游览。值得一游的景点有：傣族佛教建筑艺术中的精品景真八角亭，独具热带风光和傣家民族风情的橄榄坝，富有宗教传说的曼飞龙佛塔，荟萃了许多热带雨

林植物的热带植物园，全面展示西双版纳各民族风土人情的民族风情园。每年4月14日是傣历新年的泼水节，如果你安排在这个日子去西双版纳，你就有幸被傣族姑娘泼洒到象征着吉祥、幸福、健康的圣水了。

云南之旅的热点还有大理和丽江。大理古城距离昆明大约400千米，今天的古城距今有约700年的历史，城楼雄伟壮美，这里除了著名的苍山洱海之外，还有建于唐代的崇圣寺三塔，因电影《五朵金花》而闻名的蝴蝶泉，以及蛇骨塔、鸡足山佛寺等古迹。

由大理继续向北就是丽江。置身这座保存完美的古城中，在这家家垂柳、户户临水的高原江南水乡，你仿佛回到了那遥远的过去，疑心自己来到了世外桃源。这里的街道是那样古朴，这里的人是那样的淳朴，这里的阳光是如此的灿烂，这里的外国游客是如此的多。仔细品味这座古城之后，你还可以参观丽江壁画，遥望玉龙雪山。或者什么也不做，就躺在躺椅上享受阳光，你会感到这是云南之游中最惬意的时光。

▲天涯海角海南游

位于我国南端的海南岛，四面环海，古时因其偏远落后，交通不便，被内地人看作天之涯，海之角，称为"天涯海角"。而今随着经济的繁荣，交通的发达，海南岛这个昔日的蛮荒之地，正以其美丽的热带风光，纯净的新鲜空气，独特的民族风情，别具风味的美食，成为游人如织的旅游热点。

海南游的第一站是位于海岛北端的海口市，这里海风习习，公路两旁椰树成行，一派热带风光。著名景点有纪念唐宋两朝被贬海南的5位名臣的五公祠及海瑞墓。

海岛南端的三亚市是海南岛最著名的旅游景区。从海口有3条公路干线，分别沿岛的东部、西部、中部到三亚，而岛上的主要旅游景点，大都分布在这3条公路的沿线。

从海口沿东线公路前行，首先可以参观琼山县的"水底村庄"，这是300多年前的大地震留下的沉陷海底的地震废墟。然后到达兴隆华侨农场，

在这里可以参观热带植物园，享受兴隆温泉浴。最后来到南湾猴岛，活泼可爱的猕猴会令你惊喜万分。全国最大的养珠场——海陵珍珠养殖场内那琳琅满目的珍珠，将让你目不暇接。

海南岛西海岸气候干旱，沿着西线公路而行，海滨沙地上仙人掌取代了椰树林。儋县的热带经济植物园种植了许多珍贵的热带经济作物，让你大开眼界。沿线你还能游览皇帝洞、东坡书院、鹭鸳天堂、坡鹿保护区等景点。

五指山。在海南岛中部，因五峰耸立，形似人的五指而得名，是苗族、黎族聚居地。你可以在那里的苗寨黎村观赏少数民族歌舞，体验黎家苗人的生活，了解他们的风土人情，别有情趣。

无论你走东、西、中哪条线，最后都会到达三亚，这里有亚龙湾、大东海、天涯海角等有名的良湾名滩，有鹿回头、南山文化区、崖州古城等景点。

鹿回头。因动人的传说而吸引游人，其实是海岸边的岩石，因形似金鹿站立海边回头观望而得名。

天涯海角。位于三亚以西20千米处。在浩瀚的南海边，银色的沙滩上散布着许多形状不一的巨石。在一个高耸直立的巨石上刻着"天涯"二字，相隔不远的一块卧石上刻着"海角"二字。另一参天石柱上刻着"南天一柱"。这里就是"天涯海角"，远离城市的喧嚣，只有灿烂的阳光、碧蓝的海水、轻柔的海风、纯净的空气、迷人的沙滩，就留在这天之涯，海之角，不回也罢！

亚龙湾。在三亚市东南25千米处。这里海水湛蓝，波平浪静，细沙洁白如银，

柔软如棉，绵延8千米的海滩是游人戏水、浴沙、浴月光的绝好去处，被誉为中国的"夏威夷"。

▲港、澳游

香港和澳门因其优越的地理位置和特殊的历史，具有丰富的旅游资源，每年都有成千上万的旅游者前去游览。如今它们都已回到了祖国母亲的怀抱，我们也可以更加方便地到这两块自己的土地上走一走了。

东方明珠香港是一座自然美与人工美高度结合的现代化国际大都市，它以名山古寺、人文遗迹、海滨沙滩和各种娱乐场所、美食佳肴、购物天堂吸引着世界各地的游客。香港的主要景点有：

太平山。海拔500多米，为港岛第一高峰，被视为香港的标志。站在山顶，可全方位俯瞰香港全貌，远眺南中国海。最佳登山时间是黄昏和夜晚，在太平山顶俯瞰香港夜景是香港游不可或缺的节目。

海洋公园。在这个亚洲最大的海洋博物馆里，你可以观赏到海洋中各种各样的鱼类。当然，最吸引人的是海豚和海狮的精彩表演。

浅水湾。是香港最美丽的沙滩，风平浪静的海湾是游泳的最佳场所，海滨沙滩则让你舒舒服服享受一回阳光浴。

天坛大佛。坐落在香港大屿山岛的宝莲寺前的天坛大佛，是世界上最大的露天青铜释迦牟尼佛像。1993年建成后，成为香港又一新景。

宋城。是香港的一条古街，城内的房屋设计、街道布局、家具的式样摆设、工作人员的服饰，都是仿自宋代名画《清明上河图》。进入此城，就仿佛真的置身于宋代古城中了。

此外，香港会展中心、维多利亚公园、沙田赛马场、迪斯尼乐园、黄大仙庙等等，都值得一游。当然，在那"购物天堂"和"美食天堂"，别忘了采购价廉物美的商品和好好品尝别具特色的美味佳肴。

游完香港后，可乘飞机或快艇到毗邻的澳门。澳门虽小，却是世界著名的传统旅游城市。它既有传统的中国文化色彩，又有欧洲的葡国情调，中西交融，是澳门的一大特色。

妈祖庙。又名妈阁庙，是澳门三大禅院之一，已有500多年的历史。相传500多年前，有一艘福建的大船在海上遇上风暴，被风浪吹打到了今天的澳门海域，突然天上出现了一位红衣女神，海面立刻风平浪息，船上的人得救了。此事一传十，十传百，红衣女神就成了渔民的保护神——妈阁。后来人们集资兴建了这座妈祖庙。400多年前葡萄牙人来到澳门，误以为"妈阁"是此地的地名，便一直称澳门为MACAO（妈阁）。

大三巴。大三巴又称作大三巴牌，它实际上是1600年左右始建的圣保禄大教堂的前壁。圣保禄大教堂是一座欧洲巴洛克式的建筑，1835年的一场大火，使整个建筑只剩下了这残破的大门坊。大三巴由40根石柱构架，共分5层，每层分别有3个山门。有的门中立有圣像，有的门楣上刻着葡萄牙文，有的却刻着中文，甚至还刻着中国的石狮子，这在全世界的教堂建筑中都是绝无仅有的，充分体现了澳门中西文化相融合的特征。正因如此，大三巴如今已成为澳门的象征。

松山。是澳门地势最高处，也是澳门的风景旅游地。这里树木葱郁，风景秀丽。可参观圣母雪地教堂，东望洋灯塔，还可登上澳门半岛的最高点——松山炮台俯瞰澳门全景。

小小澳门，名胜古迹却不胜枚举，观音堂、莲峰庙、总督府、包公庙、白鸽巢公园、二龙喉公园、市政公园、主教山教堂、议事厅前地、澳门博物馆、海事博物馆、葡萄酒博物馆等，也都该去看看哦！

同时，澳门也是一座著名的赌城。

② 国际旅游线

硕大的地球之上，除中国之外，还有1亿3千多万平方千米的陆地，60多亿人口，2000多个民族，200多个国家和地区。大多数国家同中国一样，也有美丽的山川、独特的文化、奇异的民俗、好客的人民，吸引着世界各地的旅游者。老年朋友，外面的世界很精彩，退休了，无事一身轻，不正可以出去走走？下面就向大家介绍几条国际旅游线路。

▲ 美国、加拿大游

1. 美国。

美国虽然是一个只有200多年历史的年轻国家，但却是世界上经济最发达的国家之一，同时也是世界上旅游业最发达的国家之一，每年都有数千万的游客到美国旅游。因为，这个年轻的国度有着丰富的自然奇观和人文景观，以它独特的魅力吸

引着世界各地的游客。

（1）首都华盛顿。这座花园般的城市是美国的政治中心，市内到处绿草如茵、树木葱郁，政府机关、博物馆、各种纪念堂掩映在绿树丛中，风景十分秀丽。国会大厦是华盛顿的象征性建筑，坐落在市中心的小丘国会山上，是华盛顿的最高点。白宫是美国的总统府，因其白色的外墙而得名。它共占地7万多平方米，分为主楼和东西两翼三部分，共4层，100多个房间。从美国第二届总统亚当斯开始，历届总统都以此为官邸。白宫每周定时开放，供游人参观的有底层的外宾接待室、图书室、铜器厅和瓷器厅，以及一楼的宴会厅、东厅、红厅、绿厅和蓝厅。华盛顿还有许多纪念性建筑，如华盛顿故居、华盛顿纪念碑、林肯纪念堂等。此外，还有许多风景优美的公园和众多的博物馆，也是游人参观游览的好去处。

（2）纽约。美国最大的城市，最大的港口，全国铁路交通枢纽，广播电视中心，联合国总部所在地，也是世界经济、金融中心。这里摩天大楼林立，著名的如帝国大厦、洛克菲勒中心等。著名的世界贸易中心大厦高412米，曾是纽约的最高建筑，在全世界排名第三。在107层的"天空大厅"，透过透明的玻璃，可以俯瞰整个纽约城。可惜，世界贸易中心大厦在2001年的"911事件"中毁于一旦。纽约市的自由岛上，矗立着著名的自由女神像，这是法国政府为纪念美国独立100周年而送给美国人民的礼物。游人可乘坐渡轮参观自由女神像。从哈得逊河口驶向纽约湾，很快游人就可看见那高高耸立的自由女神像。游人可从塑像内部沿着回旋曲折的楼梯爬到40余米高的女神的头顶。头的内部是一个密封的瞭望台，可以眺望远方的景色。

（3）洛杉矶。这里有世界上最著名的"电影城"——好莱坞。参观好莱坞，你可以了解电影产生发展的历史，亲临以前在电影中见过的场景，看看电影是怎样拍摄的。还可以扮演你喜欢的角色，过一把拍电影的瘾！在电影明星蜡像博物馆与你崇拜的偶像合个影。离洛杉矶不远有驰名世界的迪斯尼乐园，它是世界上最大的综合性游乐场。走进迪斯尼乐园，就仿佛来到了童话世界。园内的建筑都是童话故事中的城堡，街上走着童话故事和动画片中我们熟悉的主人公，白雪公主、米老鼠、唐老鸭、灰姑娘……园内有40多处游乐设施，游人可以参加各种游乐活动，到原始

森林去探险，去美国西部当一回牛仔，乘着火箭飞向遥远的太空，坐在飞毯上周游世界，你准会玩得"乐不思蜀"。

（4）科罗拉多大峡谷。位于美国西南部的亚利桑那州，全长约 350 千米，最深处 1800 米，是世界最著名的大峡谷之一。峡谷中急流奔腾，峡壁多悬崖峭壁和洞穴。最为神奇的是峡谷的水光山色，因天气的阴晴和日光照射的不同而变化，令人惊叹不已。

（5）黄石公园。这座国家公园位于美国西部落基山脉中，面积将近 9000 平方千米，创建于 1872 年，是美国最老和最大的国家公园，也是世界上最大的自然保护区之一。园中高山耸立，溪流纵横，瀑布飞

流直下，温泉星罗棋布，森林茂密，禽飞兽奔。沿着园内长达 200 余千米的大环行公路驱车游览，美丽的自然风光一定会令你目不暇接。

（6）尼亚加拉大瀑布。在美国东北部和加拿大交界处有著名的五大湖，即苏必利尔湖、休伦湖、密执安湖、伊利湖和安大略湖。尼亚加拉大瀑布就坐落在伊利湖与安大略湖之间的尼亚加拉河上。尼亚加拉河河水从伊利湖注入安大略湖，形成落差达 50 余米、宽近千米的巨大水帘，气势雄伟，非常壮观。河中的山羊岛把瀑布一分为二，左侧是属于美国的美利坚瀑布，水势较小。离瀑布不远有一高 31 层的高塔，登塔眺望，不仅大瀑布，就是伊利湖、安大略湖、加拿大的多伦多市和美国的水牛城都尽在眼底。

（7）夏威夷。位于太平洋中部，20 多个主要岛屿像一串璀璨的珍珠镶嵌在大海上。这里气候宜人，既无严寒也无酷暑，有的只是蓝天碧海，阳光沙滩，斑斓的珊瑚，珍贵的热带鱼，以及迷人的波利尼西亚风情。

2. 加拿大。

加拿大位于北半球，与美国相邻，三面环海。由于所处纬度较高，因而气候寒冷。它的冬季寒冷

而漫长，夏季清凉而短暂。这儿群山葱茏，湖泊秀美，枫叶驰名，古迹众多，集自然、传统和现代化于一身。每年夏秋两季都会吸引世界各地的游客前往观光度假。

（1）首都渥太华。它位于加拿大的东南部，是全国的政治中心、重要的铁路枢纽和河港。这儿的主要景点有国会大厦、里多运河。国会大厦耸立在国会山上，可俯瞰全城，周围聚集着众多的国家机关。这座哥特式的宏伟建筑是渥太华乃至加拿大的象征。里多运河全长约 200 千米，穿城而过，把首都和安大略湖连接了起来。它既是重要的交通运输线，又是有名的游览景点。夏天，满载着游客的游船在河中穿梭来往；冬天，它便成了一座天然溜冰场。

（2）温哥华。加拿大的第三大城市，它既是一个现代化的大都市，又不乏自然之美。值得一游的地方有卡斯特和唐人街。卡斯特是温哥华的发祥地，记录着温哥华的过去。温哥华的唐人街是加拿大最大的华人商业区，这座中国城向温哥华 10 万华人提供丰富多样的中国商品。

温哥华岛是加拿大著名的旅游胜地，它的面积与我国的台湾岛差不多。岛上既有临海的沙滩、港湾，又有横贯全岛的山脉，旅游资源非常丰富。岛上的第一大城市维多利亚，气候温和、阳光充足、环境优美，被誉为"人间伊甸园"。岛上还有一些各具风格的小镇和雷鸟公园、水晶花园、布查花园、卡布兰诺吊桥等景点也值得一看。

（3）多伦多。位于加拿大南部，是加拿大的第一大城市，也是其经济、金融、文化中心和交通枢纽，也是加拿大华人最多的城市。游览多伦多首先应该看的是世界上最高的电视塔——多伦多国家电视塔。站在 500 余米高的塔顶，多伦多和安大略湖的美景尽收眼底。多伦多的唐人街也是世界上规模较大的唐人街之一。在这儿，

有丰富的中国商品。

此外，加拿大各地还有不少美景。落基山脉中众多的湖泊就像一颗颗绿宝石镶嵌在群山之中。杰士伯国家公园、班夫国家公园展现了落基山脉的多彩风光。另外，观哥伦比亚冰原让你领略梦幻般的美景，游千岛群岛令你仿佛置身于海上花园中。加拿大丰富多样的旅游资源定会使你不虚此行。

▲ **欧洲八国游**

欧洲的许多国家历史悠久，文化灿烂，风光秀丽，经济发达，是目前世界上最发达的旅游地区之一，每年都吸引着世界各地的游人前去观光游览。老年朋友如果各方面条件允许，也可以去看一下"西洋景"，欣赏一番异国情调。

1. 法国。

（1）巴黎。法国的首都巴黎具有 2000 多年的悠久历史，长期以来，它又是世界文学、音乐、绘画、建筑的中心，有"艺术之都"的美誉。所以，它保存有许多闻名于世的历史遗迹和艺术珍品。

（2）埃菲尔铁塔。它是巴黎的象征，矗立在马尔斯广场上，高 300 米，呈四方的金字塔形，分为 4 层。游人可乘电梯或攀登 1711 级阶梯登上塔顶，俯瞰巴黎全景。

（3）凯旋门。同埃菲尔铁塔一样，凯旋门也是巴黎的象征。这座坐落在戴高乐广场中心的凯旋门是世界上最大的一座凯旋门。它是拿破仑为纪念奥斯特里茨战役而修建的，前后历时 30 年才建成。这座罗马式的拱形门被一条环形大道环绕着，这条环形大道又向四面八方辐射出 12 条宽阔的大街，这让处于辐射中心的凯旋门看起来就更加巍峨壮观了。凯旋门下是无名烈士墓，墓前铭刻着这样一句话："这里安息的是为国牺牲的法国军人。"

（4）罗浮宫。原是皇宫，现在是世界闻名的艺术博物馆，收藏着 40 多万件艺术品，有许多是无价之宝，其中有举世闻名的名画《蒙娜丽莎》和《米洛斯的阿芙洛蒂忒》即"维纳斯"塑像。博物馆由 6 个独立的展馆组成：希腊—罗马艺术部、埃及艺术部、东方艺术部、绘画部、雕刻部、装饰艺术部。在这座艺术之宫中，你可以看到从古希腊、古罗马到现在的各种艺术珍品。而罗浮宫本身也是一件艺术品，这

座宏伟的宫殿凝聚着几代建筑大师的心血，是法国建筑艺术的杰作。

（5）爱丽舍宫。这座位于巴黎市中心典雅庄重的宫殿，从 1873 年起就是法国的总统府。这是一座外表朴素的两层楼建筑，楼前有宽阔的庭院，楼后是幽静的大花园。内部装饰却富丽堂皇，每间客厅都摆放着镀金家具和座钟，墙上悬挂着名画或挂毯，顶上吊着金光闪闪的大吊灯。

（6）巴黎圣母院。中国人对巴黎圣母院的了解大都来自于电影《巴黎圣母院》。其实，这座大教堂之所以闻名遐迩，是因为它是欧洲建筑史上一个划时代的杰作。在它之前，欧洲的教堂大都外表粗糙笨重，里面狭小阴暗。而巴黎圣母院却创造了一种全新的结构，它以这种骨架结构使教堂变得高大、轻巧、明亮了，开辟了欧洲教堂新的建筑风格。同时，它还是巴黎最大、最古老、艺术成就最高的教堂。

（7）凡尔赛宫。位于巴黎市南的凡尔赛宫建于 17 世纪，曾经是法国皇帝的行宫和政府所在地，1837 年改为国家博物馆。凡尔赛宫同罗浮宫一样，也是法国建筑艺术史上的杰作，堪称人类艺术宝库中的一颗明珠。整个宫殿气势雄伟，内部装饰金碧辉煌，处处可见精美的雕刻、珍贵的艺术品。作为国家博物馆，凡尔赛宫收藏有大量的绘画、雕塑以及其他艺术珍品，数量之多居全国首位。在这里你可以看到世界古今的艺术珍品，精美绝伦的花园和雕塑等。

2. 摩纳哥。

摩纳哥位于法国的东南，濒临地中海，是一个国土面积只有1.9平方千米的袖珍国家。可它却拥有优美的风景、宜人的气候、优良的海滩，是欧洲著名的度假胜地。在这儿除了可尽情享受阳光、沙滩外，还可参观王宫、水族宫、码头等景点。摩纳哥还是世界著名的赌城，蒙特卡洛赌场吸引着世界各地的游客前来试手气。

3. 比利时。

与法国毗邻的比利时虽然国土面积不大，但其首都布鲁塞尔也具有千年的历史，有许多名胜古迹，是欧洲最美的城市之一。市内保存着许多别具风格的中世纪的古堡、教堂，也有不少现代化的高楼大厦，随处可见的花园绿地让这座城市更加美丽迷人。

游人到了布鲁塞尔都要去看看那有名的"撒尿小孩"。"撒尿小孩"的形象在布鲁塞尔随处可见，但最著名的那尊铜像却在莱提玛街口一个不显眼的角落里。注意，这位可爱的小英雄平时尿的是自来水，狂欢节期间尿的却是啤酒。

位于市中心的"大广场"也是游客必游之地，名叫"大广场"，其实并不大，吸引人的是广场周围那些古老的建筑和名人故居。这些建筑物都是15世纪～16世纪的作品，代表着那些年代的风格。广场中心的市政厅是其中的杰作，这座高大雄伟的哥特式建筑气势不凡，装饰精美，房间内陈列着各种艺术珍品。因此，它又是一座艺术之宫。大广场一侧的"天鹅咖啡馆"，马克思当年在这里写出了名著《哲学的贫困》一书，大广场27号是世界文豪雨果的故居。

布鲁塞尔市北郊的易多明市立公园内耸立着一座非常奇特的建筑物，它就是被称作"比利时的埃菲尔铁塔"的原子塔。只见一个圆形大厅的顶上高悬着9个相连的金属圆球，形成一个正方形的图案。这个原子塔是比利时为纪念1958年在布鲁塞尔举行的万国博览会而兴建的。

在布鲁塞尔市南郊，有著名的滑铁卢古战场遗址。在古战场的一个山坡上屹立着一个8吨重的铁铸雄狮塑像，据说这雄狮就是用当年缴获的法军的枪炮铸造的。另外，还可参观滑铁卢纪念馆。

布鲁塞尔附近的比利时国家植物园是世界上著名的植物园之一。园内有一个世界上最大的温室，展出世界各地各种各样的热带植物。

4. 意大利。

意大利是一个古老而美丽的国家，灿烂的古代文化，众多的历史遗迹，迷人的自然风光，使之成为世界最著名的旅游胜地之一。

（1）罗马。一座具有2000多年历史的世界名城。意大利曾经创造过非常辉煌的古代文化，又是欧洲文艺复兴的发祥地，故被称作世界文化艺术的宝库。而罗马正充分地体现了这一特点。在罗马城的市区内，宫殿、教堂、博物馆、雕像比比皆是，各具特色的古建筑与现代建筑比肩并立。另外，大街小巷都可见到各式各样的喷泉，据说全市有喷泉3000多个，故人们说罗马有三多：教堂多、雕像多、喷泉多。

威尼斯广场是罗马的闹市区。广场上有一座雄伟的白色大理石宫殿，宫殿的屋顶正中及两旁屹立着黑色的骑士雕塑，这就是著名的意大利国王维克多·埃曼纽尔二世的纪念碑和无名英雄墓。它是意大利独立和统一的象征，因此意大利人民把它称作"祖国祭坛"。

罗马最吸引游人的景点是世界八大名胜之一的古罗马斗兽场。这座类似今天的露天球场的圆形建筑，高50余米，有4层看台，可容纳观众5万多人。游客很难想象它建于公元1世纪。虽然眼前的斗兽场围墙已部分坍塌，但看台还相当完整。在如此宏伟的建筑面前，你不能不惊叹古代劳动者的才智。

（2）威尼斯。马可·波罗的故乡——水城威尼斯。威尼斯位于意大利的东北海滨，由118个小岛组成，市内有177条水道和400多座桥梁，以河为街，以舟代步，以桥代路，是名副其实的"水城"。乘船游览威尼斯轻松又方便，坐在威尼斯独一无二的小木船"公多拉"上，穿行在"大街小巷"，饱览水城的美景风情，真是一种独特的享受。

威尼斯最著名的景点是圣马可广场。它是市内最大的广场，拿破仑称之为世界上最美丽的广场。广场东边是有千年历史的圣马可教堂，整个教堂富丽堂皇，以保存着许多精美的壁画而著称。教堂右侧是一座同样有千年历史的钟楼，钟楼两侧各站着一个铜人，手执大锤，定时自动挥锤敲钟。钟声惊飞广场上的千万只鸽子，甚为壮观，已成为威尼斯的一大胜景。

（3）比萨斜塔。比萨斜塔位于比萨城的教堂广场，是一座罗马式的钟楼，有 8 层，约 55 米高，建成于 1350 年。由于建筑师的失误，使这座塔从建成之日起就是倾斜的，并且不断继续倾斜，如果不是政府多次出资对其进行"扶正"，也许它早就倒塌了。1590 年，意大利物理学家伽利略曾在塔上做了著名的"两个铁球同时落地"的实验而使比萨斜塔更加名扬四海。

（4）庞贝古城。位于维苏威火山山麓的古城庞贝，建于公元前 6 世纪，曾经繁荣一时，不幸在公元 79 年在维苏威火山爆发中被湮没。经过 1600 多年后才被发现，又经过 200 多年才被发掘出来。从古城的遗址可以看出，它是一座规模宏大、设施完备、建筑讲究、繁华文明的城市，是罗马帝国繁荣昌盛的缩影。

意大利的名胜古迹数不胜数，除上面介绍的以外，还有像佛罗伦萨、米兰等历史名城都有许多游览景点。不过，在你游览罗马之时，应该去看看位于罗马城西北角而又不属于意大利的梵蒂冈。

5. 梵蒂冈。

梵蒂冈自中世纪以来就是罗马教廷所在地，世界天主教中心。意大利全国统一后，罗马教皇失去了对意大利的世俗统治权，意大利政府同意梵蒂冈的主权属于教皇。教皇为国家元首，在这块面积仅 0.44 平方千米的土地上，梵蒂冈拥有自己的警卫部队、货币、邮政、电讯及公用事业机构等。就这样，梵蒂冈成了意大利领土上的一个国中之国。但它的宗教地位没变，它仍然是世界天主教的中心，是世界各国天主教会的最高统治机构。

梵蒂冈最著名的是圣彼得大教堂，它是梵蒂冈罗马教皇的教廷，欧洲天主教徒的朝圣地。圣彼得教堂于 1506 年开始兴建，历经 100 多年才建成。教堂内有许多出自米开朗琪罗、拉斐尔等杰出艺术家之手的壁画和雕塑。教堂是意大利文艺复兴时期的代表作，至今仍是世界上最大的教堂。教堂正门外便是圣彼得广场，它是罗马教廷的广场，可容纳 50 万人，是罗马教廷举行大型宗教活动的地方。另外，西斯廷教堂也值得一看，它是罗马教皇的私用经堂，以米开朗琪罗的《创世纪》和《最后的审判》两幅巨型壁画而闻名于世。

6. 荷兰。

荷兰是全世界海拔最低的国家之一，全国有三分之一的土地海拔不到 1 米，四分之一的土地低于海平面。

荷兰的首都阿姆斯特丹是一座水城，全城有 100 多条运河和 1000 多座桥梁，素有"北方威尼斯"之称。市内既有现代化的高楼大厦，也有 200

多年前的古老建筑。阿姆斯特丹的中心是达姆广场，全国性的庆典仪式都在此举行。著名的王宫就坐落在广场一旁，这座精美的建筑已有300多年的历史。距王宫不远，是有名的新教堂，这座始建于15世纪的教堂从1814年以来一直都是荷兰历代君主加冕典礼的举行地。

阿姆斯特丹也是一座文化名城，共有40多家博物馆。其中，国家博物馆收藏有各种艺术品100多万件，包括著名画家伦勃朗、凡莫尔等人的作品。此外，还有历史博物馆、凡·高纪念馆、犹太历史博物馆等。

阿姆斯特丹虽然是荷兰的首都，但荷兰的政府机构却在海牙。海牙也是世界著名的旅游胜地，被称为欧洲"最大和最美的村庄"。这里没有现代化的高楼，街道狭小，房屋古朴，到处是绿树鲜花，仿佛是个童话世界。海牙的象征是和平宫，这座土褐色的宫殿庄严肃穆，是国际法院的所在地。海牙也有许多博物馆，如吉米博物馆、监狱门博物馆、国家人种博物馆、市立博物馆等。

海牙最让游人感兴趣的景点是"小人国"。它是集中了荷兰的120多个著名建筑物，按1∶25的比例建成的"模型城"。城内的建筑最高不过2米，小的如同火柴盒。最妙的是遍布城内的数以千计的"小人"，虽只有2厘米～3厘米高，却个个栩栩如生，十分逗人喜爱。花1个多小时在这城里走一圈，就如同走遍了荷兰全国，走过了荷兰近千年的历史。

荷兰是郁金香的王国，如果游客在郁金香盛开的时候来到荷兰，仿佛置身于花的海洋。

7. 德国。

德国的首都柏林是德国最大的城市，被森林、湖泊、河流环抱，被称为"森林与湖泊之都"，景色非常迷人。市内的历史遗迹主要有勃兰登堡门、柏林墙、圣母玛丽亚教堂、市政厅、国家剧院、帝国国会大厦等。二次大战中这座城市几乎全部被毁，战后重建、新建了许多重要的建筑物，电视塔、共和宫是其中较著名的。

坐落在莱茵河畔的波恩，像一座美丽的大花园，触目皆是花园或绿地，被誉为"绿色的波恩"。主要旅游景点有门斯特广场等。广场中有著名音乐大师贝多芬的纪念像，广场对面那座古老而壮观的罗马式建筑，便是大名鼎鼎的门斯特教堂。教堂顶部那座90多米高的古塔已成为波恩的象征；教堂附近的诸侯宫殿富丽堂皇，难怪当年曾有"富人的乐园"之称。此外，还可去参观贝多芬故居，这座位于波恩市中心的小楼如今已改建为贝多芬博物馆。在这里你可看到贝多芬使用过的钢琴和一些手稿。

位于德国南部的慕尼黑是一座文化古城，从16世纪起便是德国的文化艺术中心。如今以教堂、宫殿和啤酒闻名于世。这里有许许多多的中世纪古迹和博物馆，圣彼得大教堂、劳恩教堂、老绘画陈列馆、巴伐利亚国家歌剧院、阿尔卑斯博物馆和德国最大的自然科学博物馆——德意志博物馆等都值得一游。慕尼黑盛产优质啤酒，有"啤酒之都"的美誉，每年9月～10月都要举行啤酒节，人们开怀畅饮，唱歌跳舞，尽情玩乐。你去德国旅游，最好选择在慕尼黑啤酒节期间，这样你也可以过一个异国风味的节日了。

不过，去德国旅游，最美妙的应该是乘船游览莱茵河。航行在美丽的莱茵河上本身就是一种享受，加上沿途迷人的风光，那些富于传说的古堡、一望无际的葡萄园以及各式各样的建筑物，会让游人目不暇接，沉醉于这异国的美景之中。

新世纪 老年 百科全书

8. 卢森堡。

夹在德国、比利时、法国之间的卢森堡，国土面积约 2600 平方千米，是欧洲最小的国家之一。但它的经济发达，风光秀丽，特别是遍布全国的各式城堡使之享有"千堡之国"的美誉，吸引着世界各地的游人。卢森堡的旅游景点主要集中在首都卢森堡城。卢森堡城分为老城区和新城区两部分，新城区是新兴的繁华的工业区，老城区保存着许多古老的宫殿、教堂和炮台，是观光胜地。卢森堡古堡是卢森堡最具历史意义的建筑，建于 1644 年。阿道夫大桥是卢森堡的标志性建筑之一，它以其独特的风格吸引着游人。大公宫殿建于 15 世纪，历史悠久，富有比利时建筑特色，也是游客们的必游之地。位于市郊的蒙多尔芙温泉，是著名的疗养胜地。这泉水可有治病的效用哦，千万别忘了去泡一泡。

▲ 澳大利亚游

澳大利亚国土辽阔，旅游资源非常丰富，是深受游人喜爱的旅游胜地。

首先要去的是闻名世界的大堡礁。乘飞机抵达澳大利亚昆士兰州的凯恩斯市后，就可前往世界上最大的珊瑚礁区——大堡礁。它沿昆士兰州的海岸线绵延 2000 多千米，由近千个大小岛礁组成，因像堡垒护卫着海岸而得名。在那里，出现在你眼前的千姿百态的珊瑚五光十色，绚丽多彩，美不胜收。除了乘坐游船和潜水艇观看珊瑚礁和美丽的鱼类外，你还可以自己潜水，亲睹那奇异的海底世界。

接下来要去的是昆士兰州的首府布里斯班。在这里你可以参观澳大利亚的牧场，欣赏原始的剪羊毛表演，还可以到动物园或野生动物保护区会会澳大利亚的国宝——树袋熊（考拉）和袋鼠，与树袋熊一起拍个照，亲手摸摸袋鼠的育儿袋。当然，最应该去的是海洋世界和黄金海岸。在世界驰名的海洋世界里，你可以看到各种海洋动物，可以欣赏到海豚、海豹的精彩表演，还可以享用各种水上游乐设施，尽兴游玩。黄金海岸是著名的度假胜地，金黄的沙滩、碧蓝的海水、灿烂的阳光，使你在这儿无论是海中畅游还是沙滩嬉戏，无论是扬帆冲浪还是乘船邀游，都是一种美好的享受。

在澳大利亚广袤的中部荒原耸立着著名的艾尔斯巨石，这是世界上最大的巨岩独石，长 3000 多米，高 348 米，基围约 9000 米，与其说它是一个石头，不如说它更像一座山。相信每一个人站在它面前都会这样想。这个巨石的独特之处就是它的颜色可随阳光照射程度的不同而变化，分别呈淡红、紫红、橘红、大红、赭红等颜色，当地的土著人把它视为神的象征。在巨石西侧开凿有扶梯，游人可以扶铁链攀上石顶，远眺一望无际的澳洲大平原。

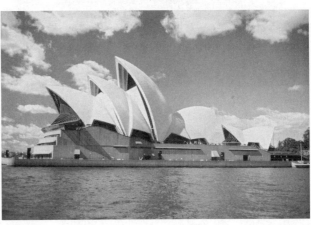

最后去的是澳大利亚最大的海港和城市——悉尼。澳大利亚的标志性建筑悉尼歌剧院和海港大桥想必你神往已久，现在你就可以一睹为快了。美丽壮观、结构独特的悉尼歌剧院坐落在风光旖旎的海港旁，每天 9：00～16：00 对游人开放，游人可入内参观。海港大桥由 4 座巨大的铁塔支撑，勇敢的游人可登上铁塔展望台，俯瞰悉尼市容，这座花园般的城市一定会让你流连忘返。

▲ 新、马、泰游

东南亚的新加坡、马来西亚、泰国近年来吸引了许多中国人前去游览，成为出国旅游的热点地区。去新、马、泰旅游，所需时间不长，开销不大，所以老年朋友也可以前往。

首先去马来西亚。乘飞机到达马来西亚的首都吉隆坡，在这里除了饱览市容之外，还可以游览市内名胜：国家博物馆、国家纪念碑、国会大厦、皇宫、水上清真寺等。马来西亚著名的旅游景点黑风洞，在吉隆坡北部。这个石灰岩洞群约有 20 来个洞穴，以黑洞和光洞最著名，黑洞阴森恐怖，里面栖息着数以万计的蝙蝠和蛇；光洞在黑洞隔壁，因阳光从洞顶孔穴射入而得名。接下来去"南洋蒙特卡洛"云顶高原，这是由华人投资兴建的娱乐城，可以游览高原美景和游乐场。

到了马来西亚，不能不去马六甲。从吉隆坡乘车前往马六甲，就像进入了一座历史博物馆，这里的一砖一瓦都向游人昭示着它的沧桑历史。古老狭窄的街道、各

种风格的建筑、三保山、三保井、青云亭、圣保罗教堂、荷兰红堡、葡萄牙广场、马六甲博物馆等景点，都是那沧桑历史烙下的印迹。槟城是座花园城市，以海滩著名，美丽的海滩是享受阳光浴、海水浴的最佳之处。另外，还有各种各样的水上运动和丰富多彩的娱乐节目。

第二站是新加坡。这座世界闻名的花园城市本身就像一个大公园，这里空气清新，环境整洁，绿树成荫，花草遍地，漫步其中，身心俱畅。在这里可游览世界贸易中心大厦、民族纪念碑、新加坡动物园、鱼尾狮公园，以及世界上最大的鸟类公园之一的裕廊飞禽公园、大型娱乐公园——虎豹别墅。最后要去的是圣陶沙岛，这是新加坡目前最大的旅游胜地，岛上有海事博物馆、珊瑚馆、蜡人馆、西罗素古堡、音乐喷泉、艺术村等景点，还有人工湖、度假村、高尔夫球场、游泳池、儿童乐园等多种游乐场所。

最后一站是泰国。泰国以其神秘的佛教文化、迷人的热带风光、独特的民族风情、优质的旅游服务吸引着全世界的游人。首都曼谷坐落在风光秀丽的湄南河畔。游人可乘船游览素有"东方威尼斯"之称的

湄南河水上市场，但见河道纵横，舟楫如梭，十分热闹。泰国人大都信仰佛教，因而在曼谷这个佛教之都寺庙林立，大小庙宇随处可见。金碧辉煌的大皇宫、金佛寺、玉佛寺是游客不可不游的地方。

其实泰国最吸引人的旅游胜地是芭堤雅。位于暹罗湾东部海滨的芭堤雅，有"东方夏威夷"的美誉。这里的沙质细腻，海水清澈，阳光灿烂，是游泳、日光浴的最佳场所。还可观赏到鳄鱼潭、小人国、泰国民间舞、佛教的出家仪式等表演，当然，泰国的人妖表演也可以去看看。

离芭堤雅海岸约 10 千米有个美丽的小岛—珊瑚岛。游人到此除了享受与芭堤雅一样迷人的沙滩和海水之外，还可以乘玻璃船或潜水欣赏海底奇景，将绚丽多彩的珊瑚、各种各样的鱼类、丰富多彩的海底世界尽在眼中。

▲ 韩国游

韩国位于朝鲜半岛的南部，与我国隔海相望，近年来已成为我国游客出境游的热点地区之一。

韩国游的景点主要集中在首尔和济州岛两地。首尔是韩国的首都，也是韩国最大的城市，是韩国的政治、经济、文化、交通中心。位于首尔南大门路的崇礼门，是韩国的第一号国宝，1398 年作为当时首都的城门而修建，从那以后它就成为首尔的象征。景福宫是韩国游的必游景点，它是朝鲜王朝的第一处正宫，具有 500 多年的历史与景福宫同时代的宗庙供奉着朝鲜王朝历代君王和王妃的神位，也是富有历史意义的建筑，是著名的世界文化遗产。韩国民俗村是专门展现朝鲜人旧时农村生活的旅游景点，村里建有农家、市场、寺院、官府等 200 多座房屋，每天都有朝鲜族人传统的游戏娱乐节目和民俗表演。韩国的乐天世界是世界上最大的室内娱乐中心，它集吃、喝、玩、乐、购物于一城之中，为游客提供全方位的服务。

济州岛是韩国最著名的旅游胜地，与我国的海南岛相似，被称为"韩国的夏威夷"。岛上有韩国的最高峰——高 1950 米的汉拿山，此山虽然树木葱茏、鸟语花香，但它实际上是个火山堆，至今山顶上还有一个直径 600 米的火山口呢。岛上还有一

个高达20米的大瀑布——天帝渊，站在它面前，同样可以欣赏"飞流直下三千尺"的壮观景象。岛上的济州民俗村是为了向游客展现过去济州岛居民的生活而修建的，那渔村、市场、府衙能让游客了解岛上居民过去艰苦而淳朴的生活情形。济州岛因为其特殊的地理位置和气候条件，使这儿成为植物王国，翰林公园便汇聚了世界各地的珍奇植物。公园中有热带植物园、宽

叶植物园、椰子园等十多个植物园，那些闻所未闻、见所未见的奇草异树，让你大开眼界。

（张　冰）

养　花

① 花卉栽培的常识

▲工具的准备

家庭养花常用的工具有喷水壶、修枝剪、小平铲、小铲、移植铲、小耙、挑草刀、嫁接刀、花架、盆托、小筛子等，均可在商店购置。

▲土壤的选择

适宜栽培花卉的土壤有沙土、黏土和壤土等，这些土各有优缺点，适宜栽培不同的花卉。

（1）沙土。沙土含沙粒多，土质疏松，土粒间空隙大，具有通气性强，透水性好，上肥后肥劲强等优点，但有保水性差、土温变化大、肥力短等缺点。沙土适宜球根花卉和耐干旱的多肉植物生长，在园艺上常用作扦插苗床或幼苗用土，并用作配制培养土和改造黏土的材料。

（2）黏土。黏土含黏粒多，土质黏重，土粒间空隙小，具有吸水、保水性好，有机质分解缓慢，保肥力强，土温较稳定等优点，但有通气、透水性差等缺点。少数喜黏土类植物，如楮栲类、油茶、桑、柳等在黏土中生长良好，而大多数花卉不宜在黏土中种植，除非对黏土进行改造。

（3）壤土。壤土沙粒比例适中，水、肥、气、热状况协调，有利于大多数花卉的生长。

可以自制盆栽培养土盆栽花卉。用土，要求水、肥、气、热状况协调，既土质疏松、通透性强、排水性好，又具有较好的保水保肥能力。要达到这种要求，必须精心配制盆栽培养土。不同的花卉要针对其习性配制不同的培养土。一般来说，普通盆栽培养土由腐叶土、素面沙土、腐熟的有机肥料、过磷酸钙等部分构成。

腐叶土　可在山间林下挖取多年落叶腐熟的泥土，比如竹林根上的竹根土。也可自制腐叶土。在庭园内挖一坑，将落叶、杂草、蔬菜、水果废弃物放入其中。当落叶等积累到一定量时，盖上薄薄的一层园土。反复堆放数层后，浇灌一点淘米水、人粪尿、鱼肉洗水等，喷洒少量农药预防生虫，盖上10厘米左右厚的园土，不要压得太紧，让其在有一定通透性的条件下腐熟。5月和8月各打开1次，翻动捣碎坑内堆积物后堆好，11月挖出捣碎过筛后备用。如无制备腐叶土的条件，可用市场销售的泥炭土代替。

素沙土　素沙土通常取自河滩，无肥水，排水性好。有机肥用动物粪便、落叶、园土、污水堆积沤制而成。按腐叶土、素沙土、腐熟的有机肥料、过磷酸钙＝5：3.5：1：0.5的比例，混匀过筛后即成盆栽花卉的普通培养土，用于盆花移栽、播种、分盆、扦插时使用。这种盆栽花卉的普通培养土系中性微带酸性，适宜喜酸性土壤的兰花、茶花、茉莉、米兰；而喜碱性土壤的仙人掌类植物，则要另加调节酸碱度的材料。

▲花种的选用

花种的类型很多，按粒径大小分：牵牛、牡丹等的种子和果实粒径在5.0毫米以上，为大粒种实；紫罗兰、矢车菊等的种子和果实粒径在2.0毫米～5.0毫米之间，为中粒种实；三色堇等的种子和果实粒径在1.0毫米～2.0毫米之间，为小粒种实；四季秋海棠、金鱼草等的种子和果实

粒径在 1.0 毫米以下，为微粒种实。花种按种子和果实形状分，有球形、卵圆形、肾形等。花种还可按种子和果实的颜色、附属物、种皮厚度和坚韧度等分类。

在选购花种时，首先要观察花种是否名实相符，最好带上样品，从上述各方面进行比较，以"验明正身"。同时，要选择发育充分相对大而重的花种，这种花种发芽力强，生出的苗壮。选花种时，还应注意选择新采收的、生命力强的、无病虫害的种子。

▲花种的种前处理

播种前，不少花卉种子要进行种前处理。一般来说，花种播种前处理有浸泡法、破壳法、低温层积法等几大类。由于花种的生长习性不同，种前处理的办法也不同。有的花种，如凤仙花，不必经任何种前处理，可直接播种。种皮较薄的花种，可采用冷水浸泡催芽法。种皮较厚的花种，可采用温水浸泡催芽法。玉兰等外壳有油蜡的花种，要用草木灰加水成糊状拌种。种皮较硬的荷花、美人蕉等花种，种前要用锉刀锉伤种皮后浸泡 24 小时才能播种。榆叶梅的种子则需在入冬前播种，浇透水，让其种子外壳在冬天冻裂，第二年春天才能发芽。

▲花苗的选购

花苗既可自行繁殖，亦可从市面上购买。在市面上购买花苗要注意挑选生长旺盛、没有病虫害的花苗，特别是根须要鲜嫩。枝叶枯萎、根须萎缩干瘪的，不能买。主根切断问题不大，但只有切断了的主根而没有侧根，须根又少，也不能买。还要注意花苗根系上是否有护根土。一般来说，落叶木本花卉在休眠期种植不必带土，但常绿花卉及移栽不易的花卉，则必须要带完整的泥团，泥团外还应有草绳包扎。选购花苗还要注意季节性。裸根和畏寒的花卉，要在清明以后天气转暖时种植；金橘和一些落叶花卉，适于在休眠后期萌动前移栽。不是种植季节，再好的花苗成活率也低。购买珍贵花苗时，应请内行当参谋，以免买到假货。市场上用女贞冒充桂花、百枝莲冒充君子兰、瓜子黄杨冒充米兰、一般兰花冒充名贵兰花等行为屡见不鲜，选购时一定要仔细加以区别。

▲花盆的选用

城市养花，常使用花盆。花盆选择是否得当，是花卉能否种好的条件之一。花盆的种类很多，素陶盆是常用的一种花盆，其通透性良好，结实耐用，价格低廉，栽种效果好，是培育花卉的首选。釉陶盆是在素陶外上了一层具有各种色彩的釉，外观美丽，但通透性较差，可作观赏、培育花卉兼用盆，或者种植耐湿花卉。瓦盆通透性良好，结构轻巧，但易碎，盆水散失快，多用于新繁殖的幼苗移栽和温室花卉的培养。用瓷泥烧制的瓷盆，制作精美，外观美丽，但通透性不良，只适宜作花卉陈列、展览的套盆。宜兴紫砂泥盆，通透性良好，制作精致，外观美丽，可供名贵花卉、桩景的培养、展出两用。还有木盆、塑料盆、水泥盆等花盆，亦适合于某些特定花卉的种植。底部无排水孔各种质地的水盆，浅盆用于山石花卉盆景，深盆培养水生花卉或作插花用。花盆的大小、高矮有不同规格，应根据不同花卉的习性来选用，如花盆的大小应与花苗枝叶的冠径大致相等，主根系发达的花卉，如兰花，宜用高腰盆培养等。

▲盆花的翻盆换土

把从市场上购来的花苗、自己扦插或播种成活的花苗移栽到花盆中去，叫上盆。上盆的第一步是垫盆，将 3 片以上碎瓦片覆盖到花盆底部的排水孔上，使凹面向下，形成"盖而不堵，挡而不死"的态势，以利花卉生长。对那些通透性差的花盆，如釉盆、瓷盆等，用于栽培兰花、君子兰等肉质根品种及杜鹃、茶花等名贵品种，为增加花盆的通透性，在碎瓦片上还要铺一层大块泥炭土、煤屑渣、碎盆片等；在底土上，再铺一层中等粗泥，粗泥上铺一层细泥。将花苗放在盆正中，扶正后在四周慢慢加入培养土，加到一半时将土压紧，使根系与培养土紧密相连。如果花苗是裸根，则要将其向上悬提一下，使根系伸直舒展。然后，一面加泥，一面压土，加到离盆口2厘米～3厘米处时为止。种兰花要加土到与盆口平，并将表土堆成中高盆边低的馒头状，以利于一边浇水一边泄水，保持兰花喜欢的较干的土壤环境。花苗上盆完毕后，要浇1次透水，以见到水从底孔排出为度。待水被吸干后，可再浇水1次。将其放在室外荫蔽处10天～15天，"服盆"后移到光照适宜的环境中转入正常养护。

盆栽经过2年～3年，盆土肥力耗尽需加肥；植株过大需分株；花苗长大，须根已穿出排水孔，必须进行翻盆换土。

盆花翻盆换土的时间，根据不同花卉的御寒能力有所不同。御寒能力较强的花卉，如月季、黄杨、金橘、葡萄、松树、柏树、雀梅、榆树、木香、黄

杨、紫藤、常春藤、万年青、六月雪等，可在2月进行。御寒能力略差或在花谢后翻盆的花卉，如广东万年青、橡皮树、春兰、梅花、茶花、杜鹃花、四季海棠、天竺葵、文竹、瑞香等，可在3月初进行。御寒能力较差的花卉，如米兰、龟背竹、蟹爪兰、令箭荷花、茉莉、珠兰、九里香、棕竹、铁树、木本夜来香及各种多肉植物等，可在4月份或清明节前后进行。翻盆宜在晴天、盆土略干时进行。翻盆时将花盆斜放，用手拍击花盆四周，使盆土与盆分离，用拇指从花盆底部的排水孔伸入，顶出泥团，尽量不使泥团松散，修去一些老根、枯根或过长、卷曲的根，将泥团移

入一个比原盆大的花盆中。一般来说，翻盆换土时，不宜除去过多的老根和原土。一些根系不发达的常绿花卉，如铁树、金橘、橡皮树等，如泥团松散、修根太多，会影响成活。去除的老根和原土不能超过整个泥团的1/4。对真柏、杜鹃、茶花等名贵品种常绿花卉的翻盆换土，更要注意保持老土和根系。六月雪、雀梅等冬季落叶的花卉，翻盆换土时可去除原土的1/3～1/2。兰花、君子兰等少数花卉，可全部去除原土，洗净晾干，仔细修剪枯枝后再种入花盆中。棕榈类植物，翻盆换土时可剪除1/3的老根。换盆后，充分浇水一次，使根与土壤紧密连接。以后浇水不宜太多，以保持土壤湿润为度，过多浇水易烂根。待根系恢复正常，再按常规浇水，但也不宜太干燥，为防枯死。换盆后宜将盆花放在阴处数日以缓苗。

▲花苗的移栽

有的花卉的花苗在定植前要进行一次移植。通过第一次移植，促使侧根生长，防止徒长，使幼苗生长壮实。盆播的幼苗，在出现第一片真叶时就开始移植，地栽苗则在出4片～5片真叶时开始移植。移植时的土壤要干湿得当，过湿不仅黏手不便操作，而且移栽后土壤板结，对生长不利；过干则幼苗易萎蔫。移植穴要稍大使根能舒展分布。种植深度要适宜，过深发育不好，过浅易倒伏，以与原种植深度相等或再深1厘米～2厘米为宜。移栽时不要压土太紧，以免伤根。种植后应立即充分浇水一次，天旱时要边种边浇水，栽好后再复浇一次。夏天移栽苗要在阴凉通风处放几天，或采取遮阴措施，以免萎蔫。幼小的盆栽苗，有时可进行第一次移植，从播种盆移栽到另外的花盆里，直径30厘米的花盆，可移苗60株左右。

▲花卉的定植

将草花苗和木本花卉大苗种植于不再移动的地方，叫定植。在土壤干湿度适宜时挖苗，土壤过干或过湿都不宜挖苗。挖苗时，一般应带护根土，带土多少视根系大小而定。常绿花卉大苗及移栽不易的花卉大苗挖苗时要带完整的泥团，并用草绳把泥团扎好，以免运输过程中泥团散落露根。落叶花卉在休眠期种植不必带土。大株宿根花卉和木本花卉大苗在定植前要修剪根部，剪去伤根、烂根和枯根，定植时

要开穴，穴较根系或包根大而深。定植时，将大苗用手提放入穴中，注意将茎的基部提近土面，然后用土填穴至 2/3 位置时，抖动花苗，使根系与填土的土粒紧密相接，然后压紧填土，最后，用松土将土穴填平并成略凹形，浇 2 次透水。大型花木定植后，要设立支柱或三角绳索牵引，以免倾倒。有的草花苗可用裸根移栽，用手铲将苗带土掘起，轻轻抖掉根系附着的泥块，注意不要拉断细根，随即进行栽植。裸根栽植时使根系舒展地布于沟穴中，然后填土。草花苗定植后，第二天要复浇水一次；球根花卉除过于干旱外，在定植初期一般不需浇水。有的花苗适宜于进行沟植，依照一定的行距开沟栽植。

▲ 花卉的瓶栽

将观叶花卉放入大型玻璃瓶中栽培，在瓶中形成温室环境，置于室内，成为室内的一道亮丽的风景线。适宜于瓶栽的观叶花卉应为喜湿植物，如石菖蒲、卷柏、铁线蕨、小叶常春藤、鸭跖草等。种植瓶要选用透明、透光的大玻璃瓶，金鱼缸、透明塑料容器等加盖亦可改造成"瓶园"。种植前在瓶底铺一层小卵石，加入少量木炭，然后加入混合介质铺平，稍微压实。然后，将花苗栽好、扶正。如玻璃瓶太小不便用手操作，可用竹竿作栽培工具。花苗种好后，分几次从瓶壁缓缓加入少量的水，盖上瓶盖。瓶内便逐渐形成湿度很大的小气候，适宜于喜湿花卉的生长。将瓶花放在窗边，瓶内花卉可得到自然光照。同时，可在瓶上安装一带灯罩的小台灯，既使瓶中花卉获得光照，又可供人观赏。在栽培瓶花的过程中，如发现每天早晚出现雾气的时间超过 1 小时，应打开瓶盖一段时间，待过多的水分蒸发后，再盖上瓶盖。如观察到瓶壁上无水珠，说明瓶内太干燥，可

沿瓶壁加一些水。营造好一瓶瓶花，可供连续观赏 3 年～4 年。

▲ 花卉的盆播

家庭养花通常采用盆播来培育幼苗。最好选用高 10 厘米左右的浅播花盆，其他花盆亦可。先用碎盆片盖好盆底排水孔，下层放 1/3 粗粒培养土，中层放中等粒度的培养土，上层则放细土，八分满后用小木板将表面培养土刮平，稍加镇压。播种时，有的花种，如瓜叶菊，均匀地撒播在土面即可。四季海棠等的种子极细小，可先用细土拌匀再撒播。有的花种，如仙客来，种子较大，可用点播方法一粒粒地放在表土上。播种后要用细土覆盖。覆土厚度，视种子大小而定，一般为花种粒径的 2 倍～3 倍。播种后，可用细孔喷壶喷水，也可将种盆浸于存水的木盆内，水要比种盆低 6 厘米～7 厘米，至整个土面浸润后取出，盆面上盖好玻璃，放于半阴之处，等待发芽出苗。

▲ 花肥的制备

花卉营养中，有 10 种大量元素是必需的：碳、氢、氧、氮、磷、钾、硫、钙、镁、铁。氧、氢二元素自水中获取，碳素营养来自空气，氮素及磷、钾、硫、钙、镁、铁等矿物质元素则从土壤及肥料中吸收。

花肥分有机花肥和无机花肥两大类。

有机花肥是天然农家肥料，如人畜禽粪尿、堆肥、饼肥、腐殖酸类等，主要由有机化合物组成，其养分完全，肥效释放

缓慢而持久。人畜粪尿因其病菌多、易挥发和流失，不宜直接使用，可作堆肥原料，最好是经过沼气发酵后使用。鸡、鸭、鹅、鸽粪等氮、磷、钾的含量均较高，可作基肥施用；腐熟良好的有机肥可用作追肥。堆肥是利用各种动植物的废弃物，加适量氮肥和饼肥堆制发酵而成，养分丰富，肥效缓慢，pH（酸碱度）值为中性，是较为理想的基肥。豆饼、棉籽饼、芝麻饼、蓖麻饼、花生饼、菜籽饼等榨油后的渣，含有丰富的有机质，养分完全，经粉碎泡制发酵后作基肥，发酵的饼肥水可兑水后作追肥。腐殖酸类肥料是以泥炭为原料，加入适量的速效氮肥、磷钾肥制成的，兼有速效和缓效的特点。

不论是自制腐叶土、堆肥、饼肥，一般要腐熟后使用。这是因为直接施用人畜粪尿、饼肥等有机肥，在土壤中经微生物发酵产生高温，会将根"烧死"；微生物活动耗氧使土壤缺氧，会将根"闷死"；微生物活动产生臭味招来蝇类产卵生蛆，会将根咬伤，并污染环境，将你"臭死"。

常用的无机氮肥有尿素、硫酸铵、碳酸铵等。尿素是人工合成的产品，中性，肥效较长，可用0.5%～1%的水溶液施于土中，也可用0.1%～0.3%的水溶液进行根外喷施，但注意应在傍晚进行，以免烧伤叶片。有些花卉，如兰花，要慎用尿素，以免"烧死"。硫酸铵肥效快，一般作追肥，可用1%～2%的水溶液施于土中，也可用0.3%～0.5%的水溶液进行叶面施肥。硫酸铵是生理酸性肥料，注意不要与碱性肥料混用。硝酸铵为中性肥料，肥效快，易为植物吸收，一般用作追肥，但其易爆炸和燃烧，严禁与有机肥混合放置。硝酸铵因含钙离子，不会破坏土壤结构，且肥效较快，一般以1%～2%水溶液施入土中作追肥。

常用的无机磷肥有磷酸氢二钾、过磷酸钙、磷酸铵等。磷酸氢二钾为速效的酸性磷钾复合肥料，一般在花蕾形成前用0.1%的水溶液在根外追肥，可以促进开花，使花大，色彩鲜艳。磷酸铵简称磷铵，是氮磷复合高浓度速效肥料，吸湿性小，便于运输、贮存，既可作追肥，又可作基肥。

常用的无机钾肥有硝酸钾、硫酸钾、氯化钾等。硝酸钾易溶于水，吸湿性小，用1%～2%的水溶液于球根等花卉，施于土中作基肥，用0.3%～0.5%的水溶液作根外追肥。硫酸钾适用于球根、块根、块茎类花卉作基肥，也可用1%～2%的水溶液施于土中作追肥。氯化钾为酸性肥料，用1%～2%的水溶液用于基肥或追肥，但球根和块根花卉禁用。

常用的微量元素肥料有钼肥、铁肥、硼肥、锰肥、锌肥、铜肥等。钼肥有利于豆科根瘤菌、自生固氮菌的生命活动，用0.01%～0.1%的钼酸铵溶液于豆科花卉苗期和现蕾期喷施，作根外追肥。铁肥有硫酸铁和尿素铁等品种。硫酸铁可以1：100＝5：100的比例混于堆肥中作基肥，也可以硫酸铁、饼肥、水＝5：1：200的比例配制经发酵后施于喜酸花卉，如杜鹃花、山茶花等，效果特佳。尿素铁是一种综合型氮铁复合肥，用1%的水溶液施入土中作基肥、0.1%的水溶液作根外追肥，对喜酸性的花卉，如杜鹃花、栀子花、茉莉花等效果优于硫酸亚铁和尿素。硼肥主要有硼酸、硼砂两种，可撒施，也可用0.025%～0.1%的硼酸溶液或0.05%～0.2%的硼砂溶液喷施，柑橘在开花前喷施硼肥，可以提高成果率。通常使用的锰肥为硫酸锰，用0.05%～0.1%的硫酸锰水溶液在花卉开花期和球根形成期喷施，效果较好。锌肥有硫酸锌、氯化锌两种，一般用0.05%～0.2%的水溶液用于根外追肥，柑橘等多年生果树使用锌肥有较好效果，铜肥常用0.01%～0.5%的硫酸铜作根外追肥。

▲营养液的配制

在我国南方，无机营养液可使用下述配方：硝酸钙0.94‰、硝酸钾0.58‰、磷酸二氢钾0.36‰、硫酸镁0.49‰、硫酸亚铁0.01‰；在我国北方，无机营养液可使用下述配方：磷酸铵0.22‰、硝酸钾

1.05‰、硫酸铵 0.16‰、硝酸铵 0.16‰、硫酸亚铁 0.01‰。有机追肥可使用发酵淘米水，制法为：将淘米水用坛盛装密闭后发酵 10 日左右施用。

▲合理施肥

在花卉栽培过程中，施肥是很重要的，正如俗话所说："水是命，肥是劲"。但也最怕滥施肥，施肥不当，也是致命的。危害最大的是施肥浓度过大，浓度如大于细胞液的浓度，则细胞液中的水分要反渗透出植物体，造成细胞失水，严重时可造成植株干枯而死。对兰花施用浓度过大的尿素而导致整座兰园覆灭的事故不止一起。不论是施用化肥或沤制的肥料，都要充分稀释，一般盆花施化肥要稀释 1000 倍以上，施沤制的液肥要稀释 5 倍～10 倍。家庭养花中，切忌将蛋壳和茶叶等食物残渣直接施入盆花中。未经沤制的食物残渣会发酵产生过热现象，烧灼植物根部，并引来苍蝇，诱发病虫害等。施肥的次数不能过多，用量不能过大。观叶花卉，如雀梅、榆树、松、柏、黄杨、铁树、文竹等，在生长期只要各施 1 次～2 次以氮肥为主的肥料就成，不宜施过多的磷肥。以观花果为主的花卉，则施的肥料应多一些，在生长前期，以施氮肥为主；当花芽分化，形成花蕾及开花前的生长期，则所施氮肥和磷肥的比例要平衡。一年中多次开花的花卉，如月季、米兰、茉莉等，花谢后要追施以磷为主的肥料 1 次～2 次。观花果的花卉，一般需施基肥。盆花施基肥通常在翻盆换土时进行，将 1 份腐熟的有机肥混入 9 份新土，用于换盆土。观叶花卉勿需加基肥。由于施基肥不好掌握，容易弄巧反拙，一些珍贵观花果花卉，如兰花、茶花、杜鹃花等，最好不要施基肥。

▲花卉病虫害的防治

对病虫害的防治要根据不同的病害、虫害购买和使用不同的农药。常见的真菌病害有白粉病、炭疽病、叶斑病、灰霉病、立枯病、根腐病、白绢病、菌核病、煤烟病等十余种。白粉病又称粉霉病，常危害月季、蔷薇、大叶黄杨、金橘等花卉的叶、茎、花柄等，使其表面出现一层白色粉末，使患处枯萎。闷热、潮湿、通风不良的环境易诱发白粉病。可用托布津、多菌灵、石硫合剂防治白粉病。白绢病常危害兰花、君子兰、菊花、月季、茉莉、小石榴、桃叶珊瑚等花卉。高温多雨、土壤潮湿是白绢病的诱发因素。白绢病表现为基部开始腐烂，菌丝体堆砌成白色绢丝状，并由白变黄如油菜籽。多菌灵可防治白绢病。叶斑病也称黑斑病、褐斑病，常危害杜鹃、茶花、菊花、月季、蔷薇等花卉，表现为叶片中间出现黑斑点，叶黄脱落。环境诱因为闷热、潮湿、通风不良。波尔多液可防治叶斑病。炭疽病常危害兰花等花卉，在梅雨和秋雨连绵时易发生，表现为叶片上出现红褐色斑点，以后变为黑褐色，进而呈灰白色，并出现许多小黑点。多菌灵可防治炭疽病。立枯病、根腐病可用代森铵防治。煤烟病可用多菌灵防治。

病毒病可危害兰花、菊花、牡丹、芍药、瓜叶菊、仙客来、美人蕉、大丽菊、郁金香、水仙、香石竹、百合、唐菖蒲、非洲菊等名贵花卉。如大丽菊花叶病的病原是大丽菊花叶病毒、黄瓜黄叶病毒和番茄斑萎病毒，由汁液和桃蚜传播，产生浅绿和深绿相间的花叶，病株生长发育受阻，不开花或开花少，重病株可提前死亡。香石竹脉斑纹病的病原是香石竹脉斑纹病病毒，也是通过汁液和桃蚜传播，表现为在叶上产生不规则褪绿斑，叶呈花叶，花呈碎色，严重时花瓣扭曲。水仙黄条斑病的病原是水仙黄条病毒，通过汁液和多种蚜虫传播，表现为沿着叶脉产生黄色条斑，后期呈锈黄色斑纹，严重时叶片扭曲，植株矮小，花小，鳞茎生长逐渐退化。其他病毒病一般均是通过蚜虫、粉虱等刺吸性昆虫传播，或在遭受机械损伤和嫁接操作中被传染。病毒病一旦发病，很难防治。对付病毒病，应采取预防为主的综合防治法，主要是：选择抗病毒优良品种，严格挑选用于嫁接、扦插的无毒接穗、砧木、插条，消灭蚜虫、粉虱等传毒昆虫，铲除杂草减少病毒侵染源，及时拔除并烧毁病株，用肥皂水洗净接触过病株的手和工具等。现代对付病毒病采取茎尖分生组织培养脱毒的方法，获得无毒植株进行栽培；

还可采取热力处理脱毒，将种子或休眠的鳞茎和块茎植于50℃～55℃温汤浸10分钟～15分钟即可。

花卉常见的细菌病害有软腐病、根癌病和细菌性穿孔病等。对软腐病要采取综合防治措施：花种要在通风、干燥处保存，并用1％的福尔马林消毒；盆花每年换1次新土；培养土用蒸笼蒸2小时左右消毒；发病后用600倍～800倍敌克松液浇灌病株根际土壤。防治根癌病的办法是：选无病苗木栽培；用70％五氯硝基苯粉剂处理土壤，用量为每平方米6克～8克拌细土0.5千克翻入土中；发病后立即切除病瘤并用0.1％汞水消毒。防治细菌性穿孔病的办法是：喷65％代森锌600倍液预防；发病后及时清除病变部位并销毁；喷洒50％退菌特800倍～1000倍稀释液。

线虫病害主要危害蔷薇科、凤仙花科、秋海棠科、菊科、报春花科等花卉，如仙客来、四季秋海棠、牡丹、芍药、月季、木兰、鸢尾、凤仙花、大丽菊等。线虫病的病原是一种植物寄生虫：线形动物门的根结线虫。线虫病的主要症状为在寄主主根和侧根上产生大小不等的瘤状物，导致寄主地上部分生长发育受阻，植株矮小，叶片发黄萎蔫，花小。线虫病防治办法为：实行轮作，使线虫失去寄主而消亡；翻晒土壤，消灭病原线虫；清除病株及野生寄主；将土壤消毒，培养土用蒸笼蒸2小时；将带病部位在50℃水温的热水中浸10分钟或55℃水温的热水中浸5分钟，进行热力学处理，可杀死线虫，而不伤寄主；用3％呋喃丹颗粒剂（注意，该药为剧毒农药），每平方米25克，均匀施入土中，覆盖约10厘米厚的土，浇透水，有效期长达45天。

蚜虫、介壳虫、白粉虱、红蜘蛛、蓟马、蜡象等害虫，用针状口器刺吸花卉组织汁液，引起卷叶及叶片、枝条枯黄，故统称为刺吸害虫。蚜虫中，桃蚜是危害花卉最普遍的害虫，寄主主要有：桃花、瓜叶菊、金盏菊、矢车菊、金鱼草、三色堇、珊瑚豆、石竹、郁金香、鸢尾等。蚜虫中的棉蚜对花卉的危害也较大，寄主主要有：菊花、四季秋海棠、扶桑、木槿、石榴、孤挺花、锦葵、夜丁香、栀子花、金鱼草、百合、水芋、水仙等。介壳虫中，以吹绵蚧对花卉的危害较为普遍。吹绵蚧的寄主主要有：桂花、山茶、月季、玫瑰、牡丹、蔷薇、米兰、含笑、白玉兰、广玉兰等。糠片介壳虫对许多盆花造成危害，如兰花、棕竹、米兰、茉莉、铁树、瓜子黄杨、石榴、常春藤、五针松、仙人掌、丝兰、万年青、石榴等。介壳虫中的红蜡蚧、夹竹桃圆蚧，也是较常见的花卉害虫。白粉虱是温室花卉的主要害虫，寄主主要为：倒挂金钟、桂花、扶桑、栀子花、五色梅、大丽菊、天竺葵、旱金莲、常春藤等。红蜘蛛，又叫叶螨，是一种叶部的刺吸害虫。红蜘蛛中，以朱砂叶螨的危害最烈，寄主有：月季、海棠、茉莉、扶桑等花卉。山楂叶螨、苹果叶螨、苜蓿叶螨等红蜘蛛，对花卉的危害也较为广泛。刺吸害虫的防治方法有：喷洒40％氧化乐果的1000倍～1500倍的稀释液；喷洒2.5％溴氰菊酯2000倍～2500倍稀释液（介壳虫除外）；喷洒20％三液杀螨醇1000倍的稀释液。

金龟子、象甲、叶蜂及刺蛾、蓑蛾、卷叶蛾、枯叶蛾、夜蛾、毒蛾、天蛾、舟蛾、凤蝶、粉蝶等幼虫，是危害花卉的主要食叶害虫。这类食叶害虫用咀嚼式口器，将叶片咬得残缺不全，甚至将叶食光，只留下粗的叶柄。刺蛾，俗称刺毛虫或痒辣子，主要危害悬铃木、白杨、梅花、蔷薇、荷花、石榴、牡丹、白兰、月季等花木的叶片。蓑蛾，俗称"吊死鬼"或皮虫，主要危害悬铃木、白杨、泡桐、柳、珊瑚树、五针松、龙柏月季、蔷薇、杜鹃、茶花等花木的叶片。防治食叶害虫的方法有：人工消灭越冬虫茧或护囊；在幼虫初孵期喷洒90％敌百虫1000倍的稀释液，或50％锌硫磷1000倍稀释液，或50％杀螟松1000倍稀释液；用人工捕杀法防治金龟子和叶蜂等害虫。

蛀茎害虫，又称蛀干害虫，以钻蛀花木茎干为特点，在茎干内盗食，造成茎干内的孔洞和隧道，被害枝条出现萎蔫、干枯，枝梢变黑并向下弯曲。蛀茎害虫主要有天牛、木蠹虫、吉丁虫、蔷薇茎蜂等。天牛又名蛀干虫、蛀心虫、钻心虫，常危害桃、杏、梅、葡萄等观果花卉及月季、杜鹃等观赏花卉。蔷薇茎蜂主要危害蔷薇、月季、玫瑰等花卉。防治方法有：用钢丝插入虫孔刺死幼虫；从虫孔处注射80％敌敌畏或40％氧化乐果的20倍～50倍稀释液，注射后立即用黏泥封孔毒杀幼虫；可用灯光诱杀木蠹虫成蛾；在清晨人工摇枝捕杀假死的吉丁虫等。

地下害虫常见的有：蛴螬、蝼蛄、地老虎、金针虫、大蟋蟀、地蛆等。这些地下害虫潜伏在土中危害花卉根部及近土表主茎。蛴螬是金龟虫的幼虫，经常危害花圃内的各种花卉。防治地下害虫的方法有：深耕苗床，清除杂草，施用充分腐熟的有机肥；用50％锌硫磷乳拌半熟半干的谷子，制成毒谷，充分混匀后施入土中，用药量为种子重量的0.1％～0.2％，可防治蛴螬、蝼蛄、金针虫等地下害虫；用90％晶体敌百虫50克加5千克鲜草或炒香的饼肥饵料，均匀拌成毒饵，傍晚散在寄主根系附近，可诱杀蝼蛄、地老虎等地下害虫；可用人工捕杀地老虎；用40％乐果的1000倍稀释液浇灌寄主花卉根际，可防治地蛆。

▲化学除草剂的使用

除草可用化学药剂进行，有效的化学除草剂有数十种，使用得当，可收到省时省工的效果。化学除草剂有几大类：触杀性的，只对直接接触的植物部分有效，如除草醚、草枯醚；选择性的，能选择性地杀死杂草，而不伤及花卉，如1，4—D脂；内吸性的，通过杂草的茎、叶吸收破坏内部结构以杀死杂草，如草甘膦、扑草净、茅草枯，或通过杂草根部吸收以杀死杂草，

如西马津、敌草隆、绿麦隆；灭绝性地对所有杂草、花卉不加区别地全部杀死，如百草枯、五氯酚钠等。使用化学除草剂要仔细看说明，以确定使用何种药剂为宜，并严格遵照说明书中的用法、用量使用，在使用中特别要注意安全，以免伤及花卉和人畜。

▲花卉浇水的诀窍

花卉最忌讳浇水过多，但又怕干燥。解决此矛盾的一个办法便是浇水次数不要过多，浇1次便浇透，让其能见湿又能见干。浇透的办法除直接灌水外，盆花还可采用浸盆法灌溉，即将花盆放入水槽或浅水缸中，让水自盆底的排水孔浸入，至盆面见水为止。这种浸盆法灌溉适于小粒种子播种和小苗移栽后的盆花灌水，可避免花种和小苗被水冲跑。平时，多用喷壶浇水，既可增加空气湿度，降低气温，又可冲洗叶面上的尘土。高温干燥天气时，对喜阴湿的花卉，如兰花、杜鹃、山茶、栀子等，用喷壶浇水很有必要。但是，对一些怕水湿的花卉，如蒲包花、秋海棠等，则不宜用喷壶浇水。因为，这一类花卉叶面有较厚的绒毛，水落在上面不易蒸发而导致腐烂。花朵盛开时也不宜多喷水，多喷水易造成花瓣霉烂，并影响结果实。盛夏中午切忌浇水，特别是草本花卉，如翠菊、茑萝、天竺葵等，最忌讳在炎热天的中午浇冷水。因为在炎热天气的中午，花卉叶面温度可高达40℃以上，突浇冷水，会使花卉代谢紊乱，出现"生理干旱"，导致叶片焦枯，严重时可导致全株死亡。浇花用水以雨水和雪水最为理想，因为雨水和雪水是一种接近中性的水，内含溶解氧较多，矿物质含量少，是一种软水，很适宜花卉生长发育的需要。盆花浇水是否适时适量，是养花成败的关键，一般来说，喜湿花卉应多浇水，喜旱花卉应少浇水。球根类花卉浇水不宜过多。草本花卉比木本花卉浇水量要多。叶片小有蜡质茸毛或革质的花卉可少浇水，叶片大而柔软、光滑无毛的花卉要多浇水。生长旺期要多浇水，休眠期要少浇水。苗小盆大的可少浇水，苗大盆小的要多浇水。天热多浇水，天冷少浇水。旱天多浇水，阴天少浇水。

▲中耕和除草

在庭园露地栽培的一些花卉要进行中耕。中耕是在花卉生长期间疏松植物根际

土壤的工作。通过中耕，可以使表土中孔隙增加，以扩大土壤的含氧量；有利于土壤中微生物的繁殖与活动，加速土壤中养分的分解；切断土壤表面的毛细管，减少水蒸发，增加土温等。中耕一般在花苗移栽后不久进行，因此时土壤暴露面大，土面易干燥。当土壤板结，或下阵雨及大量灌水后，也应进行中耕。中耕时在近株处应浅一些，行间可深一些，深度一般为3厘米～5厘米。有时，中耕可与除草一起进行，但除草不能完全代替中耕，当表土上无草可除之时，根据需要，仍要进行中耕。除去杂草的目的：一是不使杂草与花卉争夺阳光、水分和养分，保持土壤的肥力。二是消灭一些以杂草为寄生的病虫害。除草要除早除尽，早除杂草根系浅，易于除去；多年生杂草要连根拔起；杂草开花结实前务必去除，否则要经常除草，甚至贻祸数年。有一些浅根花卉，如香石竹等，不宜进行中耕除草，因中耕易切断根系，影响生长发育。不宜进行中耕的花卉，可在土表覆盖腐殖土、泥炭土、树皮、碎麦草等，能起到中耕除草的作用。杂草在厚度4厘米～5厘米的腐殖土、泥炭土下，一般都不能生长。

▲花卉的修剪

花卉的重要功能是观赏性。为了使花卉的观赏性强，不论是露地栽培的庭园花卉、盆景，或是阳台、室内栽培的盆花，特别是木本花卉，修剪均是栽培管理的重要内容。修剪，包括修和剪两方面的内容。修重在整形，即将花卉按理想的树形修整树枝，通过对树体各部精心舍取，既使其姿态入画，又使其枝序合理，达到"虽由人做，宛自天开"的境界，以充分体现自然美。剪重在剪枝，即经过整形的树枝，剪截多余的枝条，目的一为维持和发展美丽的树形，二为避免徒枝、孳枝对水分和养料的浪费，以利观花果花卉的开花结实。

花卉修剪分休眠期修剪和开花期修剪两种。休眠期修剪主要进行疏枝和短截。生长期修剪包括剪梢、摘心、抹芽、摘叶、疏花、疏果、剪除徒长枝、枯枝、病枝等项工作，以调节营养生长。修剪时间因花卉习性不同而异。在当年生枝条上开花的多年生木本花卉和宿根花卉，如紫薇、菊花、一品红、月季花、石榴、木芙蓉、金橘、佛手、扶桑等，宜在冬季休眠期进行

修剪，促其多发新梢，多开花，多结果。而春季开花的花卉，如梅花、寿星桃、碧桃、迎春等，其花芽是在头年枝条上形成的，不宜冬季休眠期修剪，亦不宜在早春发芽前修剪，而要在开花后1周～2周修剪，使萌发新梢，形成来年的花枝。

剪切枝条有不同的剪口方法。木本花卉小枝修剪常剪成平剪口，剪口位于侧芽顶尖上方，剪口小，易愈和，剪口芽生长也好。还有一种平剪口是留桩的，在剪口芽上留有一截树桩，可保护剪口芽的萌芽生长，但第二年冬剪时要剪去伤口难以愈合的残桩。大斜剪口则是为削弱树势而采用的。由于剪口倾斜过急，伤口过大，能抑制剪口芽生长。留选的剪口芽强弱不同，长出来的枝条不同，壮芽发壮枝，弱芽发弱枝。选择剪口芽生长后作主干延长枝，则剪口芽应顺主干延伸方向直立如为扩大树冠，选择剪口芽斜生，宜选留外生芽作剪口芽。总之，选留剪口芽的方向要根据有利于理想树形的形成来决定。

盆花修剪常进行摘心、孳枝修剪、花后修剪、摘叶等等多种工作。摘心是对播种或扦插成活以后的幼苗进行的一种修剪。当幼苗长到约10厘米高时，将上端的顶梢摘去1/3或1/2，以抑制枝条徒长，促其多生侧枝，使植株生长粗壮，形态美观，增加开花的数量及次数。既可用手指掐去，也可用花剪剪去主枝或侧枝的顶梢。一些草本花卉，如五色椒、金鱼草、菊花、一串红、长春花等，宜于进行幼苗摘心打顶修剪。另一些草本花卉，如凤仙花、鸡冠花等，因其摘心打顶后花朵变小甚至不能开花，就不宜进行幼苗的摘心修剪。而一些木本花卉，如梅花、茉莉、天竺葵、石

榴、月季、夜丁香等，则可根据栽培目的和长势进行多次摘心打顶修剪。有的花卉，如杜鹃花、雀梅、菊花等，在生长期要从根基部生出许多蘖枝，影响美观，浪费养料，影响生长和开花，必需剪除。有的花卉，如兰花、牡丹、茶花、天竺葵、杜鹃花等开花后，谢掉的花要及时修剪，摘除或剪去谢花的花梗。及时减去谢花，可减少营养浪费，多长侧枝，多开花。开过花的月季、茉莉等，还要截枝，修去枝条的1/3或1/2，能促其续开更多、更大、更艳的花朵。花后需留种结实的，就不必剪去谢花。有的花卉，如天竺葵、瓜叶菊等，叶片较大，过多过密的叶片要影响采光通气，应摘去少量老叶，以利开花。茉莉花在春天萌芽时，应及时摘去老叶，以促其提早开花。平时，对于花卉基部出现的自然黄叶，也应及时摘除。

② 花卉的繁殖

▲分株繁殖

花卉根形态正常，不发生变态的多年生草本花卉，叫宿根花卉。宿根花卉个体寿命可超过两年，能多次开花结实，如萱草、芍药、兰花、玉簪等。宿根花卉常采用分株繁殖和切球繁殖。分株繁殖的一种办法是将母株分割成数丛，每丛上都带有一部分根和茎，如兰花、玉簪、芍药等宿根花卉可采用此法。在分株时，先将整个株丛掘起，抖去泥土，顺势用刀劈成数丛，每一小丛至少有2个～3个芽。另一种分株繁殖方法适用于牡丹、蜡梅等花卉，可分离母株根际发生的根蘖、茎蘖、吸芽、走茎及根茎等，分割出来，培育成独立的新株。木本花卉分株时，毋需将母株挖出，只需将土挖开，从根际一侧挖出幼株即可栽植，如蜡梅。一般来说，春季开花的在秋季分株；秋季开花的在春季分株。

▲分球繁殖

多年生草本花卉地下根、地下茎变态肥大者，叫球根花卉，如郁金香、风信子、大丽菊、水仙、唐菖蒲等。球根花卉通常采用分球法繁殖，将母株形成的新球根：鳞茎、球茎、块茎及根茎等分离栽植。有的球根花卉，如水仙、郁金香、风信子等，在栽植一年后，一个老球可以形成1个～4个大球，大球基部又生出许多小球，在度过休眠期后，将其掘出，不需人工分割，

分离栽植即可。为增生小球，对风信子、水仙、百合的母球底部用小刀交叉切2刀～3刀，割伤后的鳞茎能产生较多的小鳞茎。美人蕉及鸢尾等球根花卉，具有肥大的根茎，可将其分割为数段，然后栽植。唐菖蒲等花卉可以进行切球繁殖。

▲嫁接法繁殖

嫁接成活的关键是砧木和接穗能否长出足够的愈伤组织，并紧密结合。嫁接时，要将接穗和砧木的形成层贴在一起，并尽量扩大形成层的接触面积，在创伤的刺激下，加速伤口处接穗和砧木的形成层细胞不断分裂，从而形成大量的愈伤组织。接穗可用冬季修剪下来的一年生枝条进行沙藏，在春季枝接时制备，也可随采随接，用一年生枝条制备。砧木则应选择对接穗有较强的亲和力，又适应当地自然环境的花卉制备。

▲扦插的繁殖

扦插法繁殖可采用茎插、叶插等多种方式。

茎插分软枝扦插、硬枝扦插和芽插等数种。软枝扦插即嫩枝扦插，常绿木本花卉、仙人掌及多肉类花卉、一些草本花卉，喜用嫩枝扦插法繁殖。一般选取当年生枝梢部分为插穗，长度5厘米～10厘米，不宜过嫩，以老熟适中为宜。插穗过嫩易腐烂，过老则生根缓慢。仙人掌及多肉类花卉插穗，由于浆汁多，要待切口干燥半日至数日后再扦插，以免腐烂。

硬枝扦插又名老枝扦插，落叶木本花卉多采用此法繁殖，部分常绿木本花卉也可用此法繁殖，如桂花、木槿、紫薇、佛手等。插穗应选取1年～2年生充分木质化的枝条，长15厘米～20厘米，带1个～2个节，剪去叶片，插入深度为插穗的1/2，上面留1个～2个侧芽。家庭养花可用瓶罩扦插、大盆密插等方式进行木本花卉繁殖。

家庭养花可用瓶罩法进行扦插繁殖。瓶罩法是用泥盆作插床，在花盆底部多垫一些碎盆片，加入以河沙、泥土3：1混合的沙壤土，将插穗的1/3插入床中，摘去下部基叶，保留2片～3片叶，并将保留叶再剪去1/3片～1/2片，1个插床上插10余只插穗，浇足水后在插穗上用一大口玻璃瓶将全部插穗罩上，然后放在半阴的天井、阳台或晒台一角培育，瓶口干了可在玻璃瓶口浇一些水。经1个月左右，嫩叶

长到 1 厘米～2 厘米时，在阴雨天将瓶罩摘去。

▲水插的繁殖

家庭养花用水代替土作基质用水插法繁殖花卉，繁殖方法简便卫生。水插容器最好选用深色的广口玻璃瓶，在黑暗中切口容易形成愈合组织，有利于生根。一般嫩根长 1 厘米～2 厘米，根乳白色。生根后要及时上盆，根在水中过久会变质，呈黄褐色，影响成活。适宜于水插繁殖的花卉有大丽菊、万寿菊、金鱼草、玻璃翠、豆瓣绿、蟆叶秋海棠、四季秋海棠、一串红、虎尾兰、万年青、月季、巴西铁树、榕树、倒挂金钟、变叶木、栀子、印度橡皮树等百余种。

③ 花卉的管理
▲春季管理

在室内过冬的畏寒花卉，如橡皮树、米兰、昙花、铁树、棕竹、茉莉、金橘、倒挂金钟、仙人球等，要避免冷风吹袭，不要在早春大开窗门。随着春季气温的升高，可移至室外养护，但要注意不要过早移到室外，特别是我国北方早春气温多变，又常刮干风，以清明至立夏间移出室外为妥。即使在我国南方，将室内盆花移向室外也要注意逐步实施，先注意室内通风，再在晴天中午移出露地 1 小时～2 小时，逐日延长，经过 2 周～3 周适应期，再完全放到室外。春季管理中，特别要注意不要浇水过多。浇水过多，易引起枝叶徒长，影响开花结实，并可能由于土壤过湿而烂根。施肥也不宜过浓过多，谨防烧根。

▲夏季管理

盆花夏季管理的关键是根据不同花卉的习性选择适宜的光照环境。一些耐阴观叶花卉，如文竹、鸭跖草、万年青、棕竹等，需置于弱光且通风阴凉处养护。一些半耐阴花卉，如兰花、龟背竹、文竹、昙花、君子兰、玉簪等，则应用黑色遮阴网搭遮阴棚或在室内稍见散射光线的阴凉通风处养护。一些喜光花卉，如月季、无花果、牡丹、太阳花、石榴、茉莉、一品红、变叶木、五针松、针柏等，则置于阳光充足处养护，米兰、白玉兰、扶桑、菊花等需略加遮阴。夏季水分蒸发量大，注意及时浇水，防止干死是夏季管理的又一重要环节。喜湿花卉，如水仙、龟背竹、马蹄莲、茉莉、米兰、扶桑等绝大多数花卉，应在早上喷 1 次水，下午或傍晚浇 1 次透水。但对夏季休眠或半休眠的品种，如吊钟海棠、仙客来、花叶菊等，则要适当控制水分。置于室外的盆花，阵雨后应注意倾倒盆内积水。夏季施肥以追肥为主，施肥次数和施肥量要因花卉的习性不同，采用不同的方法。一般花卉，半月施肥 1 次即可。对生长旺盛、花期长的花卉，如茉莉，2 天～3 天即要施肥 1 次，月季 5 天～7 天施肥 1 次，珠兰、木本夜来香 10 天施肥 1 次。施肥时要注意不要把肥水泼到叶片上，以免损伤叶面。处于休眠期或半休眠期的花卉，则要停止施肥。夏季管理还要注意摘叶、摘心等修剪工作，以利花卉通风透气。还要注意抹芽、疏花、疏果等修剪工作。抹芽是将花卉茎基部或主干上长出的不定芽抹掉，避免养分的浪费。观果花卉，如金橘、佛手、石榴等，为促使果大色佳，要及时摘除一部分幼果，一般短的结果枝只留下一个幼果为宜。观花为目的的花卉，如月季、茶花、菊花等，则要摘除部分花蕾，以使花大色艳。

▲秋季管理

对于在秋天结实的花卉，要及时收获成熟的种子，收后晒干，保存起来，以备来年播种。保存方法，因各种花卉的习性不同，采用的方法也不同。耐干燥的一二年生草本花卉种子，在充分干燥后，置于纸袋或纸箱中，在阴凉通风环境中保存即可，也可将其装入罐或瓶一类的容器中密封，在冷凉环境中保存，或者置于 15℃ 的低温条件下保存。牡丹、芍药等长期在较干燥环境中保存易丧失发芽能力，可采用层积法保存种子，即将种子与湿沙或加些水苔，混在一起交互作层状堆积，能提高这类花卉种子的发芽率。睡莲、王莲等花卉的种子，需要贮藏在水中才能保持其发芽能力，要用水藏法保存种子。春天开花的花卉，要在秋季播种或扦插。一些盆栽花卉，如瓜叶菊、四季海棠、金鱼草、仙客来等，以及一些二年生露地栽培的花卉，如矢车菊、三色堇、羽衣甘蓝、雏菊等，可在8月～9月播种；天竺葵、吊钟海棠、月季等可进行扦插繁殖；西洋鹃、红枫、五针松等可进行嫁接繁殖；芍药、牡丹等宿根花卉可进行分株繁殖。秋天也是一些盆栽花卉上盆的大好时节，郁金香、风信子等球根花卉，要抓紧上盆。对秋冬或早春开花的花卉，如仙客来、一品红、菊花、四季海棠、月季、秋海棠、蟹爪兰、天竺葵等，要加强肥水管理，根据生长情况，每隔7天～10天施液肥1次，以促其花繁叶茂。"秋风扫落叶"，秋天是积腐叶肥的大好时节，应收集落叶，沤制堆肥。

▲冬季管理

冬季管理的重点是防寒防冻。很多花卉原产热带和亚热带地区，喜暖畏寒，在冬季要根据我国南北方不同温度条件采取防寒措施。盆花可移入室内。仙客来、秋海棠、扶桑等特别畏寒花卉，在10℃以下时即要移入室内，建兰、珠兰、茉莉、米兰、瑞香等花卉，则在6℃以下要移入室内，君子兰、文竹、棕竹、苏铁等花卉，在4℃以下要移入室内。移入室内的花卉，根据各种花卉对光照的要求，摆放在不同的位置。冬春季开花的花卉，如仙客来、茶花、瓜叶菊、蟹爪兰等，秋天播种的草本花卉，如金鱼草、香石竹等，性喜光照温暖的花卉，如米兰、茉莉、白玉兰等，夏季喜半阴，冬季喜半光的花卉，如杜鹃、文竹、四季海棠等，要放在窗台或靠近窗台的阳光充足处。性喜阳光，但能耐低温，或处于休眠期的花卉，如金橘、桂花等，可放在0℃以上，有散射光照射的冷凉处。对光照要求不严格，能耐低温且已落叶的花卉，如月季、无花果、小石榴等，则可在没有光照的地方放置。冬季室外气温较高的地区，一些不太畏寒的花卉，如无花果、石榴、蜡梅、梅花、桂花、金橘、月季等，可留在露地或阳台上培养，不必都

移入室内。在露地栽培的一些无法移入室内的高大畏寒花卉，如黄桷兰，要搭塑料小棚将其遮蔽起来，形成小温室环境。家庭或办公区内有庭园、天井、阳台、屋顶花园的，可搭简易暖棚，将盆花放入简易暖棚以防冻。简易暖棚用木架、三角铁搭建，四周用双层塑料薄膜铺盖，底部用石块或土块压紧。冬季花卉一般应少浇或不浇肥水。如必须浇水，也应使水经过日晒，使水温接近室温时方才浇水。秋冬或早春开花的花卉，以及秋播的草本花卉，可根据不同花卉的习性，适当施些肥水，但亦不宜过多过浓。

④ 花期的人工控制

古有武则天令百花齐放的传说，那是人们对人为控制花期的理想。今有靠科学技术使百花齐放的实例，1979年10月1日，为庆祝国庆，我国的花卉工作者采用人为控制花期技术，使北京中山公园的130多种花卉，有春季开花的杜鹃，夏季开花的芍药，秋季开花的菊花，冬季开花的梅花，同时盛开。使百花齐放的秘诀是：在掌握不同花卉习性的基础上，创造使花卉在理想时间开花的条件。调节花期有5种主要的办法：一是根据不同花卉的习性，进行温度处理，以打破花卉的休眠期，控制花芽分化和发育，影响花茎的生长。通过增加温度，可使一些花卉，如三色堇、石竹、天竺葵、五色茉莉、牡丹、杜鹃、桃花等提前开花。用降低温度的办法，可使各种耐寒、耐阴的宿根花卉、球根花卉和木本花卉延迟开花。二是进行日照处理，人为延长或控制日照时间，提早或延迟花芽分化与发育，达到调节花期的目的。比如，用补加人工光的方法，延长光照时间至12小时以上，可促使需长日照的花卉，如唐菖蒲、荷包花等在短日照季节提前开

花。用遮光处理以缩短日照，可令短日照花卉，如菊花、落地生根、三角花等在长日照季节开花。利用颠倒昼夜的办法，可促使习惯在黑暗中开花的花卉，如昙花，在白天开花。还可以通过调节光照强度的办法，使一些需要较多光照的花卉，如月季、香石竹等，提高开花质量，延长开花期。三是应用含有生长调节物质的药剂进行处理，达到打破球根类花卉及木本花卉的休眠，促使提前萌芽生长，提早开花的目的。赤霉素（920）在花期控制上的效果最显著。用0.05%～0.1%浓度的920点在芍药、牡丹的休眠芽上，几天后花芽便会萌动。将赤霉素涂在山茶的花蕾上，喷施蜡梅、杜鹃、天竺葵等许多花卉，均能促其提前开花。乙烯利、萘乙酸等药剂，也可促使一些花卉提前开花，如用0.1%浓度的乙烯利、萘乙酸在菠萝蜜株心灌注，即可促使其提早开花、结果。四是采用修剪、摘心、施肥和控制水分等措施，控制花卉生长期，调节花期。如常用摘心方法来控制大丽菊、万寿菊、康乃馨、一串红、孔雀草等的花期。五是通过控制花卉生长开始期的办法来使同一种花卉分期分批开花，长期开花不断，如四季海棠、万寿菊、牵牛、唐菖蒲等便可分批种植，达到分批开花，整体花期延长的奇效。

⑤ 庭园花卉

庭园有大有小要根据不同的情况进行布局。布局总的原则是观赏性与实用性相结合，以观赏性为主。观赏性包括两个方面：一是整体布局的美感，要有主题，主次分明。比如，以某种花卉为主，布置成梅园、桃园、紫藤园、玫瑰园、桂花园、月季园等。然后，再辅以台上摆的盆景、墙上攀的藤蔓、架上吊养的花卉，相辅相成。二是巧妙搭配栽培的花卉品种，春兰夏鹃秋菊冬梅，使四季开花、四季香飘、四季常绿、四季如春。

▲庭园花卉的布置

庭园布局，要根据建筑物的朝向、采光、通风条件，选择适宜的花卉莳养。住宅坐北朝南，庭园光线良好，要多栽喜阳花卉，如南洋杉、月季、牡丹、芍药、一品红等。住宅坐南朝北，庭园光照不足，要多栽耐荫蔽的花卉，如桂花、杜鹃、山茶、贴梗海棠、凤尾竹等。

庭园布局，要根据庭园大小合理布局。庭园面积在20平方米左右的，可作如下布局：第一层为围墙或篱笆的垂直绿化，用爬山虎或其他攀缘花卉形成绿色屏障；第二层用万年青、郁金香、女贞、珊瑚树等灌木植成绿色的矮篱；第三层是高矮绿篱内的中心区，植以观花、观果为目的的木本花卉，辅以春秋两季播种莳养的草本花卉，达到山野情趣浓郁，视野开阔，四季常绿，间或可饱口福的目的。庭园面积较大，在30平方米以上的，可在上述基础上，布局一至数个花坛；还可搭棚设架，莳养紫藤、葡萄、凌霄等藤本植物，以成花棚、花廊、花屏、花拱门等；形成多个群体园林，如蜡梅园、杜鹃园、枇杷园等。庭园面积较小，在10平方米～20平方米之间，可进行点式花卉莳养配置，在庭园角落种植一二株木本花卉，中间筑成小花坛，种植各种小型木本花卉和草本花卉，依然可达到月月有花、满园春色的效果。

庭园布局讲究高矮错落，疏密有致，追求几何图案的画面效果。可用对称式、行列式、几何图案式造型。我国南方庭园可选择棕榈、芒果、香蕉、南洋杉等热带、亚热带花卉为主景，配上水池、雕塑、假山等，展示南国风光。我国北方庭园可莳养雪松、红枫、榆树等耐寒花卉为主景，配以大型的山水盆景和树桩盆景为衬托，表现北方庭园的特色。我国长江流域地区，处于我国南北之间，可对北方庭园和南方庭园的特色兼收并蓄，并加配圆亭、长廊、水榭，形成更丰富多彩的庭园。

▲花坛的布置

根据庭园大小，可以构筑一个至多个小花坛。花坛要根据花坛周围环境来确定平面形状，或圆形、方形、长方形，或三角形、扇形、椭圆形、带形及其他几何图形，以欣赏平面美。花坛边缘用砖砌，中间用土堆成斜面，使高出地面10厘米～15厘米。圆形花坛的中间最好隆起，倾斜度在10%以上，这样，既利于观赏，又利于排水。花坛边缘可种植一圈麦冬或沿阶草。

花坛莳养花卉可采用花丛花坛、模纹花坛和境界花坛等多种形式。

花丛花坛以观赏艳丽的色彩为主，花卉要选择株型矮小、分枝密集、花期较长、花色鲜艳、花朵突出的品种，如万寿菊、海棠、三色堇、康乃馨、矮牵牛、一串红、金盏菊、雏菊、半枝莲、金鱼草、美女缨、福禄考、孔雀草、常春花、石竹花等。一个花丛花坛内，花卉品种不宜过多，以一种花卉为主，另外几种花卉为陪衬，主要花卉和辅花要花期一致，色彩搭配协调。色彩搭配协调有两种方式，一种为具有"红、黄、蓝"三原色之一的共同基调，如橙黄与粉红，有共同原色"红"；浅黄与橙黄，有共同原色"黄"；天蓝与翠绿，有共同原色"蓝"。而无共同原色基调配合者，如红与绿，有"红配绿，丑得哭"之说。还有一种色彩搭配法为对比法，以对比为主，协调为辅，这是特定环境中，根据需要来进行冷暖色大对比度的色彩设计。

模纹花坛是以观赏花坛的设计图案为主，不强调花色的艳丽和大小。因此，选择模纹花坛花卉品种主要要求更为矮小密生，如五色苋中的小叶红和小叶绿，配以景天科的费莱、打不死等花卉。方形、圆形等模纹花坛，常在花坛中心配以苏铁等观赏价值高的木本花卉。

境界花坛莳养花卉不采用机械的几何图形，而采取自然式的栽植方式。境界花坛只分为大小不等的不同花卉的块状、丛状栽植，高矮参差错落，显得自然活泼。境界花坛的常用花卉为虞美人、芍药、风信子、百日草、美人蕉、唐菖蒲、菊花、翠菊、福禄考、凤仙花、蜀葵、百合、大丽菊、石蒜等。

▲小天井的绿化

城镇居民家中，一些单位的底楼里，常有不足 10 平方米的小天井。小天井常因四周楼房遮蔽，光照少、湿度大、通风差。小天井绿化可因地置宜，多栽喜阴的盆花，如兰花。在小天井中间，可砌小花坛，也可架设台架，在盆花架上下层莳养一些较耐阴的观叶花卉，如蕨类；在盆架上层也可莳养一些喜光的盆花，如茉莉、月季、扶桑、石榴等。在天井的角落，可以种一些攀缘花卉，如木香、牵牛花等，用竹竿或绳索牵引上楼。

▲屋顶花园

建造屋顶花园最好从房屋设计开始，使其屋顶每平方米有承载 400 千克重物以上的能力。如果屋顶设计时未考虑承载重量，要在屋顶养花，必须弄清屋顶的承载量，在承载量允许的范围内适当养盆花，并尽量将盆花放置在承重墙上。有承载能

力的屋顶，也可以筑坛搭架种植攀缘花卉，如紫藤、凌霄等，还可以种植葡萄、瓜类、藤本蔬菜等，既可遮阴，又能享口福，何乐而不为？有承载能力的屋顶，还可用多孔砖砌成高约 25 厘米的种植区，辅锯末作基质，用各种油饼渣作基肥，用化肥作追肥，莳养各种花卉；也可用多孔砖砌成花池，在底部铺一层塑料薄膜，将培养土放入其中，莳养各种花卉。

▲阳台养花

阳台是水泥结构，吸热快，散热慢，蒸发量大；阳台的朝向不同，光线条件各异。因此，要针对阳台的特点，结合自己的喜好，进行莳养花卉的策划，适宜的品种，合理的布局，养护得法，是阳台养花成功的三要素。

品种选择的主要依据是阳台的朝向。南向阳台具有光照充足、通风条件好的优点，但又有风大、光照强烈、水分蒸发快、空气较干燥的弱点。因此，宜选择适应性强、喜光耐旱、生长强健的阳性花卉莳养，如仙人掌类、石榴、扶桑、百日红、金橘、红橘、石榴、月季等。北向阳台，则因其光照不足、水分蒸发较慢，宜选择喜湿喜半阴或稍耐阴的阴性花卉莳养，如罗汉松、杜鹃、五针松、棕竹、南天竹、万年青、文竹等。东向和西向阳台，上午或下午日照燥烈，为遮阴降温，可选种藤本和攀缘花卉。

阳台养花，是居室装饰的重要内容，要将花卉莳养和装饰艺术结合起来考虑。在阳台上层宜摆放阳性花卉，下层和盆花之间空隙处莳养耐阴花卉，阳台顶部设几个吊钩，悬挂吊兰等小型盆花，阳台两侧种一点攀缘花卉。这样，就能形成一个园林艺术的绝佳氛围：从室内往外看时，整个阳台好似室外大花园中的一个小框景；从室外往里看，整个阳台又好像花卉展览的小橱窗。阳台莳养花卉较露地莳养难度大，因此，管理要细致，养护要精心。一般可用花盆或木桶莳养花卉，亦可修砌种植槽莳养花卉。要根据不同花卉的习性配制培养土，进行适当的水肥供应。由于阳台环境干燥，浇水次数和数量均要多于露地莳养，一般春、秋季每天浇 1 次透水；夏季上午喷水 1 次，傍晚浇 1 次透水。干旱季节和炎热的夏天，每天上、下午都要向叶面喷水及向地面洒水。一般每隔 10 天～15 天，施 1 次充分腐熟的饼肥水。养花

"七分靠管，三分靠剪"，要根据花卉的习性及时修枝整形。要及时防治病虫害。南向阳台，盛夏中午前后要挂竹帘，防烈日暴晒。

▲室内花卉

室内养花是居室装饰的一部分，针对室内光线弱的特点，应选择以耐阴性强的观叶花卉为主，如龟背竹、橡皮树、棕竹、铁树、君子兰；室内冬季保暖条件好的，可莳养发财树、巴西木等新潮观叶花卉，可在窗口、书橱和衣柜上悬挂吊兰或常春藤。室内养花不宜过多。由于室内光线弱，花卉的呼吸作用往往强于光合作用，室内养花过多会使氧气浓度降低，二氧化碳浓

度升高，对健康不利。

窗台是室内光照最好的位置。窗台养花，既要照顾装饰室内的作用，又不要影响室内采光。因此，选择窗台养花花卉品种时，应选择喜阳、生长慢、体形小巧玲珑、观赏价值高的品种。窗台养花最适宜的品种是仙人掌类和多肉多浆类的花卉，如盆栽令箭荷花、蟹爪兰、虎刺梅等，还可在临窗的书桌或茶几上莳养盆栽杜鹃、文竹、石榴、彩叶草、仙客来、水仙等。

应根据室内房屋的不同用途和氛围要求，配置不同的花卉莳养。书房宜清静幽雅，只需在案头摆一盆兰花或云竹即可。卧室则要求恬静舒适，可放置米兰、君子兰、茉莉花、四季桂、蟹爪兰等莳养。客厅可放置一些株形高大的花卉，如山茶花、杜鹃花、龟背竹、棕竹等莳养，亦可放置山水盆景或树桩盆景莳养。办公室莳养花卉，不能影响办公，宜在墙角莳养大型花卉，如巴西铁、南洋杉、发财树、绿萝、散尾葵、鱼尾葵；而在办公桌或工作台上，可莳养仙人掌类和多肉多浆类花卉、豆瓣绿、秋海棠、紫罗兰及壁挂式花卉等。

6 盆景艺术
▲盆景艺术简介

盆景和盆栽是两个不同的概念。盆景和盆栽都是用花盆来莳养花卉，区别在于盆景要刻意进行艺术构思，功夫主要下在艺术造型上，是一种源于自然，高于自然的艺术品；盆栽虽然也通过修剪等手段使盆花更美丽，但重在莳养，功夫主要下在栽培管理上。盆景要求作者运用"缩龙成寸，咫尺千里"的艺术手段，采取"空、透、漏、瘦、皱"等技法，以盆当画布，以山石草木为颜料，用手作笔，将幽、秀、雄、险的大自然景观，绘制成活的艺术品——盆景。这很有点行为艺术的味道。"行为艺术"是西方近几年才发明的艺术流派，中国的这种盆景"行为"艺术则早在远古时期就产生了。1977年，我国浙江余姚河姆渡考古中发掘出的一件刻画陶片，就绘制着一幅原始的草本万年青盆景，距今已有约7000年的历史。以后，历代均有记载。唐代冯贽在《云仙杂记》一书中记载了大诗人王维制作的盆景，写道："王维以黄瓷斗贮芝蕙，养以绮石，累年弥盛。"清代著名园艺家陈扶摇在《花镜》一书中，较细致地记述了古人创造的盆景，写道："近日吴下出一种，仿云林山树画意，用长大白石盆，或紫砂宜兴盆，将最小柏、桧、或枫、榆、六月雪，或虎刺、黄杨、梅桩等，择其十余株，细视其体态参差高下，倚山靠石行栽之，或用昆山白石，或用广东英石，随意叠成山林佳景，置数盆于高轩书室之前，诚雅人清供也。"盆景艺术经过几千年的发展，支生了许多流派，大类有山水盆景、树桩盆景和石玩盆景。盆景又可分为水景、旱景及水旱景之分。将山石置水中为水景；以山石或培养土栽植树木，盆内缺水，称旱景；介于水景、旱景之间，则称水旱景。本书仅介绍与花卉园艺有关的山水盆景和树桩盆景，以及相关联的水景、旱景和水旱景。

盆景艺术与诗、画艺术一样，同源于艺术家的创造。我国许多著名诗人，如白居易、王维、韩愈、苏轼、陆游等，同时都是盆景艺术家。盆景艺术除与诗画艺术有共同点以外，又有别于诗画，有自己特有的规律。一是因盆景中有花卉，是活的艺术品，创作便有连续性，在初步形成立意、构图后，还要不断进行"再加工"、

"再创造"。二是盆景为立体的三维画，这就要求不仅平面画面要好看，仰视和鸟瞰画面也要好看。三是盆景艺术具有艺术时间、空间和现实时间、空间的双重性，但因为现实的空间很小，而要求其给人的感观要大，故特别强调艺术的时间和空间；盆景是艺术美和自然美的结合，但更强调艺术美；盆景艺术不仅要求有一定的艺术修养，还要求有一定的生物学基础知识和农业技术知识。否则，可能将几代人、数百年的心血毁于一旦。

▲盆景的分类

盆景艺术有山水盆景与树桩盆景之分。

山水盆景亦称山石盆景或水石盆景。山水盆景以山石材料为主，将自然的山石通过劈石、锯截、磨刷、清洗、嵌接及拼接胶合等技术和精心的艺术加工，配以合适的盆、水、土、植物、摆件、几架，布置成优美的山水景象，犹如一幅立体的山水画。山水盆景的盆口浅、质细、色雅。

树桩盆景简称桩景。一般以木本植物为主，通过曲枝绑扎、整形修剪、控制肥水等方法，使其生长老熟，逐渐达到"株矮干粗、枝曲根露"，或盘根古朴，或疏影横斜，或花果繁茂，或枯木争春等艺术意境。

制作盆景的要点：一要学习自然，师法造化。习作盆景艺术者要对山山水水、参天老树做一些研究，从自然中吸取营养，捕捉盆景材料特点，获取灵感，确定主题，精心构思，对盆景材料进行剪裁、取舍、渲染、夸张等艺术加工，使山或幽，或秀，或险，或雄，或奇，使树或遒劲豪放，或潇洒飘逸。在整体上，或高雅，古朴淡雅，不著色相；或典雅，有局有法，行笔有本；或隽雅，平原疏木，隐隐遥岭，盈盈秋水，着笔不多，却玩味无穷；或和雅，神恬气静，观之能除躁妄之气；或大雅，集前古各家之长，自成风度，成名贵卷轴之气魄。二是立意当头，贯彻始终。立意首先考虑的是以何种诗情画意来表达主题。立意要高雅、新奇，反对平淡无奇，刻板老套。要达成能表达主题的意境，选材很重要。如选取树桩材料，要求树筑怪异，树根易蟠易露，树干耐蟠耐剪，枝细叶密，花果香艳；选取表现苍古雄奇主题，宜用松柏类材料；表现婀娜妩媚，可用藤萝类材料。同时，为准确表达主题，要选择不同的盆景形式，不同的主次安排。三是要巧于布局，小中见大。无论表现何种主题，都强调小中见大。要通过布局造型，来达到小中见大的艺术效果。大文豪苏轼创作的盆景，以一掌、一壶之微，取得"三峰"、"九华"、"五岭"、"千嶂"的恢弘意境。苏轼在《双石一首并行》中自赞从扬州拾取二石制成的盆景，道："但见玉峰横太白，便从鸟道绝峨眉。"四是构图遵循宾主、虚实、动势、色相和变化的原则。宾主是指确定主体，突出主体；虚实是指满与空，疏与密的关系，不能太满，虚实相宜，疏密有致；动势是指将画面的生动活泼，用主体植于重心之上、树作俯仰悬垂之势、山作奔趋向背之形、拟人化等方法，使死气沉沉的静物动起来；色相是指色彩的明暗、冷暖协调；变化指一盆物色的变化、此盆与彼盆的变化，切忌千篇一律，如模铸成。五是妙用景名，画龙点睛。盆景制成以后，用景名来概括作者的创作意图，有画龙点睛之效。取名：一可从古籍中找典故，特别是借用前人的诗词、歌赋题名点景。二可从现代语言中去提炼。如盆景《春色融融》，怒放的春鹃表达的意境尽现在景名之中。

▲盆景的制作

制作盆景，要求花卉品种适应性强，耐瘠薄，耐移栽，易上盆。符合这些条件的花卉有：金弹子（瓶兰花）、蜡梅、桃、女贞、珊瑚樱、苦苣苔、梅花、六月雪、罗汉松、贴梗海棠、垂丝海棠、银杏、紫薇、杜鹃、凤尾竹、凤凰竹、佛肚竹、紫竹、人面竹、淡竹、金竹、黄金间碧玉竹、偃柏、马尾松、柳杉、水杉、刺柏、翠柏、睡莲、景天、郁李、黄桷树、榕树、雀梅、寿星桃、金橘、雀舌黄杨、山茶、仙人球、女贞、金桂、丹桂、枸杞、水仙花、芭蕉、银桂、石榴、迎春花、春兰、建兰、万年青、文竹、仙人笔、仙人山、华山松、马尾松、白榆、西府海棠、垂丝海棠、探春、金钟花、连翘等。

▲花盆的选用

盆景是一种艺术，花盆作为盆景的载体，盆的形式、色调、深浅、质地均影响盆景的观赏效果。因此，花盆的选择要考究。用于盆景的花盆以古为贵，以雅为佳。不同类型的盆景配不同类型的花盆：桩头盆景通常配深圆盆或四方、六方、八方深盆，色调宜深宜古；以植物为主的盆景，应选择透气好的陶盆，供观赏用时再在外面套上美观的瓷盆；山水盆景中的水盆可配长方或椭圆形浅盆，色调宜浅；以孤树为主的盆景，宜用马槽盆；悬崖式盆景可用各类扦筒盆；以山石为主的盆景多配白玉盆。

▲盆景的置放

用桩头盆景和山水盆景点缀庭园，使庭园有咫尺山林的野趣。可将规则式桩头用于庭园门前，增加庭园的气势。然后，在庭园路旁、花台点以古桩作陪衬。山水盆景安置在庭园内侧，"藏景"可给客人以惊喜。小型或微型盆景则可置室内书案、茶几之上，阳台、明窗之前，再与壁上诗画相映衬，创造出高雅的艺术氛围。

7 名花栽培

▲梅花

1. 概述。

梅花，学名 *Prunus mume*，别名红梅、绿梅、春梅、干枝梅等，属蔷薇科李属。梅花是落叶小乔木，长寿树种，寿命可达千年以上。湖北黄梅有 1 株晋梅，树龄有 1660 多岁；浙江天台有 1 棵隋梅，树龄约

为 1300 多岁。我国的赏梅胜地很多，著名的有：无锡的梅园、成都杜甫草堂的梅园、重庆的南山、昆明的黑龙潭、广东大庾岭的罗浮山、杭州西湖的孤山、苏州的邓蔚、武汉东湖的梅岭、苏州的香雪海、上海的淀山湖、青岛的中山公园、台湾雾社的梅峰等。而南京梅花山，既是江南著名的赏梅胜地，又是全国规模最大、品种最多的艺梅基地。

梅花原产中国，全国各地均有栽植，每年从 12 月到次年 4 月，冬春之交，从南到北次第开放。在万花纷谢之时，梅花以其冰肌玉骨，凌霜斗雪，不畏艰险，不屈不挠，傲然挺立，是我国民族精神的象征。毛泽东的《咏梅》将这种象征形象象化："风雨送春归，飞雪迎春到。已是悬崖百丈冰，犹有花枝俏。俏也不争春，只把春来报。待到山花烂漫时，她在丛中笑。"我国近代国画大师刘海粟在一幅梅花图中，题词"不是一番寒彻骨，哪得梅花扑鼻香"，盛赞梅花傲雪的精神。现代著名画家史忠贵则将他的巨幅墨梅名作题名为："国魂"。梅花所象征的这种精神，使梅花和象征中华民族精神不同侧面的兰花、竹、菊获得了"四君子"的美名。因此，历代文人学士用诗、书、画等形式，留下了赞美梅品的众多传世佳作。

梅花由于品位高，在我国组织的历届十大名花评比中，均居榜首，被誉为中国第一花。

2. 习性。

喜光；通风良好；喜肥沃；喜干燥，但亦喜空气湿度较大；喜黏壤土或壤土，土壤中性或微酸性（微碱性亦能正常生长发育）；喜温暖气候，较为耐寒，但一般品种却不能抵抗 -15℃～-20℃ 的低温。忌潮湿，不耐涝渍，如排渍不及时，数日内便可大量落黄叶乃至根腐致死；怕大风，忌在风口栽培；忌长期荫蔽。

3. 栽培管理。

一般栽 2 年～5 年生的大花苗，可孤植、丛植或群植，株距 3 米～5 米。经掘树穴，施基肥后，将花苗定植，然后浇 1 次透水。梅花耐旱，只需土壤自然湿润，除春天干风季节长期不下雨需浇水外，一般不需单独浇水。梅花施肥不宜过勤，在每年冬季施基肥 1 次即可，不必追肥。但是，如果栽培地土壤贫瘠，在春夏生长期中，

应施一次追肥。可采用环状开沟的办法施肥：在梅树周围 20 厘米，挖一条深 15 厘米～20 厘米的环状沟，施入以人粪尿为主，辅以豆饼、油枯粉的肥料，然后，用泥土掩盖填平。梅树整形修剪，可采用自然开心形，并因势利导，使其形态"横、斜、曲、古、雅、苍、疏"。

4. 病虫害防治。

梅花有较强的抗病虫害能力，少有毁灭性病虫害，这是梅花能享千年高寿的重要原因。但危害梅花的病虫害较多，不可疏忽大意。梅花易患缩叶病和白粉病。缩叶病危害梅花的新芽、新叶，使叶片萎蔫、脱落，花器官不能生长。可用 200 倍波尔多液喷洒，连续两次即可预防缩叶病；用 0.5 度的石硫合剂喷洒，可治愈缩叶病。白粉病亦可用 0.5 度的石硫合剂喷洒治愈，亦可用 1000 倍～1500 倍 25% 托布津喷洒防治。梅花害虫较多，以蚜虫危害最大，可用 1000 倍敌敌畏防治，但不宜喷乐果乳剂防治虫害，因梅树易发生乐果药害。兰翅金花虫对梅花的危害也较大，严重时可将全树叶片吃光，导致全株枯死，可用 1000 倍晶体敌百虫毒杀。介壳虫也常危害梅花，可人工除治，或用 1000 倍～1500 倍 80% 的敌敌畏乳油剂喷洒防治。

▲ 牡丹

1. 概述。

牡丹，学名 *Paeonia suffruticosa*，别名木芍药、白术、鹿韭、洛阳花、富贵花、百两金、国色天香、花王等，毛茛科芍药属，因其在谷雨时节开花，有人又将其称为谷雨花。牡丹是多年生落叶小灌木，一般茎高 1 米～2 米，高者可达 3 米，树龄有超过百年者。牡丹花有单瓣单叶、半重瓣多叶、重瓣千叶几大类。重瓣千叶类名品较多。重瓣千叶实际上是一种花千叶，花心内的所有雄蕊均变成花瓣，花瓣密而重叠。重瓣千叶类牡丹又按花型分玫瑰型、绣球型、皇冠型、荷花型、托桂型、金环型、千层台阁型、楼子台阁型等。牡丹花色丰富，有红、粉红、黄、白、绿、紫等。

自古以来，牡丹就为我国文人学士赞赏。唐代诗人刘禹锡赞曰："庭前芍药妖无格，池上芙蓉净少情。唯有牡丹真国色，花开时节动京城。"自此，牡丹被誉为"国色"，相传至今。"国色"的标准是什么？追本溯源，牡丹被作为观赏花卉栽培，始

于南北朝，盛于唐代。唐代国色的标准是杨贵妃。杨贵妃雍容华贵，体态丰腴。牡丹花大、色艳，富丽堂皇，正合国色标准。因此，鉴赏牡丹名品档次的高低，也不外花多、花大、瓣多、色艳、花香、态"富"这 6 条。大可悦目，色可销魂，香可迷性，态可醉人。唐代记录了一株开花 1200 朵的牡丹，记录了"双头"、"重台"、"千叶"、"色有正晕、倒晕"、"香气袭人"等奇观。唐时的许多名贵品种，如姚黄、魏紫等，均具有国色特征，受到人们喜爱，经千年流传，保存至今。北宋文学家欧阳修在《洛阳牡丹记》中介绍了姚黄和魏紫两种名品。他说，姚黄为姚姓培育的一种千叶黄花，在北宋时是当时牡丹的第一名品，以美丽的黄色和重瓣夺冠。魏紫则是魏姓培育的一种千叶肉红花，花瓣繁密多达 700 多片。所谓双头者，《开元天宝遗事》记载："一枝两头，朝则深红，午则深绿，暮则深黄，夜则粉红，香艳各异。"

2. 习性。

喜光，也较耐阴；喜肥；喜肥沃疏松、通气良好的中性壤土（微酸性或微碱性亦可）或砂质土壤；耐寒，可抗-29.6℃的低温；耐旱，在年平均相对湿度 45% 左右的地方也能正常生长；怕热，不耐湿热。一言以蔽之："牡丹宜冷畏热，喜燥恶湿，得新土则根旺，栽向阳则性舒。"

3. 栽培管理。

前人总结莳养牡丹的经验，说："若阴晴燥湿得中，栽接种植得法，则发育必佳，花开必盛。"牡丹移栽最宜在 9 月进行。最佳的栽培地为下层沙质土，上层铺垫 1 米厚的培养土，其土层既深厚肥沃，又有利于排水通气，并注意栽培地能避强风吹袭和烈日暴晒。选好栽培地后，填施堆肥、

厩肥、油饼、骨粉等作底肥，拌匀平整土地后，按行距培成土埂，然后，按株距30厘米～35厘米掘穴栽培，穴深30厘米左右。将花苗放入穴中，根部使其自然舒展，均匀分布在穴中，填土压实，注意扶正。栽好后，浇1次透水。由于牡丹最怕高湿，在我国南方地区栽培牡丹可采用筑台种植的办法。台一般高50厘米～100厘米，用石块或砖块砌成。台的底部可铺一层碎瓦片或碎砖，上面铺上用疏松壤土拌入一部分腐叶土或砻糠灰而成的培养土。每逢大雨，土壤易被冲刷，雨后要做好培土和松土工作。根据牡丹"春发枝，秋发根，夏打盹，冬休眠"的生长规律，每年至少施肥3次以上。除移栽后10月中旬在根部适当覆盖一层马粪外，第二年3月施1次促花肥，以腐熟的饼肥或干粪为主，辅以磷、钾肥。牡丹开花后半月内进行1次花后施肥，以饼肥和麻酱渣粉为主，辅以少量磷、钾肥。进入冬季前，进行1次越冬施肥，以厩肥、堆肥为主。这些肥料在发酵中能增加地温，有利于保护牡丹过冬。由于牡丹怕积水，地栽牡丹不单独浇水，只在每次施肥后浇水1次。当然，如果长期干旱又当别论，应酌情浇水。牡丹在春季发芽前，必须进行修枝整形，剪掉所有弱枝和废芽，大株牡丹只保持5根～7根枝条。

4.病虫害防治。

牡丹的常见病主要有褐斑病、根腐病、蚜虫、介壳虫等。牡丹的褐斑病，主要发生在叶片上；根腐病，发生在根部，植株表现为长势衰弱，叶片萎蔫或干枯。牡丹的蚜虫危害从早春花苞、幼芽萌发开始，群居吸食液汁，使嫩叶失嫩，继而使枝叶卷曲，变硬发脆，不能正常伸展和开花。牡丹的介壳虫，多集中在嫩芽、嫩枝和叶脉处，吸食液汁，使受害叶片由绿变黄，严重者造成植株枯死。褐斑病、根腐病、蚜虫、介壳虫可用本书"养花常识"中介绍的方法防治。特别要注意的是，防治蚜虫时要注意保护花姑娘（瓢虫）、食蚜蝇、草蛉虫等蚜虫的天敌。

▲兰花

1.概述。

兰花，是兰科植物的统称。我国通常说的兰花，是指兰科兰属植物，多为中国原产，又称中国兰。中国兰，学名 *Cymbidium spp.*，别名幽兰、芝兰、山兰、兰

科属多年生草本花卉。兰花以"空谷幽兰"著称，高雅的幽香无花可比，被誉为"香祖"、"天下第一香"。古人曰"兰之香盖一国，可称国香"。兰花，是"梅、兰、竹、菊"四君子之一。不同品种，开花时间不同，春兰、春剑在春天开花；蕙兰、台兰在夏季开花；建兰、漳兰在秋天开花；墨兰、寒兰在冬天开花。

人们常常把兰草与兰花混为一谈。李时珍在《本草纲目》"兰草"一篇的"正误"中说："近世所谓兰花，非古之兰草也。兰有数种，兰草、泽兰生水旁，山兰即兰草之生水中者。兰花亦生山中，与山兰迥别。兰花生近处者，叶如麦门冬而春花；生福建者，叶如管茅而秋花。"

由于兰花姿态秀美，芳香馥郁，历代文人、骚客将其视为高洁、典雅的象征。清代著名画家郑板桥在他画的《深山幽兰图》中题了一首咏兰诗："深山绝壁见幽兰，竹影萧萧几片寒；一顶乌纱须早脱，好自高卧在其间。"他官也不想当了，只想游戏于兰花仙子之间。以画兰著称的古代著名画家赵孟坚，首创以墨画兰，其笔调劲利而舒展，清爽而秀雅。他在墨兰长卷上题词道"纯是君子，绝无小人"，以表达：作道德情操高尚的君子，不作猥琐无耻的小人之志。

2. 习性。

兰界以外的人士，常常视养兰为畏途，特别是用高价买来名兰花，不会养，越养越少，如何是好？其实，兰本山中草，要说贱，也贱得很，只要摸到了不同兰花品种的脾气，也容易养得很。广东刘清涌先生在所著《兰花》一书中，对不同品种兰花的习性做了比较，说："春兰耐湿，夏兰耐晒，秋兰耐肥，寒兰耐干，墨兰喜阴，台兰抗虫。"而台湾江元田先生则对兰花的普遍特性作了如下概括：喜日而畏暑，喜肥而畏浊，喜风而畏寒，喜树荫而畏尘，喜雨而畏潦，喜暖气而畏烟，喜润而畏湿，喜人而畏虫，喜干而畏燥，喜聚蔟而畏离母，喜土而畏厚，喜培植而畏骄纵。

具体来说，兰花喜疏松、肥沃的微酸性砂质壤土，最适 pH 值为 5～7，怕盐碱土及黏土；兰花喜清淡肥料，怕浓肥、生肥烧根；兰花喜光照，光照不足开花甚少，但又怕中午烈日暴晒；喜温暖，最适温度为白日 18℃～21℃，夜间 7℃～10℃，但不耐灼热，温度高达 35℃ 以上时，叶子容易灼伤，也不耐霜冻；喜流通的新鲜空气，但怕电风扇直吹；喜空气湿度大，但怕涝渍。

3. 栽培管理。

移栽兰花可在春、秋两季进行。栽种兰花的时间因品种而异，春天开花宜在秋天栽种或上盆、翻盆，秋天开花宜在春天栽种或上盆、翻盆。露地栽培兰花要选择在高地、通风排水良好的沙质壤土开沟栽植垄上。兰花移栽要精选花苗。兰花名品价值高，买兰苗必须品种确实；兰花病害很多，又极具传染性，购买兰苗必须排除病株；购买的兰苗最好是买一年生新株，或者 1 老株带 1 苗～2 苗新株者，栽后易成活，也容易继续繁殖；买花艺类名兰，最好在看到花后再购买，以免买到假冒伪劣花苗。莳养兰花的一个关键问题是处理好光照，太阴，生长不好，开花不易；光照太烈，又会灼烧兰叶。兰花一般需要遮阴，需要自然光的顺序是：早晨直接照晒的朝阳，中午透过遮阴物的花花太阳，接着是下午过后的斜阳。因此，露地栽培的兰花在夏天最好搭遮阴棚，盆栽的兰花可置于不当西晒的屋檐或大树树荫下莳养，在阳台上莳养的兰花可在阳台上装薄帘，在兰室内莳养兰花则可装上条板式的滚氏百叶窗，根据日照强度调节百叶窗的进光量。不论在庭园或阳台莳养兰花，都要注意四面通风，否则，阳多则晒死，阴多则淤死。如果盆栽兰花冬天置室内，每天上午 10 时至下午 3 时必须打开窗户使室内空气流通。兰花怕水渍耐干，但也喜空气湿度大。要保持兰花莳养环境中的空气湿度，空气干燥时，宜进行叶面喷水，盆栽兰花可用装满鹅卵石和水的托盘置于兰盆下面，但注意不要使水淹没盆底的通气孔。空气湿度也不宜过大，以免引起病害。一般来说，夏、秋季干燥时，除了开花期以外，浇水要勤一些。土壤排水良好的可一天浇 1 次～2 次；排水较差的可三五天甚至更长时间浇 1 次。总之，掌握土干则浇、土湿则缓的原则，不可浇水过勤。从晚秋到翌年春季，兰花需要水分少，要适当偏干，一般保持八分干、二分湿即可，避免积水。施肥得当，也是莳养兰花成败的关键因素之一。养兰要多用液肥，以稀薄的紫云英（苕子）浸泡水、腐熟的鱼腥水、蚕沙水为好。干肥通常含养分高，容易烧根，亦不要轻易施尿素等化肥。在兰叶衰弱时，用极稀（0.005% 以下）的尿素和磷酸二氢钾水溶液喷施，有使兰叶迅速从黄转青的奇效，但要十分谨慎，有不少因滥施浓度过大的尿素而"全军覆没"的例子。

▲菊花

1. 概述。

菊花，学名 *Dendranthema morifolium*，别名寿客、秋菊、黄花、女华、女茎、九华、金蕊、鞠、节华、帝王花等，属菊科菊属。菊花系多年生宿根亚灌木，营养繁殖苗的茎，分地上茎和地下茎两部分。地上茎高 0.2 米～2 米，多分枝，花后大都枯死，第二年春季再从地下茎发生蘖芽。

菊花原产我国，在 2500 多年前我国的

新世纪

老年

百科全书

古籍中便有栽培菊花的记载。从晋代起，我国开始将菊花作为观赏花卉栽培，有陶渊明的"采菊东篱下，悠然见南山"的名句流传后世。菊花是我国的十大名花之一，菊花之所以得到我国历代人民的欣赏，一是被看成长寿的象征，二是被看成民族精神的象征。菊花可泡水、泡酒喝。《神农本草经》中说，菊花"服之能轻身耐老"。《荆州记》中记载了今河南内乡菊潭益寿的事，《内乡县志》印证菊潭附近居民长寿的事例，这些居民，长寿者百五十岁，中寿者百二十岁，一般人大寿八九十岁。因此，菊花在日常生活中便成为吉祥长寿的象征。魏文帝曹丕在重阳节时，将一束菊花送给大书法家钟繇，表达他祝钟繇长寿之意。文人学士则将菊花的神韵象征傲霜斗雪、高雅静娴的君子风范，将梅、兰、竹、菊并称四君子。钟繇之子钟会曾礼赞菊花的五美：秋日晴空，圆花高悬；颜色纯黄，没有杂色；早值晚发，君子之德；冒霜吐颖，贞操高洁；酿成菊酒，杯中清盈。五美中，大多是象征人格美的。唐代诗人白居易赞菊道："一夜新霜著瓦轻，芭蕉新折败荷倾。耐寒唯有东篱菊，金粟初开晓更清。"晚唐农民起义领袖黄巢则在《赋菊》一诗中抒发要与恶势力搏杀的抱负："待到秋来九月八，我花开时百花杀。冲天香阵透长安，满城尽带黄金甲。"南宋诗人郑思肖赞菊花的风骨，曰："宁可枝头抱香死，何曾吹落北风中。"

2. 习性。

喜阳，亦稍耐阴；较耐寒，生长适温18℃～21℃，最高32℃，最低10℃，地下根茎耐低温极限温度-10℃；喜深厚肥沃、排水良好的沙质土壤，pH6.2～6.7为佳，但在微酸性或中性的土壤里均能生长；喜地势高燥；较耐干，最忌积涝；忌连作，每年必须重新分株和扦插繁殖；菊花系短日照花卉，开花忌长日照，但品种不同对日照反应不同。

3. 栽培管理。

栽培菊花的主要形式是盆栽。在我国南方，一般在5月扦插，6月上盆，8月上旬停头打尖，9月加强肥水催长，10月～11月开花。在我国北方，11月秋末冬初扦插，次年4月中旬分苗上盆，7月中旬换盆定植，秋季填土养殖。在整个栽培过程中，换1次盆，填2次土，使母本和新株三度

发根，历时1年在11月开花。栽培管理的关键是摘心，摘心在幼苗生长期即开始进行，用一只手握紧"摘口"，一只手摘除主枝或侧枝的顶端。摘心可以防止枝条徒长，促分新枝，使花朵更多、更鲜艳。大种菊花一般要摘心3次，第一次在5月～6月，苗高约18厘米时进行，仅摘去尚未展开的顶梢即可。第二次在6月～7月，长出4片～5片叶时进行，只留新枝下方3片叶子，上端全部摘去。第三次在7月～8月进行，只留侧枝下方3片叶子，上端全摘去。盆栽小菊，可从6月中旬至下旬开始，每隔20天摘心1次，共摘5次。大立菊要摘心7次～8次。摘心工作要选晴朗天气进行。摘心后，施腐熟追肥1次，使萌枝生长健壮。菊花摘心定头后，抽发的新枝、新芽均要随时除掉。10月上旬至中旬，要进行摘蕾，每枝仅留一个花蕾，能促使花开均匀、花朵大。俗话说："干兰湿菊"，但浇水亦应适时适量，掌握"干透浇足"的原则，并注意雨后侧盆倒水，不要因涝渍导致菊花生长不良，甚至烂根死亡。菊花喜肥，但也应适时适量。小苗上盆半月后，每7天～10天施追肥1次，用充分腐熟的豆饼、菜籽饼水或人粪水2份，加水8份作追肥。9月下旬菊花抽梗含苞时，每隔5天～7天施1次较浓的追肥，肥水比1∶3。为使花朵开得更加鲜艳，可用0.1%的过磷酸钙做追肥。当花蕾开出二三分时，应停止使用肥料。

4. 繁殖。

盆栽菊花多采用扦插繁殖。扦插时间南方为4月～6月，北方为11月。插穗用当年萌发的新枝制备。在新枝上剪取长10厘米～12厘米、带3节～4节的枝梢作插穗。枝梢切面绿色肉质实心者成活率高，枝梢切面白色絮状空心者不能作插穗。枝梢切下后，将最下面一节削平，除去茎部叶片，将上部叶片剪去一半。插床用土可用园土和砻糠灰各半混匀制备。既可在盆中扦插，亦可选择阳光充足、空气流通、排水良好、土质疏松的露地作苗床。扦插的深度为插穗的1/3至1/2，插后用手将基部泥土压紧。口径20厘米～23厘米的瓦盆，每盆可插10余棵。插后要用喷壶浇足清水。盆插者每天将花盆放至室内遮阴处，避免太阳直射，傍晚再移至室外养护。要经常保持苗床的湿润。约2周后，可在早

晨、傍晚让扦插苗稍见阳光。经 10 天～15 天，扦插苗根须逐步长出，1 月后即可分栽。

▲月季花

1. 概述。

月季花，学名 *Rosa chinensis*，别名月月红、丹丹红、瘦客、斗雪红、长春花、四季花、胜春、胜花、胜红等，属蔷薇科常绿小灌木。月季花原产我国，在 4000 多年前我国便发现了月季花，后传至世界各地，并与各地蔷薇科植物杂交成各种品种。月季香味浓郁，色彩艳丽，园艺栽培品种多为重瓣，瓣数一般有 20 瓣～30 瓣，多者可达 140 余瓣，花色有红、紫、黄等色，花期特长，2 月～12 月均可陆续开花，是花中皇后。宋朝诗人杨诚斋赞曰："只道花无十日红，此花无日不春风。"宋代徐积在《咏月季》诗中赞道："谁言造物无偏处，独遣春光住此中，叶里深藏云外碧，枝头常借日边红，曾陪桃李开时雨，仍伴梧桐落叶风，费尽主人歌与酒，不教闲却卖花翁。"

国外将庞大的蔷薇科花卉，包括月季、蔷薇，统称为玫瑰。在我国，月季和玫瑰是同科同属的两个不同品种。蔷薇则是对蔷薇属野生类型的泛称。月季叶片由 3 片～5 片小叶组成，光滑、平坦、没有皱纹，茎干枝条刺大有钩，花色丰富，果实圆球形；玫瑰叶片由 5 片～9 片小叶组成，叶脉凹陷，表面有皱，花型优美，色彩单调，香味浓郁，茎干枝条刺小细密，无钩，果实扁圆形。

2. 习性。

喜富含有机质物、微带酸性、排水良好的沙质土壤；喜温暖凉爽的气候，一般栽培气温白天为 18℃～25℃，晚上 10℃～15℃，气温超过 30℃则生长不良，低于 5℃即进入休眠期，停止生长；平均气温 22℃～25℃最宜生长。喜充足的阳光，在全日照条件下生长健旺，一般要求每天至少有 5 小时以上的光照，如阳光不足，则枝干细弱，叶片发黄，花朵变小，花色变淡。喜空气流通，空气不能太干燥，最适空气湿度为 75% 至 80%；适应性强，耐旱、耐寒、耐瘠薄。

3. 栽培管理。

一般月季可直接扦插栽培。可在露地栽培，亦可盆栽。扦插月季一年四季均可进行，但以春季开花后的第一批枝条比较充实，扦插较易成活。月季花在栽培中应注意日照、水、肥的管理和修剪枝叶。日照要长，露地或盆栽月季均要在向阳处莳养，保持日照在 5 小时以上，这是促使月季开花的首要条件。其次，施肥要及时，生育期每隔 10 天左右施 1 次腐熟的稀薄饼肥，生长旺盛期每周施 1 次，孕蕾开花期加施 1 次～2 次速效性磷肥，但在伏天及 10 月以后要少施肥或不施肥。盆栽月季需年年换盆、换土并施入基肥。浇水要酌情进行，修枝、育蕾和开花期需水分较多，盆栽月季可 3 天～7 天浇 1 次水，盛夏每天下午浇 1 次水，每次施肥后都要浇 1 次水。进入休眠期，浇水次数要逐步减少，并忌施液肥。1 月～2 月，芽未萌动时，应对新栽苗和残老植株除留基部 2 个～3 个芽外，全部剪除；对健壮的植株则剪去枝条的 1/3，剪去病弱枝条、交叉枝、萌蘖枝。

4. 繁殖。

多用扦插繁殖。月季花扦插苗床中的介质，以黄沙土和煤渣灰混合最好，细沙、锯末、砻糠灰均可作苗床介质。可用一层马、兔、羊、狗、猫粪等牲畜生粪垫在苗床下部，作造热物质，再在其上放一层 3 厘米～5 厘米厚的菜园土，最后盖上扦插介质，使其总厚度达 15 厘米～20 厘米，平整将插穗插入。插穗选用开花后的花下枝条作插穗，成活率高，又可结合修剪进行，一举两得。用刀片呈 45 度角将开花后的花下枝条向下削成斜口，长度 6 厘米～10 厘米，带 3 个芽眼，保留 1 片～2 片小叶。为保证扦插苗成活，可用 0.05% 萘乙酸和吲哚丁酸处理插穗。扦插时间以春夏之交和秋末初冬最相宜。扦插后，一般 20 天左右就能长出新根。当新根长到 2 厘米～3 厘米，腋芽开始萌动时，便可移栽定植。月季还可用嫁接、播种等方法繁殖。

▲杜鹃花

1. 概述。

杜鹃花，学名 *Rhododendron simsii*，又名映山红、满山红、山鹃、山石榴、羊踯躅、山踯躅、红踯躅、桫椤花等，杜鹃花科杜鹃花属。杜鹃花的形态特征差异很大，有落叶灌木、常绿灌木，也有常绿小乔木、常绿大乔木，还有的寄生在大树上；有的主干高20余米，有的则矮小呈匍匐状。我国流传着这样一个故事：古蜀王望帝杜宇很爱他的百姓，死后化成杜鹃鸟，每到春天，杜宇便要四处敦促他的子民及时春耕播种，不要误了农时，啼叫着："快——快——布谷，快——快——布谷"，直叫得口中啼血。啼血化作红艳艳的杜鹃花，映红了一片又一片的山头。所以，杜鹃花又叫映山红。唐代诗人成彦雄感叹道："杜鹃花与鸟，怨艳两何赊，疑是口中血，啼成枝上花。"有诗人赞道："昨宵庭外悲歌发，知是花魂与鸟魂"，将杜鹃花誉为花魂。因此，欣赏杜鹃花：一是整体美，一丛千朵，成片栽植，一片红，间一片白。花色丰富多彩，以红、白为主，红似火焰，白如西施素裹。二是花、叶并美，花瓣薄如绢，革质叶片厚实鲜亮。

2. 习性。

好酸性土壤，是酸性土壤的指示植物，以pH4.5～6.5最适宜；喜腐殖质丰富的轻松土；喜肥，但不喜大肥，也耐瘠薄；喜排水良好；喜湿润空气，喜气候凉爽，适宜于在25℃～30℃下生长发育，但亦耐寒，可经受-30℃的低温；喜半阴。忌碱性土壤，忌黏重土；忌强光照射，忌高温炎热，忌干旱，忌涝渍。

3. 栽培管理。

移栽在9月底至次年开花前均可进行。选择富含腐殖质的酸性土壤，荫蔽湿润而又有散照光的环境下莳养，夏天在树荫下莳养最佳。移植花苗时一般均需带土球。为促花多花大，适时施肥很重要，从立春开始至初夏止，每隔10天施1次1∶10的稀薄腐熟饼肥水，在6月下旬至8月中旬的花芽分化期，增施1次0.2%磷酸二氢钾等速效性钾肥，促使花芽分化。入秋后天气渐凉，花卉进入第2次旺盛生长期，可再追施1次～2次加有磷酸二氢钾的绿肥，以满足孕蕾及生长的需要。每次施肥后，均要施1次清水，并及时松土以利通气。10月以后要停止施肥。切忌施浓肥或生肥，以免伤根，造成叶片枯萎脱落。开花后可将过密枝、纤弱枝、徒长枝、下垂枝、交错枝、重叠枝、病枯枝剪除，以促使萌发

较粗壮的树梢，以利来年花繁叶茂。10月可进行1次短剪整形，使树冠保持伞状。

4. 繁殖。

可用分株、压条、扦插、嫁接、播种等方法繁殖。分株：丛生的大株，可在落花后10天左右分株。压条：可选取植株四周低垂的枝条在3月～4月将枝条基部削伤3厘米～4厘米，就伤口处壅埋土中，枝梢上部留出土外，经一年后自压条基部切离分栽。扦插：选用当年生嫩枝，剪取5厘米～6厘米，顶部留2片～3片叶作插穗，在4月～6月进行。插床要遮阴，每日下午喷水，1个多月即可生根。嫁接：宜在4月～5月进行，可用健壮毛叶杜鹃作砧木，接穗可选择健壮的西鹃枝条，如天牛舞、四海波、皇冠等西鹃名品的枝条作接穗，长度一般以4厘米～6厘米为宜。播种：主要是培养杂交育种新品采用。种子在10月～11月成熟，不宜久藏，随采随播。

▲ 山茶花

1. 概述。

山茶花，学名 Camellia japonica，别名山茶、云南茶花、曼陀罗树、晚山茶、玉茗花、海红花、宫粉花、南山茶、茶花、耐冬花、洋茶、薮春、山椿等，山茶科山茶属常绿灌木或小乔木。山茶花原产我国及日本，花姿优美艳丽，明代诗人张新赞曰："曾将倾国比名花，别有轻红晕脸霞。自是太真多异色，品题兼得重山茶。"山茶花的花期特长，夏季现蕾，深冬开花，直至翌年晚春，故陆游有诗赞曰："东园三月雨兼风，桃李飘零扫地空。唯有山茶偏耐久，绿丛又放数枝红。"山茶花是我国驰名世界的传统名花，尤以云南茶花最为著名。云南名贵山茶花品种有：狮子头、松子壳、蝶翅茶、牡丹茶、紫袍、照殿红、红玛瑙、

醉杨妃、玉美人、嫦娥彩、龙凤冠、童子面、恨天高、九心十八瓣等。明人邓漾在细细鉴赏云南山茶花后，在《十德花》一文中，总结了云南山茶花名品有十大特点：茶色鲜美，艳而不妖；寿逾四纪，尚如新植；干高五丈，大可合抱；肤纹苍润，黝若樽垒；繁枝黝斜，冠状若球；蟠根兽攫，轮囷离奇；丰叶如幄，森沉蒙茂；性耐霜寒，四季常青；繁花次第开，盛况二、三月；水养瓶插，十日不变。

2. 习性。

喜肥沃、疏松、湿润、排水良好的酸性土壤，最适 pH5.5～6.5；喜庇荫、半阴半阳的环境；喜温暖气候，云南山茶生长适宜温度为 18℃～24℃，金花茶生长适宜温度为 23℃～30℃；忌寒冷，云南山茶花在 5℃～6℃就可能受到冻害，金花茶也只能忍耐短暂的 2℃～4℃的气温，过长则受到冻害；忌碱性土壤，在偏碱土壤中叶子变黄，直至死亡；忌烈日暴晒；忌水涝。

3. 栽培管理。

露地栽培以春季移栽为宜。移栽则要带土球。山茶花喜肥，除花期外，平时都可施肥。一般在 9 月～10 月用堆肥、厩肥等施基肥，平时多以腐熟人粪尿、豆饼水、过磷酸钙、绿肥等的稀释液追肥。茶花是在当年生枝条上开花，3 月～4 月应及时摘除残花，以利萌发新枝。不要施生肥或浓肥，以免引起落蕾。露地栽培的茶花，最好旁边有大树遮阴，保持半阴半阳的生态环境。

4. 繁殖。

山茶花主要用扦插和嫁接法繁殖。我国南方地区宜在 5 月～7 月扦插。扦插要准备苗床，可用河沙作苗床，在苗床上搭遮阴棚。插穗选一二年生的健壮枝条剪成长 4 厘米～8 厘米的插穗，剪口在枝条间节下 0.1 厘米处，上带两个芽口，顶端带两片深绿色有光泽的叶片。也可用单芽作接穗，选取中上部健壮枝条具有饱满腋芽者，用利刀从叶腋下部约 0.5 厘米处将叶带腋芽削下作插穗。最好用 0.015％～0.02％的植物生长激素吲哚乙酸水溶液蘸浸插穗 5 分钟，稍晾干后扦插苗床上，行距 10 厘米×3 厘米。扦插后最好当时不浇水，四至五天后才浇水，以后每天向叶面喷水，保持较大的空气湿度方能成活。最好用白色塑料薄膜覆盖，一为增加空气湿度，二为遮光。

日出盖上塑料薄膜，日落揭开通风、饮露。1 个月左右生长愈伤组织，2 个月后开始生根。由于山茶花生根较困难，一般名贵山茶花都用切接法和靠接法繁殖。选 4 年～5 年生的山茶花实生苗作砧木，生长健壮的 2 年～3 年生枝条作接穗，进行靠接，3 个月后接口即可愈合牢固。

▲荷花

1. 概述。

荷花，学名 *Nelumbo nucifera*，别名莲花、水芙蓉、玉环、水华、水旦、六月春、中国莲等，睡莲科莲属植物，原产我国，至少有 3000 余年历史。花大美丽，有"出淤泥而不染"、"水中芙蓉"的美誉。宋代诗人杨万里赞曰："毕竟西湖六月中，风光不与四时同，接天莲叶无穷碧，映日荷

花别样红。"传说农历六月二十四日为荷花的生日，古人将其称为"六月花神"。欣赏荷花，首先是品其神韵。神韵之一，是整体美，一池水，一片荷花；一缸水，一朵荷花，衬着绿色的荷叶，美丽的莲蓬，"清水出芙蓉"，俏丽无比。神韵之二，是"出淤泥而不染"。荷花的根茎——藕生于污泥之中，然而藕清清白白，荷花纯洁无瑕，常引来在世俗污浊中苦苦挣扎的君子的反思。特别是大乘佛教，莲花是其精神的象征。大乘佛教的菩萨像，都用莲花作座。佛教认为，莲花是报身佛所居之净土，能在生死烦恼中出生，又能从生死烦恼中开脱，不仅能出污泥不染，而且还分外香洁。当然，佛教崇尚的莲花，不仅有荷花，还有与荷花不同属的睡莲。欣赏荷花，还要欣赏其花色。荷花有深红、粉红、白、淡绿及间色等多种色彩，花朵则有单瓣、重瓣、重台、千瓣之分。欣赏荷花，还要欣赏陪衬它的绿叶，陪衬它的果实。荷叶直

径可达 70 厘米，荷花的果实叫莲子，可食用，也可入药。莲子住在莲室中，3 个～30 个莲室组成莲蓬。荷花在荷叶、莲蓬的陪衬下，方显出"英雄本色"。欣赏荷花，还要欣赏其香。荷花及其伴侣荷叶、莲蓬，都带着一种悦人的清香。荷叶粥、荷叶粑，令人馋涎欲滴，便是这种清香所致。

2. 习性。

荷花在生长期先叶后花，以后花叶同出，一面开花，一面结实，蕾、花、莲蓬并存，花后生新藕；喜富含有机质微酸性黏土，但对土壤要求不严，只是土壤不要过于板结或过于疏松；荷花系水生花卉，生长离不开水，但喜相对稳定的静水，不喜涨落悬殊的流水，也不喜深水，水深一般不宜超过 1.5 米，水淹荷叶在一周之上，植株就有死亡的危险，池塘种荷以水深 0.3 米～1.2 米为宜；荷花喜湿怕干，生长季节如失水，只要泥土尚湿润，尚能缓慢生长，灌水后便可恢复，但如泥土干裂，再持续断水，便会植株枝叶枯焦，生长停滞，乃至死亡；喜热，栽植季节的气温需 15℃ 以上，在 15℃ 以下生长停滞，生长期最适温度 17℃～24℃，气温高至 41℃，对生长无影响，但气温低于 0℃，盆栽种藕易受冻；荷花喜光，生长期要求日光直射，不耐荫蔽，在荫蔽之处生长不良；喜肥。

3. 栽培管理。

可利用庭园的水池养荷。在 4 月下旬，放净池水，翻耕池泥，然后池泥中施底肥。可施入大量人粪尿，并施入泥、腐叶肥各半混合而成的基肥，把肥料深翻土中，放水浸泡，稠成泥浆。挖出藕种，选先端 2 节～3 节，顶朝下，末端稍露土面，使尾节梢下的顶芽翘出泥面，再用叉棍插于种藕两侧，加以固定。种藕间距 2 米～3 米。初植种藕水位应在 20 厘米～40 厘米之间，夏季保持 60 厘米～70 厘米，最多不超过 1 米，秋季 9 月～10 月放水，可防冻害。管理中，注意水位固定，水面不要超过叶面，水面超过叶面 7 天，藕就烂了。同时，要注意藕未成熟不能摘掉莲叶，否则，水会顺着叶莘灌进去，使藕烂掉。由于栽植种藕时施足了基肥，一般不必追肥。

4. 繁殖。

一般采用分株繁殖法，在 4 月～5 月间取上年新生的健壮地下根茎，将尖端带有顶芽的 2 节～3 节作种藕。

▲桂花

1. 概述。

桂花，学名 *Osmanthus fragrans*，别名木樨、九里香、岩桂、金粟等，木樨科木樨属。桂花系常绿灌木或乔木，原产我国。桂花中的金桂，花色金黄，香味纯正浓郁，在中秋节前后开花放香，常香飘数里，为金秋季节增色不少。提到桂花，首先让人想到的便是花香的馥郁，宋代诗人王十朋在诗中赞桂花道："疑是广寒宫里种，一秋三度送天香。"鉴赏桂花，第一是香，以金桂最佳，银桂也不错，丹桂次之，四季桂再次之。第二是色，以色浓为贵，丹桂第一，金桂第二，四季桂和银桂殿后。

2. 习性。

喜土层深厚、富含腐殖质的微酸性沙质壤土；喜光，但幼苗期要求一定的荫蔽；喜温暖，但也较耐寒，能抗接近-20℃ 的严寒；喜肥；忌土壤干瘠，忌积水，忌土壤碱性。

3. 栽培管理。

桂花对土壤的酸碱度要求较严，莳养桂花首先要选择 pH5.5～6.5 之间的土壤为栽培地。土壤的土质要求疏松，干湿得当，干不开裂，湿不泥泞，空气流通，排水良好，富含营养，以沙质壤土最佳，在黏重的红壤上也能正常生长。桂花移栽常在 3 月中旬至 4 月下旬或秋季花后进行，20 年以下的老树至幼苗均可移栽。桂花移栽根据树苗大小挖坑，坑要大要深，并多施堆厩杂肥作基肥。栽植苗应带土球，种植不宜过深，必要时还要在平地堆土栽植，以免涝渍烂根。大株移栽需用木桩固定，并大量疏枝修剪。桂花每年施肥 2 次，1 次在 11 月～12 月间施足基肥，1 次在 7 月花前施追肥，以使秋季花繁。花前要注意灌水，花后要控制浇水，以减少落花。

▲水仙花

1. 概述。

中国水仙花，学名 *Narcissus tazetta-var. chinensis*，别名水仙、凌波仙子、水鲜、雪中花、天葱、雅蒜、姚女花、女史花、配玄、俪兰等，石蒜科水仙属多年生单子叶草本花卉。中国水仙花是中国传统的珍贵花卉，在寒冬开花，翡翠般的绿叶，洁白无瑕的花杯，馥郁的芳香，点缀在室内案几上，带来春意和生气，被人们誉为寒冬仙女、凌波仙子。清代康熙皇帝有诗赞曰："翠帔缃冠白玉珈，清姿终不淤泥沙。骚人空前吟芳芷，未识凌波第一花。冰雪为肌玉炼颜，亭亭玉立貌姑山。群花只在轩窗外，那得移来几案间。"中国水仙花有两大类品种，一类单瓣，花瓣为纯白色，中心托出一个金黄色的杯状副冠，称金盏银台，杯状副冠为白色者，则称银盏玉台，花期2月～3月；一类重瓣，没有金盏、银盏，只有白色重瓣花，名为玉玲珑，花期1月～2月。

2. 习性。

喜湿润肥沃疏松中性或微酸性的沙质壤土；喜冷凉气候，有一定的耐寒能力，适温为10℃～20℃，能耐0℃低温。

3. 栽培管理。

在江南可露地栽培，家庭莳养可购球根在室内盘中盛水培养，以购闻名世界的漳州水仙为佳。地栽在9月～10月进行。室内水培可稍晚进行。用浅盆盛水，放一些花纹美丽的卵石在其中，将球根置于卵石之间，在室内向阳处养护，每3天～4天换1次水，保持水分的清洁与新鲜，在春节期间即可开花。花谢后，取出球根，换入普通花盆或地栽培养。可适当追肥。生长后期，宜将土壤拨开，使鳞茎暴露，以促使鳞茎膨大，花芽分化良好，秋后再移入水盆莳养。

4. 繁殖。

一般用分球茎法繁殖。5月～6月，花叶枯黄后，将鳞茎掘起，在阴凉处放置2天～3天，贮藏于干燥阴凉之地，待秋后将大鳞茎两侧的小球取下分栽。分栽小球要培养3年方能开花。

▲ 玫瑰花

1. 概述。

玫瑰花，学名 *Rosa Rugosa* 或 *Rosa rugosa*，蔷薇科蔷薇属落叶丛生灌木。玫瑰在4月下旬至5月底开花，花色艳丽，花香浓郁，深受我国与世界各国人民喜爱。玫瑰有白玫瑰、重瓣白玫瑰、红玫瑰、重瓣红玫瑰、紫玫瑰等品种，以重瓣白玫瑰香味最浓。

2. 习性。

喜肥沃和微带酸性的沙质壤土，在黏土上生长不良；喜阳光充足，在阴地生长不好，开花不多；喜凉爽通风；浅根性，生长性，萌芽力强。

3. 栽培管理。

玫瑰适应性强，易栽培。春季将从母株分割的带根蘖芽栽植在露地或盆中，2年～3年后，即可成丛开花。在管理中应注意在2月下旬修剪纤细、病枯树枝，3月上旬追施液肥，3天～5天浇1次水。花谢后，剪去开花枝梢的1/4至2/3，并施追肥，则可多生枝条，扩大株丛。

4. 繁殖。

一般采用分株繁殖。方法是春季在母株根部周围充分浇水施肥，使根部发出大量蘖芽，翌年春季再分割带根蘖芽移栽。也可用蔷薇作砧木，进行芽接或枝接。

▲ 樱花

1. 概述。

樱花，学名 *Prunus serrulata*，别名山樱花、山樱桃，蔷薇科樱属落叶乔木。花于3月～4月先叶开放或花叶同开，花白色、粉红色或浅桃红色，花朵美丽、繁茂，满树烂漫如云如霞，是早春开花的著名观赏花卉。樱花虽被日本视为国花，其实原产我国长江流域，白居易有诗赞曰："小园新种红樱树，闲绕花枝便当游。"主要栽培品种有吉野樱、日本早樱、垂枝樱等，均先叶后花。

2. 习性。

喜排水良好、肥沃深厚壤土；喜光，喜温暖，但寒暖之地均可生长；耐旱。

3. 栽培管理。

樱花适应性强，很易栽培管理。一般均进行露地栽培，亦可用古兜作树桩盆景。在晚秋至春季发芽前均可移栽，易成活，带土球或裸根移栽均可。一般不必施肥，也不必浇灌。修剪应在花后进行。

4. 繁殖。

可用嫁接、扦插或播种等法繁殖。栽培于庭园者多以山樱或樱桃为砧木，用枝

新世纪 老年 百科全书

接或芽接繁殖，枝接在雨水前后，芽接在 8 月～9 月进行。

▲茉莉花

1. 概述。

茉莉花，学名 *Jasminun sambac*，别名茉莉、抹厉，木樨科茉莉花属常绿灌木。茉莉花在 6 月～10 月开花，花色纯白，香味纯正浓烈，叶色翠绿。将茉莉花盆栽装饰庭园、阳台、室内，清雅宜人；地栽作薰茶原料，效益可观；花、叶、根可入药；加工成花环，戴在头上，挂于脖颈，炎夏亦显清凉。

2. 习性。

喜含大量腐殖质的微酸性土壤；喜温暖湿润的环境；喜半阴环境；畏寒，冬季气温低于 3℃时，易受冻害，甚至死亡；畏旱；忌碱性土壤；忌涝渍。

3. 栽培管理。

可盆栽，亦可露地栽培。清明至处暑之间，均可移栽茉莉花，以 7 月下旬至 8 月上旬最佳。带土移栽，较易成活。霜降时要包裹防寒稻草，盆栽者可移入室内过冬。惊蛰前后揭去防寒稻草，浇水 1 次。春分前后剪除枯枝败叶，松土、浇水、施肥，促使枝梢发育。谷雨前后可再施追肥 1 次。生长期间最好每周施稀薄饼肥 1 次。盛夏季节每天早、晚均要浇水，若空气干燥，则要进行叶面喷水。立夏开始至霜降，每日上午均可采花。盛花期后，要修剪整形，以利萌发新枝，株形整齐，开花更加旺盛。盆栽茉莉，要每年或隔一年在早春换盆换土，并结合换盆进行摘心修剪。

4. 繁殖。

主要用扦插法繁殖，较易成活。可在清明前，剪取茉莉花枝条作插穗，插穗长约 10 厘米左右，以 3 枝～5 枝为一束，插入沙土苗床中，每枝留一芽在土外。搭棚遮阴或用塑料薄膜覆盖，浇水保持苗床湿润和较高空气湿度，约 40 天～60 天即可生根。也可用压条法和分株法繁殖。选用较长的枝条，在节下部轻轻刻伤，埋入盛沙泥的小盆，保湿，20 天～30 天即生根，2 个月后可割离母株移栽。

5. 病虫害防治。

主要受卷叶蛾和红蜘蛛危害，可用本书"养花常识"中介绍的方法防治。

6. 小窍门。

茉莉花每年要 3 次孕蕾开花，如在每批花的花蕊形成时，喷施 1 次 0.1％磷酸二氢钾溶液，在花蕾长到绿豆粒大小时再喷施 1 次 0.1％硼砂溶液，能促使花蕾发育，花大香浓。

▲矢车菊

1. 概述。

矢车菊，学名 *Centaurea cyanus*，别名翠蓝，菊科矢车菊属一二年生草本花卉。矢车菊在 4 月～6 月开花，花色丰富，有蓝、红、紫、白等各种颜色，多为蓝花，又称蓝芙蓉，以蓝色、紫色为贵。矢车菊色彩清丽，花形别致，气息芳香，生命力顽强，花期长，受到人们的喜爱。德国人最喜欢矢车菊，将其尊为国花。

2. 习性。

喜肥沃疏松土壤；喜冷凉气候；忌涝渍。

3. 栽培管理。

矢车菊有高型和矮型两类品种。高型种宜布置花坛及大片丛植，矮型种仅高 20 厘米，可作盆栽。一般都采用播种繁殖及莳养。盆栽用园土、腐叶、草木灰等配成培养土。春秋均可播种，以秋播最好。在 9 月中下旬将种子播在苗床里，覆土以不见种子为度。覆土后稍压实，浇足水，在苗床上盖上一床草，经常保持土壤湿润，发芽后即揭去盖草。待幼苗有 6 片～7 片叶时可移植或定植。矢车菊是直根系，不耐移栽，移植时要带较大的土坨。施肥要勤，生长期约每月追施 1 次液肥，液肥中氮肥不能过多，要多施一点磷、钾肥。花蕾出现后应停止施肥。浇水要适量，不宜过多，雨季要注意排水。我国南方可露地越冬，北方应盖草帘防寒。

4. 繁殖。

一般均采用种子繁殖。在 7 月～8 月，将干枯的花序采下晒干，脱粒后收藏。

▲睡莲

1. 概述。

睡莲，学名 *Nymphaea Linn*，睡莲科睡莲属水生花卉多年生水生草本花卉。睡莲是对睡莲属植物的统称，有40余种，原产我国的矮生睡莲，花期6月～9月，中午开花，日落后闭合，别名子午莲。世界各国人民都喜欢睡莲，泰国尤盛。这是因为泰国是个佛教国家，而佛教最崇尚莲花，佛像座均为莲花座，象征佛教追求素洁高雅，出污泥而不染的精神世界。而莲花并非专指荷花，也指睡莲。在佛经中记载的七宝莲花，只有两种是荷花，其余五种是睡莲，即优钵罗花——蓝睡莲、拘物头花——黄睡莲、泥芦钵罗花——杂色睡莲及另两种白睡莲。睡莲的常见栽培品种有：白花睡莲、黄花睡莲、红花睡莲、香睡莲、兰花睡莲、大睡莲、块茎睡莲、埃及睡莲、星花睡莲及杂种睡莲等。

2. 习性。

喜腐殖质丰富的黏质土壤；喜阳光充足、水质清洁、温暖的静水环境。

3. 栽培管理。

可盆栽，亦可池栽。一般用分株法莳养睡莲。耐寒品种3月～4月，不耐寒品种5月～6月将根茎自水池或盆内掘出，选有饱满新芽的根茎，切成长6厘米～15厘米的小段，每段至少有两个充实的芽。将高25厘米以上大盆在盆底装田泥，加少量基肥，装至低于盆口7厘米～8厘米，将种根茎平放，芽向上与土面平齐，覆盖一薄层田泥及河沙，浇足水分。待出芽后再将盆浸入水中，水淹过土面，水面比土面略高即可。以后，随莲叶的生长而逐渐提高水面。不论盆栽或池栽，一般水深10厘米～60厘米，最适水深25厘米～30厘米。水池莳养方法类似，只是要求水面最高不超

过1米。播种可在3月～4月进行，播后覆1厘米厚的黏土并压实，将盆浸入水中，或将水放至盆口，水温以25℃～30℃为宜。在盆上加盖玻璃，放在向阳温暖处，约半月后便可发芽，翌年即能开花。待长出3片～4片叶时可分盆栽植。耐寒类品种播种后则需3个月甚至1年才能发芽。一般在7月～8月要施1次薄饼肥，最好用纸包一些饼肥末及过磷酸钙，塞入离根系稍远的泥土中，可防止烧根。冬季，睡莲的地上部分要枯萎，耐寒类（如原产中国的矮种睡莲）的根茎可在不结冰的水中越冬，不耐寒类则要求水温在18℃～20℃以上方能越冬。盆栽睡莲应3年～4年分株1次。

4. 繁殖。

用分株或播种法繁殖。采种后，因种皮很薄，干燥即丧失发芽能力，应立即播种或将种子贮藏于水中。播种后灌水高出盆土3厘米，上盆时要加少量基肥，一般第二年便能开花。

5. 病虫害防治。

阳光不足，通风不良，易受蚜虫危害，可用乐果等农药防治。睡莲在生长期还易受水苔危害，可用硫酸铜防治。将硫酸铜包在纱布内，在水中来回拖动纱布，至硫酸铜完全溶解为止。

▲大丽菊

1. 概述。

大丽菊原产墨西哥，学名 *Dahlia Pinnata*，别名大理花、西番莲、天竺牡丹，菊科大丽菊属。大丽菊花朵硕大，花期长，色彩丰富。有人形容它：红晕晕犹如贵妃醉酒，白莹莹好似仙女披纱，黄灿灿有如嫦娥舞袖。大丽菊花色多样，艳丽异常，适宜庭园种植。

2. 习性。

喜肥，喜阳，喜凉爽通风，喜肥沃疏松沙质土壤；怕荫蔽、积水、高温、打霜；不耐旱，亦怕水渍；施肥忌过多、过浓；发芽温度适宜20℃～25℃；生长温度适宜10℃～25℃。

3. 栽培管理。

3月下旬至4月下旬，在气温20℃以上时，将成熟的种子点播到苗床中，浇透水，经8天～10天种子萌发，长出新芽。待长出两片真叶后从苗床移出定植。小苗移植半月后，要用腐熟的液体肥料，按一定比例施肥。

4. 施肥。

大丽菊喜肥，小苗移植半月后，用腐熟的液体肥料，以 1：6 至 1：8 的浓度 10 天～15 天施 1 次。现蕾以后还可用 0.2% 的磷酸二氢钾进行叶片喷施，每周 1 次，连续 3 次，促使花蕾饱满。花蕾现花以后，可用 5% 的过磷酸钙进行灌施，促使开花时花色鲜艳。

5. 病虫害防治。

大丽菊易患白粉病，发病初期，可用托布津 800 倍～1000 倍水溶液进行喷治，每周 1 次，连续 3 次，即可痊愈。大丽菊常见的虫害是红蜘蛛和蚜虫等，用 40% 乐果 1000 倍水溶液，每周喷杀 1 次，连续 2 次，即可杀灭。

▲卡特兰

1. 概述。

卡特兰，学名 *Cattleya hybrid*，别名嘉德丽亚兰，兰科卡特兰属常绿草本花卉。卡特兰是一种附生兰，大部分附生在热带雨林的树干上或岩石上，或湿度大的森林和溪边林木上。卡特兰是著名的热带兰，有洋兰之王的美称，是哥伦比亚等国的国花。卡特兰叶色碧绿，花色丰富，花型大，花期长，可持续开花 3 个月～4 个月，1 朵单花可开 1 个月，切花瓶插可保持 10 天～14 天。主要栽培品种有两色卡特兰，花铜绿色，唇瓣玫瑰红色，9 月～10 月开花；卡特兰，花紫红色，唇瓣基部黄色，先端深红色，秋季开花；大花卡特兰，花朵硕大，淡紫色，唇瓣特大，鲜紫色间黄色条纹，花期 7 月～8 月；橙黄卡特兰，花黄绿，大而芳香，4 月～5 月开花；蕾丽卡特兰，开紫色花，花形特美，冬春季开花。

2. 习性。

喜空气湿润，一年四季空气湿度要保持在 80% 以上才能生长良好；喜温暖，畏寒；喜半阴，怕阳光直射；忌炎热。

3. 栽培管理。

一般盆栽。盆栽基质用蕨根、苔藓、树皮或多孔的陶粒、木炭粒、碎砖粒、椰壳块等为原料，浸水后使用，不能用普通培养土。选用四壁多孔的瓦盆或塑料盆莳养卡特兰较好，还可用外形美观的木栅篮等，有利于排水透气和兰根附着，使根系发育良好。春天新芽萌动时可结合翻盆换土进行卡特兰的上盆操作。将盆底先垫一厚层碎盆片、粗木炭泥至 1/3，其上填入蕨根和苔藓以 2：1 混匀的基质，然后将兰株放进盆中，使根系伸展开，用基质填实。新栽植株不要向根部浇水，也不施肥，只每天向叶面上喷少量水，保持叶面及假鳞茎不干缩即可，待新根长出后再开始浇水、施肥。否则，容易烂根至死。春、夏、秋三季是卡特兰生长时期，要求充沛的水分和较高的空气湿度，可常用喷壶喷施叶面。冬季虽然生长几乎停止，但正是花芽发育时期，不可干燥，仍应设法保持较高的空气湿度，空气湿度在 30% 左右就可能导致植株在开花之前便干枯而死。卡特兰喜半阴，春、夏、秋三季均应遮光 50%～60%，冬季可多一些直射光。卡特兰喜温暖，越冬温度应设法保持在 20℃ 以上，夜间温度保持在 15℃ 左右，5℃ 以下则易受冻而死。生长季节可 1 周～2 周施 1 次浓度极稀的饼肥水。一般健壮的植株可 3 年左右分株 1 次。

4. 繁殖。

通常用分株法繁殖。将植株从盆中脱出，去掉旧的基质，用剪刀将假鳞茎连接处剪断，分成若干新株，然后上盆莳养。注意使每一新株至少带 3 个以上假鳞茎。否则 2 年～3 年不能开花，或开花甚少。

5. 小窍门。

培养卡特兰，不能随意转换花盆方向。否则，会因趋光的因素导致肉质叶炳萎缩，叶片扭曲发黄，影响开花。

▲三色堇

1. 概述。

三色堇，学名 *Viola tricolorvar. hortensis*，别名人脸花、猫儿脸、鬼脸花、蝴蝶花，堇菜科堇菜属多年生草本花卉（常作二年生栽培）。三色堇在 4 月～6 月开花，花大；花色丰富，有蓝色、紫色、白色和黄色等诸色；不同品种或纯色，或杂色，或波缘花瓣；花形奇特，或似人脸，或似猫脸，或似鬼脸壳，或似蝴蝶，故有许多有趣的别名。三色堇深受波兰人民的喜爱，被选做波兰国花。

2. 习性。

喜肥沃、湿润的沙质土壤；喜凉爽环境，略耐半阴；耐寒，畏热，在炎热多雨的夏季发育不良。

3. 栽培管理。

可露地栽培，亦可盆栽，9 月播种，11 月定植，株距 20 厘米。定植时将根部压实，定植后每 2 周～3 周施用 5 倍稀释的人粪尿液 1 次。盆栽者上盆后置于阴处养护 2 天～3 天，再放到阳光充足处养殖，每隔 10 天施 1 次腐熟的人粪尿水。开花期不施肥。

4. 繁殖。

用种子繁殖。因三色堇种子的发芽力仅能保持 9 个月～12 个月，故要采用新鲜种子播种。9 月上、中旬将种子播于苗床中，覆土深度以盖没种子为度。种后浇水，以后注意保持土壤湿润。发芽适宜温度为 15℃～20℃。幼苗长出 5 片～6 片真叶后移植 1 次，待苗分枝后，再行定植。

▲ 树蕨

1. 概述。

树蕨，学名 *Cyathea spinulosa*，别名桫椤、刺桫椤，桫椤科桫椤属蕨类木本植物。桫椤是仅存的木本蕨类植物，有"活化石"之称，是我国的一类保护植物。我国的云南、贵州、四川、广东、福建、台湾等地发现了成片的桫椤。桫椤在日本、新西兰和南太平洋岛屿上生长繁茂。在南太平洋岛屿的热带雨林中，树蕨高 3 米～8 米，最高的达 20 米左右，其他的蕨类植物不能望其项背。新西兰人民特别钟爱这种能令人联想起 2 亿多年前恐龙统治地球的远古时代蕨类植物，将其定为新西兰的国花。其实，树蕨没有花，也不结果实和种子，全靠叶片背面的黄色小点——孢子囊群繁衍后代。桫椤茎干挺拔，树姿优美，叶色鲜绿，将桫椤栽种于庭园的阴湿处，作大型观赏植物，别有一番情趣。茎部干后称为蛇木，可以制成蛇木板、蛇木柱，蛇木屑可用来栽培热带兰，入药称为"龙

骨风"，可驱风湿，强筋骨，清热止咳。

2. 习性。

喜肥沃、湿润、疏松的土壤；喜温暖湿润气候。

3. 栽培管理。

一般作露地栽培，亦可盆栽。目前，多数从野外移植，亦有用分株法莳养者。莳养中要注意保持湿润环境，冬季需防寒。

4. 繁殖。

用分株法繁殖。

▲ 仙客来

1. 概述。

仙客来，学名 *Cyclamen persicum*，别名萝卜海棠、一品冠等，报春花科仙客来属多年生球根草本花卉。仙客来叶美花奇，叶背紫红色，叶面有灰白色花纹；花色丰富，花形奇特，花被向上翻卷如兔耳状，故又名兔耳朵、兔子花。仙客来花期长，可从秋冬延续至翌年 5 月，深受世界各国人民喜爱，是欧洲小国圣马力诺的国花。我国人民喜欢将仙客来盆栽，置于花架、几案、书桌上美化居室，别有一番情趣。

2. 习性。

喜排水良好、富含腐殖质的沙质壤土；喜凉爽，畏热，较耐低温，生长适温

18℃～20℃，气温超过 28℃，生长停止，进入休眠，气温超过 35℃，则易受热腐烂，乃至死亡；喜湿润，忌涝。

3. 栽培管理。

一般盆栽。11 月～12 月上盆定植。可用腐叶土 2 份、园土 4 份、堆肥土 2 份、河沙 1 份混合配制培养土，最好在盆底放入少量腐熟饼肥末作基肥。将花苗栽植盆土中，栽植深度要适当，以小苗顶端微露出土面，或苗颈顶部露出土面的 1/3，老球茎露出土面的 1/2 为宜。由于仙客来喜湿又怕涝，盆土要保持间湿间干，即浇 1 次透水后要待土壤出现干痕时再浇水，浇水不宜过多，以防烂根。薄肥勤施，生长期每隔 10 天施 1 次稀薄的腐熟饼肥水，开花期停止施肥，并减少浇水。要选晴天施肥，施肥后要洒水清洗。施肥时不能从株顶施，应从植株侧旁施肥，特别要注意不要溅到球茎及叶上，以免腐烂。冬季可放入室内养护，放在向南窗台，使其能多接受一些阳光。若室内光照不足，温度低于 10℃，则花少而小。

4. 繁殖。

仙客来主要用播种法繁殖。9 月上旬至 10 上旬播种，播种前将种子在 20℃～30℃的温水中浸泡 2 小时～3 小时，再用湿纱布包好，在 25℃下催芽 1 天～2 天，播于苗床中。苗床可用浅盆装素沙土或腐叶土与园土各半制备。覆土深度不要超过 0.5 厘米，保持土壤湿润，在 25℃左右经 25 天即可出苗。幼苗长出 2 片～3 片真叶时移植 1 次，再经 1 月～2 月即可定植。亦可用分割块茎方法繁殖。在 9 月～10 月，当休眠的球茎萌发新芽时，按芽丛数将块茎切开，使每一块上均带有芽和块茎，在切口上涂硫黄粉或草木灰消毒，阴干后即可上盆莳养。

▲ 白兰花

1. 概述。

白兰花，学名 *Michelia alba*，别名黄角兰、芭兰、缅桂、玉兰花、白缅花，木兰科含笑属常绿乔木。白兰花树干高大，枝繁叶茂，5 月～9 月开花，开花多，一棵 20 年～30 年树龄的老树，每年能开鲜花 10 千克以上，盛花期每天能开 100 朵～200 朵花。花肥厚，白中带黄，极香，我国女性喜购买白兰花佩戴；白兰花还可用来窨制茶叶，经济价值很高。花叶均可入药，主治妇女白带、小儿支气管炎及虚痨久咳之症；花还可提取高级香精。

2. 习性。

喜富含腐殖质、排水良好、疏松肥沃、微酸性的沙质土壤；喜日照充足，不耐阴；喜暖，冬季温度不能低于 5℃，但不耐酷热与灼日；喜湿润通风良好的环境；忌渍涝；忌烟气。

3. 栽培管理。

可盆栽，也可露地栽培。靠接苗可在 2 月～3 月选紫玉兰作砧木上盆，于 4 月～9 月间与玉兰母株进行靠接，接后 50 天左右，伤口愈合，将靠接枝与母株的连接切断。切接苗用 1 年～2 年的紫玉兰作砧木，在 3 月中旬晴天进行切接。接后约经 20 天～30 天，顶芽抽发叶片。6 月上旬开始施薄肥，至 8 月下旬停止施肥，10 月～11 月可挖起上盆。上盆后移入室内或温室莳养。在春节后、谷雨前要出房养殖。白兰花喜肥，施肥以薄肥勤施为原则。在开花期，最好每隔 3 天～4 天施 1 次稀薄的人粪尿或 10 倍稀释的腐熟饼肥。南方冬季温度低于 5℃者，露地移栽的白兰花要搭塑料棚遮蔽全树，才能安全过冬。

4. 繁殖。

一般采用嫁接法繁殖。

▲ 仙人掌

1. 概述。

仙人掌，学名 *Opuntia ficusindica* (*L.*) *Mill*，仙人掌科仙人掌属多年生灌木状草本花卉。仙人掌原产墨西哥，是墨西哥的国花。仙人掌在原产地植株呈灌木状或乔木状，多分枝，基部木质化。仙人掌在世界各地均有栽培，高 1 米左右，茎节长约 30 厘米，扁椭圆形，蓝粉色，花黄粉色，果实黄或暗红色，可食。

2. 习性。

喜排水良好的土壤；喜阳光直射；喜温暖，适温 20℃～30℃，较耐寒，可经受 -10℃以上低温。

3. 栽培管理。

露地栽培一般在夏季进行，温室内则四季均可进行。盆栽仙人掌要气温在 14℃～15℃以上方可进行。应用土陶盆上盆，盆底 1/3 处填以碎瓦片、石砾或贝壳等排水物。若花种根部有损伤，宜将伤部切除涂以草木灰或硫黄粉，晾干后再上盆。栽后不浇水，在管理中过干时才浇水，平时少浇水或不浇水。在生长期，可 1 周施 1 次稀薄饼肥水。

4. 繁殖。

一般用扦插繁殖，易成活。插穗选一年生茎干切取，用素沙作插床。扦插不宜过深，以插穗不倒伏为度。扦插前与扦插后均略需灌水，以沙稍含湿气即可。将扦插苗置于荫处养护，约经 20 天即可生根。生根后可用培养土分栽。

▲百合花

1. 概述。

百合花，学名 *Lilium spp.*，别名百合蒜、中庭、摩罗、中逢花、重迈、强仇、强瞿等，百合科百合属多年生草本花卉。百合的地下茎为鳞茎，小者如蒜，大者如碗，由数十片鳞片相累合成，故有百合之称。百合 6 月～8 月开花，花姿优雅，花形千姿百态，色彩艳丽非常，叶青翠绢秀，茎干亭亭玉立，受到各国人民的喜爱。百合寓意美好，象征着百事合心、团结友好，西方人则一直把百合当成圣洁的象征，在3000 多年前以色列国王所罗门时代的寺庙柱顶上，就有百合花的装饰图案，古巴将百合的一种——姜黄色百合花作为国花，而阿根廷则把另一种百合——野百合花作为国花。百合常见的栽培品种有卷丹、麝香百合、天香百合、沙紫百合、山丹、青岛百合、鹿子百合、白花百合、川百合、细叶百合、湖北百合、兴安百合、松叶百合、条叶百合、王百合等。

2. 习性。

喜疏松、肥沃、腐殖质丰富的深厚沙质土壤，忌硬黏土；喜阳，喜略有花荫；耐极度严寒；忌连作。

3. 栽培管理。

可露地栽培，亦可盆栽。百合最忌春季移栽种植，春季种植一般很难成功。因此，栽植种球以秋季为宜。秋植北方地区宜早，南方地区可稍晚一些。选个头中等或较大者、大小均匀、色泽纯净、表面无污点的鳞茎作种球，将肉质底根剪去。在栽植地加入充分腐熟的厩肥，根据不同品种特点加入适量蹄角粉、骨粉、硫酸钾、锯末、腐叶土和泥炭等，将种球植入，埋入深度略为种球直径的 3 倍。在种球周围最好有一层沙砾，以利排水与通气。生长期要适时追肥，追肥组成为硫酸铵、过磷酸石灰、粗骨粉、硫酸钾等。施肥方法为在植株生长中期撒于土表，然后耙入土中。夏季干燥时应适度灌溉，孕蕾期则保持土壤适度湿润即可，开花期及花后应减少浇灌。高大植株在生长中期，需用支柱缚扎，以防倾倒。有条件可在炎夏来临前，用腐叶土、泥炭、锯末、粗糠、碎蕨等，作土面覆盖。

4. 繁殖。

可用分球繁殖、鳞片扦插繁殖，亦可用播种繁殖。鳞片扦插繁殖可取中间鳞片，基部向下插入沙土中，顶端稍露出土面。插后遮阴并保持土壤湿润，经 50 天～120 天，大多数鳞片便能生成小球。

▲木芙蓉

1. 概述。

木芙蓉，学名 *Hibiscus mutabilis L.*，别名芙蓉花、拒霜花、木莲花、天官、地芙蓉、转观音等，锦葵科木槿属多年生落叶灌木或乔木。木芙蓉花朵硕大，色彩艳丽，重瓣花有红色、白色等多种。变色花则一日三变，早晨乳白色，太阳升起后，逐渐转为粉红色、桃红色，至傍晚则变为深红色。木芙蓉在深秋季节开花，不怕霜冻，被诗人赞为"美在照水，德在拒霜"。著名诗人苏东坡也曾赞曰："千林扫作一香黄，只有芙蓉独自芳。"

2. 习性。

木芙蓉为中国成都市的市花。每当秋末初冬季节，成都市处处盛开芙蓉花，美极了，故名芙蓉城。其适应性很强，土质肥瘦均可，瘠薄之地也能生长良好；耐水湿；喜阳，略耐阴，生命力极顽强，寒冷地区地上部分往往冻死，翌年春天又由根部萌发新枝，一年中长高 2 米并当年开花。

3. 栽培管理。

春季将木芙蓉嫩枝剪成插穗，在露地

扦插。扦插地点以土层较深，排水良好，阳光充足之地为佳。但木芙蓉不择地。古人喜临水栽植。苏东坡诗曰："溪边野芙蓉，花水相媚好。"木芙蓉的萌发力、再生力、适应力都很强，管理比较粗放，露地栽培的木芙蓉不需刻意照顾，但要加强光照。冬季落叶后或春芽萌发前，可用腐熟的饼肥、干粪或厩肥，在树兜处挖沟施1次底肥。木芙蓉喜湿，天干时可勤浇水。

4. 繁殖。

主要用扦插法繁殖，亦可用分株法繁殖。扦插最好在立春前后10天内进行，选1年～2年生的粗壮枝条，切成10厘米～15厘米的插穗，最好将插穗在25℃的温水中浸泡半小时，再将插穗的3/4插入沙质土壤中，浇1次透水，大约经过半个月伤口愈合，产生根原体，20天～30天后出现新根。

5. 盆栽。

盆栽木芙蓉要勤浇水，并在长到30厘米时，进行1次短剪，使之侧芽增生，向圆球形树冠发展，这叫矮化处理。矮化处理还要结合喷施0.03%～0.06%的矮壮素，6月开始每半月1次，连续喷施3次。

▲ 大花君子兰

1. 概述。

大花君子兰，学名 *Clivia miniata*，别名达木兰、剑叶石蒜、大叶石蒜、上花君子兰等，石蒜科君子兰属多年生草本花卉。大花君子兰花叶皆美，株形端庄，叶形似剑，叶片对称，排列整齐，翠绿挺拔，如谦谦君子；君子兰在12月至翌年4月开花，伞形花序顶生，每个花序有小花7朵～30朵，有的多达40朵以上，初为绿色或深绿色，成熟后呈朱红或深红色，颜色十分鲜艳，秀美姿容如婀娜少女。大花君子兰原产南美，后传入欧洲，19世纪中期由德国传教士传入我国青岛，抗日战争时期由青岛传入东北，后在东北普及到千家万户，深受东北人民喜爱，被选为长春市花。

2. 习性。

喜肥沃、疏松、透气性好而稍带酸性的土壤，畏土壤板结；喜半阴，忌强烈阳光直射；喜温暖、凉爽气候，适温15℃～25℃，冬季要求保持5℃～8℃的温度，低于0℃以下则受冻害，以至死亡，30℃以上的温度则易引起植株徒长；忌涝渍，畏排水不良，畏水湿。

3. 栽培管理。

君子兰多用盆栽。一般在春季3月～4月上盆或换盆出房。也可在8月中旬上盆或翻盆换土。当年苗培养土可用3份马粪、4份腐叶土、2份腐殖土、1份河沙或炉渣配制；一年生苗培养土可用5份马粪、3份腐叶土、3份腐殖土配制；三年生苗培养土可用5份泥炭土、3份腐殖土、2份马粪配制；成年君子兰培养土可用5份马粪、4份腐殖土、1份腐叶土配制。在培养土中还要加入适量含氮、磷、钾全面的其他有机或无机肥作基肥。上盆时，盆的下部用碎瓦片填至1/4处～1/3处，以利排水透气，然后将君子兰的肉质根放入，使其伸展，再将培养土填实。夏、秋季放置于通风凉爽处养护，遮光50%～70%；冬、春季放在室内向阳处养护。越冬温度要保持在10℃左右，否则影响开花。秋、冬、春三季要保持盆土湿润，每隔2周用腐熟的饼肥水或稀释的复合化肥追肥1次，夏季高温休眠期应停止施肥，浇水也要少。

4. 繁殖。

可用播种法或分株法繁殖。播种一般在11月至翌年1月之间进行。将种子均匀地点播在盆土内，上覆沙土1厘米～1.5厘米，浇水后在室内培养，1年内只能长2片叶子。分株可在春季进行，将母株周围分蘗产生的脚芽分离，栽种在小盆中或插入沙中，待新根产生后再行上盆养护。

▲ 白玉兰

1. 概述。

白玉兰，学名 *Magnolia denudata*，别名木兰、玉兰花、玉树、望春、应春花、玉堂春等，木兰科木兰属落叶灌木或小乔木，园林栽培株可高达10米以上。白玉兰为我国特有的名贵花卉，在早春开花，先花后叶，花形大，芳香，纯白色。还有一种玉兰花，白里透红，取名曰"双乔"。成片种植的白

玉兰，千千万花，相映生辉，被形象地誉为"玉堂春"。

2. 习性。

喜阳光，稍耐阴；喜肥沃、湿润、排水良好的土壤；忌积水，忌干旱。

3. 栽培管理。

在春季花谢后刚展叶时可以移栽花苗，选庭院中避风、向阳、不积水、土壤肥沃而疏松的地方挖坑，施足腐熟有机肥，将带土坨、适当剪叶的花苗植入穴中。白玉兰喜肥，且不择肥，人及牲畜粪尿、尿素、复合肥、各种饼肥均可作白玉兰的肥料。栽后浇 1 次透水，生长期间酌情施 1 次～2 次液肥。入伏后再开沟施 1 次追肥，能促使夏末多形成花芽，有利于翌年春天多开花。由于白玉兰喜干燥，一般不单独浇水。在花谢之后，叶芽开始伸展之时，及时将枯枝、病虫害枝、扰乱树形的枝条剪除，但要留种，不可将果穗剪去。我国北方在定植初期，需壅土或包草防寒。

4. 繁殖。

多采用嫁接法繁殖。嫁接通常在秋季进行。嫁接用紫玉兰（辛夷、木笔）作砧木，用发育良好的白玉兰枝条切成接穗。接后用泥土将接穗包起来，以保持土壤湿润。次年春天去掉覆盖物，忌浇大水，以防接穗腐烂。亦可用扦插、高空压条法、靠接法繁殖。扦插可在 5 月中旬进行，选取当年生半木质化的健壮嫩枝 8 厘米～10 厘米作插穗，扦插后要用草帘荫棚遮阴，防大风大雨及阳光直射，用细孔喷壶勤喷少喷，以喷湿叶片为度。草帘可在每天日出盖上，日落揭去。10 天后可减少喷水，并在早晚略见阳光，20 天左右能产根原体，30 天～35 天有新根出现，10 月初拆除荫棚，11 月下旬用拱形塑料薄膜棚覆盖，翌年可用作花苗移栽定植。

▲ 紫薇

1. 概述。

紫薇，学名 Lagerstroemia indica L.，别名痒痒树、海棠树、百日红、满堂红等，千屈菜科紫薇属落叶小乔木。在 7 月～9 月开花，花色艳丽，有红、紫、白、黄及不同深浅的变化。紫薇花期特长，开花百日，古人赞曰："紫薇开最久，烂漫十旬间，夏日逾秋序，新花继故枝。""似痴如醉弱还佳，露压风欺分外斜；谁道花无红百日，紫薇常放半年花。"在紫薇光滑的枝干上搔痒痒，紫薇似乎有知而枝梢颤动，故又名痒痒树。紫薇在我国古代更是将其作为官名，如唐改中书省为紫薇省，中书令（中书侍郎）为紫薇令。花官结合，成为奇观，白居易有诗曰："丝纶阁下文章静，钟鼓楼中刻漏长；独坐黄昏谁做伴？紫薇花对紫薇郎。"

2. 习性。

喜石灰性土壤或肥沃的沙质土壤，黏质土中亦可生长，只是长得较慢而已。喜温暖，喜光；喜湿润，但要排水良好，稍耐渍水，但不耐长期水涝；稍耐阴，有一定的抗寒力和耐旱力。长寿，可活 500 年以上。

3. 栽培管理。

紫薇为阳性树种，应选阳光充足之地莳养。移栽可在早春或晚秋进行，以清明时节最好。小苗移栽只要根系发达可不带土，大苗移栽必须带土。紫薇在春季萌芽前浇 1 遍～2 遍透水，以后要保持土壤湿润。紫薇喜肥，早春要重施基肥，5、6、7 月酌施追肥。肥料以腐熟的人畜肥和饼肥为主。落叶后将枯、弱、病虫枝剪除，把影响树冠的枝条剪除。

4. 繁殖。

多用扦插法繁殖，在 3 月初用 1 年～2 年生健壮枝条，截成 15 厘米～20 厘米作插穗，插入沙质土壤为基质的插床，插后注意保湿，成活率可达 90％以上。也可在夏季用嫩枝扦插。播种也是紫薇繁殖的常规方法。于 10 月～11 月采下果子，晾晒开裂后去皮保存。在早春条播或撒播，4 月即可出苗。苗高 10 厘米～15 厘米时，每隔 15 天～20 天施薄肥 1 次，立秋后，施 1 次过磷酸钙，实生苗第 2 年即可开花，2 年～3 年内定植。

▲ 蜡梅

1. 概况。

蜡梅，学名 Chimonanthus praecox，别名腊梅、腊木、黄梅、香梅等，蜡梅科蜡梅属植物。蜡梅为落叶灌木，树高可达 3 米，亦可培养成 4 米～5 米高的小乔木。蜡梅古称腊梅，李时珍在《本草纲目》中说："蜡梅俗称腊梅，一名黄梅，本非梅类，因其与梅同放，其香又近似，色似蜜腊，且腊月开放，故有是名。"

蜡梅花颜色清丽，不减红梅；香味浓郁，胜似红梅；寒冬开花，斗霜傲雪，花品较红梅略高一筹；寿长 500 年～600 年，越老越怪，越老越奇，是制作大型树桩盆景的理想材料。故蜡梅名品、树桩盆景价值较红梅还贵，深得我国人民喜爱。宋代诗人晁补之写诗赞曰："诗报蜡梅开最先，小斋分寄雪中妍，水村映竹家家有，天汉桥边绝可怜。"陆游有诗赞曰："色凝初割蜂脾蜜，影欲平期鹤膝枝。"还有人将它同在隆冬开花的水仙花相比："两株巧笑出兰房，玉质檀姿各自芳。"蜡梅有素心蜡梅、磐口蜡梅、狗蝇蜡梅、小花蜡梅之分。素心蜡梅香浓色纯花特大，又称荷花梅，为上品，名品有十月黄、扬州黄、杭州黄、吊金钟等；磐口蜡梅香气较淡，心紫色者又称檀香梅，为中品，名品有虎蹄梅、乔种蜡梅等；狗蝇蜡梅又称九黄梅，红心蜡梅、狗爪蜡梅等，花小香淡，为下品，多作砧木用；小花蜡梅，花径特小，在 0.9 厘米左右，花瓣外轮黄白色，内轮有红紫色条纹，香味浓。

2. 习性。

喜疏松、深厚、排水良好的中性或微酸性沙质土壤；喜光，但亦略耐阴；较耐寒，御寒能力强，气温-15℃以上还能在露地安全过冬，但花期遇-10℃以下低温，开放的花朵常受冻害；耐旱，有"旱而不死的蜡梅"之说；耐修剪，可大量切花，有"砍不死的蜡梅"之说；耐湿润；忌黏重土和盐碱土，忌渍水，忌风口养殖。

3. 栽培管理。

栽植蜡梅宜在 3 月上旬，花茎新芽开始萌发时进行。移栽的大苗要带土球，小苗可裸根涂泥浆。同时，移栽苗应进行剪枝，剪短生长枝，使其只留 3 节～5 节。地栽蜡梅，一般任其自然丛生，只在每年夏季将生长枝留 4 节～5 节进行摘心，或在冬季进行短截修剪，促使其增加分枝，多开花。如要使地栽蜡梅长成小乔木状的大树，则可于定植后的第 2 年，对全株进行剪枝，只留高 5 厘米～10 厘米主干。萌发新枝后，选留壮实枝条 1 枝，以竹竿扶持，其余枝条全部剪除，年内即可形成高达 1.5 米左右强壮挺拔的主干，以后逐渐养成高4 米～5 米的大树，花开满树，蔚为壮观。

4. 盆栽。

盆栽蜡梅用土不宜过肥过湿，可用草皮、树叶、人畜粪尿、菜园土分层堆积，充分腐烂后晾晒捣细过筛后，加入适量基肥作培养土。上盆时间可在 10 月进行，将花蕾饱满的花苗带土球掘起，植于盆中。盆中应施放一点饼肥作基肥。在生长季节可每周施 1 次有机液肥，到伏天枝条停止生长为止。6 月～7 月可每 10 天施 1 次全元素肥料，以促其形成更多花芽。每次施肥后的第 2 天浇 1 次透水。盆栽蜡梅最忌盆土水渍，浇水不宜过多过湿，保持盆土微润即可。

5. 繁殖。

播种方法长出的实生苗开花迟而小，香气也不浓，一般作砧木用。播种在种子 6 月～7 月呈棕黑色成熟后便可采收，并立即播种，亦可阴干后翌年 3 月下旬播种，1 年内可长到高 20 厘米左右，3 年即能开花。蜡梅繁殖的方式主要有分株、压条、嫁接等。分株可在秋季落叶后、春季萌芽前进行。分株时可将蜡梅掘出，分成若干小株，每苗小株带主枝 1 枝～2 枝，将小株主干留 10 厘米剪断，然后栽植。

（董仁威）

养宠物

1 犬

1. 概况。

犬为哺乳纲食肉目犬科动物，品种多达 400 余种，国际公认的优良品种有 137 种。人类饲养的宠物犬分大型犬、中型犬、小型犬、超小型犬几大类。大型犬体重在 30 千克以上，体高 71 厘米以上，如圣仁纳犬、德国牧羊犬、阿富汗犬、波音达犬、中国藏獒、太行犬；中型犬体重在 10 千克～30 千克，身高 41 厘米～60 厘米之间，如松狮犬、细犬、斗牛犬、波皮犬；小型犬体重以 10 千克为限，身高 25 厘米～40 厘米，主要为玩赏犬，如美国小猎犬、贵妇犬、中国拉萨狮子犬、哈巴犬；超小型犬体重在 4 千克左右，体高不足 25 厘米，是观赏犬中特别得宠的犬种，如吉娃娃、北京犬、猪肉犬、腊肠犬、约克夏犬、西施犬、蝴蝶犬等。

北京犬　产于中国，又称北京狮子犬，是犬中最名贵的品种之一，是一种著名的玩赏犬，被誉为世界上的犬王，深受各国人民的喜爱。该犬体重 3.2 千克～5.4 千克，体高 20 厘米～25 厘米。被毛长而下垂，光滑，不弯曲；在颈部、肩部、耳部和尾部都有漂亮的饰毛。毛色呈黑、白、金黄、奶油和褐等色，但以金黄色最为珍贵。头部宽大，眼大而有神，眼圈呈黑色；两耳下垂呈心脏状，鼻短而扁平有褶，嘴宽而短，颈长短适中；胸部宽大，背平直，四肢短小；尾向背部翘起，尾毛长而多，向两侧散落。北京犬聪明、机警，性情温和，气质高雅，勇敢倔强，对主人十分忠诚，又善解人意，是目前国内外饲养量最大的玩赏犬之一。

西施犬　又称中国狮子犬，体重 4.0 千克～7.5 千克，体高不超过 27 厘米。该犬被毛丰厚而粗长，头部饰毛密而长、直而下垂覆盖双眼，因而，为了不影响犬的视力与美观，人们常将其饰毛梳理扎成小辫；鼻上长毛翻卷似菊花状；尾巴卷起到背部，尾尖呈白色。毛色以金黄、白与纯黑色为最佳。头圆，眼大，耳大而下垂，背直；聪明，可爱，气质高雅，能与家中其他宠物友好相处。

哈巴犬　又称巴儿狗或巴哥犬，因其面部似斧头，故又称斧头犬。原产于我国西藏。体重 6 千克～8 千克，体高 25 厘米～35 厘米。被毛短而有光泽，滑润，柔软，多呈银色、青色、黑色、蓝色或浅黄色。前额、耳朵布满黑色斑纹。有的从头的后部到臀部有一条黑色条纹。头大、圆，面部黑色有皱丝纹，口吻呈棱角形而不向上弯曲，口鼻部短；耳小而薄，手感柔软，朝前下垂，形似玫瑰花瓣和牡丹花瓣形，耳朵贴近头部，耳尖指向眼部；眼圆，大而明亮；背短，肌肉丰而结实；四肢短而强劲有力；尾巴卷向臀部，有的犬尾呈双重卷，呈螺旋状，是最受人们喜爱的一种犬。该犬性情温和，聪明伶俐，懂感情，易与人们相处，是老幼最忠实的伴侣。

贵妇犬　又称贵宾犬，原产于法国，从古至今受到妇人们的喜爱。体重 5.5 千克～11 千克，身高 25 厘米～38 厘米。被毛丰厚、浓密、长而卷曲，常被剪成各种花样，并用缎带和蝴蝶结加以装饰。毛色纯一，呈黑、白、褐、乳白、银等色。头圆；耳根低，双耳宽大，下垂于两颊；眼睛有神，鼻端呈黑褐色；吻长而直，背腰平直，肌肉发达，前肢直立，后肢发达，足成椭圆形；尾根高，尾巴上翘，一般要断尾三分之二。体躯匀称、健壮，体态优雅、美丽、雍容华贵，步伐轻盈，忠实听话，悟性好，易调教、训练，故许多马戏团都用贵妇犬做驯狗表演，是世界上享有很高声誉的玩赏犬。

拉萨狮子犬　产于我国西藏，被饲养在喇嘛庙内作为门狗。体重 8 千克～14 千克，体高 25 厘米～40 厘米。被毛华丽、硬长并略带波纹，头部生长一缕缕长毛，形似菊花花瓣；下颚有颏髯，犹如狮子，末梢毛呈黑色。毛色有白、黑、褐、金黄和蓝灰等色。四肢挺直有力，体态强壮，体长大于体高。聪明，勇敢，警惕性高，对陌生人尤为警觉，是理想的看家犬和伴侣犬。

德国牧羊犬　原产于德国，又称德国狼犬，原为草原上看护羊群的犬，经过长期培育训练后可成为兼具有军警、护卫、导盲等多功能的工作犬。体重 30 千克～40 千克，体高 55 厘米～65 厘米。被毛直而硬，光滑，厚密，防水。毛色有黑、红、黄褐、灰等色。体型大小适中，肌肉丰厚，身体各部位匀称和谐，姿态端庄、美观。头额略宽，轮廓鲜明；鼻梁挺直，鼻端为黑色；颈部强壮，身躯长，健壮结实；胸部发达；四肢强劲有力；尾巴有被毛覆盖，长至飞节，静止时尾稍弯而下垂，活动时翘起。感觉极为敏锐，观察力、记忆力、耐力均强，机警勇敢，对主人忠实。行动胆大凶猛，敏捷轻快，追踪、衔物欲高，静时安静沉着，富于耐性，刚柔相济，故被广泛地应用在各个领域，在国内外备受欢迎。

2. 饲养方法。

我国家庭养犬大多采用自行配食。根据各地的经验和不同犬龄日粮配方，可参考以下 6 种：

（1）供 1 月龄～2 月龄幼犬食用，牛奶 500 克～1000 克，鲜肉 150 克～200 克，面包或馒头 100 克～150 克，蔬菜 50 克，鱼肝油 1 食匙～2 食匙，食盐 5 克～10 克，钙片 1 片。

（2）供 2 月龄～3 月龄幼犬食用，牛奶 500 克，肉 300 克，面包或馒头 150 克～250 克，蔬菜 100 克，鱼肝油 1 食匙，食盐 10 克～15 克，钙片 1 片。

（3）供 4 月龄～5 月龄幼犬食用，牛奶 500 克，肉 400 克，面包或馒头 400 克，蔬菜 20 克，鱼肝油 2 食匙，食盐 20 克，钙片 1 片。

（4）供成年犬食用，肉 400 克～500 克，面包或馒头 400 克～500 克，蔬菜 200 克，鱼肝油 2 食匙，食盐 20 克，钙片 2 片。

（5）供哺乳母犬食用，肉 350 克～400 克，饭团 250 克，馒头或面包 400 克，蔬菜 300 克～400 克，鱼肝油 2 食匙，食盐 10 克～15 克，钙片 2 片。

（6）供妊娠母犬食用，肉 400 克～500 克，饭团 200 克，馒头或面包 500 克，蔬菜 300 克，鸡蛋 2 个，鱼肝油 2 食匙，食盐 10 克～15 克，钙片 2 片。

3. 疾病防治。

犬只会患多种人畜共患疾病，最可怕的是狂犬病，应年年进行免疫接种。万一被犬只咬伤，一要妥善处理伤口，用大量肥皂水充分冲洗后，用 2.5%～5% 的碘酒或 75% 的酒精或 0.19% 的新洁尔灭消毒，必要时，可立即接种疫苗抗狂犬病血清。犬还会患钩端螺旋体、沙门氏菌病、布氏杆菌病、隐孢子虫病症等人畜共患疾病。

防治措施主要是搞好环境卫生，定期给犬只洗澡，梳毛，严禁犬与人同床，舔手和脸等行为。

4. 小窍门。

选购要领如下。

（1）年龄选择，2 个月～6 个月幼龄犬是选购或抱养的最理想年龄，最好是在断奶后 20 天左右。幼龄犬的适应性强，能很

快适应新环境，与主人建立牢固的友谊，易于调教和训练。6 个月以上的成年犬健康史很难掌握，生理缺陷可能被掩盖，并对前主人仍然依恋，难以较快地与新主人建立感情。有的犬还养成了一些不良习惯，调教训练相当费劲，未满 2 个月的仔犬，体内免疫功能尚未健全，抗病力差，容易生病，如没有良好的饲养条件和丰富的饲养经验，一般不宜选购。

少数犬种（如松鼠犬），在 6 个月龄之前，个性不明显，容易认错，最好在 6 个月龄以后再选购。

（2）健康选择，选购一只健康无病、称心如意的爱犬十分重要。犬健康与否应观察以下几点：

①精神状态。健康犬举动活泼，步态轻松，反应灵敏，情绪稳定，喜欢接近人，愿与人玩耍，机灵警觉性高。病犬则精神不振，低头呆立，反应迟钝，犹如"丧家"之犬或者敏感过度，惊恐不安，喜欢攻击人，不停狂吠，盲目活动，狂奔乱跑等。②眼睛。健康犬眼睛明亮清洁，眼球黑而灵活，结膜粉红，左右眼对称。病犬则结膜充血且呈蓝紫色或黏膜苍白，眼角不净有屎，两眼无光，流泪。③鼻腔。健康犬鼻内湿润、清凉，无脓性鼻涕，不打喷嚏。病犬鼻内干燥，干裂发热。④口腔。健康犬口腔清洁、湿润、黏膜色粉红，舌鲜红，无舌苔，无口臭，犬嘴闭合完全，不流涎，牙齿洁白，不发黄、发暗。反之则为病犬。⑤耳朵。健康犬双耳活动灵活，耳道清洁，耳尖无屑，如经常侧头甩耳，可能耳内有毛病。⑥皮肤。健康犬皮肤柔软富有弹性，皮温适中，手感温和，无斑秃、痂皮或溃烂。反之为病犬。⑦被毛。健康犬被毛柔润、光亮、干净、整齐、梳理完善，不打结，不脱毛，无虱、疥螨等寄生虫。反之为病犬。⑧肛门。健康犬肛门紧缩，周围清洁无"黄印"，无红肿，无溃烂现象。反之为病犬。⑨四肢。令犬来回跑动，以观察四肢是否正常，如出现跛行、两前肢向内并拢（O 形腿）或向外叉开（X 形腿）都属病态。⑩骨骼。触摸头骨、上颌骨、下颌骨直至脊椎骨，检查骨骼有无异常。

只要认真细心，经过上述检查，一般即可挑出健康犬。若方便的话，再请兽医防疫部门作布鲁氏菌病、弓形虫病等传染性疾病的检查。

依恋性检查，犬对主人的依恋是一种天性。依恋性强的犬能很快与主人建立感情，表现出极端的忠诚，无论什么地方、什么时间，都会很好地服从主人的命令并善解人意。品种不同，对主人依恋程度不一，有时就是同一窝犬也有差别。观察犬依恋性强弱可看其在主人出现时的表现。依恋性强的犬，见到主人总是迅速跑过去，在主人身前身后盘绕跳跃，表现出特殊的亲昵；而依恋性差的犬，则反应淡漠，甚至不予理睬，自顾玩耍。

② 猫

1. 概况。

猫为食肉目猫科动物，分长毛猫和短毛猫两大类。长毛猫的著名品种有波斯猫、喜马拉雅猫和巴曼猫等。短毛猫的著名品种有泰国猫、美国短毛猫、阿比西尼亚猫、曼克斯猫、日本猫、克拉特猫、英国蓝猫、俄国蓝猫、缅甸猫、哈瓦那棕色猫、英格兰塌耳猫、斯芬克斯猫、中国猫、变种猫等。

波斯猫是最常见的长毛猫，原产于阿富汗，后传入英国，在阿富汗的土种长毛猫和土耳其的安卡拉长毛猫的基础上，在英国经过长时间的培育而成的。全身被毛蓬松、光滑、发亮而柔软，脖子和后背披有长长的鬣毛，耳朵内外和足趾间都长有簇毛。波斯猫被毛丰富多彩，大体可分为五种色型：一是单色型，色泽纯一，呈白、黑、蓝、红、奶油等色；二是渐变色型，有灰鼠色、渐变银色、贝雕色及渐变贝雕色；三是烟色型，毛根为白色，上层绒毛呈黑色、蓝色或红色，猫静止时像单色，运动时则下层颜色清晰可见；四是斑色类，有棕色、银色、红色、奶油色、蓝色和贝雕色；五是多色类，包括玳瑁猫、三花猫、蓝奶油色猫等。另外，还有两色猫，如黑白、蓝白、红白或奶油色与白色等。虽然波斯猫毛色多样，但以橘红色最为名贵。

波斯猫的体形有点像小狮子，头大背短，鼻短而宽，两耳根距离较大，耳朵小而圆，颈短胸深，尾和四肢粗短。眼睛大而圆，颜色多为黄色。白波斯猫的眼睛可以有蓝色、黄色或鸳鸯眼（即一只为黄色，另一只为蓝色）。

波斯猫性情温顺，气质高雅，聪明好静，叫声细小、动听，兼长有华丽而多彩的被毛，爱撒娇，故深得人们喜爱，被称为猫中王子。

2. 饲养方法。

在国外，商品饲料早已进入市场，我国正处于开发阶段。商品饲料是经过科学方法配制而成，具有营养全面、适口性好、易消化吸收、便于贮存和饲喂方便等优点，深受养猫者欢迎。主要分三种：一是干燥型，通常含蛋白质30％、脂肪8％、水分9％～10％，是一种使用方便、经济实惠的猫饲料，可以直接干喂，让猫自由采食，也可以水喂。二是半湿型，通常含水分30％～40％，蛋白质含量在24％以上，脂肪7％以上，是最新型饲料，可做成饼状、颗粒或条状装在密封的口袋中，不必冷冻保存。成年猫1餐喂1袋，使用非常方便。三是罐装型，含水量较高，约75％，一般有两种包装：一种做成小罐头，含蛋白质10％～23％、脂肪2％～6％，含肉量95％，为特制的猫食品，供改善伙食和调剂之用；另一种蛋白质含量为10％、脂肪2％以上的罐装，营养全面，饲喂方便。

对于成年猫，一般家庭都不会特别为它们调制饲料，往往是用人吃剩的饭菜去喂猫，有时主人特别宠爱猫，把饭中精华部分给猫吃，这也没必要。用剩饭菜喂猫，必须要新鲜，不要喂过夜的饭菜；剩饭菜中的鱼刺、骨头必须挑去，严防卡喉；如剩饭菜中无肉，可另外再加；味太重的，可以加适量的水，煮一下再喂。用剩饭喂猫比较简便而又经济实惠。

猫的商品饲料虽然营养丰富，适口性好，使用方便，但比较贵。一般来说，家庭喂猫都是用自己调制的饲料。猫比较喜欢吃半湿的食物，所以在夏季要保证食物新鲜。下面是猫一昼夜饲料标准（见下表）和几组配方，可视实情选用。

猫一昼夜饲料标准

配方一	米饭 30%，玉米面 30%，肉类 39%，食盐 1%。
配方二	米饭 39%，玉米面 40%，肉类 20%，食盐 1%。
配方三	米饭 30%，面包 30%，玉米面 20%，鱼 10%，猪肝 8%，食盐 1%，添加剂 1%。
配方四	米饭 30%，馒头 30%，熟鸡蛋 5%，肉 18%，猪肝 4%，牛奶 13%（此配方适宜喂幼猫）。

3. 疾病防治。

猫可传染狂犬病，有不少因被猫咬伤、抓伤、接触而患狂犬病死亡的病例。因此，养猫同养犬一样，万一被猫咬伤，一要妥善处理伤口，用大量肥皂水充分冲洗后，用碘酒、酒精或 0.1%的新洁尔灭消毒，必要时，可立即接种疫苗并加注抗狂犬病血清。猫还可患传染性肠炎、结核病、皮肤真菌病等人畜共患疾病。防治措施主要是搞好环境卫生，定期给猫洗澡，严禁猫与人同床及亲吻猫等。

4. 小窍门。

选购要领如下。

选购一只什么样的猫，首先应了解各种猫的特点，长毛猫比较温顺、漂亮、华贵，但需要较多的管理，每天必须进行梳毛、刷毛，而短毛猫一般体格健壮，性情活泼，独立性强，易于饲养管理。

如果购猫是给一个牙牙学语的宝宝作伙伴，可选一只喜马拉雅猫或泰国猫。对于一个工作繁忙、经济收入尚可而家中又有老人的家庭，可买一只性情温顺的波斯猫，可以帮助你消除一天的疲劳，对于离退休的老人，欲与猫相依，建议购买一只活泼好动、爱撒娇玩耍的泰国猫、缅甸猫或喜马拉雅猫。在老鼠较多的地带，可买一只善于捕鼠的美国短毛猫或阿比西尼亚猫。

在猫年龄的选择上，要根据品种和用途进行选择。如果买的是伴侣型或观赏型的猫，不应选购年龄过小或年龄过大的猫。年龄过小的猫，因无独立生活能力，没有母乳吃，若稍有照顾不周则会生病，甚至死亡；年龄过大的猫，不容易与主人建立感情，常躲藏于室内角落或床下，不愿见

人，还常与家中其他动物发生争斗，甚至逃走或找以前的主人。所以，最好选6周～8周的仔猫，因为这个年龄段的猫生长发育较快，体重已达到0.5千克～1千克，具备了独立生活能力。另外，从仔猫开始喂养，易与主人建立感情。

若购猫作为捕鼠之用，最好能让小猫在断奶后与母猫共同生活几周。最佳年龄应是 10 周～12 周，这时的小猫已基本有了捕鼠的本领。另外，若买泰国猫种的小猫，年龄应在 12 周以上，这样可减少异食癖的发生。

买仔猫前，要了解母猫的有关情况。母猫应体格发育匀称，健康无病，营养水平高，护仔力强，所产小猫成活率高，否则，小猫成活率低，即使成活也常发病，难以饲养。

公猫与母猫相比，公猫活泼好动，生长发育快，体格健壮，抗病力强，爱撒娇，经训练容易完成各种小动作，但公猫常发生攻击、咬伤或抓伤其他动物和人的异常行为，性成熟后到处撒"臭尿"，影响环境卫生。母猫性情温顺，感情丰富，但母猫在繁殖季节常会经历发情、怀孕和分娩，还容易患生殖系统及乳房疾病。购猫者可根据自己的不同要求、爱好和条件选择公、母猫。

辨别公、母猫的方法可根据肛门（尾下）与外生殖器开口处（偏于后腹下）之间的距离来判断。肛门与外生殖器开口处之间的距离较远，其生殖器开口呈圆形或近似圆形则是公猫；如果距离较近，生殖器开口呈三角形或上下长形，则是母猫。

如果不想让猫繁殖，可在小猫性成熟前进行阉割，阉割后的猫更加温顺。

3 鸟

▲金丝鸟

1. 概况。

金丝鸟，鸟雀科金丝属的鸣叫观赏鸟类，体长 12 厘米～14 厘米，原产大西洋中的加那利群岛，原种多为黄色，变种有浅黄色、蓝绿色、鲜红色、咖啡色、灰褐色等。雄金丝鸟常常昂头鸣唱，声音带着颤声，柔和悦耳，极为动听。雌金丝鸟头顶及全身羽毛呈黄色，个体娇小，但叫声难听。因此，如不以繁殖为目的，大多选购能歌善舞的雄金丝鸟。

2. 饲养方法。

金丝鸟的饲料：主食以小米、谷子、黄豆粉、玉米粉为主。在换羽和繁殖时要适当喂些蛋米、花生米、油菜子等辅助饲料。但不要过多，一般为主食的 10%～20%，防止脂肪过多，引起不良病症。每天还要喂些嫩菜叶子。谷、米、沙、水等，分别装在食缸内，菜叶子可挂在笼内，让其自由取食。要做到勤添、勤换、不断食、不断水。除此之外，还要根据发育期，增加昆虫类、鱼虾类、矿物质类、色素类饲料，保证金丝鸟健康成长。春秋冬三季要有一定的光照。因为，光线能使金丝鸟神经兴奋，增强体内新陈代谢，增加食欲，在阳光的作用下，体内维生素 D 可促进骨骼的正常生长和卵壳的形成。金丝鸟喜欢清洁卫生，四季都要在饮水碗中洗澡。洗后要换清水，浴沙也要清洁。

3. 繁殖。

金丝鸟的繁殖能力强，每年可繁殖 2 窝～3 窝，但是以春季 4 月为最好。因为这时春暖花开，气候在 17℃～18℃之间，是金丝鸟生育成长的最佳时间，繁殖的鸟笼以 40 厘米×40 厘米×40 厘米为好，三面木板，前面竹签，下面做成拉屉。笼内设低台或木板，一端适当放些绒稻草、棉花、麻类纤维物质，让其自己做窝。发情前要喂发情饲料，主食用黍子 50%、油菜子 20%，谷子 30%，制成混合饲料。喂时，要适当给些蛋米、蔬菜。发情、交配、产卵、育雏期 30 天～35 天。此时，雌雄鸟合笼，置于避风雨处，要求安静，严防惊吓。雌鸟发情初期，两翅扇动，站立不安，在笼内上下乱跳，鸣声拉得很长。中期雌鸟喜欢沙浴。后期雌鸟两翅下垂，头向前伸，尾巴上翘，轻轻连续发出"唧唧唧"的呼叫声。这时雄鸟听见声音，很快地跳到雌鸟的背上，两翅展开并扇动，尾巴下垂与雌鸟交配。雌鸟发情期 5 天～7 天，每天交配 2 次～3 次，以后每天早晨产卵，每窝 4 枚～6 枚，孵化期 16 天～17 天。这时要将雄鸟取出另笼饲养，使雌鸟安心孵卵。雌鸟孵卵期间，应改变饲料配方：黍子 20%、油菜子 10%、谷子 70%，以防雌鸟再次发情。刚孵出的雏鸟在两周内，每隔 15 分钟～20 分钟，雌鸟喂食 1 次，喂后仍孵在雏鸟身上保温，30 天～35 天，雏鸟便可独立生活了。

4. 小窍门。

雌雄鉴别：一是听其鸣声，悦耳者为雄鸟，难听者为雌鸟。二是观其腹部末端，腹部狭长，生有尖形突出的肛门为雄鸟；腹部圆形，肛门大而扁平的为雌鸟。

5. 换羽期的特殊管理。

每年的 8 月金丝鸟开始换羽，这时鸟体虚弱，应注意温度、饲料和卫生。换羽饲料有 3 种：第一种是素食，主要喂给小米、谷子、麦子、苋菜和水，把鸟笼置于阴暗处。这种喂法脱毛快时间短，但换后体弱。第二种为浓食，喂些营养丰富的黍子、油菜子、核桃仁、蛋米、鱼虾粉、青菜等。吃这种饲料换羽时间短，但容易患肥胖病。第三种是两种饲料并用，但以素食为主，每隔 3 天喂一次浓食，另加一只大红辣椒。这种办法换羽时间长，但效果最好。

▲百灵鸟

1. 概况。

百灵鸟，鸟纲百灵科的鸣叫鸟类，原产我国北方草原中，是一种地栖鸟。百灵鸟羽毛颜色朴实无华，背部羽毛呈土棕色，头羽栗红色，翅羽黑褐色，但其鸣唱声音韵婉转多变，音域宽广，如歌如泣，响

彻云霄。百灵鸟不仅歌声美妙动人，且能学猫叫、犬吠、婴儿啼哭和燕子、芙蓉鸟等十几种鸟的叫声。除繁殖外，一般养雄鸟，雌鸟其貌不扬，鸣叫声较粗，不够悦耳。

2. 驯养方法。

初上笼的幼鸟，经过3天～4天填食饲养，待其自己能啄食后，便可开始驯化。为了取得良好的驯化效果，培训前要饿鸟半天，然后在一块小木板上放一点糊状食物，置于笼内发出进食信号和手势，使这形成条件反射，学会自己啄食。凡是见信号就食的，立即奖给一条面包虫。这个动作学会后，接着培养台上鸣叫。方法是：先在食缸内少放点饲料，当其在缸内啄食习惯后，就可在台上驯化调教。培训前照样饿它半天，然后把食缸移至搭好的台上，并发出上台进食的信号，饥饿的百灵鸟见了信号和食物，便急着上台啄食，吃后奖给一条面包虫。这样连续培训2周～3周，百灵鸟就能自由上台啄食。吃饱后在台上鸣叫，凡是在台上鸣叫的，都要奖给喜吃食物。一般再经过一周的培训，就能巩固在台上见手势鸣叫的反射。这时可换大笼，笼中搭设"高台"，培养高台鸣叫，在整个培训过程中，充分利用遛鸟的机会培养百灵胆子大，不怕人，不怕红绿色，不怕伞，听到各种突然声响，不惊不跳，若无其事。同时，还要提高百灵鸟识别信号和手势的准确性，歌声甜润嘹亮的艺术性，比赛竞争的对抗性。当百灵鸟把这些绝技学会后，就可以在任何时间、任何场合参加比赛了。

在自然界中，百灵鸟鸟窝隐蔽在草丛间或灌木丛中，不易发现。在每年的6月百灵开始产卵孵育繁殖后代。笼养百灵也产卵，如果饲养者要培育好鸟，也可笼养繁殖（设备与金丝鸟相同）。繁殖前要选上等品种鸟，雌鸟一年龄，雄鸟两年龄配对，避免近亲。挑选时，体形要一大一小，羽毛要一浅一深，以培育杂交新品种。雌鸟发情晚于雄鸟，所以在发情前10天，最好喂发情饲料，使之同时发情。雄鸟发情的特征是：两翅扇动，躁动不安，来回乱穿，含草做窝，这时便可合笼配对。发情的雄鸟一见雌鸟，便特别兴奋，时而两翼扑开，时而尾巴上翘，在雌鸟面前婉转鸣叫，翩翩起舞。雌鸟便会应声伴随，亲昵地追逐，叽叽喳喳，窃窃私语，当歌声戛然而止之后，双双闪电般进入洞房，过美好的"夫妻"生活。

百灵鸟每窝产卵4枚～6枚，为了出壳整齐，可把先下的鸟蛋拿出来，待下第四个时一同放入窝内。孵化期14天～16天，哺育期喂软饲料，配方是：馒头80%、面包15%、熟鸡蛋5%，捣成稠糊状即可。幼鸟经过20天～25天的饲养，便可离窝独立生活。

3. 疾病防治。

百灵笼养以后，易拉稀，易患"生黄"、感冒和眼病。防治方法：拉稀可用痢特灵一片、土霉素一片，用冷开水0.5千克化开，每周供鸟饮用一天，可以治疗和预防此病；"生黄"后皮下出现黄色，可用庆大霉素针液3滴～4滴，加入小水缸内，病鸟吃水后可以治愈；感冒除用庆大霉素治疗外，还可用醋0.5千克加水1千克，烧开后以文火加温蒸发，将鸟笼移至室内关门熏蒸治疗；眼病可用氯霉素眼药水治疗，效果较好。

4. 小窍门。

饲养百灵鸟，一般都喜欢购买自然界野生的幼鸟。饲养笼以四川的竹笼最好。百灵鸟喜欢站在高台上鸣叫，故鸟笼里除食缸、水缸外，还要搭个"戏台"，这样活泼欢快的百灵，便可在台上边歌边舞地生活了。草原中的雏鸟，一般以出壳5天～7天后捕来饲养最好，超过7天幼鸟便出窝跑动，即便捕住了，它的野性也难改，见到人就乱蹦乱跳，不易驯服。

饲养百灵鸟，可用熟豌豆粉、熟蛋黄粉调配成软食，以人工填食的方法饲养。调配饲料要软硬适中，饲料过硬（水分少），幼鸟易患软腿病，过软吃后易拉稀。除此之外，每天还要喂点肉末、水果、青菜和面包虫等营养饲料。成鸟投食是早晚各1次为主，中间可以单料投放3次～4次。注意不要喂给变质食物，以免生病。百灵鸟喜欢在沙地里嬉戏，饲养者可在笼内铺以细沙，供其沙浴。细沙也要经常清除更换，保持清结卫生。

▲ 相思鸟

1. 概况。

相思鸟，鸟纲画眉科相思鸟属的观赏动物，又名红嘴相思鸟。相思鸟头部一抹金黄，眼圈及脸部淡黄色，眼睛圆黑晶亮，尖嘴鲜红，背部深橄榄色，腹部棕红或黄色，腿脚黄绿，叉形黑尾，艳丽非常。相思鸟雌雄双飞，昼则同行，夜则共眠，相亲相爱，形影不离，数十对群居，却过着"一夫一妻"的生活，是忠贞爱情的象征。

2. 驯养方法。

相思鸟食性很杂，在自然界中主要觅

食各种害虫，特别喜食蛾类幼虫，亦食瓜果、蔬菜嫩叶和植物的种子等。笼养食物比较简单，一般以蛋米、混合饲料为主。混合饲料配方为：玉米粉 1200 克，黄豆粉 400 克，鱼虾粉 160 克，蚕蛹粉 160 克，蛋黄 50 克，炒熟打成粉末，充分冷却后喂食，注意饲料一定要保持新鲜。另外，还可喂些小米、面包虫、苹果、香蕉、番茄、西瓜、香瓜等。为了帮助消化，还可喂点沙子。

相思鸟爱卫生，喜欢水浴。笼养时，最好在专用水浴笼中，每天洗澡 1 次。相思鸟宜在 18℃～25℃ 的气温环境中生活，冬季保持 10℃ 左右即可，夏天气温高（32℃～35℃），要采取降温措施，把鸟笼置于凉爽通风的地方，每天可洗澡 3 次～4 次，助其体表散热。

3. 繁殖。

同金丝鸟。

4. 疾病防治。

野外捕捉的相思鸟入笼饲养，往往由于食物的突然变化，会引起便秘。故在饲养过程中，要经常检查肛门堵住没有。如果发现便秘，要用剪刀把肛门附近带粪便的毛团剪去，将肛门的粪便清除掉，用温开水洗净肛门，助其排泄畅通，不致把鸟憋死。其他疾病的防治方法与百灵鸟相同。

5. 小窍门。

生鸟入笼，孤苦伶仃，失去了往日在蓝天的飞翔自由。一入鸟笼便急得乱飞乱撞。所以，新捕的野鸟，要把翅膀扎住，放在小板笼中饲养，即使它乱跳乱蹦，也不致"伤筋断骨"。或者把几只鸟养在 1 个大笼里，用笼布罩住，仅在食缸处留一条缝。最好在笼中放养一只驯化过的相思鸟，作为"媒鸟"，带头取食，引诱新鸟进食。

▲ 画眉鸟

1. 概况。

画眉鸟是鸟纲画眉科的鸣叫、打斗、观赏鸟类，体形优美，身体强壮，歌声悠扬，音色甜润。宋代文学家欧阳修有诗赞美画眉鸟，曰："百啭千声随意移，山花红紫树高低。始知锁向金笼里，不及林间自在啼。"

2. 驯养方法。

画眉以好斗著称，新捕到的野鸟，不适应在笼中的生活，最怕见人。所以，最好一笼一鸟单独饲养，防止扑腾，啄斗造成伤亡。初上笼的画眉，要用绿色笼衣封闭，笼身下端露出 1/3，挂在能见到人，但又不接触人的地方，让其安静地用食和饮水。画眉是肉素兼食的鸟类，在大自然中它们啄食蝗虫、蟋蟀、蝼蚁、青虫等，有的还食小蜥蜴（草花龙）、田螺、鱼虾类食物。素食有花生、黄豆、玉米、大米、高粱等。所以，在配制画眉的饲料时，一定要考虑原来食物的特性，让其吃到适合自己口味的饲料。

春秋两季，气候宜人，应把画眉笼挂在通风和有阳光照射的地方饲养，减少疾病的传播。夏季要防暑热，可用金银花、车前草煮水凉后喂养。冬季要把室温控制在 15℃ 左右，适当喂些造热食物，如花生、米粒、黄豆、蛋黄，以及鱼虾干、面包虫等，饮水可用温开水加蜜糖，让其增加抗寒能力。画眉喜爱清洁卫生，每天要给它洗澡，中午时分趁着阳光，饲养者可将鸟笼渐渐接近水池（盆水也行）。它习惯后，便见水兴奋，自己用嘴理羽洗澡，保持漂亮的羽毛和健壮的身体。

培养画眉的鸣叫打斗技艺，是画眉饲养中的一项重要工作。办法是：每天清晨，迎着朝阳，把鸟笼挂在"笼鸟聚会"的枝头上，让画眉和百鸟争鸣。在一般情况下，它鸣唱一阵之后，便静下来倾听其他鸟类的叫声。这时，它像小孩一样，边模仿，边学唱，日子久了，便能唱出各种不同的声音来。鸣叫能力强的画眉，一次能唱 20 多分钟，可以唱出各种不同"曲牌"的声音。饲养者要培养画眉打斗，首先要培养画眉胆子大，不怕人、不怕红、不怕绿、不怕伞，见到异象不惊不跳，旁若无人的能力。因此，就要逐渐地不分时间地把养笼拿到马路旁、集市、贸易中心，让画眉适应各种车辆的高音喇叭声和人多嘈杂的环境。在培养胆量的同时，让画眉试斗，逐步具备临场不乱，见鸟必斗，斗则必胜的勇敢精神，到了"画眉打斗势欲翻"的时候，饲养者所养的画眉，就可参加鸣唱、打斗比赛了。

3. 繁殖。

画眉鸟出壳 16 个月后性成熟。每年的春天，开始产卵繁殖后代，产卵前配对（不是原配的不交配）应饲养在板条箱式的鸟笼内，在箱中放些绒稻草、麻丝和棉花让其做窝，合笼饲养使之交配，产卵孵化期对雄鸟要隔离饲养。这时雌鸟要消耗大量的养分，可在饲料中补充黍子、花生、黄豆、蛋黄等营养饲料。最好是用人参汤或蜂蜜稀释后搅拌食料，滋补雌鸟。一般要经过20天以上的孵化，雏鸟才能破壳而出。初生的小鸟，饲料以煮熟的鸡蛋为好。随着时间的增长，可以逐渐喂些粗食，直到翅翼长出，才可与成鸟一样进食。画眉体壮，抗病力强，很少生病，一般病患大多因受凉或饮食的影响所致，故在饲养过程中以预防为主。如发现脱毛，可用温开水调和适量的鱼肝油喂养；拉白屎可把大米炒熟，加鸡蛋拌炒制成大米混合饲料，冷后喂养。

4. 小窍门。

一般人均想饲养能歌善舞的画眉鸟，有的想饲养好斗的画眉鸟，如何选择？雌雄画眉鸟各有特征：雄画眉鸟，头大方形，脑门宽阔，有棱有角；白眼圈宽大，眉纹清密，但两眉形态有异；眼睛突出有神，瞳孔在阳光照射下，反应非常灵敏；嘴边前须较粗且挺直，嘴尖长且粗大；身体较长，背部和胸部的羽毛均为棕黑色，花纹清晰，鲜明光亮，腿脚粗壮有力。雄鸟还有一个突出的特征：两鼻相通。俗话说："两鼻通，十个就有九个公"。鼻孔中无黏着物，鸣声婉转动听，音质悠扬激昂，富有韵味，这也是雄鸟一大特性。雌鸟，头比雄鸟小，喙形尖细，鼻孔两边不相通，体形短，全身羽毛色泽暗，光亮度差。雌鸟也有一个突出的特征：两眉相同。俗说话："两眉同，十个难有九个雄"，也就是说挑选时，可从雌鸟的眉形进行鉴别，两边眉形相同者为雌鸟。

人人都想饲养能歌善舞的雄鸟，但是，在众多的画眉中，要想选一个有潜力的雄鸟，并非一件易事。一般说来，能歌的画眉，羽毛贴身，富有金属光泽，脑门宽阔，精灵敏捷，身体结实，性清活泼。唱歌时，头部微扬，挺胸，体态健美稳定，尾巴下勾而不摆动，颈项长、嘴甲薄、鼻孔大，这便是"天才的歌唱家"。好打斗的画眉是：头大脑阔形状方，铁甲嘴儿硬过钢，颈项转动好灵活，两眼有神发凶光。翅膀紧靠胸脯大，腿脚有力。比赛台上站得稳，打起架来赛金刚。

▲鹦鹉

1. 概况。

鹦鹉，鸟纲鹦形目鹦鹉科的观赏鸟，

又名姣凤鸟，俗称鹦哥。它的羽毛华丽，闪烁着金属光泽，似身披粼光闪闪、鲜艳夺目的锦缎，体态健美，口技超群，十分招人喜爱。

2. 驯养方法。

鹦鹉啃咬是本能。初捕捉的鹦鹉，要用有三面木板，前面铁丝网制作的板笼饲养。切不可用竹笼，因为它会很快咬断竹条飞掉。鹦鹉喜欢"吃斋"（素食），谷子、大米、玉米、葵花子、花生、麻籽、水果等，是它最喜爱吃的食物。对于粮食类饲料，投食前要用开水将食泡软，投入小食缸中，让其自由取食。为了促进食欲，每天还可增加些青菜。换羽期增喂花生仁、麻籽等油料食物，使之羽毛艳丽光亮。

鹦鹉顺笼以后，要让人接近，换上金属鸟架饲养。经过一段时间手摸它不害怕，放开脚链也不飞走，这时便是调教的时候了。鹦鹉的舌头呈圆球形，气管下部有三对筋肉。由于它嘴、舌、气管的构造特别，故其鸣叫婉转多变，加之它听觉灵敏、仿效能力强、善于模仿别种声音，因此，能学会几句简单的语言，谓之鹦鹉学舌，其实它并非理解语意。为了让其准确地学会说话，在每天早晨挑选一块安静的地方，利用喂食，与其多次对讲。但语言要简单，每句2字～3字为好。如"您好"、"欢迎"、"请坐"、"再见"、"早晨好"、"晚安"等。教学的话语要固定，学会一句巩固了再教，要有耐心，教时见其学着发音，马上奖给一点喜吃食物，或者教学时先亮出食物，发出信号，如打手势、摇动鸟架等，待其发音；当见其学着发音时马上投给食物，形成条件反射。一般经过长时间反复调教饲养，就能教会几句简单的话语了。

3. 繁殖。

鹦鹉素有"情鸟"的美称。在自然界中，四季连续产蛋孵化，每年能繁殖3窝～4窝，人工饲养也能繁殖。雌雄一旦配对，"小夫妻"便开始出双入对地生活，彼此相亲相爱，亲密无间。鹦鹉性成熟早，一般雌鸟只要有5月～6月龄便可产蛋。但是配对时要注意雌鸟发情早于雄鸟，因此，雄鸟月龄应大于雌鸟。配对后用宽大的木板笼饲养。雌鸟咬巢、交配，不几天便开始产蛋，每窝 4 枚～10 枚，隔 1 天 1 个，孵化期 20 天～22 天。小雏鸟出世后，要供给母鸟稠糊状食物，让其哺幼鸟，一般经过20 天左右的哺育期，小鸟便开始出巢活动。此时，雏鸟食量大增，雄鸟也参加喂养，再经半月左右的时间，便可隔离单独饲养。鹦鹉繁殖力强，一般四季产卵连续孵化，饲养时要多给营养食物，为了补充钙质，随时在食缸内放些细沙石和老墙的白石灰块，以及墨鱼的骨头等，保证产蛋所需要的钙质食物。

4. 疾病防治。

鹦鹉易患缺钙病和皮肤病，在治疗上主要以预防为主，一般可在饲料中加入碎鸡蛋壳或熟石灰块。春、秋、冬三季把鹦鹉置于温暖有阳光照射的地方饲养，可以预防上述两种疾病发生。其他疾病的防治，与其他鸟相同。

5. 小窍门。

分辨雌雄的方法。

雌雄鹦鹉的特征：雄鸟头部蓝灰色，鼻部蜡膜，色泽褐绿，上嘴甲弯曲呈红色，下嘴甲短呈紫黑色，背部羽毛红中显绿，胸部紫红色，尾巴天蓝色，全身羽毛富有光泽，极为美丽；雌鸟形态特征基本上与雄鸟相似，但是羽毛的色泽较暗，与雄鸟差异较大的是上下嘴甲均为黑色。

④ 金鱼

1. 概况。

金鱼，又名金鲫鱼，它的故乡在中国，是由野生鲫鱼演化而成的观赏鱼。一般体短肥胖，尾鳍四叶，色彩丰富，具有红、绿、蓝、黄、紫、橙、墨黑、银白、五花、透明等色彩和色斑。

金鱼的品种很多，鱼类学家按金鱼的体形将它们分为文种、龙种、蛋种三大类。

（1）文种。头部凸出，体形短宽，各鳍发达，背鳍明显，尾鳍两叶，叉口较深，俯视其型如"文"字，故名。有"丹顶红"、"鹅头"、"虎头"、"珍珠鳞"等。

（2）龙种。又称龙睛、龙金、凸眼。这类金鱼的眼睛特别凸出鼓大，活像古代传说中"龙"的眼睛，故名。龙种的眼睛凸出于眼眶之外，各鳍发达，体短尾长，叉口深裂。有"墨龙眼"、"水泡眼"、"玛瑙眼"等。

（3）蛋种。又称蛋金。这类金鱼各鳍不发达，无上背鳍，体形椭圆，状如鸡蛋，故名。有"元宝红"、"狮子头"、"丹凤"等。

金鱼属于冷水动物，体温随水温的变化而变化，适宜温度 12℃～26℃，寿命 5 年～7 年，如果养法得当，可以活到 15 年～20 年。

2. 饲养方法。

金鱼需消耗大量的氧，氧只有溶于水中才能被金鱼吸收。因此，饲养金鱼要常换含溶解氧丰富的熟水。春秋两季每星期换水一次，夏季为了降温，可每天换水一次，冬季每半月换水一次。金鱼食性杂，活全虾、红线虫（水蚯蚓）、水蚤是最好的活性饵料。另外，可用黄豆粉、玉米粉、骨粉、蚕蛹、鱼虾干、蛋黄等加工成圆形粒状混合饵料。金鱼是一种贪食动物，它可一次暴食致毙，所以投食要定时定量。

3. 小窍门。

养金鱼要用熟水。所谓熟水，就是把自来水放入木桶或缸中，贮存 48 小时，水中漂白粉、液氯消失，水温和气温基本接近的水。

（董 晶）

摄 影

① 傻瓜照相机

通常所说的傻瓜照相机是指那些自动或半自动照相机的俗称。操作比较简单，一般不需要调焦距和测算曝光时间的相机。拍摄者不需要动多少脑筋也能拍摄出画面影像清晰、色彩还原较为准确的照片。傻瓜照相机这个名称首先出现在我国的香港，进而在我国的其他省、市、自治区流行。有些傻瓜照相机的广告词中曾这样写道："你只需按下快门，其他的问题由照相机为你完成。"由此来说明，即使是一个摄影门外汉，使用此类照相机，也能拍摄出较为理想的照片。当然这个说法存在着一定程度的片面性。这是因为自动化程度再高的傻瓜照相机，也只能提供技术上的保证，而摄影不单是一门技术，也是一门艺术。既然是艺术，就需要拍摄者具有一定的文化艺术修养和创作才能，这样才能拍摄出具有艺术价值的作品。那种认为只要有一部自动化程度很高的傻瓜照相机就能拍摄出优秀照片的想法是不正确的。这是因为人们大脑中的艺术思维是任何机器所不能代替的。所以，只有了解了所用傻瓜照相机的性能，并熟练地掌握了使用这种傻瓜照相机的技术，同时又具有较为深厚的艺术修养的人，才能拍摄出令人满意的照片。

傻瓜照相机通常是由镜头、对焦系统、取景系统、曝光系统、输片系统、内置闪光灯、资料机背、液晶显示屏等组成。

随着高科技在傻瓜照相机上的运用，现代傻瓜照相机上的功能非常的完备。不同的傻瓜照相机具有不同的功能，归纳起来主要有自动曝光、自动装片、自动卷片、自动倒片、中途倒片、自动闪光、多模式自动闪光、自动对焦、自动追踪式对焦、自动曝光补偿、连续曝光拍摄、多次曝光、单次自拍、多次自拍、遥控自拍、遥控拍摄、间歇定时拍摄、远景拍摄、自动对焦锁定、TV模式曝光、自动构图、自动摇头拍摄、发声警告信号报警、频闪拍摄、防红眼预闪拍摄、自动柔化闪光照明、夜景模式、慢门同步闪光曝光、慢速快门曝光模式、逆光曝光补偿闪光模式、自动微距拍摄、超微距拍摄、多点测距自动对焦、多功能资料机背、取消闪光曝光功能、透明小窗口检查内装胶卷情况、大型取景器、人像摄影模式、全景拍摄模式、自动电力检查、可外接电子闪光灯与内置变焦闪光灯的配合，等等。当然这些并不是都集中在一种傻瓜照相机上，而是在不同的傻瓜照相机上有不同的侧重罢了，通常来说，高档傻瓜照相机的自动化功能要齐全一些。

② 数码照相机

数码照相机又称为数字照相机，简称DSC（Digital Still Camera）。这种照相机与传统的照相机不一样，它不是使用感光胶片作为影像的载体，而是用固定的或可拆卸的半导体存储器来保存摄取的影像。它不是用光学模拟信号处理影像，而是用电子数字信息来处理影像。将数码照相机与相应的电子计算机、电视机连接，可直接观察到放大了的影像；与专用的打印机连接，可以打印出精美的照片；还可以通过电子邮件传送出去；用专用的数码彩色扩印机可以直接扩印彩色照片。

数码照相机拍摄后所生成的数字影像，可以存入电子计算机中，并可利用图像处理软件，进行后期编辑处理，很方便地进行再创作。

数码照相机以其全数字化和非感光胶片的特点，表明了现代摄影的新潮流。它是高科技在摄影领域的体现，是21世纪摄影的方向。

数码照相机在科技、新闻、广告、教育、出版、医疗、通讯、航天航空、网页制作、情报采集、艺术、婚纱和家庭生活等众多的摄影领域内广泛应用。

目前世界上已有300多家照相机厂家在生产数码照相机，其样式和品种很多，有分辨率很高的高档专业机，也有分辨率较低的普通业余机。

1. 数码照相机的主要性能。

（1）像素。像素是数码图像产生的基本单位，也是最小单位。数码照相机像素越多，像素水平越高，成像的清晰度也越高，文件数据量越大。

（2）分辨率。数码照相机的分辨率，是指由数码照相机拍摄出照片的水平和垂直方向的像素，分辨率是数码照相机的一项重要指标。就同一类数码照相机来说，分辨率越高，清晰度越好，照相机的档次越高。

（3）色彩位数。色彩位数又称为色彩深度。它表示数码照相机的色彩分辨能力。

（4）ISO感光度。数码照相机所标的感光度，是一种相当于胶片的感光度ISO。它是衡量数码照相机感光灵敏度高低的一项重要指标。目前数码照相机的感光度最低为ISO50，最高的可达ISO6400。

2. 数码照相机的种类。

数码照相机的种类很多，分类方法也不一样。按机身结构来分有单镜头反光型、后背型、轻便型；按消费领域来分有专业用型、商用型、家用型。

3 感光胶卷

感光胶卷的种类很多，老年摄影爱好者多数使用的是傻瓜照相机，所用的主要是黑白和彩色135胶卷。

1. 135黑白胶卷。

这里所说的黑白胶卷，是指135照相机所用的黑白全色胶卷，其用途广，它不但可用于对实物的拍摄，也可用于各种翻拍。全色胶卷能感受光谱中的全部可见光。用全色片拍摄色彩丰富的景物，在照片上表现的明暗层次与人眼的视觉较为接近。

2. 135彩色胶卷。

135彩色胶卷的种类较多，分类的方法也不一样，通常按成像特性、平衡色温、使用类型来进行分类。

（1）按成像特性分。常用的彩色胶卷有彩色负片、彩色反转片两种。

彩色负片。彩色负片是供直接拍摄用的彩色感光胶卷。其特点是经过曝光、彩色显影、漂定等处理后，在胶片上形成与被摄景物明暗相反、色彩呈互补的负像，只能用彩色感光纸或正性彩色感光片经过印放、彩色冲洗加工之后，才能获得一张再现被摄景物明暗和色彩的彩色照片或彩色透明片。

彩色反转片。彩色反转片是一种用于直接拍摄，并经过反转冲洗后可直接得到与被摄景物原有明暗、色彩相一致的彩色正像片。它具有感光度较高、反差系数较高、影像清晰度高、层次丰富、色纯度高等特点。

（2）按平衡色温来分。常用的有日光型、灯光型两种。

日光型。日光型彩色片的三层乳剂感光度经过适当控制，在色温为5500K的日光下或电子闪光灯照明下拍摄，能获得很正常的彩色还原。日光型彩色片对可见光谱中的红、黄色光敏感。有日光型彩色负片和彩色反转片两种。是照相机摄影用得最多的彩色片。

灯光型。135照相机所用的灯光型彩色片也有负片和反转片两种，适合在色温为3200K～3400K的光源下拍摄。

（3）按使用类型来分。这种分类方法的彩色片有业余型和专业型彩色片两种。

业余型。业余型彩色片是为业余摄影爱好者和满足专业摄影的一般拍摄需要而设计的彩色片，这种彩色片的特点是有较大的曝光宽容度，使用和保存都没有专业型彩色片那么严格，但色彩还原的准确性不如专业型彩色片那么高。

专业型。这种彩色片是为了满足专业摄影人士对彩色还原的高要求而设计的，在包装盒上都注明有"P"或"professional"。其主要特点是色彩还原准确性高，但对于贮藏和冲洗的要求严格。胶片生产厂家对这种胶片的乳剂都进行了严格的测试，只有当胶片达到最佳色彩平衡时才能出厂，在这之前一直是在厂内进行冷藏保存。

4 内置闪光灯的应用

现代很多自动照相机设有多功能的内置电子闪光灯。不同种类的自动照相机，其内置电子闪光灯的功能多少不一样。这里就现代自动照相机上一些带有共性的功能谈一谈其使用方法和创造性运用技巧。

1. 开启闪光模式的使用。

开启闪光灯模式用英文"ON"表示，当设定了"ON"式时，无论拍摄环境光线的强弱如何，内置电子闪光灯都会进行自动闪光。

2. 防红眼闪光拍摄。

内置闪光灯是采用的机位闪光照明法进行拍摄的。在光线暗弱的条件下用这种闪光照明法作为主光照明，如果正对着被摄人物或动物的正面拍摄，会在摄影作品画面的影像上产生"红眼"现象。为了避免红眼现象的产生，现代有很多的中高档内置闪光灯自动曝光照相机上增设了防红眼现象预闪功能。使用防红眼预闪功能照相机进行防红眼闪光拍摄时，只要设定了防红眼闪光模式，就会在正式闪光照明拍摄之前的一瞬间，进行预闪光照明，以使被摄人物或动物的瞳孔预先收缩后，再接着进行正式的闪光照明拍摄，从而有效地消除或减少红眼现象。

3. 夜景人像闪光拍摄。

在使用具有这种功能的照相机进行夜景拍摄时，当闪光灯闪亮之后，被摄主体不能移动，以免背景上的明亮光点在被摄主体的位置上进行重复曝光，影响主体在画面中的形象。

4. 关闭闪光模式拍摄。

在光线暗弱的环境中拍摄，只要选择这种拍摄模式，内置的电子闪光灯就不会自动地进行闪光，而是由照相机内的微型电子计算机指令采用慢速快门的曝光组合，来达到获得正确曝光的目的。拍摄时，应将照相机固定在三脚架或其他能使照相机稳定的物体上，以免因采用慢速度拍摄造成照相机的抖动，而影响所拍摄影像的清晰度。

5. 慢速同步闪光。

采用慢速同步闪光功能在拍摄夜景时，内置电子闪光灯的闪光配合低速快门同步发放，使闪光与现场光线互相配合，能对被摄主体与背景的细微部分影像表现得很充分。

⑤ 取景与构图

不同的照相机其取景器的结构不同，有的采用平视棱镜取景器，有的采用平视旁轴式取景器，有的采用俯视取景器。不同的取景器其取景的方法是不相同的。例如，在使用平视棱镜取景器的单镜头反光照相机进行取景构图时，可以睁着双眼进行，即一只眼睛靠在照相机取景目镜上进行观察，另一只眼睛不必闭着；在使用平视傍轴取景器照相机进行取景构图时，一只眼睛要靠在取景目镜上进行观察，否则，所观察到的视野要比进入照相机镜头内的要少一些。特别是在近距离拍摄时，存在着较为严重的取景视差。现代这类照相机内均设有视差校正框线，在这个框线之内，才是实际拍摄的范围，所以，在拍摄时，通常是闭左眼、睁右眼进行取景构图，而不能像单镜头反光式平视取景器照相机那样睁着两眼进行取景，否则，不易看清取景器内表示取景范围的框线。在使用俯视取景器照相机进行取景构图时，应注意取景对焦屏的影像与实际景物是左右对调的。

在取景构图时应注意处理好主体与陪体的关系，安排好主体在画面中的位置。一般来说，主体是摄影中应表现的主要对象，故应使其突出；陪体是帮助说明主体的，通常是处在次要位置，如果是有方向性的陪体，应注意与主体相呼应。在安排主体的位置时，一般不要放在画面的正中央，否则会给人一种呆板的感觉。在景物

中有水平线或垂直线出现时，应注意不要歪斜。在人物摄影中，应避免在人物的头顶上出现有明显的垂直物体，如电线杆、树干等，也不要在人物的颈部、腰部出现水平线。

在拍摄大的场面和风光摄影中，应安排好画面的前景，前景处理好了有助于对主体的说明和使主体突出，同时能增加画面的纵深感。

另外还应注意对画幅格式的选择。拍摄高大物体或人物全身照时，可选择竖画幅（竖直照相机拍摄，即可获得竖画幅），以显示其高大；拍摄宽阔的物体时，可选择横画幅，以显示其宽广。

⑥ 自动曝光模式的选用

现代照相机的自动曝光模式主要有光圈优先、快门优先、程序快门等。

1. 光圈优先自动曝光。

具有这种功能的自动曝光照相机，在使用时可以根据创作意图先用手动调节好光圈系数，照相机内的微型电脑就会根据所用的感光片的感光度和被摄体的表面亮度，自动地调定准确曝光的快门时间。

光圈优先自动曝光对控制摄影作品的画面景深很方便。例如，需要画面中被摄体的景深大就用小光圈；需要画面中被摄体的景深小，以突出被摄主体，就预先调定成大光圈。在一般的生活摄影、旅游摄影、人物摄影、风光摄影、花卉摄影、广告摄影、新闻摄影中运用较为广泛。

2. 快门优先自动曝光。

在使用快门优先自动曝光模式时应先在照相机上调定好所用感光片的感光度，再根据拍摄对象和自己的创作意图调定好快门速度，照相机会根据被摄体的亮度自动选择准确曝光的光圈系数。

快门优先自动曝光模式最适宜于用来拍摄运动物体。拍摄者可以选择较高的快门速度来使运动体的影像"凝固"在画面上；也可以选择较低的快门速度来使运动体的部分影像呈虚糊状表现在画面上，以表现出一种运动感，给人以动态的美。在采用追随法拍摄运动体时，常常选用快门速度优先式自动曝光，拍摄时根据运动体的运动速度先将照相机的快门速度设定在1/60 秒或 1/30 秒处。

3. 程序式自动曝光模式。

因为玻璃或水面都会阻挡超声波的前进。所以，在拍摄玻璃或水面时，超声波遇到玻璃或水面就会反射回来，所测得的距离只是从照相机到玻璃或水面的距离，而不是从照相机到玻璃后面或水中被摄体的距离；使用超声波自动对焦照相机对着火焰、烟云进行自动对焦拍摄时，对焦也对不准确，这是因为这些物体对超声波无反射。二是对着不反射红外线的被摄体采用红外线自动对焦照相机进行自动对焦时，其自动对焦也对不准。三是对着光滑的斜面被摄体，使用红外线自动对焦照相机进行自动对焦拍摄时，其对焦也对不准，这是因为光滑斜面反射回的红外光束进入不到照相机的红外光接收器内所造成的。四是对着吸收超声波的物体，使用超声波自动对焦系统照相机进行自动对焦拍摄时，其自动对焦不准。五是对吸收红外线的被摄体，使用红外线自动对焦系统照相机仍不能完成自动对焦。

很多单点自动对焦照相机的自动对焦点设在画面的中央，但这种照相机都具有自动对焦锁定功能，在拍摄时，应先将主体安排在画面的中央，半按快门进行自动对焦，然后重新构图拍摄，这样就不会使不在画面中央位置的主体模糊。

程序式自动曝光模式是指照相机的光圈和快门速度是按照一定的曝光程序组合而成的。现代的一些自动曝光照相机上设有标准程序、低速程序、高速程序、人像程序、近摄程序、风景程序、运动程序等模式。一般的拍摄可选用标准模式；欲获得大景深的影像，可选用低速程序；在拍摄运动体或需获得小景深效果时，可选用高速程序；拍摄人像或需获得小景深的画面效果时，可选用人像程序；近距离拍摄可选用近摄程序；拍摄大的场景或需获得大的景深效果时，可选用风景程序；在拍摄运动体时，可选用运动程序。

7 自动对焦的操作要领

有些初学摄影的老年朋友认为，只要有一部自动对焦好的照相机就能拍摄出清晰度高的照片，但事实上并非如此。因为，不同的自动对焦照相机其自动对焦的方式不一样。照相机的自动对焦系统有被动式自动对焦和主动式自动对焦两种。

被动式自动对焦的照相机，在光线十分暗弱时或被摄体的反差特别小时，无法进行自动对焦。

主动式自动对焦有超声波自动对焦和红外线自动对焦两种类型。这两种类型的主要优点：一是不受被摄体反差大小的影响，即使是反差很大或反差很小的被摄体，都能进行正确的对焦，所获得的影像都是清晰的。二是不受光线照明强弱的影响，即使是在全黑的环境中拍摄，也能使被摄体获得准确的对焦。但也有不足之处：一是被摄体反射光线的情况决定着自动对焦的精确度。例如，采用超声波自动对焦系统照相机，对着玻璃后面的被摄体或对着水中的被摄体拍摄时，对焦会不准。这是

8 不同光位光线的运用

1. 逆光的运用。

逆光是光线来自被摄体后方的照明光线。逆光主要有正逆光、侧逆光两种形式。在逆光照明下的景物大部分处在阴影之中，只有被照明的景物照亮轮廓，使这一景物区别于另一景物，并能使层次分明。逆光能很好地表现大气透视效果，在拍摄全景和远景时，往往采用这种光线，使画面层次丰富。拍摄低调照片往往采用侧逆光照明，并以其最亮部的亮度值作为曝光的依据。采用逆光拍摄时常常出现主体曝光不足，所以，在拍摄时应增加2倍～4倍的曝光量。

在利用逆光照明拍摄中近景时，一般应选用深色的背景，以表现出被摄体主体的轮廓特征，同时应用反光板或闪光灯对主体的阴影部进行补光照明，使用闪光灯进行补光照明的亮度一般不应超过逆光，以表现出被摄体暗部的影纹层次和质感。采用逆光照明，在明亮的背景前会呈现被摄对象暗色调的剪影，这种高反差影像既简单又很有表现力。

2. 正面光的运用。

是光线投射方向和照相机拍摄方向相一致的照明。在正面光照明下，照明效果直接、均匀，被摄对象受光面积较大，但投影落于背后，反差小，影调层次欠丰富，不利于表达景物的立体感，不利于表现凹凸不平的表面结构。在自然光线下用正面光照明拍摄人物肖像，影调平淡无力，立体感、质感较差。在拍摄时，可以采用以下的方法来弥补上述缺陷：一是利用被摄景物中的线条透视，来加强照片画面的空间纵深感；二是选择好前景和背景，使画面增加景物前后层次，有助于空间感和立体感的表达；三是注意选择那些影调对比

度大的物体，使摄影画面中的影调层次富有变化；四是进行彩色摄影时，应用不同颜色所形成的强烈色调对比，来增强画面空间的纵深感。

3. 前侧光的运用。

是指光线投射水平方向与摄影机镜头光轴成水平角45°左右时的照明。在前侧光照明下，投影落在斜侧面，可在被摄体上造成显著的明暗差别，同时照明面积也比较大，可以较好地表现景物的立体感和质感，获得层次丰富、轮廓清晰的画面。在摄影创作中被广泛利用。

4. 全侧光的运用。

光线投射方向与拍摄方向成水平角90°左右的照明。在全侧光照明条件下，投影落在侧面，景物的明暗色调恰好各占一半，可较好地突出轮廓线条和立体形态，获得鲜明的质感。在拍摄壮年男子汉时多用这种光线照明。

⑨ 家庭生活摄影

人们的家庭生活是各式各样的，家庭生活照也是丰富多彩的，包括对老人、孩子、青壮年人的拍摄，还有家庭合影的拍摄等。拍摄好家庭照片是摄影者首要解决的问题，因为，很多人购买照相机的目的是为拍家庭成员的。家庭生活照可在室内进行，也可在室外进行。在室内拍摄时应注意对光线的选择和选择高感光度的胶卷。室内光照不足时，可用闪光灯照明拍摄，通常情况下室内比较窄，应选用带有广角镜头的照相机。

在家庭生活摄影中，难度较大的是家庭合影照。拍好家庭合影照要掌握好以下几点：一是选择好光线。以散射光或高位前侧光为好，在室内使用闪光灯照明拍摄时，以反射闪光照明拍摄为好。二是对拍摄地点的选择。人多可在客厅或室外进行，3人～4人的合影也可在书房内进行。三是对家庭成员位置的安排。有老年人参加的合影，应将老年人安排在中心位置，没有老年人参加的合影，可采用或站或坐、错落有致的疏松排列。四是光圈的选用。一般用f/8或f/11的光圈最好。五是抓好人物的神态。要在所有的人员注意力集中、表情自然、愉快的一瞬间及时拍摄。

10 旅游摄影

现在无论是青年人还是老年人都喜欢在空余时间外出旅游，欣赏大自然的美景，陶冶情操。在旅游中将所到之处观察到的自然景色、风土人情拍摄出来，供未到此地的人或自己日后欣赏，是非常有意义的。在旅游摄影中应注意以下几点：一是对摄影器材的选择，旅游摄影以轻便的器材为好。二是注意安全，不要为了拍摄美景而到危险的地方去拍摄，引起伤亡事故，这一点对于老年朋友尤为重要。三是注意对景物的选择，初到一个旅游地，常常觉得什么都美，什么都想拍摄，结果拍摄出的照片并不满意。四是保护好摄影器材，防止摄影器材受潮、撞伤、丢失。

11 风光摄影

指以大自然或经过人们艺术加工改造后的大自然景色为对象的摄影创作活动。名山大川、名胜古迹、森林草原、乡村田园、城市街景、高楼园林、湖泊海洋、日月星光、雨雪风雾等，都是风光摄影的题材。

风光摄影看起来简单，但拍好并不容易，它是一种创造性的劳动。在摄影器材的选择上，以单镜头反光照相机为好。选择傻瓜照相机时，应选用具有低速程序或有风光摄影模式的为好。还应选配一个三脚架和快门线。因为风光摄影多选用小光圈、慢速快门拍摄，将照相机固定在三脚架上用快门线开启快门，能使所拍摄的照片有很大的景深和高清晰度。

12 人像摄影

是通过对人物形象、神态、姿势的刻画，充分表现人物思想、情感和性格，从而反映人物的精神面貌，取得神形兼备的艺术效果。在构图时可取全身像、半身像和头像。除拍单人像外还可拍群像。可用灯光照明拍摄，也可用自然光拍摄，还可用这两种光线混合在一起拍摄。在自然环境中拍摄头像或半身像时，为了取得好的艺术效果，应选用大光圈、高速快门，或选用自动曝光照相机上的人像摄影模式拍摄，以虚化背景，使人物突出。

13 静物摄影

凡是以静止不动的物体作为拍摄对象的摄影创作活动，为静物摄影。对于大的静止物体，可用普通的照相机，采用一般的摄影方法进行。对于微小的静止物体，应用具有近距或微距摄影功能的照相机，采用近距摄影方法进行。静物摄影应在真实再现被摄影静物的基础上，通过艺术的构思、构图和光线影调的处理，使其具有表现力，展示某种特定的意境。

静物摄影作品应表现生活，具有一定的思想性、艺术性，以美的形式，满足人们的审美需求。

14 舞台摄影

这是指以舞蹈、戏剧、音乐、曲艺、杂技表演等为拍摄题材的摄影。其拍摄方法有以下两种：一是表演现场抓拍。这种拍摄方法要求所用的照相机和拍摄的技法都较高。照相机一般要求具有手动曝光功能或具有自动曝光补偿功能，要有中长焦的摄影镜头；所用胶卷的感光度应高于ISO400以上，彩色摄影时应选用灯光型的彩色胶卷；不要用闪光灯拍摄。因为，闪光灯的闪光亮度很高，会破坏演出现场的光线效果。二是组织拍摄。即在演出前或演出后，按预先的拍摄计划进行。这种方法布光灵活，便于拍摄角度的选择。

（蔡　林）

棋牌娱乐

1 围棋和五子棋

围棋是黑子和白子各为一方，以抢占地盘的多少定输赢的一种游戏，也是一种体育竞技项目。开局时各走一子，然后，双方各对对方的子实施包围。若占领地盘的子四周都被对方的子包围，此子便是死子，即被消灭取走。若占领地盘之数子形成方阵，中间有一孔可出气，敌方便无可奈何。依此规则，当棋盘上的地盘被瓜分完毕时，计算双方在占领的地盘上有多少气孔，以数目多者为胜。

围棋是一项复杂的体育竞技项目，要下好很不容易。有人总结：博弈之道，贵乎严谨。高者占腹，下者占边，中者占角，此棋家之常法。法曰："宁输数子，不失一先。"有先而后，有后而先。击左则视右，攻后则瞻前。两生勿断，皆活勿连。阔不可太疏，密不可太促。与其恋子以求生，不若弃之而取势；与其无事而独行，不若固之而自补。彼众我寡，先谋其生；我众彼寡，务张其旁。善胜者不争，善阵者不战；善战者不败，善败者不乱。夫棋始以正合，终以奇胜。凡敌无事而自补者，有侵袭之意；弃小而不救者，有图大之心；随手而下者，无谋之人；不思而应者，取败之道。《诗》云："惴惴小心如临于谷"，此之谓也。

有一种简化的五子棋，容易入门，但同样需动脑筋，还设有段位，不妨一试。五子棋的规则很简单，攻防双方各执黑白棋，设法使一组棋子联成五子一线，便取得了胜利。双方既要争取已方形成五子一线，又要阻止对方形成五子一线，在攻防之中，局面逐渐复杂起来，是一种饶有兴味的棋牌游戏。

② 中国象棋

象棋是东方民族特有的棋类游戏，也是一种体育竞技项目。红黑棋子各方有1将（帅）、2士（仕）、2象（相）、双马、双车、双炮、5兵（卒），按固定的位置排列在楚河汉界两侧，按规定章法：将（帅）只能在中军内的田字中活动；2士（仕）亦只能在中军内的田字中走斜线；2象（相）走田字部，不能越过楚河汉界；双马走斜行日字步；双车走直线；双炮要凭炮架（任一紧靠其前的棋子）"翻山"；5兵（卒）则只能一步一步地走，在己方境内只能进，进入对方境内可进可横，都不能退。最后，以俘获对方的将（帅）为胜者。

象棋棋局变化万千，极少有较系统的理论可循，是一项极有魅力的游戏。

③ 国际象棋

国际象棋是一种世界性的棋牌游戏，也是一项竞技体育运动。

1. 棋盘和棋子。

棋盘是由深浅两色间隔排列的64个小方格组成的正方形。浅色小方格，叫做白格，深色小方格，叫做黑格，如图所示。

棋子每方有王、后各1个，车、马、象各2个，兵8个，共16个。

棋子的摆法。

对局时要注意各方棋盘右面近端一格是白格。

对局时白方先走，以后双方轮流各走一着，吃掉对方的棋子，由原停的一格"王车易位"、"吃过路兵"、"兵的升格"都算走一着。

白方走一着，黑方也走一着，叫一个回合。

2. 棋子的走法。

（1）王。除"王车易位"外，每次限走一格、横、直、斜走，进退均可，整个棋盘都可通行"王车易位"时，必须先动王，与右（黑白双方均以白方方向为准。后同）车易位，则先将王向左移两格，再将左车向右移三格，即紧靠王右面的一格。这种易位，叫"长易位"。遇到下列情况之下，王车就不能易位，即：

①王或车已经动过。②王正被对方"将军"时。③易位后，王到达的一格，恰好被对方"将军"。④王经过的任何一格（不论是直格还是斜格）在对方的攻击范围内，即"将军"。⑤王、车中间还有别的棋子阻挡。

（2）后。横、直、斜走均可，格数不限。

（3）车。横、直走均可，格数不限。

（4）马。同中国象棋马的走法，但不受"别脚"的限制。

（5）象。只能走斜，格数不限。双方均有黑、白格象一个。黑格象只能在黑格中走，白格象只能在白格中走。

（6）兵。每个兵第一步都可走两格或一格，以后每次只能走一格。兵只能前进，不能后退或横走，兵只能吃前面斜格内的棋子，不能吃前面直格或旁边横格内的棋子。本方的兵，如果在原位（开局后一直没有动过）向前进两格，而刚好和对方的兵在相邻的横格内并排在一起，对方立即可以把这个兵吃掉，也可根据对方自己的战术需要不吃。但放弃这一机会以后就不能再吃了。这种下法，叫"吃过路兵"。双方任何一兵到达对方最末一格（底格）内，这个兵就立即升格为符合自己需要的后、车、马、象中的任何一个棋子，并且立即具备这个棋子的作用。升格为什么，就依照这个棋子的走法，不得变来变去。同时，兵的作用，立即消失。这叫做"兵的升格"。

3. 胜负的规定。

（1）以下三种情况按规则作为胜局"赢棋"，其对方为负局"输棋"。

①王被对方"将杀"或"将死"。（将杀指攻击对方的王能走到所有格子外，还同时攻击了它所在的格子）。②对方认输。③对方超过比赛规定的走棋时间（时限）。

（2）下面几种情况按规则作为双方和棋：

①逼和。（指只攻击了对方王所能走到的所有格子，但没攻击它所在的格子）。②长将。（被"将军"一方的王无法避免对方反复将军）。③双方所剩的子力都不能将杀对方。例如，都剩单王或一方只剩单王，另一方剩王和单马或单象，或双方都只剩王和单象，而且双方的象是同色格象。④一方走出一步以上棋后提议作和，对方表示同意。⑤出现或将要出现三次同样的局面，而且都是轮到同一方走棋，轮走的一方可提出作和。⑥如果从某一着开始的五十回合中，没有吃过一个棋子（包括兵），也没有走动过一个兵，可以由一方提出作和。

④ 扑克

扑克牌是一种国际性的纸牌，英文的原意是游戏纸牌。一副扑克牌有52张，另附丑角2张，共54张。扑克牌有4种花色，每种13张牌。四种的原意是铲、心、金刚石、棒，我国则称为黑桃、红心、方块、梅花，简称桃、红、方、梅，把两个丑角称为大小鬼。每一种的13张牌依次为A（俗读 mào）、K（国王，俗读 kài）、Q（王后，俗读 kuāng）、J（武士，俗读 gōu）、10、9、8、7、6、5、4、3、2。

扑克牌玩法很多，进入竞技项目的是桥牌；国外喜欢玩同花顺、21点、百家乐，常用于赌博，不宜提倡；我国民众喜欢玩10点半、百分、拱猪等，近年来流行双抠、"斗地主"等。现简单介绍桥牌和双抠的玩法，供娱乐时参考。

▲桥牌

桥牌趣味浓郁，引人入胜，全世界有近亿桥牌爱好者，它已成为一种运动竞技

项目。桥牌以两个同伴合成1组，进行对抗竞赛；或以4人组成1队，进行复式比赛。桥牌作为一种集体项目，必须团结协作，才能取得胜利。桥牌的桥字，便意味着合作伙伴通过叫牌取得互相理解；在互相理解默契中，通过打牌中的合作，互相搭桥，从而取得胜利。

桥牌同一切棋牌游戏一样，入门并不难，打好却不容易。桥牌使用去掉大小鬼的扑克牌，每副牌52张。每人发13张，出13张牌，以大吃小，两个同伴合成1组，两组4方共获得13墩牌，以每组获得牌的墩数，根据叫牌时的约定，通过查表计算得分，分多者胜。

第一步：准备红、蓝两副扑克牌交替使用，将其中一副扑克牌交下家洗牌，另一副交发牌者对家洗好放一旁下次使用。洗好牌交洗牌者的同伴切牌后，开始发牌。将牌发完，每家13张牌，全为暗牌，不得让其他3方看到自己的牌面。

第二步：各方计算自己所持有的大牌的点数。点数可判断手中持有的牌是好是坏，该不该叫牌，叫牌叫到什么程度才有可能完成。A、K、Q、J算大牌，A计4点、K计3点、Q计2点、J计1点。每副牌具有40个大牌点。持有4个A，可加1点；一手无A，要减去1点；孤张大牌除A外，减去1点；缺一门加5点；一门只有单张加3点；一门只有双张加1点。

通过计点，可以知道自己的实力。一般来说，综合同组两手牌的实力达到26点者可望做成4红心或4黑桃或3无将；29点可望做成5梅花或5方块；33点可望做成小满贯；37点可望做成大满贯。

第三步：叫牌。通过叫牌定约，是叫牌的直接目的。那么，定约的含义是什么呢？约定分为4层，第一层次为1无将、1黑桃、1红心、1方块，即定约方得到了1墩加6墩基数等于7墩即算完成了约定；第二层次为2无将、2黑桃、2红心、2方块，即定约方得到了2墩加6墩基数等于8墩即算完成了约定；第三层次为3无将、3黑桃、3红心、3方块，即定约方得到了3墩加6墩基数等于9墩即算完成了约定；第四层次为4无将、4黑桃、4红心、4方块，即定约方得到了4墩加6墩基数等于10墩即算完成了约定。

定约的基础是看你手中的大牌收获1

墩（4张牌），1局共有13墩。每组获得的墩数相比较，按照约定参照计分表算分。花色等级以黑桃、红心、方块、梅花为序，无将（不设主牌，主牌又叫将牌）大于一切花色。数量级以4、3、2、1为序。如，1黑桃大于1梅花，2梅花大于1红心，3无将大于3黑桃。

叫牌时，开叫者喊2梅花，应叫者叫2方块即大于2梅花；开叫者喊3黑桃，应叫者只有喊3无将或4梅花才行。最后，以喊得最高者为定约，并当主打；另一方则进行防御，可对主打方提出加倍挑战，主打方还可回以再加倍的约定，即将最后计分结果加倍或再加倍计分。

同时，通过叫牌，摸清同伴和对方的实力，是打桥牌要达到的战术目的。在叫牌过程中，通过斗智斗勇，获得同己方实力相匹配的主打权，或逼迫对方获得与其实力不相匹配的主打权，使己方在有利的情况下打防御，通过防守反击取得胜利。

一方开叫需要足够的点数，一般在13点以上才敢率先开叫；同伴开叫，你便可以应叫，应叫只需6点以上。低于点数，可不开叫或不应叫，以便同伴准确估计己方实力，在继续叫牌中使己方在最佳位置主打或防御。

第四步：打牌。打牌主打方要通过打牌完成定约，而防御的目的则是要击破这一定约。获得出牌权的一家，首先出牌，进行首攻。然后，按顺时针方向跟牌。当你跟随不出同一种花色时，如你手中有将牌，则可出杀手，吃张赢墩，或垫去手中最不需要的牌作为输张。在打牌时，要注意发挥同伴手中牌的长处，避其短处，为其桥。

第五步：按约定表计分。计分表如下。

桥牌计分表
——适用于各种桥牌竞赛

1. 基本分。
定给方完成定约，得分如下：

有将定给	未加倍	加倍	再加倍
低级花色◆或♣每一墩	20	40	80
高级花色♠或♥每一墩	30	60	120
无将定约			
第一墩	40	80	160
从第二墩起，每一墩	30	60	120

一个定约的完成，不论成局与否，另加奖分。

2. 奖分。
（1）定约方超额完成定约，每超过定约一墩，得分如下：

无局方			有局方		
未加倍	加倍	再加倍	未加倍	加倍	再加倍
基本分	100	200	基本分	200	400

（2）定约方完成任何加倍或再加倍定约 50
（3）定约方完成不成局定约 50
（4）定约方完成成局定约 无局方300 有局方500
（5）定约方完成小满贯定约 无局方500 有局方750
（6）定约方完成大满贯定约 无局方1000 有局方1500

3. 罚分。
定约方完不成定约，罚分如下：

宕墩	无局方			有局方		
	未加倍	加倍	再加倍	未加倍	加倍	再加倍
一墩	50	100	200	100	200	400
二墩	100	300	600	200	500	1000
三墩	150	500	1000	300	800	1000
四墩	200	700	1400	400	1100	2200
五墩	250	900	1800	500	1400	2800
六墩	300	1100	2200	600	1700	3400
七墩	350	1300	2600	700	2000	4000

以下依此类推。

▲▲双抠

双抠实质上就是用两副扑克牌，甚至3副扑克牌打"百分"。因如在扣底的底牌中有分，最后又被对家用1对大牌打死，则对家将从底牌中挖出的分翻两番算自己的分，这种扑克牌的玩法被取名为"双抠"。"双抠"有多种玩法，可4人玩，亦可5人、7人或多人玩。现介绍一种近似"百分"的4人玩法。4人分两对，对家为朋友，成甲、乙两方，从2打起，步步升级，以先升级打到A者为胜。

第一步：将两副牌洗匀，在摸牌过程中争"摔2"，谁先摔2谁当庄家。庄家中摔2者为甲方主打，两副牌共108张，1人摸25张，留8张，由主打拿留牌，然后换出8张牌作扣底牌放置一边。

第二步：主打先出牌，大吃小，在此过程中得分（5、10、K为分牌）。两副牌主多、对子多，要很好计算敌我双方实力，决定每一局的战术。主牌除1种花子的26张外，还有1对大王、一对小王，其他3种花子的三对主，共计有主牌36张，平均1人有9张。同时，若主打出对子，只要你有对子，不管你愿意不愿意，你都得拿出对子应战。"拖拉机"必须是联号的对子，比如KK、QQ、JJ。如果只是联号出一对半，必须外面没有大于自己的牌，比如KQQ，必须其余3方已无A、K。

第三步：抠底：如果对方最后1张牌大于主打，抠底出来的分翻一番算作对方得分；如果最后被对家用1对牌打死，抠底出来的分翻两番算作对方得分。

第四步：算分后决定是否升级。主打方得80分双方打平，下一次再通过"摔2"争主打权。主打分得85分以上则继续当主打，得120分以上则升1级，得160分以上升2级，得200分升3级。

⑤ 麻将

麻将是广大人民群众喜闻乐见的一种游戏形式。关于麻将的起源有多种说法，在《辞海》中，如是解释"麻将牌"："麻将牌，也作'麻雀牌'，简称'雀牌'。博具，始于清代，由'马吊牌'演变而成。牌分万、索、筒三门，每门一至九，各四张。另加中、发、白、东、南、西、北，各四张，共一百三十六张，后又增加花牌和百搭。四人同玩，每人十三张，以先合成四组另一对牌者为胜。"

麻将在全国各地有着不同的打法，各种规则也不尽相同。在此以较简易可行的四川麻将为例进行说明。四川麻将的核心是打缺门，刮风下雨，计番，流局查花猪。

四川地方麻将具有以下特点：

（1）只有条（索）、筒（饼）、万三种牌共108张，没有花、风牌和箭牌。

（2）不可以吃。

（3）必须缺门可和，即和牌的时候不能有三种花色的牌。

（4）最后四张自动和。即当牌墙只剩下最后四张的时候，如果玩家的手牌已经有叫，而叫牌正好是这四张中的任意一张，那么当这张牌出现时，叫的玩家只能和牌，而不能跳过和牌去进入后面的查叫过程。

（5）一炮多响。即某个玩家打出一张牌，有不止一个的玩家要之成和，则均可和牌。

（6）刮风下雨。

刮风（明杠）：直杠和面下杠。

直杠就是玩家手中有三张一样的牌，当其他玩家打出了第四张一样的牌时，玩家选择的杠牌。面下杠就是玩家已经碰了三张一样的牌时，玩家自己又摸到了第四张一样的牌，这时候选择的杠牌。直杠，立刻收取引杠者一倍点数。面下杠，立刻收取其他未和者一倍点数。

下雨（暗杠）。

下雨指玩家持有了四张一样的牌（未碰），此时玩家可以选择从手中把牌拿出来杠牌。下雨立刻收取其他未和者两倍点数。

玩家面下杠时，他家可以抢杠而和，刮风下雨无效。另，如果流局的时候玩家还没有叫牌，则必须退回全部刮风下雨所得。

留局查花猪查大叫。

普通场中，流局指没人和牌。血战场中，流局指最后还有两个人或者以上没有和牌。

留局处理：

第一步：查花猪。手上拿着三门牌的玩家为花猪，花猪最高得赔给非花猪玩家八倍点数。

第二步：查大叫。没听牌的玩家（花猪不用）赔给听牌的玩家最大的可能番（大叫），并退回所有刮风下雨所得。

血战到底

血战场中的血战模式指一家和了并不结束该局，而是未和的玩家继续打，直到有三家都和或者余下的玩家流局。这样更提高了博弈性和趣味性。牌局结束，一并结算，如果和了的玩家提前离开，则不给予所赢番数。

坐庄

非血战：第二局起 点炮者坐庄，流局则连庄，人员变动则投骰。

血战：每局投骰。

（董仁威 宫 健 黄 寰）

诗

1 诗的体式

诗的体式通常按其出现流行的年代不同而分为古体诗和近体诗两大类。古体诗指自《诗经》《楚辞》至唐朝以前所流行的体式；近体诗则指自唐朝以后一直流行的体式。由于近体诗对格律要求极为严格，又称为"格律诗"。以上这种区分源于唐代，而沿用至今。根据诗的句数和诗句的字数等，古体诗和近体诗又各自分为几种不同类型，如：四言诗、骚体、五言古体诗（五古）、七言古体诗（七古）、杂言体（长短句）、五言律诗（五律）、七言律诗（七律）、五言绝句（五绝）、七言绝句（七绝）、五言排律、七言排律等。

▲四言诗

四言诗又称四言体，是成熟于先秦的一种诗歌体式，是我国古代诗歌中最早形成的诗体。春秋以前的诗歌主要以《诗经》为代表。《诗经》中绝大部分的诗篇采用的都是四言的形式。所谓四言诗，即以四字为一句的诗歌体式。除此之外，在诗句的多少和句式方面并无特殊的要求。从《诗经》来看，其句式大多采用回环往复的形式，使得诗歌极富音乐节奏感，有极强的表达效果。例如，《诗经·王风·采葛》："彼采葛兮，一日不见，如三月兮！彼采萧兮，一日不见，如三秋兮！彼采艾兮，一日不见，如三岁兮！"全诗共三段，句式基本相同，只是个别字有变化。从形式上看，好像是重复，但在情感的抒发上，经此循环往复，却是层层深入了。四言诗在其后的发展过程中，逐渐突破了《诗经》中的这种往复回环的结构方式，在表现容量方面有了极大的扩展。例如，曹操的《短歌行》："对酒当歌，人生几何？譬如朝露，去日苦多……"自南朝宋齐以后，作者渐少。

▲骚体

骚体，也称"楚辞体"，属辞赋类，起源于战国时的楚国，以屈原所作的《离骚》为代表。骚体在形式上比四言体更自由一些，篇幅、字句较长。在同一诗篇中，句式可长可短，富于变化。但一般来说，骚体以六字一句最为常见，骚体最显著的特征是语气助词"兮"的运用。《楚辞》每首诗中，"兮"字或两句一用，或句句都用；其位置或在句中，或在句尾。例如，屈原《离骚》："日月忽其不淹兮，春与秋其代序。惟草木之零落兮，恐美人之迟暮……"中语气助词"兮"的运用，既增强了诗的节奏感，又有助于语气的表达。

▲五言古体诗

五言古体诗，即五言诗。这种诗体源于西汉，成熟于东汉末年，而盛于汉魏六朝。五言诗是五字一句的奇字句式，句子多少不限，多为偶数句。其常用句式一般为二二一或二一二两种。在同一首诗中，两种句式可以交替作用。例如，《古诗十九首·青青河畔草》："青青——河畔——草，郁郁——园中——柳；盈盈——楼上——女，皎皎——当——窗牖；娥娥——红粉——妆，纤纤——出——素手。昔为——娼家——女，今为——荡子——妇；荡子——行——不归，空床——难——独守。"五言诗的句式虽只比四言多了一个字，却使诗句在节奏上更富于变化，更具表现力；并且两种基本节奏的句式在同一首诗中交替使用，也使得全诗在节奏上更加错落有致，增添了音乐感。

▲七言古体诗

七言古体诗，也叫七言诗。为七字一句的奇字句式，一首诗的句数多少不限，且可奇可偶。七言诗源于先秦两汉时期的七言民间谣谚，作为一种独立完整的诗体则成熟于魏晋，而盛行于南北朝。现存最早、最完整的七言诗，是建安时期曹丕的《燕歌行》："秋风萧瑟天气凉，草木摇落露为霜。群燕辞归雁南翔，念君客游思断肠。慊慊思归恋故乡，何为淹留寄他方？贱妾茕茕守空房，忧来思君不敢忘，不觉泪下沾衣裳。援琴鸣弦发清商，短歌微吟不能长。明月皎皎照我床，星汉西流夜未央。牵牛织女遥相望，尔独何辜限河梁。"从上面所引的诗来看，七言诗的节奏韵律，是在五言诗的基本句式的基础上变成二二二一，如"秋风——萧瑟——天气——凉"；或二二一二，如"明月——皎皎——照——我床"，这便构成了七言诗的两种最基本的句式。

▲杂言诗

杂言诗，古体诗的一种。最初出于乐府。诗中句子字数长短间杂，无一定标准，诗句的字数完全根据表达的需要而定。在同一首诗中，故又名长短句。著名诗人李白的许多杰出诗篇所用的就是这种杂言体。例如其名篇《蜀道难》："噫吁嚱，危乎高哉！蜀道之难，难于上青天！蚕丛及鱼凫，开国何茫然！尔来四万八千岁，不与秦塞通人烟。西当太白有鸟道，可以横绝峨眉巅。地崩山摧壮士死，然后天梯石栈相钩连。上有六龙回日之高标，下有冲波逆折之回川。黄鹤之飞尚不得过，猿猱欲度愁攀缘。青泥何盘盘，百步九折萦岩峦。扪参历井仰胁息，以手抚膺坐长叹。问君西游何时还？畏途巉岩不可攀。但见悲鸟号古木，雄飞雌从绕林间。又闻子规啼夜月，愁空山。蜀道之难，难于上青天，使人听此凋朱颜！连峰去天不盈尺，枯松倒挂倚绝壁。飞湍瀑流争喧豗，砯崖转石万壑雷。其险也如此，嗟尔远道之人，胡为乎来哉！剑阁峥嵘而崔嵬，一夫当关，万夫莫开。所守或匪亲，化为狼与豺。朝避猛虎，夕避长蛇。磨牙吮血，杀人如麻。锦城虽云乐，不如早还家。蜀道之难，难于上青天，侧身西望长咨嗟。"在这首诗中，最短的句子只有三字，长的则多达十一字，长句、短句间杂错落，使诗更富有节奏感，读来音节铿锵，十分动听。这也就是杂言体诗所独具而其他诗体不可比拟的魅力所在。此外，由于杂言体在句式方面无特别规定，因而在写作时便少了一层束缚，能根据表达需要挥洒自如，可以称之为古代诗歌中的"自由诗"了。这是杂言体的又一优势特点。

▲近体诗

近体诗，又称格律诗、今体诗。是自唐朝以来兴起的诗体。由于这种诗体是唐代诗人在五言诗、七言诗的基础上创制出来的，故唐代人称之为"近体"，以区别于唐以前的"古体"，"近体诗"也因此而得名。近体诗产生后，便成为自唐以后一千多年诗歌史中的主要诗体之一，并且也成为古代科举考试时应试文体之一。

近体诗的产生，源于对汉语四声的发现并自觉地将其运用于诗歌创作之中。与古体诗相比，近体诗在篇幅、句式和声韵各方面都有严格的规定，故又称为"格律诗"。

▲律诗

律诗的基本体式为：第一，诗的篇幅限定为每首八句，八句诗又具体分为：首（第一句、第二句）、颔（第三句、第四句）、颈（第五句、第六句）、尾（第七句、第八句）四联。第二，每句的字数相同。根据每句字数的多少又分为五言律诗（五律）或七言律诗（七律）。

1. 五言律诗。

五言律诗，简称五律。每首八句，每句五字，全诗共四十字。例如，杜甫《春望》："国破山河在，城春草木深。感时花溅泪，恨别鸟惊心。烽火连三月，家书抵万金。白头搔更短，浑欲不胜簪。"

2. 七言律诗。

七言律诗简称七律。每首八句，每句七字，全诗共五十六字。例如，杜甫《登高》："风急天高猿啸哀，渚清沙白鸟飞回。无边落木萧萧下，不尽长江滚滚来。万里悲秋常做客，百年多病独登台。艰难苦恨繁霜鬓，潦倒新停浊酒杯。"

▲绝句

绝句在篇幅上为律诗的一半，故又称为"截句"。按五言或七言的不同而分为五言绝句和七言绝句。

1. 五言绝句。

五言绝句，简称五绝。每首四句，每句五字，全诗共二十字。例如，王之涣《登鹳雀楼》："白日依山尽，黄河入海流。欲穷千里目，更上一层楼。"

2. 七言绝句。

七言绝句，简称七绝。每首四句，每句七字，全诗共二十八字。例如，王之涣《凉州词》："黄河远上白云间，一片孤城万仞山。羌笛何须怨杨柳，春风不度玉门关。"

▲排律

绝句是由律诗缩减而来，而排律则是从律诗扩展而成的。构成排律的起码条件是，每首诗篇幅至少要有十句。以十句为起点，对其上限则没有要求。例如，有的排律长达二百句。根据五言和七言不同，排律也分为五言排律和七言排律两种。

1. 五言排律。

五言排律，简称五排。全首最少为十句五十字。现举王维《送秘书晁监还日本国》的十二句五排为例："积水不可极，安知沧海东！九州何处远？万里若乘空。向国唯看日，归帆但信风。鳌身映天黑，鱼眼射波红。乡树扶桑外，主人孤岛中。别离方异域，音信若为通！"

2. 七言排律。

七言排律，简称七排。篇幅最小的七排为每首十句七十字。现举杜甫《题郑十八著作虔》为例："台州地阔海冥冥，云水长和岛屿青。乱后故人双别泪，春深逐客一浮萍。酒酣懒舞谁相拽？诗罢能吟不复听。第五桥东流恨水，皇陂岸北结愁亭。贾生对鹏伤王傅，苏武看羊陷贼庭。可念此翁怀直道，也沾新国用轻刑。祢衡实恐遭江夏，方朔虚传是岁星。穷巷悄然车马绝，案头干死读书萤！"

② 诗的格律构成要素

所谓"格律"，指的是诗歌创作所遵循的格式和韵律。具体地说，就是指诗的字数、句式、押韵、平仄、对仗等方面的要求和规律。因此，诗的格律的构成便包括如下几方面的因素：一是诗的字数和句数的规定，即有关句式方面的要求；二是字句的平仄；三是上下句间的粘对；四是押韵的韵脚规定；五是字、句间的对仗。

③ 句式

诗的句式主要是对诗句的字数要求，以及对每首诗的诗句数目的要求。诗的基本体式就是根据这方面的不同规定来分类的。此外，对格律诗即近体诗来说，诗的句式还因平仄等因素的要求有更细的规定。

▲四声与平仄

1. 四声。

即汉语的"平上去入"。要了解什么是平仄，首先必须明白什么是汉语的"四声"。因为，平仄的规定是以汉语声调的"四声"为基础的。汉语言是一种有声调的语言。声调是声音的高低升降曲直长短的变化形式。一般来说，一个汉字正好代表了语言中的一个音节。这也就是说，语言中音节的声调变化表现在字面上也就是一个个具有不同声调的单字。汉语的这一特点，在南朝齐梁时期被诗人沈约等人发现，并加以总结而形成了理论表述形态，把汉语的声调区分为平声、上声、去声、入声四种基本声调，简称"平上去入"，此即汉语的"四声"。这四种声调分别体现着字音的高低升降。一般来说，平声是平调，又分为阳平和阴平两种。阳平是高平调，阴平是中平调；上声是升调；去声是降调；

入声则是一种短促急收的调子。明朝的真空和尚曾作《玉钥匙歌诀》以描述分别四声的方法："平声平道莫低昂，上声高呼猛烈强。去声分明哀远道，入声短促急收藏。"这里应该指出的是，今天现代汉语中的阴平、阳平、上声、去声四声，与古汉语的四声并不完全相同，即古汉语中的入声字没有了，被分别编入了平上去三声中去了。因此，某些古汉语的四声读音与现代汉语不同。对此问题，只有阅读相关的专业书籍来解决。

2. 平仄。

就是把四声分作两大类，平声（包括阴平和阳平）作平；其余上、去、入三声归为仄。仄的本意就是不平的意思。平仄作为诗的格律构成的基本要素，在不同体式类型的诗中有不同的规定，这里只能简单地说说其基本的使用规则，即：一是平仄在一个诗句中应交错使用。二是相对的两句诗中的平仄应相对使用。例如，前面曾列举的杜甫《登高》中的两句诗"无边落木萧萧下，不尽长江滚滚来"的平仄是：平平仄仄平平仄，仄仄平平仄仄平。

3. 如何区别平仄。

由于平仄是构成诗的格律尤其是近体诗格律的基本要素，因此，如何区别平仄便是学习写古诗须具备的一个重要的基本功。而区别平仄，也就是熟知汉语的四声。但古汉语的四声与现代汉语的四声并不完全相同。北方方言语系的人们已不存在入声的发音方式，并且随着语言的发展变化，平、上、去三声也有一些变化，这使区别平仄成为一大难题。

下面两种方法可供大家参考：①选取几首入声字较多的名诗背熟，通过这种方式来记一些常用的入声字。②熟记一组四声代表字或成语，用它们来跟自己方言中的同类字进行比较。例如："东董栋毒江计降觉文吻部物寒旱翰曷侵寝沁缉先本后末民喜岁熟花草树木歌舞庆祝颇有次序无有差错……"除上述两法之外，如果能在手头备本有关四声、平仄的工具书，当然最好，这样便可随时查阅把握不准的字。

④ 押韵

1. 押韵的基本规则。

诗是一种韵文。韵文，最主要的特征就是要求押韵。所谓的"韵"，就是指韵母和声调相同的字，例如，"天 tiān"、"山 shān"、"端 duān"等字，它们的韵母是"an"又都是平声，这些字就叫做"同韵的字"。所谓"押韵"就是诗词歌赋中，某些句子的末一字用韵母相同或相近的字。而"韵脚"就是韵文句末押韵的字。例如，李绅的《悯农》："锄禾日当午，汗滴禾下土。谁知盘中餐，粒粒皆辛苦。"其中"土"、"苦"便是这首诗的韵脚。

2. 押韵的方式。

韵书是分韵编排的字典，为韵文押韵之用。把同韵的字归在一起成为一部，就是韵部。作诗押韵的标准便是根据韵书来的。只有属于同一韵部的字，才是严格地押韵的。古代较早的一部权威性的韵书是隋代陆法言著的《切韵》。《切韵》分平、上、去、入四声，共一百九十三韵。而影响较大的一部韵书则是宋初平水人刘渊编的《壬子新刊礼部韵略》，将通用之韵进行合并，而成一〇七韵部，也称"平水韵"。清代康熙年间，张玉书等人奉旨编著韵书，在平水韵的基础上修成《佩文诗韵》，这之后近三百年来，此书便成为世所公认且至今通用的标准韵书。

⑤ 粘对

所谓"粘对"的"粘"，是连的意思，也就是相同；"对"是相对的意思，也就是相反。粘对是律诗所独有的格律要求。在律诗中，每一联的前一句叫出句，后一句叫对句。"粘"指的是上联的对句和下联的出句相对应的字要平仄相同，特别是音节上的字，平仄一定要相同；"对"指的是每一联相对应的字要平仄相反，特别是音节上的字一定要平仄相反。下面举李益《喜见外弟又言别》为例以具体说明："十年离乱后，长大一相逢。问姓惊初见，称名忆旧容。别来沧海事，语罢暮天钟。明日巴陵道，秋山又几重。"其中，颔联"问姓惊初见，称名忆旧容"中出句的平仄为：仄仄平平仄；其对句的平仄为：平平仄仄平。这两句的第二字、第四字平仄是相反的，这就是"对"。而颈联的出句"别来沧海事"的平仄为：仄平平仄仄，与颔联对句中第二字和第四字的平仄相同的，这就是所谓的"粘"。

⑥ 对仗

对仗，在修辞学上也叫做"对偶"，二者是一个意思。所谓"对"，指对称，"仗"指仪仗（如古代帝王、官员出行，两边的仪仗对举着旗、牌、伞、扇等），都有成双成对的意思。一般说来，两个句子字数相等，句法相似，词的义类相同或相近，平仄相对，内容相反或相关，那么二者之间便构成对仗。例如"两个黄鹂鸣翠柳，一行白鹭上青天"、"三十功名尘与土，八千里路云和月"、"明月松间照，清泉石上流"、"山随平野尽，江入大荒流"，等等。对仗有多种类型，下面介绍常见的几种：

1. 工对。

工对是要求最严格的一种对仗，即句型相同，词性一致，而且词的义类特别是名词的义类也要相同，最低限度也须相近。所谓义类，即按照词的意义进行分类。王力先生在《汉语诗律学》中把常用句、词依意义范畴分为 11 类 28 门：①天文；②时令；③地理；④宫室；⑤器物；⑥衣；⑦饮食；⑧文具；⑨文学；⑩草木花果；⑪鸟兽虫鱼；⑫形体；⑬人事；⑭人伦；⑮代名；⑯方位；⑰数目；⑱颜色；⑲干支；⑳人名；㉑地名；㉒同义连用字；㉓反义连用字；㉔联绵字；㉕重叠；㉖别词；㉗连、介词；㉘助词。如果以天文对动物，人事对时令的话，就不能算工对了。现在我们看几个工对的例子，如"残云归太华，疏雨过中条"（许深《秋日赴题潼关驿楼》）中"残云"对"疏雨"是天文对天文；"太华"对"中条"是地理对地理；"归"与"过"则是动词对动词，这是一个标准的工对。再如"绕郭荷花三十里，拂城松树一千株"（白居易《杭州名胜》）"向月穿针易，临风整线难"（祖咏《七夕》）等均属标准的工对。

然而，由于工对的要求十分严格，在诗的写作实践中，真正严格做到句型相同、词性相同、字字要对是较为困难的。因此，人们对工对的要求在某些方面有一定的灵活性。例如，有些词类虽然不同，但义类相关，也算作工对。如"无"与"不"，一为动词，一为副词，词性不同；前者后面常带名词，后者则跟动词或形容词，句型结构不尽相同；但因"不"、"无"都是否定词，属义类相同，故在古诗中也算工对。例如，杜甫《登高》中的名句"无边落木萧萧下，不尽长江滚滚来"便属此类工对。

另一种情况是，在两对句中，虽然互对不同门类，但因各自的句中已自对工整的，也算作工对。沈德潜《说诗晬语》卷下："对仗固须工整，而亦有一联中本句自为对偶者。"例如，"江山遥去国，妻子独还家"（高适《送张瑶贬王溪尉》）中，尽管"江山"与"妻子"门类不同，一属地理，一属人伦，但由于"江"与"山"本身，与"妻"与"子"本身都已各自相对甚工，故此二句便也算工对。

2. 宽对。

工对是要求最严格的一种对仗，宽对则是要求较为宽松的一种对仗。它只要求句型相同，词性相同，便可算是对仗。它对词的义类没有要求，只需名词与名词相对、动词与动词相对、形容词与形容词相对就行了。例如"黄莺啼就马，白日暗归林"中"莺"与"日"、"马"与"林"都是不同义类的名词相对。再如"空园白露滴，孤壁野僧邻"中，"白"对"野"、"露"对"僧"也属此类情况。此外，还有一种更为宽泛的类型，即一对句中只有一半相对，而另一半则不对，也属广义的宽对。如"遥怜小儿女，未解忆长安"、"渡远荆门外，来从楚国游"，前句中只有"遥怜"和"未解"相对，后句只有"荆门"与"楚国"相对。

3. 邻对。

邻对是介于工对与宽对之间的一种对仗类型，指的是门类（义类）相邻近的字词可以互相通对。例如"庄生晓梦迷蝴蝶，望帝春心托杜鹃"中的"梦"与"心"相对，便是人事对形体的邻对。再如"晓来江气连城白，雨后山光满郭青"中的"晓"与"雨"属天文对时令的邻对；"山从人面起，云傍马头生"中的"山"与"云"属地理对天文的邻对，等等。

可以用来作邻对的字词，古人将其大体分为十个类别，现录于下以供参考：①天文与时令；②天文与地理；③地理与宫室；④宫室与器物；⑤器物与衣饰；⑥器物与文具；⑦衣饰与饮食；⑧文具与文学；⑨植物与动物；⑩形体与人事。

4. 借对。

所谓借对，就是通过借义或者借音来求得对仗工整的一种对仗。也就是说，这种对仗从一般字词的意义或词类来看，并不相对，但其中的字词有另外的意义或属性，借此意义或属性便可以相对了。例如，"酒债寻常行处有，人生七十古来稀"（杜甫《曲江二首》），"寻常"在句中的意义是"平常"，与"七十"并不相对，但"寻"与"常"在古代又都是表数量的字，即八尺为一寻，二寻为一常。因此，在这里作"平常"义解的"寻常"便是借其本有的数量词的含义，从而与"七十"相对仗。上述是借义的类型。除借义外还可借音。例如"事直皇天在，归迟白发生"（刘长卿《新安奉送穆谕德》）中，"皇"与"白"本不相对，但"皇"与"黄"同音，而"黄"与"白"则同属颜色词，这样"皇"便借"黄"的音而与"白"相对了。

对仗与平仄是写古诗尤其是近体诗的两个基本要求，因此，掌握对仗和平仄，是学习写古诗的基本功。

（李天道）

词

1 词调、词牌与词谱

词，实际上是一种特殊的诗体。之所以叫词而不叫诗，源于其本身是一种专为配合一定的乐曲歌唱而写的，用今天的话来说就是歌词，故词又名"曲子词"。由于词是配合一定的乐曲而填写的，所谓"倚声填词"，故每首词都有一定的曲谱，每个曲谱又必定属于某种曲调，类似于现代音乐的 G 调、F 调之类，有一定的旋律、节奏等，这些的总和就称为"词调"。每种词调都有一个名称，诸如《清平乐》《菩萨蛮》之类，这个名称就叫做"词牌"。每首词都有一定的格律格式，这些词的格律格式的汇总，就叫"词谱"。

词调的来源，大致有两种情况，一是对某些现成曲调的采纳改编。这些采纳改编的曲调有的来自当时的边疆民族，例如，《苏幕遮》采自当时高昌即今天的新疆吐鲁番的"浑脱舞"舞曲；《菩萨蛮》采自今缅甸古乐；有的采自内地民歌曲调，如《竹枝词》《摸鱼儿》《拾麦子》等词牌便属于这种情况；还有的是来自对古代乐曲的改编，如《水调歌头》是摘取古代大曲《水调》的一部分改编而成，《破阵子》是摘取大型舞乐《破阵乐》的部分章节改编的。

词调的另一来源产生于直接的创作。创作者为当时的文人或乐工歌伎。例如，《解连环》为柳永所制，《忆旧游》《月下留》为周邦彦创制，《暗香》《疏影》《扬州慢》为姜夔创制，等等。而《雨霖铃》《夜半乐》等词调则是由宫廷的乐工们创作的。

词调与词牌在最初本应是统一的，即一调一牌。但由于词调的定名情况比较复杂，以及在沿用过程中的流变，于是出现了同一个词调有多个词牌名及同一个词牌名指的却是两个不相干的词调的现象。同调异牌者如《菩萨蛮》，又有《重叠金》《子夜歌》《花间意》《巫山一片云》等近十个别名；《念奴娇》，则又名《大江东去》《酹江月》《百字令》等十数个词牌。同牌异调者如《乌夜啼》，即指《相见欢》一调，又指别名《锦堂春》一调；《子夜歌》本身为一词调的词牌，同时又是《菩萨蛮》的别名而又有一调，等等。

除上述情况在学习填词时要有所了解外，还有一种情况也要注意，这就是异调同形。有些词调，就字面上看，其格式基本相同或完全相同，但它们的乐曲则并不相同，因此不属于一调别名，而是异调同形。例如《竹枝词》《杨柳枝》《浪淘沙》《渭城曲》等都是七言四句，近似七言绝句的格式，但它们却是不同的词调。这类词调间的区别，在最初曲谱存在，依曲填词时是很明显的，但到后来，由于曲谱已失，词的创作渐渐与音乐相分离，它们的区别便完全看不出来了。此外，在学填词时，还要注意一调数体的情况，即同一词调、词牌、由于在流传变化中产生了不同的体式，并被人们按各自的需要而认可，于是便形成了一调数体。

② 小令、中调、长调

不同词牌的词，从篇幅来看有大有小，长短不等。最短小的词牌如《十六字令》只有 16 个字，而字数最多的《莺啼序》（又名《丰乐楼》）则长达 240 字。篇幅的大小对情感的抒发是有关系的。故古人将词按字数的多少分为"小令"、"中调"、"长调"。按清代毛先舒在《填词名解》中的划分，以 58 字以下为小令，58 字至 90 字为中调，91 字以上者为长调。当然，这种划分只是一个大致的划分。其缺点在于，照此标准，一些一调数体、异体，其字数

恰好处于二者之间的词牌则不好归类。

③ 令、引、近、慢、序

令、引、近、慢、序是宋代出现的一种分类方式，是一种根据词调的节奏并兼顾字数的分类方式。令的产生大概与酒令有关。从乐曲的角度看，令应该是近于民歌的抒情小曲，节奏较为明快。因此，令一般都比较短小，属于小令的范围。例如《十六字令》《三字令》《如梦令》《调笑令》等。但也有个别较长的令，如《六幺令》94 字《百字令》100 字等。故不能一概而论。

引，源于大型乐曲的前奏，就是所谓引子。一般每片六拍，需要时，可以增加辅拍。辅拍通常称为"艳拍"或"花拍"。一般说来，引比令稍长些，属于中调的范围。例如，《梅花引》《婆罗门引》《石州引》等。但也有较短小的引，从字数看应属于小令范围。例如，《翠花引》24 字，《琴调相思引》46 字等。

近，通常都在 70 字以上，属中调范围。故许多中调的词，词牌上都可以加上"近"字。例如，《丑奴儿》又称《丑奴儿近》，《草梅芳》又称《草梅芳近》等。

慢，有舒缓的意思，因此慢即慢曲、慢调。慢词通常都有篇幅较长、语音节奏舒缓、韵脚间隔较大的特点。慢一般属长调的范围。例如，《木兰花慢》101 字、《声声慢》97 字、《石州慢》102 字等。

序，是从唐宋大曲散序或中序中摘取部分制成的词调，通常较长，属长调。例如，《霓裳中序第一》《莺啼序》等。

④ 单调、双调、三叠、四叠

从结构上来看，词有不分段的，也有分成二段、三段、四段的。就像今天的流行歌曲，有的只有一段歌词，有的却有两段或多段歌词。不分段的或只有一段的词就叫"单调"。一首词分成两段的叫"双调"。通常双调的上下两段的字数、格式完全相同，但也有两段之间有所差异的，这种便叫"变式双调"。与此相同，一首词分成三段的叫"三叠"，分成四段的便叫"四叠"。

通常，词的分段又叫做"分片"，因此双调词的上、下段又称"上片"和"下片"。而乐曲的终了叫"阕"，故一首词又

可称做"一阕",而其上、下段也可以叫"上、下阕"。

（李天道）

对 联

① 对联

对联有不少别名，俗称"对子"。过去，有钱人家常叫"楹联"。楹是柱子，官吏财主的深宅大院，门前有廊有柱，挂在柱上的联语叫"楹联"。普通百姓的院门前别无其他建筑，两扇门板当街，直接贴在门上，故也叫"门联"。后来对联升堂入室，门联或楹联就降格成为对联的一种了。

对联虽然由一联对偶句组成，却与对偶不同。对偶是一种修辞手法，这种修辞手法，周朝就有了。《易经》中有"水流湿，火就燥"等偶句。魏晋骈体崇尚对偶，形成"俪采百字之偶争价一句之奇"（《文心雕龙·明诗》），努力在全篇对偶中显示文采。文风、诗风互相影响，魏晋以后，诗人们自觉地在诗中使用对偶手法，这种手法到唐朝而大盛。日本学者遍照金刚著《文镜秘府论》，总结对偶格式竟达29种之多。对联是在自觉使用对偶手法的基础上形成的，它是把对偶句写在其他物体上的一种实用物。

② 对联的起源

对联首先用在门上，可能和门神有点瓜葛。而门神的源流，则有两条：（1）源自贴"神荼郁垒"。《论衡·订鬼》引《山海经》说："沧海之中，有度朔之山，上有大桃木，其屈蟠三千里，其枝间东北曰鬼门，万鬼所出入也。上有二神人，一曰神荼，一曰郁垒，主阅领万鬼。恶害之鬼，执以苇索而以食虎。于是黄帝乃作礼，以时驱之，立大桃人，门户画神荼、郁垒与虎，悬苇索，以御凶魅。"南朝梁宗懔撰的《荆楚岁时记》中记载："正月一日绘二神贴户左右，左神荼，右郁垒，俗谓之门神。"（2）源自唐代大将秦琼、敬德的画像。相传唐太宗李世民生病，听见门外有鬼魅呼号，以告群臣。秦琼请与敬德戎装立门外以伺，太宗准奏。夜果无事。于是，令画工画两人形象，悬挂宫门左右。后世遂沿袭为门神。一说也许是神荼、郁垒比

较凶、丑，秦琼、敬德比较英武，有些地方原来挂神荼、郁垒的，也逐渐选择了后者。挂画像需要板，既然传说桃木可避鬼，挂门神就用桃木板了。古代把对联叫做"桃符"或"桃板"。《六帖》记载："正月一日，造桃符著户，名仙木，百鬼所畏。"《玉烛宝典》记载："元日造桃板著户，百鬼畏之。"在这些记载或传说中，不管是桃符，还是桃板，都是春节用来所谓驱鬼的。

一种风俗传开，家家不能免俗，用者既多，画像又不易，就难免以名代像，把神荼、郁垒或秦琼、敬德的大名写在桃板上，悬挂门两旁，这就初具对联的形式了。后来，又有人觉得写那些名字不如写点喜庆的话好，于是便有了对联。据史书记载，这个发明者是很有文学才华的五代后蜀亡国之君孟昶。《宋史·世家·西蜀孟氏》中说："每岁除，命学士为词，题桃符，置寝门左右。末年，学士幸寅逊撰词，昶以其非工，自命笔题云：'新年纳余庆，嘉节号长春。'"后蜀孟昶在位的年代是公元965年（赵匡胤乾德三年），《宋史》说每岁除夕都题桃符，可见在公元965年之前就有了对联。

③ 对联的形成

宋代的桃符，在《东坡志林》中有一则寓言故事《桃符与艾人》说："桃符仰视艾人而骂曰：'汝何等草芥，辄居我上？'艾人俯而应曰：'汝已半截入土，犹争高下乎？'桃符怒，往复纷然不已。门神解之曰：'吾辈不肖，方傍人门户，何暇争闲气耶？'"故事中的桃符显然不是对联，而是"像"，画神荼、郁垒，插在门旁土中。艾人悬挂门楣，门神则可能贴在门扇上。至于其他桃符品种，没有实物，不得而知。也可能"像"、"符"、"语"三者并行了一个时期，由于联语有生命力，便逐渐被广泛使用。但不管怎样，宋代的桃符，已经普及了。北宋诗人王安石的《元日》诗云："爆竹声中一岁除，春风送暖入屠苏。千门万户瞳瞳日，总把新桃换旧符。"南宋葛立方在他的《韵语阳秋》中也说："时有被除不祥之具，而元日尤多，如桃板、苇索、磔鸡之类也。"由此看来，北宋时桃符还是以所谓"被除不祥"为目的，尚未发展为喜庆装饰。

到了明朝，对联获得了独立地位，和

门神、神符分工了。门神或挂门上，或入神龛，专管门耳；神符带在身上，专管驱邪。对联也升堂入室并用作交际了。清朝陈云瞻在《簪云楼杂说》中说："明太祖都金陵，除夕忽传旨公卿士庶家，门上须加春联一副。"据此，桃符到明朝叫春联了。传说朱元璋传下圣旨以后，还微服出行，发现有一家没贴春联，就查问原因。原来那家主人是阉猪的，还没找到代笔人。朱元璋一时高兴，略加思索，就令户主取来纸墨笔砚，代为写了一联："双手劈开生死路，一刀割断是非根。"切合阉猪人身份，很幽默。朱元璋是小和尚出身，文化知识并不高，未必能写出这样的对联。但是从流行的故事看来，明初以后，春联是更盛行了。对联一旦时兴起来，就不会老是固守春节贴门的死规矩，自然会由文人学士们扩大它的使用范围。以前吊死问生、庆婚祝寿、送行接风，多赠短文或诗词，现在也逐渐兼用时兴的对联了。甚至开玩笑也说对联，嘲讽人也编对联，献神呀、唱戏，都要有对联。到清朝初期，康熙、雍正、乾隆都亲自撰对联。据《日下尊闻录》记载，清宫内外一切皇帝游幸的地方，几乎处处有对联。对联运用的范围一扩大，时间限制必然被打破，几乎事事处处都可用对联，时时刻刻可写对联。"春联"只不过是对联中的一个品种而已，再也不能用"春联"或"桃符"一名代指一切对联了。这种发展情况从明、清二代文人的对联手迹上即可证明。

④ 对联的功用

对联变成了美丽的装饰品，变成了文雅的交际手段，变成了艺术形式，原来的那种所谓驱鬼的作用却消失了。于是守卫仍用门神，装饰专用对联。满族人富察敦崇在乾隆二十三年刊印《帝京岁时纪胜》，中有"春联"和"门神"两条。其"春联"条中说："春联者，好桃符也。自入腊以后，即有文人墨客，在市肆檐下写春联，以图润笔。祭灶之后，则渐次粘挂，千门万户焕然一新。或用珠笺，或用红纸，唯内廷及宗室王公等例用白纸，缘以红边蓝边，非宗室者不得擅用。"其"门神"条说："门神皆甲胄执戈，悬弧佩剑，或谓为神荼、郁垒，或谓为秦琼、敬德，其实皆非也。但谓之门神可矣。"由此可知，在发

展过程中，门神和对联曾在桃木板儿上互相排挤过。

在一个时期或一个地区，可能门神挤下对联；另一个时期或另一个地区，则可能对联挤下门神。到明、清时代，二者都被挤出桃板，桃木片儿被废弃不用了，门神、对联却同时存在，而且都有专人制作，印卖门神，也书售对联。后来，门神钉在门旁动不得，对联却扩大了地盘。这时因为门神玄虚，能否看门不得而知，而且许多人家徒四壁，根本用不着门神守卫。倒是对联实在，心里愤懑，发发牢骚，因此占了上风。新中国成立后破除迷信，发展文艺，门神退出人间，对联却日益兴旺发达。对联终于把门神挤走了。

⑤ 对联的分类

对联的分类与撰写对联很有关系，不同用处和不同形式的对联，有不同的内容，不能混用。不明确对联的分类，就写不出内容准确的好对联来。按照使用的时间和场合分，对联可分春联、装饰联、专用联、交际联。

▲ 春联

是专用于庆祝春节的对联。它或用于街门，或用于屋门，或用于磨、车等劳动工具，或用于机关、厂矿、学校，或用于商店、工地、会场。虽然都是庆春节，内容却千差万别，故撰春联也要注意针对性。春联名目繁多，有辕联、磨联、门联、院联……

▲ 装饰联

用于美化环境的对联，或装饰亭、台、楼、阁，或装饰名胜古迹，或装饰书房卧室，或装饰名画宝砚，用途极为广泛。春联仅用于春节前后一个月内，不能失时。装饰联用的时间较长，故不能过于趋时，要有概括性，要有点哲理性。装饰联名目更多，光是一个建筑群，就有台联、榭联、厅联、客联、楼联、宫联、殿联、亭联、坛联、桥联……

▲ 专用联

是专为某一事项而写的对联，与春联有时限上的不同，它的使用时间很短，也没有固定的使用时间，要随事而变。它不像装饰联那样可长期使用，如时过境迁，也就不需要长贴长挂了。它包括挽联、寿联、婚联、喜联、座右铭联、小说回目联

等。每一项的分类也很复杂，喜联或贺参军，或贺立功，或贺生子，或贺生日寿辰，或贺乔迁，有喜事都可贺，也都免不了用对联。写这类对联，还要求感情真挚，切合双方的关系和地位。

▲ **交际联**

用于人们交往的对联。人与人的关系或亲或疏，非常复杂；互相之间或褒或贬，或祝或讽，也是常情。亲去赠别，友来接风，试才斗智，都可用对联。交际联的用处极广，联语千变万化，不胜列举。交际联有固定对象，如是书赠，就要按特定的格式撰写。

（李天道）

健身与运动卷

JIAN SHEN YU YUN DONG JUAN

人的一生，最宝贵的是健康。有人说"健康是金"，这话不假。的确，健康是像金子一样的宝贵，尤其是对老年人来说，更是如此。一般说来，一个人在幼年、少年时候，他是不会关心健康的，他的健康只有父母关心。到了青年、中年时候，如果生病，他就会感到健康的可贵。但是，当病好了以后，他又把健康忘记了。人只有到了老年才感到健康的可贵。因为老年人都希望能够长寿，健康长寿是老年人最大的心愿；而健康又是长寿的基础，也是长寿的核心；只有健康长寿才有意义，只长寿而不健康，生活都不能自理，这样的长寿还有什么意义呢？只会给国家、家庭带来负担。不能健康地活着，就不会有美好的生活。

老年人要过着美好的生活，就需要健康地活着，达到健康长寿。老年人怎样才能健康长寿呢？我们认为，首先必须明白什么是健康，也就是要对健康有一个正确的认识。过去认为，身体好就是健康，其实这只是生理健康。1945 年世界卫生组织对健康作出的定义，意思是说健康不仅仅是没有疾病，而是身体上、心理上和社会上的完好状态。即人的健康应包括身体健康、心理健康和社会适应能力三个方面，概括起来，就是身心健康。

老年人的身体健康需要通过保养和锻炼来获得。保养指的生活起居要合乎科学规律，吃要讲营养，生活要有规律，这是身体健康的基础。那种纵欲、酗酒，生活没有规律的极不文明科学的生活方式，只会损害健康。锻炼是增强身体体质的重要手段。老年人的体育锻炼方法很多，如散步、长跑、游泳、打网球、打乒乓球、打太极拳等体育活动是很好的体育锻炼方式。

每一个老年人都可根据自己的兴趣爱好和身体条件确定一两项或多项体育锻炼项目，持之以恒地进行锻炼，必有收获。锻炼也要讲科学，既不能蛮干，也不要一曝十寒。总之，保养与锻炼都要讲科学。

心理健康非常重要，它和身体健康是相辅相成的，互相影响，互相促进。一个积极的精神状态，往往对健康起着重要的作用。中国领导人提出"以德治国"，这是一条重要的治国方针，本此精神，在争取健康长寿的活动中，要提倡"以德养寿"。古人云："仁人寿。""仁者"是什么意思呢？现在说来，就是思想道德好，高风亮节，宽以待人，严于律己，有崇高的理想和高尚的志趣的人。这样的人，"心底无私天地宽"，心情舒畅，知足常乐，乐观开朗。具有这种健康的、积极向上的精神状态，就为健康长寿打下了很好的基础。心理健康是一种修养，也是需要锻炼的，和健康密切相关。它往往也寓于体育锻炼之中。

人是生活在社会之中的，社会适应能力的培养，和健康密切相关。道理很简单，一个人际关系处不好的人，常处于烦恼、抑郁之中，必然影响他的身体健康。社会适应能力对健康的生活至关重要，绝不能忽视。

关于保健养身的资料很多。中国老年体协 92 岁的老领导刘建章在一次会上讲，"乐盛世而高寿"，把个人的健康和时代的发展结合起来。他勉励我们："猛虎虽老花纹依旧，老牛虽衰犄角不变。"说的是一个人的锐气没有年龄的区别，老年人仍应有顽强的毅力和锐气去生活、去学习、去工作，永葆生命的青春。

（李庆雯）

运动

① 运动的益处

健康长寿自古就是人类共同的愿望和普遍追求。即使是历代帝王，尽管有享不尽的荣华富贵，但是，也摆脱不了生老病死的烦恼，所以，他们梦寐以求的仍然是四个字——长生不老。据文献记载：秦始皇为寻找长生不死的仙药，曾派齐人徐福率领三千童男童女入海求仙，结果，徐福找不到仙人，不敢回去，只好渡海逃走了。

生长、发育、衰老、死亡原本就像春、夏、秋、冬的时令更替一样，不可抗拒，只不过人体衰老进程的快与慢、寿命的长与短，受着诸多因素的影响，如社会制度、经济状况、医疗卫生条件以及遗传、疾病、环境、气候等。如果排除这些因素，据生物学家研究，人的寿命可达150岁左右。既然我们的生命健康受制于这些因素，我们就不能在家里等待"长寿药片"的上市，也不能把长寿的梯子放在医生的肩上，必须通过自己的努力来获得长寿。"流水不腐，户枢不蠹"、"常亲小劳则身健"。老年人要想晚年康泰延年，就得设法推迟衰老，祛病强身，而适当的健身运动，就是实现这种理想最重要、最有效的途径。美国科学家曾进行过一项实验，他们组织了二百多位年龄在50岁～68岁的男女老年人参加，实验内容是让他们每日进行适度的运动锻炼，如散步、健身跑、柔软体操等。结果，仅6周之后，老人们的健康状况和精神面貌有了明显的改变，他们肤色红润、肺活量增加，消化功能加强了，而体内的脂肪明显减少，血压也有所下降。

大家都知道：生命的基本特征是新陈代谢。新陈代谢活动一旦停止，就意味着生命活动已经中断。人进入老年期后，机体的新陈代谢会逐渐出现迟滞和衰退，身体各器官结构和功能也随之发生一系列的退行性变化，这就是"衰老"现象。每一个人都会"衰老"，只不过每个人衰老的过程和速度有所不同，表现也不同。在我们

身边，有很多老人虽年逾古稀，仍精神矍铄，步履矫健，思维敏捷。也有一些人虽然年纪不到半百，已耳聋眼花，齿摇发落，一副"风烛残年"的样子。

大量的科学研究结果证实，老年人组织器官的结构和功能仍然存在着提高和改善的可能性，而且老年人健身运动的效果并不亚于青年人。美国运动医学家克拉斯，对平均年龄在71.6岁的一些老年人进行了为期一年的体育锻炼观察，结果发现：运动使老年人的肌肉体积和肌肉力量明显增加，而不运动的老年人则由于肌纤维萎缩导致肌肉力量下降。他还对191名21岁～63岁不同年龄的人在运动时身体所发生的变化进行了研究，发现运动对老年人降低脂肪含量、提高呼吸机能的效果与青年人相似。

那么，健身运动是如何延缓衰老，增进健康的呢？

人在进行健身运动时，机体承受到一定运动的负荷，体内吸入了比平常多几十倍的氧气，加速了人体的血液循环，给心脏和身体各个组织细胞带来了充足的氧气和营养，从而促进和改善了器官的新陈代谢，达到了推迟衰老和提高机体抗病能力的效果。

老年人通过体育锻炼，可以增强骨骼和关节的弹性、韧性，提高骨骼的抗断力，使之不致因退化而僵硬；还可以维持较好的心脏功能，加强血管收缩和舒张功能，从而改善血脂质代谢，降低血脂，有利于预防高血压和冠心病；另外，运动还可以增加老年人肺组织的通气量，提高肺泡的张开率以及脑细胞的氧供应，减轻脑萎缩，使人保持旺盛的精力。最近，科学研究证明，适当的健身运动，有助于机体的免疫

细胞组织结构得到良性改善，有助于预防癌症。总之，运动的好处是数不胜数的。

当然，我们提倡老年朋友积极参加体育锻炼，也必须根据老年人的特点来进行，由于器官的老化，决定了老年人不宜参加速度性项目和力量性锻炼（包括憋气较多的动作，如俯卧撑、举重等）。致富须有道，健身须有术。老年朋友们参加体育锻炼，应该掌握科学的运动方法。

1. 因人制宜，量力而行。

根据自己的健康状况和年龄特点，选择较为适合自己的运动项目。一般来说，体质好的老年人，可选择运动量较大的项目，如球类、游泳、中长跑和骑自行车等；体质差的老年人可选择运动量较小的项目，如散步、慢跑、太极拳等。运动时，呼吸要自然，动作要舒缓而有节奏。患有动脉硬化的老人，不宜做翻滚、头手倒立的动作，否则会引起血压骤然升高，发生意外。

2. 循序渐进，持之以恒。

刚开始运动时，切忌操之过急，急于求成。动作要从简单到复杂，运动量要由较小逐渐到中等强度，练习时间要由短逐渐加长。

3. 要把握住适当的运动量。

由于年龄大小和体质状况的差异，每个人对体育运动的承受力是不一样的。如果运动量安排大了，就会造成身体过度疲劳，甚至伤害；反之，运动量小了，又达不到锻炼的目的。因此，老年人参加健身运动，要根据自己的实际情况，科学、合理地安排好适合自身生理特点的运动量，这样才能取得良好的锻炼效果。

4. 掌握好运动时间。

每天锻炼的时间应该固定下来，养成好习惯，持之以恒。每次锻炼的时间以30分钟～45分钟为宜，运动中要安排短暂的休息，做到劳逸结合，动静相宜。

另外，运动前后要认真做好准备和整理工作。运动后，如果感到身体不适，最好暂停运动，休息几天，或者找医生看看，并在医生的指导下进行锻炼。

运动是防病抗衰老的有效手段，但它并不是治病的"仙丹妙药"，更不是权宜之计。如果等到疾病缠身，才想到运动健身，就犹如临渴掘井一样，必定徒劳无功。运动是长久之计，终身之计，运动的时间越长，受益越多。终生运动，终生受益。

生命在于运动。运动是通往健康的必经之路。老年朋友们，自觉投入运动的晨曲之中，让生命之树在运动中常青吧！

② 运动前的健康检查

老年是一个很特殊的年龄阶段。人进入老年期后，机体的新陈代谢明显降低，身体各器官的结构和功能也随之发生一系列改变，这时，疾病也乘虚而入。因此，为了对自身健康状况有一个正确的了解，预防锻炼中一些潜在性疾患可能对身体造成的危害，老年朋友在参加运动之前，务必做好医务监督，做一次全面的身体检查。体检的内容包括：①疾病史和运动史；②体重；③胸围和呼吸差；④颈围与腹围；⑤脊柱柔性测定；⑥肌力检查；⑦心血管系统机能检查；⑧呼吸系统机能检查。根据检查的结果，听听医生的意见，再有的放矢的选择适合自己的运动项目、运动量和运动强度，科学的制定锻炼计划。如有条件，最好请医生根据自己的具体情况，开出一张运动处方指导运动。即：按锻炼者的年龄、性别、心肺和运动器官功能、运动经验以及健康状况等特点，用处方的形式规定适当的运动方式和注意事项。

同时，有两点注意事项应引起老年朋友重视：第一，检查时要认真对待，不能敷衍了事。有的老年人常常过高估计自己的体力，过分的自信，这恰恰是造成伤害事故的根源。因此，必须听从医生的忠告，量力而行，以保安全。但也不能只考虑安全而减少运动量，使之达不到锻炼的目的。第二，定期体检。必须明白，做一次体检不可能管若干年。在开始运动或增加运动量之前，最好用近三个月之内的体检资料，做到安全第一。只有这样才能预防老年人在锻炼中出现偏差和意外情况，使健身运动真正达到祛病强身，延年益寿的效果。

③ 运动前的准备活动

做运动前的准备活动，能够使人体从安静状态进入运动状态有一个适应过程。这就可以避免锻炼中的意外伤害事故，消除锻炼中身体的不适感，以保证锻炼内容顺利完成。这对于参加锻炼的老年人来讲，尤为必要。

准备活动一般采取活动关节和肌肉的徒手体操、广播体操等。如护胸、踢腿运动，膝关节和踝关节绕环等，再配合慢跑或原地跑。准备活动的时间应在3分钟～5分钟，随季节变化时间也有长短。准备活动的大小，要以全身暖和、发热、感到舒服为度。冬季锻炼的准备活动可先在室内进行，活动的时间要稍长些，然后再去室外慢跑几分钟。感到身体已适应，再开始锻炼。

4 运动后的整理活动

锻炼结束后，不要突然停止运动，而是应该做些整理活动。它有助于使人体恢复平静、消除疲劳，使紧张的机体转为放松。尤其是在做完以下肢运动为主的锻炼后，更应做好整理活动，否则容易引起身体不适感而发生意外事故。

一般来说，整理活动包括一些调节呼吸、按摩、敲打身体各个部位、散步、四肢放松摆动等运动。活动量要逐渐减小。尽量使肌肉放松、机体恢复平静，心跳和呼吸比较平稳为止。整理活动的时间一般在3分钟～5分钟或更长一些。

5 晨练

祖国医学认为：清晨是阳气上升之际，人的阳气能补气、养神、养筋，使人精神爽朗。因此，"闻鸡起舞"成为中国人锻炼的最佳时光。

是不是越早锻炼就越好呢？其实不然，众所周知：绿色植物之所以能成为净化空气的环保卫士，主要是由于它在生长过程中利用阳光进行光合作用时，能吸空气中的二氧化碳，放出大量的氧气。一旦离开了阳光，在漫漫的长夜里，尤其是在雨雾弥漫的清晨，植物进行的仅仅是呼吸作用，而不是光合作用，这时，它吸收的是氧气，吐出的是二氧化碳。健身者在天亮之前，到光合作用还没开始进行的花丛树下锻炼身体，就会吸进较多的二氧化碳，而不是新鲜的氧气，势必有害身体健康。因此，老年人进行晨练的时间，应选择在天亮之后。

据运动医学专家研究发现：早晨进行体育锻炼，心脏的跳动速度和血压的上升都较快，对很多老年人会产生难以承受的负荷。另一点要特别强调，早晨6时～9时，是心脏病发作的高峰时间，因此，美国和日本学者都提出心脏病患者进行体育锻炼，最好避开心脏病发作的"清晨峰"，以安排在下午或黄昏为好。

选择晨练的老年人，一定要在运动前吃点东西，如点心、稀饭、麦片、牛奶、豆浆等松软可口的热食。空腹晨练，对老年人来说有一定的危险因素，因为经过一夜的睡眠，腹中已空，体内的血糖已经很低了，再加上运动时体能的消耗，很容易造成大脑供血不足，使之发生意外。

6 黄昏锻炼

很多老年人都喜欢在清晨去锻炼身体，认为早晨空气清新，有益健康。但据运动生物学家研究表明：进行体育运动的最理想、最适宜的时间是在接近黄昏这段时间。

人体的器官活动在一天24小时中都有一定的规律，是受着"生物时钟"的控制的，每天下午4时～6时，是人体的吸氧量、体力、肢体反应灵敏度等达到最高峰的时间。此时心脏的跳动速度和血压的上升率也最平稳，因此，这时进行运动锻炼最有益于人们的身体健康。

另外，黄昏时分，上下空气对流交换快，空气固有的自身净化能力强，因而空气清新，气候温和，是健身运动的最佳时光。

7 夏季锻炼中的注意事项

夏季天气炎热，老年人进行户外体育锻炼的时间最好安排在上午11点以前或下午4点钟以后进行。运动要循序渐进，控制好运动量，身体稍感到不适，就应立即停止运动。在夏天进行健身运动的老年人，应该特别注意以下几个问题：

（1）应尽量避免在烈日直接照射下进行锻炼。活动地点最好选择在荫凉的地方。运动时间不宜过长，运动量也不宜过大，以防中暑。

（2）运动完毕后，不宜大量喝水。否则会加重心脏等器官的沉重负担，导致体内盐分的丧失，从而引起抽筋、痉挛等现象。

（3）运动结束后，不宜马上吃冰冻饮料类食品。因为冰冻饮料食品温度太低，会刺激、损伤胃脏功能，引起食欲减退甚至发生肠胃疾病。

（4）运动完后，不要马上洗冷水澡，一定要等汗干了以后再洗一个温水澡。

（5）如果遇上下雨，衣服被淋湿后，一定要及时更换，以免感冒。

8 冬季锻炼注意事项

老年人进行冬季锻炼一定要因人、因时制宜。身体较好的老年人可坚持户外体育运动，这对提高身体的御寒能力和对疾病的抵抗能力，都有着极大的好处。

但由于冬季气温低，寒冷干燥，如果不注意锻炼的卫生，容易发生感冒、冻伤、肌肉拉伤、关节扭伤等疾病，影响身体健康。那么，冬季进行户外锻炼应注意什么问题呢？

（1）锻炼前一定要认真、充分地做好准备活动，防止创伤。

（2）要注意预防感冒和冻伤。从室内到户外锻炼时，先要戴上帽子、护耳和手套，多穿一点衣服，做做准备活动，等身上暖和后，再脱去外面的厚衣服。锻炼完后，做好整理活动，及时穿好外套保暖。如果运动时出汗，内衣被汗湿，就一定要把汗迹擦干，换上干燥的内衣，以免受凉。

（3）一定要选择合适的运动鞋和较松吸汗的纯棉袜子，并在运动后及时更换，使鞋袜保持干燥。

（4）冬季锻炼要特别注意呼吸方法。一定要用鼻子呼吸，切不可张大嘴巴呼吸，以避免冷空气直接进入肺部。

（5）如果遇到寒流、大雾等坏天气，就应改变锻炼场地，把各种运动活动改在室内进行。

（6）冬季锻炼要注意选择向阳、避风的地方。

对于一些在冬天没有户外锻炼习惯的

老年人，可在家里做些力所能及的活动，如打扫卫生、做饭、浇花等，也同样能达到锻炼的目的。

9 运动量的自我测试

运动时掌握适当的运动量，是老年人参加体育锻炼能否取得成效以及能否保障安全的一个重要问题。那么怎样才能知道自己的运动量是否适当呢？一般来说，老人在运动后，立即测试脉搏频率以每分钟不超过110次为宜。

这里介绍几种常用的方法，供老年朋友在进行自我监测时参考。

1. 用检测脉搏频率来衡量运动量。

每个人运动量的大小与自身脉搏频率的高低有密切的联系，其脉搏频率会随运动量的增大而增加。因此，运动完后，锻炼者可以根据自己每分钟脉搏频率的变化来控制运动量。老年人测试自己的运动量的公式为：170－年龄＝脉搏频率（次/分）。例如：你的年龄是60岁，那么，运动后的脉搏数应当是：170－60＝110（次/分）为合适的运动量范围；如果年龄在70岁，运动后的脉搏数就应是：170－70＝100（次/分）。如果运动后自己测试到的脉搏频率高于此数，则说明运动量偏大，如果小于此数，说明运动量偏小。

2. 以脉搏恢复时间来掌握运动量。

在运动前安静的时候，自己先测一个脉搏数，即基础脉率。当运动结束5分钟～10分钟后，脉搏频率能够恢复到运动前的基础脉率，则说明运动量合适，如果在3分钟以内就已经恢复到运动前的基础脉率，则运动量偏小；若在20分钟以上仍未恢复，则运动量偏大。

除了以上两种方法外，还可以用运动后自我感觉作为依据，即运动后感到心情舒畅，精神愉快，有较轻的疲劳感，而且吃饭、睡觉都较好，血压脉搏也较稳定，说明运动量适宜；如果运动后出现气喘、心悸、头晕、食欲减退、睡眠不好，则说明运动量过大了，需要及时进行调整。

10 锻炼方式
▲倒行运动

倒行，顾名思义，就是身体向后行走。这是目前较为流行的一种健身运动。曾有医学运动工作者经调查证实：倒行一百步，其健身功能比得上前行一万步。前行和倒行是两种迥然不同的行走方式，朝前走是人的自然常态，而倒行则是反常态的运动。从体育科学的观点看，倒行有很多好处：由于倒行时，改变了平时双腿前行的习惯，使前行时不经常活动的膝关节周围的肌肉与韧带得到锻炼，从而提高了双腿的灵活性和协调性。在倒行锻炼时，腰部肌肉因为得到了有规律的收缩和松弛，因而改善了腰部的血液循环，增强了腰部组织的新陈代谢。

另外，倒行时，要凭感觉辨别方向，因而掌握了平衡，也就锻炼了主管平衡功能的小脑，促使机体在运动中建立新的平衡。倒行的重心与前行时相反，可以加强心血管的功能，改善心脏的血液流量。倒行运动还对高血压、胃病、腰肌劳损等有着良好的治疗功效。

1. 倒行的基本方法。

（1）叉腰式。倒行时，双手叉腰，拇指要向后按"肾俞"穴位（即腰眼部），其余四指向前，这样有益于泌尿系统。这种方法容易掌握身体的重心，但上肢运动量小，速度慢，适合于高龄、体弱和初学者。

（2）甩手式。两臂向后摆时，同时甩手，使十指的血液循环加速，起到通经活络的作用。如果是肩周炎患者，还可以在倒行时用手交替拍肩，即：左手拍打右肩，右手拍打左肩。这种方式能使全身得到运动，适合倒行较熟练者。

（3）握拳式。双手握拳，可减少行进中空气的阻气，速度快，适合于倒行有素的倒跑者。

2. 倒行的正确姿势。

倒行前，要求立正、挺胸、抬头，目光平视，倒行时，思想要集中，呼吸均匀自然，用两眼的余光扫视道路两旁，必要时，头可微微转动，但次数不宜过多，动作也不宜太大，避免产生头晕。倒行时的第一步很重要，先用左（或右）脚向后退，一定要脚掌先着地，脚跟后着地。等身体重心后移，再换另一只脚，左右交换进行。

3. 倒行时应注意的问题。

（1）注意安全。因为倒行是反常态的运动，让人很不习惯，容易摔跤，所以应该选择平坦、安全、无障碍物的场地进行锻炼。

（2）不要急于求成。要循序渐进，持之以恒，由易到难，由慢到快，由近到远。

（3）要掌握适当的运动量。一般每天1次～2次，每次走20分钟～30分钟，每周4次。初学者可以按一秒钟走两步的速度，走完后以出微汗、稍感疲劳为宜。

倒行运动是一种特殊的健身方法，虽然对老年人有好处，但在锻炼时也要因人而异，如眼睛视物不清、平衡能力较差者不宜选用，以免发生意外事故。

▲ **步行锻炼**

步行不仅是人的基本活动，还是一种锻炼身体、延年益寿的最佳途径。由于它的动作缓和，不易受伤，因此特别适合年老体弱和身体肥胖以及慢性病病人康复锻炼。

美国弗吉尼亚大学的研究人员，曾进行过长达12年的调查，结果表明：步行走对60岁～80岁老年人来说确实是一种最有效的健康良药，每天步行走2英里（约3.2千米）可使死亡的危险减少一半，老年人每天多步行1英里（约1.6千米），可使死亡率降低19％。日本学者在探索日本长寿村的奥秘时，发现他们都有长期步行的特点，这些研究成果，进一步掀起了全球老年人的"步行健身热"。

步行之所以成为健身运动的新时尚，其原因有：第一，因为这是一种连续匀速运动，人体大部分肌肉都参加活动，促进了全身血液循环。而步行运动所产生的适量震动，都是对机体内脏器官的"免费"按摩，这就降低了血液中的胆固醇含量，避免了高血压症的发生，对延缓人体的衰老有很好的作用。第二，步行有利于促进心血管系统活动的能力和提高呼吸机能的功能，有效地降低了心血管疾病的发生率。

那么，怎样才能"行"之有效呢？正确的姿势和动作应该是：全身放松，挺胸抬头，两眼看前方，双臂自然摆动，步伐稳健，身体的重心落在脚掌前部，呼吸自然或配合脚步有节奏的呼吸。

由于步行是一项轻微的运动，至少需要20分钟的持续运动，才能对身体各器官形成代谢刺激、产生运动效果。因此，步行锻炼最好每天1次～2次，每次20分钟～60分钟。高龄老人和体质较弱者，要量力而行，在步行运动中穿插着适当的休息。

步行的时间一般安排在清晨、傍晚、饭后半小时或者自己方便的任何时候进行。地点宜选择在环境幽静、空气新鲜之处。

为了帮助老年朋友更好地根据自己的实际情况，进行这项运动锻炼，这里介绍几种步行方法供参考。

1. 悠闲散步法。

用每分钟60步～70步或每分钟80步～90步散步，每次20分钟～60分钟。开始锻炼时可这样安排时间：前两周，走15分钟，隔天一次；第三周、第四周每次时间延长30分钟，每周行走4天；第五周后时间可增加到30分钟～60分钟，每天1次～2次。

2. 快步走。

这是最值得向老年朋友推荐的健身运动。它与散步稍有不同，在步行速度、走路距离和运动量上都有一定的要求：速度以每小时走5千米～7千米，每步平均步长为70厘米～80厘米，每次步行30分钟～60分钟，每天1次～2次。心率控制在100次/分～120次/分左右为宜。在国外，快步走锻炼已成为增强心血管系统的功能和心肌梗塞症康复医疗的重要手段之一。

3. 摩腹步行法。

这是中医传统的保健养生法。即在步行的同时，用双手旋转按摩自己的腹部，每走一步按摩一圈，正反交替进行，每分钟走40步～60步，每次10分钟。此方法适合于有消化不良和胃肠道慢性病患者。

4. 摇臂步行法。

患有呼吸系统等慢性病的老年人可采取这种步行法。即在步行时，两臂随步伐节奏用力向前后摆动，这样可以增进肩带和胸廓的活动。对防止肩周炎、胸闷和老年气管炎等疾病都有辅助功效。以每分钟50步～80步为宜。

《五言真经》曰："竹从叶上枯，人从脚上老，天天千步走，药补不用找。"老年

朋友们，出门走走吧，让温暖的太阳晒在你身上，让清新的空气进入你的肺腑，健康永远属于潇洒走一生的你。

▲ 健身跑

健身跑又叫"慢跑"，被人们视为"有氧代谢运动之王"而风行全球。它有别于一般的长跑或激烈竞赛性的跑步，是一项既简单易行又轻松愉快的全身运动。适用于老年健康者或者有较好锻炼基础的慢性病患者。

健身跑能推迟人的衰老、祛病强身，尤其对推迟心肺功能的衰老作用更显著。国外学者曾对一些60岁～70岁的健身跑者进行过追踪研究，发现他们的吸氧能力和呼吸功能与40岁～50岁的中年人差不多。同样，对一些40岁～80岁的中老年长跑者的心脏进行测试，发现他们的心脏大小和功能，与不参加体育活动的20岁人的心脏都没有什么两样，甚至还会更好些。而腿部伸肌力量比一般中老年人要大5千克～7千克。另外，健身跑对冠心病、高血压、动脉硬化、骨骼关节病、神经衰弱、便秘、多尿等都有独到的预防和治疗作用，是任何药物所不能代替的。可见，健身跑虽然不是唯一的健身运动，但它却是一项最佳的健身方式。

老年朋友在参加慢跑之前，应该先听取医生的意见，最好做一次健康检查，这一点对年龄在55岁以上或者患有脑血管疾病、肥胖者尤为重要。另外，跑步由于脚下不停地重复快速动作，受伤的机会大于步行和游泳，还因为下肢关节受力较大，容易引起膝关节疼痛，因此，对于缺乏锻炼的中老年人，宜先练步行，待基础体力提高后再慢跑，过渡期间可用走跑交替练习，使机体有个适应过程。

一般来说，老年人以每分钟跑100步～120步的速度控制自己的跑步速度，心跳频率以每分钟不超过170减去自己的年龄数为宜。每次时间不少于10分钟，每周不少于3次。

这里向从未参加过体育活动的老年人介绍一套苏联两位医学博士制定的"四阶段健身跑"。

第一阶段为快速走

步行的速度从每分钟70步～80步开始，逐渐增加到每分钟90步～100步，距离从300米～500米开始，然后，再增长至

600 米～1000 米，每天 2 次，每周 4 次～5 次。60 岁以上的人在第一阶段可走一个月。

第二阶段为走跑交替

这是结合跑的快速走。开始时，以快速走为主，随着体质的增强，再以慢跑为主。每次走 900 米～2000 米，跑 800 米～1000 米，速度为每千米 11 分钟～14 分钟。这一阶段为 4 个月。

第三阶段为中等距离的健身跑

一开始速度应慢些，经过一段时间的锻炼后，以每千米 10 分钟～12 分钟的速度跑 2000 米～3500 米。这一阶段为 3 个月。

第四个阶段为长距离的健身跑

经过前 3 个阶段的锻炼后，体质有了明显的增强，再进入本阶段的训练。距离在 3500 米以上，速度仍然是每千米 10 分钟～12 分钟。

女性采用这套方法锻炼时，运动量应减少 20％～25％左右。

▲骑自行车运动

自行车从诞生到现在已有二百多年的历史了，而今自行车已不仅仅是单纯的交通工具，同时还是人们强身健体的时尚工具。由于骑自行车运动是一种平和的、没有碰撞的锻炼方式，而且运动强度可以随心所欲地控制，安全方便，很适合于老年人开展。

骑自行车运动是一项有氧代谢运动项目，据国外生理学家研究证实，经常骑自行车的人比不骑自行车的人患心血管病者少一半，并发现，一生中常骑自行车的人比不骑自行车的人延寿 3 年～5 年。骑自行车的好处还在于：它能降低血压、改善睡眠、控制体重。

要达到骑自行车健身的目的，正确的姿势很重要。首先，车辆的高度与骑车人的高矮要相适应，以人骑在车座上舒服为宜。骑车时，两眼要看前方，上身稍向前倾，两臂伸直，两肩放松；要用前脚掌踏蹬，身体的重量放在坐骨上，上身不要左右摇摆。车座的高度调整到骑车人蹬车双腿能够伸直或稍微弯曲为准，这样才能使两腿在蹬车时更加有力量，从而使腿部肌肉得到有效的锻炼。

老年人在刚开始进行自行车锻炼时，蹬速可控制在每分钟 60 次，和平时散步时

的节奏差不多。以后逐渐加快蹬速，以每分钟 75 次为宜。每周至少要锻炼 3 次，每次不少于 20 分钟。

为了保证骑车的安全，应该选择平坦的路线，避开人多车多的地方，在出发前应该检查一下自行车有无毛病。

应该看到，骑车时，上肢肌肉活动较少，因此，必须辅以其他运动才能全面锻炼身体。

▲走跑交替运动

走跑交替运动，顾名思义，就是采取走一段路再跑一定距离，相互交替进行的一种锻炼方法，由于它动作缓和、简单易行、运动量和时间可以自行灵活掌握，特别适合于年老体弱和缺乏锻炼的老年人。

其方法是，先走后跑，反复交替进行。第一周锻炼时，先用 1 分钟走 150 米，接着用 1 分钟跑 80 米～100 米，如此交替 2 次～3 次。以后每两周时间增大一级运动量。第三周用 1 分钟走 200 米，再用 2 分钟跑 300 米，交替 4 次。第五周用 1 分钟走 200 米，用 3 分钟跑 400 米，交替 5 次。然后固定在这个运动量上，长期坚持下去，必定给你的身心带来健康。一般经过 3 个月左右的走跑交替锻炼，就会使人感到跑时不觉心慌气短，腿部比以前有力，能跑

较长的距离，并能从中感受到体力充沛，精神爽朗的益处。

走跑交替锻炼要注意走时速度不宜太快，同时还要加大呼吸深度。

▲爬楼梯运动

人到了一定的年龄，往往对爬高层楼层感到发憷，把它当作一大负担而"望楼兴叹"。其实，爬楼梯是一项十分有益的健身运动。

据国外运动医学家测定：登楼一级，延寿 4 秒。普通人用正常速度爬楼梯，每 10 分钟大约消耗 220 千卡热量，在同样时间，人爬楼梯时所消耗的热量比散步多 4 倍，比游泳多 2.5 倍，比打乒乓球多 2 倍。其中下楼梯消耗的热量为上楼梯的三分之一。研究还指出，如果往返爬 2 趟～3 趟 6 层楼梯，相当于在平地上慢跑了 800 米～1500 米的运动量。

爬楼梯时，由于消耗体内的能量较大，心跳加快，血液循环加速，吸入的氧气比安静时多至 9 倍，因此，大大改善了心脏和肺部功能，有利于新陈代谢，增强体质健康。

"马老看嘴，人老看腿"，而爬楼梯正是防止脚老的最佳方法。爬楼梯时，由于下肢肌肉群的抬高和伸缩以及髋、膝、踝等关节的运动，因此，在增强下肢肌肉力量的同时，也改善了关节与韧带的柔软性、灵活性。这对于预防老年性骨质疏松、肌肉萎缩有较好的作用。

爬楼梯是肥胖疾病的"克星"。据医学家测定，体重 80 千克的人，每天坚持用较快的速度上下一趟 4 层楼，只要坚持 2 年～3 年，就可以使体重减轻 10 千克～15 千克。

老年人在刚开始锻炼初期，可选择 3 层～4 层楼进行练习，有必要时还可握住楼梯扶手以求平衡，以慢速为宜，一秒钟爬一级，每爬一层楼稍做休息再爬第二层。以 10 级楼梯为 1 组，一分钟爬 3 组～4 组为宜。经过一段时间训练后，身体好的老年人可逐渐增加到一分钟 5 组～6 组，速度也可加快。每次时间为 10 分钟～15 分钟，每天 1 次～2 次。

上下楼梯时，身体要放松，两臂自然摆动，步伐稳健，而且注意力要高度集中，在下楼时尤其要格外小心，以防踩空而受伤。

在练习时，要身着轻装，空手进行锻炼。如果在爬楼梯过程中，出现心慌、接不上气、腿软时，要立刻扶着扶手，不可勉强坚持，硬性爬楼。

锻炼前，要先活动一下身体，锻炼完毕后，不要马上坐下来休息，应该慢慢走一会，让身体逐渐恢复常态。

另外，爬楼锻炼时间最好选在职工上班这段时间里进行，这时楼梯间来往的人少，不容易受到干扰。

任何运动都贵在坚持。爬楼梯也是一样，天长日久，必可受益。

▲冷水浴

冷水浴是利用冷水的温度、压力和水中化学物质（如氯化钠、碳酸镁、硫黄碘等）刺激皮肤，以增强人体的神经系统、心血管系统、呼吸系统、消化系统以及其他各器官组织的功能，提高身体对寒冷空气刺激的适应能力，从而达到强身健体的目的。

冷水浴有擦身、冲洗、淋浴、盆浴和游泳等多种锻炼的方法。这里介绍两种适合老年人的锻炼方法。

1. 面部冷水浴。

身体较弱的人可以先进行面部冷水浴锻炼。其方法是：

准备一盆冷水，浸入一张纯棉毛巾，备用。

（1）先把两只手掌搓热，再摩擦脸、额头和颈部，直到皮肤感觉发热，这时，将浸在冷水里的毛巾拧干，反复擦洗以上部位。

（2）深吸一口气，将脸接触冷水面，等适应后再把脸浸入水中，同时呼气。

（3）抬头，深吸气，再将脸浸入水中。如此反复几次。

2. 双脚冷水浴。

将较温的冷水（以不冻手为宜），倒入盆中，水的多少以刚好淹没脚底为准。

（1）两脚互相搓擦，把脚底的涌泉穴搓热。

（2）把脚放入冷水中，适应后，再向盆中加冷水，让水淹没脚背。时间持续 1 分钟～3 分钟。

3. 擦身。

擦身是冷水浴与按摩配合进行的一种健身疗法。其方法是：

把冷湿毛巾拧干，按一定顺序和方向进行擦身，即先擦脸部和颈部，再擦两臂和背部，然后再擦腹部，最后擦下肢。擦四肢时，要按从手（脚）掌向心脏方向的顺序进行，这样有助于静脉回流，擦洗腹部要逆时针和顺时针交替在肚脐周围旋转。用来擦身的毛巾（纯棉）要不断在冷水中浸泡，擦身的力量由轻到重，直至把皮肤擦得发红，最后用干毛巾擦干全身。

4. 冷水淋浴。

身体好，有冷水浴基础的老年人，可以进行冷水淋浴的锻炼，但在锻炼前，要稍微活动一下身体各个关节，先用冷水拍打身上，然后再开始锻炼。锻炼时间一般不超过 5 分钟。

进行冷水浴锻炼最好从夏末秋初开始。特别是进行擦身和冷水淋浴时，起初可用 18℃ 左右的温水，以后逐渐把水温降低到 14℃～15℃。最初锻炼时间要短些，2 分钟～4 分钟即可，以后逐渐延长到 5 分钟～8 分钟。冬季，应在适当的室温条件下进行冷水浴，尽量避免寒冷。如果体质差，室温条件又不好，就千万不要勉强进行冷水浴锻炼，否则会感冒生病。

老年人在进行冷水浴锻炼时应注意以下几个问题：

（1）每天锻炼时间应安排在早晨起床后，切忌于睡觉前锻炼。

（2）不要在空腹的时候进行锻炼。

（3）要严格掌握水温、时间、刺激量。以每次锻炼不出现第二次寒战，浴后自我感觉舒适，食欲、睡眠较好为宜。

（4）有皮肤创伤及开放性伤口未愈合时，不宜进行冷水浴锻炼。

（5）患感冒和久病初愈的人不宜进行冷水浴锻炼。

（6）患有高血压、严重心脏病、关节炎和各种急性疾病者，不能进行冷水浴锻炼。

▲健身操

在远古时代，恶劣的生存环境时常威胁着人类的健康。为了祛邪防病，祖先们创造了一种能活动肢体的"舞"，这就是最早的原始健身操。随着社会的发展，历史的变革，原始的"舞"已逐渐发展成现在的多种成套的健身操运动。

健身操是一种以徒手操为主的体育运动，它通过躯干、四肢的弯曲伸展运动和肌肉的放松收缩的活动，从而改善身体关节的柔韧性和灵活性，促进肺脏的呼吸和气体交换，进而增强体内的血液循环和新陈代谢功能，以达到祛病、强身的目的。

老年健身操一般来讲，可分为两类：一类主要在于提高机体的机能状态，以增强体质为目的的保健操，如广播体操、老年健身操、太极拳等。这类操是"一动无有不动"的全身性运动。经常锻炼，可使体内气血通畅，身体健康。另一类是医疗

体操，它是针对某些疾病的康复、治疗及预防而编制的徒手操，如减肥操、颈椎操、关节运动操等。这类操具有"对症下药"的特点，有利于特定器官及该系统功能的恢复和提高，对全身机能状态起到促进和调节的作用。这两类操是整体与局部、普遍与特殊的关系。如果将两者很好地结合起来，便会收到相辅相成的效果。

由于健身操很少受到场地、气候的影响，不论是春夏秋冬，还是路边地角，只要有一席之地，即可锻炼，既安全又方便，是老年人理想的锻炼项目。

老年健身操锻炼要点：

（1）衣着。衣着要宽松、舒适，腰带不宜系得太紧，领扣也应解开，以便于活动。

（2）场地。锻炼场地应该平坦、清洁，最好选择室外，在种有花草、树木的园林及溪流、河边。那里空气新鲜、阳光充足、负氧离子丰富，可以增加人体内的氧含量，提高锻炼效果。

（3）时间。锻炼的时间可选在清晨或傍晚，最好在饭后 2 小时进行锻炼。因此时血糖比较稳定，能满足运动时对能量的需求。

（4）动作。对老年人来讲，动作不必强求准确，速度宜缓慢沉稳。注意有节奏的呼吸。凡两臂伸展、扩胸、上身起立时要深吸气，两臂放下、体前屈、下蹲时要深呼气。千万不要憋气，否则会伤害心肺功能。

（5）适度。锻炼者应根据自己的年龄、体质，选择适当的运动量。一般以一遍操做下来，感觉身体微有发热、身体舒适为度。

▲徒手健身操

形式多样的健身操，为我们强身健体提供了非常有效的方法。老年健身操是根据老年人生理特点编排的，通过做操锻炼可促使体内气血运行，舒筋活络，预防或减少慢性病的发生，达到身体健康、延缓衰老的目的。

这里推荐的老年健身操由卧式、坐式、立式三个部分组成，锻炼者可根据自己的实际情况，全套做完最好，也可选择几小节做做。

1. 卧式健身操。

准备姿势：静静地仰卧在硬床垫上，

头枕柔软舒适的枕头，两臂自然伸直放在身体两侧，手指张开，掌心朝下，两腿伸直并拢，全身肌肉放松，自然呼吸。

第一节：

（1）准备动作做好后，头以颈部纵线为轴转向左侧，同时两臂和两腿分别向外侧旋转（注意肘膝关节不能弯曲），配合吸气。然后还原至准备姿势，呼气。再以同样的动作进行向右旋转运动。左、右两种动作可连续做2次～4次。

（2）恢复准备姿势，头部向前抬，使下巴尽量贴近胸部，同时双手用力握拳，脚背绷紧，脚尖用力向下勾，然后恢复准备姿势。这种动作可连续做2次～4次。

（3）保持准备姿势，头部向后仰，让下巴尽量向上抬高。同时两手十指用力张开，脚掌用力向上翻，脚后跟腱绷紧，然后恢复准备姿势。连续做2次～4次。

第二节：

（1）恢复准备姿势，身体左侧的手臂和指掌、臀部以及腿、脚跟同时向下用力，使身体做向右翻的动作，同时吸气。然后恢复准备动作，并呼气。再换右臂、右腿，使身体向左侧做掀翻动作。

（2）回到准备姿势，双腿并拢，尽力弯曲髋和膝关节，上身微微抬起，用两臂抱住小腿，同时吸气，呼气时恢复准备姿势。（见图1）

图1

（3）四肢挺直，头、肩、臂、脚后跟同时用力，使前部尽力向上抬起，离床面成弓形，同时吸气。然后恢复准备姿势，并呼气。

第三节：

（1）仰卧姿势，吸气，左腿伸直，右腿弯曲，两手抱住其膝，并用力让右腿内侧往左压。呼气，恢复仰卧姿势。吸气，然后左右腿互换再做一遍。

（2）仰卧。吸气，左腿伸直，右腿弯曲，用双手兜住右脚底并用力往上抬，将右膝压向胸部，同时呼气，恢复仰卧姿势。然

后吸气，左右脚互换，再做一遍。（见图2）

图2

2. 坐式健身操。

准备姿势：端坐在床边或板凳上，双眼平视前方，两腿分开与肩同宽，大腿与地面平行，膝关节弯曲成90度角，脚趾用力抓地面。双肩自然下垂，两手放在膝盖上。

第一节：

两手掌互相摩擦至发热后，用热掌摩擦面部的眼眶、鼻梁和面颊以及两耳郭，自然呼吸。本节可反复做4遍～6遍，直到摩擦部位微微发热即可。

第二节：

（1）端坐。两手手指相交对插，掌心贴在胸前，然后掌心从下往外翻，同时用力向前方推出，使两臂伸直，并抬起双脚后跟，吸气。双手掌再由外自下内翻，双手回到胸前，同时脚后跟落地，呼气。

（2）端坐。双手分别握拳，拳心向上，放于腰间两侧，然后双拳一起向前冲出。在冲拳的过程中拳心由上转下，同时呼气。收回双拳，拳心向上，放于腰间，吸气。该动作反复做8遍～16遍。

第三节：

（1）端坐。双臂侧平举，握拳，屈肘，前臂以肩关节为轴，向内做绕圆圈动作2周，然后再向外绕圈2周。呼吸要自然，连续做8遍～16遍。

（2）端坐。屈肘，双手搭在同侧的肩上，手臂以肩关节为轴，向前做绕圈动作2周，再向后绕圈2周，反复做8遍～16遍。（见图3）

3. 站立式健身操

准备姿势：站立。两眼平视前方，双臂自然下垂，双脚分开与肩同宽，脚尖用力抓地。

图3

第一节：

（1）双臂平举，屈肘，双手握拳，拳心向下做扩胸运动2遍。然后双臂向前伸直，握拳，拳心向上做扩胸运动2遍。自然呼吸，连续做8遍～10遍。

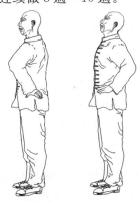

图4

（2）双手叉腰，两肘关节用力向前伸，同时低头，呼气。然后两肘关节尽力向后，同时扩胸，头后仰，吸气。（见图4）本小段动作要求腰部保持正直，不可向前倾，也不可向后仰。可连做8遍～10遍。

第二节：

（1）以肩关节为轴，双臂向前伸展在身体前做向外绕圈动作2圈，再向体内做绕圈动作2圈，连做8遍～10遍。

（2）以肩关节为轴，双臂上举，在身体侧由后向前做绕圈动作，同时脚后跟抬起，用脚前掌支撑身体，共做2圈；然后改为由前向后绕圈，再改为由前向后绕圈2周，同时脚后跟落地。自然呼吸。（见图5）连续做8次～10次。

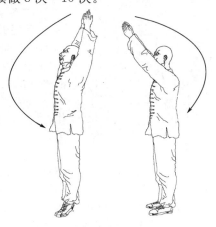

图5

第三节：

准备姿势：站立。双手半握拳，垂臂放置身前，头正身直，左肩上耸，右肩下沉，然后换左肩下沉、右肩上耸。连续做8次～10次后，再两肩同时上耸、下沉、再上耸，自然呼吸。连续做8次～10次。

第四节：

（1）两臂由体侧上举，手背相对，双腿屈膝半蹲，呼气。然后双臂从体侧慢慢落下，同时脚前掌用力，脚后跟抬起，再双膝伸直，吸气。（见图6）可连续做8次～10次。

（2）站立。双手握拳，左臂向前伸直，右臂向后伸直，头部及上身随之向右侧转，同时双膝微曲。然后左右臂互换再做，共做8遍～10遍。

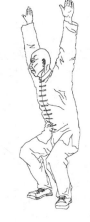

图6

第五节：

（1）准备姿势：腰部尽力向左转动，带动右臂向左甩，展开掌心拍击左肩，同时左手背随手臂后甩，拍击腰背部。左右臂互换甩动，连续做8次～10次。

（2）从准备姿势开始，弯腰，双臂左右平举。左手指尖尽量触摸右脚尖，然后右手指尖尽量触摸左脚尖（注意动作要慢）。连续做8次～10次。

第六节：

（1）准备姿势：双膝微曲，两臂前伸，握拳，以踝、膝、髋、肩、肘关节为轴，做用手推磨的运动，先做1次逆时针方向绕圈1周，回到前面，再做1次顺时针方向绕圈1周（见图7）。可连续做8遍～10遍。

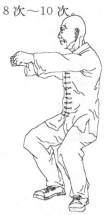

图7

（2）站立。双手叉腰，上身向前微倾，由前面开始，沿左、后、右方向转圈1周，回到前面，然后向右转圈1周，连续做8遍～10遍。

第七节：

站立。双手叉腰，身体重心放在右脚上，左脚尖接触地面，并作为支点，先向左绕圈2圈，再向右绕圈2周。然后换左脚支撑身体，右脚作绕圈运动。（见图8）连续做8遍～10遍。

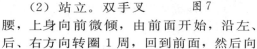

图 8

第八节：

（1）站立。双臂向上举，左脚轻轻抬起（离地约 10 厘米），先向前甩动 4 次，再向后甩动 4 次，同时深呼吸 2 次，然后换右脚前后甩动各 4 次。连续做 6 次～10 次。

（2）站立。先原地踏步几次后，双臂慢慢向上伸直，同时吸气。然后双臂慢慢放下来，同时呼气。连续做 6 次～10 次。最后两臂同时在身体前后各甩动 4 次。自然呼吸。还原准备姿势。全套老年健身操，到此结束。

▲ 八段锦健身操

《八段锦》是一套以 8 节动作组合而成的健身操。据资料记载，八段锦锻炼在宋代就已经相当普及，至今已有八百多年的历史了。由于这套动作舒展优美，宛如一匹绚丽的锦缎，因而取名为八段锦。

中医认为：人体是一个有机的统一体。八段锦运动通过肢体的伸缩，活动了肌肉，使全身经络得到疏通，从而促进了脏腑气血的运行，有助于人体正气强壮，达到祛病延年的目的。八段锦的动作简单，易学易练，而且运动量又不大，非常适合老年人，尤其是体质较弱或患有某些慢性病的老年人。老年人在练习这套健身操时，要根据自己的体质，灵活掌握运动量，即可用力做，也可不用力做，但动作一定要正确、完整。精力要高度集中，还要注意呼吸自然、均匀、轻悠。

开始练习之初，每节动作做 4 次即可，等练习一段时间后，每节动作可逐步增加至 20 次左右。每天练习全套动作 1 次～2 次，练到身上微微出汗为止。

1. 八段锦动作分解说明。

第一个动作：两手托天里三焦。

"三焦" 指胸腔（上焦）、腹腔（中焦）、盆腔（下焦）。

（1）准备姿势：两脚开立与肩同宽，两眼平视前方，两臂自然下垂在身体两侧，双足趾用力抓地，用鼻呼吸，集中精力，排除杂念。站立片刻。

（2）两手放在腹前，十指伸直交叉，指尖相对，手掌心向上，缓缓抬到胸前。

（3）随后手心内翻，掌心随之改为朝下，两臂慢慢上举至头顶上方，两肘用力挺直，手掌用力向上托，两脚后跟尽量上提，使身体有如被悬吊起来的感觉，深吸气，保持这种姿势 30 秒～60 秒。

（4）再松开两手指，双臂经体侧慢慢地放下来，这时脚后跟随之轻轻落地，深呼气。还原到准备姿势。（见图 9）

这节动作以活动四肢和躯干为主，对腰背肌肉和臂部肌肉以及骨骼关节都具有锻炼作用，有助于防治五十肩、脊柱后突等不良姿势。

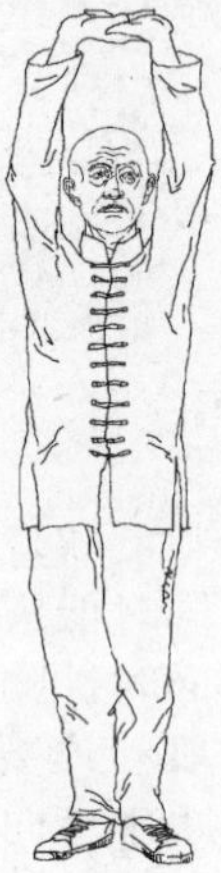

第二个动作：左右开弓似射雕。

（1）准备姿势：两脚自然分开，两臂下垂于身体两侧，稍立片刻。

（2）右脚向右横跨一步，屈膝下蹲成马步，大腿尽可能与地面成平行。同时两臂屈肘，慢慢抬于胸前，两手半握拳，虎口向上。

（3）右臂向右伸直举至与肩平行，食指翘起向上，同时左手握拳，屈臂用力向左侧平拉，呈拉弓射箭状，两眼注视右手食指。深吸气，调息 1 秒钟～2 秒钟，然后两腿起立，两臂放下，深呼气。恢复初始姿势。

（4）稍停片刻，换左臂向左侧伸直平举，右手呈拉弓射箭状。要求同（3），方向相反。（见图 10）

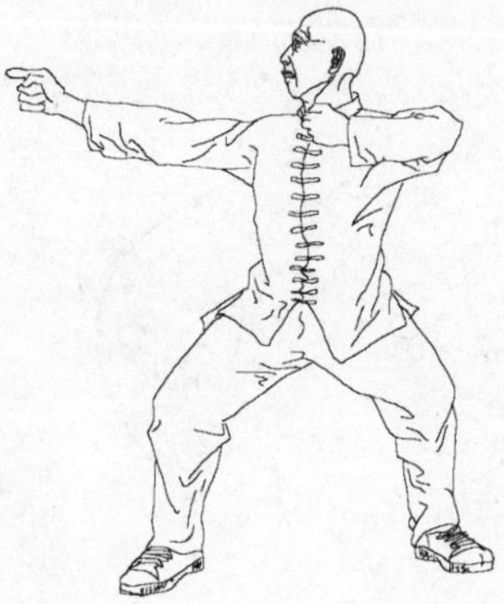

图 9

图 10

本节动作重点是通过扩胸运动，增强心肺呼吸和血液循环的功能。

第三个动作：调理脾胃单举手。

（1）准备姿势：直立，两臂自然下垂。

（2）十指伸直，两手指尖对齐，掌心向上，放在腹前，再慢慢抬于胸前，随后右手内翻掌从右侧上举，五指并紧，指尖向左，右臂用力向上挺直，掌心向上，呈 "单臂托天式"。同时，左手从内翻，手臂用力下按于体后，深吸气，调息1秒钟～2秒钟，然后恢复开始姿势，深呼气。稍停片刻。

（3）再换左臂上举，右手下按，要求同（2）。（见图11）

这节上下对拉的动作可增强内脏脾胃等功能，对食欲不佳和习惯性便秘疾病都有积极的治疗作用。

第四个动作：五劳七伤往后瞧。

（1）准备姿势：两脚平行站立，两臂自然下垂。

（2）双手掌心轻贴大腿外侧，两脚站立不动，挺胸，身体慢慢右转，眼睛尽量向右后方看，深吸气。然后身体和头慢慢还原到开始姿势，深呼气。

（3）而后，左转体，眼睛看左后方。要求同（2）。（见图12）

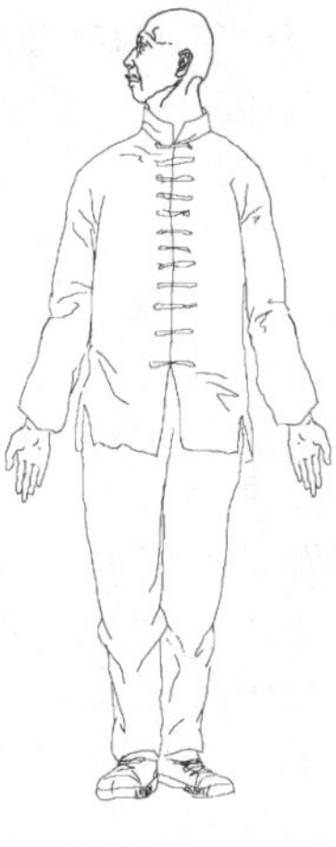

图11

这节动作能够锻炼颈部肌肉和颈椎活动能力，使头颈部的血液循环增强，既可改善动脉硬化和高血压患者的平衡功能，还能预防和治疗颈椎病，消除中枢神经系统的疲劳。

第五个动作：摇头摆尾去心火。

（1）准备姿势：两腿分开，屈膝下蹲成马步（体弱者两膝稍屈即可）。两手虎口向内，扶膝，抬头挺胸。

（2）上身向左前方倾斜，头慢慢低下并向左侧做圆形摆动（即摇头），同时臀部向右摆（即摆尾），深吸气，然后恢复到开始的姿势，深呼气。

（3）上身右摆做反方向动作。要求同（2）。

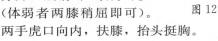

图13

（4）站立，两腿分开，双膝略弯，两手扶在膝盖上，上身和头以腰部为轴，做顺时针和逆时针转动。

图12

（5）还原成直立状态。（见图13）

本节动作通过摇头摆尾和对腰部的锻炼，使全身肌肉和关节处于一种紧张和松弛交替过程中。对辅助治疗因心火过旺所导致的烦躁、失眠、神经紧张以及腰肌劳损等均有一定的作用。

第六个动作：两手攀足固肾腰。

（1）准备姿势：两脚自然分开与肩同宽站立，两臂下垂。

（2）两臂向前上举，深吸气，上身慢慢向前弯下去，两臂随之下垂，两手摸脚尖或脚跟（但不要勉强），尽量抬头，眼看前方，深呼气，然后上身起立，还原开始的姿势。（见图14）

（3）两手放在腰背后，用手掌抵住腰部，使头部和上身缓缓向后仰，反复几次，便恢复起始姿势。

本节前俯后仰的动作，使腰部肌肉得到充分的伸展与收缩，有助于防治腰肌劳损和前列腺肥大造成的小便癃闭症。

图14

对于患有高血压和脑动脉硬化疾病的患者，在做本节操时，注意头部不要垂得太低，弯腰、后仰不必勉强，以免发生意外。

第七个动作：攒拳怒目增气力。

（1）准备姿势：两腿分开站立，略比肩宽，下蹲成马步。

（2）屈肘，两手握拳放在腰旁，拳心向上，右拳缓缓用力向前冲出，拳心随之向下，深吸气。同时左拳紧握，左肘向后挺。

（3）随后收回右拳于腰旁，深呼气，再冲出左拳，要求同（2）。在做此动作过程中，两眼要尽量睁大，略带怒容向前看。最后恢复开始状态。（见图15）

本节动作，可

图15

以增强手臂和腿、脚肌肉的活动能力，促使体力和耐力的提高。睁大眼睛，可以增强眼肌力量，对防治老花眼、眼睑下垂有一定的作用。

第八个动作：背后七颠百病消。

（1）准备姿势：两脚并拢直立，两臂自然下垂，两手掌心贴在大腿外侧。

（2）双脚后跟尽力离地提起，同时耸肩，并做深吸气。

（3）然后垂肩，脚后跟轻轻落下，两腿稍曲，重心微微下降，形成颠的动作，垂肩时深呼气。（见图16）

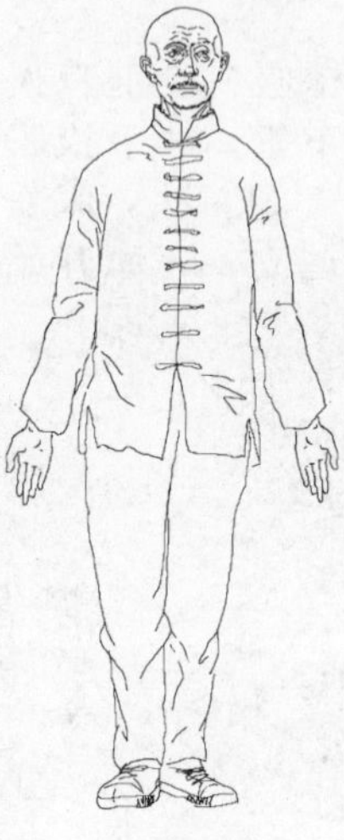

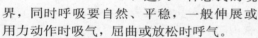

本节通过上下颠簸的动作，从而使全身各器官得以自我按摩，以达到运动后放松整理的目的。

2. 八段锦健身操的锻炼要点：

（1）八段锦健身操不只是简单的肢体运动，而是起源于古代导引术，包含着"意念"和有节奏的呼吸。因此，在锻炼时，精力集中排除杂念，意气合

图16

一，进入一种忘我的境界，同时呼吸要自然、平稳，一般伸展或用力动作时吸气，屈曲或放松时呼气。

（2）八段锦作为一种保健操，它的作用是综合的，全身性的，只有动作正确、套路完整，才能起到调理脾胃、坚固腰肾、疏通经络等作用，从而达到健身的目的。

（3）运动量要适中，开始锻炼时每节的次数少些，随着锻炼的时间延长，逐渐增加每节动作重复次数。

▲ 伸展体操

这套延缓肌肉和关节衰老的伸展体操，是由运动医学家设计、编排的。虽然只有五节，但它几乎使全身各个肌肉、关节都得到了活动，而且动作简单，易学易记，特别适合老年人锻炼。

预备姿势：站立，双脚自然分开，双手垂放在身体两侧。

（1）双手五指交叉，手掌向外翻，手臂尽量向前伸展。持续数秒钟后，还原预备姿势。

（2）双手五指交叉，手背向外，手臂向上举过头顶，手臂尽可能向后伸展。持续数秒钟后，还原预备姿势。

（3）双手五指交叉，掌心向上，手臂

尽力向头顶后上方伸展。持续数秒钟后，还原预备姿势。

（4）双手交叉放置脑后，以腰为轴，上身尽力向体左侧倾斜伸展，数秒钟之后，上身直立又向体右侧倾斜伸展。左右各1次。

（5）双臂交叉在胸前，尽力向上抬。然后尽量向左摆动、伸展。再尽可能地向右摆动、伸展。3种方向各做1次。

做操时要保持正常均匀的呼吸，不要憋气。每天安排做一次以上，会收到较明显的健身效果。

▲ 太极拳

太极拳是我国传统的健身方法之一。它吸收了多种拳术之精华，并融会贯通了中医的经络学、道家的养生术和古典哲学等优秀成果，形成了一套完整而科学的养生运动。在锻炼方法上太极拳采用内功和外功相结合，使呼吸、意念和运动三者和谐统一。因此，经常练太极拳能疏通经络，调和气血，改善心血管、呼吸、消化系统的功能，促进机体的新陈代谢，防止骨质疏松和肌肉萎缩。此外，太极拳对治疗高血压、冠心病、神经衰弱等疾病都有较好的作用。

太极拳在漫长的发展过程中演变出众多的流派，主要有杨氏、陈氏、吴氏、武氏、孙氏等。对老年人来说，最好先学国家体委根据杨氏太极拳简化整理的《简化太极拳》，它容易学，容易练，也容易记。如果想学传统套路的太极拳，以杨氏为首选，这套拳大架动作和顺，舒展简洁，刚柔相济，动静结合，轻沉自明，最适合老年人锻炼。但不管学习哪套太极拳，开始时都要把进度放慢些，可把单式的连续动作暂时分解成几个部分，先记清每个分解动作的步形、步法、手形、手法，再把分解动作连串起来练习。做到学会一式再来二式，不要囫囵吞枣，急于求成。

1. 太极拳锻炼要领。

（1）虚领顶功、立身中正。练太极拳时，头部要有轻轻自然向上提升的意思，但颈部不可僵硬呆板。身体躯干部要保持自然舒展、端正安稳。

（2）神静心定、手眼相应。练太极拳时，一定要做到心神平静、排除杂念，全神贯注。眼神随着手指尖运动，以便做到精力更加集中。

（3）意气形合一。"意"指精神，"气"

指呼吸,"形"指身体动作。太极拳主张以意导气,以气促力,把"意念"放在首位,用意识引导肢体的动作,即"意动身随"。

(4)动作柔缓、圆活。太极拳的架势比较平稳、舒展,因此动作要求柔韧、缓和、不僵不拘,手的动作要始终呈圆弧形的曲线运动,手臂要始终呈抱球划弧状,两手运动的轨迹始终由无数大小不同的圆弧线组成,避免直来直去,转死弯,拐直角现象。

(5)动作完整连贯。整套太极拳的动作,从起势到收势,一式连一式都要紧密衔接,上下相随,内外一体,一气呵成,看不出有明显停顿的地方,就像行云流水,绵绵不断。

(6)体态舒松自然。练太极拳要做到用意不用力,体态保持舒松自然,动作轻盈,尤其是松腰、松腹、松肩,这就是所谓的"含胸拔背"、"垂臂松腹"和"沉肩坠肘"。

(7)速度要均匀。初学太极拳时宜慢不宜快,先把动作学会,把要领掌握好。待熟练以后,不论速度稍快或稍慢,都要从头到尾保持均匀。一般来说,打完一套简化太极拳,一般需要4分钟~6分钟,打完一套48式太极拳需要8分钟~10分钟。

(8)呼吸自然。练太极拳时,精神要贯注于动作之中,呼吸顺其自然,不加任何勉强或干扰。但它又不囿于不运动时的呼吸,而是在精神极其镇定下的与动作相配合的有意识的呼吸,因而呼吸深长、细腻、缓和、均匀。适合于老年或体弱的练拳者。一般来说,起立、屈臂、扩胸、提腿、用力时采用吸气,下蹲、伸臂、含胸、落步、放松时用呼气。

(9)脚分虚实,步随身换。练拳时,两脚应分清虚实(身体重心所在的脚为实,辅助支撑或移动换步脚为虚)。实的动作或部位,要求沉着、充实;虚的动作或部位,要求轻灵、含蓄。切忌把重力平均分配在两脚上。在步法上要随着轴的变换,做到步随身动,使全身上下动作协调一致。

2.老年人练太极拳注意的问题。

(1)衣着鞋袜要舒适。打太极拳时衣服要穿得舒服,裤带要系得松紧适度。鞋子不宜穿得太小太紧,以合脚的布鞋为宜。

(2)太极拳不能代替医药。太极拳虽然对多种慢性病起到一定的治疗作用,但当病情不稳定时或发病期间,不宜练太极拳。同时,也应该认识到练太极拳不可取代药物治疗。

(3)要掌握好运动量。太极拳运动虽然不如其他体育项目那样激烈,但它还是有一定的运动量,特别是下肢的负荷量较大。所以,初学的人练完一遍太极拳,往往会感到两腿酸痛。因此老年人要根据自己的体质情况,确定每次锻炼时间的长短、次数的多少。身体较好的老年人可以连续打1遍~2遍太极拳,体质弱者可以单练一节或几节,也可专练一两个式子。

(4)要拜师学拳。学太极拳与学书法近似,学无师承,胡乱划圈是不可取的。有的老年人自己买一本书,关起门来对照图解学拳,这样不易使动作规范正确。因此,最好是请有经验的太极拳师进行指导,并结合学习一些有关太极拳的理论知识,这样才能更好地掌握其动作的要领和特点,达到健身、祛病、延老益寿的目的。

(5)要坚持长期锻炼。太极拳的治病、健身作用不是几次或几十次就显示出疗效的,需要持之以恒,坚持数年,才有效应。练太极拳贵在坚持,切不可三天打鱼,两天晒网。

(6)场地的选择。练太极拳的地点最好选在空气清新、安静的地方,如庭院、公园等。但在户外打太极拳时要避免在大风、过堂风和雨雾中进行。体弱畏风的人,应先开窗流通空气后再关窗练。打完拳出汗后,应立即擦汗、穿衣,以防风寒侵袭,着凉、感冒。

▲游泳

游泳是具有悠久历史的一项实用性很强的体育健身活动,是在人类对自然界的斗争中,在劳动生产过程中产生的。《诗经》中已有"就其深矣,万之舟之;就其浅矣,泳之游之"的诗句。春秋战国时期已出现"泅水"一词,列子曰:"习于水,勇于泅。"其实,游泳还起源于"沐浴"。原始渔猎社会是离不开游泳的,游泳已经成为渔猎生活中一种不可缺少的基本手段。当代,游泳的主要功能体现在三个方面:一是健身强体,二是竞技运动,三是军事上的运用。游泳又是一种老少咸宜的运动,人从呱呱坠地到年老都可以游泳,贯穿于人的一生。人到了老年,参加游泳运动主要是发挥它的健身强体、延年益寿的功能。

当然也还有娱乐的功能。游泳时，人体充分享受到空气、日光和水等自然因素的锻炼，可以说游泳是"三浴"的集中体现。很多老年人都有这样的感受：跃入水中畅游时，心旷神怡，其乐无穷，真是难得的享受。毛泽东是我们老年人游泳的光辉榜样。青少年时代的毛泽东，常在湘江畅游，和同学相约挥臂击水、劈波斩浪于橘子洲头。新中国成立前夕，他在西柏坡的滹沱河中开始了由于戎马倥偬而中断 27 年的游泳。此后，他在花甲之年第一次横渡长江，写下"高峡出平湖"的宏伟蓝图。73 岁高龄时（1966 年）是他一生第 12 次横渡长江，并号召全国人民到大风大浪里去锻炼。他认为只有在水里才能显露出人的真性之情，水中娱乐才是人的最大乐趣。他常说，水能陶冶胸襟，可以使人冰清玉洁，卓然不群。因此他极言赞之曰："游之为益大矣哉！"毛泽东老年游泳的实践，昭示我们这些老年人"游泳去"！

1. 游泳的益处。

老年人自身生理的特点，是和青少年、壮年人都不相同的。当一个人进入老年时，身体新陈代谢减弱，即使没有疾病，生理机能也随着年龄的增长而衰退，身体比较容易疲劳，疲劳的消除也较慢。因此，老年人不适宜从事紧张激烈的体育运动项目，而游泳活动则很适合老年人，因为它的运动量完全可以由人自己掌握。从生理上来讲，游泳有以下几种效应：

（1）冷水刺激效应。游泳是在冷水中进行的，由于冷水刺激，对提高大脑皮层中枢神经系统的调节功能作用很大。当人跃入水中，皮肤接受刺激信号很快传到大脑皮层中枢神经系统，使大脑迅速作出反应，从而调节全身神经系统和其他各部系统，包括心跳、呼吸、血压、内分泌激素等体内协调活动，来适应这种变化，以达到新的平衡，这对提高大脑皮层中枢神经的调节功能，对人体健身防病，极其有益。

游泳时冷水刺激的作用，还对血液循环与分解合成有十分明显的好处；游泳时耗氧多，产生的二氧化碳也多，加快了血液成分的分解合成，提高了心肌的功能，增加了血液的新鲜程度，锻炼了血管壁的弹性，使心室心房容量增大，保持正常血压，能防止主动脉粥样硬化等心血管疾病的产生，是健身防病的良方。

游泳时冷水刺激，散热快，水的散热能力比空气大十五多倍。能提高人体免疫力，使心肌增强，提高输出血的流量，增加肺活量，加大吸氧量，加强新陈代谢，减缓人体衰老，可使某些慢性疾病得到缓解或完全消除。

（2）水平运动效应。有人对人体水平运动曾做过深入的研究，认为水平运动能促进人们健康、长寿。人是直立行走的，体内血液受地心引力的影响，血液的重力和心脏的重力在一条垂直线上。据测定，一个 60 千克体重的人，直立而安静时只有一半的血量参与循环，心脏每搏动一次约比平躺时多克服 2.4 千克重力。一天按 10 小时工作时间计（一般是直立状态），心脏每天需多克服 10 万余千克阻力；另一方面，人在直立活动时，下肢是主要活动器官，血液会更多地分配到下肢，而心脏和心脏以上的器官血液供应相对减少，大脑供血相对说来也较少。由于人们的绝大多数运动都是直立进行的，心脏负担重，大脑供血不充分，对健康是有影响的。只有游泳是水平运动，既能减轻心脏的负担，又能增加大脑的供血量，对人体健康大有裨益。人每天都需要躺下睡眠，调节血液循环，也是水平运动效应的一种体现。

（3）口呼吸效应。游泳时的呼吸方式和陆上运动迥然不同，陆上是鼻呼吸，而游泳时是口呼吸，由于口吸的空气量比陆上鼻吸大，使得胸肌必须用更大的力量来完成呼吸功能，

从而增加肺活量，充分发挥人的肺脏的三亿多个气泡的作用，这是对肺部很好的锻炼。长期坚持锻炼的人的肺活量可达5000毫升左右，比一般人的3500毫升大近一倍。

（4）运动强度自调效应。在体育运动中一般都强迫运动者增加运动强度，这对老年人是很不利的。游泳却不然，它的运动量完全可以由游泳者自己掌握，自己调节，动作幅度可以不大而节律缓慢，还可以随意间歇、休息，完全可以做到既消耗体力少，又达到锻炼的目的。

（5）按摩效应。水的密度是空气的八百多倍，当人入水游泳时，一方面受到水的压力，另一方面又受到水浪的冲击，从而形成水的按摩作用，使身体每个部位都得到锻炼。按摩能促进微循环（人的全身约有30亿根毛细血管组成的微循环系统），使营养成分更好地流通，细胞得到充分滋养，从而达到健身的目的。所以，长期坚持游泳的人——特别是老年人，皮肤红润而有光泽，少有皱纹和老年斑。可见，游泳既是一项健身运动，又是一项健美运动。

（6）游泳能促进身心健康。人的身体健康是和人的心理健康密切相关的。疾病不仅来自生理，还来自心理。有人说："病从口入，也由心生。"就是这个道理。老年人参加游泳活动可以从两个方面达到心理健康。一方面是当人在水中游泳时，大脑得到很好的休息，神情专注于搏水击浪、奋勇前进，去除各种杂念，从而心情舒畅，心旷神怡，"胜似闲庭信步"。如果能到江、河、湖、海中去游泳，接近大自然，海阔天空，则更会令人深感身心愉快，获得无穷乐趣。另一方面是老年人参加游泳时总有不少同伴，相互交谈，切磋技术，心情愉快，去掉了老年人常有的孤独感、失落感。

2. 游泳的准备和安全事项。

老年人要想游泳，首先要到医院做全身体检，经医生同意后方能参加。因为老年人有些疾病（如心脑血管疾病等）是不适宜游泳的，这是安全的需要。参加游泳活动的老年人最好每年坚持作一次体检。老年人游泳时，必须准备合身的游泳衣裤，也可以用游泳帽、游泳眼镜。现在各种游泳池都比较多，老年人参加游泳时，多数都是到游泳池里去游，既方便也安全。如果要到江、河、湖、海中去游泳，首先要摸清它们的情况，如水的流向、流速，下水的地方和上岸的地方，一定要有同伴同游，互相照顾，最好备有救生器具或请救生员相伴。

3. 游泳姿势。

（1）蛙泳。蛙泳是老年人游泳最常用的一种游泳姿势。人俯卧在水面上，两肩和水平行，两脚同时对称收回，两膝弯曲分开，两脚不停顿地做弧形向外、向后方做蹬水动作，然后两腿并拢；同时两臂沿着水面或水下同时从胸前伸出，再对称地由两侧向后划水前进；头部作俯仰交替动作同时呼吸气，也可以使头部露出水面自由呼吸（竞技蛙泳时不能这样游，因为这样游阻力太大）。蛙泳的动作有间歇，较为省力，呼吸比较简单，容易掌握，可以游比较长的距离。

（2）自由泳。自由泳又称爬泳。人俯卧在水面上，两臂交替划水前进，同时两腿伸直上下打水，面部浸入水中，交替侧头换气。自由泳是游泳诸姿势中速度最快的姿势，但比蛙泳费力，所以老年人游泳少用自由泳。

（3）仰泳。人仰卧水中游进的一种姿势。按照动作区分，有用两腿夹水的类似蛙泳的仰泳，以及两腿上下交替用脚踢水的类似爬泳的仰泳。用脚踢水的仰泳，两臂轮流在体侧划水，这种仰泳姿势是仰泳中最快的一种，竞技仰泳都是采用这种姿势。用两腿夹水的仰泳，通常称为反蛙泳，两臂可以同时划水，也可以轮流划水。反蛙泳是一种很实用的游泳技术，在水里救护溺者或拖动物体时，就经常采用反蛙泳。游反蛙泳时呼吸很方便，动作节奏又可以放慢，比较省力。因此，老年人游泳时常用反蛙泳来达到休息的目的。

（4）蝶泳。原先是蛙泳的一种，20世纪50年代起两腿改用海豚式打水动作，形成一种新的游泳技术，速度仅次于自由泳。蝶泳较费力，老年人游泳时很少用它。

（5）侧泳。人体自然地侧卧水面，两腿做剪夹水的动作，两臂在一侧做划水路线不太长的划动，动作可稍慢而带有间歇，消耗体力比较少，很适合老年人游泳。毛泽东侧游技术高超，充分发挥了侧泳的优越性。

国内有老年游泳俱乐部一类的群众组织，对开展老年游泳活动起着积极的促进作用。例如成都市老年人体育协会游泳俱乐部已经有20余年的历史了，从最初成立时的40多人，现在已经发展到上千名会员。他们长年坚持游泳锻炼，身心健康方面收到很好的效果。90余岁高龄的吴奉昭老人，长年坚持游泳，1996年曾被评为全国最佳健康老人。四川省社科院的一位同志6年前得食道癌，动手术后仍坚持游泳，现在身体完全恢复健康。老年游泳俱乐部的会员们的实践证明，游泳是老年人达到身心健康、延年益寿的较好运动形式。

▲垂钓

1. 垂钓人永远年青。

垂钓又称钓鱼。在我国已有三千多年的悠久历史，是一项情调高雅、有益身心健康的体育活动。如今，钓鱼运动已发展成为世界性竞赛项目。垂钓以它寓健身于娱乐之中的独特魅力，以它动静相结合的养生形式，越来越受到人们的青睐，是老年人陶冶身心、强身健体、延年益寿的"医疗体育处方"。

垂钓的健身作用，早已被我们的祖先所认识。明代医学家李时珍认为：垂钓能解除"心脾燥热"。现代医学也证明：长期坚持钓鱼，对推迟老年人的衰老有一定的作用，对治愈慢性病也有明显的疗效。因此，有的国家还创立了钓鱼诊所，把它作为一种医疗手段来治疗疾病。钓鱼时，要全身运动，但垂钓者的动，不是在勉强之下，而是在钓鱼的兴趣驱使下，自然而然，不知不觉地动，这是其他体育运动无法相比的。比如，垂钓前，要收拾渔具，配制鱼饵，准备野餐。出钓时得起早登程，或徒步、或骑车、或乘车赶到郊外的江河湖畔。然后观察地形，选钓位，喂窝子，抛竿、提竿，时而坐、时而蹲、时而站、时而走动。它能使四肢、大脑以及身体各部位的肌肉都参与活动，进而使人的整个机体、器官得到锻炼。

中国传统的养生学主张在"动"的同时，还主张"静"。两者是对立统一而又相辅相成的。钓鱼最讲究一个"静"字。只有心静才可能有耐心等待鱼儿上钩，只有心静，才能全神贯注地凝视涟漪、倾听清风。这种心静使人排除一切杂念，意气合一，进入一种忘我的境界。不过，在静静的"钓翁"心里，这种静时刻在动：盼望鱼儿从远处游来，食饵吞钩，然后潇洒起竿，遛鱼、抄鱼……这种动中有静、静中有动、动静结合的活动，真是与打太极拳和练气功有异曲同工之妙！

阳光、空气和水，被誉为人类健康必备的三大要素。垂钓的地方大多在草木葱茏、鸟语花香的郊外，垂钓人活动在这山水相连，鱼水相亲的自然美景之中，可以呼吸清新湿润的空气，享受到充足的"阳光浴"，这些对于身体的新陈代谢、改善皮肤的血液循环和增强身体的免疫力都有着很好的作用。如果是慢性病患者，每当沐浴在煦日和风里的时候，钓鱼的乐趣中能使他们转思移神，心理上的愉快情绪就会代替患病的苦闷，不知不觉起到了治疗、康复的作用。

垂钓能长寿。国外一份《世界平均寿命最高国家》的资料显示：排名前五名的男性长寿之国是：日本、冰岛、瑞典、瑞士、荷兰；女性长寿之国是：日本、瑞士、法国、荷兰、瑞典。这些国家都是世界上垂钓活动最发达的国家，日本每5个人中有一人是垂钓爱好者，瑞典每3人中就有一位酷爱钓鱼。

渔翁之意不在鱼，而在于山水之间。在尽情享受垂钓时那份超然的乐趣时，老年朋友们切不可"唯垂是图"，锲而不舍，更不要废寝忘食，过度疲劳；另外，垂钓不宜走得太远，要劳逸适度；外出垂钓时，应邀约几位钓友结伴而行，以便互相关照；钓位要选择在开阔的地方，这样既方便甩竿取鱼，也不会因老年人手脚不便而发生意外；如果碰到雷雨等坏天气，就应该放弃外出垂钓的想法，可在家研究钓鱼工具和垂钓的技术等。

垂钓人有颗年轻的心，这是大自然给钓鱼人的一份丰厚的馈赠。

古人说："工欲善其事，必先利其器。"要去垂钓，就得准备好渔具。渔竿、渔线、

渔钩、坠子、浮漂。这些被称为垂钓人的"五大件"，它们需匹配均衡，才能取得满意的效果。

2. 渔竿。

渔竿是垂钓活动不可缺少的最主要工具，为每个钓鱼者所必备，它分为手竿和海竿两类。

（1）手竿。手竿就是常用的钓竿，适用于水面不太宽的河和池塘，常用的手竿有独竿、活动竿。独竿不宜携带；活动竿一般为 2 节～6 节，可以套接，携带方便。

选择渔竿的标准是直、轻、牢固，有弹性。

在购买渔竿时，首先掂掂分量，选择重量轻的，再用手摸摸每节的管壁，感受是否平滑、有无破损，顺便查看各节处管壁的厚薄、硬度是否均匀，渔竿抽出之后，竿身应该端正笔直，摇动竿时每个接头应无松动，结实、牢固。

根据受力程度，渔竿又可分为软梢竿和硬梢竿。选用时，要因鱼而定。怎样判断是软梢还是硬梢呢？把竿部伸长后，由一个人拉住竿梢，另一个人将竿慢慢抬起，看其自然弯成弧形的点位，从竿头算起，如果弯点在 2/10 的地方，就是硬梢竿，这种竿竿尖较粗，受力大，弹性较好，适合于钓大鱼。如果弯点在 4/10 的地方，就为软梢竿，这种竿弯度大，受力小，弹性好，适合钓 1 千克以内的鱼，老年朋友宜选钓中小鱼的软梢竿。

（2）海竿。海竿也称投竿、软竿。它与手竿不同点在于，海竿上有一只绕线盘，可绕线 100 米～200 米。这样，它很容易放长线钓大鱼。海竿适用于大海、大江、水库等宽阔的水面。在选择海竿时，除了与选择手竿大致相同外，还要注意绕线软卡座等附件是否结实、牢固。

3. 浮漂。

浮漂又叫浮子，是重要的渔具之一。它的作用是传递鱼吞食钓饵的信息。按其形状可分为立漂、散子漂、球形漂等。其中立漂多用塑料管制成，色彩鲜明、醒目，适合于老年人。但它的浮力较大，必须使用较重的坠子。

立漂反应灵敏，多为手竿垂钓者首选。而球形浮漂的浮力大，适合于海竿。据有经验的垂钓者介绍：手竿浅水垂钓时，浮漂的浮力与铅坠的重量相等；海竿浮钓时，浮漂的浮力应略大于铅砣的重量，这样鱼吞饵的信息才能更灵敏地反映到浮漂上来。

4. 坠子。

坠子是为将渔钩稳定在预定的水域的小铅块，它能控制渔线上下平衡，以便浮漂能及时、准确地传递鱼吃钓饵的信息。

中、日线径与线号对照表

中国规格	日本规格		中国规格	日本规格
线径（毫米）	线号		线径（毫米）	线号
0.09	0.3		0.40	6
0.10	0.4		0.44	7
0.12	0.6		0.45	7.5
0.14	0.8		0.47	8
0.16	1		0.50	8.5
0.18	1.2		0.52	10
0.20	1.5		0.57	12
0.23	2		0.60	13.2
0.26	2.5		0.62	14
0.28	3		0.66	16
0.30	3.5		0.70	18
0.33	4		0.80	24
0.35	4.8		0.90	30
0.37	5		1.00	40

坠子有两大种类：一类是用于手竿的铅坠，这是一种配合浮漂而使用的坠子，一般的形状有球形、椭圆形等，而常见的却是钓手自己用牙膏皮制作的铅皮坠和用粗保险丝绕制的保险丝坠。另一类是用于海竿的铅砣，它比铅坠重一点，以便能将渔钩甩到远处去，常见的有圆片形、椭圆形、球形、菱形和多面体形等，其中圆片形用得最多，因为它有在水底不易移位，收线时不易挂底等优点。

5. 渔线。

渔线，是垂钓时的主要钓具之一。目前钓鱼者使用的主要渔线一般是尼龙线。它具有拉力大、韧性强、不吸水、隐蔽性强等优点，但也有随气温的降低而变硬，时间一长就会老化变脆的缺点。

渔线的规格有三种划分方式，一种是国际通用的，按渔线所能承受的重量来表示的，单位是"磅"（1 磅＝0.4536 千克）；另一类是我国采用的按线径大小来表示的，单位是"毫米"；还有一种日本渔线是以号数规格分类。

日本生产的渔线粗细均匀，透明度好，抗拉强度要比国产钓线高 50%～80%，颇受垂钓者的青睐。

渔线的线径越粗、号数越大，拉力越大，反之亦然。一般来说，对于钓技不熟练的初学者，选择高强度的拉力线比较好。

好的渔线应该是拉力大，延伸度小。初学钓鱼者在购买时，可通过这样的方法测试分辨优劣的渔线：即用两根线径一样，但厂家不同的渔线，相互对勾着，然后用瞬间爆发力一扯，不易断者为好。选择渔线还有一个重要原则，就是宜细不宜粗。因为细线反应灵敏，隐蔽性好，鱼儿容易上钩。

线径的粗细，应根据钓竿和鱼儿的种类以及垂钓季节变化等情况来选择。

手竿多钓近水，钓小鱼的机会多，宜选择线径较细的渔线。如钓鲹鱼、鲫鱼可用 0.1 毫米～0.14 毫米的线；钓鲤鱼、草鱼可用 0.233 毫米～0.309 毫米的线；海竿容易钓上大鱼，故用线比手竿粗，可选用 0.3 毫米～0.4 毫米的渔线，有必要时，还可用 0.5 毫米的线。

垂钓时用多长的线合适呢？一般来说，短手竿上的线应该超过竿长 0.6 米；长手竿上的线不宜超过竿身。在池塘、河流垂钓，用线可考虑在 3 米左右；在水库则使用 5 米～6 米长的渔线。

渔线使用过后，要用干布将它擦干净，浸过水的线要晾干。然后把它放置在避光、阴凉处，不得与樟脑丸、蚊香等化学物品放在一起。

渔线长期在阳光照射下，会逐渐老化变质，所以有必要经常对其检查。一根渔线通常使用一年左右应该更换新的。

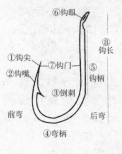

图 17

6. 渔钩。

渔钩是钓鱼必备的工具，虽然它的种类、形状多种多样，但基本上都是由钩尖、倒刺、弯柄（包括前弯和后弯）、钩柄、钩门、钩眼、钩嘴、钩长组成。（见图 17）

我们在购买渔钩时，会发现渔钩的型号都是由三位数组成，第一位数代表钓钩的名称：共有 0—9 个号，分别是 0 号—芦江形、1 号—鹤嘴形、2 号—胡弓形、3 号—袖形、4 号—环形、5 号—伊势尼形、6 号—江芦形、7 号—丸袖形、8 号—龟形、9 号—丸形。后两位数代表钩形的大小，如 915 号钓钩，9 表示丸形，15 是钓钩大小的标志。我国生产的渔钩编号一般是数字越大，钩型越小，数字越小，钩型越大。而日本渔钩一般是数字越大，钩型越大。

选择渔钩应该根据鱼的种类、水域等情况来决定。如鲫鱼嘴小，性情温和宜用小型钩条细的钩等；鲤鱼嘴大、猛烈，宜用大型、钩条粗的钩。又如在池塘里垂钓，宜用钩条适中的钩。当你拿不定主意选择多大的钩合适时，那么就本着选小不选大的原则，因为用小钩可以钓大鱼，大钩却钓不了小鱼儿。

怎样选择精良的渔钩呢？首先，钩尖要圆正、锋利；其次，强度好；再次，倒刺的大小要适中，过短或过长都不好，倒刺张角以 25°～30° 为宜；最后，要富有弹性和韧性。

渔钩用完后，应将其表面擦净、擦干，再涂一点植物油，放置阴凉干燥处，加以妥善保养。

这里介绍四种常用的拴钩方法（见图 18）。这里需要提醒的是：在最后紧线时，不要用牙咬，也不要用钳子等工具抽拉钓线，否则容易损断钓线；注意钓钩要拴得牢固、结实，扣结也要小，这样鱼儿就不会脱钩跑掉了。

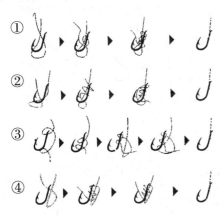

图 18

7. 钓位。

钓鱼者走近水边的第一件事，就是选钓位。正确选择钓位，是关系垂钓能否有所收获的重要因素之一。这里介绍两条前人在垂钓实践中总结出选择钓位的经验。

第一，根据地形、环境选择钓位。

（1）在河流边垂钓，钓位应该选择在支流交叉处，宽窄相邻处，河湾的内侧以及河道的回流之处，还有桥墩、乱石、带根杂草生长之处。

（2）在水库垂钓，钓位应选择在两山汇合处，旧河道中的转弯、沟坎处，有小溪流入和水草丛生的浅水区。

（3）在池塘、沟渠中垂钓，钓位应选在池塘的四角和池塘的中腰，增氧机旁，还有鸭棚边、风口处以及进水口、水草边、树荫下等地。

第二，根据季节的变化选择钓位。鱼儿是一种变温性动物，它们对水温有一种本能的敏感性，其多数喜温、避热、畏冷。而春、夏、秋、冬四季的变化正是影响水温高低的重要因素。不同的季节，不同的时间，鱼位的选择也是不一样的。"春钓滩，夏钓潭，秋钓阴，冬钓阳"，这是民间广为流传的一条渔谚，值得我们参考和借鉴。

（1）"春钓滩"。春天，大地回春，天气转暖。阳光能够晒透1米以上的浅水层，因而这部分的水域水温回升较快，促使水中的浮游生物和水草的滋生，这时，鱼儿会追寻较高的水温游到这里觅食。因此，春天里，钓位应选择在向阳的、水深1米

以内的浅滩，这就是"春钓滩"的含义。

（2）"夏钓潭"。这里的"潭"指水深的地方。夏天，烈日炎炎，浅水区的水会被晒得发烫，于是水温上升很快，这时，除了鲢鱼、鳙鱼比较适应较高的水温外，其他大部分鱼都会潜到水温较低的深水区域避暑。所以，夏天的钓位最好选择在树荫下或者背阳、凉爽的深水区垂钓。当然，在夏季比较凉爽的时候，就不必一定遵守"夏钓潭"的规律了。

（3）"秋钓阴"。秋高气爽，是垂钓的黄金季节，而阴凉处水域是最佳钓位。因为炎夏过去，而被树木、水草等遮蔽的水域温度偏低，大受鱼儿的欢迎，这时，它们大量觅食，为过冬做准备。与此同时，入秋后，水中的动、植物开始减少，天然鱼饵相对减少，使得鱼儿饥不择食，因此，秋季垂钓将会有较大的收获。

（4）"冬钓阳"。冬天是最寒冷的季节，鱼类多聚居在向阳的深水区，因此，冬钓应当"跟着太阳走"。找一个晴朗的天气，选择一个经常晒到太阳的钓位进行垂钓，同时还要找水深处下钓。

我国幅员辽阔，虽然同是春、夏、秋、冬，但南北温差较大，因此，垂钓时，要根据当地气候的情况，并结合水温、水中含氧量和鱼儿的习性等综合因素加以考虑，选好钓位。

▲ 台球

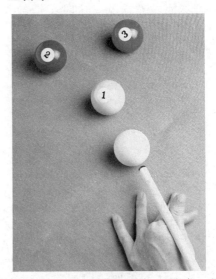

台球运动是一项有益身心健康、趣味性很强的体育活动。它既能增强人的体质，又能促进智力的发展；是动与静、刚与柔、

思维与力量的高度统一。尤其是它那运动而不太激烈、用脑而不伤神的特点，非常适合老年人锻炼。

台球主要分无袋台球和落袋台球两大类，前者也称法式台球（开伦球），是撞击式打法；后者主要有英式的三球落袋式（比利）、英式22彩球式（司诺克）和美式台球三种基本打法。其中英式三球落袋式虽然只有三个球，但击法多样，几乎集中了台球的各种击球技巧，是台球的基本功，也是世界上正式的台球比赛项目之一。因此，初学者应该从它学起。

1. 台球的击球手架和姿势。

图19

（1）手架。用手作支架支撑球杆，称为手架。初学者可掌握两种基本方法。第一种V形架：左手伸直，其手掌心平摊在球桌面上，手背微微隆起，拇指紧贴食指伸直翘起，其余四指平伸，这时，食指根部和拇指之间便出现一个凹槽，球杆的前端恰好放在凹槽上活动自如。（见图19）第二种O形架：将左手手掌平放在球桌面上，手心向下，将食指屈回，指尖顶在拇指肚上，形成一个指圈架在中指的中关节上，使球杆可以从拇指圈内自由穿过作前后滑动，而不能左右摆动。这时小指的外侧、中指的外侧与手掌左边压在台面上，形成支撑的手势。（见图20）

图20

（2）握杆。握杆是击球的重要动作之一。正确的姿势是：右手在离球杆后端20厘米左右的地方握杆，手腕能自由活动，拇指、食指和中指在虎口处轻轻夹住球杆，其他二指成虚状。

（3）击球姿势。要想击出一杆得心应手的球，就必须要有正确的击球姿势相配合。首先身体的正面要向主球站立，右手握杆的人左脚向前迈半步，膝盖微屈，后腿绷直，上身向前平伸，左臂向盘面伸直并作好架杆姿势（架杆的手姿与主球间要保持适当的距离，以保证杆伸缩的灵活性）。瞄准时，半下颚接近球杆，对准球杆的中轴线，双目注视目标球，使杆头与主球、目标球形成三点一线。击球时，大臂不要用力，只需运用手腕的摆动力量。

（4）球路的选择。落袋式台球在选球路时最好选直球。如袋口、目标球、主球之间三点成一线的球。而撞击式台球则要选择折角球去打，绝不能去打三点成一线的直球，因为它是靠球撞球再撞球而得分的。

（5）击球点的选择及作用。用球杆撞击主球时，撞击点的位置不同，主球的流动形式、力量、旋转和速度都会不同。一般来说，一个小小的台球，有9个点可击。（见图21）

图21

①中心点（A）是常用的击点，打出主球与目标球相撞，不旋球。②上点（B）是前旋球击点，打出主球与目标球相撞，向右旋转。③下点（C）是后旋击点，打出主球与目标球相撞，向后旋转。④左点（D）是左旋击点，打出主球与目标球相撞，向左侧旋转。⑤右点（E）是右旋击点，打出主球与目标球相撞，向右侧旋转。⑥左上点（F）是左前旋击点，打出主球与目标球相撞，向左前方旋转。⑦右上点（G）是右前旋击点，打出主球与目标球相撞，向右前方旋转。⑧左下点（H）是左后旋击点，打出主球与目标球相撞，如果是打抽球，向左后方旋转，如果是打横球，向左侧旋转。⑨右下点（I）是右后旋击点，打出主球与目标球相撞，如果打抽球，向右后方旋转，如果是打横球，向右侧旋转。

在以上9个撞击点上，中心击点是最基本的，也是落袋台球常用的击点。在掌握了中心点撞击的要领后，可以进一步掌握其他位置的撞击方法，但是不管撞击哪个位置，都要注意撞球的角度要正确，撞球的位置要准确，撞击的力度要合适。

学习打台球应该从基本功开始练习，并结合比赛，提高技术水平，熟悉比赛规则，掌握比赛技巧，不断地实践与总结，一定能取得事半功倍的效果。

2. 基本规定。

台球是一项绅士运动，讲究风度和礼仪，因此，我们在打台球或观看台球时，应讲文明讲礼貌，遵守一些基本的规定：

第一，打球过程中，要保持安静，不要大声说话；

第二，打球过程中，要衣着整齐，不要吸着烟打球；

第三，打球过程中，不要坐在球台边上击球，也不要将身体趴在桌上打球；

第四，打球过程中，不要把衣物等东西放在台球桌边；

第五，当对方在击球时，自己要站（或坐）在一旁静静地等候，不要正面对着或离对方太近，也不要随意大动作地玩球杆，以免干扰对方；

第六，在观看台球比赛时，当选手在击球时，绝对不能鼓掌，击球完毕，可有礼貌地鼓掌，但嘴里不要发出叫好等声音。

▲乒乓球

被誉为中国"国球"的乒乓球，却起源于英国。它是一项集健身、竞技和娱乐为一体的运动。由于这项运动设备比较简单，不受年龄、性别和身体条件的限制，

所以也适合老年人进行锻炼。

那么，乒乓球运动的健身价值在哪里呢？首先，它可以使参与者的全身肌肉和关节得到活动，从而增强了上下肢肌肉力量和改善体内血液循环。其次，因为乒乓球小，速度又快，使得练习者必须迅速做

出反应，眼睛不停地随球来回转动，这就有效地提高了参与者的思维灵敏、动作协调能力，改善了人眼肌的机能和视觉分析器官的功能。因此，经常参加乒乓球运动对身体的各个方面大有裨益。

1. 常用的握拍方法（见图22）。

（1）直拍快攻型握拍法（见图21—1）；

（2）直拍弧圈球型握拍法（见图22—2）；

（3）直拍削球型握拍法（见图22—3）；

（4）横拍握拍法（见图22—4）。

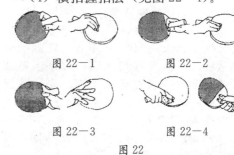

图 22—1　　　　图 22—2

图 22—3　　　　图 22—4

图 22

初学者要根据自己的特点，选择适宜的握拍方法。击球前后，握拍不可过紧或过松，过紧会使手腕僵硬，过松会因拍面摇动而影响发力和击球的准确性。另外，手指应能灵活调整拍面的角度，以提高击球命中率。

2. 乒乓球的基本技术。

（1）攻球。是乒乓球诸多技术中争取主动和得分的重要技术之一。包括正手攻球和反手攻球两大类。按站位的远近又可分近台和远台攻球；按击球点、击球时间可分为快攻、拉、扣和杀高球等。快攻以小臂力量为主，动作小、出手快；大力扣杀以大臂力量配合腰腹力量，动作大、力量重、球速快；拉攻以大、小臂力量配合再加上腰部协助用力。

（2）推挡球。是左推右攻打法的主要技术之一。挡球是借助于对方来球的反弹力，将球挡过网；推球是在挡球的基础上加力，将球快速推击至对方的台面。由于推挡球站位近，动作小，球速快，节奏、力量的变化比较灵活，因此，称之为"积极性防御手段"。

（3）削球。是一项重要的防守技术。它用拍切削球中下部，使球呈下旋回到对方台面。这种技术以柔克刚，运用旋转和落点变化，制造机会反攻。远削的击球动作大、球速慢、弧线长、击球点低，以削

下旋球为主，可用于对付快拉、弧圈的相持技术。近削的动作较小，击球点在球的中部或中下部，球速较快，前进力较强，线路、落点灵活，有利于主动逼角，使对手回球困难，从而反攻得分。主要用来对付快拉上旋球。

（4）搓球。是还击台内下旋球的一种技术。它是在桌面上将球拍后仰甚至躺平，把球托送过网。搓球动作小，回球稳健，旋转和落点变化较多，因此常用作进攻的过渡手段。搓球分正、反手搓球，根据击球时间又分为快搓和慢搓。

（5）发球。发球是乒乓球比赛时力争主动、先发制人的第一个环节。发球的种类虽然较多，但也有其规律，都是由抛球和挥拍击球两个动作组成。即：先把球置于手掌心，手掌伸平，把球向上抛离掌心垂直距离 16 厘米以上，然后再挥拍击球，越过球网，落到对方的台面。发球好，可直接得分或为下一拍抢攻创造机会。

（6）接发球。接发球应根据自己的打法特点和来球性能，决定用推、搓、削、拉、攻等技术。接发球时，应选择好站位，判准来球的旋转性能和落点。基本的接球方法，是向对方球拍开始运动的方向回去。

（7）弧圈球：是 20 世纪 60 年代出现的一种技术，因它不适合老年人锻炼，这里就不介绍了。

3. 击球的基本路线。

击球的最基本路线有 5 条：①右方斜线；②左方斜线；③右方直线；④左方直线；⑤中线直线。

▲ 健身球

具有两千多年悠久历史的健身球运动，是中国特有的健身运动。它锻炼的方法简单，不受时间、场地、气候、环境的影响，闲聊静坐、散步，甚至卧床都可以锻炼，深受老年人的喜爱。

按中医理论，"十指连心"，手的运动可以影响全身的生理状态。健身球运动，是通过手指、手掌、手腕的力量对小球不停地搓揉，使小球反复不断地对手部各个部位进行良性刺激，以保证疏通经络、调和气血、舒筋健胃，从而促进血液循环，改善脏腑的功能，达到防治疾病与延年益寿的目的。

上了年纪的人，生理机能逐渐衰退，手足血液循环容易发生障碍，出现四肢无

力或麻木等症状。老年人经常练健身球，使手指不停地伸屈和拨动，手、腕和前臂的肌肉随之收缩和放松，以及球对手的挤压摩擦，有利于改善手与臂的血液循环，并促进有氧代谢的提高。对手指麻木，双手发抖和指关节的某些疾病有积极的预防和治疗的功效。

1. 健身球的选择。

健身球的种类很多，有不锈钢球、花岗石球、玉石球等。练习者可凭自己喜好去选购，但对球的大小、重量的选择，要根据自己的手掌大小与手力的强弱来选择。一般不宜太大，以免抓不住落地砸脚。

2. 健身球锻炼方法。

初练时，以掌托 1 个～2 个球为好，练习时间不宜太长，以免使手掌及腕部肌肉、肌腱受到疲劳或损伤。练习一段时间后，可增至 3 个～4 个球，锻炼时间也可逐渐延长。

（1）单球锻炼方法。

指捏、旋转法：用五指捏住一个健身球，从拇指开始，五指依顺序用力捏压小球。然后用手掌托住健身球，五指互相配合，使小球在掌中按顺时针方向旋转数次后，再按逆时针方向旋转数次。旋转的速度可达每分钟 20 次～30 次。

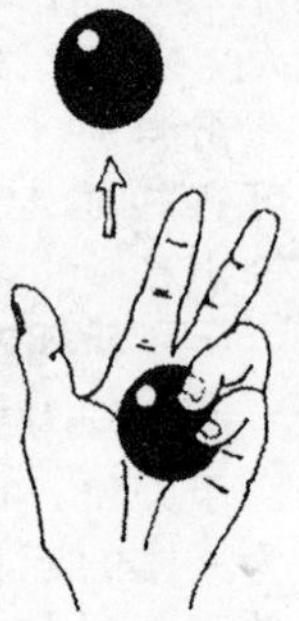

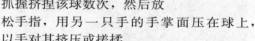

抓握法：用手托住健身球，靠五指的力量同时用力抓握挤捏该球数次，然后放松手指，用另一只手的手掌面压在球上，以手对其挤压或搓揉。

图 23

抛接法：用手腕的力量将掌中的健身球轻轻抛向空中，再用手掌将下落的球接住，反复抛接多次。

（2）双球锻炼方法。

两球旋转方法：将两个健身球托在手掌中，五指协调配合拨动小球，使之按逆时针方向从大拇指、食指、无名指到小指依次进行旋转数次，再变换为顺时针方向旋转。旋转速度可由

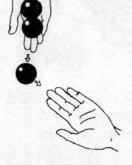

图 24

开始的每分钟 20 次～30 次提高到每分钟
60 次～80 次。

上下抛接法：此法在握球时，通常是
用大拇指、食指和中指捏住 A 球，无名指
和小指勾压住 B 球。锻炼时，借助手指和
手腕的力量将 A 球抛向空中，当该球快落
到手掌之时，迅速抛出手中的 B 球，同时
接住落下来的 A 球，再次立刻向上抛出 A
球，接住落下来的 B 球，如此连续反复抛
接数次。（见图 23）

（3）三球锻炼方法。

经过一段时间的健身球锻炼，在手力
有所增加、动作也比较熟练后，可进行 3
球或 4 球的锻炼。3 球训练法有多种，可单
手进行，也可双手进行。其中单手的旋转
锻炼法和抓握法与单球和双球相类似，这
里只介绍两种用双手进行锻炼的方法。

滚球锻炼法：先把 3 个健身球按一条
直线排在单手掌上，将球逐个向另一只手
滚落，双手交替进行。注意托球手掌要高
于接球手掌。（见图 24）

上下抛接法：左手平托一个 C 球，
右手平托 A、B 两个球如同双球上下抛接
法练习，当 A
球抛向空中时，
左手立即将手
中的 C 球传递
给右手后，迅
速地接住落下
来的 A 球，在
右手接到 C 球
前，已经又把 B
球抛上了空中
……如此反复
抛接。（见图 25）

图 25

▲保龄球

"保龄"一词来自英语"BOWLING"
的译音，即投掷、流动的意思，因此也有
人称之为地滚球。最早的保龄球雏形出现
在 5 200 年前的古埃及，不过，现代保龄球
运动起源于 15 世纪欧洲的一种宗教仪式，
经过几个世纪的演变，保龄球运动已发展
成为一项体育健身运动，并在世界各国广
泛地开展和流行。

保龄球运动的设备主要有球、球道和
目标瓶。它的记分方法是以局为单位，一
局满分为 300 分，由 10 轮组成，每轮最多
有两次投球机会。如果第 1 次将所有的瓶

全部击倒，称为"全中"，这时不再投第 2
次，而是直接进行下一轮的投球。如果第 1
次没有"全中"，就可以进行第 2 次投球，
如果第 2 次将剩余的瓶全部击中称"补中"。

1. 握球的方法。

球的表面有 3 个用来插入手指的孔。
传统的握法是大拇指完全插入指孔，中指
和无名指约插入到第 2 关节为最适合。

2. 掷球的方法。

保龄球掷球方法有 3 步、4 步、5 步掷
球法，但最基础的掷球方法是 4 步助跑掷
球法，也叫标准型助跑掷球法。它包括下
列 4 步：

图 26

第一步，握球。站立。右手握住球，
左手将球轻轻扶住，瞄准目标，将身体的
重心落在左脚上，然后迈出右脚（步伐小
而慢），同时，双手把球从前下方推出至手
臂伸直，左手离球，左臂外展，身体重心
移至右脚。（见图 26）

第二步，手臂垂直下摆。从第 1 个动
作结束开始。右手握球垂直下摆的同时，
左脚向前迈一步（步伐快而大），身体继续

前倾。重心移至左脚。（见图27）

第三步，手臂自然后摆。从第二步完成时开始迈右脚（速度比第二步快一点）的同时，握球的右手在惯性作用下，自然往后摆动（尽量摆至与肩平行的位置）。左手向外伸展。身体的重心移到右脚，身体前倾幅度加大。（见图28）

图27

第四步，手臂向前回摆，滑步投球。从第三步结束开始，右手在球的重力和惯性作用下继续向下回摆的同时，跨出左脚（速度要快），以脚前掌着地做滑步动作至距离犯规线7厘米处，脚跟着地，停止滑步。当右手回摆至前方时，左脚的膝关节弯曲成弓步，"身体前倾"。这时，右手将球投出，滚入球道，击倒目标瓶。球投出后，右手顺势向上扬起。（见图29）

图28

图29

▲ 羽毛球

羽毛球是非常普及的一项体育运动。由于这项运动易学、安全，运动量可大可小，而且趣味性很浓，因此，很适合老年朋友锻炼身体。

老年人经常打羽毛球，能够提高身体的灵活性、神经系统的协调性，有利于改善呼吸系统和心血管系统的功能，促进人体的新陈代谢，对全面增强身体素质有积极的作用。

羽毛球比赛实行3局2胜制，不受时间的限制，当一方先胜2局就结束比赛。每局一方先得15分（女子单打是11分）即结束一局比赛；然后交换场地，继续比赛。第3局为决胜局比赛，一方先得8分（女子单打是6分）时，也要交换场地，继续比赛至结束。

羽毛球的计分方法为：只有发球的一方胜了球才能得分。比赛时，球必须在落地之前回击过网，而且拍子只能一次性击球。如果拍子连续击球2次，就算违规。球落地时，以球托落地点来判别是否是界外球。球托压线被算是界内球，球托落在界外，就算界外球。

下面介绍一些羽毛球运动技术，掌握了这些技术，对今后打羽毛球水平的提高有很大的帮助。

1. 握拍方法。

握拍姿势的正确与否，将影响羽毛球技术水平的提高，所以应认真对待。握拍方法分为正手握拍和反手握拍两种。

（1）正手握拍法。球拍拍面与握拍手的手心在同一个方向为正手握拍。正手握拍时，手部肌肉要放松。只在击球一瞬间，手指突然紧握球拍而发力。

（2）反手握拍法。球拍拍面与握拍手的手背在同一个方向为反手握拍。反手握拍时，手心与球拍柄之间应该有一定的空隙。

无论是正手握拍法还是反手握拍法，最关键的一点，就是要有利于自己手腕的灵活转动和手指力量的发挥。

2. 发球。

发球是羽毛球运动的一项基本技术，因为发球质量直接关系到比赛中能否取得主动。发球一方赢球便可得分，接球一方赢了球则夺回发球权。发球时，双方必须站在各自的发球区内，不得踩线，任何一只脚都不得移动或离地。发球时，球与拍的接触点必须低于腰部，整个拍框要明显低于握拍的手，否则为"过腰"或"过手"违规，改为对方发球。

（1）发球站位。单打时，可站在发球区内中线附近，离发球线一米左右。双打时，可站前一些。

（2）发球姿势。右手握拍向右后侧斜举，肘部微曲。用左手的拇指、食指、中指夹持羽毛球。然后左脚在前，脚尖对球网；右脚在后，脚尖斜向右方；两脚分开站立，距离与肩同宽。身体重心放在右脚上，左肩斜对球网。两眼注视对方，观察其接球动作，以决定自己的发球方式。

（3）发球的种类。按发出球的运行弧线不同，发球一般可分为发高远球、发平高球、发平快球和发网前球。

3. 击球法。

羽毛球运动的各种挥拍击球技术都可称为击球法。而击球又有很多技术动作，依据这些技术动作的特点分为：高手击球、低手击球和网前击球三种。

（1）高手击球。特点是打得又高又远、速度快、威力大，这是后场进攻的基本技术之一。它包括高远球、平高球、吊球和扣杀球。

（2）低手击球。属防守性的技术。主要用于中场击球。其特点是挥拍幅度小，快而有力。主要技术有：接杀球、抽球。

（3）网前击球。这是前场重要的击球技术。其特点是球飞行的距离短、落地快、威胁大。网前技术包括搓球、推球、钩球、挑球、扑球、放网前球等。网前击球时，握拍要灵活，利用手腕、手指的灵巧性和力量控制好球的落点。

4. 步法。

在羽毛球比赛中，快速、准确的步法是正确击球的基础。根据击球的需要，步法具体可分为蹬步、跨步、腾跳步、垫步、蹬转步、交叉步、小碎步、并步和单脚跳等。这些仅仅是几种常用的步伐，运动者可以根据自己的技术打法特点灵活采用，老年朋友可以根据自己的身体情况和习惯选择适合自己的步法。

5. 羽毛球的几种常用打法。

（1）压后场底线。这是初学者必须掌握的基本打法。它通过用高球压对方，迫使对方后退到底线，然后再找机会大力扣杀进攻或吊网前空当。

（2）打四方球。这是把球打到对方场区的四个角落，让对方来回奔跑击球，打乱对方的阵脚，并消耗其体力，找机会取胜的一种打法。

（3）快拉快吊。这是一种积极主动、快速进攻的打法。它是以快速、准确的平高球打到对方后场两角，然后又用劈吊战术，这样快拉、快吊会造成对方回球困难，最后再在前场扣杀进攻。

（4）后场下压。通过在后场扣杀对方的高远球，再结合吊球，快速控制网前，再用搓球和推球技术创造进攻机会。

（5）守中反攻。这种打法是在防守中采用拉、吊的方法，以控制落点和球路的变化来牵制对方，寻找机会进行反攻。

6. 羽毛球的几种常用战术。

战术与打法是紧密联系在一起的。其原则是"知己知彼，以己之长，攻彼之短"。下面对单打战术和双打战术做一简单介绍。

（1）单打战术。

①发球抢攻战术：发球是得分的前提。因此，应发出高水平的球，以取得前几拍的主动权。②后攻场战术：通过打高球，压对方于后场底线附近，造成对手被动，然后找机会进攻。这一战术可用来对付初学者或后退步法较慢、还击能力较差的对手。③吊前击后战术：先将对手吸引到网前，然后再攻击后场，争取得分。这一战术可用来对付上网步法较慢、网前技术较差的对手。④打四方球战术：以快速、准确的落点攻击对方场区的四个角落。这一战术可用来对付步法较慢、体力不好、技术不够全面的对手。⑤打对角线战术：攻击对方的对角线，使对手左右来回奔跑，陷入被动。这一战术可用来对付转体较慢、灵活性差的对手。

（2）双打战术。

①二打一战术：两人配合，集中力量攻击对方技术较弱的那个人。②攻中路战术：将球攻击到对方两人的空当之间，使对方在防守时，互相争抢或相让而出现失误。③攻后场战术：用平高球、平推球、挑底线，把对方一人逼在底线两角移动。迫使对方被动防守时，本方便可抓住时机大力扣杀。④后攻前封战术：当本方取得主动进攻时，站在后场的队员要将高球吊杀于网前，前场队员要积极封网扑杀。⑤挑、拉两底角：这种战术可用来对付后场进攻能力较差的对手，消耗其体力，使本方在防守中寻找反攻时机，变被动为主动。

以上介绍的羽毛球的几种打法和战术，可供老年朋友参考。总之，我们打羽毛球的目的，是为了强身健体，因此应该以娱乐为主，不要计较胜负的结果。同时，老年朋友们一定要根据自己的身体状况，合理安排运动量，一次运动不要超过半小时。

打羽毛球也是一种很好的交际活动形式，它既能与同伴切磋球艺，又能结识许多朋友，因此非常有利于身心健康。

（李庆雯）

病员的锻炼——运动疗法

运动疗法是针对一些患某种疾病的人而创立的体育运动。它通过适量的、有的放矢的运动，来提高和恢复机体某些因疾病而减退或丧失的功能，从而达到健身祛病的目的。运动疗法在我国有着悠久的历史。春秋战国时期编撰的《黄帝内经》就有"导引术"（一种体操运动）的记载，东汉名医华佗也创编了一套"五禽戏"的健身操，作为治病的手段。以后中国古人又创编了"八段锦"、"易筋经"等医疗体操。虽然现在人类发明了许许多多的药物和先进的医疗设备、仪器，但它们都不能替代运动在疾病的治疗方面可起到的有效的辅助作用。正如法国18世纪著名医生蒂索可说："运动就其作用来说，几乎可以代替任何药物，但是世界上的一切药物，并不能代替运动的作用。"这是因为：

（1）运动疗法能调动机体内部的潜力，增强身体的抵抗力。如果患慢性病的病人长期卧床静养，不进行适当的运动，往往会感到情绪不良、食欲不佳、睡眠不好，使体内各种生理功能逐渐减弱，这样，不仅病情难以好转，而且其他疾病还会乘虚而入，产生新的并发症。如果患病后，能在药物治疗的同时，有针对性地进行身体锻炼，将有助于体内血流畅通和新陈代谢的提高，使整个机体的功能得到改善，同时还能使精神愉快，食欲增强，提高身体的抵抗力。

（2）运动疗法能调整中枢神经的功能，从根本上治愈各种疾病。特别像高血压、神经衰弱、胃溃疡等慢性疾病，主要是中枢神经功能失调引起的。体育活动后，中枢神经系统的兴奋和抑制的功能得到相应的调节而逐渐恢复正常。同时，体育活动还能够转移大脑的注意力，减少疾病对大脑皮质的不良刺激，使人情绪乐观、精神愉快，增强病人战胜疾病的信心和毅力，有利于患者早日恢复健康。

（3）运动疗法能够起到很好的辅助治疗作用。由于病员的机体内脏器官和新陈代谢功能的失调，对药物不能很好地吸收和利用，疗效会受到一定的影响，通过运动疗法，则会使身体各个器官功能和新陈代谢功能得到有效的改善，有利于身体对药物的吸收，达到药物治疗的目的。

当然，运动疗法也有一定局限性，不是任何疾病都能通过运动疗法来治疗的。比如疾病的急性发作期，任何原因引起的高烧、出血等，就不适合采用运动疗法。

另外，选择任何运动疗法治病，都要征求医生的意见，还要与休养、营养、药物相结合。如果在治疗过程中发现身体有不良反应，应立刻停下来休息，必要时去看医生。

选择何种运动疗法，一定要因人制宜。不同的病情，需采取不同的运动疗法，就是同一种病，也要根据病人的年龄、性别、病情轻重、健康状况来制定不同的运动方案和不同的运动量。选用运动疗法，还要做到偏重局部，照顾全身，而不只是头痛"动"头，脚痛"动"脚。运动疗法一般不能"动"到病除，立即见效，达到祛病健身的目的，需要数周乃至数月的时间。因此，锻炼者必须具备耐心和恒心，长期坚持下去，才能获得满意的成效。

① 冠心病的运动疗法

"冠心病"是一种因冠状动脉内膜发生粥样硬化而引起的心脏病的简称。它是威胁老年人健康长寿的最常见的多发病。体育运动对预防和治疗冠心病有药物所不能替代的作用。在美国，有专门为冠心病患者进行体育锻炼指导的组织。据统计表明，有80％的病人，在经过一段时间的体育锻炼后，恢复了工作能力。由此可见，医治冠心病，除药物治疗之外，还要经常参加体育锻炼，进行运动疗法。两者结合才能更加有利治疗。

冠心病患者的运动疗法可分两个阶段进行：

1. 第一个阶段。

以观察心脏在运动后的反应为目的。可进行运动量小的运动，其项目有：

（1）气功。冠心病的气功疗法主要用"静练内丹功"、"站桩功"和"六字诀"养气功。呼吸不要过于深长，切忌憋气。每天练2次～3次，每次15分钟～20分钟。

（2）太极拳。体力好，病情轻的患者可进行全套简化太极拳锻炼；而体力差的病人也可以只练半套拳或几节动作，如"野马分鬃"、"搂膝拗步"、"倒卷肱"、"云

新世纪老年百科全书

手"等，每天练1次～2次。

（3）医疗体操。

①预备式：端坐在无靠背的凳子上，双臂自然垂于体侧，两眼平视前方。②两手叉腰，双脚原地缓慢踏步，腿尽量抬高，自然呼吸。每次进行30秒钟～60秒钟。③两手轻松握拳，双臂一起向上举，同时抬头并慢慢地深吸气，然后还原到预备势，同时深呼气。反复10次。④右手臂向体侧平举，与肩同高，掌心向上，上体向右后转，同时深吸气；然后换左臂向体侧平举，上体向左后转。如此反复5次。⑤两手抓住所坐的凳子，左右两腿交替屈膝提起，使大腿尽量贴近腹部，同时深吸气，然后将腿放下，并深呼气。两腿交替做5次。⑥两手握拳，双臂交替向上举。自然呼吸。反复10次。⑦右臂伸直，手指并拢，从体侧上举，并向左摆动，同时带动上体向左倾斜。然后右臂放下，换左臂如此进行。自然呼吸。两臂交替5次。⑧两手抓住所坐的凳子，双腿慢慢向前伸直，然后慢慢屈膝向回收。注意脚后跟不要离开地面。自然呼吸。反复10次。⑨双手握拳，两臂向肩屈肘，同时挺胸抬头，深吸气。然后还原到预备势，深呼气。如此反复10次。⑩还原预备势，全身肌肉放松，休息片刻。结束。

在锻炼的过程中，身体一定要放松，动作宜平稳、缓慢。全套操最后要有慢慢的深呼吸，使氧气充分输送到血液中，增加心肌的氧气。

（4）自我按摩。

①按揉胸穴：用右手的食指或中指沿锁骨下，肋骨间隙，由内向外，由上而下寻找酸、胀、痛的明显点，然后开始按揉。直到酸痛感减轻或消失为止。（见图30）②疏理肋间：五指略分开并紧贴肋间，手掌自胸中线做上下推动按摩，左右手交替进行，用力要均匀，以心前区部位发热为好。（见图31）③拍胸按摩：站立，身体放松。两脚分开与肩同宽，双臂自然下垂，然后便一前一后自然甩动，到体前的肘臂以肘带手，手掌

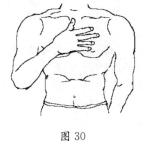

图30

展开顺势拍打对侧胸前部，同时用甩到身后的手掌背部拍打同体侧的后背。（见图32）左右手交替进行，拍打的力量可先轻后稍重，每次拍打10次～20次，注意在拍打时不要憋气，呼吸要自然。④摩揉全胸：一只手的掌心放在另一只手的手背上，贴于胸部，先顺时针摩揉整个胸部20次～50次，再逆时针摩揉整个胸部20次～50次。⑤揉按"膻中"穴位：（"膻中"穴在前身的正中线上，第4肋的间隙处，男性可取两乳头连线中点），用任意一只手的中指指腹或大拇指指腹按揉"膻中"穴1分钟～2分钟。⑥按压"内关"、"神门"穴：如果出现心绞痛，可以用两手的食指或中指交替按压"内关"、"神门"穴（"内关"穴在手腕横纹2寸处，"神门"穴在腕横纹侧端、尺侧腕屈腱的桡侧凹陷中）。如果局部出现酸胀感时，再持续按压片刻，直到心绞痛缓解后再松指。⑦按摩"涌泉"穴：用左手的手掌心摩擦右脚的涌泉穴（脚心），再用右手掌心摩擦左脚的涌泉穴，左右各擦50次左右。

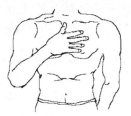 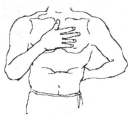

图31　　　　　图32

以上自我按摩疗法只适宜于冠心病较稳定者，心绞痛发作者不宜采用。

2. 第二个阶段。

经过第一阶段锻炼后，如果反应良好，可进入第二阶段的锻炼。这个阶段应以增加耐力为主，其目的是改善冠状动脉的血液循环，提高心脏功能。运动的项目有：

（1）步行。适合冠心病患者的速度为每分钟80步～100步，以一次步行20分钟～30分钟为宜，心率控制在每分钟100次～120次左右，才不致发生意外，每周不少于5次。如果步行后自我感觉舒服，无疼痛，便可以长期坚持下去。注意冠心病患者不宜饭后立即步行，否则会增加心脏的负荷，加重心肌缺血，使之诱发心绞痛，甚至心肌梗死。

（2）走跑交替运动。可采用步行一分钟，再慢跑半分钟，交替进行的方式。步

行的速度以每分钟 50 米左右为宜，慢跑速度以每分钟 100 米左右为佳。每次进行 20 分钟～30 分钟。身体较差者，可隔日进行 1 次，每周 3 次；体质较强、病情较轻者，可每周进行 3 次～5 次。

应该注意到：由于冠心病患者因冠状动脉血管硬化而使血管变得狭窄，造成心肌供血、供氧大大减少，在安静的状态下还能保持其平衡，若运动锻炼过量，便会因此而诱发心绞痛，甚至心肌梗死。因此，掌握好运动量至关重要，应该在医生的监督和指导下进行运动疗法，这样便可以在安全的范围内，扬长避短，以最科学的方法达到最理想的治疗效果。

冠心病患者有下列情况者，不宜进行运动疗法。①休息时心脏有不适或气短的感觉。②持续存在的充血性心力衰竭体征。③心绞痛频繁发作，有明显心律失常。④合并有严重的高血压。

② 高血压病的运动疗法

世界高血压联盟（WHL）曾跟踪调查了 13.5 万人在工作或闲暇时的体育活动情况后，得出结论：体育活动对高血压的控制是有益的。

高血压患者应该选择哪些体育项目进行锻炼呢？一般可用气功、太极拳、步行、医疗体操、骑自行车、保健按摩等作为运动疗法的手段。

▲步行锻炼

步行的频率应根据性别、年龄、健康状况的不同而定。最初开始步行时，可采用一般速度进行，随着体力的增强，再逐渐加快速度。每天步行 30 分钟～45 分钟，每周不少于 5 次。

▲气功

（1）患者可选择简化的"静练内丹功"，最初开始做 10 分钟左右，以后逐渐增加到 20 分钟～30 分钟，采用站式较好。每天 2 次。

（2）常用的还有放松功。先意守一个部位，吸气，默念"静"；再意守另一个部位，呼气，默念"松"，依次诱导身体各部位，直到把全身调理得轻松、舒适。一般采用从上自下分段放松的方法，把人体分三条放松路线，即：

第 1 条放松路线的顺序是：面部→前颈→胸部→腹部→大腿→膝关节→小腿→脚趾。

第 2 条放松路线的顺序是：后脑勺→后颈→背→腰→大腿→膝关节窝→小腿→脚底。

第 3 条放松路线的顺序是：头的两侧→颈部两侧→两肩→手臂→两手指尖。

练功时，选取坐姿或卧姿较好。3 条线路做完为一个循环，每次重复 2 个～3 个循环，每天 1 次～2 次。

▲太极拳

据有关调查表明，高血压患者练完一套简化太极拳后，收缩压可下降 1.30 千帕～2.69 千帕（9.75 毫米汞柱～20.25 毫米汞柱）。体力好、病情轻的患者可进行全套简化太极拳锻炼；而体力差的病人也可只练半套甚至只练"野马分鬃"、"左右揽雀尾"、"云手"等个别动作。每一个动作重复 8 次～12 次。如果能配合气功锻炼，动静结合，相辅相成，降低血压效果会更好。

▲医疗体操

高血压医疗体操有多种，这里介绍的是一套常用的，坐在凳子上进行的体操。

预备姿势：坐下，双臂自然垂下于体侧，挺胸，两眼平视前方。两脚自然分开。

（1）坐好后，原地踏步，腿尽力高抬，同时双臂屈肘，前后摆动。自然呼吸，连续做 30 次～50 次。回到预备状态。

（2）两臂自然下垂于体侧。双手握拳，两臂缓慢地向肩屈肘，然后两臂缓缓向上举，尽力伸直，吸气。放下双臂回到预备状态，呼气。连续做 5 次～10 次。

图 33

（3）两臂自然下垂。左手半握拳，并沿着体侧向上提拉，上身随之向右侧倾斜，坚持片刻后，再缓缓放下。然后左右臂互换再做。分别连续做 5 次～10 次。（见图 33）

（4）坐好，两手放于体侧，并抓住凳子，两腿向前伸直，然后双腿交替屈膝，屈膝时大腿尽量贴近腹部，深吸气。再伸腿，深呼气。连续做 5 次～10 次。（见图 34）

图 34

（5）两臂自然下垂，身体保持直立，然后两臂伸直向后方抬举，掌心向下，此时，身体随之前倾，深吸气。然后还原到开始姿势，深呼气。连续 5 次～10 次。

（6）身体保持直立，两臂自然下垂。以腰部为轴，上身先缓慢地向左转，同时两臂随之向左摆动，然后上身向右转动，两臂随之向右摆动，连续做 5 次～10 次。自然呼吸。

（7）两手放于体侧，抓住凳子，两腿略屈膝，缓慢地向上抬，然后放下，反复做 4 次～6 次。自然呼吸。

（8）两臂在体侧伸直平举，以肩为轴，两臂做 360 度的绕环动作。连续做 8 次～10 次。自然呼吸。

（9）两臂自然下垂，以腰为轴，上身从左往右，再从右往左做 360 度的绕环动作 5 次～8 次。注意动作一定要缓慢进行，切不可快。自然呼吸。

（10）慢慢站起来，同时两臂后举，深吸气；然后慢慢地平稳坐下，深呼气，连续 5 次～8 次。

（11）坐好，两手放在胸部上（右手按右胸，左手按左胸），稍微用力按压住胸部，同时慢慢地深呼吸，连续 5 次～8 次。最后，全身肌肉充分放松，休息 2 分钟～3 分钟，全套操结束。

患有高血压病的老年人在进行运动疗法时要全身放松，呼吸自然平衡，不要憋气鼓劲，做动作不宜过分低头。当头痛、眩晕、恶心、呕吐等症状出现时，应停止运动。高血压后期有合并症，如心律不齐、心绞痛、心肌梗死等症状时，不宜进行运动疗法。

3 糖尿病的运动疗法

糖尿病是一种与糖代谢有关的内分泌系统功能紊乱的疾病。通过运动疗法，可以改善糖和脂肪的代谢，降低血脂、血糖，提高机体内各组织对胰岛素的敏感性。还可以增进消化系统、泌尿系统、内分泌系统以及机体其他系统的新陈代谢功能，从而预防糖尿病的某些并发症和提高身体抗病能力。

一般来说，运动疗法只适用于轻度和中度Ⅱ型（非胰岛素依赖型）患者。运动疗法还有两个显著的特点：第一个特点是从能量代谢的角度分析，小强度的运动，对糖代谢影响较小，强度的运动又会使血糖升高；只有中等强度、稍长时间的耐力运动锻炼才对降血糖和尿糖有明显作用。第二个特点是要求全身各大肌肉群和关节都参加活动，以利于肌肉对葡萄糖的利用。

老年糖尿病人可做以下几项运动：

▲步行运动

这是国内外许多医学专家公认的最简便、最安全，治疗糖尿病效果最好的方法。没有心血管合并症的糖尿病患者，可在空气清新的户外，进行快慢交替行走锻炼，每分钟以 90 步～100 步为宜（也可根据自己体力情况而定），锻炼的时间为 30 分钟～60 分钟，每天 1 次～2 次。注意：步行最好安排在饭后进行；一天行走的总距离不要超过 5 千米。长期坚持下去，必定能收到良好的效果。

▲爬楼梯运动

爬楼梯时，身体的腰部要伸直，速度可根据自己的身体状况来定。

▲踮脚尖运动

双手扶着桌子边站立，左右脚交替提足跟踮脚尖，连续做 10 分钟～15 分钟，每天 1 次～2 次。

▲坐、立交替运动

先坐在一张椅子上，双肘弯曲，左右手臂交叉，一只手扶另一只手的上臂，然后起立，再坐下，坐下再起立，反复多次，直到身体感到较累为止，每天 1 次～2 次。

▲医疗体操

（1）上肢力量锻炼。

①预备姿势：双臂自然下垂，面向墙站立，并与墙相距一臂多的距离。②双脚并拢，双臂伸直，两手掌支撑在墙上，上身随之向前倾斜。③双臂屈肘，然后双手用力推墙，此时双臂逐渐伸直，坚持支撑 15 秒后，身体还原成预备姿势。连做 10 次～20

图 35

次，每天1遍～2遍。如图35所示。

（2）下肢力量锻炼。

①预备姿势：站立，两脚张开与肩同宽，双臂自然下垂。②慢慢屈膝，做半蹲动作，同时两臂向后摆。③双膝伸直，起立，同时两臂向前摆动，与肩同高，然后还原成预备姿势。连续做20次～30次，每天1遍～2遍。

（3）改善身体循环的锻炼。

①身体平躺在床上，用棉被等物将脚部抬高，等到脚部有发麻之感时，再慢慢坐起来，此时脚部已离开棉被。②坐在床沿上，两脚自然下垂（离地面有一定距离），让脚踝部屈伸做旋转动作。直到脚尖感觉到发麻时，再平躺回床上。

（4）增强呼吸肌力量的锻炼。

①预备姿势：站立，两脚张开与肩同宽，双臂自然下垂。②双臂伸直向上举，同时深吸气。③双臂慢慢放下，同时深呼气，然后还原成预备姿势。连续做20次～30次，每天1遍～2遍。

适合糖尿病患者的运动疗法还有：走跑交替、慢跑、骑自行车、游泳、气功、太极拳等。其中前4项适合体质好、病情轻者锻炼。同时，这些运动一定要在医生的监督指导下进行。

注意事项：

①糖尿病患者的运动疗法应将控制饮食和药物疗法结合起来，待血糖和尿糖得到适当控制后，再开始运动疗法。②糖尿病患者严禁空腹时进行运动疗法锻炼，以免引起低血糖症状。为了防止引起低血糖反应，可在运动前吃少量食物，或随身携带些点心，以备发生低血糖时食用。③在进行运动疗法的过程中，应定期地检查血糖和尿糖指标，随时观察身体的反应，以便及时调整运动量和运动形式，切勿盲目运动。④避免在注射药物60分钟～90分钟内运动。另外还要避免在运动肢体（腿部）注射胰岛素。⑤病情严重的糖尿病患者，不适宜运动疗法。

4 骨质疏松症的运动疗法

骨质疏松症是发生在老年人群中的常见病。这是因为随着年龄的增高，体内的内分泌失调，导致骨头中的钙质大量减少，使原来坚硬的骨骼变得"弱不禁风"，因而常常会引起关节痛、肌肉无力等现象，其

至发生骨折。

那么，患有骨质疏松症的老年人应该怎么办呢？除了药物治疗、多晒太阳以外，还要坚持体育锻炼。因为坚持体育锻炼能改善血液循环，促进骨骼组织营养的补给和骨质的生长。这里介绍几项老年骨质疏松症病人的运动疗法。

▲散步

只要是晴好的天气，就应坚持到户外去散散步。散步时，向前迈的脚，以脚后跟先着地，然后用力蹬踏地面，从而产生轻微的震动感，并让这种感觉从脚跟沿下肢骨向上传到脊柱。需要提醒的是，有高血压病的人不适合这种方法，他们只需按平时走路习惯散步就行了。每天2次，每次20分钟～40分钟。运动量可由自己掌握，以运动后有轻微的疲劳感为宜。

▲抬腿运动

站立，直腰，两手握拳放在腰部，做原地踏步或原地跑步运动，大腿尽量与地面平行，频率根据本人体质情况确定。

每日进行2次～3次，练习强度自己掌握，不要太累，以有舒适轻松感觉为宜。

▲跳跃运动

（1）原地跳。两脚自然分开站立，双手在身后相握，膝关节稍屈。双脚前掌同时蹬地向上轻轻跃起、落地，连跳10次～20次，每天安排2次～3次。

（2）开合跳。两脚同时向外跳开，然后两脚同时向里跳并拢，紧接着又同时向外跳开，再同时向里跳。如此反复10次～20次，每天2次～3次。

▲医疗体操

（1）预备姿势：仰卧在较宽大的床上，两臂放于体侧，双腿伸直，自然呼吸。

（2）仰卧双腿轮流上抬，连续做20次～30次。

（3）双腿屈膝，脚掌踩在床上，双手托住腰部，然后用后脑勺、双脚、两肘为支撑点，借助双手向上托的力量，使胸腹部尽力向上挺，呈弓形，此时，背、腰、臀离开床面，坚持一会儿，再慢慢落下身体，如此反复10次～20次。

（4）双腿并拢屈膝，两手抱住双膝，头和肩随之抬起，使背部呈弓形压在床上，然后左右滚动，连续10次～20次。

（5）还原成预备姿势，在床上休息片

新世纪 老年 百科全书

刻，结束。

本套体操每天可做 1 次～2 次。

另外，慢跑、日光浴、跳绳、跳舞等多种运动方式，都对预防和改善骨质疏松有良好的作用。老年人可根据自己的身体状况和喜好进行选择锻炼。

⑤ 肥胖症病的运动疗法

现代医学把肥胖归属于"富贵病"的行列，认为它本身就是病态。那么怎样确定自己是否肥胖呢？首先要知道标准体重的算法：男性老年体重（千克）＝身高（厘米）－105；女性老年体重（千克）＝身高（厘米）－100，如超过标准体重 20%以上者为肥胖。

老年人减肥的运动疗法要配合控制饮食，以选择低强度、连续运动的时间较长的锻炼项目为宜，如步行、慢跑、游泳、上下楼梯、老年迪斯科舞等。这里介绍一套简单易学的老年减肥体操，每节动作做 8 次～10 次，每天 1 遍～2 遍。

第一节：仰卧躺直，双手放在身体两侧。第一拍，双臂上举贴至耳旁，同时吸气；第二拍，双臂放下还原，同时呼气。

第二节：仰卧躺直，双手放在身体两侧。第一拍，右腿屈膝，双手抱膝至胸前，同时转动右踝关节，左腿伸直；第二拍，右腿伸直，左腿屈膝，双手抱膝至胸前，转动左踝关节。

第三节：仰卧躺直，双臂胳膊同时弯曲。第一拍，做握拳和放松手指动作；第二拍，双手握成拳并转动腕关节。

第四节：仰卧躺直，双手放在身体两侧。第一拍，卧姿换成坐姿；第二拍，坐姿换成卧姿。

第五节：俯卧，双手撑床（或地板）。第一拍，头向上抬，上身向后仰，同时吸气；第二拍，放下头和上身，同时呼气。

第六节：站立，双臂弯曲，手握拳状放至两肩侧。第一拍，顺时针方向转动肩关节 5 圈；第二拍，逆时针方向转动肩关节 5 圈。

第七节：站立。双脚自然分开，双手叉腰。第一拍，左手上举，胳膊置于头后，向右侧弯腰，同时吸气，然后动作还原，同时呼气；第二拍，左手换成右手，右侧弯腰换成左侧弯腰，动作与第一拍相同。

第八节：面对床前（或椅子前）站立，然后双手扶着床沿或椅子做起立和下蹲动作。

第九节：侧身站立在墙（或桌子）旁。第一拍，右手扶墙，左手叉腰将重心放在右腿上，左脚离地，前后摆左腿 5 次；第二拍，换成左手扶墙，前后摆动右腿 5 次。

第十节：站立，双手自然下垂于身体两侧。第一拍，双手同时上举，头往后仰，尽力挺胸，吸气；第二拍，向前弯腰，尽量用双手摸地，呼气。

第十一节：站立，双手叉腰。第一拍，左右腿交替抬高膝盖，尽量使之接近胸部，做原地踏步；第二拍，原地踏步的同时，迈左脚时举高右手，迈右脚时上举左手。反复 5 次。

第十二节：站立。第一拍，双手上举，向前走 2 步，同时吸气；第二拍，放下双手再走 3 步，同时呼气。

这套操适合 50 岁以上（包括患有高血压病）的老年朋友锻炼。初期练习时，可根据自己的身体状况，有选择性的做几节，然后再过渡到做完全套操。练习时，要注意呼吸正确、均匀，以较慢速或中速进行。

⑥ 慢性肝炎病的运动疗法

患有慢性肝炎的老年人，很多都喜欢静养，长期休息。其实，适当的体育运动，对治疗慢性肝炎是有好处的。因为，运动锻炼能增强体内的新陈代谢，有助于活跃腹腔的血液循环，减轻肝脏淤血，改善消化吸收功能，增加肝脏的营养，以促进身体的康复、精神状态的改善和病情的痊愈。

下面介绍几项适合慢性肝炎病人锻炼的运动疗法。

▲内养功

（1）练功姿势。慢性肝炎病人在练内养功时，可采用右侧卧式或平坐式两种姿势。

①右侧卧式：右侧身体睡在床上（必须是硬的床垫），枕头高度要以能使颈部肌肉充分放松，柔软舒适为宜。轻轻闭上嘴和两眼，左臂自然伸直放在同侧髋部，右手放在距头约 7 厘米远的枕头上，掌心向上，左腿弯曲略成 120 度角，右腿自然伸出，略微弯曲。②平坐式：身体端正地坐在椅子上，坐的高低姿势以大腿与地面平行，两脚底踏地，膝关节呈 90 度角，两腿分开与肩同宽，双肩自然垂下，双手轻轻地按在膝关节上，微微闭上双眼和嘴巴。

（2）腹式呼吸。轻轻闭口，以鼻做呼吸。先吸气，同时用意领气下达小腹，停顿片刻后，再把气徐徐呼出，如此反复。腹式呼吸运动形式为：吸——停——呼。呼吸时还要配合默念字句，开始时念3个字，以后可以逐渐增多字数，但最多不超过9个字。选用的词义应该是静、松、健康，比如"自己静"、"通身松静"、"自己静坐好"、"坚持练功身体好"等。以默念"自己静"3个字为例，吸气时默念"自"字，停顿时默念"己"字，呼气时默念"静"字。默念要以呼吸舌动（舌的起落）密切结合起来，即：吸气时舌抵上腭，停顿时舌不动，呼气时舌落下。

（3）意守法。内养功所指的丹田为肚脐下一寸五分之处，位于气海穴。可以想象气海穴像一个小圆球，设在小腹之内。

每天练功2次～3次，每次30分钟左右。

▲"嘘"字养肝功

"嘘"字养肝功是"六字诀"养气功中的一种，很适合肝病患者锻炼。其方法为：自然站立，先默站宁神，微闭双眼，排除杂念，然后两手上下相叠（男性右手在上，左手在下，女性则相反），内外劳宫相对，用鱼际压在肚脐下5厘米的部位，吸气时默念"吸"，呼气时默念"嘘"。这时眼睛随呼气念字而逐渐睁开瞪圆。呼气时收小腹提肛缩肾，脚大趾抓地。呼气完后，开始吸气，舌抵上腭，放松自然。吸气完后，稍停，再开始默念"嘘"。如此反复，做6遍，每天2次～3次。

▲医疗体操

（1）扭腰晃膀。两脚平行站立并分开，其距离与肩同宽，两腿膝盖微弯，双臂自然下垂，全身放松，然后轻悠、缓慢、有节奏地扭腰晃膀，呼吸要自然。其要领：扭腰晃膀要自然，关节松动软如棉，上虚下实脚抓地，调息会神守中脘（腹部的一个穴位）。本节操每次做20分钟左右，每天2次。

（2）顺风扫叶。两脚平行站立并分开，其距离与肩同宽，双臂自然下垂，全身放松。宁神片刻，然后双臂向前伸直，以肩关节为轴，在体侧由后向前绕环做360度10次，随后再改为由前向后绕环做10次，呼吸要自然。绕环的幅度越大越好，但动作应轻柔，用意而不用力。

（3）轻击肩背。两脚平行站立并分开，其距离比肩稍宽，双手自然握拳并垂放于体侧，肩腰放松，呼吸自然。两臂左右甩动，同时左手拳顺势轻打右肩背，然后右手拳再顺势轻打左肩背。轮换轻击肩背各20次。

（4）双手托天。两脚平行站立并分开，其距离与肩同宽，脚趾用力抓地，两手指相互交叉放于身体前，掌心向上，要求精力集中，如此站立片刻。然后双臂由左右两侧慢慢向上抬举过头顶，同时用鼻深深地吸气，两脚跟尽量提起，让双手在头顶上方停留30秒钟左右，然后两手指慢慢松开，两臂缓缓放下，两腿跟轻轻落地，并用鼻深呼气。如此反复做10次左右。

（5）俯撑挺胸。俯卧在床上（必须用硬的床垫），两腿伸直，双臂屈肘放于体侧，两手用力支撑，使上身尽量离开床面，抬头，同时胸腹部用力向前挺起，坚持5秒钟～10秒钟后再放下。自然呼吸，每次锻炼10下。

以上体操每天可以做2次。

▲太极拳

太极拳运动对治疗慢性肝炎也有神奇的疗效。因此，患者可选择简化太极拳进行锻炼。打拳时动作要缓慢、柔和，尽量用腹式呼吸。每天1次～2次。如果打全套拳感到吃力，可以打半套或者做几节动作。最好能配合气功练。

另外，慢性肝炎病人还可以选择散散步、打打乒乓球等消耗能量不大的轻度体育运动。

这里特别需要提醒的是：第一，只有当慢性肝炎处于非活动期时，即肝功能恢复正常或接近正常标准，病情比较稳定时，才适宜进行康复活动。当患者有低热、疲惫、恶心、肝区疼痛、血清转氨酶增高以及食欲不振等现象，则表明病变处于活动期，此时应该休息，不能进行锻炼。第二，每一次运动时间不要太长，一般30分钟左右，每天上下午各一次。第三，不要在刚吃完饭或者饿肚子时进行活动。第四，不宜做强烈的腹部运动，如举重、双杠等。

7 颈椎病的运动疗法

颈椎病是颈椎综合征的简称。这是由于外伤、劳损、代谢障碍或炎症诸因素，引起的颈椎椎间盘退化、骨质增生、肌张力失去平衡，周围软组织肿胀变形，刺激并压迫脊髓、神经根、椎动脉等，从而出现颈、肩胛、上臂和胸前疼痛麻木等症状。严重者可导致晕厥或肢体瘫痪，极大地影响了老年朋友的身体健康。

治疗颈椎病的方法，一般是颈椎牵引，但若能配合体育锻炼和运动疗法，将会收到更好的治疗效果。下面介绍医疗体操疗法，可供患者锻炼。

（1）自然站立或端坐在凳子上，上体保持端正不动。头颈慢慢向左扭转90度以上，一直转到不能再转为止，要求做到颈部有酸胀感，保持不动3分钟左右，然后头颈转正，再慢慢向右侧转，要求与左侧转一样。如此反复20次。

（2）端坐在凳子上，两手掌重叠托在颈后部并往前压，而头颈用力对抗着两手阻力向后仰靠，保持10秒钟左右，直到颈部有发热的感觉，再放松手和头颈，喘口气，再做。如此反复做20次。

（3）端坐在凳子上，低头，以颈为轴，顺时针绕圈360度。连续10圈，然后头颈转正，再逆时针绕圈360度，连续10圈。注意动作要缓慢，身体也不能随之摇动。

（4）端坐在凳子上，双手放在膝盖上，缓缓低头，让下颌部尽量贴近胸部，直到后颈部有牵拉的感觉时，保持该姿势片刻，

再慢慢抬头向后仰，直到颈部有紧缩的感觉。然后又缓缓低头。如此反复10次。

（5）端坐在凳子上，两手放于膝盖，有节奏地耸肩。先耸左肩，再耸右肩，最后双肩同时一起耸。注意，肩往上耸时，肩部尽量靠近耳朵。每个动作做10下。

（6）自然站立，头放正，两脚分开与肩同宽，两臂侧平举，以肩为轴，从前往后绕环10圈，再从后往前绕环10圈。

（7）自然站立，头放正，两脚分开与肩同宽，两臂伸直向前平举，然后双臂落下，用力前后摆动20次，幅度越大越好。

（8）自然站立，两脚分开略宽于肩。两臂一起向左侧平举，同时，以腰为轴，向左转动上体到不能转动为止，头颈尽量向后转。然后两臂又一起向右侧平举，上体向右转，要求与左转一样。左右方向各转10次。

（9）自然站立，两脚分开略宽于肩。左手臂屈肘放于身后腰部，右手臂伸直，经体侧高高举起，手心向天，手背朝地，尽量向上，并有托东西的感觉。眼睛视线始终看着右手走，仰视手指5秒钟，再把右臂放下，换左臂高举，要求与右臂一样。如此反复，每只手10次。

（10）自然站立，两脚分开略宽于肩。屈肘，小臂与肩平行，两臂尽力向后扩展，同时挺胸，头往后仰，保持姿势10秒钟，然后放松。连续做10次。

以上体操每天做1次～2次，每次做完后，最好将两手搓热，再按摩颈椎部，以改善颈部的血液循环。

注意事项：

（1）颈部运动的各种动作应该缓慢，不能采取剧烈的动作，禁止做头部的快速转动。

（2）动作要做到最大限度，允许肌肉有发酸和牵扯感，但以不引起明显疼痛为度。

（3）对伴有高血压、冠心病、脑动脉硬化等患者，练习时的动作幅度要小、轻、缓。

（4）颈椎病剧烈疼痛的患者以局部制动为主。

（5）根据病情掌握好自己的运动量，次数由少到多，用力由轻到重，循序渐进。用力重点在于颈、肩以及臂肌肉。

🎱 8 慢性肩周炎病的运动疗法

肩周炎是肩关节周围发炎的简称，它

是肩关节、关节囊和关节周围软组织的一种慢性、退行性变化的疾病。多发生于50岁以后的人群，女性病人多于男性。

肩周炎的治疗多采用药物、针灸、推拿等方法，但如果能配合适量的运动疗法，特别是多做肩关节和上肢以及躯干方面的活动，便可以较好地恢复肩关节的功能，减轻疼痛。

下面介绍几种运动疗法，对治疗肩周炎有一定的疗效，患者朋友不妨试试。

▲医疗体操

姿势：自然站立，两脚分开与肩同宽。

（1）大鹏展翅。双臂伸直向体侧平举，做展翅飞翔动作。振幅越大越好，上下展翅50次。

（2）单臂绕环。一只手叉腰，另一只手臂伸直，以肩为轴点，做绕环运动。幅度由小到大，左右手交替，各50次。

（3）拍肩击腰。双臂自然垂于体侧，左手轻拍右肩，同时右手背轻击后腰部。两手交替进行，各50次。

（4）手爬墙壁。面对墙壁站立，双手（或用患侧手）掌扶住墙面，然后用手慢慢向上爬动，双臂尽量高举，摸至最高，停留片刻，然后再慢慢向下，回到原处。每天"爬"墙高度，最好能有所增加。反复30次。

（5）前后甩臂。两臂先向后摆动，然后借助后弹力顺势向前摆动，并逐渐增加摆动幅度。摆动50次。

（6）单手摸背。将患侧手背贴在自己的后腰部，然后由下而上摸腰背部，越高越好。至最高点时，停留片刻，再放下。反复30次。

（7）双手摸背。双手在身体后重叠，手背贴在后腰部，然后尽量提两臂，使双手慢慢向上移动，直至最高点，停留片刻，再放下来。如此反复30次。

（8）冲天打炮。双手互握拳，放在头顶上，然后向天上"打炮"，即手臂向上伸直至最大限度，再放下到头顶。反复30次。

（9）耸肩锻炼。肘关节弯曲成90度，两肩有节奏地往上耸动，力量由弱到强。反复起落50次。

（10）两臂前摆。上体稍稍前倾，两臂自然垂下，然后两臂在身体前交叉摆动，幅度由小到大。可做50次。

以上体操每天可做2次～3次。可以全做，也可以选择其中几节做。在锻炼时，以肌肉有适当的酸痛感为好，但不可剧痛。

▲木棍肩操

这套操需要一根长50厘米左右，直径3厘米～4厘米的圆木棍来进行锻炼。

姿势：自然站立，两脚分开与肩同宽（或者坐在凳子上）。

（1）两手握住棍子两端，放于体前，两臂伸直，慢慢用力向上抬举，举至最高点，然后放下。反复20次。

（2）两臂屈肘，双手握棍于胸前。然后慢慢用力将木棍往前推出，直到手臂伸直，再屈肘，将棍收回到胸前。如此反复20次。

（3）两手在体后握住木棍，用力向后上方抬起至最大高度，然后再放下。反复20次。

（4）两手握住棍（两手中间相隔一拳左右），手臂伸直向前平举，然后手臂转动，让棍竖立垂直于地面。先左手在上，右手在下，后换成右手在上，左手在下。两手交换进行，反复20次。

（5）两手握在棍子的两头，放于体前。两臂伸直慢慢向上举至最高时，然后屈肘，将木棍从头后方下放到肩上，再像举重一样，双手把木棍举到头上方，手臂尽量伸直。上下反复20次。以上体操每天做2次～3次。

▲摆动沙袋

做一个重1千克的沙袋（或其他重物亦可），用一根长50厘米左右的绳子系着。患病一侧的手拉住绳的端点，做以下动作：

（1）前后、左右摆动，使肩关节随之摆动。

（2）以肩为圆心，在体侧画圆。摆动速度由慢到快，再由快到慢，直到几乎停止。每天做3次以上。

注意事项：

（1）在做以上各项锻炼时，以有适当的酸痛感为好，但不可剧烈疼痛。

（2）对有严重功能障碍的肩周炎患者，切忌过分地被动牵拉。

（3）动作幅度由小逐渐加大，运动量由弱到强。

（4）在运动前若能先进行热敷，疗效会更好。

（5）一定要持之以恒的坚持锻炼，才能有良好的治疗效果。

9 慢性胃炎病的运动疗法

慢性胃炎是老年人的一种常见的消化系统疾病。患者除了药物治疗外，还要注意饮食卫生，少吃多餐，戒烟戒酒，保持良好的情绪。同时，再配合运动疗法，便会取得较为满意的治疗效果。

适合老年慢性胃炎病人的运动疗法主要有气功（内养功）、太极拳、医疗体操、散步和腹部按摩等。

▲医疗体操

（1）腹肌运动。端坐在凳子上（或自然站立），坐的高低姿势以大腿与地面平行为准，两手指交叉，手心轻轻按在腹部，然后用力把肚子鼓得大大的，坚持 2 秒～3 秒钟后，放松肚子，稍停片刻，再用力鼓大肚子。如此反复 20 次。

（2）腹背运动。自然站立，双腿分开与肩同宽，头放正，两眼平视前方。宁神片刻，两臂向前伸直平举（手心向下），然后慢慢向上举起，同时挺胸，头尽量往后仰。接着低头弯腰，双臂缓缓放下，手尖尽量摸脚背，随后再起身站立。反复做 20 次。

（3）自然站立，双腿分开略宽于肩。双臂伸直高高举过头顶，然后快速落下，此时手臂随着自然力向身后甩，上身也随之向前倾；再利用反振的作用力使上身后仰，两手臂向前上方画弧，直到举过头顶。如此反复，做 20 次。

（4）俯卧挺胸。俯卧在硬床上，两腿伸直，脚尖蹬住床，两臂屈肘放在身体两侧，掌心压床，两手用力支撑，同时抬头，胸和腹部尽量向前挺，坚持一会儿，再回到开始的姿势。如此一上一下做 20 次。

（5）仰卧滚动。仰卧在硬床上，双腿并拢，膝盖弯曲，脚心踩床，两手抱住小腿，慢慢向左（或右）侧滚动，然后再慢慢向右（或左）侧滚动。休息片刻后，再做，如此反复。每侧滚动 10 次。

（6）仰卧抬腿。仰卧在硬床上，两臂放于身侧。两腿伸直向上高高抬起，坚持一会儿后，再落下来。如此反复，每遍做 20 次。每天 2 遍。

（7）仰卧起坐。身体直挺仰卧在硬床上，用力收腹，上身起立坐起，随之前倾，两手尽量摸脚尖。然后再仰卧，坐起。如此反复做 20 次。

以上体操可以连续做完，也可以做一节，休息一会儿再做，总之不要勉强自己。

最好能每天做 2 遍。

▲按摩

（1）仰卧在硬床上。

①用手掌根在左上腹部（胃区）轻轻地按顺时针方向做绕环按摩，由慢到快，以腹内感觉温热为宜。②两手相叠，围绕脐部，从右下腹起，从下而上、从左到右，两手指分别做绕环按揉。在按揉的同时，要施以轻轻的压力。

（2）坐位或仰卧位。

①用一手手指面按揉天枢穴（以脐为中心，向左和向右两横指处）。②用一手手指面按揉脐下两横指的气海穴。③用左手手指面按揉右手的内关穴（腕关节横纹正中三横指处），再用右手的手指面按揉左手的内关穴。④左右两手中指分别按揉左右腿上的足三里穴（膝眼穴下四横指处）。

以上每个地方按摩 50 次～100 次。每天 2 遍。

▲气功

（1）盘腿而坐，微闭双眼，手臂弯曲，两肘顶在膝盖上。双手轻轻地握拳，伸出拇指，用拇指第一关节头顶住印堂上一厘米处的会目穴。意守会目和百会处，同时做深呼吸，吸气时尽量把肚子鼓大，呼气时再放松肚子。

（2）仰卧在床上，枕头的高低要合适，自感舒服。两腿平伸，自然分开，双臂伸直放于体侧，双眼微闭。意守关元穴，同时做深呼吸。

（3）仰卧在床上，枕头适中，两臂伸直放于体侧，双腿屈膝、并拢。深呼吸，反复做鼓肚子的动作。

以上每个动作做 10 分钟，根据身体情况，可以一次连续做完全部，也可以做完一个动作休息一会儿再做第二个动作。每天练 2 遍。练功结束后，要做好收功，把全身的"气息"进一步引导归结到丹田处。

▲甩臂散步

散步对治疗胃病也有较好的疗效。它可以调节中枢神经系统的功能，改善胃肠消化、吸收功能，并消除胃病病人的腹部闷胀感。散步时最好能边走边甩臂，这样腹肌前后收缩，膈肌上下运动，对胃肠起到类似按摩的作用。也可以在散步时，先甩一会儿臂，然后再按摩一会儿腹部，二者交替进行。散步速度以每分钟 80 步左右，距离以 1500 米～2000 米为宜。

患者根据自己的病情和体质情况，可选择适合自己的运动疗法，每天练1次～2次。要长期坚持，才有效果。

⑩ 慢性支气管炎病的运动疗法

慢性支气管炎是一种呼吸系统的常见病和多发病。据不完全统计，在我国老年人群中，患病率平均为13％，如不及时加以医治，则可进一步导致为肺气肿，甚至发展成肺心病，极大地威胁着老年朋友的身体健康。因此，除了必要的药物治疗外，还应配合运动疗法，以提高机体及呼吸系统的免疫能力，改善肺的换气功能和吸氧量，从而取得良好的治疗效果。

下面介绍几种适合老年慢性支气管炎患者的运动疗法。

▲呼吸操

（1）腹式呼吸操。腹式呼吸操是靠膈肌（在胸腔和腹腔之间）的收缩和放松来进行的。做操时最好采取仰卧姿势，舌头轻轻抵住上腭，一手放在胸部，一手放在腹部，做腹式深呼吸。用鼻吸气至极限，此时腹肌收缩，腹部隆起，然后再用嘴像吹口哨一样，慢慢把气呼出，呼气时间尽量长。这时膈肌松弛，腹部凹下。如此反复10分钟～20分钟为一次，每天2次。

实践证明：坚持做3个月的腹式呼吸操，可以使膈肌的活动幅度增加2厘米～3厘米（膈肌活动1厘米，每次可多吸入300毫升左右的空气），从而有效地提高了呼吸的效率，使气急症状得以减轻。

（2）呼吸体操。

①自然站立，两脚与肩同宽，双手叉腰，深呼吸。呼气时间要比吸气时间长2倍或3倍。②自然站立，吸气时，两臂外展，呼气时，双手掌压迫胸廓两侧。③自然站立，吸气时，两臂侧平举，呼气时，双臂交叉按压在腹部上。④两腿分开与肩同宽，两臂下垂。深吸气时，头微向后仰，深呼气时，双臂交叉稍用力按压腹部，同时屈腿下蹲。站立时，慢慢将气呼出，两臂平举，掌心向下。⑤自然站立（或坐），双手抱后脑勺，以腰为轴，上身慢慢向左转动，然后再向右转动，以增强肋骨与椎骨关节的活动，从而有助于呼吸的深长。⑥坐姿，要求凳子与小腿等高，两腿分开和肩同宽，上身保持端正。自然吸气，呼气时发"呜"、"依"和"啊"音。发音的

时间可逐渐延长。⑦准备一根吸管和大半杯子水，坐下，通过吸管向杯子里的水吹气，吹气的时间越长越好。⑧把一根棉线悬挂在身前50厘米的地方，坐下，缓慢地深呼气把线吹动，使线离身体越远越好。

以上呼吸操，每天进行2次～3次，每次10分钟左右。每节重复次数不宜过多，以免产生头晕眼花的感觉。

▲医疗体操

这套体操有助于增强有关呼吸部位的血液循环和呼吸肌的功能，如能结合呼吸操锻炼，其治疗效果会更好一些。

（1）自然站立或坐下均可。将两手用力搓热后，迅速摩擦颈部，直到发热为止。反复10次～20次。这节操有助于改善颈部和气管的血液循环。

（2）自然站立。挺胸吸气，同时左手拍打左胸，右手拍打右胸，反复30次～50次，拍打的力量由轻到重。这节操的目的在于改善胸部和肺部的血液循环。

（3）站立。两臂下垂，两手自然握拳，右拳捶打左肩，左拳捶打右肩。每侧捶打20次～30次。其目的在于改善肩部和肺尖的血液循环。

（4）面对墙站立，两臂上举，两手掌贴墙，尽量摸至最高处，然后两臂放下，反复20次～30次。这节操，由于肋间的运动而使呼吸肌得到了锻炼。

（5）跪在床上，身体稍微前倾，两臂伸直，两手按在床上，做俯卧撑动作。反复20次～30次。其目的在于锻炼呼吸肌，有助于肺机能的改善。

以上体操每天可做2次。贵在坚持，只有持之以恒地锻炼，才能收到好的效果。

▲冷水浴

对于患有支气管炎的人来说，预防感冒非常重要，而冷水浴正是一种提高皮肤耐寒能力的锻炼方法。同时，因为在皮肤刚接触冷水时，往往让人不由自主地屏息几秒钟，然后做深呼吸，这种方法有利于改善呼吸系统和肺功能。（有关方法可参考"冷水浴"一节）

▲太极拳

太极拳是一种很好的放松运动，它能帮助病人缓解紧张、焦虑等情绪，同时又运用深长的呼吸来调节心脏机能和血液的运行，有增强呼吸功能的作用。初学者可以先从简化太极拳开始练起，依体力情况，

每天 1 次～2 次。

▲步行

每天步行的距离一般为 500 米～1000 米。开始时可以用自己习惯的速度步行。一周后，可采取在前面一段路程用自己习惯的速度步行，中间一段路用稍快的速度步行，最后一段路用较慢的速度步行。

在进行运动疗法锻炼时，要注意以下三点：

（1）运动疗法只适合在哮喘不发作或只有极轻微的发作期进行。

（2）在进行运动疗法前，应该先清除鼻涕，使鼻道通畅。

（3）在进行运动疗法过程中，呼吸要顺其自然，不要憋气。如果感到胸闷或气紧，应该立即停下来，休息一会儿，根据身体情况酌情处理。

⑪ 前列腺肥大病的运动疗法

前列腺肥大是男性老年人的一种常见疾病。由于前列腺良性增生，造成尿道狭窄，排尿不通畅。早期表现为夜间小便次数增多、尿流变细、排尿费力；到了晚期，则表现为尿频、尿液滴沥、排尿困难，使病人非常痛苦。这里介绍几套运动疗法，希望对患有此病的老年朋友有所帮助。

▲提肛运动

站立，脚跟靠拢，脚尖自然分开，两臂下垂，全身放松。舌尖抵住上腭，用鼻深深的吸气，同时夹紧两腿和两侧臀部，并且使劲向上提收肛门，坚持的时间越长越好。然后用嘴慢慢地将气呼出，呼气时松肛，放松全身。如此反复 30 次～50 次，每天 2 遍。

提肛运动有助于改善前列腺和周围组织的血液循环，患有前列腺肥大症的老年朋友，只要长期坚持锻炼，就能够收到一定的治疗效果。

▲医疗体操（摘自《常见老年病的家庭康复》）

（1）仰卧姿势。两手臂枕于头后，两腿伸直，两腿稍分开，缓慢自然呼吸。接着用力收缩臀部肌肉，同时肛门紧缩上提，呼吸 3 次～6 次，然后放松肌肉。重复做 3 次～5 次。

（2）仰卧，两手枕头，膝关节弯曲，脚掌着床，两脚分开 20 厘米～30 厘米，缓慢呼吸。然后，用力将背、腰部向上挺起，同时会阴肌收缩，全力上提肛门。呼吸 3 次～6 次后，肌肉放松，姿势还原。如此重复做 3 次～6 次。

（3）仰卧，两腿伸长，两臂平伸放于身体两侧，掌心向下。然后两臂保持伸直并向上抬起至头后，同时前臂旋转，使掌心着床。抬臂的同时吸气，当两臂沿原方向复原到身体两侧时呼气，重复 3 次～4 次。

（4）仰卧，弯左腿，双手将左膝抱紧于胸前，同时吸气，还原时呼气。换右腿运动同前。如此重复各做 5 次～10 次。

（5）自然站立，双臂抱合，右手握左肘，左手握右肘，弯腰，双膝勿曲，让双手背触及双膝。当吸气时上提肛门，呼吸 3 次～5 次后，身体复原，肌肉放松。

（6）盘腿坐姿，右小腿置于左小腿上，上身挺直，两手掌按双膝，当慢慢吸气时，收缩会阴肌，上提肛门 3 次～4 次。如此呼吸 3 次～5 次，每次呼气时，肌肉要放松。

（7）盘腿坐姿，左腿伸直，右腿弯曲，右脚跟尽可能靠近会阴，两手按在双膝上。缓慢吸气的同时上身前躬，下巴紧贴胸前，收缩会阴肌，上提肛门，双手手指触左脚尖。呼气时肌肉放松，动作还原，重复 3 次～6 次后换右腿。

在开始做医疗体操时，每一动作的重复次数，可根据自己的体力而定，以后每隔一周增加 1 次～2 次，但不宜超过 20 次，每节操的时间为 20 秒钟～30 秒钟。注意：有高血压的老人做第五节操时，要小心。若有头晕感觉可以不做。

患有前列腺肥大症的病人，还可以参加：散步、慢跑、乒乓球、太极拳、八段锦等体育活动，但尽量少骑自行车，以免使前列腺部位受到压迫。

12 中风偏瘫病的运动疗法

中风又叫做脑血管意外，常发生在中老年人之中。中风病人一般都有不同程度的后遗症，以偏瘫最为多见。老年人在偏瘫后，只要发现瘫痪肢体有微弱动作，而且意识也清醒，就可以在家人的帮助下，开始进行运动锻炼，这对病人的康复非常必要。

运动疗法可分三个阶段进行。

1. 第一阶段：患肢知觉的恢复。

这一阶段，主要靠护理员帮助患者运动。其目的是防止患肢僵直与强硬。

姿势：患者保持卧床姿势。

（1）护理员用一只手托住病人患侧的肘关节，另一只手抓住该手的手腕，然后抬起前臂向上臂靠拢，连续做屈伸动作。反复 10 次。

（2）护理员用一只手握住患者的手掌，另一只手抓住其手指，帮助病人做手腕屈伸运动和手指屈伸运动。反复 10 次。

（3）护理员用一只手托住病人患侧的肘关节，另一只手抓住该手的手腕，将其手臂伸直，然后缓慢向上抬至病人的耳旁。反复 10 次。

（4）护理员一只手托住病人患侧的肘关节，另一只手握住手腕，让该手手臂向体侧展开，伸直后，再弯曲肘关节，反复做手臂屈伸运动。反复 10 次。

（5）护理员抬起病人偏瘫侧的腿，使膝关节伸直，一只手托住小腿肚，另一只手握其脚掌，然后将脚前掌慢慢向前推，直到脚掌勾起。反复 10 次。

（6）护理员抬起病人偏瘫腿，一只手托住该腿的膝窝，另一只手握住脚心，做环绕旋转踝关节和膝关节运动，先顺时针旋转，再反时针旋转。各 10 次。

（7）病人偏瘫腿屈膝，护理员一只手扶膝盖，一只手握住足踝关节。这时，将其小腿慢慢压向大腿，大腿压向胸部。反复 10 次。

（8）护理员一只手托住病人偏瘫腿的膝窝，另一只手握住踝关节，把该腿抬高后，放下，再抬高，再放下，反复 10 次。

以上动作每天做 3 遍。力量的轻重和幅度的大小，应该以患者不疼痛为原则。

2. 第二阶段：坐、站功能的恢复。

这一阶段的目的是恢复患者的坐起和站立的能力。

（1）仰卧在床，两腿伸直，让瘫痪侧的腿先做屈伸足踝和脚趾的运动。然后做屈伸腿动作。如此重复做 30 次～50 次。

（2）开始患者由护理员帮助从床上坐起，以后患者用健侧手臂支撑（也可以在床架上系上布带，让患者借力），慢慢坐起来，最好能坚持 5 分钟。刚开始允许半卧位（坐位和床成 30 度的夹角），如果病人感觉良好，可隔一天增加 10 度半卧位角度，坐的时间也逐渐延长。最后逐渐强迫自己能够完全坐起来。

（3）坐在椅子上，做高抬腿踏步的动作。重复 30 次～50 次。

（4）坐在椅子上，开始时，护理员用两手扶住病人腰部两侧，帮助其站立，坚持 5 秒钟以上，以后患者自己用健手扶着桌子（或其他东西），慢慢试着站起来，最后逐渐过渡到徒手站立。

3. 第三阶段：行走锻炼。

待病人能够离床下地了，就可以进行迈步训练和努力恢复上肢的功能。在这一阶段中会碰到很多想不到的困难，而且时间周期较长，因此，护理员要有足够的思想准备和耐心，同时还要帮助病人树立战胜疾病的信心，使身体得以早日康复。

（1）扶桌椅站立，身体重心轮流落在左右腿上，让两腿交替负荷，但应重点训练患腿的负荷量。可做 10 次～20 次。

（2）扶桌椅站立，患腿轻轻提起离开地面，伸膝向前踢出，然后还原，再屈膝向后踢出。前后踢腿各 20 次。

（3）扶桌椅站立，原地踏步 20 次～30 次。腿要尽量抬高，特别是患腿。

（4）两手扶横杆，先向健侧方向移动 5 步，再向患侧方向移动 5 步。以后逐渐增加步数。来回移动 5 次～10 次。

（5）护理员一手扶着病人的腰，一手握住病人的手，病人患侧手臂要搭在护理员的肩上。病人患侧腿和护理员的腿靠在一起。两人先迈外侧腿，再迈内侧腿。开始时，护理员的腿可以拖抬病人患肢向前迈步。每次走 5 米～10 米。以后逐渐延长迈步距离。

（6）病人健侧臂持一根拐杖，第一步拐杖先出去，第二步患侧腿迈出去，第三步健腿跟上。每次走 5 米～10 米。以后逐渐延长行走距离。

（7）丢开拐杖，在护理员的看护下，在家练习行走。每天步数应有所增加。

4. 第四阶段：全面恢复上下肢功能。

这一阶段是训练正确走步、步行耐力和手指头精细活动，以达到生活自理。

（1）进一步锻炼行走能力。

①高抬腿走路，刚开始动作可慢些，一步一步走稳，千万别着急。②站立，左脚前跨一步，屈膝成弓步。右腿膝关节伸直成箭步，然后还原。左右脚交替进行。③患者在行走时，可缓慢步行和较快步行相交替。④患者能够在平地走路后，就可以进行走斜坡练习。

（2）在以上练习都做得比较好以后，就可进行上下台阶的练习。开始锻炼时，需要护理员搀扶病人的患侧。

①上台阶练习：病人健手扶着楼梯扶手，然后用力拉，健腿随之上台阶，让健腿脚掌站稳后，再上患侧腿。让两腿站在同一级台阶上。如此反复练习。②下台阶练习：病人扶好楼梯扶手后，先下患腿脚，站稳后再下健腿。两腿站在同一级台阶上，再反复练习。台阶数可从 5 级开始，以后每天增加 1 个～2 个台阶。③上肢功能训练：在进行步行锻炼的同时，还应训练患侧上肢功能，比如肘关节、腕关节、指关节的伸屈练习，肩关节、手臂和手腕的旋转活动，还有上肢的前举、上举、后伸、侧平举等。平时多练用筷子夹东西、织毛衣、解纽扣和打字、弹琴等，动作以改善手指的灵活性。

在进行以上各阶段的锻炼时，应该注意三点：

第一，遵守循序渐进的原则，运动量要适中，不要过度疲劳，不要明显的加重心血管系统的负担。

第二，注意安全，在练习站立和步行时，一定要有人在旁边保护，以免发生意外。

第三，最好能在医生的监督和指导下进行练习。还要定期检查身体，注意血压、血糖、血脂变化的情况。如果发现异常症状，应及时去医院检查、治疗。

13 肿瘤病的运动疗法

肿瘤是指机体细胞在某种因素下发生突变，引起异常繁殖，逐渐形成肿块，造成组织形态、功能、代谢异变。肿瘤分为良性肿瘤和恶性肿瘤。良性肿瘤生长慢，不会发生转移，是可以治愈和控制的；而恶性肿瘤（又被称为癌症）的"癌细胞"会不断分裂、生长，从身体的一个部位转移到另一个部位，甚至还通过血管及淋巴管向远处扩散，并排挤、侵蚀和损害周围的正常细胞，严重威胁着人类的健康和生命。

患有癌症的老年人，应当积极去医院进行治疗，同时，还应通过运动疗法来控制病情，增强机体的免疫力。目前有许多癌症患者，自动组织起来，成立了"癌症患者之家"、"康复俱乐部"等，进行运动锻炼，使许多患者得到了康复，取得了良好的效果。国内外专家经过多年的跟踪观察、测试、研究后证实，体育运动是防癌的有效方法之一。1969 年，德国运动医学博士恩斯特·阿肯，曾对 40 岁～90 岁坚持长跑和不进行长跑的男子各 454 人进行对比，跟踪调查达 8 年之久，结果他发现：跑步者中只有 3 人患了癌症，但已恢复了健康；而不进行跑步的人中，有 29 人患了癌症，其中有 17 人因癌症而死亡。

在日本有一位 107 岁高龄的老年人，几十年来，每天坚持跑步 5000 米。他死后，医生对其尸体进行了解剖，发现癌细胞已扩散到全身。这使在场的医生大吃一惊，因为这要是发生在一般人身上，恐怕早就不行了，可这位老人仍然活到了那么大的年龄。

不过，运动医学家指出：适度的体育锻炼可以降低癌症发病率，而运动过度则会损伤免疫功能，增加癌症的发生率。因此，对于癌症患者来说，每周从运动中消耗 8 千焦耳左右的热量就比较合适了。运动项目可选择：散步、慢跑、太极拳、气功等轻度运动。

（李庆雯）

医疗卫生卷

YI LIAO WEI SHENG JUAN

人的寿命究竟有多长？根据生物学的规律和推算，最多可以活 170 岁～200 岁，而且男人和女人的寿命几乎无差别，然而事实上却不是如此。

关键的问题，我们要深刻地体会到"生、老、病、死"这一句不可忽视的名言：疾病是消耗一个人生命体能的至关重要的问题。

老年学家普遍认为，人由于生命力完全耗尽而死亡的情况是极为少见的。生命的停息绝大部分是因为疾病导致机体病理变化所引起的。依据这种情况就要求医务人员应更准确地诊断病情，正确地制订治疗方案，采用最好的医疗方法和手段，寻找最有效的药物去防治疾病的发生和发展。

人口老龄化是世界人口发展的自然趋势，防止疾病的发生，乃是保证老年人长寿的首要任务。因此，本章的选材，着重于普及各种老年人常见的疾病防治知识，但愿能达到早期预防、早期发现、早期诊断、早期治疗的良好愿望，提高老年人的生命质量，争取早日在我国实现"健康的老龄化"。

（王德昌）

老年卫生

1 健康老人的标准

人口老龄化是世界性的变化趋势。因此，对老年人的健康应该列为重要的课题。我国各大城市几乎每年进行健康老人的评选活动，各地都有一定的标准。现将 1996 年 1 期《中华老年医学杂志》上发表的修订草案摘录如下：

（1）躯干无明显畸形，无明显驼背等不良体形，各关节活动基本正常。

（2）神经系统无偏瘫，无老年性痴呆及其他神经系统疾病，神经系统检查基本正常。

（3）心脏基本正常，无高血压、冠心病（心绞痛、冠状动脉供血不足、陈旧性心肌梗死等）及其他器质性心脏病。

（4）无慢性肺部疾病，无明显肺功能不全。

（5）无肝肾疾病、内分泌代谢疾病、恶性肿瘤及影响生活功能的严重器质性疾病。

（6）有一定的视听功能。

（7）无精神障碍，性健全，情绪稳定。

（8）能恰当地对待家庭和社会人际关系。

（9）能适应环境，具有一定的社会交往能力。

（10）具有一定的学习、记忆能力。

2 延缓衰老的对策

人的衰老是生物规律的必然现象。但是，有的人衰老缓慢，有的人青春早逝，有的人长寿健康，有的人却早年夭折。远在秦始皇之前就有人追求长生不老，这无疑是徒然的幻想。现实生活中重要的是人们应该寻找延缓衰老的对策。

衰老的发生是不可抗拒的。然而，人类个体衰老的进程速度却各有不同，受着诸多因素的支配和影响。如：遗传便控制着人的衰老与寿命。地理环境、气温等也是不能忽视的因素之一。还有不良的生活习惯，如起居无定、暴饮暴食、吸烟酗酒、性欲无度等会催人衰老、折短寿命。心态情绪、性格修养等与衰老更有密切的关系。但是，有了健康的体魄，就能避免慢性疾病的摧残，缓慢衰老。总之，影响衰老与寿命的因素是复杂多样的，不是由单一的因素可以决定的。至于那些可以抗拒衰老、永驻青春的说法，是无稽之谈。

下面谈几点延缓衰老的对策，供老年人参考：

（1）要有健康的生活方式与卫生习惯。这包括衣、食、住、行、爱好、学习、工作等各方面，应按照科学卫生的要求作出合理安排。

（2）心态要平衡、情绪要稳定。据统计，在百岁老人中，95％以上都是性格开朗和遇事宽容的人。而心血管疾病的患者，相当大的一部分是急躁易怒、争强好胜的。临床上经常可以见到心绞痛、心率失常、中风等，多系诱发于情绪激动和大悲大喜的瞬间。即使是癌症患者，具有稳定的心态情绪，其生存率也远远胜过其他患者。所以，延缓衰老，必须保持良好的心态平衡。

（3）要节制饮食。在长寿老人的调研中，绝大部分是饮食有方、荤素有度的。很多疾病都源于暴饮暴食、偏食和过多的摄入碳水化合物、脂肪、蛋白质。老年人合理的饮食结构，应该是采取低动物脂肪、低胆固醇、低盐、多纤维、充足的维生素、合理的微量元素、足量的优质蛋白质以及均衡的热能结构的原则。

（4）应进行适合个人的体育锻炼。锻炼能增加人的活力，促进新陈代谢，增强人体免疫力，扩大人际交往，促使思维敏捷，确是延缓衰老的一个良好举措。老人们应该因地制宜，量体而行去进行体育锻炼。

（5）不要乱吃那些所谓能长寿与延缓衰老的药物。因为迄今为止，除了目前在研究的抗氧化剂、免疫制剂、微量元素制剂与某些中药制剂等以外，尚未有切实有效的长寿药，一切还在探索之中。

③ 合理使用维生素

有些人将维生素视作营养品，随意大量服用，殊不知在人体内进行代谢的各种维生素，有一定的比例，以维持平衡。如果随意大量增加某种维生素的含量，势必会影响其他维生素的缺乏。因此，维生素有益无害的观点是不宜提倡的。

实际上，维持正常人生理代谢所需的维生素并不是很大的。像维生素C，人的一天需要量不足100毫克，如超量的长期供给，就可能产生尿酸盐结晶，而导致泌尿系统草酸盐结石的形成。当然，这也并不是多见的。至于，维生素B族的需求量也只需数毫克与20毫克之间，而肠道的吸收能力每天也只有10毫克左右（维生素B_1）。一般地说，只有以下情况才需补充维生素。

（1）老年人饮食不佳，或是消化吸收功能不良者。

（2）患骨质疏松，在补充钙剂时，应同时服用维生素D，效果才更佳。

（3）有慢性消耗性疾病，如肿瘤、结核、糖尿病等应予补给。

（4）对维生素缺乏症者应予补充。如：缺乏维生素B_{12}可引起贫血、直立性低血压、末梢神经炎等就应补充B_{12}，口角溃烂应补充维生素B_2。

（5）应用其他药物有时可影响维生素的吸收。如应用一些抗癫痫药物，可干扰维生素D的代谢；长期服用某些降压药可使维生素B_6的活性下降，服用抗生素也会抑制肠腔内生产维生素B、K的微生物生长等等，在此情况下均应补充维生素。

总之，维生素并不是补品，更不是有益无弊的营养品。应本着缺什么补什么的原则给予合理的补充。必须说明的是，因老年人一般服药较多，在服用维生素时应与其他药品有2个～3个小时的时间差，以免相互干扰影响药效。

④ 注意正确用药

药物与人类的关系，几乎是息息相关。尤其是老年人大都患有不同程度的疾病，对药物依赖性强。然而，药物既有济世救人的一面，也有客观存在的副作用的一面，如有过敏反应，成瘾成癖，致癌突变等。对此，老年人应引起重视，不能掉以轻心。

老年人由于机体逐渐老化，各个脏器的功能也随之降低。诸如胃肠功能的下降影响了吸收能力；肝脏代谢功能障碍，使解毒受到了限制；肾功能的衰退，排泄功能受限，将会引起积蓄中毒，整体循环量的减少，药物不能随血浆蛋白结合而分布全身，达到应有的疗效……因此，对老年人的合理用药，特别是安全用药等应给予充分的重视。以下介绍几项老年人用药的基本原则：

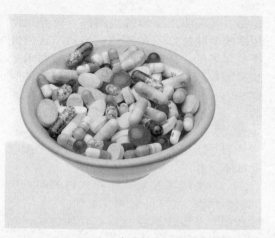

（1）老年人一般是一体多病，加之生理衰老，疾病的表现复杂多变，症状相互遮盖混淆，难免有漏、误诊的可能。因此，要尽力争取正确的诊断，方始用药为佳。

（2）老年人是多病之躯，平时用药数量较多。据统计老年人平均用药每日有好几种，多者达10种以上。如此多的药物，相互间会产生排异，往往顾此失彼，加重某些疾病的危害。因此，必须少而精的正确使用药物。

（3）服药应根据病人的具体情况，具体的制订计划。原则上应从小剂量开始，一般以常人的三分之一或五分之一起步，认真观察后，调整剂量，从而达到最佳剂量为止。

（4）对于重症病人要争取做血药浓度监测，以便于指导用药。若无此条件的，也应及时做血、尿的常规和生化检查，心电图监测等，以观察其药效与副作用，才利于调整用药。

总而言之，老年人正处于机体老化、免疫功能下降的状态，在治疗过程中既要抓住其主要疾病，又不能忽略其基础疾病、伴发疾病、基本体质、药物过敏史等，必须准确、合理、恰当地用药，以期达到有效、安全和治愈的目的。

⑤ 正确使用抗生素

20世纪40年代，抗生素的问世，为人类作出了重大的贡献，拯救了无数的生命，使感染性疾病的病死率大幅度地下降。但是，由于抗生素大量的广泛使用，甚至于滥用，不仅产生了耐药、二重感染，还显示出它的各种毒副作用，因而正确使用抗生素是一重要的课题。

抗生素的毒副作用有：如人们熟知的青霉素、链霉素、头孢菌素类可引起过敏性休克；卡那霉素、庆大霉素等可引发神经性耳聋、幻觉、昏迷、肾功能损害甚至衰竭；氯霉素、新生霉素等会危害造血系统；四环素、头孢菌素类等会造成肝功能衰竭等……特别是老年人若长期联合应用广谱抗生素，会引起菌群失调，使没有被抑制的细菌大量繁殖，从而造成致命的二重感染。

应该如何合理使用抗生素呢？

（1）应在尽量明确诊断后，再选用抗生素。

（2）易于发生过敏的抗生素，一定要做皮试后确定是阴性无误后，再行注射或服用，用后尚需观察短时为妥。

（3）原则上要对致病菌做细菌涂片或细菌培养，确定菌种和药物敏感试验，才能正确选用有针对性的抗生素。

（4）选用抗生素应首选杀菌剂，抑菌剂使用可补充杀菌剂的不足。

（5）如能做血药浓度监测，要求血药浓度大于致病最低浓度在2倍以上，使杀伤率达到最佳效果。

（6）抗生素之间存在矛盾能相互灭活，在静脉滴注中，不宜将两种抗生素置于同一瓶溶液中使用。

（7）老年人因有基础病、伴发病等，本身用药颇多，在使用抗生素时要注意配伍禁忌，以免降低药效，甚至无效或发生意外，并要注意用药时的酸碱度（pH）等。

（8）老年人用药剂量一般要偏小，逐渐调整至最佳剂量。

（9）给药的间隔时间要适当延长，疗程要缩短，切忌长期大量应用。

（10）在用药期间，要注意主客观反应。必要时需做血、尿常规以及肝、肾功能的检测。

（王德昌）

老年心理

在人生的旅途中，人们难免会遭遇各种荆棘和坎坷。而各自的反应不同，有的人烦恼丛生，甚至无奈沉沦；有的人却能超越这种阻碍和挫折，从逆境中稳步前进。可见，人的一生中在心理上有各自的动态和变异。因此说，心理学是随着人类的出现而萌芽的。

心理学特别是老年心理学，应该是一门既古老又新颖的学科。老年心理学是直面人生，针对社会、牵涉家庭的一门重要学科。在我国的古籍中就有不少关于顺应自然、养生休息、心态平衡、颐养天年之说。这类文字充分描述了老年人心理活动的变化。在国外如公元前的希波克拉底和亚里士多德，以及中世纪的何维森纳等，对老年心理都有过述说和论著。

人类历史上平均寿命的延长极为缓慢。青铜时期的人平均寿命为 18 岁（希腊），中世纪的人平均寿命为 33 岁（英国伦敦）。1950 年，世界老年人仅占总人口的 3%，2000 年已达 9.9%，发达国家则升至 18.4%。

人进入老年期后，机体逐渐衰老，感知能力下降，反应迟缓，记忆减退，视听失灵，知识更新减少，阅读贫乏，由此会引起抑郁、孤独、冷漠、多疑、恐惧、失落等一系列的心理变化。加之离开原有的工作，或社会地位与环境的变迁，使老年人的情绪处于失衡和应激的状态之下，强烈的失落感往往会引发不良的心理反应。尤其是对新事物、新情况的出现，或是其中不足之处的显示，会使老年人产生强烈的反感，进而会出现一连串的逆反心理，诸如固执、暴躁、蛮横或是沉默、消极对抗的心理反应。

我国也正面临进入老龄化的社会，如何使老年人和将来的老年人处于最佳的心身健康的境地，继续发挥他们的才智和业务专长，幸福和愉快的安度晚年，是一项重要的社会职责，更是心理学研究的一项重大课题。

① 老年心理类型

近年来，老年人口显著增加，老年人的经济生活、家属、居住的问题，保健和医疗的问题，还有法律、宗教等问题，已引起广大社会的关注。

随着年龄的增长，人的周围状况以及自身的各种机能状态，一般都向着不能令人满意的、负的方面变化，这也是谁都承认的，也是老年人谁都体验到的事实。大约有 50% 的人在 60 岁以后就会感到自己是老年人。这个时期的生活可能发生很大的变化。如退休、丧偶、子女成家立业纷纷离开等，面对这一全新的生活，有的老年人进退两难，不知如何安排新生活。

在经历短暂的调整之后，由于各人不同的社会文化背景、不同的性格特点，各人的日常生活明显不同。有的人退休之后，很快地适应了这种难得的"闲暇"，将自己的生活安排得丰富多彩；而有的人却郁闷难耐。因此，一个人是否能适应得很好，顺利地度过晚年，往往与他的性格类型及生活经历有关。对某个人来说可能是过得充实的隐退生活方式，而对另一个人就不一定会使其满足。这就是说各种不同的性格类型，都具有自己的独特的期待、要求、欲望和兴趣，彼此差异是很大的。所以，处理老年期产生的问题就某种意义来说，各人都应按照自己的意愿去寻求相应的方法。

▲ 愉快积极型

属于这种类型的人们感觉自己的一生是有成就的一生，即使在退休的时候也心安理得，毫无挂念。他们对自己本身以及自己的过去和现在都能很好地对待，并能以强烈的关心和积极的态度对待现在。这种性格类型的人，对人生抱有乐观态度，对未来充满希望。满足于自己一生所完成的事业，并且在退休后还继续参加一些积极的社会活动。在人际关系上表现出有充实感，努力保持亲密的朋友关系。

▲ 直接兴趣型

属于这一类型的人们对自己的生活感到满足，并对多种生活方式充满兴趣。他们能对退休以后的生活作出很多安排，乐于接受很多新生事物，一旦选择了自己最感兴趣的活动，就表现很执著，也很容易地与具有相同爱好的人们进行广泛的交流并建立起良好的关系。他们津津乐道，常常使其周围人的情绪受到感染。

▲ 关心健康型

属这种类型的人，往往具有安定的生活，他们对现有的生活状况比较满足，因而对自己的健康表现出极大的关注，甚至从中年以后开始，他们就非常注意收集各种与健康、保养有关的信息。当他们退休以后，更是有充足的时间从各种渠道获取此类知识，积极尝试多种健身活动，易于接受各种保健食品、健身方式，并喜欢彼此交流经验。这一类型的人非常重视晚年的健康状况。

▲ 解脱型

属于这一类型的人对退休的现状，都能够接受。然而可以看出这种接受的方式有着消极的态度。作为情绪高涨并且无拘无束的性格的人，从过去担负的责任中解放出来，并享受闲适生活的乐趣，他们还是欢迎这种隐退机会的。属于这种性格类型的人的特征是不抱什么特别奢望，享受悠闲自得的生活的同时，只想在物质上、精神上期待着别人的援助和支持。

▲ 追求知识型

属于这一类型的人能很好地安排退休后的生活，往往具备比较稳定的生活状况，大多具有一定的学历。他们的社会活动程度和心理健康之间存在着良好的相关关系，乐于接受各种新知识、新事物。退休后，他们会根据自己的爱好从各种渠道获取新的知识，充实自己。选择对自己有意义的活动。

▲ 坚持工作型

属于这类的人一般能对退休的生活较快地适应。他们本来就有事业心，在工作上有成就，并以此视为达到了人生的根本目的。他们为了更好适应老龄化，愿积极地参加社会上的各种活动。这一类型的人往往在退休后，能发挥出大量的潜能。

② 老年心理疾病的家庭治疗

传统的心理学，从病理心理学的角度去了解人，然后再对疾病进行治疗，治疗的目的是消除疾病，就像外科手术把病患割除一样。但是，消除疾病有时并不意味着健康的恢复。按照传统的观点，家庭治疗的范围至少包括家庭中的所有成员而不应只是病人。家庭治疗是一种特殊的思想方法、一种公正地对待人的社会性的方法。

我们所指的家庭治疗，包括从个体治疗到生态治疗等一系列可能采取的治疗手段。从概念上说，家庭治疗与个体治疗是对立的。个体治疗是与个体打交道，希望建立治疗者与病人之间的关系，家庭治疗则是以家庭为单位。家庭治疗一词主要意味着在一种特殊环境中进行治疗。它远在科学的心理治疗制度化之前即已开始了，并且随着社会变迁，随着工业化、劳动的分工，随着家庭的解体而变化。我们可以毫不夸张地说，自从有人类以来，就一直存在着人与人之间的关系——和谐与冲突。人们可能从那个时候起就希望解决这些问题。因此，家庭治疗的发展便给心理治疗和环境治疗提出了一个新的课题。

老年期的心理障碍是已经成熟、相对稳定的障碍或者伴随其崩溃的障碍。因此，必须考虑到老年人的心理疗法应有其独特的形式。在治疗老年人的神经症、心身疾病、歇斯底里症等病时，要着眼于老年人的实际情况。推行老年人的心理疗法是至关重要的。

进入老年期就意味着与新生相对应的是消亡，与获得相对应的是丧失，与再相逢相对应的是别离，与充满希望的未来相对应的是不可避免的与未来的断绝。在老年人的心理疗法中，还有一个必须注意的问题，就是与老年期的潜能降低相关的特殊的心理反应。与青壮年期的人相比较，处在老年期的人在精神上、体力上总有某种形式的功能降低。因此，对青壮年不产生任何障碍的刺激，而对老年人将成为触发很大的精神反应的因素。另外，与青壮年相比，老年人的自主性功能降低，精神上的压力很容易立即在身体上表现出障碍，身体上的微小障碍也容易产生疑病的精神表现。因此，老年人应该使自己能够时刻准备承受来自于周围生活中的负面刺激。另外，还必须考虑的是老年期所特有的性格变化。由于老年人承受了体质、性格、周围环境、生活方式的变化，当然就与年轻人的神经症有微妙的差别。因此，为了治疗老年人的心理疾病，要注意多种因素，决定哪一种因素是起主要作用的，然后在这个基础上进行治疗。

在家庭治疗中，最引人注意的是生机勃勃的家庭关系，家庭内部的规则，以及家庭成员之间互相影响的各种行为。近年

新世纪 老年 百科全书

来，家庭治疗已变得如此重要，以致对某个病人进行治疗时，把对家庭关系进行研究当成对病人治疗的一个组成部分。

在家庭治疗中，要强调家庭所有成员应该互相理解，为进行家庭治疗打下基础，才好系统地解除老年人的心理障碍。同时，家庭成员要注意躯体因素所造成的疾病，用积极的方法处理它们，使病痛减轻，易于忍受。而且，还要让老人积极地看待某些必要的医疗措施，如艰难的治疗或令人害怕的手术等。

家庭成员要正确地理解老年人的问题和烦恼，多倾听他们的诉说，了解老年人真正要求解决的问题，弄清老年人内心中潜在的焦虑的实质；与老年人保持良好的情感协调状态；重视老年人的人格，理解身体和精神功能处于衰退时期的老年人，偶尔会趋于极端，采取孩子般的言行；对退休生活很难适应的老年人，要及时地进行开导，使他们从内心世界的孤独感中解脱出来；要经常鼓励他们以积极的态度开始新的生活，激发老年人内部保留的潜在能力以及唤醒其对社会、家庭及其他的角色意识，使他再次意识到人生的意义，并按照这个方向努力去实践，这是至关重要的。

③ 老年心理疾病的自我治疗

人一旦进入老年期，生活会发生很大的变化，有的人可能一时对新的情况感到不知所措。孩子们纷纷离去成家立业，感到孤单、寂寞；退休在家无事可做，但其个性又忍受不了这种无所事事；丧偶或爱侣患了重病……一个人的最大损失莫过于丧失了熟悉的生活方式。

有感到心情不愉快的老年人，首先要控制住感情，保持头脑清楚，坚信抱怨是于事无补的。有时并不清楚自己的感想，不妨发泄出自己的情感。想流泪就流泪，想叹气就叹气。要感谢这泪、这叹息，正是这泪、这叹息发泄了压抑的情感，否则，会阴云似的笼罩整个晚年生活。要记住，适当的发泄有利于身体健康，实际上一旦发泄了情感，叹息几声，情况就会出现转机。情感发生了转变，心中的痛苦和悲伤也就慢慢消融了。往往是怒极反笑，或转化为平心静气，许多烦恼都消失了。敞开内心所有的情感就会感到身心轻松。

当然，当你处于极端的困境中时，你需要对付的情感问题就严重得多了，有时花费的时间会很长。比如，你还要忍受着病痛的折磨，亲人病况日重或手头拮据等。这时应当留给自己足够的空间去感受这痛苦，去发泄这痛苦。压抑情感不但于己无益，而且迟早会产生适得其反的结果。发泄情感，就会精神百倍地迎接一天中其余的时光了。

如果已经发泄过，可痛苦并没有减轻或是新的痛苦又袭来，千万不要给它以喘息之机。痛苦在你心中徘徊过久会使人丧失判断力。在意志消沉时，你意识不到自己的想法不切实际，尽管这样的想法看起来是合理的，而且虽然生活中有意义的东西仍然存在，你总是有看破红尘的感觉。对此，虽然你无法摆脱痛苦，但可以使痛苦缩短到今天为止，让明天早上你再去体验。

生活的变化对人会有好处。要知道：当你挥手告别载你而来的轮船时，心里虽然很悲伤，满腹牢骚，但你也开始审视这片新土地了。你满眼的陌生，但无须担心，你曾漂泊过无际的海洋，都已咬牙挺过来了。在一个学校里你是老生，而在另一个学校里你就是新生了。这种根本的变化经常发生。中学你奋斗几年终于毕业了，但当你进入大学或开始工作时，又得从头开始。这种不稳定感，你以前是再熟悉不过了，已不知经过多少次了，都必须从头做起。人的一生中有好多次都是从无知走向熟知、由熟知走向无知，这是很自然的。人的寿命在延长，社会的变化也在加剧。每一次变化都令人心烦，但这是生活的一部分，而且你已证明自己面对变化还游刃有余。重要的是要寻找到自我，找到你真正想要的，然后找那切实可行的，再确定目标。不要怀疑，你追求的梦想是不是太晚了。如果你从头做起，一生中的任何时候都能学会新的东西。如果你真的能放下架子从头开始，整个世界都会向你敞开大门。

当你开始全新生活的时候，不要让自己远离人群，要与周围的人们互相帮助，广泛交流，得到伙伴给予的勇气，激励你探寻新的世界。如此这般，你感到退休后的生活同样也会很愉快的。

④ 老年心理保健
▲生死观
老年期的生存模式可以说在很大程度

上受个人身体素质条件所制约，尤其受本人对人的生死态度所左右。各人差别很大且极富于个性，应该说它是人的毕生经历的产物。因而个人差异的幅度，不仅是因价值观的不同而异，而且也是一个人的性格差异的标志。单就生死观来说，有的构成了明确的世界观体系，也有的是混淆不清，还有到晚年在不断地变化。有的痴呆地"等待死神的降临"，甚至有无所谓生死观而茫然地混日子。当人被死亡所困扰时，有积极对待的，也有消极对待的。常因文化程度的不同，在很大程度上影响着老年期的生死观。当然，一个人处于老年期的社会条件如何，也是影响生死观的因素之一。在一个大家庭中的老年人、相依相伴的老夫妻或天涯漂泊、孑然一身的老人等，因社会条件的不同，他们的生死观也必然不相同。

进入垂老之年的人，首先面临的是自己的生命已快"油尽灯灭"，时刻接近死亡这一现实。许多老年人面对自己生命之钟将停摆的事实不敢正视。然而对这必然的现实，采取无视它或否定它的态度，都不能说是年龄增长达到成熟的人应有的态度。老年人不仅要正视死亡这一现实，而且应该把死亡与自己的生命融合起来，走完自己的生命的最后一个历程。这样，才能理解生命的全部意义。

在退休以后，若看不到自己的生活有什么意义时，很难说是活得有意义的一生。一个人若已经失去人生的目标，也就失去了生活的勇气。毫无希望、对人生不抱任何期待的人，也就停止了作为一个真正的人的生活。一个人若对生活失去了兴趣，实际上是死亡就已开始了或者说已是部分死亡了的活死人了。

面对死亡采取肯定的态度，对人生的晚年有积极的反应，从而给老年生活带来新的意义，这是所有老年人在其晚年面临的一场认真的挑战，也是一个重要的课题。

人在临终之前，必然会想到自己的家庭和亲友，应该尽可能完成自己尚未完成的事情，在适当的时候向他们交代，以便继续完成；有的还想再补偿自己过去所犯过的错误，期望自己的亲友处于和谐、圆满的气氛中；有的人在生命的旅途的最后几个月里，还想保持着希望、勇敢、不乏幽默的态度，又为周围的人们作楷模，即

使在临终的日日夜夜，也将给予他人带来敬意。

对死有如此的思想准备与努力，对周围的人们就展示了老年与死的真正的意义。

▲失落感

人在工作期间，把自己的生活和工作完全可以看成同样重要。可是在退休的瞬间，脱离工作，就必然要适应自己作为新的自我，对任何业绩都抱着毫无关系的新的价值观。然而，激进的社会、工业技术的变化所带来的冲击，对所有年龄阶段的人都给予一定的心理上的影响，其中受到冲击最强烈的、体验最痛苦的就是高龄者。老年期的人们，爱固执地坚持自己的方法和态度，应付眼前不断发生的新状况的能力也在减退。可是与此相反的，是现代社会的发展在日趋加速，这样的现实，对精力有限的老年人来说，越来越会感到应对困难。老年人的一个特有的重负是，以前长期保持的人际关系的量在不断减少。随着年龄的增长，更加固守自己的思想方法和行为方式，如同封闭在一个蛋壳中一样。要寻求亲密的朋友，对新来的人敞开心怀去接近，是越来越困难了。非常多的老年人在隐退后对新的人际关系已不能十分适应。

到了老年，多数人总觉得逐渐成长起来的年轻人好像在等待着把自己从有权势的地位上赶走，因而受到威胁。在年轻人能够享受的价值中，有的是老年人已经得不到的东西。在古代的各种文化领域里，高龄者本身，由于他的经验和智慧受到世人的尊敬，年轻人也需要老年人的忠告和帮助。可是在现代社会，年轻人对今天的加速发展有所准备，在各专业领域内，通过各种各样方法接受高度训练，不断获得新的知识。在这一点，公司的一些上司也

新世纪 老年 百科全书

敌不过年轻人。这样一来，老年人就跟不上了，年轻人也认为不需要老年人了。于是老年人就格外容易失去自信，从而产生强烈的失落感。

人们常说："朝阳固然可爱，夕阳也当珍惜。"夕阳能烧红晚霞一片，点亮满天繁星。为此，特建议：凡是到了老年的朋友，必须努力发现只有老年人能够去开拓的新的领域和价值。以乐观自信的心态对待年轻的一代，积极地忠告年轻人还必须努力，适时向他们伸出援助之手。比如，在某一个技术领域中年轻人虽受过高等教育，但从人生的经验中得到的真正智慧，往往还是老年人胜过年轻人。因此，老年人如能站在有意义的、能够做到的援助的立场上帮助年轻人，年轻人还是欢迎的。

▲悲天情绪与疾病

人生中的艰难困苦，难免使人产生悲天情绪。一个人，如果在某一天，某一时间里，被悲天情绪笼罩，便生活在痛苦之中。一个人，短时期内被悲天情绪控制，并不可怕，可怕的是被一种悲天情绪长期地，甚至一辈子主宰了一个人的灵魂，使这个灵魂处于水深火热之中，在无边的痛苦深渊中挣扎，不能自拔，那就惨了。

《红楼梦》中的林黛玉，因长期被悲天情绪所笼罩，终日郁郁寡欢而英年早逝。《茶花女》中的玛格丽特，因夹在争生存和享受爱情之间不能自拔，也患了肺结核，年纪轻轻便熄灭了生命的火花。文学家们虚构的艺术典型是较真实地反映了生活中负面情绪与疾病的关系。在抗结核病的有效药物未发明前，不知多少个痛苦的灵魂因抵抗力减弱，被结核菌乘虚而入夺去了生命。鲁迅便是一例。他"横眉冷对千夫指"，每天都怀着愤怒的心情举着"投枪"，与人世间的不平作战，并用"盾牌"团团转着防卫着来自敌人营垒里的"明枪"，来自自己人营垒里的"暗箭"。"铁骨铮铮"的鲁迅终于被病魔击倒，五十多岁便被肺结核夺去了生命。

被忧郁症夺去生命的人在现代社会里在剧增，已成了人类非正常死亡因素前几名。现代科学研究证明，人因负面情绪刺激神经系统，会影响一种生物活性因子——5—羟色胺的分泌。而当大脑中的一个特定部位缺乏5—羟色胺时，人便会产生自杀的倾向。在现代社会中，由于生存压力

的增加，人与人之间关系紧张，缺乏温情和理解，容易产生忧郁一类的负面情绪，促进内分泌紊乱，加剧负面情绪的负效应，易导致自身无法控制的自杀事件的发生。

负面情绪带来了更可怕的疾病——癌症患病率的上升，也为现代科学所证实。负面情绪可从三个方面影响人的代谢，从而导致癌症的发生。首先，负面情绪使内分泌失调，从而导致细胞生长失控，进而产生癌细胞，发展成癌症。其次，负面情绪会引起体内激素水平波动，导致负面情绪加剧，加速了畸形细胞产生和发展的过程。最后，负面情绪可引起糖皮质激素增高而抑制抗体的产生，使特异免疫、非特异免疫、免疫监控系统等发生障碍，不能及时识别和消灭癌变的细胞，最终发展成癌症。我国一项研究结果表明，80%左右的癌症病人在患病前半年至8年间经历过恶性的生活事件，其中抑郁情绪占70%左右，焦虑情绪占90%左右。这些恶性生活事件造成的抑郁、焦虑等负面情绪如果得不到宣泄，便会使人陷入绝望、厌世等极度悲观的境地，对癌症的发生和发展产生推波助澜的作用。

因此，悲天情绪的宣泄和使之向积极方向的转化，便成为构建乐天人生体系的一个重大课题。通过主动、积极、科学的宣泄，使负面情绪及时地转化为正面情绪，更有益于身体健康。

▲心情压抑与心理健康

俗话说得好："老还小。"这话还真的不假。人老了有很多地方就会与小孩子相似，动不动就容易受到负面情绪的影响。中老年人群在心理状态、生理功能和社会人际关系诸多方面都处于逐年减弱的趋势，每当遇到不顺心、不如意的人和事之时，孤独、寂寞、失落、懊恼、愤怒、沮丧、悲哀等压抑的负面情绪随时都会产生。一种态度是任其发展，轻则身体患病，重则会导致心理或精神障碍；一种态度是积极调理，将负面情绪转化为正面情绪，促进精神健康乃至整体健康。

上个世纪末，有80多位诺贝尔奖得主聚会纽约，讨论"21世纪人类最重要的问题是什么"，共同结论是：健康！完全的健康应该追求：健康、长寿、智慧、快乐、道德的全面健康。这是世界科学精英倡导的新世纪健康观。人的生老病死是自然规

律，谁也无法避免，老人要能对自己的健康状况进行准确的自我评估，运用自我保健知识和方法，调整心态，追求快乐心情。从长寿理论和长寿老人的经验可看出，人的精神健康对于维护机体健康具有决定性作用。高寿百龄的文学泰斗巴金，受到种种打击仍能健康长寿的关键原因在于精神健康，其名言是："精神快乐是人类最好的滋补品。"

那么，老年朋友如何才能做到心理健康呢？

一是爱意充盈无遗憾，内心坦荡无私心。老年朋友要多想自己一生中的精彩之处，要始终如一地爱生活、爱家人、爱朋友，爱生活中一切美好的事物；淡泊名利，心胸宽广，虽然有的物质生活比较简朴，但精神生活却不能忽略，在发挥自己余热的同时，也多享受些人生真趣，活得轻松，活得自在。

二是乐观向上真豁达。人在年轻时往往忙于各种工作，到了退休时正是阅读休闲的大好时光。对于老人来说，经常读书看报，可勤于动脑，增长知识，转变观念，与时俱进。切不可自我封闭，自以为是，自我欣赏，以为自己无所不知，无所不晓。只有活到老，学到老，才能防衰老，得健康。

三是忠厚宽容勤治家，关爱老伴爱晚辈。少年夫妻老来伴，两个老人要相互爱其所同，敬其所异，和睦相处，相依为命；同时要关心下一代的发展，支持他们的学习和工作，解其所难，帮其所需。儿孙自然会孝顺有加，更关爱老人，形成和谐的亲情家庭。

四是全面发展兴趣爱好。对于退休在家的老人朋友来说，空余时间相对较多，不妨在琴棋书画上多多摆弄，陶冶心灵乐开怀；山水花鸟常做伴，少些烦恼多些快乐。

五是该说就要常开口。"说"，是一种倾诉和发泄。从心理学的角度看，如果不把某些负面情绪发泄出来，那么它很可能转化为身体的某些病症，比如失眠、焦躁、忧郁、烦闷等等。所以，老年人要常聚会，知心好友聊聊天，侃侃大山，把负面情绪发泄出来，是一种对心理健康有益的自我保护行为。

六是调整心态有巧招，心平气和真健康。好心情是健康人生的终身伴侣，老人要做到遇烦恼能排除就要有巧招，对于挫折能抵挡，对于疾病不悲观，失去亲人能承受，既清醒来又"糊涂"，既受助来又助人，既能合群又善独处，做到时时心平气和，成为健康长寿的老人。

▲孤独症良方

孤独症是一种现代文明病，也是在当年老年人中常见的一种病症。近年来，有关老年人的孤独症事件频见报端——

据南方某报纸报道：2005年10月的一天，一位土生土长的内地大妈，在内地生活、工作、生养子女并退休在家养老，在儿女请求下，她也跟随到了沿海，生活一下子全变了样：亲戚朋友都没了，出门逛逛，虽然很热闹，但别人说的话一句都听不懂，感觉格格不入。儿女们工作非常忙，自己心疼还来不及，当然不会再拖他们后腿，让他们待在家里陪自己。但一天到晚，屋里都空荡荡，邻居们也都紧关着门，真的孤单啊。慢慢地，子女们发现老妈变了，孤僻、健忘，动不动就发脾气。经常一个人坐在那儿，胡言乱语老半天，却没人听懂她说什么。再后来，大妈发展到上街不关门，逛到天黑才回家。到最后终于出事了。一天，儿女们晚上回到家，发现老人竟然不见了，整个城市都找遍了，也不见人影，儿女们急了，一连几个月，在全国各地到处找，后来，终于在邻省的一个小县城的车站找到了她。当时，老人正在捡垃圾，问她怎么到了这，她说自己要上班，要找以前的工作，要找以前那班人，找不到就全国到处找！后来钱不够了，就拾垃圾过日子。子女们将大妈接回家，在医院治疗三个多月后，大妈才慢慢回忆起自己出走的经过，人也逐渐恢复正常，但她直到现在，还是害怕回家，她说："一个人待在家里，我实在受不了。"

据《内蒙古晨报》报道：2005年3月的一天，呼和浩特市一位老人纵身从4楼跳下，经120急救人员抢救，老人不治身亡。据邻居介绍，老人患有老年孤独症，由于儿女成家后各忙各的事业，老人心情特别郁闷。

……

现在，孤独症在老年朋友中普遍存在，造成的悲剧让人触目惊心。那么，为何老人易患孤独症呢？据国家统计局称，2005年底止，我国65岁以上的老年人已经上亿，占亚洲老龄人的一半。其中有相当部分属空巢老人。他们往往要陆续经受丧偶、丧友、生病等重重打击，极易造成情感障碍，患上老年孤独症。这些老人的物质生活一般不成问题，最渴望的是子女和亲人精神上的抚慰，他们希望在亲情、温情中度过晚年。该调查发现，除了一些孤寡老人外，如今随着社会的发展和人们生活水平的提高以及生活观念、习惯的改变，很多成年子女单独筑建自己的"爱巢"，和父母分居而住，造成"空巢"老人的数量日渐攀升。调查中，专家还吃惊地发现，虽然有些子女与老人的居住地近在咫尺，但由于工作繁忙等原因，常常很少回家照顾老人。统计表明，打电话是子女们与"空巢"老人联系的主要方式，但有些"空巢"老人没有通讯工具，一旦发生意外，很难与外界联系。老人独守"空巢"，容易患孤独症、自闭症和忧郁症，而且，由于"空巢"老人长期无人照顾，其中由于生病或意外情况死在家中而无人知晓的悲剧时有发生。

俗话说，老有所养，老有所乐。怎样才能使老人有一个幸福安康的晚年生活，不仅是老人的渴望，更应该是所有为人子女者应该思考的问题。现在子女对老人的关心更多的是体现在物质上，对老人精神生活的需求则重视不够，精神赡养成了很多老人的渴望。很多老人并不缺吃少穿，而是在精神上缺少慰藉。一曲《常回家看看》之所以引起强烈的共鸣，在很大程度上反映了老年人无奈的生活现状。目前患有孤独症、自闭症和忧郁症的老年人越来越多，而他们大多数是有儿有女、生活无忧的老年人。有医学专家认为，一些老年人虽然和儿女生活在一起，衣食无忧，但由于生活方式不同、思维方式不同，有的老年人一开口说话就被子女不耐烦地打断，叫他不要唠叨，老年人心理肯定会留下阴影，觉得被儿女嫌弃。加上退休、丧偶等因素的影响，长期缺乏亲情沟通，会使老人心情抑郁、烦躁甚至影响到健康。子女要多了解父母的需求，对父母不只是给钱给物，更要给心灵上的安慰。专家说，有的年轻人喜欢花钱给老人买补品，其实，子女的关爱才是老人晚年幸福生活的大补品。

那么，作为老人自身该如何进行调节呢？

一是理解儿女，亲情沟通。近年来出现的诸如社区服务、活动中心、精神保姆、临终关怀等等，都是政府和社会各界为老年人办的实事好事。但是，这一切举措都替代不了双亲对子女的种种精神企盼。老年朋友理解子女由于工作的紧张繁忙而造成对自己的忽视。相信子女对养育之恩的回报之心，大胆讲出自己的精神需要。子女要多了解父母的需求，对父母不只是给钱、给物，更多的应给予精神和情感的慰藉。

二是走出家门，多交朋友。老年朋友怕孤独，一定要大胆地走出去，与社区的居民交往，通过交往缓解心中苦闷。现在很多年轻人都喜欢将老人从老家接到自己工作的地方住，以示"孝敬"。殊不知，生活环境的变化，对老人们的精神影响实在太大了，老人到异地后，过去几十年的朋友圈一下没了，根本找不到人聊天，即使家庭较宽裕，请保姆陪伴老人，但由于不属于老人过去的生活圈、朋友圈，老人还是觉得没有共同话题，仍然孤独。长此以往，老人就会变得孤僻、性格改变、纠缠不清、健忘，真至引发抑郁症状。因此，老人到异地后，应该尽快建立起自己的生活圈子，多交朋友，充实自己的生活，只有这样，才会远离孤单阴影，精神才能健康，心情才会舒畅。

三是培养爱好，增加情趣。工作了几十年一下退休在家，很多人不习惯。这种情况下，老人万万不可退缩居室，独居一隅，以致勾起回忆，更觉悲苦。越是平时没有什么业余爱好，没有目标可转移的老人越容易感到孤独。老年朋友不妨多给自己找点事情做，参加适合自己的健身运动，参加益智活动，如学习烹调、家居布置，或养花、下棋、打拳、舞剑等等。过节可以事先为自己拟定一个节日活动计划，让自己在节日和平时都过得充实而快乐，分散注意力，无暇去胡思乱想，走出孤独症的阴影，迎来健康的人生。

▲愤怒宣泄法

人在发怒的时候，喜欢用吵架、打架、摔东西等方法来宣泄愤怒。但是，这些常规的方法不仅难以解决问题，有时还会产生负面作用，引出新的问题，延长痛苦的时间。那么，应该怎样宣泄愤怒呢？

第一个方法是"隔离"。首先实行时间隔离。在冷静下来以后，想清楚愤怒的起因，并据此再去理智地处理令你生气的人和事。最好是睡一觉后再处理。睡觉以后，天大的怒火都会熄灭，严重者如"夫妻反目"，也能平息。俗话说"夫妻没有隔夜仇"嘛！

第二个方法是找"替代物"。有一个拳击运动员介绍他宣泄愤怒的经验，说："我被人激怒而无法控制自己时，便悄悄地跑到健身房，将沙袋当作那个激怒自己的人的脑袋，狠狠地揍'他'，直至怒火熄灭。"其实常人发怒摔东西与此法同理，亦可采用，只是平时需要训练自己，稍加改进。一要学那位"拳击运动员"，找"替代物"泄愤，并还要避开人耳目，悄悄地进行，不要张扬。二是"替代物"要选择如"沙袋"一类不易损坏的物品。若摔收录机、电视机、手机，撕衣服、被褥、人民币，未免太"奢华"了，"泄愤"也应讲究成本。

第三个方法是"倾诉"。一是自言自语，自己向自己倾诉。二是找自己的亲朋好友倾诉。三是找心理医生倾诉。不管向谁倾诉，都注意回避使你愤怒的对象，以免加剧冲突，引起更大的纠纷，无助于愤怒的宣泄和问题的解决。

▲沮丧宣泄法

人生不如意事，可谓多多。事业上：官场失意，"报国无门"；商场失败，家破人亡；功不成，名不就，甚至"名誉扫地"。生活上：婚姻失败，妻离子散；情场失意，情人背叛；兄弟反目，祸起萧墙；友谊破裂，众叛亲离……林林总总的不如意事，使你怒火中烧，使你忧伤烦恼，使你沮丧，使你产生失落感，对人生失去信心。

即使功成名就者，也可因得不到周围人，特别是妻子、儿女的承认，事业的成就感、家庭的幸福感无法满足，而产生失落感，使情绪沮丧，觉得人生没有意思，甚至产生"一死便是万事空"的念头。

沮丧是一种可怕的悲天情绪。一旦产生，就应设法宣泄，并将其转换成乐天情绪。只有这样，才能使人拔出消极人生的泥淖，转而追求积极的乐天人生，从"失意"变为"得志"。在这一方面，我国历代的名士为我们提供了榜样，留下了丰富的经验。

对付人生失意的第一个良策是"转向"。要相信，"天无绝人之路"。此路不通走彼路，就有可能"柳暗花明又一村"。事业上失意了，怎么办？官场失意转商场。范蠡在帮助越王勾践复国成功后，根据历史上"兔死狗烹"的规律，预测到自己即将在官场失意，便主动退出官场，转向商场，成为富商大贾，名门望族。商场失意怎么办？商场失意转名场，作家贾万超，经商十年，百战百败，最后闹到几乎要与债主同食"耗子（老鼠）药"的地步。他退出商场，转向名场，他的《生命呼啸》《生命逃亡》《生命涅槃》《碎雪》，一部部长篇小说相继推出，声名大振。生活上失意了，怎么办？"转向"亦不失为良策之一。你不爱我了，我不强求，我也要想法不爱你。这个法就是"移情别恋"。你给我戴"绿帽子"，我也给你戴一顶，以非对非故不可取，但用来吓吓对方，促其回心转意，还是可以一试的。友谊破裂了，朋友背叛了，世界上还有几十亿人，可以再交朋友，重觅知己。那已经同你"拜拜"的朋友，你把他当成路人就行了，何必再为一个路人烦恼、怄气呢？

▲"节欲"与隐士

对付人生失意的第二个有效方法是"节欲"。降低人的欲望，做到清心寡欲，其欲望便容易满足，失意的痛苦便会减轻，快乐就会降临。倡导节欲走向极端，将人欲降低至接近零度的做法，违背了人的天性，谈不上幸福，这种做法不足取。而另一种"节欲"，则是节制名利欲望，主张"淡泊名利"，寄情山水，享受田园生活的快乐。这是一种隐士的快乐。庄子是中国隐士的鼻祖。庄子思想的核心是解脱，从世俗的争权夺利、争名逐利中解脱出来，恢复人的朴素的本性，主张无欲、无为、无仁、无限和大同。欲望降低的结果便会使你对人生的各种失意处之淡然，视之泰然，使之负面情绪淡化，并从容易获得满足的对田园山水的欣赏中得到快乐，逐渐增长正面情绪，从而获得人生的幸福。

庄子在《庄子·庚桑楚》篇中列举了扰乱人心灵的各种因素，说："富贵显严名利六者，勃志也；容动色理气意六者，缪心也；恶欲喜怒哀乐六者，累德也；去就取与知能六者，塞道也。此四六者不荡胸中则正，正则静，静则明，明则虚，虚则无为而无不为也。"意思是说，人有四六二十四种欲望。如果这些欲望不扰乱心灵，心中就宁静了，烦恼便没有了。但是，怎样才能做到无欲呢？庄子主张通过修身养性来达到。庄子提供了一系列修身养性以去除人欲的良方。当然，人欲是不可能被消杀的，人的追求也是不应该被抹杀的。只不过，欲壑难填，在物欲横流的社会里，过度的欲望只会给人带来烦恼和痛苦。读庄子的书，用庄子的无欲说来降低人的欲求，对于欲火中烧的失意者，无疑是一剂清醒剂，能使你从失意的痛苦中解脱出来，消除烦恼。

自庄子以来，青史留名的隐士成千上万。最著名者有汉代以主张朝隐著名的东方朔，魏晋时期以主张林泉之隐著名的陶渊明和竹林七贤，中唐时期以主张中隐理论著名的白居易，宋代以主张酒隐著名的苏轼等。他们共同的特点都是反叛使之烦恼的世俗观念，从而得到了精神上的解脱，摆脱了失意带来的负面情绪。

东方朔是汉武帝身边的一个弄臣，专门说笑话逗皇帝乐子的，汉武帝将他当"娼优（娼妓、戏子）畜之"。可是，东方朔本是一个才华出众、很有抱负的大知识分子。他的知识分子的人格与他不得不随时迎奉皇帝，对皇帝溜须拍马的做法十分矛盾，使他痛苦不堪，时时萌生退隐山林的想法。他说，"穷隐处兮，窟穴自藏，其随接而得志兮，不若从孤于首阳"，"居深山之间，积土为宜，编篷为户，弹琴其中，以咏先王之风，亦可以乐而忘死"。然而，他又不愿放弃在汉武帝身边的特殊地位。他可以利用这种地位来施展自己的抱负，为国为民做一些好事。于是，他创造了朝隐理论，来开脱自己，排解痛苦。他说："陆沈于俗，避世金马门（宦者的

官署，门前有铜马）。宫殿中可以避世全身，何必深山之中，蒿庐之下！"如此等等。所谓"避世于朝廷间者也。古之人，乃避世于深山之中"。意思就是，他在朝廷之中，隐其独立的人格，巧妙地进行讽谏，仍有隐士之风。他用自己的朝隐理论化解了烦恼，利用自己"俳优不犯言论罪"的特殊身份，在嬉笑怒骂中，劝皇帝做了些利国利民的好事，敦促皇帝改变了不少错误的决定。因此，他被列入《史记·滑稽列传》中，被予以部分肯定。

陶渊明是隐士的代表。陶渊明生活在晋宋交替的乱世之中，他出仕做官，因其高尚的人格与官场的卑污龌龊发生严重冲突，辞官退隐山林。他当彭泽县令时，有

一个他看不起的上司来视察，下属建议他以礼相待，他怒斥道："我岂能为五斗米折腰向乡下小儿?"遂辞官而去，并为此写下了著名的《归去来兮辞》："归去来兮，田园将芜胡不归! 既自以心为形役，奚惆怅而独悲? 悟已往之不谏，知来者之可追。实迷途其未远，觉今是而昨非。""富贵非吾愿，帝乡不可期。怀良辰以孤往，或植杖而耘耔。登东皋以舒啸，临清流而赋诗。聊乘化以归尽，乐夫天命复奚疑!"他在自身从政欲望的驱使下，走进官场，但政治的黑暗腐败，使之受尽痛苦折磨。同时，他终于醒悟到，自己的人格是与官场的钩心斗角、尔虞我诈格格不入的。同时，凭他一个人的力量，也无力革新现实，改革现状。与其在官场内徒劳地作痛苦地挣扎，不如从官场中退出来，隐迹山林田园之中，良辰孤往，植杖耕耘，东皋舒啸，清流赋诗，使自己从政治上的失意中解脱出来，心灵得到净化，生命找到归宿。陶渊明退出官场，隐迹山林，他在隐逸生活中，获得了人格的独立和自由，并把自己人格的力量用于社会批判，写诗作赋，为后世留下了宝贵的文化遗产，实现了人生的价值，使其"灵魂"不朽。他的许多诗篇描述了他痛苦的灵魂得到解脱后的愉悦。如，他在《饮酒》其一中说："结庐在人境，而无车马喧。问君何能尔，心远地自偏。采菊东篱下，悠然见南山。山气日夕佳，飞鸟相与还。此中有真意，欲辨已忘言。"

陶渊明式的解脱是一种积极的解脱。他们将改造社会积聚起来的精神能量向有益于社会的方向宣泄，从而获得有释放感的解脱。而唐代诗人白居易主张的中隐理论，则是一种消极的解脱。他在《中隐》一诗中说："大隐往朝市，小隐入丘樊。丘樊太冷落，朝市太嚣喧。不如作中隐，隐在留司官。似出复似处，非忙亦非闲。不劳心与力，又免饥与寒。终岁无公事，随日有俸钱。君若好登临，城南有秋山。君若爱游荡，城东有春园。……人生处一世，其道难两全。贱即苦冻馁，贵则多忧患。唯此中隐士，致身吉且安。穷通与丰约，正在四者间。"看，白居易这个隐士当得多么舒服! 如意算盘打得多么精细! 这样做，可以避免因自视太高，"志大才疏"，"大事不会做，小事不愿做"，终至毕生一事无

成，而带来理想破灭的切肤之痛。同时，也免去了当苦行僧，受"强灭人欲"之苦。这亦不失为一种预防负面情绪产生的有效方法。但是，白居易和以后的中隐论者信奉"天下本无事，庸人自扰之"的俚人哲学，否认"人生识字忧患始"的精神价值，把积极的精神能量化解在内心。他们力图将人欲控制在适中的位置。主张中隐的人，信奉"闲事少管，走路伸展，凡事只需把头点，要是连头都不点，一生无忧又无患。"这种消极的解脱方式，"与世无争"的生活原则，我们并不提倡。

苏轼则将中隐思想中的庸俗成分祛除，通过特有心理机制的转化，将其变为积极向上的思想武器。他将中隐发展成酒隐。他在《酒隐赋》中说："世事悠悠，浮云聚沤。昔有浚壑，今为崇丘。眇万事于一瞬，孰能兼忘而独游? 爰有达人，泛观天地。不择山林，而能避世。引壶觞以自娱，期隐身于一醉。"遇到人生失意，苏轼以酒为触媒，感悟人生，不为现实生活中的成败得失感伤，而是在逆境中寻求欢乐，使周围的每一件事都变得趣味盎然，生活充满了诗意。他在仕途中，多次被贬谪边关。他被贬至海南时，四周环顾，觉得自己已被海水围困在岛上，走入穷途末路。几杯酒下肚，才发现周围的景色是如此的美，心情豁然开朗，顿时振作起来。他在一首诗中记录了自己的这一段心路历程："四周环一岛，百洞盘其中。我行西北隅，如度月半弓。此生当安归，四顾真途穷。眇观大瀛海，坐咏谈天翁。""幽怀忽破散，咏啸来天风。千山动鳞甲，万谷酣笙钟。安知非群仙，钧天宴未终。喜我归有期，举酒属青童。"

自古"以酒浇愁"者，并非从苏轼开始，最著名者为三国时的曹操和唐代的李白。以酒为媒，一个可能是向积极方向宣泄负情绪，产生"斗酒诗百篇"的正效应。一个可能是向消极方向宣泄负情绪，产生"借酒浇愁愁更愁"的负效应。乃至因信奉"人生几何，对酒当歌"的哲理，而陷入醉生梦死的泥淖之中，这就有违"酒隐论者"的初衷了。

寄情声色，虽然不失为失意者精神痛苦的有效解脱方法，但这也是一种消极的负情绪宣泄方式，不宜提倡。晚唐诗人杜牧，是用"依红偎翠"方式化解失意苦闷

的代表者。他才华出众，却因生性耿直，不会逢迎权贵，而得不到朝廷的重用。无奈之中，他到扬州投靠朋友作了一个小官。为了排遣怀才不遇的苦恼，他纵情声色，写了著名的诗篇《赠别二首》之一："多情却似总无情，唯觉樽前笑不成；蜡烛有心还惜别，替人垂泪到天明。"后来，他升官离开扬州，得意之后对扬州这一段生活既留恋又有忏悔，在《遣怀》一诗中说："落魄江湖载酒行，楚腰纤细掌中轻。十年一觉扬州梦，赢得青楼薄幸名。"唐代名士元稹，少年得志，官至左拾遗（谏官），却因直谏得罪皇帝，被贬谪到四川成都。他为了宣泄失意的痛苦，与名妓薛涛交往了十年，在诗歌唱合中成为红颜知己，从她那里找到了感情寄托。

弱者在无奈之中也找到了自己宣泄痛苦的方法，这就是精神胜利法。清代名士李渔作《贫贱行乐之法》总结之："穷人行乐之方，无他秘，亦止有退一步法。我以为贫，更有贫于我者；我以为贱，更有贱于我者；我以妻子为累，沿有鳏孤独之民，求为妻子而不能者。以此居心，则苦海尽成乐地。"这种"比上不足，比下有余"的自我安慰法，确实能解决某些现实问题，不失为一种宣泄痛苦，获得心理平衡，将负情绪转化为正情绪的良方，不应一概排斥。我们主张的"工作向高标准看齐，生活向低标准看齐"，不是与这种"精神胜利法"有异曲同工之妙吗？

▲ 积极宣泄法

失意带来的负情绪集聚起来的精神能量，向著书立说上宣泄，是一种有益于社会的积极宣泄。历史上一个著名的例子便是司马迁。司马迁因直谏获罪，受了宫刑，肉体上的摧残和精神上的屈辱，使他痛不欲生。但他想起自己要写一部与日月同辉的历史性著作的宏愿尚未实现时，忍辱偷生，全力投入《史记》的写作中。激扬文字，指点江山，粪土当年万户侯的愉悦，化解了司马迁心中的悲愤，使他写出了千古不朽的传世之作。

唐代大文豪韩愈将司马迁发愤著书的思想发展成"不平则鸣"的理论。他说："大凡物不得其平则鸣。草木之无声，风挠之鸣；水之无声，风荡之鸣。其跃也，或激之；其趋也，或梗之；其沸也，或炙之。金石之无声，或击之鸣。人之于言也亦然，有不待已者而后言，其歌也有思，其哭也有怀。凡出乎口而为声音，其皆有弗平者乎？乐也者，郁于中而泄于外者也，择其善鸣者而假之鸣。""人声之精者为言，文辞之于言，又其精也，尤择其善鸣者而假之鸣"。他认为，草石金木受外界刺激会发出声音，人的心灵亦会因受外界不平的刺激而发出呐喊，以诗文的方式发泄出来。通过发泄，人的心灵得到解脱，负情绪亦会转化成积极进取的正情绪。韩愈

一生均在实践自己的理论，因不平而鸣写出的文章《原道》《原毁》《获麟解》《杂说四》等，成为流芳千古、催人奋进的奇文，影响了一代又一代中国人。

大文豪可以通过著书立说、写诗作文来宣泄胸中的不平，从而将负面的人生转化成正面的人生。普通人也可通过写作，宣泄心中的不平，从而平衡自己的心灵，重新获得进取的力量。有一个作家，平时没工夫写长篇小说。一次，他卷入了感情纠葛，陷入情网不能自拔，痛不欲生。于是，他每天向心中的情人写一封到数封发不出去的情书，平息了难以排遣的思绪和苦恼。日积月累，竟然写了一千多封。他通过艺术加工，整理成一部长篇小说出版后受到意想不到的欢迎。写作的目的也可以不是为发表，而纯粹是为自己看的。美国纽约有个电气大王叫爱特列支，他在怒不可遏时便坐下来给人写信，将怒火淋漓尽致地发泄到纸上，写完信，他的怒火熄灭了。这样状态下写出来的信，很多他并不发出。因为"醉翁之意不在酒"。

（董小丽 王德昌 李华荣 董仁威 黄 寰）

老年疾病

① 老年疾病的种类及特点

老年疾病归纳起来可分为三种类型：

（1）属于老年人衰老退化过程中特有的疾病，如老年痴呆、脑动脉硬化、脑萎缩、帕金森病等。

（2）老年人易发和常见的疾病，如肿瘤、糖尿病、骨质疏松症、高血压、冠心病、肺心病等。

（3）与青年人同样易患的疾病，如肺结核、肝炎、溃疡病等。但老年人罹病，其所表现的情况就迥然不同了。

老年人的机体由于年龄增加，整个生理功能与组织器官的日益衰退，当受疾病的侵袭，发生的症状、诊断、治疗等与平常人大相径庭，应该严格的区别对待。老年人的疾病特点：

（1）一人患多种疾病。由于相互之间的影响，致使病情复杂、症状不一、相互掩饰、层层转化。据统计老年人平均患有4种～6种以上疾病。在鉴别诊断上使人举棋不定，如肺结核与肺癌的鉴别、某些脑病的区分等，在诊断和治疗上易引起诸多的困惑和多种矛盾。

（2）病性隐匿，症状不典型，易于漏诊。由于机体的逐渐衰老，各器官的反应性和敏感性也随之降低。所以，对疾病的表现就较隐匿和不典型。据统计，老年人阑尾炎，入院手术的穿孔率达40%以上；老年人糖尿病多属Ⅱ型，多数无三多一少的表现（吃得多、喝得多、尿得多、体重减少），加上肾糖阈值常增高，尿糖检查也多呈阴性；其他如心肌梗死发生时，老年人出现有典型的心绞痛者不足60%，在80岁以上的有典型心绞痛的已不及20%。如果老年人又患有多种疾病的，则临床症状极易于混淆掩盖，导致漏诊、误诊，不易早期诊断。

（3）疗效低、病程长、恢复缓慢。老年人体质虚弱，免疫功能下降，机体调节功能与组织器官储备功能都显著减退，遭遇疾病侵袭，恢复缓慢，甚至留下后遗症。不论是心、脑疾病，或是一般的感冒、肺炎、胃肠炎以及外伤骨折等，其疗效均比年轻人明显降低，有些还会带来合并症和后遗症。

（4）急性发病，进展迅速，危情迭出。当老年人患某些急性疾病，如救治过晚，或是医治略为疏忽或不当，疾病可急转直下，如原有呼吸道或心血管疾病的，一经感冒便可转成肺炎，诱发心衰，不幸的还可导致呼吸和循环衰竭。有的病人还可能出现意识障碍、昏迷等。

（5）老年易于出现药物不良反应。人到老年，胃肠功能明显降低，肝脏分泌代谢转化能力下降，肾小球过滤率与肾小管排泌功能均低下。受身体亲和力变弱等因素的影响，如果以常规剂量用药，有可能引起蓄积中毒。又因为患有多种疾病，服药的品种数量增多，药物之间的相互冲击，也容易发生不同程度的不良反应。据记载，同时服用1种～5种药物时，不良反应的发生率为10%～20%，依次递增，服用至10种～20种药品的，药物不良反应的发生率达50%～80%。所以，对老年人用药，应该谨慎严格，选择恰当，不能掉以轻心。

② 高血压病

高血压的诊断标准，要以世界卫生组

织的规定为依据：即血压≥21.3/12.6 千帕（160/95 毫米汞柱）者为高血压；血压≥18.6/12 千帕（140/90 毫米汞柱），＜21.3/12.6 千帕（160/95 毫米汞柱）者为临界高血压。

高血压是最为常见的心血管疾病，分为原发性与继发性两大类。前者是疾病的基础原因不明，后者是因某些疾病所导致的血压升高。其中高血压以原发性居多，几乎达 90％以上。

老年人高血压也以原发性居多，探究其形成因素：遗传因素极为显著，凡双亲有高血压者，子女有 46％可能发生高血压；父母血压正常的，子女高血压发生仅 3％。长期情绪紧张，忧伤过度，或职业性的用脑集中，过于繁忙等也易于发生高血压，因而城市的发病率远较农村为高。饮食也系发病因素之一。饮食中的钠、钾、钙、镁的比例失衡，摄入过多，每日达 8 克以上的；过多摄入镍元素的都可致血压升高；有吸烟的不良嗜好者，烟中的毒性物质尼古丁，微量元素镍、镉等能使小动脉收缩，引起血压升高，每主动吸烟一支，收缩压可升高 1.33/3.33 千帕（10/25 毫米汞柱）。其他，如肥胖者发病率也高于正常人。

高血压因血压升高，动脉硬化，重要的脏器心、脑、肾等便会因长期供血不足而致纤维化，进一步的出现功能障碍。在心脏常见有高心病（高血压性心脏病）、冠心病等。脑动脉硬化可导致智力减退、痴呆、精神变态等，以及脑缺血、脑梗死及至危及生命的脑卒中等。累及肾脏动脉硬化，肾功能逐渐衰退，最后发生危及生命的氮质血症及至尿毒症。少部分高血压患者，可使主动脉中层变性，形成夹层动脉瘤，以致瘤体破裂，其后果不堪设想。

高血压的早期症状，一般的人表现为头痛，以后逐渐可能出现鼻出血、眼球结膜下出血，少数的人也有子宫出血、胃肠道出血的；有的会有远端肢体麻木不灵活感或是蚂蚁爬行感等；还有的会发生耳鸣、烦躁、疲劳等。及至后期造成心、脑、肾的损害，症状更为复杂。更需警惕的是高血压危象的出现，需进行紧急的处理。

诊断高血压以血压的标准为准绳。对早期患者以反复检查为妥，如隔日一次或每周两次测定，观察一段时间，再确定诊断，切不可一次定音。一般的都必须对血

和尿进行实验室检查。血液检查包括胆固醇、三酯甘油等，如两者明显升高，一般并发有动脉硬化；查非蛋白氮、尿素氮、肌酐等，若升高则显示肾功能有损害，若尿内出现蛋白、红细胞、白细胞和管型等，说明肾有损害；同时，也可进一步区别是原发性或继发性的高血压。其他如进行 X 线检查、心电图检查，可了解心脏受损情况；眼底检查对高血压的分型、分期有一定的作用，也不可忽略。

高血压的治疗目的是有效地控制血压，减少心、脑、肾的损害以及避免冠心病、心衰、脑血管意外，防止肾病等多种并发症的出现，从而保证老年人的生活质量。

通常老年人血压不超过 21.3/12.6 千帕（160/95 毫米汞柱），可以暂不用药物治疗。老年人用降压药宜从小剂量开始，降压不能太快，即使要增量，也需缓慢逐步递增，以免血压降得过快过低，引起心、脑、肾等重要器官缺血，出现"降压灌注不良综合征"。用药也需根据原来的基础血压情况，如原来血压偏低，而目前升达 21.3/12.6 千帕（160/90 毫米汞柱），并有临床的症状出现，则应该给予药物治疗。在使用药物过程中，或减或停药也应适时、分阶段进行，以免发生"降压药中断综合征"。一般老年人终生服药者居多，应以小剂量维持，尽量避免忽增忽减或骤停，以免血压波动过大而出现意外。

20 世纪 70 年代后期，世界卫生组织高血压专家委员会提出阶梯式治疗方案，行之有效，并多为临床上采用。即第一阶段可选利尿剂（吲哒帕胺、氢氯噻嗪）、钙拮抗剂（硝苯地平、尼莫地平）、β—受体阻滞剂（普萘洛各尔、美托洛尔、阿替洛尔）、血管紧张素转化酶抑制剂等，可选用其中的一类。第二阶段，选以上二类药物联合应用。第三阶段，为以上三类药物联合应用。在第四阶段，在第三阶段的基础上，再加用甲基多巴、可乐定、哌唑嗪等。此种加用药物系神经阻滞剂，尽量不用于老年。应该指出的是，药物的应用应在医生的指导下，以免发生不测。因为，每一种药物都有一定的副作用。

除药物之外，高血压患者还应注意以下事项：

（1）生活起居、工作安排应有规律，充分做到劳逸结合。保持心情舒畅，切勿

过喜过悲，激动烦躁。

（2）参加力所能及的体育锻炼，避免剧烈的活动。

（3）肥胖者应节制饮食，限制体重。

（4）戒除陋习，特别是要戒除烟、酒等嗜好。

（5）饮食中，应限制盐的摄入，每日应在4克以下，并适当增加钾、钙的摄入。减少中性脂肪摄入，少食含胆固醇高的食品。蛋白质一般不受限制，但以多食植物蛋白为佳，同时应多食新鲜蔬菜、水果及含碘食物。

3 高血压危象

高血压危象是指一组原患有高血压者，不论是原发性或继发性，突然发生的危急的临床现象。发病后如疾风骤雨，表现有剧烈头痛、头昏目眩、恶心呕吐、口干耳鸣、视力下降或双目暂时性失明等症状。如：自主神经功能受累，随之出现躁动不安、发热出汗、面色苍白、皮肤潮红、手足颤动等症候。

究其发生原因，皆因外周小动脉突然发生短暂的剧烈痉挛，使血压在短时瞬间急剧升高，以致引起一系列的症状。

检查病人主要测出的是血压急剧升高，除收缩压之外，舒张压也是在17.3千帕（130毫米汞柱）以上，心率也随之增快。如并有高血压脑病的，可出现意识模糊、昏迷木僵、癫痫样抽搐以及一些神经系统的体征。若伴有急性心肌梗死与急性左心衰者，可出现呼吸困难、心律失常、心界扩大、双肺干湿啰音或哮鸣满布，心尖可闻奔马律。伴有肾功能衰竭的表现有尿闭或少尿症状。

对本病应做心电图、X线胸片、眼底以及有关实验室血、尿等各项检查，以明确诊断，迅速作出对策。

高血压危象的治疗首要是降压，以免威胁生命的各种合并症的随之降临。但是，迅速急剧的降压，又可能发生各种重要脏器的灌注不足而缺血，何况此类病人本身具有冠状动脉缺血、脑动脉硬化等，快速降压会导致心肌梗死、脑血栓、肾功能衰竭等危险。因此，降压的关键是要贯彻平稳、适度、逐步推进的基本法则。一般是先将过高的血压降至23.9/14.6千帕（180/110毫米汞柱）左右的水平后，给予

严密观察，在24小时～48小时内，将血压降至21.3/12.6千帕（160/95毫米汞柱）左右即可，无需将血压降至正常值，如强行处置则可能发生意外。降压药口含的有硝苯地平、硝苯吡啶，静脉滴注的有硝普钠、二氮嗪、氯压定、氯苯甲噻嗪等。其他如用镇静剂、降低脑压等进行必要治疗，最好能使病员安静、勿躁。

4 脑卒中

脑卒中一般称为中风，是人类死亡的主要疾病之一。根据资料统计，我国每年此病的发病率为100/10万～200/10万。中风发病后即使幸免于死，但后遗的致残，也是社会、家庭的严重问题。

老年人引起脑卒中的主要原因，多系动脉粥样硬化所致。动脉内膜增厚形成硬化斑块，管腔变窄或闭塞，血流减少或断流。如病变发生于脑内动脉或是供血脑内的颈动脉段，则脑组织因缺血缺氧而发生功能障碍，这类情况称为缺血性中风。而脑内粥样硬化发生的破裂出血，病情严重，称为出血性中风，也是一般称的脑溢血。

缺血性中风又分为血栓与栓塞两类。大都在安静或睡眠中起病，无呕吐、昏迷症状。起病立即昏迷的即为脑干梗死，若意识是逐渐式昏迷则有大片的梗死区域，多出现面瘫、舌瘫、语言障碍、偏盲、肢体障碍与偏瘫等症状。治疗本病的原则是维持呼吸、血压、血容量及心肺功能的稳定。除非血压过高，一般不予降压。降低颅内压力应采用脱水剂；保护缺血的脑，可用钙通道阻滞剂如尼莫地平等。使脑代谢增强的药物，目前有人常用神经节苷酯，对细胞膜有保护作用。原来常用的血管扩张药物，现基本上被否定，不再主张采用。溶栓剂如尿激酶、链激酶等可予静脉应用，也可通过动脉介入注射治疗。

出血性中风多急骤而至，常在情绪激动或体力活动时发病。发病时多有血压升高，临床表现较重，差别颇大，主要决定于出血部位和出血量。其中意识障碍是判断病情轻重和预后情况的重要指标。出血性中风的死亡率高于缺血性中风，前者的病死率为40%～50%，后者仅为10%～15%。本病的治疗，一般原则是维持机体的基本平衡；保持呼吸道通畅，脱水降低脑内压；血压不宜下降过低，一般维持在

原来血压的 80% 左右即可。对出血量大于 30 毫升以上的，应考虑手术治疗或是已有脑疝形成的也应及时安排手术治疗。

中风的发生多半是疾风骤雨，后果又令人震惊。因而要防患于未然，尤其是患有高血压、高脂血症、糖尿病、心血管疾病等患者更应提高警惕。至于有谈到遗传因素，这也并非是不能抗拒的。关键的问题是积极治疗原发疾病，遵照医嘱。除药物之外，要安排好生活起居，过着乐天人生的生活，那么中风的发生自然会降低到最小限度。

5 短暂性脑缺血

短暂性脑缺血的发作，是一历时短暂的脑局部供血障碍所致的神经障碍症候。一般的发作可历时几分钟，有的长达数十分钟，一般的在 24 小时内即可完全恢复，不遗留任何神经障碍体征。

必须引起注意的是，短暂性脑缺血的发作往往是脑梗死的前奏，特别是近期内反复发作的，更应引起警惕。根据统计，有此发作的比没有发作的，引起脑梗死的可能性居 10 倍之多。短暂性脑缺血发作最常见的是动脉粥样硬化性斑块的微栓子所致；其他尚有脑血管痉挛、血小板栓子、血液动力学改变等因素。

本病的症状，从解剖学的角度说，可分为颈动脉系统与椎动脉系统两大类，实际上都有共同之处。一是运动障碍。一侧肢体软弱无力或动作笨拙、瘫痪、语言不清或有失语等。二是感觉障碍。肢体麻木，感觉丧失，或有感觉性失语等。三是视觉障碍。出现单眼一过性黑蒙、复视，双目失明或偏盲，视野缺损等症状。一般椎动脉系统短暂性脑缺血，症状常为双侧性、游走性或变异性，提示有脑干受累的可能。本病发作为时短暂，大致不超过 30 分钟，少数不超过 24 小时，如果在 24 小时以后仍遗留有神经体征的，应该诊断为脑梗死了。

诊断本病主要是依靠典型病史、临床过程，而神经系统检查又是正常的。至于其他检查如血管造影、CT 或核磁共振检查，则应该根据具体情况而定。

治疗短暂性脑缺血的原则：

（1）应努力纠正动脉粥样硬化的危险因素。控制高血压应缓而不猛，以免加重病情。

（2）进行抗凝治疗，一般用肝素静脉滴注。用此药应注意禁忌症。

（3）进行扩容及降低血液黏稠。如用低分子右旋糖酐、706 代血浆等。

（4）应用抗血小板凝聚药物。如肠溶性阿司匹林、抵克力得、尼莫地平等。

6 腔隙梗死综合征

腔隙梗死对很多人来说，似乎是一个陌生的病名。实际上它被命名已有近百年的历史。而且是中老年人中常见的脑血管缺血性疾病。自从 CT 问世以后，才为临床上提供了更确切的证据，引起人们广泛的关注。

腔隙梗死主要是指大脑动脉深部穿通支的闭塞，从而引起大脑深部或脑干的缺血性梗死。其发生的原因，约有 90% 来自高血压动脉粥样硬化，也有因颈内动脉与心脏的微栓子而引起的。梗死的动脉主要是豆纹动脉、丘脑深穿支动脉、基底动脉小分支等，受累部位常见于壳核、尾状核、丘脑，依次是脑桥、内囊和大脑白质等。腔隙梗死虽体积微小，但却发生在脑的重要部位。发生的部位和数量不同，其表现的症状也千姿百态。因此，临床上将这种病命名为腔隙梗死综合征。曾有人将其分型为 21 种综合征，可见其临床表现变异之多。

临床症状常见的类型如单纯的运动性轻度偏瘫，主要表现为一侧或单个肢体的运动障碍，或合并有运动性失语，动眼或外展神经的麻痹等；单纯的感觉性卒中，表现为一侧肢体或部分的各种感觉障碍，或伴有麻木、针刺、烧灼感等症状。少见的如丘脑性遗忘综合征，可发生可逆性不完全性顺行性遗忘，表情淡漠抑郁、嗜睡轻瘫等症。尚有异常运动综合征，半侧舞蹈，半侧投掷等异样动作。其他还有多发性腔隙梗死性痴呆、血管性帕金森综合征等。腔隙梗死综合征症状众多，所幸的在临床检查中，有 CT 可证实。但是，约有 20% 患者无任何症状表现。

诊断本病，除对临床所表现的症状，加以逻辑分析外，主要是依靠 CT 与核磁共振的检测。特别是核磁共振的分辨力要高于 CT，对 2 毫米～15 毫米的梗死灶也能清晰测出，诊断率几乎为 100%。

在治疗方面，由于腔隙梗死系动脉的远端终末支的闭塞，没有遥相呼应的侧支循环可以流通，药物很难达到此处而起作用，一些症状能消失，也许是疾病的自然归转或是人的自身代谢所致。重要的是本病90％源于高血压。所以，应严格地控制高血压，并长期服用小剂量的肠溶性阿司匹林、氯苄噻哌啶等药物；在急性期则应用扩张脑血管的药物等。

⑦ 低血压病

以肱动脉间接测压，其收缩压≤12千帕（90毫米汞柱）、舒张压≤8千帕（60毫米汞柱）者为低血压。但是，必须参照原来的基础血压，方能确定为低血压。

低血压一般分为三大类：

（1）无症状性低血压。无需特殊治疗，应适当参加体育锻炼，增强体质，提高血压的调节能力。

（2）症状性低血压。一般的表现为头昏、眩晕、头痛、疲乏、健忘、嗜睡、视力模糊及至昏厥等，说明大脑的血液灌注量不足。

（3）直立性低血压。确定直立性低血压，应先让患者安静仰卧10秒后，每分钟测定其血压与脉率在5次以上，直至两次血压值相似时，作为体位变化前的血压值。再令其自动站起，将测压上臂置于心脏水平，测定血压与脉率，记录每分钟的数据，与变化前的血压值相比较，如血压下降2.66/1.33千帕（20/10毫米汞柱），维持在2分钟以上的，才可能定为体位性低血压。

体位性低血压发生的因素，除一般的体质虚弱、适应力差、过度疲劳、长期卧床、脱水、贫血、出血、电解质紊乱等原因外，有可能系一些疾病，诸如自主神经功能不全、代谢功能疾病、脑血管功能性疾病和心血管系统疾病等引起。老年人服药较多，也可能系药物反应所致。

老年人低血压的防治：治疗原发病灶。祛除药物的反应与毒副作用的因素，避免使用易引起体质性低血压的药物。已用者也应果断停药，或改用其他药物。必要时可用升压药，如麻黄素、间羟胺等，但必须小剂量慎用，以免对心、脑血管产生副作用。其他的一般措施，应嘱患者不宜长期卧床、长时站立、过度活动，转变体位时宜缓慢有序，适当锻炼也应循序渐进，

切勿过快。

⑧ 老年性痴呆

老年性痴呆的发病率，在国外的统计，65岁以上的老人为4％～6％，80岁以上老人约为20％。但在国内的发病率相应的低得多。此病的命名往往使病人和其家属心理产生一种压抑无望的反感。因此，有人提出用"脑衰竭"命名，似乎易于为人接受。

在查诊为老年性痴呆时，重要的要与良性老年性遗忘、老年性抑郁症、心理变态等症严格区别。一旦确诊，也要认真追踪病因与区分老年性痴呆的类型。

老年性痴呆分为几种类型：

（1）原发性老年痴呆又名茨哈默型老年痴呆。发病前后在70岁左右，女性多于男性，病程缓慢渐进，自知力早期丧失，痴呆表现全面，有欣快感等。其他神经系统检查基本正常，进行CT或核磁共振检查早期无症象，在大体标本上可见整体大脑萎缩，脑回狭窄，脑沟深凹，并以额叶较为明显，切片可见神经细胞减少、变性及胶质细胞增生。

此型发病原因与遗传有密切关系。以常染色体遗传为主，另一因素与脑内磷酸蛋白、载体蛋白E等代谢有关。关于铝中毒一说，过去颇为广传。实际上人类在生存环境中普遍与铝接触，而发病率并不显著。所以，铝的积蓄对有遗传倾向的人才有一定的作用。

（2）血管性痴呆又名多梗死性痴呆。本病的基础多为高血压、动脉硬化和脑中风等。发病年龄多在50岁以后，男多于女，一般能保持自主力，伴有头痛，情感反应多，病情呈亚急性阶梯式发展，逐渐加重，神经系统表现有两侧不对称和不同程度的运动、感觉障碍。进行CT与核磁共振检查，脑有缺血样病变或多发性腔隙梗死。眼底可见动脉硬化。

（3）混合性痴呆。是指以上两种因素所致的，这在临床上并不多见。

（4）帕金森病痴呆。在帕金森病的基础上，到达中期、晚期，逐渐发生痴呆症状。

（5）其他疾病引发的痴呆。诸如慢性酒精中毒，药物中毒（长期服用安眠、镇静药等），脑内细菌或病毒感染，严重脑外

伤，亚急性硬脑膜下血肿，颅内占位病变，主要脏器如心、肝、肾、肺的功能衰竭，严重的内分泌代谢疾病，全身营养缺乏与障碍等。这一类的痴呆，由于具有原有的特定的疾病和因素，易于作出判断，给予相应的治疗措施，多数痴呆可以缓解改善，甚至有治愈的可能。

本病的诊断无特殊的检测手段，一般都以临床上分析诊断为主。但它有一系列的特征性表现：

（1）引起日常生活功能障碍的记忆减退。记忆力的下降多半是首发症状，从近事健忘发展至记忆障碍，从琐碎的生活小事，进而记不起自家姓名、住址等。

（2）智力减退，思维及信息处理能力衰竭。对周围情况理解困难，难以判断事物，对定时、定向、定人均会发生错误，对计算、计划、学习、综合、推理、联想等多种执行功能几乎近于丧失。

（3）情感控制，社会行为或生活动机等方面的衰竭。痴呆不单是表现呆滞静止，表情淡漠，同样可出现情绪激动甚至怒气冲天，甚至有攻击性的行为。晚期会改变语言思维能力，以致有谵妄、幻觉及至受迫害的感觉，性行为异常，或有返童行为、意志力丧失等现象。

本病的防治：

（1）如因有原发病引起的老年性痴呆，应积极寻找病因，彻底治疗原发病灶。

（2）进行安抚治疗。对老年人长期的生活习惯、思维方法、周边环境等，子女与亲属应充分的理解、谅解。并为之创造环境条件，保持社会接触，让老人多参加合适的社会活动。帮助老人生活起居规律有序，参加一些力所能及的家务劳动。

（3）启发老人多用脑，强化记忆。因脑是越用越灵的，可以防止老化加速。回忆往事也是一种思维的动力，帮助老人回忆有兴趣和熟悉的事物，可以增强脑的功能。同时，也可联系近事的记忆。这必须要有耐心，切实地进行。

（4）进行药物治疗。药物是否能治愈老年性痴呆是一个正在探索的问题。目前改善脑的代谢药物众多，老年性痴呆常用的有酰胺吡酮、毒扁豆碱等。其他尚有环扁桃酯、双盖平等。

若遇兴奋躁动型的患者，可适当给予地西泮、氯丙嗪等镇静药，量不宜过大，

用时不宜过长。抑郁型的可给利太林或苯丙胺等药物。

⑨ 帕金森病（震颤麻痹）

帕金森病又名震颤麻痹，俗称"抖抖病"。1817 年由帕金森医生所综述，因此而命名。本病为老年人常见病之一，在欧美国家发病率较高，我国发病率居中，为 14.5/10 万～44/10 万，非洲人发病率最低。帕金森病属于中枢神经系统的变性疾病，主要是脑中产生神经递质多巴胺的黑质及其传出通道的变性，使纹状体缺乏多巴胺，以致使两种作用相反的递质多巴胺和乙酰胆碱的功能失去平衡，故而发生本病。

本病症状有四大特点，即是震颤、强直少动及步态和姿势出现障碍。震颤出现在静止时，睡眠时消失，情绪激动可使震颤加重；发病初，震颤发生在肢体远侧、手指或足趾，以后延及整个上下肢以及对侧肢体，甚至下颌、嘴唇、舌也发生震颤。肌肉强直也可从一个肢体延及全身，及至面部肌肉而形成"面具脸"，因咽喉肌和舌肌僵硬而发音嘶哑和语言含糊。肌张力增高强直，引发了病人的自主运动障碍，关节活动不灵，动作缓慢等而发生少动，随之出现步态变异，头向前倾，弯腰曲背，步履匆促，造成步态与姿势障碍。除此之外，少数病人还可出现睡眠不安、记忆力下降、定向障碍、智力减退等。到晚期则可卧床不起，翻身艰难，尿潴留或失禁等症状。

原发性的帕金森病，多半病因不明，也有提到与遗传有关，尚需进一步的探讨。

对本病的治疗有两种方式：一是药物治疗，二是手术治疗。

（1）药物治疗。由于本病系细胞内递

质乙酰胆碱与多巴胺的失衡所致，故治疗原则以抗胆碱的药物和补充多巴胺的方式为主。中枢抗胆碱药物如苯海索、苯扎托品等，对早期病人疗效明显，对改善震颤显著，对强直也有一定疗效，对改善步态姿势效果较差。但是，如长期使用这些药物，一旦停药，症状反而加重。此类药物的特点是副作用较多，可发生口干、视力障碍、便秘、尿潴留、前列腺增生等，对中枢神经方面可能会产生焦躁、谵妄、幻觉、记忆障碍、意识模糊等。另一办法，是补充多巴胺。目前常见的美多巴、帕金宁可以通过血脑屏障，效果更为显著。使用方法，一般是从小剂量开始，慢慢增加。本药也有副作用，但停药后一般都可消失。在后期病人中，有可能出现异动症、冻结现象、少动现象、下肢痉挛等症状，一般停药后也可改善。其他尚有多巴胺能受体激动剂、单胺氧化酶抑制剂、帕金宁栓释剂、金刚烷胺等药物，使用以上药物应该在医生指导下服用。

（2）手术治疗。最常采用的是脑立体定向手术破坏丘脑腹外侧核及苍白球，有一定的疗效。但也有复发的可能性。现代还有用胎儿黑质或肾上腺髓质，移植到病人大脑纹状体内，目的是促使这些组织产生多巴胺。这类手术正在研究探索之中。

⑩ 老年癫痫

老年人出现癫痫，绝大多数是属继发性癫痫。所谓继发性，就是因其他疾病的影响而引起的。脑血管病所致的癫痫为最多见。引起癫痫的发生，在急性期系脑出血，脑缺血的损害直接刺激了周围的神经细胞，后期又因出血和缺血后局部脑组织遭受破坏后形成瘢痕所致。其次，是脑肿瘤患者，癫痫以首发症状出现，甚至表现呈持续状态。再次，是脑外伤后，老年人也可能出现癫痫情况。其他，如有颅内炎症、脑寄生虫病、痴呆等，甚至有心血管疾病、尿毒症、糖尿病等，也可能发生癫痫现象。

老年人癫痫属于继发性居多，治疗上主要是祛除原发病灶。当然，有些原因是难以根治的，因而保守治疗服药是必要的选择。

目前被公认的有效药物，有苯妥英钠、酰胺咪嗪、丙戊酸钠、氯硝西泮、奥卡西平等。其他新药尚有苯丙氨酯、加巴喷丁、氨己烯酸等。

以上药物经观察都有肯定的疗效。但不可忽视它的副作用。例如，药物可引起颗粒细胞和血小板减少、嗜睡、骨软化症等。长期使用还可出现肝功能损害。苯妥英钠的长期使用，可出现小脑功能障碍、认知障碍、记忆力下降等。有些药物服用后，还可出现皮疹，严重的也有发生剥脱性皮炎。因此，对老年人来说，用药的选择、用量、观察等非常重要，应该在医生的指导下慎用为妥。

⑪ 神经症及心因性反应

神经症及心因性反应，是指精神纠葛和欲望得不到满足产生了对精神的强烈刺激而导致的精神障碍。这种精神障碍有轻有重：轻者，慢性经过者，称为神经症。重者，具有精神分裂症和躁狂、抑郁症那样的精神症状者，急性经过，称之为心因性反应。

神经症和心因性反应除有轻重区别外，有时两者也有界限不清的可能。从老年人的精神症状表现来看，多为不安状态、忧郁状态和疑虑状态；心因性反应的老年人，则以妄想和抑郁反应者较多。这里所要区别的是忧郁和抑郁，忧郁症状比抑郁轻，抑郁在某种程度上含有忧郁的内容而更多含有压抑而不易放开的情绪。所以，抑郁更容易影响身心健康。

心因性反应有时也需与精神分裂相区别。如有些病人受到某种精神因素影响后，产生与该因素有关猜疑，称为"心因性妄想"。如感到有人对自己议论、跟踪、监视、迫害、被某种仪器控制等。有时猜疑的对象也可有一些泛化。

值得提出的是在老年人中一部分发生在身体感受缺陷上。如重听患者，有的人听力失聪，不能与周围保持正常的交往关系，因而易产生过敏、多疑，甚至发展到心因性妄想的。

⑫ 躁狂症

躁狂症的特征是患者情绪高涨。有一种持久而强烈的喜悦和兴奋，自我感觉良好，患者可谈笑风生，兴致勃勃，如在情绪能控制的情况下，与其接触之人会感到轻松。若患者自控能力减弱，特别是遇到不如心意的事时，便暴跳如雷，使人无法接受和接近。症状轻者，过了片刻便会恢复基本情绪，或向人道歉认错。严重者可越激越怒，喋喋不休，缺乏欢乐愉快的情绪。

有的常高谈阔论，口若悬河，时而前言不搭后语，时而又语无伦次。不理解对方情感，或误解对方行为，而自吹自擂，夸夸其谈，甚至躁动不安。有时兴奋得通宵不眠，三跑二跳，又唱又叫，甚至毁物伤人。

躁狂症，老年人发病少，但一旦发病，病情恶化的可能性大，特别是兴奋躁狂不能控制者，可能接近为"精神分裂症"。所以，对老年朋友们来说也不能掉以轻心。

如躁狂症重，彻夜不眠，躁动兴奋不止者，可用安眠镇静药物。

⑬ 抑郁症

抑郁症，又称抑郁神经症，是一种以心情持续低落状态为特征的神经症性障碍。其发病率女性多于男性，这与女性心细有很大关系。特别是遇事爱"钻牛角尖"的人群，往往因受挫折而发此病。

由于遭受了挫折，其思想情绪在"牛角尖"中退不出来，而造成心情压抑、忧郁、沮丧。由于在"牛角尖"里，路子越走越窄，思维也就很自然在坏的圈内转，从而对人际关系冷淡，对生活失去信心，甚至对人生感到失望，所有无论什么高兴的事、喜庆的事都无法使其兴奋起来，有时还会成为无名之火的导火线。总觉得整个世界都在与自己作对，把世界看成是一个痛苦的世界、悲观的世界。总之，患者缺乏自我解脱能力。

抑郁症，在年轻人中发病多。但近年来，老年人有发病增多的趋势。年轻人通过活动后缓解期较长，老年人治疗缓解期短，而患病持续期长。所以，对性格内向的人来说，进入老年期预防抑郁症的发生也是值得重视的问题。

老年人一定要想得开，养成遇事能自我解脱的习惯，不要"钻牛角尖"，要心胸开阔，要横向比较、竖向比较，向前看、向后看，既要看到比自己好的，也要多看比自己差的，调整自己的心态，适应环境，适应社会，适应家庭。人们不是常说，遇事退后一步自然宽吗？何必要自己跟自己过意不去呢？

⑭ 脑动脉硬化性精神障碍

由于脑动脉硬化影响了脑组织血液供给而产生的精神障碍，也称之为动脉硬化精神病，这是老年性常见病症之一。

患此病有一些前期症状，如头痛、头晕、目眩、自身感觉不良、易疲倦、手足发麻、四肢瞬间无力，也可见短暂的失语和失用症。往往伴有不同程度的睡眠障碍。早期症状为近事记忆逐渐减退，如常忘记人名、地名、物名，工作能力有所减退。情绪不稳，易激怒，或出现喜怒无常，常有恐惧、焦虑、多疑、忧郁等症状。严重者，可出现痴呆，称为脑动脉硬化性痴呆。如有脑血管痉挛或出血，可引起癫痫的发作。

老年痴呆与脑动脉痴呆，前者是初老年好发病，是以进行性痴呆为主要症状的某些脑部变性疾病的总称。后者常有出人意料的记忆力突然恢复的现象。

如患有本病可对高血压和动脉硬化进行治疗。

⑮ 精神分裂症

精神分裂症老年人发病极少，患者主要是一些青年人。本病好发年龄是二十多岁的年轻人，三十岁以后发病的很少。

在初老年中，有一部分类似精神分裂症的功能性疾病，他们都以妄想或幻觉妄想作为主要症状，可看成是精神分裂范畴内的病症。

患本病者，内向者居多。一般对人际关系比较冷漠，对社会事物漠不关心，对他人意见毫不介意，少与人交往、交流，难以适应社会环境变化。常以多疑而对人产生敌意。常对人和物产生出乎理性的反应。往往以攻击为主要手段。所以，患者对社会有一定危害性。

精神分裂症是建立在临床表现基础上，是多种形式的精神活动失调，思维、情感、行为及与环境相互之间不协调，即所谓的分裂现象。

不管是老、中、青精神病人，都有一个普遍的特点，就是对自己的病态缺乏认识，不承认自己有精神病，因而不会主动就医甚至拒绝就医，这种情况称为缺乏自知力。精神分裂症病人的思维过程的特点是缺乏逻辑性和连贯性，称为"联想散漫"。

16 幻觉妄想症

幻觉与妄想两者是相互联系在一起的。早期妄想内容往往与现实还有一些联系，这时很难发现是一种病态。由于病情进一步发展，妄想越来越离谱，此时可伴有一些丰富的幻觉，如看到"鬼"和"神"，看到动物在跑，这是幻视。听到有人说自己坏话，听到狗吠，这是幻听。有时感到毒物附身，这是幻触。有毒物的味道，这是幻味。能嗅到各种不存在的气味，如香、臭等幻嗅。

妄想是老年最易出现的症状之一，不仅仅只在精神分裂症中出现。老年人中见到的妄想，受心理、环境因素影响最大。

近年来，在对邪教法轮功所揭发的材料中，一些信徒，特别是一些老年信徒就出现了幻觉妄想，他们能接收千里以外发的功。生病不吃药只信法轮功就能好，这只是精神上的一时幻觉而自我感觉良好，最终病情恶化，一些病人走向了死亡，甚至临死都还存在妄想，认为这是升天，到另一个世界。也有人妄想成神、成仙而滑向精神分裂症。

17 酒精中毒

酒精中毒又称乙醇中毒，俗称酒醉。是由于饮酒过多或饮入含乙醇的饮料过多而引起的中枢神经兴奋或抑制的症状。酒精中毒以青壮年为多，老年人也不少。因

为，这批老年人都是由青壮年时就能饮酒而走过来的。由于老年人对酒的耐受会越来越差，就容易造成酒精中毒。

酒精中毒后老年人会烂醉如泥，不能动弹时就会大喊大叫，对靠近身边人的骚扰尤多。其临床表现分三期，各期无明显界限。

兴奋期：大多面红耳赤，兴奋，毫不顾虑，说话爽直，有酒（醉）后吐真言之说。谈话滔滔不绝，如接触感情之事时，会出现或怒或愠，或悲或喜，或哭或笑，有时也可粗鲁无礼。

共济失调期：表现动作笨拙，身体平衡难保持，行动蹒跚，举步不稳，语无伦次，含混不清。

昏睡期：如酒精进入体内不断增多，即转入昏睡。颜面苍白，皮肤湿冷，口唇微紫，瞳孔散大，呼吸缓慢而有鼾声，脉快、体温低。如中毒太深，可引起呼吸麻痹而死亡。

老年人饮酒要适可而止，饮少量酒有活血作用，对身体有一定好处，但过量就有害了。

18 失眠

失眠，通俗说就是该入睡时不能入眠，是神经衰弱的一种表现。通常是入睡困难，辗转不能眠，烦躁不安，常试图用多种方法使自己入睡，有时望着某处，有时默默数数，从而强迫自己，但越数越睡不着，越急越睡不着。这样，就一直处在紧张而造成的兴奋之中。

由于兴奋就会造成遐想。如第二天要上班，又会怕自己精力不支，设想要如何如何安排工作。如果是休息，总想第二天补睡眠，第二天照样不能入眠。因为，这样破坏了人体生物钟的正常运行。由于睡眠不好，就会睡意常存，从早到晚昏昏沉沉，甚至感到头重脚轻，影响了正常的工作和生活。由于工作、生活不能满意又刺激了自己睡眠的渴望，在这种精神压力下又影响了夜晚的睡眠。这样，反复刺激而形成恶性循环，最终睡眠时就易表现出睡眠浅，易惊醒，多噩梦。

对老年人来说，失眠不是一种疾病，人们常说，人的一生是30年前睡不醒，30年后睡不着，这是老年人生理走向衰竭的一种表现。

19 冠心病

心脏本身的血液供应，来源于冠状动脉。一旦冠状动脉发生粥样硬化，引起心肌的缺血缺氧而致的心脏病，称之为冠状动脉粥样硬化性心脏病（简称为冠心病）。

本病系属于世界性的严重疾病之一，多发生于中老年人群，目前有年轻化倾向。发病原因是由于动脉粥样硬化，因而有动脉退行性老化之说；体内血脂升高，血浆中的脂质渗入血管内膜而沉入；长期吸烟者损伤血管，使脂质易于入侵动脉壁；高血压与糖尿病患者也是诱发冠心病的原因；绝经期后妇女女性激素贫乏，易使脂质升高，发病率也有上升；现代研究前列腺素和血栓素 A_2 与冠心病的发生也有一定的关系。

根据世界卫生组织大多数专家的建议，可将冠心病分为五个类型：

（1）原发性心脏停搏。此型在心脏停止搏动之前冠心病的症状可有可无，如未予复苏或复苏失败可发生猝死。

（2）心绞痛型。又分劳力型与自发型两种。前者在劳力时可诱发短暂的胸痛，经休息或含硝酸甘油后症状消失；劳力型又分初发、稳定、恶化三种情况。恶化劳力型心绞痛，发作频繁、持续时间长、程度严重。自发型多与心肌耗氧量无关，疼痛持续，硝酸甘油多无济于事。

（3）心肌梗死。又分为急性与慢性两种。

（4）心力衰竭。在长期患冠心病的病程中，因受其他感染性疾病、发热、输液不当等诱发，也可因心肌梗死或严重心律不全而并发。

（5）心律失常。如早搏，传导阻滞，快速心律失常，慢、快心率综合征等，此型诊断冠心病，进行一般的检查无证据，仅依靠推测而定。除非做冠状动脉造影始能确定。

依据以上临床分型，冠心病的临床症状也可以总结为以下的几种情况：

（1）无症状型的冠心病。一般无自觉症状表现，只偶尔被检查发现。

（2）心绞痛。可在任何时间发作，但以清晨与上午为多（变异性心绞痛多在晚间发作）。发作诱因为情绪波动、劳累、饱餐或受冷等。在劳累后休息时发作，多不像心绞痛。疼痛性质不一，大抵为阻塞压榨或窒息的感觉。一般的似有刀割样或针刺状疼痛，以及能用手指指出点线位的疼痛，多半不是心绞痛。典型的位置约在胸骨后或心前区，可放射颈颌、左肩部、左上肢和前臂内侧，以及左手无名指与小指；有的发生于上腹部，需与胃痛或胆管疾病作鉴别，也可口含硝酸甘油做确定，疼痛缓解者即为心绞痛，这是一个自我检测的方法。疼痛一般持续几分钟至十余分钟，仅几秒钟或长达数小时的疼痛，大致不是心绞痛；若病愈后复发，缓解——疼痛——缓解等循环而至，且持续在半小时以上的应警惕是否是心肌梗死。

（3）心肌梗死。发生于冠状动脉的闭塞而造成心肌缺血，引起心肌部分坏死。起病急骤凶险，心绞痛剧烈持久，可长达一两天，含化硝酸甘油无法缓解，早期有恶心呕吐等胃肠道症状，继而发生休克，血压下降，脉搏细微，大汗淋漓，皮肤湿冷，周身乏力或伴有发热，重者可发生心力衰竭的严重后果。

（4）由于长期的冠状动脉粥样硬化，心肌供血受阻，心肌营养不良，呈现萎缩与结缔组织增生，表现有心脏硬化、心脏扩大、心律失常及至心力衰竭的临床征象。

冠心病的防治：

（1）生活注意事项。冠心病患者不宜早起，早上人的交感神经有较高紧张度，易于发病，或致心率失常，引起心室颤动而猝死。起床宜缓慢，仰卧活动片刻再行起身。还要警惕低温，注意保暖，若受低温侵袭可使血流迟缓，会使心肌缺氧缺血冠状动脉痉挛而形成血栓，导致发生不幸。排便宜用坐便器，不要憋气。否则，也能使血压上升引发心绞痛、心肌梗死或心律失常。更为重要的是要避免情绪激动，以免激发交感神经与肾上腺素系统，使血中儿茶酚胺类物质增加，促使血压升高、心率增快，加重缺氧心肌的负担而发生意外。另外还必须做到遇事不惊，保持一颗平常心。

（2）药物治疗。一旦心绞痛发作，可用硝酸甘油、硝酸异山梨醇酯、脉导敏等药物含舌下，或用亚硝酸异戊酯吸入等。以后缓解期，可用冠状动脉扩张药物消心痛、β—受体阻滞剂普萘洛尔、美托洛尔等，尚有钙拮抗剂硝苯地平、维拉帕米、硫氮䓬酮等。

至于急性心肌梗死、心律不齐、心力衰竭等的治疗，应该在有条件的医院进行，这里不再一一赘述了。

（3）运用新的治疗措施。采用介入治疗现已成为治疗冠心病的新的成功经验。包括冠状动脉内球囊扩张术、冠状动脉斑块旋切、旋磨激光成形术和冠状动脉内支架治疗术等方法。

⑳ 心肌梗死与心脏破裂

老年人的急性心肌梗死发作，多无心绞痛，据统计一般有症状的约在30%以上。可能由于老年人反应迟钝、痛阈升高，或是因其他多种疾病的症状掩盖。也有相当一部分是以心衰的症状出现，产生休克与脑循环障碍等。所以，当老年人发生不明原因的胸闷、心悸、呼吸困难时，应警惕是否已发生心肌梗死。诊断时应注意参照心电图的变化，检查和观察血清酶的变化。

治疗可以溶栓为主，常用药物有尿激酶、链激酶、组织型纤溶酶原激活剂、蛇毒制剂（目前已不被推广）等，并可配合抗凝、扩容等治疗。对若还伴有其他疾病的，或是有合并症的，也应及时作出相应的处理。

心肌梗死的复发率较高，长期服用小剂量的阿司匹林，或服阿替洛尔，对防止复发有一定的作用。

心脏破裂常发生于急性心肌梗死中，是最为常见的死亡因素，60岁以上的约占3/4。心脏破裂多在一周以内，梗死发病后第一天约占1/3；破裂以左心室前壁居多数。心脏破裂的先兆征象是恶心呕吐反复发作，持续的血压偏高和持续时间较久的心前区绞痛。

确诊心脏破裂，医生必须依据以下几条标准：

（1）心脏突然出现低沉的雷鸣样杂音。

（2）出现明确的心包填塞症状。

（3）超声心动图监察心包积液不断增加或心包穿刺明显有血液抽出。

（4）心电图突然出现低电压、窦性心动过缓、交界性心律、室性早搏、完全性房室传导阻滞、心肌电与机械性活动分离等。以上仅需两项情况并存，即可明确诊断。

对本病的防治，首先是控制持续的高血压，将血压控制在21.3/12.0千帕（160/90毫米汞柱）左右，再缓慢降压；避免使用肾上腺皮质激素等类药物；若系休克者，升压药物的应用也应缓慢，不宜使血压骤然上升。并要避免病人在病中的情绪波动，若有波动，要及时给予精神安抚和适当的镇静药。

一旦明确为心脏破裂，心包液不断增加，应及时做心包穿刺吸引排液；同时，迅速安置主动脉内反搏气囊，争取时间进行心肌修补及血管重建手术。

㉑ 心性猝死

心性猝死，是指一些貌似健康或病情稳定的人，突然发生心脏病而死亡。对此，一般的认为是在发生症状至死亡于1小时之内，也有定在6小时或24小时之内的。

猝死原因最多见的为冠心病，约占70%以上。其他如患有急性心肌炎、梗阻性肥厚性心肌病、病窦综合征、Ⅱ度房室阻滞、预激综合征、心脏破裂、严重的二尖瓣狭窄、主动脉瓣狭窄、心房黏液瘤、肺动脉栓塞等，或受抗心律药物、抗精神病药物的影响，或因电解质紊乱，都跟心性猝死有一定的关系。

除了以上的基础原因之外，还有一定的诱发因素。如情绪波动、过度兴奋、悲伤、发怒、恐惧、抑郁等；超负荷的体力劳动或剧烈的体育活动；大量的吸烟酗酒、暴饮暴食等。

心性猝死的发作，表现为突然昏厥、颈动脉或股动脉都不能扪及搏动；继而心跳停止，瞳孔散大，血压不能测及，呼吸停止，心电图表现有室扑与室颤、心跳停顿等。此时应注意的是，在前两项症状出现后，即应急作猝死抢救处理，并且抢救必须立即进行。

抢救的步骤和原则：一是要将病人置于仰卧位，仰头托起下颌，拖出后坠舌头，清除口腔异物，保持气道通畅。二是可进行口对口或口对鼻的人工呼吸，能给予气管插管给氧更好；同时，给予体外心脏按摩，若20分钟无效再考虑开胸心脏按摩。三是有室颤者应予及时直流电除颤，或有必要可用人工起搏器。四是必须正确使用心血管活性药物。

复苏以后，需及时扩容和纠正酸中毒以及进行电解质的补充，并给予脱水利尿、降温抗凝、高压氧等，以防止脑水肿。而且，还应注意防止心脏产生合并症，如发生肺、肾功能衰竭和全身感染等。

复苏以后，还要警惕心脏的再次骤停。

22　肺炎

肺炎是常见病、多发病。肺炎可分为大叶性、小叶性、间质性等。因病原菌的不同，又可分为细菌性、病毒性、霉菌性、肺支原体、过敏性等类型。老年人的免疫能力低下，发病率较高，死亡率也高，应引起注意。

老年人肺炎的表现，与年轻人有很多不同之处，发病并不像年轻人那样典型。老年人得肺炎发病多半没有高烧寒战，发热多呈微热，约有40%病例温度不高，多以精神不振、周身乏力、食欲不振或意识障碍而就医；有些人是以上腹部疼痛或消化系统出问题而就诊；也有以呼吸困难、心慌气短、心律失常，甚至出现休克等情况来医院的。

除以上情况外，还需注意的是有一些老年人，突然发生不能解释的心功能不全，也要想到有肺炎的可能。因为，肺炎可能致肺动脉压力增高，出现心功能不全；患有慢性支气管炎和肺结核的患者，如咳嗽、气急等有明显加重的，也应考虑是否发生肺炎；其他如不明原因的电解质紊乱，也要想到肺炎的可能；或是感冒久治不愈等都应想到有无肺炎的存在。

诊断肺炎，除固有的症状与体征外，应进行痰液涂片和细菌培养，才能明确诊断。而且，对进行治疗药物的选择也有一定的指导意义。当然，进行X线摄片是必不可缺的，在必要时需作CT检查，确切诊断和鉴别其他肺部的疾患。

老年人肺炎的死亡率高，主要与漏诊、误诊或是贻误治疗有关。当然，与老年人免疫功能低下，患有多种疾病也有关系。所以，早诊、早治是提高治愈率的关键。

治疗的一般原则：老年人一般身体较为虚弱，必须给予一定的营养支持。适当补充体液，但滴液的速度宜缓慢，并应纠正低钠、低钾、低氯等。吸氧应根据病人情况，有低氧血症者，应给予高流量。对慢性阻塞肺病和高碳酸血症者，可持续低流量吸氧。还应注意帮助病人排除痰液，采用药物、人工或雾化、导管除去。对伴有心功能不全者，应适当给予强心药物，从小剂量开始，并给予严密观察。而且要慎用利尿剂，也宜从小剂量开始。

老年人几乎都有多种疾病，用药品种与数量颇多，因而在应用抗生素时，要针对病原菌慎重选择。如将氨基糖苷类的卡那霉素、妥布霉素等，或是先锋霉素等与利尿剂合用会增加肾脏的毒性作用，前者还可损害听觉器官。对大环内酯类如红霉素、螺旋霉素以及氯霉素等都应避免使用。一般多选头孢菌素类，也可用喹诺酮类抗生素，如氧氟沙星、环丙沙星等药。总之，应以选用高效低毒性的药物为原则。

老年人的肺炎病程较长，其过程需20天～30天，炎症始吸收，有些病例也许要更长的时间。所以，如要治愈肺炎，也要平衡其他疾病的发生或加重，以及注意防止一些合并症的发生。

23　肺结核

结核病是属于世界性的慢性传染病。它是由结核杆菌所致的全身脏器都能感染的疾病，但多见于肺部。目前全球老年人肺结核有明显的上升趋势，可能是与社会老龄化和老年人免疫功能低下，抵抗力减弱，或是与混杂有其他疾病而造成漏诊和误诊有关。因此，要引起注意。

肺结核的传播来源于人和牛的两型结核杆菌。牛的结核杆菌源于牛奶，国人多煮沸消毒食用，传染可能几近匿迹。人的结核杆菌，主要是来源于带菌者的痰液与飞沫。结核杆菌的生存力极强，在零下10℃尚能生存数天之久，但高温煮沸5分钟即可杀灭，含有结核菌的痰液需在强烈日光照射2小时始能杀死，稠厚的痰液需照射30小时；在阴暗的环境中结核菌可存活2个月～4个月，痰液自行干燥后，结核菌随风飞舞，也能存活10天以上。结核菌的威胁，及其存活传播的能量可见一斑。

一般年轻人的肺结核，表现有下午低热，面色潮红，倦怠乏力，食欲不振，体重减轻，夜间盗汗，胸痛微咳，痰中有血丝，重者始有咯血等症状。但是，老年人患肺结核，早期多无此典型症状，或因其症状轻微未予置理，或误以为感冒、支气管炎等未加重视，医生也易发生漏诊与误诊。即使在X线摄片，老年人早期表现也多不典型，若要对其进行痰液检查能接受者也为数不多。因此，能早期接受治疗的为数无几。

据国内某省统计，患肺结核的人数1岁～30岁的为225/10万～256/10万，老年人则为1950/10万。老年人结核病的死亡率，占结核病总死亡人数约 47% 之多。当然，如此高的死亡率，也与老年人患有其他病和合并症有关。

治疗老年人肺结核的基本原则：要争取早期治疗，计划好的全程治疗不宜中断，用药要联合应用，用量适当减少。并要配合好对其他老年病的治疗，以及保护好肝、肾等功能，防止药的不良反应等。

治疗肺结核的药物众多，除了其副作用之外，令人困惑的是结核菌耐药性的日益增强，这都是由于不规则的用药而引起的。治疗肺结核至少需两种以上药物，按规则使用，可以延缓耐药性的发生。

目前提出的抗结核菌的固定复合剂已被广泛采用。可在医生的指导下将卫肺特先服用 2 个月，然后服用肺宁 4 个月，其总疗程为 6 个月。此药及其方案在各国的使用情况都较好，特别是亚洲各国的收效已在 90% 以上。

24 肺气肿

老年人由于机体逐渐老化，肺内终末支气管远端部分的肺泡逐渐衰退，弹性组织功能降低，肺功能下降，形成肺气肿，这是一种生理性的改变。临床上可以无特殊症状出现。如果伴有肺部疾患，如慢性支气管炎、哮喘、结核、硅肺（矽肺）等，那情况又有所不同了。若是长期吸烟者影响就更大。还有就是受空气污染的影响，吸入了各种有害气体，都能加重肺气肿。

特别是伴有慢性支气管炎的老年人，由于支气管长期处于黏膜肿胀、腺体肥大、黏液潴留，支气管壁变稠厚僵硬，管腔狭窄，弹力组织也随之受损，空气交换受限，导致肺泡气体滞留不能充分排出，甚至膨胀破裂，肺组织也因缺氧缺血而萎缩，呼吸面积缩小，肺气肿随之加重，肺功能就日渐降低。

肺气肿在早期一般的多无明显症状，仅为一般的咳嗽，只是痰液略为增多。但是，伴有慢性支气管炎的，由于呼吸道受阻，就会明显加重病情，时有气急、心悸，尤其在上楼、劳动时更甚。若有急性感染，情况就更为复杂。而且，由于反复感染，还能发生肺心病，乃至出现心衰。同时，患者在体型上也会起变化，可见其肺廓前后径增大，从扁平变成桶状，双肩和锁骨上抬，肋骨之间增宽变平，即成为桶状胸。

在体检时，可见病员全如上述的体型改变，呼吸动度略为减弱，咳呈高清音，双肺能闻及喘鸣或啰音，如伴有心衰者可见静脉怒张。

进行胸部摄片，可见肺野透明度增加，肋骨平行，间隙加宽，或肺纹增多，重症者还可见膈肌下移，双侧都呈扁平，心脏如垂直位又与胸骨距离增大。

测定肺活量，特别是测定残气量较为重要。正常人的残气量为 30%～35%，轻度肺气肿者为 40%～50%，中度为 50%～60%，重度大于 60%。

对肺气肿的治疗：

（1）可参加适当的体育锻炼，增强体质。

（2）吸氧。如每天能吸短时的氧气，能延缓肺气肿的进程。

（3）预防感冒。尤其是上呼吸道受了感染，一旦发病就应积极治疗，以免加重肺部感染，导致肺心病甚至出现心衰。

25 胃炎

胃炎是一种常见病，是指胃黏膜上发生的炎症改变。据国外统计，发病人数约有 30%。国内经胃镜检查的人，也约有 50% 以上被确诊。

胃炎，一般的可分为三种类型：一种是慢性浅表性胃炎，此类最为多见。二种是慢性萎缩性胃炎，可由浅表性胃炎演化而来，由于它的退行性改变，有可能癌变，常为医患所注目，但萎缩性胃炎也有可逆化成浅表性胃炎的。三种是慢性肥厚性胃炎，此型临床上较为少见。胃炎的症状一般轻微，上腹疼痛和消化不良，诊断多系用胃镜检查确定。现在也有用彩色超声波进行检查的。

此病发病原因，归纳起来有如下几点：

（1）有生活因素。诸如长期食用过热、粗糙、具有刺激性的食品、饮料，过度吸食烟酒等。

（2）患有上呼吸道疾病、口腔炎、咽喉炎者，将分泌物、痰液等吞入胃内而损伤了胃黏膜。

（3）受药物影响。如服用了阿司匹林、吲哚美辛、保泰松、红霉素以及激素类、磺胺类等药物也可能会损伤胃黏膜。

（4）长期缺乏蛋白质、维生素 B 族。

（5）自身免疫性受损。若自身的免疫

系统遭受了损伤，就可使胃体发生弥漫性病变，胃腺体遭破坏而发生萎缩。

（6）胃的幽门括约肌功能失调。会使远端的十二指肠液与胆汁能返流入胃，破坏黏膜上皮的脂质层，使胃液中的氢离子乘虚入侵胃黏膜造成炎症或溃疡。此类情况临床上并不少见。

（7）幽门螺杆菌作祟，也会引起胃炎。据对慢性萎缩性胃炎病人的检测，约有60％以上与此有关。

（8）其他如心、肝、肾等有慢性疾病。因为，凡是影响胃的循环、供血、供氧等，都有可能引发胃炎。

胃炎的防治，应重视生活上的改善，戒除烟酒，勿暴饮暴食，勿进食带有刺激的食品及饮料。凡患有上呼吸道疾病、口腔炎、咽喉炎者应切勿将口痰、分泌物吞入胃内。若服食对胃黏膜有损伤的药物，应给予保护剂。

进行药物治疗的原则：对胃酸分泌过多者当用抗酸药物；无胃酸者可服用稀盐酸或消化酶等；对有十二指肠返流的可用多潘立酮、西沙必利等，以促进胃蠕动，减少返流；并可适当的补充维生素和锌、硒等微量元素。

若证实有幽门螺杆菌感染者，特别是萎缩性胃炎患者，感染易导致恶化和癌变，应及时治疗。治疗幽门螺杆菌的方案，有单纯用抗生素的，也有将抗生素与质子泵抑制剂联合使用的。有人提出应用短程低剂量三联法，收效达90％以上，应用药为奥美拉唑20毫克、克拉仙250毫克和甲硝唑500毫克，每日2次联合服用，共服一周。此法无副作用，更适合老年患者采用。另外，必须指出，对于萎缩性胃炎的患者，应定期作胃镜检查，观察其是否有恶变倾向现象；若有恶变倾向，应该及时进行手术治疗为佳。

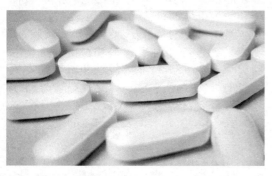

26 胆囊结石

胆囊结石可说是千古之病。在对西汉马王堆古墓的发掘与对软侯夫人的尸解中，证实其胆囊内有260个结石。

胆囊结石的形成原因，学说颇多，但终无一定论。纵观近二十多年来，胆囊结石发病率日渐上升，国人素有的胆管结石，几乎已被胆囊结石取而代之；不仅老年人，青壮年的发病情况也日渐增多。所以，应该考虑物质丰富而营养过剩可能是其发病的一个重要因素。

本病的症状：

（1）可以无任何症状出现。此类病例多在体检时偶尔发现。

（2）仅有消化不良或上腹不适等轻微症状。但常被误诊为胃的疾患。

（3）典型的症状为右上腹疼痛。性质多半呈绞痛状，阵发加剧。此时有可能在上腹摸到肿大的胆囊，触痛明显。伴有恶心呕吐等症状。

（4）偶伴有轻度黄疸，发热为常见症状。

老年人应注意绞痛发作时，与心绞痛有混淆之嫌，应严格区别，免生意外。其他尚需与肺炎、腹膜炎、肾结石、溃疡病穿孔等作出鉴别诊断。

本病诊断，除典型的症状外，可做腹部平片，胆囊造影，胆管闪烁扫描，B超等。B超是比较方便而快速的方法，其诊断率在95％以上。不过，对老年患者要注意是否有其他基础病和伴发病的存在，一定要严格区别或同时治疗。

对胆囊结石治疗的基本原则：

（1）对无症状性的胆囊结石，可基本上做预防性的胆囊切除。如不采用手术疗法，应定期复查，静观其变，若反复出现症状，再考虑处治。

（2）治疗方法。采用溶石法，服药时日较久，难免有药副作用，且成功率不高，值得考虑。采用体外碎石法虽可粉碎结石，但碎石排出体外比较困难，易引起阻塞。因此，如无禁忌，采用手术摘除胆囊应作为首选的方法。

（3）胆囊结石在急性发作期，要给予禁食、补充体液、服抗生素、解痉镇痛等治疗。待急性期过后，3月～6月再考虑手术摘除。急性发作期要注意是否有胆管感染、胰腺炎等发生；特别要观察肿大的胆囊是否发生穿孔导致腹膜炎，一旦有此迹象，应及时手术，可暂做胆囊引流，待病人恢复后，再考虑做二期手术摘除胆囊为妥。

（4）对老年患者，手术前要充分考虑其原有的基础病，如心、脑血管疾病，糖尿病，肝、肾功能情况等，作好一定的调整与准备，方能施行手术。

27 胆囊息肉

胆囊息肉，又称胆囊息肉样病变。在B型超声波检测仪问世之前，常被认为是少见的疾病，偶尔在胆囊造影中发现陈积在胆囊黏膜与固定性的充盈改变，或在手术中有所发现，最终才用病理作出鉴定。自B超广泛开展以来，此病检出率有明显增多。此后也有被称为隆起样病变或乳头状瘤样病变的。病理上分为胆固醇性息肉、炎性息肉、腺瘤、腺肌病等。本病虽为良性疾病，但经国内大宗资料的统计，转变为恶性的可能为5.4%。因此，也不能掉以轻心。

本病的症状与体征均不明显。有些病人如若常人毫无感觉；有些病人发生与胆囊炎的类似症状；有的也可能与胆囊结石同时存在。

对本病的治疗应以手术治疗为主，但并非所有患者均需手术。手术指征如下：

（1）经两次以上B超显示为胆囊息肉样病变，长期有类似胆囊炎般症状，或有明显消化系统症状的。

（2）伴有胆囊结石的。

（3）多发性胆囊息肉，尤其位于胆囊颈的。

（4）胆囊息肉样病变，息肉体积＞1厘米的，或在追踪观察中，息肉有迅速增大倾向的。

（5）对于息肉小于0.5厘米的，又无严重自觉症状的，暂不宜手术，但不放弃追踪观察。

28 急性胰腺炎

急性胰腺炎的发生，源于胰腺内的胰酶被激活，从而引起自身的化学性炎症。导致胰酶激活有很多诱因：一是酗酒和暴饮暴食。两者使胃液分泌大量增加，饮酒又使奥迪括约肌痉挛，十二指肠乳头水肿，使胰液大量分泌而排出受阻。二是因为胆道系统的疾病，由于解剖上的关系，胆汁与胰液几乎在同一通道，像胆结石嵌顿，造成胆汁与胰液不能排出及至返流，因而引起胰腺炎。三是因某些药物副作用所致，如硫唑嘌呤、肾上腺皮质激素、四环素、利尿剂等，也可诱发胰腺炎。

急性胰腺炎临床上分为急性水肿型与急性出血性坏死型两类。后者病情险恶，预后较差。

本病的临床表现，先是腹痛，程度不一。有钝痛、刀割样痛，阵发性加剧。早期多局限在上腹部胰区，以后渗出漏散于全腹，是腹膜炎征象，腹腔内可有积液，抽出呈金黄色或血样（抽出液可做淀粉酶检查以助确诊），同时伴有肠麻痹，恶心呕吐频繁，发热，也可能显现黄疸等。

必须指出，有些老年人或体弱者，腹痛表现轻微，也有不出现症状就突然发生休克，昏迷而猝死。经尸体解剖才证实为胰腺炎。

其他检查，如血、尿淀粉酶检查指数升高，血钙降低，CT检查有一定的裨益，尤其是针对坏死型胰腺炎。

治疗本病宜抓紧早治，以免胰腺缺血，微循环障碍加重坏死，同时伴血液浓缩和血管内凝血。因此，早期应补充足够的体液量，纠正全身血液动力学紊乱，除必要的液体输入之外，可加用右旋糖酐增加胰腺的灌注，以改善胰腺循环减轻坏死。当然，对胃肠进行减压也是必要的措施，排取了过多的胃肠液，可减轻胰腺的负担。

抑制胰腺分泌，抑制酶的活性与分泌，避免胰腺炎的加重，使用奥曲肽进行静脉注射，也有一定的疗效。

选用抗生素，如对胰腺穿透力强的甲硝唑、环丙沙星，对革兰阴性菌有效。

由于胰腺炎患者常处于禁食、营养不佳状态，胃肠功能也可能紊乱，应该给予短期的肠外营养支持，补足病人的热量需要和增加机体的抵抗力。

对于重症的急性出血性坏死型胰腺炎，则有必要施行外科手术治疗。目的是清除胰腺坏死组织，局部灌洗，并置引流，有时尚需二次手术清理。对此类患者外科手术非常重要，若失掉时机，死亡率几乎达100%。这应引起病人及其家属的重现。

29 便秘

便秘是一个症状，并不是一个疾病。

它是指粪便在肠腔滞留，大量水分被吸收，以致干燥僵硬，失去正常的排便频率。这在老年人比较多见，在 60 岁以上的人群中，约有三分之一以上有不同程度的便秘情况。

引起便秘的原因众多：

（1）药物影响。由于老年人服药较多，诸如抗胆碱药物、解痉药、神经阻滞剂、吗啡类止痛剂，均会有引起便秘的可能。

（2）食物因素。由于进食量少，食物过精，缺乏纤维素，使肠道推进缓慢，蠕动减弱，导致大便干结。

（3）自身因素。老年人腹肌无力，肠蠕动减弱，排泄动力下降，尤其是体弱多病或过度肥胖者，或多次妊娠分娩的妇女都易便秘。

（4）疾病影响。受慢性疾病，如肛瘘、痔疮、肛裂等；或神经系统疾病，不论是中枢性或周围性均可引起便秘；急性疾病，如绞窄性疝、乙状结肠或盲肠扭转，轻者如肠道炎症、憩室炎、肿瘤等，均可发生不同程度的便秘。

（5）其他。如高血钙、低血钾、尿毒症、皮肌炎、糖尿病等也可发生。

治疗便秘的基本原则：一是先查清原因，治疗原发性的疾病。二是调整饮食，多吃粗粮和含维生素较多的蔬菜，可摄入少量蜂蜜，不宜饮浓茶和咖啡。三是进行适当的体育活动，以增加循环与肠蠕动，也可做腹部按摩、肛门收缩等锻炼。四是用药物解除病变，宜用缓和的轻泻剂，如镁乳、氧化镁、麻仁丸等，切勿用刺激性强烈的药物。若自觉大便不能排出，也可用开塞露、甘油栓、皂尖塞入肛门，或以甘油、石蜡油灌肠等。对少数大便干结者，必要时也可用手指挖出。

30 腹泻

腹泻是一种症状，是指大便不成形而成流体性，每日大便重量超过 200 克，排便次数在 3 次以上，时有急迫感，肛门不适，甚至有大便失禁现象。

腹泻从表面上看，似乎是一种常见的症象，实际上在它背后却潜伏着多种难治的疾病。因此，需作出分型，以利追踪病源：

（1）渗透型。主要是肠道不易吸收的溶质，如乳酶缺乏时不能消化食物，缺血所致的消化不良等，特点是大便呈水样，无脓血，禁食后腹泻停止。这是平时在生活中常见的腹泻。

（2）炎症型。因肠黏膜受破坏发生吸收障碍，如患有阿米巴痢疾、溃疡性结肠炎等，大便有黏液脓血，一般禁食后也不止泻。只有放射性肠炎可延时发作或反复发作。

（3）分泌型腹泻。是指小肠遭受某种毒素或物质的刺激，使小肠分泌物大量增加所致。有来自霍乱、痢疾，以及泌毒大肠杆菌、难辨梭菌等感染。有受来自类癌综合征、甲状腺髓样病、胃泌素瘤、红斑性狼疮等的影响；有受一些特殊物质的刺激，而引起腹泻；也有一种假性霍乱综合征所致的腹泻，即使在尸检中也很难寻到原因。

其他导致腹泻的，如小肠功能失常，多系胃切除手术后的倾倒综合征，迷走神经切断术后以及肠道易激综合征等引起。另外，如变态反应，阿狄森氏病、免疫球蛋白缺乏症等也可致腹泻。还因服用了某些药物，如普萘洛尔、奎尼丁、5－氟尿嘧啶、呱乙啶、利尿剂等，也能致部分人腹泻。

腹泻的诊断应认真的追询病史，认真体检，做一切必要的常规检查和特殊检测，切勿因司空见惯，一概视之。

本病治疗，需确切诊断后，根据不同的基础疾病，施展各自的有效治疗。

31 糖尿病

糖尿病是中老年人常见的疾病，发病情况有逐步上升的趋势。老年人起病缓慢、症状隐蔽、糖尿不显，往往到症状严重时，或合并症出现后才引起重视。

本病的发生，是由于胰腺内的胰岛素 β 细胞分泌胰岛素的不足，引起葡萄糖代谢紊乱，致使体内的糖原分解，脂肪和蛋白也被分解为糖，因此，使血中糖的浓度升高，随之出现糖尿。老年人的发病系因与机体老化和遗传显性有关，说明此病有遗传倾向。肥胖也是发病的重要因素。其他，如有胰腺疾病或胰腺被切除以后，及某些内分泌疾病也能发生糖尿病。本病不仅可能发生机体内的糖、蛋白质、脂肪、维生素与电解质的紊乱，以及失去酸碱平衡，又能使脂肪不能氧化产生大量酮体，引起病人的酸中毒和糖尿病性昏迷。大量的葡萄糖转化成脂肪，会发生高脂血症；继而促进动脉粥样硬化并发心血管疾病。

本病在早期可能一如常人，无症状显示，或在体检与诊治其他疾病时始被发现。一般在重症或其他合并症发生后才被医生确诊。因而希望年龄在 40 岁以上、不明原因的消瘦或体重减轻、尿量增多、餐后 3 小时即有饥饿感的人，特别是肥胖者，都应该做血糖和尿糖的检测，以期早作诊断。

本病典型的症状是"三多一少"。三多是指尿量多、饮水增多、进食量多，吃饱了还想吃；一少是进食如常，体重却日渐减轻。其他症状有易患病，经久不愈，或是反复发作；或者是皮肤瘙痒，女性的外阴瘙痒等；也有的伴有小腿疼痛、肌肉痉挛、手指麻木等。

诊断标准有如下三点：

（1）空腹血糖＞7.8 毫摩尔/升，葡萄糖耐量试验餐后 2 小时血糖＞11.1 毫摩尔/升。

（2）有明显糖尿病症状、空腹血糖不止一次＞7.8 毫摩尔/升。

（3）空腹血糖虽不高，但葡萄糖耐量试验餐后两次血糖都＞11.1 毫摩尔/升，或在同日内任何两次随机血糖＞11.1 毫摩尔/升。

治疗糖尿病，进行饮食治疗是必需的和基本的治疗。饮食治疗的目的是控制病人每日摄入的总热量，不只是限制糖的摄入。可根据病人自身具体情况，请医生指导拟订一份具体饮食控制方案。控制饮食后，一般都会有饥饿感，实际上糖尿病本身的症状就有饥饿感，病人应该习以为常，坚持治疗，切勿半途而废，前功尽弃。

运动锻炼也不可少，通过锻炼可以增加体质，调整心理，降低血糖和血脂。但是，不能空腹锻炼，以免出现低血糖现象。选择项目要因人制宜，适度而行。

药物治疗，目前仍以磺脲和双胍类两种为主。前者是促进胰岛素分泌，后者是促进肌肉组织摄取葡萄糖，加速利用，降低食欲，抑制肠道对葡萄糖的吸收。药物的品种较多，都有一定的副作用，老年人应该在医生的指导下，正确选择一种药物进行治疗。一般治疗均以口服药物为主，但是，有严重心肺功能和肝、肾功能不全的，有心肌梗死、脑血管意外的，有严重感染、受创伤或在大手术期的，有酮症酸中毒、乳酸性酸中毒、高渗性非酮症性糖尿病的等，或对降糖药过敏的，均应作为

禁忌，不能服用口服药物。

有以上口服禁忌的病人，多采用胰岛素注射治疗。使用普通胰岛素应从小剂量开始，每日分段治疗观察，逐步调整剂量，待基本用量确定后，再决定混合试用，防止胰岛素在体内积蓄。同时，必须定期监察血糖。

糖尿病须长期坚持治疗，患者应耐心对待。必须强调的是，不论用何种治疗方法，老年人血糖都不宜降得太低，对心脑血管供血不足的，血糖水平要求比一般人略高。一般空腹血糖在 7.2 毫摩尔/升～8.3 毫摩尔/升，餐后 2 小时血糖控制在 8.3 毫摩尔/升～11.1 毫摩尔/升之间，对治疗老年人的糖尿病是妥当的。

32 高血脂症

高血脂症对人最大的威胁是引起动脉粥样硬化和冠心病。同时，也是众多疾病如高血压、糖尿病、肝脏疾病、肾病综合征、甲状腺功能低下、胰腺炎、肥胖症的危险因素。

发生本病源于脂质的异常代谢。遗传基因可通过各种机制发生高血脂症；肥胖也可引起脂质代谢异常；从饮食中摄入了过多的碳水化合物、胆固醇和动物脂肪也能发生高血脂症；中等量以上的饮酒，可使血脂升高，长期饮酒还可引发脂肪肝、肝硬化、心肌损害等；每日吸烟在 20 支以上的，血脂也会随之上升；患有糖尿病、肾病综合征者，血脂也会增高；其他，如服用了激素药物等，也能表现出脂质的异常代谢。

高血脂症临床上分为高胆固醇血症、高甘油三酯血症和混合型高血脂症三种类型。血清胆固醇≥6.2 毫摩尔/升、甘油三酯≥1.81 毫摩尔/升、高密度脂蛋白≤0.9 毫摩尔/升，即可明确诊断。

治疗本病，首要是进行饮食上的一些控制，实行低脂是基本原则。饱和脂肪酸会增加血清胆固醇，应多食用不饱和脂肪酸（如玉米油、葵花子油、豆油等）。少食动物内脏和禽蛋（含胆固醇较高），对碳水化合物也应适当限制，多吃蔬菜、水果、鱼类及植物纤维丰富的食物。

患者还应戒除烟酒等不良嗜好，参加适当的体育锻炼与体力劳动。

进行药物治疗时，应根据病的分类以

及结合基础疾病，在医生的指导下用药。

其他若实行降脂治疗，如用血液净化疗法，又称为血浆交换法，目的是排除血内含胆固醇的低密度脂蛋白，是有明显疗效，但遗憾的是短期即有反弹现象。还有就是进行手术疗法，这种方法主要是针对难以治疗的家族性高胆固醇血症。

33 骨质疏松症

老年人骨骼逐渐发生萎缩，绝大多数人表现为骨质疏松。人过中年以后，骨的分解速度渐而超过骨的再生速度，尽管骨形依旧，然而骨的内含骨密质却疏松了。究其原因，除老化之外，性激素的下降是一重要因素。尤其是女性的骨质疏松症比男性发生更早。再如，老年人受营养摄入减少、吸收功能降低、活动量少等多种因素的影响，特别是一些骨折、瘫痪、严重关节病的人，长期卧床很少活动，引起废旧性的失钙，骨质疏松更趋严重。骨质疏松症较为普遍的症状是疼痛，此类疼痛虽不剧烈，但带一种磨难的感觉，可遍及周身，以腰腿部、骨盆等关节区域为多发。而最大的威胁是骨质疏松易引起骨折，一时疏忽轻微的外伤如摔倒即可引起骨折。最为常见的骨折在桡骨远端、肱骨上端、股骨颈、髋部等处。患有骨质疏松者的脊柱椎体会逐渐变形塌陷，形成压缩性骨质，使脊柱变形缩短，或是弯曲侧凸，使身高降低或产生驼背。

治疗骨质疏松，关键在于预防，已有骨质疏松的更应积极治疗。

（1）多吃富含钙质和蛋白质的食品。首推为牛奶。其次是鱼、虾、豆制品、深绿色蔬菜等。

（2）注意健身活动。选用适合老年人的各种户外活动，适当晒太阳。因进行运动对刺激骨细胞动态和维持骨骼结构形成是有一定效果的。即使因瘫痪或其他原因卧床的，也应在床上进行适当的运动，以免骨质疏松进一步加重。

（3）采用药物治疗应以补充钙剂与维生素 D 为主。常用钙剂有乳酸钙（每日 2 克～6 克）、葡萄糖酸钙（每日 2 克～6 克）、甘油磷酸钙（每日 6 克）。同时应服用维生素 D，促进钙在肠道被吸收，这对老年人补钙大有帮助。同时，还应服用维生素 C，以促进骨胶质的形成。补钙时应多饮水，以免血钙过高，形成肾结石。

对雌激素的应用，在临床上是肯定有效果的，尤其对绝经期妇女的骨质快速出现的疏松有效，但必须在医生的指导和观察下进行。因为雌激素有引起阴道出血，或产生子宫颈癌的可能，故必须谨慎行事。至于对长效新药尼尔雌醇的应用，也应在医生的指导下使用为妥。

34 肩周炎

肩周炎又称为"冻结肩"，又因为多发生在 50 岁左右的人，故名为"五十肩"。老年人肩疼痛应想到肩周炎，这是肩关节周围软组织与关节囊退行性的老化病变。

老年人多因轻微外伤、长期睡卧姿势不良、肩部受压、活动过少等而发生此病。肩周炎可能与颈椎病并存，糖尿病患者发生率较一般常人为高。确诊之前最好做肩部及肱骨上段摄片，以免漏诊或误诊为其他疾病。

肩周炎的症状，主要表现为肩疼，疼痛也有向颈肌部、肘部放射，个别人有前臂及手感到有麻木痛；并影响肩部活动，使肩外展、前屈、上举受限。活动则疼痛增加，影响梳头、穿衣、书写等动作。时日过久，可见明显的周围肌群萎缩，表现在三角肌、冈上肌、肱二头肌腱长头处等部位。

对本病的治疗，在急性期宜暂作固定局部休息，服用消炎镇痛药物，配用激素做痛点封闭或神经阻滞封闭。疼痛减轻后，应争取适当锻炼以免关节形成粘连。

其他，如采用针灸、按摩，也有明显疗效。还可配合超短波、微波等进行治疗。

本病一般有自动痊愈的可能，往往延时一年之久。如历久不能痊愈的，应考虑是否有其他病变，如常见的因肩关节骨质增生所引起的肩峰撞击综合征等。

35 颈椎病

颈椎是脊柱中体积最小、活动度最大的关节，又是人体的一个支撑部位，连头接体，是担负重任的主要区域。因此，颈椎病的发生会出现诸多复杂多变的症状。

颈椎病是一种进展缓慢的退行性病变，主要是椎体之间的椎间盘老化、脱水、变性、纤维破裂，由此椎间盘不稳而脱出，椎间隙变窄，颈椎因受力不均衡改变，致使椎体与各小关节骨质增生，形成骨刺，韧带随之钙化，使椎管及椎间变形狭小，使神经根与脊髓受压，椎动脉与椎旁的自主神经节遭受刺激。因此，发生临床上一系列复杂多样的症状。

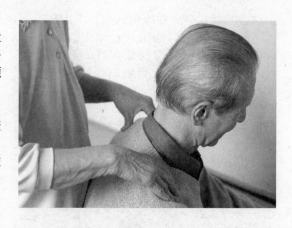

颈椎病分为神经根型、脊髓型、椎动脉型三个类型。

最为多见的是神经根型。由于椎突关节的增生压迫神经根，致使水肿、发炎和肌痉挛，出现肩背部酸痛，沿着神经向上肢放射直至手指有疼痛、酸胀、发麻等现象，其颈部活动也受限制，头部稍一转动疼痛便加重，久病者还会产生肌萎缩。本病需与肩周炎发作相区别，部分病人有自主神经影响，尤其本病发生在左侧，可出现类似心绞痛症，必须作出鉴别。但是也要警惕是否是两病同时存在。

脊髓型的较为少见。多因颈椎管变狭窄压迫脊髓后，皮质椎体束受压或脊前动脉痉挛缺血。表现有两手发麻，执筷子困难，无力活动；下肢酸沉乏力，行走紧迫颤抖，站立不稳等症状。本型易于与老年脑内疾病混淆，要仔细作出鉴别诊断。

椎动脉型也较少见。主要表现为转头时出现眩晕，或伴有呕吐，也有椎体受压的情况，出现下肢无力发软、视力产生障碍等。

颈椎病的诊断，除细微分析临床的症状外，X线摄片应列为常规检查，必要时还需做CT、核磁共振、椎动脉造影等。

治疗本病时，对神经根型与椎动脉型，大多采用保守治疗，进行牵引、针灸、按摩与物理治疗；辅以抗炎镇痛剂、维生素B族、血管扩张剂、激素封闭等；平时可用项托或颈圈，适当练习颈部活动（每次10分钟左右）。

对脊髓型颈椎病应考虑进行手术治疗，解除脊髓受压。此型切忌用按摩、推拿等治疗，以免加重病情，甚至损伤脊髓造成截瘫。

36 泌尿系结石

泌尿系结石是指在肾、输尿管、膀胱、尿道等脏器内发生的结石。结石形成的原因众多，包含着多种因素。自然环境像热带炎热地区、气候干燥地区易使尿液浓缩，水质过硬地区易使尿盐溶解破坏，沉淀而形成结石。热带地区日照过多、人体内维生素D增多，也可引发结石。饮食中缺乏维生素A，使上皮细胞角化脱落，形成结石核心，缺乏维生素B_6可产生草酸尿和草酸钙沉淀。有的是因药物因素，如某些药物代谢通过尿液排出用结晶析出或沉淀而引起结石。有的是由各种原因引起的尿路梗阻，使尿液中过饱和晶体析出形成微小结石，再因尿路受阻而逐渐增大。有的是因长期卧床，骨骼废用性脱钙，增加了尿钙、磷离子，尿流不畅，也可能产生结石。

老年人男性以膀胱结石居多，可能与前列腺增生症引起的长期尿流不畅有关。从整体而言，我国以前泌尿系结石，以膀胱结石为主，近几十年来，肾结石的发生率相应增多。泌尿系结石的临床症状主要是疼痛、血尿、梗阻感染。疼痛多从腰部至腹部，也可放射至腹股沟部。其痛，一般的表现为钝痛，结石嵌顿时可出现阵发性疼痛，可用解痉药缓解，也可自行停止。血尿肉眼可见，量少的需做尿常规检查。又因结石梗阻而导致泌尿系感染，出现尿频、尿急、尿痛、脓尿，重者还可发生全身中毒症状。

诊断泌尿系结石，除典型的临床症状外，可通过尿常规检查、B超、同位素肾图、X线平片、造影摄片、膀胱镜等检查基本上都可以确诊。

泌尿系结石的治疗，在急性发作时，可采用解痉止痛等药物；有感染的应在医生的指导下积极用抗生素控制。目前取除结石的方法，有体外震波碎石法，经内镜碎石或取石法。临床手术上以前用传统的外科手术摘除法，已逐渐在淡化了。

要预防结石的发生，老年人应注意适当锻炼，不宜长期卧床，以免骨骼脱钙。还应多饮水稀释尿液，以免尿液内晶体物质沉淀，形成结石。

37 前列腺增生症

前列腺肥大又名为前列腺增生症，发病者大都是50岁以上的男性，随着年龄增大，发病率也逐步递增。

前列腺是男性器官的一种性腺。位于后尿道周围，形如一个栗子，分前、中、后及左右两叶，发生肥大是围绕在尿道周边与左右两叶的腺体。

前列腺增大的发生多与老年人体内的性激素失衡有关，尤其与睾丸激素关系更为密切。儿童至中青年绝无此症，过去身处皇宫遭受"阉割"过的太监，也无此症发生。说明了睾丸与此病有关。其他发病因素尚有双氢睾酮增加，受前列腺生长因子的影响等。

此病的病程大致分为三个阶段。早期排尿次数增多，尤其在晚间起床可达3次～5次之多，逐渐出现排尿不畅，射程不远，但尚能排净，膀胱内不会有残余尿。在中期出现尿频增加，尿流变细，排尿不净，排尿时间延长，膀胱内可含有残余尿；若合并有感染、结石，可出现尿痛、尿急、血尿等，但不致影响肾脏功能。到后期，由于腺体增大，尿道梗阻日趋严重，尿液成点滴状，膀胱被残余尿占据，形成尿潴留，可在下腹部充盈成膀胱包块；随之排流尿液的输尿管、肾盂扩张而威胁肾脏，可发生慢性肾功能衰竭，严重的病人可引起尿毒症而死亡。

前列腺增生症的诊断：一般是通过肛门指检可确定。若更为细微的可行B超、CT等检查。

患有前列腺增生症的病人，切忌饮酒和进食刺激性的食品，也勿过分憋尿，还不要坐的时间过长，工作过度劳累，或产生便秘、腹泻等，这些均可刺激会阴，引起前列腺充血，导致急性尿潴留的发生。

另外，如服颠茄类药物、普鲁本辛、阿托品，必须慎用，以免发生尿潴留。

前列腺肥大的治疗：

（1）药物治疗。治疗药物的品种较多，但大部分不能达到治愈的目的。早期服用雌激素，效果较为显著，遗憾的是副作用较多，不宜长期服用。

近年来出现的α—肾上腺素能受体阻滞剂，如高特灵、哌唑嗪、酚苄明等药物有一定疗效，缺点是此类药品可引起血管扩张，血压下降，心悸和头昏等症。尚有5α还原酶抑制剂（商品名保列治），效果也明显，每日可服用1次，但必须长期服用，且价格较昂贵。

（2）物理治疗。采用微波治疗，是以高频电磁波，经膀胱镜放入微波天线，照射前列腺，近期疗效可达70％。但远期不够理想，因腺体并不缩小。

放射治疗。从尿道插入带有微电极的导管，通过两电极间电流产生的热效应治疗增大的前列腺，近期疗效类似微波治疗，远期疗效也不尽如人意。不过近几年来，有新的创意，射频温度提高，效果也有上升趋势。

红外线治疗。也系通过尿道治疗，因温度不足而无损于前列腺，效果平平。

激光疗法。应用光能转化为热能，以高温使增大的前列腺汽化和炭化。方法有非接触式、接触式、插入式等，手术安全，出血少，是一项有前途的治疗措施。

聚焦超声治疗。利用特制的探头，针对B超精密测量定位的前列腺，以高强度的聚焦超声，用80℃～90℃的温度使之凝固坏死。这是一项比较新颖的疗法。

（3）手术治疗。对前列腺采用手术摘除，目前仍是一种主要措施。除传统的经膀胱将前列腺摘除外，还可应用内镜经尿道插入摘除前列腺。有些病例尚可两者联合操作，达到更精确的彻底摘除前列腺的目的。但对一些体弱难以胜任大手术的，可采用简捷的睾丸切除手术。目前，尚有采用金属支架插置尿道治疗前列腺的，以保持尿路通畅。

38 更年期综合征

更年期综合征是指男性或女性在中年向老年的过渡阶段中，在生理变化转折之间，其生殖生理和自主神经系统功能转换所表现的一系列的症候群。

一般女性在 45 岁～55 岁之间更年期综合征最为突出的表现为绝经。这一时期卵巢功能衰退，女性激素分泌逐渐下降和自主神经系统功能紊乱。

男性更年期综合征与女性差异甚大。男性内分泌激素下降并不急剧，自主神经系统又能平衡代谢。因此，出现的症状较少。

大多数的妇女在更年期有不同程度的症状，但 90％的人不影响工作和日常生活，仅有少数人症状特点突出。

所表现的症状：

（1）月经周期紊乱。表现为周期延长或缩短，经量增多或减小，或月经突然停止而不再来潮。生殖系统因激素减少，出现外阴、阴道、子宫、乳腺逐渐萎缩，外阴干涩，性欲减退等现象。

（2）突然发生面、颈、胸部发热，相继有局部或弥散性的皮肤发红、出汗、周身热不可耐；反复发作，一日数次至数十次不等，每次持续数分钟即可消失。少数人还可出现心悸、胸闷、气紧以及血压波动升高的现象。

（3）情绪变化大，易于紧张、激动、忧愁、抑郁，思绪不一，健忘多疑，喜怒无常，甚至出现无名的头痛与偏头痛。也有发生各关节和肌肉、软组织疼痛的。

（4）雌激素水平骤降，易发生膀胱尿道膨出，应力性尿失禁。

更年期综合征的治疗：

（1）必须使妇女充分认识到更年期是人生历程中一个正常的生理过程，应该消除顾虑，稳定情绪，做好自我心理安抚；在生活中应精神愉快，劳逸结合，适当锻炼，增强体质，度过这一时期。至于出现一些轻微的症状，可就医做适当的对症治疗。

（2）关于是否使用激素治疗，过去对此分歧颇大，曾有人认为应用雌激素进行治疗，可能会导致子宫内膜癌变而加以反对。但经过长期实践，现医学界一致认为对更年期综合征患者适当使用雌激素治疗是有利无弊的。

但是，必须指出，使用激素替代疗法，一定要在医师的严格指导下进行，以免发生意外。

39 阴道炎

正常健康的妇女，其生殖系统从解剖学、生理卫生学的角度来讲，均有严密的结构，具有完全的自然防御功能，除非是受月经、流产、分娩的损伤，不洁或不正常的性交，使防御系统破坏，细菌乘虚而入才会导致感染。但是，对绝经期的老年妇女而言，由于雌性激素的缺乏，卵巢功能衰退，阴道萎缩，阴道壁变薄失去弹性，阴道酸碱值上升，上皮细胞内糖原含量减少，局部抵抗力势必降低。因此，易遭受感染而发生炎症。

阴道炎的主要症状是分泌物增多、稀薄，呈黄绿色，偶有血样分泌物，或者呈脓性、有腥臭味，外阴部有瘙痒或灼热感，阴道也疼痛。检查时可见外阴萎缩，皮肤薄亮不具弹性，会阴或伴有皲裂，阴道口与内腔狭窄表浅，皱襞消失，黏膜充血，有出血点或糜烂或呈浅表溃烂，使阴道粘连闭锁，分泌物积聚而引流不畅，甚至积脓。

治疗阴道炎，首先要看是否有肿瘤。阴道炎治疗的基本原则是增加阴道抵抗力，抑制细菌的生长。

（1）正确选用抗生素，最好做分泌物的细菌培养或涂片，以利择药使用。

（2）采用女性激素，应在医生指导下小剂量的应用。可用己烯雌酚与呋喃西林（1∶1000）做阴道喷雾，每日 1 次，10 天为 1 疗程。也可用己烯雌酚片 0.125 毫克～0.25 毫克，每晚 1 次塞入阴道，或用己烯雌酚乳膏涂搽外阴。重者还可口服己烯雌酚 0.25 毫克～0.5 毫克，每日 1 次，疗程为 1 周。

（3）增加阴道酸度改变酸碱值，用 1％乳酸液或 0.5％的醋酸冲洗阴道，每日 1 次。

（4）局部可采用坐浴或药物熏洗外阴，阴道内可用 1∶5000 的呋喃西林液灌洗，用磺胺软膏涂搽等。

40 绝经后阴道出血

妇女在绝经以后，卵巢功能衰退，雌激素水平降低，阴道分泌物减少而几近消失（也有少数在绝经一两年有短时期的生理性子宫出血），如果一旦发现阴道出血或异常排液，则应引起重视和警惕。

绝经后出血的原因，大致有：

（1）肿瘤的发生是最为重要的原因。常见的如子宫颈癌，在早期多为白带增多或接触性出血，后期为脓血样或米汤样分泌物，以及阴道出血。其次，是子宫内膜癌、卵巢和输卵管的肿瘤、阴道肿瘤等，都有不同程度的出血和异样分泌液体。除恶性肿瘤外，一些良性病变，如黏膜下子宫肌瘤、宫颈息肉等，也可表现有阴道出血与血性分泌物。

（2）生殖系统的炎性病变，也可出现出血和异样分泌物。如老年性阴道炎、滴虫性与霉菌性阴道炎、萎缩性子宫内膜炎、输卵管炎等，都可以发生阴道出现血样分泌物。

（3）绝经以后雌激素分泌水平下降，阴道壁黏膜萎缩变薄，失去应有的弹性，抵抗力降低易于受损，如性生活不慎、异物外伤、对阴道用药不慎等，均可能发生出血。

（4）使用激素替代疗法时，也可能发生出血，称之为撤退性出血。

绝经期后的阴道出血，绝大多数是生殖系统的器质性疾病所引起的，应该及时就医检查，以免延误病情。

检查的内容，首先应仔细全面的进行妇科检查，明确阴道、宫颈、子宫及其附件卵巢、输卵管、盆腔等是否有炎症及肿块。并应做阴道涂片、宫颈切片查癌细胞，或进一步的做宫颈活体组织检查以及宫腔镜检查等。同时还应用 B 型超声波探查盆腔。即使以上检查暂时未能确切诊断，也应严密观察，定期复查。

如果还伴有全身出血性体征的病人，应对血液和肝功能进行检查。

41 皮肤瘙痒

皮肤瘙痒又名冬痒症。因为，它于冬季易发。冬季雨水稀少，气候干燥，空气中湿度降低，气候寒冷，人的体表皮肤也随之血流下降，干燥也随之而来。老年人随着机体的老化，皮肤也逐渐老化和衰老，细胞萎缩变异，真皮乳头消失，皮脂腺与汗腺也相应蜕变，微血管数量减少以致血流量降低。由于这些功能的变化，老年人的皮肤缺乏滋润，水分减低，出现干燥、脱屑、裂纹，逐渐形成龟裂和皲裂，伴发瘙痒和疼痛。正因为全身有这些改变，加以各种尘埃、微生物或衣物的纤维入侵皮肤，刺激神经末梢，皮肤便发生瘙痒。严重者可在瘙痒的基础上，引发老年湿疹与皮脂缺乏性湿疹。

一些有动脉硬化、糖尿病、肾病的患者也会产生皮肤瘙痒，应引起警惕。还有肿瘤病人也会发生不明原因的皮肤瘙痒症，而且不随季节的变化而发生。

对皮肤瘙痒症治疗的原则：应保持环境卫生与湿度；避免进食刺激性的食物；勤更衣，内衣应着光滑柔软的棉制品；勤洗澡，浴水不宜过烫，浴后需涂一层含油脂的无刺激的霜剂或润肤止痒剂；伴有湿疹者加用激素类霜剂；睡前也可服用些有止痒作用的镇静药或抗过敏的药物。

42 带状疱疹

带状疱疹俗称"缠腰龙"、"蛇丹"、"大带疮"等。它是由水痘疱疹病毒潜伏于脊髓后根神经节的神经元中，趁人机体免疫功能低下之际，病毒便沿脊神经分布的位置突然发病，产生神经痛，波及皮肤而形成疱疹。老年人的发病率数倍于青年人。

发病早期，局部皮肤以灼痛、刺痛为主，以后显示红斑，或出现成簇的如米粒绿豆大小的丘疱疹，1 日～2 日内形成水疱，有集簇小水疱、大疱或血疱，疱中心凹陷，疱壁紧张透亮；若水疱破裂，会糜烂或浅表溃疡，形成血痂。患者往往痛不可耐，重者尚伴有头痛、发热等出现全身中毒症状。一般的在发病部位附近出现淋巴结肿大，如在腋下、锁骨下、腹股沟等处。此病也有无皮疹的不全型或顿挫性的带状疱疹，若遇此类型疱疹，则较难诊断，甚至会造成误诊。其病程，老年人为3周～4周，一般的预后可终身免疫不再复发。若有反复发作的，则需进一步考虑其他的诊断了。在将皮疹治愈后，少数的还会有局部疼痛，有的要经历数月才消失。

对带状疱疹的治疗原则：基本上是局部保护创面而防止继发感染，抗病毒与止痛。局部应尽力保护创面，水疱不宜挑破，可外用炉甘石洗剂、甲紫溶液等；也可用无环鸟苷（10%）湿敷；对水疱已破渗液较多者，应用 3%硼酸水、3%呋喃西林等液予以湿敷，每日 3 次～4 次，每次需 2 小时～3 小时；对疼痛剧烈者，也可涂以10%利多卡因霜。

进行抗病毒治疗，可选用无环鸟苷，

进行静脉滴注效果更佳，每日 2 次，每次 250 毫克～500 毫克。口服无环鸟苷 0.2 克～0.8 克，每日 4 次，一般用 5 天～7 天即可。也有人主张用病毒灵、病毒唑口服、聚肌胞肌肉注射等。重者加用维生素 B_1 及丙种球蛋白进行肌肉注射。早期应用阿糖腺苷，每日 10 毫克/千克～15 毫克/千克，配合 0.04% 浓度静脉滴注，连用 10 天，可以缩短病程，减少后遗的神经痛。还可以加用免疫调节剂转移因子，每日一次，如患者无其他疾病禁忌，可加用激素如泼尼松等，促进水肿消除，减少后遗的神经痛。

此病疼痛较剧，镇痛非常必要。可用曲马多、撒利痛、强痛定等；也可用 1% 普鲁卡因做神经封闭。必要时可用硬脊膜外腔注入药物，起镇痛与保护作用。

43 手足皲裂

老年人的新陈代谢降低，皮肤的代谢更新也随之缓慢，角质层脱落也较缓慢，逐渐堆积增厚，皮脂腺、汗腺分泌相应减少，皮肤缺乏光泽和滋润，加上日常劳动的机械摩擦，洗涤用肥皂（碱性）等，会使皮肤受损，尤其处在气候干燥的季节，皮肤含水的饱和度更是降低。这种过厚的角质层失水收缩，失去弹性，加上活动中的牵拉，容易造成皮肤裂口，一般多发生在手足部位，如指尖、手指关节、掌心、手掌的曲侧、足跟、足侧或足底等处。这种裂口，医学上即称之为皲裂，其唯一的症状是疼痛难忍，而且足以影响工作与生活。皲裂也可随着一些其他的皮肤病，诸如手足慢性湿疹、手足癣、鱼鳞病、冻疮等并发。

治疗皲裂的原则：

（1）有原发皮肤病的，应积极治疗原发病，用含油脂高的药物作外用，口服必要的药物，可治愈皲裂。

（2）已形成的皲裂，可用温热水浸泡 20 分钟～30 分钟，使其软化，削去增厚的表皮，使之柔软涂以促进裂口愈合的药物，如用 5% 水杨酸鱼肝油软膏、15% 尿素霜、愈裂膏等。若裂口较深，涂药后，可用纱布将它包好。

（3）冬季应注意保暖，勤洗热水澡，不宜用碱性肥皂，可用些对手足有保护作用的软膏。

（4）可服用维生素 A。

44 白内障

老年白内障是老年人常见的眼病。由于晶体皮质、晶体本身或是囊膜发生浑浊而引起。发生的机理目前尚不清楚，在医学界也尚未有一致的定论。形成白内障的原因颇多：年龄增长，生理老化，代谢有障碍或降低是首要的因素；晶体所需的营养如维生素 B、C、E 缺乏，或是各微量元素与多种氨基酸缺乏或比例失调等；长期受阳光中紫外线、红外线、微波、电离等电磁辐射也有一定的影响；其他还有血管硬化、遗传等因素。根据北京某医院眼科的抽样检查统计，白内障发生率 60 岁～69 岁为 35.48%，70 岁～79 岁为 45.58%，80 岁以上 100%。

白内障的发病与病程进展比较缓慢，从起病到视力下降可达数年之久。早期可无症状，或仅有眼前黑色点状印象，然后晶体浑浊逐渐影响光线进入，视力明显减退，至后期晶体完全浑浊，视力严重下降，仅能感觉眼前的光感与指感。

治疗白内障的原则：对白内障的治疗，除了进行一般的自我的眼睛保护之外，早期可试用法可林、白内停、消白灵、卡他林、谷胱甘肽等眼药水，延缓病情的发展。

采用手术治疗，是对严重白内障最为彻底的治疗方案。以前对白内障在成熟期才施行手术的观点已基本被否定了。在 20 世纪 80 年代以前，采用的冷冻囊内摘除白内障的手术，也已逐渐被淘汰。目前，如因白内障视力下降达 0.3 左右，戴镜也未见提高的，即可列为手术对象，无需等至成熟期。

20 世纪 80 年代以后，治疗白内障，多采用在显微镜下行白内障囊外摘除及后房型人工晶体植入的手术方式。近 10 年来又采用超声乳化术，将浑浊的晶体震成半液状，然后吸出，再从后房植入人工晶体，此手术切口小，愈合较快。但是，手术后必须戴镜以纠正视力。

45 青光眼

任何物体均有一定的内含固定压力，眼球也维持固定内压力。青光眼即是以眼球内压力增高为特征的眼病。我国正常人眼压为 1.33 千帕～2.8 千帕（10 毫米汞柱

～21毫米汞柱），大多数人眼压在24小时内不超过0.67千帕（5毫米汞柱）。如果眼压持续增高，压迫视神经，便会引起神经萎缩而视力下降，以致失明。

青光眼病变以房角的宽窄变异而分型，分为闭角型青光眼与开角型青光眼，这需经眼科的前房角镜用裂隙灯检查才可分辨。

闭角型青光眼的早期症状，是看灯泡光时有环状色彩，犹如雨后的彩虹一样，临床上称之为虹视；或是眼前出现浓雾，称为雾视。这些症状时好时现，并不引人注意，从而失去早期治疗时机。以后出现眼部胀痛、视力减退、头痛、恶心、呕吐等（此时还会误诊为其他消化系统的疾病，应提高警惕），尤其是急性发作时，视力急剧下降，重者仅有光感，同侧的头痛激烈，伴有恶心、呕吐、温度升高、心跳加快。若继续发展，可在几日内引起失明。对于青光眼重要的是早期诊断，长期坚持用药，定期检查，保持心情愉快，勿急勿躁，不要久停留在黑暗场所，饮水不宜一次过多，以免增高眼压。而且，在急性发作期，应及时迅速用药物控制，积极地采取措施降低眼压，待水肿消退后及时施行手术。总之，采用手术治疗青光眼是上策。

开角型青光眼又名为慢性单纯青光眼。发病年龄较闭角型为早，以男性为多见，40岁～50岁发病率为45%。发病隐蔽，几无症状，不痛不红，视力不变，只是缓慢地增高眼压，历经一二十年始见分晓。有些人直到视野逐渐缩小，形如管状时，才知有青光眼的存在。其发病原因有说与遗传有关，也有认为老年开角型青光眼系血管神经和大脑中枢对眼压的调节失控，使房水排出受阻增加所致。治疗此病应先以药物为主，可用匹罗卡品、依包林、噻吗心安、贝特舒、贝他根等滴眼剂。其他，对全身用甘露醇、甘油、碳酸酐酶抑制剂

等。如服用这些药物，都应在医生指导下为妥。经以上治疗后，一般的眼压能控制在3.3千帕以下，视力不再下降。此时可慎重的适当减少药量维持眼压，但应密切观察变化，若不能予以控制，视力继续下降，应该考虑采用手术治疗了。

46 老年性耳聋

老年性耳聋，从总体而言，是机体老化的一个局部性的表现。听力减退从高频开始，渐向低音频扩展。其发病因素，除了脑的听觉系统老化，耳蜗神经上皮萎缩，内耳听神经与传递系统的细胞退化，耳蜗内小血管壁增厚萎缩，循环不良，以及耳蜗周围骨质增生老化等因素之外，其他尚有遗传因素、环境噪声、代谢紊乱、营养不良、劳动强度过大、情绪变化、慢性疾病等诸多因素的影响。

症状特点是循老而进，比较缓慢，多呈双侧对称下降，或稍有差别。往往先是听不清与工作、生活无关的声音，随后逐渐听话不便，逐渐出现"声低听不清、音大嫌人闹"的现象。这种情况可逐渐发展到分辨力差的境地。有时谈吐可能会出现文不对题的状况。

在诊断上，只要排除药源性中毒、噪声损伤、血管性病变、听神经瘤、鼓膜破裂等后，对辨别能力比纯音听力明显等，即可作出诊断。

老年性耳聋基本上是由于听觉系统器官老化的原因，多半是不可逆的退行改变，要期望治愈是不可能的，关键在于预防和延缓它的发展进程。以下几点需注意的：

（1）慎用耳毒性药物。每次就医时应告诉医生自身的耳聋，以免再受损害。

（2）防止噪声刺激，保持环境安静。

（3）参加适当的健身运动，包括耳部保健操，以促进血循环。

（4）积极的防治老年性疾病，特别是糖尿病、血管硬化等症。

（5）戒除烟、酒，合理营养。

（6）可根据情况，遵照医嘱，服用一些血管扩张和神经营养药物，如都可喜、ATP、敏使朗、培他啶、丹参、舒耳丹等。

（7）轻症的老年性耳聋可不使用助听器，重者应该配戴助听器，以便生活和工作。配用助听器应经医生严格测试后再使用。

47 肿瘤病

人类任何年龄都可能发生癌症。近年来，事实证明，老年人发生癌症的几率在快速的增高，50％以上的新发病例几乎都在60岁以上的人群中，明显的显示了这一时期是肿瘤病危险的高发期。

老年易患肿瘤的重要因素不外乎是机体老化，免疫功能降低，如胸腺功能退化，受胸腺刺激的淋巴细胞免疫监视系统功能也随之下降。异常的细胞在致瘤的作用下发展成癌瘤细胞。其他，如体内激素水平的下降，也可能成为肿瘤的发生因素。

肿瘤的形成当然并非一日之功。说人人都有瘤细胞，此话不假，不过多为散兵游勇，不成气候。实际上人体癌的诱发期需15年～30年，原位癌也需5年～10年之久。由此可见，人们在某些致癌物质的长期不同程度的刺激下，到达老年，肿瘤的发生几率便明显地增加了。

老年人常患有一些慢性病，很多肿瘤多是在慢性病的基础上衍化而来。如体表上的黑痣可恶变成黑色素瘤，口腔白斑可发展为口腔癌，慢性萎缩性胃炎与胃溃疡会演变成胃癌，宫颈糜烂可引起子宫颈癌，包皮过长能发生阴茎癌，隐睾能发生精原细胞癌等。所以，治愈慢性病是至关重要的。

以上所述，仅是老年人易患肿瘤的一些基本因素。而来自人类周围环境致癌物质与因素，则不下一千多种，也可以说防不胜防。这也可说成是外因，是变化的条件。人的自身是内因，调整内因，加强防御，是可以降低癌症的发生的。所以说要增强体质，戒除陋习，心情舒畅，合理营养，避免污染等，在人们的生活、工作中必须引起重视。

对待肿瘤的关键是早诊早治，提高对癌症发生的警惕性很有必要。下面列出一些癌症的早期征兆，以便及时就医检查。

（1）不明原因的突然消瘦，体重减轻。

（2）不明原因全身疼痛，骨与关节疼痛。

（3）不明原因的发烧、疲乏、贫血等。

（4）身体任何部位的无痛性包块迅速增大。

（5）身体任何部位长期不愈合的溃疡，应定期检查，如有突变更应引起警惕。

（6）头痛、呕吐及伴有视力障碍。

（7）单侧耳鸣，或伴有头痛，听力减退。

（8）不明原因的声音嘶哑，并持续加重。

（9）流鼻血或鼻涕中少量带血，特别是来自后鼻腔痰中带血的。

（10）不明原因的口腔出血、疼痛、口咽不适有异物感。

（11）长期干咳或痰中带血。

（12）吞咽食物有哽噎感觉，通过缓慢并有胸骨的烧灼感。

（13）进行性食欲减退，并伴有上腹不适、疼痛、反胃等现象。

（14）有不明原因的持续性加重的黄疸。

（15）无痛性血尿。

（16）大便带血。

（17）不规则的阴道流血或白带过多。特别是绝经期后出现此情况。

（18）乳头溢液，尤其是血性液体。

（19）体表黑痣的色泽加深、脱毛、增大、疼痛、发炎、出血等。色素斑的肿胀和溃烂。

（20）不明原因的全身皮下出血。

（21）不明原因的皮肌炎。

（22）反复发作的带状疱疹。

（23）不明原因的骨关节肿大。

（24）慢性疾病的症状突变。

（25）已提示有癌前期病变的人。

如发生以上的疾病信号，应及时就医，切勿随意处之。早日诊断，及时处理，后果良好。

现在，对癌症的治疗技术已日新月异，有手术切除、放射疗法（包括X刀、伽玛刀）、化学药物治疗、免疫治疗、激素治疗，以及热疗、冷冻、激光等，还有用我国传统的中医中药进行治疗等。

（王德昌　董小丽　李华荣）

事业卷

SHI YE JUAN

在人的下半辈子，如果身体状况可以，又还"老骥伏枥，壮心未已"，可以追求"老有所为"。然而，在追求"老有所为"的时候，一定不要忘了"年纪不饶人"的古训，要正视现实，换一种活法。

名人在晚年换一种活法，追求"老有所为"，既取得成就，又活得安乐者大有人在。美国的石油大王洛克菲勒，曾经是个著名的大吝啬鬼，因勤俭持家而成亿万富翁。老来反思自己的一生，虽家财万贯却名声不佳。于是，他在晚年改换"事业"追求的方向，成立洛克菲勒基金会，开发慈善事业，成为蜚声国内外的慈善家，活到97岁而善终。大政治家邓小平在政治上三起三落，晚年成就了中国开放改革的大业后，功成身退，成为新中国带头废除领导干部终身制的典范，并得享天伦之乐和92岁的高寿。医圣张仲景，中青年时代四处奔波行医，吃尽苦头，晚年隐居深山，写出传世名著《伤寒杂病论》（后世整理为《伤寒论》和《金匮要略》二书）。李时珍在中青年时代遍访四方，行程万里，历尽艰辛，晚年潜心著述，为世界文化留下了不朽的著作《本草纲目》。大科学家查理·达尔文，青年时代随贝格号军舰环游地球，中晚年用数十年时间在家中写出科学巨著《物种起源》。姜子牙80岁拜相，在晚年助周灭纣，实现了政治抱负。

在晚年改换活法，使老有所为的例子并不只限于大人物、名人，普通百姓在晚年从普通的事物入手，做到老有所为，活得既充实，又得到精神享受的例子更是俯首皆是。北京有个67岁的福建莆田人，局级退休干部王老伯，他在玉渊潭公园收了二十多名六七十岁的"老徒弟"，给他们传授"太极柔力球"的技艺，老哥们、老姐们也很感激他将他们带进了科学健身的新天地。65岁的林大妈，在晚年圆了画家之梦，她每天到公园等游乐场所，沐浴在阳光下为游人作画，其乐融融。山东莱芜的几位老人组织了一个老年业余艺术团，自编自导了50多个节目，演出了几十场，受到了人们的欢迎，在鲜花和掌声中他们感到了人生的意义。其实，只要你用心观察自己的周围，便能找到"老有所为"的学习榜样。

在晚年改换活法、使老有所为也并不是"可望而不可即"的难事。组织个老年合唱团，进老年大学，参加钓鱼协会、骑游协会、舞蹈队等都是很好的办法。老哥们、老姐们大家"团"拢来，从中实现自我，做到老有所为，定能开辟出人生新的天地。

亲爱的老年朋友，你披着一抹朝阳走来，留下一串清晰的足迹。记忆中有你难忘的时刻，也有你成功的喜悦。

你踏着一轮金色走去，我们共同迎来了新世纪的黎明。这里有我们的梦想，更有我们的希望。

人生不在于能活多久，而在于活得是否充实而富有意义。不用后悔，也不用叹息，你虽没有惊天动地的创举，也没有丰厚的财产，但你却有自己充实的人生。因为，在共和国的大厦里有你辛勤劳动的汗水和智慧的结晶。

不要说我不再年轻。在新的时代，"老有所为"已经为我们展开了新的画卷。

亲爱的老年朋友，新的生活才刚刚开始。沐浴着金色的夕阳，你已经踏上了再创辉煌的征程。

让我们以自己的方式再为新时代添上灿烂的一笔吧！

（董仁威）

名人晚年

① 洛克菲勒晚年成慈善家

美国的石油大王洛克菲勒，曾经是个著名的大吝啬鬼，家财亿万的他常因几个小钱令朋友和下属哭笑不得，他甚至会为了5分钱，与朋友发火。他的这个可怕恶名使许多人对他不屑一顾，他自己也因此而心情恶劣，身体弄得很差。

洛克菲勒退休以后，反省自己的一生，觉得自己虽家财万贯却名誉扫地，活得很不快活。他决心改弦易辙，换个活法。他决定将自己财富中的很大部分建立洛克菲勒基金会，开展轰轰烈烈的慈善事业。他在国内国外慷慨解囊，在二战时认购了当时被人看成天文数字的几百万美元的公债。他逐渐受到了人们的尊重，抹去了"大蟒蛇"、"大吝啬鬼"一类的恶名。

随着洛克菲勒心情的好转，坏脾气也大为改变，与中青年时代判若两人。展现在儿孙、家人与世人面前的，是一个沉着、自信、慈祥的长辈。洛克菲勒在晚年换一个活法的结果是，他的晚年生活幸福、身心愉快、身体健康，一直活到97岁才去世。

② 盛田昭夫晚年转攻运动

日本著名的索尼公司创始人盛田昭夫，把一个20人的小作坊发展成拥有10万员工的跨国公司，创造了公司的营业额达200亿美元的经济奇迹后，在晚年逐步把索尼公司交给两个儿子去经营，将他们"扶上马再送一程"，自己则把兴趣转向运动。

盛田昭夫在50岁才开始打网球，也是在那一年才取得了汽车驾驶执照；60岁开始学滑雪；65岁开始学冲浪；67岁开始学潜水。他通过这些运动既强身健体，又获得了无穷的乐趣。

③ 卡内基晚年转行善

美国著名的钢铁大王卡内基，是一个著名的"铁腕"人物。他在经营中从不手软，以铁腕手段不断地进行并吞、发展。"铁腕"手段贯穿了他的一生，连对他的朋友甚至亲信的人，他同样地加以施展，不顾情面地更换他认为已没有多少用处的"零件"。即使是合作多年的事业伙伴遇难，卡内基也会坐视不救。由于卡内基的"铁腕"，他成为19世纪末世界上著名的超级富豪。"铁腕"虽然给他带来了巨额财富，却未给他带来好名声，在世人眼里，他不过是个六亲不认的卑劣小人。

在晚年，卡内基向世界表明自己并非是个一味追求财富的人，宣称"人死而富乃是最大的耻辱"。他在《北美评论杂志》上发表声明："将遗产大部分捐献给社会，少部分留给亲人。"卡内基用实际行动实践自己的宣言，在生前就把自己大如天文数字的财产分配完毕。他赠送给美国社会2.88亿美元，赠送给其他国家六千多万美元用以建立图书馆、学校、钢铁工人救济与养老基金、舍己救人者基金等等。卡内基的壮举足以惊天动地，他用这种方式创造了不为金钱，而为社会积聚财富的商人典范，这在金钱至上的社会里是何等难能可贵！铁腕卡内基在晚年改换活法，用充满柔情的方式表达自己对人类的热爱，给社会留下的不只是大笔的金钱，还给人类留下了"轻视金钱，重在奉献"的宝贵的精神财富。

④ 邓小平晚年退休享天伦之乐

大政治家邓小平，一生坎坷，政治上三起三落。晚年，邓小平在特殊的历史条件下担起了安邦兴国的重任，在中国成功地实行了改革开放政策，富国富民，使中国经济飞速发展。在功成名就之后，邓小平决心打破"领导干部终身制"的封建传统，坚决要求退休。由于邓小平一再坚决、恳切地要求，终于得到了批准，在晚年实现了安享天伦之乐的要求。

邓小平的女儿在《我的父亲邓小平》一书中，生动地描绘了邓小平一生中第一天退休生活：

夜幕渐渐降临，而我们家却是一片灯火通明。

全家人忙忙碌碌了整整一下午，到了吃晚饭的时间，4个孙子孙女一齐跑去请爷爷。他们送给爷爷一张他们亲手赶制的贺卡，上面贴有4朵美丽的蝴蝶花，代表他们4个孙辈。卡上端端正正地写道："愿爷爷永远和我们一样的年轻！"他们4个轮流上前亲爷爷，才3岁的小孙子亲了爷爷一脸的口水，逗得全家人哈哈大笑。在餐厅里，桌子上摆满了在我们家工作了三十多年的杨师傅精心设计的丰盛宴席，淡蓝色的墙壁上高高地贴着一排鲜红的字："1922—1988—永远"。

爸望着这一排字，脸上浮现出深沉的笑容。

看着爸的笑容，看着我们这欢乐的大家庭，看着大家高高举起的红光闪烁的酒杯，我的心中激情难言。八十余年的人生生涯，六十余年的革命历程，对任何人来说，都不会是轻而易举的。

该休息一下了，该轻松一下了。

以后，直至1997年去世，几年中，小平除了进行过短暂的南巡与"国事"有关以外，一直在家里静享亲情，安享天伦之乐。邓小平的退休，为"领导干部"树立了光辉的榜样，是"不为之中"的"有为"，开创了中国历史上新的一页，其意义可以与华盛顿拒绝连任总统相媲美。

⑤ 达尔文的最后10年

大科学家查理·达尔文，在人生道路中的最后10年，是生活中充满阳光的10年。纠缠达尔文30多年的病魔，突然莫名其妙地让了步，他的身体破天荒地好了起来。他能比较稳定地进行工作了，这给达尔文和他的妻子爱玛带来了巨大的快乐。他在工作之余，常常在唐恩镇家中的花园里下棋。

达尔文在功成名就之时，各种奖牌和证书像雪片般飞来之后，他本来可以在鲜花和荣誉中安享晚年，但他却闲不住，一天也不愿意停止他的实验。他的儿子、生物学家法兰士心疼地劝父亲："爸爸，你不用再为科学工作操心了吧，我会完成这些实验的。"

达尔文叹息道："但是，除了科学工作，我没有其他的事可以作呀！"

法兰士感动地说："亲爱的爸爸，你已为人类作出了巨大的贡献，你现在唯一应该做的，你也有充分权利做的事就是：休息。你要保重身体，不要把精力耗尽了呀！"

达尔文摇摇头，说："不论一个人的精力是早一两年还是晚一两年耗尽，这都是无关紧要的事。我不能忍受无所事事的生活。"

儿子和家里的亲人理解达尔文。一个把进行科学探索当成人生最大乐趣的人，不应以"好心"剥夺他的爱好，应顺其自然让他去作，只要不过分劳累就行。只要把握好分寸，这对他的身体和健康也许还是有益的。

在家人的支持下，达尔文在生命的最后10年做了许多"愚人的实验"，并从这些实验中获得不少重要的科学发现。达尔文将这些发现写成《食虫植物》《攀缘植物》《植物的运动能力》《蚯蚓在壤土形成中的作用》等书。健康和科学探索，使达尔文度过了生命中最后愉快的10年。

6 丘吉尔丰富多彩的晚年生活

丘吉尔，英国前首相、世界著名的政治家。他一生虽是在繁忙中度过的，但仍活了91岁，是第二次世界大战各国领袖中最后一位离开这个世界的。

丘吉尔一生意志坚强，宽宏大度。他曾几次竞选首相失败，但他毫不气馁，仍然像"一头雄狮"那样去战斗，最后果真取得了成功。他说过："我想干什么，就一定干成功。"他不但意志坚强，而且待人十分宽厚，能够谅解他人的过失，包括那些曾强烈反对过他的人。他虚怀若谷，开朗乐观，诙谐幽默，被英国人称为"快乐的首相"。不论在公开场合，还是与家人在一起，他的谈话都充满幽默感，这使他摆脱了许多烦恼。甚至在生命垂危之时，他也没忘记幽默。当时有人问他怕死不？他诙谐地说："当酒吧关门的时候，我就要走了，再见吧，朋友。"在第二次世界大战最激烈的岁月，丘吉尔昼夜不停地奔忙，没有足够的睡眠时间。由于他每天乘汽车穿梭于政府各部门之间，要在车上度过三四个小时，他就抓住在车上的空隙，趁机小憩。德国法西斯对伦敦狂轰滥炸时，有人发现他正在地下室里织毛衣呢！这是他特有的一种休息方式。丘吉尔的兴趣相当广泛，音乐、美术、文学、军事、政治等，无所不能。在绘画上他造诣很深，在文学上曾获诺贝尔奖。如此广泛的爱好，陶冶了他高尚的情操，给了他巨大的精神力量使他具有博大的胸怀。

丘吉尔从青少年时代起，就酷爱体育运动，骑马、开车、击剑……他还是个游泳健将，同时还喜欢风浴、水浴、日光浴。丘吉尔喜欢吃新鲜蔬菜，饮食合理，特别是在晚年。他虽然也喜欢喝酒、吃肉，但不过量。合理的饮食保护了他的心脏血管，防止了机体的衰老。

40岁时，丘吉尔开始偷着学开飞机，最后竟然成为一名合格的飞行员，把银鹰飞上了蓝天……丘吉尔82岁时还写了一部4卷著作，名为《讲英语人民的历史》。

长期坚持锻炼给了他一副健壮的身体，帮助他战胜了千难万险，夺得了事业的成功，并成为现代政治家中的长寿者。

7 毕加索90岁绘新图

伟大的西班牙画家毕加索，死的时候是91岁。在90岁时，仍然像年轻人一样生活着。

毕加索的画，有些色彩很丰富、柔和，显得非常美丽；有些用黑色勾画出鲜明的轮廓，显得难看、凶狠、古怪。但是，这些画能启发我们的想象力，使我们对世界的看法更深刻。面对这些画，我们不禁要问，毕加索看到了什么，使他画出这样的画来？我们开始观察在这些画的背后究竟隐藏着什么。

他的眼神仿佛告诉了我们什么。美国著名女作家格屈露德·斯特安在毕加索还年轻时就曾提到他那如饥似渴的眼神，我们现在也可以从毕加索的画像中看到这种眼神。毕加索在1906年给斯特安画了一张像，他是通过自己的记忆画出她的脸的。看过这张画的人对毕加索说：这不像斯特安小姐本人。毕加索总是回答说：太遗憾了，斯特安小姐必须设法使自己长得跟这张画一样才行呢。但是，30年之后，斯特安说，在她的画像中，只有毕加索给她画的那张，才把她的真正神貌画了出来。毕加索作画，不仅仅用眼睛，而且用思想。

年轻人总是在探索新鲜事物，探索解决新问题的方法。他们热心于试验，欢迎新鲜事物。他们不安于现状，朝气蓬勃，从不满足。老年人通常怕变化，他们知道自己什么最拿手，宁愿把过去的成功之道如法炮制，也不愿冒失败的风险。大多数画家在创造了一种适合于自己的绘画风格后，就不再改变了，特别是当他们的作品受到人们的欣赏时更是这样。随着艺术家的年岁增长，他们的绘画虽然也在变，可是变化不会很大了。而毕加索却像一位终生没有找到他的特殊艺术风格的画家，千方百计寻找完美的手法来表达他那不平静的心灵。

90岁高龄时，毕加索拿起颜色和画笔开始画一幅新画时，对世界上的事物好像还是第一次看到一样。毕加索一生创作了成千上万种风格不同的画，有时他画事物的本来面貌，有时他似乎把所画的事物掰成一块块的，并把碎片向你脸上扔来。他想具有一种能力，不仅把眼睛所能看到的东西表现出来，而且把我们的思想所感受到的也表现出来。他一生始终抱着对世界十分好奇的心情，就像年轻时一样。

（董仁威）

新世纪 老年 百科全书

百姓晚年

① "移情别恋"的老王

67岁的老王是个不甘寂寞的人。退休后，总想找点事做。虽然他有一个乐意融融的10口之家，可是退休后的那股"空"劲儿，总也摆脱不了。幸好老王自打年轻时就对"跳舞"情有独钟，退休后带上老伴儿每天去跳舞，细心的人在木樨地桥底下，每天都能见到这两位老人。他们的舞步轻盈、矫捷，令人叹为观止。

可是，有一天，这对身影却从头上钢筋水泥、两侧车声隆隆的木樨地桥下转移到了绿岸青波的玉渊潭公园。原来老王另有所爱，找到了更令他倾心的伙伴——太极柔力球。

老王是公安部老干部局的退休干部，在参加一次公安部趣味运动会上，情不自禁地喜欢上了太极柔力球，真有一种相识恨晚之情。老人有天生好学的性格，又是一学就会，加上这柔力球真是趣味多多，刚练的时候老人近乎痴迷，经常误了公园关门。没过多久，听他讲起柔力球，嘿！那可是学问多多，门道多多。如今老王一出现在公园，总有二十多名六七十岁的老人恭敬地喊他"师父"，有的学生问这球怎么接，他说这不叫接，那叫"纳球"；有的学生问纳球后怎么"抛"，他说这不叫"抛"，那叫"引化"。"弟子"们总是洗耳恭听，老人把半路学来的"活"结合自己的舞蹈动作又自成一派地总结出各种套路，如表演式、比赛式、接抛式、钏摆式、波浪式、轮转式、背后式、踢腿式、磨盘式等，真是花样多多。老人自己欣慰地说：我当初的选择是对的，我要给柔力球锦上添花，我要带上更多的人走入科学健身的天地。

② 晚年圆了画家梦

65岁的林大妈，每逢周末就会沐浴着春风前往公园等游乐场所为游人作画。春暖意适，鬈云堆雪，她巧舞竹笔游弋其中，情趣盎然。林大妈现为中国国际书画艺术研究会、中国老年书画研究会会员，并担任多家书画社顾问、客座教授等职。她中等身材，厚道热情，豁达睿智，十分真诚

地向我们谈起其艰辛的书画创作历程。

林大妈出生于福建莆田，其父喜收藏古董和名人字画，她自幼受熏陶，对祖国传统书画艺术情有独钟。但因家境清贫，她未能报考美术专业而是为端上"铁饭碗"考上工科。寒暑几易，毕业后，她在铁道部门工作四十多年。但"念桥边红药，年年知为谁生？"她仍痴痴不忘做画家的梦。每次出差，只要有机会，第一个爱好就是观书展、逛美术商店，买一些美术书籍。每次经过北京市前门"华北楼饭庄"匾额前，她总要逗留几分钟，仔细欣赏那几个字的书法，揣摸其用笔章法和内在神韵。她看了荣宝斋主人张福起画虾，就对"虾艺"产生了浓厚兴趣，回去后，即专心练习画虾。

通过朋友引荐，林大妈认识了齐白石的儿子齐良先生。齐先生告诉她，画虾要画6节，不要画5节，白石老人早先画5节，晚年改画6节；须要画6根，不要画很多根，这是白石老人晚年改过来的；虾的脑袋这一笔，黑墨不要超过眼睛，因为超过眼睛，下面的须刺没法表现，虾脑袋前面是一根刺，眼睛的前面没有。

齐先生还讲到这样一个故事：齐白石曾问张大千，你吃过虾没有。张大千说，吃过。齐白石问，虾是几节。张大千说，5节。齐白石说，应该是6节。张大千回去一看，虾果然是6节，不是5节。这使林大妈深受启发，并从中悟出一个道理：画什么都要从实际观察来画。为此，一次看望武汉的朋友，她和老伴在长江边一住就是一个多月，仔细地观察虾的动态，并买回许多虾制作成标本，以便观察。

老来学画更须勤。林大妈学画始终坚持四字方针：虚心、勤奋。画画是一种艰苦的创造性劳动，她每天作画坚持在10个小时以上，现在每年要用掉50多刀宣纸，用坏一大捆画笔。

一次，在我国有"草书大王"美誉的著名书法家谢德萍先生伸出自己的手给林大妈看。谢老手指上有一个大茧，他说这是表现写字的功力，时间久了，拿笔就会磨出茧来。

林大妈闻听，伸出自己的手给谢德萍看："你看我手上怎么也起个茧呀？"

"哦，你这个起码有二十多年的功力。"谢德萍告诉她。

"画不在多，更在于精。精才能受到人们的喜爱。"林大妈如是坦荡陈言何其乐观，并当场作画。须臾之间，点墨在心犹成趣，落笔人生泻江河，一对对的虾儿生趣盎然，通体透明，跃于纸上，游乎天地之间。

③ 70岁老人学电脑

生活在当今的信息时代，电脑已经成为了人们的日常工具。但是，这对于大多数老人们来讲就显得很陌生了。在无锡却有一群六七十岁的白发老人们开始了他们在电脑学习上的新历程。新的天地给了老人们一个新的世界，他们感受到了信息时代脉搏的跳动，体会到了突飞猛进的信息技术给生活带来的新变化。

外号叫"老博士"的老马，已经70岁了。年轻的时候他就喜爱琴、棋、书、画、吹、拉、弹、唱。由于积极参加文娱活动，年年都被评为工会积极分子。由于爱活动，讲话又随便，"文化大革命"中没少吃苦。"拨乱反正"后，单位恢复了工会组织，他被调到工会办公室，当了一名专职工会干事。"老博士"退休的时候，大家还有点舍不得他走。"老博士"毕竟不同凡响，退休后，他立刻买了一台电脑，还是名牌机，并配了一台打印机。从实战出发，他在熟悉了计算机的基本常识后，就开始练习"九方笔画输入法"。不久，他就能在电脑上打出文章来了。接着他又学会了上网。这个时候，他家里的电话已经成了"老博士热线"了，通过电话他经常跟人交流电脑及上网方面的知识。

老金和老杨俩夫妇，一个60岁，一个70岁。老杨正着手写回忆录，她看中了外孙出国留学后留下的一台电脑，想学会电脑操作，方便写作。老金说：我是"妇唱夫随"，在学习新知识中增添生活乐趣，老伴不写作时，我就可以玩玩游戏，健康养老。

76岁的周老学会了在因特网上发电子邮件，并与在太平洋彼岸的儿子对话，这让远在美国的儿子惊讶不已。

4岁的小佳佳，每当有客上门，她就会打开电脑，主动请客人欣赏DVD，令客人称奇。小佳佳说，是外婆教会她的。小佳佳的外婆是老年大学电脑班的一名学员。她说："我学电脑，主要目的是为辅导外孙女。"外孙女看到爸爸、妈妈玩电脑，常常偷着"动手"，造成电脑故障。因此，小佳佳的外婆就决定学习电脑。每次小佳佳的外婆从学校学了一招回家，就传授给外孙女，祖孙同学，其乐融融。

④ 老劳模返聘献余热

在黎明公司设备维修厂，提起老劳模陈老伯，职工们都非常敬佩。人们敬佩的不仅是他的技术，更是他那种老有所为、无私奉献的高贵品质。

陈老伯在工厂干了几十年，多次被评为先进生产者、劳动模范、优秀共产党员。1993年陈老伯退休后，一些私营企业纷纷找到他，用高薪聘请他去做技术指导和顾问。就陈老伯的家庭生活条件来说，他的确太需要钱了，他的大儿子身体残疾，下岗在家，老伴无工作。但此时，正是工厂由军品生产转向民品开发的重要时期，企业也需要他。在高薪聘请和工厂聘用两者间，陈老伯心里却想的是工厂。他无条件地接受了工厂的聘用，回到了他为之奋斗几十年的岗位，挑起了民品开发的重任。

在生产过程中，他继续发扬过去那种艰苦奋斗、无私奉献的精神，不断完善生产工艺，提高产品质量，开发研制新产品。他们研制的磨光设备，性能处于国内领先水平，替代了进口产品，获得了国家金奖。

陈老伯不仅自己刻苦钻研业务，对技术精益求精，而且在对青年工人的培养方面也付出了很多心血，他无私地向青年工人传授技术和经验。青年工人都说："陈师傅不愧是我们尊敬的师长、为人师表的老劳模。"

陈老伯虽然退休了，但他仍然在原工作岗位上辛勤地工作着，为工厂的振兴、国企的改革拼搏着。他这种老有所为、发挥余热、无私奉献的精神也得到了政府和社会的赞扬，被市政府评为"老有所为奉献奖"的先进个人。

⑤ 老来书信乐

在电子通讯日益发达的今天，大家对笔墨来往、鸿雁传书仍然情有独钟。与几位外地老同学、老朋友通通信，促使大家书信来往，乐此不疲。

老王自从退休后，把多年来珍藏着的友人来信按人物和时间顺序装订成册，闲来无事，慢慢翻阅，随意浏览，犹如读一篇篇优美的散文。那一幕幕世间百态的小品，一段段尘封多年的故事，透视着人生的沧桑，使人感到了咀嚼友情的甘甜，更回味了青春的风采。老王看到这些书信，展望着灿烂的将来，感觉好极了。

老王有两位老同学原本是一对恋人，毕业后分配时天各一方，互相不知所终，但他俩都分别与老王保持着通信。没想到这两人在年过半百之后，竟各自先后丧偶，即将面临一个落寞的晚年。老王从通信中得知了情况之后，分别写信告诉了双方，并特邀他们从外地到本市来参加老同学聚会，让他们在多年未见之后各抒别情。通过老王有意在他们中间红线穿梭，后来果然促成了他们的黄昏恋，重续一段未了情，成就了一桩晚年再婚缘。老王在有意无意之间通过书信当了一回月下老人。

老王还有一对老同学原本是好友，后因学习成绩高低之争产生了龃龉。毕业后虽在邻县工作，近在咫尺，但却互不往来，形同陌路。通过老王从书信中与他们分别交流，畅谈了人海茫茫中同窗情谊特别珍贵的体会，终于让他们尽弃前嫌，言归于好，不仅互相通信，而且经常见面，又重新成为莫逆之交了。

通过书信往来使老王感到了快乐，增加了朋友间了解，加深了友谊，乐在了心坎里，乐在了夕阳中。

⑥ 花甲之年进大学

小黄的母亲常有意外的惊喜，因此，她那孩童般的心，时时充盈着欢乐。

前不久从北京传来好消息：小黄母亲的作品入选了由中国老年书画协会举办的"纪念中国共产党成立80周年红旗颂书画大展"。在八千多件参展作品中，选出六百多幅展出，并出版作品集，真是了不起。收到展会寄来的纪念画册，打开鲜红的封面，看到刘华清、迟浩田、邹家华等首长们在画册上的题词，小黄的母亲更是喜出望外，激动得不行。儿女们看着母亲那样开朗乐观和积极地生活，除了分享她的幸福和愉悦外，更多的感到是一种激励。

小黄的母亲常常感慨自己学习得太少，从干了几十年的小学教师岗位上退休后，进老年大学当了一名白发大学生，圆了前半生没上大学的梦。

在老人的心里，大学是神圣的殿堂，她分外地珍惜这晚年的学习机会。没有极特殊的情况，她从来不缺课。从家到学校要转两次车，亦从不言辛苦。

她以前从未画过国画，进了老年大学才开始从头学起。她好强，凡事不肯落在人后。无论是松菊梅兰，花鸟鱼虫，人物山水，她都那么投入地学习、临摹。还经常把老师的教学作品借回家，为的是用晚上或双休日，多临几次。几年的坚持不懈，她的画技大有长进，不断有作品在省美术馆和市文化艺术中心参展。作品一次次被选上，她一次次得到惊喜。如此一来，退了休的她，不仅不清闲，反而更忙了，上课、做作业、看画展、构思作品、参加笔会、交参展作品等，忙得不亦乐乎，有时竟要"赶场子"，中午饭都不能回家吃。

开朗的性格使小黄的母亲始终保持着

一颗童心，画国画既练了脑子也练了身体，使她的行动比她同龄人显得更敏捷。在她72岁时，还去登山旅游，她随时紧跟导游不拉半步，让年轻的旅游者好生羡慕，自嘲还不如人家七十多的老人呢！

7 晚年著书亦快活

一个人要实现自身价值，取决于诸多因素，不仅要看个人的知识积累、精神状态，也要看机遇和环境。就一般情况而言，实现价值的最佳时机是在职期间，但在离退休以后实现自己价值的，也屡见不鲜。《美国面面观》一书的作者，65岁的王老伯，就是一个。

老王是山东省海阳人，1948年参加革命，长期在卫生部门工作。1993年离休，1997年与老伴一起移居美国，住在纽约皇后区的女儿家。他虽做过胃癌切除手术，但身体情况还好。人总不能一天到晚闲在家里，何况他对唱歌、跳舞、打麻将等也毫无兴趣。有些朋友劝他发挥优势，开个诊所，护士出身的老伴也可助一臂之力。他担心风险大，没有采纳。老王也许是因为出身杏林，没有任何嗜好，他不吸烟，不喝酒，唯一的嗜好就是读书看报。社区"老人之家"设备齐全，资料丰富，什么华文报刊都有，中文图书也不少。于是，他就一天到晚泡在"老人之家"，靠读书看报打发日子。阅读之余，也常由女儿陪同到外面走走看看。时间一长，这位老医务工作者终于发现了自己的价值：写作。

老王是学医的，首先引起他兴趣的，也是美国医疗卫生方面五花八门的事情，他觉得有必要向国内同行们做一些介绍。他为《福建卫生报》连续写了《健康产品蔚然成风》《华人在美国看病难》《眼花缭乱的医疗广告》《烟草行业四面楚歌》《虚报保健费案有如滚雪球》等十几篇文章。从此，便一发而不可收。但是，老王并没有把写作的范围限于卫生方面，不久，他就把视野扩大到整个美国社会写了诸如《在美国杀人易如反掌，处死比登天还难》《美国垃圾回收分类处理》《美国华人怎样过春节》，等等。

经过一段时间的实地考察和写作实践以后，有一天老王忽发奇想：福建省与美国关系这样密切，到美国经商、留学、打工、旅游的人这样多，但是他们中很多人并不了解美国，更不懂得怎样和美国人打交道，怎样把自己融于美国的主流社会。如果能写一本书，把有关的知识系统介绍一下，岂不也能为福建省的对外开放作一份贡献？于是，他围绕这个主题，开始有计划地写作，内容涉及美国的概况、美国的法律、美国的教育、美国的医疗、美国的消费、美国的习俗、美国的阴暗面，以及怎样移民去美国，怎样融入美国主流社会等等。从1998年～2000年，两年多的时间内写了八十多篇文章，总字数达三十多万。最后，经过严格筛选，选出60篇成集出版，定名为《美国面面观》，总字数有二十多万。尽管现在市场上介绍美国的书多如牛毛，老王的《美国面面观》仍不可多得，它最大的特色是实用。对于没有到过美国的人来说，它可以帮助你了解美国，懂得在同美国来访者打交道时应当注意些什么；对移民去美国或到美国经商、留学、打工、旅游的人来说，则不仅能帮助你了解美国，更重要的是它能成为你身边的"万事不求人"。一书在手，可以使你在各种场合应对自如，抓住先机，赢得主动；可以使你在陷阱遍地、法律如网的美国避过许多风险，获得许多便利；也可以使你在遇到危险时化险为夷，不至于成为犯罪集团的猎物。这只要看看书中的标题就可以明了，如《在美国怎样找工作》《如何办理自费留学》《如何进入美国名校》《如何购屋置业》《怎样找好律师》《怎样报税》《怎样打电话》《在美国开车有讲究》《开车接到罚单怎么办》《信用卡陷阱重重》等等。尤其难能可贵的是，老王写这些事，不是凭道听途说，而是完全有事实根据的，也是合乎美国法律的，有不少事情是他亲身经历过的，可以说是经验之谈，从而使该书更具实用性。

在《美国面面观》这本书里，老王写作的视角新颖，叙述生动，文笔利落，引人入胜。书中不乏美国式的幽默。比如，书中讲到美国人的穿着平时都很随便，而我们中国人反而太正统。常看到一些国内的访问、旅游团西装革履地走在美国大中城市的街道上，和当地人穿休闲便装、牛仔服饰一比非常刺眼，一看便知是从中国内地来的，真有点鹤立鸡群的感觉。又比如，书中讲到，为了便于和美国人打交道，华人也大多起了一个洋名，有的把女儿叫珍妮、外孙叫麦克等，这也叫入乡随俗吧！当然，大部分老年人还是使用中国名字，纯正的中国味！在《华人欢庆春节》一文中，老王讲到在美国过春节与在国内过春节的不同之处，就是就地吸收和消化洋人的长处，全家轻声细语，各人饮酒随意和适量，吃菜是吃多少点多少，吃不完则打包带回家，绝看不到国内酒楼饭馆常有的高谈阔论，酩酊大醉和满桌子的残羹剩饭。但是，老王并不以此为满足，在写作的同时，他以一个自由撰稿人的身份，又开始向政论和副刊方面发展了。他积极参与北美《世界日报》组织的各种热点问题的讨论，先后写了《两国都要关紧闸门才行》（关于解决偷渡问题的意见）、《别听李登辉的!》（关于台胞到大陆投资的讨论）、《寄希望于未来》（关于华人参政的讨论）等。与此同时，他也为《纽约侨报》写了不少文章，如《多行不义必自毙》（评吕秀莲的倒行逆施）、《新闻媒体应该对社会负责》（不应错误地将台湾驻纽约经文处官员称为"大使"）、《驳民进党关于慰安妇的奇谈怪论》《魏京生成了不受欢迎的人》《历史性的胜利》（评美国会通过中国入WTO）等。这些评论，由于立论客观公正，既有针对性，又有说服力，也在华人中引起共鸣。目前老王的写作已渐入佳境，人到老年尚能有此作为，实属难得。

退官为民，做一个自由撰稿人，写写文章，岂不也快活！

（宫　健）

投资与理财卷

TOU ZI YU LI CAI JUAN

上点年纪，一般人都有了点积蓄。这点钱拿来干什么？这便是每个老人面临的理财与投资的问题。

如何理财与投资，第一步是要掂量一下自己有多大实力。实力的第一要素是钱，你有多少积蓄？钱少了，有些事情就不必考虑。比如购房，动辄要几十上百万，如果自己财力不够，用借款、贷款来买房，再靠收房租来度日，回收期太长了，这一类长期投资项目便要慎重考虑。如果未来还有望得到稳定的收入，如有高工资、一时也不会退休的职业、知识产权的版税等，便另当别论了。

你的健康状况，特别是心理健康状况，也是你的实力的重要因素。如果你的心理承受能力不强，你便不要考虑去从事风险性大的投资，比如炒股、期货交易等。

还有你半辈子积累起来的投资经验、信息网络构成、人际关系等，都是组成你的实力的一部分。你必须要根据自己的实力，扬长避短，选择理财的方式和投资的方向，才能保证在第二人生中有可靠的经济来源，使得老有所养，不愁吃穿，并争取有较为宽裕的经济环境来享受人生。

理财的方式很多。首先，你要考虑将一部分现金存放家中，这有利于你随时可以用它来购买你所需要的商品，并捕捉有利的投资机会，立即进行投资。你还可以用存款的方式持有资产，选择人民币和币值稳定、利息较高的外币，在国家银行或信誉卓著、不易倒闭的商业银行存款。这两种理财的方式都是必需的。这是一个人的"战略储备"，以备不时之需。只有"战略储备"随时保持在一定数量，才能做到"手中有钱，心中不慌"，不会受露宿街头、饥寒交迫之苦。

在保证"战略储备"的前提下，如果你还有余钱，便可考虑投资了。因为，我们上了点年纪，一般不再考虑关于劳动力方面的投资，如出国留学、学技术等，而主要进行回收期短的投资运作。这些投资主要是股票、债券、期货、房地产等。股票、期货的风险均较大，如果你心理承受能力差，又想通过投资增加收入，你可以投资债券。投资债券，收入较稳定，不会大起大落。比如，你投资 5 万元，每月可能收入几百元或上千元。有的投资者戏谑地称这种投资方式为"自己给自己按月发工资"。

当然，进行基金、债券投资很难给你带来暴富，而进行风险较大的投资，如股票、期货等，如果你在这方面的知识丰富，"运气"又较好，就可能发大财。这就是风险与收益成正比的法则。

你还可以投资黄金、铂金及白银等贵金属，既做装饰品，又作保值品，以备山穷水尽时，"当"出以解临时饥渴。你也可以投资古董、字画、邮票等收藏品。收藏品主要用于"玩物养性"，也能保值增值。本书另有别论，此处就不再絮语。

俗话说："没钱是万万不行的，钱多了也是害人的。"钱乃身外之物，够用就行。千万不要钻进钱眼里就出不来。否则，第二人生同第一人生一样，每天的主要目的就是挣钱，忘了人生还有许多享受。这样，就失去了我们挣钱是为了老有所养，并能享受人生的意义，那就太不值了。

（董仁威）

储蓄存款

① 储蓄

当前经人民银行批准，可以办理储蓄存款业务的金融机构有中国工商银行、中国农业银行、中国银行、中国建设银行、交通银行、招商银行、投资银行、光大银行、民生银行、城市商业银行、城乡信用社、邮政储汇局及其分支机构等。广大居民在这些金融机构的存款将受到法律的保护，风险最小。

储户的户名、账号、存款金额、期限、地址等均属个人秘密，其权益受法律保护，任何单位和个人没有合法的手续均不能查询。

② 活期储蓄

活期储蓄是指不确定存期，储户随时可以存取款、存取金额不限的一种储蓄方式。各行开办的活期储蓄根据存取方式不同有 3 种形式：

活期存折储蓄：活期存折储蓄开户时 1 元起存，多存不限，存取自由，灵活方便，每年结息一次，中途销户，不论存期长短，一律计付利息。其特点是适应性强，适合于个人生活待用款和暂时不用、闲置时间不长的款项的存储。

活期存单储蓄：是一种一次性存入、一次性支取的活期储蓄。这种储蓄一次存入，一次支取，金额、存期都不受限制，储蓄机构发给存单作为存款凭证，凭存单随时支取，按实存天数计息，利随本清。

活期支票储蓄：是一种以个人存款作保证，以支票作为支付结算凭证，由存款人签发给收款人到办理支票业务的银行办理支现或转账结算的活期储蓄存款。支票规定一定的有效期和签发的最低金额。适用于存取金额较大、存取频繁、信誉较好的储户。

③ 定期储蓄

定期储蓄是储户在存款时约定存期，一次或按期分次存入本金，整笔或分期、分次支取本金或利息的一种储蓄方式。定期储蓄可分为以下几种类型：整存整取、零存整取、整存零取、存本取息、定活两便和通知存款。

整存整取定期储蓄：是指约定存期、整笔存入、到期一次支取本息的一种储蓄。其特点是：存期长、稳定性强、利率较高。它适合于较长时间不用的生活节余款，以及个人积蓄的存储。该种储蓄 50 元起存，多存不限，存期分为 3 个月、半年、1 年、2 年、3 年、5 年，不同档次执行不同利率，存期越长，利率越高。

零存整取定期储蓄：是指由储户约定存期，每月固定存额，积零成整，到期支取本息的一种定期储蓄。该种储蓄一般 5 元起存，存期分为 1 年、3 年、5 年，存款金额由储户自定，每月存入一次，中途如有漏存，可在次月补齐，到期支取时按实存金额和实际存期计算利息。这是为了适应人们把零星节余积攒成整数的需要而设置的。

整存零取定期储蓄：是指由储户约定存期，一次存入一笔较大的整数，分期陆续平均支取本金，到期支取利息的一种储蓄。该种储蓄 1000 元起存，存期分 1 年、3 年、5 年。支取期由储户与储蓄机构协商确定。

存本取息定期储蓄：是指由储户约定存期，一次存入本金，分次支取利息，到期支取本金的一种储蓄。该种储蓄 5000 元起存，存期分 1 年、3 年、5 年，可以一个月或几个月取息一次，由储户与储蓄机构协商确定。

定活两便储蓄：是指存款时不确定存期，可随时到银行提取，利率随存期长短而变化、兼有定期和活期两种性质的储蓄种类。该储蓄一般的是 50 元起存，存单分记名、不记名两种，记名式可挂失，不记名不挂失。

个人通知存款：是指存款人在存入款项时不约定存期，支取时需提前通知金融机构，约定支取日期和金额方能支取存款的一种储蓄方式。根据储户提前通知时间的长短，分为 1 天通知存款与 7 天通知存款两个档次。个人通知存款的最低起存金额为 5 万元，最低支取金额为 5 万元，存款人需一次性存入，可以一次或分次支取。

④ 邮政储蓄

邮政储蓄是指在邮政局办理储蓄存款业务的一种储蓄方式。

邮政储蓄同样遵守存款自愿、取款自

由、存款有息、为存款人保密的原则。储户可根据需要支取部分或全部存款，储蓄机构根据存款的期限长短和储蓄种类，按中国人民银行规定的利率给储户计付利息，储户收益合法。

5 电子储蓄卡

电子储蓄卡是一种由金融机构发行的，与持卡人个人账户相关联的银行卡。储户使用该卡经过用户名、密码验证，在计算机系统中实现存款、取款。电子储蓄卡方便、快捷、安全，突破了地域、时间的限制，真正实现了 24 小时服务和全国甚至全世界范围内的存款、取款。

如牡丹灵通卡是以在中国工商银行开户的活期存折为基本账户，具有存取款、转账和购物消费功能的一种电子储蓄卡。它不可以透支。每一个活期存折只允许开一个牡丹灵通卡，客户申请牡丹灵通卡不需要担保。其功能包括存取款、卡与卡转账、余额查询、修改密码、POS 机消费等。牡丹灵通卡可以对卡自身挂失、冻结、解挂、解冻，不影响基本账户的使用。

（宫　健）

股票投资

1 股票

股票对于老年朋友来讲是很熟悉的东西了。但是，要具体进入股市，那就需要学问了。其实股票就像一般的商品一样，它是有价格的，可以买卖，也可以作抵押品。股份公司借助发行股票来筹集资金，投资者通过买卖、持有股票获取一定的价差和股息收入。购买股票是一种金融投资行为，与银行储蓄存款及购买债券相比较，它是一种高风险行为，但同时它也能给人们带来更大的收益。股票作为产权或股权的凭证，是股份的证券表现，代表股东对发行股票的公司所拥有的一定权责。股东通过参加股东大会，行使投票而参与公司经营管理；股东可凭其所持股票向公司领取股息、参与分红，并在特定条件下对公司资产具有索偿权；股东以其所持股份为限对公司负责。股东的权益与其所持股票占公司股本的比例成正比。

股票的无期性。股票投资是一种无确定期限的长期投资，只要公司存在，投资者一般不能中途退股。

（1）股票的流通性。股票作为一种有价证券可作为抵押品，并可随时在股票市场上通过转让卖出而换成现金，因而成为一种流通性很强的流动资产和融资工具。

（2）股票的价格与面值的不一致性。股票本身没有价值，它只是真实资本的"纸制的副本"。但作为一种特殊"金融商品"在交易时也有一定的价格，这种价格实际上是一种资本化的收入。股票价格受企业经营状况及其他社会、政治和经济等诸多因素的影响，往往与其票面价值不一致，从而吸引了大批以获取股市差价利益为目的的投机者，并为其奠定了活跃基础。

（3）股票的风险性。股票投资除获取一定的股息外，还可能在股市中赚取买卖差价利润。但投资收益的不确定性又使股票投资具有较大的风险，其预期收益越高风险也越大。发行股票公司的经营状况欠佳，甚至破产，股市的大幅波动和投资者自身买卖的决策失误都可能给投资者带来不同程度的风险。

（4）股票的法定性。股票须经有关机构批准和登记注册，进行签证后才能发行，并必须以法定形式，记载法定事项。

2 股票分类

1. 股票按是否记名，可分为记名股票与不记名股票。记名股票必须经一定的手续才能转移其所有权。不记名股票可以自由转移。

2. 按股票是否进入证券交易所上市交易，可分为流通股与非流通股。

3. 按股东承担的风险的程度和享有权利的不同，可分为普通股、优先股、后配股和混合股等等。

（1）普通股。普通股是指收益随着股份公司的利润变动而变，限制股东权利的一种股票。普通股股东享有经营参与权、股息请求权、剩余财产分配要求权和新股认购权等权利。除此以外，普通股股东还拥有股票转让权，股票持有人不必征求公司和其他股东的同意，可按照自己的意愿随时将股票出售转让。目前我国上海和深圳证券交易所上市的股票，均为普通股。

（2）优先股。优先股是相对于普通股而言的。主要指在利润分红及剩余财产分配的权利方面，优先于普通股。优先股有两种权利：a. 在公司分配利润时，拥有优先股票的股东比持有普通股票的股东，分配在先，而且享受固定数额的股息，即优先股的股息率都是固定的，普通股的红利却不固定，视公司营利情况而定，利多多分，利少少分，无利不分，上不封顶，下不保底。b. 在公司解散分配剩余财产时，优先股在普通股之前分配。

4. 根据买卖对象和使用的货币等来划分，分为 A 股、B 股、H 股及"红筹股"。A 股、B 股、H 股是以英文字母作为代称的股票分类。A 股是以人民币计价，面对中国公民发行且在境内上市的股票。B 股是以美元、港元计价，面向境外投资者发行，而且是在中国境内上市的股票。H 股是以港元计价，在香港发行并上市的境内企业的股票。此外，中国企业在美国、新加坡、日本等地上市的股票分别称为 N 股、S 股和 T 股。值得一提的是，沪市挂牌的 B 股是以美元计价，而深市的 B 股是以港元计价，故两市股价差异较大，如果将美元、港元以人民币进行换算，便知两地股价大体一致。以字母代称进行股票分类，不甚规范，根据中国证监会要求，股票简称必须统一、规范。

"红筹股"。红筹股是指最大控股权直接或间接隶属于中国内地有关部门或企业，并在香港联合交易所上市的公司所发行的股份。即在香港上市的中资企业。由于人们形容中国是红色中国，而她的国旗又是五星红旗，因此把与中国相联系的上市公司发行的股票称为红筹股。这是一种形象的叫法。一般的是以红筹股广泛地作为在香港上市的中资企业的代名词。

5. 此外，日常经济生活中还常见以下称谓：

（1）"蓝筹股"。蓝筹股的概念来源于美国。由于美国人打牌下赌注，蓝色筹码为最高，红色筹码为中等，白色筹码为最低，后来人们就把股票市场上最有实力的股票称为蓝筹股。蓝筹股几乎成了绩优股的代名词。

（2）热门股。热门股是指交易量大、交易周转率高、股价涨跌幅度也较大的股票。热门股的形成往往有其特定的经济、政治、社会等原因。如 20 世纪 60 年代，电子工业股的上升与当时美苏进行太空竞赛有关；70 年代的石油股与中东战争、石油输出国组织大幅度提高油价有关。没有永远热门的行业或企业，不是所有快速成长的公司都能生存下来，许多红极一时的热门股后来都销声匿迹。一般来讲，对于最热门的行业的最热门股票应该敬而远之，如果你手头有这种炙手可热的股票应趁机卖掉。

（3）绩优股。绩优股是指那些业绩优良，但增长速度较慢的公司的股票。这类公司有实力抵抗经济衰退，但这类公司并不能给你带来振奋人心的利润。因为，这类公司业务较为成熟，不需要花很多钱来扩展业务。所以，投资这类公司的目的主要在于拿股息。另外，投资这类股票时，市盈率不能太高。同时，要注意股价在历史上经济不景气时波动的记录。

（4）周期股。周期股是指经营业绩随着经济周期的涨缩而变动较大、敏感的公司的股票。航空工业、汽车工业、钢铁及化学工业都属于此类。当经济从衰退中开始复苏时，周期股的价格涨得比一般成长股快；反之，当经济走向衰退时，周期股的价格跌幅可能会较大。如果没有掌握好投资周期而造成损失，投资者可能要等上好几年才会复原。所以，投资这类公司，掌握正确的时机至关重要。

（5）再生股。再生股是指经营发生困难甚至破产，经过整顿后重新获得投资者认可的企业股票。

（6）防守性股。防守性股也是一种普通股，不过它同周期股正好相反，在面临不确定性和商业衰退时收益和红利却要比社会平均的高，具有相对的稳定性。公用事业公司发行的普通股就是防守性股的典型代表。因为，即使在商业条件普遍恶化与经济萧条时期，人们对公用事业也还有稳定的要求。

（7）概念股。概念股是指能迎合某一时代潮流但未必能适应另一时代潮流的公司所发行的，股价呈巨幅起伏的股票。

（8）投机性股。投机性股是指那些价格很不稳定或公司前景很不确定的普通股。这主要是那些雄心很大，颇具开发性或冒险性的公司的股票，或热门的新发行股。这些股票的价格，有时会在几天或几周内上涨 2 倍～3 倍，也可能在几天或几周内下跌 2 倍～3 倍，故其收益与风险均超过一般的普通股。

③ 投资股票的好处

现在人们投资股票的主要目的并非在于充当企业的股东，享有股东权利。其所购买股票的好处主要体现在以下几个方面：

（1）每年可得到上市公司回报，如分红利、送红股。

（2）能够在股票市场上交易，获取买卖价差收益。

（3）能够在上市公司业绩增长、经营规模扩大时享有股本扩张收益。这主要是通过上市公司送股、资本公积金转增股本、配股等来实现。

（4）能够在股票市场上随时出售，取得现金，以备一时之急需。

（5）在通货膨胀时期，投资好的股票还能避免货币的贬值，有保值的作用。

④ 买卖 A 股操作法

老年朋友在进入股市之前遇到的第一个问题就是如何进行买卖操作。在这里将就买卖 A 股的操作、基础知识做一个介绍。

（1）开设股票账户。老年朋友欲进入股市必须先开立股票账户。股票账户是投资者进入市场的通行证，只有拥有它，才能进场买卖证券。股票账户可分为个人账户与法人账户两种。这里向老年朋友介绍个人账户的开设。

开设个人账户需要提供的证件主要有本人有效身份证件（一般为本人身份证）、本人和委托人的详细资料（包括本人和委托人的姓名、性别、身份证号码、家庭地址、职业、联系电话）等。但是，要注意根据国家的有关规定，下列人员不得办理股票开户：

证券主管机关中管理证券事务的有关人员；

证券交易所管理人员；

证券经营机构中与股票发行或交易有直接关系的人员；

与发行者有直接行政隶属或管理关系的机关工作人员；

其他与股票发行或交易有关的知情人。

（2）办理委托买卖。办理好股票个人账户开设后，还需办理委托买卖。上海证券交易所可由开户者指定在某一券商处进行委托买卖，这种指定交易随时可以办理，也可随时撤销。而深圳证券交易所开户者只能在指定的证券机构处办理委托买卖，投资者如需在其他证券经营机构处委托，必须事先办理转委托手续。

随着证券市场的发展，股票账户的功能已不限于股票，已扩大至基金、股权证、无纸化国债等。

（3）开设资金账户。办理好股票个人账户开设后，还需办理个人资金账户。开立资金账户所需文件及资料基本与股票账户相同。

（4）磁卡账户。磁卡账户是将股票账户与资金账户功能合二为一的一种账户。如果普及了磁卡账户，再使整个资金账户联网，就可集中办理清算工作了。

（5）证券买卖委托单填写。老年朋友在办妥股票账户与资金账户并存入一定资金后，便可进入股票市场进行买卖了。在进行股票买卖时，首先要填写买卖证券的委托单。买卖证券的委托单是客户与券商之间确定代理关系的文件，具有法律效力。委托单一般为二联或三联形式，一联由券商审核盖章确认后交由客户，一联由券商据以执行。买卖成交后，客户凭委托单前往券商处办理清算与交割。如果成交结果与委托单内容不符，客户可凭委托单向证券商提出交涉，维护自己的合法权益。

（6）券商受理委托。券商接到买卖证券的委托单后将进行受理委托，包括审查、申报与输入三个基本环节。目前除这种传统的三个环节方式外，还有两种方式：一是审查、申报、输入三环节一气呵成，客户采用自动委托方式输入电脑，电脑进行审查确认后，直接进入场所内计算机主机；二是券商接受委托审查后，直接进行电脑输入。

（7）撮合成交。现代证券市场的动作是以交易的自动化和股份清算与过户的无纸化为特征。电脑撮合集中交易作业的程序是：券商的买卖申报由终端机输入，每一笔委托由委托序号（即客户委托时的合同序号）、买卖区分（输入时分别有0、1表示）、证券代码（输入时用指定的6位数字），而回显时用汉字列出证券名称、委托手续、委托限价、有效股数等几项信息组成。竞价信息分集合竞价和连续竞价，电脑根据输入的信息进行竞价处理，再按"价格优先，时间优先"的原则自动撮合成交。

（8）清算。是指证券买卖双方在证券交易所进行的证券买卖成交之后，通过证券交易所将券商之间证券买卖的数量和金额分别予以抵消，计算应收、应付证券和应付股金的差额的一种程序。

（9）交割。是指投资者与受委托券商就成交的股票买卖办理资金与股票数额进行的一种清算业务手续，沪、深两地的交易均根据集中清算净额交收的原则办理。

（10）过户。所谓过户就是办理清算交割后，将原卖出证券的户名变更为买入证券的户名。对于记名证券来讲，只有办妥过户才是整个交易过程的完成，才表明拥有完整的证券所有权。目前在两个证券交易所上市的个人股票通常不需要股民亲自去办理过户手续。A股买卖交易即按上述规程完成。

⑤ 如何看大盘

做股票买卖，老年朋友一定要掌握市场的动向，学会看大盘。各证券公司一般的都有大盘显示，详细地列出了沪、深两地所有股票的各种实时信息。

首先，在开盘时要看集合竞价的股价和成交额，看是高开还是低开，即是说，和昨天的收盘价相比其价格是高了还是低了。它显示出市场的意愿，期待今天的股价是上涨还是下跌。我们看大盘的股价时，不仅看现在的价格，而且要看昨天的收盘价、当日开盘价、当前最高价和最低价、涨跌的幅度等，这样才能看出现在的股价是处在一个什么位置，是否有买入的价值。

其次，注意大盘的成交量。成交量的大小表示参与买卖的人的多少，它往往对一天之内成交的活跃程度有很大的影响。

第三，注意观察股市开盘半小时内股价变动的方向。看大盘时，就要注意看股票是在上升还是在下降之中。一般来说，如果股价开得太高，在半小时内就可能会回落，如果股价开得太低，在半小时内就可能会回升。这时，结合成交量的大小，一般的如果高开又不回落，而且成交量放大，那么这只股票就可能要上涨。

不过，上升之中的股票要小心不要被它套住。一般来说对处在下降之中的股票不要急于买，而要等它止跌以后再买。一天之内股票往往会有几次升降的波动。你可以看你所要买的股票是否和大盘的走向一致，如果是的话，那么最好的办法就是盯住大盘，在股价上升到顶点时卖出，在股价下降到底时买入。这样做虽然不能保证你的买卖完全正确，但至少可以卖到一个相对的高价和买到一个相对的低价，而不会买一个最高价和卖一个最低价。

第四，观察大盘股票买卖手数的多少。通过股票买卖手数多少的对比可以看出是买方的力量大还是卖方的力量大。如果卖方的力量远远大于买方的力量，则最好不要买。

第五，观察大盘股票的现手成交情况。现手成交情况反映计算机中刚刚成交的一次成交量的大小。如果连续出现大量，说明有很多人在买卖该股，成交活跃，值得注意。而如果半天也没人买，则不大可能成为好股。

以下就观察大盘中遇到的一些知识介

绍给大家。

（1）现手累计数。现手累计数就是总手数。总手数也叫做成交量。有时它是比股价更为重要的指标。

（2）换手率。换手率是总手数与流通股数的比，它说明持股人中有多少人是在当天买入的。换手率高，说明该股买卖的人多，容易上涨。但是如果不是刚上市的新股，却出现特大换手率（超过百分之五十），则常常在第二天就下跌，这种股票最好不要买入。

（3）股票涨跌的表示方法。对股票的涨跌有两种表示方法。一是显示绝对数，即涨或跌了几角几分，一目了然。二是显示相对数，即涨或跌了百分之几。这时，你想知道涨跌的实际数目就要通过换算。

（4）开盘价。开盘价指每天成交中最早的一笔成交的价格。

（5）收盘价。收盘价指每天成交中最后的一笔成交的价格。

（6）成交数量。成交数量指当天成交的股票数量。

（7）最高价。最高价指在当天股票成交的各种不同价格中最高的成交价格。

（8）最低价。最低价指在当天成交的不同价格中最低成交价。

（9）高开盘。是指开盘价比前一天收盘价高出许多。

（10）低开盘。是指开盘价比前一天收盘价低出许多。

（11）盘档。盘档是指投资者不积极买卖，多采取观望态度，使当天股价的变动幅度很小，这种情况称为盘档。

（12）整理。整理是指股价经过一段急剧上涨或下跌后，开始小幅度波动，进入稳定变动阶段，这种现象称为整理，整理是下一次大变动的准备阶段。

（13）盘坚。股价缓慢上涨，称为盘坚。

（14）盘软。股价缓慢下跌，称为盘软。

（15）跳空。跳空指受强烈利多或利空消息刺激，股价开始大幅度跳动。跳空通常在股价大变动的开始或结束出现。

（16）回档。回档是指股价上升过程中，因上涨过速而暂时回跌的现象。

（17）反弹。反弹是指在下跌的行情中，股价有时由于下跌速度太快，受到买方支撑暂时回升的现象。反弹幅度较下跌幅度小，反弹后恢复下跌趋势。

（18）成交笔数。成交笔数是指当天各种股票成交的单笔数的总和。

（19）成交额。成交额是指当天每种股票成交的价格总额。

（20）多头。对股票后市看好，先行买进股票，等股价涨至某个价位，卖出股票赚取差价的人。

（21）空头。指认为股价已上涨到了一定高度，很快便会下跌，或当股票已开始下跌时，认为还会继续下跌，趁价高时卖出的投资者。

（22）涨跌。以每天的收盘价与前一天的收盘价相比较，来决定股票价格是涨还是跌。一般在交易台上方的公告牌上用"＋""－"号表示。

（23）价位。价位指喊价的升降单位。价位的高低随股票的每股市价的不同而异。

（24）要价、报价。要价、报价是指股票交易中卖方愿出售股票的最低价格。

6 上市公司分红

上市公司分红是上市公司对股东投资的回报。分红的特征是：上市公司是付出者，股东是收获者，且股东收获的是上市公司的经营利润。所以，分红是建立在上市公司经营盈利的基础之上的，没有利润就没有红利可分。

上市公司的分红通常有两种形式，其一是送现金红利，即上市公司将在某一阶段（一般是一年）的部分盈利以现金方式返给股东，从而对股东的投资予以回报。其二就是送红股，即公司将应给股东的现金红利转化成资本金，以扩大生产经营，来年再给股东回报。送红股是上市公司将本年的利润留在公司，发放股票作为红利，从而将利润转化为股本。送红股后，公司的资产、负债、股东权益的总额及结构并没有发生改变，但总股本增大了，同时每股的净资产降低了。

我国大部分上市公司以送红股的方式对股东进行回报，这在国外成熟股市上是较为少见的。对中国投资者把按比例送配股作为"利好"消息，外国投资者难以理解，他们更注重现金红利。所以，发行H股的公司多采取现金分红。

7 上市公司配股

上市公司配股是指公司按一定比例向现有股东发行新股，股东要按配股价格和配股数量缴纳配股款。配股并不建立在盈利的基础上，只要股东情愿，即使上市公司的经营发生亏损也可以配股，上市公司是索取者，股东是付出者。股东追加投资，上市公司得到资金以充实资本。因此，配股完全不同于公司给股东的分红，它属于上市公司发行新股再筹资的一种手段。配股后虽然股东持有的股票增多了，但它不是公司给股民投资的回报，而是追加投资后的一种凭证。

（1）配股与投资选择。根据公司法的有关规定，当上市公司要配售新股时，它应首先在老股东中进行，以保证老股东对公司的持股比例不变，当老股东不愿参加公司的配股时，它可以将配股权转让给他人。对于老股东来说，上市公司的配股实际上是提供了一种追加投资的选择机会。老股东是否选择配股以追加对上市公司的投资，可根据上市公司的经营业绩、配股资金的投向及效益的高低来进行判断。除了配股外，老股东还可通过购买其他公司的股票、投资债权及居民储蓄来实现追加投资，其关键是视投资收益情况来确定。

如果上市公司的净资产收益率还达不到居民储蓄存款利率，显然上市公司的经营效益太差，其投资回报难以和居民储蓄相比拟，老股东就可不选择配股这种方式来追加对上市公司的投资。

一个上市公司确定配股以后，其配股就带有强制性。因为，配股实施后股票就要除权，价格就要下跌。如老股东不参加配股，就要遭受市值下降的损失。其逃避配股的唯一方法就是在配股前将股票抛出。

（2）配股与投资风险。在一个较成熟的股市上，配股往往是不受股东欢迎的。因为，当一个上市公司资金短缺时，它首先应向金融机构融通资金以解燃眉之急。一般来说，银行等金融机构是不会拒绝一个经营有方、发展前景较好的企业的贷款要求的。而经营不善的公司就不得不向老股东伸手要钱以渡难关。同时，按比例、高溢价地配股意味着要用配股资金再造一个和公司现有规模相差无几的企业，即使能找到合适的项目，但项目的建设是否能顺利进行、项目投产后产品是否能有销路、公司的管理水平和技术力量是否能跟得上，这些都影响着配股资金能否在预定的期限内见成效，上市公司较难达到股民投资回报的要求。其次，由于我国上市公司的配股具有一定的强制性，配股会将股民更多的资金拖入股市这个风险之地。按照分散资金的原则，鸡蛋是不能都放在一个篮子里的，股民不但不应将资金都投入到某一只股票，且还应留出一部分资金投入到风险较小的领域，如购买国库券或进行其他的实业投资。而每年连续不断的配股势必将股民更多的投资拖入股市，使股民承担更大的市场风险。所以，对股民来说，配股有时有着很大的投资风险。

（3）配股与资产流失。一般情况下，配股时全体股东都应按持股比例追加投资，这样将不改变原有股东的相对持有比例。如果股东对持股比例不介意的话，也可以放弃配股。但是，放弃配股的股东可能遭受市价损失。因为，当流通股配股后，由于除权的作用，股价就要下降，对于参与配股的股东来说，由于股票数量增多，股票的市价总值不发生变化。而对放弃配股的股东来说，由于股票数量不变而股价除权使总市值减少，从而蒙受损失。配股价不等于每股净资产时，股东放弃配股将导致资产的相互转移，也就是说，部分股东的资产将在配股之中流失。

当配股价低于每股净资产时，配股后每股净资产将低于原来的基数而高于配股价。这样，放弃配股的股东的部分净资产将无偿地流向参与配股的一方；而当配股价高于每股净资产时，配股后每股净资产将大于原来的基数而小于配股价。这样，参与配股一方的部分净资产就无偿地流向放弃配股的一方。而依照中国证监会的现行规定，上市公司的配股价是不得低于每股净资产的。因此，在上市公司配股时，若国家股和法人股放弃配股，个人股东配股后所形成的部分资产将无偿地流向国家股和法人股股东，且配股比例越大、溢价愈高，个人股东的资产流失也就越大。

（4）配股与市盈率。通过追加投资，配股除了能增加手中的数量外，还能降低市盈率（股价÷每股税后利润）。因为，在上市公司配股时，只有当配股价低于配股时的股票市价，配股才能进行。当配股价大于或等于配股时的股票市价，股民可直接在股市上购买同类股票来增加持有的股票数量。因此，相对配股时的股票市价来说，配股价都是低的。由于配股后股民手中的股票成本有所下降，若配股后上市公司的经营业绩能保持在原有的水平，将导致股票的市盈率下降。

配股除权价格的确定要根据发行公司配股销售的情况来计算。一种情况是公司所有股东都参加配股，则配股除权价计算公式为：

配股除权价＝（除权登记日收盘价＋配股价×每股配股比例）÷（1＋每股配股比例）

另外一种公式是：

配股除权价＝（股权登记日收盘价×原总股本＋本次配股价×配股股本）÷（原总股本＋配股股本）（深市）

例如，股民甲以每股20元的价格购得G股票1000股，该股票的每股税后利润为0.2元，其市盈率为100倍。在G股票市场价格为每股15元时，上市公司宣布配股，配股价每股5元，配股比例每股0.5股。根据配股的除权价格的计算公式，配股后的除权价Y＝（市价＋配股价×配股率）÷（1＋配股率）＝（15＋0.5×5）÷（1＋0.5）＝11.66元。股民甲以每股5元的价格配500股后，共持有G股票1500股，持股成本从每股20元降为每股15元，其市盈率从100倍降到75倍。

因此，通过配股可以降低股票的市盈率或股票的平均持有成本。当然，若能在市场上买到其他市盈率较低的股票，则其效果与配股也是相同的，只不过是持有股票的种类增加了。如果股民仅仅是想降低股票的持有成本或降低持股的市盈率，就不一定非要将自己限制在配股上。

例如，如股民甲发现市场上有每股价格2.5元、市盈率只有10倍的股票，此时股民甲就可购股票1000股，其持股的平均市盈率就从100倍降到了56.25倍，其效果比参加配股更好。

⑧ 上市公司转增股本

上市公司转增股本是指公司将资本公积金转化为股本。转增股本并没有改变股东的权益，但却增加了股本规模，因而客观结果与送红股相似。转增股本和送红股的本质区别在于，红股来自于公司的年度税后利润，只有在公司有盈余的情况下，才能向股东送红股。而转增股本却来自于资本公积金，它可以不受公司本年度可分配利润的多少及时间的限制，只要将公司账面上的资本公积金减少一些，增加相应的注册资本金就可以了。因此，从严格意义上来说，转增股本并不是对股东的分红回报。

下面介绍几个常用的与股票分红、配股有关的术语。

（1）除息。上市公司在分红、配股时要进行股权登记。因为登记日第二天再买股票就领不到红利和红股，也不能配股了。上市公司分红、配股时，股价一般来说是要下跌的。所以第二天大盘上显示的前收盘价就不再是前一天的实际收盘价，而是据该成交价与分红现金的数量、送配股的数量和配股价高低等结合起来算出来的。在显示屏幕上如果是分红利，就写作DRXX，叫做除息。后面两个字是公司名称的缩写，例如"DR青啤"、"DR长虹"。这一天叫做该股的除息日。

（2）除权。如果是送红股或者配股，在显示屏幕上就写作XRXX，叫做除权。这一天叫做该股的除权日。

（3）除权除息。如果是分红又配股，在显示屏幕上则写作XDXX，叫做除权除息。这一天叫做该股的除息除权日。

（4）计算除权价。计算除权价的方法比较简单，只要将前一天的收盘价减去分红派息的数量就可以了。例如一只股票前一天的收盘价是2.80元，分红数量是每股5分钱，则除权价就是2.75元。计算除权价时，如果是送红股，就要将前一天的收盘价除以第二天的股数。例如一只股票前一天的收盘价是3.90元，送股的比例是10：3，就是用3.90元除以1＋3÷10，这时除权价为3.9÷1.3＝3.00元。有配股时，还要把配股时所花的钱加进去。例如，一只股票前一天的收盘价是14元，配股的比例是10：2，配股价是8元，则除权价为（14×10＋8×2）÷（10＋2）＝13元。

（5）填权。经过一天的交易，如果当日收盘价的实际价格比除权价高，就称作填权。

（6）贴权。经过一天的交易，如果实际收盘价比除权价低，就称作贴权。

一般说来，股价上升时容易填权，股

价下跌时则容易贴权。在市场形势好的时候人们往往愿意买入即将配股分红或刚刚除权的股，因为这时容易填权，也就是说，股价很容易在当天继续上涨，虽然收盘时可能看上去股价比前一天低，而实际上股价却上涨了。

⑨ 技术分析——K线图

在对股市进行技术分析时，最常用的一种工具就是K线图。K线图是通过对某一段时期内股价变动情况的分析来找出未来股价变动的趋势。K线图由开盘价、收盘价、最高价和最低价组成。作图方法如下：在坐标纸上先给出坐标，左边是高度，底下是时间。在当天的位置上开盘价处画一条横线，收盘价处也画一条横线，再将这两条横线用两根竖线连起来，就构成了一个小方块。如果开盘价比收盘价高，称为收阴，这条K线称为阴线。可以把这个小方块涂成蓝色或黑色。如果开盘价比收盘价低，称为收阳，这条K线称为阳线。可以把这个小方块涂成红色，也可以不涂颜色，留出空白。然后找出最高价和最低价的点，将这两个点和小方块的横线的中点连接起来。如果这条连线在小方块的上方就称为上影线，如果这条连线在小方块的下方就称为下影线。也有时两个价格重合，即开盘价或者收盘价同时也就是最高价或者最低价，有一边就没有影线，称之为光头线或光脚线。那个小方块称为实体。

一般地说，阳线说明买方的力量强过卖方，经过一天多空双方力量的较量，以多方的胜利而告终。阳线越长，说明多方力量胜过空方越多，后市继续走强的可能性就越大。相反，若是收成阴线表示卖方力量强过买方力量，阴线越长，说明空方

力量胜过多方越多，后市走弱的可能性就越大。不带上、下影线的K线为光头光脚的K线，这在股市上比较少见。它说明股市从开市到收市一路走高（或走低），后市自然将继续沿此方向前进。与此类似的是光头阳线和光脚阴线，至少说明了收市前一方占了绝对优势，第二天继续占优势的可能性极大。如果说不带影线的K线说明一方占了绝对压倒优势，上、下影线的长度则说明了多、空双方斗争激烈的程度，影线越长，斗争越激烈。这时我们须将实体与影线结合起来看。

（1）阳线带上影线，说明多方胜利得来不易，虽然暂时取得胜利，要继续上升则有困难。阳线带下影线，说明多方虽然企图上升，但以空方的胜利而告终。自然后市下降的可能性大。

（2）阴线带下影线，说明卖方势力大减弱，虽然买方未能战胜卖方，但再下跌可能性已不大。自然我们还需比较影线与实体的长短，上影线、实体、下影线中哪一段越长，则其影响就越大。小阳线和小阴线的影响就不如大阳线和大阴线的影响来得大。

（3）当K线的实体由于开盘价与收盘价相等或十分接近而变得很窄，而上影线和下影线的长度也差不多时，我们通常称之为十字星，这是多空双方力量暂时取得平衡的结果，因而往往是转势的前兆。但有时也只是上升或下跌过程中一个暂时的停顿。这时我们就必须把两个、三个甚至更多的K线放在一起来观察。

（4）如十字星出现在连日上涨之后就可能是下跌的信号，而如果十字星出现在连日下跌之后就可能是上涨的信号。

（5）如果K线的实体很窄，而影线的一侧很长，构成"T"字形，也和十字星一样，常常是转势的信号。在实际分析中我们常常要研究较长一段时间K线图的走势，来找出其可能前进的方向。周K线图在分析股市上有特殊重要的意义。因为，一天的走势容易受人为操纵所影响，而庄家要操纵周K线则困难得多。所以，周K线有比较高的准确度。

（6）如果两根并列的K线在价格上下连续，即一根K线的最高价比另一根K线的最低价还低，这种现象称之为跳空，价格上断开的部分称为缺口。这是股价变动

大的表现。在股价上升或下降的过程中出现缺口常会使原来的趋势变得更加强烈。在有重大利空或利好消息时，尤其容易出现大的跳空缺口。通常认为跳空的缺口总要补上，就是说，上升时留下的缺口会由股价回落来补上，下跌时留下的缺口会由股价反弹来补上。实际上这并不是绝对的，长时间不补的情况也是经常发生的，这显示股价在该方向上有强大的动向。尤其要注意的是岛形反转，即在一个向上（或向下）的大跳空缺口之后不久又出现一个向下（或向上）的大跳空缺口，这是股势强烈反转的信号。

（7）如果我们将每天的K线都画在一张图上，则称之为日K线图，同样也可以画出周K线图和月K线图。在电脑软件的帮助下，在计算机中我们还可以看到5分钟、15分钟、30分钟和60分钟的K线图。通过对K线图的实体是阴线还是阳线，上、下影线的长短等的分析，常可以用来判断多空双方力量的对比和后市的走向。

⑩ 证券交易所代理业务费用与税收

（1）开户费。是投资者从事A股交易必须开立股票账户所交的费用。此费用由交易所收取。开设资金账户时，各证券商尚无统一标准。

（2）委托费。是投资者在办理委托时需交纳的费用。

（3）佣金。是投资者委托成交后交纳的费用，按成交金额的一定比率向券商支付。

（4）税金。委托买卖成交后上交给财税部门的印花税和分红派息时上缴的所得税。

（5）过户费。是成交后更换户名所需的费用。

（宫　健）

债券投资

① 债券

债券是政府、金融机构、工商企业等机构直接向社会借债筹措资金时，向投资者发行，并且承诺按规定利率支付利息并按约定条件偿还本金的债权债务凭证。债券的本质是债的证明书，具有法律效力。债券购买者与发行者之间是一种债权债务

关系。债券发行人即债务人，投资者（或债券持有人）即债权人。债券是一种重要的融资手段和金融工具，也是一种可以买卖的有价证券。

中国发行企业债券始于1983年。最初主要是以集资方式出现，其票面形式、还本付息方式等基本方面很不规范。1987年3月27日国务院发布了《企业债券管理暂行条例》，使中国企业债券在发行、转让、形式、管理等各个方面开始走向规范化。该《条例》规定：企业发行债券必须经中国人民银行批准，并且授权中国人民银行对发行债券的企业和购买企业债券的企业、事业单位的资金使用情况进行监督、检查；企业债券的票面应当载明企业的名称、住所、债券的票面额，债券的票面利率，还本期限和方式，利息的支付方式，债券发行日期和编号，发行企业的印记和企业法定代表人的签章，审批机关批准发行的文号、日期等；企业发行债券的总面额不得大于该企业的自有资产净值；企业为固定资产投资发行债券，其投资项目必须经有关部门审查批准，纳入国家控制的固定资产投资规模；债券的票面利率不得高于银行相同期限居民定期存款利率的40％；企业债券的发售可以由企业自己办理，也可以委托银行或其他金融机构代理；经中国人民银行批准，各专业银行和其他金融机构可以经办企业债券的转让业务……

② 债券的基本要素

（1）债券的票面价值。债券必须注明

面值，而且都是整数，还要注明币种。

（2）债务人与债权人。债务人筹措所需资金，按法定程序发行债券，取得一定时期资金的使用权及由此而带来的利益，同时又承担着举债的风险和义务，按期还本付息。债权人定期转让资金的使用权，有依法或按合同规定取得利息和到期收回本金的权利。

（3）债券的价格。债券是一种可以买卖的有价证券。债券的价格，从理论上讲是由面值、收益和供求情况决定的。

（4）债券的还本期限。债券的特点是要按原来的规定，期满归还本金。

（5）债券的利率。债券是按照规定的利率定期支付利息的。利率主要是双方按法规和资金市场情况进行协商确定下来，共同遵守。

此外，债券还有提前赎回规定、税收待遇、拖欠的可能性、流通性等方面的规定。

③ 债券的特征

（1）偿还性。债券一般都规定有偿还期限，发行人必须按约定条件偿还本金并支付利息。

（2）流通性。债券一般都可以在流通市场上自由转让。

（3）安全性。与股票相比，债券通常规定有固定的利率。在企业破产时，债券持有者享有优先于股票持有者对企业剩余资产的索取权。

（4）收益性。债券的收益性主要表现在两个方面：一是投资债券可以给投资者定期或不定期地带来利息收入；二是投资者可以利用债券价格的变动，买卖债券赚取差额。

④ 债券的种类

▲国债

国债是中央政府为筹集财政资金而发行的一种政府债券，是中央政府向投资者出具的、承诺在一定时期支付利息和到期偿还本金的债权债务凭证。国债是国家信用的主要形式。中央政府发行国债的目的往往是弥补国家财政赤字，或者为一些耗资巨大的建设项目，以及某些特殊经济政策乃至为战争筹措资金。由于国债以中央政府的税收作为还本付息的保证，因此，国债风险小、流动性强，利率也较其他债券低。国债是由国家发行的债券，由于国债的发行主体是国家，具有最高的信用度，被公认为是最安全的投资工具。

▲"金边债券"

在美国，经权威性资信评级机构评定为最高资信等级（AAA级）的债券，也称"金边债券"。后来，"金边债券"一词泛指所有中央政府发行的债券，即国债。

▲凭证式国债

从债券形式来看，我国发行的国债可分为凭证式国债、无记名（实物）国债和记账式国债三种。

凭证式国债是一种国家储蓄债，可记名、挂失，以"凭证式国债收款凭证"记录债权，不能上市流通，从购买之日起计息。在持有期内，持券人如遇特殊情况需要兑取现金，可以到购买网点提前兑取。提前兑取时，除偿还本金外，利息按实际持有天数及相应的利率档次计算，经办机构按兑付本金的有关规定收取手续费。

▲无记名国债

无记名（实物）国债是一种实物债券，以实物券的形式记录债权，面值不等，不记名，不挂失，可上市流通。发行期内，投资者可直接在销售国债机构的柜台购买。在证券交易所设立有账户的投资者，可委托证券公司通过交易系统申购。发行期结束后，实物券持有者可在柜台卖出，也可将实物券交证券交易所托管，再通过交易系统卖出。

▲记账式国债

记账式国债以记账形式记录债权，通过证券交易所的交易系统发行和交易，可以记名、挂失。投资者进行记账式证券买卖，必须在证券交易所设立账户。由于记账式国债的发行和交易均是无纸化，所以效率高，成本低，交易安全。

▲地方债券

地方政府债券是指有财政收入的地方政府及地方公共机构发行的债券。地方政府债券一般用于交通、通讯、住宅、教育、医院和污水处理系统等地方性公共设施的建设。同中央政府发行的国债一样，地方政府债券一般的也是以当地政府的税收能力作为还本付息的担保。地方政府债券的安全性较高，被认为是安全性仅次于"金边债券"的一种债券。而且，投资者购买地方政府债券所获得的利息收入一般都免交所得税，这对投资者有很强的吸引力。目前我国地方政府尚不能发行债券。

▲金融债券

金融债券是由银行和非银行金融机构发行的债券。在英、美等欧美国家，金融机构发行的债券归类于公司债券。在我国及日本等国家，金融机构发行的债券称为金融债券。由于银行等金融机构在一国经济中占有较特殊的地位，政府对它们的运营又有严格的监管，因此，金融债券的资信通常高于其他非金融机构债券，违约风险相对较小，具有较高的安全性。所以，金融债券的利率通常低于一般的企业债券，但高于风险更小的国债和银行储蓄存款利率。

▲政策性金融债券

政策性金融债券是我国政策性银行（国家开发银行、中国进出口银行等）为筹集信贷资金，经国务院批准由中国人民银行用计划派购的方式，向邮政储汇局、国有商业银行、区域性商业银行、城市商业银行（城市合作银行）、农村信用社等金融机构发行的金融债券。1994年4月由国家开发银行第一次发行，从此拉开了政策性金融债券的发行序幕。政策性金融债券为无纸化登记债，由中央国债登记结算有限责任公司负责托管登记，各认购人均在中央国债登记有限责任公司开设托管账户，中央国债登记有限责任公司接受政策性银行的委托办理还本付息业务。政策性金融债券尚未正式流通，但中国人民银行已批准在货币市场上做抵押回购业务。同时，可以作为公开市场业务的工具。随着投融资体制改革的深入发展，政策性银行经营机制的不断完善，政策性金融债券将逐步向规范化的方向发展。

▲特种金融债券

特种金融债券是指经中国人民银行批准，由部分金融机构发行的，所筹集的资金专门用于偿还不规范证券回购债务的有价证券。

▲定向债券

定向债券是为筹集国家建设资金，加强社会保险基金的投资管理，经国务院批准，由财政部采取主要向养老保险基金、待业保险基金（简称"两金"）及其他社会保险基金定向募集的债券，称为"特种定向债券"，简称"定向债券"。

▲企业债券

企业债券是指从事生产、贸易、运输等经济活动的企业发行的债券。企业债券通常又称为公司债券，是企业依照法定程序发行，约定在一定期限内还本付息的债券。企业债券代表着发债企业和投资者之间的一种债权债务关系。债券持有人是企业的债权人，不是所有者，无权参与或干涉企业经营管理，但债券持有人有权按期收回本息。企业债券与股票一样，同属有价证券，可以自由转让。在西方国家，由于只有股份公司才能发行企业债券，故企业债券即公司债券。在中国，企业债券泛指各种所有制企业发行的债券。中国企业债券目前主要有地方企业债券、生产企业债券、随本清的存单式企业债券、产品配额企业债券和企业短期融资券等。

由于企业主要以本身的经营利润作为还本付息的保证。因此，企业债券的风险与企业本身的经营状况直接相关。如果企业发行债券后，经营状况不好，连续出现亏损，可能无力支付投资者的本息，投资者就面临着受损失的风险。从这个意义上来说，企业债券是一种风险较大的债券。所以，在企业发行债券时，一般要对发债企业进行严格的资格审查或要求发行企业有财产抵押，以保护投资者利益。另一方面，在一定限度内，证券市场上的风险与收益成正比关系，高风险伴随着高收益。企业债券由于具有较大风险，它们的利率通常也高于国债和地方政府债券。

与其他债券相比，企业债券的主要特点包括：一是风险性较大。企业债券的还款来源是企业的经营利润，但是任何一家企业的未来经营都存在很大的不确定性，因此企业债券持有人承担着损失利息甚至本金的风险。二是收益率较高。风险与收益成正比的原则，要求较高风险的企业债券需提供给债券持有人较高的投资收益。三是对于某些债券而言，发行者与持有者之间可以相互给予一定的选择权。

▲短期企业债券、中期企业债券、长期企业债券

根据我国企业债券的期限划分，短期企业债券期限在1年以内，中期企业债券期限在1年以上5年以内，长期企业债券

期限在5年以上。

▲记名企业债券和不记名企业债券

如果企业债券上登记有债券持有人的姓名，投资者领取利息时要凭印章或其他有效的身份证明，转让时要在债券上签名。同时，还要到发行公司登记，那么，它就称为记名企业债券。反之，就称为不记名企业债券。

▲信用债券和担保债券

信用债券和担保债券指仅凭筹资人的信用发行的、没有担保的债券。信用债券只适用于信用等级高的债券发行人。担保债券是指用抵押、质押、保证等方式发行的债券。其中，抵押债券是指以不动产作为担保品所发行的债券。质押债券是指以其有价证券作为担保品所发行的债券。

▲保证债券

保证债券是指由第三者担保偿还本息的债券。

▲可提前赎回债券和不可提前赎回债券

如果企业在债券到期前有权定期或随时购回全部或部分债券，这种债券就称为可提前赎回企业债券。反之，则是不可提前赎回企业债券。

▲固定利率债券、浮动利率债券和累进利率债券

固定利率债券是指在偿还期内利率固定不变的债券。浮动利率债券是指票面利率随市场利率定期变动的债券。累进利率债券是指随着债券期限的增加，利率也累进的债券。

▲附有选择权的企业债券和不附有选择权的企业债券

附有选择权的企业债券是指债券发行人给予债券持有人一定的选择权，如可转换公司债券、有认股权证的企业债券、可返还企业债券等。可转换公司债券的持有者，能够在一定时间内按照规定的价格将债券转抵成企业发行的股票。有认股权证的债券持有者，可凭认股权证购买所约定的公司的股票。可退还的企业债券，在规定的期限内可以退还。反之，债券持有人没有上述选择权的债券，即是不附有选择权的企业债券。

▲公募债券和私募债券

公募债券是指按法定手续经证券主管部门批准公开向社会投资者发行的债券。私募债券是指以特定的少数投资者为对象发行的债券，发行手续简单，一般不能公开上市交易。

▲地方企业债券

地方企业债券是由地方全民所有制工商企业发行的债券。

▲重点企业债券

重点企业债券是国家为促进重点企业发展、保证重点企业建设资金的需要而特别批准发行的企业债券。如电力、冶金、有色金属、石油、化工等行业的国家重点企业向企业、事业单位发行的债券。重点企业债券的特点是，除了规定的还本付息外，还把发行企业的短缺产品与认购单位的优先受益权结合起来。重点企业债券的发行对象是全民和集体所有制企业、联营企业、中国境内的中外合资企业、国家机关、团体、事业单位等，目前不对个人发行。重点企业债券的时间一般为3年～5年。

▲产品配额企业债券

产品配额企业债券是由发行企业以本企业产品等价支付利息，到期偿还本金的债券。

▲企业短期债券

企业短期债券是面向社会发行，以缓和由于银根抽紧而造成的企业流动资金短缺的一种债券。这种债券发行后可以转让。

（宫　健）

黄金及贵重金属收藏

① 黄金

金是人类最早发现的金属之一。埃及是第一个开采和利用金的民族。中国古代劳动人民也在四千多年以前，发现并开始生产和使用黄金。

在自然界中，金主要以单质状态存在。天然的金沙、金块，金光灿烂，闪耀着光辉。它的质地很软，耐高温，可以炼成各种形状，能抵抗侵蚀，光泽恒久，是一种尊贵的金属。所谓"真金不怕火炼"，讲的就是黄金极耐高温的这一特性。纯金（即24K或99.999％黄金）或不同纯金度的合金（又称"K金"），可用于制造首饰。最

普遍的是 18K 金（含 75％纯金）及 14K 金（含 58.5％纯金）。"K 白金"是银白色的 K 金，不含铜，而含有银及镍或钯。金加热时不变色、不变质，易于加工成各种各样美丽的饰品，永不生锈。所以，黄金多用在制造首饰、金币。同时，金也是牙科医生用做镶牙的材料。在电子工业、通信领域、新型材料等方面也有着重要的用途。

由于稀少而分散，使得黄金更显贵重。在地壳中，黄金的含量约为一百亿分之五。在海水中，约含十亿分之五。自然界里的大金块，很少发现。金通常以颗粒状存在于沙砾中或以微粒状分散在岩石中。为了得到一小撮金沙，就得从大量的沙中用簸子和水来"淘金"。在开采金矿时，要得到 5 克金，平均就要挖掘 10000 吨岩石。淘金者和采金者的劳动是多么的艰辛！一千二百多年前，唐代诗人刘禹锡的一首《浪淘沙》："日照澄洲江雾开，淘金女伴满江隈。美人首饰侯王印，尽是江中浪底来。"满怀深情地道出了采金人的艰难和辛劳，也书写了华夏古国黄金生产的光辉历史。

黄金是最具魅力的金属。人们把金看做是高贵、光辉、坚贞、纯洁的象征。所以，金受到了人们的珍视。在人类漫长的历史中，黄金是许多人梦寐以求的对象。"点石成金"的梦想、"淘金热"的浪潮、为寻找和掠夺黄金而导致的屠杀和战争，成了一个时代的缩影。

② 黄金市场

黄金以其独特的金属性质从古至今在各种文化中都被视为珍宝。早在公元前 22 世纪末，中国就已经把黄金作为货币使用了。目前主要的产金国有南非、美国、澳大利亚、俄罗斯、加拿大、中国等。

中国是一个黄金大国，人们对黄金有着特殊的偏好。从战国的错金编钟，汉代的金缕玉衣，到现代的嵌金九龙壁、金制地动仪等，都不断衍化为一种传统的心理积淀，形成了一个巨大的黄金潜在市场。

今天，黄金主要被作为贵重商品进行买卖，但它的货币性并没有完全消失。一方面，黄金仍被各国央行作为储备的一部分。另一方面，黄金可以在世界范围内流通，并且有存、贷利息，而且并不排除在某些特殊时期其"硬通货"的特性会再度显现。所以，黄金作为商品除了被主要用于首饰业、电子工业、医学和铸币等方面外，它的另一个重要的用途就是被各国央行和投资者所收藏。

我国政府从 1950 年开始对黄金采取了"统购统配"的管理模式，黄金一直不是一种可以自由买卖的商品。经过 50 多年的发展，中国已成为世界第五大黄金生产国和第三大黄金消费国。2001 年黄金产量达到 181.83 吨，消费量 270 吨。2001 年 4 月，中国人民银行行长戴相龙宣布取消黄金"统购统配"的计划管理体制，在上海组建黄金交易所。这标志着封闭了半个多世纪的中国黄金市场终于走向全面开放。

2002 年 10 月 30 日，坐落于黄浦江畔的上海黄金交易所（ShanghaiGoldExchange）正式开业。终于把黄金还原成了真正的商品。

上海黄金市场在沉寂了半个多世纪后，重新开锣交易，人们开始了自由买卖黄金。上海黄金交易所的开业标志着中国由货币市场、证券市场、保险市场、外汇市场和黄金市场组成的主要金融产品的交易市场全部建成。

③ 黄金交易

在我国，黄金"统购统配"的管理体制被打破后，个人参与"炒金"成为可能。对市民来说，黄金不仅是重要的避险工具，还与股票、债券等一样是未来的投资工具，黄金的投资和保值功能将越来越强烈地表现出来。据统计，香港人均拥有黄金 8 克，而作为中国金融中心的上海，人均拥有黄金仅0．28克。在黄金市场完全开放后，人们将可以通过黄金交易所对黄金进行获利性投资。

▲伦敦黄金交易所

伦敦是很重要、也十分活跃的国际黄金市场。黄金交易在伦敦始于17世纪。19世纪伦敦成为世界金融中心，黄金交易也兴盛起来，当时世界主要的金产地如南非、加拿大、澳大利亚等，多是英国的殖民地，它们出产的黄金都拿到伦敦提炼、销售和储存。1848年美国加利福尼亚发现金矿引起新一轮淘金热，更大大推进了伦敦黄金市场的发展。其后5年，世界黄金产量从每年250万盎司猛增至900万盎司，其中绝大多数在伦敦上市交易。

▲上海黄金交易所

上海黄金交易所于2002年10月30日在上海正式运行。从此，中国黄金市场全面放开。中国黄金市场走向全面开放，必将拉动世界黄金的消费需求，对世界黄金市场产生不可低估的影响。黄金自营交易不但将丰富国有商业银行的资产业务，为中资银行资产多元化、提高经营效率和防范经营风险开辟了一条全新渠道，而且为商业银行提供了黄金来源，为今后国内商业银行推出品牌金提供了必不可少的前提条件。现阶段，上海黄金交易所除进行黄金的实物交易外，还推出了黄金期货交易。

在交易所，按照"价格优先、时间优先"的原则，采取自由报价、撮合成交、集中清算、统一配送的交易方式，会员可自行选择通过现场或远程方式进行交易，并享受增值税即征即退的优惠政策。

▲个人黄金投资

按照上海黄金交易所有关规定，每笔黄金交易的最低成交量是一千克，最低交割量是三千克。因此，只有在银行推出黄金存折后，普通居民参与炒金才能成为现实。

上海黄金交易所在正式运行初期，能够到上海黄金交易所交易的只能是一些会员机构。虽然个人不能像炒股那样直接进入交易所交易，但却能够通过购买银行的黄金产品来投资黄金，具体方法与炒汇极为类似。目前，央行已经批准工、农、中、建四大国有商业银行开办与黄金投资相关的业务。个人完全可以通过购买银行的产品来实现炒金的目的。

同时，参与投资黄金的机构及个人投资者，也可以事先与会员单位签订代理交易协议，由会员单位入场进行代理交易。

▲个人黄金投资产品

我国开放黄金市场后，黄金有可能成为中国家庭普遍的金融储备项目，黄金交易在个人理财领域将发挥更大作用。

在黄金品种上，银行将开发出从几克到千克/条等不同规格的产品，以适应个人投资的需要。目前，银行即将推出的个人黄金投资产品有两款。一是黄金存折，即"纸黄金"，以黄金账户内的资金划拨来表明黄金的买卖。二是小克数的条块金，即实物的黄金交割。

凭借雄厚的资金实力，商业银行将在黄金交易中扮演"中间商"的角色。银行可在黄金市场上买入阶段性剩余的黄金储存起来，然后在合适的时机再将储存的黄金出售，这将解决市场开放后，黄金生产企业面临的阶段性"卖出难"及货款不能及时返还的问题，同时缩短黄金首饰原材料的库存时间，加速企业流动资金周转速度。投资人可根据银行报价决定买入还是卖出，从中赚取差价。通过银行的柜面或电话银行、网上银行等，个人的"炒金"将与买卖股票与外汇一样方便。针对人们新的投资需求，黄金托管、黄金储蓄、黄金存折投资等一系列新的业务，将陆续摆上银行的柜台。目前，在黄金交易中，银行不会收取手续费，银行仅通过点差来获利。凡是持有中行活期储蓄账户的居民都可以办理黄金投资业务。个人投资者可以在银行开列专门的黄金账户，通过在存折上标明借记和贷记的数量，进行黄金的现买现卖、全额交割。

④ 黄金价格

金条俗称"黄鱼"。有"大黄鱼"、"小黄鱼"之分。目前，"小黄鱼"的价格走势和保值程度，是黄金投资人关注的热点。黄金市场开放后，金条的加工费将首先受到影响。一旦加工费下降，金条的价格会比现在更趋合理，其保值效能也会更显著。人们可以像炒股那样自由投资黄金、开金店，还可以把金条、金砖存放在保险柜里。

作为一种投资产品，黄金的获益率远远不如股票，但由于其价值相对稳定，因此常被人们当作避险的工具。反映在市场上则表现为，黄金价格总与股票市场呈反向运动。当面临巨大经济波动，股市等投资市场出现滑坡时，人们习惯上总是购买黄金来躲避金融风险，于是，黄金价格大涨。在亚洲地区，即便是最普通的人家也懂得买金保值。所以，如何正确掌握价格波动，加以科学的预测，如何有效地运用金融工具防范价格风险，是进行黄金交易所必须考虑的问题。

对于黄金的交易，首先应当注意的就是黄金价格的变化。影响黄金价格的主要因素有：黄金年产量的多少、央行储备的增加或减少、黄金实际需求（首饰业、工业等）的变化、黄金回收与再利用、政局的影响、投机者的"炒作"等。

例如，国际金价自 1997 年以来一直呈下滑趋势。国际黄金市场"跌价"消息频传，许多国家出于各自经济利益的考虑，纷纷抛售黄金，造成国际市场黄金价格一跌再跌，引起一阵又一阵不大不小的混乱。1999 年 5 月初，英国宣布在几年内出售 415 吨黄金，相当于其 58% 的黄金储备。伦敦市场的黄金价格闻风直线下滑，一个月之内就下跌了 10% 以上，最低时以每盎司 258.60 美元收盘。创下近 20 年来的最低水平。

黄金既作为一种商品，就有价格的起伏。尽管黄金的保值功能明显，但任何投资都有风险。所以，出现黄金的跌价，便是一件很正常的事。借助国际黄金走势分析各种投资行情，将带给人们更多直观的投资信息。投资者可从黄金交易价的每一次起起落落中，洞悉到外汇市场的汇率，以及股票市场中 B 股行情产生的相应变化。

5 黄金饰品

说到黄金饰品与金币，就要考虑人们审美观念的变化。例如，从 20 世纪 80 年代末到 90 年代初，24K 黄金饰品曾风行一时，甚为流行，无论项链、戒指，还是手镯（链）、耳坠等，人们非足金不要。而随着人们审美观念的更新和富裕程度的提高，这一观念也正在发生着深刻的变化。

因为，从装饰角度看，并非足金最美。因黄金纯度越高，其硬度就越差，也就越不耐磨，而且容易变形。黄金饰品的光泽与其硬度相关，特别是戴在手上的纯金戒指，时间一长便失去了耀眼夺目、金光闪闪的光泽。而 K 金则完全相反，光泽好得多。同时，黄金也并非是最贵最美的饰品，珠宝钻石的价值远远高于黄金，钻石镶嵌在黄金饰品上是最美的组合，K 金则是最优良的载体。

6 金饰鉴定

要鉴定一件饰物是否是金饰，以及其含金量是多少，一定要用硝酸、盐酸或两者的混合物，才可正确地测试。现在，也有不少新的电子测金器，可帮助鉴定金饰。但是，作为一个普通的消费者，也可以借着小心地观察和分析，不致遭受蒙骗。在购买金饰时，可以问自己以下几个问题：

（1）价钱是否异常的便宜？不要忘记金价是国际性的，金会被拿到市场上进行交易。商人会以低于交易价卖给你吗？如果那样，他的房租、人工等等的开支又靠什么来支付呢？不要相信商店会以大亏本的价钱出售金饰。所以，不要被大减价的广告所吸引，从而蒙蔽你的智慧。太便宜的金饰可能只是表面镀金，内里或许是银器或其他金属。

（2）饰物的样貌像金吗？金有其独特的颜色和光泽。金和银的光泽都比其他的金属鲜明。如果一件饰物的金属光泽好像你的铝窗框一样，或是黄色的金属光泽好像铜的颜色，你都应该抱有疑心。多留意各种金属的颜色和光泽，你便容易察觉到它们的分别。另外，要检察颜色的分布是否均匀。如果是镀金的饰物，表面有些位置的金片可能会脱落，露出底部金属的颜色。

（3）金饰有正确的压印显示其含金量吗？有压印的不代表一定是真金，有压印的也不一定不是金。现在的金饰，大部分都有压印，以显示它的含金量。所以，购

买金饰时，一定要找寻那些压印。遇到没有压印的饰物，未经测试，应暂做"不是真金"来处置。

（4）金饰的重量是否正常？喜欢收藏金饰的人士，对金器的重量都有一习惯性的感觉。金的比重较其他金属高，拿上手会觉得较重。银、铜、铁、黄铜、铝、镍和不锈钢的比重都远比金低，较轻。用重量比较测试时，勿忘记有些金饰是空心的。将金饰放在手上抛一抛，如果感觉是轻飘飘的话，你应该给予它一个怀疑的问号。

（5）它是否受磁石的吸引？如果答案肯定的话，那么饰物大有可能不是真金或K金。金和银都没有磁性，不会被磁石吸引。

⑦ 白银

银是白色有光泽的金属。银相当稳定，在空气中不易被氧化。纯银可用于制造镜子，在化学工业中用作催化剂。由于纯银太软，银的合金适宜制作贵重的器皿、装饰物和钱币。

白银首饰以它质朴、脱俗的品质，灵活多变的款式，以及与自然人体相适应的特有贵金属属性，历来为世人所喜爱。国际业内设计师根据现代社会人们的服饰及心态的变化，不断创新，使白银饰品受到了世人的欢迎。

⑧ 白金

白金又称为铂，是一种银白色的稀有金属。它的质地柔软，便于加工。纯的白金要比纯的黄金硬得多。所以，在白金戒指上镶嵌贵重的钻石，不容易变形，也不用担心脱落丢失。大家知道，优质的钻石特点是透明无色，而绝不带有黄色，因而黄色被认为是钻石的缺陷。若将优质的钻石镶在黄金首饰上时，黄金的黄色映入透明的钻石中，容易使钻石看起来带有黄色而使人误认为其质量不高。因此，用白金镶嵌的钻戒，使白金的银白色与透明的钻石配合相得益彰，交相辉映，更显出钻石的晶莹剔透，比黄金镶钻石要美观耐看。所以，用白金镶嵌钻戒越来越受到消费者的欢迎。

（宫　健）

房地产投资

① 房地产

改善住房条件，是老年朋友所关心的一件大事。的确，购房不同于置办其他日常用品，它是人生难得的大宗商品。因此，老年朋友应该进行多方面的充分准备。

（1）要明确买什么样的房。买什么区位的房，买多大面积的房，买什么套型和布局的房等。

（2）要进行行情调查。一方面，对广告公布的价与多家卖主的平均价进行一番分析比较，择其中价作为参考。另一方面，对卖方的信誉资质等级、建筑设计的合理性和质量等进行比较。

（3）要进行买房的具体观察。购房需亲临现场察看其质量、面积、结构、空间、供水、供电、供气、交通、通讯、配套建设、周边环境、安全保卫、物业管理等情况。

② 房源

（1）利用广告。你可以到政府的房地产交易中心等处登记自己的求购信息。同时，经常查询别人登在房地产交易中心或报纸上的广告。感兴趣的话，不妨打个电话问问行情。

（2）关注业内行情。你应当常常留意各大媒体中有关房地产的报道，以及对专家的采访。虽然你不能盲目相信别人的话，但它们却能让你更好地思考和甄别，最后买到你真正需要的房屋。

（3）参加有关的活动。比如，房地产交易中心组织的与房屋交易有关的咨询和房友聚会。彼此的交流和沟通将使你的信息更加灵通，判断和分析更为准确。

（4）找经纪人帮忙。如果条件许可，你应当请房地产经纪人支持和帮助。可以多结识一些懂得房地产的人，让他们感到你是一个有诚意的买主，乐于向你提供信息。最后你从中挑选真正可以帮助你的人。在现阶段，我国二手房代理机构尚不规范的情况下，购买二手房时必须小心行事。由于传统观念的影响，以及我国房地产市场尚欠成熟，大部分人还未形成"在专家指导下购房"的观念，购房预算中没有考虑对咨询服务的必要费用。不过，随着市场的完善，人们逐渐明白，通过咨询专家、律师获得可靠的信息才符合市场的规律。

3 实地考察

"买住宅就是买环境"，这是当前很流行的一句话。购房前应当考虑以下几个问题：

1. 注意房屋的外部情况。

住宅的外部环境交通是否便利，是否远离工业区和马路，空气、水质是否有污染；住宅的周边是否有绿化带或河流、湖泊；住宅的附近是否有文化机构、医疗、商业服务场所；小区内是否有较好的绿化；小区内是否无干扰、噪音；小区内的居民是否有同等的文化层次；小区的规划设计是否美观、完整等。

一般来说，可以从以下几个指标来考虑：

容积率和建筑密度，越低越好；

楼房间距，越大越好；

绿化面积，越多越好。

值得注意的是，树木比绿地好。高大乔木的生态效益比草坪高出 30 倍。现在，有的楼宇是商住楼，首二层，或首四层是商业用途。如果是用作酒楼，那么对其居住环境质量就要打一个折扣了。

2. 注意房屋的内部情况。

（1）注意房屋的户型是否合理。有没有特别不适合居住的缺点。

（2）注意房屋的顶棚和地面是否漏水。因为，房屋漏水大多发生在结构变化的部位。所以，可以在构造变化部位（如结构缝、沉降缝、伸缩缝等）采用比较简单的方法——室内注水，看下层是否漏水。

（3）注意房屋的排水管道、天然气管道等安装是否隐蔽。因为，连接楼层之间的管道很多，要留意这些管道穿越楼层时，是否影响了正常的出入活动。

（4）注意房屋的管线是否太多或者走线不合理。

（5）注意房屋的天花板是否有渗水的痕迹。房屋的墙壁是否有爆裂或者脱皮等明显的问题。打开水龙头观察房屋的水的质量和水的压力。

（6）打开电视看一看，图像是否清楚，能收视多少台的节目。

（7）注意房屋的供电容量，避免出现夏天开不了空调的现象。

（8）注意房屋的内外电线是否有老化的现象。

（9）注意房屋的电话线是普通电话线还是 ISDN 电话线。

（10）注意房屋有无天然气。冬天暖气的供应以及费用的收取，室内暖气片数、暖气温度够不够。

（11）注意了解房屋的内部结构图，包括管线的走向、承重墙的位置等，以便重新装修。

（12）注意房屋的阳台是否安全。阳台的高度要足以保护老人和小孩的活动安全。如果是通长阳台，在两户之间应有分隔防卫措施，防止两户之间的互相"攀越"。

（13）注意房屋的雨水管、花格窗式楼梯离阳台、窗口不要过近，以防被攀爬遭劫。

（14）注意房屋的客厅、卧室的朝向是否科学。房屋的朝向以南向为佳。

（15）注意小区里房屋间距的大小。应当咨询邻近中间层住户日照、采光的情况。

3. 如果要购旧房，还要注意是否有私搭私建部分，特别注意骑楼、檐棚、阳台、平台加建等是否搭建。

如果由于搭建或改建使基本结构遭到破坏，必须让对方拆除还原，以免被管理部门责罚或留下隐患。同时，还应查清原房主是否欠物业管理公司的费用以及水、电、煤、暖的费用等。

4. 购房前要注意考察物业管理的水平。如：

（1）水、电、煤、暖的费用如何收取，是上门代收还是自己去缴。三表是否出户。

（2）注意电梯的品牌、速度及管理方式。

（3）注意公共楼道的整洁程度及布局。

（4）注意小区是否封闭，保安水平怎样。

（5）注意保安人员的数量和责任心。注意小区绿化工作如何。

（6）注意物业管理公司提供哪些服务。

（7）注意入住以后的费用情况。注意了解水、电、煤、暖的价格。物业管理费的收取标准。车位的费用。

4 购买二手房注意事项

（1）弄清楚旧房的历史。了解旧房是哪一年盖的；还有多长时间的土地使用期限；哪些人住过；什么背景；是何种用途；是否发生过不好的事情；是否欠人钱；是否发生过盗窃案等等。

（2）要查询二手房的产权状况。

第一步，要请卖方提供合法的证件，其中包括产权证书、身份证件、资格证件，以及其他相关的证件。

第二步，向有关房产管理部门查验所购房产产权的来源和产权记录，包括房主、档案文号、登记日期、成交价格等。

第三步，查验房屋是否有债务负担。在房屋产权记录中只记录了房主拥有产权的真实性，以及原始成交情况。至于该房屋在经营过程中是否曾经发生过债务和责任，则需要查验有关的证明文件，主要包括抵押贷款的合同和租约。另外，还要详细了解贷款额和偿还额度、利息和租金的金额。同时，还需要了解所购房是否已被抵押，房屋是否已被法院查封等。

总之，要想了解房屋产权的真实内容，购房者除了要向卖房者索要一切有关产权的文件并仔细阅读外，还要到房产管理部门查询有关所购房产的产权记录，两相对照才能清楚地知道该房产的一切产权细节。

5 产权证

产权证，是指"房屋所有权证"和"土地使用权证"。

购房时要注意产权证上的房主是否与卖房人是同一个人；产权证所确认的面积与实际面积是否有不符之处；搞清楚是已购公房或经济适用房，还是已购商品房——如果是已购公房或经济适用房，除了查看对方的"房屋所有权证"，还要查看政府对其上市出售的批准书。有的老年朋友认为买房是"一手交钱，一手交货"的行

为，反正是自己住，能出什么问题？但是，实际上购房所购买的是一系列权利，包括房屋所有权和相应的土地使用权，这些权利的确立依赖于特定的赋权过程，并以特定的产权证书作为合法权利的唯一证明。因此，要"买完整产权"的观念不可动摇，决不可因为"仅是自住，不关乎转让、抵押"而轻视完整产权的重要性，合法的产权证对购房人绝非可有可无。

资格证件，指交易双方当事人的主体资格。如是代理人要查验代理委托书是否有效，共有房屋出售需要提交其他共有人的同意证明书。

其他相关证件，指出租房产要查验承租人放弃优先购买权的协议或证明；若是共有房产要查验共有人放弃优先购买权的协议或证明；若是中奖房产要查验中奖通知单和相应的证明，等等。

6 购房合同

有的老年朋友对合同、契约的重要性认识不足。要注意购房合同或契约是约束房屋买卖双方交易行为的重要法律文件，是解决合同有效期内可能出现的购房纠纷的主要依据。但是，在实际购房中，一种情形是购房人对购房合同重视不足，对合同文本缺乏推敲；第二种情形是购房人缺乏合同签约方面的有关知识，虽然认真看过，但根本发现不了问题；再一种情形就是相信卖方的口头承诺，对于一些重要事项未在文字上落实，由于口头承诺不具法律效力，一旦出现问题购房人很难追究其责任。所以，购房一定要重视合同，详细审查后再签。

7 房屋资格审查

根据国家规定，下列情况中的房屋买卖将受到限制：

（1）违法或违章建筑。

（2）房屋使用权不能买卖，房屋产权有纠纷或产权未明确时，也不能买卖。

（3）教堂、寺庙、庵堂等宗教建筑；著名建筑物或文物古迹等需加以保护的房屋。

（4）由于国家建设需要，征用或已确定为拆迁范围内的房屋，禁止买卖。

（5）单位不得擅自购买城市私房。

（6）出租人、共有权人、出典人的房屋可以出售，在同等条件下，承租人、共

有权人、承典人有优先购买权。

（7）出卖享有国家或单位补贴廉价购买或建造的房屋有一定限制。

（8）如果你买的是已购公房和经济适用房，还应看房屋是否已取得房屋所有权证书和政府对已购公房上市出售的批准。

⑧ 户型

（1）动静分区。客厅、餐厅和卫生间、厨房间需日夜使用，活动频繁，列为"动"区；用于工作学习的书房则归为"静"区，卧室是"静"区的核心。因此，能进行动静分区的房屋是典型的户型结构。

（2）污洁分区。卫生间和厨房要经常用水、排弃废污物，是供水和排水的集中空间，即"污"区；起居、就寝范围是相对干净的"洁"区。

（3）厅要有独立性、采光性。在客厅里，如果有7平方米以上的地方无法采光，那这个客厅就不好。

（4）厨房的流程分布要按照操作流程设计。要有秩序地组织储藏、清洗、配餐、烹饪、刷洗餐具等操作，而且要与餐厅有机地联系起来。从居住功能角度分析，厨房合理的面积应在5平方米左右。

（5）卫生间要以能安装按摩浴缸为佳。卫生间不仅应有传统的洁身功能，而且是松弛身心和恢复精力的幽静场所。因此，卫生间要以是否能安装下按摩浴缸及台面洗手池为衡量标准。

（6）注意私密性。卧室、卫生间应处于与客厅相对分离的位置，客人去往客厅还要经过大卧室、卫生间，多有不便。大人与小孩的卧室要拉开距离，两代人应各有各的空间。

（7）勿出现危险区域。几个房间的门不能凑在一起，以免出现事故。

⑨ 购房付款方式

从房地产开发商推出的付款方式看，个人买房付款方式分为一次性付款、分期付款、按揭付款等三种形式。

（1）一次性付款。一次性付款是指房者与开发商签约后，立刻将全额购房款一次付清。一次性付款，一般地说都有优惠或折扣，买现房是按房价的2%～5%左右的折扣优惠，并可能很快获得房屋的产权。买期房一般的折扣优惠要低些，这种

付款方式价格最低。但是，对购买期房者来说，虽然得到折扣，其购房的风险也随之加大。一次性付款需要筹集大笔资金，且损失此项资金的利息，对经济能力有限的购房者压力较大。如果是期房的一次性付款，开发商有可能不按期交房，或者搞"一房多卖"等，这将造成利息甚至全部房款损失。因此，对选择一次性付款购买期房的来说，应把自己所得到的折扣回报与所承担的风险作一番仔细的比较和分析。

（2）分期付款。分期付款，又称为免息分期付款和低息分期付款，是目前比较吸引人的付款方式。它是购房人根据购房合同的约定，按约定的时间分几次付清全额房价款。分期付款，一般的多在购买期房时采用。通常的做法是购房者按所购楼宇的工程进度，约定付款时间，一般的是首付房价款的20%，3个月后支付房款的50%，再3个月后付20%，交房时付清10%的余款。分期付款，可以缓解一次性付款的经济压力，也可用房款督促开发商履行合同中的承诺。因此，带来的风险程度相对于一次性付款来说要小一些。但是，分期付款随着付款期限的延长，利率会越高，房款额比一次性付款的房款额高。

（3）按揭付款。按揭付款即购房抵押贷款，是购房者以所购房屋之产权作抵押，由银行先行支付房款给开发商，以后购房者按月向银行分期支付本息的付款方式。因为，它能使市场潜在需求迅速转化为有效需求，成为促进房地产市场活跃的最有效手段。申请按揭购房后，房产所有权的转移与房屋交付使用不同时进行，一般的情况是房屋交付购房者使用后，出卖人或提供按揭的银行仍保留房产所有权，直至购房者付清贷款本息。当购房人不履行支付房款义务时，按揭银行则有权取得产权，并予以拍卖，以清偿欠款。按揭付款的好处是可以筹集到所需资金。对购房者来说，首期只需支付30%的资金，70%的资金可申请银行按揭付款，且还款时间长、次数多、金额小。实现了购房愿望，花明天的钱圆今天的梦。当然，实行按揭购房后，购房者、银行、开发商三者相互拴在了一起。因此，有的开发商将一次性付款与按揭付款采取了不同的优惠措施，比如一次性付款优惠4%，而按揭付款优惠仅为2%，有的甚至没有。但是，目前按揭付款

手续烦琐、限制也较多。这是按揭付款不利的地方。

三种付款方式，可根据各个家庭不同的理财思路选择合适自己的付款方式。比如，银行存款型家庭，应考虑选择一次性付款获取折扣优惠，或选择分期付款，挑选一套理想的住房。而对于投资型家庭，若年投资收益率高于银行贷款利率的，则选择按揭付款是较为理想的。

（宫　健）

收藏品投资

❶ 玩物养志

自古以来，品玩收藏物品，都被视为是一种高尚的娱乐，一种典雅的情操，常常可以起到"玩物养志"的作用。

在古代，许多著名的学者，都是闻名遐迩的收藏家。比如，我国宋代的大书法家、大画家米芾，就是一个大收藏家，并有收藏书画专著：《书史》《画史》。这些专著已为收藏家必读之物。我国从孔夫子开始的历代读书人，讲究气节，"穷则独善其身，达则兼济天下"，用收藏来保持心理的平衡，避免反理性的炽热迷狂和愚盲服从。在这种文化的熏陶下，他们即使穷困潦倒，独居陋室，也会珍藏一些奇石异草、古董珍玩，用以排愁遣闷，带来生活的乐趣。有个收藏金羊灯的故事，说的是：有位文学家，他老来眼花，得了一盏金羊灯后，欣喜异常，作《金羊灯铭》赞道："贤哲勉务，唯日不足；金羊载曜，作明以续。"意思是说：人若为贤哲，治学治事光靠白天搞几小时不行，如今有了这盏上好的金羊灯照明，就便于夜以继日了。这位文学家收藏了许多物品，每件物品上，都有他作的铭，从这些"铭"中，可以看出他从收藏品中汲取的精神养料。他在收藏的一面镜子上，写了《屏风铭》："舍则潜辟，用则设张；立必端直，处必廉方。"对所藏之物，睹物有思，警喻自己要行得正，立得直，永远正直做人，立身处世。可见，收藏作为一种有益的活动，能使人充分感受人生的价值。

在全世界 3 亿多邮品收藏者中，也不乏"玩物养志"者。蝉联三届国际象棋世界冠军的阿纳托利·卡台波夫谈到集邮时说："集邮对我来说是最好的休息。我总是随身带着自己的集邮本去参加国际象棋比赛，它可以帮助我在胜负关键的紧张时刻获得心理上的平衡，让我暂时放松一下神经，积聚力量，重新作战。可以毫不夸张地说，邮票帮助我战胜对手。"自古以来，我国流传着很多赏画治病的故事。据载，隋炀帝杨广因贪于酒色，致使病魔缠身，御医也没办法。民间名医莫群锡应召进宫，对隋炀帝诊脉后并不下药，却送来两幅画，让他日夜欣赏。这两幅画，一幅名《京都无处不染雪》，一幅名《梅熟季节满园春》。隋炀帝将这两幅画命人悬于卧室壁上，那幅雪景画使他看得入迷，顿觉心脾凉透，炽热全消。另一幅有黄里透红梅子的画，使他馋涎欲滴，胸中烦闷、口干舌燥的症状迅速消失。他反复赏画 10 天，病便不药而愈。

20 世纪 20 年代初，著名的画家傅抱石回到家乡江西省作画。临行前，他去向一个木匠朋友告别，并作一画相赠。这位木匠将傅抱石的画当珍宝收藏起来。一日，木匠大病，眼看就要寿终，他令儿子将傅抱石的画取来，准备传给儿子。儿子打开画，木匠在迷糊中费尽力睁眼一瞧，只见眼前飞来一座百丈冲天的山崖，一股大水从空中劈头泼来，心猛一惊，一骨碌爬起来，起身往后退，顿时清醒了许多。他仔细一端详，身边竟是一匹翻江倒海般的大瀑布倾泻而来，仿佛耳闻瀑布响声如雷鸣，对面水花溅有几丈高。他生怕溅到自己身上，不由朝后倒退了两大步。此时，木匠已冷汗淋漓，霎时间觉得浑身凉飕飕的，心旷神怡，好像不曾病过。他情不自禁地赞道："好画真乃良药也！抱石老弟，你不仅是画家，还可称得上是神医！"

还有一个十分有趣的关于以画治病的故事。据传，南北朝时，鄱阳郡王爷被齐明帝杀害，其王妃悲痛不绝，一病不起。王妃的哥哥请一画家殷倩，为王爷作一画像，送给王妃以为临终前的安慰。画家欲救王妃之命，心生一计。他作好画后交给王妃一看，画面上竟是王爷生前和一宠姬在镜前调情的丑态。王妃忘了自己在生病，勃然大怒，从床上一跃而起，骂道："这老色鬼，早该千刀万剐！"从此，王妃愁容尽消，病体逐渐康复。

宋代著名词人秦观患病，友人送了他一幅唐代大诗人、画家王维画的《辋川图》。秦观将画置于病榻前壁上，时时观之。每当秦观看到这幅山清水秀的《辋川图》，就像游历了辋川各个著名的风景点一样，感到神清气爽。经过几日的"画中游"，秦观的病便不治而愈。

赏画能治病，作画的艺术家同样可以从创作高级收藏品中获益。我国有很多大画家、大书法家也有长寿的记录。比如，我国古代著名画家黄公望活了85岁、文徵明活了89岁、大书法家柳公权活了87岁、欧阳询活了84岁。我国现代著名画家齐白石活了94岁、黄宾虹活了90岁。总之，著名书画家大多享寿八九十岁。

可见，创造收藏品的人和欣赏收藏品的人同样可以从艺术创作和欣赏中得益。为何能得益？古人说得好："思无邪僻是一药、行宽心和是一药、心平气和是一药、心静意定是一药。"大凡收藏家，迷进一种收藏活动，便思无邪僻，行宽心和，心平气和，心静意定，自然可以收到"玩物养性"、"赏玩延年"的功效。

❷ 收藏

收藏，包括收和藏两个含义。所谓收，

就是收集各种有价值的东西；所谓藏，就是把收集的这些东西藏匿起来。为什么要收藏？可以说，收藏是人类的天性之一。原始人的狩猎和采集，将食用不完的部分贮藏起来，以备不时之需，这便是最原始的收藏。

随着时间的推移，历史的发展，人类进入了文明社会。人们对于收藏的兴趣不仅没有减少，反而与日俱增。收藏的功能也有了很大的发展。各种收藏品不仅用于满足人类物质生活的需要，也用于满足人们精神生活的需求。社会越发展，文明越进步，收藏在精神生活方面的功能越显著。现在，世界上各个国家几乎都建了收藏、研究、陈列人类物质文化和精神文化产物的博物馆。这些由国家的中央政府和地方政府建立的博物馆，主要的功能是属于精神方面的。国家利用这些收藏颇丰的各类博物馆，使自己国家的人民得到各种启迪。

在封建社会漫长的岁月中，收藏名书画及其他古董，已成了封建上层阶级必不可少的生活内容，就是在中、下层社会里，只要有可能，也要或多或少收藏一点古董、珍宝。究其原因，古董、珍宝在旧中国是有很多用途的。首先，在旧中国，高尚娱乐的内容并不很多，一些人便辟出好古之途径，收藏一些古玩，作为一种消遣。其次，封建时代的官吏年俸并不富，只有靠受贿才能发财，即所谓"三年清知府，万两雪花银"。而用金银行贿，总是怕御史参奏皇上弹劾入狱，以至倾家荡产。于是，就产生了收藏古董珍宝之法。古董、珍宝体积很小，价值极高，不易惹出是非。当然，这也是一种行贿的手段。行贿者用古董珍宝进献，受贿者易于接受，自身也免遭物议而致不测。因此，旧中国的重要官吏接纳古玩商购买古玩为进身保禄之阶，这种风气直至民国时期均是如此。东陵大盗、无耻军阀孙殿英就是用从慈禧、乾隆墓中盗的珍宝、古董，贿赂权贵显要，而官运亨通，步步高升的。他将慈禧口内含的一颗夜明珠送给了蒋介石的新婚夫人宋美龄，将一只慈禧的翡翠西瓜送给了行政院长宋子文，将一柄九龙宝剑送给何应钦，将一珍宝送给了孔祥熙和宋霭龄。这一批珍宝、古董，使孙殿英讨得了统治中国的蒋宋集团的欢心。在旧中国，对于一般黎民百姓来说，能收藏一点古董、珍宝，也可应不时之需，借此度过最艰难的日子。因此，旧中国当铺盛行，古玩、珍宝店遍街皆是。

新中国，收藏古董、珍宝，主要成了国家的事。对于一般的干部、群众来说，已无上述旧中国对于古玩、珍宝的迫切需要。加上当铺已成旧社会的象征，在新中国曾经一度绝迹。可是，进入了改革开放时期后，神州大地又掀起了新的收藏热。上海、北京、成都等大城市，都相继建起了规模宏大的文物市场，收藏家协会也在各省市纷纷成立，各类收藏品博览会、拍卖会也在各地不断举行。收藏爱好者骤增至上千万人，收藏者的主体也由过去的行家变成了普通的兴趣爱好者。收藏的热点除陶瓷等古董、书画、邮品外，火花、"文化大革命"物品、书刊、票证、瓶贴、门票、烟标、算盘、钟表、菜谱、钥匙、筷子、易拉罐、奇石、帐钩、瓶酒、汽车、手机、灯具、戏装、腰带、手帕、棋具、熨斗，甚至兰花、蝴蝶、龟、鸟、猫、鱼、虫等等，都成为收藏的热点。

3 古董

古董，是东西方人共同喜好的收藏品。古董，即古代遗存珍奇物品之通称。古董在明朝时又称骨董，到清朝时则通称古玩。古玩这个名称很容易使人产生误会，以为古玩者，古代遗存下来的玩物也。玩物则丧志。因此，若有人喜欢古玩则可能被人认为是怪癖。还有人认为收藏贵重的古玩不过是有钱阶级显示财富的傲行，或者是无聊的文人学士自命清高、附庸风雅的迂腐行径而已。其实，古董之所以可贵，原因有二：第一，古董本身是一种艺术品，后世难以仿制。比如，唐宋书画，造诣之精，后世任何努力都不能及。第二，古董本身是一种文物，是一个国家、一个民族辉煌灿烂文化的见证，是一个国家、一个

民族的骄傲。因此，各国无不以保存先哲遗迹为盛事。

由于古董之可贵，很多古董都成了"国宝"，为国家所收藏。从前，在中国内地的民间也收藏有不少古董，并有许多出名的古董收藏家。但是，在中国近几十年历史中，古董被一些人视为"封、资、修"的东西，过去遍布大街小巷的古玩店早已消失殆尽，散布在民间的古董也不多，更难在中国内地找到家藏巨万的古董收藏家。然而，收藏品的价值重新被人发现，收藏古董热在中国内地已经兴起。不过，人们发现，要买到一件真正的古董是很难的，而且也很少有人买得起。于是，人们开始热衷于收藏当代的艺术品。人们知道，当代的艺术品到明天就会变成古董，就像清代时人们大量仿制前朝古董风所造出的赝品，其中的佼佼者今天也成了价值较高的古董一样。其次，收藏当代的艺术品，一般价值较低，买得起。最后一个优点是，收藏当代艺术品易辨别真伪，不易为赝品所害。

中国的古董，种类繁多，大致分书画、瓷器、铜器、木器、玉器、钱币、砚、墨、书、碑帖、名纸、砖瓦、偶像、印章、丝绣、漆器、珐琅、牙器、竹刻、扇、名石等30余类。

▲ 国画

"西方无艺术"，这是被西方人推崇备至的现代画派代表人物毕加索对现代中国画大师张大千说的话。那是1956年夏天的事。当时，张大千应邀访法，为其收藏在世界地位最高的巴黎罗浮宫的30幅精品所举办的画展剪彩。这个画展中，有张大千获得"纽约国际画协"最高奖赏的工笔画《秋海棠》和变法求新的泼墨画《山园骤雨》。

张大千在画展期间，访问了住在巴黎附近的毕加索。毕加索在他的大画室里接待了张大千。刚一落座，毕加索就捧出5本大画册，给张大千看。张大千展开画册一看，竟全是毕加索学画的中国画，并主要仿齐白石画的作品。毕加索说他正在学画中国画。这位在西方闻名的"具有不可一世的架子"的毕加索，十分诚恳地向张大千请教。张大千看了毕加索画的中国画，委婉地向毕加索指出，他使用的工具不对，用油画笔画中国画，很难做到墨分五色、

层次互见。毕加索当场就向张大千索讨中国画笔，并请教了一些中国画的技法问题。谈话结束时，毕加索忽然提高了声音说："我真不懂，中国人为什么还要跑到巴黎来学绘画？"并说："法国无艺术，其实整个西方都没有！中国有艺术，日本也是。日本艺术毕竟也源于中国！"张大千对毕加索的话大惑不解。不过，后来他还是按毕加索的请求寄赠了一批中国画笔给他。

毕加索的这一番话虽说得有些过分，有些夸张，但也不无道理。拿绘画来说，中西方绘画的最大差异是西方绘画从意大利文艺复兴时期起，长期追求的是逼真，写实，讲求人体比例，立体感；而中国画则主要追求意境，写意，不大注意人物比例，也不追求立体感，讲究神韵。这也是中国画不太易为西方人接受的原因。中国向西方艺术学习，从刘海粟、徐悲鸿开始，都是想改变中国的绘画传统，教学生学习西方人绘画讲人体比例，立体感的技巧。可是，近百年来，西方人也开始注意神韵、神似，开创了西方现代画派。你看，毕加索的名画《接吻》，两个其貌不扬的人头，牙齿咬在一起，一点不讲形似，一点不讲人体比例、立体感，但却表现了他对自己妻子的复杂感情。

本来，中国画在世界市场上是不大卖得起价的。但近来西方人发现，中国画原来比他们的现代派还现代，在古老的唐朝时代就有吴道子这样的画圣大大超越了西方现代派写意的水平。于是，在国外中国画声名鹊起，画价猛涨。最近，一个在中国名不见经传的画家丁绍光，所作的画打入了美国艺术市场，享誉美国，轰动了西方画坛。从 1985 年出版《丁绍光画集》后到 1991 年 3 年间，每年在世界各地画廊售出的原作及丝绸印刷版画价值共 4000 万美元。其中，《西双版纳风情》和《流沙河》各以 30 万美元被日本收藏家所购得。1989 年丁绍光在巴伯恩海姆画廊举行个人作品展，揭幕后仅半小时，20 幅画便全部售罄。丁绍光的画多以西双版纳风情为题材，印度、希腊，以及阿拉伯国家的风土人情也是他绘画的对象。他的画工笔与水墨相结合，宣纸两面作画。正面用西方水粉和矿物颜料，反面

用中国国画颜料，正面是工笔画，反面是墨画，正反烘托，产生奇特的效果。加之构思新颖，含蓄深沉，因而受到西方艺术界的好评。美国艺术评论家芬蕾在评价丁绍光的画时说，丁绍光的画融东西方艺术、古典和现代艺术于一炉，色彩瑰丽，线条充满音乐旋律。迈阿密大学东方艺术评论家安维克期还专门撰写一本介绍丁绍光和他的艺术生涯的书。法国一位当代评论家认为，丁绍光的画既浪漫又纯情，具有超越时代的艺术魅力。丁绍光对爱与美的升华，使他成为 20 世纪的乔托（意大利著名画家）。

还有一位在中国"名见经传"的画家吴冠中，近年来在国外和香港等地的身价

也很高。1989年在香港克里斯蒂拍卖行拍卖吴冠中的一幅《高昌古城》，以180.7万港币（合25万美元）卖出。1991年3月，该拍卖行再次举行吴冠中和另一名国画家林风眠的作品，又是一次次地在木槌敲下的清脆声中高价成交。

丁绍光、吴冠中，固然是了不起的中国画画家，但在中国，艺术成就并不亚于这两位画家或超过了这两位画家的人还很多，只是暂时不为全世界所知而已。就连在世界上与毕加索声名并驾齐驱的张大千，在中国的当代和现代画家中也有超过他的。因为，张大千主要以继承中国画传统著称，而在中国画的发展上贡献较少。在继承、发展中国画上做出特殊贡献的超级国画大师、现代国画家要算黄宾虹、齐白石、潘天寿、陈子庄、石鲁这五位

大师了。

齐白石在国画理论上总结了前人以形寄神、形神兼备作画的经验，提出了"作画妙在似与不似之间，太似为媚俗，不似为欺世"的艺术观。在作画技巧上，齐白石也广收博采，集众家之长，在前人的基础上，发展自己的独特风格，创立了"齐白石画派"。齐白石继承了明清在野派徐渭、朱耷、石涛等画家的传统，广泛吸收赵文谦、吴昌硕等画家的长处，经过10年创新，形成了自己的风格。他的草虫画十分传神。看见他画的蜜蜂，仿佛能听到蜜蜂翅膀飞动时的声音；看见他画的蝉，似乎也能听见夏日的蝉声。他画的蜻蜓、蝴蝶、蚱蜢、螳螂都活灵活现。他画的青蛙，神气活现，好像一群天真活泼的儿童，正在跳跃嬉戏。同时，他把极工细的草虫和大写意的花放在同一画面上，又是那样的协调、统一。齐白石的水墨画在技巧上达到了炉火纯青的地步。他画虾，寥寥几笔就能勾画出虾的有弹力的透明形体及在水中浮游的动态。他画螃蟹，几笔就使螃蟹的腿显出饱满的特色，表现出螃蟹横行时的动态。他画小鸡，只要几笔，那毛茸茸的展翅鸡便跃然纸上。齐白石的画充满了生活的情趣，平易近人，朴实可爱。他画的蜻蜓似在追逐水上的落花、他画的一群小鱼似乎正朝着鱼钩围拢而来、他画的两个小鸡像拔河似的啄着一条蚯蚓、他画的结实莲蓬呈现出一派丰收景象，都令人赞不绝口。齐白石不愧为一代国画宗师，在1953年被选为中国美术家协会主席，1955年获国际和平奖金。

黄宾虹则长于山水。他是中国山水画在经过了清代200多年的沉闷无发展之后，推陈创新，涌现出的中国山水画的一代宗师。他的画既有深厚传统，又具时代特征，是中国山水画史的一个里程碑。黄宾虹是在年过70以后才确定了自己独特的画风的。黄宾虹把中国山水画和中国的民族性一同表述为"浑厚华滋"。"浑厚华滋"在他看来既是中国的民族性，也是山水画上的最高境界和美学理想。他70岁以后，用这种境界和风格去探索，追求山水画的新风格，而获得了高度的成就。黄宾虹创新的表现方法所产生的效果，同近代西方印象主义风景画颇多暗合之处。黄宾虹的代

表作有《泛舟》《悽霞晚秋》等。

潘天寿则擅画花鸟、山水，兼长指画。他用笔劲挺、淳朴洗练、自成一格。潘天寿自中年以后，接受近代大画家吴昌硕的意见，博采众长，逐渐形成自己的风格。他的花鸟画，既受吴昌硕的影响，又突破了吴昌硕的章法自成一体。他画的鹰和秃鹫，常停立于苍松或岩石之上，高瞻远瞩，展翅欲飞，使人神思驰骋。他画的八哥，常群聚墙头，瑟缩脖子，表现江南天寒欲雪的山乡小景。他画水塘中的耕牛、午睡的懒猫、田间石隙中的青蛙、溪间的小鱼、庭院中的小鸡，都无不自然生动地表现出了江南农村的情趣。潘天寿还喜欢画兰、竹、菊和荷花，喜欢画别的画家很少涉足的车前草、野百合、山杷子及许多不知名的羊齿类植物。这些花草画得生机盎然，给人以美的享受。潘天寿的作品最突出的特点之一，是讲究立意和构图。他多从高处、远处、大处着眼，从新处、奇处、含蓄处立意。他的作品无不使人感到空间高远，气势磅礴，使人不断产生遐想。同时，他还善于"写神抒情"，不仅描绘山川、花鸟外在的"美"，更重视物象内在的"神"。如竹之情、兰之幽、菊之艳、泰山之雄、长江之阔、西湖之美。潘天寿还注意画与诗的结合，使诗情画意浑然一体。潘天寿曾任中国美术家协会副主席、浙江美术学院院长，代表作有《红莲》《写西湖中所见》等。

陈子庄则继承了前辈画家石奚、八大山人、石涛、吴昌硕等的传统，形成了一代画风，人称画怪。其实，陈子庄的画又怪又不怪。怪在他的艺术构思和艺术表现独出心裁与众不同。但是，他的画又不怪，他不论画山水、花鸟或人物，其画风无论是清新、雄奇、浑厚，或是幽豪，都蕴藏着对普通老百姓、对生活的挚爱，十分朴实。陈子庄的不少作品，都能产生把视觉形象引向听觉音韵的效果，从画内有限的笔墨，引向画外深远的联想，从而扩大和加深了艺术境界。陈子庄的代表作有《石榴蜻蜓》《山水》等。

石鲁（1910～1982），四川仁寿人，中国画家。他对国画的创新探索，是从1949年以后才开始的。他与"长安画派"的画友们提出"一手伸向传统，一手伸向生活"的口号，创作出了一大批清新豪放、绚丽多彩、时代气息浓郁、艺术风格独特的新国画。石鲁创作的《延河饮马》《南泥湾途中》等名画，将山水画与人物画结合、情和景结合、诗与画结合，既反映历史题材，又描写了现实生活。他特别重视构思意境的推敲与锤炼，巧妙而自然地处理"藏"与"露"的关系，达到了"笔简神全"、"画尽而意无尽"的诗意效果。他在对笔墨技巧的探索上，也对国画做出了历史性的贡献。他创造性地运用墨破色、色破墨、墨色兼毫等技法。石鲁在画黄土高原的技法探索上，达到了挥洒自如、炉火纯青的程度。可以说，在现代所有描写黄土高原的国画家中，还没有一个人超过他的水平。

在现代画家中，除了上述的5位超级大师外，知名度和水平都很高的大师还有林风眠、徐悲鸿、刘海粟、丰子恺、李苦禅、傅抱石、李可染、关山月、吴凡、程十发、黄永玉、黄胄、范曾等。这些画家有的已经作古，其画成为了真正的"古董"，其收藏价值也很高。其他还健在的画家，随着岁月的流逝，所作的精品便会具有越来越大的收藏价值。一般地说，国画的收藏年代越久远，越有名的画家所作的画，价值越高。比如，在20世纪40年代，清初四王（王鉴、王翚、王时敏、王原祁）、吴辉等人的作品一幅要值一两千个银元。明代作品值3000个银元～5000个银元。元代四大名家（黄公望、王蒙、吴镇、倪瓒）的作品值3000个银元～10000个银元。宋代以上出自最著名画家之画每幅至少值万元，随收藏家及买家心意而定，从数万元至数十万元银元收购及出售者均有之。

中国的国画家尚有作品存世者最著名的有：晋朝的顾恺之；唐朝的王维、李思训；五代的荆浩、关同、董源、巨然等四大家；后蜀的黄荃；宋朝的米芾、米友仁、宋徽宗、崔白、黄伯鸾、文同、李公麟、马远、马逵、范宽、李唐、赵伯驹；元朝的四大家，以及赵孟、柯九思；明朝的沈周、文徵明、唐伯虎、仇英等四大家；明末清初的九友（董其昌、王时敏、王鉴、杨文聪、邵长蘅、张学曾、邵弥、卞文瑜、程嘉燧），小四王（王愫、王玖、王昱、王宸）、后四王（王建之、王延周、王鸣韶、王三锡），金陵的八大家（樊圻、龚贤、高岑、胡造、谢荪、邹喆、叶欣、吴宏），王原祁的四弟子（李为宪、金永熙、曹培源、

新世纪老年百科全书

王敬铭），以及南张北励（张照、励宗万），扬州八怪（金农、高翔、郑板桥、罗聘、李方膺、李禅、汪士慎、黄慎），石涛，清末民国初的吴昌硕等。这些画家所画的画收藏的价值都很高。

▲书法

在世界的文字之林中，中国的汉字是异乎寻常的。它的创造显示出中国人与世界不同的文明传统和感知世界的方式。它是强有力的、自成系统的，它用一个个方块字培育了五千年古老的文化，维系了一个统一的大国的存在，不管这块东方的土地上有多少种不同的语言，讲着多少互相听不懂的方言，但这汉字的魅力却成了交响乐队的总指挥！汉字不只是一种僵硬的符号，而是有独特性格的精灵。你看吧，每个字都有不同的风韵。"太阳"这个词，使你感触到热和力，而"月亮"又闪着清丽的光辉。"轻"字使人有飘浮感，"重"字一望而觉沉坠。"笑"字令人欢快，"哭"字一看就像在流泪。"冷霜"好像散发出一种寒气，"幽深"是你感到似乎进入了森林或宁静的院落。当你落笔写下"人"这个字，不禁肃然起敬，并为"天"和"地"的创造赞叹不已。这些有影无形的图画，这些横竖勾勒的奇妙组合，同人的气质多么相近。它们在瞬间走进想象，然后又从想象走出，只在记忆中留下无穷的回味。这是一些多可爱的小精灵呵！而在书法家的笔下，它们更能生发出无穷无尽的变化，或挺拔如峰，或清亮如溪，或浩瀚如海，或凝滑如脂。它们自身就有一种智慧的力量，一个想象的天地，任你尽情飞翔与驰骋。中国的书法艺术同国画艺术有许多相同之点，如"在似与不似之间"：太似，如美术体字，只是形似，谈不上艺术；不似，似书法，又无书法的特点。书法艺术，是借汉字独有的形，表达一种意境。

中国的书画家，专门致力于创造一种融书画为一体的艺术，借汉字独特的形，书法中有画，书画中有诗韵，表达一种意境。这就是书法艺术。其中，书画家张昌余，是独具中国书画共同神韵的艺术家。他的许多作品，如"梅"，叫人拍案称绝。他的作品，正在引起收藏家的注意。正因为汉字的书法是一种独特的艺术。书法名家的作品便成为很有价值的收藏品。

书法的收藏品中，不少具有国宝级的地位。

东晋大书法家、史称"书圣"的王羲之的作品有很大的收藏价值。王羲之在书法史上的地位，除了他个人在书法上达到了极高的造诣外，还在于他"变古制今"，开创了行草结合的"行草"书发展道路。这种"行草"成为后世书法艺术发展的主流。可惜，由于唐太宗酷好王羲之的墨宝，多方搜求，购买备尽，死后又"随仙驾入玄宫"，作了随葬品。但是，有许多唐代及后代的摹本流传了下来，并列入名家法帖。这些摹本中，也有不少成了珍贵的收藏品，以至"国宝"。唐代王羲之墨迹摹本《快雪时晴帖》就是这样的国宝之一。《快雪时晴帖》，纸本，纵23厘米，横14.8厘米，全文为："羲之顿首快雪时晴佳想安善未果为结力不次王羲之顿首。"此帖几经辗转，落入清乾隆皇帝之手，同乾隆皇帝收藏的王询的《伯远帖》、王献之的《中秋帖》，合称为三个稀世之宝。《快雪时晴帖》虽是摹本，但摹得王羲之传神之精髓，其书法厚实生动，行笔流畅，神采飞扬，是传世墨迹中的精品。这件国宝现收藏在台北故宫博物院。

堪称国宝级的书法收藏品存世的还有四川省出土的战国墓中的《青川木牍》、湖南省长沙出土的汉墓中的《马王堆帛书》，以及各个朝代的佳作，如王献之的《鸭头丸帖》、王询的《伯远帖》、欧阳询的《促尼梦奠帖》、张旭的《古诗四帖》、颜真卿的《祭侄文稿》、怀素的《苦笋帖》、欧阳修的《诗稿卷》、苏轼的《〈洞庭春色赋〉（中山松醪赋）卷》、黄庭坚的《诸上座帖》、蔡襄的《自书诗卷》、王安石的《过从帖》、米芾的《苕溪诗卷》、宋徽宗赵佶的《书诗册》、陆游的《诗卷》等。

▲古瓷器

古董亦称古玩，故古董相应有一个能赏玩的必要条件。中国的许多陶器制品，年代远古者亦为宝贵之物，但由于陶器制作粗陋，只可使用，不足赏玩，故基本无名器。后来，发源于商代，到汉唐时代臻于成熟，经过上釉并用高温炼制之瓷器，质地精美，逐渐成为有高度赏玩收藏价值的艺术珍品。

我国现存的一件最古老的瓷器藏于河南郑州市博物馆。这件叫"青釉大口尊"

新世纪 老年 百科全书

的瓷器是 1965 年出土的。出土时青釉大口尊已成碎块，散布在墓葬中，经修复后基本完整，高 27 厘米，造型成正方形，显得端庄大方。这件最原始的瓷器敞口折沿，溜肩斜腹，平底内凹，是一种酒器。经化验，该青釉大口尊已符合瓷器的标准，证明我国瓷器在商代就已诞生。这种"原始瓷"经过战国、西汉漫长的历史时期，到东汉终于成熟，到唐则开始出现瓷器的著名作品。产瓷器的著名之窑，有越州窑、邢窑等不下数十处。越州窑、刑窑分别代表了唐朝的青瓷和白瓷的烧造水平。

中国的瓷器，从东汉以后，就沿着"青瓷"和"白瓷"两条道路发展。在唐代，表现为以邢窑为代表的白瓷和以越窑为代表的青瓷相抗衡，出现了"南青北白"的瓷器时代。明清以前，青瓷一直是瓷器的主流，历久而不衰，现存的国宝级的越州窑青瓷魂瓶，是一件具有代表性的古瓷瑰宝。这件越州窑出品的国宝是晋惠帝元康三年（公元 292 年）的产品，可见越州窑在唐代以前很久就已出现。魂瓶，是我国长江中下游地区三国两晋时期墓葬中的一种特有随葬品。这件越州窑青瓷魂瓶，是 1976 年 3 月在江苏吴县发现的。魂瓶通高 59.2 厘米、口径 12.8 厘米、底径 14 厘米，胎色灰白，胎质细腻，外表有一层青釉。魂瓶集多种题材的装饰为一体，图案繁复，造型奇特，寓意深刻。这件青瓷魂瓶上的堆贴图案，把天上与人间、空中的飞鸟和水中的游鱼、远古的神话和日常生活图景糅合在一起，使之既有现实意义的

内容，又有浪漫主义的色彩，把观者带到神话一般的幻境之中，实在是一件不可多得的古瓷艺术珍品。

白古瓷艺术价值最高的收藏品，要算现藏于中国历史博物馆的"白瓷龙柄鸡首壶"了。白瓷是一种胎色洁白、釉色白净的瓷器。我国白瓷的出现晚于青瓷，是在青瓷的基础上，逐步改进对原料的筛选、淘洗，降低胎、釉中的含铁量而烧成的，工艺比青瓷复杂和困难。白瓷出现于我国北朝时期。到了隋代白瓷生产得到发展，工艺技术得到改进，白瓷质量显著提高，洁白度高，色调稳定。"白瓷龙柄鸡首壶"就是隋代的产品。该壶高 27.4 厘米，口径 7.1 厘米，是一件酒器，其外形修长、俏丽，配置挺胸昂首的鸡首与引颈伏首的龙柄，一展隋代鸡头壶具有的秀丽、活跃、生动的风韵，用白釉遮体，更显高雅之美，实在是一件形神兼备，胎、釉俱佳的古白瓷中的佼佼者。

我国的瓷器在宋代有长足的发展，在大江以北形成定窑、钧窑、磁州窑，在大江以南形成龙泉青瓷系、景德镇白瓷系，以及官窑等六大瓷窑体系。宋代是中国瓷业极其辉煌灿烂的历史时期，有许多名作存世。现仍珍藏在博物馆和民间的国宝级宋瓷有："越窑三足蟾蜍水盂"、"钧窑尊"、"钧窑花盆"、"定窑孩儿枕"、"汝窑盘"、"龙泉窑五管瓶"、"登封窑双虎纹瓶"等。在宋代瓷器的收藏品中，以钧窑、汝窑的收藏品最为珍贵。汝窑是宋朝继定窑之后为宫廷烧制贡瓷的窑场，在宋代青瓷中位居首位。又由于汝窑为北宋宫廷烧制瓷器的时间很短，传世极少，流传至今者不足百件，仅存于世界几个著名的博物馆和极少数的收藏家手中，要寻汝窑古瓷是很难的。

到元代，我国的制瓷工艺主要成就体现在景德镇瓷业的巨大进步上。实现了由软质瓷向硬质瓷的飞跃，使中国绘画技巧与制瓷工艺进一步结合，出现了青花、釉黑红及卵白釉、红釉、蓝釉等颜色釉。明清彩瓷，则是集我国四千年来的陶瓷艺术的一个总结。它不仅采用了青瓷、白瓷胎釉烧制工艺之全部的优秀成果，而且还把自西汉以来发展的低温包釉充分地运用于制瓷的彩绘和烧制工艺之中。只可惜，清代瓷器虽然制瓷工艺技术无比卓越，但由

于过分地追求纤巧、精致，反而显得矫揉造作，以致仿古而不古朴，力求清雅而反成庸俗。它与唐瓷的华贵异国风，宋瓷的一色纯净、深沉高雅的风格迥然不同，降低了它的艺术价值和收藏价值。

古瓷的收藏价值，除了前面叙及的越州窑等藏品为无价之国宝外，一般的古董市场上，以宋代的钧窑、汝窑、官窑、哥窑、定窑的产品价值最高。宋代的钧窑传世最少。清末民初从清皇宫内偶有传出，当时每瓶即低于七八千个银元不能购得。民国初年在北京古玩市场上出现的汝、官、哥、定四窑的瓷器，当时粉青瓷碗约值银元千元上下，釉滴瓷碗每碗最贵约值四五千个银元。

▲钱币

不少人喜欢收藏古钱。古钱的收藏价值虽可以枚计，最有价值的还是成套的古钱。如果能将从有钱币之始直至清末所有历代所铸之钱收集齐全，一枚不缺，则为无价之宝。若将一朝一代之古钱收齐，售价也可达万元以上。20世纪40年代，若将元代之钱币共124枚收齐，最低可售银元12 400元，平均每枚100元以上，但单售元代之古钱，每枚仅值数角而已。

以20世纪40年代的价格计，古董市场上可寻得的贞观通宝、天显通宝、建炎元宝、乾亨元宝、保宁通宝、应历通宝、天赞通宝每枚可值银元千元以上，荣庆元宝、感天元宝、太平元宝、至宁元宝、大蜀元宝、德祐元宝、元康通宝、宝康重宝、统和通宝、天授通宝、天成元宝、应天元宝、应历元宝，每枚可值500个银元。

古钱之所以名贵而成为玩物，除了从古钱上可反映历史，是一种文物以外，还由于它制作精美，是一个独特的艺术品。特别是古钱上的文字，均系当时著名书法家或皇帝钦笔书写，故很美丽。如唐朝时的开元通宝，系著名书法家欧阳询所书。宋代的古钱，除皇帝书写者外，大多出自苏洵、黄庭坚等大书法家之手。

古钱有收藏价值，当代钱币是否有收藏价值呢？

有的现代钱币，目前价值就已极高。比如，我国发行的第一张具有纪念意义的人民币，就由当时中国人民银行发行科科长石富保存了下来，现已捐给博物馆，成了我国珍贵的文物。这张人民币，是1948年12月1日，随着我国第一批面值为50元的人民币开始进入流通领域而出现的，编号为I——00000001。我国的第一张人民币的产生还有一个故事：那是1947年10月的事，国共两党的军队正在进行大决战，共产党管辖的解放区越来越大，解放区的国民经济发展需要自己的货币。解放区负责财政工作的董必武（后来曾任国家副主席）向中共中央建议，组建中央银行，统一发行货币，并建议中央银行的名称为"中国人民银行"。由于中央的赞同，中国人民银行的筹备工作即着手进行。当然，第一件事就是如何设计人民币。当时在解放区，专业人才奇缺，要找一个整体设计的人员很困难，于是筹备组从多方面搜寻人才。董必武是他们寻找的第一个人才，董老的字在解放区颇有名气，隶、篆、行、草等字体样样有特色，而且秀丽大方，遒劲有力。人民币上的汉字"中国人民银行"、"中华民国"、"伍拾圆"等均由董老负责题写。人民币的票版则由晋察冀边区印刷局王益久和沈乃庸设计。第一次设计，票版上有毛主席像，报请中央审查，中央回电不同意。毛泽东在电文中指出："票子是政府发行的，不是党发行的，我现在是党的主席，不是政府主席，怎么能把我的像印上呢？"第二次设计时，王、沈根据董老的建议，票面设计了解放区生产建设的图景。票面的正面，底纹呈浅蓝色，花边是高粱红色，图景为黑色，中间花符线为紫色。正上方有"中国人民银行"，中间有"伍拾圆"，底边有"中华民国三十七年"等正楷字样，左边为水车，右边为煤矿等图景。

▲玉器

中国的玉器在世界琢玉工艺史上占有绝对优势。中国既是产玉大国，又是琢玉大国。玉石经过雕琢，才会变成具有观赏、收藏价值的玉器。中国的玉器源远流长，很多玉器珍品均是国宝。

中国文化学上的玉，与科学史上的玉，有一定的区别，内涵较宽。古人认为玉有五德：坚韧的质地、晶润的光泽、绚丽的

件十分精细的带艺术性的劳动。事实上，巧夺天工的玉器，不是雕刻出来的，而是利用硬度高于玉的金刚砂、石英等"解玉砂"，辅以水来研磨玉石，琢制成所设计的产品。所以，用行话来说，制玉不叫雕玉，而称治玉、琢石、碾玉、碾琢玉。

中国的玉器已有 7000 年的辉煌历史。早在 7000 年前，中国南方河姆渡文化时期，中华民族的先民们，就已用美石制成装饰品，打扮自己，美化生活，揭开了中国玉文化的序幕。现在保存下来最古老最珍贵的玉器要算收藏在辽宁省博物馆里的"兽形玉饰"了。这件玉器是距今四五千年前辽河流域"江山文化"时期的出土文物。兽形玉饰上琢有一种兽首虫身蜷曲成环状的抽象动物。这件国宝十分精巧，古代玉匠巧妙地运用玉材，把握住物体的造型特点，寥寥数刀，把器物的形象刻画得栩栩如生，十分传神。那时的玉匠便能追求神似，而不强求形似，真是难得。

春秋战国时期，政治上诸侯争霸，学术上百家争鸣，文化艺术上百花齐放，玉雕艺术光辉灿烂，它可与当时地中海流域的希腊、罗马石雕艺术相媲美。江苏吴县文物管理委员会收藏的一件春秋晚期的"鹦鹉首拱形玉饰"，是那个时期的一件代表作。这件玉器设计新奇，造型巧妙别致，构图严谨合理，玉饰精细华丽，是一件极为难得的稀世珍品。

"龙虎并体玉带钩"则是汉代玉器的一件代表作，现藏于广州市南越王墓博物馆。这件带钩的图形打破了以往固定单一的形式，在小小的方寸之间雕琢出龙虎相争的激烈场面，动物形象矫健，雕饰刀锋犀利，更增添了玉器的神韵，其艺术风格为典型的"汉玉"。"汉玉"一词在国内外文物界也成了古代玉器精品的代名词。

色彩、致密而透明的组织、舒扬致远的声音。凡兼具这五德者均为玉。按照这个标准，古人心目中的玉，不仅包括了软玉（真玉、角闪石），还包括蛇纹石、绿松石、孔雀石、玛瑙、水晶、琥珀、红绿宝石等彩色玉。中国是世界上主要的产玉国，最著名的产玉地是新疆和田。和田玉蕴藏量丰富，色泽最艳，品质最优，价格最昂。同时，是中国古代玉器原料的重要来源，历代皇室都爱用和田玉碾器。除和田玉外，甘肃的酒泉玉、陕西的蓝田玉、河南的独山玉和密县玉、辽宁的岫岩玉等，也是中国玉器的常用原料。

玉不仅仅可以琢成玉器，还是宝贵的中药材。据明代大医药学家李时珍的《本草纲目》记载，软玉、玛瑙、宝石等 106 种玉石，入药能治多种疾病。民间更有宝石能"镇魔避邪"的说法。这种功能，被曹雪芹在《红楼梦》里写得活灵活现。他塑造的贾宝玉，身上便佩带着一块须臾不离的"通灵宝玉"。要是这块宝玉丢失，贾宝玉便要疯疯癫癫地大病一场。这并不完全是小说家的虚构。据现代科学家研究，玉石中含有多种人体必需的微量元素，经常佩戴玉石饰物，通过长时间接触，可使这些有益的元素浸润进入体内。同时，有些宝石经过人工打磨加工后，还具有聚焦蓄能的作用，若正好对准人体某一穴位，便会产生奇特的疗效。因此，将玉雕琢成玉器佩戴身上，不仅可作为装饰品，还有强身健体的作用。将玉雕琢成玉器，是一

唐代玉器碾琢工艺极佳。唐代玉匠能从绘画、雕塑及西域艺术中吸取营养，琢磨出具有盛唐风格的玉器。现存的"八瓣花纹玉杯"、"兽首形玛瑙杯"，都是出自唐代玉匠的精品。

明清时期是中国玉器的鼎盛时期，其玉质之美，琢工之精，器形之丰，使用之广，都是前所未有的。明清玉器茶酒具盛行，仿古玉器极多。明清玉器借鉴绘画、雕刻、工艺的表现手法，吸取传统的阳线、阴线、平凸、隐起、镂空、立体、俏色、烧古等多种琢玉工艺，加以融会贯通，综合应用，使其作品达到了炉火纯青的境界。现存明清玉器，最为珍贵的有明代的"竹筒形玉杯"，清代的"菊瓣形玉盘"、"桐荫仕女图玉雕"、"大禹治水图玉山子"、"青玉佛手"等。其中，"大禹治水图玉山子"，简称玉禹山，是中国玉器宝库中用料最宏、运路最长、费用最昂、雕琢最精、器型最巨的玉器，也是世界上最大的玉雕之一。这件玉器是在乾隆皇帝的亲自指挥下琢成的。玉禹山用最名贵的新疆和田密勒塔山玉雕琢。玉材重数千千克，用了三四年时间才运到北京。然后，又花了 8 年时间，完成了设计、雕琢、安陈，费用高达15 000余两白银。现在这件中国美术史上的空前杰作，收藏在北京故宫博物院乐寿堂，让人品尝它那看不尽道不完的迷人风姿。

古玉无定价，不少为无价国宝，值数千万元者亦不罕见。总之，古玉器年代越远，价值越高。其次，盆、尊、佛像等大型玉器较为贵重，飞禽走兽次之，水族之物又次之。当然，这不能一概而论，要根据实际情况综合评价每一件玉器的具体价值。

4 集邮

邮票虽小，但却包含着历史、地理、政治、经济、文学艺术、音乐绘画，以至涉及全人类、全世界的自然科学和社会科学的各种文化知识。所以，有人把邮票中的世界称为"方寸乾坤"。可以说，每套邮票都是一扇瞭望世界的小窗口。因此，集邮就成为一种有巨大吸引力的收藏活动。据联合国教科文组织的统计材料表明，全世界的集邮者已超过 3 亿人。当前世界各国发行了为数众多的儿童画邮票，其中不少是儿童集邮者的作品。对于一般的西方人来说，集邮也许是一种最普及的收藏活动。

5 邮品

集邮爱好者不仅收集邮票，还收集与邮政业务有关的其他物品，统称为邮品。邮品主要包括邮票、信封、明信片、信简、邮戳、邮史资料等几大类。

邮票的种类繁多，邮政邮票中的正规邮票是发行量最大的。正规邮票大部分是普通邮票。普通邮票可长期流通，有时可使用几十年之久。普通邮票规格小而朴素，发行量大，为一般的集邮爱好者提供了收集并编成很有趣的专门邮集或研究邮集的机会，其中也不乏珍邮，龙票、"文化大革命"等珍邮不少是普通邮票。由于集邮爱好者的出现，邮政部门注意到这一部分人喜欢漂亮、有趣的邮票。于是，不断发行各种特种邮票和纪念邮票，世界上最早的纪念邮票是秘鲁在 1870 年为纪念利马到卡拉奥玛铁路通车 20 周年而发行的。特种邮票和纪念邮票为专题集邮爱好者提供了丰富的素材。各国政府和邮政当局还注意到发行附捐邮票能筹集到巨额资金。邮政当局可将附捐收入的一部分捐赠给慈善事业和社会福利团体，如红十字会和儿童基金会。最早的附捐邮票是 1897 年澳大利亚为纪念维多利亚女王统治 60 周年活动期间发行的，面值仅 1 便士和 2.5 便士，但以高出面值 12 倍的价格出售。在某些特定的情况下，特别是战争时期，邮票短缺，邮政当局不得不采取应急措施，把其他种类的邮票、印花税票加盖改制成临时邮票。其他的邮票还有欠资邮票、改值邮票、错票、免收邮费的邮票、地方邮票、非官方邮票、私营地方邮票等等。

收集邮票要讲究邮票的品相。品相好的邮票称为上品，又称为全品相。有些小毛病但还不太明显的称为中品。有明显缺陷的称为下品。品相极差不值得收集的称为废票。当然，罕见票例外。影响邮票品相的缺陷主要有：揭薄、软折痕、硬折痕、针孔、变色发脆、霉点、撕裂痕、擦伤、褪色、墨渍、指纹、龌龊、邮戳不良、背胶等。

有集邮意义的邮封是印有邮资符号的邮资封和经过邮递的实寄封。这种邮封才称得上是邮品。因此，并非所有信封都属邮品。近年来，各国集邮界十分重视收集各种邮封，特别是实寄封。一部邮集，不论是传统邮集或专题邮集，如果没有相当数量的邮封，在国际邮展中是很难得奖的。邮封主要为邮资封、首日封、实寄封、原地封四大类。邮资封是印有邮资符志的信封，一般在封的右上方印有邮资符号，或印有"邮资已付"字样，又可分为普通邮资封、美术邮资封、纪念邮资封、航空邮资封、免资封几类。世界最早的邮资封是英国威·马尔莱迪设计的，称为马尔莱迪封。中国最早的邮资封是胶东战邮管理局于1942年发行的。

首日封是邮局发行首日，贴有该种邮票并加盖当日邮戳的信封，邮票可贴一枚，也可贴全套。邮票面额最好同应贴邮资金额相符或相近。经过实寄的称首日实寄封，不实寄则为首日销印封。新中国的第一枚邮票公司印刷的首日封是1957年《十月革命40周年》纪念邮票首日封。首航封是航空邮路开通当日的首次航班携带的航空信函，首日实寄封和首航封是实寄封中的特例，因受时间的限制，难度较大，又较多地记录了邮政资料，因而是邮集的重要邮品。特别是原地首日实寄封，盖有与邮票票题或图案相关地邮戳的信封，因受空间的限制，内容较多，难度更大，因而是邮集的好邮品。

邮简，也是邮品之一，特别是航空信简，视同邮票，新旧都可用。如有相关邮戳，以实寄为好。新中国成立后，仅发行了5年邮简，即印有邮票标志的信封。这种邮资邮简有许多优点，人们写完信后，无须贴邮票就可以投寄，应恢复发行才是。正因为我国邮简发行时间短，收藏难度大，其价值也较高。

邮戳，对于专题集邮和极限集邮来说，是很重要的。邮戳可分普通邮戳、纪念邮戳、广告邮戳、首日邮戳及邮资戳数种。其中，邮资戳是近年发展起来的一种邮品，设计从简单的"邮资已付"发展到既有地名、日期、邮资金额，又有宣传

口号、图案的邮戳。这些小小的邮资戳，设计新颖别致，各有千秋，一身兼数职，给人以启迪。1983年是世界通讯年，瑞士的邮资戳附有3种"世界通讯年"字样的文字。意大利的邮资戳附有宣传世界粮农组织的口号："让我们生产更多的粮食！"而日本的邮资戳上带有樱花图案，美国邮资戳上带有白头鹰图案，加拿大邮资戳上带有枫叶图案，展现了各国风情，逐渐具有文化艺术收藏品的性质。

邮史资料也是一种邮品。邮史资料主要是指古典资料，如邮票出现前的古封，我国的排单、火票、邮政档案、文件等。从国际邮展上看，一部专题邮集，如能展出少量相关的邮史资料，会受到较高的评价。

明信片是一种重要的邮品。普通明信片，即使是邮政部门发行的，也必须经过实寄才能收入邮集。最好在收入邮集时，明信片上有相关的邮票和邮戳。邮资明信片则新旧都可以用。

近年来，收集明信片已成为一种时兴的业余爱好。1965年，伦敦的一位会计师大卫·普尔曼偶尔花1便士的代价，换得了1张绘画明信片，这张明信片上的画出于一位著名法国

新艺术派的代表人物阿尔方思·慕却之手。最近这张绘画明信片的身价已高达228美元，是原价的2400多倍。画面是一位身穿晨衣的长发美女，画的艺术价值使这种明信片身价倍增。

目前，据估计，在西欧与美国约有100万明信片搜集者，明信片爱好者俱乐部像雨后春笋般遍及欧美大陆。仅在1979年一年，就有几十万来自澳大利亚、阿根廷、日本的专程旅游者，云集在西欧的300多个明信片集市上。他们按照自己的爱好，买卖或交换数以百万计的明信片，成交总额竟达4790万美元。世界上最贵的一张明信片，是100年以前一家自行车公司巴黎分公司印成明信片的广告海报，明信片上的画面出自19世纪末一位新潮画家阿富穆查之手。这张明信片存世仅5张。其中，

一张由于没有写过字，价值最高，达1.35万美元。

没有人能确切知道，现代世界上究竟有多少种类型的明信片。仅据最低限度的估计，不下1000万种。巴黎有一位搜集家，他所收藏的1914年以前的"愚人节"明信片竟超过1500张。另有一位搜集家专门收集印有墓碑和墓地的明信片。历史学家把这些蕴藏着丰富知识的昔日明信片，称誉为社会发展的历史记录，它们记录下在历史书籍中并无记载的民间的一些事件。英国作家凯恩·华脱霍华司评论说："绘画明信片记载着平凡生活的历史。"

澳大利亚经济学教授伊曼纽尔·赫尔曼被誉为明信片的鼻祖。在1869年，他说服澳大利亚的邮政当局发行一种廉价的明信片来取代封套的信件。在采纳了赫尔曼建议的头3个月里，被人们邮寄出去的明信片达300多万张。19世纪，绘画明信片在欧洲、北美洲被广泛传递。它画面生动，易为广大爱好者所接受。经过一些搜集专家们的鉴定：世界上第一张绘画明信片是在1889年的巴黎展览会上展出的。这张明信片上展现了新建的埃菲尔铁塔的雄姿。

法国的搜集家裴赖特和居利·纽亭是《明信片年鉴》的创始人和发行人。不论是富有鉴赏经验的老手，还是初出茅庐的新手都能从《年鉴》中获得各种明信片的背景知识。《年鉴》提供了分门别类的指南，还附有世界性经营明信片商行和著名搜集家的花名册。它也是有关专门术语的汇编。在《年鉴》里差不多每张绘画明信片都有一个恰如其分的标价。

目前，搜集明信片的范围愈加广泛了。一张邮寄过贴有盖过邮戳的邮票的明信片，比一张没有用过的明信片要值钱得多。

更有趣的是，目前兴起了一股收藏"极限明信片"的热潮。极限明信片是新兴的集邮类别，要求图案、邮票、邮戳一致，三位一体。明信片的图案和邮票的图案可以不完全一样，但必须近似。如盖普通邮戳，则要求日期与地点同明信片图案有联系。邮票和邮戳必须在明信片的正面。由于极限明信片面积较大，一部邮集只能精选几枚，不能用得过多。

6 集邮方法

从有邮票起，就有人开时收集邮票。起初，集邮者们都是采用收集邮票后，将世界各国的邮票一枚一枚地，按照国别和发行年代的顺序整理成册，这种集邮办法叫传统集邮。1928年，卢森堡著名集邮家伯纳德·菲达首次在欧洲的一次邮展中展出专题邮票。这套专题邮票是以图案为中心的，与传统集邮方法大相径庭。他的创举使评审委员们瞠目结舌。专题邮集在这次展出后20年中都未受到重视，直到第二次世界大战以后，世界性的专题集邮才获得迅猛发展。

发行专题邮票的先驱是南美的智利，图案是智利的25种动植物，采用连印的方式，这是1948年的事。接着，1951年非洲的安哥拉也发行了专题邮票，图案是24种鸟的彩色印刷，还印上了学名，十分美丽，集科学性与艺术性于一身。同年，葡萄牙的殖民地莫桑比克也发行了24种珍贵的鱼类邮票，十分漂亮。以这些邮票作为前奏曲，揭开了专题集邮黄金时代的帷幕。其实，同现代专题邮票定义相似的专题邮票发行还要早得多，只不过那不是有意识地搞专题邮票罢了。这个历史最早可追溯到1899年澳大利亚塔斯马尼亚州发行的一套风景专题邮票，共8枚，描绘了岛上8处风光，可说是最原始的风景专题邮票。以后，各国发行的风景邮票属于这一类性质的还很多。目前，专题邮票逐渐成为世界集邮界的主流。1972年，在比利时的布鲁塞尔举办了世界首次专题邮展，世界各国参展作品达成1800部。1979年举办的全日本邮展上，专题邮票展品就有49部，其他国家邮票展品占22部，日本邮票展品26部，传统邮集加起来也无专题邮票多。

现代概念的专题集邮包括两种类型的邮集：一类叫主题邮集，一类叫专题邮集。主题邮集主要是同类图案集邮和同一发行目的集邮。比如，把动物、植物、体育、绘画等同类图案的邮票汇集、整理、编排，加上一些科学分类和文字说明，主题邮集知识性较强。而专题邮集不限于同类图案和相同的发行目的，可采用有利于专题展开的任何邮票与邮品，通过逻辑编排叙述某一个人物或某一事件的历史过程。专题邮集与写作、绘画有相似之处。从这种意义上说，专题邮集比主题邮集具有更大的灵活性和创造性，因而也具有更多的知识性和趣味性。比如，"奥运会"是个很受欢迎的题材，把历届奥运会发行的邮票，封片简和邮戳等，按年代顺序排列并做些介绍，就是一部主题邮集。如果把有关邮票和邮品通过逻辑编排介绍奥运会的历史，从古代希腊比武到现代奥运会的发展过程，则是一部专题邮集。

　　近来，集邮界又兴起航空集邮和极限集邮的热潮。航空集邮是专指收集并整理航空邮票及其相关邮品的集邮大类。在邮政史上，首次空运信件，当推 1859 年美国南北战争时期，北方当局利用气球从拉斐特城向克劳福兹维尔送信。此后，是 1870 年～1871 年普法战争期间，巴黎的气球邮政和信鸽邮政。但是，这些都只是战时的应急措施，未能持久。直到 1923 年美国莱特兄弟创造第一架有动力装置的载人飞机成功，而第一次世界大战又促使了飞机结构的不断改进和完善，各国才纷纷试验用飞机来传送邮件，一种专门为航空信件贴用的邮票——航空邮票也就应运而生。最早为空运邮件试验飞行的地方性航空邮票，当推 1910 年 8 月 14 至 21 日南特航空会议期间法国的半公事航空邮票。这枚面值 10 生丁的方形邮票用红、蓝双色印刷，图案为盾形框内一架飞机。整张 192 枚，共印制 19 200 枚，但只售出 1 万枚，其余销毁。1912 年为试验飞行而发行半官方航空邮票的有阿根廷、丹麦、德国和瑞典。1913 年瑞士为各个城市之间的往返试验发行了 12 种地区性航空邮票。1914 年，摩纳哥也发行了 1 枚无面值的非正式航空邮票。这些都是正式航空邮票诞生的前奏。

　　1917 年 5 月 22 日，意大利发行了世界上第一枚正式航空邮票。这枚邮票是在快信邮票上加盖了"试验航空邮政"、"都灵——罗马——都灵"等字样，共发行 20 万枚。1918 年 5 月，美国开辟了华盛顿、纽约、费城、波士顿、芝加哥等城市之间的

航空邮路，最早专门印刷了以飞机为主图的航空邮票。著名的飞机倒印大变体邮票即出自这套邮票中用双色套印的 24 分票，只发现 100 枚。同年 3 月和 7 月，奥地利和匈牙利也分别发行了加盖"航空邮政"字样的邮票。至 1926 年止的 10 年间，已有 39 个国家和地区纷纷发行了航空邮票，可见当时航空邮政事业的发展是如何迅速。到 1983 年，已有 190 余个国家和地区发行了约 27 000 种航空邮票。有些国家发行专用的航空邮票，如"航空附捐邮票"、"航空公事邮票"、"航空特快邮票"、"航空挂号邮票"、"航空包裹邮票"、"航空军事邮票"等，共 1300 余种，约占全部航空邮票的 1/20。意大利于 1933 年 5 月发行的"罗马至美国芝加哥的横渡大西洋飞行"纪念邮票可称是这类双重性质邮票的特例。全套为两枚三联票，左联是特快航空挂号附票，无面值，中联是特快挂号邮资票，右联是特快航空邮资票。这次横渡大西洋飞行共有 24 架水上飞机，其中 20 架载运邮件，左联上的加盖字样就是这 20 位飞行员姓氏的前 4 个字母。因此，也可以说这套邮票的大全套有 40 枚三联票。目前，航空邮票已是邮票的主要票种之一。在国际集邮组织制订的邮展规则中，航空邮票邮集与传统邮集、专题邮集、邮政史料邮集等并列，成为国际邮展的主要分类项目之一。

⑦ 中国珍邮

　　中国最早发行的邮票称为大龙邮票，发行时间是 1878 年。这种邮票是由清政府的海关发行，由在清政府中任职、担任中国海关税务司长官的英国人赫德，按英国邮政模式创办。应该说，海关邮政是在清政府国家邮政的试办阶段发行的。这个试办阶段一直到 1896 年才结束，其间发行了大龙、小龙、万寿等三套邮票。

　　大龙、小龙邮票是普票，采用了象征帝王的图腾——"龙"为主图，票幅大者称"大龙"，小者称"小龙"。中国的龙票发行很少，大龙票又是我国的第一套正式邮票，因此，龙票的收藏价值很高。1990 年 9 月 12 日，在伦敦拍卖 1948 年去世的

著名美国收藏家斯塔尔珍藏的龙票，被一个隐姓埋名的香港人用 64.3 万美元的高价买走。

中国海关邮政时期发行的"万寿"票，则属中国的第一套纪念邮票。这是赫德仿效西方礼俗，为庆祝慈禧太后 60 寿辰而发行的。这套邮票由德国人费拉尔设计。他先用了龙、寿字、牡丹、灵芝、万年青、蟠桃，鲤鱼，还有寓意"一帆风顺"的帆船作图案，表达祥瑞吉庆的意思。这套邮票共 9 枚，总面值 6 钱 6 分银，暗含 60 大寿的"六六大顺"之意。这个德国人真是个中国通，十分会拍慈禧的"马屁"。"万寿"票于 1894 年 11 月发行。

作为中国发行的第一套纪念邮票，"万寿"票当属珍邮。但是，更为珍贵的却是"万寿"再版原票。1886 年，清政府正式开办国家邮政。海关邮政时期发行的 3 套邮票，将原来的面值"纹银"改为"元"，在筹印新面值邮票之前，遂将"小龙"、"万寿"票加盖洋银面值（元或分）使用。由于上述邮票不多，遂于 1897 年，将"万寿"票再版印刷一批使用。这种再版票有极少数未加盖，流传在世的极少，若要配齐全套更是难上加难。不少集邮家为收集"万寿"再版原票而踏破了铁鞋。著名的集邮家姜治方先生花了 20 多年时间，只集到 8 枚，尚缺 1 枚面值 9 分银的。20 世纪 50 年代另一收藏家杨启时先生得知消息，为姜治方配齐了全套"万寿"再版原票。姜治方感激地说："我为配全这套万寿珍品 9 分票，20 多年来，从比利时、法国、德国、再转寻到中国，终于在杨家获得。当我拿到这枚万寿 9 分新票反复欣赏时，其喜悦之情，真不亚于哥伦布发现了新大陆。"后来，姜治方先生将这套价值极高的珍邮捐献给了国家。

"万寿"票、"大龙"票固然珍贵，但中国的珍邮中独占花魁的却是"红印花"小字 1 元票。这套邮票有"中国票王"之称。前面叙及的中国邮政正式成立时，把海关造册处库存的红印花票加盖"万寿"、"小龙"暂作邮票使用。加盖暂作邮票的经办人是费拉尔。费拉尔精通集邮之道，他在加盖红印花票时作了手脚，使世存有字形较大的"小 1 元"和字形较小的"小 1 元"两种票。字形较小的"小 1 元"红印花加盖票仅有 50 枚，现存世仅四方连、横

双连新票等共 30 枚。这些现在仍存于世的 30 枚小字"小 1 元"红印花加盖票，几乎每枚都有一段传奇性的颠沛流离史。由于费拉尔亲自经手这 50 枚加盖票的发行，他私藏了其中的 7 枚，而特别珍稀的孤品四方连直到他死后才披露于世。号称"中国邮王"的周今觉，几经斡旋，于 1927 年以 2500 两纹银从费拉尔遗孀手中购得这一孤品，这个数字创造了当时亚洲邮票买卖价格的最高纪录。20 年后，周先生以 330 两黄金价将此宝让给郭植芳先生。郭先生移居美国后，卖出了许多珍邮，唯独这件四方连不轻易出手。他说，这件"华邮至宝"要归中国人所有，宁愿半价让予华人集邮家，也不卖给外国人。郭先生去世后，家人亦恪守其遗志，不卖给许多前来问鼎的外国人，而于 1982 年以 80 万美元的价格卖给了香港集邮家林文谈先生，使"华邮瑰宝"重归故里。除了四方连"小 1 元"红印花加盖票外，其他的"小 1 元"邮票价值也很高，每枚值 4 万～10 万美元。

清代国家邮政第一次发行的邮票分龙、鱼、雁等 3 种图景，简称蟠龙票。1897 年发行的邮票是在日本印刷的，称"日本石印"。1898 年～1903 年发行了 1 套宣统登基纪念邮票，3 套欠资票。1911 年清帝退位前夕，还用蟠龙无水印票加盖了 1 套西藏贴用票，上有中、英、藏等 3 种文字。这些邮票中不乏珍稀者。在民国时期发行的邮票中，特别是江西赤色邮政和解放区发行的地方邮票，也有不少珍邮。

在当代，我国的集邮界和世界集邮界，对"文革票"很感兴趣。在我国"文化大革命"非常时期发行的邮票成了珍邮，价格惊人。1967 年 4 月 20 日发行的（文 1）《毛主席语录》共 11 枚，面值合计 88 分，中国集邮总公司售价在 1986 年 10 月 26 日已调至每套 150 元，接近原价格的 200 倍。

8 西方珍邮

当今西方世界最出名的珍邮，恐怕要数 1840 年英国发行的"黑便士"邮票了。

因为，它是世界上第一枚邮票。提出寄信贴邮票这个办法的，是一位名叫查尔默士的苏格兰印刷商，将其付诸实施的则是英国的社会改革家希万爵士。当然，在此之前，已有了具备邮票基本功能的邮票雏形。这种邮票雏形是由法国巴黎市邮政局于1653年印行的一种特别的小纸片。这种纸片上没有图案，只印有"邮资已付"及年月日字样。"黑便士"邮票票面黑色，上面印有维多利亚女王的头像，面值为1便士，所以，称为"黑便士"邮票。"黑便士"邮票既然是世界上第一枚由国家机构正式发行的邮票，当然十分珍贵，为收藏家视为至宝。但是，世界上的珍邮之冠却不是"黑便士"邮票。

1980年4月5日在纽约的沃尔多夫阿斯托里亚饭店举行的拍卖会上，第43号邮品由欧文·温伯格集邮企业抛出，开价32.5万美元。几乎是同时，报价就此起彼伏，仅仅50秒钟便停在85万美元巨额数目上，寂静、槌声响起，加上佣金以当时世界最高单价93.5万美元成交，它就是当时的世界第一珍邮：英属圭亚那洋红纸黑字1分票。此珍邮的来历是：1850年英属圭亚那发行了第一枚自己的邮票在伦敦印刷，1856年当地因邮票用完而一时无法运到，邮政部长下令，在本地紧急印制一批临时邮票。因时间紧迫，印刷条件差，就选用报纸上的帆船加上罗马诗人霍勒斯的诗句"有所给亦有所取"，用洋红色纸及蓝色纸黑色油墨印刷。为防止假冒品，每枚邮票上由4名邮局职员中的1人用自己的姓氏的起首一字加签署名。

1873年，圭亚那德梅拉拉一位13岁名叫弗农·沃恩的少年在尘土堆积的阁楼上发现了一封旧信，上面贴着一枚成八边形的无齿旧邮票，面值1分，盖有德梅拉拉1856年4月4日无边框邮戳。无知的沃恩仅以1.5美元卖出这枚外观不佳的邮票，收购者是一位老集邮者马基诺先生。

5年后，马基诺将包括这枚邮票在内的邮集卖给了利物浦的里斯巴德。1年后里斯巴德又将这枚邮票卖给了意大利人费拉里伯爵，价格比最初提高了433倍。

费拉里是位亿万富翁，拥有世界上约70%的珍邮。1917年，费拉里逝世。根据他的遗嘱，应将其全部邮集送交德国国家博物馆收藏。由于德法交战，法国政府将这批应属德国的遗产全部没收并决定拍卖。其中，在1922年4月5日的拍卖品中就有这枚圭亚那珍邮，许多世界集邮名家参加了角逐。尽管拍卖前就盛传这枚费拉里密藏的珍邮是伪造或变造品，拍卖人也声明按原状出售不保证其真伪，但竞争仍极为激烈。最后，欣德以35万法郎高价夺标。此时，该票身价上升了2.1万倍。

圭亚那4分票与这枚1分票相比，除分值数字不同外其余完全一样，而在高倍放大镜下，人们发现这枚面值1分的邮票数字似有涂改痕迹。此外，没有人查到任何关于发行1分票的文件说明，加之当时贴信函规定用4分票，1分票仅用于寄报纸，而沃恩是在信函上发现这枚1分票的。因此，人们怀疑这枚1分票是变造票。

欣德购得该票后曾向乔治五世国王表示愿意馈赠这枚珍品，但国王愿出巨资竞争却不愿接受高额礼品的馈赠。于是欣德将该票按原样复制成纪念卡，特地印制成八边形，并写上"世界上最珍贵的邮票"等字样分赠集邮家，使该卡成为一种纪念仿制品。1928年，欣德参加蒙特卡洛大奖赛邮展，荣获大奖赛之冠。1933年欣德因肺炎病故，他的妻子在欣德上百万美元的邮品中，唯独对这枚邮票提出了继承权。根据纽约州法律：妻子可继承亡夫1/3遗产。欣德的另一部分英国邮票则由哈默公司用装甲车装藏用轮船运回英国以65万美元卖出。

1940年8月7日，一位匿名集邮家买走这枚世界珍邮之冠。从此，有30年世人不知它被珍藏于谁之手。1947年，为纪念美国发行邮票100周年举办国际邮展。这枚珍邮在邮展中重新出现，但它是匿名送展，并派有警察保护。1965年为纪念英国吉本斯首部集邮目录刊行100周年举办的国际邮展中，该票再次送展。但真品只展出一天。后来看到的只是它的复制品。1969年佛罗里达州的澳大利亚集邮家费里德里克·斯默尔以17.5万美元出售这枚珍邮。自1940年起斯默尔匿名收藏它近30年后转手到罗布森·洛手中。

罗布森·洛是英属圭亚那的集邮专家，对该邮票作了全面研究，确认并非变造票，且证明它是用4分票模改动分值字模后印刷的。至此，真伪之争结束。

经鉴定后，这枚邮票于1970年3月24

日在纽约世界珍邮拍卖会上拍卖，最后以28万美元被美国欧文·温伯格收藏了整10年。1980年，由他拍卖并创造了93.5万美元世界单邮最高价的纪录。

1967年，刚刚独立的圭亚那就专为这枚珍邮发行了一枚纪念邮票。历尽沧桑的珍邮之王现仍不知秘藏谁家之手，且已无人能接近它，其保险金额高达120万美元，很难预料一旦再面世将是什么情况。

在这107年中，这枚圭亚那珍邮曾十易其主，其价值翻了约61.6万倍。曾收藏它的人都已作故人，而这枚方寸纸片却仍流芳于世。

⑨ 错邮

错邮是集邮爱好者们狩猎的重要目标。错邮是在正常邮票设计印制过程中出现了错误的邮票。物以稀为贵，错邮毕竟是邮票中的稀有者，因此，不少错邮都是珍稀邮票。美国总统罗斯福特别热衷于搜集错邮。美国邮政局的某些官员投总统所好，专门为罗斯福搜集错邮。更甚者，他们在印刷邮票过程中竟然故意定制几张错邮。有的国家领导人在赠送罗斯福礼品时也常使用错邮。1943年德黑兰会议期间，苏联政府就送了一张错邮给罗斯福。这是一张绘有飞行员列瓦涅夫斯基的邮票。邮票的题词是："从莫斯科飞越北极抵达旧金山，1935年。"这种邮票发行了1万张，并不稀罕，但其中几张邮票上的地名开头的大写字母印成了小写字母，成为错邮。这几张错邮就很稀罕了。罗斯福得此礼物，十分高兴。

世界上还有一些著名的错邮，每枚错邮都有一段有趣的故事。

法国邮政部门在1903年～1924年间发行了一组普通邮票。其中，有1枚的画面是一个正在播种的年轻农妇，风朝她迎面吹来，使她的衣裙和披散的头发飘往一个方向，而姑娘却扬手朝相反的方向撒种籽。哪一个有经验的播种者会逆风撒种呢？这个疏忽之处比起下面一点来还不算严重：姑娘的身躯被初升的太阳照耀着，可是她的影子却投向太阳一边。这是一种在当时就产生了错误的错邮。

在19世纪下半叶的智利邮票上，克利斯托弗·哥伦布的头像总是绘画成留着胡子的样子。直到1900年，有人才发现这跟

历史文件的记载有矛盾。于是，在1900年～1902年发行的邮票上这位伟大的西班牙航海家便光着下巴了。自然，前面一种"错邮"就成了珍品。

1969年，英属格恩济岛获得独立发行邮票的权利，可是第一套邮票使集邮家们大吃一惊。要是相信邮票上的构图，那么这个岛和意大利的那不勒斯和土耳其的伊斯坦布尔处在同一个地理纬度上。但是，从地图上看，它的位置要大大地靠向北边，在英吉利海峡中。当然，在邮票再版时，这个邮票给纠正了。不过，集邮家的手里却已经增加了一套错邮。

1972年，古巴发行了一套有关航海史的邮票，有枚画着苏联"列宁号"原子破冰船，背景是一群企鹅。"列宁号"破冰船航行在北冰洋上，这里是没有企鹅的。因为，企鹅只栖息在南半球。此枚邮票变成了错票。

为了纪念巴黎公社起义80周年，波兰邮政部门发行了一种邮票，上面印着巴黎公社著名活动家之一——雅罗斯拉夫·东布罗夫斯基的头像。而实际上，上面印的却是钢琴家、作曲家亨里赫·东布罗夫斯基。早在巴黎公社起义之前的1862年，法国某画刊便登载了这位著名波兰音乐家的肖像了。巴黎公社起义失败以后，法国画家希伯尔显然把两个同姓的人搞混了，他按画刊上亨里赫·东布罗夫斯基的肖像绘制了一幅雅罗斯拉夫·东布罗夫斯基的画像。直到1962年，才在波兰邮票上出现了真正的雅罗斯拉夫·东布罗夫斯基的形象。前一种"错邮"又成了珍品。

但是，并不是所有搜集错邮的人都发了财。有一次，纪念联合国秘书长哈马舍尔德的邮票发行了1.2万张。其中，400张是错邮。集邮者欣喜若狂，竞相争购。有一个邮商买下了400张错邮中的50张，打算发一笔横财——50万美元。美国邮政总局一见此情况，立即将错就错，按错邮的图案添印了一亿张。这样一来，这个邮商的黄金美梦便顿时化为泡影。

⑩ 西方收藏热点

西方人把珠宝看作便于携带的细软和富有的象征。因此，自古富人就把收藏珠宝作为人生的追求目标之一。近来，收藏珠宝已在西方世界中开始普及，进入寻常

百姓家。向情人赠送珠宝，为亲友贺生日，珠宝成了常见的礼物。据统计，美国的新娘有75％接受男方赠送的订婚钻石戒指。钻石是珠宝的一种，价值是很昂贵的。虽然钻石很贵，但买主仍然不少，1988年全世界出售钻石珠宝饰品约6000万件，价值近百亿美元。南非矿业巨人、世界初级钻石最大的供应者塞西尔·罗兹说："只要男女双方一坠入情网，钻石就找到了新的主人。"

珠宝除了钻石以外，其他的宝玉、珍珠种类繁多，其价值相差很大。西方人在很古老的年代里就有收藏珠宝的习俗。东方人也不例外，远在公元前1400年，人们就把罕见而美丽的各种宝石当作富有非凡魔力的物品予以收藏。古时的埃及、希腊和罗马，人们喜欢把珍贵的宝石当作护身符佩戴，通常还刻上图案、符号以增加神力。英国博物馆里现在就收藏着这类"魔石"。其中，一块墨绿玉髓制成的护身符上刻着一只面向一轮新月的蜥蜴和一行意为"盲"的希腊字母。

西方世界的收藏兴趣是十分广泛的，收藏家们不仅仅满足于追随时尚，跟踪热点，还常常创新。这些创新者，天长日久，坚持下去，往往成了新的收藏热点的鼻祖。美国有个叫吉姆·汉布里克的人，是个著名的"超人"收藏家，他有"超人"4万个，价值约200万美元。他是从6岁时就开始收藏"超人"的。那时候，他生病住院，母亲为了逗他高兴，给他买了一只印着"超人"形象的饭盒。这个饭盒成了吉姆爱不释手的宝贝，并由此迷上了收藏"超人"的事业。几十年来，凡属"超人"内容的连环画，"超人"造型的玩具、杯子、钟表等，他一概收藏起来。饮料罐收藏家汤姆·贝茨也是儿时一时兴起，用饮料罐堆成了一座金字塔。从此以后，他对收藏啤酒罐发生了特殊的兴趣。17年来，他和他的父亲、姐姐共收集了3万多个饮料罐，在自己的家乡办起一座饮料罐博物馆。积木收藏家诺尔曼·布罗斯特曼几年前因迷路偶然走进一家古玩店，无意间被店里一套1920年出厂的儿童积木吸引住，花了28美元买下来，回家后搭成了一座小摩天大楼。从此，他收藏了300多套可反映整个建筑史貌的积木珍品。还有收藏了8366件"小天使"的收藏家乔治·洛格，收藏特大物件的收藏家鲍勃、马尔金等，

都有类似的收藏历程。

⑪ 卖价最高的美术作品

20世纪80年代，是名画拍卖价格不断刷新世界纪录的一个疯狂的年代。1980年5月30日，19世纪英国的风景画大师脱尔诺创作的《朱丽叶和她的奶妈》，在美国纽约公开拍卖时，创下了640万美元的名画拍卖纪录，震惊了世界。买方是阿根廷一位不愿公开姓名的女收藏家。过了不久，1980年11月12日，英国伦敦国家美术馆以1200万美元的天价从一个私人收藏者手上买下了大画家阿特杜夫的名画《基督离母图》，突破了一幅名画上千万美元的大关。

1987年3月，在英国伦敦的克里斯蒂拍卖行，荷兰大画家凡·高的杰作《向日葵》，创下3980万美元售出的破天荒价格。虽然他的作品现在如此昂贵，而他的生平却十分悲惨。他出生在荷兰一个小村，23岁时当了一名传教士，在比利时一个矿上工作，曾在一次事故中舍身救过不少矿工。26岁时，凡·高才真正意识到绘画是他应该矢志从事的事业。贫穷使他难于购买绘画材料，他曾以褐色、黑色的油彩表现农民生活。在受到日本浮世绘的启发，并遇到高更和修拉这些法国画家以后，凡·高的作品转为明艳。由于他热衷描绘阳光下的景物，便移居法国南方的阿尔。有幸看到凡·高原作的人，无论其艺术修养深浅，都会被那强烈的色彩所吸引。在古老的传说中，向日葵是太阳神的恋人。她忠诚、热烈地爱着辉煌的太阳。凡·高爱向日葵，他从1888年2月20日到1889年5月8日在阿尔生活期间，共画了7幅同样题材的油画。这7幅向日葵，一幅比一幅辉煌。但它们几乎都已被各大博物馆收藏。慕尼黑的新美术馆、伦敦的国家画廊、阿姆斯特丹的文森特·凡·高博物馆、费城博物馆等收藏了6幅凡·高的《向日葵》，只有1幅还在私人手里。大家都明白，对于收藏家来说，这是他们追求心爱的凡·高作品的最后机会了，他们将会有一争，哪怕是手握英镑，大打出手。在这幅画中，人们喜爱的凡·高风格表现得淋漓尽致。那是创造的激情，是一种近乎神秘的狂热。黄颜色像火一样烧遍画布。正如画家自己所说："这是爱的最强光。"收藏家们经过激烈角斗，一个幸运的收藏家终于用巨金买到

了藏在私人手中的《向日葵》。这幅《向日葵》，是凡·高本人认为画得最简单的一幅。

自从凡·高的画成了私人收藏家争夺的巨宝，接着，文森特·凡·高的《鸢尾花》，更创下私人拍卖名画的一帧5290万美元的世界纪录。最新的私人拍卖艺术品纪录是1990年6月创下的。这帧艺术品仍然是文森特·凡·高的作品。这年7月29日是凡·高逝世100周年纪念日。凡·高在37岁时，贫病加交，开枪结束了自己年轻的生命。他给弟弟留下了550幅油画和近百幅画稿。但他生前却一幅画也没卖出，至多是说服他经常光顾的酒店的老板同意用画抵消所欠的酒账。而在今天的艺术品市场上，标价最贵的10幅画中，就有4幅是凡·高的作品。1990年6月，凡·高晚年创作的名画《加歇医生的画像》被日本人斋藤以8250万美元买去，创名画拍卖历史上卖价的最高纪录。

世界艺术市场上成交价格超过1000万美元的名画还有：凡·高的《丁桂泰镇桥》，2290万美元；凡·高的《野花之宴》，2200万美元；雷诺阿的《波希米妮》，1600万美元；曼太尼亚的《三贤士来朝》，1040万美元；林布兰的《穿金饰外衣的女人》，1031万美元。

世界艺术市场上还有一类作品的成交价格也高得惊人。这类作品虽不像上述上千万美元一幅那么昂贵，但其艺术价值却令人难以理解。这是一些标新立异的油画，胡乱堆砌的油彩，使欣赏者莫名其妙。现代派中的行动派绘画代表人物杰克逊·波洛克的油画《探索》，以484万美元的高价在索思比拍卖行售出。这幅油画是画家边走动边在画布上泼洒颜料"倒"出来的。用同样的创作手法"倒"出来的另一个美国现代派画家贾斯帕·约翰的油画《落水者》也以418万美元的高价在克里斯蒂拍卖行成交。为什么这样的油画也能卖得高价呢？这得从绘画派别的发展说起。绘画派别的发展，简言之，无非可分为无我之境、有我之境和唯我之境等三种。古典主义绘画多属"无我"的，画家以高超的笔法忠实于客观事物和情节的描绘。西方印象派和中国文人画，则体现出典型的"有我"境界。画家多借绘画抒发个人情怀，使形式、内容两者取得完美统一。至于"唯我之境"的绘画，大约是从19世纪下半叶兴起的。随着资本主义经济高度发展，绘画也日趋商品化，再加以人们追求物质享受，心灵日趋空虚，也就更追求感官的刺激。在这种背景之下，现代主义画派也就应运而生了。画家们标新立异，画出一些唯自己才能理解，甚至自己也不一定理解的作品，而这类作品，却恰恰体现着绘画商品市场的"行情"。

12 戒指

不少人喜欢戴镶嵌了珠宝的戒指。"钻石戒指"和其他珠宝镶嵌的戒指被作为爱情的信物。早在英国维多利亚女王时代，西方人就用镶嵌有钻石、祖母绿、紫晶、红宝石、蓝宝石、天蓝宝石的戒指或饰针来传情，表示对方是"我最亲爱的"的意思。当然，镶嵌有珠宝的戒指并非只送给情人，人们也喜欢给自己的亲朋赠送戒指作为生日礼物。西方人送生日礼物是很考究的。人们将各种颜色的宝石与12月相对应，如1月份的生日宝石是深红色的石榴石，2月份是紫红色的紫晶，3月份是淡蓝色的海蓝宝石，4月份是晶莹透明的金刚石，5月份是艳绿色的刚玉，6月份是乳白色的月长石，7月份是红宝石，8月份是浅绿色的橄榄石，9月份是深蓝色的蓝宝石，10月份是杂色的蛋白石，11月份是大黄色的黄玉，12月份的是天蓝宝石。如果你送给对方的礼物是与其生日对应的生日宝石戒指，那对方就很高兴。同时，赠送戒指还有一些禁忌。比如，珍珠戒指不能用于订婚仪式。因为，它代表眼泪。

人们对戒指的偏爱，使它产生了某些象征意义。古埃及，人们就用金、银、象牙、玛瑙、琥珀等珍贵材料制作甲虫形的戒指戴在手上，被视为"永恒的生命"。

公元前2000年左右，在伊特鲁里亚王朝时代，出现了一种所谓"封缄戒指"，专门用于封发各种信函、文件，并兼有美化生活的修饰作用。

中世纪罗马教皇西古斯图斯四世死时，手指上还戴着名贵的蓝宝石戒指。在举行葬礼时，教会专门派卫兵守护遗体，以防这枚戒指被偷盗。法国鲁昂大主教狄斯特德维尔客死于罗马，在举行葬礼时，其遗体用镶满了黄金饰物的华丽法衣包裹，手上也戴着蓝宝石戒指。百姓见到权贵们竟如此奢侈豪华，群情激奋，一拥而上，抢走了装饰遗体的法衣和戒指。那时，不仅教皇们如此，而且各国的国王、王妃及贵族们，也都佩戴着光彩闪烁、价值昂贵的戒指，以显示自己的权威和富有。东征的十字军骑士们，也把镶着各色珠宝的戒指作为护身符。

人们更多的是将戒指当做爱情的信物。古罗马时代，男子正式求婚要向女方的家长奉献一枚戒指。它是用一条精美的链条连起一串钥匙，表示新郎家门随时向新娘敞开着，家里的财产也属新娘所有。

早在基督教产生之前，犹太人就有佩戴结婚戒指的习惯，后衍变成基督教徒结婚时不可缺少的一项成规，在世界各国广泛流行。人们为了得到一枚小小的结婚戒指，富者不惜耗资万贯，贫者则往往倾家荡产。

英王乔治四世曾特意定制了两枚可以装相片的戒指。一枚装他本人的相片，另一枚装他的情妇菲札贝尔特夫人的相片。这位国王的遗言是，将这两枚戒指放在他的胸前，以示珍惜两人的爱情。

人称"处女女王"的伊丽莎白一世却拥有许多华贵的"结婚"戒指。其中一枚戒指，镶着一块带有红色条纹的古代缟素玛瑙，并刻有她本人的浮雕像。到了晚年，女王将这枚戒指赐给了埃塞克斯伯爵。

戒指在有的国家却表示对死者的怀念之情。1649年，当英国查理一世被送上断头台时，英国保王党特地制造了嵌有国王肖像和名字的戒指，以纪念死者。

1841年，拿破仑被流放到厄尔巴岛时，曾将6枚戒指分赠给他的部下。其中一枚现珍藏在伦敦的大英博物馆。这枚戒指配有装着月桂花纹的蝴蝶盖子，里面镶有拿破仑的肖像。

后来，戒指的做工越来越精致，价钱越来越昂贵。除了金戒指、银戒指外，还有玻璃戒指、白金戒指、宽边婚戒、镶宝石的钻戒等。大明星卓别林就拥有27枚各具特色的钻石戒指。

随着时代的变迁，戒指的寓意越来越丰富。电影制片商约翰·克劳福德别出心裁地用戒指制成注册商标。他用蓝宝石雕制成一颗大的星，然后把小块钻石嵌满周围，这种戒指商标，豪华壮观，极为吸引人。

戒指也是一种爱国的象征。在美国南北战争时期，几乎所有国民都把戒指献给了国家，前线的士兵甚至把订婚戒指也献了出来。这种爱国精神至今一直被美国人传为美谈。

现在有些国家，选用具有本国特色的宝石制作戒指，作为"国式"。如美国的"蓝宝石"戒指、法国的"珍珠"戒指、奥地利的"白宝石"戒指、日本的"水晶石"戒指、墨西哥的"黑曜石"戒指等。

13 钻石

美国影星伊丽莎白·泰勒手拿电话在她加州贝莱尔的住宅里踱来踱去。此刻，1987年4月2日，在瑞士的日内瓦，一位拍卖商正对迄今为止公开出售的私人收藏品中最珍贵的一件珍品开价。这件珍品，就是已故温莎公爵夫人的私人珠宝。这是令伊丽莎白·泰勒着迷的一顶金制的威尔士亲王王冠，王冠上嵌着无数颗闪闪发光的钻石。直到泰勒报出10万美元后，那些望而生畏的竞价者才败下阵去。

这次拍卖过后不满1个月，职业收藏者们又云集纽约的克里斯蒂拍卖行，一颗与许多新娘订婚耳环、戒指上的钻石差不多大的钻石，被一位瑞士人以15万美元买下。这颗颜色特异的稀有宝石每克拉价已达到约16万美元，是历史上拍卖的珠宝中价格最高的。

根据纽约的约瑟夫施·吕布塞尔钻石登记处资料，自20世纪80年代初以来，钻石的价格戏剧性地进入东山再起的阶段，每克拉的最低价是0.2万美元，钻石又一次成了摆阔的消费品。日本有77%的新娘都有一颗闪闪发光的钻石，而在20世纪初日语中还没"钻石"一词。

严格地说，一颗钻石是无价的。连全世界二十几家挂牌的钻石交易所，也从不标出钻石的价格、等级，甚至不标税率。实际上，交易所中的交易都严格地在个人之间进行，价格是秘密的。

要理解这些非同寻常的做法，只有先了解钻石非同寻常的特性。钻石——这一大自然的杰作，不仅是一种罕见的地质力量凝集的产物，而且还需要人类难以想象的耐心、顽强和精细去发现、加工直到最后出售。

早在1796年，美国化学家史密森·坦南经过化验证明，钻石的基本成分同一块常见的煤没有差别。然而，这种极普通的碳元素结晶体在其漫长的形成过程中产生了令人难以置信的物理特征。一是，钻石保持了与光线的特殊关系。它的折射率是一切物质中最高的，其变化无穷的波长使它同时透出晶莹的光泽和瑰丽的色彩。因此，那些质地纯净的上品总是被冠以红宝石、蓝宝石和绿宝石的美称。二是，钻石坚硬无比，能够轻易分割其他物质，因而被18世纪末德国物理学家莫赫斯列为坚硬之最。钻石这些神奇的特性是在极为特殊的条件下形成的。它不仅需要1300摄氏度以上的高温，而且还必须具备70个以上的大气压。这些只有在距地表100千米以下的地球内部才能获得。

首批钻石发现于中世纪末期的远东。历史学家一致认为，最初是印度南部绵延1000千米的钻石矿脉源源不断地供应着威尼斯、阿姆斯特丹、伦敦等欧洲最大的钻石市场。自1726年始，这一垄断才因巴西钻石的开发而被打破。巴西的钻石矿脉横亘3500千米，至今每年仍出口60千克左右的钻石。1830年以后，拥有乌拉尔和西伯利亚资源的俄国，对钻石市场一直保持着有力的影响。稍后，澳大利亚似乎在一夜之间跃居首位。仅何吉尔矿就把当时世界钻石产量一下子提高了40%。

然而，还是在非洲诞生了真正的钻石工业。如今，在扎伊尔、博茨瓦纳、安哥拉、纳米比亚、几内亚、利比亚、塞拉利昂、坦桑尼亚、加纳、中非和科特迪瓦都发现了储量丰富的矿脉。而南非则是世界钻石市场的绝对主宰。

南非的钻石开采始于1871年南非金伯利的一个早上。当时两名敦厚的农民德·比尔斯兄弟刚刚在这里将他们的农场出售给"钻石寻找者协会"。由于寻找钻石困难异常，人们失望至极，个个喝得酩酊大醉。一个叫戴蒙的厨师不胜酒力，他的雇主厌烦他酒后大吵大闹，这天晚上便打发他到邻近的一座小山丘上去醒酒。谁知，他回来时头虽是沉沉的，手里却塞满更加沉重的钻石。于是，人们成群地拥向小山丘，瞬间将它夷为平地，继而向纵深发展，直至挖了深达1000米的坑。在那里人们能找到大量品种丰富、质地纯正的钻石。然而大面积的开发，所需费用是高昂的，这就大大提高了钻石的售价。因为，即使是上

好的矿脉，每吨矿石的钻石含量也不会超过3分克，即平均处理250吨矿石才能获得1克拉钻石。

钻石并非西方独有的财富，最近在我国辽宁省瓦房店市发现几处大型金刚石矿，已探明储量占全国总探明储量的54%，宝石的纯度、色泽堪称世界一流。瓦房店市可望在短期内成为"东方钻石城"。

世界上最大的钻石是卡利南钻石，被命名为"非洲之星"和"非洲之星第二"，现收藏在美国的伦敦塔中，是令参观者眼花缭乱的英王王冠宝石的一部分。1905年1月25日，南非总理钻石矿的总监弗雷德里克·韦尔斯突然在矿里看见一个半露出井壁的闪闪发光的东西，便用小刀把它挖了出来。它的大小与一个大人的拳头一样，重如篮球。经鉴定，这是一颗世界上最大的钻石，重约3106克拉，一时成了轰动世界的新闻。矿主发给弗雷德里克3500英镑（相当于现在的21万美元）的酬金，并以公司总裁卡利南爵士的名字为钻石命名。南非德兰士瓦省政府花了相当于今天900万美元的巨款买下这颗钻石，并用10倍的数目保了险。刚刚经过布尔战争惨败的南非政府想把钻石献给英王爱德华七世以表示友谊、忠诚和附属关系。英王考虑到政治局势的复杂犹豫不决，最后在政府殖民次官温斯顿·丘吉尔的敦促下才接受了。为防意外，钻石的赝品被大吹大擂地送到开往英国的轮船上，而真正的钻石则装在包裹里邮寄到英国，于1907年11月9日爱德华国王66岁生日之时才献上。但是，钻石太大了必须切割。国王选定荷兰著名宝石切削工匠约瑟夫·阿谢尔完成这一任务。接到钻石后，阿谢尔花了整整3个月的时间在玻璃和蜡模型上进行研究和练习。动手操作时，他把钻石紧紧钳在工作台特制的钳子上，然后用钢制劈刀放在设计好的套架上猛击，锤落刀断，钻石纹丝未动。这时，阿谢尔脸上流着冷汗在紧张的气氛中又换了把刀试第二次。这次钻石按预定计划裂为两半，而珠宝匠却倒在地上昏迷了过去。最后，这块钻石被切割成9块大钻石，其中卡利南第一和第二是世界上最大的切割钻石，重量分别为530.2克拉和317.4克拉，镶嵌于权杖和王冠上面。其余的碎钻石共96块也做成了饰物，现收藏于英国皇家。英国皇家当时给阿谢尔的酬劳

是可拥有除两颗最大钻石外的剩余钻石。随后爱德华国王向阿谢尔买回卡利南第6赠给夫人亚历山德拉王后。1910年南非政府买下剩余的所有钻石赠与玛丽王后。她把钻石镶成各种各样的首饰，以留后世。

14 珍珠

珍珠是名贵饰物，也可入药。在国际市场上，珍珠的价格由于档次的高低而相差悬殊。低级珍珠以千克计，每千克1000美元～2000美元。高级珍珠以克计，每克值数十美元。超高级珍珠（珠径在8毫米以上）以颗计，每颗值7万美元。其身价之高，远远超过了黄金，难怪有些国家要用珍珠代替黄金作为国库储备了。

评定珍珠价值高低的主要依据是：光、圆、大、彩。有些珍珠，以其形美或颜色艳丽而被载入《世界名品珍珠目录》，在人们心目中成了"稀世之宝"。

世界上最大珍珠现存于美国旧金山银行的保险柜里。它重达6350克，直径为27.94厘米，有人头那么大。其价值为408万美元。这颗珍珠曾在美国纽约的一家珠宝店橱窗里展出，轰动美国，人称"珍珠王"。但是，这颗珍珠的获得却十分不易，那是在菲律宾发生的事。某部落酋长的儿子和伙伴们正在海湾游泳，突然听到酋长的儿子惨叫一声，便沉入海底。当人们在海底找到他的尸体时，发现他的右手被一只巨蚌紧紧地夹住了。打捞人员费了很大气力，才设法把巨蚌弄到岸上，当用铁棍把蚌壳敲开后，竟发现了这颗轰动世界的珍珠王。

与"珍珠王"并列为世界十大名珠的其他名珠是：

一颗产于斯里兰卡珠母贝的夏梭菲珍珠，重32克，被收藏在伊朗王室。

1886年澳大利亚西部，有人在白蝶珠母贝中培育出一颗形状奇特的珍珠，名叫"南方十字架"。它是由9颗附壳珠连成一体，呈十字架形。

在英国博物馆藏的一顶金冠上，镶嵌着一颗巨珠，重达85克。

1957年，日本船"喜洋丸"在阿拉夫海一只百蝶珍贝中采到一颗珍珠，直径25毫米，重12克，被列为世界名珠第5位。

法国王冠上一颗大明珠——女王珍珠，是一件"无价之宝"。可惜在1972年被人盗走了。

帝俄王室珍藏一颗"拉勒简特珠"，重21.6克。原苏联博物馆保藏着一颗标准圆度的珍珠，这颗珍珠只有5.6克，但因其独特的珠形和绝佳的光泽而被视为珍品。

存放在德黑兰宫殿中的一颗梨形珍珠呈黄色，重12.8克，被命名为"孔雀王座"。

一颗产于砗磲蚌体内的名贵珍珠，取名为"真主珠"，1980年5月15日在美国奥克兰以20万美元的高价售出。

15 巴黎文物拍卖行

巴黎是世界文化交流的中心，也是世界文物的荟萃之地，那里有各种各样的文物拍卖行，公开拍卖世界各国不同时期、不同种类的文物，而其中最著名的就是德鲁奥文物拍卖行。德鲁奥是历史上有名的人物，曾在拿破仑的麾下东征西讨，是一屡建战功的将军。随着历史向前迈进，往事如烟，人们已经记不得这个名字的来历，对今天的巴黎人来讲，这个名字仅仅意味着文物的拍卖。这座以德鲁奥的名字著称于世的文物拍卖行是1980年在一座古老建筑的原址上兴建起来的。它每天吸引着成千上万来自世界各国的参观者，他们当中有艺术爱好者，有文物收藏家，有以赚钱为目的的商人，也有想一饱眼福的普通参观者。这是一个公开拍卖的场所，任何人都可以自由进出。

当你走进这座富丽堂皇的建筑时，你会发现这里简直是一个琳琅满目、五光十色的艺术世界。这边是古代绘画，那边是木器家具；这边是风格各异的地毯，那边是奇形怪状的古钱币；这边是金银器皿，那边是陶瓷工艺品……肯定会使你眼花缭乱，流连忘返，说不定你还会心血来潮，买下一件文物放在家里赏玩。不过，你可千万要小心，这里毕竟是个鱼目混珠的世界，你如果不认真考虑，很可能上当受骗，花许多金钱买下没有多少价值的东西。为了保险起见，你在买物品前最好先看一看拍卖目录，然后再到拍卖行举办的展览会去走一走，对所有被拍卖的文物有个大概的了解。也许，这种走马观花式的了解不足以给你提供最准确的信息，但这不要紧，因为正式拍卖的当天下午，拍卖行还将举办一次特别展览，使你有机会从玻璃橱窗内取出你所喜爱的文物，亲自鉴定其真伪、质地，以及制作工艺的优劣。当然，你如果是个初学者，那么还是应该听听专家的意见。德鲁奥拍卖行里有各种各样的文物专家，他们会告诉你各类文物的行情。

乔治·勒费弗尔是个陶瓷专家，他认为收藏陶瓷制品有两个好处。一是材料的丰富，如陶器、彩陶、瓷器等，产地众多，可以使人有充分的选择余地。二是价格比较便宜，一般的花上3000法郎就可以买到一件称心如意的陶瓷制品。如1814年～1830年法国王朝复辟时期的彩绘瓷盘，如今的拍卖价格有时还不到2000法郎。当然，有些陶瓷制品的价格在最近十几年中增长了许多，如一件产自斯特拉斯堡的彩绘瓷盘，1970年仅值2500法郎，如今却要花1.2万法郎才能买下。

关于绘画的拍卖行情，可以请这方面的专家路易·里欧先生。他认为绘画有四点须知：一是重视流派，最好购买意大利画派、法国画派，以及荷兰画派的作品。佛兰德画派的作品固然很好，但价钱太昂贵。二是重视绘画大师们的草图，因为这些草图可以帮助我们理解他们的绘画作品，使其具有很高的收藏价值。三是注意收藏那些从目前来看并不时髦的作品，如以宗教、神话为题材的作品，因为人们迟早会重新燃起对它们的热情。四是不要忽视小人物的作品，因为这些出自无名画家的作品有时完全可以同艺术大师的作品相媲美，而前者的价格则要比后者便宜得多。让·路易·皮卡尔则认为价格始终处于持续上涨的趋势，而且连20世纪50年代那些一直无人问津的抽象艺术品也引起人们越来越多的兴趣。他预言，现代派绘画的拍卖价格很快就会赶上或超过古代绘画。

不知从什么时候起，也不知是通过什么样的途径，欧洲市场上出现了越来越多的中国文物，这一现象引起远东艺术专家米歇·伯尔德先生的关注。他发现，新石器时期的陶器显然比过去便宜了许多。道理很简单，物以稀为贵。由于中国文物大量涌入欧洲市场，人们只需花三四万法郎就可以买到一只4000年前的陶罐，实在太便宜了。同样，汉、唐时期的"冥器"在欧洲市场上也没有交什么好运，原因是这种随葬品越来越多。至于明代的琉璃瓦和康熙年间的青瓷，它们在20年前曾经是拍卖行的抢手货，可如今已经过时了，你花上5000法郎就可以买到一只很漂亮的瓷盘，而一对瓷瓶最多也就值1.5万法郎。不过你要注意，在鉴别这些瓷器的质地上一点儿也马虎不得，特别是青瓷的颜色该呈"宝蓝色"，色泽也应该非常鲜艳。如果你对文物的质量拿不准，那么你宁可花1万法郎买一只18世纪的印度瓷盘，也不要因为年代的久远而用这些钱去买一只宋代的"豆绿色"的普通汤盆。总之，重视质量的人决不会吃亏，正如一位诗人所说的那样："珍品不见得就一定很美，但美的东西却迟早会成为珍品。"

在德鲁奥文物拍卖行里还有这样一种人，他们的兴趣并不在那些绘画、瓷器、家具、首饰上，他们来这里的目的是收集历代善本书籍。由于收藏者文学素养和美学趣味的不同，他们收藏的对象必然会因人而异。正因为如此，善本专家埃里克·比弗托认为他很难给大家提供一般性参考意见。不过，按照他个人的看法，现在最好还是收集那些不太时髦的作家的善本书，特别是17世纪作家的善本。这些古典主义作家的善本都不太贵，花上2万法郎就可以买到一本莫里哀或拉辛的善本书。至于现代和当代作家的作品，收藏者应该多注意收集初版本。因为，这些不仅有助于了解作品的原貌，而且可以帮助人们了解作品所产生的时代。事实上，这些作家作品的初版本并不难找，价值也不很贵，一般的不会超过2000法郎。但是再过几年，这些作品的拍卖价格肯定会成倍增长。

当然，对于专家们的意见不可尽信。雷蒙·德·尼科莱就曾一针见血地指出，如果这些文物果真像他们预计的那样成为拍卖行的抢手货，那么这些先生自己就会早早地将它们买下，而不至于吵嚷得全世界都知道。尼科莱是很坦率的人，他承认自己无知，说不准18世纪的青铜器皿或地毯在未来的几年究竟会上涨还是下跌。但他凭着多年的经验告诉大家，在购买文物时有三点值得注意。一是，见到好货不要怕花钱。因为，任何好货的拍卖价格都是升得快、降得慢。至于什么是好货，他认为好货是指那些有独创性的物品，而不是便宜货，有时会使你付出高昂的代价。以家具为例，尽管你可以廉价买下一件破旧不堪的老式家具，但却要花费许多钱定期修理它，否则它就会坏损。当然，如果你用2万法郎修理一件价值30万法郎的家具，那还是值得的，但如果你用同样多的钱修理一件价值5万法郎的家具，那就不合算了。二是，在现代生活中不能发挥作用的物品是没有前途的。道理很简单，坐在路易十六时期的沙发上看电视总不如坐在现代沙发上舒服，尽管它是不可多得的文物。

无论是听取专家的意见，还是根据自己的爱好，你一旦选中自己心爱的东西，便可以参加文物拍卖。不过，根据法国的法律，未成年人，以及疯子、酒鬼是不能参加拍卖的。因为，这类人喊出的价格往往是不负责任的，有时甚至是信口胡言。喊价也是一门学问。当多人争相购买同一件文物时，大家就会层层加码，把价格越抬越高。在这种情况下，你一定要保持冷静，千万不可一时冲动把价码抬得过高。在加价时，每个人都有自己的特殊方式，有的人伸出一个手指，有的人是眨下眼睛，有的人是摸一下帽子，有的人是挥一下手中的拍卖目录，但最好的办法还是高喊出你准备付出的价格。因为，任何细小的动作都会使拍卖员产生误解，以为你打算在原有的基础上再加1000法郎。如果你高声喊价，你完全可以一百一百地往上加。一旦文物拍卖给了你，拍卖员就会给你一张单子，你拿着它付过款后便可得到自己心爱的文物。

德鲁奥拍卖行的确是个艺术宝库，你在那里不仅可以看到许多价值连城的文物，而且可以学到各种各样的专门知识。如果你有机会去巴黎，不妨到那里走一走，兴许你还会有意外的收获呢。

（董仁威）

新世纪

老年

百科全书

家庭与婚姻卷

JIA TING YU HUN YIN JUAN

"我想有个家"，这是一句人们耳熟能详的歌词，更是世间所有人发自内心的呼唤。与之相反，"无家可归"是人间最凄凉的情景，更是一个人不幸的遭遇。"家庭"与"婚姻"紧密相连难分难解；"家庭"与"婚姻"同波澜壮阔的人生休戚相关。

老话说得好："世事冷暖闲中看，山路崎岖倦后知。"在实际经历和体验了情窦初开的冲动，谈婚论嫁的喜悦，以及居家过日子的平实后，作为家庭、婚姻"过来人"的老年人，在其情感世界里，要么"窖香"四溢，要么五味杂陈，真可谓积淀丰厚，应有尽有。若谈论最新科技、新潮文艺、竞技体育，老年人或许稍逊青年人一筹，可要是谈论家庭、品评婚姻，则一定比年轻人更有充足的底气与雄厚的资本。

据说早先世上本无"家"。那是在人类茹毛饮血的时代，我们那浑身长毛的祖先，逐水草而居，采野果而食，男女混杂，长幼不分。维系他们的是血缘，保护他们的是部落。恩格斯将此时的人叫做"本能的人"。尽管钱钟书先生的"人是无须发情期，一年四季都有性欲的动物"是笑谈，但那时人们的确就像"动物"：有"情"无"爱"。既无爱情，自然也就无它的归宿——婚姻和家庭。

后来，人类由愚昧渐渐进入文明。出于进化本能，人们知道了近亲繁殖的危害，懂得了仅靠血缘无法维系作为人类的至尊地位。在那黑暗历史的尽头，家庭登临历史舞台。在我们的汉文字里，"家"是宝盖头下面一个"豕"（据说是小猪），猪归自己屋里，象征着财产私有的时代来临。在这个意义上，经典作家们将私有时代与文明时代视为同义语。从此，原始的单纯以血缘为纽带的部落消失了，而被现代社会的家庭关系取代。

这个社会的细胞就是家庭。家庭是漫漫人类历史和茫茫人间世界的最小单元，是我们个体生命的萌生地，是我们芸芸众生疲惫的身心得以遮风避雨的港湾。

在这个世界上，一个人可以不经历一次婚恋，但却不可以不生活在某个家庭。因为，一个人活着的本身，就别无选择地使他或她成为某一特定家庭的成员，并无可推卸地必须承担某一特定的责任。一个人可以不是某个儿子或女儿的父母，却肯定是某对父母的儿子或女儿。如果再往前推若干年，一个人还肯定是某对爷爷、奶奶的孙子或孙女，也说不定是某人的兄弟或姐妹。至于一个人最终是否成为某人的父母，那只是这个人在若干家庭形式中作出自己的选择问题。比方说，选择独身，也就选择了"单身家庭"这种特殊的家庭形式。换句话说，一个人可以选择某一特定的家庭角色来存在和生活，却不能选择家庭以外的存在和生活。家是无可选择的。

有了家，就有了操持的需要。人们最容易看到的，是一个家庭的物质层面的运转。所谓"开门七件事，油盐柴米酱醋茶"，哪一件敢有些许闪失？"吃喝拉撒睡，桌椅板凳柜"，哪一样能不照顾妥帖？"上有老母，旁有病妻，下有学子"，哪一个可以忽略不计？因此，操持家务是人生的一大"功课"，居家过日子是人生的重要组成。

有了家，就有了身心的归宿。出差在外的人，之所以归心似箭，远走他乡的游子，之所以叶落归根，都是因为有这个"家"的牵挂。"在家千日好，出门步步难"，这是对家的最高礼赞；"无家可归"和"有家难归"是人最痛苦时的写照；"家破人亡"是人最不幸时的境遇；"家庭幸家是我们事业航船的起点和目的地，家是人们心灵的避风港和加油站。

正是在家里，人们的社会角色渐渐发生变化。人之儿女变成了人之夫或人之妻，再由人夫人妻变成人之父母，而后再由人之父母变成人之爷爷、奶奶、外公、外婆。与此同时，人们在家中的身份也在由"家属"到"家长"的转变。这是绝大多数人的人生轨迹或走向，也是绝大多数人的生命价值的最基本体现。在风云骤变的社会大舞台，我们每个人可能扮演着不同的角色，有这样那样的"长"，有这样那样的"者"；有的呼风唤雨，有的波澜不兴。但是，回到家里，他和她的"丈夫"或"妻子"、"父母"或"儿女"的本来面貌立即恢复。在家里，威严的将军可以是温情的丈夫和慈爱的父亲，要强的女人可以是贤惠的妻子和无私的慈母。

家使人们褪去虚假的色彩，家让人们脱去各色避风的衣装。

然而家也是需要滋养和维系的。建立在爱的基础上的婚姻，或者说在婚姻范围内持续着的爱，是家业兴旺、事业发达的根本。有的人之所以体会不到这一点，有的人之所以宁愿弃家而去，那是由于滋养和维系家的那些养分已经丧失，家已经成为"枷"的同义语，家已经成为"围城"的代名词。可见，"居家过日子"是再平常不过的生命延续形式，正如一句歌词所写的那样"平平淡淡才是真"。

说到婚姻，老年朋友不免会问：都老夫老妻了，还有什么说头？其实，或许正是因为已是"老夫老妻"，其婚姻才是个说不完的话题。唐人李冶说得好："至近至远东西，至深至浅清溪，至高至明日月，至亲至疏夫妻。"想想看，最亲是夫妻，最疏也是夫妻，如此巨大"落差"之间，该有多少话说不完啊！

婚姻在年轻人那里多浪漫少实在，多憧憬少体验。在他们那里，爱情的分量可能或甚至超过婚姻。因而婚姻对他们来说虽不能说无话可说，但说出来恐难免失之轻飘。法国大作家巴尔扎克曾说过：爱情只产生快乐，婚姻产生人生。正由于此，老年人心

目中的婚姻，以及老年人所感受的婚姻，与年轻人有着极大的不同。这犹如同一句格言，从两代人嘴里说出来有着完全不同的分量一样。

年轻人的婚姻与老年人的婚姻，是两个层面的人生经历的提炼，是两个阶段的人生哲学的浓缩。

回味婚姻，可使老年人总结经验安享天伦之乐，也可使年轻人受到教益营造壮丽的人生。还是那句歌词说得好"我想有个家"。"恋家"是不分长幼男女的，希望人们都"恋家"。

（陈俊明）

家 庭

① 家庭构成及其他

▲ 家庭

家庭是由一定范围内的亲属所组成的共同生活单位，是由宗和族组成的个体组织，是社会的细胞。

家庭是在原始社会末期产生的。随着私有制的产生和母系制的瓦解、父系制的确立，逐渐形成家庭。家庭形成，改变了人类此前一直奉行的群婚制，将人们组成从事物质资料生产和人口生产的这两种生产的最小单位。因而，家庭既是生产单位，又是生活单位，是庞大的人类社会的细胞。它的产生，是人类历史上一个伟大的进步。法国启蒙时期的著名思想家卢梭说得好："一切社会之中最古老而又唯一自然的社会，就是家庭。"

不同时代不同性质的家庭是各不相同

的。奴隶主家庭，一切财产归家长所有，不仅奴隶对他绝对服从，其儿女对他也是绝对服从。封建主家庭，家长也将儿女看成他们的统治对象，家长在家庭里是小皇帝，犹如大皇帝在整个社会中是大家长。尤其是我国封建社会的家庭与整个社会，甚至出现学者所称的"家国同构"现象：政权、族权、神权和夫权，所有这些统治者常用的"四大绳索"，都由小家长（一家之长）与大家长（一国皇帝）所共用。如"父为子纲"，就是社会的"君为臣纲"在家庭中的缩影；而一个家庭里的"孝"，就是外面的"忠"的另一种实现方式。正因为这样，我国古人所倡导的"修身、齐家、治国、平天下"的人生修养功夫，才会如此紧密地联结在一起。

封建统治的一大特点，就是将家庭而不是将个人当作直接统治的对象。为此，封建统治者规定家长对家庭成员负有各种法律责任，从而使得那时的家长很不好当，有时自己完全不知不觉就因子女的某个行为吃上官司。如我国汉代就曾规定：占租不实，要处罚家长；晋代则规定：举家逃亡，全家处斩；明、清两代甚至规定：诸如穿衣、住房超过等级标准，也要"坐罪家长"。所以，一方面，既看到封建时代的家长在家中威风八面，另一方面，又必须看到他们在社会大家长面前的可怜与无助。

马克思、恩格斯认为，家庭是人类社会的基础，他们这是站在历史的高度来谈论家庭及其作用的，这是符合社会发展的。在现实中我们看得愈来愈清楚，家庭的稳定与否，家庭问题处理的好坏，不仅关系到个人及其家庭，而且关系到整个社会，关系到这个社会的稳定，关系到这个社会的发展。

家是一个小世界，世界是一个大家。国家国家，连"国"缀"家"，充分说明人类对家庭关系及家庭问题的重要性极其看重，也充分说明人们对"家国同构"事实的高度认同。"家法"与"国法"，"家规"与"民规"，"家教"与"社教"，一而

二、二而一，紧密相连，浑然不分。从这个意义上说，"人生在世"，首先是"人生在家"。

懂得了上述道理，我们就应当懂得家庭的稳定、和睦、团结是多么重要。正因为如此，我们应当本着为自己同时也为他人为整个社会作贡献的态度，高度重视和认真对待自己的家庭问题，运用智慧与技巧，正确处理好自己的家庭问题，从而为营造一个和睦、稳定、祥和、幸福的家庭，为整个社会的繁荣发展作出自己应有的贡献。

▲家长

"家长家长，一家之长"，这是人们通常最为熟悉的关于家长的说法。

这个说法也对也不对。说它对，是它道出了家长在家庭中的地位和作用；说它不对，则是指它未能说明家长的这种地位和作用缘何而来，最重要的是，它没有能够说出家长的准确含义。

任何一个家庭都是由家长与家属共同组建而成的。但是真要细说起家长来，却又一言难尽。原来，在不同的时代，家长正像家属一样，有着不同的含义。换句话说，那就是，并不是像许多人想象的那样，凡是长辈就当然的是家长。

在我国长期的封建时代，由于一个家庭的家属还包括这个家庭中的奴仆，因此在那样的社会里，当家长的在家庭中地位极尊，权力极大。这不仅是因为他管理着这个家庭中的从家属到奴仆的一大帮人，更在于他实际上是社会的封建统治在这个家庭中的代言人。这么说吧：皇帝是整个

社会的"家长"，而家长就是一个家庭中的"皇帝"。

细心的读者可能已经发现，我们在说到家长时，用的都是"他"。可是一个家庭能够成为家长的，按理来说应当不止"他"，还有"她"呀！这又是怎么回事呢？

原来，在封建社会，由于夫权至上，当妻子的根本没有地位，因此家长只能是"他"一个人。家长只有一个，就像皇帝只有一个，这正是封建社会的特点。《孔子论语·本命解》中曾有过这样的说法："天无二日，国无二君，家无二尊。"这就道出那个社会在家庭与社会均只有一个"家长"的真实情形。

不仅如此，在只有父子两代男人存在的家庭里，只有当父亲的才有资格做家长。而在爷孙三代男人同堂的家庭里，家长就轮不到父亲而成爷爷的"专利"了。以此类推，在祖孙四代同堂的家庭里，"家长"的头衔就会落到爷爷的爸爸——也就是曾祖父的头上。人们为这种"家长制"做了一个既简单又形象的归纳：男性最长者为家长。

女性，或者说"她"，在丈夫健在时是不能当家长的；即使是在丈夫死后，如果丈夫有儿子，也要由儿子来做这个家的家长，尽管她比儿子更年长。只有在丈夫死、无儿子的情况下，"她"才能有机会当上家长。在敦煌发掘出的西凉户籍册中，曾记载一个小男孩年仅9岁，就因为父亲的去世而当了家长。由此可见，女性在封建社会当家长的可能性是很小的。以至于《穀梁传·隐公二年》干脆称："妇人在家制于父，既嫁制于夫，夫死从长子，妇人不专行，必有从也。"在这里，"从"，也就是今天说的"属"的意思，也就是说，妇女在绝大多数情况下只能当家属。

在封建社会，家长手中握有从家庭的人财物支配到子女教育等所有大权，因而拥有至高无上的权威。这也和皇帝在整个封建社会的地位是一模一样的。因此，家长总是想方设法不让女性染指，就像社会总是竭力避免女性做皇帝。这是极为可恨又可气的。

如今是男女平等的社会，由于社会的法律和道德的要求，家庭中的一家之长地位也由男女双方共同分享。如此一来，家长就成为相对于子女和家属的称谓了，既

可以是"他"，也可以是"她"。更重要的是，无论是谁当家长，他们也不再是家中一切大权独揽，他们的话也不会犹如圣旨了，而是尽量在家中实行家长与家属、子女人人平等，家务事好说好商量，包括财政大权，也包括对子女的教育。

当然，由于封建社会在我国有着几千年的历史，"家长制"的遗毒至今还未彻底清除，因而旧式家长制作风还在一些家庭严重存在。实践证明，家长制是造成家庭不和甚至家庭不幸的重要原因之一。尤其是一些男性家长，表面上似乎不否认妻子的家长地位，但却在事实上剥夺了她的这种地位，比如凡事个人说了算，大权独揽等等。在这样的家庭中，妻子以及子女是没有地位的，当然也就没有发言权、表决权，同时也就没有真正的幸福与和睦。

看来，即使历史已经前进到科技文明的今天，为营造一个健康、和睦的家庭环境，为缔造一个幸福、美满的生活气氛，做家长的，尤其是男性家长们不仅应当对自己的角色有个准确的定位，还应当学会怎样做一个真正合格的家长。而要真正做到这一点，还应当在思想上彻底消除封建家长制的影响。

▲父母

父母是我们生命的直接给予者，也是我们绝大多数人成长过程的直接抚育者。过去人们在说到自己的生命的时候，往往爱说"身体发肤，受之父母"，或由"父精母血"而成，说的就是这个意思。

其实，父母的含义远不止这一点。换句话说，父母不仅仅是个生物学含义，在社会学中具有更重要的意义。

谈到父母，我们最熟悉者，莫过于我们的亲生父母。而且，父母除亲生之外，还有其他更为复杂的含义和内容。明白这一点，有助于我们正确处理好我们与他们的关系，有助于我们承担起孝敬和赡养的义务。

在我国古代，人们很早就用所谓"三父八母"之说来表述"父母"一词的复杂含义，而这些表述，虽经历史沧桑巨变，但至今仍然有着合理的内涵。

所谓"三父"，指的是"同居继父"、"不同居继父"和"从继母嫁继父"。"继父"是指父亲死后母亲再嫁之人；至于"同居"与"不同居"，则是表示子女是否

新世纪

老年

百科全书

与这位继父生活在一起。生活在一起为"同居"，不在一起为"不同居"。从现在的情况看，上述三种形式的继父都仍然存在，他们与子女的亲生父母一道，共同构成了社会的千千万万个家庭。

而"八母"则指的是："嫡母"、"慈母"、"养母"、"继母"、"嫁母"、"出母"、"乳母"和"庶母"。这些在今天听来颇为陌生的称谓，也实际反映了当时社会那种复杂的家庭关系与社会关系。嫡母，指妾或偏房所生的子女称其父的正妻或原配第一夫人（正房）为"嫡母"；慈母，指妾无子或妾之子无母因而由父亲指命为母者；养母，指的是出继给他人而非亲生母亲者；继母，指的是亲生母亲去世后父亲再娶者；嫁母，指亲生母亲因父亲死后改嫁他人者；出母，指的是虽然是亲生母亲但为父亲所离异者；乳母，指的是虽然不是生身但是哺乳养育我身者；庶母，指的是生我之母不是父亲的正室者。

上述这些复杂的称谓，实际上恰恰是那个时代的缩影，尤其是那个时代的伦理道德的反映。我们很容易从中窥见那个时代的夫权是如何的至上以及妇女的地位是如何的低下。

在今天，人们的父母关系显然没有那么复杂了。但是，由于种种原因，仍然不能排除一些人除了自己的生身父母外，还有自己的养父养母、继父继母等等。并且，这些人与自己的亲生父母的关系可能远不如与养父养母、继父继母的关系紧密和亲密。我们应当用比对人世间任何人都更亲近的态度去对待我们的父母。我们要孝敬他们，尊重他们，体贴他们，赡养他们。如果一个人连自己的父母都不能尊重、体贴、赡养和孝敬，就很难想象他会在社会生活中对其他人有善心善举了。

话又要说回来，生命的给予固然是重要的，生命的养育也同样重要，有时甚至是更重要。比如，那些弃婴的父母，他们与自己的亲生骨肉的关系会比那些抚养者与自己子女的关系重要到哪里去？也许他们遇到了不可抗拒的困难，但总而言之他们毕竟抛弃了自己的亲生骨肉，他们给予了自己子女的生命，却放弃了对自己子女健康成长更为重要的抚养、教育与关爱，而那些抚养者却给予了他们的子女以除血缘关系之外的一切。

懂得了这个道理，我们就必须懂得孝敬、尊重、体贴和赡养那些我们生命的抚养者，比如养父养母、继父继母等等。在复杂的社会生活中，总会有个别人因为种种原因不能或不愿抚养自己的亲生儿女，也总会有个别人因为种种原因无法由自己的亲生父母所抚养成长，对后者来说，亲生父母对自己的重要性远不如继父继母。由此可见，血缘关系虽然是人们之间最为亲近的关系，却不是决定性的关系，尤其不是人们之间亲情关系存在与否的决定因素。其原因就在于，血缘关系毕竟只是人们之间的一种自然关系，而父母关系则越出人们之间的自然关系而构建起更为深厚的社会关系。

正因为如此，人们常常将那些给予我们养育之恩的人，亲切地称为"再生父母"。推而广之，甚至将伟大的祖国也称作"慈祥的母亲"，所有这些都是人们这种完全正确而又真实的情感的真切流露。

▲子女

从遗传学的角度看，父母所生育的后代就是子女。

我们每个人都是父母的子女。我们中的绝大多数，也终将成为子女的父母。这是生命的循环，也是生命的绵延。

然而这种看似明白如水的道理，也不是那么简单易懂。正像父母关系不仅仅是一种生物或自然关系一样，子女关系也不仅仅是一种纯生物或纯自然的关系。

比如，早在我国封建社会，子女就被分为"嫡子"、"庶子"、"奸生子"、"嗣子"、"养子"、"螟蛉子"等多种类型。"嫡子"是由所谓的"正妻"所生；"庶子"由所谓的"妾"所生；"奸生子"也就是现代所说的非婚生子；"嗣子"是过继给同宗无子孙者，也称"过继子"，而"养子"则包括今天所说的"义子"（无血缘关系，但彼此有恩义关系而结成的亲子关系）、"螟蛉子"（取义螟蛉这种昆虫产仔后不能抚育，由一种叫蜾蠃的蜂去抚育）生而不养（含异子）者等等。

子女的上述复杂称谓，反映了封建社会中人际关系和家庭关系的复杂性。那时，一个做丈夫的经常有几个"妻室"，妻室又有"偏正"之分，因而这个丈夫与这些不同的"妻室"所生子女当然也就要加以区别对待了。而且"妻室"之外，丈夫还可能与其他若干女子生下子女。由此看来，在封建社会，首先是社会的等级决定了夫妻在家里的等级，然后是夫与妻的"偏正"（妻、妾或大小老婆）以及其他非婚姻关系决定了他的子女的等级。从而，家庭的等级也就是整个封建社会的缩影。

但是，话又说回来，像"义子"、"养子"、"非婚生子"等类型的子女，即使在今天以及在将来，也都还是会存在的。他们的存在与社会的性质无关，而与人们之间那复杂的亲缘关系有关。正如父母也未必就一定只是生身父母一样，子女也未必就只是一种血缘的关系或称谓。

很显然，一个子女是否与父母亲近、对父母孝道，与其是否由父母亲生没有必然的关系。子女这种与父母辈分相对的称谓，主要是道出他们间一种特别的亲情和社会关系，而非仅仅指他们之间的血缘关系。对于一个做父母的人来说，子女是否由自己所亲生，这并不重要，重要的是自己收养了他们，就与他们构成了相应的法律关系，因而自己就有抚养教育他们的法定义务和责任，而他们也同时有了在一定时候赡养你的法定义务和责任。

事实上，生活中很多当父母的对待自己的养子、养女，甚至干儿子、干女儿，与对待自己的亲生儿女一样疼爱，甚至比对自己的亲生儿女还要疼爱。因为，他们认为，那些失去亲生父母的孩子，比拥有亲生父母的孩子更需要爱、更值得疼爱。

▲家属

家属是相对于家长而言的。在一个家庭中，除家长以外的其他家庭成员都是家属。

从原则上讲，家属家属大家都"属"一"家"，都是共同生活在一个家庭中的人，应当不分谁主谁属，因而过去人们也将家属称为"家人"。

但是，由于长期的封建历史，妇女地位的低下，做妻子的在家里既无权做"家长"，也就只有当"家属"的份儿。但时代不同了，在今天，男女平等，丈夫和妻子在家中都是家长，也互为家属。家属有时还包括和他们在一个家庭中共同生活的他们的子女、兄弟、姐妹、父母等。

然而在今天的农村，仍有不少家庭是几代同居同财，因而其家属的含义就变得十分宽泛。在这样的大家庭里，家属显然是人数众多、关系复杂。更由于这样的家庭还与另外的与其有着亲缘关系的其他家庭来往密切，因而家属这个概念就被人们进一步分成"直系亲属"、"旁系亲属"和"有宗族关系"等等远近不同的层次。所有家属无疑都是亲属，要么是直系的，要么就是旁系的，或者是姻亲的。

从这里，我们可以很明显地看出，家属是被包含在亲属这个概念中的。人们说到自己与某人有着亲属关系，是表明他与某人之间有着沾亲带故关系，而非表明他与某人是否是家属。反过来说，由于家属是相对于家长而言的，因而一个人所赡养、扶养和抚养的全体家庭成员，如父母、妻子、子女等，也都在习惯上被称作家属。

当然，在一个家庭中，主要是因为经济的原因以及社会的传统，家长往往拥有较高地位和权力。这样一来，其他家庭成员就只有"屈居"从属地位。这也是家属之"属"的又一含义。这一点，在我们今天的户口本儿的登记填写上体现得十分清楚。在那上面，"户主"不等于就是这个家庭的家长，而其他人虽被填入"家属"栏中，但户主不仅仅只是做丈夫的，在有的户口本儿上妻子也是户主。随着我国社会市场经济的发展和户籍管理的改革，户主与家长的对应关系将更为弱化。

不过，不论家庭成员在家中居于什么样的地位，也不论他们是家长还是家属，在现代社会，他们的社会地位都是平等的。因而家庭的开支、重大的决策等，应当大家互相讨论协商解决，不能由家长一人说了算，而其他家属没有一点发言权。一人说了算的做法就是家长制的遗风，它与现代社会人们所倡行的平等与民主是背道而驰的。

▲出生与户口、居民身份证

出生就是我们的生命正式来到这个世界上。

我们每个人一呱呱坠地，就同时享有一个公民应当具有的权利。其中一个重要的权利，就是依法获得自己的户口。我国法律规定，公民从出生之日起至死亡之时止，都具有民事上的权利能力，即都可以在民事法律关系中，享受民事权利并且承担相应的义务。

当然，像婚龄的规定、劳动权、休息权等民事权利，需要等到公民到一定年龄才能具有。另外，公民的政治权利也可能因公民年龄未满而受限制，或因公民触犯法律而被依法剥夺。

一旦我们有了子孙，我们就要督促儿女去替孙子孙女办理户口。这时，我们有许多问题应当替他们预先考虑周全。

（1）要考虑孙儿孙女的户口登记地。按照《中华人民共和国户口登记条例》规定，婴儿在出生后一个月内，就要由户主、父母、抚养人或者邻居，去婴儿常住地的户口登记机关申报该婴儿的出生登记。目前，在我国的大多数地方，婴儿常住地指的是其母亲的常住户口所在地，这就是人们常说的"婴儿户口随母"（有的地方在户政改革后，婴儿户口也可随父）。

（2）在为婴儿登记之前，要起好正式的名字。在前去给婴儿的出生户口登记时，婴儿的姓名应当由父母商定下来，爷爷、奶奶等长辈也可以替他们当当"参谋"。但是，不论谁在起名字中起决定作用，都应当将婴儿的正式名字商定，而不要用诸如"毛毛"、"亮亮"之类的乳名，以免将来再更改姓名时，带来麻烦。

（3）如果婴儿的父母不是同一民族，还应当考虑好让其登记的民族。我国法律规定，婴儿的民族应该根据父母的民族来登记。如果婴儿的父母不是同一个民族，可根据父母的意愿，在两个民族中确定一个婴儿登记的民族。

（4）要认真查看户口登记项目是否正确、齐备。现阶段，我国城镇的户口登记主要进行下列七个项目：常住、暂住、出生、死亡、迁出、迁入、变更、更正。户口登记以户为单位。居民一般以家庭构成户的单位，这就是人们常说的"一家一户"。单身居住者，可自立一户；居住在机关、团体、学校、企业、事业单位内部公共宿舍者，可共立一户或分别立户。

我国的户口制度已经存在了数十年，现正在逐步改革，现阶段它仍然有着重要的存在价值。比如，维护社会秩序、保护公民权益、服务于社会主义建设等等。改革不过是将它改得更加完善更加合理。

至于办理居民身份证，也有相应的一些规定需要认真遵守。

（1）要及时办理。《中华人民共和国居民身份证法》规定，居住在中华人民共和国境内年满16周岁的中国公民，应当申领居民身份证；未满16周岁的，可以自愿依法申领。

（2）要知道一些相应的知识。按规定，在办理居民身份证时，需要填写《居民身份证申领登记表》，交验户口簿。照片一般由办证机关指定地点拍摄。如果居民身份证不慎丢失，应当申报补领新证。如果补证后原证又找回，应当将原证交回公安机关。

（3）在几个重要的年龄段上要及时更换新的居民身份证。我国有关法律规定，居民身份证的有效期分10年、20年和长期三种。分别发给16岁～25岁、26岁～45岁、46岁以上三种人。为什么要分这三种形式？一次性办完不更省事么？这是公安机关经过仔细研究以后才作出的规定。原来，人在上述三个不同时期的体貌特征变化极大，必须加以区别对待。尤其以25岁以下的人外貌变化最大，而46岁以上的人则变化较小。分段办理相应年龄段的居民身份证，是为了避免验证机关在识别持证者时发生错误。

或许有人会问：为什么在有了户口簿以后还要发居民身份证？主要理由是公民在如下情况下需要出示自己的居民身份证：选民登记、户口登记、兵役登记、婚姻登记、外出住宿登记、入学、就业、办理公证事务、前往边境管理地区、办理申请出境手续、参与诉讼活动、办理机动车船证件、办理个体工商执照、办理个人信贷事务、办理社会保险和领取社会救济、办理搭乘民航飞机手续、提取汇款和邮件、寄卖物品、办理股票证券开户以及办理其他事务等等。在所有这些场合，有关验证机关和工作人员有权向居民索要居民身份证查看，而居民本人不得加以拒绝。

▲家政管理

家政就是对家庭事务进行管理的活动。

家庭有哪些"事务"需要管理呢？过去有一种说法，叫做"开门七件事，油盐柴米酱醋茶。"而现在一个家庭，尤其是城市家庭所产生的事务，就更加复杂多样。它不仅包括一个家庭所必需的吃喝拉撒睡，还包括一个家庭所必需的文化娱乐、精神消费、财政收支、对外关系等的安排与运筹。可以这么说，家政所涉及的家庭事务，实际上就是一个现代家庭的日常运转活动，其目的就是使家庭的日常运转更优化，使整个家庭的成员都能享受到由此带来的幸福与乐趣。

一个家庭日常所能产生的事务主要有：买菜、做饭、洗衣、清洁卫生、带孩子、财产管理、迎来送往等。只要家庭存在一天，它们也就会存在一天。因此，有人戏言："家务事比命长"。意思是家庭事务是做不完的，不管你有多么能干。同时，它们又是琐屑的，应当统筹管理，科学安排，方才不致使人被它太折磨。仅仅停留或满足于做好它们、应付它们，这不是家政层次，而是小保姆水平。

可见，从事家政是人生的一大"功课"，居家过日子是人生的重要内容之一。

但是，短暂的人生不能为长久的家政所累。家务事再多再重要，也不能同人生的价值、生命的意义以及生活的乐趣相提并论。因此，我们要努力跳出繁琐家务事的牵累，不做它们的"奴隶"。既然它是做不完的，也就不必去为它的存在而烦恼。在这方面，我们不妨洒脱一些，随意一些。

人到老年，渐渐退出繁重的工作岗位，不少人逐渐变换了自己的角色，在自己或儿女的家里做起了诸如照管孙子、买菜做饭之类的事情。适当做做这些事情，一则减轻了儿女的负担，使他们能安心地工作；二则人到晚年，含饴弄孙，也享天伦之乐；三则活动活动腿脚、锻炼锻炼筋骨，也有利于自身的健康。但是，老年人切忌因此而背上沉重的家务负担，更不能因此失去宝贵的晚年幸福。老年人做家务必须量力而行，适可而止，不可将自己所有的时间和精力都放在家务事上，要学会合理而科学地安排自己的生活。不能在工作上辛苦一生后，再回到家里为儿孙"当马牛"。当然，这有待于做儿女的理解父母、体谅父母。

随着现代生活的日益多样化和复杂化，家庭事务也就愈来愈多样化和复杂化。因此，管理它们也就愈来愈讲究、愈来愈需要智慧。从这个意义上说，不是每个人天生就会做家政，相关的能力依靠培养锻炼和学习而成。比如做饭，现在就不仅仅是为一家人解决饥饿问题，它更是一种文化，一种艺术，一种情调。而带孩子更是一门集生活照料与智力开发、品德教育、情操培养、体格锻炼等于一体的学问。从这个意义上说，做家政的确是一门学问，一门艺术。正因为如此，家政早已成为国际以及国内一些大学的专业。现在有不少的中老年人，利用休息时间进各种学校或培训班，学习烹调、插花、幼儿教育等，就是为了适应现代社会以及现代家庭对家政的需要，也为了更好地丰富自己退休后生活的需要。

2 家庭类型
▲ 核心家庭

一对夫妇与他们的尚未成婚的孩子共同生活，这就构成了通常所说的核心家庭。我们由此可以看出，核心家庭的"核心"，就是指这个家庭的父母与子女关系这一家庭最紧密的亲情纽带。

当前，核心家庭已成为我国社会的主要家庭形式。也就是说，以这种形式存在的家庭，占了整个社会家庭的大多数。由此也可以看出核心家庭对社会的影响和作用。

一般说来，在核心家庭中，子女要么是尚未成年，需要父母抚养；要么虽已成年，但因种种原因尚未嫁娶，还需要同父母共同生活在一个家庭中。无论是哪种情况，这一家庭形式中的两代直系亲属都必须朝夕相处。因此，处理好彼此之间的各种关系，是家庭得以稳定发展和幸福安康的根本所在。

我们很容易发现，其实我们大多数人都曾生活在这样的家庭中，我们很多人至今仍然在这样的家庭中生活。很多人的一生，都必然有相当长一个阶段在这样的家庭中度过。从我们呱呱坠地，到牙牙学语，再到步入青年，一般说来，大约有二十余年时光，我们与我们的父母共同生活在一个家庭中，或者说我们与我们的父母共同组建了核心家庭。只是在这段时间过去后，我们由于谈婚论嫁，而离开父母，才组建起自己的家庭，才使那个养育我们多年的核心家庭可能解体。

当我们组建起自己的家庭后，往往又会很快生儿育女。这样，我们又重复着一个新的生活形式，同时延续着一个新的核心家庭，直到我们的儿女长大成人、谈婚论嫁并最终离开家庭的那一天。由此看来，我们每个人的一生，都必然有相当长一个时期生活在核心家庭中，只不过是我们每个人在不同的核心家庭有着不同的地位和作用而已。

核心家庭最大的任务就是抚养儿女成

人、成才；同时，培养儿女尊重和孝顺父母。因此，核心家庭担负着社会最重要的两大使命。

（1）为将儿女抚养成人，这个家庭的父母要作出重大贡献乃至牺牲。千辛万苦地挣钱，精打细算地持家，以及必要时克己以待子女，这就是千万为人父母者的日常生活。更重要的是，这种付出是不图回报的，惟其如此，它才显得无私和伟大。

（2）为将儿女教育成才，这个家庭的父母要充当儿女的第一任老师，甚至是最重要的老师。有时，做父母的可能要手把手地教子女文化知识与礼节礼仪，以言教为主；更多的时候则可能是将自己的教育与影响融化在看似平淡的日常生活之中，以身教为主。

无论从哪方面来说，父母都是核心家庭中最重要的角色。在儿女尚未成人时，他们是这个家庭的主心骨、顶梁柱。当然，儿女恰恰也因为上述原因，又是这个核心家庭的最大的希望和寄托。正是因为这个希望和寄托，父母以及子女所构成的核心家庭才有着极其强大的生命力和创造性。

在父母的关爱和细心照料下，儿女一天天长大成人、成才。随着这一过程的日渐来临，渐渐长大的儿女也应懂得体贴关心父母，懂得孝敬他们。这是核心家庭的另一神圣使命，也是它的又一重要内容。仅仅只有父母对儿女施爱和关心的核心家庭是不完满的，只有做儿女的懂得并在生活中自觉以种种方式回报父母，这才是完满而幸福的核心家庭。

然而，核心家庭也有自己的问题。最大的问题大概要数所谓子女日渐长大而与父母之间形成的"代沟"问题。

毕竟子女与父母是两代人，而又正是由这两代人共同组成一个家庭，因而处在尚未成年或成年过程中的子女的认识和想法，就难免与父母的认识和想法产生很大的差异。这就是人们常说的"代沟"。此种情况，一般会随着儿女年龄的增长日益显得严重，通常情况下只有当儿女本身也成家立业后，才会渐次消解。这种现象的出现，会给核心家庭中的父母与儿女的关系造成较为严重的影响。若处理得不好，甚至还会带来严重危害。有的家庭悲剧就是由此造成的。

由于儿女此时大多处在未成年或成年过程中，因此处理好两代人的关系、弥合好双方的"代沟"的重任，就责无旁贷地落到了父母身上。父母应当明白一代人有一代人的兴趣爱好，一代人有一代人的精神追求，一代人有一代人的思维方式，一代人有一代人的烦恼和焦虑。从理解和尊重儿女的立场出发，既应加以善意引导，又不横加干涉，这才能赢得儿女的理解与接受。

当然，做儿女的也应理解父母的良苦用心。尤其是自己已经长大，渐渐懂事之后，更要充分理解和尊重父母对自己的一片良苦用心，包括那些自己一时不能理解和接受的做法和说法。人们常说"可怜天下父母心"，父母的良苦用心至少在出发点上完全是为了自己好。

只有大家都做到相互理解，才会使家庭的共同目标得以实现，也才会营造出良好的家庭气氛。一般的家庭需要这样，核心家庭就更须如此。

▲主干家庭

这是指父母与一对已婚子女生活在一起的家庭模式。通常包括祖父母（外祖父母）、父母和未婚子女等直系亲属三代人。这种家庭就叫主干家庭。在这个家庭"大树"中，如果作为第一代人的那对夫妇是"主干"，而他们下面的其他人则是"枝叶"。反过来，如果是作为第二代的人是"主干"，则其他人就变成"枝叶"。

举例来说，一对夫妇与自己的女儿或儿子的一家人共同生活，这种拥有两代人或三代人的家庭就是主干家庭。

主干家庭顾名思义，应当有个以谁为"主干"的问题，而且以谁为主干，对整个家庭的影响也十分重要。若以最年长者为"主干"，其他人都是他们的"枝叶"，那么这个家庭的一切就都得听这些最年长者的。而如果是以拥有房产者或主要挣钱者为"主干"，那么不论这个人年龄的高低或辈分的长幼，他或她在这个家庭中的声音就会举足轻重。在现实生活中，以谁为主干通常是由这个人的辈分、年龄、对家庭的经济贡献，以及是否为房主等因素决定的。比如，可能是由于住房关系，已经成家立业的儿女一时还需要与父母共同生活，从而与他们维持一个主干家庭；也可能是由于父母年老多病，虽有住房的成年儿女又回到父母的家中，长年照顾自己的父母。

总之主干家庭形成的原因是复杂多样的，但不论由什么因素决定的，既然是一家人，大家就不能以谁主谁次、谁"主干"谁"枝叶"来相处，而应当是人人平等，互敬互谅，互帮互助。

主干家庭的规模有时可能会很小，因而人数较少，结构也较单纯；有时则可能会很大，且人数也可能会很多，结构可能会很复杂。这主要取决于构成这个主干家庭的，一共是几代人，以及每代人又由多少人组成。

在过去以及现在的我国农村，由于居住条件、生活习惯以及风俗等种种原因，常常可以看见有多达四五代的人共同生活在一个大家庭里，从而组成一个庞大的主干家庭。这就是我们常听说的"四世同堂"或"五世同堂"家庭。由于这种家庭的最上面一代只能是一对夫妇，因而从他们往下，"队伍"愈来愈庞大，"枝叶"愈来愈繁茂，使这个家庭形成类似于"金字塔"结构。位于塔尖的，就是这个家庭中年龄最长、辈分最高者。

不难想象，主干家庭的"内部事务"是最为复杂的。在这里，既有财政经济安排运作，又有人际关系协调周旋，还有对外关系的处理应酬等等。这样的家庭若要做到"家和"、"财旺"、"人争气"，非大智慧大气度大手笔不行。在封建社会，往往依靠最年长者的威望或地位就可能将所有的争端解决，但这不是真正地化解矛盾，而通常是将争端和矛盾压住。因而单纯依靠长者的威望和地位来解决一个庞大的主干家庭的矛盾，来维持这个家庭的正常秩序，并不是一个真正值得效法的办法。解决主干家庭的争端和矛盾，维持大家的正常生活秩序，最好的办法还是大家尊老爱幼，互谅互让，民主协商，同心协力。

经济问题在一般主干家庭最为常见，由它引发的纠纷也最多。尤其是在农村，大多数主干家庭还同时是一个生产单位，其经济的计划、分配与使用，就成为该家庭最为重大的问题。为使这个问题得到合理的解决，不致使家庭出现裂痕，应当订立一个大家都能遵守的规矩，把问题防范在前。所谓"亲兄弟明算账"，实际上就是这一方法的形象说明。

即使是在城市里，主干家庭也仍然存在类似的问题。解决这个问题，一般可以在长辈的主持下，全家成员共同参与谋划，以形成大家认同的准则，最后由大家共同遵守。在这里，经济来源的主要提供者应当有较大的发言权。但是，也不能因为他是经济收入的主要来源者，就由他一人说了算。正确的做法应当是，老人的观点应当得到充分的尊重，家庭经济来源的主要提供者的意见应当得到充分的照顾，所有家庭成员的意见都应当得到尽可能地采纳。说到底，民主协商仍然是唯一切实有效的办法。

除经济原因外，家庭成员之间的其他矛盾，也是主干家庭最容易出现的问题。如婆媳之间、妯娌之间、姑嫂之间以及翁婿之间的矛盾，就是主干家庭最常见的矛盾。但是，如果我们认真分析，就会发现所有上述矛盾的产生，都或多或少地与这个家庭的经济问题有着直接或间接的关系。

这说明，一个家庭原来和一个国家、社会一样，经济是基础，其他一切都是在它之上产生，并由它引发、受它决定和制约的。因此，只要能够处理好家庭的经济问题及矛盾，一般地说，也就大致能够处理好这个家庭的其他问题和矛盾。

当然，家庭的具体问题还得具体分析，区别对待。不过要切记，家庭问题或矛盾，说难也难，说不难也不难。俗话说"家和万事兴"，主干家庭的全体成员如果都真正记住了这句话，在行动上加以落实，那么主干家庭就一定会出现繁荣兴旺的局面，就会共享天伦之乐，所有的问题也就迎刃而解。

▲ 单身家庭

单身家庭的说法很好理解，一般来说指的就是由一个人所构成的家庭。

单身家庭与通常我们所理解的家庭有着极大的差异。通常我们所说的家庭，一般有家长、家属，有父母、子女等。最重要的是，在这个意义上，家庭之所以为家庭，似乎就在于它不是由个人组成。所以说单身家庭与通常的家庭有着极大区别，它是一种很特殊的家庭。

单身家庭既然被称为家庭，从理论上说，也有它的家庭成员。但是，它特殊就特殊在，它的所有家庭成员都集中在一个人身上，这个人既是家长，又是家属，或者也可以说他（她）既不是家长，也不是家属，他（她）只是他（她）自己。他

（她）虽然是父母的子女，但却没有同父母生活在一个家庭中。因而在单身家庭中，财政大权握在一人手中，重大事项由自己决策，正所谓"一人吃饱，全家不饿"。

产生单身家庭的原因是复杂的。年轻时的恋爱、婚姻受挫，自身的信念定位，经济的窘迫以及一些特殊的个人原因等等，都可能导致一个人主动或被迫选择单身，从而使社会出现一个单身家庭。比如，以个人信念定位来说，不少人正是因为追求单身的人生理想（自由、洒脱等），而自愿终身未娶或未嫁。这种信念在目前的西方世界较为流行，我国也有这样的家庭，且有愈来愈多的人选择这种生活方式。

一个人选择组建什么样的家庭，这是个人的自由。一个健全的社会应当充分尊重他（她）的这种选择。因而，我们不能对单身家庭持任何偏见，更不能对他们采取歧视态度。纵观人类历史，各种形式的家庭都曾出现过，而且他们都是人类大家庭的重要组成部分。再说，正是由于社会有着各种形式的家庭的存在，才使得人类社会这个大家庭丰富多彩。

在人类历史上，各民族都有大量追求单身、以单身家庭生活而卓有成就者。如德国著名哲学家康德、尼采、叔本华，我国著名医生和社会活动家林巧稚等，都是终身未娶或未嫁，都是独善其身，而都对社会作出了重大贡献。在这些名家那里，似乎单身这一选择，恰恰在很大程度上成就了他们的事业。

换句话说，即使一个人没有远大的抱负，也没有作出重大贡献，仅仅是由于他（她）认为单身家庭更适合自己，我们也不能对其说三道四。毕竟家庭不过是社会的细胞，而单身家庭就是那社会万千细胞中的最小者。一般地说，但凡组建单身家庭者，都是经过了深思熟虑后才作出慎重抉择的。

如果你经过认真思量，郑重地选择了单身家庭，那么你要注意的，就是应当广交朋友，保持心胸宽广。同时，还要注意照顾和保重自己的身体。因为，一个人生活，能够关心照顾自己的那个他（她），恰恰是你自己。

▲ 单亲家庭

单亲家庭有很多的"别称"，如"父子家庭"、"母子家庭"等等。我们从这些别称很容易看出，单亲家庭的主要特征不外乎就是，这个家庭缺了夫妻双方中的某一方，不得不以其"一半"即夫妇中的某一方与子女共同生活，与孩子组成的家庭。

单亲家庭对于孩子来说，的确是残缺不全的。这主要是表现在他们需要完整的父母之爱，而单亲家庭难以向他们提供这种爱。反过来，作为父母双方的某一方来说，本来也需要同自己的"另一半"生活在一起，共同组成一个完整的家庭，共同承担家庭的义务，尤其是共同抚养和教育好双方共同的孩子。但是，由于种种原因，其中主要是夫妻双方感情上的原因，他们没能共同生活在一起，没能与共同的孩子组成一个完整的家庭。

一旦单亲家庭不可避免地产生后，其对未成年的子女的"残缺"，决定了无论是做父亲的还是做母亲的，他（她）必须努力去为孩子弥补那残缺的另一半。这是一种使命，更是一种责任。只有真正理解并努力做到这一点，才有可能处理好这个家庭有可能产生的一切有别于其他任何家庭的问题与矛盾，才能将这个独特的家庭带向幸福与快乐，才不致使这个家庭的无辜"受害者"——孩子的健康成长受到太大的影响。

如果是做母亲的独自带着孩子生活，就要努力克服困难，在为孩子提供一个良好生活条件、营造一个良好生活环境的同时，想方设法为孩子提供因为缺少父爱而

带来的孩子心理上的缺陷。孩子的父亲如果健在，只是由于夫妻双方离异而未能与孩子生活在一起，做母亲的就要本着替孩子着想的原则，宽宏大量地为孩子提供尽可能多的与亲生父亲见面的机会，或者向孩子的父亲提供他对孩子表达爱意的机会。不论做母亲的在被迫与孩子组成单亲家庭上有多大的理由、多大的委屈，也都必须认识到孩子是无辜的，孩子身心健康成长的需要，应当压倒一切、战胜一切。

如果是做父亲的与孩子组成一个单亲家庭，除了上述做母亲应当做到的他都应当努力做到外，可能他还应当付出更多、做得更细致。这是因为一般而言，男性在照料孩子方面比之女性能力稍逊，尤其是在细心和体贴方面可能更差，因而他就必须在主观上努力做得比女性更好才行。要知道，缺少母爱对孩子身心健康的成长也是极为不利的。

总而言之，单亲家庭中的父亲或母亲，都由这个家庭本身"命中注定"了他们既要当爹又要当妈，而他们也只有把这两副担子都挑起来，并且都挑好，他们的孩子以及整个家庭才不致真正成为"半"或"残"的家庭，才会成为一个健全的、不失幸福的家庭。

▲ 老人家庭

两个老人独自生活，身边无子无女，这是典型的老人家庭。几个身边无子无女的老人自发组成一共同生活的家庭，这也是一种老人家庭。由此可见，老人家庭实际上就是完全由老人所组成的家庭。

形成老人家庭的原因是复杂多样的。有的是由于婚后无子女，或虽曾有子女，但子女不幸先于父母而亡故；有的是由于儿女长大以后远走高飞，只留下两个老人，而老人则因为种种原因不能前往与子女共同生活；有的是由于老年再婚，并且双方的家庭构成较复杂，因而使得两个老人不得不选择与子女分离，重新单独组建家庭，等等。

老人家庭若要幸福，正好用得上那句老话："相依为命"。因为，不论出于什么原因，既然两个老人组建起老人家庭，"命运"

就把两个老人紧紧地拴在一起。而由于儿女不在身边的种种不便，也必然由两位老人分担。因此，在这样一个特殊的家庭中，两个老人一定更要相爱相怜，相助相援，自己为自己营造一个和睦、安宁的家庭氛围，相伴人生。

由于老人在生活中会有许多年轻人不会有的不便，因此老人家庭应当特别注意预先排除这些不便。比如，电灯或家用电器的插座、开关等，就应当安装在老人方便使用的地方；卫生间、厨房等处应当铺上防滑地面，应当有扶手、坐凳等。所有这些东西的设置，不仅会起到方便的作用，而且还会起到安全的作用。

如果老人有儿女在距身边不远处，应当叫他们常回家帮助年老的父母做些家务事，主要是为老人做一些他们自身很难完成的事情。比如，搬重物、收拾房间等等。最好替老人安装一部电话或配一部手机，这样，在老人急需或有困难时可以与子女迅速取得联系。

如果子女居住地距离老人很远，子女更应当以各种方式与老人联系，更应当经常给远方的父母打电话、写信。如果可能，还应当"常回家看看"。子女从远方回到年老的父母的家，哪怕只是同父母唠唠家常、散散步，也会使年迈的父母感到无比的欣慰和愉快。

当然，既然是家庭，两个老人独自生活的时间就必然会最多最长，因而即使再孝顺的子女，由于他们有自己的工作、自己的生计、自己的家庭，他们也不可能对老人家庭帮上太多的忙。这种家庭的两个老人应当依据自身的特点，操持好这个家，

过好属于自己的日子。为了达到这个目的，老人应当特别注意锻炼身体，注意饮食卫生，注意营养保健，过好自己的每一天。

▲独生子女家庭

所谓"独生子女家庭"，顾名思义，就是一对夫妻只有一个子女的家庭。

在我国，长期以来人口数量众多，从而给社会带来沉重的压力和负担。20 世纪 70 年代起，我国政府开始推行一对夫妻只生一个孩子的政策。从那时候起，愈来愈多的年轻夫妻响应政府的号召，自愿终身只生一个孩子，从而使我国社会的独生子女家庭愈来愈多。尤其是在城市，现在的独生子女家庭几乎已经成为主要的家庭模式。当然，与此相关的一些问题和现象也开始引起人们的注意。

独生子女家庭是一种颇为特殊的家庭。形象地说，它的结构就好像一个三角形，父母二人与那个独子（独女）各占一角，三足鼎立。就如同父母的地位不可替代一样，子女的地位也不可替代。而从某些方面来说，子女的地位更为特殊：因为，只有他或她一个，且性别不可以选择。这是独生子女家庭的特点，也是独生子女家庭的难点。

我们要处理好独生子女家庭的问题，从而使这样的家庭成为和睦、健康、向上的家庭，必须对它的一些特殊性有所了解。

（1）必须懂得生儿还是生女，在科学上完全是一种随机事件，那是无法由父母的主观意志来决定的，也是任何人力不可干预的。因此，做父母的必须树立"男女都一样"的正确思想，绝不可重男轻女，当然也不可重女轻男。其实，从生物遗传的角度看，无论是生儿还是生女，都是父母的生命的延续，都是"香火"的延续，不存在"中断"的问题。摆正了这个位置，其他的问题就都好处理了。

（2）还应当明白，正因为是独生子女，父母对子女就难免更关心更疼爱，这虽然是正常的，但也往往会由此带来许多问题。尤其是随着独生子女家庭的增多，独生子女们的亲属关系日趋简单化，他们的父母辈和爷爷辈会有更多的爱施加到他们身上，因而过分的关爱可能直接演变为溺爱，而溺爱则可能直接导致独生子女的健康成长及独生子女家庭的和睦幸福受到干扰和影响。爱过头了就是害，这是千真万确的道理。

（3）独生子女的父母，应当明白自己是子女的第一任甚至终身教师，因而要特别重视对孩子进行言教和身教，尤其是身教。为做到这一点，在独生子女家庭中，父母的言行举止必须特别加以注意。实践证明，一个不读书的家长很难培养起孩子的读书习惯，而一个嗜赌成性的家长很难避免孩子不染上赌瘾。

（4）独生子女家庭的父母还要特别防止过分地"望子成龙"或"望女成凤"，要尊重子女的价值观和人生选择。现在的独生子女家庭中，父母最容易犯的错误就是将自己的人生理想与愿望完全寄托在子女的身上，让子女去完成自己"未竟"的事业。为达到这一目的，父母不惜动用一切财力物力，花费所有心血，爱恨交加，恩威并施。除极少数外，这样做的结果造成了子女沉重的心理和生理负担，严重影响了他们的健康成长，也严重破坏了他们与父母的关系。做父母的应当明白，一个人的成才或事业成就，是由十分复杂的因素构成的。且更多是由孩子长大成人后，在纷繁复杂的社会生活中磨炼而成。因此，父母在孩子的成长阶段，不能操之过急，操之过急也没用。另外，还必须明白，社会上有三百六十行，行行出状元，并非只有读书才会有出息。如果哪位做父母的在这点上想不通，不妨想想：你自己在孩子这么大的时候学习怎样？你本人现在所取得的成就又是怎样？或许这样，就会想通，从而改变对待子女的态度。

如果独生子女家庭不能营造出和睦健康的气氛，子女也就不能真正健康地成长成才。从这个意义上说，在独生子女家庭中，做父母的怎样教育自己的孩子，是这个家庭最为重要的任务，也是这个家庭最为困难的课题，每个做父母的都必须认真加以思量。

3 家庭功能与家庭责任

▲创业

任何家庭都有自己的事业，创业就是开创这种事业。

家庭的事业主要有经济、教育、社会地位等，创业就是全家努力去创造美好的经济、教育与社会地位的未来。

创业的成果属于全体家庭成员，因而

创业的责任也属于全体家庭成员。比如，在一个现代城市家庭中，通常是做父亲的主要在外闯荡，做母亲的主要在家照顾年幼的孩子，看起来好像是父亲一人在为这个家庭开创经济大业，而实际上是全家，尤其是做母亲的直接参与了这个家庭的未来的美好经济前景的开创。同样的道理，一个家庭的孩子眼下正在刻苦读书，也只在表面上似乎是他一人在这么做，实际上，他既在为自己的未来付出，又在为这个家庭的共同理想奋斗。因此，他实际上也是在创业，而他的全家也在为这个家庭的未来奋力创业。

在所有创业活动中，家庭的经济大业的开创是最重要的。这是因为，任何一个家庭，都有购买生活必需品的需求，都有购置房屋的需求，都有提供子女上学、婚嫁等费用的需求，所有这一切的一切，都需要钱，至少是一定数量的钱。由此看来，一个家庭与一个国家一样，其家庭成员如同一个国家的国民一样，也都只有吃、穿、住、行等基本生活需求满足之后，才能谈得上文化、娱乐、受教育等其他活动。从这个意义上说，家业的兴盛与衰败，家庭的欢乐与痛苦，甚至家庭的和睦与离散等，在很大程度上受制于它的经济大业的成功与否。因此，全体家庭成员应当高度重视经济大业的开创，大家应当在这一点上认识高度一致，行动高度协调。在实行社会主义市场经济的今天，这一点也是与社会形势的需求完全合拍的。

然而，创业，尤其是创经济大业，对一个家庭而言往往又是最困难的。它需要从点滴做起，需要经过长期的艰苦奋斗和努力，只有在历经千难万险和付出无数心血之后，才有可能到达胜利的彼岸。在这中间，最需要的，就是全体家庭成员的齐心协力，团结一致。古人留有"家有千贯，不如日进分文"之类的格言，就是为着教诲后人要重创业，重点滴积累，而不要躺在前辈所开创的事业上吃现成。值得骄傲的是，我们中华民族素有家庭创业的传统，许多海外华人就是以此成为世界富翁或著名企业家的，而华人的家庭企业更是名满世界。我们应当努力继承和发扬我们民族的这些光荣传统。

家庭的创业方式是多种多样的。它可以是直接从事体力劳动，比如种田、务工等；也可以是用知识和智慧赚钱，如投资证券、经营商业等；还可以是买卖邮票、炒古玩、出租房屋、收藏艺术品等。全体家庭成员不妨根据各自的特长，进行合理的分工，并对全家的资金进行合理的配置与安排，敢于并善于投资。

在社会改革开放的今天，一个家庭只要团结，只要留心，只要勤劳，只要善于把握机会，只要经得起困难和挫折的磨炼，就一定会开创这个家庭的宏伟经济大业，并在此基础上建立起家庭的宏图大业。

▲家产

家产也就是法律上常说的家庭财产。包括不动产，也包括动产。

从最广的意义上来说，家产把一切家庭成员的财产都包括进去了。这里面首先是夫妻共有的财产，然后是其他家庭成员的财产，最后是整个家庭共有的财产。

不过，还有另外一种说法，那就是，家产仅仅指的是整个家庭共有的财产。而不去区分什么夫妻共有的财产、其他家庭成员所有的财产等。

为什么一个家产会有那么多的说法呢？原来，这是因为家庭类型的不同所导致的。

在一夫一妻的家庭中，家产也就等于他们夫妻二人的共同财产。在这里，夫妻共有财产与家庭财产是相等的。在其他类型的家庭中，家产则有家庭的与个人的区分。比如，在一个核心家庭或主干家庭中，整个家庭的财产与这个家庭的成员的财产就不能画等号。

在我国封建社会的很长一段时间里，家庭只有共有财产，没有个人财产。只是自宋代以后，我国社会家庭中个别成员尤其是夫妻拥有自己财产的情况才逐渐增多起来。以至后来的政府也就不再强行规定家产必须属于整个家庭。

虽然从理论上说家产应当是家庭成员人人有份，但在实际上，家庭的任何财产都不允许个人任意支配。要么它需要大家共同讨论来决定如何使用，要么它需要交由家长来说了算。在封建社会，家产的任何一项支出都必须经过家长同意；在今天，则一般要全家共同商量后才能作出决定。

处理家产的正确方法应当是，明确这是属于整个家庭的，不是属于某位个人的。但是，同时又要民主、公开与公正，不能将属于大家的财产由自己任意支配。操作

新世纪 老年 百科全书

上可以由整个家庭的成员坐下来商量，对所有家产作出约定，哪些归哪个人支配，哪些又归另外的人支配，以及一个人平时最多只能支配多少等。所有的家庭成员都应当自觉维护家庭的和睦与团结，自觉遵守家庭成员的约定，妥善处理好家产的管理、使用、收益、处分等问题。最好是全体家庭成员讨论商定，家产中的哪些部分由谁来负责支配、使用以及多少数量以上的财物要经大家共同决定处置等等。

如果家庭面临分家，那么原先的家产就同时面临着分割。这时，大家应当特别注意财产分配的公正与公平性，同时要特别注意照顾到妇女、儿童和老人。如果这个家庭中不幸还有残疾人的话，还应当考虑到他将来的生计，适当多分一点。毕竟是一家人，好说好商量，切莫分家分心、分财伤人。

▲忠诚

忠诚是做人的最基本道德要求，当然更是维系夫妻和家庭的基本要素。

忠诚的含义是很宽广的。大到对国家，小到对他人。忠是不二心，忠贞不渝；诚是诚实守信，以诚相待。古人云"食其禄而杀其主，是不忠也"（《三国演义》第五十三回）。说的是如果一个人吃人家的饭，穿人家的衣，花人家的钱，不仅不记恩，到头来反倒谋人家的财、害人家的命，这种行为就是典型的"恶行"，也是典型的不忠。而言而无信，说话不算话，甚至有意欺骗他人，是典型的不诚，更是典型的"恶行"。

夫妻间的忠诚，首先，是彼此心心相印，坦诚相见，努力做一对世上最知心的朋友。其次，是言必信，行必果，言行一致。最后，是情感专一，爱心不二，相互为对方保持身心贞洁。要知道，爱情是由忠诚来维持的。爱情因相互忠诚而产生，得相互忠诚滋养而保持，相互忠诚的不复存在，即是爱情的死亡。因此，夫妻若需保持来之不易的爱情，就应当用完全自觉的相互忠诚去精心呵护。

在社会交往日益频繁的今天，"第三者"可以说既是对夫妻间相互忠诚的最大挑战，又是对它的最大考验。不可否认，由于人无完人，也由于每个人择偶时受到时间、地点、交友范围等的限制，因而每个人的配偶都不可能是世上最完美、最理想的人选。做妻子的，完全可能在婚后的交往中发现比自己丈夫更优秀的男人。同样的道理，做丈夫的，也完全可能在婚后与一位各方面条件比自己妻子更佳的女性相识甚至相爱。然而爱情的别称是专一，婚姻的基础是忠诚，一切形式的二心与"花心"，都是对对方的伤害，也都是对婚姻的破坏。这是每个已婚者对异性"怦然心动"时，都必须认真加以考虑的严肃问题。要知道，爱情是"自私"的、"排他"的。

在与异性交往频繁的环境中，生活的已婚者应当清醒地认识到，男女之间当然可以正当往来，也可以建立起类似朋友般的友谊与关系，但是，已婚男女在与异性交朋友时，行为上必须恪守一个度，那就是再知心、再有共同语言，也必须时刻提醒自己："不可越轨"。而为了真正不至"越轨"，就必须克制自己的情感冲动，努力避免与对方发生更进一步的关系而不能自拔。

这就是男女交往中的所谓"得体"，其所体现出来的道德情操，就是忠诚。忠诚不仅仅是情感方面，也包括性行为方面，即我们通常说的"精神和肉体"两方面，只有这样，才能算作是完整意义上的忠诚。

当然，爱情与婚姻仅仅靠忠诚来维系是不够的。忠诚作为一种道德行为，不能仅仅建立在内心的自律上。自律的作用在一定阶段起作用，而越过这一定阶段就会失去作用。因此，夫妻之间最重要的是要在生活中不断地给双方共同培育的爱情之花浇水施肥，让它永不凋谢。一旦夫妻间已经无爱可言，这时就应当寻求合法的解决办法，并在解决之后再去寻找新的爱情。这样，彼此都不至于违反忠诚的原则。

▲孝悌

孝顺父母，友爱兄弟，就叫孝悌。

《司马相如·喻巴蜀檄》中说："因数之以不忠死亡之罪，让三老孝悌以不教诲之过。"意思是不忠之罪，罪莫大焉；而不孝不悌之过，乃是最大的过。

要想做到孝悌，就必须首先在思想上明确，是父母给了我们生命，是父母含辛茹苦地把我们抚养成人，因而我们对他们尽一点孝道，是最起码的道德回报。"慈母手中线，游子身上衣。临行密密缝，意恐迟迟归。谁言寸草心，报得三春晖。"母亲是如此将我们抚养，我们若是在她需要我们赡养的时候不给予她起码的回报，我们就对不起她，就失去了做人的起码的道德资格。

有一首流传很广的歌里有这样一段歌词"有一天你也会老，什么样你无法预料……"这段歌词说得完全正确。生命是一种无尽的延续，从年轻走向衰老，是一种人人都必然会碰到的命运安排，老人的今天就是年轻人的明天。因而任何人都应当将心比心，善待老人。而要做到这一点，就应当首先从孝敬自己的父母做起。

兄弟（在现代还应当加上姐妹），是我们的骨肉手足，一胞所生，一奶所养，血脉相承，在这个茫茫世界上，就数他们与我们的关系最亲近，人们用"情同手足，亲如兄弟"这样的语言来形容我们之间的关系。我们将被社会道德要求运用到他人身上的诸如仁爱之心、友善之心等，首先运用到他们身上，是最起码的道德要求。

很显然，一个人如果对自己的父母都不能孝敬，对自己的兄弟姐妹都做不到友爱，我们也就很难设想这个人能在社会上有多高的道德情操了。

要做到孝敬父母，最起码就要做到关心他们的饮食起居，挂念他们的身心健康。当他们失去经济来源或劳动能力时，要对他们履行赡养义务。即使是父母有生活自理能力或经济来源，做子女的也应当尽可能地常回家看看，在他们面前嘘寒问暖，唠唠家常。其实，很多时候，做父母的并不一定想要子女回来帮他们什么忙，也并不一定真正需要子女对他们有多大的经济接济，他们更多的需求，是在自己年事渐高之际，儿女能尽可能多地给予他们关心体贴和照顾。不过，如果父母不幸患病，做子女的就必须尽一切可能，给予他们经济上的帮助、精神上的安慰以及生活上的照料。

要做到对兄弟姐妹的友爱，平时要多关心兄弟姐妹，要多与他们交流思想、联络感情。如果兄弟姐妹还年幼，要多给他们温暖照顾和关怀。如果父母因病或其他原因不能履行抚养他们的义务，做兄长的还要义不容辞地承担起抚养和照料他们的义务。老话说"长兄如父，长嫂如母"，就道出了兄长在家中所应当承担的义务以及相应的责任。

即使兄弟姐妹已经成年，各自成家立业，做兄长的也应当尽可能地多给他们以生活、事业及思想等方面的帮助。就像对父母的孝敬要一直伴随父母到年老、到他们的生命的终点一样，我们对兄弟姐妹的友爱及悌，也应当伴随彼此生命的延续。因为，孝悌所维系的是人间最为亲近的情和义，它所要求的是人间最为基本的道德法则和情操。

▲扶养

扶养是夫妻双方在物质上和生活上的互相帮助。

我国《婚姻法》第 20 条明确规定："夫妻有相互扶养的义务。"根据这项规定，夫妻双方无论何方丧失劳动能力或发生生活困难时，对方都有从经济上维持其生活的义务，而不允许采取推卸责任的态度。当然，如果夫妻双方中有一方是有劳动能力而不劳动者，就不能依赖对方的扶养来过日子。

我国《婚姻法》的这项规定，对于在家庭中真正实现夫妻双方的平等，从而在整个社会上真正实现男女双方的平等，有着极其重大的意义。《婚姻法》还明确规定："一方不履行扶养义务时，需要扶养的一方，有要求对方付给扶养费的权利。"这说明，《婚姻法》对夫妻双方在相互扶养上的规定体现了男女双方的完全平等。因为，这种权力是完全对等的：丈夫有扶养妻子的义务，反过来，妻子也有扶养丈夫的义务，任何一方都有要求对方扶养的权利。

成为夫妻的人们应当明白，从一男一女组建起一个家庭的那一时刻起，他们的命运就紧紧地联结到了一起。相濡以沫、患难与共，这应是他们共同的信念。因此，不论出现什么困难，他们都应当同舟共济，相互支持。因而扶养不仅是法定的义务，也是社会的道德要求。如果连这一点都做不到，就不可能是什么真正的夫妻关系。

现实生活中，扶养的问题往往来自夫妻双方对于一个家庭的经济贡献有大有小。一般而论，可能是做丈夫的挣钱多一些，也可能是当妻子的挣钱更多。然而，这并不能决定夫妻地位的高下。这是因为：第一，按法律规定，夫妻的财产是双方的共有财产，也是整个家产的重要组成部分。因此，无论夫妻在家庭中的经济地位如何，他们在法律上都是完全平等的，不存在高下之分。第二，依照我国伦理道德，既然已经做了夫妻，同床共枕，患难与共，再去斤斤计较什么你的我的、谁挣多谁挣少，并以此来界定彼此的家庭地位，来维护某种话语权等，是难以建立起和谐的家庭关系的。

我国《婚姻法》第17条规定得明明白白："夫妻对共同所有的财产，有平等的处理权。"原因很简单，那是由于这些财产是夫妻双方的共有财产。对此还有些"想不通"的丈夫应当算算这样一笔账：即使妻子挣钱的确比你少，但她照料家务、抚养孩子等方面的付出也是劳动，且是一个家庭必不可少的劳动。她的这种劳动值多少钱？假如没有她的这些劳动，做丈夫的又能挣多少钱？很显然，如果没有妻子的劳动，这个家庭的和睦和兴旺就是不可能的。现实生活中往往是，丈夫的钱挣得愈多，贡献愈大，成就愈突出，他的妻子在家庭方面的付出也就愈大、愈多。还是那句著名的歌词唱得好："军功章啊，有我的一半，也有你的一半。"

当然，挣钱相对较少的一方，不论是妻子还是丈夫，也应当充分体谅对方挣钱的辛苦，应当尽可能地对他或她予以体贴和关心。在花钱上，要尽量同对方商量。既然是大家的钱，就要商商量量地把它用好。一旦对方需要自己扶养，就应当立即承担起法律赋予自己的义务，更不能在关键时刻区分什么你的我的。

如果夫妻双方在扶养费上发生纠纷，可由有关单位或基层调解组织调解解决，也可以直接向人民法院提起诉讼。

归根到底，夫妻之间应当相互扶养。这既是《婚姻法》的明确规定，又是社会伦理道德的必然要求，也是维持家庭所必需的起码准则。

▲ 赡养

赡养是子女对自己的父母和老人的一种法定义务。

子女对父母的赡养，其内容是十分广泛的。最主要的有：第一，子女要在经济上奉养父母，要对父母提供必要的物质帮助；第二，子女要关心父母、孝敬父母，在生活上对他们以扶助，使他们身心愉快地安度晚年。在我们国家里，子女赡养父母与父母抚养子女一样，都是法律规定的责任和义务。

在我们国家，赡养父母不仅是法定的义务，更是社会道德的要求。对于绝大多数人来说，这应当没有什么问题。然而，却有人错误地认为，儿子才有赡养父母的义务，似乎女儿没有这种义务。还有的人以为，嫁出去的女儿没有赡养父母的义务。其实，无论是儿子还是女儿，包括已经出嫁的女儿，都在法律上负有赡养父母的义务。

子女对父母的赡养，一般是从父母丧失劳动能力或生活能力的时候开始的。如果父母自己的经济条件足以维持自己生活的话，就可以不要求子女对自己进行赡养。当然，如果子女出于对父母的孝敬，比如在父母经济状况尚好的情况下自觉给予父母以经济补贴，以表达自己的孝心，那又另当别论。

然而，也有个别做子女的，不愿意履行法律规定的这项义务，不仅父母有经济能力时他们不闻不管，就是在父母失去经济来源以后，他们也不管不问。甚至有的年轻子女省下自己的钱不花，还千方百计地"吃父母"。一位受尽子女这种"盘剥"的老人无奈地自叹道："投身革命几十年，酸甜苦辣说不完。退休工资几百元，回家当个炊事员。买菜做饭忙到晚，家务事情做不完。周末接待还乡团，饭后腿疼腰又酸。不知是苦还是甜，好想安静寻清闲。"这位老人所叹的"还乡团"，就是那不知体贴和赡养父母的儿女。个别子女就更恶劣，他们不仅不赡养自己的父母，甚至将自己的亲生父母当作"包袱"，长期虐待。极少数父母就是因为不堪自己子女的虐待，而

12 家庭与婚姻卷 ● 家庭

走上绝路的。

如果不幸碰上这类不孝之子，在劝解无效的情况下父母完全可以而且应当把他们送上法庭。在这方面，我国《婚姻法》第21条作出了明确的规定："子女不履行赡养义务时，无劳动能力的或生活困难的父母，有要求子女付给赡养费的权利。"而人民法院在接到父母对子女拒不履行赡养义务的诉讼请求时，应当遵循保护老人合法权益的原则，保障老人晚年的生活。子女对丧失劳动能力而需要赡养的父母，必须承担必要的生活费用。如果老人有两个以上的子女，则可根据这些子女的实际收入情况，合理地予以分担。赡养费用的标准一般应不低于子女或当地群众的生活水平。

对那些拒不承担赡养义务而情节特别恶劣者，必须依照法律给予严惩。我国《刑法》第261条对此作出了依法追究刑事责任的规定。

4 家庭关系

家庭关系简单地说，就是家庭成员之间的民事权利和义务关系以及他们在家庭生活中必须遵守的行为准则。家庭关系一般是以血缘关系或者是姻亲关系为纽带联系起来的。家庭是社会生活中最小的细胞，家庭在我国的传统文化和社会经济中，是社会稳定的基础。"国家、国家，"有了国，才会有家。而反过来说，如果家庭不安，同样也会危害国家的稳定和发展。因此，维护家庭关系的稳定，一直是我国法律所承担的重要任务之一。在我国古代，就有所谓的"三纲五常、人伦有序"的封建宗法家族制度。比如，"三纲五常"里规定的"父为子纲、夫为妻纲"以及"父子有亲、夫妇有别、长幼有序"等等。这些规范家庭关系的行为准则，对于维持封建社会的稳定，起到了相当关键的作用。另外，我们通常在文学作品中也会看到：封建帝王为了维护其独裁统治，对于那些敢于冒犯他们龙颜的刚正不阿的大臣或者是那些为民请命的志士，常常是采用血腥的手段来镇压，"满门抄斩、株连九族"。而这里所谓的"满门"、"九族"，也是由于血缘关系或者姻亲关系而形成的家族群体。在我国古代的法律中，有诸多法律条文对于维护家族制度和家庭成员之间所应保持的关系，作了详尽的规定。比如，我们通常所说的

"十恶不赦"，就是古代法律条文里所规定的十种严重的犯罪，违反者都必须受到严惩，直到最后被处死。在这十种犯罪中，针对家庭关系的犯罪，就达到五项之多。在集我国封建法律之大成，由唐朝统治阶级所制定的《唐律》中，对于"十恶不赦"就具体规定了"恶逆"、"不孝"、"不睦"、"不义"、"内乱"等严重危害家庭关系的犯罪。比如，"不孝"之罪，就是指对于直系亲属长辈有忤逆的语言或者行为。而"内乱"之罪，就是指在直系亲属或者在家族之间进行违反伦常的乱伦行为。在封建社会制度中，主张"女有家，男有室"。对于家庭中男女之间的关系，法律明确表明"双方必须保留必要的距离"。否则，就认为是构成了对于家庭关系的一大破坏。对于这些严重危害家庭关系稳定的犯罪，《唐律》规定是"大逆不道，不可赦免"的。因此，处刑甚重。

在我国现代的民事法律中，针对家庭关系在社会生活中的特殊地位，在继承优秀传统文化的基础上，同时随着时代的发展，也为家庭关系明确了新的原则和标准。我国法律规定，男女之间的继承权一律平等，父母对子女都有同等的抚养义务，而子女对老年父母有赡养的义务。在家庭婚姻关系中，规定了男女结婚必须达到法定的婚龄，而且实行一夫一妻制、男女平等、婚姻自由的制度；还规定要保护儿童和老人的合法权益。根据中国的人口现状，我国实行计划生育政策，这些都是我国法律赋予家庭关系新的内容。

▲ 夫妻人身关系

两个素不相识的男女，由爱而结合为夫妻，从而在双方间建立起一种特殊的关系，这种关系就是夫妻关系。夫妻关系，从法律上讲主要就是夫妻双方之间的权利和义务关系。

由此我们可以看出，夫妻之间的这种权利和义务关系，因夫妻双方的合法婚姻而成立，又因他们的这种合法婚姻关系的解除而终止。

对于夫妻之间的关系即权利和义务关系，历史上一直存在着十分复杂的认识。总的来说，在封建制度下，它是一种夫妻之间不平等、妻子受丈夫压制的关系。那是因封建制度下男女不平等的制度所致。只有在我们真正实现了男女平等的今天，

新世纪老年百科全书

才有了夫妻之间的地位平等，从而也才有了他们在法律上的平等关系。我国《婚姻法》第13条规定："夫妻在家庭中地位平等。"这是我国法律对夫妻关系的一个根本性界定，它反映和强调的是夫妻双方权利和义务的平等。

夫妻双方的权利平等包括：①夫妻双方都有使用自己姓名的权利；②夫妻双方都有参加生产、工作、学习和社会活动的自由；③夫妻双方对共同所有的财产都有平等的处理权；④夫妻双方有相互继承遗产的权利。

现实生活中有人觉得，像姓名权这样的权利不值得如此被重视，理由是一个人的姓名不过是这个人的一个符号。然而这样的认识，从法律的角度来说是完全错误的。一个人的姓名固然是这个人的符号，它本身确实没有太大的意义。但是，一个人如果在法律上没有了姓名权，就等于这个人没有了独立的人格。我们在旧书或旧电影上常常可以看到旧社会的妇女在出嫁前有自己的名字，出嫁后就随丈夫姓，因而被人称作什么"氏"。如丈夫姓王，她就叫"王氏"，丈夫姓张，她就叫"张氏"等等，连独立的姓名权利也没有。新中国成立后，1950年的第一部《婚姻法》就已经取消了妻子随丈夫姓的规定，2001年修订后的《婚姻法》即现行《婚姻法》再次重申这一规定："夫妻双方都有各用自己姓名的权利。"同时还规定，孩子的姓也可以随父母任何一方。

再比如夫妻双方都有参加生产、工作、学习和社会活动的自由。在旧社会，妇女是没有这种自由的。妇女只能过问家务，不能过问家务以外的事情。这被叫做"男主外，女主内"。其实，这是将妇女拴在丈夫和公婆的身边、拴在灶台火坑旁的绳索，是对妇女的歧视。只有在新中国成立后，妇女才获得真正与男子完全平等的权利。

夫妻双方的义务平等包括：①夫妻双方都有实行计划生育的义务；②夫妻都有相互扶养的义务；③夫妻双方均有抚养教育子女的义务。

在古代，已有有识之士认识到夫妻平等的重要性。比如《白虎通》就说过："妻者，齐也，与夫齐体。自天子下庶人，其义一也。"这里，作者把妻与齐并称，认为妻子天然地具有同丈夫齐一的地位，这是十分难能可贵的。遗憾的是，这样的认识长期以来未能成气候，且即使是在今天，也仍然有不少人（主要是丈夫）不懂得这一点。这说明要想真正使夫妻平等地享有权利和义务，不少人，尤其是丈夫还应当认真学习，努力提高自己的思想道德水平。

无产阶级革命家周恩来与邓颖超夫妇，战斗一生，恩爱一世。回顾自己的夫妻生涯，他们向后人贡献出著名的夫妻关系"八互"原则：互敬、互爱、互信、互勉、互助、互让、互谅、互慰。我们从中可以看出，说到底，夫妻之间的人身关系就是平等相待的关系。它不复杂，但真正做到也不那么简单。

▲ 夫妻财产关系

夫妻财产关系，是整个夫妻关系的重要组成部分。它指的是由法律规定的夫妻双方在财产方面的权利和义务。

● 夫妻共同财产

一旦男女双方结为夫妻，在共同生活后，夫妻双方会为了生活的需要而购置日常用品。另外，夫妻双方在各自工作中同样也会有劳动收入，并因此而积累起一定数额的财产。对于这些"生活用品、财产"的所有权，人们也许会有一些不同的认识。一些朋友会认为：这些生活用品和财产是夫妻双方各自买来的或者是他们通过各自的劳动、工作、投资等原因而获得的。因此，这些生活用品的所有权理应是由哪一方买的就归哪一方所有，财产由哪一方通过劳动获得的就归哪一方所有。比如，他们会举例说明，一个男人早出晚归，很辛苦地在外面做生意，用挣得的钱去买了一辆高档汽车，那么，这辆汽车就应当属于这个男人所有，他的妻子就不应当享有这辆汽车的所有权。又比如，夫妻双方在结婚以后，因为工作关系而异地分居生活，那么他们各自为自己生活而购买的物品，当然也应属于他们各人所有。然而，另外一些朋友却不这样认为：他们认为，既然男女双方结为了夫妻，就应当同甘共苦，相互承担起作为丈夫或者妻子的责任和义务。因此，只要结为了夫妻后，就不应当再存在个人的财产。不管是在婚前、还是在婚后，也不管是男女双方各自或者共同所购置的生活用品以及他们各自或者共同所获得的财产，都应当全部算作夫妻共同财产。其实，上述两种看法都是错误的。

什么是夫妻共同财产？哪些财产是夫妻共同财产？对此，《婚姻法》有明确的规定。首先，夫妻共同财产是夫妻双方在婚姻关系存续期间所得的财产之和。换句话说，就是男女双方在领取结婚证后，直到他们离婚时止，不管他们是共同生活，还是分居生活，各方所购置的物品或者是劳动所得的财产，都属于夫妻共同财产。

《婚姻法》对于夫妻共同财产的范围具体规定如下：

（1）在婚姻关系存续期间，夫妻双方通过劳动各自或者共同获得的劳动收入或财产。包括双方的工资、奖金、生产经营的收入等。例如，夫妻共同承包经营一个养殖场或工厂，所获得的劳动收入，就属于夫妻共同财产。另外，在婚姻关系存续期间，夫妻双方各自或者是共同所继承的财产，以及他们所接受的赠与财产，除非遗嘱或赠与书中确定只归一方的财产，也属于夫妻共同财产。

（2）夫妻双方知识产权的收益，如写文章的稿费、技术发明的收入等，也是夫妻双方的共同财产。

（3）其他应归共同所有的财产。

《婚姻法》第18条规定："有下列情形之一的，为夫妻一方的财产：（一）一方的婚前财产；（二）一方因身体受到伤害获得的医疗费、残疾人生活补助费等费用；（三）遗嘱或赠与合同中确定只归夫或妻一方的财产；（四）一方专用的生活用品；（五）其他应当归一方的财产。"

如果夫妻双方因为某种原因而决定离婚时，对于夫妻共同财产的分割，《婚姻法》第39条规定："夫妻的共同财产由双方协议处理；协议不成时，由人民法院根据财产的具体情况，照顾子女和女方权益的原则判决。"例如，下面这个案例：王某与张女士结婚后，王某因为经商而有了钱，便要求张女士辞职在家料理家务。善良的张女士在家相夫教子，伺候公婆，将家里料理得井井有条。而王某自从有了钱后，就经常去赌博，甚至发展到吸毒。张女士在绝望的情况下，决定与王某离婚，并提出财产各分一半。王某对离婚没有意见，但是，坚决不同意各分一半的财产，他说："这些钱是我在外面挣来的，你又没有出过一分力，没有挣过一分钱，凭什么要分我的财产。"双方为此诉讼到了人民法院。在

这个案例中，王某对夫妻共同财产的理解是完全错误的。显然，张女士对婚姻、对家庭同样有她自己的贡献和成就。另外，这笔财产是在他们婚姻关系存续期间取得的，依据《婚姻法》的相关规定，就应判定是夫妻共同财产。张女士对离婚所提出的财产分割意见是合理合法的，因此，受到了人民法院的支持。在现实生活中，当夫妻双方决定离婚时，对于夫妻共同财产的分割，一般情况下是以男女双方协商为主。如果双方有争议的话，就应当到人民法院，通过诉讼途径解决。

● 夫妻约定财产

在现实生活中，也常会出现这样的一种情况：夫妻双方对于各自所获得的财物或者经济利益，出于对夫妻双方在婚姻关系中各自独立的民事地位和人格权利的尊重，也可能出于对另一方的爱情，会订立协议以确定这些财物的所有权的归属。比如，他们会用协议的方式，确定这些财物归对方所有，自己不享有对这些财物的所有权。有的夫妻甚至对他们所订立的协议，还通过公证机构进行公证，以确定其效力。对于这种行为，法律是允许的。我国《婚姻法》第19条规定：夫妻可以约定婚姻关系存续期间所得财产以及婚前财产归各自所有、部分共同所有或部分各自所有、部分共同所有。这就是说，虽然这些财物按照法律规定是属于夫妻共同财产，男女双方享有同等的权利。但是，如果夫妻双方有约定的话，法律也会尊重夫妻双方的意志，按照他们的约定，处分这些财产。

可见，就夫妻财产而言，夫妻双方有约定的，按照约定处分财产。如果没有约定的，按照法律规定，实行协议分割或判决。因此，夫妻约定财产是一种适应我国现阶段社会经济现状的夫妻财产分割制度。它简便易行，对减少现实生活中容易产生的夫妻矛盾，解决夫妻双方的经济纠纷有着积极的作用。同时，对于促进家庭关系、夫妻和睦也很有好处。

值得注意的是，夫妻约定财产必须符合下面的法律条件："夫妻可以约定婚姻关系存续期间所得的财产以及婚前财产归各自所有、共同所有或部分各自所有、部分共同所有。约定应当采用书面形式。"（《婚姻法》第19条）夫妻约定财产的协议，必须是夫妻双方真实意志、真实思想的表现，

是自主自愿的行为。依据法律规定，凡是夫妻一方采用强迫、威胁、利诱或者欺诈等不合法、不道德的方法迫使另一方订立的夫妻约定财产协议，当事人一方是可以请求撤销的。

应当特别强调的是，基于口头约定在夫妻双方一旦发生纠纷后，双方容易反悔并且难以查证的情况。所以，我国现行《婚姻法》明确规定"约定应当采用书面形式"。这样，能够从文字的角度使夫妻双方对于财产的处理有可以依据的原始书面证据，从而达到规定夫妻约定财产这一法律制度的目的。

▲父母子女关系

在家庭关系中，最基本的关系就是父母子女关系。父母子女关系是一种民事法律关系，它具体规范了在家庭中父母子女之间互相的权利和义务。

在我国的法律理论和社会生活中，一般将父母子女关系划分为四种类型。

（1）父母和婚生子女的关系。男女双方相爱，结婚生子后，法律对于他们和他们所生育的子女之间的权利、义务就做了明确规定。比如，父母对子女有抚养教育的义务，父母对未成年子女有管教和保护的义务，子女对于父母则有赡养的义务，父母子女之间有互相继承遗产的权利。

（2）父母和非婚生子女的关系。所谓非婚生子女，按照民间的说法，就是私生子。法律规定，不管非婚生子女的父母怎样，作为子女是没有过错的，是不应该受到社会的歧视，他们仍然享有与婚生子女同等的权利。他们的亲生父母仍负有抚养他们的义务，他们仍有继承父母遗产的权利等。

（3）继父母和继子女的关系。所谓继父母、继子女关系就是丈夫对于妻子与其前夫所生的子女、或者是妻子对于丈夫与其前妻所生的子女之间的权利和义务关系。法律规定，继父母和继子女之间不得相互虐待或者歧视。另外，《婚姻法》第27条还规定，继父或继母与受其抚养教育的继子女之间的权利、义务，与父母和婚生子女之间的权利、义务是同样的。例如，下面这个案例：陈某与张某经人介绍成亲，张某与前妻有两个儿子。大的四岁，小的只有两岁。陈某对于这两个孩子，视如己生，尽心尽力地抚养教育他们长大成人，直到他们参加工作。在这以后不久，张某就去世了。而陈某也由于年龄大、身体多病等原因，丧失了劳动能力。于是她就对这两个儿子说："我现在老了，没有生活来源。你们是不是能够给我一些生活费。"但是，这两个儿子却说："我们为什么要养你，你又不是我们的亲生母亲。"从而拒绝赡养陈某。在这个案例中，这两个儿子的行为就是不合法的。陈某与张某结婚后，与张某的两个儿子就形成了继母和继子关系，而且陈某对于继子尽到了抚养的义务，形成了抚养关系，因此，他们之间所产生的关系就与父母和婚生子女之间的关系是一样的。张某的儿子对于陈某负有赡养的义务。

（4）收养关系中养子女和养父母之间的权利和义务。收养是将他人的儿女作为自己的儿女，使原来没有父母子女关系的人之间产生了法律上的父母子女关系。法律规定，养父母与养子女之间的权利、义务与父母和婚生子女的权利、义务是同样的。但是，必须注意的是，一旦收养关系成立后，养子女和他们亲生父母之间的权利、义务关系也就随之而消除了。

▲婆媳关系

顾名思义，婆媳关系就是婆婆与自己的儿媳妇之间的关系。除去单身家庭等个别家庭形式，几乎所有的家庭都可能存在这种关系。尤其是在传统上讲究父母随儿子居住的我国广大农村，以及住房条件相对

较差的一些城镇就更是如此。

婆媳关系本身并不直接意味着好或坏，关键看当事人怎样相处。

好的婆媳关系，不仅是婆婆与媳妇之间的亲近与融洽，也给儿子以及孙子甚至整个家庭带来愉快与幸福。

而差的婆媳关系，则不仅直接影响婆婆与媳妇两个人的关系，更会危及媳妇与儿子甚至与全家的关系。生活中有的家庭之所以不和睦，甚至发生恶性事件，有时就直接起源于婆媳关系的恶化。

建立好的婆媳关系，表面在儿媳，根子在儿子。做儿子的应当把对父母的孝与对妻子的爱有机地结合与协调起来。要明白，自己与父母的关系同与妻子的关系是两种不同的亲情关系，二者不存在孰轻孰重，都是人生所必须正确加以处理的重要亲情关系。若有必要，可以事先向妻子讲清楚，比如每月会给他们多少生活费、近期想给他们买件衣服等，以取得妻子的谅解、理解与支持。当然，更重要的是要在行动上让妻子明白，自己对父母的孝敬不仅不会削弱对妻子的爱，反而更会增进对她的爱。总之，做儿子的不可"娶了老婆忘了娘"。若那样的话，婆媳关系是肯定处理不好的。

不过，说处理婆媳关系的根子在儿子，并不意味着做媳妇的在其中无足轻重。恰恰相反，由于是"当事人"，媳妇自己在营造良好的婆媳关系中责任重大。在这里，最关键的是媳妇要把婆婆真正当作自己的亲妈来对待，要把她当作自己的生身父母来孝敬。尤其不能在婆婆与自己的父母之间区分"你的妈"、"我的妈"，只要一作这样的区分，就不可能发自内心地去尊重和孝敬婆婆，也就不可能与她建立起良好的婆媳关系。只要做到这一点，再去关心、体贴、孝敬婆婆，从而建立起良好的婆媳关系，就是顺理成章的事了。

另外，在处理婆媳关系时应当讲究一些技巧。有些不便开口的事，若涉及与婆婆的关系，不妨找丈夫讲或者通过丈夫向婆婆委婉地讲，比自己亲自、直接去找婆婆讲，要更有效果、更少麻烦、更不容易闹矛盾。反过来，有些属于做好人的事，当儿子的就不

妨让媳妇直接出面，比如送礼给钱之类，由媳妇直接送到婆婆手里，就会收到很好的联络感情的效果。

最后，还想提醒当婆婆的，建立良好的婆媳关系，自己也有责任。一是，婆婆不能在儿子与儿媳之间搞得厚此薄彼，而是要把儿媳当作自己的女儿一样来看待。二是，婆婆不能对儿媳太过挑剔，尤其忌讳对儿媳横挑鼻子竖挑眼儿。三是，婆婆对儿子、儿媳以及孙子们的生活方式和爱好习惯等，应当抱有宽容、理解和尊重的态度，尽量缩小自己与他们之间的"代沟"。

当婆婆的也有一些技巧，比如实在有什么意见要提，也不妨通过儿子去向媳妇转达，这往往会收到"此时无声胜有声"的效果，并且还不会惹出麻烦和矛盾。

▲ 隔代关系

一代人隔着上一代人或下一代人，与再上一代或再下一代人之间的关系，就叫隔代关系。比如说，做爷爷的与自己的孙子辈之间的关系，就叫隔代关系。同理，

新世纪 老年 百科全书

当孙子的与自己的爷爷的关系，也叫隔代关系。

在我们这个独生子女愈来愈多的社会里，爷爷、奶奶（外公、外婆）愈来愈多地与孙子、孙女们生活在一起，因而也就愈来愈多地产生隔代关系。比如，在当今许多家庭里，往往是做父母的整天忙于上班或自己的事业，孩子就交与他们的爷爷、奶奶去照看，这就使得孩子同爷爷、奶奶之间建立起与自己完全不同的一种亲情关系，这就是隔代关系。

隔代关系对于爷爷、奶奶是宝贵的、美好的。古人将儿孙绕膝、含饴弄孙视为天伦之乐，就是对这种隔代关系的最好赞美。试想想，在自己人生的晚年，与自己的儿孙快乐安康地生活在一起，既帮助自己的儿女们去忙他们的事业和前途，又亲眼看着儿孙们幸福健康地成长，既对儿女们尽到自己的一点绵薄之力，又享受着儿孙们带来的童趣与欢乐，这当然是两全其美的大好事。

隔代关系对儿孙们来说也是幸福美好的。爷爷、奶奶的疼爱，往往比爸爸、妈妈还要周到和仔细。而爷爷、奶奶丰富的人生经历，更会对儿孙们的身心健康产生潜移默化的影响。因此，许多小孩与自己的父母的关系，远不如他们与自己的爷爷和奶奶更亲近。

但是，隔代关系也有它自身的一些缺点。最主要是隔代之间所产生的代沟，比两代人之间的代沟还要明显。爷爷、奶奶毕竟比孙子、孙女年长好几十岁，彼此在兴趣爱好、思维方式、心理状况、精力精神等方面，都有着相当大的差异，而这些差异会在爷爷、奶奶与儿孙的共同生活的方方面面表现出来。如果处理不好，就会影响彼此的关系，甚至会影响对儿孙的教育和爷爷、奶奶的身体。在这方面爷爷、奶奶最容易犯的毛病，莫过于对儿孙的过分溺爱，以致对他们的一切要求都百依百顺。必须知道，这对培养儿孙的独立意识和自强精神，以及吃苦耐劳的顽强品格，都是十分不利的。而老年人如果过分将精力投入对儿孙的照顾与关爱，也同样不利于自己的身心

健康。因为儿孙们正处在精力最旺盛的时期，爷爷、奶奶无论如何也无法"全日制"与他们"纠缠"。

正确处理隔代关系的原则应当是：做爷爷、奶奶的一定要摆正自己的位置，明白自己只不过是在尽尽义务，是在丰富自己的晚年生活，是在享受天伦之乐，而不是在承担什么沉重的责任。而且，也不需要自己承担什么沉重的责任。如果做子孙辈的已经长大成人，对自己的爷爷、奶奶应当比对自己的父母还要更加孝敬。

老话说"儿孙自有儿孙福"，说的就是长辈不应当对晚辈承担起过多的责任，再说，老人也承担不起什么沉重的责任。父母对儿女是如此，爷爷、奶奶对孙子就更是如此。因此，老年人不妨先从内心将自己解放出来，过得潇洒一点，随意一点。一定要记住，对儿孙的过分溺爱，实际上都不是在爱而是在害他们。毕竟儿孙有着比爷爷、奶奶更长得多的人生道路，在那条前途未卜的道路上，需要他们以自己的智慧、知识、品格甚至身体去拼搏。因此，太多的爱对他们的健康成长显然是极为不利的。千百年来的实践证明，庭院里跑不出千里马，温室里育不出参天树。

▲ 邻里关系

街坊关系、邻居关系等，都是邻里关系。

我们每个家庭都可能有邻居、街坊，都与别的家庭有着这样那样的关系。处理好邻里关系，对于我们营造幸福的家庭生活有着重要的意义。有邻里就可互相关照，俗话说："远亲不如近邻"，讲的就是这个道理。

在生产力极不发达的社会，人们相互间往来的需要极少，"鸡犬之声相闻，民至

老死不相往来"。现在就不同了。现代社会，一方面，是人们日益有了交往的需要；另一方面，是这种需要得以满足的条件愈来愈完备。相对集中的聚居地将过去分散的人们汇集到一起，使之成为乡里乡亲。而住宅小区、公寓宿舍的建立，更是将人们的关系变成街坊邻居。这时人们就是想不交往也困难，邻里关系因而成为重要的社会关系突现在人们面前。

营造良好的邻里关系，有助于建立良好的你好、我好、大家好的人际关系，我们必须加以认真对待。但是，要做到这一点，又必须用心。在这方面，有不少人总结出一些经验，不妨加以选择，为我所用。归结起来，大约是"四要"、"六不"。

"四要"是接待客人时一定要注意：要热情，要大方，要礼貌，要周到。要热情，就是要本着发自内心的高兴态度来迎接客人；要大方，就是要用得体的言谈举止来使客人不觉拘谨和尴尬；要礼貌，就是要尊重客人的习惯、爱好、脾气以及隐私；要周到，就是要以"来的都是客"的周详照顾，让所有的来客都有宾至如归感。

"六不"是到别人家里做客时一定要注意：不失约，不突然登门，不带病前往，不说脏话，不喧宾夺主，不久坐不走。不失约，就是除非不答应，只要答应下来，就一定要如约前往，以免别人久等或空等；不突然登门，就是如欲上别人的家门，应当尽可能先打招呼，并在征得别人同意之后方才前去，以免给别人一种唐突贸然的感觉；不带病前往，就是要尊重一般人都具有的卫生观念和习惯，以免让别人难堪，甚至使别人受到某种疾病的传染；不说脏话，是因为别人家中有老人、妇女或小孩，说脏话对别人的家人十分不礼貌；不喧宾夺主，是由于你上别人的家就是客人，而客人就应当有客人的规矩，就应当客气一些，而任何喧宾夺主的言谈举止，都会使你显得很没有教养；不久坐不走，也是对别人的一种尊重，俗话说"客走主人安"，说明客人到访做客虽好，但也不是坐多久都好。亲戚要常走，邻里要常访，做客要领要常记，待客规矩要常学。

⑤ 血亲和姻亲

血亲是指有血缘关系的亲属。这是基于有一定自然血缘关系的家庭成员的组合。血亲是组成家庭的重要基础。它决定着不同的家庭成员之间在家庭中的民事权利和义务。在我国民间，血亲可以按照血缘关系的不同，区分为直系血亲和旁系血亲。也可以按照血亲辈分的不同，区分为长辈亲、同辈亲和晚辈亲。但是，在我国法律理论上，则是将血亲分为直系血亲和旁系血亲两种。直系血亲是指有着直接血缘联系的亲属，具体包括以下的家庭成员：父母与子女、祖父母与孙子女、外祖父母与外孙子女等家庭成员。而旁系血亲则是具有间接血缘联系的亲属，具体包括：兄弟姐妹、伯叔父与侄儿、侄女等家庭成员。另外，经过收养而形成的父母子女关系，在法律上与直系血亲父母子女关系相同。这是一种特殊的血亲关系，因为他们之间本没有血缘联系或者没有直接的血缘联系，法律上称这种血亲关系为拟制血亲。

姻亲是以婚姻关系作为中介而形成的亲属。民间一般称为亲戚。在家庭中，姻亲包括了以下这些家庭成员：儿媳、姐夫、姑丈、岳父母、丈夫或者妻子的兄弟姐妹；另外，还有连襟、妯娌等。姻亲同血亲一样，也有直系亲戚和旁系亲戚的区分。但是，姻亲与血亲不同的是，血亲是以血缘关系作为区分标准的，而姻亲则是以配偶关系作为区分标准的。

⑥ 老人与非亲生子女

如果老人身边无子女，感到各种不便，这时就可以依法提出收养他人的子女。这样，他们就与被收养者形成拟制血缘关系，即父母子女关系或祖父母孙子女关系。

我国《婚姻法》第26条规定："国家保护合法的收养关系。养父母和养子女之间的权利和义务，适用于本法对父母子女关系的有关规定。"也就是说，养子女与养父母之间的关系与亲生子女与其父母之间的关系在法律上是完全一样的。

关于收养的条件，我国《收养法》作出了明确规定。我国《收养法》第4条规定："下列不满十四周岁的未成年人可以被收养：（一）丧失父母的孤儿；（二）查找不到生父母的弃婴和儿童；（三）生父母有特殊困难无力抚养的子女。"第6条规定："收养人应当同时具备下列条件：（一）无子女；（二）有抚养教育被收养人的能力；（三）年满三十五周岁。"若是收养三代以内的同辈旁系血亲的子女，可以不受《收养法》第 4 条第 3 项、第 5 条第 3 项、第 9 条和被收养人不满 14 周岁的限制；华侨收养三代以内的同辈旁系血亲的子女，还可以不受收养人无子女的限制。收养关系各方或者一方要求办理收养公证的，应当办理收养公证。收养应当向县级以上人民政府民政部门登记。收养关系自登记之日成立。收养关系一旦确立，没有正当理由，不得任意解除。

值得一提的是，有的老人以为可以随意收养弃婴，这是完全错误的。原来，弃婴不仅是一种违反社会公德的行为，也是一种违法行为，它理应受到全社会的谴责。因而公民如果拾到弃婴，应当立即交给有关机关。如果需要收养，也应首先送交公安或民政部门，他们会想方设法查清弃婴的来源，找到弃婴的父母。只有经过一段时间仍无法找到弃婴的亲生父母时，才能由当地民政部门所属儿童福利机构先行收养。具备收养条件的人，必须先向有关机构提出申请，并经审查合格后，才能由民政部门将弃婴作为被收养人交给收养人收养。

⑦ 晚节

晚节是指老年人晚年的节操或气节。它说的是人到晚年，在道德修养方面仍然应该保持一个很高的水准，而不能因为人到晚年就放松了对自己的要求。

人的一生既是不断学习知识的一生，更是不断在道德方面自我修炼和提高的一生。之所以需要人在学习上花费毕生的精力，原因在于知识的更新很快，人要是放松或停顿下来，就会落后和退步。而之所以需要在道德修养和学识提高上一刻也不放松，从小到老都必须始终高标准严要求，是因为人的道德修养的提高是一辈子的事情，而不是一阵子的功夫。

毛泽东曾经说过，一个人做点好事并不难，难的是一辈子只做好事，不做坏事。的确如此。所谓"一世英名"，只能通过人一生的自我修养来完成、来界定。而人只要还活着，对他人生的评价就还没有个定论，可能随时出现变化。而变化就有可能既朝好的方面变，也可能朝坏的方面变。一个人只有"盖棺"之时，人们对他才能作出最终的客观评价。

有的人年轻时慎言慎行，不贪不占，不犯规不越轨，在世人面前树立起了良好的道德形象。但是，当他们就要离开工作岗位，即将退出名来利往的浮华生活时，他们的警惕性放松了，心想"再不趁机捞一把，就没有机会了"。结果使自己一世英名毁于一念之间，毕生修炼砸在最后一刻。这就是许多原本不错的老同志，在事业、人生即将大功告成时令人惋惜地犯下"59 岁现象"错误。老百姓将这种现象形象地称之为"天都快要亮了，才在床上撒泡尿"。这是多么的可惜！

要做到活到老自我道德修炼到老，一辈子不放松对自己的要求，关键是要真正"看破"功名利禄，真正视它们为"身外之物"，真正对它们产生"生不带来，死不带走"的淡然和潇洒。同时，更应当时时告诫自己：任何时候都"手莫伸，伸手必被捉"，不义之财不能贪，非理之物不能占，从而在自己的思想深处筑起牢固堤防。尤其是在接近"59 岁现象"产生的时间段，在自己生活出现困难的特殊时刻，以及在自己遇到某种引诱的关键处和"危险"处，要更加严格要求和提醒自己，千万不要有侥幸和放松的心理。

老年人还应当明白，自己的道德修养其实不仅仅属于自己，在很大程度上还会影响到自己的后人，包括自己的儿女以及子孙。同时，还会对社会教化、匡正世风产生重要的引导作用。一个有着较高道德情操的长辈，既是后人学习的楷模，更是后人的骄傲，甚至是全社会效法的榜样。而一个在道德修养甚至法纪方面有着严重污点的长辈，则不仅是后人的难堪，更是后人的耻辱。同时，也会对人们以及整个社会道德建设在信心上产生严重破坏。

很显然，一个老年人的道德修养如何，会对自己的后人及社会产生正负完全不同的效应。明白了这一点，老年人就会更加珍惜自己好不容易得来的道德形象，就会一直保持高尚的道德情操，直至自己无愧于父母与儿孙。

（陈俊明）

婚姻关系

① 婚姻关系

成年异性之间最亲近的关系，就是婚

姻关系。一男一女，以夫妻身份同床共枕，相濡以沫，风雨同舟，如此肌肤之亲与心灵之近，天下无二。

婚姻一事今人无人不晓，因它是绝大多数人必有的生活经历。但对"婚姻"熟知其所以然者，恐怕就不多了。

《白虎通》解释道："婚姻者何谓？昏时行礼故曰婚，妇人因夫而成故曰姻。"这个说法用今天的话来说，就是"婚"表示办那件人生大事的时间，而"姻"则是讲的女性身份变化的原因，此说表明，"婚姻"是一种嫁娶仪式。正因为如此，汉代才有"婚姻之道，谓嫁娶之礼"之说，而唐代也才有"男以昏时迎女，女因男而来"之说等。

除此之外，"婚姻"二字还有今天夫妻称谓的意思。如"婿曰婚，妻曰姻"一说，就是将丈夫称为"婚"，妻子称作"姻"的。

再有，"婚姻"还指的是一种姻亲关系。如"婿之父为婚，妇之父为姻"。在这里，婚姻实际上就是我们今天的"亲家"的别称。

当然，尽管过去有那么多的说法，"婚姻"二字在我们今天也仅仅是"结为夫妻"的意思。在这个意义上，它同"婚嫁"二字的意思几乎是相同的。俗话说"男大当婚，女大当嫁"，在这里，"婚"是对男方而言，"嫁"是对女方而言。而"嫁"也就与"姻"是一回事情了。古人也有相近的说法，如《白虎通》对"嫁"、"娶"就是这样解释的："嫁娶者何也？嫁者，家也……娶者，取也。"这就是说，"嫁"就是女子离开父母的家与男子建立自己的家；而"娶"，则是男子将嫁给他的女子"取"回来，与之共同建立一个属于自己的家。而这，不正是今天"婚姻"一词的另一种说法么？

正由于婚姻是一个人成熟和独立的象征，是两个人脱离了各自原先的家庭共同组建起自己的家庭。因此，婚姻是人生大事，值得人们对它认真追寻和为它好生庆贺。在现代社会，法律规定人们建立婚姻关系必须去婚姻登记机关办理婚姻登记手续，而婚姻登记机关在验明前来办证的男女双方的证件、是否为自愿结婚之后，会给双方颁发结婚证。只有领取结婚证以后，一对男女的婚姻关系才算真正确立，而他们的婚姻才会得到法律的保护。

由此可见婚姻关系的确立是严肃的、神圣的，因而男女双方欲进入婚姻建立家庭，应当经过认真审慎的考虑，不可冲动和贸然行事。而人们一旦建立了婚姻关系，就应当认真去爱护和维系。在我国，大多数婚姻都能在当事人双方的精心呵护下长久维持，从而使一个个幸福美满的家庭得以存在。

当然，因为种种原因，也有不少婚姻尽管建立之初也有爱情，但后来感情发生了变化，而当事人双方虽经努力仍然不能将它挽留，从而使得原先的以爱情为基础建立起来的婚姻丧失了基础，这样再维持原先的婚姻及家庭已愈来愈困难；同时，对双方也愈来愈痛苦。这时，这个家庭及这段婚姻的解体就不可避免了。即使这样，也应好聚好散，毕竟双方间还曾经有过一段美好的回忆。

② 婚姻自由

婚姻自由是相对于婚姻的不自由而言的。

现在人们所说的婚姻自由，包括了结婚自由和离婚自由这两项最基本的自由。

在封建社会，男女是没有结婚自由的。那时，男女需要父母之命和媒妁之言才能结婚，而自己对丈夫或妻子恰恰无权选择。往往是媒妁传言于前，父母决定于后。那对可怜的男女就只有听任他人来对自己的命运作出安排。用今天的法律语言来说就是：婚姻当事人完全无权做主自己的婚姻。

我国古代，法律把主婚人的同意规定成构成婚姻的法定前提和条件。在唐代以前，这种主婚人的角色是由祖父母和父母来承担的。在唐代以后，就干脆变成凡长辈都有了主婚权。在这种情况下，未婚男女如果未经主婚而自由恋爱，就一律被斥之为"淫奔"或"私逃"。正是在这种荒唐的礼教束缚下，才有诸如梁山伯与祝英台这类凄婉悲惨的故事发生。

至于婚姻要什么"媒妁之言"，就更是连人们谈恋爱的自由都给粗暴地践踏了。据说古代"媒"字作"谋"之讲，意思是通过谋合而成。妁也有媒的含义，又有酌的含义。综合起来"媒妁"就是将两姓两家从中谋合，促成其"两姓之好"。媒妁之言在古代与父母之命相提并论，都是男女结婚的必要条件，所谓"天上无云不下雨，地下无媒不成亲"。在唐代之前这还仅仅是礼制上的要求，以后就渐渐演变成法律条规了。如《唐律·户婚》就明确规定："为婚之法，必有行媒。"据说后来媒人竟"发展"到还有"私媒"和"官媒"两种，私媒又有职业媒婆和临时做媒。

不过，和再早出现的掠夺婚相比，父母之命、媒妁之言还算"文明"。掠夺婚是指男子未能得到女子及家属同意，就用掠夺方式强娶女子为妻。有人说为什么"婚"与"昏"意同？原因就是黑暗中掠夺才容易得手。以至于后来竟逐渐形成夜间迎娶的习俗。孔夫子曾经说过："嫁女之家三夜不息烛，思相离也；娶妇之家三日不举乐，思嗣亲也。"意思是女家三夜不熄灯，是因为家中女子被人夺走；男家三天没有乐声，是因为怕女家来找人而保守秘密。

懂得旧社会人们没有婚姻自由，今天的人们才能体会到什么是婚姻自由，以及这种自由的宝贵。在今天的大多数地方，无论是男还是女，都能充分享受到自由恋爱，并在这种爱情升华的基础上自由结婚；而一旦他们的爱情不幸死亡，他们也拥有解除原先婚姻关系的自由，即自由离婚。这无疑是历史的巨大进步和人们的福音。当然，个别地方仍然存在封建意识还在束缚人们享受这种自由，对此我们还必须认真加以批判和斗争。而人们在享有婚姻自由的进步的同时，也应当充分尊重法律和遵守道德，而不应当任意行事。

▲ 结婚自由

我国《婚姻法》明确规定，结婚应该具备以下两个条件：一是男女双方完全自愿。法律之所以要这么规定，是因为在现实生活中干涉婚姻自由的情况时有发生，既有父母或家庭干涉子女的婚姻，也有子女干涉父母再婚的，还有借结婚之机索要大量钱财的。二是男女双方必须达到法定年龄。即男不得早于 22 周岁，女不得早于 20 周岁。国家旨在鼓励晚生晚育。当然，老年人再婚不存在这个问题。

当然，不是说只要符合以上的条件就可以结婚了，我国《婚姻法》在规定结婚必备条件的同时，也规定了一些禁止条件。一是禁止直系血亲和三代以内的旁系血亲结婚。直系血亲就是指生育自己和自己所生育的上下各代亲属。父母方都包括在内。即以自己为中心，上包括父母、祖父母、外祖父母等，下包括子女、孙子女、外孙子女等。旁系血亲是指和自己有间接血缘关系的亲属，三代以内旁系血亲是指在血缘上和自己同出于一源的三代以内的亲属。具体指和自己同源于父母的亲兄弟姊妹；和自己父母同源于父母的伯叔、姑母、舅父、姨母；和自己同源于祖父母和外祖父母的堂兄弟姊妹和表兄弟姊妹。二是患有医学上认为不应该结婚的疾病者。

如果以上两方面的条件都符合，双方当事人就可以到婚姻登记机关进行登记，结为合法夫妻。

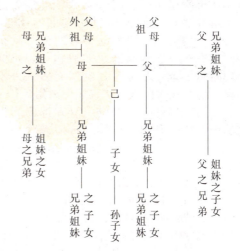

▲ 离婚自由

离婚即是夫妻双方合法婚姻关系的解除。

从理论上讲，离婚也可以被看做是对一个已经死亡的婚姻的送别。它的最大可能产生的积极意义，是使陷入痛苦中的双方得以解脱，并促使另一真正具有爱情的婚姻的再生。

由此可见，离婚是严肃的，而不是随意的。处理得好是有积极意义的，而处理不好也是有极大隐患的。

在现代社会，离婚自由是公民的权利。事实上，如果一个婚姻真的已经死亡，却要人为地维持它的存在，不仅是不人道的，也是许多悲剧得以产生的根源。"强扭的瓜不甜"、"捆绑不成夫妻"，这是世人皆知的道理。

离婚固然不是人生的一个好选择，但倘

若到不得不离时，又未尝不是个好的选择。

正像公民的任何一项权利都必须慎重行使一样，离婚自由也不能滥用。它必须是夫妻感情真正破裂，且无法挽回，而不是任何一方为达到不可告人目的的借口。为此我国《婚姻法》第32条规定："人民法院审理离婚案件，应当进行调解；如感情确已破裂，调解无效，应准予离婚。"在这里，"感情确已破裂"是是否准予离婚的标准。尽管导致夫妻感情破裂的原因可能是多种多样的。

有意思的是，结婚的方式只有一种，即双方自愿结婚，同去婚姻登记机关办理结婚登记即成。而离婚的方式却有两种：一是双方自愿离婚。双方经仔细思量，确认无法再同居一室、同舟共济，决定以离婚来解除失败的婚姻给彼此带来的痛苦，且将财产的分割、子女（若有的话）的抚养协商完毕，于是双方同去婚姻登记机关办理离婚手续。二是一方愿离而另一方不愿离，则可直接向人民法院提出离婚诉讼。

无论以哪种方式离婚，双方都应当慎重处理好孩子和财产问题。这样做既是为了尽到当父母的责任，也是为将来各自的生活减少后遗症。常言说得好"一日夫妻百日恩"，因而大家以好说好散、互相尊重为宜。须知，在茫茫人海与纷纷世界里，两个生命曾经同床共枕、血肉相连，这是一种缘分。即使是缘尽人去、各奔东西，送一份关爱与嘱托给曾经爱过的人，也是一种心灵的责任。

▲复婚自由

复婚是已经离婚的男女，双方自愿恢复夫妻关系的行为。

因为感情破裂，一对夫妻离了婚。离婚后双方的感情又被燃起，这对曾经离散的夫妻又走到了一起。这个过程在法律上就是复婚。人们将它形象地称之为破镜重圆。尽管真正的破镜是很难重圆的，但曾经一度被破坏的感情却完全能够修复。

复婚与结婚一样，也必须履行相应的法律手续。我国《婚姻法》第35条规定：离婚后，男女双方自愿恢复夫妻关系的，必须到婚姻登记机关进行复婚登记。婚姻登记机关应予以登记。按照此项法律的规定，这种复婚的登记适用结婚登记的程序。也就是说，原先一对夫妻是怎样登记结婚的，复婚也就那样去办理。

办理复婚登记时，男女双方当事人应该持双方户口证明和身份证、离婚证件一起到结婚登记机关申请复婚登记。

在对待复婚问题上，必须注意克服旧观念的影响。有些人认为"好马不吃回头草"，在离婚以后即使觉得自己原先的妻子或丈夫值得相守一生，也不愿与他（她）破镜重圆。其实这是完全不必要的担忧与顾虑。夫妻一场图的是什么？还不就是图一个感情。而这种感情是千金难买、千载难逢的，为了它的获得与维持，一切诸如"面子"之类的东西都是无足轻重的。

▲再婚自由

曾经结过婚，但因种种原因而离婚或丧偶后又再次结婚，就叫再婚。

有的人之所以再婚，是由于原先的婚姻破裂。在经历了一段时间的独自生活后，又重新找到理想的对象，并与之结为夫妻，组建起一个全新的家庭。

有的人之所以再婚，是由于原先的配偶亡故，又再次结婚而组建新的家庭。

无论哪一种情况，再婚都是建立起新的家庭和新的生活。配偶是新的配偶，家庭是新的家庭，因而再婚与新婚以及离婚夫妻的复婚，是完全不一样的。

再婚在成年人的每个年龄段上都可能出现。因此，再婚在理论上是任何离婚或丧偶后都可能遇到的。不过，再婚这一现象在老年人中更为普遍，主要是因为随着生活水平的提高，人们的寿命愈来愈长久，从而为老年人再婚提供了较年轻人更多的客观需求和条件。

有人说如今是"七八十岁不稀奇，六十还是小弟弟"，许许多多进入老年仍然身体健康地过着自己的晚年生活。但由于夫妻双方在身体素质上的差异，以及男女在平均寿命上的不平衡等自然因素，老年夫妻在到了一定的年龄以后，就不得不面临总有一方会先另一方而去，从而让留在世上的那一方孤独地生活。老年人因为丧偶而孤独者，在我们这个老年人愈来愈长寿的社会里，已经日渐成为一个社会问题。

有关研究资料表明，我国 60 岁～79 岁的老人中，平均每 4 个男性有一个丧偶，每 2 个女性中有一人丧偶。而 80 岁以上老人丧偶率更高，男性达 60％，女性达 90％。老人在丧偶后，不可避免地会产生心理创痛、抑郁、苦闷和孤独。而所有这些情绪的存在，都会在很大程度上影响老年人的身体健康，危害到他们的晚年幸福。

然而受到旧观念和旧的社会习俗的影响，老年人的再婚受到极大的阻碍。这些阻碍极大地加重了老年人本来就已经很大的心理压力。

其实，我国《婚姻法》所规定的婚姻自由，不仅仅是属于年轻人的，老年人也同样享有。因此，如果经过自己审慎的思考和认真的选择，老年人认定自己组建起一个属于自己的家庭或者说再婚是有益的，就应当勇敢地选择自己的生活。要知道，来自社会的偏见和旧习惯的压力，说到底是可以不予理睬的。

如果阻力来自自己或对方的子女，则解除这种阻力的主要动力就来自那些子女本身。解铃还需系铃人，子女无理阻挠父母再婚，必须由子女自己来将阻碍排除。做子女的必须懂得，父母有婚姻自由的权力，而且这种权力是国家法律所赋予的，子女无权干涉。另外，子女还必须明白，年迈的父母之所以选择再婚，主要是为了找个伴儿，以使自己在生活上有个帮手，精神上有个寄托。而这对于子女来说，不仅是父母的自由和权力，而且也是在替自己作想，以让自己能够安心工作和生活。

古今中外无数事例告诉我们，拥有幸福婚姻的老年人会更长寿。洪都拉斯有位叫德佩雷拉的老人已经 102 岁了，可她依然十分健康，她自豪地声称自己还能活许多年。而她之所以能够幸福地活到今天，主要原因就是因为她有个与她共筑美好家庭的丈夫。尽管他们的四个子女中已有二人先他们而去，但他们还有十多个孙子和一大群曾孙与他们一道幸福地生活着。我国某省曾经做过一项调查，调查表明在 1098 位老年人中，夫妇双方健在的占 72.3％，达 794 人。可见老年人是否有着完整而幸福的家庭，对老年人的身心健康有极大影响。

很显然，再婚尤其是老年人再婚，对自己、对子女、对社会都大有好处，因而还有什么可怕可虑的呢？

3 美丽的黄昏恋

黄昏恋指的是发生在离婚、丧偶或本来就是单身的老年人身上的恋爱故事。

老年人一旦离婚、丧偶，或其本来就是孤身一人，那么他们同异性的恋爱就如同年轻人一样天经地义。为了使老年人的这种权力得到切实保障，我国的《老年人权益保障法》第 18 条明确规定："老年人的婚姻自由受法律保护。子女或其他亲属不得干涉老年人离婚、再婚及婚后的生活。"

这是完全正确的。众所周知，恋爱是没有年龄界限的，婚姻更是不受年龄的限制。更何况老年人如果孤身一人，在其晚年的生活中会产生种种不便。这时，找一个老伴儿的需要也就顺理成章了。俗话说"少是夫妻老是伴儿"，也就是说即使是年轻夫妻，到了老年，也都还是相依为命、相互做伴儿。因此，年轻人要理解和支持老年人的恋爱和婚姻，尤其是要理解和支持自己的父母的恋爱。

更重要的是，"老年"是个相对的概念，人们很难将它刻板地划定在某一个时间段上。老子说"人生七十如赤子"，意思是人到老年，甚至会像小孩一样。古代社会是"人生七十古来稀"，现在却是"八十不稀奇，七十多来分，六十小弟弟"。事实上，由于生活质量的提高，现今大多数老年人直到六七十岁，都身体健康，因而他们在精神方面的需求并不在年轻人之下。在这种情况下，如果能找到一个爱自己和自己所爱的人，无疑会使自己的生命变得年轻，使自己的生活变得幸福。有人说

"生活在恋爱中的人是幸福的"，这话对老年人照样适用。科学研究发现，有恋爱和幸福婚姻的人比无恋爱和无幸福婚姻的人明显长寿。这说明，老年人恋爱和结婚，不仅是应当的，也是有益的。

至于个别老年人，年轻时由于种种生活的磨难和阴错阳差，错过了恋爱与婚姻，那么，黄昏恋对他们来说就更加宝贵。发生在他们人生的黄昏阶段的恋情，是他们最终实现自己圆满人生的重要组成部分。

不管是出于什么理由，老年人如果产生了黄昏恋，只要这种感情是纯真的、合法的，它就是高尚的，就应当得到整个社会及家人的理解和支持。而老年人由于人生阅历丰富，观人看物经验老到，因而他们在对待婚姻恋爱方面无疑会比年轻人更加冷静和理智。因此，老年人成功的婚恋，说不定还会成为年轻人的婚恋榜样呢！

④ 约会

约会指的是恋人之间相约见面。

约会属于高度私人性质，一般具有保密性。换句话说，约会是不大可能广布于市的，它总是在恋人之间悄悄地进行。

花前月下，隐秘角落，是恋人们约会的主要地点。卿卿我我，恩恩爱爱，是恋人们约会的主要内容。浪漫求新是年轻人约会的主题，因而越来越多的人追逐着西方的情人节。

人到老年，当然不可能像年轻人那样去约会，也不必那样做。老年朋友若发生爱情需要约会，应当考虑的倒可能不是什么暗号与标记，而是怎样将自己数十年人生的风采与精华展现在对方面前。老年朋友应当记住：本色即是美，朴素即是美，得体即是美。大大方方、坦坦荡荡地与人相约相会，才真正最大可能赢得对方的理解与尊重，并最大可能地赢得对方的爱情。为达此目的，老年朋友也不妨利用电影院、公园等场所，为自己的约会营造一个良好的环境和氛围。

⑤ 婚礼

婚礼即结婚仪式。

结婚毕竟是人生的一件大事。因此，举行个隆重的仪式来加以庆祝，成为许多人的选择。正因为这样，世界各地产生了各式各样的婚礼。

不过，由于文化和习俗的不同，各国对婚礼的规定也各不相同。有的国家在法律上明文规定，结婚必须举行公开仪式；有的国家却以申报登记为最终形式；有的国家则既要求申报登记又要求举行公开仪式。

从历史上看，中国古代的结婚仪式极其繁杂。如从周朝起，就盛行"花烛之典"，其主要仪式是行交杯共食之礼，新郎新娘各坐东西，面对面地饮酒吃肉；然后又并坐，将双方的头发捆在一起，表示"结发夫妻"——"合髻"；新郎下轿后要骑马鞍，象征一生平安；要用红地毯铺地，象征驱逐晦气；新娘坐在蒲团上——"坐福"，象征终生幸福；在蒲团周围撒些花生、桂圆等，象征"早生贵子"等。

我国古代的结婚仪式到了汉朝开始奢靡，结婚男女花费过多，其家庭尤其是男方家庭苦不堪言。此后，几个朝代都曾努力禁止过奢靡之风，但总是屡禁不止。这或许正是当今仍然盛行的结婚大操大办之风的社会根源。

到了国民党政府执政时期，其法律仍然规定"结婚应有公开之仪式"。这就更给婚姻大操大办之风留下严重后遗症。

我国现行《婚姻法》第8条规定："要求结婚的男女双方必须亲自到婚姻登记机关进行结婚登记。符合本法规定的，予以登记，发给结婚证，取得结婚证，即确定夫妻关系。"这就从法律上明确规定了什么叫做合法夫妻，从而使结婚需要仪式或婚礼成为不必。但由于长期传统思想的影响，至今仍有一些人在结婚问题上轻视登记而注重仪式。甚至有的人错误地认为举行了仪式就是结了婚，而没有举行仪式即使是已经登记过也不算结婚。这种想法和做法显然是同现代法律规定相违背的。

结婚是人生的大喜事，适当操办一下本无可厚非。正确的态度应当是：移风易俗，婚事新办。适当花上一点钱，请些亲朋好友来坐坐，喝点喜酒，吃点喜糖，热闹热闹就行了，点到为止。即使经济上很宽裕，也没有必要太铺张浪费。留下的钱有的是用场。比如，夫妻双双外出旅行，既可饱览祖国的大好河山，又可增加自己的见识，还可增进双方的情感。一举多得，何乐而不为呢？

6 白头偕老

白头偕老就是相爱到永远，直至彼此头发皆白。这是一句恋人和夫妻们心中万千遍呼唤的信念，更是友人和长辈对一对佳人的最高祝愿。

白头偕老，不仅仅是相爱的人相约一起步入人生的晚年，更是忠贞的爱情海枯石烂心不变的象征。试想想：茫茫人海，纷纷世界，两个原本不相识的人相识，这已经是极其不容易，而由相识到相爱再到终于结成夫妻，就更是难上加难。正因为如此，惊异于其间神奇的人们，才将爱情的发生和婚姻的形成视为"有缘"。

爱情的来之不易，值得人们倍加珍惜。夫妻的结成之难，值得人们倍加呵护。在这里，有福同享，有难同当，心心相印，相濡以沫，是最为重要的。哲人说得好："两个人共享一个快乐，快乐分成两分；两个人共承一个痛苦，痛苦只有半个。"心与心的理解与沟通，足以战胜一切生活的艰难和精神的伤痛。反之，物质的富足与生活的优裕，也不能使夫妻获得幸福的感受。

唐代李冶是这样论证夫妻关系的："至近至远东西，至深至浅清溪，至高至明日月，至亲至疏夫妻。"用今天的话来说就是，夫妻间的情感关系既可以是最亲最近的，也可以是最疏最远的。在这里，决定远近亲疏的关键就是心与心的距离。心距近

则近，即使夫妻二人天各一方；心距远则远，即使夫妻二人同居一室。做到这一点也难也不难。难则难在夫妻双方应当做世间最可信任最可交心的人，不难却不难在夫妻关系本是世间最亲近者，连朋友间尚可做到知心交心，何况夫妻？

要做到白头偕老，夫妻除了应相互关心，还应相互支持。妻子应竭力理解和支持丈夫，将丈夫的追求视为自己的追求，而不让丈夫围着自己转；应时时提醒丈夫，不使他在追求中出现大的闪失；在他遇到挫折的时候，应当帮助他振作起来，战而胜之；在他获得成功时，要提醒他不可骄傲自满，应当向更高的目标攀登；如果孩子还小，要帮助他做一个好爸爸。丈夫也应支持妻子，支持她的事业，理解她的兴趣爱好，不要整天地将她拖入厨房、拴在灶台。双方应将对方的事业看成自己的事业，将对方的成功看成自己的成功。

古人在谈及白头偕老时，往往用夫妻应当"相敬如宾"来佐证。那些堪称模范夫妻的家庭，创造出如下经验，意欲相约白头偕老的夫妻不妨加以重视：他（她）最近爱看什么书？看报先看哪部分？是否像小孩一样喜欢收集什么东西？最好的朋友是谁？最讨厌的家务是什么？关系最好的亲戚是谁？最爱吃的东西是什么？对自己最大的意见是什么？等等。注意对方是为了投其所好，是为了创造出更有利于对方的家庭环境和生活氛围。而对于夫妻来说，有利于对方的东西就总会同时有利于自己。

更有认真者总结出幸福家庭的"六大秘诀"：一是，承担义务。二是，共度时光。三是，互相欣赏。四是，经常交流。五是，情操高尚。六是，共抗危机。其实，只要是真正恩爱的夫妻，就都会创造出这样那样的"秘诀"。

（陈俊明）

法律常识卷

FA LU CHANG SHI JUAN

老年朋友们，在你们的人生经历中，大概曾经很少有人知道法律为何物。在你们风华正茂的年代，法律对你们的生活是那么的遥远和陌生，在那个时代有的只是口号和"颐指气使"的命令。由于历史的惯性，也许有的人还未从那种已习惯了的生活和思维方式中走出来适应今天快速发展的法治社会。

我们知道，依法治国已写进了我国的《宪法》，成为我国宪法的一个重要原则。经过二十多年的法制进程，法律已经涵盖了社会生活的各个方面，包括我们老年朋友们的生活。如婚姻、继承、家庭关系、赡养、扶养以及老有所养的社会保障等方面的事项，都有相应的法律规范来调整。因而，我们有必要了解法律，学习法律，增强法律意识，依法维护自己的合法权益。

那么，法律是什么呢？法律是一种制度，是一种文明，是现代文明社会的必要特征；对于我们每一个普通人来讲是行为准则，更是一种不能忽视、不能缺少的思维方式，是维护我们自己权利的武器。在法治昌明的时代，我们每一个人都不可能无视法律的存在，都应当运用法律的思维方式去分析、去思考、去解决各种与此有关的问题，由此我们才会少一些无端的麻烦，少一些难解的纠纷，也才能使我们老年人的权益得到良好的法律保障。

本卷对法律以及与法律相关的一些问题一一作了介绍。我们试图以这些有限的文字，将法律所涉及的与我们老年朋友的生活密切相关的知识介绍给大家，使大家对法律有更深入的了解。例如，遗产的处理，老年朋友们在生前最好以遗嘱的方式作出妥善安排，否则有可能给你的子女们埋下不和的种子。又如，对老年人的赡养问题，法律有哪些规定，你在本书中都可以找到。愿我们的老年朋友，能够更多地了解法律、熟悉法律，运用法律的方式思考和解决问题。只有这样，烦恼才会减少，纠纷才有可能避免，权利才能得到维护。

（石春相）

法

1 法

古体作"灋"。《说文解字》说："灋，刑也，平之如水，从水；廌，所以触不直

者，去之，从去。"意为法平如水。虽然古今中外对"法"的解释各有不同，但中外"法"的词源皆有公正、正义的含义。现在通行的说法认为：法是指国家按照统治阶级的利益和意志指定或认可的，由国家强制力保证实施的行为规范的总和，包括宪法、法令、行政法规、条例规章、判例、习惯法等各种成文法和不成文法。

2 法系

▲大陆法系

又称"民法法系"、"罗马—德意志法系"、"成文法法系"，是在欧洲大陆大部分国家实行的以罗马法为基础，以《德国民法典》和《法国民法典》为典型，以及效仿这种制度而制定的法律制度的总称。其主要特点为：强调成文法典的地位和作用，认为成文法是本国法的主要形式；明确立

法与司法的分工，一般不承认法官的造法职能，而认为立法仅是议会的权限，法官只能适用法律，而判例不具有法律效力。此外，大陆法系比较强调国家干预和法制的统一，重视法律的理论概括，注重法典的体系结构等。大陆法系的传播范围非常广泛，除德国、法国等欧洲大陆大部分国家以外，还包括一些亚、非、拉等地区的国家。

▲英美法系

亦称"英吉利法系"，又名"普通法系"、"判例法系"或"英国法系"，是英国从11世纪起主要以源于日耳曼习惯法的普通法为基础，逐渐形成的一种独特的法律和仿效它的美国法律，以及其他国家法律的总称。随着商品经济的发展，14世纪形成了与普通法并列的衡平法，两者都是判例法的形式，采用"遵守先例"的原则。美国采用英国法，其法律属于英吉利法系，但又具有成文宪法的特点。这种以判例法为主要法源，并制有成文宪法的法律结构形式是英美法系的一大特点，并为许多资本主义国家所仿效。英美法系与大陆法系一样，是现代资本主义国家最有影响的法系。属于该法系的除英国、美国外，还有加拿大、澳大利亚、新西兰、爱尔兰等大部分英联邦国家和一些原属英国殖民地或附属国的亚洲、非洲、大洋洲和加勒比海地区的国家和地区，包括我国香港地区。

③ 法的分类

▲成文法

亦称"直接渊源"，"判例法"、"不成文法"的对称。源于奴隶制时期，由部分习惯法制定而成。大陆法系以成文法为主。它是由一定的国家机关按一定的程序制定的，以宪法、法律、法令、行政法规、地方性法规、自治法规等为表现形式。

▲判例法

指司法判例中所规定的法律原则和规则，是根据以往法院和法庭对具体案件的判决所作的概括。在英美法系中，判例法是法律原则和法律规则的主要渊源之一。判例法的特点在于把先前的判例看做一种规范，期望得到根据惯例在某种情况下必须遵循和适用的原则或规则。判例法与成文法的主要区别在于判例法产生于诉讼事件，而成文法可以预先制定，并适用于一般

案件，而不仅仅是特定案件。但是，在某些国家，随着其政治、经济的变革，其法律、法规也在不断地修订改变，因而在处理具体的法律事务时应以最新的法律、法规为准。

▲程序法

广义亦称"诉讼法"或"手续法"，是实体法的对称。包括使实体法对当事人授予的权利及设定的义务得以主张和执行的全部法律机制。包括司法管辖权规则、狭义程序法规则、辩护规则、证据规则和执行规则。狭义的程序法只是诉讼程序法的一部分，包括规定提出和进行法律诉讼请求或其他程序的原则和规则，从制作传票、诉状，或其他提出诉讼请求的手段开始，直到作出最后判决为止。

▲实体法

亦称"主法"、"主体法"，是程序法的对称。指规定人们在政治、经济、文化和家庭婚姻等事实上的权利和义务关系的法律。如：刑法、民法、婚姻法等。

▲公法

私法的对称，主要调整国家与普通个人之间的关系，规定的是有关国家组织、政治团体、政府及其部门和他们的代理机构的结构、行为、权力和豁免权、义务及责任的规则和原则。

▲私法

公法的对称，可以定义为包含在一个法律体系内的原则和规则总体的一部分，它包括处理普通的个人之间关系的原则和规则，也包括处理国家或国家代理机构和个人的关系。在这种情况下，国家或其代理机构作为国家的一个部门没有任何特殊的身份或特权。如民商法。

▲商法

亦称"商事法"，是国家制定的关于调整商业活动的法律规范的总称。一般包括公司法、票据法、保险法、海商法等方面的法律。

④ 法制

法制，即一个国家的法律制度，它是一个国家或地区法律上层建筑的各个因素所组成的系统。从其构成来看，包括现行法、法律实践，以及指导法和法律实践的法律意识。

⑤ 法治

包含以下几种含义：

（1）法治是指一种以民主政治为基础，贯彻法律至上、依法办事原则的理性的治国方略。首先，法治是一种主张法律至上的治国方略。其基本含义是：①在治理国家的不同措施和手段中，法律有至高无上的地位。②凡重要社会关系都应有法律调整。③国家权力必须依法行使，受法律制约。其次，法治是一种坚持依法办事原则的理性的治国方略。依法办事原则的基本含义是指当法律制定出来以后，任何个人和组织的活动都必须受法律规则的约束。第三，法治是自由、平等、人权和一定形式的民主政治为基本内容的价值取向的治国方略。

（2）法治是指一种根据依法治国、依法办事原则形成的法律秩序。

（3）法治是指一种包含着内在价值规定的法律精神。作为一种法律精神或理念，法治具有内在的价值取向，它表现为一整套关于法律、权利和权力相互关系的原则和观念，体现着人们对于某种合理状态的追求和需要。

⑥ 法律常识

▲违法行为

亦称"不法行为"或"非法行为"。是指具有一定主体资格的自然人或社会组织由于过错所实施的具有一定社会危害性、依照法律应当予以追究的行为，即违反国家法律、法规及其他规范性文件的行为。既包括作为的违法行为，也包括不作为的违法行为。狭义解释仅指违反法律的行为。它又分为严重违法行为和一般违法行为。严重违法行为是指刑事违法行为，此种行为应受刑罚处罚；一般违法行为是指民事违法行为和行政违法行为，这两种行为应分别予以民事制裁和行政处罚。广义解释，还包括违反行政法规、地方法规和规章的行为。

▲法律事实

是指具有法律意义的真实情况，包括行为和事件。它是由证据所证明的事实，与客观事实可能相同，也可能接近，同时也可能有较大的出入，因而法律事实是通过证据来力图再现事实的本来面目。可以说法律事实与客观事实并不等同。

▲法律责任

广义上的法律责任，既包括了在合法行为状态下，依法律规定或合同约定而产生的各种应尽义务，同时也包括由于违反了法律的规定而应当具体承担的强制履行的义务。狭义上的法律责任专指上述后一种情况，及行为人对自己的违法行为所应当承担的带有强制性的否定性后果。

▲法律关系

法律关系是根据法律规范建立的，以主体间的权利与义务关系的形式表现出来的特殊的社会关系。具体讲法律关系是以主体实施的行为性质来决定的，如调整民事行为的为民事法律关系，打击犯罪行为的为刑事法律关系，调整行政管理与被管理行为的为行政法律关系，调整诉讼活动行为的为诉讼法律关系。一个具体行为就体现了一种法律关系，如在民事法律关系中就有婚姻、家庭、亲属、父母子女、收养、继承、赠养、抚养、监护等法律关系。

▲法律规范

法律规范是法的最基本的单位，是由国家制定或认可，并由国家强制力保证实施的行为规则。它是社会规范的一种，不完全等同于法律条文。法律条文是法律规范的文字叙述。一个规范可表述在几个法律条文之内，几个规范亦可表述在一个法律条文之内。

▲法律解释

法律解释是对法律规范的含义、概念、术语等所作的说明。法律解释随着成文法的出现而产生。按解释的效力来分有正式解释（有权解释）和非正式解释、学理解释等，后者不具有法律效力。按解释的机关来分，有立法解释、司法解释、行政解释。司法解释是指司法机关对法律规范的适用所做的解释，或在将法律规范适用于具体案件、事项时所做的解释，是正式解释。立法解释是指立法机关对法律规范及概念、术语所作的说明或补充规定，其效力等同于法律。行政解释是指由行政机关对法律的实施所作的解释。

▲法律意识

法律意识是指人们对于社会中的法，以及有关法律现象的观点和态度的总称。法律意识是社会意识的一种，是法律文化中十分重要的组成部分，表现为对法律现象所进行的评价、认识和解释，以及人们的法律动机和愿望，对自己权利和义务的认识，对行为的法律评价。

▲法律效力

法律效力从狭义角度看是指法律在什么条件下，在什么时间，什么区域，对什么人和什么事项有约束力。法律的效力有不同的层级，一般来说一个国家的宪法的法律效力最高，其次是法律，再次是法规，并根据立法机关的层级不同而有所区别。在中国，宪法的法律效力最高，也是制定其他法律、法规的重要渊源。其他法律效力依次为，全国人民代表大会制定的法律，一般称为基本法；全国人民代表大会常委会制定的法律和经我国立法机关批准的国际公约、条约、协定；国务院制定的行政法规；有立法权的地方人民代表大会及其常委会制定的地方性法规；国务院各部委制定的行政规章和省级人民政府制定的行政规章；较大的市的人民政府制定的行政规章。不同效力的法律规定有抵触时，适用效力高的法律。从广义角度看法律效力还包括执法机关依照法律程序制作的法律文书的约束力，或者民事主体依法签订的合同、协议等民事行为对相关当事人所产生的法律约束力。法律效力对于法律作用的发挥、功能与价值的实现具有至关重要的意义。没有效力的法律，在现实社会生活中就不是真正的法律，它至多只是历史上的法律和法律上的臆想。没有法律效力的合同或其他民事行为是无效的民事行为，不受法律保护。

▲法律冲突

法律适用上的一种状态。是指涉外民事法律关系中所涉及的外国法律的规定与处理该案件的本国法律对解决同一问题的规定不一致的情形。产生的条件有：涉外民事法律关系中涉及外国法；有关的两国法律对同一问题作了不同的规定；处理该案件的法院所属国家承认该外国法规定的效力。处理法律冲突的方法一般有以下三种：

（1）在国内法或国际条约中规定冲突规范，指明某种关系应该适用何国法。

（2）国家之间以条约或公约的形式制定缔约国之间共同遵守的统一实体法。

（3）直接适用国内实体法。

▲法庭辩论

法庭辩论是指在法庭调查的基础上，原告（即控诉）一方和被告一方在法庭上提出意见并互相辩驳的活动，是法庭审判的一个重要阶段。法庭辩论的目的是使审判法官全面听取双方对自己诉讼的请求和反驳对方的理由和意见，以利于法官依法正确地处理案件。根据我国诉讼法的规定，法庭辩论必须根据事实和法律进行，要求依法论事，不能相互指责，或者进行人身攻击。如果在辩论中发现与本案有关的新的事实，法官应宣布停止辩论，恢复法庭调查。法庭辩论先由原告方（刑事案件为公诉人）发言，再由被告方发表辩论意见；若有第三人参加诉讼的，在原被告依次发言后，由第三人发表辩论意见。如果案件的事实、性质已经清楚，双方无新的意见，审判长即宣布辩论终结。

▲议会、国会

是指实行三权分立制度的西方国家的最高立法机关。有的国家分上院、下院，或参议院、众议院等。

▲全国人民代表大会制度

是指我国人民在中国共产党的领导下，按照民主集中制原则组织各级人民代表大会，并以人民代表大会为基础建立全部国家机构，实行人民当家做主的一种制度。人民代表大会制度是适合我国人民民主专政性质的政体，能够充分反映和代表我国的国体，从根本上保证了人民当家做主的权力。

▲中国法律体系

中国的法律体系由宪法、法律、行政法规、地方性法规、规章组成，其他规范性文件也包括在法律体系中。不同的法律由不同的国家机关制定和颁布。宪法由全国人民代表大会制定、修改，它确定一国政体的法律结构的基本和根本成分，它们之间的关系、权力分配及其职能，其他法律、法规和规章均不得与其相抵触，它也是制定法律、法规和规章的依据。法律由全国人民代表大会或其常务委员会制定，泛指法律、法规、法令、条例、规章等规范性文件，狭义仅指国家最高立法机关制定的规范性文件，在我国则是指全国人民代表大会及其常务委员会制定的规范性文件。行政法规由国务院制定，是根据宪法和法律，并为宪法和法律的实施而制定的行政管理文件。在国家行政管理工作中具有最高效力。地方性法规由法律授权的地方人民代表大会制定，泛指由我国地方立法机关依照法定职权制定和发布的实行于本地区具有法律效力的规范性文件。规章亦称"行政规章"，指享有制定、发布规章权限的国家行政机关所制定、发布的规范性文件。在我国是指由国务院的各部委和法律授权的地方人民政府制定的规范性文件。法律的效力也依相应的顺序确定其效力层次，较低级的法规不得与上一层次的法规相抵触。

7 公民

是指具有一国国籍的自然人。公民根据本国宪法和法律规定，享有权利和承担义务。在中国，依据我国《国籍法》的规定确定自然人的公民身份，公民的政治、民事等各项权利非依法律规定的程序不得剥夺。在历史上，公民一词曾有不同的含义，现在通行的含义，始于17世纪～18世纪欧洲资产阶级革命时期。

8 公民权利

▲人权

简单地说人权就是人的权利，是人作为人享有或应该享有的权利。主要是指人身自由权利和民主权利。人权是每一个人按其本质或本性"应该享有"和"不容侵犯"的权利。从最基本、最普遍的意义上说，人权或民权就是自由和平等两项权利。维护人权的主张，最早始于自然法和自然权利的思想。资产阶级将"人权"看成是"天赋的"，马克思主义将其看成是"历史的"，是发展着和发展了的观念。最早以法律的形式保障人权的是17世纪的英国的《人身保护法》和《权利法案》。18世纪的资产阶级启蒙思想家卢梭等人提出的"天赋人权"说盛行一时。1776年美国《独立宣言》对人权作了明确的阐释：一切人生而平等、自由、独立，并享有生命和自由，取得财产和占有财产的手段，以及对幸福和安全的追求和获得。马克思称其为第一人权宣言。1789年法国的《人权宣言》是资产阶级反封建的纲领性文件。它宣称：在权利方面，人们生来是而且始终是自由平等的；在法律面前，所有的公民都是平等的。1948年12月10日联合国通过了《世界人权宣言》，宣称世界上不论种族、肤色、性别、语言、宗教、政见、社会阶级、财产、出身或其他身份都享有平等的权利和自由，其中包括生命权、自由权、人身安全、参加选举、工作和受教育等权利，以及言论、集会、结社等自由。这些是人按其本性或本质不可割让和不可剥夺的。

▲自由

本意是指按自己的意志行事，不受拘束。在法律上，自由是指行为人在法律规定的范围内，根据自己的意志作为或不作为，其他人不得非法干预。自由是一个法律概念，也是一个政治概念，因而自由不是绝对的，在任何一个国家，自由都要受到国家法律的制约。

▲民主

是指一种政治制度，与专制相对立。它既是一个政治概念，也是一个法律概念。它是指由人民平等地行使政治权利，平等、自由地参与国家政治生活行使自决权的政治制度。

▲公民权利和政治权利国际公约

由联合国人权委员会起草，通过联合国经济与社会理事会向联合国大会提出，于1966年12月19日联合国大会通过，1976年3月23日生效。共53条。主要内容为：

（1）所有民族都享有自决权和自由决定自己的政治地位及自由从事经济、社会和文化发展的权利。所有民族能够自由处置自己的自然资源。

（2）不分种族、肤色、性别、语言、宗教、政治信仰、民族或社会出身、财产状况、或其他身份，都保障享有本公约所承认的权利。人人在法律上一律平等，受法律平等保护。

（3）生存权是每个人不可剥夺的权利，任何人的生命不得被无理剥夺。凡未废除死刑的国家，非犯有最严重罪行，且系依照犯罪时有效的法律，不得判处死刑。

（4）对任何人不得施以不人道的、侮辱人格的待遇或刑罚。非经本人自愿同意，不得对其进行医学或科学实验。

（5）人人都享有自由和人身不可侵犯的权利。任何人不得随意被逮捕或拘留。不得用非法程序剥夺自由。非法逮捕、拘留的受害者有要求赔偿的权利。被剥夺自由者应享有人道待遇和受到人格上的尊重。未成年被告区别于成年被告。

（6）法律面前，人人平等。直至依法

证明其有罪前，对被告实行无罪推定。不得依一国法律就同一罪名再次审判或科刑。刑罚不得重于犯罪时法律的规定。

（7）人人都有思想、信念和宗教的自由，言论自由和结社自由，直接或通过自由选举的代表参与国家事务的权利。

（8）任何人的私生活、家庭、住宅或通信不得被随意或非法侵扰。

（9）在一国领土内合法居留的人，在该国境内享有选择居住地的自由和迁徙的自由。

我国已申请加入该公约，但现未提交全国人大通过，还不具有国内法的约束力。

⑨ 法律正义

主要是通过法律程序的公正来体现，即由法律程序来保证公正、平等地对待各方当事人，并充分保障其行使权利。程序公正是社会正义的重要保证，是法律正义的直接表现。只有程序公正才能充分保障人们公正、平等地行使权利和履行义务。"法律面前，人人平等"的法治原则就是通过程序公正来实现的。

（石春相）

法律职业

▲法律职业资格

是指按照国家的规定，从事法律职业的人员必须具备的前置条件。在中国，法官、检察官、律师等法律职业人员必须通过国家组织的司法考试，并取得《法律职业资格证》，才有资格从事相应的法律职业。在国家统一司法考试之前，从事不同的法律职业，其所需的资格条件不同。如欲从事律师职业，则须参加律师资格考试，取得律师资格。从事法律职业的人员需要法律职业资格是法治国家的通例。

▲法官

是司法官吏的通称。今指法院负责审理案件的人员，在中国也称审判员。

▲律师

法律之师。古代称"诉师"或"辩护师"等。现指受当事人委托或人民法院指派，代理或协助当事人进行诉讼或处理其他法律事务的专业人员。《中华人民共和国律师法》规定，律师是依法取得律师执业证书，为社会提供法律服务的执业人员。申请律师执业证，须取得律师资格或者法律职业资格。具有高等院校法律专业本科以上学历，或者高等院校其他专业本科以上学历并具有法律专业知识的人员，经国家司法考试合格的，取得资格。申请律师执业还需具备《律师法》规定的其他条件，如应为有选举权和被选举权的公民、未受过刑事处分等。

▲检察官

代表国家行使检察权的人员。在我国亦称检察员，指国家检察机关中被依法任命从事检察工作的专职人员，是人民检察院的工作人员之一。

▲公诉人

在中国，指代表国家向人民法院提起诉讼，要求追究被告人刑事责任的人民检察院的检察员。根据有关法律规定，公诉人应由检察长或者检察员担任；助理检察员经检察长批准，可以代行检察员职务。在诉讼中，公诉人所处地位，不同于一般当事人，还担负法律监督职责。

▲辩护人

是指接受他人委托或法院指定为被告人进行辩护的人。根据《中华人民共和国刑事诉讼法》的规定，能充当辩护人的有：①律师。②人民团体或者被告所在单位推荐的人，或者经人民法院许可的公民。③被告人的近亲属、监护人。根据中国法律规定，辩护人的责任是根据事实和法律，提出证明被告人无罪、罪轻或减轻、免除其刑事责任的材料和意见，维护被告人的合法权益，协助人民法院正确处理案件。

▲警察

警，戒备；察，详审，考察。警察指统治者为维护社会秩序而设置的武装性质的治安力量，亦指构成这种力量的人员。主要担负维护社会治安，预防、制止各种危害社会的行为，侦察、逮捕违法者等任务，是维护国家政治制度的重要工具。警察又分为治安警察、刑事警察、交通警察、司法警察（简称法警）、武装警察等。不同职能的警察，法律赋有不同的职责。

▲ 仲裁员

是由仲裁委员会按照《仲裁法》的规定聘请的，专门负责审理仲裁案件的人。仲裁员应具备相应的专业知识和法律知识，并在相关领域有较丰富的实际工作经验。根据《仲裁法》第13条的规定，仲裁委员会应当从公道正派的人员中聘任仲裁员。仲裁员应当符合下列条件之一：

（1）从事仲裁工作满8年的。

（2）从事律师工作满8年的。

（3）曾任审判员满8年的。

（4）从事法律研究、教学工作并具有高级职称的。

（5）具有法律知识、从事经济贸易等专业工作并具有高级职称或者具有同等专业水平的。

▲ 公证员

是指依照法律规定专门从事公证事务的人员。公证是指对法律事实、法律文件进行国家证明的活动。在中国，公证员是国家法律工作者，在依法设立的公证处履行职务。

（石春相）

实体法

1 民法

民法为国家基本法，是指调整平等主体之间的财产关系和人身关系的法律规范。"民法"一词，源于古罗马的市民法。古罗马把调整本国人相互之间关系的法律，称作市民法；把调整本国人与外国人、外国人与外国人之间关系的法律，叫做"万民法"。《中华人民共和国民法通则》是调整作为平等民事主体的公民之间、法人之间、公民和法人之间的财产关系和人身关系的法律。它规定进行民事活动的基本原则，民事主体在民事活动中的法律地位，民事主体的民事权利和义务，不履行民事义务时应承担的民事责任等。因此，民法不仅是民事主体进行民事活动的法律准则，也是人民法院处理民事案件的法律依据。

▲ 民法的基本原则

民法的基本原则不仅是参加民事关系的任何民事主体进行一切民事活动的基本准则，而且是民事立法、民事司法以及解释、研究民法的出发点和主要依据。根据《中华人民共和国民法通则》规定，中国民法的基本原则有五项：①平等原则，即当事人在民事活动中的地位平等，这是民法首要的也是核心的原则。②自愿、公平、等价有偿、诚实信用原则。③保护合法的民事权益原则，即公民、法人合法的民事权益受法律保护，任何组织和个人不得侵犯。④遵守国家法律和政策的原则，也称为合法原则，即一切民事活动都必须遵守法律，法律没有规定的，应当遵守国家政策。⑤维护国家和社会公共利益原则，也称为公序良俗原则。民事活动应当尊重社会公德，不得损害社会公共利益。

▲ 民事法律关系

由民事法律调整的具有民事权利义务内容的具体的平等的社会关系，是民事法律规范调整平等主体之间的财产关系和人身关系在法律上的表现。例如，财产所有权关系、债权和债务关系、财产继承权关系、人身关系等，都是民事法律关系。

民事法律关系具有以下主要特征：

（1）民事法律关系是在平等主体之间发生的社会关系。

（2）民事法律关系是具有特殊意义的平等社会关系。

（3）民事法律关系是具有权利义务对等内容并由国家强制力保证实施的社会关系。

民事法律关系由主体、内容、客体三个要素构成，缺一不可。民事法律关系客体是指民事权利和义务所共同指向的对象。任何一个具体的民事法律关系都必须有自己的客体，如果没有客体，当事人享有的民事权利和承担的民事义务就无实际意义。目前在法学界对此尚有不同意见。通常的意见认为，民事法律关系客体包括物、行为和智力成果。民事法律关系主体是参加具体的民事法律关系，享受民事权利和承担民事义务的人。根据《中华人民共和国民法通则》规定，民事法律关系主体包括自然人和法人。个体工商户、农村承包经营户、个人合伙属于特殊的自然人主体。合伙型的联营组织属于特殊的法人主体。

在特殊的情况下，国家也是民事法律关系的主体。例如，以国家名义发行国库券，接受无主财产，对外贸易等，在这些活动中，国家处于民事主体的地位。

▲法人

指"自然人"的对称。在中国，法人是指依法设立，并独立享有民事权利和承担民事义务的社会组织。法人的民事权利能力和民事行为能力，从法人成立时产生，到法人终止时消灭。根据《中华人民共和国民法通则》第37条规定，法人应当具备下列条件：①依法成立。②有必要的财产和经费。③有自己的名称、组织机构和场所。④能够独立承担民事责任。

法人分为机关法人、事业法人、社团法人和企业法人，不同性质的法人组织其设立的法律依据不同，其民事权利能力和民事行为能力也不同，法人只能在依法核准的业务范围内从事民事活动和实施民事行为。

▲企业法人

经企业登记机关依法核准登记，独立承担民事责任，并在核准登记的业务范围内从事生产经营，以营利为目的的各类经济组织。《中华人民共和国民法通则》第41条规定，有符合国家规定的资金数额，有组织章程、组织机构和场所，能够独立承担民事责任，经主管机关核准登记，取得法人资格。企业法人应当在核准登记的经营范围内从事经营，并对它的法定代表人和其他工作人员的经营活动承担民事责任。

▲法定代表人

根据法律规定而产生的法人组织的代表人。一般是指法人组织的主要领导人。法定代表人的产生、职责、权限等，不是其法人组织委托或授权，而是由法律直接规定。担任法定代表人有一定的资格条件限制，如曾受过刑事处罚的人在法律规定的期限内，或者正在服刑的人以及被依法剥夺政治权利的人均不能担任社会组织的法定代表人。

根据《中华人民共和国民法通则》第49条规定，企业法人有下列情况之一的，除法人承担责任外，对法定代表人可以给予行政处分、罚款，构成犯罪的，依法追究刑事责任：

（1）超出登记机关核准登记的经营范围从事非法经营的。

（2）向登记机关、税务机关隐瞒真实情况、弄虚作假的。

（3）抽逃资金、隐匿财产逃避债务的。

（4）解散、被撤销、被宣告破产后，擅自处理财产的。

（5）变更、终止时不及时申请办理登记和公告，使利害关系人遭到重大损失的。

（6）从事法律禁止的其他活动，损害国家利益或者社会公共利益的。

▲民事行为

为民事法律关系客体之一，是指自然人或者法人设立、变更、终止民事权利和民事义务的行为。如买卖行为、签订合同行为、投资行为、继承遗产、接受捐赠等。其基本特征是：①民事行为是以行为人的意思表示为基本特征的行为。所谓意思表示，是指行为人把要求设立、变更、终止民事权利义务关系的内心意思以一定的方式表示为外部的行为。②民事行为是以设立、变更、终止民事权利和民事义务为目的的行为。包括合法的民事行为，也包括不合法的民事行为。

▲民事行为能力

自然人能够通过自己的行为，取得民事权利，承担民事义务的能力或资格。它不仅包括公民进行合法行为的能力，而且包括公民对其违法行为承担民事责任的能力。根据《中华人民共和国民法通则》规定，公民的民事行为能力分为如下三种：

（1）完全民事行为能力，指能够通过自己独立的行为进行民事活动的能力。18周岁以上的公民是成年人，具有完全民事行为能力。16周岁以上不满18周岁的公民，以自己的劳动收入为主要生活来源的，视为完全民事行为能力人。

（2）限制民事行为能力，指不具有完全民事行为能力，只具有部分民事行为能力。10周岁以上的未成年人和不能完全辨认自己行为的精神病人，为限制民事行为能力人。

（3）无民事行为能力，即指不具有以自己的行为进行民事活动的能力。不满10周岁的未成年人和不能辨认自己行为的精神病人是无民事行为能力人。

民事行为能力包括三方面内容：第一，公民具有行为能力，可以自己独立进行民事活动。第二，有了民事行为能力，就可以依法自己处分自己的权利。第三，有了民事行为能力，对自己的违法侵权行为应独立承担法律责任。

▲ **民事权利能力**

国家法律赋予自然人享有的民事权利和承担民事义务的资格。它是成为民事主体的前提条件，具备了民事权利能力，即具有了法律上的人格，才能以独立民事主体资格参与民事活动。

▲ **民事法律行为**

简称法律行为，是指公民或者法人设立、变更、终止民事权利和民事义务的合法行为。即民事法律行为从本质上讲应当是一种合法的民事行为，只有合法的民事行为才能得到国家法律的确认和保护，才能产生行为人预期的民事法律后果。行为的合法性是构成民事法律行为的重要要件之一。

▲ **要式法律行为**

必须履行法定形式才能成立的民事法律行为。例如房屋买卖，《中华人民共和国城市房地产管理法》第35条和第3条规定，城市房地产转让，不仅需要采用书面形式签订买卖合同，而且还须到房屋和土地使用权产权登记部门办理所有权转移的登记手续等。如抵押担保行为，《中华人民共和国担保法》规定必须办理抵押登记，其抵押担保行为才能有效等。

▲ **非要式法律行为**

不需要履行某种固定形式就能够成立的民事法律行为。行为人采用什么形式，可由当事人自由选定。例如，即时结清的买卖合同等，通常都属于非要式法律行为。要式法律行为和非要式法律行为，是以民事法律行为的成立是否必须依照法定的一定形式为标准而划分的。

▲ **附条件法律行为**

亦称附条件的民事法律行为，指在民事法律行为中规定了一定的条件，并把该条件的成就或者不成就，作为当事人确定的民事权利和民事义务发生法律效力或失去法律效力的根据的民事法律行为。法律上规定在民事法律行为中附加条件，其目的在于以所附条件来确定或限制民事法律行为的效力作用。所附条件的主要特点是：

（1）是一种特定的法律事实。

（2）是可能发生或可能不发生的事实。

（3）应是当事人选定或商定的事实。

（4）是合法的事实。违法的事实不能作为民事法律行为所附的条件。当事人实施民事法律行为，可以附条件，也可以不附条件，是否附条件，由当事人决定或者协商确定。

▲ **无效民事行为**

是指民事主体实施的不具备或者不完全具备民事法律行为的有效条件，而不能产生行为人预期的民事法律后果的行为。根据《中华人民共和国民法通则》第58条的规定，下列民事行为无效：

（1）无民事行为能力人实施的。

（2）限制民事行为能力人依法不能独立实施的。

（3）一方以欺诈、胁迫的手段或者乘人之危，使对方在违背真实意思的情况下所为的。

（4）恶意串通，损害国家、集体或者第三人利益的。

（5）违反法律或者社会公共利益的。

无效的民事行为，从行为开始起就没有法律约束力。当事人依该行为取得的财产，应当返还给受损失一方；有过错一方应当赔偿对方因此所受到的损失；双方都有过错的，应当各自承担相应的民事责任。双方恶意串通，实施民事行为损害国家的、集体的或者第三人的利益的，应当追缴双方取得的财产，收归国家、集体所有或者返还第三人。

▲ **代理**

是指当事人委托他人代为实施民事行为的情形。受委托的代理人在代理权限内以被代理人的名义同第三人实施民事法律行为，所产生的民事权利和民事义务由被代理人承受。代理分为委托代理、法定代理、指定代理等。其中，代理他人实施民事法律行为的人为代理人，由他人代理自己实施民事法律行为的人称被代理人。代理的主要特征是：

（1）代理人以被代理人的名义实施民事法律行为，而不能以自己的名义实施民事法律行为。这是代理区别于行纪、信托等行为的特征。

（2）代理人必须在代理权限内实施民事法律行为，不能超越代理权限实施民事行为，否则是无权代理。

（3）代理是一种民事法律行为，即代理人是代替被代理人实施民事法律行为。

（4）代理人以被代理人名义与第三人进行民事行为，代理行为所产生的法律后果直接由被代理人承担。

▲委托代理

是代理人根据被代理人的委托而进行的代理。《中华人民共和国民法通则》第64条规定，委托代理人按照被代理人的委托行使代理权。在委托代理中，代理人所享有的代理权，是被代理人授予的，故委托代理又称为授权代理。

▲法定代理

是代理人根据法律的直接规定而进行的代理。在法定代理中，代

理人所享有的代理权，是由法律直接规定的。法定代理主要是为无民事行为能力人和限制行为能力人而设立的代理。《中华人民共和国民法通则》第14条规定，无民事行为能力、限制民事行为能力人的监护人是他的法定代理人。根据我国《劳动法》规定，工会可以代理其会员签订集体劳动合同，参加有关劳动争议的诉讼，即工会可以作为它的会员的法定代理人。

▲所有权

是物权的一种。民法上的财产所有权，是指所有人依法对自己的财产，享有占有、使用、收益和处分的权利。财产所有权具有以下特征：

（1）所有权是绝对权，是相对于债权而言。在所有权法律关系中，权利人并不需要他人积极行为的协助，就可直接实现自己的权利。

（2）所有权是对物权。在所有权法律关系中，权利主体是特定的，义务主体是所有人之外的不特定的，其他任何人都负有对他人合法财产不得侵犯的义务。

（3）所有权具有排他性。所有人对自己所有的财产享有充分的独占权和支配权。

▲相邻权

亦称相邻关系中的权利。在中国，相邻关系是指相邻的不动产所有人或使用经营人对各自所有的或占有的不动产行使所有权或占有、使用权时，相邻各方相互间应当给予便利和接受限制而发生的权利义务关系。从实质上讲，是相邻不动产所有人或占有人行使其权利的一种延伸或限制。因此，相邻关系从权利上讲又称相邻权。主要特征是：

（1）主体是两个或两个以上不动产的所有人或占有人和使用人。

（2）相邻关系主体所有或占有的不动产是相互毗邻，包括相连接的房屋、土地等。

（3）客体是相邻不动产的所有人或占有人行使其财产所有权或占有权所体现的利益，即发生的权利义务关系。

（4）内容为相邻权的行使必须以从相邻另一方取得必要的便利为限度，不能以相邻权为借口损害相邻一方的合法权利。

▲人身权

是与作为权利主体的人身不可分割的民事权利。民法上的人身权有以下主要特征：

（1）人身权没有自己的财产内容，它本身追求的不是经济利益。

（2）人身权与人本身的特征、素质、品德、形象、才干、信誉和社会评价等联系在一起。

（3）人身权是一种绝对权。它的存在就构成一种法律关系。任何人都必须依法承担义务，不得妨碍公民或法人行使其人身权。

（4）人身权是一种专有权。《中华人民共和国民法通则》赋予人身权极其重要的法律地位，明确规定公民的生命健康、姓名、肖像、人格尊严、名誉、荣誉受法律保护。特别重视对家庭、婚姻、老人、儿童和妇女的人身权的保护。

▲债权

"债务"的对称，是指在债的法律关系中，债权人按照法律的规定或者合同的约定请求债务人为一定行为或者不为一定行为的权利。如买卖关系中，买方有权请求卖方交付商品，卖方有权请求买方给付价款。债权与物权不同，主要特征表现在：

（1）物权的客体只能是物；而债权的客体可以是物，也可以是一定行为。

（2）物权的权利主体是特定的人，义务主体是不特定的人；而债权的权利主体和义务主体都是特定的人。

（3）物权只要求他人不妨碍即可实现；而债权需要债务人履行义务才能实现。

▲债务

为"债权"的对称，是指在债的法律关系中，债务人按照法律的规定或者合同的约定，对债权人负有为一定行为或者不为一定行为的义务。

▲民事责任

是指民事主体应承担的法定义务，包括不作为义务，因侵权行为所产生的义务、不履行合同义务或者法律规定的抚养、赡养、扶助义务。承担民事责任的基本原则是过错责任原则，即行为人有过错就应承担民事责任。在特定条件下，法律规定无过错也应承担民事责任。《中华人民共和国民法通则》第132条规定："当事人对造成损害都没有过错的，可以根据实际情况，由当事人分担民事责任。"

承担民事责任的方式有：停止侵害；排除妨碍；消除危险；返还财产；恢复原状；修理、重作、更换；赔偿损失；支付违约金；消除影响、恢复名誉；赔礼道歉。

以上承担民事责任的方式，可以单独适用，也可以合并适用。

▲有限责任

为"无限责任"的对称，是指公司的出资人对出资所办企业的债务，以其认缴的并由企业章程规定的出资额为限承担清偿债务的责任。《中华人民共和国公司法》规定，有限责任公司的股东对公司债务只负有限责任。

▲无限责任

为"有限责任"的对称，是指企业的出资人对其投资设立的企业的债务不以出资额为限，而是以其所有的全部财产承担清偿债务的责任。《中华人民共和国独资企业法》第28条规定："个人独资企业解散后，原投资人对个人独资企业存续期间的债务仍应承担偿还责任，但债权人在五年内未向债务人提出偿债请求的，该责任消灭。"

▲连带责任

是指两个或两个以上的债务人就共同债务对债权人单独承担全部清偿债务的责任。其中一个连带债务人承担全部清偿债务责任后，有权要求其他连带债务人承担其相应的债务份额。

▲诉讼时效

是指法律规定消灭民事主体胜诉权的期限。即民事主体在其民事权利受到侵害时，向法院或者仲裁机构请求保护的期限。《中华人民共和国民法通则》规定，向人民法院请求保护民事权利的诉讼时效期间为2年，但法律另有规定的除外。如该法第136条规定，下列诉讼时效期间为1年：

（1）身体受到伤害要求赔偿的。

（2）出售质量不合格的商品未声明的。

（3）延付或者拒付租金的。

（4）寄存财物被丢失或者损毁的。

诉讼时效期间从知道或者应当知道权利被侵害时起计算。但是，从权利被侵害之日起超过20年的，人民法院不予保护。有特殊情况的，人民法院可以延长诉讼时效期间。在诉讼时效期间的最后六个月内，因不可抗力或者其他障碍不能行使请求权的，诉讼时效中止。从中止时效的原因消除之日起，诉讼时效期间继续计算。诉讼时效因提起诉讼、当事人一方提出要求或者同意履行义务而中断。从中断时起，诉讼时效期间重新计算。超过诉讼时效期间，当事人自愿履行的，不受诉讼时效限制。

▲合同

是指平等主体的自然人、法人及其他组织之间设立、变更、终止民事权利义务关系的协议。依法成立的合同，受法律保护，对当事人具有法律约束力。合同有以下特征：

（1）合同的性质是一种民事权利义务关系。

（2）合同发生在平等主体的自然人、法人与其他组织之间。首先，平等主体，即合同当事人法律地位平等，双方必须建立在平等协商的基础上才能确定彼此的权利义务。其次，合同主体包括自然人、法人与其他组织。自然人成为合同主体，但应具有相应的民事权利能力和民事行为能力。

（3）合同内容是设立、变更、终止民事权利义务关系的协议。合同属于民事法律关系中的一种，民事法律关系也体现在合同中。

▲合同原则

合同的基本原则有：

（1）平等原则，即合同当事人的法律地位平等。这是合同平等原则的法律规定，当事人之间法律地位平等是签订合同的前提和基础，也是进行民事活动最基本的原则。

（2）自愿原则，即当事人依法享有自愿

订立合同的权利，任何单位和个人不得非法干预。自愿原则即合同自由原则，体现意思自治，是《合同法》一切制度的核心。

（3）公平原则，即当事人应当遵循公平原则确定各方的权利和义务。只有建立在平等、自愿基础上所制定的合同才有可能是公平的。反之因双方当事人地位的不平等，违反自愿原则的都有可能造成不公平的结果。对显失公平的合同，当事人可以请求人民法院或仲裁机构变更或撤销，以保护自己的合法权益。

（4）诚实信用原则，即当事人行使权利、履行义务应当诚实信用。诚实信用原则是民法中的"帝王"原则，它要求当事人在订立、履行合同过程中必须是善意的，讲诚实，重信用。

（5）合法原则，即当事人订立、履行合同，应当遵守法律、行政法规，尊重社会公德，不得扰乱社会经济秩序、损害社会公共利益。这是对合同自由原则所作的一种限制性规定。

▲ 无效合同

根据《合同法》第 52 条规定，以下 5 种合同系无效合同：

（1）一方以欺诈、胁迫的手段订立合同，损害国家利益。

（2）恶意串通，损害国家、集体或者第三人利益。

（3）以合法形式掩盖非法目的。

（4）损害社会公共利益。

（5）违反法律、行政法规的强制性规定。无效合同自始无效，不能受到法律保护。

同时，《合同法》还规定了合同中的某些条款的无效情形：

（1）造成对方人身伤害的。

（2）因故意或重大过失造成对方财产损失的。

▲ 撤销权

《合同法》第 74 条规定，因债务人放弃到期债权或者无偿转让财产，对债权人造成损害的，债权人可以请求人民法院撤销债务人的行为。债务人以明显不合理的低价转让财产，对债权人造成损害，并且受让人知道该情形的，债权人也可以请求人民法院撤销债务人的行为。撤销权的行使范围以债权人的债权为限。债权人行使撤销权的必要费用，由债务人负担。同时《合同法》第 75 条规定，撤销权自债权人知道或者应当知道撤销事由之日起一年内行使。自债务人的行为发生之日起 5 年内没有行使撤销权的，该撤销权消灭。

▲ 格式条款

格式条款是当事人为了重复使用而预先拟定，并在订立合同时未与对方协商的条款。格式条款具有下列特征：

（1）格式条款是一方当事人事先单方面拟订好的，而不是在双方协商一致的基础上达成的。

（2）格式条款的目的是为了重复使用多次，并向不特定相对人提出的。

（3）一方采用格式条款订立合同时未与对方进行协商，不属于讨价还价条款。

采用格式条款订立合同的，提供格式条款的一方应当遵循公平原则确定当事人之间的权利和义务，并采取合理的方式提请对方注意免除或者限制其责任的条款，按照对方的要求对该条款予以说明。

▲ 保证

是指合同当事人以外的第三人向债权人作出的担保债务人履行合同义务或代为偿还合同约定之债的一种意思表示形式。保证合同从属于主合同，是主合同的从合同。

保证分为一般保证和连带责任保证。

（1）当事人在保证合同中约定，债务人不能履行债务时，由保证人承担保证责任的，为一般保证。一般保证的保证人在主合同纠纷未经审判或者仲裁，并就债务人财产依法强制执行仍不能履行债务前，对债权人可以拒绝承担保证责任。但有下列情形之一的，保证人不得行使前述权利：

债务人住所变更，致使债权人要求其履行债务发生重大困难的；人民法院受理债务人破产案件，中止执行程序的；保证人以书面形式放弃前述权利的。

（2）当事人在保证合同中约定保证人与债务人对债务承担连带责任的，为连带责任保证。连带责任保证的债务人在主合同规定的债务履行期届满没有履行债务的，债权人可以要求债务人履行债务，也可以要求保证人在其保证范围内承担连带保证责任。

保证可以采取以下形式：

（1）保证人与债权人单独订立书面保证合同。保证合同一般应包括被保证的主债权种类、数额；债务人履行债务的期限；保证的方式；保证担保的范围；保证的期间；双方认为需要约定的其他事项。

（2）保证人以书面形式向债权人表示，当被保证人不履行债务时由其承担保证责任并为债权人所接受。

（3）保证人在债权人与被保证人签订的订有保证条款的主合同上，以保证人的身份签字或者盖章。

（4）主合同中没有保证条款，但保证人在合同上以保证人的身份签字或者盖章。

（5）公民间的口头保证，有两个以上无利害关系人证明，除法律另有规定外，保证合同也视为成立。

▲定金

是合同之债的一种担保形式。它是指签订合同的当事人一方，为了证明合同的成立和保证合同的履行，在合同规定应当支付的价款或酬金的数额内，预先给付对方一定数额金钱或其他财产上的有价物。合同履行后，定金应当收回，或者抵作价款。给付定金一方若不履行合同，无权请求返还定金。接受定金一方不履行合同，应当双倍返还定金。

▲抵押

是指债务人或第三人不转移抵押物的占有，将该财产作为债权的担保。债务人不履行债务时，债权人有权依照有关规定以该财产折价或者以拍卖、变卖该财产的价款优先受偿，第三人在抵押权实现后有权向债务人追偿。下列财产可以抵押：

（1）抵押人所有的房屋和其他地上定着物。

（2）抵押人所有的机器、交通运输工具和其他财产。

（3）抵押人依法有权处分的国有土地使用权、房屋和其他地上定着物。

（4）抵押人依法承包并经发包方同意抵押的荒山、荒沟、荒丘、荒滩等荒地的土地使用权。

（5）依法可以抵押的其他财产。

下列财产不得抵押：

（1）土地所有权。

（2）耕地、宅基地、自留地、自留山等集体所有的土地使用权，法律有特别规定的除外。

（3）学校、幼儿园、医院等以公益为目的的事业单位，社会团体的教育设施，医疗卫生设施和其他社会公共设施。（但为自身债务设定抵押的有效）

（4）所有权、使用权不明或有争议的财产。

（5）依法被查封、扣押、监管的财产。

（6）依法不得抵押的其他财产。

▲质押

是指债务人或第三人（出质人）将其所有的动产或权利凭证移交债权人占有或承诺作为债权的担保。质押分为动产质押和权利质押。动产质押是指债务人或第三人（出质人）将其动产移交债权人（质权人）占有，将该动产作为债权的担保。债务人不履行债务时，债权人有权依照法律规定以该动产折价或第三人（出质人）拍卖、变卖该动产的价款优先受偿。第三人在质权实现后，有权向债务人追偿。出质人和质权人应当以书面形式订立质押合同。质押合同自质押物移交于质权人占有时生效。质押担保的范围包括主债权及利息、违约金、损害赔偿金、质押物保管费用和实现质权的费用。质权人有权收取质押物所生的孳息，另有约定的除外。质权人负有妥善保管质押物的义务。因保管不善致使质押物灭失或者毁损的，质权人应当承担民事责任。债务履行期届满债务人履行债务的，或者出质人提前清偿所担保的债权的，质权人应当返还质押物。出质人和质权人在合同中不得约定在债务履行期届满质权人未受清偿时，质押物的所有权转移为质权人所有。权利质押是指债务人或第三人（出质人）将其合法持有的财产权利凭证作为债权的担保。下列权利可以质押：

（1）汇票、支票、本票、债券、存款

新世纪 老年 百科全书

单、仓单、提单。

（2）依法可以转让的股份、股票。

（3）依法可以转让的商标专用权、专利权、著作权中的财产权。

（4）依法可以质押的其他权利。

以上述第一项中的权利出质的，应当在合同约定的期限内将权利凭证交付质权人，质押合同自权利凭证交付之日起生效。以依法可以转让的股票出质的应订立书面合同，并向证券登记机关办理出质登记，质押合同自登记之日起生效；以有限责任公司股份出质的，质押合同自股份出质记载于股东名册之日起生效。以第二项中的权利出质的，除订立书面合同外，还需向国家有关主管部门办理出质登记，合同自登记之日起生效。以第三项中的权利出质后，出质人不得转让或者许可他人使用，但经出质人与质权人协商同意的除外。

▲ **留置**

债权人按照合同约定占有债务人的动产，债务人不按照合同约定的期限履行债务的，债权人有权留置该财产，以该财产折价或者拍卖、变卖该财产的价款优先受偿。留置担保的范围包括主债权及利息、违约金、损害赔偿金、留置物保管费用和实现留置权的费用。因保管合同、运输合同、加工承揽合同发生的债权，债务人不履行债务的，债权人有留置权。留置权人负有妥善保管留置物的义务，因保管不善致使留置物灭失或毁损的，留置权人应当承担民事责任。债权人留置财产后，债务人应当在不少于 2 个月的期限内履行债务。逾期仍不履行的，债权人可以将留置物折价或依法变卖、拍卖以实现其权利。

② 婚姻

婚姻是指为一定社会制度所确认的男女两性的结合及由此产生的夫妻关系。《中华人民共和国婚姻法》规定，实行男女平等、婚姻自由、一夫一妻的制度；结婚男女双方年龄，男不得小于 22 周岁，女不得小于 20 周岁。有的国家允许多配偶制，有一夫多妻制，也有一妻多夫制。婚姻自由是指结婚或者离婚完全尊重男女双方的意志，他人不得干涉。婚姻自由既包括结婚自由，也包括离婚自由，同时还包括再婚、复婚自由。婚姻自由是《中华人民共和国婚姻法》的基本原则之一。

▲ **事实婚姻**

为"法律婚姻"的对称，是指没有配偶的男女双方未按法律的规定或认可的方式结婚，而以夫妻名义共同生活的婚姻。在中国，自 1994 年起要求没有配偶的男女结婚，应当进行婚姻登记，领取《结婚证》，法律上不再承认事实婚姻。凡未进行结婚登记的事实婚姻，一律按非法同居处理，不承认其夫妻关系。

▲ **无效婚姻**

是指不符合法律规定的结婚条件而取得《结婚证》的婚姻。《中华人民共和国婚姻法》第 10 条规定，有下列情形之一的，婚姻无效：

（1）重婚的。（2）有禁止结婚的亲属关系的。（3）婚前患有医学上认为不应当结婚的疾病，尚未治愈的。（4）未到法定婚龄的。

我国《婚姻法》第 11 条规定："因胁迫结婚的，受胁迫的一方可以向婚姻登记机关或人民法院请求撤销该婚姻。受胁迫的一方撤销婚姻的请求，应当自结婚登记之日起一年内提出。被非法限制人身自由的当事人请求撤销婚姻的，应当自恢复人身自由之日起一年内提出。"

无效或被撤销的婚姻，自始无效。当事人不具有夫妻的权利和义务。同居期间所得的财产，由当事人协议处理；协议不成时，由人民法院根据照顾无过错方的原则判决。对重婚导致的婚姻无效的财产处理，不得侵害合法婚姻当事人的财产权益。当事人所生的子女，适用《婚姻法》有关父母子女的规定。

▲ **监护人**

是指依法对未成年人和精神病人的人身、财产及其他合法权益负有监督和保护职责的人。监护人的产生有两种方式：一种是法定监护，即由法律在一定范围的人员中直接规定的监护人。另一种是指定监护，即在没有法定监护人，或者对担任监护人有争议的，由法院或有关部门指定的监护人。监护人的职责为：保护被监护人的身体健康，照顾被监护人的生活，管理和保护被监护人的财产，代理被监护人进行民事活动，对被监护人进行管理和教育，代理被监护人进行诉讼。监护人不履行监护职责，或者侵害了被监护人的合法权益，其他有监护资格的人或者单位可以向人民法院起诉，要求监护人承担民事责任或者要求变更监护关系。

▲ 离婚的条件

离婚是指夫妻按法律规定程序解除婚姻关系的行为。男女双方自愿离婚，双方应到婚姻登记机关申请离婚。婚姻登记机关查明双方确实是自愿并对子女和财产问题已有适当处理时，发给离婚证。男女一方要求离婚的，可由有关部门进行调解或直接向人民法院提出离婚诉讼。人民法院审理离婚案件，坚持调解原则，如感情确已破裂，调解无效，应准予离婚。有下列情形之一，调解无效的，应准予离婚：

（1）重婚或有配偶者与他人同居的。

（2）实施家庭暴力或虐待、遗弃家庭成员的。

（3）有赌博、吸毒等恶习屡教不改的。

（4）因感情不和分居满二年的。

（5）其他导致夫妻感情破裂的情形。

一方被宣告失踪，另一方提出离婚诉讼的，应准予离婚。

女方在怀孕期间、分娩后一年内或中止妊娠后 6 个月内，男方不得提出离婚。女方提出离婚的，或人民法院认为确有必要受理男方离婚请求的，不在此限。

3 继承

继承是指被继承人死亡后由继承人接受其遗产的行为。公民死亡后遗留的财产依法转移给继承人所有。遗留财产的死者称为被继承人；死者遗留的个人合法财产称为遗产；依法取得遗产的人称为继承人。

根据《中华人民共和国继承法》规定，遗产的范围主要是：

（1）公民的收入。主要指公民的工资和其他劳动收入。如房租、股票利息等。

（2）公民的房屋、储蓄和家畜。

（3）公民的文物、图书资料。

（4）法律允许的公民所有的生产资料。

（5）公民的著作权、专利权产生的财产权利。

（6）公民的其他合法财产。

在中国，财产继承贯彻男女平等、养老育幼、互让互助、团结和睦、权利和义务相一致等基本原则。婚生子女、非婚生子女、养子女、有抚养关系的继子女，享有平等的继承权。继承依法分为法定继承和遗嘱继承两类。

▲ 法定继承

是指按照法律直接规定的继承人的范围、继承顺序、遗产分配等原则进行财产继承的一种继承制度。法定继承是我国公民继承遗产的主要方式，以下情况适用法定继承：

（1）被继承人生前没有立下遗嘱的。

（2）遗嘱继承人放弃继承，或者受赠人放弃受赠的。

（3）遗嘱继承人丧失继承权的。

（4）遗嘱继承人、受赠人先于被继承人死亡的。

（5）遗嘱无效部分所涉及的遗产。

（6）遗嘱未处分的遗产。

法定继承人的范围是：被继承人的配偶、子女、父母、兄弟姐妹、祖父母、外祖父母。被继承人的子女的晚辈直系血亲也是法定继承人，适用代位继承。

法定继承的顺序是：第一顺序，配偶、子女、父母；第二顺序，兄弟姐妹、祖父母、外祖父母。继承开始后，由第一顺序继承人继承，第二顺序继承人不继承。没有第一顺序继承人继承的，由第二顺序继承人继承。丧偶儿媳对公、婆，丧偶女婿对岳父、岳母尽了主要赡养义务的，作为第一顺序继承人。

▲ 遗嘱继承

是指根据死者的遗嘱进行继承的一种法律制度。公民生前依照法律规定的方式立下遗嘱，待自己死后遗嘱发生法律效力，使遗产由遗嘱指定的继承人继承。遗嘱继承的主要法律特征是：

（1）遗嘱是在遗嘱人死后发生法律效力的民事法律行为。

（2）遗嘱是一种要式民事法律行为。遗嘱人在立遗嘱时，必须按照法律规定的方式和要求进行。

（3）遗嘱必须由遗嘱人自己作出，不

新世纪老年百科全书

得由他人代理。

（4）遗嘱人必须具有完全行为能力。

（5）遗嘱必须是遗嘱人的真实意思。

（6）遗嘱只能处分被继承人个人的财产。

根据《中华人民共和国继承法》第17条规定，遗嘱可采取下列方式，即公证遗嘱、自书遗嘱、代书遗嘱、录音遗嘱、口头遗嘱。公证遗嘱由遗嘱人经公证机关办理。自书遗嘱由遗嘱人亲笔书写、签名，注明年、月、日。代书遗嘱应当有两个以上见证人在场见证，由其中一人代书，注明年、月、日，并由代书人、其他见证人和遗嘱人签名。录音遗嘱，应当有两个以上见证人在场见证。遗嘱人在危急情况下，可以立口头遗嘱。口头遗嘱应当有两个以上见证人在场见证。危急情况解除后，遗嘱人能够用书面或录音形式立遗嘱的，所立口头遗嘱无效。

▲遗赠

公民以遗嘱的形式将自己的财产赠给国家、集体或法定继承人以外的个人，在公民死亡时发生法律效力的民事法律行为。根据《中华人民共和国继承法》第16条第3款规定，公民可以立遗嘱将个人财产赠给国家、集体或者法定继承人以外的人。遗赠是单方民事法律行为，被继承人的遗赠行为不需要征得遗赠受领人同意。如遗赠受领人先于遗赠人死亡的，该遗赠无效。遗赠受领人拒绝接受遗赠，遗嘱人生前又未作另外处理的，可依法定程序由法定继承人继承。遗赠附有义务的，受遗赠人应当履行义务；没有正当理由不履行义务的，经有关单位或者公民个人请求，人民法院可依法取消他接受遗产的权利。

▲遗嘱

遗嘱是自然人生前按照法律的规定处分自己的财产及安排与此有关事务并于死后发生法律效力的单方民事行为。广义的遗嘱还包括死者生前对于死亡后其他事务作出处置和安排的行为。遗嘱具有以下法律特征：

（1）遗嘱是一种单方法律行为。遗嘱仅有遗嘱人自己的意思表示就可以成立，他人的意思表示的内容并不能影响遗嘱的成立和效力。

（2）遗嘱是由遗嘱人生前对自己财产作出的处分行为，只能由遗嘱人独立自主

地作出，不能由他人辅助或代理。

（3）遗嘱是死后发生效力的行为。遗嘱虽由遗嘱人生前设立，但在遗嘱人死亡前，遗嘱不发生效力。由于遗嘱是死后行为，立遗嘱人所作出的于生前即发生效力的财产处分行为，也就不属于遗嘱。

（4）遗嘱是要式民事行为。法律对遗嘱的形式有明确规定，遗嘱人只能按照法律规定的形式制作遗嘱，不按照法律规定的形式设立的遗嘱，不能发生法律效力。

（5）遗嘱是依法律规定处分财产的民事行为。遗嘱是遗嘱人自由处理自己财产的意思表示，因而是处分财产的民事行为，凡不属于处分财产及与此有关的内容的意思表示，不属于继承法上的遗嘱。

4 老年人权益
▲老年人权益保障

指保障老年人合法权益，发展老年事业，弘扬中华民族敬老、养老的美德。《中华人民共和国老年人权益保障法》规定，国家和社会应当采取措施，健全对老年人的社会保障制度，逐步改善保障老年人生活、健康以及参与社会发展的条件，实现老有所养、老有所医、老有所为、老有所学、老有所乐。国家保护老年人依法享有的权益。老年人有从国家和社会获得物质帮助的权利，有享受社会发展成果的权利。禁止歧视、侮辱、虐待或者遗弃老年人。各级人民政府应当将老年事业纳入国民经济和社会发展计划，逐步增加对老年事业的投入，并鼓励社会各方面投入，使老年事业与经济、社会协调发展。国务院和省、自治区、直辖市人民政府采取组织措施，协调有关部门做好老年人权益保障工作，具体机构由国务院和省、自治区、直辖市人民政府规定。保障老年人合法权益是全

社会的共同责任。国家机关、社会团体、企业事业组织应当按照各自职责，做好老年人权益保障工作。居民委员会、村民委员会和依法设立的老年人组织应当反映老年人的要求，维护老年人合法权益，为老年人服务。全社会应当广泛开展敬老、养老宣传教育活动，树立尊重、关心、帮助老年人的社会风尚。青少年组织、学校和幼儿园应当对青少年和儿童进行敬老、养老的道德教育和维护老年人合法权益的法制教育。

▲ 老年人权益的社会保障

（1）《中华人民共和国老年人权益保障法》规定，国家建立养老保险制度，保障老年人的基本生活。老年人依法享有的养老金和其他待遇应当得到保障。有关组织必须按时足额支付养老金，不得无故拖欠，不得挪用。国家根据经济发展、人民生活水平提高和职工工资增长的情况增加养老金。农村除根据情况建立养老保险制度外，有条件的还可以将未承包的集体所有的部分土地、山林、水面、滩涂等作为养老基地，收益供老年人养老。城市的老年人，无劳动能力、无生活来源、无赡养人和扶养人的，或者其赡养人和扶养人确无赡养能力或者扶养能力的，由当地人民政府给予救济。农村的老年人，无劳动能力、无生活来源、无赡养人和扶养人的，或者其赡养人和扶养人确无赡养能力或者扶养能力的，由农村集体经济组织负担保吃、保穿、保住、保医、保葬的五保供养，由乡、民族乡、镇人民政府负责组织实施。鼓励公民或者组织与老年人签订扶养协议或者其他扶助协议。

（2）国家建立多种形式的医疗保险制度，保障老年人的基本医疗需要。有关部门制定医疗保险办法，应当对老年人给予照顾。老年人依法享有的医疗待遇必须得到保障。老年人患病，本人和赡养人确实无力支付医疗费用的，当地人民政府根据情况可以给予适当帮助，并可以提倡社会救助。医疗机构应当为老年人就医提供方便，对70周岁以上的老年人就医，予以优先。有条件的地方，可以为老年病人设立家庭病床，开展巡回医疗等服务。国家提倡为老年人义诊。国家采取措施，加强老年医学的研究和人才的培养，提高老年病的预防、治疗、科研水平。

（3）老年人所在组织分配、调整或者出售住房，应当根据实际情况和有关标准照顾老年人的需要。新建或者改造城镇公共设施、居民区和住宅，应当考虑老年人的特殊需要，建设适合老年人生活和活动的配套设施。

（4）老年人有继续受教育的权利。国家发展老年教育，鼓励社会办好各类老年学校。各级人民政府对老年教育应当加强领导，统一规划。

（5）国家和社会采取措施，开展适合老年人的群众性文化、体育、娱乐活动，丰富老年人的精神文化生活。

（6）国家鼓励、扶持社会组织或者个人兴办老年福利院、敬老院、老年公寓、老年医疗康复中心和老年文化体育活动场所等设施。地方各级人民政府应当根据当地经济发展水平，逐步增加对老年福利事业的投入，兴办老年福利设施。各级人民政府应当引导企业开发、生产、经营老年生活用品，适应老年人的需要。发展社区服务，逐步建立适应老年人需要的生活服务、文化体育活动、疾病护理与康复等服务设施和网点。

（7）发扬邻里互助的传统，提倡邻里间关心、帮助有困难的老年人。鼓励和支持社会志愿者为老年人服务。

（8）地方各级人民政府根据当地条件，可以在参观、游览、乘坐公共交通工具等方面，对老年人给予优待和照顾。农村老年人不承担义务工和劳动积累工。

（9）广播、电影、电视、报刊等应当反映老年人的生活，开展维护老年人合法权益的宣传，为老年人服务。

（10）老年人因其合法权益受侵害提起诉讼交纳诉讼费确有困难的，可以缓交、减交或者免交；需要获得律师帮助，但无力支付律师费用的，可以获得法律援助。

▲ 老年人的赡养

《中华人民共和国老年人权益保障法》规定，老年人养老主要依靠家庭，家庭成员应当关心和照料老年人。赡养人应当履行对老年人经济上供养、生活上照料和精神上慰藉的义务，照顾老年人的特殊需要。赡养人是指老年人的子女，以及其他依法负有赡养义务的人。赡养人的配偶应当协助赡养人履行赡养义务。赡养人对患病的老年人应当提供医疗费用和护理，妥善安排老年人的住房，不得强迫老年人迁居条件低劣的房屋。老年人自有的或者承租的住房，子女或者其他亲属不得侵占，不得擅自改变产权关系或者租赁关系。老年人自有的住房，赡养人有维修的义务。赡养人有义务耕种老年人承包的田地，照管老年人的林木和牲畜等，收益归老年人所有。赡养人不得以放弃继承权或者其他理由，拒绝履行赡养义务。赡养人不履行赡养义务，老年人有要求赡养人付给赡养费的权利。赡养人不得要求老年人承担力不能及的劳动。赡养人之间可以就履行赡养义务签订协议，并征得老年人同意。居民委员会、村民委员会或者赡养人所在组织监督协议的履行。赡养人的赡养义务不因老年人的婚姻关系变化而消除。

▲家庭扶养
《中华人民共和国老年人权益保障法》规定，老年人与配偶有相互扶养的义务。由兄、姐抚养的弟、妹成年后，有负担能力的，对年老无赡养人的兄、姐有扶养的义务。

▲老年人婚姻
《中华人民共和国老年人权益保障法》规定，老年人的婚姻自由受法律保护。子女或者其他亲属不得干涉老年人离婚、再婚及婚后的生活。赡养人的赡养义务不因老年人的婚姻关系变化而消除。

▲老年人财产
《中华人民共和国老年人权益保障法》规定，老年人参加劳动的合法收入受法律保护。老年人有权依法处分个人的财产，子女或者其他亲属不得干涉，不得强行索取老年人的财物。老年人有依法继承父母、配偶、子女或者其他亲属遗产的权利，有接受赠予的权利。

▲老年人教育
《中华人民共和国老年人权益保障法》规定，老年人有继续受教育的权利。国家发展老年教育，鼓励社会办好各类老年学校。各级人民政府对老年教育应当加强领导，统一规划。

▲老年人就业
《中华人民共和国老年人权益保障法》规定，国家和社会应当重视、珍惜老年人的知识、技能和革命、建设经验，尊重他们的优良品德，发挥老年人的专长和作用。

国家应当为老年人参与社会主义物质文明和精神文明建设创造条件。根据社会需要和可能，鼓励老年人在自愿和量力的情况下，从事下列活动：

（1）对青少年和儿童进行社会主义、爱国主义、集体主义教育和艰苦奋斗等优良传统教育。

（2）传授文化和科技知识。

（3）提供咨询服务。

（4）依法参与科技开发和应用。

（5）依法从事经营和生产活动。

（6）兴办社会公益事业。

（7）参与维护社会治安、协助调解民间纠纷。

（8）参加其他社会活动。老年人参加劳动的合法收入受法律保护。

▲对侵害老年人权益的行为的处理
老年人是指 60 周岁以上的公民。国家保护老年人依法享有的权益；禁止歧视、侮辱、虐待或者遗弃老年人。对不履行保护老年人合法权益职责的部门或者组织，其上级主管部门应当给予批评教育，责令改正。老年人与家族成员因赡养、扶养或者住房、财产发生纠纷，可以要求家族成员或者组织或者居民委员会、村民委员会调解，也可以直接向人民法院提起诉讼。人民法院对老年人追索赡养费或者扶养费的申请，可以依法裁定先予执行。暴力干涉老年人婚姻自由或者对老年人负有赡养义务、扶养义务而拒绝赡养、扶养，或者对老年人虐待、遗弃，情节严重构成犯罪的，依法追究其刑事责任。老年人因其合法权益受到侵害提起诉讼交纳诉讼费用确有困难的，可以缓交、减交、或者免交；需要获得律师帮助，但无力支付律师费用的，可以获得法律援助。

▲养老保险
我国目前正在进行养老保险制度的改革。

（1）我国养老保险费的负担实行国家、企业、职工个人三方共同负担，以企业负担为主的原则。根据 1997 年 7 月 16 日国务院《关于建立统一的企业职工基本养老保险制度的决定》，企业交纳基本养老保险费比例一般不得超过企业工资总额的 20%；职工个人交纳的比例为本人缴费工资的 8%。

（2）按照社会统筹与个人相结合的原

则，由社会保险经办机构按照国家质量技术监督局发布的社会保障号码，按本人缴费工资11%的数额为每人参加基本养老保险的职工建立基本养老保险个人账户，其余部分从企业缴费中划入。

（3）养老保险基金的支付。社会保险管理机构应当按照当地政府规定的统筹项目，向参加基本养老保险费用统筹的离退休人员按时、足额支付养老保险费用。基本养老保险基金开支的项目包括离退休职工的离退休金、物价补贴、护理费、生活困难补助费、安家补助费等。补充养老保险基金、职工个人储蓄性养老保险基金归职工个人所有，社会保险管理机构在职工退休时一次性予以支付。

▲社会医疗保险

是指劳动者因患病、负伤、老年及生育时，需要医疗费用和造成的收入中断，由国家或企业提供医疗服务和物质保障的制度。目前，我国实行基本医疗保险制度。1998年12月24日国务院发布了《关于建立城镇职工基本医疗保险制度的决定》，决定在全国范围内进行城镇职工医疗保险制度改革。主要内容如下：

（1）基本医疗保险费由用人单位和职工双方共同负担。用人单位缴费率应控制在职工工资总额的6%左右，职工缴费率一般为本人工资收入的2%。

（2）基本医疗保险的覆盖范围为：城镇所有用人单位及其职工，都要参加基本医疗保险。乡镇企业及其职工、城镇个体经济组织业主及其从业人员是否参加基本医疗保险，由各省、自治区、直辖市人民政府决定。

（3）基本医疗保险基金由统筹基金和个人账户构成。职工个人缴纳的基本医疗保险费，全部计入个人账户；用人单位缴纳的基本医疗保险费分为两部分，一部分用于建立统筹基金，一部分划入个人账户。划入个人账户的比例一般为用人单位缴费的30%左右，具体比例由统筹地区根据个人账户的支付范围和职工年龄等因素确定。

（4）统筹基金和个人账户要划定各自的支付范围，分别核算，不得互相挤占。要确定统筹基金的起付标准和最高支付限额，起付标准原则上控制在当地职工年平均工资的10%左右。最高支付限额原则上控制在当地职工年平均工资的4倍左右。起付标准以下的医疗费用，从个人账户中支付或由个人自付。起付标准以上、最高支付限额以下的医疗费用，主要从统筹基金中支付，个人也要负担一定比例。超过最高支付限额的医疗费用，可以通过商业医疗保险等途径解决。统筹基金的具体起付标准、最高支付限额，以及在起付标准以上和最高支付限额以下医疗费用的个人负担比例，由统筹地区根据以收定支、收支平衡的原则确定。

5 刑事

▲犯罪

掌握国家政权的统治阶级以法律规定的危害国家利益、公民合法权益和社会秩序而应处以刑罚的行为。在我国，一切危害国家主权、领土完整和安全，分裂国家、颠覆人民民主专政的政权和推翻社会主义制度，破坏社会秩序和经济秩序，侵犯国有财产或者劳动群众集体所有的财产，侵犯公民私人所有的财产，侵犯公民的人身权利、民主权利和其他权利，以及其他危害社会的行为，依照法律应当受刑罚处罚的，都是犯罪；但是，情节显著轻微危害不大的，不认为是犯罪。犯罪有三个基本特征：

（1）必须是危害社会的行为，即具有一定的社会危害性；

（2）必须是触犯刑律的行为，即具有刑事违法性；

（3）必须是受刑罚处罚的行为，即具有应受惩罚性。

▲正当防卫

为了使公共利益、本人或他人的人身和其他权利免受正在进行的不法侵害，而采取的必要的防卫行为。正当防卫的条件是：

（1）必须是为了保卫公共的利益、本人的或者他人的合法权益。所谓公共利益，是指国家、集体的利益，即社会共同的利益。所谓本人或者他人的合法权益，是指受到法律保护的本人或者他人的人身安全、财产权益、民主自由权利等。

新世纪 老年 百科全书

（2）必须是针对不法的侵害行为。不法侵害行为，不仅指犯罪行为，还包括其他违法的侵害行为。

（3）必须是针对正在进行的不法侵害行为。所谓"正在进行的不法侵害行为"，是指两种情况：一是这种不法侵害行为是客观上确实存在的，而不是主观想象的或者推测的。二是这种不法侵害行为是正在进行的，而不是尚未开始或确已自动停止，或者已经实施终了的。这就是说，正当防卫必须是适时的。

（4）必须是针对不法侵害者本人。对于没有实施侵害的其他人，不能实行防卫。

（5）正当防卫不能超过必要限度造成不应有的损害。超过必要限度，造成不应有损害的，是防卫过当。根据《中华人民共和国刑法》第17条规定，正当防卫不负刑事责任，防卫过当应负刑事责任，但应酌情减轻或者免除处罚。

▲共同犯罪

简称"共犯"。指二人以上共同故意犯罪。共同犯罪分一般共同犯罪和犯罪集团两种基本形式。构成共同犯罪，必须同时具备三个条件：

（1）在犯罪主体上，必须是两个以上达到刑事责任年龄，具有刑事责任能力的自然人。

（2）在客观上，各共同犯罪人必须具有共同犯罪的行为。这是共同犯罪人负刑事责任的客观基础。

（3）在主观上，各共同犯罪人必须具有共同犯罪的故意。这是各共同犯罪人负刑事责任的主观基础。

在司法实践中，不构成共同犯罪的情况主要有以下几种：

（1）两人以上有共同过失行为，造成一个危害结果的，如果已构成犯罪，则依法分别论处。

（2）有人故意，有人过失，形成同一犯罪的，因缺乏共同犯罪故意，不构成共同犯罪。过失地帮助他人故意犯罪，或者故意教唆、帮助他人过失犯罪，则依法分别论处。

（3）几个人同时或者先后在同一场所故意犯罪，但彼此主观故意和客观行为都互无联系的，也不属于共同犯罪。

（4）几个人之间虽有共同犯罪的故意，但没有共同犯罪的行为不能构成共同犯罪。

（5）明知是犯罪所得的赃物，而予以窝藏。或代为销售的，如果事前有通谋，应以共同犯罪论处，如果事前没有通谋的，则依照《中华人民共和国刑法》第172条规定，以窝赃罪、销赃罪，分别追究其刑事责任。

▲累犯

已经犯过被判处有期徒刑以上刑罚之罪，刑罚执行完毕或者被赦免以后，在法定期限内，又犯一定之罪的犯罪分子。根据《中华人民共和国刑法》规定，累犯分为一般累犯和危害国家安全累犯。一般累犯，是指前罪和后罪都是普通刑事犯罪，或者其中一罪是普通刑事犯罪的。其构成要件是：

（1）前罪和后罪都是故意犯罪。

（2）前罪和后罪都是判处有期徒刑以上刑罚之罪。

（3）后罪的发生是在前罪的刑罚执行完毕或者被赦免以后的3年以内。

危害国家安全累犯，是指因犯危害国家安全罪被判过刑的人，刑罚执行完毕或者被赦免以后，在任何时候再犯危害国家安全罪的人。其构成要件是：

（1）前罪和后罪都是危害国家安全罪。

（2）没有前罪和后罪判处何种刑罚的限制。

（3）后罪发生在前罪的刑罚执行完毕或赦免之后的时间没有限制。

对于累犯，依法应当从重处罚。

▲刑罚

是刑法规定的国家惩罚犯罪的一种严厉的强制方法。中华人民共和国刑罚是人民法院代表国家依照法律对犯罪分子实施惩罚的强制方法。其目的是通过惩罚与教育改造相结合，改造罪犯，预防犯罪，保护国家和公民利益。刑罚的主要特点是：

（1）它是一种最为严厉的强制方法，不仅可以剥夺犯罪分子的财产权利、政治权利和人身自由，而且可以剥夺犯罪分子的生命。

（2）只能由人民法院代表国家按照法定诉讼程序适用，其他任何机关、社会团体和个人都无权对任何公民适用刑罚。

（3）只能对犯罪分子适用。

▲立功表现

通常指犯罪分子揭发检举其他犯罪分子的罪行得到证实，或者提供重要线索、证据从而得以侦破其他案件的，或者协助司法机关缉捕其他罪犯的。对于立功应参照刑法第 63 条规定并依照刑法第 68 条规定，视具体情况分别从宽处理。自首又立功的，依法可以减轻或者免除处罚。对于已被判处死刑立即执行的罪犯，在执行前如果确有重大立功表现的，可以改判死缓或者其他刑罚。

▲ **自首**

犯罪分子在实施犯罪后，主动向有关机关投案交代自己的罪行，愿意接受国家审判的行为。根据《中华人民共和国刑法》规定，自首必须具备两个条件：

（1）自动投案。犯罪分子在犯罪以后，犯罪事实未被司法机关发现以前，或犯罪事实虽被发现，而犯罪分子还未被察觉以前，或犯罪事实和犯罪分子均被发觉，但犯罪分子尚未受到司法机关传唤、讯问或者尚未被采取强制措施的时候自动投案。如果犯罪分子就近向所在单位、城乡基层组织或者其他有关人员投案也是自动投案。

（2）必须如实交代自己的罪行。犯罪分子如实交代了自己的主要犯罪事实，就认为是自首。

《中华人民共和国刑法》第 67 条规定，犯罪以后自动投案，如实供述自己的罪行的，是自首。对于自首的犯罪分子，可以从轻或者减轻处罚。其中，犯罪较轻的，可以免除处罚。

▲ **数罪并罚**

对于一人犯数罪的，按各罪分别定罪量刑后，依法定原则决定应执行的刑罚。其特点是：

（1）一人犯有数罪。这是适用数罪并

罚的前提。

（2）判决宣告以前一人犯数罪，或者判决宣告以后，刑罚没有执行完毕以前发现漏罪，或者在刑罚执行过程中又犯新罪。只有在这三种情况下一人犯数罪，才能构成数罪并罚。

（3）在对数罪分别定罪量刑的基础上，决定应执行的刑罚。对一人犯数罪的，除判处死刑和无期徒刑的以外，应当在总和刑期以下，数刑中最高刑期以上，酌情决定执行的刑期。但是管制最高不能超过 3 年，拘役最高不能超过 1 年，有期徒刑最高不能超过 20 年。

▲ **告诉才处理**

某些犯罪行为必须有被害人或者其法定代理人的告诉，法院才进行审理的案件。告诉才处理的案件，一般是侵犯公民个人权益，犯罪行为比较轻微，对社会危害较小的犯罪案件。根据我国刑法和刑事诉讼法规定，告诉才处理的案件主要是：虐待、侮辱、诽谤、暴力干涉他人婚姻自由案件。告诉才处理的案件是人民法院直接受理的自诉案件，人民法院可以进行调解；自诉人在宣告判决前，可以撤回起诉或同被告人和解。告诉才处理的案件如果被害人因受强制、威吓无法告诉的，人民检察院和被害人的近亲属也可以告诉。

（石春相）

程序法

1 民事诉讼

代表国家行使审判权的司法机关在双方当事人和其他诉讼参与人的参加下，审理和解决民事纠纷案件的活动，以及由这些活动形成的各种关系的总称。民事诉讼包括两方面内容：一是民事诉讼行为，如当事人的起诉、应诉活动，其他诉讼参与人（证人、鉴定人）的作证和鉴定活动，以及法院的审理活动。二是民事诉讼法律关系，指在诉讼活动中形成的法院与原被告及其他诉讼参与人的关系以及原被告之间的关系。民事诉讼具有严格的程序性，大体可分三个阶段：第一阶段为第一审程序；第二阶段为第二审程序，

新世纪 老年 百科全书

依当事人对一审判决肯定与否而决定是否发生；第三阶段为执行程序，依一、二审诉讼结果是否具有实体上的给付内容而决定是否发生。

民事诉讼的形式制度，最早源于古英格兰法律，除在大法庭进行诉讼外，需向大法官法庭购买诉讼开始令，依诉讼开始令决定的诉讼形式进行诉讼，可分为实产诉讼、属人诉讼和混合诉讼。到19世纪，上述诉讼方式被1875年的《司法制度法》所代替。中国历史上成文的民事诉讼最早始见于清末沈家本等编纂的《大清刑事民事诉讼法》（草案）。

▲当事人

即"法律关系的主体"。是法律关系的构成要素之一。在法律关系中享受具体权利和承担具体义务的人或组织。

（1）在民法上，指与某法律事实有直接关系的人。如租赁当事人，指与租赁合同有直接关系的出租人与承租人。《中华人民共和国民法通则》第2条规定："当事人在民事活动中的地位平等。"

（2）在诉讼法上，指向法院提起诉讼请求和被提起诉讼的人。在民事诉讼中，指以自己的名义向国家司法机关请求确定其民事权利的人及其相对人。他们在诉讼的不同阶段有不同的称谓。在中国，当事人在第一审普通民事诉讼程序中称民事原告和民事被告；在第二审程序中，称上诉人和被上诉人；在申诉程序中，提出申诉请求的人称申诉人；在特别程序中称申请人与被申请人；在申请执行程序中称申请执行人和被执行人。《中华人民共和国民事诉讼法》第49条规定："公民、法人和其他组织可以作为民事诉讼的当事人。"当事人在刑事诉讼中是指刑事诉讼的自诉人、被告人、附带民事诉讼的原告人和被告人。在中国，检察机关虽是公诉案件的公诉人，但不称其为诉讼当事人，因其代表国家行使控诉职能。《中华人民共和国刑事诉讼法》第82条规定："'当事人'是指被害人、自诉人、犯罪嫌疑人、被告人、附带民事诉讼的原告人和被告人。"但在西方国家以及旧民国政府和中国台湾现行刑事诉讼法律中称检察官亦为当事人。

▲诉讼请求

向人民法院提出的保护自己民事权益的具体内容。在不同的诉讼中，诉讼请求各不相同，给付之诉的诉讼请求，是请求人民法院责令被告履行义务——为一定行为或者不为一定行为。确认之诉的诉讼请求，是请求人民法院确认原告和被告之间存在或不存在某种实体法律关系；变更之诉的诉讼请求，是请求人民法院变更或者消灭当事人之间原有的法律关系。在诉讼活动中，原告可以放弃、变更或者增加诉讼请求，被告可以承认或者反驳诉讼请求，有权提起反诉。

▲先予执行

是为解决权利人的生产经营或生活的急需，在起诉受理后，判决作出前，由人民法院裁定义务人先行履行一定义务的一种诉讼措施。先予执行的裁定，人民法院只能根据当事人的申请依法作出。根据《民事诉讼法》第97条规定，可以申请先予执行的案件有以下几类：追索赡养费、扶养费、抚育费、抚恤金、医疗费的案件；追索劳动报酬的案件；因情况紧急需先予执行的案件。所谓紧急情况，根据最高人民法院《关于适用〈中华人民共和国民事诉讼法〉若干问题的意见》第107条规定，包括：（1）需要立即停止侵害、排除妨碍的。（2）需要立即制止某项行为的。（3）需要立即返还用于购置生产原料、生产工具货款的。（4）追索恢复生产、经营急需的保险理赔费的。

▲本诉

与反诉相对称。原告因其民事权益受侵害或与他人发生争议而向人民法院提起的诉讼。被告应诉后，针对原告的诉讼请求而向法院提起的相反的独立请求，称反诉。诉讼理论中，因反诉的成立而将原告提起的前一诉讼称为本诉。本诉与反诉是相互依存的两个诉讼；没有反诉，就没有区分本诉的必要；没有本诉，就没有反诉。同时，本诉与反诉又相对独立，即使本诉原告撤诉，也不影响反诉作为一个独立的诉讼而存在。本诉与反诉可以合并审理，但人民法院应当对两个诉讼分别进行审查，一并作出判决、裁定。

▲反诉

指民事诉讼中被告享有的一项诉讼权利。我国《民事诉讼法》第52条规定："被告可以承认或者反驳诉讼请求，有权提出反诉。"反诉最基本的前提必须是先有本诉存在，无本诉，亦无反诉。除此而外，反诉还应具备下述五个条件：

（1）只能是本诉的被告向本诉的原告提起。

（2）两诉的请求必须有事实上或法律上的联系。主要表现在以下几个方面：为同一法律关系或事实；权利义务由同一法律关系发生；属于同一目的。

（3）提出反诉的时间必须在一审判决作出前。

（4）两诉必须能适用同种类诉讼程序。

（5）反诉亦属本诉法院受理范围。

▲撤诉

申请撤诉，是原告或上诉人在人民法院受理第一审或上诉案件后，判决作出前，依法享有的一种诉讼权利。我国《民事诉讼法》第131条规定："宣判前，原告申请撤诉的，是否准许，由人民法院裁定。"该法第156条规定："第二审人民法院判决宣告前，上诉人申请撤回上诉的，是否准许，由第二审人民法院裁定。"由此可见，无论起诉还是上诉，原告或上诉人是可以申请撤诉的。但撤诉是否成为事实，则取决于人民法院的裁定。根据最高人民法院有关司法解释，撤诉后，如当事人以同一诉讼请求再起诉，只要符合受理条件，法律是承认该起诉的合法性的，因而是可以再行起诉的。

▲举证责任

指对自己主张的事由负证明责任，即当事人有提出证据以证明自己主张成立的责任。不同的诉讼，法律规定的举证责任主体不同。

（1）民事诉讼。民事案件的举证原则是谁主张谁举证。《中华人民共和国民事诉讼法》第64条规定："当事人对自己提出的主张，有责任提供证据。"

（2）刑事诉讼。刑事案件的举证责任则不同，举证责任在司法机关，而非被告人。《中华人民共和国刑事诉讼法》第43条规定："审判人员、检察人员、侦查人员必须依照法定程序，收集能够证实犯罪嫌疑人、被告人有罪或者无罪、犯罪情节轻重的各种证据。严禁刑讯逼供和以威胁、引诱、欺骗以及其他非法的方法收集证据。"

（3）行政诉讼。行政诉讼的举证责任主要在被告。《中华人民共和国行政诉讼法》第32条规定："被告对作出的具体行政行为负有举证责任，应当提供作出该具体行政行为的证据和所依据的规范性文件。"在诉讼过程中，法律对被告收集证据进行了限制。该法第33条规定："在诉讼过程中，被告不得自行向原告和证人收集证据。"除此之外，人民法院也可以要求当事人提供或者补充证据，这里就不仅限于被告了，人民法院根据案件情况也可以要求原告举证。该法第34条规定："人民法院有权要求当事人提供或者补充证据。人民法院有权向有关行政机关以及其他组织、公民调取证据。"

▲诉讼程序

司法机关及诉讼参与人为解决和处理案件而依法进行诉讼活动的方式、方法和步骤。一般分为起诉、审判和执行三个基本阶段。在刑事诉讼中分侦查、起诉、审判、执行等阶段。诉讼程序由法律规定，司法机关及诉讼当事人参与人等必须严格遵循。

② 仲裁

▲仲裁

所谓"仲裁"，是指争议双方在争议发生前或争议发生后达成协议，自愿将争议交给第三者作出裁决，双方有义务执行的一种解决争议的方法。根据《中华人民共和国仲裁法》第2条、第3条规定，平等主体的公民、法人和其他组织之间发生的合同纠纷和其他财产权益纠纷，可以申请仲裁。选择仲裁这一解决纠纷的方式，双方必须自愿，并要达成书面仲裁协议。否则，仲裁委员会将不予受理。

下列纠纷不能向仲裁委员会申请仲裁：

（1）婚姻、收养、监护、抚养、继承纠纷。

（2）依法应当由行政机关处理的行政争议。

▲仲裁庭

负责审理仲裁案件的机构。仲裁庭可分为独任仲裁庭和合议仲裁庭。前者由一个仲裁员独任负责，独任仲裁员可由双方当事人共同指定，或双方当事人共同委托仲裁委员会主任指定。后者由双方各自选定的一名仲裁员和共同选定或共同委托仲裁委员会主任指定的第三名仲裁员组成，第三名仲裁员是首席仲裁员。

仲裁庭是随着仲裁制度的出现而出现

的，随着仲裁制度的完善而完善。现代的仲裁庭一般都公开审理，如果当事人双方或一方要求不公开审理，也可以不公开审理。审理终结时应对争议作出裁决，并制作仲裁裁决书，裁决是终局的。各国对仲裁庭的称谓、设置也不尽相同。在仲裁庭裁决制度上也不同，如英国，由双方当事人所指定的各自的仲裁员之间对仲裁的裁决不能取得协议时，则由两名仲裁员再指定一名公断人作出最后的裁决。

▲仲裁协议

双方当事人对他们之间业已发生或者将来可能发生的争议交付仲裁解决的一种书面协议。早在古罗马时已有达成仲裁协议的做法。1923 年国际联盟在日内瓦制定的《仲裁条款议定书》第一章中对仲裁协议作过规定。如果双方当事人没有达成仲裁协议，仲裁机构无权受理任何一方当事人的仲裁申请。只要双方当事人就争议达成仲裁协议，各国法律通常规定不允许再向法院起诉。依据有效的仲裁协议所作出的裁决对当事人和有关的第三者都有约束力。仲裁协议的书面形式包括在合同中规定的仲裁条款；采用其他形式规定的仲裁协议，如有关仲裁的特别协议、往来函电及其他有关文件内的特别约定等。

仲裁协议的基本内容一般包括提交仲裁的基本事项、仲裁事项、仲裁机构等。《中华人民共和国仲裁法》第 4 条："当事人采用仲裁方式解决纠纷，应当双方自愿，达成仲裁协议。没有仲裁协议，一方申请仲裁的，仲裁委员会不予受理。"

▲仲裁程序

在仲裁案件的全过程中确立有关仲裁机构、仲裁庭、仲裁员、当事人及其他关系人的相互关系和仲裁活动的方法、步骤。一般包括申请、仲裁机构的选定和仲裁员的产生、仲裁庭的组成、仲裁庭的审理过程、仲裁裁决及执行、仲裁费用的缴纳等。《中华人民共和国仲裁法》对仲裁程序作了专章规定，主要包括：申请和受理；仲裁庭的组成；开庭和裁决。

③ 法律服务
▲律师的业务范围

根据《中华人民共和国律师法》第 25 条的规定，律师可以从事下列业务：

（1）接受公民、法人和其他组织的聘请，担任法律顾问。

（2）接受民事案件、行政案件当事人的委托，担任代理人参加诉讼。

（3）接受刑事案件犯罪嫌疑人的聘请，为其提供法律咨询、代理申诉、控告、申请取保候审；接受犯罪嫌疑人、被告人的委托或者人民法院的指定，担任辩护人，接受自诉案件自诉人、公诉案件被害人或者其近亲属的委托，担任代理人参加诉讼。

（4）代理各类诉讼案件的申诉。

（5）接受当事人的委托，参加调解、仲裁活动。

（6）接受非诉讼法律事务当事人的委托，提供法律服务。

（7）解答有关法律咨询、代写诉讼文书和有关法律事务的其他文书。

▲公证

是指由国家设立的公证机关根据当事人的申请，依照法定程序，对法律行为、具有法律意义的事实和文书的真实性、合法性所进行的证明活动。

▲公证效力

公证的法律效力体现在下列三个方面：

（1）公证的证据效力。即指公证文书不仅应作为机关、团体、企事业单位和公民调整各种社会关系的可靠文书，且在仲裁、诉讼活动中应作为认定事实的依据（即具有法定的证据效力）。公证文书的效力强于任何其他证明文书。

（2）公证具有法律行为成立要件效力。这是指根据法律、法规规定或当事人之间的约定，某些法律行为必须经过公证才能产生法律效力。

（3）公证的强制执行效力。是指对于追偿债款或物品的债权文书经过公证后，若债务人不履行义务，债权人可持公证机关出具的强制执行公证书直接向有管辖权的人民法院申请强制执行，而不需经过诉讼程序。

▲申请公证

当事人申请公证应向有管辖权的公证处提出。具体讲：

（1）一般公证由当事人住所地、法律行为或法律事实发生地的公证处管辖；涉及不动产转让的公证由不动产所在地的公证处管辖，但遗嘱、委托、声明中涉及不动产转让的除外；收养公证由收养人或被收养人住所地公证处管辖，涉外及涉港、澳、台地区的收养公证的管辖，按司法部有关规定执行；住所地不同的若干当事人共同申办同一公证事项的，必须共同到其中一个当事人住所地的公证处办理。

（2）当事人申请公证，应填写公证申请表。

（3）当事人申请公证应提交的材料有：身份证明（户口簿、身份证、军官证等），法人资格证明及法定代表人身份证明；代理人代为申请的，应提交委托人的授权委托书及代理人的身份证明资料；需公证的文书；与公证事项有关的财产所有权凭证；与公证事项有关的其他材料。申办公证，当事人可以委托代理人代理，但下述公证事项当事人应亲自到公证处办理公证：委托，声明，赠与，收（送）养，解除收养，认领亲子女，遗嘱的设立，变更与撤销，遗赠扶养协议，以及其他与公民人身有密切关系的公证事项。对于服刑和劳教人员申请公证，应由申请人亲自签署委托书并由正在服刑或劳教的单位加盖印章，然后由其委托的代理人持委托书前往公证处办理有关公证事项。申办国内公证通常应缴公证费、工本费；若需邮寄应交邮寄费，若需保管应交保管费等费用。办理涉外公证还应交译文费。

▲法律援助的对象

《中华人民共和国律师法》第41条规定，公民在赡养、工伤、刑事诉讼、请求国家赔偿和请求依法发给抚恤金等方面需要获得律师帮助，但是无力支付律师费的，可以按照国家规定获得法律援助。具体讲律师提供法律援助的范围包括以下几个方面：刑事案件；请求给付赡养费、抚育费、扶养费的法律事项；除责任事故外，因公受伤害请求赔偿的法律事项；盲、聋、哑和其他残疾人、未成年人、老年人追索侵权赔偿的法律事项；请求国家赔偿的诉讼案件；请求发给抚恤金、救济金的法律事项；有关公证事项；其他确需法律援助的法律事项。

▲申请法律援助的条件

根据《中华人民共和国律师法》的规定，凡是具备以下条件的，可以申请法律援助：

（1）有充分理由证明为保障自己合法权益需要帮助的。

（2）确因经济困难，无能力或无完全能力支付法律服务费用。（公民经济困难标准由各地参照当地政府部门的规定执行）

（3）盲、聋、哑和未成年人为刑事案件被告或犯罪嫌疑人，没有委托律师的；其他残疾人、老年人为刑事被告人或犯罪嫌疑人，因经济困难没有能力聘请律师的。

（4）可能被判处死刑的刑事被告人没有委托辩护律师的。

（5）刑事案件中的外国籍被告人没有委托辩护人的。

经审查批准的法律援助申请人或符合条件、接受人民法院指定的刑事被告人、犯罪嫌疑人为受援人。在法律援助过程中，受援人可以了解为其提供法律援助活动的进展情况；受援人有事实证明法律援助的承办人员未适当履行职责的，可以向法律援助中心要求更换法律援助的承办人员。

④ 刑事诉讼

刑事诉讼是国家司法机关在当事人和其他诉讼参与人的参加下，依照法定程序，对刑事案件进行的侦查、起诉和审判活动。目的在于查明犯罪事实，应用刑法解决被告人是否犯罪、犯何种罪、要不要处刑、如何处刑的活动。中国现行刑事诉讼法规定，除告诉才处理和其他不需要进行侦查的轻微的刑事案件由人民法院直接受理外，其他案件由公安机关负责侦查、拘留、执行逮捕、预审，由人民检察院负责批准逮捕和检察（包括侦查）、提起公诉，由人民法院负责审判工作。在整个刑事诉讼活动中，侦查、起诉、审判诸机关分工负责，互相配合，互相制约，以保证准确有效执行法律。它的目的是保证准确及时地查明犯罪事实，正确应用法律，惩罚犯罪分子，保障无罪的人不受刑事追究，教育公民自觉遵守法律，积极同犯罪行为作斗争，保护公民的人身权利、民主权利和其他权利，保障社会主义建设事业的顺利进行。

▲犯罪嫌疑人

是指涉嫌犯罪的人，一般是指因被公安、检察及国家安全机关立案侦查并指控其涉嫌触犯刑法可能构成犯罪的人，是前述司法机关在侦查阶段对涉嫌犯罪的人的称谓。侦查终结并移送审查起诉时起至法院判决生效前则对涉嫌犯罪的人称为"被告人"，即被指控犯罪的人。

▲被告人

是被依法指控犯有罪行，由司法机关追究刑事责任的人。是犯罪嫌疑人在被移送审查起诉至法院宣判有罪之前的称谓。这个阶段行为人仍仅是被告人，还不能称其为罪犯。在封建专制统治下，被告人被视为罪犯，受到严刑拷问，无诉讼权利可言。在现代国家的法律中，对被告人均规定有不同的诉讼权利。《中华人民共和国刑事诉讼法》规定：被告人享有获得辩护的权利；拒绝回答与本案无关问题的权利；申请通知新证人到庭、调取新物证、重新鉴定或勘验的权利；申请回避、提起上诉、要求再审的权利等。同时规定：讯问犯罪嫌疑人、被告人必须由人民检察院或者公安机关的侦查人员负责进行。讯问笔录应当交被告人核对，被告人承认笔录没有错误后，应当签名或者盖章。

▲刑讯逼供

是在刑事审讯活动中，司法人员对嫌疑人、被告人、证人施以肉刑或变相肉刑以及精神折磨的方法逼取口供的残暴行为。刑讯逼供早在奴隶社会就已采用，到封建社会时成为法定的审判审讯制度，资产阶级革命时被取消。中国旧律允许对拒不认罪的人犯刑讯逼供。新中国成立以后，明令禁止刑讯逼供和以威胁、引诱、欺骗及其他非法的方法收集证据。《中华人民共和国刑法》第247条规定："司法工作人员对犯罪嫌疑人、被告人实行刑讯逼供或者使用暴力逼取证人证言的，处三年以下有期徒刑或者拘役。致人伤残、死亡的，依照本法第234条、第232条的规定定罪从重处罚。"

▲搜查

是司法机关的工作人员为了依法收集证据，查获犯罪人，侦查人员可以对犯罪嫌疑人、被告人，以及可能隐藏犯罪、隐藏犯罪证据的人的身体、物品、住所和其他有关的场所进行搜索、检查的一种强制措施，是侦查人员常用的一种侦查措施。目的是为了收集犯罪证据，查获犯罪人。《中华人民共和国刑事诉讼法》规定，进行搜查，必须向被搜查人出示搜查证。在执行逮捕、拘留的时候，遇有紧急情况，不另用搜查证也可以进行搜查。在搜查的时候，应当有被搜查人或者他的亲属、邻居或者其他见证人在场。搜查妇女的身体，应当由女工作人员进行。搜查的情况应当写成笔录，由搜查人员和被搜查人或者他

的亲属、邻居、其他见证人签名或者盖章。如果被搜查人或者他的亲属在逃或者拒绝签名、盖章，应当在笔录上注明。

▲监视居住

是人民法院、人民检察院和公安机关根据案件情况，对犯罪嫌疑人、被告人采取的限制其不得离开住处或指定区域、限制其一定行为并能根据需要及时到案的强制措施。适用的情形有：

（1）可能判处管制、拘役或者独立适用附加刑的。

（2）可能判处有期徒刑以上刑罚，采取监视居住不致发生社会危险性的。

犯罪嫌疑人、被告人被监视居住后，应遵守以下规定：

（1）未经执行机关批准不得离开住处，无固定住处的，未经批准不得离开指定的居所。

（2）未经执行机关批准不得会见他人。

（3）在传讯的时候及时到案。

（4）不得以任何形式干扰证人作证。

（5）不得毁灭、伪造证据或者串供。

违反上述规定情节严重的，予以逮捕。监视居住由公安机关执行。

▲取保候审

是司法机关责令犯罪嫌疑人、被告人提供担保，保证不逃避侦查、审判，并随传随到的一种强制措施。一般是对罪行较轻、不需要拘留、逮捕，但对其行动自由又作一定约束的犯罪嫌疑人、被告人采用。对罪该逮捕，如果采用取保候审的方法足以防止发生社会危险性的，或者患有严重疾病，或者正在怀孕、哺乳自己婴儿的妇女，或者公安机关拘留的人需要逮捕而证据还不充足的，也可以采用取保候审。

▲拘留

（1）公安机关在侦查阶段遇有紧急情况而依法临时限制犯罪嫌疑人人身自由的一种强制措施，即"刑事拘留"。

（2）民事诉讼中，法院采取的强制措施之一，即"司法拘留"，亦称"民事拘留"。

（3）公安机关对扰乱公共秩序、妨害公共安全、侵犯公民人身权利、损害公私财产等情节轻微、尚不够刑事处分的人实施的治安行政处罚，即"行政拘留"。

▲逮捕

是指中国司法机关依法限制犯罪嫌疑

人身自由并予以羁押的一种强制措施。是刑事诉讼强制措施中最严厉的一种。对犯罪嫌疑人实行逮捕的目的是为了防止犯罪嫌疑人逃跑、毁灭证据和继续犯罪，便于侦查、审判。逮捕犯罪嫌疑人必须依法定条件和法定程序进行。《中华人民共和国刑事诉讼法》第60条规定，对有证据证明有犯罪事实，可能判处徒刑以上刑罚的犯罪嫌疑人，采取取保候审、监视居住等方法，尚不足以防止发生社会危险性，而有逮捕必要的，应即依法逮捕。逮捕必须经人民检察院批准、决定或人民法院决定，由公安机关执行。

▲审查起诉

是指人民检察院对公安机关侦查终结移送起诉的案件所进行的审查。根据《中华人民共和国刑事诉讼法》规定，公安机关侦查的案件，侦查终结后，应制作起诉意见书，连同案卷材料和证据一并移送同级人民检察院审查决定。经审查后，根据不同情况作出提起公诉或者不起诉的决定。人民检察院审查案件时，主要是审查：

（1）犯罪事实、情节是否清楚。

（2）证据是否确实、充分。

（3）案件性质和罪名的认定是否准确。

（4）有无遗漏罪行和其他应当追究刑事责任的人。

（5）是否属于不应当追究刑事责任的人。

（6）有无附带民事诉讼。

（7）侦查活动是否合法等。

对上述内容审查后，依法作出起诉、或者不起诉的决定。对于犯罪事实已经查清，证据确凿、充分，依法应当追究刑事责任的，应作出起诉决定，按照审判管辖规定，向人民法院提起公诉；对犯罪嫌疑人有《刑事诉讼法》第15条规定的情形之一的，应作出不起诉的决定。人民检察院审查起诉，应当讯问犯罪嫌疑人。对于需要补充侦查的，可以自行侦查，也可以退回公安机关补充侦查。

▲不起诉

是提起公诉的对称，检察机关对不构成犯罪或依法不应当追究刑事责任的犯罪嫌疑人所作的决定。在中国，不起诉是人民检察院的职权。人民检察院对于公安机关移送的案件，在查明被告人不构成犯罪或者有《刑事诉讼法》第15条规定的不追究刑事责任的情形，作出不起诉决定。《刑事诉讼法》第15条规定：有下列情形之一的，不追究刑事责任，已经追究的，应当撤销案件，或者不起诉，或者终止审理，或者宣告无罪：

（1）情节显著轻微、危害不大，不认为是犯罪的；

（2）犯罪已过追诉时效期限的；

（3）经特赦令免除刑罚的；

（4）依照刑法告诉才处理的犯罪，没有告诉或者撤回告诉的；

（5）犯罪嫌疑人，被告人死亡的；

（6）其他法律规定免予追究刑事责任的。

人民检察院的不起诉决定应当公开宣布；不起诉决定书应交给被告人和其所在单位。如果被告人在押，应当立即释放。公安机关如认为该决定有错误，可以要求复议，如果意见不被接受，可提请上一级检察院复核。

▲公开审判

是指法院审理案件公开进行。公开审判原则最早为资产阶级所提出，用以反对封建专制，即将开庭的时间和地点对外公布，允许群众进入法庭旁听，判决结果对外公开宣布。在中国，人民法院审理刑事案件，除法律规定涉及国家机密、个人隐私和未成年犯罪案件外，一律公开进行。对于不公开审理的案件，当庭宣布不公开审理的理由，但宣告判决仍公开进行。

▲回避制度

是为防止利用职权徇私舞弊，同时也为了避开嫌疑，以保证司法工作的顺利进行，司法人员不参加处理与自己有利害关系或其他关系的案件的制度。《刑事诉讼法》和《民事诉讼法》等对回避制度均做了规定。根据这些规定，审判人员、检察人员、侦查人员有下列情形之一的，应当自行回避，当事人及其法定代理人也有权要求他们回避：

（1）是本案的当事人或者是当事人的近亲属的。

（2）本人或者他们的近亲属和本案有利害关系的。

（3）担任过本案的证人、鉴定人、辩护人或者附带民事诉讼当事人的代理人的。

（4）与本案当事人有其他关系，可能影响公正处理案件的。回避可用口头决定，也可以用书面决定。

▲附带民事诉讼

法院在审判被告人犯罪行为的同时，根据被害人或检察机关的提起，一并审判由该犯罪行为所造成损害的民事赔偿的诉讼活动。《中华人民共和国刑事诉讼法》第77条规定："被害人由于被告人的犯罪行为而遭受物质损失的，在刑事诉讼过程中，有权提起附带民事诉讼。如果是国家财产、集体财产遭受损失的，人民检察院在提起公诉的时候，可以提起附带民事诉讼。人民法院在必要的时候，可以查封或者扣押被告人的财产。"该法第78条规定："附带民事诉讼应当同刑事案件一并审判，只有为了防止刑事案件审判的过分延迟，才可以在刑事案件审判后，由同一审判组织继续审理附带民事诉讼。"承担赔偿义务的人为刑事被告人、未成年刑事被告人的父母或监护人，以及对刑事被告人的行为承担物质赔偿责任的单位。附带民事诉讼的管辖从属于刑事案件的管辖。

▲刑事自诉

"公诉"的对称。被害人或法定代理人为追究被告人的刑事责任而向法院直接提起的诉讼。《中华人民共和国刑事诉讼法》第88条规定："对于自诉案件，被害人有权向人民法院直接起诉。被害人死亡或者丧失行为能力的，被害人的法定代理人、近亲属有权向人民法院起诉。"提起自诉的，一般应有书面诉状，口头起诉的，应记入笔录。在宣判前，自诉人可以同被告人自行和解或者撤回自诉。在诉讼过程中，被告人可以对自诉人提出反诉。

▲抗诉

是地方各级人民检察院不服地方同级人民法院的判决，要求上一级人民法院予以改判而提起二审程序的行为。《中华人民共和国刑事诉讼法》第185条："地方各级人民检察院对同级人民法院第一审判决、

裁定的抗诉，应当通过原审人民法院提出抗诉书，并且将抗诉书抄送上一级人民检察院。原审人民法院应当将抗诉书连同案卷、证据移送上一级人民法院，并且将抗诉书副本送交当事人。"

▲上诉不加刑原则

上诉审法院审理被告人一方上诉的案件，不得加重被告人刑罚的原则。上诉不加刑作为刑事诉讼的一项具体原则，最早见之于1808年法国刑事诉讼法典，但一般限于为被告人的利益上诉时才不加刑。《中华人民共和国刑事诉讼法》规定，第二审人民法院审判被告人或者他的法定代理人上诉的，不得加重被告人的刑罚。根据上诉不加刑原则，对被告人一方提出的上诉，第二审人民法院不得以"量刑过轻"为由，加重被告人的刑罚，也不能以"量刑过轻"为由发回原审人民法院重新审理而加重被告人的刑罚。坚持上诉不加刑原则，有利于保障被告人依法行使自己的上诉权；有利于维护上诉制度，保证人民法院正确行使审判权，使案件得到正确的处理。人民检察院提出抗诉或者自诉人提出上诉的，不受上诉不加刑原则的限制，如果原判确属畸轻，二审法院可以发回重审或改判。

▲假释

亦称"假出狱"。罪犯刑期未满附条件提前释放的一种制度。此制始创于英国。19世纪初英国制定一种"释放票"，对有"悔悟表现"的罪犯，在监视条件下引导犯人逐步回归社会正常生活。1854年以后这种"释放票"制度逐步完善形成假释制度，后为各国效法。《中华人民共和国刑法》规定：被判处有期徒刑的犯罪分子，执行原判刑期二分之一以上，被判处无期徒刑的犯罪分子，实际执行10年以上，如果认真遵守监规，接受教育改造，确有悔改表现，假释后不致再危害社会的，可以假释。如果有特殊情况，经最高人民法院核准，可以不受上述执行刑期的限制。假释的考验期限，从假释之日计算。有期徒刑的假释考验期限，为没有执行完毕的刑期；无期徒刑的假释考验期限为10年。被假释的犯罪分子，在假释考验期内，由公安机关予以监督，如果没有再犯新罪，就认为原判刑罚已经执行完毕；如果再犯新罪则应撤销假释，把前罪没有执行的刑罚和后罪所判处的刑罚，按照数罪并罚的原则决定执

行的刑罚。对在假释考验期内表现好的，不得减刑、免刑或缩短考验期。假释由劳动改造单位提出，由人民法院裁定是否予以执行。

▲监外执行

是指被判处无期徒刑、有期徒刑或者拘役的罪犯，出现了法定的特殊情况，不适宜在监狱和其他劳动教育改造场所关押执行，而暂时采取的一种变通执行方法。可以暂予监外执行的情况是：

（1）有严重疾病需要保外就医的。

（2）怀孕或者正在哺乳自己婴儿的妇女。

人民法院在判决时发现罪犯有上述情形之一的，可直接决定监外执行。劳动教育改造机关在判决执行过程中发现上述情况的，应提出监外执行的意见，报请主管机关审核决定。对于监外执行的罪犯，可以由公安机关委托罪犯原居住地的公安派出所执行，基层组织或者所在单位协助进行监督。监外执行的时间应计算在刑期以内。当监外执行的情况消失后，如果刑期未满，即应收监执行。

▲保外就医

是监外执行刑罚的一种。犯人在服刑期间患有严重疾病，经批准取保在监外医治。《刑事诉讼法》第214条规定，有严重疾病需要保外就医的，可以暂予监外执行。

▲减刑

是指减轻刑罚或者依法减轻执行中的原判刑罚。根据《中华人民共和国刑法》第78条规定："被判处管制、拘役、有期徒刑、无期徒刑的犯罪分子，在执行期间，如果认真遵守监规，接受教育改造，确有悔改表现的，或者有立功表现的，可以减刑"。减刑应由执行机关提出，报请人民法院裁定。减刑不受次数限制，但经过一次或数次减刑后实际执行的刑期，判处管制、拘役、有期徒刑的，不能少于原判刑期的二分之一，减刑后的刑期应从原判执行之日起算。判处无期徒刑的不能少于10年，减刑后的刑期从减刑之日起算。

▲释放

是对被拘禁者解除拘禁，恢复其人身自由。在中国，被拘留、逮捕的人，经审查不应拘留、逮捕，或者拘留、逮捕的原因已经消失，公安机关应立即释放，并发给释放证明作为凭证。

5 行政处罚与行政诉讼

▲行政处罚

又称"行政罚"，与刑事处罚、民事处罚并列为三大法律制裁类型。行政处罚是指法定的行政机关或者行使行政权的有关组织，对违反行政法律规范，有行政违法行为的公民、法人和其他组织给予的行政法律制裁。

▲具体行政行为

是指行政机关针对特定行政管理相对人（指某一具体的公民、法人和其他组织）实施的行政行为，如颁发许可证、征税、实施行政强制、课处行政处罚等行为。

▲行政处罚的种类

（1）警告，是指行政机关对有违法行为的公民、法人或者其他组织提出告诫，使其认识所应负责的一种处罚。警告是行政处罚措施中最轻的一种处罚，适用于违反行政管理法规较轻微、对社会危害程度不大的行为。警告一般可以当场做出。

（2）罚款，是指行政机关依法强制违反行政管理法规的行为人（包括法人及其他组织）在一定期限内缴纳一定数额货币的处罚行为。

（3）没收违法所得、没收非法财产，是指国家行政机关根据行政管理法规，将行为人违法所得的财物或非法财物强制无偿收归国有的一项处罚措施。

（4）责令停产停业，指国家行政机关对违反行政管理法规的企业或个体经营户，依法在一定期限内剥夺其从事某项生产或经营活动权利的行政处罚。

（5）暂扣或者吊销许可证、暂扣或者吊销执照，是指国家行政机关对违反行政管理法规的公民、法人或者其他组织依法实行暂时扣留其许可证或执照、剥夺其从事某项生产或经营活动权利的行政处罚。

（6）行政拘留，是指公安机关对于违反《中华人民共和国治安管理处罚法》的公民，在短期内限制其人身自由的一种处罚措施，也是限制公民人身自由的一种人身处罚，是行政处罚中最严厉的处罚之一。拘留期限为1日以上15日以下。

（7）法律、行政法规规定的其他行政处罚。

▲行政处罚的程序

《行政处罚法》规定，行政处罚程序分

为简易程序、一般程序、听证程序。

（1）违法事实清楚并有法定依据，对公民处以 50 元以下、对法人或者其他组织处以 1000 元以下罚款或者警告的行政处罚的，可以适用简易程序当场作出行政处罚决定。执法人员当场作出行政处罚决定的，应当向当事人出示执法身份证件，填写预定格式、编有号码的行政处罚决定书。行政处罚决定书应当当场交付当事人。行政处罚决定书应当载明当事人的违法行为、行政处罚依据、罚款数额、时间、地点以及行政机关名称，并由执法人员签名或者盖章。

（2）除可以当场作出的行政处罚外，行政机关发现公民、法人或者其他组织有依法应当给予行政处罚的行为的，必须适用一般程序，全面、客观、公正地调查，收集有关证据；必要时，依照法律、法规的规定，可以进行检查。行政机关在调查或者进行检查时，执法人员不得少于两人，并应当向当事人或者有关人员出示证件，询问或者检查应当制作笔录。行政处罚决定书应当在宣告后当场交付当事人；当事人不在场的，行政机关应当在 7 日内将行政处罚决定书送达当事人。行政机关及其执法人员在作出行政处罚决定之前，不依照《行政处罚法》第 31 条、第 32 条的规定向当事人告知给予行政处罚的事实、理由和依据，或者拒绝听取当事人的陈述、申辩，行政处罚决定不能成立。当事人放弃陈述或者申辩权利的除外。

（3）行政机关作出责令停产停业、吊销许可证或者执照、较大数额罚款等行政处罚决定之前，应当告知当事人有要求举行听证的权利；当事人要求听证的，行政机关应当组织听证。在听证过程中，当事人可以进行辩论和对质，行政机关对当事人提出的异议和质疑，应当面予以说明、解释和答复。

▲行政复议

亦称"行政复查"、"行政复核"。行政管理相对人不服行政机关作出的影响其本身权益的决定，依法在规定的时限内向作出决定的行政机关的上级行政机关或法律规定的其他行政机关申请审查，作出决定的上级行政机关或法律规定的其他行政机关接受相对人的申请，对被指控的行政决定加以审查并作出裁决的活动。根据《中华人民共和国行政复议法》第 6 条规定，公民、法人或者其他组织凡认为行政机关的具体行政行为侵犯其合法权益的，都可以依照本法申请行政复议。申请行政复议的一般期限为 60 天，从知道或者应当知道侵犯其合法权益的具体行政行为之日起 60 日之内提出，超过了这个期限，就被视为放弃复议申请权。一般期限不包括特殊情况。

▲行政诉讼

是指当事人不服行政机关的具体行政行为，而向人民法院提起的诉讼，通常称为"民告官"。根据《中华人民共和国行政诉讼法》第 11 条规定，公民、法人和其他组织对下列具体行政行为不服的，可以提起行政诉讼：

（1）对拘留、罚款、吊销许可证和执照、责令停产停业、没收财物等行政处罚不服的。

（2）对限制人身自由或对财产的查封、扣押、冻结等行政强制措施不服的。

（3）认为行政机关侵犯法律规定的经营自主权的。

（4）认为符合法定条件申请行政机关颁发许可证和执照，行政机关拒绝颁发或者不予答复的。

（5）申请行政机关履行保护人身权、财产权的法定职责，行政机关拒绝履行或者不予答复的。

（6）认为行政机关没有依法发给抚恤金的。

（7）认为行政机关违法要求履行义务的。

（8）认为行政机关侵犯其他人身权、财产权的。

除上述规定外，还可就法律、法规规定可以提起诉讼的其他行政案件，向人民法院提起行政诉讼。

（石春相）

宗 教 卷
ZONG JIAO JUAN

在世界各国和各民族的历史与现实中，宗教是一种普遍存在的社会现象。据有关资料统计，目前，世界上信奉各种宗教的教徒人数约占全世界总人口的20％。其中，以世界三大宗教（佛教、基督教、伊斯兰教）最具影响，其教徒人数也最为众多。

我国是一个多民族和多种宗教信仰并存的国家，各种宗教源远流长，历史悠久。除道教、民间宗教等本土宗教外，佛教、基督教、伊斯兰教三大世界性宗教也都先后安家落户于华夏大地之上，并以其特有的方式对我国的政治、经济、科学、文化等产生了广泛而深远的影响。世界三大宗教在传入我国的过程中，为其生存和发展的需要，都相当重视入乡随俗问题，并在民族化、本土化方面取得明显进展。就世界三大宗教能在华夏大地生根开花，枝繁叶茂这一情况来说，这不仅生动地体现了宗教信仰所具有的顽强的生命力，同时也验证了以儒家为主体的中国传统文化的博大精深，更表现出中华传统文化的宽容精神和海纳百川的宏伟气魄。

（杨光文）

佛 教

1 概 述

相传佛教产生于公元前6世纪～前5世纪古印度迦毗罗卫国（今尼泊尔境内），其创始人是悉达多·乔答摩（即释迦牟尼）。佛教史上将释迦牟尼创教及其弟子传承的教义，称为原始佛教。

从公元前4世纪中叶～公元前3世纪中叶，佛教在印度孔雀王朝著名君主阿育王的大力扶持下有了空前的发展，从原来

的恒河流域传播到印度次大陆大部分地区及周围国家。从释迦牟尼逝世后的第二次结集开始，佛教内部对教义和戒律产生了认识上的分歧，开始分裂为许多部派。佛教史上称这一时期为部派佛教（前4世纪中叶～1世纪左右）。

至公元1世纪，一部分具有激进思想的佛教僧侣为了寻求新的思想和信仰，掀起了修"菩萨道"的大乘运动，他们自称能运载无量众生从生死此岸到达菩提涅槃的彼岸，成就佛果，普度一切有情众生，贬称原始佛教及部派佛教为小乘。大乘佛教所依据的主要经典有《般若经》《维摩经》《涅槃经》《法华经》《华严经》《无量寿经》等。

7世纪以后，佛教逐渐与婆罗门教相结合，相互渗透，形成以民俗信仰和高度组织化的咒术等为主要特征的密教，这是佛教在印度发展的最后一个阶段。密教以《大日经》《金刚顶经》等为主要经典。

佛教成为一种世界性的宗教后，在不同的国家和地区形成了具有民族特色的教派。一般把流传于中国、朝鲜半岛、日本、越南的佛教通称为北传佛教（属大乘佛教）；把流传于今斯里兰卡、缅甸、泰国、柬埔寨、老挝以及中国傣族地区的南传上座部佛教通称为南传佛教（属小乘佛教）。其中，把传播于中国汉族地区的佛教称为汉传佛教，把传播于中国藏族、蒙古族地区和不丹、尼泊尔、蒙古等国的佛教称为藏传佛教。

藏传佛教系公元7世纪左右，佛教传入西藏后经过与西藏原有的宗教——本教相互影响、相互斗争的产物。它的主要派别有宁玛派、格鲁派、噶举派、萨迦派等。后经西藏传入我国青海、四川、甘肃、内

蒙古等地和蒙古等国家和地区。

近现代，随着佛教的不断发展和传播，先后又传播到欧洲的英国、法国、苏联、德国、匈牙利、瑞典和美洲的美国、加拿大等国家以及非洲的一些地区。

② 汉传佛教

佛教传入中国大约在公元纪元前后两汉之际。初传时期重要的活动是译经，著名僧人都来自印度和西域各国。此时宣读的教义较粗浅，多是灵魂不灭、地狱受报、祭祀得福之类，佛教也被视为方术的一种。三国两晋时期，佛经继续传入，译经大小乘并举。大乘经典流传之始即与汉文化相结合，得以流行传播。同时有了较完整的汉译戒律议规，出现了汉地出家僧人。

从南北朝开始，中国佛教进入兴盛发展阶段。不仅民众接受了佛教，各代帝王、官宦也普遍青睐于斯。虽然北朝出现过北魏太武帝和北周武帝两次大举灭佛，以佛教为外来妖妄而褒扬儒术和道教，但都没有取得很大效果，其后的帝王仍然保护佛教。

隋唐是中国佛教鼎盛之时期，隋朝皇室崇信佛教，唐朝皇帝崇信道教，但对佛教等其他诸多宗教都采取宽容、保护政策。很多士大夫和平民都信奉佛教。朝鲜半岛各国和日本派了许多僧人来华学习佛法，相互往来频繁，佛法东传，并发扬光大，创立了各种宗派。这一时期不仅出现了以玄奘、义净为代表的译经大师，大量翻译了大乘佛教重要经论和完整的戒律体系，同时在阐发佛学义理方面无论是深度还是广度都大大超过前代。中国佛学逐步发展成熟，出现了中国自己的佛教宗派，计有三论宗、华严宗、天台宗、法相宗、律宗、禅宗、净土宗、密宗等，使佛教界异彩纷呈。唐朝后期，由于唐武宗崇道教、反佛教，会昌二年（842年）开始压制僧尼，勒令僧尼还俗，拆毁寺院，熔化佛器，焚毁经书，没收寺产田地，使佛教受到沉重打击。尽管武宗去世后皇室又开始保护佛教，但许多宗派从此一蹶不振，只有禅宗、净土宗大为兴盛。

五代十国、两宋、辽、西夏、金时期，中国佛教开始走向普及。南北方政权除后周世宗曾经大举灭佛外，其余大都保护、崇信佛教。阐扬教理方面以禅宗成绩最大，自晚唐至宋初形成了五家七宗，所传禅法各有侧重，禅语禅录盛极一时。随着雕版印刷术的产生，南北佛教徒纷纷开始雕印《大藏经》，印经成为以后历代佛教事业的重要内容。佛教信仰深入民间，成为中国文化的一部分。

元、明、清三朝，属于大乘密教的藏传佛教兴盛起来，并随国家统一版图扩大而传入内地，各帝王对藏传佛教各派都优礼有加，其高僧常被赐以国师、帝师、法王等称号，清朝还封格鲁派两个最大的活佛为"达赖喇嘛"和"班禅额尔德尼"，汉传佛教日益衰微。雕经事业仍很兴盛，出现了多种民族文字版本。

晚清、民国时期，社会动荡不定，战争连绵不断，汉地佛教衰落至极，戒律废弛，丛林破败，僧人无知，迷信盛行，一批有识居士、僧人决心整顿佛教，重振宗风。郑学川（出家后法名妙空）在扬州建江北刻经处，开近代私家刻经之先。

杨文会在南京开办金陵刻经处，流通佛经，搜集散佚；并办泯洹精舍修习中国、印度佛法，培养佛教人才。在北方有韩清静创立三时学会，进行佛学研究。此时敬安、宗仰、月霞、印光、弘一、太虚等一批高僧大德，弘扬禅宗、净土、天台、华严、律宗各宗，积极整理僧伽制度，提倡僧伽教育，成立佛学院。

中华人民共和国成立后，于1953年成立了中国佛教协会，圆瑛法师当选会长。"文化大革命"期间佛教活动基本停止，宗教界人士受到冲击，佛教寺庙遭到严重破坏。

进入20世纪80年代，中国佛教获得了新生。宗教信仰自由政策得到恢复和落实，寺庙财产得以收回，佛事活动得以恢复，中国佛教一派欣欣向荣。

③ 藏传佛教

藏传佛教主要流行于中国西藏、云南、四川、青海、新疆、甘肃、内蒙古等省区，藏族、蒙古族、裕固族、门巴族、珞巴族、土族群众普遍信仰。

藏传佛教历史分前弘期和后弘期。前弘期约始自公元7世纪。松赞干布统一西藏各部建立吐蕃王朝之时，他迎娶尼泊尔尺尊公主和唐朝文成公主为妻，二人分别带入印度和汉地佛教经、像、法物，并建立了大昭寺和小昭寺。赤德祖赞时迎娶唐金城公主为妻，并邀请汉僧入藏，开始翻译佛经。佛教传播受到当地本教势力的猛烈抵制。赤松德赞时期，显教大师寂护、密教大师莲花生入藏，约于公元779年建桑耶寺，它是西藏历史上第一座"佛、法、僧"俱全的寺庙。热巴巾在位时积极推动发展佛教，翻译经典，被反佛大臣刺杀，其兄朗达玛继位后大举灭佛，此后100多年，佛教在藏区几乎绝灭。

后弘期约始于10世纪晚期，分别由康多和阿里（史称下路弘法和上路弘法）重新传入西藏，正式形成了具有西藏特色的藏传佛教。此时印度盛行大乘密教，密教无上瑜伽部经典和法门被大量转译为藏文，浓厚的密教色彩成为藏传佛教的最大特点；以密教传承为主形成的藏密各教派，主要有宁玛派（红教）、噶当派（后并入格鲁派）、萨迦派（花教）、噶举派（白教）、格鲁派（黄教）等。

13世纪中期，萨迦派五祖八思巴受到元世祖忽必烈赏识，创蒙古文字，受封为帝师和大宝法王，掌握西藏地方政教大权。14世纪时，噶举派的帕竹噶举和噶玛噶举上层喇嘛受元、明两朝册封，相继执掌地方政权。15世纪初，宗喀巴改革宗教，严格戒律，强调显密兼修、先显后密的修行次第，创立了格鲁派。清代，格鲁派得到清政府的大力扶持。清王朝正式承认格鲁派和活佛转承，并册封其中最大的两个活佛为"达赖喇嘛"和"班禅额尔德尼"，令分别统领前后藏僧俗事务，成为整个藏区精神上和世俗上的领袖，藏区逐步形成政教合一的社会制度。

1951年4月，西藏地区实现和平解放，不久十世班禅额尔德尼·确吉坚赞回到西藏，与十四世达赖喇嘛·丹增嘉措共同治理西藏政教事务。1953年3月，达赖与班禅被推举为中国佛教协会名誉会长。1959年西藏发生叛乱，达赖流亡印度。在中国共产党领导下，西藏进行了民主改革，废除了宗教制度中的压迫剥削制度，使人民获得了真正的宗教信仰自由。

"文化大革命"结束后，西藏重新全面地落实宗教信仰自由政策。中央向西藏地区拨专款维修布达拉宫、大昭寺、桑耶寺、哲蚌寺、色拉寺、甘丹寺和扎什伦布寺。1984年，中央资助专款670万元，黄金111千克，白银2000多千克及大量珠宝，在十世班禅大师的主持下，修复了五世班禅至九世班禅的灵塔、祀殿。如今，西藏得到修复和开放的宗教活动场所已达1400多处，满足了信教群众正常宗教生活的需要。

④ 云南上座部佛教

上座部佛教又称小乘佛教，主要分布在云南省的西双版纳傣族自治州、德宏傣族景颇族自治州、思茅地区、临沧地区、保山地区。傣族、布朗族、阿昌族、佤族基本全民信仰南传佛教，有信徒100多万。

上座部佛教传入云南，约在公元7世纪中叶，系由缅甸传入傣族生活的地区，最初未建立寺塔，经典也只是口耳相传。约公元11世纪时，因战乱影响，人员逃散，佛教也随之消失。

12世纪后佛教从泰国北部清迈、景海一带传入西双版纳，同时传入泰润文佛经。此外另有缅甸摆庄派在云南德宏地区传播，流行较广。

明隆庆年间，上座部佛教在云南有了较大发展。云南南传上座部佛教保存了许多原始佛教、部派佛教的特点，如过午不食、雨安居等。云南傣族等少数民族中有一传统习俗，即男童8岁～10岁必须出家称为"帕"（小沙弥），入寺一段时间（最短不能少于一个雨安居期——3个月），学习宗教文化知识，数年后可以还俗，经过这一阶段的，可以称得上是"熟人"；否则是"生人"，得不到应有的社会地位。少量的优秀小沙弥可不还俗，满20岁后受比丘戒，成为"都"，即正式的比丘。受戒后根据家庭情况和本人意愿，经过一定手续，仍可随时还俗；只有少数人长期为僧，在寺里修持深造，按僧阶递升，不再还俗。

新中国成立以后，上座部佛教界人士参加了中国佛教协会，并与南亚、东南亚佛教界友好往来。"文化大革命"后，宗教政策逐步落实，少数民族的宗教信仰、风俗习惯得到充分尊重。40多年来上座部佛教随着中国社会的发展变化，自身也发生了一些改变，男性少年已不一定必须出家为僧，教派观念也逐渐淡薄，各派之间互相学习、取长补短的情况很普遍。

⑤ 佛教尊奉的神名普系

大乘佛教的神大致分为三等，第一等神是"佛"，是大乘佛教修行的最高果位。佛要做到三义圆满，这三义是：自觉（自身觉悟）、觉他（使众生觉悟）、觉行（把自觉体现在行为上）。第二等神是菩萨，菩萨的职责是用佛的教义、宗旨去解救芸芸众生，将他们脱度到极乐世界。第三等神是罗汉。

小乘佛教讲的佛，一般是专指对释迦牟尼的尊称。第二等神是"菩萨"，也称"大士"。第三等神是"阿罗汉"，简称"罗汉"，也叫做"尊者"。罗汉是小乘佛教修行的最高果位。佛经说，大部分罗汉是释迦牟尼生前的弟子，但后来有的著名的佛教徒死去后也成了罗汉。

大乘佛教将小乘佛教的佛扩充为"三世佛"。三世佛又有横竖之分。竖三世佛指现在佛释迦牟尼，过去佛燃灯佛（据说他出生时，身边如点满灯光）以及未来佛弥勒佛。横三世佛指婆婆世界的释迦牟尼佛，东方净琉璃世界的药师佛和西方极乐世界的阿弥陀佛（或称无量寿佛）。

佛在寺院中供奉于正殿——大雄宝殿中，大雄是对佛的道德法力的尊称。

最著名的菩萨有文殊、普贤、观（世）音、大势至、地藏。其中文殊是释迦牟尼的左胁侍（近侍），普贤为右胁侍，合称"华严三圣"。观世音是阿弥陀佛的左胁侍，大势至是右胁侍，合称"西方三圣"。也有将文殊、普贤、观世音单独供奉的。地藏菩萨一般单独供奉。

大雄宝殿的前面是天王殿，正中供奉大肚弥勒佛。大肚弥勒佛背后是手持宝杵的韦驮菩萨，为护法神。天王殿两边是四大天王，也是护法神，地位相当于菩萨。

大雄宝殿多有东西配殿。东配殿一般是伽蓝殿，供奉18位伽蓝神。隋代以后，有的寺庙也将关公作为伽蓝神，常在伽蓝殿中小龛供奉。西配殿一般是祖师殿，禅宗寺庙一般供奉包括慧能在内的三位神师。

大雄宝殿的两侧常供有十六罗汉或十八罗汉。释迦牟尼的两个著名弟子老迦叶和少阿难一般塑在大雄宝殿主尊两侧。有的寺院设有罗汉堂，供奉罗汉的数目不等，多的有500个。

⑥ 佛教的寺院制度和戒律

佛教的寺院制度由于地区条件的不同各有差异。在僧伽制度和清规方面，印度佛教规定，僧伽首先遵循佛教的基本教义，以涅槃解脱为目的。在这一前提下，规定凡是僧伽均按照"戒和同修、见和同解、身和同住、利和同均、口和无净、意和同悦"的六和行事。由于受经济条件的限制，僧侣们过着"三衣一钵，日中一食，树下一宿"的极其简朴的生活。这种生活一直被以后的东南亚上座部佛教所遵从。随着社会经济的不断发展和僧人队伍的壮大，寺院逐渐增多，寺院管理制度、僧人生活制度及持戒制度、出家制度等各方面都有了相应的改变和重新规定，僧伽的范围也有了变化。规定僧伽由比丘、比丘尼、沙弥、沙弥尼、正学女组成，僧伽的等级由年龄的大小确定，沙弥和沙弥尼必须是不满20岁出家的少男少女，正学女是不满18岁的出家女修行者。汉传佛教寺院的规章制度由官方统一规定，或由著名高僧所定。在藏传佛教里，对于僧侣的等级不是根据年龄区分的，除转世活佛外，一般出家年龄在 7 岁以后。活佛在 20 岁以前可以受比丘戒，也可以作寺院主持，根据本人的身份地位来确定。

在出家制度方面，在印度，出家者很少有妻室儿女，他们大多数过着隐居的生活或出世的寺院生活。藏传佛教的格鲁派规定，凡是出家者必须生活在寺院，不娶妻，不参加生产劳动，只能在规定的时间内外出做佛事活动；宁玛派、噶举派、萨迦派没有严格的规定，僧人可以娶妻传宗接代，可以参加世俗的一切活动，也可以不住寺院。南传佛教把出家看成是每个人的事，认为出家是取得社会承认的重要途径，每个男子在未成年前进寺院接受教育是非常必要的。在以佛教为国教的泰国，规定凡是国家官吏及军警在服役期间须带薪出家，在寺院生活一段时间。

在寺院组织制度方面，在印度，寺院拥有寺属田地和财产，寺院是培养各方面人才的中心。组织分工比较明确，寺院的最高领导是首座和维那，下设专门负责人。我国汉传佛教的寺院组织设立较早，北魏时设立了沙门统，统管全国的僧侣，后改为道人统，隋朝设立署大统、署功曹、主簿官，以管诸郡沙门。唐朝又设僧录替代隋朝的昭玄统。在大寺院中，一般设有四个职位管理全寺的一切工作，最高一级是方丈，掌管全寺活动。藏传佛教寺院又不同于其他地区的寺院，它不仅是一所学法习经的宗教中心，而且也是行政、军事和文化中心，寺院拥有大量的土地和财产、雇工。每所较大的寺院都设有专门修习某学科的分院。日本佛教根据中国佛教的僧官制度，在寺院也设立僧官组织。

戒律是佛教为出家僧人和在家信徒制定的戒规。印度佛教把戒律分为止持戒和作持戒两大类。止持戒指小乘佛教所制定的五戒、八戒、十戒及具足戒，教人"诸恶莫做"。作持戒包括说戒、安居、自恣等戒，教人"众善奉行"。大乘佛教规定的戒有十重戒，即：杀戒、盗戒、淫戒、妄语戒、酤酒戒、说四众过戒、自赞毁他戒、悭惜加毁戒、嗔心不受悔戒、谤三宝戒。如果犯戒，则构成破门罪，就会被驱逐出僧团。在南传佛教国家和地区一直奉行南传上座部的戒律。

7 中国著名佛教寺庙和胜迹

▲白马寺

白马寺是中国佛教最早的寺院。位于河南省洛阳市东，初建于汉朝明帝永平年间。相传汉明帝于公元 64 年派蔡愔、秦景等人去印度求法，公元 68 年返回时，用白马负经而来，建白马寺以表纪念和译经用。寺内造塔建殿，寺门两旁有与蔡愔等人同来洛阳的迦叶摩腾和竺法兰之墓。迄今寺内建筑基本完好。

▲少林寺

少林寺为中国佛教禅宗的发祥地。位于河南省登封市境内。公元 495 年为印度来中国传法的僧人所建。周武帝灭佛时被毁，后经历代王朝重建扩修。寺院规模宏伟，整个建筑包括天门、天王殿、大雄宝殿、达摩亭、毗卢殿及塔林。相传著名的少林拳术就是从这里开始的。

▲慈恩寺

慈恩寺位于陕西省西安市，是中国佛教法相宗（又名慈恩宗）的发祥地。公元 648 年，唐太子李治为纪念其母而建。公元 652 年，玄奘为了存放从印度带回的经像，建议朝廷修建了大雁塔，以后玄奘及其弟子长住此寺从事译经活动。

▲布达拉宫

布达拉宫位于西藏自治区拉萨市西面，建筑在玛布日山（又名红山）之上。相传公元 7 世纪，吐蕃赞普松赞干布迁都拉萨，建宫于红山顶上，随着岁月的流逝原宫殿被毁。公元 1645 年 3 月，在五世达赖喇嘛等人的倡议下，重新动土修建。1690 年，摄政王第斯桑结嘉措又造五世达赖灵塔，扩建红宫。内设红宫、白宫、僧官学校、印经院等。

▲大昭寺

大昭寺位于西藏拉萨市中心，公元 647 年开始修建，是拉萨市最古老的寺庙。现在的大昭寺建筑面积 2.5 万平方米，经元、明、清历次扩建而成。有殿堂 20 多个，主殿高 4 层，镏金铜瓦顶，辉煌壮观，既具有唐代建筑风格，又具有尼泊尔和印度建筑特色。寺内供奉着文成公主从长安带去的释迦牟尼等身镀金像。大昭寺是西藏进行重大佛事活动的重要场所之一。

▲龙门石窟

龙门石窟是中国最著名的佛教艺术宝

库之一。分布在河南省洛阳市南郊的龙门山和香山。公元494年始建，延续至唐代，历时400余年。规模宏大。现存佛窟龛2100多个，造像10万余尊，碑碣2900多块，佛塔40多座。唐代开凿的毗卢舍那佛像是龙门石窟中最大的佛像，另有释迦牟尼、弥勒佛、药师佛等像，以及佛教故事图像等等。

▲敦煌莫高窟

敦煌莫高窟为中国著名的佛教三大艺术宝库之一，亦称"千佛洞"，位于甘肃省敦煌市鸣沙山东麓。公元366年始凿，后经北魏、西魏、北周、隋、唐、五代、宋、西夏、元等朝的不断营造，形成一个内容丰富、规模宏大的石窟群。现存佛窟492个，彩塑3000余尊，壁画总面积45 000多平方米，是世界上现存规模最大、保存最完好的佛教艺术宝窟。

▲云冈石窟

云冈石窟是中国著名的佛教三大艺术宝窟之一，位于山西省大同市西北的武周山上。始建于公元460年，现存主要洞窟50余个，有大小佛像50 000多尊。其中最大的佛像高17米，最小的高2厘米。在我国三大石窟中以造像气势雄伟，内容丰富多彩见称。

⑧ 中国四大佛教名山
▲五台山

五台山位于我国山西省五台、繁峙两县境内，相传为文殊菩萨应化的道场。山由五峰环抱而成，因峰顶平坦宽广如台而得此名。

五台山作为佛教圣地，历史悠久，文物荟萃。山中建寺始于东汉，相传东汉永平十一年（68年），从印度来高僧迦叶摩腾和竺法兰。两位高僧住进洛阳白马寺的同年，来到了五台山，他们看到此处气候宜人，景色优美，最适于出家人清修敬佛，于是便奏请汉明帝，希望在此建造佛寺。佛寺建成后名大孚灵鹫寺，成为我国继白马寺之后修建的第二座佛教寺院。山中的许多佛寺，在建筑、雕塑、绘画、佛经收

集等众多方面，都具有很高的艺术价值和文史价值。南禅寺大殿和佛光寺大殿为我国现存最古老的唐代木结构建筑。

南禅寺 为现在五台山中规模最小的寺庙。南禅寺大殿始建年代不详，重修于唐德宗建中年间，距今已有1200多年的历史。殿内设一佛坛，中央为释迦牟尼像，身旁两侧为骑狮文殊和乘象普贤。造像精致优美、形象生动、神态端庄安详，为我国唐代彩塑艺术中不可多得的杰作。

佛光寺 始建于魏孝文帝时期，唐武宗会昌灭法时被毁。东大殿重建于唐宣宗大中年间。佛光寺现存唐代塑像35尊，唐代壁画12幅，以及唐人题字的墨迹，它们与唐代重建的大殿合称"四绝"。

显通寺 原名大孚灵鹫寺，是五台山规模最大、最古老的寺庙。它的大雄宝殿，宏伟壮观，为五台山殿宇之最。无梁殿内无一根梁柱，全部用砖石建成。寺内还存有明代铸造的铜殿、铜塔。

五台山现有寺院70多座，除以上所列外，比较著名的还有，尊胜寺、龙泉寺、罗睺寺等。

五台山著称于世，不仅由于它雄伟众多的建筑和雕塑精美的佛像文物，而且还由于它兼有汉地佛教和藏传佛教（喇嘛教）的特点，为我国汉族集居地喇嘛庙最为集中之地，得到历代帝王的推崇，被推为四大佛教名山之首。

此外，五台山还流传着许多有趣的故事和传说：鲁智深醉打山门、杨五郎棍劈韩昌、康熙三上五台寻父等等。

▲峨眉山

峨眉山又名明光山，位于四川省峨眉市西南，相传为普贤菩萨显灵说法的道场。峨眉山原为道教的洞天福地，传说许多高道都在此修行过。我国民间传说《白蛇传》中的白娘子（白蛇）和小青（青蛇），据传曾在此修炼成仙。后来和尚们看中了这块宝地，纷纷在山上修建寺庙，最终将峨眉山变成了佛教的名山圣地。

峨眉山建寺始于魏晋，其中以魏晋时期所建的黑水寺年代最早，被尊为峨眉山佛教寺院的祖庭。山中建寺最盛时为唐宋，计有大小寺庙 170 多座，僧众 3000 余人。

万年寺　又名普贤寺、白水寺。为峨眉山上最大的寺庙，它始建于晋，以后各朝又屡加修建。寺内现有普贤乘骑白象的精美铜塑像一尊，重 62 吨，系北宋太宗年间铸造，此像堪称山中一绝。

报国寺　初建于明，重修于清。寺内主要殿堂为弥勒殿、大雄殿、七佛殿、藏经楼等。寺内存有明永明年间所制的彩釉瓷佛一尊，殿前有紫铜华严经塔一座，高 7 米，14 层，上面铸有《华严经》全文及 4700 尊小佛像，堪称铸铜艺术之珍品。

光相寺　传说是普贤菩萨示观的灵场，位于峨眉山顶峰金顶。原址上有一座铜殿，铜殿在阳光照射下熠熠闪光，故又称金殿。后来金殿遭火焚毁，于是在原址上修建了光相寺。现在光相寺只存有原殿的两座铜塔。近年在金顶新塑有四面十方普贤金佛像，该佛像为世界上最高的金佛。

峨眉山其他比较著名的佛教寺庙还有：伏虎寺、洪椿坪、仙峰寺、遇仙寺等。

峨眉山不仅是我国著名的佛教圣地，也是著名的风景名胜区，自古有"峨眉天下秀"的美誉，有圣积晚钟、双桥清音、洪椿晓雨、金顶祥光等胜景。

▲普陀山

普陀山为舟山群岛中的一个小岛，位于浙江省普陀县境内，相传为观音菩萨应化的道场。又被称为"海上仙山"、"海天佛图"。

普陀山建寺始于唐代，据传唐太宗年间，有一印度僧人来此，亲眼目睹观音菩萨现身说法，授以七色宝石。后来普陀山便被认为是观音显圣的道场。另又传说五代时有日本僧人慧锷从五台山得观音像，准备回国，船行至普陀山为大风所阻，于是僧人将佛像归还开元寺，也就是现在的

"不肯去观音院"。宋以后，世人信仰普陀观音之风日盛，寺院林立，僧众云集。

普陀山以普济寺、法雨寺、慧济寺三大寺最为著名。

普济寺　为普陀山规模最大的寺院，有殿堂等各种房屋 200 余间。普济寺建于宋朝元丰年间，明万历、清康熙年间重加扩建修整。该寺原名宝陀观音寺，因康熙皇帝赐额"普济群灵"，改名普济禅寺。

法雨寺　初名为海潮庵，后改海潮寺、护国镇禅寺。因康熙赐额"天花法雨"，改为今名。该寺为明万历年间由大智融创建，以后各朝屡加修建，现有殿宇 245 间。

慧济寺　又名佛顶山寺。原为供佛的石亭，明初时有僧人慧圆在此结茅，创立慧济庵，清乾隆年间扩建为寺院。寺院有四殿、七宫、六楼，坐落在普陀山顶，将山下水光山色尽收眼底。

普陀山面积不大，全岛只有 12 平方千米，然而岛上风景名胜处处可见。除三大寺外，比较著名的寺庙、名胜还有：潮音洞、紫竹林、梵音洞、供筏堂等几十处。

普陀山每年有三次香火最盛，即农历二月十九观音诞生日、六月十九观音成道日、九月十九观音出家日，届时各地信徒纷纷赶来，朝圣者人头攒动，热闹非凡。

▲九华山

九华山位于安徽省青阳县境内，相传为地藏菩萨应化的道场。九华山原名九子山，因有九座奇异状的峰峦而得名。唐朝诗人李白游此山时曾写有"昔在九江上，遥望九华峰"的诗句，故更名为九华山。

九华山作为我国的佛教圣地始于唐代，唐开元年间新罗国（今朝鲜半岛）国王渡海至此潜心修行多年，后圆寂山中。其弟子把他看做是地藏菩萨的化身，在他的影响下，四方僧众纷至沓来。此后，九华山作为地藏菩萨的道场，大兴土木，营建寺庙，历经宋、元、明、清四代不衰。在其鼎盛时期，九华山庙宇星罗棋布，达 300 多座，僧尼四五千人。一时间，香火之旺，甲于天下，被世人誉为"仙城佛国"。

九华山目前保存下来的寺院有 80 多座，其中比较著名的有：

化城寺　最早兴建于唐代至德年间，后毁于大火。现在的建筑为清光绪年间重建，共由四进大殿组成，分为灵官殿、天王殿、大雄宝殿、藏经楼。寺院广场前建

新世纪老年百科全书

有放生池和娘娘塔，大殿中的藻井"九龙盘珠"雕刻精美、造型细腻。化城寺为九华山僧侣做佛事等活动的主要场所。

祇园寺　与甘露寺、东岩寺、万年寺并称为九华四大丛林。祇园寺具有比较完备的殿堂设置，建筑依山就势，层次分明，富于变化。祇园寺现存的上百间房屋多为清以后建筑，据说该寺香火旺时，曾住有四五百名和尚，现在伙房内还保留有人称为"千僧灶"的八口大锅，其中最大的一口直径约五米，可煮生米两三百斤。

百岁宫　本名为护国万年寺，因供奉无瑕和尚肉身而著名。无瑕和尚自幼出家，到九华山后，结茅为庵，立志修行，他用自己的舌血和上金粉，花费了28年时间抄写了《大方广佛华严经》81卷。他126岁坐化后，3年尸体不腐，僧人们遂将其肉身装金供奉，至今已历经四五百年，仍保存完好，堪称奇迹。

另外，九华山还有甘露寺、旃檀林、上禅堂、闵园尼姑庵、观音峰、古拜经台、天台寺等名胜。

⑨ 佛教的重要节日

▲ 佛诞节
佛诞节又称"浴佛节"，是纪念释迦牟尼诞生的节日。据说佛诞生时巨龙喷洒雨水浴佛身。后来佛教根据这一传说，在举行纪念佛陀诞生之日的庆祝大会上，以各种香水浴洗佛像，供养各种花卉，布施僧众。由于各地的情况不同，佛诞日也不同，汉族以农历四月初八为佛诞日，藏族是农历四月初八至十五；日本的佛诞日是公历4月8日。

▲ 盂兰盆节
盂兰盆节又称中元节。每年农历七月十五举行的一种追荐祖先亡灵的佛教法会，主要流传于中国汉地和日本等地。节日期间，举行诵经法会，举办水陆道场、放焰火、放灯等宗教活动，并布施僧人。

▲ 成道节
成道节在中国称"腊八节"，是纪念释迦牟尼于菩提树下觉悟成道而举行的法会，每年农历十二月初八举行。在藏传佛教中亦专门有为纪念释迦牟尼成佛而举行的法会。

▲ 涅槃节
涅槃节是纪念释迦牟尼逝世的节日。

中国、日本、朝鲜等国家于每年农历二月十五举行，同时举行诵经法会，香烛供养释迦佛。斯里兰卡、缅甸、泰国等国家举行纪念法会的时间不同。

▲ 世界佛陀日
世界佛陀日是南传佛教把释迦牟尼"诞生"、"成道"、"涅槃"并在一起举行纪念的节日，称为"吠舍佉节"，一般在公历5月中旬月圆日举行。1954年在仰光召开的"世佛联"第三次大会上，规定5月月圆日为"世界佛陀日"。这个节日是南传佛教国家全国性的节日。

除此之外，汉传佛教还有一些节日如：弥勒佛诞日、观世音菩萨诞日、普贤菩萨诞日、文殊菩萨诞日、地藏菩萨诞日、燃灯佛诞日、阿弥陀佛诞日等；云南南传上座部佛教泼水节；藏传佛教中的雪顿节等。

（杨光文）

基督教

① 概　述
基督教是天主教、东正教和新教三大教派的总称。公元一世纪中叶，基督教产生于地中海沿岸的巴勒斯坦，135年从犹太

教中分裂出来成为独立的宗教。早期的基督教在发展过程中受到犹太教保守派和罗马帝国的压制和迫害，直到392年，基督教成为罗马帝国的国教，并逐渐成为封建社会的精神支柱，成为为统治阶级服务的工具。1054年，基督教分裂为天主教和东正教。16世纪中叶，天主教又发生了反对教皇制度的宗教改革运动，相继派生出一些脱离天主教的新教派，统称"新教"，在中国称为"耶稣教"。基督教是当今世界上传播最广、信徒人数最多的宗教。

相传基督教的创始人是耶稣。耶稣是上帝耶和华之子，他出生在巴勒斯坦北部的一个小镇，母亲名叫玛丽亚，因感应圣灵而怀孕。耶稣30岁左右开始在巴勒斯坦地区传教。耶稣的传教引起了犹太贵族和祭司的恐慌，他们收买了耶稣的门徒犹大，把耶稣钉死在了十字架上。三天以后，耶稣复活，向门徒和群众显现神迹，要求他们在更广泛的范围内宣讲福音。从此以后，信奉基督教的人越来越多，他们把基督教传播到世界各地。

基督教的经典是《圣经》。《圣经》中记述的都是上帝的启示，是基督教徒信仰的总纲和处世的规范，是永恒的真理。《圣经》分为《新约全书》和《旧约全书》两部分。基督教的基本教义归纳起来为两个字——"博爱"。在耶稣眼里，博爱分为两个方面：爱上帝和爱人如己。在基督教的教义中，爱上帝是指在宗教生活方面要全心全意地侍奉上帝。基督教是严格的一神教，只承认上帝耶和华是最高的神，反对多神崇拜和偶像崇拜，也反对宗教生活上的繁文缛节和哗众取宠。爱人如己是基督徒日常生活的基本准则，它要求：人应该自我完善，应该严于律己，宽以待人，应该忍耐、宽恕，要爱仇敌，并从爱仇敌进而反对暴力反抗。只有做到上述要求，才能达到博爱的最高境界——爱人如己。基督教产生至今已两千多年，除了耶稣，还涌现了许多对基督教发展有重大影响的人物，如彼得、约翰、雅各等12门徒，保罗、巴拿巴等使徒，对基督教神学发展起重要作用的奥古斯丁，以及马丁·路德、闵采尔、加尔文等宗教改革家。

② 基督教（新教）在中国的传播

中国称之为基督教或耶稣教的，是指新教。

新教于19世纪初传入中国。1807年，英国伦敦布道会派遣马礼逊到中国，他成为第一个到中国内地的新教传教士。1830年，美国新教传教士也开始进入中国。

鸦片战争后，来华传教人数剧增。1865年，戴德生创立中华内地会，专门从事内地传教活动。同时，新教各主要宗派都相继传入，传教区域除西藏外已遍及全国。内地会为一跨宗派的差会组织，从它建立后的十几年间，传教区域就由7省扩展到16省，并于19世纪末进入西藏。

帝国主义的侵略和宗教扩张激起了中国人民的反抗。19世纪中叶起，大小教案不断发生，终至酿成规模空前的义和团反帝爱国运动。义和团运动后，传教活动出现了一些新的趋向，主要表现为兴办医院、学校和其他文化慈善事业。同时，一些中国教徒为摆脱差会控制，开展中国基督教自立运动，积极促进中国基督教的本色教会运动，并于1922年成立了中华全国基督教协进会。

在义和团运动后的20年中，新教势力在中国得到了空前的发展。新中国成立前夕，教徒人数达一百多万。

新中国成立后，全国广大爱国基督徒开展了中国基督教三自爱国运动，中国基督教进入了一个新时期。

③ 中国基督教三自爱国运动

三自爱国运动是中国基督教教徒在新中国成立后，为摆脱教会的半殖民地洋教形象，实现自治、自养、自传，团结全国教徒在爱国主义旗帜之下，积极参加国家建设的爱国爱教运动。

西方殖民主义、帝国主义列强侵入中国时，把西方基督教海外传教组织作为工具加以利用，曾引起中国基督教内爱国教徒的不满。从19世纪70年代起，不断有爱国基督教徒主张独立自主，自办教会。为此，甚至出现过全国性的自立教会组织。新中国成立后，在吴耀宗的倡导下，1950年7月，基督教界发表了《中国基督教在新中国建设中努力的途径》宣言，号召教徒拥护《中国人民政治协商会议共同纲领》，反对帝国主义、封建主义和官僚资本主义，为建立一个独立、民主、和平、统一和富强的新中国而奋斗。宣言要求"促成一个为中国人自己所主持的中国教会"，为此，要"培养一般信徒爱国民主的精神和自尊自信的心理"。宣言发表后，迅速获得全国教徒的热烈响应。

1954年，第一届中国基督教全国会议在北京举行，正式成立了中国基督教三自爱国运动委员会，吴耀宗当选为主席。

中国基督教三自爱国运动委员会同中国基督教协会本着独立自主、自办教会的方针，开展了广泛的活动。教牧人员全由中国人担任，教会行政事务由中国教徒代表进行管理，教会经济由中国教徒自己维持；在神学思想和宗教礼仪上，也逐步形成自己的发展道路和模式。全国有 25 个省、直辖市、自治区成立了基督教三自爱国运动委员会和教务机构。

4 基督教（新教）基本教义

▲ 因信称义

这是新教救法论的核心。根据基督教教义，人都是有罪的，不能自救，唯一的救法是借上帝之子基督将救恩赐给世人。因此，拯救的根源来自上帝的恩典。这是基督教各派共同的信仰。至于如何使罪人获得这种恩典，收到得救的效果，天主教主张除了信仰外，还必须凭借圣事，通过天主教教阶制的神职人员，才能将救恩颁赐给信徒。教会神职人员（神父、主教和教皇）成为垄断救恩的代理人。新教则认为这不仅违背《圣经》的教训，而且带来许多弊端；根据《新约》教训，认为得救的真谛在于相信和接受耶稣基督为主，凭借信心，通过圣灵的工作，使信徒和基督成为一体。由于这种神秘的结合，基督的救赎就在信徒身上生效。基督新教认为行善是应该的，但这是重生得救的表现，而不是一种功德，其本身没有使人得救的效能。

▲ 信徒皆可为祭司

新教认为既然只凭信心即可得救，那么信徒人人均可为祭司，无须神职人员作为神人之间的中介。此外，信徒还可以互相代祷，每个信徒都有在宗教生活中彼此照顾相助的权利和义务，都有传播福音的天责。这就冲淡甚至取消了神职人员与一般信徒之间的差别。虽然新教的多数宗派仍然保留教务专职人员（牧师等）的职称和封立仪式，但这主要是职务上的标志，并不意味着具有颁赐恩典的特权。

▲ 《圣经》具有最高权威

天主教虽然不否认《圣经》的权威，但坚持《圣经》的解释权属于教会。实际上就把有关宗教信仰的一切问题，包括教会传统（教父遗训、教会法规，以及历届公会议的决定）的最高权威集中在天主教会和教皇身上。新教则主张唯有《圣经》才是最高权威，每个信徒都可以借助圣灵的引导直接从《圣经》领悟上帝的启示和真理。新教虽然接受最初几届公会议关于三一论和基督论等教义和有关的信经，也认为教父遗训有指导作用，值得尊重，但都不能和《圣经》同等看待。当然新教更不受后来天主教历次公会议的决议和教会法规的约束。宗教改革以后，新教将《圣经》译成各种民族语言，并致力于《圣经》的传播和注释工作。但新教各派对《圣经》的解释和用法不尽一致。

▲ 圣 事

新教一般只承认两种圣事，即圣餐礼纪念耶稣救赎的礼仪和圣洗礼（为新入教者举行的礼仪），认为是《圣经》明确记载由基督亲自设立的礼仪。天主教和东正教则认为除这两种外，还有坚振（坚定教徒信念的礼仪）、告解（也叫忏悔）、终傅（主礼者为垂危病人施行的礼仪。由神甫在病人身上抹圣油、念经文，要病人忏悔，帮助他灵魂得救）、神品（修道生升为神职人员的礼仪）、婚配（由神甫为证人的结婚礼）。

▲五种圣事

新教的某些宗派，如圣公会，也保留由教会施行坚振礼，按立圣职和婚配的仪式，但不认为这些具有完全的圣事意义。对圣事的解释，新教各派也不尽一致。

⑤ 基督教（新教）与天主教的区别

1. 天主教以罗马教廷为自己的组织中心，承认教皇为最高领导（即承认其在普世教会中的首席权），具有浓厚的"普世"以及"一统"的色彩。基督教则反之，不接受教皇的领导权威，认为教皇制是历史的、人为的产物。因此，基督教没有自己的权力中心，教派之间的联系松散。另外，基督教废除天主教的教阶制，主张教会生活多样化，认为教徒无需神职人员即可与神直接沟通，教徒就是祭司。而天主教则强调神职人员的中介作用，从而使神职人员享有较崇高的地位。

2. 《圣经》有正经和次经之分，《圣经》中的15卷次经基督教一律不收入，天主教则收入其中的12篇。另外，天主教还将不见之于《圣经》记载的、代代流传的"圣传"视为准则，而基督教则不以为然。基督教与天主教在读经态度上亦有不同，

基督教强调个人的发挥，天主教讲究集体的注释。

3. 天主教对耶稣之母——圣母玛丽亚特别恭敬，尊其为"天主之母"，而基督教则没有这一礼拜。天主教非常恭敬圣徒、天神、圣像、圣物，基督教的教堂中则见不到这些事物，在他们看来，这是偶像崇拜。

4. 天主教认为，圣事对于信徒的成圣、恩宠的赋予有着十分重大的意义，是神人沟通的不可或缺的渠道。基督教则认为，人是"因信称义"。因此，即使在基督教保留着的两项礼仪中，其意义与天主教也大不相同。另外，天主教除承认"天堂"、"地狱"外，还承认"炼狱"的存在，基督教则只主张前两者。

5. 天主教神职人员，按照教会传统过独身生活，不忌烟酒；而基督教的牧师则可以结婚，但一般忌烟酒。

⑥ 中国基督教著名教堂

▲无锡天主教堂

无锡天主教堂坐落在江苏省无锡市古运河畔三里桥。18世纪20年代建三里桥教堂，清光绪十七年（1891年），在义和团运动中被群众焚毁。后经多次整修，才扩建成现在的天主教堂。无锡天主教堂在1927年前隶属上海教区，以后改为南京教区。看堂的多为女性，叫做"女先生"。它是中国保存最完好的古教堂。

▲上海徐家汇天主教堂

上海徐家汇天主教堂位于上海市蒲西路，为天主教上海教区主教堂，堂侧有天主教上海教区主教府、修女院。始建于清光绪二十二年（1896年）。整幢建筑高五层，砖木结构，法国中世纪样式。大堂顶部两侧是哥特式钟楼，尖顶。大堂内圣母抱小耶稣像立祭台之巅，俯视全堂，为整座教堂之中心。这座圣母耶稣像是1919年由巴黎制成后运抵上海的。

▲上海佘山天主教堂

上海佘山天主教堂坐落于上海松江区西佘山之顶，被誉为"远东第一大教堂"。初建于清同治十三年（1874），由法国传教士所建，后又几次翻建。教堂为欧洲"巴洛克"风格建筑，融希腊、罗马、哥特式建筑艺术于一炉，部分建材与装饰采用中国传统建筑手法，可谓中西文化融合的结晶。天主教堂与山融为一体，轮廓协调自

然，堂红山绿相映生辉。整个建筑平面呈拉丁式十字形，充分体现了建筑美学的美感。1942年罗马教皇将其敕封为"圣殿"，成为我国天主教徒朝觐的圣地。信徒到佘山朝圣，沿苦路拾级而上，领略耶稣代人受难的经历，获得宗教感情上的升华。每年5月的朝圣日，每天都有来自全国各地的信徒上山朝圣。

▲广州圣心大教堂

广州圣心大教堂坐落于广东省广州市越秀区一德路，是目前国内最大的一座双尖塔哥特式石结构建筑物。于清同治二年（1863）奠基，分别从耶路撒冷及罗马运来圣土各1000克置于基下，采用从海外运来的法国七彩玻璃。落成于1888年，至今已有120多年历史，是东南亚最大的石结构天主教建筑，也是全球四座全石结构哥特式教堂建筑之一。教堂建筑工程浩大，由法国设计师设计，中国工匠建造而成。教堂的全部墙壁和柱子都是用花岗岩石砌造而成，所以又称之为"石室"或"石室耶稣圣心堂"、"石室天主教堂"。

▲哈尔滨圣索菲亚教堂

哈尔滨圣索菲亚教堂位于黑龙江省哈尔滨市内，是亚洲东部最大的东正教堂，是拜占庭式建筑的典型代表。教堂于1907年破土动工，当年一座全木结构的教堂落成。1923年圣索菲亚教堂举行了第二次重建奠基典礼，经过长达9年的精心施工，一座富丽堂皇、典雅超俗的建筑精品竣工落成。圣索菲亚教堂气势恢弘，精美绝伦。教堂的墙体全部采用清水红砖，上冠巨大饱满的洋葱头穹顶，统率着四翼大小不同的帐篷顶，形成主从式的布局。正门顶部为钟楼，7座铜铸制的乐钟恰好是7个音符。

▲北京崇文门教堂

北京崇文门教堂位于崇文门内大街路东侧的后沟胡同，始建于1870年，是美国卫理公会（美以美会）在华北地区所建的第一所礼拜堂。教堂最初建成时，外观和现在一样，只是规模比较小，1900年因义和团运动被焚毁，1902年清政府拨款重建。它是北京现存最大的一座基督教教堂，在国内外享有一定的声誉。整体呈半圆扇形，全部为木质结构，建筑风格极为新颖别致。

▲青岛天主教堂

青岛天主教堂本名圣弥厄尔教堂，由德国设计师依据哥特式和罗马式建筑风格而设计。始建于1932年，1934年竣工。教堂平面呈拉丁"十"字形，正面高30米处设有平台，两侧有两座对称而又高耸的钟塔，高度为60米。大门上方有一巨大的玫瑰窗，两侧各耸立着一高4.5米的十字架。屋顶覆盖舌头红瓦，其气势宏伟，且又古朴典雅。室内装饰系采用意大利文艺复兴时期形式。堂内大厅高18米，宽敞明亮，顶棚悬有七个大吊灯，后方设有祭台，配之穹顶的圣像壁画，堪称庄严美观。是青岛地区最大的哥特式建筑，也是中国唯一的祝圣教堂，同时也是基督教建筑艺术的杰作。

▲胡庄教堂

胡庄教堂位于山东省平阴县城西南5千米。天主教于1604年传入该村，这里是山东省天主教历史最长、影响最大的天主教徒聚居村。该教堂为哥特式建筑，主楼高25米，古朴典雅。村西圣母山与上海佘山、吉林江南圣母山合称中国天主教三大圣地。山中有圣路坊、上天之门、苦像、耶稣圣心亭等景点，壁画则详细记载了耶稣遇难的过程，图文并茂，栩栩如生。

▲澳门圣保禄大教堂

澳门圣保禄大教堂是澳门最著名的教堂。1602年奠基，1637年全部竣工。自其始建以来，曾前后三次遭遇大火，最后一次大火中主建筑全部被毁，只有教堂的前壁遗迹保留至今，即现在的"大三巴牌坊"。三巴，是"圣保禄"的译音。因为石壁酷似中国传统的牌坊，故被称为大三巴牌坊。圣保禄教堂的建筑风格，揉合了欧洲文艺复兴时期与东方的建筑风格，雕刻精细。今天，大三巴牌坊已经成了澳门的象征。

⑦ 基督教的节日

▲圣诞节

圣诞节是纪念耶稣基督诞生的节日，教会规定于每年12月25日为此节。东正教与其他东方教会由于历法不同，在每年公历1月6日或7日。在此节日里，基督教信徒家要置圣诞树，张灯结彩，向亲朋好友报佳音，唱圣诞歌，扮圣诞老人，给儿童赠送礼物，亲友互相送贺礼，节日的气氛相当热烈。

▲复活节

复活节是纪念耶稣复活的日子。耶稣

钉死于十字架后，在三日后复活。教会规定每年春分月圆后的第一个星期日举行。到时各教堂灯火辉煌，乐声悠扬，全体教徒涌进教堂做弥撒。节日晚上全家人守节聚餐，向上帝做祷告。

▲受难节

亦称"耶稣受难瞻礼"。传说在这一天，耶稣因门徒犹大的出卖而被罗马帝国当局钉死在十字架上。据《圣经》记载，这一天是星期五，耶稣于死后第三日复活，所以教会就此规定受难节在复活节的前两天。东正教与其他东方教会因依据的历法不同，对这两个节日，以及按复活节推算的其他基督教节日，都比天主教迟12天～14天。

▲降临节

降临节又称"圣灵降临瞻礼"、"五旬节"。为纪念"耶稣门徒领受圣灵"的节日。据《圣经》记载，耶稣于复活后第四十天升天，第五十天派遣圣灵降临，门徒领受圣灵后开始传教。因此，教会规定每年复活节后的第五十天为圣灵降临节。

（杨光文）

伊斯兰教

① 概　述

伊斯兰教是世界三大宗教之一，公元7世纪初穆罕默德于阿拉伯半岛创建。"伊斯兰"为阿拉伯语音译，意为"顺从"、"和平"，指顺从和信仰宇宙独一的最高主宰安拉及其意志，以求得两世的和平与安宁。主要传播于亚洲、非洲，以西亚、北非、中亚、南亚次大陆和东南亚最为盛行。20世纪以来，在西欧、北美和南美一些地区也有不同程度的传播和发展。教义由三部分组成：基本信仰为，信安拉、信天使、信经典、信使者，信后世；宗教义务，指穆斯林必须履行的五项宗教功课；善行，指穆斯林必须遵守的道德行为规范。伊斯兰教最基本的信条是："万物非主，唯有真主；穆罕默德是主的使者。"中国穆斯林称其为"清真言"。《古兰经》是伊斯兰教信仰和教义的最高准则，是伊斯兰教法的渊源和立法的首要依据，是穆斯林社会生活、宗教生活和道德行为的准绳，也是

伊斯兰教各学科和各派别学说赖以建立的理论基础。伊斯兰教在其发展过程中，因政治的、经济的、教义教法上的原因而分为许多派别。主要有逊尼、什叶两大派。

伊斯兰教拥有穆斯林十亿人上下。伊朗、伊拉克、沙特阿拉伯、也门、埃及等40多个国家奉其为国教。

伊斯兰教于公元7世纪中叶传入中国。唐、宋、元三代是伊斯兰教在中国传播的主要时期。目前我国信仰伊斯兰教的人口约有2100万，信奉伊斯兰教的民族有：回族、维吾尔族、哈萨克族、乌孜别克族、柯尔克孜族、塔吉克族、塔塔尔族、东乡族、撒拉族和保安族。

② 伊斯兰教在中国

公元7世纪伊斯兰教创立后不久，即由来华的阿拉伯使节或商人传入中国。最初阿拉伯人来华并不具有专门传教的使命，只是在唐初已有信仰伊斯兰教的阿拉伯人在中国活动。

唐宋时期（7世纪～13世纪）是伊斯兰教在中国的初传和早期发展时期。据史载，这一时期的阿拉伯商人、波斯商人，被称之为"番客"。这些人中有一部分在都市留居，与当地中国女子成婚，是最早生活在中国的穆斯林。唐肃宗平定"安史之乱"时曾向大食国（阿拉伯帝国）借兵数万人，收复两京后恩准其世居中国，这部分人与定居的"番客"成为元代形成的回回民族的最早族源。在唐中期以后，已有"土生番客"出现。宋代来华贸易并居留的

穆斯林有增无减，主要在东南沿海都市和长安城（今西安）中居住，中国地方政府为照顾他们的生活习惯，设立诸国番客聚居区"番坊"，在坊内还修建了清真寺供礼拜之用。

元代是伊斯兰教在中国内地广泛传播和全面发展的重要时期。它的基础是元代形成的统称"回回"的几个信仰伊斯兰教的民族，即回、撒拉、东乡族，此外就是新疆地区皈依伊斯兰教的维吾尔族。保安族也在17世纪时接受了伊斯兰教。元代，中国境内大部分地区都有穆斯林居住区，形成"元时回回遍天下"的格局。

明清时期是中国伊斯兰教逐步定型并稳定发展的重要阶段。特别是在明末清初，经堂教育体系的创立，汉文译著活动的开展和苏非主义思想的深入传播，为中国伊斯兰教独特风格的确立，奠定了基础。

明时，"回回"一词已用于泛称穆斯林，伊斯兰教被称为"回回教"或"回教"，这一称谓一直沿用到20世纪50年代初。1956年6月国务院发布的《关于伊斯兰教名称的通知》规定"今后对伊斯兰教一律不要使用'回教'这个名称，应该称伊斯兰教"。

进入民国后，中国伊斯兰教在新的历史条件下又有所发展。著名阿訇、经师、宗教教育革新家王宽开办新式回民学校，兴办宗教教育和普通教育，成立"中国回教俱进会"，以兴教育、固国体、回汉亲睦为宗旨。对现代中国伊斯兰教的发展、促进国际伊斯兰教交流、培养人才等方面都有积极的作用。

新中国成立后，实行了宗教信仰自由政策，中国各族穆斯林的宗教生活习俗得到了充分尊重，社会地位真正获得了平等。中国伊斯兰教在各方面的发展都有了前所未有的新气象。

3 伊斯兰教的基本信仰

伊斯兰教最基本的信仰是，除安拉之外再无神灵，穆罕默德是安拉的使者，这就是所谓"清真言"。后来在先知穆罕默德的传教过程中，把这一最基本信仰发展为伊斯兰教的六大信仰，即笃信安拉、天使、使者、经典、后世和前定。

▲信安拉

这是伊斯兰教的第一个基本信条。安拉是全知全能的、主宰一切的、创造万物的、大仁大慈的、洞察一切的、无可匹敌的，等等。类似这样的美名，可以数到一百。但这至高无上的神，既无形象又无方位，无始无终。安拉是仁慈而善良的，他赋予人们所需要的一切：生命、粮食和住所。忧愁时，他给人希望；需求时，他给人帮助。他要求信众怜悯穷人和需求者、患病者、受伤者。他允许人们在受到伤害时进行正当的报复，但他也要求人们，如果有可能，就要宽恕，因为宽恕是崇高的美德。真主不需要神和人之间的中间人为人们代为祈祷，因为真主随时都在听取祷告，而且无所不在。对于真主安拉的忠诚是伊斯兰教信仰的基石。

▲信天使

天使隶属于安拉，是安拉的忠诚使者和人类的朋友，因而是善神。他们是安拉用光创造出来的一种纯粹的精灵和妙体，无性别之分，人的肉眼不可见。他们长有翅膀，飞行神速，神通广大，遍布于天上人间。著名的四大天使为：位于安拉同穆罕默德之间传授"天启"的迦伯利天使；指挥天兵的米卡伊勒天使；人类的取命者伊兹拉义勒天使；世界末日来临时的吹号者伊斯拉菲勒天使。

▲信经典

伊斯兰教要求信徒们无条件地信仰《古兰经》和按《古兰经》办事。《古兰经》是信徒们一切思想活动和生活行动的最高准则。它是"安拉的语言"，是一部原本"天经"的复制品。它包含着完整的教法、民法和刑法。《古兰经》上还规定不食猪肉，禁止饮酒和赌博等等。

▲信使者

所谓使者，就是安拉派到人间来拯救世人的代理人，他既是人间治世安民的伟大先知（即圣人），也是安拉真主的奴仆。因此，服从安拉的人就应该无条件地服从使者。

▲信后世

后世是建立在灵魂不死的基础上的。伊斯兰教在"今世"和"后世"之间，还虚构了一个"世界末日"的过渡时期。在那时，日月无光，天崩地裂，世界毁灭，所有死人的灵魂都复活。真主根据"天使"对每个人今世善恶的表现所作出的记录，进行奖惩。人们在"后世"的归宿有两个，今世笃信教义又行善者入天堂，反之则入地狱。

▲信前定

这是中世纪伊斯兰教义学家的信仰。相信人生的一切都是由真主预定的，谁也无法改变，承认和顺从真主的安排才是唯一的，被真主前定了的命运是不可抗拒的。对于人间的苦难，除了忍受之外，是没有别的出路的。

4 中国著名清真寺

▲北京牛街礼拜寺

位于宣武区牛街，相传始建于宋太宗至道二年（996），明清以来多次扩建、改建或重修，形成今天的规模，是北京地区历史最悠久、规模最大的清真寺。该寺是一座典型的中国传统建筑形式与阿拉伯建筑风格相结合的建筑群落。寺门沿街向西开，对面是一大影壁，长 40 米，高 5 米，厚 1.4 米，为汉白玉底座，灰色大方砖镶面。寺门前为木制牌坊，寺门在望月楼下，望月楼高 10 米，为六角亭式阁楼，双层飞檐，绿色斜脊六角攒尖。该寺还珍藏有不少碑、匾、抄本经典、香炉等历史文物。

▲扬州清真大寺

又称仙鹤寺，位于江苏省扬州市汶河路，建筑布局为仙鹤形，故名。据传建寺在南宋德祐元年之前，相传为穆罕默德的第十六代后裔普哈丁所创建。在建筑风格上，既有中国传统建筑风格，也有阿拉伯建筑风格。寺门东向，两侧有明代抱鼓石一对，院内为小天井式平面布局，呈不对称式。大殿位于西北角，面阔 5 间，由前卷棚、大殿、后窑殿三部分勾连搭式组成一体，大殿后墙有 5 座砖砌圆拱门，为阿拉伯建筑风格；殿内撑顶 8 根木柱，柱顶略向中心偏斜，而非绝对垂直，较少见。

▲济南清真南大寺

位于山东省济南市旧城西关礼拜寺巷。初建时只有楹殿数间，后经历代扩建重修。该寺为济南最古老的清真寺，主要建筑有影壁、寺门、沐浴室、邦克楼、望月楼、讲堂、大殿。清真寺独特之处是利用略有倾斜的坡度地形，使各单体建筑愈上愈高，整个建筑群规模宏伟、气势壮观。建于上世纪 30 年代的沐浴室，其规模之大闻名全国清真寺。

▲杭州凤凰寺

位于浙江省杭州市中山中路，原名真教寺，据寺碑记载建于唐代。是由阿拉伯人自己修建的最古老的四大清真寺之一。现存古迹遗存为元代至元十八年（1281）阿老丁所建。清真寺呈东西向，是一座既具中国传统风格又有阿拉伯风格的古建筑，但原有建筑仅存大殿。寺门为砖砌石窟门式建筑，入寺门进院为大礼堂，礼堂后墙接廊屋与后殿相连，后墙设四座石刻读经台，据考为宋代遗物。

▲泉州清净寺

位于福建省泉州通淮街（涂门街），始建于北宋大中祥符二年（1009），以后数度重修、改建。阿拉伯文石刻寺名直译为"艾苏哈卜清真大寺"，意译圣友寺。该寺为中国清真寺中少有的石结构古寺，造型仿叙利亚大马士革的伊斯兰教礼拜堂而建，为阿拉伯人设计施工，因此，建筑风格具有典型古阿拉伯伊斯兰教建筑特色，在世界范围清真寺中亦属少见。平面布置采用寺门与大殿密集型，门楼最为引人注目。门楼通高 20 米，宽 4.5 米，整个门楼有大小拱 99 个，象征真主的 99 个美名，门楼顶部为平台，称望月台，台上原有阿拉伯式尖塔和拱形圆顶亭各一，毁于清初。该寺是阿拉伯穆斯林在中国创建的现存最古老的伊斯兰教寺，也是我国现存最早、最古老的具有阿拉伯建筑风格的清真寺。

▲广州怀圣寺

又名圣狮子寺，位于广州光塔路，因寺内光塔又称光塔寺。为伊斯兰教传入中国最早兴起的清真寺之一，相传始建于唐，距今有 1300 多年的历史。该寺门、殿、廊、房采用中国古建筑风格修建，唯寺前右隅的光塔，造型与结构均具典型阿拉伯风格。光塔由砖石砌成，内外均墁白灰，外表光洁古朴，故名。塔形为笋形，"望之如银笔"。塔有前后两门，塔内为两条砖砌磴道盘旋而上至塔顶平台，塔尖为葫芦宝顶。专家认为，光塔圆形砖砌双磴道技术对中国砖砌佛塔建筑有相当影响。是我国现存最古老的清真寺建筑。

▲喀什艾提尕尔清真寺

位于新疆喀什市中心解放路，是喀什古城的象征，也是中国最大的一座清真寺。

新世纪 老年 百科全书

始建于 1442 年，后经多次重修扩建，形成今天的规模。全寺由礼拜大殿、宣礼塔、教经堂、门楼、水池及其他一些附属建筑物组成，规模宏伟。门前为著名的艾提尕尔广场。门楼为阿拉伯风格的建筑，顶为穹隆式，上建小尖塔，门厅呈八角形。两座高约 18 米的圆柱形砖宣礼塔，耸立在寺院东南和东北偶，塔身由下至上逐层收分，并利用砖砌手法变化形成多种花纹图形。礼拜大殿位于寺院西端，全部采用廊柱式，由 158 根成网络状排列的雕花木柱，支撑白色顶棚。全寺布局合理，建筑工艺精细，装饰古朴典雅，风格独特，是我国阿拉伯式伊斯兰教建筑的典范。

▲西安化觉寺

又名"西安清真大寺"，位于陕西省西安市化觉巷，明代碑记称"清修寺"，俗称"东大寺"。始建年代一说是在唐天宝元年（742），一说是在明洪武年间。是目前西安市最大、最完整的古寺，为典型的中国古典风格建筑群体。该寺沿中轴线前后排列有四进院落，每一院落均为四合院建筑格局。主要建筑有：一进院的古木牌坊，二进院的石牌坊，三进院的省心楼（邦克楼），四进院的凤凰亭、月台、礼拜大殿等。寺内碑文匾联甚多，不少是古代名家所作，为珍贵文物。

▲拉萨清真大寺

位于西藏拉萨市东孜苏路。原寺于 1959 年被烧毁，寺中文物于"文化大革命"中丢失。1980 年后重建。现寺为藏式建筑风格，这在中国清真寺中极为少见。

⑤ 伊斯兰教的节日

▲圣纪

伊斯兰教先知穆罕默德诞辰纪念日。一译"先知诞辰"。据阿拉伯史籍记载，穆罕默德出生于 570 年，即阿拉伯太阴历"象年"的 3 月 12 日。由于穆罕默德于希吉来历逝世的时间亦为 3 月 12 日（一说 13 日），即公元 632 年 6 月 8 日，因此，穆斯林将两个纪念日合并举行，称为"圣纪"或"圣忌"，俗称"圣会"。据载，穆罕默德逝世 300 余年后，什叶派的法蒂玛王朝首先在埃及举行圣诞纪念。到了 12 世纪，伊拉克的穆斯林也开始在每年的 3 月 12 日庆祝圣诞。此后，纪念先知诞辰和忌辰的活动便扩展到了其他信奉伊斯兰教的国家和地区。届时，穆斯林多在清真寺内诵经祈祷，吟诵"赞圣词"，讲述先知事迹并设宴纪念。

▲宰牲节

我国穆斯林常称"古尔邦节"，又称此节为"大尔德"或"小尔德"。教历每年 12 月 10 日，即朝觐期的最后一天举行盛大庆典。根据伊斯兰教的传说，安拉为了考验易卜拉欣的忠诚，几次在梦境中默示他履行自己的诺言——倘若安拉降示命令，即使以爱子伊斯玛仪做牺牲，也决不痛惜。易卜拉欣毅然从命，举刀欲杀儿子，此时安拉派天使送来一只黑头羝羊代替其子。为了纪念这一事件和感谢真主，先知穆罕默德继承了这一传统，列为朝觐功课礼仪之一，目的为求接近真主。届时穆斯林沐浴盛装，举行会礼，宰杀牛、羊等互相赠送。在我国新疆等地区这一天还要举行叼羊、赛马、摔跤等文娱活动。

▲开斋节

在我国新疆等地区又称"肉孜节"。时间在伊斯兰教历 10 月 1 日。伊斯兰教规定

教历每年9月为穆斯林斋戒之月，此月中每日黎明前至日落后禁绝饮食、房事和一切非礼行为，以省察已躬，洗涤罪过。结束于教历10月初见到新月为止。斋戒结束，开斋节来到。届时要举行会礼和盛大的庆祝活动。

（杨光文）

道 教

① 概 述

道教，是土生土长的中国宗教。东汉顺帝时期，张道陵开创的五斗米道，把老子奉为教主，把《老子五千文》奉为主要经典，这标志着道教初步形成。东汉灵帝时期，又产生了早期道教的另一个重要派别——张角的太平道。这一派奉《太平清领书》为主要经典，以符水治病，号召和组织群众，聚众多达数十万人，遍布青、徐等八州，和张衡、张鲁的五斗米道，成为当时农民大起义的两面大旗。东晋建武元年（317），葛洪撰写的《抱朴子》一书，丰富了道教的思想内容。南北朝时，北魏嵩山道士寇谦之在崇信道教的魏太武帝支持下，自称奉太上老君的旨意，"清整道教，陈去三张伪法"，制订了乐章诵诫新法，这就是北天师道。另外，在南朝宋又有庐山道士陆修静"祖述三张，弘衍二葛"，整理三洞经书，编著斋戒仪范、道教的教义理论和组织形式，因此便逐步趋向完备，这就是南天师道。唐朝，高宗皇帝以老子为李氏祖先，借以抬高李唐王朝的历史地位，给老子加以"太上玄元皇帝"的尊号，下令天下诸州各建道观一所。唐玄宗又下令奉《老子》《庄子》《列子》等书为"真经"。宋代，宋徽宗自称"教主道君皇帝"，诏天下访求道教仙经，校定镂板，刊行全藏，在最高学府太学又设立《道德经》《庄子》《列子》博士，一时道教大盛。唐宋以后，南北天师道与上清、灵宝、净明等宗派逐渐合流，到元代一齐归并于正一派。金代，大定年间王重阳在山东宁海（今牟平）创立全真派。该派以道为主，而兼融儒释。由于王重阳的高徒丘处机极受元太祖重视，因而全真派盛极一时。从此，道教正式分为正一、全真两大教派。明代仍然继续流传，进入清代以后，道教逐渐衰落。

"道教"与"道家"不能混为一谈。道教是宗教，有其完整的宗教特征。道教认为宇宙、阴阳、万物都是由"道"化生的，它崇拜的最高尊神是由"道"人格化的三清尊神。讲究"修炼"。其完备的经典论著系统总称为《道藏》。道家是我国春秋时期"诸子百家"中的一家，即以老子和庄子为代表的学派。道家作为思想学术流派，对我国古代思想文化有其深远的影响。

② 原始道教

道教正式创立于东汉末年，其标志是太平道和五斗米道的出现。东汉末年，政治非常黑暗，外戚和宦官专权，豪强之间武装争斗，大地主兼并土地，农民生活愈来愈悲惨，被迫到处发动起义。对于失去土地、到处流浪的农民来说，他们需要一种新的信仰来代替遭到破坏的旧的信仰。因此，带有宗教色彩的改朝换代的符命学说和以符水咒术治病赐福的宗教活动，很容易得到他们的信仰。东汉末年的局面，为道教的正式创立提供了社会土壤。

太平道的大规模活动表现为黄巾起义。黄巾起义也同时成为一场波澜壮阔的宗教运动，推动太平道迅速异常地广泛传播。黄巾起义遭到镇压后，太平道也受到沉重

新世纪老年百科全书

打击。

五斗米道的名称，据《后汉书》和《三国志》等书的记载，是要求信道的人或有病者，交五斗米，故有此名。其创始人是沛国丰县（在今江苏省）的张道陵。张道陵祖孙三人为五斗米道的前三代领袖，后人合称他们为三张。张道陵为第一代天师，其子张衡为第二代嗣师，孙子张鲁为第三代系师。

五斗米道的修道法与太平道基本相同，崇尚符祝，令病人饮符水，并设静室，使病者处其中思守。令道民诵习《老子五千文》，为病人主持祷告仪式，令病人家出五斗米。教育道民要做到不欺诈，有病需自我反省。对于犯法者，可原谅三次；再不改正，就要行刑。有小过者，罚他修路百步，修完后罪就清除。又依月令春夏禁杀，又禁酒。

五斗米道的组织机构比较简单，其符咒和三官信仰，易于群众接受，其经济措施和法律措施都很宽松。

张鲁降曹之后，四川的祭酒和信徒大都随他到达曹魏本土，即今河南、河北一带。五斗米道原有的组织系统已宣告解散，但分散流传的五斗米道，在动荡不安的魏晋时代，发展很快。其信徒不再仅仅限于农民群众，而且扩大到门阀贵族中。

3 贵族道教

在太平道和五斗米道盛行的同时，一些人以追求成仙为主要信仰的信道、传道活动并未中止。葛洪继承神仙家的传统，反复论证神仙实有，提倡通过金丹等术修炼成仙，将原始道教从救世度人再度引导到个人度世成仙。这样，一方面旨在消灭农民的反抗性，另一方面也满足了统治阶级自秦皇汉武以来的长生幻想。葛洪还通过《抱朴子》对道教神学从哲学的高度进行整理和提高，增加了儒家伦理道德的比重，使原始道教的理论更加精致，更加符合维护地主阶级统治的需要。

《云中音诵新诫》伪托老君所授，实际上是北魏道士寇谦之为改造民间道教而亲自撰写的。书中主张"服食闲炼"，教人对封建君主"不得叛逆"、"于君不可不忠"，要求平民百姓要安于贫贱等，他的这种新道教深得统治阶级的赏识，被北魏皇帝拓跋焘封为国师。

南宋道士陆修静继承五斗米道教义，发展葛玄、葛洪的理论。他既是原始道教的改造者，也是两晋贵族道教各学派的综合者，为道教教理、科仪的统一奠定了基础。

陶弘景继承老庄哲学和葛洪神仙理论，在《老子》和《周易》思想的基础上充实和发展了道教的世界生成论。他吸收佛教和儒家观点，主张儒释道三教合流并广泛吸收各教派尊奉的神仙，组成一个完整的神系。

4 道教的发展与传播

南北朝以后，历代统治者基本上都重视儒释道三教，只是各个皇帝对每个教的喜爱、信奉程度有差异，有的更重视佛教，有的更重视道教。在尊奉的同时，统治者也加强了对佛道二教的控制。

唐朝时期，唐高祖、唐太宗为了抬高自己的出身、神化自己的统治，将太上老君奉为祖神、族神。所以，唐代非常尊崇老子，道教受到优待。唐代道教的特点：一是茅山派最盛；二是内丹术兴起；三是科仪更加完备；四是道教哲学有了新的发展。

北宋王朝对道教也很重视，北宋道教的特点：一是经过唐五代的酝酿、积聚，北宋时期内丹术广泛传播开来，压制了外丹派；二是茅山派和龙虎山天师派比较活跃；三是出现了神霄雷法派；四是道教进一步世俗化，即进一步向儒家靠拢；五是道教出现了严重的腐化堕落现象。

元代对正一教和全真教基本上采取了一视同仁的态度。元代江南道教的一个突出特点是受到许多知识分子的信奉，显示出文雅、享受的色彩。在教义上，江南诸派皆宣扬三教同源一致，向理学靠拢。

明初，统治者为了进一步加强封建专制主义，对宗教活动采取了严格限制的政策。明代道教走向衰落，对统治阶级的影响远远地逊于唐宋时期。主要特点是：进一步世俗化、民间化。

到了清代，皇室尊崇藏传佛教，对道教采取严厉限制的方针。道教更加衰落，主要活动在民间。但作为长生之术，仍不时引起一些皇帝的兴趣。

随着华侨遍布世界，道教信仰也带到各地。但一般限于华人社会自己信奉，且多为三教融合，如文庙、关帝庙和妈祖庙到处可见。

⑤ 近代道教

鸦片战争以来，中国沦为半封建半殖民地的社会，道教亦受到帝国主义的压制和西方思想的冲击。道教中积极的内容得不到继承和弘扬，消极的内容却为抱残守缺的封建势力所利用。道教进一步衰败。

在民族存亡的大较量中，少数上层道士站在封建主义和帝国主义一边，背叛了道教爱国爱民的优良传统，成为历史的罪人。而多数道士和信徒本着爱国爱教的精神，投入了反帝反封建斗争。如著名的义和团运动和辛亥革命，都有道教徒支持、参加。以惠心日道长为首的茅山道士、以李光斗道长为首的南岳衡山道士以及杭州玉皇山福星观住持李理山道长等，都曾为抗日战争作出过重要贡献。

1949年以前，十方丛林宫观及著名子孙道观大约有一万座。常住宫观的全真、正一两派职业道士约五万人。此外还有无法统计的道院道坛和散居道士，信徒可能超过一亿人。

⑥ 现代道教

新中国建国之初，在从新民主主义社会向社会主义社会过渡时期，道教界开展了宗教制度民主改革运动。在运动中，大宫观多余的耕地被没收，房产被统管。宫观中的封建压迫制度，也被废除了，各道士在政治上一律平等。

1957年4月道教界在北京召开了第一次全国代表会议，成立了中国道教协会，由沈阳太清宫方丈岳崇岱道长任第一届理事会会长。

截止到1966年上半年，全国有著名道教宫观637座，常住职业道士5000人，散居道士数万人。

"文化大革命"后，不少宫观得到修复和重新开放，道士回到宫观主持活动，道教重获新生。

经过二十几年的恢复和发展，目前全国有600多座宫观，各级道协组织80多个，全真道士12 000多人，散居正一道士50 000多人，道教居士以及未受箓的正一道众，估计超过万人。一般信徒的人数难以统计和估计。

⑦ 道教的戒律和清规

▲ 戒

戒是道教约束道士言行，防止"恶心邪欲"、"乖言戾行"的规诫。戒是戒条，主要以防范为目的。主要有"五戒"、"八戒"、"十戒"和其他戒律。

初入道者受三皈依戒：

第一戒者，归身太上无极大道；

第二戒者，归神三十六部尊经；

第三戒者，归命玄中大法师。

又有五戒：

第一戒者，目不贪五色，誓止杀，学长生；

第二戒者，耳不贪五音，愿闻善，从无惑；

第三戒者，鼻不贪五气，用法香，遣欲秽；

第四戒者，口不贪五味，习胎息，绝恶言；

第五戒者，身不贪五采，履勤劳，以顺道。

其次有初真十戒：

第一戒者，不得不忠不孝，不仁不信，当尽节君亲，推成万物；

第二戒者，不得阴贼潜谋，害物利己，当行阴德，广济群生；

第三戒者，不得杀害含生，以充滋味，当行慈惠，以及昆虫；

第四戒者，不得淫邪败真，秽慢灵气，当守贞操，使无缺犯；

第五戒者，不得败人成功，离人骨肉，当以道助物，令九族雍和；

第六戒者，不得谗毁贤良，露才扬己，当称人之美善，不自伐其功能；

第七戒者，不得饮酒食肉，犯律违禁，当调和气性，专务清虚；

第八戒者，不得贪求无厌，积财不散，当行节俭，惠恤贫穷；

第九戒者，不得交游非贤，居处杂秽，当慕胜己，栖集清虚；

第十戒者，不得轻忽言笑，举动非真，当持重寡辞，以道德为务。

▲ 律

律是道教约束道士言行，防止"恶心邪欲"、"乖言戾行"的律文。律是律文，主要以惩罚为手段。律文是根据戒条而建立的，所以道士法师除了遵守戒条外，还须熟悉律文规则。常见律文有《玄都律文》

《女青鬼律》《女真科》等。

▲清规

清规是道教全真派对违犯戒律的道士的惩处条例。袭于佛教，出于元明之际。戒律为警戒于事前的行为准则，清规为惩处于事后的处罚条例。清规一般由各道观自己订立，轻则罚跪、杖责、逐出教门，重则火化处死。

⑧ 道教的神仙

道教所信奉的神仙很多。神与仙又有所不同，神是执掌政事的，仙则是不管事的散淡人。

道教最高神为"三清天尊"：玉清元始天尊、上清灵宝天尊、太清道德天尊（太上老君）。三清尊神之下是玉皇大帝、王母娘娘。比较显要的神明还有"三官"，即天官、地官、水官。三官的功能是：天官赐福，地官赦罪，水官解厄。

三官中以天官影响最大，身着大红袍，手持如意，慈眉悦目。天官又常与员外郎（表官禄）、南极仙翁（表长寿）在一起，合称"福禄寿"三星。四方有守护神：东方青龙、南方朱雀、西方白虎、北方玄武。宋代皇帝因避其祖名讳，改玄武为"真武"。后被尊为"真武帝君"，位在其他三方神以上。道教还有很多俗神：与自然现象相关的雷公、电母、风伯、雨师；带有明显人间特征的英雄神关帝和功名大总管文昌帝君；有专门保护某一方的守护神，如门神、灶神、城隍、土地；有行业神和功能神，如瘟神、蚕神、药王、财神、钟馗等等。

道教的仙也很多，最有名的是八仙：铁拐李、汉钟离（钟离权）、张果老、何仙姑、蓝采和、吕洞宾、韩湘子、曹国舅。还有什么紫姑、麻姑、警幻仙子，不计其数。有许多著名高道，也被认为成了仙，如葛仙翁、张天师等。

⑨ 中国道教名山

我国地域辽阔，历史悠久，道教名山宫观星罗棋布。其中最著名的有：

▲泰山

古称岱山，又名岱宗。在今山东省泰安、历城、长清三县之间。长约200多千米，主峰海拔1500多米。因地处东部，故称东岳，有"五岳之长"的称誉。道教称为第二小洞天，尊其神为东岳天齐仁圣帝。山势磅礴雄伟，峰峦突兀峻拔，景色壮丽。名胜有岱庙、南天门、望人松、仙人桥、瞻鲁台、日观峰、月观峰等。道教古迹有王母池、万仙楼、壶天阁、升仙坊、碧霞祠、玉皇殿以及历代石刻等。泰山既是我国山岳公园之一，又是天然的历史、艺术博物馆。

▲龙虎山

龙虎山在今江西省鹰潭市西南，为中国道教发祥地，道教正一派的"祖庭"，在中国道教史上有承前启后的地位和作用。据传张道陵在此山中炼成龙虎大丹。此山为张道陵子孙世居之地，道教称为三十二福地。山有壁鲁洞，号为驻仙岩，传为张道陵得异书处。龙虎山风光旖旎，山色秀丽。今有"七重天"等遗迹及"半天仙迹"等摩崖石刻。山下仙水岩，两岸奇峰突出，中流清澈，岩洞洞穴，旧称二十四岩，素有"小桂林"之美称。古时诗人文士，纷纷慕名前来，游山赋诗盛赞美景。

▲齐云山

齐云山又名白岳，位于安徽省屯溪市西，因其"一石插天，与云并齐"，故名齐云山。它以其道教文化和丹霞地貌著称于世，历史上有"黄山白岳甲江南"之称。唐代建寺，宋代宝庆年间建佑圣真武祠，成为道教中心。明代嘉靖皇帝敕建殿，御赐山额，建有三清殿、玉虚殿、无量寿宫、文昌阁等著名道观。山中香火旺盛，文人墨客多有题咏，至今尚存碑碣及摩崖石刻1400余处。为我国道教名山之一。

▲武当山

武当山在今湖北省均县境内。方圆400平方千米，主峰天柱峰，海拔1612米。山中峰奇谷险，洞室幽邃，有三潭、九泉、十池、九井、十石、九台等风景胜迹。道书称真武祖师在此修炼42年，功成飞升，后世认为非玄武不能当此，故名武当，为道教七十二福地之一。相传吕洞宾、张三丰等均修炼于此。唐太宗贞观年间在此创建五龙祠，元末大部毁于兵火。明永乐十年（1412）在山上大建宫观，建成八宫二观、三十六庵堂、七十二岩庙、三十九桥、十二亭等庞大道教建筑群。其中金殿和真武等神像，全系铜铸，外鎏赤金，最为著名。现存建筑基本保持明代体系，主要宫观有金殿和太和、南岩、紫霄、复真等。

各类神像、法器、经籍都具有较高的艺术和历史价值，是我国著名的道教圣地。

▲终南山

终南山又名中南山，在今陕西省西安市南，为秦岭主峰之一。有南山、金华洞、玉泉洞、日月岩等胜迹。传说道教北五祖的钟离权、吕洞宾、刘海蟾和王重阳均修炼于此，遂为宋以后北方道教名山。

▲青城山

青城山位于四川省都江堰市西南。有"青城天下幽"之誉。相传轩辕黄帝曾在此封宁封子为五岳丈人，故又名丈人山。自汉以后，此山为道教发源地之一，是道教的第五洞天。山上现存许多道教古迹，如：轩辕黄帝访神仙宁封子的访宁桥、轩皇台；道教天师张道陵降魔的掷笔槽、试剑石、天师池及其手植的银杏树；另有唐玄宗手诏碑、唐雕三皇石像、唐铸飞龙铁鼎、五代天师像等古文物。现存主要道观有建福宫、天师洞（古常道观）、祖师殿、上清宫等。

10 中国道教著名宫观

▲北京白云观

北京白云观位于北京市宣武区白云路，是道教全真派在华北最大的道观之一。创建于唐开元年间，原名天长观，明洪武年间改今名。现存建筑基本是清代重建，规模宏伟壮观，由数进四合院组成。主要建筑分布在中轴线上，依次为牌楼、山门、灵官殿、玉皇殿、老律堂、丘祖殿、四御殿等。四御殿为二层建筑，上为三清阁，内藏明正统年间刊刻的珍贵的道教文献——《道藏》一部。丘祖殿为主要殿堂，内有明代所塑的丘处机像，塑像下葬有丘的遗骨。

▲山西永乐宫

山西永乐宫原名大纯阳万寿宫，位于山西省芮城县龙泉村。传为吕洞宾诞生地。吕卒，乡人就其宅建吕公祠。金末，扩建为道观。元初毁于火灾，随后重建。元世祖时敕令升观为宫。为全真教三大祖庭之一。1959年因修建三门峡水利工程，将全部建筑迁移至龙泉村复原保存。宫内主体建筑五座，即宫门、龙虎殿、三清殿、纯阳殿、重阳殿，垂直排列于中轴线上，其中宫门为清代建筑，余皆元建。各殿均有精美的壁画，总面积达960平方米，题材

丰富，笔法高超，为我国绘画史上的杰作。

▲龙虎山天师府

龙虎山天师府位于江西省龙虎山，为道教历代张天师住地。相传西晋永嘉年间，张道陵第四代孙张盛自汉中移居江西龙虎山。宋大中祥符年间赐张道陵24世孙张正随以"先生"号，立上清观，并敕免租税。历宋至元、明清代，尊其道，官其子孙，修建府第，名曰"嗣汉天师府"。天师府房舍达500余间，占地五万多平方米。现存府院结构，有府门、使门、二门等为中轴线，层层叠叠，甬道贯通。院内古木参天，风景优美。

▲崂山上清宫

崂山上清宫在今山东省崂山东南部，太清宫之西北。原在山上，名上宫、崂山庙。宋初始建，太宗赐名"上清"，后毁于山洪。元代重建于今址，历代均有增修。著名道士丘处机曾居此，今宫前几百米处有丘的衣冠冢，旧名丘祖坟。另有丘的大量题刻，其中《青玉案》词一阕、七绝诗十首最为著名。宫观四周群山环抱，水木清华，环境绝幽。宫前银杏、牡丹均为数百年古物。旁有崂山名泉"圣水泉"，自鳌山石下流出，甘洌清澈。宫外迎仙、朝真二桥，亦为道教胜迹。

▲河南太清宫

河南太清宫位于河南省鹿邑县城东五千米，道家创始人老子故里。此宫创建于东汉延熹年间，以祀老子，历代均有修缮，现存大殿为清初重建。宫前有珍贵的唐代《道德经》碑和宋真宗书碑。宫内元、明、清各代碑刻题记甚多。宫北隅有老君台，系高大砖石砌建筑，传为老子"升仙"处。

▲青城山天师洞

青城山天师洞即古常道观，位于四川省青城山山腰。创建于隋大业年间，名延庆观，唐时改称常道观，宋代又名昭庆观，又称黄帝祠。现存殿宇重建于清末，主殿有三清殿、黄帝祠、三皇殿等，建筑雄浑庄严，金碧辉煌。观内历代碑刻楹联甚多，著名的有：唐玄宗手诏碑，明董其昌、清郑板桥书法珍品等。观后一岩洞，内有张天师（张道陵）石刻像，此即常道观俗称"天师洞"之由来。观前右方有古银杏一株，高数十米，胸围8米，枝叶扶疏，传为张道陵所植。洞北有巨石耸立，上刻

"降魔"两大字。

▲成都青羊宫

成都青羊宫位于四川省成都市,占地面积约 12 万平方米,是成都市现存建筑年代最久远、规模最大最古的道教宫观。明末毁于兵火,现存殿宇建于清代。

主要建筑有灵祖楼、混元殿、八封亭、三清殿、玉皇阁、紫金台等。由南至北,从低到高,布置在一条中轴线上。三清殿中有长 90 厘米、高 60 厘米铜羊一对,俗称青羊。一只为单角,为十二属相化身,即鼠耳、牛鼻、虎爪、兔背、龙角、蛇尾、马嘴、羊须、猴颈、鸡眼、狗腹、猪臀;另一只为双角铜羊。这种铜羊,均为不可多得的道教文物。八卦亭亭基为四方形,每边长 15 米,亭身呈圆形,象征古代天圆地方之说。八根石柱镂雕盘龙,刻技精湛,流畅生动。亭身包抄格门花窗,藻井八方饰八卦图案,气势浑重,富丽雅致。

▲陕西楼台观

陕西楼台观位于陕西省周至县城东南20 千米的秦岭山麓。建于周代,初称草楼观、紫云楼,后老子入关,在楼南高岗筑台,讲授《道德经》,故又称说经台,为道教圣地。秦以后历代均有扩修,唐代时曾大兴土木,筑有台、殿、阁、宫、亭、塔、洞、池、泉等 50 余处,为道教楼观派之主宫。观内有说经台、炼丹炉、吕祖洞、栖真亭、衣钵塔、化女泉、仰天池、老子系牛柏和银杏树等众多的道教名胜和遗物。

11 道教重大节日

▲三清圣诞

道教最高神三清的诞生日。其中的元始天尊、灵宝天尊本为"道"之化身,是无始无先的,本无所谓生日,但后世道教经过解释,仍给他们定了生日。据称,元始天尊象征混沌,为阴阳初判的第一个大世纪,因此以阳生阴降、夜短昼长的冬至日为其诞辰;灵宝天尊象征混沌始清,为阴阳开始分明的第二个大世纪,因此以阴生阳消、昼短夜长的夏至日为其诞辰。第三位道德天尊,即老子,无从知晓他的出生年月日,后人经过反复推敲,将其的生日定为农历二月十五日。每逢三清诞生日,各地宫观都要举行盛大的庆祝活动。

▲玉皇圣诞

玉皇大帝的诞生日。道教称天界最高主宰之神为玉皇大帝,犹如人间的皇帝,上掌三十六天,下握七十二地,掌管一切神、佛、仙、圣和人间、地府之事。正月初九这一天,各地宫观都要举行盛大的庆祝活动。

▲王母圣诞

西王母的诞生日。西王母亦称王母娘娘。相传王母住在昆仑山的瑶池,园里种有蟠桃,食之可长生不老。道教将每年的农历三月初三定为王母娘娘的诞辰日,并于此日盛会,俗称蟠桃盛会。

▲东岳圣诞

泰山神的诞生日。泰山古称东岳,随着泰山神封号由王晋升为帝,道教赋予他的威权也愈来愈大,专门负责掌管人间的生死大权。传说农历三月二十八日为东岳大帝生日,该日,各地皆于庙中举行盛大庆典。

▲文昌圣诞

文教之神文昌帝的诞生日。文昌帝君又名梓潼帝君,或称元皇天帝。是合文昌星与梓潼神二者为一体的复合神,他掌管着人间的功名利禄。每年的农历二月初三日这一天，各地的文昌庙都要举行大型的庆祝活动。

▲真武圣诞

真武大帝的诞生日。宋朝以后，人们对真武神的信仰愈加普遍，其神格愈来愈高，被称为真武大帝，又称玄天上帝，为北方最高神。每年的农历三月初三，道教宫观都会组织活动，庆祝真武圣诞，以表纪念。此日即成为道教重要节日之一。

除此以外，还有以下一些主要节日：上元节、中元节、下元节、老子诞辰、张天师诞辰、吕祖诞辰、重阳祖师诞辰等。

圣诞是指道教尊神和祖师诞辰日。在这些日子里，道观都要举行庆祝活动。举行圣诞时，要举办大型道场，供奉礼拜，斋醮赞颂。为哪位神祝圣诞，就主要讽诵哪位神所授的经。有的地方往往形成大的庙会。凡遇圣诞之日，或斋僧，或施钱，或香经，或念佛，比平日有十千万功德。

（杨光文）

他山之石卷

TA SHAN ZHI SHI JUAN

我们常常羡慕国外老人的悠闲与潇洒，以为他们吃穿不愁、无忧无虑。所以，才去做"礼拜"、坐"沙龙"、养宠物，以至于天天找"节"过、动辄搞"派对"（Party）。其实，最根本的原因还是很多国外老人都有一副健康的心态，能正确地将生命历程紧紧地把握在自己手中，从而尽最大可能地将自己的个体生命与整个自然、社会融为一体、和谐一致。这，才是真正的"潇洒"！于是，才有外出旅游、周末打高尔夫球；才有八十多岁高龄还到大学第三次攻读 60 年前早已获得的同一博士学位，百岁老人也去参与"助人热线"、"环保卫队"……

不可否认，发达国家由于经济的发达对"养老"也给予了更多的保障。但是，真正的老年人要"养老"，还是要依靠自身的生活态度。在实现现代化的社会里，只有将现代生活观念也引入老年人生，"现代化"特别是人的现代化才能算是完成！大致说来，主要有以下两个方面值得借鉴：

一是必须科学地生活。生活中处处有科学，我们必须学习科学、运用科学。因为，生活质量

的提高首先是科学含量的提高。人在步入老年，因体力、精力的逐渐减退，主观上容易与客观存在的生活环境产生更多的矛盾，特别是离开工作岗位后会面对一些新事物、新问题，如果没有必要的科学知识是无法解决的，有的还会误入歧途。因此，我们既要从合理营养、加强锻炼、注意保健等方面保证身体机能的正常运转，又要"活到老，学到老"，通过不断学习各种新的科学知识，参加各种有益的社会活动，从"精神"上更上一层楼，延年益寿。古人所谓"仁者寿"即指此规律。

二要力争艺术地生活。参加各种文化艺术活动，提高精神生活的质量。但是，"艺术地生活"又不仅指参加某些文化艺术活动，例如音乐、美术、书法等，而是体现于全部生活。人们之所以需要"艺术"，根本在于艺术能陶冶人的情操、增强人的智慧，在潜移默化中提高人的精神境界和人格层次。所以，提倡"艺术地生活"，即指千方百计尽一切可能把日常生活安排得有滋有味、丰富多彩，使我们感到处处沉浸在艺术氛围之中，得到美的享受。

如果说"科学地生活"是老年保持身心健康的基本前提，那么"艺术地生活"便是真正意义上的"延年益寿"的关键所在，或者说将两者结合起来便是老年的"潇洒"！

要潇洒，首先在思想上、观念上要开放。要敢于冲破陈规陋习，要敢于"异想天开"，只要符合科学精神，就要大胆革故鼎新；只要能使生活艺术化，就不要怕被人指说、讥笑。任何生命价值的实现都

只能依靠生命体自己,应该更加辉煌的晚年人生也更加需要我们"改革开放"!当然,要潇洒,也还需要"因人而异",每个人的身体状况、人生经历、经济状况以及生活环境等都不尽相同,只有根据不同的实际情况安排好生活和种种活动,使精神气质得以充分展示,那与众不同的潇洒才会令你真正潇洒。

潇洒起来吧,让人生的晚年更加灿烂辉煌!

(徐作英)

老年社会

❶ 银发浪潮

随着科技和医药水平的提高,人的寿命得以延长,加上人口生育率降低,全球人口老龄化问题凸显了出来。欧美发达国家和亚洲的日本、中国人口结构已经老龄化。整个世界人口老龄化的步伐都在迅猛加快。凡是有人类居住的每个角落,都可以看到银须白发的老年男女数量在快速增长,真可谓银须似浪,白发如潮。平均每几个人中就有一人年龄在 60 岁以上。仅最近半个世纪,全欧洲 60 岁以上的老人占总人口的比例就上升了 8 个百分点,即 1950 年占 12%,2000 年占 20%;在美国男性的平均寿命增长了约 4 岁,达到了 81 岁;女性的平均寿命增长了约 6 岁,达到了 84 岁。现在美国 65 岁以上的老年人已经超过了 3400 万,占其总人口的 13%;预计 20 年以后将要翻一番,占到 26%。1998 年日本的人均寿命就已达到了男性 79 岁,女性 84.5 岁。65 岁以上的老年人占其总人口的 15%;预计 20 年以后将占到 30%。1999 年底中国的人均寿命已达到了男性 71.5 岁,女性 74.5 岁;60 岁以上的老人超过了 1.27 亿,已占总人口的 10% 以上,预计 20 年以后将占到 15% 以上。20 世纪 50 年代欧洲人口的平均增长率在 1% 左右,随后一直下滑,到 20 世纪 80 年代降至 0.3%。1996 年起开始负增长。20 世纪 50 年代每个美国育龄妇女平均生 2.5 个孩子,90 年代下降到 2.1 个,到 2020 年会降到 1.9 个。美国在职人员同退休者人数的比例,1955 年是 15.1:1;1980 年降到 3.6:1;2000 年是 3.4:1;到 2020 年可能会降到

2:1。生育和退休比例这种发展趋势在欧美各国都是如此,在中国更是如此。这就给世界各国政府造成经费开支和社会福利方面的很多问题和巨大压力。

面对如此汹涌的银发浪潮和巨大压力,迫使世界各国政府必须把研究和解决人口老龄化的有关问题提上紧急的议事日程。老年人口的急剧增加带来的问题和压力主要是医疗保健和养老金的提供方面。事实上,近年来欧美国家都在加紧改革退休养老与医疗福利制度,大力发展老年人服务业,为 60 岁~70 岁的年轻老年人开辟新职业和寻找就业门路,等等。

但是,欧美各国政府越来越感到退休保险金和医疗保险金入不敷出,十分紧张。于是又推出了个人通过企业计划基金和加大个人工资中的退休储备金,把钱储存起来,在个人退休后按月或按年发放给退休者;还推出了由个人从现在起向保险公司进行将来的健康保险这种社会保健计划,等等。这些作法已经取得相当成效,基本遏制了银发浪潮带来的紧急问题,缓减了人口老龄化带来的巨大压力。

❷ 养老与敬老

欧美国家政府养老敬老体系基本完善。政府养老敬老的基本原则是:保护老年人的合法权益,满足老年人各个方面的需要。完善的养老概念,至少涉及经济供养、生活照料和精神慰藉、失业保险和事故保险四个方面。社会保险体制有三层含义:

一是保障每个公民的生老病死都能够依托这四项保险,这是公民的基本生存权利。二是加入这四项保险是由法律强制规定的,不取决于社会法人和自由人是否愿意。三是这四项保险都由国家出面主办,不以营利为目的,其亏损可根据情况由政府从财政预算中拨资金补贴。

现在,美国在职公薪人员的年平均收入为 2.5 万美元左右,而退休人员年平均能拿到这个数的 80%,即 2 万美元,居世界第四位。而在意大利,退休人员能拿到在职公薪人员平均工资的 90%,居世界第一;日本能拿到 86%,居第二;西班牙为 82%,居第三。就高薪阶层而言,一个年工资曾是 10 万美元的美国公民退休后一年能拿到 6.5 万美元,居世界第五位;而同样情况下,居 1 位~4 位的国家分别为:比

利时和荷兰人能拿到 7.1 万美元；英国和西班牙人能拿到 6.9 万美元；意大利和巴西人能拿到 6.8 万美元；瑞士人能拿到 6.7 万美元。他们都将生活得很富裕，不过这种人只占全部退休人员的 1% 以下。上述国家领取退休金的人员中，有 12% 以上年退休金不足 0.2 万美元，他们生活在各自国家的贫困线以下，处境十分艰难，而如果没有社会保障法规和公共退休金制度，这个比例将高达 50%。

美国的《社会保障条例》是在 1935 年就由国会通过的，政府经过数年准备，1940 年才开始实施这一条例和第一次在全国发放公共退休金。1983 年，美国政府在原条例规定的原则上又加上了很大一部分利息资本金。现在，领取退休金的美国老人大约有四百万，他们年龄都在 65 岁以上，领取的公共退休金总额为 4840 亿美元以上。1998 年，每人每月领取的退休金一般在 900 美元～2000 美元不等；一对老年夫妇领取的退休金一般在 1500 美元～2500 美元之间。这些退休金，在美国的物价条件下，仅能勉强维持温饱。

在美国公共退休金由社会各方面和政府共同提供。其中，10% 由政府提供补贴；90% 通过劳资双方定期缴纳的方式由政府财政部门或社会保险部门积存起来。这 90% 中，私营部门提供的资金占 82% 还多，其他部门只占了不到 8%，这个比例在世界各国各地区也居第五位。前四位为：香港 100% 都是私营部门提供的资金；澳大利亚占 94%；英国占 93%；荷兰占 87%。

欧美各国还针对生活保障和身体健康两大问题，制定了一系列法律、法规鼓励社会力量来共同关心老年人。各国政府也投入很多财力、物力、人力来支持帮助各种形式的老年医疗机构，包括老年公寓、老人村、养老院等机构，尤其是表现在提高对老年病的医疗护理水平和提高老年人生活质量方面；政府还为保险公司每年投入大量的医疗经费；政府还为私人出面创办非营利性慈善机构提供方便，使之尽量接纳贫困孤寡老人及无依无靠的孤老人；必要时政府还给这类慈善机构以资助和补贴。

为在日常衣、食、住、行方面给予老年人优惠和照顾，欧美各国在诸如乘公共

汽车免票、进公园及看展览免费，到娱乐场所及近郊旅游不用排队等，都由政府明令规定，无论任何民族、任何肤色的老人都能享受这些待遇。美国政府还明确规定，任何国家到美国境内探望子女的父母，住上半年以后就可以享受减免所得税的待遇。

中国是世界上最大的发展中国家。一个不容回避的现实是：世界上的老龄化国家都是"先富后老"，中国却是"先老后

富"。现在中国尚未进入发达国家之列，还是一个没有富裕起来的发展中国家却已进入了老龄化社会，汹涌的银发浪潮就给中国老龄工作带来了诸多问题。比如由于计划生育国策的实施，挣工资养活老年人的年轻人越来越少；年轻人搬入大城市的越来越多，那里住房紧张，难以容纳老一辈居住；散居农村的老年人医疗保险、社会福利难以解决等等。如何解决好这些问题，增强社会服务措施，欧美国家的实践与经验有着重要的借鉴意义。

③ 自我养老

国外老人以自我养老为荣。他们认为自我储蓄健康，自我储蓄养老特别重要。欧美国家老人是怎样安排自己一生的呢？欧洲兴业银行遗产市场主任帕加农根据自己的大量调查总结说：这些老人一般在 30 岁购置不动产；40 岁加紧储蓄与投资；50 岁计划退休后的需要并计算在剩下的时间里还可以做哪些努力；60 岁退休回家养老，也是收获前半辈子辛劳成果的时候了。他们收获成果的方式一般有两种。一是以资本方式继续保留储蓄与投资，可根据需要将部分资本收回作退休金。二是让出全部

资本，将其作为个人养老年金，转交政府发放。帕加农建议说，如果老人退休时资本不多而身体还很健康，并估计能活得很长寿，那就最好选择年金方式。同时，可以考虑再找一份合适的工作。

帕加农说，老年人要长寿，从年轻时起就应自我储备健康，增强自我保健意识特别重要。自我养老的老人不仅要追求健康长寿，而且要追求自我价值；不仅要追求生活质量，还需追求生命质量。他认为长寿是生存目标，健康是生命目标，尊严是生活目标。这样，老年人才会在不断的追求下保持身体健康与精神愉快，而且保持自己的个人尊严与社会权利。

④ 老人年

多年前，联合国已开始注意到全球老龄化问题，并作出了一系列的决定。1982年联合国召开了世界老龄化大会，唤起全球对老年人的注意。随后不久，又发表了老年人宣言、老年人战略目标等决议。1990年第45届联大通过决议，规定从1991年起每年10月1日为国际老人节。1992年第47届联大通过决议确定1999年为国际老人年。1997年9月8日第52届联大又确定1999年国际老人年从1998年10月1日起到1999年9月30日止，主题是：建立不同年龄人人共享的社会。在联合国第一个国际老人年中，联合国在美国首都华盛顿召开了"不同代际间会议"，让不同年龄的人在一起探讨如何和睦相处，建立互助互爱的生活问题。欧美60多个国家的政府还在瑞士日内瓦召开了国际专题会议，讨论了如何解决共同关心的老龄化和老年人问题。这些决议、决定和会议，推动了全球老年问题的解决和老年事业的发展。

⑤ 生活原则

根据久居外国的华人华侨长期观察，指出大多数外国老年人有八大共同表现和生活原则。

（1）退休后仍然显得忙碌，走路就像年轻人一样大步流星；高收入、高消费伴随着紧张的生活节奏。

（2）金钱仍然是自己追逐的目标，参加商业竞争如同参与百米冲刺，甚至更加热衷于追求财富和名望。

（3）跟年轻人一样风趣；待人礼貌有加，问候很多，似乎更加热情友好；朋友之间一聚就熟，一聊就亲，一散就忘，结交不深。

（4）有机会就尽情地欢乐，欢乐时像孩子一样，但绝不影响身体健康。

（5）与人相聚时健谈，喜欢发感慨；完全尊重他人的隐私，哪怕是至亲好友一起闲聊时，也从不打探别人的年龄和私生活。

（6）自我意识强，乐于领风骚、执牛耳，时时摆出"我是老大"、"我是头羊"的姿态。

（7）爱把年轻人的冒险精神当作果敢刚毅来赞扬。

（8）不轻易施舍，常常训斥乞讨的失业者，认为失业是不光彩的事，失业者是无本事的人。

60岁的年龄，是人生又一道辉煌的风景线。

在人生的旋转舞台上，从正面慢慢转入侧面，从前台慢慢隐入幕后，是大千世界亘古不变的自然法则。老人们可以由演员变成观众，以自己饱经忧患后的平静之心，看年轻的一代如何指点江山，甚至对他们评头品足；老人们走下那个嘈杂的舞台，在身体条件允许的情况下，努力满足年轻时未曾获得过的快乐和自由，让当年无暇顾及的爱好和情趣，重新充满自己并不年轻却向往年轻的心；或许还会开始人生的第二次创业，旧友新知聚在一起，再次品尝创业的艰辛与收获的豪情；或许还会获得真挚的友谊，让人们再次看到老人们发自内心的微笑。

⑥ 养老院
▲ 夕阳社会——养老院

东西方国家由于传统观念、生活方式与思维逻辑的不同，老人们晚年生活也不一样。欧美国家的老人，一般不与儿女们住在一起。他们条件好的就在家单独生活，条件差一点的就进养老院生活。

养老院不仅为老人们提供住宿、膳食，还提供娱乐、医疗，甚至帮助处理丧事。养老院的设施和条件优劣不一。条件好的养老院一般是私人办的，其住宿、膳食、娱乐、医疗设施齐全，服务优良。如占地面积大，树林、草地、湖泊、别墅错落有致，老人们可以在里面悠闲地散步、沐浴阳光、读书看报、运动娱乐。养老院内安排各种活动排遣老人们的孤独，有病还能得到及时有效地治疗，对体弱多病的老人还有专人护理。欧美国家的养老体制有三种功能：一是为老年人提供基本的经济和物资条件保障；二是为老年人提供生活照料和情感寄托的人力保障；三是养老机构自身顺利运行的社会道德和法制保障。

养老方式分为政府养老、家庭养老、社会养老和自我养老四种。四种方式相对独立，又相互补充，可以相互结合甚至相互替代，创造了"老有所养、老有所乐、老有所医、老有所为"的良好环境，满足了老年人衣、食、住、行的基本要求。

欧美国家的养老保障基本都纳入社会保险体制实施。社会保险体制包括退休保险、医疗保险以安享晚年，直到谢世。这是一般较富有的老人们能进的殿堂。条件差的养老院房屋陈旧，各项设施简陋，没有充足的娱乐与活动空间供老人们游玩，医疗条件也较差。平板式房屋每间可同时住进二三位老人。这样的养老院常常是政府或政府支持下的慈善机构办的，可对外免费或只收少量费用，让一些无依无靠的孤寡老人在此度过人生的最后岁月。所以，在欧美国家，许多人把养老院作为一个特殊的社会单位看待，称之为夕阳社会。

▲ 养老院的生活

欧美国家的年轻人都不愿直接承担赡养自己父母、祖父母的晚年生活。由于人口的负增长和老龄化趋势日趋严重，年轻人也确实不堪重负。例如，在意大利60岁以上的老人几乎占全国总人口的一半，每个在职者要供养一个退休者，还不说抚养孩子的事。在这种情况下，西方发达国家如瑞士、加拿大、法国、意大利、美国等城乡大都设有政府办的养老院。凡男女年满60岁（也有规定为65岁）以上而不能自养或无子女赡养的，皆可以申请进养老院。也还有部分西方国家的养老院由民间慈善机构兴办，政府对这些机构或直接对养老院按接受老年人的人数给予补贴，老年人自己交纳部分食宿及医疗费或由其子女交纳，入院后院方为老人提供一切需用和服务，包括生养死葬。

瑞士是世界上最著名的福利国家。所设养老院由政府全额负担。院内老人居室分男、女及夫妇三部分，雇有青年男女专司照应。每日三餐按时就餐，餐室美观整洁，各部宿舍窗明几净，床铺陈设华丽舒适，均带卫生间。公共会客室内设有沙发桌椅、书报、乐器、棋牌、电视、电话、老花镜、助听器等，既供老人娱乐消闲，又为老人会客提供方便。院内还设有教堂、影剧场、医务室、花园、浴室等。教堂后面里间也放有电视机、老花镜、助听器等，供老人礼拜忏悔使用。影剧场每周为老人放一两次电影或时不时请来小型歌舞队上演歌舞。医务室医护人员服务也十分周到。

遍布加拿大各地的养老院是政府负责补贴的福利机构。住进养老院的单身老人每月可得政府养老补贴1000加元，老两口每月可得1500加元。单身老人可住带卫生设施和浴室的单间，月租金100加元；老两口可住一室一厅带卫生设施和浴室、厨房、使用面积约60多平方米的套间，月租金200加元。租金和部分生活费由老人自交或子女代交。浴室内安有很多扶手，防止老人滑倒，浴室内还有电话和报警装置。卧室旁边建有太阳房，全由玻璃构成，阳光充足；老人不下楼就可以晒太阳，还可在房内种花草，显得生机盎然。单身老人几人合用一间，老两口则可单独占用一间。

院内设有医疗服务机构，医护人员定时为老人检查身体，遇有急病，医护人员随叫随到，急救中心在几分钟之内可来车将病人送往大医院。院内还配有专职保卫人员和清洁工，花草树木很多，显得宁静祥和，美观整洁。

院内还有专供老人们娱乐的大厅，管理人员经常组织一些棋牌、运动、保健等讲座，提高老人们的活动兴趣；还组织一些短程旅行，以及参观、钓鱼、野餐等活动。每个老人的生日，院方都会组织老人们一道庆贺，或与前来为老人祝寿的子女亲属一道庆贺。每个老人的子女亲属可随时来看望他们，也可接他们回家玩耍或出去郊游。不过还有一个规定，住在院内的老人不可以去长途旅行，特别是国际旅行。如果你去了，就说明你不是养老院里被照顾的对象，不能享受政府的福利补贴等。

▲ 法国的老人村

为了让老人们活得更快活、更有尊严，法国各地由地方政府建造了不少老人村。位于伊芙琳省的圣雷米老人村就是他们的代表。

圣雷米老人村位于山清水秀的什弗赫兹谷地一片绿草如茵的开阔地带。村里一百多位居民都是银发族，平均年龄80岁，他们都是自愿交费后入住的。入住时间也凭老人及其子女亲属的自愿，可长可短。这里邮政、电信、酒吧、餐厅、图书馆、理发室、音乐厅、游泳池、娱乐场、健身中心等各类设施一应俱全。桥牌、舞会、棋类、音乐会、展览活动、森林野餐等各类文化与娱乐活动开展频繁，老年大学里开设了绘画课、雕塑课、音乐课、戏剧课及水中体操，还有主题研讨会。村里五十多位工作人员都是大学毕业后来此就职的年轻人，平均年龄27岁，老人们的活动和课程都由他们筹划安排与讲课辅导。身体健康、耳聪目明的老人在这里可以享受快乐而充实的生活。身体较差、行动不便的老人可以安心住进特别设计的护理性住屋，由专业的医疗人员照料起居。老人们的生活还与地方社区结合在一起，游泳池每周三免费开放给附近的小学生上游泳课。孩子们还由老师带队，每半个月到老人村来吃一次晚餐，跟老爷爷、老奶奶谈学校里的课程及趣事，帮老人们做些生活杂事。节假日老人村更热闹。从各地来的子女家属与老人齐聚一堂吃饭聊天，有的还在村里住上几天，老人们趁此机会享受天伦之乐。老人如果在这里住厌了、倦了或预住期满，都可以回到原来的住处或随子女去居住。

（徐作英）

物质生活

① 衣、食、住、行

老年人的物质生活主要指他们的衣、食、住、行、医诸方面。这些都要取决于老年人的经济基础。在国外，年轻时即成为百万富翁的老年人也有，每年能领到数万、数十万美元公共退休金。生活得很富裕的老年人也有，但他们只不过占全部老年人的1%～2%；绝大多数老年人立足于年轻时的自我奋斗，退休后物质生活还是相当惬意；还有15%左右的老年人生活在贫困线以下，晚景尤其凄凉。

欧美发达国家的衣、食、住、行等生活条件，当然普遍都比发展中国家好。这是政治、经济、文化和历史等各方面原因造成的。在众多发达国家中，老年人以哪个国家的生活模式最佳？从衣食住行四个方面来看，人们以为：

1. 衣。

以英国模式为佳。在讲究社交和礼仪的英国，老年男性一般准备两套西服三条裤，外加两套休闲服装；女性则再增加一套晚礼服，英国人注重穿着，但不浪费，一套衣服要穿好几年。

2. 食。

以美国模式为佳。在讲究营养和健康的美国，老年人对食物很少浪费，即使亿万富翁也是如此。中等人家和富裕之家所吃的家常便饭内容相差无几。

3. 住。

以俄罗斯为佳。俄罗斯很少有一家独住的花园洋房。经济条件一般的中老年人一般都住4层～5层楼高的公寓，几十甚至上百家住在一起，房间较宽敞，主要家具均属公寓，免除私人装修和购置之苦。国家各级干部，除极少数中央级干部外，也是住在公寓里。

4. 行。

以日本式为佳。日本国内交通海、陆、空都十分发达。城乡道路质量高、车辆多，老年人出入方便。日本是个岛国，海港、航空港遍布各大小岛屿和城市。飞机来往快捷便当。全国公路、铁路蛛网密布。大小岛屿之间也多有悬空大桥和海底隧道相连。不仅汽车质量好速度快，而且铁路上的磁悬浮列车时速高达380公里，居世界前列。

② 远足、日光浴

每年春、夏、秋三季天气晴好的周末或节假日，欧美国家的中老年人最喜欢的活动便是远足，即到海滨游泳、沙滩沐浴或到大自然中野餐。

野外远足是一件艰苦而又充满情趣的事情。外国人出门之前都做好吃苦受累的思想准备，也做好了周到细致的物资准备。物资准备要视外出时间长短、野外扎营地点和个人爱好而定。如要野炊扎营和过夜，则更复杂一些。

一般准备的东西有：过夜物品，如折叠式帐篷、防潮垫、睡袋等；扎营工具，如多用铲、尼龙绳、背包、军刀、手套、

带，人们或在草地上铺上布单，躺在上面尽情地享受大自然的恩赐——阳光满目的苍翠和怡人心肺的温新空气。领略够了，肚子饿了，屁股一拍卷起布单赶回城里吃午饭。如果要去野餐，那么在吃的方面准备就更充分。出去的时间一般选择阳光明媚的春、秋季周末或节假日。去野餐前，一家人要将外出所需物件整理好，如吃的食物及配料，瓜果，饮料，便携式单椅，帐篷，垫毯等等。然后驱车来到预定的公园或度假村里或野外，搭起帐篷，支好桌椅，摆好食物饮料，谈天说地。条件允许则捡来枯枝败叶升火烤腊肠、牛排或羊肉串，扑鼻的香味与欢声笑语一道在草地上飘荡。充分享受大自然充足的阳光、清新的空气和安静的环境，直到傍晚，才意犹未尽地收拾残局打道回府。特别值得提倡的是，外国人环保意识很强，从不乱扔果皮垃圾，他们会把各种垃圾装进一个塑料袋，再远也要拿去扔进垃圾箱。

俄罗斯民族粗犷豪放，俄罗斯老人健壮结实。他们的野餐活动一般都崇尚原始的方式。如果决定去野餐或度假，"出城"是必然的。因为城里什么都有，无法满足老人们"原始生活"的需要。所谓原始，就是无电力、无自来水、无空调、无天然气……反正家里举手可得的生活条件不能要就是了。走进大自然，走进大森林，要吃饭，埋锅捡柴钻木取火自己做；要吃肉，举枪打猎杀鸡剖兔自己来；要住宿，搭木架支帐篷解下包袱自己扎寨安营。就像数千年前原始人求生一样，就像小说《鲁滨孙漂流记》中的主人公一样。他们觉得，这样才能忘却忧愁，避开纷扰；这样才是返璞归真，休闲自在。俄罗斯人的这种休闲度假方式，远从沙皇时代就已开始流传。

④ 参与博彩

国外许多老年人由于年轻时养成的习惯，到老了仍然热衷于参与赌博和各类博彩活动。

世界上的赌博与博彩活动花样繁多。最常见的有六大项：幸运博彩即轮盘赌；老虎机等；买彩票如六合彩等；回力球；赛车；赌马等。

世界上有三座赌城：美国的拉斯维加斯、摩洛哥、中国的澳门。到过拉斯维加斯的人都会有这样一种感受：除了巨大的、

急救药品等；衣食用品，如炊具、防寒防潮衣物、压缩饼干、火腿肠、方便面、饮料、点心及野炊用的米、面、肉食、蔬菜等。

还要选择出门的路线和用什么交通工具。欧美国家经济发达，家庭汽车十分普遍，一般都自驾车而不用公共交通（当然，家境贫寒者也要用），出发前要检查车辆是否完好。之后，老人们带上儿女及孙辈，一家人驱车，来到海滩或海滨浴场，也有的自选一块理想的海滩或草坪，支起帐篷，拿出食品饮料，开始了一整天的游泳休闲。德国人最喜远足和旅行，在沙滩上，在草地，随处都可以看见不少男女躺在那里进行日光浴，法国人戏称为"晒干鱼"。孩子们在沙滩上堆筑沙堡，在浅水中嬉戏；父母和老人们穿着泳装，浑身涂满橄榄油或防晒霜，游一阵、玩一阵、吃一阵。游累了、玩够了、吃饱了，或戴着墨镜躺在沙滩上晒太阳，或在帐篷中看书报、玩纸牌，各享其乐，别有一番情趣。

③ 郊游、野餐

住在城里的罗马尼亚人对到野外郊游情有独钟。天气晴好的时候，通往布加列斯特郊外的路上车水马龙。在森林河谷地

五花八门的赌场令人记忆深刻之外，那些超现实的、风格迥异的豪华饭店，沙漠中的高大建筑亦令人难以忘怀。人们都说外国老人喜欢寻梦，拉斯维加斯城就是他们做梦都想去的地方，也是他们想以独特视角制造梦幻，妄图"一朝得逞、身价百倍"的地方。

除这三大赌城之外，在其他国家和地区，博彩业也浸入到社会的各个阶层，幸运赌博、购买彩票已是人们日常生活不可缺少的一部分。人们都想用收入的一小部分去试试自己的运气，部分老年人则把这种活动权当闲暇时的一种业余爱好。例如，香港的赌马、赌场上，那辉煌的灯火，轰然的喧嚣，总会撩拨得部分老年人心痒难忍，以致拼命地挤进去在某匹马身上押上一注。而个别豪赌者把博彩当饭碗，通宵达旦地豪赌，一掷千金，最后输得搭上性命。这种赌博业和畸形现象，应该摒弃。

⑤ 老年妇女迷缝纫

在世界女性日益跻身就业大军的今天，缝纫机似乎早已被人遗忘。但是，欧美"时装缝纫"组织最近进行的社会调查表明，中老年妇女现在又重新用上了缝纫机。在这部分人中，中年妇女大多数还有一份工作，老年妇女一般多受过高等教育，生活也有保障。她们缝纫，一是为娱乐，以此享受生活的乐趣；二是为了继承母辈传统，教育子女勤俭持家；三是为了打扮和装饰自己显得年轻漂亮，紧跟时代潮流并享受高科技带来的社会功利。欧美市场上的缝纫机已不是过去的老式脚踏缝纫机了，而是近乎电脑和机器人，只需人按动电钮就可缝纫。而一些著名的时装设计师为了急功近利直接赚钱，也将自己最新设计出的高档时装纸样拿去出售。中老年妇女只要买回纸样和布料，自己依葫芦画瓢，做出的时装比在商店里购买成衣既便宜得多，穿起来又十分惬意。

⑥ 参加拍卖会

西方国家的拍卖会是介于商场贸易和跳蚤市场的一种交易形式。拍卖会一般在星期日举行，有固定的拍卖场所和拍卖程序。如果拍卖场所有改变，必须提前通过媒体告知平民百姓。凡拍卖的有形物品与无形资产都要事先规定好底价，并书写陈

列于前来参加的买主面前。拍卖师一手持麦克风，一手拿着一个木槌。他对所卖的商品要先进行简明扼要地介绍，然后开始报出底价。买主们在底价的基础上竞相加价争购。拍卖师重复着买主们报出的一个比一个高的价码，每个价码最多重复三次。高到适当价码后再无人加价时，拍卖师报出第三次最高价看看仍无人响应，便将木槌往桌上一击，便一锤定音成交。这个商品就属于最后报出高价的顾客了。

参加拍卖会的一般是中老年人居多。这是因为拍卖会上的商品，一是以艺术品和收藏品为多，符合中老年人的志趣；二是中老年人阅历丰富，报出的价码都物有所值，成交率高。

（徐作英）

文化生活

老年人是得天独厚的"休闲族"，人们称退休是"第二人生"的开始。

没有子女相累，卸下社会重担，正可尽情探寻家门内外无数消闲娱乐之道：读书、看报、听音乐、沙龙聚会、上舞厅、电脑上网赶时髦，参加社会自愿服务活动可谓一乐；散步、晨跑、打台球、钓鱼、掷飞镖、跳迪斯科，参加钟爱的体育运动又是一乐；鱼、虫、花、鸟，收藏古玩，甚至有点癖好也是陶然自乐；出门远足周游世界，优哉游哉阅尽人间春色，既锻炼体魄又愉悦心境，更是乐上加乐。

文化生活是否丰富反映老年人人生品位的高低。国外老年人摆脱紧张的社会生活节奏，在文化领域自寻生活乐趣，值得中国老人借鉴。

① 休闲与服务
▲ 泡图书馆

像大海汇集了无数江河溪流一样，古今中外的图书馆都汇集了尽可能多的图书资料。它是一个国家、一个城市、一个地方的知识财富宝库。国外的众多图书馆大多是免费为公众服务的。像美国的国家图书馆有近800万册（件）图书资料，每年免费接待读者200多万人次，是世界上最大的图书馆之一。英国的大不列颠图书馆藏书1300多万册（件），每年仅外借图书

就达100多万册（件），是欧洲最大的图书馆之一。这些图书馆都还兼有博物馆的职能，收藏有大量文物珍品。图书馆除提供图书典籍、报刊、音像资料外，还备有针对不同层次和不同需求特点的小型阅览室及问题研讨区；书籍除按社会科学、自然科学、哲学等分门别类外，还针对不同国家、不同语言而分类以方便读者阅读。

"活到老、学到老"。在国外，图书馆是老年人常去的地方。在这里老人们或坐或立或倚卧在地毯上静静地读书、看报，或三两人轻声交谈，常常手不释卷，一看就是一天，饿了买个三明治或吃份快餐，渴了买瓶啤酒或喝杯咖啡。因为许多图书馆内或附近都有配套的快餐店、酒吧或咖啡馆。如要借书回家也很方便，只需提供自己二张正面免冠的一寸照片就能很快在借书窗口办理一个图书免费借阅证。有了此证，可在一分钟左右将自己想要看的书借回家。遇上要借的书还在其他读者手里，则可留下老人家庭的电话号码：一是便于图书馆工作人员催借书人尽快还书；二是可以通过电脑查询其他图书馆进行调剂并很快通知老人来借，或把该书送到老人家中。

一般图书馆都还备有沙发、桌椅，有的还把沙发、桌椅安放到室外草坪上或树荫下，老人们在这儿休闲似的阅览，获得精神食粮。如需某些资料作写作或研究用，图书馆里还备有复印机、扫描仪等，齐全的设施处处都方便读者。

欧美国家还有不少非营利性的小型图书馆，深受老人们喜爱。在巴黎这种小型图书馆又叫"酒吧书屋"。明净的大橱窗开间，桌椅、沙发高低有序地摆放着；贴墙而立的漂亮书架上，名家汇集的各类图书和世界驰名的各类啤酒都错落有致地排列着。人们在这里把品尝美酒和咀嚼华章两种高雅的情趣结合起来。店主只收酒钱，免费阅览图书。人们或坐或躺，一手执杯，一手翻书，酒兴正酣，读意正浓。有人因酒而醉，而醉翁之意不在酒；有人因文而叹，而叹息之意不在文。美酒引发出诸多话题，妙文勾引起强烈奇想，在耳热酒酣之际，相识的与不相识的人都无拘无束地畅所欲言，推心置腹地交流思想……

与其他场合相比，这里没有卡拉OK的声嘶力竭，也不像高级餐厅需要正襟危坐，更不是烧烤排档要暴饮暴食。与在家

里喝酒读书相比，这里可以排遣寂寞，消除烦恼，结识新的朋友，让人感到随意而高雅、便宜而温馨、方便而舒畅，是老人们消磨时光的好去处。

据统计，国外老人最爱读的书是百科全书。其中，三套最著名的是《美国百科全书》《大不列颠百科全书》和《科利尔百科全书》。这三套书的英文名字开头一个字母分别为A、B、C，简称为A、B、C百科全书。

A即《美国百科全书》，共30卷，撰稿人有5500名，是标准型百科全书。其特点是人物和科技条目篇幅巨大，分别占40%和30%；文学、戏剧、美术和音乐名著设专条；历史以世纪设条，有完整的背景情况。内容偏重于美国和加拿大，19世纪以来美国的人物资料比其任何类型书籍都多。

B即《大不列颠百科全书》。该书出版已有200多年的历史，被认为是世界上最有权威的百科全书，1929年出第十四版时，撰稿人已逾万人。1974年经过重新修订再版，已达30卷。目前世界上大多数国家都翻译了该书，其读者可为世界之冠。

C即《科利尔百科全书》，是20世纪80年代新编的24卷本大型英文百科全书，撰稿人有4200名。科利尔是出版商的名

字。美国图书馆学界认为，该书是百科典范之作。此书的特点是：深入浅出，雅俗共赏。因其释文通俗流畅，材料更新及时，科学性、知识性、可读性都很强，非常适合于老年人阅读。

▲音乐迷

听音乐与唱歌不仅是人们对美的享受、艺术的愉悦，还能够调节老年人的神经机能，增强大脑的灵敏度，缓和紧张、忧郁和焦躁的情绪，克服孤僻、狭隘、固执的习惯，培养豁达、开朗、热情的性格，使老年人产生良好的心理和广泛的兴趣，从而保持长久的心旷神怡，延缓衰老的进程。国外好些生物医学专家都称音乐与唱歌是老年人神经系统的特殊维生素和长寿保健操，甚至是治病良药。

美国巴的摩尔大学老人医学研究中心研究证明，音乐能够影响人的情绪，而人的情绪的好坏可以产生不同的生物化学过程，愉快的情绪使心脏搏动达到人体所需的最佳状态，促使血液中增加一种有利于健康的化学物质。教授们通过长期实验，证明经常听旋律明快的音乐和唱节奏感强的进行曲能使老年人加强消化中枢神经活动功能，增进食欲，帮助消化。他们证实，轻盈、愉快的乐曲可以使肌肉增加力量；和谐、舒缓的乐曲可以使呼吸趋于平稳；优美、悦耳的乐曲可以调节植物神经功能。他们在临床中还发现：贝多芬的第五、第六交响曲可以改善人的心脏功能；月光奏鸣曲可以缓和人的兴奋情绪；肖邦的马祖尔卡舞曲和施特劳斯的华尔兹舞曲可以调节情绪，使人感到安宁祥和；巴赫的意大利协奏曲可以使人怒气顿消，变得心平气和；柴可夫斯基的天鹅芭蕾舞曲和肖邦的D小调夜曲对降低血压大有帮助。因此，他们把音乐称之为"特种维生素"。

该中心的考麦密克教授用对比的方法研究证实，中老年歌唱家具有比非歌唱家同龄人更强健的"胸墙"肌肉和优异的心脏起搏能力。尽管有些歌唱家吸烟，还有些人从不参加体育锻炼，然而他们仍然比非歌唱家的肺活量大，尤其是横膈膜的呼吸量；他们的心脏也能更有效地工作，其心律比40岁以下的非歌唱家还慢。因为，唱歌是一种好氧性运动，对呼吸肌肉是一种锻炼，有点像游泳和划船，能有效地改变胸肌的健康状态。大多数中老年人都爱静不爱动，随之出现心脏和肺功能的衰退，但歌唱家心脏和肺功能衰退过程缓慢得多。因此考麦密克教授把唱歌称之为长寿保健操，并建议所有的老年人：为延长寿命而歌唱。

德国的格丁根大学对一批长期患失眠症的老年人进行分组对比测试，包括服用各种安眠药、电子催眠、听轻音乐等。最后发现，世界上最好的安眠药不如古老的摇篮曲。正是普通的摇篮曲令所有的安眠药相形见绌。那些用电子催眠和吃药也难以入睡的老年人，听着像婴幼儿入睡的摇篮曲却很快入睡并且睡得十分香甜。他们还意外地发现，喜欢听音乐和唱歌的老年人患病，比没有这个爱好而又患同一种病的老年人虽然治疗方法与用药相同，但病好得较快，特别是同样地做阑尾或扁桃体等中小外科手术，前者比后者的伤口愈合较快。所以，他们建议医生把听音乐做治疗的辅助药方。

▲沙龙

沙龙是法语 salon 的译音，本意指客厅。17世纪、18世纪欧洲的文人、艺术家盛行接受一些贵族妇女的家庭招待，在贵族家的客厅里进行聚会和社交活动，谈论文学、艺术、政治等。后来，文艺界就称这种小型室内聚会为沙龙。在法国巴黎，这种沙龙聚会尤为普及。如至今未停的巴黎每年定期举行的造型艺术展览会就称为沙龙。此外，还有音乐艺术品沙龙、收藏品鉴赏沙龙、时装沙龙、品茗沙龙、垂钓沙龙等，名目繁多，内容不同。当今时代，沙龙泛指文学、艺术等方面人士的小型聚会，不一定要在室内。现代沙龙一般是以会员制方式进行组织和活动。各种沙龙的会员是层次相当、志趣相投的数人到数十人聚集一起，大家共同筹措一笔开办费，有的还印制会员证。可以预先推定一个召集人或负责人，也可以轮流坐庄或任沙龙主角。以松散的形式定期到某会员家中或某固定的休闲场所聚会，每次聚会都有一个主题。召集人或东道主要事先把每次沙龙的内容及安排告知全体会员，让他们有备而来，尽兴而归。这里以收藏品鉴赏沙龙为具体例证来窥见沙龙在国外老人生活中的特殊地位。

几个趣味相投的老人，有的喜欢收藏书画，有的偏爱收藏古玩，有的藏有各种票据，有的爱好收集瓷器，有的喜好集邮……总之，他们的共同点是对收藏品情有独钟。于是他们常常相约于周末或节假日到某位老人家中客厅聚齐，每次安排一个老人自带收藏品前来并由这个老人主讲，其他人围绕这种收藏品进行鉴赏、讨论、商榷。大家一边喝咖啡，吃点心，一边听主持人绘声绘色地介绍：某种收藏品的来源，自己对这种收藏品的历史考证，以及这种收藏品的价值估计。主持人讲完，大家可以反复把玩这件收藏品，发表评论。有时意见一致，沙龙有"英雄所见略同"的快感；有时意见分歧，甚至十分尖锐，形成几种对立观点，于是争论不休。如果在争论中某人的观点为对方接受求得了统一，沙龙更有"不打不相识"的意境。有时为了寻求或查证一件古瓷的产地和年代，老人们约定各人的主攻方向和任务，于是回去分头四处查阅资料，据典找线索，下次聚会拿出来印证，使这件古瓷的身世豁然洞开。这样，一件古董，一件艺术品的鉴赏之余，使老人们得到的不仅是感观的满足，更是各种相关知识的总体收益。所以，不管老人性格是外向型还是内向型，也不管老人家境富裕还是贫困，他们都觉得自己在沙龙中处于平等地位，都能找到自己的位置和乐趣。在这里，有的老人争当"主角"，手舞足蹈，争先恐后地发表"高论"，努力使自己的观点让人接受；有的老人甘为"看客"，微察细品，平心静气地欣赏"演出"，偶尔画龙点睛地说出一两句惊人之语。这种相容与互补，令老人们在鉴赏中融洽相处，感觉提高了自己人生的品位。

由于这类沙龙融志趣、知识、休闲于一体，有寻求知音、增进友谊的内涵，深受外国老人们的喜爱。到日落西山、华灯初上时分，他们才恋恋不舍地彼此道别。又常常像小孩子盼望过节一样地盼望下一次的沙龙重逢。

▲网络迷

网络时代的地球越转越"小"，原来"坐地日行八万里"的地球，在网络时代到来的今天竟小到成了"村落"，互联网的触角像闪电一样迅速，几秒钟便伸到了地球村的一个角落。大众的热门话题是互联网，人们在谈起互联网时心花怒放。互联网不仅互联，而且互动。上网者以低廉的代价就可以在广大的范围发布信息与获取信息。在某种意义上，"每个人都可成为全球范围的媒体制造商和信息接受者"。这不但对一般的人际交往和信息传递模式产生巨大的影响，也由于网络的连接而很快地把对社会各种问题讨论的结论得以应用。从这些年重大国际事件的报道和反应来看，网络无论在传播的速度和规模、影响的地域范围还是媒体的表现形式等诸多方面都远远超出了以往的大众传播媒体。

据一项最新调查，欧美发达国家20％以上的家庭中拥有两台以上电脑，约1/4的家庭用电脑具有联网功能。人们通过电脑网络，可做到足不出户就知道天下大事和完成了大小事务。电脑网络给人们所带来的方便快捷服务，既是家庭保姆，又是生活秘书，还可通往社会获得信息。随着电脑在国外家庭中的大力普及，人们实现了把办公室搬到家里，把上班和生活结合起来的愿望，并将工作业务延伸到很远很广：可借助网络在家经营咨询公司；可借助网络作报纸、杂志、出版社的自由撰稿人；可借助网络进行心理、生理保健咨询；甚至连星期日去教堂祷告的必修课都在家里完成，电脑的一端是忏悔者，另一端是神甫……在家中上班，工作时很少被人打断和受各种干扰，工作效率和质量提高，还可对社会起到缓解交通、减少费用、保护环境的效果。

在这个网络蔓延的时代，互联网对人类社会生活的改变已经到了"一网打尽"的地步，加上铺天盖地的媒体宣传让你觉得，如果不上网就无异于白痴或睁眼瞎。在国外，上网已经成为外国人尤其是老年人的一项基本日常活动。据统计，超过30％的老年人每天都要在家中上网，有时一天还要上几次网。他们只要通过动动手指和眼睛，就能读书看报了解世界各地的大事；还能欣赏到国内国外的风景名胜，仿佛身临其境地在全息摄影棚中览尽天下秀色；还能通过网上购买物品，通过网上进行法律咨询，通过网上寻求救助……热衷于投资赚钱的老年人可以通过键盘的敲击浏览地产、股票等相关各方面的信息，经过反复比较和计算，最终决定自己的投资方向。热衷于发挥余热、谋求一份职业的老年人，可通过网上职介寻找合适的工作，目前免费职业介绍网址数以百计，涵盖各个行业。

如果因为经济拮据或身体欠佳不能外出交友或旅行，电脑网络可以带着老人结识知音或周游世界。老人坐在电脑前，只将鼠标轻轻一点，就可尽情想象整个地球的博大与美妙，也可展开轻盈的翅膀遨游世界甚至上天入海饱览佳境风情，还可进入聊天室和情趣相投的人大侃神吹，作倾吐、作讲演，借以打发寂寞时光。聊天室是网上最直接最适合老人们使用的沟通方式。只要找到聊天室的网址，便可直接在浏览器上使用。聊天室分为两种：公共聊天室一般都是有主题的，比如情感聊天室、新闻聊天室、足球聊天室、家庭情感聊天室、家庭人际关系聊天室等等，这里人气十足，可以消除郁闷、战胜孤独。如果老人不想凑热闹而愿意三两个人清静闲谈，便可进入个人聊天室。这也分两种。一种是公开的，每天有几个固定的常客在里面，经常去聊天真能结识上几个知心朋友。另一种是秘密的，等于是私人约会，一般不欢迎别人随便进去，要去前须先注册个网络昵称。擅自闯入者谨防被屋主一脚踹出门去。进去后就可以对屋主透露秘密，倒苦水甚至发牢骚，屋主不会生气，还要百般安慰你、劝导你，让你忧伤而来愉悦而回。网络聊天是一种全新的生活体验，老年人尽可以去试一试这种新时尚，但要注意的是，网络聊天很容易让人上瘾。

网上拍卖。每个老年人家里都或许会有一些扔了可惜、留着无用的闲物，怎么处置它们呢？去"跳蚤市场"又没有精力和工夫，就可以在网上拍卖。

网上拍卖是目前世界上很流行的一种电子商务活动，是一个不受时间、地域限制的交易场所，人称"空中跳蚤市场"。不论是什么人，也不论他在哪个地方，只要有一台可以上网的电脑就可以参与买卖交易。网上拍卖场像一个平民的集市，几乎任何东西都可以被拿到网络上拍卖，任何人也都可以用自己认为合适的价格竞买，从中得到最大的实惠。

如果你有兴趣打开电脑，到美国著名的ebay拍卖网站看一看，你可能会大吃一惊。那里的货物小到钥匙链、高尔夫球杆，大到汽车、名画，一应俱全。如你喜欢收藏一些珍稀玩意，可以找到恐龙蛋、火星陨石……如果想寻找某一张或缺的邮票之类的纪念品，你会找到相关的邮品等专门分类，其中很多门类都配有美丽清晰的照片。如果想省钱，找一些二手家电、家具之类，那就更容易了。任何一个有形的商店都无法容纳这么多的商品和顾客，但虚拟无形的网站却凭资料库做到了这一点。顾客可以避免行走及车马劳顿之苦，在家里穿着睡袍就能完成你的购物或销售活动。

网上拍卖，除了让老人体验到从未感受过的拍卖经历，还可能让你意外地发笔小财。因为在这个特殊的拍卖场上，老年人都可以是卖家。凭借网络的方便，收集原本是玩家的嗜好，如今真的可以赚到钱。庭院、仓库里积压多年的闲物，一旦摇身一变成为网站上的抢手商品，就会身价倍增。有的老人发现，自己在跳蚤市场和寄卖行里摆了数年也没卖出去的东西，在网上拍卖时几天之内全部脱手。老年人也都可以是买家，你可以找到中国最大的拍卖网站去看一看，那里陈列的拍卖品包括计算机硬件、家用电器、影视图书、车辆配件、各种收藏品等数千种物品，有三百多个细致的分类，是目前世界上人人都用得上的在线交易网站之一。

英国女王也发网络财。随着国际互联网的飞速发展和世界网络经济逐成气候，一大批依靠网络发家的百万富翁被制造出来了。这些网络富翁中约三分之一是办事精明、头脑灵活的老年人。令人难以置信的是，年逾古稀的英国女王伊丽莎白二世竟然赶着网络大潮淘了不少金，在亿万财富之外又成了网络富婆。

据报道，女王于1999年11月向一家名为"航空地图"的网络公司投资了风险金15万美元，购入该公司5%的股份，成为公司的41名股东之一。人们盛赞女王眼光独到。虽然这个公司迄今仍处于创业阶段，经营的是英国乃至世界上都独一无二的业务——航空拍摄并绘制英岛的超精细地图，但公司已在伦敦股市上市发行该公司的原始股。由于有女王投资的背景，加上公众对超精细航空地图照片很感兴趣，该股票上市的行情一路看好，迅速上涨 10 倍，使女王投资 15 万美元猛地增为 150 万美元。有消息透露，女王是个已有数年"网龄"的"老网民"了。早在 1997 年她就亲自操办将她的王宫——白金汉宫搬上了因特网，建立了一个专门的网站。女王是个精明的投资者，又是伦敦股市中数得上的大户之一，估计她用于股市投资的资金超过了 1.3 亿美元，相当于她全部私人财产的 1/3。她投资于"航空地图"公司的资金增值 10 倍甚至更多，也绝没有立即抛股套现的意思，而是要再"放长线钓大鱼"。女王投资网络股票，从王室的保守性格和她一向保守的投资策略来看，可说是增加了高风险比重的一项重大投资举措。女王是世人共知的巨富，除了每年向政府领取数百万英镑俸禄和向兰开斯特钦地收取地租外，所拥有的物业、名画和金银珠宝不计其数。过去她主要用大笔资金投资和吸纳了大量低风险的蓝筹股票，令她的财产数额不断增加。内行人士估计，她共有财富总额达 160 亿美元以上。

▲ 老年义务服务大军

外国人热衷于公益事业，自愿组织或参加各种义务服务大军。在这支队伍中，尤以悠闲在家、身体尚好的老人居多。他们以社区、城区或社会的某一个方面为单位，自觉自愿地组织成不领薪金、不取报酬、义务为大家服务的小分队，在辛勤劳作中获得成就感，使自己老有所为。其组织形式有：

1. 募捐服务小分队。

为本地区或国内外某地的难民、灾民，或以某组织的名义为本社区灾民募集钱物，使之渡过难关。老人们自愿组织起来穿着统一的服装、略施淡妆。一是通过去闹市区或人烟密集的广场演出、演讲、宣传，置募捐箱接受钱物。他们神情专注地演出，激动人心的演讲，富有煽动的宣传，打动了各类行人驻足观看，人们纷纷解囊相助。募捐成果颇为丰厚。二是动员一些殷实的家庭和普通公民把一些富裕物品自愿捐出，有时到一些富豪之家庭连劝带收，然后将这些物品直接运往灾区。也可通过组织拍卖会，把送给灾民用不上的捐赠物品换成现金送往灾区。募捐来的钱物有专人登记、保管，并尽快送往灾区，不致流失。

2. 环保服务小分队。

西方人环保意识很强，不仅自身做到保护环境，还对社区或周围环境自动组织起来进行保护。常见他们每周统一着装几次外出，定期或不定期（临时通知）到辖区或划定的范围内巡视，从纠正公共场所的乱扔乱画到清除街内花园的杂草瓦砾，从对花、鸟、鱼、虫的保护到维持生态环境的平衡，他们都一管到底。对一些鱼龙混杂之地的环境和生态破坏严重的现象，他们就不厌其烦地上门宣传，并找到其负责人令其组织力量限定时间整改，如不奏效，他们还会拿起法律武器与之对簿公堂。"地球只有一个，环境必须大家保护"。这就是环保小分队的信条。

3. 送孩子过街小分队。

欧美城市交通繁忙，来来往往的车辆不断，给孩子们尤其是中小学生过街带来不便。社区内的老人们自愿组织起来，身着黄色坎肩、手持黄色小旗，格外醒目。每天准时轮流在一些街口斑马线前执勤，看到有孩子尤其是中小学生上学、放学之际要过街，执勤老人手中黄旗向下一挥，过往车辆立即停下，待学生们安静沉着地走过斑马线后，再将小旗往前一指，车辆再恢复通行。司机们非常听从小分队老人们的指挥，主动配合，真正做到了"宁停三分不抢一秒"，保证孩子们的安全。

4. 医疗保健服务小分队

欧美发达国家的医疗保障制度相对完善，而社区医疗保健服务人员充足是整个医疗体系中的重要组成部分之一。在英国，人们生病后不仅可去各社区医院享受免费诊治，或只掏部分药钱，还有以社区为单元组织的老人医疗保健志愿服务小分队。他们三两人一组担负起住地周围的常规性保健巡视任务，除给每户居民建立健康档案和相关病历卡外，还定期访问社区公民。一些小伤小病的包扎治疗和护理由志愿人员就能完成。因为小分队中占相当比例的人员是具有专业水平又工作了几十年退下来的医务人员，他们以医为业退而不休，工作认真负责，机动灵活，视病人为亲人，深受社区居民的爱戴和信任。

▲ 泡咖啡馆

欧美人爱喝咖啡，又好结交朋友，使许多咖啡馆在城乡如雨后春笋般地成长壮大起来，像中国城乡的茶馆一样，从早到晚顾客盈门，座无虚席。咖啡都是现煮现卖，咖啡馆里从来不卖"速溶咖啡"。服务小姐将精致的玻璃杯斟满咖啡，毕恭毕敬地送到每位顾客面前。桌椅多为木质，古色古香。端来的咖啡是不放糖的，桌上有咖啡糖，由客人自己随意添加。馆内灯光柔和，清爽整洁，没有太多的装饰，只有墙正面挂几幅画。这些画大多出自经常光顾咖啡馆的名人之手。临街一面，一般都装上大玻璃窗，坐在馆内安静舒适。杯里咖啡香甜可口，街上情景了然在目。人们一边优雅地喝着咖啡，一边从容地聊天观景，一杯咖啡可以喝上一两个小时。每位客人都绝对无饮后尽快付账之意，而是慢咽细品，感觉余味无穷。谈起咖啡的优劣就像谈论股市行情的高低那样自然、那样

滔滔不绝，似乎个个都是高水平的咖啡品尝师。客人们不仅谈论咖啡，还谈论当前社会与政治、经济的各类热门问题。1830年英国社会学家爱德华形容当时的社会："没有一个男子会一天不找个咖啡馆坐坐交换一下思维，把生活中的磨难化为有听众在场的笑谈。"许多人把这种现象称之为"咖啡文化"。

两次世界大战对咖啡的生产和经营有所影响。但是，到20世纪后半叶咖啡馆行业又走向兴旺。宾馆、饭店中也附设有高雅的咖啡馆。这些大大小小星罗棋布的咖啡馆，为趣味相投的人们提供了聚会的场所。他们三三两两地坐在一起，品着咖啡聊天。在盛行网上交流的当今世界，伦敦人仍然喜欢这种有些陈旧但很温馨的方式进行交流，可谓咖啡文化的卷土重来。尤其是在网上办公不足或不便的时候，人们就相约到咖啡馆里尽情畅谈，使咖啡馆的社会作用超过了它本身的经济价值。各地出现了不少颇有创意的咖啡馆。如图书咖啡馆，可以边喝咖啡边浏览图书、查阅资料。哲学咖啡馆，可以边喝咖啡边讨论哲学问题或请哲学家来举行讲座，用问答的方式解答听众的难题，启发听众思考。文化沙龙咖啡馆则是诗人、文学家、戏剧家和艺术家们聚会的场所，那里不同的谈话题材和氛围可以让作者写出一篇篇风格迥异的诗歌、随笔、剧作等。雨果就曾习惯于在咖啡馆里写作，他认为咖啡馆不仅便于和同行交流思想，还便于启发和构思作品框架，那里堪称社会众生相的缩影，更便于偷窥和窃听。巴尔扎克也说，他要每天慢慢饮下十几杯咖啡才能有写作的灵感。其代表作《高老头》一半的稿子就是在咖啡座上完成的。不少雕塑作品也构思于咖啡馆。

有些咖啡馆成了商业聚会的生意场所或拍卖场所，有的还代收老顾客的信件、邮包等，甚至有的逐渐演变成为交易中心或产业公司。英国的劳埃德公司原先就是一家咖啡馆。由于不断有从事海上保险的顾客光顾劳埃德咖啡馆，这里就成为这类信息的集散地，后来它开始出版以劳埃德命名的报纸，劳埃德咖啡馆也逐渐变成了伦敦的一家保险公司。现在该公司勤杂工身上的蓝色制服还与当年咖啡馆侍者的制服相同。

咖啡虽深受世人喜爱，但因含有咖啡因碱，容易引起中枢神经兴奋，因此，中老年人饮用咖啡要遵循科学。早上可在自制咖啡中加牛奶，既提神又增加营养；中午饭前喝杯淡一点的咖啡可加速脉搏跳动、消除疲劳、振奋精神；晚饭后喝咖啡可促进肠胃蠕动以帮助消化，避免停食。有胃病、心血管疾病的，尤其是有高血压的中老年人则应不喝或尽量少喝咖啡。

▲下午茶

在全世界，茶是仅次于水的消费量最大的饮料。西方人尤其是英国人爱喝茶。因为，他们相信茶对人们生活与工作中的紧张情绪有缓解作用；特别是产自中国的龙井、铁观音等茶，据说对头痛、肥胖、哮喘、消化不良等老年性疾病都有治疗作用。所以，受到西方老年人的特别偏爱。有人统计过，当今世界各国每年人均茶叶消费量以英国人最高，年人均为 3.6 千克，德国人次之为 1.5 千克，俄罗斯人为 1 千克，法国人为 0.5 千克，美国人不足 0.3 千克。英国老年人认为茶和酒有相似之处。像酒一样，茶也讲究颜色、产地和土质，无论是绿茶还是红茶，都以中国和日本产为最好，其次才是印度和斯里兰卡。

英国人三餐之外最注重饮下午茶，也有人称之为"咖啡休息时间"。这种习惯除了可以松弛紧张的情绪之外，还缘于对几种倾向的追求和向往：始终把握追求味觉和感观的传统；再度追寻东方尤其是亚洲人生活的情趣；需要一种平和的心境与状态向他人打开一扇思想的大门。下午 3 时正是一天心倦力乏的时候，独自一人品茶静坐，或者三朋四友凑在一起一边喝饮料吃点心，一边海阔天空地神侃，这时人们是何等的畅快、淋漓。坐够了，侃够了，再去上班就精神多了。

英国人爱吃蛋糕和甜点。根据统计，英国人每年食用糖的消耗量比欧美其他国家的人要多出 3 倍～4 倍，而这正是英国"下午茶"盛行的主要原因。英国人喝下午茶，一般不在家里，而是到工作单位附近的 Pub（小酒店之意）。在伦敦和伯明翰到处都可见到这种地道的英式小酒店，各式各样的饮料和甜点反倒胜过了正餐，成了英国人的饮食代表。可以说，"下午茶"是英国人独具特色的一道靓丽风景。

② 节日生活
▲愉快的节日生活

圣诞节、狂欢节、母亲节等本是欧美国家的节日，随着东西方文化日渐交融也逐步受到中国人的重视并拥有了大批信奉者。这固然与改革开放的大环境有关，也迎合了人们求新求异的心理需求。过厌了吃吃喝喝、请客送礼的传统节日，更注重营造浪漫氛围的"洋节"自然备受青睐。平安夜、圣诞节，三五知己在摆满圣诞树、挂满圣诞卡、甚至站着圣诞老人塑像的舞厅、酒吧里，听着空灵而温馨的圣诞音乐，或品酒喝饮料，或聊天侃大山，或来一段轻歌曼舞，人们怎能不为之陶醉？而对平日为生活奔波、紧张忙碌的人们，在狂欢节这轻松愉快的几天里化了装后狂歌劲舞，让人"不识庐山真面目"，是何等惬意！至于，每年的母亲节和父亲节，也因其蕴藏着尊敬父母的传统美德而更易于为人们所接受。到了那一天，不说登门与当面祝福会让父母热泪盈眶，就是一些带着游子亲情的贺卡或一封饱含深情的信笺寄到父母手里，也会令风烛残年的二老"感时花溅泪"的。

因此，中国的老年人在过好自己喜庆、热闹、祥和的传统节日的同时，不妨也来个"拿来主义"，过一过浪漫、温馨、亲情的西方节日。

那么，世界各国老人的节日生活过得如何呢？

世界各地大大小小的节日多如牛毛，有的是各国共同的，有的是同一民族不同国家的，有的是单一民族单一国家的，有的是某一地方或某一城市所特有的。老人们由于退出或部分退出政治生活和本职工作，怀旧情绪较浓，都愿意把节日生活安排得多姿多彩，以便在愉快的节日生活中重新展示自己，得到社会各方的认同和亲人亲友尊爱。

▲圣诞节

大约从公元 336 年开始，罗马基督教会规定公历 12 月 25 日为耶稣圣诞日。由于基督教在欧美许多国家有着很长时间的历史，其影响相当广泛，因而圣诞节不仅是基督教徒的盛大节日，还逐渐形成欧美各国居民社会生活的重要习俗。可以说，圣诞节不仅是宗教的节日，同时也是外国民间的传统节日。世界各地的居民在当地欢度着五彩缤纷的圣诞节。

圣诞节是许多国家共同庆祝基督教的创始人耶稣诞生的盛大节日。

这一节日来于《圣经》中关于耶稣出生的故事。相传，耶稣的母亲玛利亚怀的孩子来自圣灵。一天夜里，玛利亚在一个废弃的马棚里生下了"圣婴"耶稣。根据耶稣诞生在夜里的这一说法，圣诞节的庆祝活动便从每年的 12 月 24 日的夜晚开始，子夜时分达到高潮。这一夜称为圣诞夜，也叫平安夜。庆祝"圣婴"平安诞生的意思。

每年的 12 月 24 日，千千万万的人从世界各地风尘仆仆地赶回家中与家人团聚。家家户户的大厅里都有一棵漂亮的圣诞树，上面挂满了五颜六色的彩灯、各种各样的小礼物、精美的纸花、洁白的"雪花"，烛台上燃烧着圣诞蜡烛。一家人在一起高高兴兴、热热闹闹地共进圣诞大餐。然后，大家围坐在熊熊的火炉旁，一边弹琴，一边唱着《平安夜》《铃儿响叮当》等歌曲，等待着圣诞钟声的敲响。而身穿红外套、头戴红帽子、脚穿黑靴子、戴白色大胡须的圣诞老人则会在节日期间挨家挨户地给孩子们送圣诞礼物。

▲复活节

传说，耶稣被钉死后第七天又活了过来，继续他的传教事业并不时在他的 12 个门徒面前现形。这一天时值当年春天的第一次月圆之后的第一个星期日。后来基督教徒们为了纪念这一有意义的节日，把它定为复活节。因为教派所用历法不同，该节的具体日期在各教派中可相差 1 个～2 个星期。

（1）欧美人过复活节很隆重，尤以英国为最。英国复活节放公休假 4 天，星期天顺延。节日当天，教徒们都要到当地教堂进行礼拜、祷告等宗教仪式，还要领取"圣餐"。圣餐是一块火柴盒大小的面包，

蘸上一点红葡萄酒，在礼拜进行中由牧师发给信徒们吃下。据《新约圣经》中说，耶稣在受难前最后的晚餐上，曾手持面饼和葡萄酒对门徒说："这是我的身体和血。"后来多数基督教派便以"领圣餐"作为纪念耶稣、坚定信仰的一种方式。

（2）意大利的复活节比其他国家提早一周。起始的那个星期一称"树枝的主日"。这天，人们准备的复活节礼物是蛋糕和酒类，并用椰子树叶制成装饰品和橄榄枝一起挂在家中、墓地及牲畜栏里，以求国家平安、人畜两旺，以及死去的人早升天堂。同时，在教堂、家中及路旁坎壁等祭坛上供奉鲜花、麦芽和豆芽，以求万物复苏、百花齐放、五谷丰登。这天人们还荡秋千，说是可以让清新的空气荡涤身体和灵魂。晚上，人们把耶稣的圣像平放在彩车上，教徒们簇拥着彩车沿街游行，希望耶稣再度复活赐福。有的地方在街头或广场上还演出上帝耶和华和圣母玛丽亚普度众生、杀死魔鬼、赶跑严冬、消除疾病等舞剧，观众时时为演出拍手叫好。

（3）水、火、鸡蛋是匈牙利人过复活节的必备之物。老人把鸡蛋涂上颜色，画上图案，或用面包、粮食、巧克力制成彩蛋形状送给孩子们作礼物，小姑娘们互赠彩蛋结拜成姐妹并表示终身友谊；神甫向人们送到教堂祭奠的花环上浇圣水，经洗礼的花环被认为可以抑恶扬善、驱邪治病，给主人带来好运。复活节期间人们还要到河里或打井水洗浴并互相泼水，这样做被认为可以洗涤污秽，洗净灵魂。匈牙利许多城市还要烧火敲盆，篝火的燃料除树枝外还有平常不易清除的垃圾之类，人们认为这样既能够净化环境，又能够净化灵魂。那些家庭主妇一边烧火、一边敲盆又一边高喊："丧钟已经敲响了，牛鬼蛇神赶快滚吧！"

▲狂欢节

狂欢节是欧美国家的传统节日。每年，人们最感心旷神怡、激情迸发的时间就数狂欢节。

欧美各地的狂欢节始于中世纪初，一年一度，因与基督教的复活节和伊斯兰教的开斋节有关联，狂欢节举行的时间没有统一，一般在公历 2 月～3 月举行。节日时间短的一天，一般 2 天～3 天，长的达半个

月。节日期间，处处张灯结彩，辉煌迷人，男男女女可以不拘平日礼节，没大没小的放肆的欢乐。

在狂欢节，德国柏林市民中各阶层、各种族的男女老幼几乎倾城而出，连续三天三夜载歌载舞地庆祝节日。节日期间的人们装扮成小丑和狂人。白天在灿烂明媚的阳光照耀下，夜晚在五彩缤纷的灯火掩映中，载着节日王子和公主的彩车缓缓前行，彩车后面的人群川流不息，任何人都可以自愿加入，也可以自愿退出。加入的人们都戴着滑稽的假面具，脚踩高跷，身着奇服，每队约百余人，以乐队为前导，表演着各种舞蹈、滑稽剧、民间传说或神话故事。大街两旁临时看台上簇拥着情绪更为激动的观众，他们不停地高声喊叫，并向游行队伍抛去彩花和彩带，时而有人加入游行队伍，欢歌笑语不绝于耳，优美的乐曲响彻云霄。在德国科隆市，狂欢节上那一辆辆令人眼花缭乱的彩车上：有红极一时的流行歌手在高歌猛进或人们熟悉的影视明星在翩翩起舞；有手持弓箭腰扎皮带的黑人猎手或穿着民族服装的吉卜赛女郎；还有以现代科技为题材的艺术造型和矫健优美的技巧表演；还有更能引起中老年人兴趣的讽刺当今某些政治人物的漫

画或形象。真所谓各显身手，争奇斗艳。车队后面是武士、商人、土著人、丑八怪和各种妖魔鬼怪的形象，他们欢蹦乱跳，制造狂欢气氛。偶尔还有糖果及花束，好似雨点般地从彩车上抛向两边的观众，天真的孩子们倒撑雨伞、撩起衣裙，争相接着飞来的节日礼物。各地的狂欢节往往都延续两周。在意大利威尼斯，从早到晚大街小巷到处都是身着奇装异服的人群。他们或画脸谱，或戴面具，"改头换面"地以陌生面孔互相祝贺、共度节日。有的扮成魔鬼或小丑，有的追随明星或古人，有的在街头狂歌，有的在广场曼舞，人人尽情发挥想象，人人尽量离奇迷人。老人们或素或艳打扮入时，纷纷乘坐小船赶至圣马可广场观看游行和演出。在意大利海滨城市维亚雷焦，庆祝狂欢节已有一百多年的历史了，据说它与法国城市尼斯并称为欧洲狂欢节活动的两大中心。其节日活动丰富多彩，各个街区又各具特色，尤其是彩车模拟像特别引人注目。模拟像常与当今政治、经济、文化生活和国内外重大事件紧密相连，既褒扬时政、又针砭时弊。所以，不仅深受当地人欢迎，更引得意大利其他省市的居民和世界各地的外国游客蜂拥而至，博得广泛喝彩。

北美洲墨西哥印第安人的狂欢节别具一格，人们戴着假面具将火把围着乐队唱歌跳舞，喝酒吃肉。然后将火把投向预先确定的一座破旧草房。草房顿时烈火熊熊，人群的乱叫声和火焰的爆裂声响成一片。待火堆快熄灭时，由印第安人的长者冲进火堆来回跳跃踩灭余火，以示战胜火神。这时狂欢节进入高潮，男人们再次围着火堆踏着音乐节拍又唱又跳，女人们则在火堆旁祷告，显得既庄严、又热烈。

南美洲巴西的狂欢节以其著名的桑巴舞而独具风格，在世界上有着非同凡响的吸引力。如果说圣保罗等地的人们是在桑巴俱乐部或跳舞会上狂欢的话，那么里约热内卢的大街和广场便是节日大舞台。里约热内卢城被喻为"狂欢节之城"，那里有永久性的狂欢节看台。每年2月底或3月初，城内各桑巴舞学校的学生推着彩车，载着早已遴选出来的盛装"王子"和"王后"，引导游行队伍狂歌劲舞走过看台和评奖台。一些没有看台的街道两旁也是人山人海。桑巴舞起源于非洲，随着贩卖的黑

奴传到巴西后，吸收了葡萄牙殖民者和当地印第安人的舞蹈及艺术精华演变而成。巴西音乐家为狂欢节和桑巴舞谱写了大量歌曲，有庄严的进行曲，更多的是欢快的抒情歌曲和戏谑歌曲。当你在狂欢节看巴西人踩着音乐节拍跳桑巴时，那浓烈、热闹的韵律、急风暴雨般的节奏、粗犷与摇滚式的动感简直令人倾倒；他们浑身充满如咖啡般"黑色、滚烫、甜蜜"的非凡魅力。每一个舞蹈者的每一块肌肉似乎都在随着紧张优美的旋律和铿锵有力的节奏而抖动，每一根神经都在近乎疯狂的兴奋，真是名副其实的狂欢！"没有桑巴舞，便没有狂欢节。"巴西人这样认为，全世界也都这样认为。所以，巴西人把桑巴舞和狂欢节当做民族的宝贵财富来倍加珍惜和爱护。

世界犹太民族凡有条件的都要回以色列过每年一度的普珥节，即犹太人的狂欢节。它起源于犹太人一个古老的传说，意在纪念犹太以斯帖王后凭着机智和勇敢，挫败了波斯宰相的阴谋，抵御波斯侵犯取得的胜利。节日在犹太历亚达月14日、15日，白天是欢乐，晚上是篝火晚会。特点是带有野性的"狂"劲，主旋律是吃喝与放肆。因为，犹太教律规定，只有这一天教徒才可以喝酒，可以自由活动。于是以色列人把这一天加以发挥，不但要喝酒，而且要豪饮；不但要自由，而且要放肆。戴起假面具或化装，可以男扮女装、女扮男装，年轻人装成老人，老人可以装成孩子，屠夫变成医生，乞丐变成国王等，服装怪模怪样，动作无拘无束，在假面掩盖之下尽量放浪于形骸之外，作出在真面约束下不能做的事。整个犹太世界都在载歌载舞，都像醉汉一样如痴如狂，被颠来倒去。这一天，欧洲犹太人区也灯火通明，人头攒动。一大早主妇上街采购食品，安排宴席；男人筹备各项活动，接待宾客；孩子们呼朋唤友玩开了节日游戏。时至中午，各家大门打开，客人们三五成群戴着面具踏歌而来，宾主举杯先赞上帝，再互相敬酒祝贺，接着开怀畅饮，直到把桌上的酒喝完，菜吃光，才告别主人离去。又到另外一家的时候，这家主妇立即收拾残席，重新备酒上菜，夫妇一起等候下一批客人的到来。主人不一定知道来客是谁。因为来的客人越多说明主人受到的尊重越多，其在社区的威望也越高。主人也可以变成客

人，戴上面具上别人家去喝酒、吃菜。这样，从中午吃喝到晚上，直到通宵达旦……

犹太人普珥节的菜肴甚多，但有四种食品是必备之物：一是烤火鸡；二是"凯富林"，一种裹面油炸牛肉松；三是"以斯帖豆"，传说是为纪念那位名为以斯帖的大智大勇的犹太圣女；四是"哈曼的耳朵"，一种三角形的肉馅甜食，哈曼为传说中犹太民族的共同敌人，人们吃它是发泄对哈曼的仇恨。

狂欢节给儿童带来雀跃，为青年男女带来温柔和相聚的欢乐，尤其使中老年人得到喘息和安慰，忘却过去的一切不愉快，有相聚一笑泯恩仇的良好效果。

▲ 万圣节

11月1日是欧美国家的万圣节，又称鬼节。这个节日起源于欧洲，公元835年罗马天主教将11月1日定为万圣节，以纪念有名和无名的一切宗教先驱者，包括古老的凯尔特民族英雄在内。迁入北美的欧洲人把万圣节习惯带到美国后，其宗教色彩已明显淡薄，成了老人和儿童喜爱的节日。

按西方风俗，10月31日晚上，家家户户都要在门窗外面放上一个用南瓜雕成鬼脸的灯，里面点上蜡烛，传说是用来驱鬼镇邪的。晚饭以后，人们穿着各式化装服，戴着面目狰狞的面具，龇牙咧嘴，口吐怪声，一时间满街尽是人身兽面，"鬼"影翩翩。英国伦敦商店门口都挂着黑旗，上面画着两根白骨架着个骷髅，商店售货员也化装成披头散发的鬼怪式横眉怒目的小丑，使人不寒而栗。最活跃的还是孩子们，他们打扮奇特，戴着面具，化装成米老鼠或唐老鸭，纵情玩闹。大一点的还化装成强盗或警察在老人们的陪伴下走街串户，唱着"不请客就捣乱"的歌，有时甚至挨家挨户叩门，向主人家要糖、水果、炸圈饼等食物和各式玩具。主人必须热情款待，糖果、玩具任其吃、拿。否则就会被闹个天翻地覆。

万圣节这天，美国华盛顿、纽约等大中城市最为热闹。中老年人也像孩子们一样头戴各式面具，三五成群地满街游荡，越令人恐怖他们越开心。"牛鬼蛇神们"狭路相逢时还要互相问候，并一起到市中心广场地带或大街上尽情唱、跳、游行，构成一幅群魔乱舞的场面。不时有人装神扮鬼龇牙咧嘴向前一扑，吓得你浑身一抖；

也有人用油漆给人家的门窗上涂上骷髅架，给人招来麻烦。所以，有人称万圣节是"人扮鬼捣乱的日子"。

▲感恩节

每年11月的第四个星期四是欧美国家的感恩节。从字面上看这是一个含有感谢上帝恩赐的宗教节日，实际上感恩节的来源与宗教并没有多大关系。它是一个民间喜庆大地丰收、增进民族团结的传统节日，来源于扎根美国的一批英国移民，有近400年的历史了。

17世纪初英国一批崇尚改革的清教徒遭到政府和旧教派的迫害，因而逃到荷兰侨居，但同样饱受旧教派的歧视并受到战争的威胁。为了寻求自由，摆脱宗教与政治的迫害，1620年9月，有一百余名清教徒扶老携幼从荷兰乘船经过六十多天的海上漂泊，于当年11月21日冒险抵达美国东海岸，在名叫普里茅斯的地方找到被遗弃的村落定居下来。由于初来乍到，缺衣少食，又无医药和劳动工具，生活十分困难。向远处的印第安人打听，才知道几年前这里发生过一场天花夺去了整个村落里印第安人的生命。由于瘟疫和迅速到来的严寒，第一个冬天这一百多人便死亡了一半多，活下来的50个移民在同情他们的印第安人的大力援助下学会了当地的捕猎和耕种技术，次年秋获得了大丰收并稳定了生活。为了感谢上帝的恩赐和印第安人的援助，增进民族团结和友谊，这50个移民用他们猎取的火鸡、驯鹿，收获的果蔬、粮食制成欧洲风格的美味佳肴大摆宴席宴请印第安人朋友。当时有九十多名印第安人应邀带着熏鱼、狐皮等礼品前来赴宴。庆祝和联欢活动进行了三天三夜。以后这里每年都举行这种活动并逐步扩大到周围及北美各地，形成了一个民间节日。北美独立后，美国首任总统华盛顿宣布这种活动为感恩节并定为全国性节日，但庆祝日期各州自定。直到1941年才由美国国会通过决定，将感恩节定为每年11月的第四个星期四，并在全国放公休假4天（连星期日），比圣诞节的法定假日（公休两天半）还多一天半。可见美国人对感恩节的重视。

现在，每到感恩节前夕，北美散居在外的人都要赶回家去团聚，如同中国的中秋节一样。节日期间城市格外热闹，人群熙来攘往，商店内外、大街小巷彩旗招展，

到处都张贴着五颜六色的"庆祝感恩节"标语和"感恩节××商品大减价"的广告。由人装扮的火鸡（往往是推销员）和其他广告游行队伍招摇过市以推销商品。生产最红火的是火鸡推销商。因为火鸡肉是感恩节的必备食品。人们买回整只的火鸡，在其肚内填满核桃仁、玉米渣、洋葱瓣、葡萄干、香肠粒做的馅，类似中国做八宝鸡，然后刷上色拉油上火烤，烤成油光光、黄亮亮、外酥内嫩的烤火鸡，吃时再浇些调料和肉汁，令人垂涎欲滴。白天一群群一簇簇人共同喝酒吃肉，举行摔跤、射箭、赛跑、拔河等技艺比赛，夜晚点燃篝火，大家围着火堆唱歌、跳舞、说笑取乐。节日期间几乎每天都这样过，还有不少人趁机外出旅游。

不过1979年在感恩节的发祥地美国普里茅斯发生了一桩怪事。当地印第安人当着数万游客的面罢食火鸡、不参加游乐。他们以这种方式来抗议白人对他们忘恩负义，搞种族歧视。当时的美国总统和有影响的报纸也提醒人们过感恩节时不要忘了印第安人。

感恩节传到德国，1818年威廉一世皇帝宣布承认并开始庆祝这个节日。欧美各国统治者也群起仿效。10月金秋，农业丰收，民众把丰收果实摆出来，男女老少汇集拢来，大吃大喝，载歌载舞，感谢大自然的恩赐。所以，在欧洲，感恩节又叫人民节，意为人民大众庆丰收的节日。后来渐渐发展成集商业、娱乐、旅游、饮食为一体的群众活动，岂不妙哉！

▲母亲节和父亲节

美国人把每年5月的第二个星期日定为母亲节，6月的第三个星期日定为父亲节。

母亲节的倡导者是美国妇女安娜·贾维斯。贾维斯的母亲在南北战争结束后任一个教会学校的总监，讲授历史课，最后讲美国国殇纪念日的来历和各次战役中为国捐躯的英雄故事，提倡给失去儿子的母亲们一种精神慰藉，希望有人来创立一个"母亲节"，用以赞扬伟大的母亲。

1905年5月9日，贾维斯的母亲去世，她继承了母亲的遗产。同时，为失去母爱感到格外悲伤，立志要实现母亲的遗愿，建立母亲节。于是四处演讲自己纪念母亲、提倡孝道的观点，鼓舞了许多妇女和重视

孝道、热爱母亲的男人加入进来，并在家里举行了首次纪念母亲的活动。她还分别给国会议员、政府官员、教师和新闻工作者写了上千封信，阐明观点，请求帮助；赤诚之心感动了更多的人，其演讲活动也获得了社会各方面的热烈支持和友好接待。1908年西雅图长老会也开展了纪念母亲节活动，并建议以贾维斯母亲生前所喜爱的石竹花作为母爱的象征。母亲节时，母亲健在的子女戴红石竹花来颂扬母爱，母亲归天的子女戴白石竹花来追思母亲。在贾维斯的不断努力和全社会的推动下，1914年美国参众两院顺利通过决议，规定每年5月第二个星期日为母亲节。当时的美国总统威尔逊也很快颁布命令实行这个决议案，母亲节便成为一个国家法定节日。

母亲节这天，人们常常赠给母亲各式各样的礼物，鲜花特别是石竹花最为畅销。子女们还抢着为母亲做饭，父亲则主动照料孩子和干其他家务。更多的是全家出动到当地餐馆吃饭，目的是为了让做母亲的在节日这天从厨房和家务劳动中解放出来。

父亲节的倡导者是华盛顿的布鲁斯·多德夫人。多德夫人和她的五个弟弟早年丧母，其父身兼母职亲身抚养他们长大。多少年过去了，已为人妻的多德夫人每逢父亲的生辰忌日，总回忆起慈父含辛茹苦哺育他们姐弟的情景。1909年多德夫人在参加庆贺母亲节时产生了念头：既然有母亲节，为什么不能有父亲节？于是大力倡议为自己及全世界的父亲建立一个节日，并给华盛顿州政府写了封言辞恳切的信。在拉斯马斯博士的支持和她的大力推动下，州政府采纳了她的建议并在斯波坎市举办了第一个父亲节。随后父亲节影响日渐扩大到其他州。先后有两位美国总统批准或主张设立法定父亲节。但是，直到1972年，美国国会才批准承认每年6月的第三个星期日为父亲节，当时的尼克松总统也正式签署了建立父亲节的议会议案。父亲节才成为一个国家法定节日。

父亲节这天，人们也选择特定的鲜花特别是玫瑰花送给父亲作为礼物。根据多

德夫人的建议，父亲健在的子女戴红玫瑰来表达父爱，父亲归天的子女戴白玫瑰来追念父爱。子女们还常常在这天赠给父亲领带、香烟或精美的工艺品作为礼物或祭品，或合力烹饪一顿丰盛的午餐，请父亲前来享受或接受祭祀。有的子女还在报纸或杂志上刊登一些慈父的图画素描或文字稿件，新闻媒介也组织刊播一些家庭孝敬父母的故事。

在美国的影响和推动下，目前全世界已分别有近五十个国家和地区由政府公开承认了母亲节，十多个国家有自己的父亲节或由政府承认了父亲节。这两个节日正逐步流传到全世界，现在的父亲母亲们和将来的父亲母亲们谁不为之高兴？

▲老人节

除了国际老人节之外，许多国家还设立了本国的老人节。有的是和本国传统节日相结合显得更有意义。如加拿大定于每年6月21日为老人节，也是原来的笑节。把老人健康和笑结合起来，让文艺团体、滑稽演员为老人演出精彩节目，为老年人带来无限欢乐。

多数国家把老人节定在秋季。金秋送爽，气候宜人。秋天又是丰收的季节，有利于开展活动，促进老人身心健康。中国政府把老人节定在农历九月九日传统的重阳节，深受老人们欢迎。美国的老人节也

称"祖父祖母节",定在每年9月劳动节后的第一个星期天。节日里,儿孙们总要赶回家向老人们表示祝贺。

日本的老人节定在每年的9月15日,也称"敬老日"。这一天在许多活动中最引人注目的是要在各大中小城市举行"全国老人健步大会",在东京则举行70岁以上的老人长跑竞赛,象征老人健康长寿,青春常在。

每年9月的第二个星期日是希腊的老人节,希腊人在克里特岛上举行热闹非凡的老人节庆祝活动。除了表演丰富多彩的文娱体育节目外,还有一项特别的"老人赛距"节目。距离为3千米。参加比赛者必须是70岁以上的健康老人。他们须将户口簿交评判委员会验证后方能参赛。比赛时,参赛者上身是白色短袖衬衫外面罩一件黑色背心,背心后背贴有参赛编号,下身一律着白色紧身裤,脚穿平底胶鞋,鞋尖上头扎有一对大红绒球。一个个显得英姿飒爽,精神抖擞。按传统办法,只有最先到达终点的那位老人才是优胜者,奖羊羔一只。其余的发给参赛奖,并按到达终点的名次(记下背心上的编号)编排坐席,大家一起团聚会餐。老人们边吃边谈,热闹非凡。

▲愚人节

每年4月1日是流行于欧美等国的民间传统节日愚人节,又称万愚节。

愚人节已有数百年历史,但其起源尚无定论。一说是春天气候变化无常,好像在捉弄人,故人们把古罗马3月25日的喜乐节和古印度的欢悦节逐渐演变成一个愚人节。另一说是1564年法国改革派采用新历法,以公元每年1月1日为开始,但遭到保守派的激烈反对,他们仍坚持4月1日为新年。为了戏弄和打击保守派,占上风的改革派就发出假请帖请保守派参加"新年"执行会,把他们戏弄了一番。如此,年复一年相沿成俗。

愚人节的中心内容及活动就是用玩笑和幽默相互戏弄逗趣,乃至制造假象使人上当出丑。凡在这一天骗人者,哪怕是报纸、电台、信件、电话,都不会受到谴责或惩罚,最多说一句"愚人节玩笑"即可解脱。被骗者损失再大也不会动怒生气,必须自我克制或自我解嘲。在英国,愚人节时人们用不合时宜的水仙花等装饰房间,

布置假环境,做名不副实的菜,打假电报,甚至发便函给邻居要求一起用绳子把春风捆住留在大家的房间里,等等。在波兰和墨西哥,愚人节里借用的物品可以视为己有而不归还,借人的东西到手后还会说:"你真是傻瓜,不知道今天什么都不能借吗?"对方则无言以对或解嘲地说:"我被你捉弄了。"愚人节在苏格兰被称作"四月郭公(布谷)鸟";在英格兰叫"四月愚人";在法国叫"四月鱼";在澳大利亚叫做"笑驴";在日本则称为"四月马鹿"。

近些年愚人节也逐渐传入中国,以"假打"和逗乐方式让人开心一笑。

欧美人过愚人节是很郑重的。因为,把这一天看成是扯谎和欺骗别人的日子,所以,通常人们绝不会在这一天举行婚礼或宴会,也不会在这一天去执行或完成什么重大任务。

▲情人节

西方的情人节以往只受到青年恋人的重视。如今老年夫妇甚至无论男女老幼都风行借情人节传递感情,认为在这甜蜜的时刻向心仪的人表达爱意和思念最有意义。情人节送的花束也不仅仅限于玫瑰一种。因为,送花者不单单是恋人,如丈夫眷恋妻子,子女热爱父母,学生尊敬老师,孙辈孝顺祖父母,买一束鲜花送给妻子、父母、老师、祖父母,也受到欢迎,体现了温馨。所以,凡是红颜色的花束都随着玫瑰而走俏,特别是兰花和康乃馨。

2月14日情人节这天,手持鲜花、衣冠楚楚的男士和打扮入时的女士们,成为城市街头一道亮丽的风景线。一些超级市场在这天对上门的顾客大送温馨拉拢人心,西装革履的职员站在市场入口给每一位进

门的女士献上一支红玫瑰。花店老板这天成为他一年中最忙碌、最赚钱的一天。因为，情人节的第一联想就是爱情之花——红玫瑰，花价由2月初即开始节节攀升，一直到2月14日晚上达到顶峰。餐饮业老板这天也不甘落伍，纷纷使出浑身解数吸引顾客，推出浪漫情侣套餐、温馨夜宵等；大厅内的餐桌全部摆成双人组合式，并配上玫瑰花、蜡烛台以增添浪漫与温馨的气氛。

情人节贺卡的传递则忙坏了邮递员。据统计，2月上半月投递的信件比平时高出2倍～3倍，女性收到的信件与贺卡比男性又高出2倍～3倍。

▲葡萄酒节

欧洲有着数千年种植葡萄和用葡萄酿酒的历史。葡萄大都种植于丘陵河谷地区，有红葡萄、紫葡萄，但绝大多数是白葡萄。酿出的酒也分红葡萄酒和白葡萄酒，以白葡萄酒居多。每年的金秋时节，欧洲各国都要举行葡萄酒节日活动，一庆丰收，二促销量。德国的葡萄酒节定在每年10月的第一个星期日。届时，全国上下齐动，以葡萄和葡萄酒为主题的宣传画、广告装点着各个城市的大街小巷，13个著名的葡萄种植和酿酒区各自推选出一位"葡萄酒公主"，前来科隆竞争"葡萄酒皇后"的位置。节日这天，先要进行集中游行，13辆敞篷车打扮得五彩缤纷，车上站着花枝招展的"葡萄酒公主"，车厢四周挂着介绍葡萄及葡萄酒产区的历史沿革、当年的生产情况，并将精选出的产区优质葡萄及葡萄酒推向市场。接着举行分散游行，数万人的游行队伍按划定的路线和顺序招摇过市，数百辆彩车都以葡萄酒进行主题装饰，并把产区最美味的葡萄和葡萄酒沿途送给众人品尝，以博得观众的热烈喝彩。

节日这天，各类音乐会、歌舞剧表演随处可见，艺术家们走出他们的艺术殿堂，把舞台搬到了大街和广场上临时搭起的大篷中。人们看完了游行的队伍，得了馈赠的美味和美酒，回到这些大篷里的座位上，一边细嚼慢咽，品味美酒，一边热烈交谈，互相祝福。或认真聆听那优美的旋律，或沉浸陶醉于喜剧与歌舞之中。叫卖其他小食品、小商品的小贩则提篮挂筐，穿梭于人流与座位之间……

今天的葡萄酒节，已不仅仅是品尝清淡宜人、果味浓香的美酒一项了，而是展示各国经济物产、文化底蕴、自然风光的综合活动了，更是城乡男女老少一起，倾巢出动欢庆丰收，载歌载舞，共度节日的大好时机。

▲巧克力节

巧克力是以可可粉为主要原料，再加上白糖、香料制成的食品。可可树是一种生长在热带地区的常绿阔叶乔木，结成形若鸡蛋大小的红黄色果实。用果实内包含的种子研制成粉末，加工成饮料，即称可乐，是世界三大饮料之一；加工成食品，就是巧克力，不仅味道鲜美，而且含热量高。欧美国家男女老幼都十分偏爱吃巧克力。

1998年11月27日，英国伦敦举办了首届国际巧克力节。这一节日吸引了全世界近百家巧克力公司，他们带来了形状各异、口味不同、包装新颖别致的巧克力产品。同时，也带来了用巧克力制作的各种雕塑作品。其中，用巧克力雕刻成的"水龙头"、"刷子"、"水壶"等几可乱真。英国有上百万人参观了展览。活动的成功促成市政当局决定，以后每年11月的第四个星期日举办伦敦国际巧克力节。

1999年11月28日，伦敦第二届国际巧克力节如期举办，参加这次活动的公司增加到了110多家。他们带来的"世界名人明星肖像巧克力"达几百位，还有数部1：1尺寸的"名牌轿车"巧克力。能工巧匠们现场雕塑的巧克力"椅子"可以平稳地承受一个人坐在上面的重量。当雕塑的巧克力"圣诞树"上挂满五颜六色的彩灯和金银纸屑后，观众们齐声发出了欢呼和惊叹之声。在展览大厅里，来自英国皇家艺术学院雕塑系的学生们也当场表演了各自拿手的巧克力雕塑好戏。

▲啤酒节

每年的9月与10月之交，欧美各国都要举行喝啤酒的狂欢活动，称啤酒节。

啤酒节起源于1810年10月初德国王室在慕尼黑举

行的一场盛大婚礼。有数万人参加的庆典中，辛劳一年的人们实际上是用欢乐的饮酒及体育活动来庆祝丰收和洗涤劳累。由于秋高气爽，人们把这种欢乐活动沿袭了下来。德国人爱喝啤酒，慕尼黑又是举世闻名的啤酒城。1818 年慕尼黑人举办了一次别开生面的喝啤酒比赛，加上乐队、舞蹈和种种游艺活动，增添了令人陶醉的节日气氛，以后慕尼黑人干脆就把这个活动定名为啤酒节。这个节日活动很快就漫延到全德国乃至欧美各国。而慕尼黑自 1818 年以来，除了两次世界大战受到影响外，啤酒节年年举行，到 2008 年 9 月已举行了174 届。

啤酒节活动在欧美各国大致相同，只是在时间和内容安排上有些细微差别。欧洲一般是 9 月的最后一个星期日到 10 月的第一个星期日过啤酒节，时间可持续半个月。慕尼黑啤酒节的第一天中午 12 时庆祝仪式开始，礼炮轰鸣 12 响，接着乐队高奏《畅饮曲》，在欢乐的乐曲声中，慕尼黑市长用一个大木槌把一个黄铜龙头楔进一个木制大啤酒桶底。龙头一开，味美芳香的啤酒汩汩流出。市长把第一杯、第二杯酒敬献给州长和代表国家的贵宾，然后接满第三杯，和参加盛典的成千上万游人一起痛饮，干了一杯又接一杯，啤酒节狂欢活动就这样拉开了序幕。

节日活动的主场地是慕尼黑黛丝丽广场。约四十公顷的大广场上人山人海，碧绿的草地上被无数气球、彩旗装点得缤纷多姿，密集的货摊、林立的广告牌和几十个硕大的啤酒亭组成了一座喧闹繁华的集市。时而传来一阵阵让道的吆喝，那是各酒厂的骏马配着光彩夺目的辔鞍，拉着高高垒起的啤酒桶，威风凛凛地在人群中穿行，赶车人高高地坐在木酒桶上，满载而来，空桶而归，忙得不亦乐乎。啤酒亭里宾客如云，里面布置得像迎宾礼堂，一排排座位上人都坐得满满的，每个人手里都举着酒杯，青壮年仰脖豪饮，纵情谈笑；老年人浅酌慢饮，谈古论今；儿童们追逐嬉戏或吃各种点心。乐队从早到晚吹奏着欢乐而动听的曲子助兴。热情的侍者有的搬酒桶，有的端酒杯，在餐桌和客人之间穿梭往来。在这种气氛中，无论是本地人、外国人，或者是相识的、陌生的，都互相敬酒、互相祝福，人人酒逢知己千杯少，处处洋溢着友谊和喜悦的情怀。集市上还有各种游艺、杂耍和特技表演。旋转游戏轮载着欢笑尖叫的孩子们飞驰，摩托车特技演员在高墙上旋转咆哮，靶场里枪弹击中气球啪啪作响。这一切加上高昂的乐曲声，摊贩的叫卖声，人群中的欢歌笑语和长呼短叫组成了节日里特有的喜庆旋律。草地上花香、酒香混杂着烤鸡、炸肉、熏鱼的馥郁香味，更使人们欲醉欲迷，流连忘返。

（徐作英）